20.—

Albert Hauser

Das Neue kommt
Schweizer Alltag im 19. Jahrhundert

Albert Hauser

Das Neue kommt

Schweizer Alltag
im 19. Jahrhundert

Verlag Neue Zürcher Zeitung

Autor und Verlag danken den folgenden Institutionen und Firmen für ihre
Unterstützung:

Bank Vontobel, Zürich
Brauerei Hürlimann, Zürich
Elektrowatt AG, Zürich
Heinrich Hatt-Haller, Zürich
Karl Steiner AG, Zürich
Lindt und Sprüngli AG, Chocoladenfabriken, Kilchberg
Migros-Genossenschafts-Bund, Zürich
Nordostschweizerische Kraftwerke AG, Zürich
Peter Schmidheiny-Stiftung, Zürich
Schweizerische Lebensversicherung und Rentenanstalt, Zürich
Schweizerische Rückversicherungs-Gesellschaft, Zürich
Schweizerische Volksbank, Jubiläumsstiftung, Bern
Sparkasse der Stadt Zürich
Sparkasse Wädenswil–Richterswil–Knonaueramt, Wädenswil
Spross Gala-Bau AG, Zürich
Stiftung Pro Helvetia, Zürich
Ulrico Hoepli-Stiftung, Zürich
Zentralverband Schweiz. Milchproduzenten, Bern
«Zürich» Versicherungs-Gesellschaft, Zürich
Zürcher Ziegeleien, Zürich

Umschlagbild:
Schrecklich, diese neuen Bahnen . . . Die Bahnen
freuten die einen, ärgerten aber die anderen, brachten sie doch mancherlei Eingriffe ins bisher ruhige,
stille, geruhsame Leben. Das will die Eisenbahn-
szene aus dem Jahre 1841 ausdrücken.

Frontispiz:
Die grosse Hängebrücke von Freiburg, die hier auf
einem aquarellierten Stich von 1834 erscheint,
gehörte zu den touristischen Hauptattraktionen der
Stadt im 19. Jahrhundert. Mit einer Fahrbahn von
246,76 m über der Saane war sie die grösste und
längste Hängebrücke der Welt.

© 1989, Verlag Neue Zürcher Zeitung, Zürich
Grafische Gestaltung: Erich Alb
Satz: Konvertierung ab PC-Disketten
und Umbruch durch ELGRA AG, Bern/Zürich
Fotolithos: Fredi Kurt AG, Adliswil
Druck: NZZ Fretz AG, Zürich
Einband: Schumacher AG, Schmitten
Printed in Switzerland
ISBN 3 85823 245 9

Das Neue dringt herein mit Macht,
Das Alte, das Würd'ge scheidet; andere Zeiten kommen,
Es lebt ein anders denkendes Geschlecht!

Friedrich v. Schiller, Wilhelm Tell (1804)

Inhaltsübersicht

Vorwort

Das 19. Jahrhundert gleicht einem Haus mit Hunderten von Wohnungen. Seine Vielfalt ist ungeheuer. Im Gegensatz zu früheren Jahrhunderten bietet es mehr Stoff. Die schriftliche Überlieferung ist breiter, mächtiger. Erstmals treten Zeitungen auf. Dazu kommen die überaus zahlreichen Kalender sowie die vielen Autobiographien, die es früher, im 18. Jahrhundert, noch kaum gab. Da die Zeit noch nicht allzu weit zurückliegt, sind auch viele Gegenstände, Realien aus Stuben, Küchen und Werkstätten vorhanden. Schliesslich kommt sogar eine mündliche Überlieferung zum Tragen. Die Erhebungen der Schweizerischen Gesellschaft für Volkskunde in den Jahren 1934 bis 1942 bilden eine erstrangige Quelle. Ein Drittel der Gewährsleute war zu diesem Zeitpunkt sechzig bis siebzig Jahre alt. Sie haben also wenigstens das Ende des 19. Jahrhunderts noch erlebt. Sie konnten sich auch auf die Aussagen ihrer Eltern und Grosseltern stützen. Das alles zusammen ergab ein lebendiges, farbenreiches und frisches Bild, das die Autobiographien ergänzte und komplettierte. Dazu kommen die Aufzeichnungen von Ärzten, Pfarrern und Amtspersonen wie Fabrikinspektoren, schliesslich viele Statistiken und Haushaltrechnungen.

Es fehlte also nicht an Quellen; ja die Vielfalt der Quellen und der Literatur war recht eigentlich erdrückend. Einzelne unserer Vorfahren haben dies vorausgesehen. «Die künftigen Historiker werden einmal schwere Arbeit haben», schreibt 1889 ein Redaktor im Tagblatt der Stadt St. Gallen. «Sie werden massenhaftes Material vor sich finden, während ihre Vorgänger meist zuwenig Material hatten. Wenn sie nämlich ihre Aufgabe mit Ernst erfassen, so dürfen sie sich nicht auf die trockene Aufzählung der Tatsachen beschränken, wie diese in diplomatischen Noten, Verträgen, Parlamentsverhandlungen, Blau-, Grün-, Gelb-, Rot- und Weissbüchern und so fort niedergelegt sind, sondern der Historiker muss sich vom Geist und der Stimmung der Zeit, die er schildern will, Rechenschaft geben; er muss sich fragen, wie die öffentliche Meinung eines Volkes zu diesem oder jenem Ereignis sich gestellt hat, und er muss, zur Beurteilung des Ereignisses selbst sowohl wie zur Erforschung und zur Charakterisierung seiner Folgen und der an sie sich knüpfenden Entwicklung, sorgfältig und gewissenhaft allen Strömungen des nationalen Lebens nachgehen.»

Ich habe es versucht. Zu einem abschliessenden Werk bin ich aber trotzdem keineswegs gelangt. Trotz vieler schöner Fortschritte, die die Historiker und Volkskundler in den letzten Jahrzehnten machten, bleiben noch manche Forschungslücken. Vielleicht hilft diese Arbeit mit, sie mit der Zeit mehr und mehr schliessen zu können.

Es ging in diesem Buch nicht darum, möglichst viele Fakten aufzuzeigen. Es ging weniger darum, aufzuzeigen, wie es einst gewesen ist, als vielmehr

Das Neue kommt, die alten Sorgen bleiben. Der alte Mann, wie ihn Albert Anker hier zeichnet, ist offensichtlich resigniert, gedrückt. Kein Wunder: Für den alten Menschen des 19. Jahrhunderts gab es weder eine Altersversicherung noch eine Altersvorsorge. Altersheime waren selten.

9

Einblicke in einen Prozess zu geben, den unsere Vorfahren begonnen haben und den wir weiterführen müssen. «Wie der einzelne Mensch, so ist auch jede menschliche Gemeinschaft nicht mit sich im reinen, wenn sie mit ihrer Vergangenheit nicht im reinen ist», sagte einmal Herbert Lüthy. Keiner Generation, so fügte er bei, «ist es erlassen, neu mit ihrer Vergangenheit fertig zu werden, um aus ihr vielleicht wissender die Zukunft gestalten zu können». Lassen wir aber nicht nur einen Historiker, sondern auch einen Philosophen sprechen: «Unsere Musse können wir nicht besser verwenden», meinte Karl Jaspers, «als mit den Herrlichkeiten der Vergangenheit vertraut zu werden und vertraut zu bleiben und das Unheil zu sehen, in dem alles zugrunde ging. Was wir gegenwärtig erfahren, verstehen wir besser im Spiegel der Geschichte.»

Im früheren Buch, das den Alltag vom 15. bis zum 18. Jahrhundert zum Inhalt hatte, schrieb ich, es gehe nicht zuletzt darum, über unser eigenes Leben nachzudenken. Das gilt auch für diesen Band.

Es bleibt mir, allen jenen, die am Zustandekommen dieses Werkes mit Hinweisen geholfen haben, zu danken: Es sind dies Pfarrer W. Angst, Dr. Andreas Hauser, Prof. Dr. J. A. Imhof, Prof. Dr. Peter Liver, Pater Thomas Locher, Prof. Dr. Markus Mattmüller, Prof. Dr. A. Meier-Hayoz, Prof. Dr. B. Mesmer, Dr. med. Peter Möhr, Max Niederer, Prof. Dr. A. Reinle, Dr. H. Schläfli, Dr. Gerhard Winterberger und Prof. Dr. Paul Zinsli. Dem Leiter des Volkskundemuseums von Basel, Dr. Theo Gantner, danke ich für die Hilfe bei der Beschaffung von Bildmaterial. Das gleiche gilt für die hilfreichen Geister in den Kunsthäusern, in den Zentralbibliotheken und Museen. Max Ritzmann danke ich für die Durchsicht des Manuskriptes und meinem Schwiegersohn, Samuel Galle, für die Korrektur der Druckbögen. Frau Vreni Pfister war unermüdlich am Personal-Computer tätig, auch ihr bin ich zu Dank verpflichtet. Schliesslich danke ich dem Verlag für die vorbildliche Betreuung und schöne Ausstattung auch dieses Buches.

Wädenswil, im Sommer 1989   Albert Hauser

Die Umwelt

1

1 Überschwemmung im Wallis. In der ersten
Hälfte des 19. Jahrhunderts mehrten sich die Überschwemmungen und Lawinenniedergänge in
beängstigendem Ausmass. Schuld an diesen
Umweltkatastrophen war zu einem grossen Teil
der Raubbau am und im Wald. Nur wenige aufge-
schlossene und weitblickende Persönlichkeiten
erkannten diese Zusammenhänge. Die Kalender
aber beeilten sich, das «schreckliche Geschehen»,
wie hier im Hinkenden Bott von 1829, in Bild und
Wort zu übermitteln.

Seit der Aufklärung und wirtschaftlich seit der industriellen Revolution
versteht sich, so Carl Friedrich von Weizsäcker, «die Neuzeit als Ära des
Fortschritts. Auch wo sie selbstkritisch ist, misst sie sich an der anerkannten
Forderung der Fortschrittlichkeit. Sie fällt damit aus dem Rahmen aller
bisherigen Weltkulturen, die ihren Stolz und ihr Kriterium der Selbstkritik
in der Dauer, in der Bewahrung sahen.»[1] Das 19. Jahrhundert, mit welchem
die neue Zeit beginnt, hat sich beiden Polen, der Dauer wie dem Fortschritt
verschrieben. Das Volk, der volkstümliche Mensch, hielt zäh an altüberlieferten Normen und Werten fest, während eine Elite, verkörpert durch die
Führer des liberalen Bürgertums, auf die Karte des Fortschrittes setzte. Vor
allem die Unternehmer, zu ihnen stiessen in der zweiten Hälfte des Jahrhunderts die am jungen Polytechnikum ausgebildeten Architekten und Ingenieure, bauten auf die Technik. Sie sollte helfen, die elende, schmutzige
Armut zu überwinden. Dass sie mit ihrer gewaltigen Verwandlungskraft
dereinst die Grundlage des neuen Wohlstandes, ja schliesslich die Natur
bedrohen würde, ahnten sie nicht, konnten sie nicht voraussehen. Den
Begriff Umwelt kannten sie gar nicht, was nicht heisst, dass es nicht auch im
19. Jahrhundert Umweltschwierigkeiten, Umweltprobleme, ja Umweltkatastrophen aller Art gegeben hätte. Es gab, hervorgerufen durch den Raubbau im Wald, eine Energiekrise. Es gab Lawinen und Steinschläge sowie
Überschwemmungen. In den Städten war das Trinkwasser verseucht.
Trocken- und Nassperioden führten zu Missernten und den letzten Hun-
gersnöten. Seuchen wie Cholera und Typhus führten zu schmerzhaften
Einbrüchen in die Gesundheit und ins gesamte Leben. Feuerbrände zerstörten ganze Flecken und Dörfer. Heute sehen wir unschwer, dass es da verschiedene kausale Zusammenhänge gegeben hat. Damals sah man sie noch
nicht. Die Aufklärung, die rationalistische Erklärung von Umwelterschei-
nungen wie Donner und Blitz oder Lawinen, hat das Volk nicht erreicht.
Wie noch im ausgehenden Mittelalter sind Donner und Blitz – um bei
diesem Beispiel zu bleiben – Zeichen des göttlichen Zornes. Die Leute von
Zollikon im Kanton Zürich begleiteten deshalb noch 1869 jeden Blitz mit
einem «B'hüet is Gott vor Leid und Unfal».[2] Noch um 1876 glaubte man im
Glarnerland, im Donner das Grollen des allmächtigen Gottes zu erkennen:
«Aber der Herrgott hät's (den Frevel der Sennen) g'sihn (gesehen) und hät
sich drob mächtig erzürnet, danderet (gedonnert) hät er und g'rüeft lut a de
Winden, am Sturm.»[3] Auch im 19. Jahrhundert gab es Leute, die den Hagelschlag «leidwerchenden» Hexen zuschrieben. Eine alte Frau in Flums meinte
um 1890, man finde in den Hagelkörnern manchmal Haare, die dem Kopf-
haar der das Unwetter zusammenbrauenden und -kochenden Hexen entstammten.[4] In ländlichen Gebieten, wie beispielsweise im Sarganserland,

11

hatte der Sigrist beim kommenden Gewitter die Wetterglocke zu läuten. In ihr wohnte altem Glauben gemäss die Kraft, die Macht, das Unwetter zu bannen oder zu vertreiben. Dabei hielt man sich an die alte St.-Florians-Regel. So stand die Wetter- oder Mariaglocke von Sargans im Rufe, Hagelwetter aus dem katholischen Sarganserland dem reformierten Wartau zuzutreiben. Andererseits konnte die grosse Glocke von Walenstadt das Wetter in freundnachbarlicherweise über die Churfirsten ins reformierte Toggenburg leiten.[5] Auch in anderen Regionen, vor allem in der Innerschweiz, hatte der Sigrist beim Nahen des Gewitters das Betglöggli zu läuten. Als Wetterglocke galten in Beromünster die beiden Glocken der Stifts- und Pfarrkirche zusammen. Im Freiburgischen hiess es, die Glocke sei gut geweiht, einige Male sei der Hagel nicht über die Jaungrenze gelangt. Der Sigrist aber wusste, was er zu tun hatte; die Leute schimpften, wenn er nicht sofort läutete.[6]

Zwar hat man beim Donner oder beim Blitz nicht nur fromme, sondern gern auch etwa witzähnliche Sprüche gemacht: Sie kegeln droben, hiess es in der deutschen Schweiz, oder sie spielen Boccia, sagte man im Tessin. Sie rollen Käse, sagte man in der Innerschweiz und im Wallis oder der Petrus wirft die Brente um sich in der Innerschweiz. Aus dem Engadin ist der hübsche Spruch überliefert: «Il Segner va per fain, ul diavel in charrozza, e sfracha tuot si'ossa (der Herrgott geht Heu führen, der Teufel fährt Kutsche und zerbricht sich alle Knochen).»[7] Etwas derber, ja grotesk lautet eine Wendung aus der Genferlandschaft: «Le bon Dieu mène sa femme en brouette.» Doch solch scherzhafte Anspielungen auf Gott und die himmlische Sphäre empfand man als unpassend, vulgär oder blasphemisch: «Ça choquait encore bien des gens», meinte ein Mann aus Château-d'Oex. In katholischen Gebieten hörte man die Redensart: «Im Petrus sini Gselle cheigle» nicht sehr gern. Wer das sagt, «den schaut man an, denn das dünkt einen nicht recht». Solche Ausdrücke wurden als Gotteslästerung empfunden. Denn immer noch war der Donner für viele Leute ein Zeichen des zornigen Gottes. Man sagte auch den Kindern: «Ecoute le bon Dieu qui gronde», oder in der deutschen Schweiz «dr Himmelvatter isch bös, duet schimpfe». Witze, so glaubte man, sind da nicht angebracht, und man hörte sie auch mehr in der Wirtschaft oder unter Knechten.[8]

Häufig wird im 19. Jahrhundert bei drohender Gefahr Zuflucht im Gebet gesucht. Die Protestanten rufen Gott oder Christus, die Katholiken zusätzlich die Heiligen an. Wie weit es dabei um Stossseufzer aus gläubigem Herzen, wie weit aber nur um sinnentleerte Formeln ging, bleibt offen. Hier einige Beispiele von solchen Stossseufzern oder kurzen Gebeten: «Mon Dieu» oder «Dieu soit avec nous» oder «Mon dieu, ayez pitié de nous», sagten die protestantischen Westschweizer, während die Katholiken riefen «Jésus de Nazareth, Rois des juifs, ayez pitié de nous». Ebenso: «Seigneur, préservez-nous de la flamme et des éclairs.» Indem man das sagte, machte man gleichzeitig das Kreuzzeichen. Dementsprechend hiess es in der protestantischen Deutschschweiz etwa: «Bhüet is de lieb Gott dervor», wenn ein heftiger Blitz vom Donner gefolgt war. «Helf is Gott», sagte jeweils die Grossmutter, so erzählte noch um 1930 ein Gewährsmann. Als Schutzgebet galt:
«Bhüet is Gott und's heilig Chrütz
vor em Wetter und vor em Füür!
Lukas, Markus, Matthäus und Johannes:
bewahret üüs vor em überflüssige Füür und Wasser.»

2

3

Die katholischen Rätoromanen riefen ihren heiligen Benedikt an: «Son Banatetg, pertgirà me dil Agametg», Heiliger Benedikt, behüte mich vor dem Blitz, oder «San Simùn, libérum de la saeta e dal trun», Heiliger Simon, befreie mich vom Blitz und Donner. Daneben sind beschwörende Wettersegen überliefert: «Mon Dieu! renvoyez-moi ce tonnerre dans un lieu désert afin qu'il ne fasse de mal à personne» oder «Dieu te conduise dans un lieu désert pour ne faire tort à personne».[9] Von solchen Beschwörungen bis zu vielerlei Abwehrmassnahmen war oft nur ein kleiner Schritt. Die Mutter legte, so berichtete ein alter Bauer, bei Donner und Hagel das Tischtuch in die Dachtraufe. Andere legten die Brotschaufel, die Sense mit der Schneide aufwärts gerichtet in die Dachtraufe. Im Saanenland gab es Häuser, in denen «lufthangende Briefe» als Schutz vor Blitzschlag aufbewahrt wurden. Blitzte es, so hatte man ausserdem schnell die drei höchsten Namen zu sagen: Gottvater, Sohn, Heiliger Geist. Konnte man dies, so schlug es nicht ein.

Die Angst vor dem Blitz war in der Tat begründet bei dem vorherrschenden Holz im Hausbau. In gewissen Regionen kam es immer wieder zu verheerenden Feuersbrünsten. Wir können und brauchen sie nicht alle aufzuzählen. Einige Beispiele stehen für viele. Am 5. Mai 1794 zerstörte eine fürchterliche Feuersbrunst die ganze Stadt La Chaux-de-Fonds. Ein Kupferstich von Abraham Louis Girardet hält das Drama fest: Bedroht von Flammen und Rauch, versuchen die Leute in grosser Hast ihre Habseligkeiten auf dem Rücken oder auf Fuhrwerken zu retten. Ein anderes Bild von J. B. Isenring hält das grosse Brandunglück vom 28. Januar 1830 in St. Gallen fest.

2 Die Rheintaler wurden in den sechziger Jahren immer wieder von schweren Hochwassern heimgesucht. Bilder solcher Überschwemmungen fand man selbst in der Illustrierten Zeitung von Leipzig. Unser Bild: Der Eisenbahndammbruch bei Burgerau, 1868, gezeichnet von J. Löser.

3 Zu den grossen Katastrophen des 19. Jahrhunderts gehörte das Eisenbahnunglück von Münchenstein am 14. Juni 1891. Es hat die Gemüter in stärkster Weise erregt und den Eisenbahngegnern neuen Auftrieb gegeben.

Auch hier stand man dem Feuer mehr oder weniger machtlos gegenüber. Wegen mangelnden Einfahrten konnte das Feuer hier nicht wirksam bekämpft werden. Es gab mehrere Tote und grossen Sachschaden.[10] Um 1830 wird Le Locle von den Flammen heimgesucht, um 1841 Coffrane, 1848 Les Brenets, 1864 Buttes, 1865 Travers – alles Ortschaften in der gleichen Region.[11] Traurige Berühmtheit erlangte der Brand von Glarus. Hier war es allerdings nicht der Blitz, sondern ein Föhnsturm, der für das Unglück verantwortlich zeichnet. Er brach am Abend des 10. Mai 1861 aus. Um 10 Uhr nachts wurde das Feuer beim Landsgemeindeplatz registriert, und es breitete sich mit Windeseile aus. Durch die Luft wirbelnde Holzschindeln verwandelten die nördlich liegenden Teile des Fleckens sofort in ein grauenhaftes Flammenmeer. Innert Stunden fingen 500 Häuser Feuer. Jetzt rächte es sich, dass man dem Gemeinderatsbeschluss von 1843, wonach die Schindeln durch Ziegel hätten ersetzt werden sollen, nicht nachgekommen war.[12] Ein Augenzeuge, der Arzt und Gemeindepräsident Dr. Niklaus Tschudi, schildert den Brand: «Es war ca. halb ein Uhr, als ich von der Nordseite her die Burg bestieg und von da aus einen entsetzlichen, fürchterlichen Überblick über das Ganze gewann. Vor mir lag Glarus, ein Feuermeer bildend, dessen Wogen sich hoch mit fürchterlichem Geprassel aufbäumten und den ganzen Talkessel und die ihn umstehenden Berge und das ganze sichtbare Firmament mit einer unheimlichen, gespenstigen Helle so erleuchteten, dass auch die kleinsten und entferntesten Gegenstände wie mitten im Tage gesehen werden konnten. Nur wer diese fürchterliche Helle mitangesehen hat, kann begreifen, dass der Widerschein davon bis über den Bodensee hinaus, den Rhein hinab bis gegen Basel und nach Westen bis in die Berge von Neuenburg gesehen werden konnte.»[13]

Die Bilanz der Umweltkatastrophe: Genau 593 Häuser waren zerstört, Kirche, Wachthaus, Rathaus, Pfarrhäuser und Regierungsgebäude standen nicht mehr. Mit seinen Ruinen und Aschenhaufen glich Glarus einer Geisterstadt. Die von überall herbeigeeilten Löschmannschaften hatten nur verhindern können, dass weitere Quartiere und die Fabriken dem Brand auch noch zum Opfer fielen.[14]

Ein weiteres Übel waren die zahlreichen Überschwemmungen. Sie gehen zum einen Teil aufs Konto extremer Klimaausschläge, übermässiger sommerlicher Niederschläge, zum anderen Teil aber aufs Konto des Raubbaues in den Wäldern. Hier nur einige Beispiele: Um 1834 und 1839 verheerten Hochwasser die meisten Teile Graubündens, des Tessins und des Kantons Wallis wie auch des Mittellandes. Eine Expertenkommission unter Leitung des waadtländischen Forstinspektors Lardy sah die Ursachen des Unheils in fahrlässiger Waldverwüstung.[15] In den späten 1840er Jahren wiederholte sich das Drama.[16] Allen Bach- und Flussverbauungen zum Trotz traten die Flüsse und Bäche immer wieder von neuem übers Ufer und verwüsteten fruchtbares Land, rissen Lücken in die ohnehin knappen Ressourcen. Die wiederholt auftretenden Überschwemmungen haben, wie das Beispiel der Linthebene zeigt, eigentliche Versumpfungsprozesse eingeleitet. Dabei geht es um Prozesse, die schon im 18. Jahrhundert bekannt waren. Schon damals hatte die Linth immer wieder grosse Schuttmassen aus dem Hinterland gebracht und den Niederurner- sowie Biltenerbach verstopft, so dass sich die Fluten stauten, anstatt in den Zürichsee abzufliessen.[17] Die grosse Linthkorrektion hat hier Remedur geschafft.

Weitere solche «vaterländische Werke» blieben längere Zeit aus, und die Menschen waren der Gewalt des Wassers nach wie vor hilflos ausgeliefert.

4 Immer wieder verzehrten Brände die Städte und Dörfer. Kein Wunder, dass deshalb die ersten Brandversicherungen begeistert begrüsst wurden. Unser Bild: Brandversicherungsvertrag der Schweizerischen Mobiliar-Versicherungsgesellschaft, ausgestellt in Langenthal im Jahre 1839.

5 Feuersbrünste waren im 19. Jahrhundert in den vielen Holzbauten sehr häufig. Die Mittel der Feuerwehren waren beschränkt. Die meisten Häuser waren deshalb wie dieses Hotelgebäude (Hotel Kreuz in Buochs) hoffnungslos verloren. Der Brand ereignete sich im Jahre 1877.

6 Der Mensch im Kampf gegen die Urgewalt der Natur: Bau des Werdenberger Kanals bei Salez um 1882/83. Mühsam graben sich die Arbeiter durch die Steilstrecke im Gebiete eines prähistorischen Bergsturzes. Der Aushub erfolgte ausschliesslich von Hand.

4

5

Was die betroffenen Menschen litten, schildern uns einige Augenzeugen: Um 1825 reiste Oberförster Karl Kasthofer über die Flüela. Als er nach Ragaz kam, traf er eine auf weite Strecken zerstörte Landschaft. «Auf dem grossen Felde der Verwüstung sind nur Schuttwände sichtbar, auf denen niedrige Gesträuche Wurzeln suchen, bis neue Fluthen sie wieder fortreissen... Immerfort wälzt der Tamin und die Landquart schweren Grand und Felsstücke mit fast rechtwinkliger Strömung in den Rhein und die anderen Bäche reissen Steine dem Fluss zu und erhöhen sein Bett, das mit jedem Zoll Erhöhung gefährlicher, die bleibenden Thäler und Ufer der Seez, des Walensees bedroht.»[18] Als Augenzeuge hat auch Jeremias Gotthelf den wiederholten Ausbruch der Emme erlebt und beschrieben. Er sah «die Emme hochaufgeschwollen in ihrer grimmigsten Wut das Tal herniederrollend mit gewaltigem Schnauben und Brüllen die Ufer überflutend bereits über die Dämme schlagend. Man hatte hie und da von einer zu erwartenden *Wassergrösse* gesprochen. Man hatte auf trockenem Lande Kröten, Blindschleichen, Molche gefunden, sonstige Anwohner der Emme... Man hatte das Bett der Emme hinauf das Gerassel eines schwer beladenen Wagens gehört am hellen Tage, und als man nachsah, war kein lebendig Wesen auf dem Emmengrund zu sehen, soweit man ihn überblicken konnte; aber jetzt hatte man an das Anschwellen nicht gedacht. Es hatte wohl geregnet in flacherem Lande, über die niedern Hügel, doch nicht überschwänglich, furchterregend, aber es war wie im Jahre 1837 bei der grossen Wassernot. Eine Masse Dünste hatte sich gesammelt in den Bergen und Tälern; schwergeschwängert, hatten sie nicht Kraft, sich zu erheben über die Berge, und die Berge wollten sich nicht beugen vor luftigem Gewölke, dem vergänglichen Gesindel, das heute tobt, morgen, zu Kot geworden, machtlos liegt, um bald sich zu verflüchtigen. Da brach die Wolkenburg, masslos strömte die Flut über die Bergwände, füllte die höchsten Täler und stürzte mit der Wut eines Bergsees, der tausendjährige Wände gebrochen, ins tiefere Land, verwüstend wie vor Zeit ein wild Tartarenheer, das aus des Morgenlandes geheimnissvollem Schosse daherbrauste wie auf des Sturmes Fitigen, einem ungeheuren Feuerbrande gleich zerstörend durch die Länder flammte. Erstarrt standen die Menschen auf dem über der Emme gelegenen Kirchhofe und schauten in die Wut der Wasser. Wellen, hoch wie kleine Häuser, wie man sie nie gesehen, warf die Emme stellenweise auf, fegte Holz und Bäume an ihren Ufern weg, warf sie wütend an Brücken und Schwellen, warf sich über die Dämme, brach sie stellenweise, flutete weithin über das wohlgebaute Land, besuchte die alten

6

Gründe wieder, in die sie sich vor viel hundert Jahren ergossen hatte, in denen sie wahrscheinlich alle Jahre zur Abwechslung einige Mal spazieren gegangen war.»[19]

Als Zwölfjähriger erlebte Johannes Hofmänner (1856–1936) die grosse Rheinnot des Jahres 1868. Hier sein Bericht: «1868, am 27. September, an einem Sonntag, an dem es stark regnete, musste ich aus der Kinderlehre ausser der Bahn ob dem alten Dorfrheinweg die ‹Rindli› ätzen (füttern) und stumpen (an Pfählen anpflocken). Man liess das Galtvieh (Jungvieh) immer auf freiem Feld übernachten. Der Nachbar Christian Rutz, etwas älter als ich, ging mit ein paar Geiss auch mit, um sie in den Äckern, wo der Türken (Mais) abgehauen, zu weiden, da es meistens noch recht viel Disteln hatte, die welk waren. Wir bauten aus Türkenstroh eine sogenannte ‹Türkenkilche›, um etwas unter Dach zu sein. Nach dem Füttern – ‹trenken› (tränken) musste man nicht – zogen wir heim. Am Montag früh klopfte es scharf an die Laden (Fensterläden) von Haus zu Haus, mit dem Ausruf: ‹Der Rhein kommt.› Der Dreier (Aufbietender bei Alarm), Rudesheire (Ruedis Heiri = Familie in altem Dorf-Wäseli) alarmierte das ganze Dorf. Rasch gingen der Vater und ich mit einer Holzlaterne in die dunkle Nacht hinaus; immer strömender Regen. Da und dort kam eine Laterne hervor. An der Kreuzgasse kamen wir zu Johannes und Christen Nigg, die auf den Rhein geboten waren. Sie sagten, sie gehen gerade zuerst mit dem Bartli das Vieh abzulassen. Dort angekommen, standen schon einige im Wasser (gemeint sind die Rinder oder Kühe). Schnell schnitten sie die Haften (Stricke) ab, sie sagten, wir sollen dem Heldau Überfahr (Bahnübergang) zu, so rasch als möglich. Wir erreichten den Bahnübergang und den Mühlegraben, welcher schon bis an die Brücke mit trübem Wasser voll war, nachher waren wir in der Landstrasse und damit in Sicherheit. Nur wenige Augenblicke später war der Weg abgeschnitten. Mit der Tagesdämmerung war von der Landstrasse bis zum Rheindamm alle Breite ein Strom, alles mögliche mit sich führend.» Hofmänner berichtet dann, dass der Rheindamm oberhalb Sevelen gebrochen war. «Der Schaden sei überaus gross gewesen. Es habe mehrere Tote gegeben. Ein Mann sei ertrunken, weil schwimmendes Maisstroh ihn erfasst und mitgerissen hatte. In der Burgerau seien auch zwei Häuser weggeschwemmt worden und dabei hätten zwei Menschen den Tod gefunden. Die Männer, die draussen am Rheindamm standen, hätten tagelang warten müssen, bis man sie mit Schiffen holen konnte, die man erst von Walenstadt her bringen musste. Es dauerte viele Jahre, bis namentlich der Boden wieder in kulturfähigem Zustand war. Einige Stellen bei den Rheineinbrüchen sind verloren und sind heute bloss Erlenwald.»[20]

Einen recht guten Eindruck von der grossen Wassernot vermitteln auch die wenigen vorhandenen Bilder. Am 7. November 1868 brachte die Illustrierte Zeitung von Leipzig einen Holzstich von H. Philippi. Recht gekonnt wird hier der Kampf der bedrängten, verängstigten Menschen mit der Übermacht der Elemente dargestellt. In grosser Hast versuchen die Leute die Wassermassen mit Baumstämmen und Steinen von den Häusern fernzuhalten.[21]

Zu den nassen kamen immer wieder auch trockene Jahre, die jeweils unmittelbar zu einer drastischen Verknappung der ohnehin knappen Lebensmittelvorräte führten. Zweimal suchte der Hunger die Leute des 19. Jahrhunderts heim. Die grösste Krise war jene von 1816/17. Sie ist auf eine einmalige meteorologische Situation zurückzuführen. Die Vegetationsperiode war die kälteste innerhalb eines ganzen Jahrhunderts. Sie wurde

7

7 Auf den Strassen häuften sich die Überfälle. Auf einem Exvoto-Bild der Kapelle Niederrickenbach ist eine solche Szene festgehalten. Der Überfall ereignet sich zwischen zwei Schriftbändern wie in einer hohlen Gasse: «Von zweyen Unholden mörderisch angegriffen, rief ich Gottesmutter um ihre mächtige Hülfe an; und ihre Hülfe ward mir. Gott sey gelobt! 1829».

8 Kriegsgefahr. «Verschon uns vor Krieg, Seuche und Hunger.» Diese Parole galt zum Teil auch noch im 19. Jahrhundert. Die Kriege sind allerdings selten geworden. Trotzdem hatten unsere Vorfahren einige Kriegswirren – man denke nur an die Kriege um 1800 oder an den Sonderbundskrieg – zu überstehen. Aus der Sonderbundskriegszeit stammt auch dieses Votiv. Der Text spricht für sich: «Drei Scharpfschitz von Nidwalden; als sie den 23 Wintermonath 1847 im Rotherberg Canton Luzern, in Todesgefar gekommen, vom Feinde umgangen, schin ihre retung unmeglich, sie nahmen Zouflucht zur Götlichen Moutter und dem S. Conrad Scheuber. Und Glicklich kamen sie in ihr vatterland gesund und wolbehalten zu rick, Lobet und danket Gott in seinen Heiligen.»

8

durch Überschwemmungen zusätzlich verschärft und wuchs sich zu einer schweren sozialen Belastungsprobe aus.[22] Spekulanten begannen Obst und Korn noch vor der Ernte aufzukaufen und trieben die Preise «mit unerhörter Wucht in die Höhe». So stiegen die Brotpreise in Zürich innerhalb eines Jahres um 650 Prozent. Im berühmten «Erinnerungsblatt auf die beispiellose Theuerung des Jahres 1817» heisst es: «Oft zählte man in einer einzigen Wiese in der gleichen Stunde 30 bis 40 Menschen, die unter dem Vieh ihre Nahrung suchten. Viele Menschen wurden hungererstorben auf dem Felde erfunden. Ohngeachtet aller Hilfe war es doch nicht möglich, das Elend so zu lindern, dass nicht noch viele Krüsch, Gras, Wurzeln und viele ander thierische, dem Menschen ungewohnte Speisen zu essen, um dem grausamen Hungertode zu entgehen.» In vielen Gemeinden starben wöchentlich bis 14 Personen an Mangel an Nahrung. In den Kantonen St. Gallen und den beiden Appenzell verhungerten rund 5000 Personen.[23] Um 1819 berichtet der Totengräber von St. Jakob in Aussersihl-Zürich von Hungertoten: «In

wenigen Monaten seien so viele Leichen von Ansässen, Soldaten und Landjägern gebracht worden, dass bald die Gänzlichen zum zweiten Mal überlegt
sein werden und es leider jetzt schon zum öftern vorkommt, dass bei der
Erstellung neuer Gräber die alten Särge zerschlagen werden müssen, in
denen die Leichen noch nicht ganz verwest seien.»[24]

Manchmal verbinden sich die bösen Elemente. Es hat den Anschein, dass
im 19. Jahrhundert auch die Lawinen besonders häufig auftraten. Hier nur
wenige Beispiele. Am 13. Dezember 1808, kurz nach Mitternacht, wurde der
auf der linken Talseite des Bündnerlandes gelegene Weiler Selva von einer
am rechten Talhang niederfahrenden, den jungen Rhein überquerenden und
am Gegenhang emporbrandenden Lawine teilweise zerstört und die Hälfte
der Einwohner, 42 Menschen, unter ihren Häusern begraben. Nur 17 davon
konnten lebend aus den Trümmern geborgen werden. Im Jahre 1849 hatten
die Bewohner von Saas Grund die gefährdeten Häuser während eines starken Schneefalles verlassen und sich in scheinbar sichere Gebäulichkeiten
zurückgezogen. Die Lawine schlug jedoch eine ungewohnte Bahn ein und
zerstörte gerade jenes Haus, in welches sich 26 Personen geflüchtet hatten; 19
davon kamen um. Im Winter 1887/88 forderten die Lawinen in der Schweiz
nicht weniger als 49 Menschenopfer, 35 Personen konnten dem kalten Grabe
noch lebend entrissen werden, aber 665 Stück Vieh wurden begraben, 850
Gebäude zerstört oder stark beschädigt und über 80 000 Kubikmeter Holz zu
Boden geworfen.

Wie entsteht eine Lawine, weshalb gibt es Lawinen? Das Volk war ratlos,
der Urgewalt schutzlos ausgeliefert. Steckte am Ende gar Hexenwerk dahinter? In einer Urner-Sage wird es angedeutet: In der Brächä im Palanggätobel
bei Seedorf hat man einmal ein Wybervölchli beobachtet. Bald hernach
wurde es «leid» (böse) und löste sich ein gewaltiger Erdschlipf los, der dem
Tobel zufuhr. In einer andern Sage erscheint gar eine Hexe auf der Lawine
sitzend. In einer Wallisersage wird die grosse Tennbachlawine von einer
Hexe angebrochen. In den Sarganser-Sagen wird eine in den Valenserbergen
niedergegangene Lawine den Hexen zugeschrieben. Sie hätten die Lawine
durch Tanzen ausgelöst.

Die Lawine wird auch als eine von höchster Stelle verhängte Strafe angesehen: In einer Walliser-Sage kommt ein Schuhmacher in einer Lawine um,
weil er an einem Heiligentag (St. Vinzenz) gearbeitet hatte. In Geschinen
stürzt eine Lawine ins Dorf und reisst den Stall eines sündigen Geigers ein. In
Biel (Wallis) erzählte man sich, dass das grosse Lawinenunglück geschehen
sei, weil zuviel Tarock gespielt und zuviel getanzt wurde. Ein Vögelein
kündete das Unheil an: «Tod und Not, Tod und Not.» Allein, niemand
verstand es oder wollte es hören.

Wie stand es mit dem Schutz? Wie war es um die alten Bannwälder
bestellt, um die Wälder, die den Flecken Altdorf und andere Dörfer längst
verschüttet hätten, wenn, wie es in Schillers Wilhelm Tell von 1804 heisst,
«nicht der Wald dort oben als eine Landwehr sich dagegen stellte»? Sie
waren, wie die Forstleute immer wieder feststellen mussten, in schlechtem,
überaltertem Zustand. Allen kantonalen oder lokalen Erlassen zum Trotz
ging der Raubbau in den Wäldern weiter. Vielerorts wurde wie schon im
18. Jahrhundert Vieh zur Weide in den Wald getrieben, wo es unheimlichen
Schaden anrichtete. Da und dort machte man weiterhin Streue im Wald,
schälte man die Rinde, schneitelte man, schlug ganze Flächen kahl.[25]

Vergeblich warnten die Förster, vergeblich schilderte Zschokke in seinem
gut dokumentierten Buch «Der Gebirgsförster» die Schäden, die dem Wald

9

10

durch menschlichen Mutwillen entstehen.[26] Vergeblich warnte Kasthofer in seinen Gutachten und Büchern und Vorträgen immer wieder: «Die Wälder sind Schutzmittel gegen das Witterungsgefälle; ihre Zerstörung kann furchtbare Folgen von Erdrutschen, Lawinen bis zur klimatischen Veränderung haben.» Der Wald bietet eben nicht allein örtlichen Schutz, wie das Volk glaubt, vielmehr übt er eine grundsätzliche Schutzwirkung aus, weil er die Wasser zurückhalten kann: «Gewiss ist es immer, dass da wo ein Wald steht, keine Schneelawine ihren Anfang nimmt und je mehr also die Wälder des Hochgebirges verschwinden, desto mehr Lawinen werden entstehen, desto mehr werden sie die tieferen Wälder zerstören und die Thäler unsicher machen.»[27]

Vergeblich warnte Gotthelf: «Alle, welche Wald misshandeln, Raubbau treiben, unvernünftig Holz schlagen und Land holzarm machen, werden büssen müssen, dass sie in der Hölle nicht ins Feuer geworfen, sondern in Eis gesetzt werden: Denn sie sündigen nicht bloss an diesem Geschlecht, sondern auch an den zukünftigen, und nicht nur wegen Holz, sondern auch wegen dem Klima, wegen Wassergüssen, Schneelawinen und Erdfallen.»[28]

Vergeblich geisselte auch Gottfried Keller den Raubbau in und am Wald. Im «Verlorenen Lachen» schildert er die verheerenden Folgen des Kahlschlages und zeigt, wie die Lücken in den hundertjährigen Holzwaldbeständen dem Hagelwetter den Durchlass auf die Weinberge und Fluren öffneten. In «Martin Salander» sagt der junge Weidelich zu seinem Schwiegervater, er werde den Buchenwald verkaufen. Martin Salander aber entgegnet: «Die Buchen schützen ja allein Haus und Garten samt der Wiese vor den Schlamm- und Schuttmassen, die der abgeholzte Berg herunterwalzen wird.»[29]

Das Volk dachte in all diesen Dingen ein wenig anders. In den Sagen, die ja volkstümliches Denken im allgemeinen sehr realitätsbezogen widerspiegeln, wird immer wieder registriert, dass es an dieser und jener Stelle früher einen schönen Wald gehabt habe, dass er aber seither verschwunden sei. In einer Sage aus Uri heisst es: «In den Fritteren ob Unterschächen sei vor Zeiten ein grosser, dichter Wald gewesen. Der Geissbub, der in dem engen Obwald die Geissen hütete, habe gesagt, äs syg scho z'geissärä, wenn d'Geiss nur nid i Fryttäräwald loiffet.»[30] Ein herrlicher Tannenwald dehnte sich «vom wilden Sulzbach zu Spiringen bis zum waldreichen Brunital in Unterschächen aus. Zur Zeit, als sich Unterschächen von Spiringen trennte, stritt man sich leidenschaftlich um die Teilung dieses Waldes. Da fiel der morsche Rütinossen herunter und begrub einen grossen Teil desselben unter seinen gewaltigen Trümmern». Hier wird für den Bergsturz und die Vernichtung und Dezimierung eines Waldes ein Streit verantwortlich gemacht. In all diesen Sagen, denken wir nur an das weitverbreitete Blüemlisalp- oder Vrenelisgärtlimotiv, wird nie von Raubbau, nie von der Waldzerstörung gesprochen. Die Ursache wird immer in moralischen Verfehlungen gesehen. Die Menschen haben gesündigt, Gott hat sie bestraft. Es ist das uralte Sodom-und-Gomorrha-Motiv, das in unseren Sagen immer wieder aufs neue erscheint und in vielfachen Varianten abgewandelt wird.[31]

Es gibt nur wenige Hinweise dafür, dass das Volk die wichtige Schutzfunktion des Waldes gekannt und gewürdigt hätte. Steinschläge, Lawinen werden gerne dem Teufel zugeschrieben, besonders wenn sie, wie das in einer Bündnersage geschildert wird, den Bannwald zerstörten. Vergeblich suchen wir nach Aussagen und Geschehnissen, die auf eine bewährte und gezielte Pflege des Waldes schliessen lassen. Die Bauern standen dem Wald

9 Der Bergsturz von Goldau vom 2. September 1806. Der vom Rossberg niedergegangene Bergsturz vernichtete die Dörfer Goldau und Röthen. Er gehörte zu den grossen Katastrophen des 19. Jahrhunderts.

10 Bis weit hinein ins 19. Jahrhundert waren die Landwirte der Unbill der Witterung schutzlos preisgegeben. Die ersten Hagelversicherungen schafften die Not zwar nicht aus der Welt, trugen aber viel zu ihrer Linderung bei. Unser Bild: Plakat der Hagelversicherungsgesellschaft aus dem Jahre 1825.

11

– so erstaunlich das auch klingen mag – noch im 19. Jahrhundert eher feindlich gegenüber. Es galt, ihm Raum und Boden abzugewinnen und weiterhin Wiesen und Weiden zu bekommen. Ausserdem herrschte immer noch die Meinung vor, dass es genug Wald gebe, die Bäume sowieso von selber wieder nachwachsen. Noch um 1900 meinte ein alter Prättigauer Bergbauer, früher habe man noch Tannen gehauen und geschwempt, um Weide zu erhalten; jetzt müsse man – aus dieser Aussage ist ein gewisses Erstaunen herauszulesen – sogar Tannen setzen.[32]

Man war also gewissermassen taub, schwerhörig. Da machte sich die Natur selbst bemerkbar. Um 1868 richteten Hochwasser und Steinschläge abermals grosse Verwüstungen an. Daraufhin kam es zu verschiedenen Vorstössen in den Parlamenten. Erstmals wurden Bundesbeiträge für Aufforstungen und Schutzbauten beschlossen. Endlich, nach langen Vorarbeiten und vielen Expertisen, wurde 1876 das erste eidgenössische Forstgesetz erlassen. Es verlangte nachhaltige Bewirtschaftung der öffentlichen Wälder, die Anlage von neuen Schutzwäldern und das Verbot von Rodungen im Schutzwald. Sein Nachteil: Es war auf das Hochgebirge zugeschnitten, bezog sich auf die Gebirgskantone sowie die gebirgigen Teile der anderen Regionen. Doch es war mindestens ein Modell, ein Vorbild, und es hat den Erlass eines allgemein gültigen schweizerischen Forstgesetzes von 1902/03 vorbereitet.[33]

Inzwischen hatten sich aber in den dicht besiedelten Regionen ganz andere und neue Probleme gezeigt. Plötzlich traten verheerende Seuchen und Epidemien nicht mehr in der Linthebene, sondern mitten in den Städten auf: In Zürich, in Genf, in Bern und in Basel. Plötzlich sah man mit grossem Staunen, dass sich hier und nicht auf dem Lande die Lebensqualität ganz entscheidend verschlechtert hatte. Ein Beispiel – auf weitere Einzelheiten werden wir im Kapitel «Gesunde und kranke Tage» zurückkommen – aus Bern. In den Quartieren der Berner Altstadt, wo das einfache Volk wohnte, lag die allgemeine Sterblichkeit 58 Prozent über dem städtischen Durchschnitt. An Tuberkulose und Infektionskrankheiten starben hier doppelt so viele Menschen wie in den anderen Quartieren, und Cholera und Typhus verbreiteten sich hier in beängstigendem Ausmass. Um 1884 sind nach dem Bruch einer Wasserleitung in Zürich 627 Einwohner an Typhus erkrankt, und deren 63 starben.[34] Schon um 1866 hatte der zürcherische Stadtingenieur Bürkli berichtet, dass die mit gemeinschaftlichen Fäkaliengruben ausgerüsteten Häuser nicht richtig entsorgt würden. Die Gruben seien oft voll und die Höfe ertränken im Morast, das verseuchte Wasser fliesse auf die Gasse. Zahlreiche Häuser erhielten ihr Licht und ihre Luft von den mit Unrat und Kot gefüllten Ehgräben.[35] Alter Vorstellung entsprechend nahm man damals noch an, dass die Krankheiten wie Typhus durch die Luft eingeatmet werden. Selbst einzelne Mediziner waren dieser Meinung, und sie drängten deshalb auf eine Sanierung der Abtritte. Man nahm auch an, dass der Boden mit Fäkalien vergiftet sei. Das war insofern richtig, als über undichte Abtrittsgruben Krankheitskeime ins Trinkwasser gelangen konnten. Es sei wie immer – diese Bodenvergiftungstheorie lieferte die wissenschaftliche Rechtfertigung zur Kloakensanierung.[36]

Die Aufgabe war gestellt, wie aber sollte man sie lösen? Das Ausland bot Modelle an: Paris mit der Schwemmkanalisation, Berlin mit seinen Rieselfeldern. Zürichs Stadtbaumeister legt Vorschläge vor. Sein Schwemmkanalisationsvorschlag wird 1864, sein Rieselfeldvorschlag 1874 abgelehnt. Stadtväter wie Hauseigentümer können sich erst 1869 nach der grossen Cholera-Epidemie zu einem Kompromissvorschlag durchringen. Das Ehgrabensystem wird zum Abtrittkübelsystem umgewandelt. Die Abwässer fliessen indessen weiter die Limmat hinunter.[37] Die «festen Stoffe» fallen durch Schächte in Kübel, welche man ins Hardhüsli bringt; dort wird das Material von Bauern abgeholt. Der Hausabwart hatte die Kübel an den Strassenrand zu stellen, ein Pferdefuhrwerk von der Stadt holte sie hierauf ab. Im Hardhüsli wurden die Kübel geleert und mit kaltem Wasser «sauber» gewaschen. Tatsächlich verschwand in einigen Ehgräben und Hinterhöfen der Kot, die Gewässerverschmutzung aber blieb bestehen.[38] Unterhalb der Stadt wird das Kanalwasser direkt in die Limmat geführt, und noch 1896 haben grosse Teile des linken Limmatufers (Sihlfeld, Altstadt) keine Kanalisation. Abwässer aus Küchen und Aborten fliessen weitere Jahrzehnte in die Limmat.

Doch Ansätze zu weiteren Reformen sind zum Glück vorhanden. Erstaunlicherweise gehen sie nicht auf ein besseres Umweltverständnis – der Begriff Umwelt existierte noch nicht –, sondern auf eine ganz andere Bewegung zurück. Man könnte sie mit Hygiene, mit Gesundheitspflege umschreiben. Die Berner Historikerin Beatrix Messmer spricht von einer eigentlichen hygienischen Revolution.[39] Die neue Bewegung wies sich umfassende Kompetenzen zu. «Sie beschränkte sich nicht auf den Bereich

11 Der Krieg fordert seine Opfer. Ein Freiburger Maler machte den Sonderbundskrieg von 1847 mit. Er malte das Geschehen auf ein Scheunentor.

12 Tiefen Eindruck machte den Menschen des 19. Jahrhunderts der Einzug der Bourbaki-Soldaten in die Schweiz im Jahre 1871. Der St. Galler Emil Rittmeyer zeichnete den Einzug der abgekämpften Schar in St. Gallen.

12

der Seuchenbekämpfung im weiten Sinne, obschon sie natürlich all das unter ihre Regie nahm, was schon seit langem zu den Aufgaben der Sanitätspolizei gehörte. Ihr Zugriff ging viel weiter und erfasste den Menschen in seiner intimsten Lebensaura.»[40] Ein Blick in das Programm dieser Bewegung zeigt, dass es sich hier ganz eigentlich um Umweltschutz im weitesten Sinne des Wortes gehandelt hat. Denn es ging um die Wohnung, es ging um Reinlichkeitsgrundsätze zur Erhaltung des sauberen Zustandes aller Wohnräume. Es ging um die beständige Lufterneuerung, gute Beleuchtung, geeignete Temperatur. Es ging um die Kleidung nebst Wäsche, es ging um Reinhaltung und Pflege der Haut, es ging um die Ernährung, um einen mässigen Gebrauch von Genussmitteln und um deren rechtzeitige Einschränkung, es ging um gesunde Schulräumlichkeiten, zweckmässige Unterrichtsmittel. Man warnte vor einer Überanstrengung des Herzens, vor brutalen klimatischen Einflüssen. Kurzum, man wollte nun endlich ernstmachen, das Verhältnis des Menschen zur Umwelt und zu seinem eigenen Körper völlig umgestalten. Initianten waren Ärzte und sozialpolitisch engagierte Praktiker wie etwa Laurenz Sonderegger in St. Gallen, der führende Kopf der medizinischen Standesorganisation, in Bern war es Adolf Vogt, in Zürich Oskar Wyss, der erste Vorsteher des neu gegründeten Hygienischen Institutes der Universität Zürich. Auch er fasste das Programm der Bewegung recht weit: «Sie hat noch weitergehende Ziele; Ziele, die über das Einzelleben und Familienleben hinausgreifen. Indem sie allen Menschen die Grundbedingungen für ein ungestörtes Wohlsein zu bieten sucht... bessert sie das Wohlbefinden ganzer Volksklassen, ja der Bewohner ganzer Ortschaften, ganzer Länder.»[41] Der Leser wird erstaunt feststellen, dass diese Ziele gar nicht weit weg von jenen des modernen Umweltschutzes der achtziger Jahre des 20. Jahrhunderts stehen. Einzig die Sprache ist anders: Es ging «um die Vorteile und die Eigenschaften eines guten Trinkwassers und einer für die Gesundheit zuträglichen Luft; unsere Wohnungen und die Familie und Feinde unserer Gesundheit in dieser; unsere Abtritte, unsere Brunnen, unsere Haustiere etc. Dinge von der grössten Bedeutung für unsere Existenz, unser Wohlergehen».

Mit ihren Aufklärungsschriften hofften die Ärzte weiteste Kreise der Öffentlichkeit zu erfassen. Englischem Vorbild nacheifernd, sollten Gesundheitsbehörden, sollte eine eigentliche Gesundheitspflege «den Zustand der Wohnungen, der Abtritte, Jauchetröge, der Düngerhaufen, Brunnen, Ställe, Schlachthäuser, Lokale, in denen ungesunde Gewerbe betrieben werden, Kirchhöfe usw. untersuchen».[42] Die Behörde sei durch Vereine zu unterstützen. Tatsächlich ist 1888 der Hygienische Verein Zürich gegründet worden. Schöne Ansätze! Wie weit sie vom Erfolg begleitet waren, ist durch die schriftlichen Quellen kaum zu erfahren. Sicher ist, dass sich die Einstellung zu allen diesen Fragen und Problemen allmählich änderte. Schmutz und Armut werden nicht mehr, wie etwa im 18. Jahrhundert, andeutungsweise, sondern vollständig gleichgesetzt. Die Menschen werden sensibler, nehmen die Dinge nicht mit fatalem Gleichmut hin. Vielmehr ärgerten sie sich, wenn «nach dem Umbau, dem Einbau eines Abtrittes die Deckel aus Nachlässigkeit beständig offen stehen».[43] Hin und wieder wird nun auch das Sprichwort, «wo Luft und Licht nicht hinkommt, da kommt der Arzt hin», zitiert. Licht und Luft werden zu Qualitätsmassstäben: «Enge, niedrige, luftarme Wohn- und Arbeitsräume verderben das Blut und kürzen den Lebensfaden», heisst es in einem Leitfaden «101 Winke und Wünsche» für die Gesundheit.[44]

13 Eine neue – keineswegs hübsche – Note ins Städtebild bringen die Plakatwände. Hier ein Beispiel aus Basel, fotografiert vom renommierten Otto Höflinger. Dazu eine Zeitungsnotiz von 1885: «Das goldene Zeitalter für Reklame, Plakate und anderen Schwindel ist angebrochen.»

Raum und Zeit

15

Im 19. Jahrhundert geschieht etwas Paradoxes: obwohl die Schweiz keine Gebiete verliert, wird sie kleiner, schrumpft der Raum zusammen. Nach dem Aufkommen neuer Verkehrsmittel verlieren die Entfernungen an Bedeutung, sie werden kürzer, beziehungsweise die Reisezeit wird kürzer. Einen ersten Schritt machte die Post. Sie erleichterte das Reisen und steigerte gegenüber den Fussreisen das Tempo. Es blieb aber immer noch gemächlich. Dazu zwei Beispiele: Um 1825 gibt die «Direktion der Cantonal-Extrapost und Diligence des eidgenössischen Standes Graubünden» einen neuen Fahrplan, eine neue Streckenkarte heraus. Da sind die Wegstunden, welche die Diligence zurückzulegen hatte, peinlich genau aufgezeichnet. Von Chur nach Lindau waren es immer noch 17 Stunden und nach Zürich gar 25, nach Bellinzona 26 Stunden.[1] Zehn Jahre später braucht die Postkutsche von Lugano nach Bellinzona 3½ Stunden und von Bellinzona nach Locarno 2 Stunden, nach Airolo aber ganze 7½ Stunden.[2] Man reiste von nun an auch am Abend oder in der Nacht. Im Jahre 1839 stieg man in Bern um 4 Uhr morgens ein und erreichte Freiburg um 9.15 Uhr. Die Reisezeit betrug 5¼ Stunden.[3] Aus dem Jahre 1844 liegen folgende Zeiten vor: Der Eilwagenkurs über den St. Gotthard verliess Altdorf um 08.30 Uhr, kam 11.30 Uhr in Wassen, 02.30 in Hospental und auf dem Gotthard-Hospiz um 04.30 Uhr an. Am anderen Morgen erreichte die Kutsche um 6.00 Uhr Airolo und um 9.15 Uhr Giornico.[4] 1842 gab es aber auch Eilwagen. Ein solcher Eilwagen fuhr um 14.00 Uhr in Lindau ab, um 5.00 Uhr morgens Zürich zu erreichen.[5]

Doch schon damals gab es mit Dampf getriebene Fahrzeuge. Um 1823 verkehrte als erstes Dampfschiff die kleine *Guillaume Tell* zwischen Genf und Ouchy. Ein Jahr später nimmt der erste Dampfer auf dem Neuenburger- und Bielersee den Verkehr auf. Gleichzeitig tauchen die ersten Dampfschiffe auf dem Zürich- und Walensee auf.

Noch fehlt im Gegensatz zum Ausland die Bahn. Zunächst herrscht eine eher bahnfeindliche Stimmung: «Ist nicht der Gedanke an Eisenbahnen in der Schweiz mildestens gesagt eine kindische Auffassung fremder Gedanken?», so wird in einer anonymen Schrift um 1842 gefragt. Aber am 7. August 1847 wird die erste schweizerische Bahnlinie, die Spanischbrötlibahn, eingeweiht, und am 14. Okotober 1855 wird ein Teilstück der Strecke Winterhur–Wil befahren, weitere Linien folgen. Das eigentliche Gründungsfieber setzt indessen erst nach 1870 ein. Verglichen mit der Post bringt die Bahn drastische Verkürzungen der Reisezeit. Stolz registriert die Basellandschaftliche Zeitung 1857: «In Folge der neuen Bahneröffnungen wird man von Basel nach Biel gelangen in 5 Stunden und 10 Minuten; von Basel nach Bern in 6 Stunden und 5 Minuten, von Basel nach Luzern in 5 Stunden

14 Der Marktplatz von Carouge bei Genf. Hier kamen und gingen die Kutschen für Savoyen. Um 1862 wurde auch eine Pferderösslibahn eingerichtet. Das Bild gibt einen guten Eindruck vom regen Treiben auf einem solchen Platz.

15 Zu den grossen Errungenschaften des 19. Jahrhunderts gehörte die Taschenuhr. Sie vermittelte den neuen Zeitbegriff. Unser Bild: Taschenuhr aus der Westschweiz um 1840.

15 Minuten, nach Aarau in 3 Stunden und 25 Minuten.»[6] Eisenbahnen sind besser als die besten Strassen, schreibt das Volksblatt vom 5. August 1852: «Alles strömt dahin, wo man in der grössten Geschwindigkeit und mit verhältnismässig wenig Geld in einem Tag recht weit kommen kann... Wollen wir den Anforderungen der Zeit entsprechen... so müssen auch bei uns Eisenbahnen gebaut werden.» Man beeilte sich, dieser Forderung nachzukommen, und die Bahnen traten in einen edlen Wettstreit. Wer befördert die Reisenden in kürzerer Zeit? Zwischen 1865 und 1900 werden tatsächlich erhebliche Fortschritte erzielt. Um mit dem Zug von Rorschach nach Zürich zu fahren, brauchte man 1865 4 Stunden und 50 Minuten; um 1900 aber waren es nur noch 3 Stunden und 50 Minuten. Von Genf nach Zürich betrug die Reisezeit im Jahre 1865 immerhin noch 11 Stunden, um 1900 waren es noch 8 Stunden und 45 Minuten. Damals gab es aber schon den Schnellzug. Er legte diese Distanz in 6 Stunden zurück, ein stolzer Erfolg der Bahn![7]

Doch des einen Freud ist des anderen Leid. Die Bahn beginnt verhältnismässig schnell die althergebrachten und altehrwürdigen Transportinstitutionen zu verdrängen. Ganz besonders deutlich wurden die Gegensätze am Gotthard. Lassen wir einen Augenzeugen selber sprechen. Es ist der Bündner Ingenieur und Bundesrat S. Bavier. Er war dabei, als am 23. Mai 1882 ein festlich geschmückter Sonderzug erstmals dem Gotthard entgegenfuhr. Im Unterland war die Bevölkerung «längs der Gotthardbahn festlich gestimmt und man begrüsste uns mit Hochrufen und Kanonenschüssen. Am Gotthard fanden wir grosse Ernüchterung. In Amsteg war eine schwarze Fahne aufgehängt, und die armen Leute hatten nicht unrecht, denn der Verkehr, der täglich mit mehr als 400 Pferden stattfand und grossen Verdienst brachte, hörte nun auf, und der ‹Brotschelm›, wie sie die Lokomotive nannten, nahm alles weg... Es hat mich diese Urnermisere immer mehr in der Überzeugung verstärkt, dass bei internationalen Alpenbahnen die in den Alpen liegenden Strecken verlieren und die weiter entfernten Zentren gewinnen.»[8]

Doch wenn man von der Urnermisere absieht, brachte die Bahn im grossen ganzen erhebliche Vorteile. Die Landesteile kamen einander näher. Ausländische Städte und Regionen werden nun auch für den Durchschnittsmenschen erreichbar. Von den Verbilligungen, welche die Bahnen mit sich brachten, wird im Kapitel von der Ernährung die Rede sein.

16 Zu Fuss unterwegs. In der ersten Hälfte des 19. Jahrhunderts wird immer noch fleissig gewandert. Auf unserem Bild drei Wanderer und ein Zeichner beim Gotthard-Hospiz. Das Bild trägt die Unterschrift: «Hospitium auf dem Gotthard. Aufg: morgens d. 13 Jun. 1826».

17 Ein selbstbewusster Velozipedfahrer mit seinem Rad und Hündchen: Armin Handmann aus Basel.

18 In Andeer herrscht beim Pferdewechsel der Post grosser Andrang. Hier wechseln Postkutschen und Privatwagen ihre Gespanne, während sich die Fahrgäste im Hotel «Frave» erfrischen.

17

18

Es blieb indessen nicht bei diesem neuen Verkehrsmittel. In den 1880er Jahren kamen die neu erfundenen Fahrräder (Velocipede), und schliesslich tauchten mit der Elektrizität um 1890 die ersten Trambahnen auf. Die Geschwindigkeit – 12 bis 18 Kilometer pro Stunde – ist verglichen mit heute freilich gering. Fast gleichzeitig fuhren auch die ersten Automobile, im Volksmund Kochkisten genannt, in den Städten.

Im ganzen genommen ist das 19. Jahrhundert raumbewusst. Man will die Distanzen genauer und besser kennen als die Vorfahren. Man will wissen, wie weit es von einem Punkt zum anderen ist. Doch da ergaben sich ganz erhebliche Schwierigkeiten. Zwar einigten sich um 1834 zwölf Kantone, ihre Masse und Gewichte dem metrischen System anzugleichen, und diese neuen Masse und Gewichte haben denn auch die Voraussetzung für die ersten, in der Bundesverfassung erlassenen Mass- und Gewichtsordnungen des Jahres 1851 gebildet. Doch erst die Bundesverfassung von 1874 bestimmte: «Die Festsetzung von Mass und Gewicht ist Bundessache.»[9] Wer glaubte, damit sei nun endlich eine einheitliche, allgemein gültige Ordnung errichtet, sah sich indes getäuscht. So sprach man beispielsweise im Solothurnischen noch um 1890 nicht von Kilometern, sondern von Wegstunden. Eine Wegstunde wurde damals mit 1600 Fuss berechnet. Auch im Toggenburg und am Walensee gab man die Strecken mit Fuss und eine Fläche mit Schuh an.[10] Um grössere Strecken zu messen, bediente man sich der Rute, französisch perche. So mass man etwa Weinberge in perches. In Lutry sagte man noch Ende des 19. Jahrhunderts: «Le système métrique c'est imposé, mais on parle encore de la perche.» Und in Morges hiess es damals: «La perche est encore d'usage courant.»[11]

Auch nach der Einführung des neuen einheitlichen Masses brauchte man die Elle. Sie war natürlich, meinte ein alter Saaner, der auch wusste, dass die Saaner Elle mit ihren 60,45 cm etwas kleiner war als die Berner Elle mit ihren 66 cm.[12] In Sumiswald gab es Schneiderinnen, die Ellenstöcke besassen, auf deren einen Seite die Berner, auf der anderen aber die Schweizer Ellen eingetragen waren. Die Berner Elle war übrigens 15 cm kürzer als die Schweizer Elle.[13] Die traditionsbewussten Bauern im Aargau und im Baselbiet gaben das Gewicht eines Schweines nicht etwa in Zentnern, sondern in Ellen an. Wenn man sagte «e Sou het zwo Ell», war für den Gesprächspartner alles klar: das Schwein war schlachtreif, rund 100 kg schwer. Im Bündner Oberland gaben die Bauern die Masse von Brettern und Blockholz ebenfalls in Ellen an. Das Engadin kannte den Pass als Längenmass, er war gleich gross wie die Elle. In Tschlin war il pass da fuond ein Mass zum Messen von Grundstücken. In Zuoz rechnete man mit passa, 30 passas ergaben 100 m². Dieses Mass wurde bei Akkordvergebungen bis anfangs des 20. Jahrhunderts verwendet.[14]

Zäh hielten sich die alten Masse vor allem in Rebgebieten. Am Bielersee schätzte man die Weinberge nach wie vor nach der Fläche, die ein Mann in einem Tag zu bearbeiten, das heisst zu hacken vermochte. Man sprach deshalb von Mannwerch, Mannert und meinte damit 4½ Aren. In der Waadt und in den Neuenburger Rebgebieten sprach man von ouvrier und meinte damit 352 m² (Neuenburg) oder 450 m² im Waadtland.[15] Wir lassen die Frage offen, ob ein Waadtländer Weinbauer fleissiger war als ein Neuenburger. Eines ist sicher: die alten Masse waren volkstümlich und volksnah. Kein Wunder, waren sie doch direkt auf den Menschen und seine Arbeit zugeschnitten. Tschavera im Bündner Oberland bedeutete Mahlzeit, ist aber ein Ackermass und bedeutet soviel, als ein Pfluggespann zwischen zwei Mahlzeiten pflügen kann. Im Schams war Tschavera ein Wiesenmass und bedeutete soviel, als ein Mäder in der gleichen Zeit mäht. In St. Antönien und in Davos brauchte man den Begriff Kuhland oder Chueland und meinte damit die Fläche, die zur Winterfütterung einer Kuh benötigt wird.[16] Bis in die dreissiger Jahre des 20. Jahrhunderts wurden in Arosa die Wiesen allgemein, selbst von den amtlichen Schätzungskommissionen, nach Chueland berechnet. Erst bei der Einführung des Grundbuches wurde das alte Mass in Quadratmeter umgerechnet und war 1200 m² pro Chueland.[17]

19

In den Waadtländer Alpen kannte man als Masseinheit den matin. Das war, wie ein alter Mann erläuterte, «ce qu'un homme peut faucher en une matinée». Im Berner Jura brauchte man den Journal, die Tagesarbeit, als Masseinheit. Noch um 1900 war dieses das beliebteste Flächenmass, und kein Mensch sprach von einer Hektare.[18] Auch der Arpent, ein Mass zu 36 Aren, hat sich dort das ganze 19. Jahrhundert hindurch gehalten. Die Notare brauchten das metrische System. Trotzdem lieh man landwirtschaftliches Mass nach dem alten Arpent.

Zäh und hartnäckig hielt sich auch bis in die neueste Zeit hinein die Juchart. Offiziell rechnete man in Aren, alte Bauern sprachen aber noch von Jucharten, während junge Bauern, welche die landwirtschaftliche Schule besucht hatten, nur mit Aren und Hektaren umzugehen wussten. In der Westschweiz lässt sich ähnliches von der pose sagen. Als Ackermass und Rebmass war sie im 19. Jahrhundert stärker verbreitet als die neuen, abstrakt wirkenden Flächenmasse.[19]

Der Übergang vom alten zum neuen Mass vollzog sich, wie am Beispiel des alten Kubikmasses toise ersichtlich ist, recht langsam. Die alten Leute verwendeten es noch, bei den jungen galt es bald einmal als altertümlich. Wie kompliziert die Dinge etwa lagen, zeigt das Beispiel von Savièse (Wallis): Dort verwendete man beim Kauf von Mist die toise fédérale (5,832 m³), bei Heu die toise de roi (7,414 m³).[20] Es gab auch verschiedene Heuklafter und Holzklafter, alte und neue Klafter, und zu allem Elend auch Längenklafter. Und selbst diese musste man kennen, es gab das achtschuhige und das zehnschuhige Klafter. In Interlaken zum Beispiel rechnete man bei Wiesen mit zwölfschuhigen Klaftern, in der Nachbargemeinde Unterseen aber mit einem Klafter von 8 Schuh.[21] Das wäre heute, im Zeitalter der allgemeinen Mobilität, sicher völlig ausgeschlossen. Wie stark und langlebig aber das alte Flächenmass war, zeigt das Beispiel von Brienz. Hier wurde noch um 1930 das Burgerland in Klafter angegeben: «Wenn man Land verkauft» – so der Gewährsmann – «kommt immer das Klafter in Frage. Ein Lehrer rechnete es um in Quadratmeter.»[22]

Man glaube nicht, dass sich der Übergang spielend vollzog. Der alte Schoppen zum Beispiel war im Emmental so beliebt, dass es in der Schule, wo ihn der Lehrer nicht mehr duldete, eine kleine «Kommeedi» gab. Es kam einer Degradation gleich: Der Liter des Metersystems degradierte den Schoppen um sein doppeltes Quantum, die Flasche zum bloss noch stillschweigend geduldeten Mass, wie E. Friedli es anschaulich beschreibt.[23] Der Schoppen, einst Masseinheit, wird später zur blossen Redewendung: «Zsämme en Schoppe ha» bedeutete fortan beispielsweise im Aargauischen, im Wirtshaus zusammen einen halben Liter trinken.[24]

Lange behauptete sich die Mass (1,5 Liter); sie lebt im Volksmund weiter, meinte ein Gewährsmann noch um 1937. Ein Taglöhner erhielt zum Znüni «en halbmössige Most», und der Wein, den die Bürger von der Gemeinde erhalten, wird nach Mass ausgemessen. So erhielt ein Zofinger ein Mass

20

Rothüüsler, einen Wein, den die Stadt am Genfersee aufkaufte, um ihn den Bürgern zu verehren. Beim Bürgertrunk in Wil bekam jeder seine Mass, also nicht weniger als 1,5 Liter. Mehr als 1,5, nämlich 2 Liter, fassten das Pontoniermass und die Masskanne von Visperterminen.[25]

In Weinbaugebieten gab es auch die Brente, in der Westschweiz die brante, im Tessin die brenta. Die Brente, ein hölzernes Rückentraggefäss, fasste rund 45 Liter Traubenmost oder Wein. Doch so einfach ist die Sache nicht: Im Wallis gab es eine brante zu 45 Liter für zerstossenes Traubengut, eine brante zu 40 Litern für klaren Wein.[26] Im Gegensatz zur Brente hat sich das alte Sestermass nicht lange behauptet. Es war 1930 noch bekannt, doch brauchte man es damals nicht mehr. Anders der Saum; er fasste 150 Liter Wein. Dieses volkstümliche Mass ist «auch heute, trotz des amtlich eingeführten metrischen Systems, unter dem Volk noch ziemlich allgemein üblich», meinte um 1930 eine Gewährsperson.[27]

21

Volkstümlich war im Bernbiet das Immi, ein Hohlmass für Äpfel, Bohnen, Kartoffeln und Getreide. «Vor Jahren», so meinte ein Gewährsmann um 1937, «brauchte man beim Äpfelverkauf das Immi, heute ist dieses Mass nur noch bei Zwetschgen und Nüssen im Gebrauch». In der Zwischenzeit ist es indessen wohl ganz verschwunden. Das gleiche Schicksal war dem Fischi im Wallis bestimmt. Im 19. Jahrhundert viel gebraucht war es in den dreissiger Jahren unseres Jahrhunderts nur noch in Relikten fassbar.[28]

Als beliebtes Getreidemass hat sich indessen der Sester (15 Liter) oder das Viertel lange halten können. Noch um 1937 konnte man in Oberendingen (Aargau) einen Sester Nüsse kaufen. Man sagte etwa ein Chopf wie ein Seschter oder Seschtergrind – letzte Erinnerung an ein nicht mehr bekanntes Mass. In Zeihen im aargauischen Fricktal beschnitt bei der Hungersnot von 1845 der Gemeindebeamte beim Austeilen des Getreides den Sester am oberen Rand 1–2 cm und behielt den Rest für sich. An diese Episode erinnert der hübsche Reim: «De Schuehmacher Rot mit de lange Hoore hät anno feufevierzgi s'Viertel gschore. Drum ist der Seschter fürecho und isch so chlei, so mues am Schuehmacher Rot sis Schere schuldig sei.»[29]

23

21 Die Gotthardpost. Die hohe Zeit der Pferdepost dauerte eine verhältnismässig kurze Zeit, etwa
von 1830 bis 1860. Von diesem Jahr an beschleu-
nigte sich der Rückzug der Postkutsche auf den
Hauptstrecken zusehends; die Eisenbahn war
schneller und leistungsfähiger. Für die verlorenen
einträglichen Mittellandstrecken bot sich der
Pferdepost ein recht guter Ersatz auf den neu eröff-
neten Alpenpassstrassen an. Rudolf Koller malte
seine berühmte Gotthardpost 1873 in einer Zeit, in
welcher Postkutschenromantik höchstes Ansehen
gcnoss.

22 Mit kreischenden Bremsen, mit Zischen und
Pfeifen fährt der Zug der Toggenburger Bahn in
Lichtensteig ein. Erstmals war auch ein Bahnpost-
wagen angehängt.

23 Treiben an einem Postetappenort um 1835.
Martigny war ein wichtiger Etappenort der Sim-
plonroute. Die Reisenden gönnten sich, wie hier
auf unserem Bild von 1835, eine kurze Pause im
Schatten, bis das neue Gespann am Wagen bereit
war. Im Hintergrund fährt der Gegenkurs Richtung Lausanne ab, rechts im Bild werden die Pferde
getränkt.

Sage mir, wie Du misst, und ich sage Dir, wer Du bist. Diese Spruchweisheit liesse sich sinngemäss auf das ganze Leben des 19. Jahrhunderts übertragen. Ob man Raum und Zeit misst und wie man sie misst – daraus lassen
sich Hinweise nicht nur für das Zeit-, sondern auch für das allgemeine Welt-
und Wertgefühl gewinnen. Im Kapitel Arbeit wird nachzulesen sein, wie das
Zeitgefühl, die Arbeit wandelte. Hier nur soviel: «Die uhrenmässig mess-
bare Zeit wurde wertvoller, im ökonomischen Sinne teurer.»[30] Der Tag hat
zwar weiterhin 24 Stunden, doch nun kommt es mehr und mehr darauf an,
wie man sie einteilt und nutzt. Pünktlichkeit wird, wo sie noch nicht vorhanden ist, im Gewerbe und vor allem in der Fabrik verlangt. Erziehung zur
Pünktlichkeit wird nicht nur in der Schule, sondern vor allem auch in der
Fabrik gross geschrieben. Uhren sind deshalb mehr und mehr gefragt, und
sie werden auch preiswert angeboten, brachte doch der Industrielle
G. F. Roskopf in La Chaux-de-Fonds eine einfache Taschenuhr ohne Steine
mit Stiftengang statt mit Zylindergang auf den Markt. Er gab ihr den
Namen Proletenuhr mit auf den Weg.[31]

Das Zeitbewusstsein artikuliert sich im 19. Jahrhundert stärker und enga-
gierter als in früheren Jahrhunderten. Das gilt auch für das Geschichtsbewusstsein, für das Nachdenken über die eigene Vergangenheit. Erstaunlicherweise kamen sich Vergangenheit und Zukunft kaum in die Quere,
Geschichtsdenken und Fortschrittsdenken entfalteten sich vielmehr gleichzeitig, ohne allzu schroffe Gegensätze zu bilden. So resultierte letzten Endes
eine «Werterhöhung historischer Zeit überhaupt».[32]

Zunächst wird das Tor zu einem neuen kosmischen Zeitbewusstsein
aufgestossen. Noch zu Beginn des 18. Jahrhunderts wurde angenommen,
dass seit der Erschaffung der Welt etwa 1600 Jahre bis Noahs Flut, 2400 Jahre
bis Moses Geburt, 3250 Jahre bis zur Gründung Roms und 4000 Jahre bis zur
Geburt Christi vergangen seien. In der Mitte des 18. Jahrhunderts dachte
Diderot an Millionen von Jahren, Kant sprach schon von Hunderten von
Millionen.[33] Im 19. Jahrhundert wurde mit der Bodenforschung eine neue
Dimension eröffnet. Ein zweites: «Indem man fleissig nach den Spuren der
Pfahlbauer forschte, konnte man gleichzeitig ein neues Bild einer eigenstän-
digen Kultur zeichnen und sich damit vom Germanismus absetzen.»[34] Im
weiteren gingen die Geschichtschreiber daran, das Ancien Régime und die

22

Revolution neu und anders zu beurteilen. Der Bundesstaat von 1848 wird
«zum würdigen Gegenpol der spätmittelalterlichen Blütezeit, das Ancien
Régime immer mehr zur unrühmlichen Übergangszeit zwischen zwei
Höhepunkten... Die vorreformatorische Eidgenossenschaft einerseits, der
Bundesstaat andererseits bilden die Massstäbe der Schweizer Geschichte,
beide überhöht und mit politischen Emotionen beladen.»[35]

Unmittelbar neben dem vertieften Begreifen weitgespannter historischer
Zusammenhänge steht als Gegenpol das sich steigernde Erlebnis von Aktualität: Die Presse gewinnt eine höhere Bedeutung als je zuvor. Einerseits
entspricht sie einem bildungsmässigen, gesellschaftlichen und geistigen
Bedürfnis, andererseits stillt sie den Hunger nach Aktuellem, nach Neuem.
Dieser Hunger war früher zum Teil mittels politischer Lieder, zum Teil
mittels Boten, zum Teil auch mittels Gesprächen am Dorf- oder Stadtbrun-
nen gestillt worden. Neben Wochen- und Tageszeitungen lieferten satirische
Druckschriften, gedruckte Zettel, die ersten Plakate, Reiseführer, Kataloge
Stoff in Hülle und Fülle. In der 2. Hälfte des Jahrhunderts sorgten Telegrafie
und Telefon für die Aktualität der Nachrichten. Nach wenigen Jahrzehnten
schon umfasste das Nachrichtennetz nicht nur die Schweiz, sondern ganz
Europa. Davon merkte freilich der Alltagsmensch wenig, viel wichtiger
waren diese Erscheinungen für die Wirtschaft und den Tourismus. Eile und
Tempo gehören von nun an zu alltäglichen Begriffen. Zunächst gibt es
Eilboten, dann den Eilbrief, die Eilpost. Richard Glasser, der die Geschichte
des Zeitbewusstseins in Frankreich über Jahrzehnte hinweg verfolgt hat,
meint im Hinblick auf das Tempo dieser Jahre: «Man will das Leben dadurch
verlängern, dass man sein Tempo beschleunigt und so eine grössere Menge
Erlebnismöglichkeiten zu schaffen glaubt.»[36]

Das Leben verlängern – nicht nur rückwärts vermittels eines vertieften
Geschichtsbewusstseins, sondern verlängern nach vorn in Richtung
Zukunft: Das aber heisst Erforschung der Zukunft, Wissen um die Zukunft.
Noch ist man weit von der Futurologie, einer Zukunftsforschung der 50er
bis 80er Jahre des 20. Jahrhunderts, entfernt. Vielmehr begnügte man sich
mit sehr einfachen und altüberlieferten Mitteln. An der Jahreswende wird im
Baselbiet das Psalmenbuch oder das Kirchengesangbuch aufgeschlagen. Je
nach der Länge des Psalms schliesst man auf ein kurzes oder langes Jahr,
wobei kurz gleichbedeutend war mit glücklich. Stiess man im Gesangbuch
auf ein Lied über Tod, so glaubte man, im nächsten Jahre einen Todesfall in
der Familie erwarten zu müssen. Fand man aber ein Lied über Trost und

27

24 Stolz war man auf die neuerstellten Bahnen! Hier stellt der zürcherische Fotograf Breitinger die Uetliberglokomotive von 1886 vor. Der Lokomotivführer erscheint im weissen Hemd mit Krawatte, der Zugführer im grauen Filzhut.

25 «Die grosse Kurve». So ist dieser Holzschnitt betitelt. Mit Stolz wurden solche technische Errungenschaften vorgeführt. Die «Kurvenlokomotiven» sind von Ingenieur Klose in Stuttgart entworfen worden und galten als grosse Neuigkeit und Sehenswürdigkeit.

26 So geruhsam ging es in einer Grossstadt um 1890 zu. Hier das Rösslitram am Limmatquai Zürich.

27 Im 19. Jahrhundert spielte der Schiffstransport immer noch eine grosse Rolle. Hier ein Frachtschiff auf dem Thunersee.

Vertrauen, so nahm man eine verhältnismässig gute Zukunft an. Ganz ähnlich gingen die Engadiner vor: sie konsultierten am Dreikönigstag das Losbuch. In Santa Maria galt es als wichtigstes Orakel. Man warf Würfel auf die unter einer Nummer eingetragenen Fragen und Antworten, die betreffenden Buchstellen wurden vorgelesen und kommentiert. In Avers-Cresta kamen Burschen und Mädchen am Dreikönigstag eigens zusammen, um das Losbuch zu befragen. Sie stachen mit einer Messerspitze zwischen die Blätter. Der Spruch, den man traf, wurde ausgelegt und besprochen.[37] Da und dort gab es Wahrsagerinnen, die Karten legten. Berühmt waren eine Wahrsagerin in Brünisried und eine andere in Zofingen. In Re und in Locarno gab es Frauen, die mit verbundenen Augen ‹d'aventüra› voraussagten oder die Zukunft aus dem Kaffeesatz herauslasen. Um die Zukunft prognostizieren zu können, eigneten sich, so glaubte man allgemein, die an Fronfasten geborenen Menschen ganz besonders gut.[38]

Ein anderes Orakel bestand im Bleigiessen. Der Brauch war im 19. Jahrhundert weit verbreitet. Man warf am Silvester oder an Weihnachten flüssiges Blei ins Wasser, um dann die Bleiformen zu deuten. Ein lediger Mann oder ein lediges Mädchen wollte etwa wissen, ob es im kommenden Jahr zur Heirat käme, welcher Art der oder die Zukünftige sein werde, ob man in Zukunft mit Geld rechnen könne usw.[39]

Ein anderer Orakelbrauch bestand im Bodenwischen: Ein Mädchen wischte die Stube rückwärts; kehrte es sich um, so sah es den Zukünftigen oder begegnete ihm im Traum.[40] Das Scheit als Orakel: Ein Mädchen zieht ein Scheit aus der Holzbeige und schliesst aus der Form des Scheites auf Form und Gestalt des Bräutigams. Zog es ein schönes, gerades Scheit, so bekam es einen schönen Mann, zog es ein krummes Exemplar, hatte es einen Mann mit krummen Beinen oder mit Buckel und ausserdem den Spott der Umstehenden zu erwarten.[41]

Von bäuerlicher Denkweise zeugt das Orakel Stallklopfen: Man ging an einen Schweine- oder Schafstall, um zu klopfen. Je nach den Lauten, welche ertönten, konnten die Mädchen oder Burschen heraushören, wie der zukünftige Gatte oder die zukünftige Gattin beschaffen war. Stoben sie davon, so war ein ängstlicher Bursche zu erwarten, grunzten die Schweine, so wird der Gatte oder die Frau von schwierigem und bösartigem Wesen

26

33

28

sein. Bei den Schafen galt es herauszufinden, ob ein junges oder altes Schaf auf das Klopfen reagierte, und da fiel es nicht allzu schwer, gewisse Schlüsse zu ziehen.[42]

Überaus beliebt war der Apfelschalentest, das Apfelschalenorakel. Man schälte einen Apfel und achtete darauf, dass die Schale an einem Stück blieb. Man warf sie rückwärts über den Kopf zur Tür hinaus und las aus den Formen, die sich beim Fallen bildeten, den Anfangsbuchstaben des oder der Zukünftigen heraus. Originell war das Pantoffelorakel. Um über die Zukunft Aufschluss zu bekommen, warf man – dieser Brauch ist in Walenstadt und im Glarnerland bezeugt – auf einem Dorfplatz nachts um 12 Uhr den etwas vom Fuss gelösten Pantoffel in die Luft. Aus der Richtung, nach welcher der Pantoffel oder Schuh flog, kam auch später die Zukünftige oder der Zukünftige. In Poschiavo liebte man diesen Orakelbrauch ganz besonders. Man übte ihn anlässlich des gemeinsamen Tanzes auf der Piazzetta. Das orakelsuchende Mädchen schleuderte den Schuh, darauf ging es, der Spitze des Schuhes folgend, bis es einer Person begegnete, worauf es nach deren Namen zu fragen hatte. Mit deren Anfangsbuchstaben begann auch der Name des zukünftigen Bräutigams. Traf man indessen einen Spassvogel, so rief er kurzerhand «salziccia».[43]

Wie weit all diese Orakel ernst genommen worden sind, wieweit sie mehr der Unterhaltung dienten, bleibe dahingestellt. Sicher ist, dass es Orakel gab, an die man fest glaubte. Zu ihnen gehört die Rose von Jericho, die Weihnachtsrose (anastatica hierochuntica). Man konnte dieses Wüstengewächs auf Jahrmärkten oder an Wallfahrtsorten wie Einsiedeln für viel Geld kaufen. Oft wurde es über Generationen hinweg vererbt, und manche behaupteten kühn, ihre Vorfahren hätten es von einem Kreuzfahrer bekommen. Jedenfalls ist es schon für das Spätmittelalter bezeugt. Im 19. Jahrhundert kam es in allen Landesgegenden, vor allem aber in Deutsch-Freiburg, in der Ost- und Innerschweiz vor. Im Kanton Zürich gehörte die Rose von Jericho zu eigentlichen Sehenswürdigkeiten, die auch Zuschauer anlockte.[44] Man legte sie am Silvester oder am Weihnachtstag ins Wasser und beobachtete hierauf ihre Entfaltung. Ging sie schön und gleichmässig auf, wurde sie schön grün, so schloss man auf ein gutes Erntejahr. Im Freiburgischen glaubten viele Leute, wie mit Nachdruck bezeugt wird, an dieses Omen.

Kein Wunder, die Bauern hätten ja zu allen Zeiten allzu gerne gewusst, welcher Witterung sie entgegen gingen. Im Bernbiet stellte man deshalb – ein weiteres Zukunftsorakel – am Weihnachtstag Zweige von Kirschbäumen ein. Je nach der Art ihrer Blüte schloss man auf ein gutes oder ein schlechtes Jahr. Sie müssen bis zum Neujahr aufgehen, sonst gibt es, so

29

30

31

32

glaubte man am Walensee, ein spätes Frühjahr.[45] Eine Variante dieses Zukunftsorakels: Die Weinbauern im Zürcher Unterland stellten, wie der Landarzt Johann Jakob Graf um 1840 berichtete, am Weihnachtstag 6–8 Zoll lange Gerten von Reben in ein Wassergefäss. Je nach ihrer Entwicklung schloss man auf ein gutes oder ein schlechtes Weinjahr.[46] Ähnlich gingen die Leute in der Gegend von Ermatingen vor.[47]

Etwas schwieriger zu deuten war das Zwiebelorakel. Es ist aus dem Sarganserland aus der 2. Hälfte des 19. Jahrhunderts bezeugt, kam aber auch im Zürichbiet vor: Man schneidet am heiligen Abend eine Zwiebel in zwei gleiche Teile, löst zwölf Schalen ab, ordnet sie im Kreis, legt in jede eine Prise Salz, worauf (das gilt vor allem für die katholischen Regionen) ein Rosenkranz gebetet wird. Dann wird Nachschau gehalten. Aus der relativen Feuchtigkeit der Schalen zog man Schlüsse auf die Witterung der zwölf Monate. Ist eine Schale trocken geblieben, wird im betreffenden Monat Trockenheit vorherrschen. Man sprach im Sarganserland von Groutjour (geratene Jahre) oder Feiljour (Fehljahre oder trockene Jahre).[48] Am oberen Zürichsee wartete man, nachdem die Zwiebelschnitze mit Salz bestreut worden waren, bis zum nächsten Morgen, um dann zur Interpretation zu schreiten. Die nass gewordenen «Bölleschüsseli» bedeuteten nasse Monate. Im Emmental war das Orakel nur gültig, wenn es in der «alten heiligen Nacht», das heisst am 5. Januar = Weihnacht des julianischen Kalenders, vollzogen wurde.[49] Das Zwiebelorakel wurde übrigens noch in jüngster Zeit in Büetigen (Bern) gehandhabt.[50]

Die Rätoromanen kannten ein weiteres Orakel: Sie stellten an Auffahrt einen Scheffel Korn ins Freie. Konnte man ihn abends trocken hereinnehmen, wurde das Korn billig; wurde es nass, wurde das Korn teuer.[51]

Eine Futurologie als Wissenschaft gab es im 19. Jahrhundert noch nicht. Hingegen versuchten Wissenschafter der verschiedensten Fachdisziplinen immer wieder, die Zukunft zu deuten. Thomas Robert Malthus und Karl Marx versuchten, jeder auf seine Weise, die Zukunft zu ergründen und zu prophezeien, und sie fanden immer wieder grössere oder kleinere Nachfolger. Ein Prognostiker anderer Art war der Basler Historiker Jacob Burckhardt. In seinen in den Jahren 1868 bis 1871 konzipierten weltgeschichtlichen Betrachtungen stellte er keine ehernen Gesetze auf wie etwa Malthus, vielmehr versuchte er gewisse Tendenzen aus der Geschichte und ihrem Gang herauszulesen. Burckhardt ahnte das Kommen grosser Diktaturen, wo das Militärwesen zum Muster allen Daseins wird, in der Staats- und Verwaltungsmaschine, im Schul- und Bildungswesen. Der Militärstaat werde Grossfabrikant, und die Arbeiter würden in riesigen Werkstätten zusammengedrängt; «ein bestimmtes und überwachtes Mass von Misère und Avancement in Uniform täglich unter Trommelwirbel begonnen und beschlossen; das ist's, was logisch kommen wird». Seine Reflexionen mündeten nicht in schwarzen Pessimismus, seine Prognose enthält den Trost, dass das Böse nicht triumphieren werde, weil die blosse Gewalt in der Geschichte noch nie alt geworden sei.[52] Wörtlich sagte er: «Allein daraus, dass aus Bösem Gutes, aus Unglück relatives Glück geworden ist, folgt noch gar nicht, dass Böses und Unglück nicht anfänglich waren, was sie waren. Jede gelungene Gewalttat war böse und ein Unglück und allermindestens ein gefährliches Beispiel. Wenn sie aber Macht begründete, so kam in der Folge die Menschheit heran mit ihrem unermüdlichen Streben, blosse Macht in Ordnung und Gesetzlichkeit umzuwandeln; sie brachte ihre heilenden Kräfte herbei und nahm den Gewaltzustand in die Kur.»[53]

33 Eine neue Zeit bricht an, und für viele bringt
sie unerwartete Schwierigkeiten. Der St. Galler
Kalender von 1858 bringt eine entsprechende Szene
aufs Tapet: Ein Appenzeller Bauer missversteht ein
Broderies-Geschäft als Brot- und Reis-Laden. Der
Text zur Abbildung:
Appenzeller: Guot Fründ, gäb er mer au an Läb
Brot, chernes und derzuo no oppä zwä Pfond Ries.
Commis, (unwillig): Ist er verrückt, Kerl! Hier Brod
und Ries? Wir machen in feinen Stickereien und –
(schlägt das Fenster zu).
Appenzeller: Ho ho! Worom schriebed's denn do
Brod und Ries a d'Tafel ane?

33

Die Alltagssprache

Eine These: Die mehrsprachige Schweiz – ein zusammenhaltendes Volk, das vier Sprachen spricht. Jede Sprache wird dem liberalen Credo des 19. Jahrhunderts entsprechend akzeptiert. Jeder Schweizer kann, gleich ob er italienisch, französisch, romanisch oder schweizerdeutsch spricht, sich mit seiner Sprache identifizieren. Das klingt gut. Ist es auch wahr? Gab es wirklich keine Sprachenprobleme, konnte jeder so sprechen, wie ihm der Schnabel gewachsen war? Eine Überprüfung der sprachlichen Situation fördert einige nicht ganz unbedenkliche Tatbestände zutage. Es war neben den konfessionellen, regionalen und kulturellen Differenzen und Unterschieden gerade die Sprache, die Mehrsprachigkeit, die grosse Probleme stellte, die einen eigentlichen Hemmschuh auf dem Wege zur Integration darstellte. Gewiss: Das Sprachenproblem hatte zu Beginn des 19. Jahrhunderts, als die Helvetik aus den Trümmern der untergegangenen Eidgenossenschaft einen neuen Staat aufzubauen begann, nicht jene heftige Kraft, die den Geschichtsablauf wesentlich und schwerwiegend beeinflusst hätte. Gewiss ist auch, dass es damals keine Bewunderung für eine vielsprachige Schweiz gegeben hat. Ein einziges und wohl gleichzeitig ältestes Zeugnis dieser Art stammt nicht von einem Schweizer, sondern von Goethes Grossoheim I. M. von Loen (1694–1776): «Es ist zu verwundern, wie sich so verschiedene Menschen in der Religion, in den Sitten und in der Sprache ungleich, miteinander in eine so genaue und unverbrüchliche Vereinigung haben einlassen können.»[1] Eine Ahnung von der grossen Aufgabe, welche einst auf die Schweiz zukommen würde, hatte indessen Karl Viktor von Bonstetten 1795: «Die Schweiz hat das grösste Problem zu lösen, Völkerschaften, die an Sprache, Sitten, Religion und Lage ganz verschieden sind, in eine Republik zu vereinigen. Da kommt alles darauf an, dass man das Eigene in allen Theilen respektiert.»[2] Aber bei allen Diskussionen im Aufbau des neuen Staates scheint man die Sprachverschiedenheit zunächst noch kaum als Problem empfunden zu haben: «Das einfache Volk war sich ihrer nur in äusserst geringem Mass bewusst, und den Gebildeten bedeutete die internationale Sprache der Kosmopoliten – das Französische – ohnehin eine Selbstverständlichkeit.» Daniel Frei, von dem diese Sätze stammen, meint überdies, man sollte sich davor hüten, «vergangenen Epochen, denen dieses Problem offensichtlich kaum Mühe bereitete, Leistungen auf einem Gebiet zuzuerkennen, wo es ein Problem überhaupt nicht gab».[3] Im Zeitalter der Helvetik betrachteten die West- wie auch die Deutschschweizer ihre Sprache als einzig massgebend. Ein einziges Mal wird im offiziellen Bulletin vom Schweizervolk als einer deutschen Nation gesprochen, ohne dass man dies aber weiter zu ergründen versuchte. Anderseits meinte C. Laharpe von der französischen Sprache, dass «les membres des deux conseils ayant tous reçu une éducation libérale pourraient tous s'entendre en Français – l'idiome que la révolution actuelle contribuera puissamment à rèprendre dans la Suisse entière». Erst als ganz praktische Fragen, wie die Beschriftung der Münzen, auftauchten, begann man das Sprachproblem überhaupt wahrzunehmen. Und da war man sich auch gleich einig: Die Gleichheit muss oberstes Prinzip sein. Es liess sich dieser Grundsatz, wie sich bald gezeigt hat, in doppelter Weise anwenden: Einerseits sollten «alle Cantone Helvetiens die Aufklärung jeder in seiner Sprache erhalten», andererseits glaubte man gleicher zu sein, wenn man «weder in drei noch zwei Sprachen, sondern in einer einzigen sprechen könnte».[4] An eine grundsätzliche Gleichberechtigung dachte man nicht. Von der italienischen Sprache war gar nicht die Rede. Später hat man auch sie als gleichberechtigt anerkannt. Zu einer allgemeinen Gleichberechtigung der Landessprachen bekannte man sich beinahe widerwillig. Es ging mehr um ein Erfordernis der Praxis als um eine Idee der Verständigung oder gar um die Lösung des Minderheitenproblems. Als der helvetische Senat die Debatte über die Anstellung eines Dolmetschers italienischer Sprache beendet hatte, wurde ironisch-resigniert bemerkt, man füge sich der Notwendigkeit, «bis die Helvetier einst durch irgend ein Wunder zu einer einzigen Sprache gelangt sein werden». Es erschien peinlich, überhaupt darüber sprechen zu müssen. Senator Franz Xaver Weber bat inständig, dass man lieber schweige, weil «solche Berathungen der Einheit der Republik nachtheilig werden könnte».[5]

Das Wunder trat nicht ein, und die leidige Sprachenfrage war keineswegs aus der Welt geschafft. Als 1815 das jurassische Fürstbistum Basel infolge der Wiener Erklärung Bern zugeschlagen wurde, tauchte sie erneut auf. Am 15. Mai 1816 erhielt Abraham von Jenner, der neue Oberamtmann im Puntrut, einen Ratszettel des Geheimen Rates von Bern. Darin stand zu lesen, dass «aus der Verschiedenheit der Sprache zwischen dem alten Canton und dem neu erworbenen Leberbergischen Landestheil sich häufige Schwierigkeiten äussern». Die Herren von Bern seien aber überzeugt, «dass wenn die Vereinigung jenes Landes zur allseitigen Wohlfahrt vollendet werden soll, Einheit der Sprache dazu wesentlich erforderlich sey». Die Leberbergischen Deputierten im Grossen Rat können in ihrer Sprache sich kaum verständlich ausdrücken, sie seien «unfähig, ihre Ansichten in dieser Mundart richtig wiederzugeben». Gibt es, so fragen nun die Herren, «angemessene Coercitiv-Mittel, mittels deren die allgemeine Vertreibung der deutschen und die Verdrängung der französischen Sprache im Leberberg bewirkt werden könnte»? Der Oberamtmann gab eine ebenso erstaunliche wie weise Antwort: Eine Germanisierung des Jura wäre schwierig; man könnte zwar so weit gehen, bei den Wahlen in wichtige Ämter die Beherrschung der deutschen Sprache als Bedingung aufzustellen. «Mehr weiss ich nicht zu rathen, unsere Väter hatten mit Euren Gnaden (das heisst dem Berner Rat) gleiche Ansichten im Betreff des Waadtlandes, allein sie konnten nicht durchgreifen, so gut es für das Wohl des Staates gewesen seyn würde, denn nichts ist schwieriger, als die Sprache eines Landes zu verändern, man lässt leicht Menschen andere Sprachen lernen, aber sie lieben, ohne Bedürfnis sie gebrauchen, dieses hält schwerer ...»

Tatsächlich unterliessen es die bernischen Räte, eine Germanisierungspolitik einzuleiten. Es bleibt aber denkwürdig, so Hans von Greyerz, «dass nicht nur technische Schwierigkeiten, sondern ‹höhere politische Rücksichten› ihnen ursprünglich die Überwindung der Zweisprachigkeit nahezulegen schienen ...». Um so höher ist es zu veranschlagen, dass die Berner

34 Zur Rede gehörte die Geste, ja oft auch der Pathos. Die Kalendermacher machen sich, wie diese nachfolgenden Abbildungen aus dem Einsiedler-Kalender von 1879 zeigen, darüber lustig! (Titel: Rathen und Thaten, Geberden und Beschwerden, Freuden und Leiden eines Reichs- oder Landtags-Abgeordneten, eines National- oder Ständerathes, eines Depurtirten oder Senators).

«Das beweist gar nichts!»

Beifallsnicker

Verfassung von 1831 das Französische als Landessprache neben dem Deutschen anerkannte. Das Prinzip des Minderheitenschutzes wurde damit bestätigt.[6] In der schweizerischen Bundesverfassung von 1848 wird schliesslich die Gleichstellung der Hauptsprachen grundsätzlich beschlossen, und es kam in der Folge nur in seltenen Fällen zu sprachlich-politischen Blockbildungen, so etwa 1854, als die Vereinigten Welschen zusammen mit den Konservativen der deutschen Schweiz die Errichtung einer eidgenössischen Zentraluniversität in Zürich verhinderten.[7] Die Sprachgrenzen waren zwar vorhanden, doch wurden sie nicht als störend empfunden. Über die Sprach- und auch Konfessionsgrenzen hinweg fand man gemeinsame Werte. Eine neue Identität wurde allmählich gefunden, ohne dass die sprachliche Identität verloren gegangen wäre. Jeder konnte sich nach 1848 in seiner Muttersprache ausdrücken, und zu ihrer Pflege wurden in Schulen, Vereinen recht viel getan.

Eine Schwierigkeit bot aber der Dialekt in der deutschen Schweiz. Kennzeichen der sprachlichen Situation war hier das Nebeneinander von Hochsprache und Mundart.

Noch zu Beginn des Jahrhunderts unterschied sich das Verhältnis Mundart-Hochdeutsch nur graduell von jenem der benachbarten süddeutschen Region. «Hier wie dort herrschte grundsätzlich eine Diglossie, die den schriftlichen Bereich ganz dem Hochdeutschen zuwies, den mündlichen zwischen Hochdeutsch und Mundart nach Domainen (zum Beispiel Predigt) und – in Süddeutschland – zunehmend nach sozialen Gesichtspunkten aufteilte.»[8] Aber es gab da schon damals recht deutliche Unterschiede. Sie leiten sich aus der Geschichte ab: Das Schweizerdeutsche war seit Jahrhunderten seine eigenen Wege gegangen. Man kennt Luthers Klage über Zwinglis unverständliches Deutsch. Ähnliche Erfahrungen haben im 17. und 18. Jahrhundert Deutsche auf ihren Reisen in die Schweiz gemacht. Und noch 1809 schreibt ein Deutscher: «Wer sich zum ersten Male zwey redenden Bauern nähert und die ganz eigene Mundart der Bewohner nicht kennt, weiss gewiss nicht zu unterscheiden, ob englisch, dänisch oder lettisch usw. gesprochen wird.»[9] Achim von Arnim verstand 1802 die Volkslieder nicht, die ihm am Staubbach vorgesungen wurden.[10] Schon 1791 hatte W. L. Steinbrenner berichtet, er habe mit dem Helfer Hess in Zürich Gespräche geführt, die nicht ganz einfach gewesen seien: «Was mir anfänglich an ihm auffiel, war der plumpe Schweizerdialekt, nach welchem ei wie i, au wie u ausgesprochen wird. Ich konnte fast kein Wort verstehen...»[11] In Deutschland selber sprach man von einer schweizerischen Sprache. Georg Wilhelm Kessler aus Meiningen, der 1808 in Konstanz weilte, meinte sich bereits in der Schweiz zu befinden: «Die Sprache ist hier so wunderlich, als sie nur irgendwo in der Schweiz seyn kann.»[12] Das Schweizerdeutsche wurde so sehr als etwas Besonderes empfunden, dass 1803 eine schweizerische Zeitung schrieb: «Dass das Schweizerdeutsch in ganz Europa zum besten Polizey-Signalement oder zur besten Empfehlung oft statt jedes Credit-Briefes dienet.»[13] Dekan Stalder, Vorsitzender der helvetischen Gesellschaft, schreibt am 16. Januar 1813 an J. H. Füssli: «Zudem verdient auch unsere Sprache die Aufmerksamkeit eines jeden Schweizers, denn sie ist einmal eine Nationalsprache – und die Erhaltung derselben ist mit der Erhaltung des schweizerischen Nationalcharakters und der Nationalunabhängigkeit nur zu eng und zu innig verbunden.»[14] Zweifellos hat Stalder an Johann Jakob Bodmer gedacht, für ihn war ja, wie er 1740 geschrieben hatte, die Sprache «eine Folge des Nationalcharakters».[15] Stalder sinnierte nicht nur über diesen

Sachverhalt, er schritt auch zur Tat. Um 1862 wird ein schweizerdeutsches Wörterbuch geschaffen. In aller Form wird im Gründungsentwurf auf die national-politische Bedeutung der Mundart hingewiesen: «Mit unserer eigentümlichen Sprache würden wir unsere schweizerische Denkart aufgeben... Solange wir unsere Sprache festhalten, solange hält die Sprache uns als Nation zusammen und schützt unsere Individualität besser als der Rhein.»[16]

Freilich träumten auch im 19. Jahrhundert weiterhin einige davon, dass man durch irgendein Wunder zu einer einzigen Sprache gelangen könnte. So schreibt zum Beispiel K. Hagenbach um 1828: «Wenn es zur Erhaltung der Freiheit und des Republikanismus von grosser Wichtigkeit ist, dass alle Bürger eines Gemeinwesens derselben Sprache sich bedienen, so ist klar, dass die Beibehaltung einer gemeinsamen Spracheigentümlichkeit (Idiom) in den gewöhnlichen Geschäften so lange als republikanische Sitte geschätzt werden muss, als nicht das reine Bücher- und Hochdeutsche allgemeine Volkssprache, auch des untersten Volkes geworden ist.»[17]

Hagenbach hat sich getäuscht. Das Hochdeutsche ist nicht zur allgemeinen Umgangssprache geworden. Richtig sah er indessen den Zusammenhang zwischen der von der schweizerischen Demokratie vorausgesetzten Gesellschaftsordnung und dem Sprachgebrauch. Dieser Gedanke hat denn auch später seine Gültigkeit bewahrt. So sehr im übrigen auch Hagenbach das Hochdeutsche schätzte – an einen Anschluss an die Kulturnormen Deutschlands dachte er nicht. Und auch die Deutschen selber schätzten das Schweizerdeutsche positiv ein – man denke an Goethes pseudo-schweizerdeutsches Schweizerlied oder an Jacob Grimm, der im Schweizerdeutschen die Sprache des Nibelungenliedes zu erkennen glaubte. «Bei dieser positiven Einstellung des Schweizerdeutschen in Deutschland – auf ihr basiert später zu einem schönen Teil der Erfog Gotthelfs – war es noch gar nicht möglich, es als Mittel zur Abgrenzung gegenüber Deutschland, anders gesagt zur Herstellung schweizerischer kultureller Identität zu gebrauchen.»[18]

Bei den Schweizern selber, den Dichtern Johann Gottlieb Kuhn oder Johann Wyss aus bernischen Landen oder Jakob Stutz und Jakob Senn aus der zürcherischen Region, war Schweizerdeutsch Ausdruck einer Lebenshaltung. Es symbolisiert insbesondere bei den beiden Bernern das echte alte ländliche Schweizertum. Etwas anders sah es beim Berner Gotthelf aus. Er versuchte «seine in die Landbevölkerung projizierte Opposition gegen Regeneration und Liberalismus auch sprachlich zu symbolisieren». Doch um die Jahrhundertmitte bringt die Mundartliteratur einen neuen Ton. Die Mundartdichter nehmen jetzt Stellung gegen eine als unecht empfundene Welt. So steht etwa bei Christian Wiedmer um 1848 die Welt des internationalen Tourismus der echten Welt des Emmentales gegenüber.[19] Im Gedicht Burgerlust erscheinen die Berner Stadtburger als Nichtsnutze, und Bern wird als Stadt massiv verhöhnt und auch «sprachlich durch die ihm attribuierte Verwendung des Französischen distanziert».[20] Die Mundart wird nun ganz allgemein zur Trägerin deutschschweizerischer kultureller Identität. Wir finden den Sachverhalt bestätigt in den «berndeutschen Verschen» für Kinder des Berner Spitalpfarrers. Da gibt es ein Gedicht: «Darf i bärndütsch bäte?» Auf die Aufforderung eines fremden Mannes, «nur immer gut deutsch zu sprechen», schaltet sich der liebe Gott persönlich ein: «I cha o bärndütsch.» Deutlicher, krasser kann man den Einbruch in eine traditionell schriftsprachliche Domäne (Kirche, Predigt, Glauben) kaum zur Geltung bringen.[21]

«Famos!»

Doch der Durchbruch war nicht vollständig. So standen beispielsweise viele gebildete Stadtberner während des deutsch-französischen Krieges auf Seiten der Deutschen, weil man eben deutsch redete und deutsche Lieder sang, wogegen das Volk, wie Albert von Tavel bemerkte, für die Franzosen eintrat. Doch führte dieser Gegensatz keineswegs zu einer sprachlichen Grenzziehung. Vielmehr gibt es da mannigfaltige Überschneidungen. Ausserdem wurde der Gegensatz Hochdeutsch-Mundart auch dadurch gemildert, dass viele in Bern ansässige Deutsche nicht Hochdeutsch, sondern Schwäbisch sprachen. Man denke etwa an die vielen Dienstmädchen, die Schwabenmeitli. Doch machte die Ausbreitung des Dialektes auf Kosten der Hochsprache weiterhin Fortschritte. Es kam da und dort zu einem eigentlichen Boom von Mundartliteratur, wobei das Festhalten an der Anredeform als Symbol für diese Bewegung gegolten hat. Man weigerte sich, das aus Deutschland eingeführte Siezen zu übernehmen.

Gerade anhand dieses Beispieles, am Beispiel der Grussformen, können wir den Durchbruch der Dialekte zu einer höheren Bewertung der Mundart in der ganzen Schweiz verfolgen. Im Laufe der letzten Jahrzehnte des 19. Jahrhunderts ist die Mundart zur unbestrittenen Umgangs- und Alltagssprache geworden.

Gemeinsam ist allen Dialekten die grosse und unübersehbare Mannigfaltigkeit der lokalen Ausprägungen. Im 19. Jahrhundert war es noch möglich, jeden Sprechenden nach den lautlichen Merkmalen seiner Mundart ohne Mühe heimzuweisen, mindestens seine kantonale, oft seine lokale Herkunft zu erkennen. In den rätoromanischen Tälern erkannte man die Dorfzugehörigkeit eines Begegnenden allein schon aus der Lautfarbe und der Betonung, welche er der üblichen Grussformel bundi (aus lateinisch bonam diem) gab. Aus der Art des Grüssens und den Grussformeln lässt sich vieles ableiten. Zunächst ist der Gruss die einfachste Art gegenseitiger menschlicher Berührung. Es ist eine Formel, die man im Alltag einst sehr häufig, später etwas weniger häufig, gebraucht hat. Einst war man, und das ist der Hauptgrund, weshalb wir beim Grüssen verweilen wollen, durch die volkstümlichen Gemeinschaftsbindungen zu bestimmten Grusssitten verpflichtet. Ein persönliches Bedürfnis zur Anrede musste keineswegs vorhanden sein. Aus einer Umfrage der Schweizerischen Gesellschaft für Volkskunde geht hervor, dass im 19. Jahrhundert die Grusssitten altem Herkommen gemäss gepflegt wurden und intakt waren. Aber gegen Ende des letzten Jahrhunderts kam es da und dort zu Veränderungen. So meinte ein Gewährsmann aus Château-d'Oex: «On salue beaucoup moins qu'autre fois.» Eine Frau aus Monthey meinte: «Les jeunes ne saluent plus.» Doch hat man nicht nur im Dorf, sondern auch in den Städten die alten Grusssitten weiter gepflegt: «Man grüsst im Städtchen Aarau oft. Die Aarauer sind unter sich sehr höflich», wird etwa gesagt. Wenn die Grussfreudigkeit zurückging, dann allein weil sich die Lokalgemeinschaften auflösten. Wir haben aber zu bedenken, dass es früher mehr oder weniger grussfreudige Gegenden gab. So heisst es zum Beispiel in dem Bauern- und Fischerdorf Chevroux am Neuenburgersee, man habe sich von alters her nur wenig gegrüsst. Demgegenüber wurde in Boncourt die Höflichkeit, das Grüssen als normal betrachtet. Es war auch Sitte, jenen die Hand zu geben, die man seit längerer Zeit nicht mehr gesehen hatte. Im Rheintal und auch in Engelberg sagte man hingegen höchstens Tag oder nickte nur, im Gegensatz zum wort- und formenreichen Grüssen der Appenzeller, wo als Abschiedsgrüsse adie, läb woul, bhüte Gott, wüsch der en guete Tag, chom zonis, chom z'Stobete,

«Ganz gut!»

chom go azünde usw. aufgezählt wurden. Hier galt die Grusssitte als Zeichen der gemeinschaftlichen Solidarität. Man hat sich im Dorf gegrüsst, den Fremden gegenüber sah man sich dazu nicht veranlasst.

Erstaunlich ist, dass aller aufkommenden Demokratie zum Trotz die Honoratioren, die Pfarrer, die Lehrer oder andere Prominente meistens höflicher gegrüsst worden sind. Dabei gab es ein ganz besonderes Ritual, so etwa in Guttannen, wo die Lehrerin nur von den Kindern zuerst gegrüsst wird, Erwachsene musste sie zuerst grüssen, wenn sie selbst gegrüsst werden wollte. In Eggiwil im Emmental ist der Pfarrer besonders herzlich gegrüsst worden, dabei hat man ihn nicht mit Ihr, sondern mit Du angeredet, was keineswegs unhöflich gemeint war. Geistliche wurden in katholischen Gebieten mit dem Lobspruch «Gelobt sei Jesus Christ» gegrüsst. Nie werden sie etwa im französischen Sprachbereich im Dialekt gegrüsst: «Ce serait trop familier.» Pfarrer, Behördemitglieder und ihre Frauen grüsst man noch mit «reverien». In bernischen Regionen, so in Ins, hat man auch den Namen des Gegrüssten erwähnt und den ganzen Titel angefügt, zum Beispiel «grüessech Herr Pfarrer». In der Westschweiz gab es auch Respektgrüsse wie etwa «serviteur! respect!». Ortsfremden gegenüber gab man sich im Berner Oberland verschlossen: «Fremde werden nicht gegrüsst, es sei denn, dass die Berner oder Basler grüssen.»[22]

Zeitgrüsse wie zum Beispiel «guten Tag» scheinen von der Konfession abhängig zu sein. So hat man sich in vielen Regionen am frühen Vormittag «guten Tag» gewünscht. In bäuerlichen Gegenden allerdings hat man das eingeschränkt. Es wäre einer gewiss dumm, wenn er nach neun Uhr noch guten Tag sagen würde, meinte ein Gewährsmann im Simmental. Da und dort gab es auch soziale Differenzierungen. So haben sich beispielsweise in Maienfeld die Junker (die Familien von Sprecher und von Gugelberg) den ganzen Tag «guten Tag» gesagt. In katholischen Gebieten sagte man sich ganz allgemein «guten Tag», hat dann aber am Mittag zu «guten Abend» gewechselt. In der Innerschweiz sowie in westschweizerischen Gebieten sagte man sich bis gegen 16 Uhr «guten Tag». Im Tessin ist schon im 19. Jahrhundert das schriftsprachliche «buongiorno» an die Stelle des mundartlichen «bundi» getreten.

Damals waren auch noch religiöse Formeln anzutreffen. So sagte man beispielsweise in Mürren «guete Tag gäbech Gott» oder im Lötschental «guet Tag gebs Gott». Das wünschte man besonders dem Pfarrer. In Visperterminen im Wallis sagte man «giötu Tag gäbe Gott», worauf «danke Gott» geantwortet wurde. In Urnäsch sagte man «geb Gott en guete Tag». Damit hat man einfach die mittelalterliche Form des heute gekürzten Wunsches beibehalten. In der deutschen Schweiz ist ganz allgemein auf die Zeitgrüsse mit einem «Gott danke Euch» oder «dank Euch» geantwortet worden. Eine Dankformel war auch «oblischee» (obligé). Die Formel «guten Morgen» kannte man noch nicht, sie ist erst später aufgekommen. Lediglich in der Innerschweiz, aber auch im Simmental sagte man «guten Morgen», in jenen Gebieten, wo man am Nachmittag zum «guten Tag» überging.[23] Offenbar hat sich im 19. Jahrhundert der Gruss «Gott grüsse Euch» überall zwischen dem Morgen- und Abendgruss eingeschoben; er galt nur von etwa 9 bis 16 Uhr.

Wann aus dem Gruss «Gott grüss Euch» abgekürzt «grüezi» wurde, ist ungewiss. Es scheint dies eine eher protestantische Formel gewesen zu sein. Soweit die Innerschweiz die Formel überhaupt aufgenommen hat, schloss sie sich der zürcherisch-ostschweizerischen Form «grüezi» an. Sie ist auch

«Zur Ordnung! Zur Ordnung!»

ins Baselbiet vorgestossen, obwohl man dort diese Grussformel als zürcherischen «Unfug» anstelle des einheimischen «grüessi» empfunden hat. In Schöftland bemerkte ein Gewährsmann, «grüezi» sei von Zürich importiert worden. Zwischen der alten religiösen Wunschformel und dem einfachen «grüezi» gab es noch eine Übergangsform, indem man «goggrüezi» sagte. Die andere Form der vollen Formel «grüessgod» kam vor, war jedoch seltener. Gegen Ende des Jahrhunderts hat sich ganz allgemein die zürcherisch-ostschweizerische Standardform «grüezi» durchgesetzt. «Durch das Aufkommen der Fabrik wurden die Grussformen vermischt», meinte ein Gewährsmann in Cham im Kanton Zug. Die «protestantische» Grussformel war aber damals in der Innerschweiz neu; man empfand «grüezi» als fremd oder als reformierten Ausdruck. Zur vollen Übernahme des neuen Grusses kam es erst im 20. Jahrhundert. Um 1930 teilte ein Gewährsmann aus Sursee mit, dass junge Leute und Backfische neuerdings «grüezi» sagen.[24]

Zu den ortsüblichen Grüssen kam ein reiches Ritual, das sich beim Eintreten eines Gastes ins Haus vollzog. Es galt, die Aufnahme in die Hausgemeinschaft zum Ausdruck zu bringen. Da und dort begrüsste man den Gast vor dem Haus, um ihm dann nach dem Eintritt in die Stube die Hand zu geben mit dem Gruss «Willkommen» oder «Willkommen in der Stube». Der Eintretende hatte hierauf mit «danke» zu antworten. Das war aber nicht überall so. So hat man beispielsweise in Obersaxen, nachdem der Gast mit «willkumma zuanisch» bewillkommnet worden war, nicht mit dem üblichen «danke» geantwortet, sondern mit einer abwehrenden Geste: «Oh sägad neet, i bi jo albig do.» Solche Willkomm-Grüsse waren besonders in der grussfreudigen Ostschweiz üblich, während die Berner diese Grusssitte als ostschweizerisch empfanden. Die Sitte scheint eher bäuerlich-ländlichen Ursprungs zu sein. So haben zum Beispiel in der Stadt Chur nur die vom Land Zugezogenen so gegrüsst. Die ältere Formel «gottwillkomm» war damals noch bekannt und meist als «gottwilche» im Bernbiet üblich. So sagten beispielsweise die Schächentaler: «Sind gottwilchen.» Das Willkommenheissen war auch üblich im Haus der Rätoromanen. In Ilanz sagte man «Bein-vegni tier nus, prendej plaz» (willkommen bei uns, nehmen Sie Platz). Darauf hat man mit «engraziel» (danke) geantwortet. Im Tessin und italienisch Bünden gab es eigentliche Ankündigungsformeln. Wenn jemand in ein Haus eintrat, rief er aus: «Oh di casa?» Üblich war auch der fragende Ruf: «Ci sei?» oder «Siete qua?» entsprechend etwa dem prätigauischen: «Es wär daa?» Im Tessin sagte man «Si può?» Im waadtländischen Chavornay hiess es: «Ne jamais entre dans une maison sans appeler ho.» Das Klopfen war nicht üblich, man sagte um 1910, dass es erst jetzt neu aufkomme. Einzutreten ohne zu rufen oder zu klopfen galt als Vertrautheit oder aber als Unverschämtheit.

Beim Eintritt in ein Haus oder in ein Zimmer wurde auch da und dort ein Lobspruch gesagt, so etwa in Champéry, wo es hiess: «Loué soit Jésus-Christ.» Die Antwort lautete: «Ainsi soit-il.» In katholischen Regionen hiess es: «Gelobt sei Jesus Christus» und die Antwort lautete: «In Ewigkeit Amen.»

Segensformeln und Glückwünsche galten auch im Stall. Die deutschschweizerische Formel lautete meistens: «Glück im Stall», manchmal einfach «Glück». Zu Beginn des letzten Jahrhunderts hiess es auch etwa: «Gebe Euch Glück in Haus und Stall.» An sich liebten es die Bauern nicht, wenn ein Fremder in den Stall kam, sei es, dass sie vor bösen Einflüssen magischer Art Angst hatten, sei es, dass sie sich vor einer Seuchenübertragung fürchteten.

Die Gebiete, in denen dieser Brauch am stärksten verwurzelt war, ziehen sich vom bernischen und aargauischen Mittelland in die Innerschweiz, wo man es empfand, wenn man es nicht sagte. Vergass es einer, so entschuldigte er sich. In der Westschweiz waren es vor allem die Händler, die sagten «bonheur à l'écurie». Die einheimische Formel hiess früher: «Que Dieu préserve vos bêtes.» In Vissoix hiess es: «Dieu vous les protège», die Antwort war: «Dieu veille sur elles.» Derartige Glückwunsch- und Segensformeln verschwanden gegen Ende des letzten Jahrhunderts offenbar im Zuge der allgemeinen Säkularisierung.[25]

Es galt als üblich, sich bei bestimmten Arbeiten mit ganz stereotypen Formeln zuzurufen. So sagte man in der ganzen deutschen, aber auch rätoromanischen Schweiz, etwas weniger häufig in der welschen Schweiz zu einem Mähenden: «Haut's es?» oder «Tagl'i bin?» oder «Çà coupe?» Beim Mähen gibt es darauf gewisse stereotype Antworten, wie zum Beispiel: «Ja, es muess» oder «Ja, man wetzt» oder «S'haut wie chrut». Ganz allgemein wird gesagt, dass ein solcher Wortwechsel zur Höflichkeit gehöre. Er wurde allerdings mancherorts nur unter guten Bekannten geführt. Im Rätoromanischen gab es zu der verbreiteten Formel einige Varianten, so zum Beispiel: «Has buna taglia?» Hast Du einen guten Schnitt? oder «Veis ina buna cut?» Habt Ihr einen guten Wetzstein? In den drei Urkantonen war die Formel beschränkt «Verhauit de Schon nid!» oder «Muesch dän nid de Schon verhaue» oder «Häsch dr hesch der Schon verhöiwe?» was heissen soll, macht, dass das Wetter nicht umschlägt, dass es nicht aufhört zu schonen, das heisst, den Regen zurückzuhalten. Bei den Heuern gab es eine gebräuchliche Formel; sie lautete: «Ist es dürr?» oder «Hast Du Dürres?» oder «Gibt es Dürres?» Auf rätoromanisch «E'l sech?» französisch «Est-il sec?» Solche Zurufe verschwanden, nachdem man «keine Zeit mehr hatte» oder mit den Maschinen zu hantieren begann. Verschwunden ist auch die fast poetisch klingende Formel im Neuenburgischen: «C'est comme du thé?» oder «C'est pas du regain?» oder «C'est du vrais thé que vous rentrez?» Ähnlich wie beim Heuen, gab es auch beim Holzen stereotype Grussformeln wie etwa: «Haut es?» oder «Spaltet's?» Bei den Erntearbeiten aber gab es die weitverbreitete Formel: «Gibt es aus?» Die Kartoffelgraber begrüsste man mit der Formel: «Elles sont belles?» oder «Chon bien?» oder in der Westschweiz: «Est-ce que ça rend?» oder «En trouvez-vous beaucoup?» Im Emmental hiess es etwa: «Ergibt es?» oder «Sackets?» «Heit er murb?» wurde etwa gesagt, wenn einer auf dem Felde hackte und speziell nach Kartoffeln grub.

Reich waren auch die Grussformeln in Weingegenden. So sagte man etwa im Frühling den im Rebberg Arbeitenden: «Ca promet?» oder einem im Rebberg Hackendem rief man zu: «Hau nur viel uf, es git hür guete». In der Westschweiz sagte man: «Y at-il une belle sortie», wenn die Knospen schwellten. «Çà débourre?» fragte man im April oder Mai oder «Ça montre?» hiess es mancherorts, bis im Juni die Blütezeit einsetzte. Diese Formel verband man mit dem sorgenvollen Wunsch: «Il faudrait une quinzaine de jours de beau que ça passe vite», und dann folgte die Frage nach dem Jahresschicksal der Rebe: «La fleur à bien passé?»

Selbst bei häuslichen Arbeiten, beim Aufwaschen und anderen Putzarbeiten gab es stereotype Zurufe wie etwa «Macheder suuber?» oder «Wird's suuber?» während man die Frauen, die am Dorfbrunnen wuschen, fragte: «Ist das Wasser kalt oder ist das Wasser nass?» «Trochnet's guet?» oder im Bernbiet eine verbreitete und fast anzügliche Frage: «Düeter trochä wäschä?» (Wascht Ihr trocken?) «Stübt's?» fragte man die Frauen, welche die

«Wieder ein grosser Gedanke!»

Wäsche aufs Waschbrett schlugen. Ganz allgemein ist im deutschsprachigen Gebiet eine weit verbreitete Frage gewesen: «Seid Ihr fleissig?» Dazu stellte sich die Mahnung: «Nöd z'flissig», seid nicht zu fleissig oder entsprechend «Nöd z'sträng». Die Aufforderung, bald Feierabend zu machen, war natürlich gleichzeitig eine Anerkennung des als hohe Tugend bewerteten Arbeitseifers. Wir treffen sie in zahlreichen Varianten an. So heisst es etwa: «Nume nid z'gech» oder «Nume nid z'ruch» oder im Bernischen «Übertäut ech de nid» oder «Lön i der wil».

Wer an einer Gruppe von Plauderern vorbeiging, sagte etwa: «Heid er guetä Root», darauf kam die Antwort: «Mer neme lieber Wiisse» (gemeint ist selbstverständlich Wein). Ganz entsprechend fragte man im Rätoromanischen «Veis beung cunsgl?» (Habt Ihr guten Rat?) Spezielle Grussformeln gab es auch beim Kirchgang, so etwa in Schiers, wo sich die Frauen auf dem Heimweg von der Kirche mit dem Wunsch: «Zürne nüüd» zuriefen; die Antwort lautete: «Zürne du nüüd» oder «Ich han ken Ursach». In Adelboden aber begrüssten sich die Alten auf dem Predigtweg mit der Formel: «Bisch gsund?»[26] Selbstverständlich gab es auch stereotype Fragen nach dem Weg, nach dem Herkommen, nach den Zielen: «Chuust oo?» Kommst Du auch? fragten sich die Leute in Rüti (BE), die sich auf der Strasse begegneten. In Grendiols (Wallis) hiess es: «Wa wilt gan?» wenn man sich unterwegs begegnete. Im Tessin traten diese Wegfragen oft an Stelle der Zeitgrüsse.

Grüsste man sich beim Kommen, grüsste man sich auch beim Abschied. In allen vier Sprachgebieten war das französische «adieu», deutsch «adie», romanisch «adia», italienisch «adio» üblich. In der Deutschschweiz wurde dieser Gruss fast durchwegs als althergebracht und einheimisch empfunden. Das neuere «Auf Wiedersehen» war noch nicht bekannt. Das «Adieu» war immerhin doch nicht so ganz ursprünglich. Älter und wohl auch inniger war das «Behüte Gott» oder das «Lebwohl», in der französischen Schweiz brauchte man das «Adieu». In vielen Formeln sind Wünsche für das Wohlergehen enthalten. Dazu gehört das «Lebwohl», «läb gsund». In der französischen Schweiz gab es eine schon damals als altväterisch empfundene Formel, «bonne conservation» oder «conserve-toi bien». «Behüte Gott» war weitverbreitet und vor allem in den Alpengebieten üblich, während im Mittelland diese als «fromm» empfundene Grussformel zu verschwinden begann.[27] Typisch ist das Schicksal des Lobspruches «Gelobt sei Jesus Christus» mit der Antwort «In Ewigkeit Amen». Er wurde als Grussformel in katholischen Gebieten einst allgemein gebraucht. Dann beschränkte man die Formel auf den Familienkreis und schliesslich nur auf das Betreten des Pfarrhauses. Gerade dieser Funktionsschwund einer religiösen Formel ist typisch für die allgemeine Zurückdrängung der Gruss- und Wunschformeln. Sie hängt mit der allgemeinen Säkularisierung, mit der grösseren Mobilität, der zunehmenden Hast auch im Alltag zusammen.[28]

Gewandelt hat sich im 19. Jahrhundert auch die Anrede. Zunächst ging es vom traulichen «Du» auf das etwas steifere «Ihr». So wurden die Verlobten bis 1769 mit «Du», seither mit «Ihr» angeredet. Das «Sie» war um 1800 noch kaum bekannt. So wird zum Beispiel damals in Zürich ein Bauinspektor, also immerhin eine verhältnismässig hochstehende Persönlichkeit, mit «Ihr» angeredet. Um die gleiche Zeit stösst sich der Deutsche Lehmann daran, dass in Graubünden die Fremden vom Adel zwar mit grosser Gastfreundschaft aufgenommen werden, sich es aber gefallen lassen müssen, mit «Ihr» angeredet zu werden. Um 1814 musste sich Kaiser Alexander von Russland am Rheinfall bieten lassen, dass ihm der Schiffer, als er in dem schwankenden

Schiff aufstehen wollte, zurief: «Hocked ab, Majestät!»[29] Noch um 1830 galt in Zürich «Ihr» als die höflichste Anrede. Bis gegen die Mitte des 19. Jahrhunderts redeten Kinder ihre Eltern so an. Erst später ging man zum «Du» über. Erst in der 2. Hälfte des 19. Jahrhunderts kam in der Ostschweiz im täglichen Gespräch das «Sie» auf. Etwas anders sah die Situation in bernischen Regionen aus. Hier galt in «besseren» Kreisen das «Ihr» als durchaus üblich. Hier war man dem neumodischen «Sie» gegenüber sehr skeptisch eingestellt. Um 1884 hat Gottfried Strasser ein programmatisches Berngedicht erscheinen lassen. Die erste Strophe lautete:

«Es isch eso u blybt d'rby:
Mir Bärner säge Dihr, nid Sie!
Da chöne lang sie brichte,
Dihr syge grob, sie syge rächt.
He nu so deh – warum deh ächt
Wirt s'Dihr geng' bruucht bim Dichte?»

Die letzte Strophe lautete:

«Ja, s'isch eso und blybt derby:
Mir Bärner säge Dihr, nid Sie.
Furt mit d'm frömde Plunder!
Doch no vil besser weder dsd's Dihr
Gfallt dsd's Du, süsch gäll ja? Dihr u mir.
Das Wörtli geit nie under!»[30]

Etwas anders sah die Situation in Schaffhausen aus, sagte doch damals ein Bauer aus Schleitheim zum Pfarrer: «Wüssed-er, Herr Pfarer, mer ihred halt Niemed i-der G'ma (Gemeinde) als Dich und de President.» Mit «Ihr» redete damals der Knecht den Herrn, dieser jenen mit «Du» an. Aber noch um 1900 wurde genau differenziert. «Dr Hans hät d'Muetter z'duze, mich (das heisst den Vater) natürlich nüd, was ich schu weged emm respekt nüd g'litte hät.»[31] Die Sohnsfrau durfte die Schwiegermutter duzen, den Vater dagegen nicht. Damals musste man einem jungen Mann sagen, dass, wenn er mit der Frau Pfarrer rede, «sä tue si nüd öpe duzen».[32] Sprach man zu jemandem, der einen unerwünschter Weise duzte, etwa «Ihr bruched mich nüd z'duze, i ha na nie mit eu de Söue g'hüetet».[33]

Am 26. Februar 1901 fand im Berner Grossen Rat eine Debatte über die Sprache statt. Da erklärte der Ratsherr Dürrenmatt: «Wir machen uns alle Tage der Sünde gegen unser gutes Berndeutsch schuldig, ich gerade jetzt mit dem soeben ausgesprochenen Satz. Wie manches Mitglied ist hier, das, wenn es dem Rate eine Ermahnung gibt, sich der Wendung bedient: ‹I möcht Ech bäte ha, stimmed so u so!› Fast alle sagen: ‹I möcht Se ersueche› oder ‹I möcht Ihne de Atrag emfohle ha›. Seit wann ist ‹Sie› und ‹Ihnen› Berndeutsch? Das ist aus dem Ostschweizerischen und dem Hochdeutschen ins Berndeutsche eingedrungen.»[34] Welch schönes Beispiel für die Wandlungen einer Alltagssprache! Was für ein grossartiges Zeugnis für die sprachliche Tradition!

Orte der Begegnung: Die Märkte

35

Märkte waren seit jeher ureigene Orte der Begegnung, ja Höhepunkte des volkstümlichen Lebens. Hier wurde gehandelt und gekauft, hier traf man sich zur Erledigung von Geschäften, hier fanden sich die Verliebten, hier vergnügte man sich an Budenbetrieb und Tanz. Alle sparten ihre Geschäfte auf diesen Tag und rechneten danach; die Märkte waren auch massgebend für die Preisbildung ganzer Regionen. So wurden sie ordnende Mittelpunkte. Dies um so mehr, als die Märkte gleichzeitig Heiligentage waren; ein Teil des festlichen Glanzes fiel auch für die Markttage ab. Von jeher waren sie auch Marksteine des Wirtschaftsjahres und ganz besonders des viehwirtschaftlichen, agrarwirtschaftlichen Jahresablaufes. Bäuerliche Wirtschaftstermine lehnten sich seit alter Zeit an kirchliche Festtage an.[1]

Was geschah nun mit den Märkten im 19. Jahrhundert? Welche Wirkungen hatten der Ausbau des Strassennetzes, der Bau der Bahnen, die Industrialisierung, die politischen und sozialen Reformen? Welche Funktion übten die Märkte in diesem Prozess aus, und welchen Strukturwandlungen waren sie selbst unterworfen? Nach Paul Seippel hielten sich Handel und Wandel in der ersten Hälfte des 19. Jahrhunderts noch fast vollständig in alten Formen: «Das Landvolk erschien zu gewissen Tagen in der Stadt, um dort seine notwendigen Einkäufe zu machen, und die Messen und Märkte bildeten die vornehmsten Einnahmequellen für Krämer, Wirte und kleinere Gewerbetreibende. Trotz den damals entstehenden Basars und Modeetablissements sehen wir, dass die alte Herrlichkeit der grossen periodisch wiederkehrenden Märkte, wenngleich in abgeschwächtem Masse, fortbestand. Die Basler und Berner Messe, die verschiedenen Georgs-, Mai-, Herbst- und Martinimärkte und in katholischen Gegenden auch die Tage einzelner Heiliger sind dauernd gut besucht von Käufern wie Verkäufern.»[2]

Auch nach Eduard Strübin waren die Haupttage für Handel und Wandel die Markttage: «Von weither besuchte man die Märkte von Aarau, Olten und Liestal sowie die berühmte Basler Messe. Sie waren so bedeutsam, dass man nach ihnen die Zeit einteilte, und fast die einzige Gelegenheit, sich einmal einen freudigen Tag zu bereiten.»[3]

Paul Seippel registrierte indessen auch einige entscheidende Veränderungen, so das völlige Verschwinden der seit dem 14. Jahrhundert bestehenden und in ganz Europa berühmten Zurzacher Messe. Interessant ist die Art und Weise, wie der Vertreter des fortschrittsgläubigen, rationalen 19. Jahrhunderts diese Veränderung kommentierte: «Es ist nicht zum Schaden des Städtchens geschehen», meinte er, «denn an die Stelle der einstigen Trägheit, welche die Bürger ruhig auf die in sicherer Aussicht stehende goldene Ernte warten liess, und die Engherzigkeit, welche den Fremden die Niederlassung verwehrte, traten im Laufe des Jahrhunderts mit dem Verfall der alten

35 Stelldichein von Einheimischen und Fremden auf dem Thuner Marktplatz. Gemalt von Marquard Wocher um 1804 bis 1814.

Einrichtungen eine weitsichtige gewerbliche Tätigkeit und damit ein völliger Umschwung in den sozialen Ansichten.»

Dass es im 19. Jahrhundert, vor allem im Zusammenhang und als Folge der Aufhebung alter Markt- und Zunftrechte, nicht zu einem Zusammenbruch des alten Marktes und zu einer völligen Neuorientierung des Marktbetriebs, sondern vielmehr zu einem Aufschwung kam, lässt sich nicht allein mit Beharrungsvermögen, eingefleischten Traditionen und Brauchtum erklären. Zweifellos vermochten die alten Märkte viele der von ihnen verlangten Leistungen und Funktionen weiterhin zu erfüllen; die entstehenden neuen Märkte profitierten vom politischen Umschwung und von der werdenden Mündigkeit des Landvolkes in den Stadt-Staaten. Im Gegensatz zum 18. Jahrhundert wird das Marktrecht im 19. Jahrhundert, besonders nach 1848, grosszügig gehandhabt. Manches Dorf und manches Städtchen kam erst jetzt zu seinem längst begehrten Markt. Ferner ist zu bedenken, dass die Selbstversorgung zurückging, die Industriearbeiterschaft auf günstige Einkaufsmöglichkeiten angewiesen war und die Kaufkraft allmählich zunahm. Das alles sind einige der wichtigsten Gründe, weshalb es um 1807 in der Schweiz 155 Märkte, 100 Jahre später aber 591 Waren- und Viehmärkte gab. Auf der andern Seite haben die alten Märkte allen formellen Liberalisierungen zum Trotz einige Privilegien, gleichsam als mächtige Säulen, halten können. So war selbst nach der Einführung der Bundesverfassung von 1848 die freie Gewerbeausübung nur für Kantonsbürger und Niedergelassene gewährleistet, und noch beim Inkrafttreten der Bundesverfassung von 1874 war beispielsweise das Hausieren in vielen Kantonen (Baselland, Bern, Freiburg, Luzern, Schaffhausen, Waadt und Wallis) verboten. Ausverkäufe, Liquidationen und nichtamtliche Versteigerungen ausserhalb der Dauer von Märkten waren untersagt oder bedurften obrigkeitlicher Genehmigung. Solche Bestimmungen, wie auch die Erfüllung wirtschaftlicher Funktionen, halfen der alten Institution des Marktes. Noch immer verhiess er reiche Auswahl, billige Preise und lockte Bauern und Arbeiter, Bürger, Dienstboten und Kinder an.

Doch schon in der ersten Hälfte des 19. Jahrhunderts kommt es zu mancherlei Änderungen. So hat etwa, um aus der grossen Fülle von Belegen nur einige Beispiele herauszugreifen, der Markt von Carouges seine einstige grosse Bedeutung verloren. Das am Rande der Genferlandschaft gelegene Jussy gab seine Viehmärkte 1849/50 auf.[4] Aigle, Rolle und Morges mussten einen Rückgang des Marktbetriebes hinnehmen. Beliebt waren aber nach wie vor die im November stattfindende foire aux Châtaignes. Die Märkte von Genf und Lausanne behaupteten ihre Stellung. Auch in Lutry freute man sich nach wie vor am grossen Besuch der Kleinviehmärkte, und in Cully gab es einen weiterum bekannten Schweinemarkt. Man deckte sich an all diesen Märkten ein mit Kastanien und Holzschuhen. Am Markt von Villeneuve – er fiel auf den 1. Freitag im Dezember – genoss man mit den Kastanien auch den neuen Wein. In Bercher kaufte man Pferde, die damals hier noch gezüchtet wurden. Gut besucht waren bis 1870 auch die Märkte von Yvonand; hier wurden an Martini und im Frühling Jungvieh wie auch Waren angeboten. Von weit her kamen die Leute auch auf die Märkte von Bulle, wo jeden Monat grosser Marktbetrieb herrschte. In Freiburg wurde im September der Trübelmärig abgehalten. Er war wie der Mai- und Martinimarkt ein eigentlicher Knechtemarkt. Demgegenüber verloren die Märkte von Rue, Estavayer und Allières ihre Anziehungskraft. Plaffeien vermochte sich dagegen zu behaupten, ebenso Jaun mit seiner berühmten «Schafscheid». Selbst

36 Marktplatz mit Hotel Hecht in St. Gallen um 1900. Hier trafen sich, wie das Foto zeigt, nicht nur Menschen, sondern auch Pferde und Hunde.

37 Hieronymus Hess hat 1832 diese Bänkelsängergruppe im Bild festgehalten. Sie traten am Basler Nadelberg auf.

38 Marktplatz beim Rathaus von Basel um 1834.

36

48

38

in Neuenburg gab es bis 1848 einen grossen Viehmarkt, wo die mit Hellebarden bewaffneten Marktwächter, die Gardes foire, für Ordnung sorgten.[5] Auch die jurassischen Märkte vermochten sich im grossen und ganzen zu behaupten, vor allem der marché-concours de bétail in La Brévine zog Scharen von Käufern und Verkäufern an.[6] Im unteren Rhonetal hatten die Märkte von Martigny eine grosse Anziehungskraft. In Martigny-Bourg bot man am foire au lard im Dezember frische Speckseiten aus dem Val Entremont an. Sierre trat dagegen hinter den bedeutenden Markt von Sion zurück. Besonders gerne besuchte man aber den Katharinenmarkt. Am Gallusmarkt stellten sich die Händler aus der halben Schweiz und aus dem angrenzenden Italien ein. Weiterum bekannt war auch der St. Michaelsmarkt in Stalden, der Martinimarkt in Visp, wo «nicht selten einzelne Bürger einen Lagel Wein mitnahmen, der dann auf dem Markt von einer währschaften Terminertochter ausgewirtet wurde; aus dem Erlös handelten sie dann andere, notwendige Waren ein».[7]

Im Berner Oberland standen die Märkte von Thun und Interlaken an vorderster Stelle, auch Meiringen verfügte über einen bedeutenden Viehmarkt, der selbst von Leuten aus dem obersten Goms − es waren dies tüchtige Passgänger − besucht wurde.[8] In Erlenbach im Simmental gab es einen grossen Pferdemarkt, Zweisimmen war für seinen Ochsenmarkt bekannt. Brienz war an Markttagen so gut besucht, da gab es so viele Leute, dass man, wie ein alter Mann sich ausdrückte, durch die Gassen förmlich gerutscht sei.[9]

Am Gsteiger-Markt hielten Leute aus Savièse und Conthey Obst feil, französische Händler verkauften Geschirr und Werkzeug. In Kandersteg gab es, solange die Schafzucht noch blühte, einen grossen Schafmarkt.

Im Berner Mittelland gab es, so ein Berner Burger, nur einen grossen berühmten Markt: Es war der Dienstagmarkt, scherzhaft Puresunntig genannt. Noch grösser war der Betrieb am im November stattfindenden Zibelimärit, an dem Bauern aus Vully ihre Zwiebeln anboten. Im Gegensatz zum Dienstbotenmarkt, dem Meitschimärit, vermochte er sich zu halten.[10] Bedeutende Marktorte waren sodann Langnau, Aarberg, Burgdorf, Langenthal und Huttwil. In Summiswald gab es eine Schafscheid. Für Metzger und Marktfahrer war dies ein höchst beliebtes Volksfest. Ein Guggisberger sagte, er wasche sich nur an Ostern, am Neujahr und am Schafscheid, an den drei höchsten Tagen des Jahres.[11] Ein «rechter Krämer- und Fressmarkt» war

37

Wattenwil, eine Art Volkstag, ein Volksfest, das ganze zwei Tage dauerte. In den meisten Häusern wurde gewirtet; wer konnte, schlachtete ein Stück Vieh und backte Küchlein. In den Kellern ging ein 1½ Meiel um. Theaterstücklein, von welschen Wandergruppen oder einheimischen Schuhmachergesellen dargeboten, brachten die Leute zum Lachen.[12] Im Jura zog der marché concours von Saignelégier grosse Besucherscharen an; daneben gab es Märkte in Délemont, Porrentruy, Laufen, Bassecourt und Chaindon. Hier in Chaindon gab es auch einen Pferdemarkt, wo im September bis zu 2000 Pferde aufgeführt worden sind. In Bassecourt vergnügte man sich an der foire aux poulains.[13]

In der Nordwestschweiz behauptete Basel seine zentrale Stellung als Marktort. Grosse Anziehungskraft übte vor allem die Messe aus. Liestal und Sissach vermochten ihre Märkte trotz dieser Konkurrenz sogar auszubauen.[14] Solothurn war für seinen Knechtemärit bekannt. Am Sonntag zwischen 10 und 12 Uhr dingte man «uf em Mulaffemärit» vor dem Zeitglockenturm Dienstboten an. Olten und Breitenbach verbanden ihre Märkte mit einer Kirchweih. Man sprach deshalb auch vom Chilbimärt.[15] Dornach nahm mit seinem Portiunka-Markt eine besondere Stellung ein. Er dauerte vom 1. bis 3. August und wurde aus dem Elsass und dem Badischen besucht.[16] Von den aargauischen Kleinstädtchen besass fast jedes einen eigenen Markt. Da erschienen die Händler aus Klingnau und Oberendingen, dem ehemaligen Judendorf im Surbtal.[17]

Schaffhausen behauptete in der ersten Hälfte des 19. Jahrhunderts seine Marktstellung, während Stein am Rhein alle Märkte bis auf einen einzigen verlor. An die einstige Bedeutung als Marktort erinnern nur noch die Strassennamen Stickelmarkt, Fischmarkt und Schaubmarkt. Zürich kannte noch den Mai- und Martinimarkt. Diese alten Warenmärkte verschwanden zwischen 1870 und 1875. Die Zürcher Landstädte, Winterthur voran, besassen ihre eigenen Vieh- und Warenmärkte. Elgg verlor hingegen seine Märkte um die Jahrhundertwende.[18] In der Ostschweiz war vor allem Frau-

39 Orte der Begegnung waren in den grösseren und kleineren Städten vor allem auch die Brunnen. Unser Bild: Markttreiben auf der Place du Molard in Genf um 1800.

40 Viehschau in Hemberg (TG) von Anna-Barbara Aemisegger-Giezendanner (1831–1905). Grossereignis im bäuerlich-ländlichen Leben.

enfeld für seinen Klausmarkt weiterum bekannt. Weinfelden und Amriswil vermochten sich zu halten. Kreuzlingen gehört zu den wenigen «Aufsteigern». Hier wurden zwei Wochenmärkte und ein Jahrmarkt abgehalten, der von weit her, auch aus deutschen Landen besucht worden ist. Müllheim besass noch in der ersten Hälfte des 19. Jahrhunderts zwei Vieh- und Warenmärkte.[19]

In Herisau stand der grosse Vieh- und Warenmarkt anfangs Oktober im Mittelpunkt aller Geschäfte und Termine. Er wurde auch aus den Kantonen St. Gallen und Thurgau recht fleissig besucht, während die Appenzeller Warenmärkte von Innerschweizern und Bündnern beschickt wurden. Die Appenzeller selber erschienen im Sonntagskleid. Man sagte deshalb, ihre Woche habe zwei Sonntage.[20]

St. Gallen kannte zwei grosse, je eine Woche dauernde Jahrmärkte. Sie wie auch die Märkte von Buchs, Altstätten und Wil waren recht gut besucht. Das Gleiche gilt für Lichtensteig. Hier gab es das Hebräerviertel: Die Juden mussten ihre Verkaufsstände an einer besonderen Strasse aufstellen. In Ragaz vermochte der Stickelmarkt (Markt für Rebstecken) die Besucher aus der Bündnerherrschaft, einer altbekannten Weinregion, und den Regionen Mels bis Walenstadt anzuziehen.[21] Glarus vermochte mit seinem Stieren- und Klausmarkt helle Scharen zu mobilisieren. Näfels war die Zigerbörse des ganzen Kantons, und hier gab es auch den Knechtemarkt. Die Glarnerbauern suchten sich hier ihre Knechte aus. Allerdings wussten sie zu unterscheiden: «Die Innerschwyzer und Märchler hat man nicht gern; sie sind grob, rauflustig, fluchen, rauchen und verlangen unverschämte Löhne, obschon sie in ihrer eigenen Heimat halb umsonst arbeiten müssen.»[22]

In Luzern war zweimal Messe, die Mäss im Mai (14 Tage) und Oktober je eine Woche vor und eine Woche nach der Kirchweih. Verkaufständen, Budenstände und Chilbibetrieb erfreuten das Herz aller Besucher. Um so erstaunlicher ist es, dass sich die Märkte von Sursee, Dagmersellen, Escholzmatt, Hochdorf, Willisau und der Säulimärt von Entlebuch halten konnten.[23]

Zug besass neben den traditionellen Märkten einen Zuchtstiermarkt von grosser Anziehungskraft. Altdorf wartete mit dem Gallusmarkt und Andermatt mit grossen Märkten auf, zu denen auch die Händler aus der ganzen übrigen Schweiz und Italien erschienen. Schwyz und Einsiedeln galten von jeher als Zentren der Braunviehzucht und der Pferdezucht und hatten dementsprechend ihre eigenen Vieh- beziehungsweise Pferdemärkte. Rothenthurm sorgte mit seiner Chilbi und seinem Uusschiesset für zahllose Besucher.[24]

40

41

Völlig unmöglich ist es, die grossen und kleinen Märkte Graubündens aufzuzählen. Ilanz als erste Stadt am Rhein besass im Oberland eine dominierende Stellung. Hier wurden bis 1600 Stück Vieh aufgeführt. Die Churer freuten sich dagegen über ihren Mai- und Andreasmarkt, Thusis besass einen ansehnlichen Viehmarkt, Disentis seinen Martinimarkt, und Zernez vermochte neben Besuchern der Nachbardörfer auch Leute aus dem Münstertal anzulocken. Alle anderen Märkte hatten nur lokale Bedeutung, und ihr Schicksal war deshalb einigermassen vorprogrammiert.

Im Tessin gab es im 19. Jahrhundert nicht allein in Bellinzona, Locarno und Lugano, sondern auch in Giubiasco, in Agno, in Mendrisio, in Airolo, Faido, Biasca, Quinto, Giornico und Cevio Märkte. Sie alle waren eigentlich eher grossartige Feste, wie ein Zeitgenosse meinte, vere feste, und ausserdem auch Zeichen einer damals noch intakten Landwirtschaft.[25]

In der zweiten Hälfte bahnten sich einige entscheidende Änderungen an. Nach zeitgenössischen Berichten war damals das Hausieren zu einer eigentlichen Landplage geworden. Aus dieser Zeit hören wir die ersten Klagen über ein Nachlassen des Marktbesuches. Zwischen 1850 und 1900 werden, obwohl die Gesamtzahl immer noch leicht ansteigt, zahlreiche

41 Am Wochenmarkt beim Spalentor in Basel trifft sich gross und klein, jung und alt. Alle Stände sind vertreten: links zwei Bauern im Hirtenhemd, gleich daneben ein sonntäglich gekleideter Bürger mit Rock, Weste und Krawatte.

42 Neue Dimensionen erschlossen die nigelnagelneuen Warenhäuser mit ihren Liften. Um das Ganze noch attraktiver zu machen, engagierten die «Grands Magasins» Jelmoli einen Schwarzen, der als livrierter Boy den modernen Lift zu bedienen hatte.

52

Märkte aufgehoben. So verschwindet um 1850 der Stickelmarkt von Stein am Rhein; um 1870 gehen der Mühlheimer Markt und der grosse, traditionelle Jahrmarkt von Rheinfelden ein. In Aarburg wird 1873 der letzte grosse Jahrmarkt abgehalten (1912 werden neue Anstrengungen zu seiner Wiedereinführung unternommen). Winterthur hält 1880 den letzten Ankenmarkt ab; zur gleichen Zeit verschwinden die Jahrmärkte von Schleitheim. In Glarus wird 1890 der Kreuzmarkt aufgehoben; im gleichen Jahr geht der Markt von Mettmenstetten ein und werden die Thaynger Märkte liquidiert. Um 1890 wird in Moudon der letzte Getreidemarkt abgehalten. Fast zur selben Zeit verschwindet der Muotathaler Schafmarkt, und um 1900 werden die Märkte von Meilen und Walenstadt aufgehoben. Diese keineswegs vollständige Liste (nach dem volkskundlichen Materialatlas) zeigt, dass es sich zum Teil um kleinere, teilweise um stadtnahe Orte und Märkte gehandelt hat. Im Schicksal des Marktes spiegelt sich der Strukturwandel der Landwirtschaft. Die Aufhebung der Stickelmärkte hängt mit dem Rückgang des Rebbaus, der Untergang von Schafmärkten mit dem Rückgang des Kleinviehs zusammen. Der Untergang von Getreidemärkten lässt sich aus dem Strukturwandel des allgemeinen Getreidemarktes (Rückgang des Getreideanbaus und Zunahme der Getreideeinfuhr) ableiten. H. Furrer hat dies schon 1889 im zweiten Band seines Werks «Die schweizerische Volkswirtschaft», sehr genau registriert.

In der zweiten Hälfte des 19. Jahrhunderts begannen indessen nicht nur einzelne Spezialmärkte und Messen, sondern auch die Monats- und Wochenmärkte in Schwierigkeiten zu geraten. Um 1851 war in Zürich nach englischem Vorbild der erste Konsumverein eröffnet worden, und wenige Jahre früher, nämlich um 1832, war ein Mann namens Giovanni Pietro Domenico Jelmoli für ein Mannheimer Warenhaus nach Zürich gekommen und hatte am Unteren Graben gleich drei Messstände gemietet, um den Zürcherinnen die neuesten créations der Pariser Mode vorzulegen. 1849 eröffnete Jelmoli unter der Devise «gut und billig» ein Versandgeschäft. Der Kauf nach Muster setzte sich trotz Verboten gewisser Stadtbehörden durch.

Noch hielt man sich, vor allem auf der Landschaft, an die altbewährten einheimischen Produkte. Gegen Ende des 19. Jahrhunderts beginnen aber – so sagt ein Zeitgenosse etwas resigniert – «marktschreierische Angebote die Leute zum Kauf von fabrik- und serienmässig hergestellten Möbeln zu verleiten ... Wer etwas auf sich hält, kauft sich eine Chiffonnière und Rohrsessel ... Das goldene Zeitalter für Billig-Magazine, für französische und deutsche Waren, für Ausverkäufe, für Reklame, Plakate und anderen Schwindel ist angebrochen», schreiben die «Nachrichten vom Zürichsee» 1885. Es gebe viele, die meinten, sie seien «gebildete, feine Leute, weil sie französische und deutsche Sachen kennen und kaufen ... Wir sind auslandsüchtig geworden.» Tatsächlich fällt es auf, dass in den Zeitungsinseraten zwischen 1880 und 1910 in zunehmendem Masse ausländische Produkte angepriesen werden (Bulgarenschürzen, englische Stoffe, griechische und spanische Weine, Münchner Biere). Köstlich erschien die Erschliessung der Welt, köstlich das bunte Bild, das sich dank der modernen Verkehrs- und Nachrichtenübermittlungstechnik plötzlich ergab. Doch so plötzlich war es auch wieder nicht. Schon 1837 erschien – um nur ein Beispiel herauszugreifen – im «Tagblatt der Stadt Zürich» eine Annonce, in welcher dem Publikum angezeigt wird, «dass die grosse, berühmte Menagerie, welche erst künftige Messe hier ankommen wird, dass asiatische Riesenlöwen, ferner eine Löwin aus der Barbarei, sowie brasilianische Vögel gezeigt werden».

42

Zu den Merkwürdigkeiten der Berner Messe gehörte 1820 ein Elefant aus Bengalen. Ähnlich wie im entdeckungsfreudigen 18. Jahrhundert erschienen auf den Märkten immer mehr Exoten.

Selbstverständlich ist es nicht diese Erscheinung, welche den Markt zu transformieren und zu erneuern vermochte. Sie hat ihm höchstens einen Hauch des Märchenhaften mitgegeben. Die wesentlichen Kräfte, welche die Märkte in der zweiten Hälfte des Jahrhunderts und auch anfangs des 20. Jahrhunderts beeinflusst haben und ihnen teilweise recht schwer zusetzten, sind anderer Art. Sie zu analysieren ist nicht einfach, weil die Tendenzen uneinheitlich sind und die Kräfte, die mitwirkten, sich oft widersprechen. Im ganzen aber waren diese Kräfte den Märkten nicht zuträglich: Um 1900 haben wir 590 Märkte registriert; im Jahre 1940 waren es noch 394; seither ist ihre Zahl auf 366 zurückgegangen. Die Ursachen sind komplex; sie wechseln von Ort zu Ort. In etwas vereinfachender Weise lassen sich folgende Gründe, beziehungsweise Phasen feststellen:

1. Dort, wo mehrere Märkte bestehen, lässt man die schwächer besuchten eingehen.
2. Die Märkte werden nicht mehr nach einem bestimmten Turnus durchgeführt. Ein Beispiel dafür bietet Sursee. Vor der Befragung von 1940 wurden die Märkte immer am benannten Tage selber durchgeführt. Nach etwa 1942 wurden sie stets am gleichen Tage des nächstfolgenden Monats abgehalten. So gab es bald grössere, bald kleinere Abstände. Da aber der Markt von einer gewissen Regelmässigkeit lebt, war die Abkehr vom altbewährten Turnus gleichbedeutend mit Niedergang.
3. Es werden die mit dem Markt gekoppelten schulfreien Tage abgeschafft und, wie zum Beispiel in Thun, zu den Sportferien geschlagen. Der Markt verliert dadurch die Kinder. Wird der Markt gleichzeitig noch vom Feiertag zum Arbeitstag erklärt, so bedeutet das eine weitere Degradierung und Verminderung seiner alten Bedeutung.
4. Der Markt verliert an wirtschaftlicher Bedeutung und wird zum Volksfest oder geht ganz ein.
5. Der Markt wird aus verkehrstechnischen Gründen von seiner zentralen Stelle an periphere Stellen der Ortschaft verlegt, wird dadurch geschwächt oder kann sich am neuen Ort überhaupt nicht mehr halten. Der motorisierte Verkehr (bzw. ein Teil seiner Vertreter) gehört zu den «Feinden» des Marktes.
6. Die Behörden erheben für das Empfinden der Marktfahrer zu hohe Patenttaxen und Standgebühren, was dazu führt, dass viele Marktfahrer den betreffenden Markt zu meiden beginnen. Das Angebot wird schmaler; erfahrungsgemäss hängt aber die Anziehungskraft eines Marktes bis zu einem erheblichen Grad von der Grösse des Angebots ab.

Diese kurze und keineswegs vollständige Liste zeigt, wie komplex die Vorgänge sind. Für das Verschwinden eines Marktes werden schliesslich oft auch rein materielle, finanzielle Gründe genannt. Die Gemeinde oder die Stadt, die ihn durchgeführt hat, hob ihn auf, weil er nicht mehr rentierte. Ein Markt in der Nähe der Grenze gerät in Not, weil die Käufer des benachbarten Gebietes ausfallen. So ging kurz vor dem Ersten Weltkrieg der Markt von Kaiseraugst ein, weil die deutschen Viehaufkäufer nicht mehr erschienen. Aus dem gleichen Grund verschwanden zahlreiche Märkte in den beiden Weltkriegen. Schliesslich ist an den bereits angedeuteten Strukturwandel der Landwirtschaft zu erinnern.

43

44

Gewandelt hat sich mit den Märkten auch die soziologische Zusammensetzung der Marktbesucher. Leider fehlen hier eingehende Untersuchungen. Gestützt auf eigene Beobachtungen und stichprobenweise Erhebungen können wir skizzenhaft nur folgendes andeuten. Im 19. Jahrhundert, dem Zeitalter der Massenarmut, haben die wenig bemittelten Schichten (Knechte, Mägde, Gesellen, Arbeiter und Angestellte) die Märkte bevölkert. Sie suchten und fanden vor allem billige Waren. Sie waren, wie alte Marktfahrer aussagten, sparsam, wählerisch und vorsichtig, und es wurde gefeilscht. Sie kauften, im Gegensatz zu den heutigen Marktbesuchern, Vorräte ein. Heute ist die Situation gänzlich anders; es sind nur noch die ausländischen Gastarbeiter, die feilschen. Die Käufer sind aber trotz erhöhter Kaufkraft bis zu einem gewissen Grad immer noch wählerisch; sie laufen vom Stand weg, wenn sie das, was sie suchen, nicht finden. Nebenbei: Gerade das gehört zum Markt und bereitet dem Marktbesucher Vergnügen. Im Ladengeschäft – das Warenhaus ausgenommen – ist es schwieriger, ohne Kauf wegzugehen. Der Konsument ist inzwischen sehr kaufkräftig geworden; «Ramsch» kauft er nicht, es sei denn, er suche ihn; oft wird, was früher undenkbar gewesen wäre, gekauft, ohne dass nach dem Preis gefragt wird. Die soziologische Struktur der Marktbesucher ist Spiegelbild der allgemeinen sozialen Struktur: Die früher wichtige bäuerliche Schicht ist eine recht schmale geworden, sie tritt nur noch in rein ländlichen, vor allem alpinen Gegenden in Erscheinung.

Gewandelt hat sich schliesslich auch die soziologische Struktur der Marktfahrer. Das jüdische Element, einst stark vertreten, ist kaum mehr sichtbar. Die Marktfahrer sind im übrigen meist Schweizer; seit 1956 hat sich eine kleine Ungarn-Kolonie eingestellt. An das einst bedeutende jüdische oder zigeunerische Element erinnern sprachliche Ausdrücke, die heute noch unter den Marktfahrern, nicht nur den jüdischen, üblich sind. Hierfür seien nur wenige Beispiele gegeben; auch dieses Kapitel wäre noch genauer zu erforschen: Schori = Ware. Lori = schlechter Markt. Rechach = Gewinn. Kippe Rebach = geteilter Gewinn. Figine = Vorführ- oder Demonstrationswaren, Blickfang. Schogger = Marktfahrer.

Die meisten Marktfahrer hatten Familienbetriebe; viele von ihnen führten zu Hause noch ein kleines Geschäft, beispielsweise mit Textilien. Wesen und Art des Marktfahrers haben sich aber in allen diesen Zeiten kaum geändert: Zeiten höchsten Einsatzes wechselten mit Ruhepausen. Die Marktfahrer waren immer auch kleine Unternehmer; ihrem Einsatz, ihrem Können entsprechend gestaltete sich auch ihr Gewinn. Sie waren und sind in hohem Masse auch volksverbunden; nirgends wickeln sich Gespräche zwischen Käufer und Verkäufer freier und ungezwungener ab als auf dem Markt. Hier erlaubte sich, wobei es auch heute nicht anders ist, der Käufer eine Sprache, die er in seinem Laden zu Hause nie führen würde.

Alles in allem: Ende des 19. Jahrhunderts hatte der Markt zwar wirtschaftlich an Bedeutung verloren, auf der anderen Seite aber seine Anziehungskraft als Treffpunkt von oben und unten aus allen Berufen und Regionen behauptet. Zwar haben die Marktbesucher auf dem Markt schon um 1900 wohl nicht mehr die letzten Neuigkeiten gehört. Diese Funktion des alten Marktes haben die neuen Massenmedien mit einer grösseren Schnelligkeit übernommen. Doch noch immer, genauso wie im Mittelalter, verband der Markt das Angenehme mit dem Nützlichen. Da gab es einfach schlechthin alles, es gab da den Kauf, das Essen, das Vergnügen und die Gemeinschaft. Erstaunlich: Diese Kraft hat der Markt nicht verloren.

43 Treiben auf der Marktbrücke in Zürich um 1830.

44 Wochenmarkt in Zürich um 1880.

Orte der Erholung: Die Gärten

Was der Garten für die Menschen des 19. Jahrhunderts bedeutet hat, wird man nicht auf einen Nenner bringen und auch nicht ausschöpfen können. Was zunächst auffällt, ist der Stilpluralismus. Zu den alten französischen barocken Gärten kamen englische Parkanlagen; sie sind wie der Jardin Anglais von Genf neu angelegt oder aber durch Umwandlung von aus der Mode gekommenen französischen Barockgärten entstanden. Nur wenige Barockgärten überstanden; sie waren aus der Mode gekommen, ausserdem aufwendig, kostspielig und deshalb lästig geworden.[1] Zu den privaten Anlagen kamen immer mehr öffentliche Grünanlagen. Es waren zunächst keine englischen Parks, sondern barocke Anlagen, vor allem Alleen. So hat die Gesellschaft der Freunde in Schaffhausen um 1802 eine Allee, die Fäsenstaubpromenade, gestiftet.[2] Und so legten die Zurzacher im Jahre 1811 eine Allee an, um den Besuchern und Händlern der Zurzacher-Messe Schatten zu spenden.[3] In Aarau pflanzte man 1820 nach dem Zuschütten der Gräben eine Doppelreihe von Platanen. Die St. Galler legten auf dem früher baumlosen Oberen Brühl eine öffentliche Allee an; sie bestand aus Pappeln und Linden und war alles andere als englisch, vielmehr geradlinig; die Bäume waren gestutzt.[4] Neu waren die botanischen Gärten. In Zürich liess Regierungsrat Ludwig Meyer von Knonau das einstige Bollwerk Katz in einen botanischen Garten umwandeln.[5] In Bern wurde um 1809 eine botanische Anlage eingerichtet. Hier war beides vereinigt: Bildung und Erholung. Denn neben den hübsch etikettierten Pflanzen gab es Ruhebänke und Spazierwege.[6]

Neu waren auch die Alpengärten, grossartige, oft aber nur kurzlebige Zeugnisse einer Berg- und Gartenpassion. Besonders berühmt war der 1852 durch den Botaniker Edmond Boissier errichtete Alpengarten in Valeyres (VS). Hier trafen sich Botaniker, Gärtner, Wissenschafter, aber auch begeisterte Blumenliebhaber. Mit diesem Alpengarten wetteiferte jener des Alpengartenvaters Henry Correvons beim Hotel Weisshorn im Val d'Anniviers auf 2300 m über Meer. Schwer zugänglich und nur mit Mühe zu überwachen, wurde er später in Bourg St. Pierre (VD) auf 1700 m über Meer wieder aufgebaut. Um 1908 gediehen dort 2500 Arten. Sein Schicksal war wie das vieler anderer Alpengärten wechselvoll. Der Bestand ist heute nicht mehr gesichert.[7]

Ein typisches Kind des 19. Jahrhunderts ist der Gletschergarten von Luzern. Durch Zufall als Naturdenkmal 1872 entdeckt, gewährte er grossartige und tiefe Blicke in die Vorgeschichte. Doch das allein genügte offensichtlich den Menschen damals nicht: Der Garten war erst «komplett», nachdem sich zu den Gletschermühlen ein Gems- und Hirschpark, einige Chalets, Brücklein, Stiegen, Wasserfälle und ein Aussichtsturm gesellt hatten.[8]

45 In den Dörfern gab es kleine, unscheinbare Bauerngärten, in denen Gemüse und Blumen gediehen, in denen man sich aber auch unter einem Baum oder in der Laube von der alltäglichen, harten Arbeit erholen konnte. Hier ein Bild aus dem Bauerndorf Ormalingen im Baselbiet.

Zu welch grossartigen Leistungen das 19. Jahrhundert fähig war, zeigen die Quaianlagen der Seestädte. In Zürich entstand 1837–1843 durch Seeauffüllung der neue Stadthausquai. Doch das dem See abgerungene Landstück blieb vorerst noch ungenutzt und verwahrlost, es wurde 1849 in einen englischen Park umgewandelt. Oft halfen äussere Zwänge weiter: Als das ganze Seeufer durch das Projekt einer Bahnlinie bedroht war, sahen die Zürcher, um was es ging, und liessen durch Stadtingenieur Arnold Bürkli-Ziegler ein Projekt ausarbeiten. Es verschlang für damalige Begriffe ungeheure Summen, ist aber schliesslich zu den schönsten öffentlichen Anlagen der Stadt geworden.[9] In Luzern legte der Basler Architekt Melchior Berri 1836 einen grosszügigen Plan für einen Quai vor. Er wurde nicht verwirklicht, statt dessen entstand 1837 als erster Quaiabschnitt vor dem neuen Hotel Schwanen der Schwanenplatz. 1844/45 folgte der Schweizerhofquai, der 1895 noch erweitert wurde.[10]

In Genf begann man, nachdem 1823 das erste Dampfschiff angekommen war, eine Promenade zu gestalten. Zunächst entstand unter der Leitung des Kantonsingenieurs Henry Dufour auf dem linken Ufer der Quai du Lac, heute Quai General Guisan, auf dem rechten Ufer der Quai des Bergues, dem 1854 der schon genannte Jardin Anglais folgte. Um 1856 folgte der Quai des Eaux-Vies mit einem Springbrunnen, damals von 35 Metern Höhe. Die Genfer Quaianlagen wetteiferten mit jenen von Ouchy bei Lausanne.[11] In Neuenburg entstanden um 1868 und 1890 der Quai du Mont Blanc, der Quai Osterwald und westlich des Hafens der Quai des Alpes. Stolz wird im Baedecker von 1895 vermerkt: «Dem See entlang zieht sich ein ½ Stunde langer baumbepflanzter Quai mit schöner Alpensicht.»[12]

Parkanlagen und Gärten entstanden in der zweiten Hälfte des 19. Jahrhunderts auch in den Kurorten. Dabei blieb man äusserst bescheiden; alles blieb beim schweizerischen Zuschnitt. So ist in Baden nicht das vom berühmten Architekten Gottfried Semper im Jahre 1866 vorgelegte Projekt, sondern ein bescheideneres, nach den Plänen von Robert Moser, durchgeführt worden. Grosszügiger war man in Bad Ragaz.

In der zweiten Hälfte des 19. Jahrhunderts kam es – eine Folge der Verstädterung – zu einem wachsenden Interesse an der Natur. Die damalige Stimmung und Atmosphäre kommt zum Ausdruck im Aufruf zur Beteiligung an der Gründung des zoologischen Gartens in Basel 1873: «Eine wegen ihres ungünstigen Einflusses auf das menschliche Gemüt unerfreuliche Thatsache unserer Zeit ist es, dass mit dem übermächtigen Anwachsen der Städte der Sinn für das freie Aufatmen in Gottes schöner Natur, die Emp-

46 Der Jardin anglais in Genf kurz nach der Entstehungszeit nach 1854.

46

fänglichkeit für die herzerhebenden und geistesstärkenden Natureindrücke und damit auch die Einfachheit und Genügsamkeit in Sitte und Leben täglich mehr abnehmen. Vorzüglich ist es aber, dass das für den stillen Beobachter so ungemein erquickende Leben und Treiben der uns näher und ferner umgebenden Tierwelt, welche selbst dem gebildeten Teil der Städter bald nur noch aus Büchern und Erzählungen, meist sehr mangelhaft bekannt ist. In sehr vielen Städten ist man aber noch weiter gegangen, indem man solch schöne Anlagen mit einer munteren lebenden Thierwelt bevölkerte, das heisst zoologische Gärten errichtete und auf diese Weise den Besuchern eine weitere unerschöpfliche Quelle der Unterhaltung, Erfrischung und Belehrung verschaffte.»[13] Die Planskizzen aus der Entstehungszeit offenbaren, dass die Gartenpartien nur teilweise verwirklicht werden konnten. Trotzdem ist dieser, wie mancher andere zoologische Garten, schliesslich doch zur Parkanlage und zur Lunge einer Grossstadt geworden.

Eine Aufwertung erfährt im 19. Jahrhundert auch der bäuerliche und bürgerliche Garten. Zunächst steht der wirtschaftlich prekären Situation gemäss der Nutzen im Vordergrund. In seiner Statistik der Schweiz bemerkt Stefano Franscini 1829, dass in der Schweiz alle Haushaltungen «aus einem wohlbebauten Garten beträchtlichen Nutzen zu ziehen wissen». Leider, so bemerkt er allerdings, gebe es auch Gegenden, in denen «eine solche Geschicklichkeit fast ganz unbekannt ist».[14] Um 1855 kam er zu einer anderen Auffassung. An vielen Orten, auch im Kanton Tessin, werde trotz der Fruchtbarkeit des Bodens und der guten Möglichkeiten, die der Boden gewähre, immer mehr Gemüse eingeführt.[15] Ähnliche Klagen hören wir aus dem Kanton Zürich. Obschon man hier, so meinte H. Schinz, «leicht alle Arten von Gemüse pflanzen könnte, die man in Deutschland pflanzt, so werden doch viele wenig oder nicht gepflanzt, und wir stehen weit hinter unseren Nachbarn in Basel und in einigen Gegenden vom Thurgau zurück».[16] Allerdings habe das Gemüsesortiment überall zugewonnen. In den bäuerlichen und bürgerlichen Gärten finde man den Buchs, die Thuja, den Cevistrauch, ferner die Zeder und den Seidelbast. Ausserdem gebe es verschiedene Arten von Beeren, die Johannisbeeren, Stachelbeeren und Himbeeren. Die Blumen seien kaum mehr aufzuzählen; er nennt Hyazinthengläsli, Narzissen, Tulpen, Aurikeln, Levkojen (Strassburger), Goldlack, Nelken, Rosen aller Art, Schwertlilien (Iris), Geranien und Lavendel.[17] Um 1852 waren nach J. M. Kohler die meisten bäuerlichen und bürgerlichen Gärten einfach angelegt, aber der alte schöne Grundsatz, es müsse bei jedem Hause auf dem Lande auch ein Garten sein, sei jetzt ganz allgemein. «Es finden sich nur ganz wenige Häuser vor, bei denen keine Gärten vorhanden sind.» Das Sortiment der Blumen sei allerdings beschränkt: «Rosen, besonders die hundertblättrige Rose, einige Nelkenarten, Reseda, Levkoje (Strassburger), Lack sind vorhanden. Als Topfpflanzen werden lediglich Myrten, Geranien und Nelken gehalten. Hingegen kommen allmählich Zwergbäume und feines Obst auf. Vor den Häusern zieht man Reben am Geländer oder am Bogen. Der Sinn für das Schöne und Liebliche hat zugenommen. Fast alle Gärten, selbst die kleinen, sind schöner und niedlicher geworden. Immer mehr werden ausländische Pflanzen wie Myrthen, Granatbäume, Jasmin, Oleander, Hortensien in Kübeln vor den Häusern gezogen. Die meisten Gärten sind mit hölzernem, meist angestrichenem Lattenwerk umzäunt, manche auch mit einem Eisengeländer umgeben. Die Beete werden mit Buchs eingefasst und verschiedenartig geformt. In vielen Gärten stehen auch geschmackvolle Gartenhäuschen oder mit Reben und anderem

Gesträuch gezogene Bögen aus Lattenwerk. Die Wege sind mit reinem Kies aus der Sihl bedeckt.» Soweit eine Beschreibung der zürcherischen Verhältnisse.

Eine umfassende Beschreibung des Bauerngartens jener Zeit verdanken wir dem Rafzer Arzt Johann Jakob Graf. Seine Aufzeichnungen stammen aus der Zeit zwischen 1815 und 1860. Unser Gartenbau, so meint er, hat sich in den letzten Jahrzehnten in schönster Weise weiterentwickelt: «Für das Nützliche desselben war bis an diese Zeit hin nur wenig, für das Schöne desselben soviel als gar kein Sinn vorhanden.» Es habe damals den Leuten genügt, wenn der Pfarrer seinen Garten mit etwas mehr als Mangold und Lattich, einigen Arzneikräutern und fünf bis sechs Blumengewächsen zu Sonntagssträussen bepflanzt habe. Der Besitz eines schönen Gartens – hätten die Alten gemeint – schicke sich für gewöhnliche Bauersleute nicht. Diese Art von Bescheidenheit, meinte Graf, ging so weit, «dass man auch in den Gärten der reichsten Bauern keinen Fuss breit unbebauten Platzes, keine Spur von einem Weglein und nur zur Seltenheit ein Blumenbeetchen von zehn, höchstens zwölf Quadratfuss fand. Mangold und Lattich bedeckt den letzten Zoll der Fläche, und die Rosen-, Salbei-, Rauten- und andere solche Stöcke hatten zwischen den ‹Scheien› (Zaunstecken) zu stehen». Im allgemeinen habe der Bauerngarten nicht nur den Stand des 18. Jahrhunderts wieder erreicht, sondern sogar übertroffen.[18]

Aus anderen Kantonen vernehmen wir gedämpfteres Lob: Im Kanton Schaffhausen sei der Gartenbau, schreibt Eduard im Thurm um 1840, recht unbedeutend. Es werde nicht einmal genug Gemüse zum eigenen Bedarf gepflanzt, vielmehr führe man Gemüse aus den Kantonen Zürich und Thurgau sowie aus der Region von Konstanz ein. Blumenpflanzungen finde man nur in den eigentlichen Stadtgärten, hier aber sei dies zur allgemeinen Liebhaberei geworden. Solche Blumengärten finde man in den ehemaligen Stadtgräben und längs den Zugängen zur Stadt. In diesen niedlichen Gärtchen werde auch feines Gemüse gezogen.[19]

Im Kanton Unterwalden war die Gartenkunst, so A. Businger, um 1838 noch unbekannt. Der Landmann esse ausser Kartoffeln und Schnitzen nur wenig Gemüse- und Gartengewächse. Da man in der Region recht viele Gartengewächse ziehe, könne man sie recht günstig einkaufen. Die Blumenzucht sei nur «ein Geschäft einiger Liebhaber, aber im Volk lebt keine besondere Neigung dafür, sowenig als sie irgendeinen Gewinn bringt».

Im Kanton Appenzell befand sich dagegen der Gartenbau um 1835 nach dem Zeugnis von Gabriel Rüsch «im freudigen Fortschreiten: Es zeigt sich mehr Sinn für schöne und mannigfaltige Erzeugnisse des Pflanzenreichs als früher.» In vielen bäuerlichen und bürgerlichen Gärten finde man recht schöne Rosen, auch Nelken, Lilien, Tulpen, Dahlien, Hyazinthen, Astern und Glockenblumen. In klimatisch bevorzugten Gegenden, vor allem in tiefen Regionen, ziehe man auch Mohn, Kürbis, Raps, Kabis, in den Treibbeeten sogar Gurken und Melonen. Besonders schöne Gärten besitzt, so Rüsch, Oberst Honnerlag in Trogen, und berühmt sei auch der Sonnenhof in Herisau.

Im Kanton Glarus gehörte um die Jahrhundertmitte nach O. Heer und J. J. Blumer zu jedem Haus ein Garten. In den grösseren Ortschaften, wie in Glarus, Mollis und Schwanden, haben die meisten Wohnungen «solch freundliche Zugaben; womöglich befinden sie sich in der Nähe des Hauses, zuweilen allerdings auch mehr oder weniger davon entfernt». Gartenbau heisse hier allerdings vornehmlich Gemüsebau. Die Denkweise des Volkes

47

sei auf Nützlichkeit ausgerichtet, und deshalb könne man von Blumenpflege nicht viel erwarten: «In der That gibt es bei uns nur wenige Blumenfreunde, welche ihre Umgebung durch Anlegung von Kunstgärten zu verschönern versucht haben; dennoch wurde in allen Gärten, und zwar auch in den kleinsten der Berghäuser, wenigstens ein kleines Plätzchen den schön blühenden Gewächsen vergönnt.» Im allgemeinen finde man hier weisse und rote Rosen sowie Nelken und die Gichtrose, Primeln und Aurikeln, das Leberblümlein, das Tausendschönchen, die Ringelblume, einige Asternarten, den Gartenmohn, die wohlriechende Wicke, die weisse Lilie. In den bürgerlichen Gärten der grösseren Dörfer seien indessen auch neue Pflanzen anzutreffen, die stolze Dahlie etwa wie viele andere bunte Sommergewächse, die wir den «Westküsten Amerikas» verdanken. Grössere Garten- und Parkanlagen finde man im Kanton Glarus nicht. Die beiden Autoren führen dies nicht allein auf einen Mangel an Schönheitssinn, sondern auch auf den Umstand zurück, dass die Berge am Abend Schatten geben und den Mangel an Schattenplätzen weniger fühlbar machen.[20]

Im Kanton Schwyz werden, nach Gerold Meyer von Knonau, hauptsächlich Küchengewächse gezogen. Das Lieblingsgewächs sei die Kartoffel. Es gebe da nur vereinzelte Blumenliebhaber. Bäuerliche und bürgerliche Gärten seien in den wohlhabenden Regionen rund um den Hauptort des Kan-

tons und im Bezirk Wollerau zu finden. Parkanlagen hingegen, «welche die Aufmerksamkeit der Fremden fesseln könnten, fehlen».[21]

Im Kanton Aargau sind nach dem Urteil von Franz Xaver Bronner in der Zeit zwischen 1820 und 1844 recht erspriessliche Fortschritte gemacht worden. Man habe auch neue Gewächse in die Gärten gebracht. Die Bäuerinnen bekommen Setzlinge und Samen von ihren städtischen Verwandten. Wohlhabende kaufen ihren guten Samen auch bei den Gärtnern. Die Gärten sind normalerweise in Vierecke eingeteilt und die Kreuzwege bekiest. «Um die Vierecke ziehen sich schmale Blumenbande (Rabatten), die entweder mit Buchs oder mit Nelken, Gras oder Immergrün, auch mit Lavendel oder gar mit Radieschen eingefasst sind und den gewöhnlichen Blumenflor enthalten.» Mehr und mehr beginnen Landleute Stadtgärten nachzuahmen, sie teilen ihre Pflanzplätze auch in Beete ein, auf denen jeweils «eine besondere Gemüseart ihre Stelle findet, und widmen ihren Blumen besondere Beete, meistens in der Mitte, wo die Wege sich kreuzen». In neuerer Zeit seien einige «Herrengärten» nach englischer Weise eingerichtet worden. In der Mitte befindet sich da ein Rasenplatz. Überall finde man auf dem Lande kühle Lauben, sie sind dem Gartenfreunde besonders lieb. Sie werden aus Dirlitzen-Sträuchern, aus Bocksdorn oder aus Geissblatt um Lattenwände geflochten.[22]

Im Kanton Zürich hat nach der Meinung von Gerold Meyer von Knonau der Gartenbau im 19. Jahrhundert eine verhältnismässig hohe Stufe erreicht. Unter den wohlhabenden Güterbesitzern herrsche ein rühmlicher Wetteifer, sich in der Gartenkunst auszuzeichnen. An erster Stelle stehen in den Gärten aber immer noch die Gemüse, deshalb werden auch in den meisten Gegenden die Gärten immer noch Krautgärten genannt. Doch habe auch die Blumenkultur Fortschritte gemacht. «Durchreisende Ausländer werden von den mit Blumen und Gemüse besetzten Gärten, ohne welche am Zürichsee beinahe kein Haus ist, und wo die Frauen und Mädchen wahre Gärtner sind, oft sehr angezogen.» Der Gartenbau werde im Kanton Zürich auch durch Ausstellungen gefördert.[23]

Im Kanton Graubünden konnte der Gartenbau im 19. Jahrhundert an eine reiche Tradition anknüpfen. Wie schon im 18. Jahrhundert, war es die Ökonomische Gesellschaft des Kantons Graubünden, welche die Tradition hochhielt. Ein von Johann Rudolf von Salis Marschlins bearbeiteter allgemeiner Gartenkalender, erschienen um 1807, erleichterte die Gartenarbeit. Wie weit aber alle diese gutgemeinten Ratschläge befolgt worden sind, lässt sich schwer ermitteln. In den gewöhnlichen Bauerngärten waren wohl keine Spargeln und Artischocken anzutreffen, denn an einer anderen Stelle berichtet von Salis, dass da vor allem weisse und gelbe Rüben gepflanzt wurden. Die Gärten waren, wie J. A. von Peterelli aus dem Oberhalbstein berichtet, vor allem in den höheren Regionen relativ klein. Man zieht hier Kohl, Kabis,

48 Schweizerhofquai von Luzern mit Blick auf den Vierwaldstättersee und die Alpen, vollendet 1854. In dieser Anlage zu spazieren muss damals, als es noch keine Autos gab, ein grosses Vergnügen gewesen sein.

Spinat, Zuckererbsen, Rüben und auch etwas Wurzeln. Lediglich die Kapuziner haben etwas reichere Gärten, sie pflanzen in ihren Gärten auch etwas Tabak. In einigen Gärten des Engadins wurden um diese Zeit auch Kartoffeln angepflanzt, und am Ende des 19. Jahrhunderts erfreut sich der Garten im Engadin grosser Beliebtheit. In den sonnigen Gärten von Zuoz, so berichtet ein Chronist, «wird neben zahlreichen, zur Zierde gezogenen Blumen in grosser Menge Gemüse verschiedener Art gepflanzt, welche den Sommer über den ersten Gasthöfen der Verkehrsgemeinden verkauft und von denselben teuer bezahlt werden».[24]

Wie die bäuerlichen und bürgerlichen Gärten um 1900 ausgesehen haben, wissen wir aus der genauen Aufzeichnung von H. Christ. Damals besass jeder Hof noch seinen eigenen Garten. Er schloss sich an einer Seite des Hauses dicht an, «so dass die Hausfrau aus dem Fenster oder der Tür die Beete stets vor Augen hatte». Das Areal des Bauerngartens war in der Regel quadratisch: Nach alter Tradition war es von einem Wegkreuz durchzogen. «Während die vier innern, in Beete geteilten Stücke dem Gemüse dienen, ziehen sich dem mittleren Hauptweg entlang, meist auch zwischen Hecke und Randweg, schmale Beete für Würzkräuter, Heilkräuter und Blumen hin.» Die Wege waren in den Bauerngärten nach H. Christ bekiest. Die Stadtgärten dagegen wiesen Gerberlohe auf. Zu diesem Luxus «erhob man sich natürlich auf dem Lande nicht». In diesem Punkt hat sich Christ getäuscht, die Wege in den Emmentaler Bauerngärten waren schon damals mit Gerberlohe gedeckt. Fast überall sind die Hauptwege mit Buchs eingefasst worden, er wurde sorgsam geschnitten und in zwei Dezimetern Höhe gehalten. Christ räumt ein, dass sich im Buchs auch Schnecken einnisten können. Jüngere Bauern traten deshalb damals für Steine als Einfassung ein. Ein Greuel war es für ihn, feststellen zu müssen, dass leere Bierkrüge oder Flaschen als Einfassung gebraucht werden. Nach Christ bot der alte Bauerngarten bei weitem nicht den leuchtenden Glanz des heutigen Gartens. Es fehlte unter anderem «der flammende Purpur der Dahlien und das aufdringliche Gelb mannshoher anderer Kompositionen fremder Provenienz». Wenn man die «seit 1850 eingedrungenen Neuheiten» übergehe, so finde man an einheimischen Blumen: «Die stengellose Frühlingsprimel, meist in einer trüb-rötlichen Spielart; dann den gefüllten kriechenden Hahnenfuss, das Stiefmütterchen in seiner sehr bescheidenen kleinen Form, in schwarzviolett und gelb, weit entfernt von den Riesenpensées, welche die neue Gartenkunst geliefert hat.» Er fand ausserdem «das Vergissmeinnicht, das Gänseblümchen, das Leberblümchen, die gefüllte Kornrose, rot oder weiss; das Kornnägeli (Cyanus) war eben erst eingedrungen». In den Gärten der Basler Landschaft gab es auch Hauswurz sowie die Feuerlilie. Zu den bäuerlichen und bürgerlichen Gärten gehören auch der Goldlack, ebenso die weisse oder rote, weissgefüllte Levkoje, der Rittersporn und das vielfarbige Löwenmaul. Ziemlich verbreitet war die bauchige Glockenblume, ebenso die hohe Stockrose. Eine besondere Gruppe bilden nach Christ «die Patrizier unserer Gartenpflanzen», die Lilien, die Zinke (Hyazinthus Orientalis), die Kaiserkrone, das Jerusalemli, auch brennende Liebe genannt, dann der gelbe, damals noch weitverbreitete Frühlingskrokus. Einen breiten Raum nahm weiterhin die hochgeschätzte Tulpe ein. Aus der «Neuen Welt» kamen das Kapuzinerli, die 1784 aus Mexiko eingeführte Dahlie oder Georgine. Noch war der Phlox selten, und von den Astern war es die kleine und eher mattblühende Aster, die den Reigen anführte. Strahlend hatte sich die aus Nordamerika stammende Sonnenblume durchgesetzt.

Christ hat auch der Gartenflora der Nachbargebiete ein besonderes Kapitel gewidmet. Er kam, gestützt auf die Aussagen eines bernischen Kenners, zur Überzeugung, dass die alten bernischen Bauerngegenden in ihrem Bestand «nahezu vollständig mit dem der Basellandschaftlichen übereinstimmten». Es gab indessen einige Spezialitäten. Im Kanton Bern werde die «Krauseminze zum Minzenküchlein, und feingehackt auch auf den Salat und aufs Butterbrot gebraucht». Sie war in den Gärten weitverbreitet. Dazu kam die Goldmelisse sowie die Nessel. Hopfen kam als Gemüse immer noch auf den Markt, und eine bernische Spezialität war die Rapunzel: «Die Wurzel und junge Blattrosette von campanula rapunculus wird im Frühjahr mit dem Nüsslikraut auf den Wiesen gesammelt, in der Kultur wurde die Wurzel holzig.»

In den Aargauer Bauerngärten jener Zeit blühte noch die kleine Pomponrose. Jedes Jahr säte der Aargauer Bauer in seinem Garten Zichorien; sie wurden als Kaffeesurogat verwendet. Pastinak war da, doch selten, hingegen stand das Kardobenediktenkraut als Magenmittel in hohen Ehren. Die Zürcher Bauerngärten kannte Christ nicht aus eigener Anschauung, sein Gewährsmann war der Arzt J. von Muralt. Sein Werk ist aber schon 1715 erschienen, es ist deshalb kaum geeignet, den Bestand von 1900 zu erfassen.

Christ's Betrachtungen münden aus in ein Bekenntnis zu alten Bauerngärten als Teil der bäuerlichen Kultur. Er regte die weitere Erforschung der Gartenflora an und glaubte, dass sich auch hier wie bei der Erforschung der Wiesenflora die «berühmte schweizerische Mannigfaltigkeit in der Einheit» erweisen werde. Diese These hat sich heute, wenigstens bis zu einem gewissen Masse, als richtig erwiesen. Das Beiwort «schweizerisch» bedarf indessen einer Präzisierung: Im schweizerischen Bauerngarten haben neben einheimischen auch fremde Gewächse Eingang gefunden; seine Originalität besteht gerade in dieser wunderbaren Mischung naturaler und fremder Kulturelemente.

«Der Hausgarten birgt nicht nur materielle Werte in sich; durch das heutige Geschäfts- und Verkehrsleben hat seine gesellige Bedeutung zugenommen», so meinte um 1900 ein Lehrer, und er sah richtig: Hier traf man sich am Abend, um zu plaudern und zu singen. Nicht von ungefähr hat man im 19. Jahrhundert auch vom Heimgarten, vom Hängert gesprochen. «Z'hängertga» bedeutete auch auf Brautschau gehen. Der Garten war seit jeher ein Ort der Erholung. Hier konnte man sich in die Abgeschiedenheit zurückziehen, hier konnte man einander finden, vielleicht sich auch selber finden. Daran hat wohl auch Jakob Stutz gedacht, als er, gestützt auf eine überlieferte Volksweise, das schöne Lied dichtete:

«Anneli, wo bischt geschter gsi?
Hinderem Huus im Gärtli.
Säg, was häscht im Gärtli ta?
Rösli pflückt, und Majora,
Hinderem Huus im Gärtli.

Anneli, säg was händer g'redt
Hinderem Huus im Gärtli?
Gang und frög du d'Rööseli.
D'Ilgen (Lilien) und de Rosmarin,
Hinderem Huus im Gärtli.»[26]

64

Zentren der Geselligkeit: Die Vereine

Schon im 18. Jahrhundert gab es in der deutschen Schweiz zahlreiche Gesellschaften, in der Westschweiz mancherlei mehr oder weniger aristokratische Cercles. Viele von ihnen haben, obwohl die französische Revolution in einer ersten Phase die Gesellschaften, die Sozietäten verbot, die Krise überdauert.[1] Doch sie erfassten gemäss ihrem elitären Wesen nicht das ganze Volk. Volkstümlicher, volksnaher sind die neu entstehenden Vereine geworden. Sie treten vereinzelt schon in den ersten Jahrzehnten des Jahrhunderts und später massenweise auf, weshalb man auch vom Jahrhundert der Vereine gesprochen hat. Weshalb ihre Popularität? Verein, das tönt zunächst einmal demokratischer, das tönt populärer. Verein, das umfasst alles, umfasst die gegenseitige Hilfe, es beinhaltet Geselligkeit. Verein, das heisst musizieren, heisst singen, heisst Ausübung aller möglichen Sportarten und Freizeitvergnügungen. Verein, das heisst auch Fest. Im «Kladderadatsch» ist der Sachverhalt karikierend, aber doch treffend wiedergegeben. Da heisst es:

Lasst uns in Vereine treten,
Denn dazu ja sind sie da.
Hilfreich durch Sozietäten
Tritt der Mensch dem Menschen nah.

Einsam bleibt wie eingerammelt
Jeder auf demselben Fleck,
Doch indem er sich versammelt
Strebt der Mensch zu höherem Zweck.

Lasset uns Statuten machen,
Denn darauf kommt es ja an,
Dass man etwas überwachen
Oder es verändern kann.

Dem Verein kann einzig frommen,
Dass recht viel zusammenkommt.
Jedes Mitglied sei willkommen,
Das da sicher zahlt und prompt.

Lasst uns Stiftungsfeste feiern,
Denn das ist die höchste Lust;
Und wir schlagen froh die Leiern
Unseres hohen Ziels bewusst.

Einsam baut der Uhu seinen
Horst in Wäldern wild und roh,
Aber einzig in Vereinen
Wird der Mensch des Daseins froh.»[2]

49

Nach einer Formulierung des St. Galler Tagblattes von 1849 erfasst der «allgemein herrschende Geist, für alles Vereine zu bilden und über alles Vorlesungen zu halten», zunächst die Städte. Es waren, um beim Beispiel von St. Gallen zu bleiben, drei grosse Gesellschaften – die Trischli-, die Literarische und Lesegesellschaft –, die tonangebend waren. Sie bildeten eigentliche «Gelenkstellen im städtischen Leben, durch die fremdes Gedankengut und fremde Sitten in weite Bevölkerungskreise einströmten».[3] Was wurde da nicht alles aufgeboten, um die Städter zu unterhalten und zusammenzuführen. Man spielte Schach, Domino, Billard und kegelte, und man liess sich in den Gesellschaftshäusern auch über «politische und soziale Zustände des Erdballs oder des engeren Kreises der Vaterstadt belehren».[4] Man findet, so Johann Jacob Bernet 1828, «auch in der gesellschaftlichen Unterhaltung noch Bildendes, wenigstens ein Lebensöl, dessen der Geist nicht entbehren darf, wenn er wahrer Bildung zugänglich bleiben soll ... Es gibt recht viel gesellschaftliches Leben in St. Gallen».[5] Bernet hat nicht übertrieben. Damals gab es in dieser Stadt eine literarische Gesellschaft, einen wissenschaftlichen Verein, die Naturwissenschaftliche, die Bibelgesellschaft, den Predigerverein, die Hilfsgesellschaften, zwei Musikgesellschaften, ungezählte Jahrgängervereine, drei Schützenvereine, zwei Witwenkassen, zwei Majoratsvereine, die Museumsgesellschaft im Casino und die Freimaurergesellschaft Concordia.[6] Ein typisches Kind des 19. Jahrhunderts ist vor allem der Jahrgängerverein. Er wird, wie ein Zeitgenosse formulierte, «ausschliesslich aus Männern gebildet, die in gleichen Zeitabläufen aufwuchsen, gemeinschaftlich die Schule besuchten, zugleich unter die Waffen traten und sonst durch das Band gemeinschaftlicher Erinnerungen verbunden sind». Sie versammelten sich drei bis vier Mal im Jahr. Höhepunkte bildeten immer Schlittelpartien, die Maifahrten, die Fasnachtsbälle, auch Stockfischbälle genannt, weil hier, alter Fastentradition gemäss, Stockfische gegessen wurden.[7]

In der zweiten Hälfte des Jahrhunderts sind die städtischen Vereine kaum noch zu zählen. Um 1879 erhält St. Gallen, um bei diesem besonders gut dokumentierten Beispiel zu bleiben, einen Football-Club, einen Schlittschuhverein, einen kaufmännischen Verein, den cercle français, einen Circulo Español, einen English-Club, einen Appenzellerverein, den Thurgauer-, den Zürcherverein usw.[8]

Viele Vereine – alles Männervereine. Die Frau blieb ausgeschlossen. Die Vereine blieben reine Männersache. Ein Ausländer, Aurelio Buddeus, hat dies 1853 genau registriert: «Eine gewisse Vereinsamung der Frauenwelt» sei, so meinte er, die Folge. Die Frauen seien den geistigen Interessen der Männer entrückt, es herrsche öde Alltagsprosa. Im Familienkreise dominieren «echt hausbackene Interessen und trockene Philisterhaftigkeit, während man sich bei der Berührung mit der Aussenwelt sofort auf dem Terrain ceremoniöser Gesellschaftlichkeit fühlt». Das gelte, so meinte er, durchaus nicht ausschliesslich für St. Gallen, sondern habe seine Parallelen in anderen Schweizer Städten. Auch hier bilden «einige grosse Privatgesellschaften, ein paar Bälle und Soiréen im Winter die alleinigen Vereinigungspunkte der Männer- und Frauenwelt. Hier aber sind Rang, Würden und Reichthum im Gegensatze zur Männergeselligkeit äusserst massgebend für die Zusammensetzung der Cirkel.»[9] Und die Frauen? Was meinten sie selber? Ein einziges Mal, im Tagblatt von 1875, finden wir das Klagelied einer armen Ehefrau. Da wird die überbordende Vereinsmeierei der Männer aufs Korn genommen und wird darüber lamentiert, dass die Frau auch von Spiel und Sport

49 Zu einem wirklichen Vereinsfest gehörten auch die Festbändel. Unser Bild: Festbändel vom Centralfest des Schweiz. Grütlivereins, Zürich 1908.

ausgeschlossen sei. Dabei ist es nicht einmal ganz sicher, ob dieser Artikel von einem Mann oder von einer Frau stammt.[10] Das Jahrhundert gibt sich männlich. Man hat vergessen, dass in der tonangebenden Helvetischen Gesellschaft schon um 1780 die Frauen und Töchter als Mitglieder an den patriotischen Feiern mitmachen durften. Man hat vergessen, dass die alten Lesegesellschaften auch Frauen aufnahmen. Es geriet in Vergessenheit, dass es in Zürich eine Frauenzimmer-Lesegesellschaft auf der Zimmerleutenzunft gegeben hat. «Das 19. Jahrhundert hat sich in eine neue Männlichkeit verkrampft.»[11] Immer wenn das leidige Thema Frauen aufs Tapet kam, hatte man gute Argumente, um alle «Angriffe» abzuwehren. Als 1873 der Cercle Montagnard sein hundertjähriges Jubiläum, selbstverständlich ohne Frauen, feierte, meinte der offizielle Festredner F. Richard: Die Frau gehört an den häuslichen Herd. Hier, nicht bei uns, ist ihr Reich, die Frau beherrscht den Haushalt.[12] Doch keine Regel ohne Ausnahme. Der Lesezirkel Hottingen in Zürich, gegründet 1882, war verhältnismässig grosszügig. Er nahm als Mitglieder auch Frauen auf, und hier war es möglich, dass Damen eine Vorlesung auch ohne Begleitung besuchen konnten. «Und im Jahre 1901 betritt gar eine Frau erstmals das Rednerpult.»[13]

Der Prozess der Emanzipation trat auf einer anderen Ebene verhältnismässig spät in Erscheinung. Es dauerte lange, bis die ersten Arbeitervereine erschienen. Ihr Vorbild waren die deutschen Handwerkervereine. Hier bei den Ausländern war offensichtlich der Hunger nach Gemeinschaft ganz besonders gross. Die Entwicklung des Arbeitervereines erscheint relativ verwickelt. Da geht es vom Gesangs- über den Bildungs- und Unterstützungsverein bis zum politischen Klub. Was hier nacheinander aufgezählt wird, entspricht in der Realität auch einem Neben- und Miteinander.[14]

Die Statuten und Protokolle der frühen Arbeitervereine zeigen, worum es ging: Geselligkeit soll das Zusammengehörigkeitsgefühl stärken. Dazu gehört die Einführung des brüderlichen «Du» und die zahlenmässige Beschränkung der Mitglieder. Dank der und durch die geistige Bildung soll der Einzelne aus der Vereinzelung befreit werden. Der Arbeiter-Verein, so heisst es, hat «lediglich allein nur den Zweck der sittlichen und geistigen Heranbildung der arbeitenden Klasse».[15] Man will, so Galeer, einer der Gründer des Grütlivereins, eine Art «moralischen Volksbund» verwirklichen. Bedingung zur Aufnahme in den «Verein der gewerbetreibenden Klassen in Luzern» ist 1842 «unbescholtener Ruf, sittlicher Lebenswandel und treue Befolgung der Gesetze». Im Bildungsverein ist aber auch ein politisches Anliegen keimhaft angelegt. Zwar heisst es etwa, es seien «unnütze Diskussionen über Religion und Politik zu vermeiden». Aber wie will man beispielsweise das Liedgut in eine unpolitische und in eine politische Hälfte teilen? Dass sich die Politik gerade übers Lied «einschleichen» kann, zeigt folgende Feststellung: «Die gemüthlichen Lieder der schweizerischen Sängervereine traten teilweise in den Hintergrund, dagegen kamen die Marseillaise und ähnliche Gesänge in Aufnahme.»[16] Allen verheissungsvollen Ansätzen zum Trotz kommt es noch nicht zu einer schweizerischen Arbeiterbewegung. Zwar taucht um 1832 zum ersten Mal der Begriff Sozialismus auf. Er war wie auch der Kommunismus ein Schreckgespenst. Es ist durchaus kein Zufall, dass einer der ersten bedeutenden Arbeitervereine, der 1838 gegründete Grütliverein, zunächst nicht sozialistisch war, vielmehr eine Mischung unseres «zum Pragmatismus und Eklektizismus neigenden Nationalcharakters». Schon der Name sagt, worum es ging: Aus einer brüderlichen «Vereinigung von Schweizern ohne Unterschied der Kantone soll etwas Grossartiges entstehen, wie einst die freie Schweiz aus dem Grütli hervorgegangen ist».[17]

Der neue Verein gedeiht rasch: Ende 1864 sind es bereits 100 Sektionen, die 3500 Mitglieder zählen. Die Schneider und Schuhmacher machten einen Drittel aus, die Fabrikarbeiter sind deutlich in der Minderheit. Die Tagungen gleichen eher patriotischen Feiern denn politischen oder wirtschaftlichen Manifestationen. Der Gesang ist das stärkste Band, das uns zusammenhält, sagte ein Chronist. Wahrhaft herzergreifend war das Zentralfest von Luzern, von wo aus «eine Wallfahrt auf das Rütli veranstaltet wurde». Doch wurde in diesem Verein auch hart gearbeitet: Der Montag ist in der Zürcher Sektion der Diskussion gewidmet, der Dienstag dem Französisch-Unterricht, der Donnerstag allgemeinen Vereinsgeschäften, der Freitag dem Gesang, der Samstag dem Zeichnen. [18]

Wesentliche Funktion hat auch die gegenseitige Hilfe; die meisten Ortsgruppen gründen um 1850 Krankenkassen, einzelne Sektionen finanzieren ihre arbeitslosen Mitglieder. Aus dem «Bildungsverein» wird aber eine Partei: Im Juli 1851 treten Karl Bürkli und Johann Jakob Treichler in den Grütliverein Zürich ein und bauen ihn sofort zu einer Kadertruppe der sozialdemokratischen Parteiorganisation aus.[19] Hier ging es wie auch in den neuen Gewerkschaften nicht mehr um Geselligkeit, sondern um die Realisierung wirtschaftlicher und sozialpolitischer Ziele. Wir haben sie in unserem Zusammenhang nicht zu schildern. Unser Augenmerk gilt den Vereinen.

50 Die Gründung des Grütlivereins war ein Ereignis, das auch die Zeichner zur Darstellung lockte. Gezeigt wird ein Redner in grosser Pose vor dem festlich gestimmten Publikum. Selbst die Trommler waren aufgeboten.

50

Bis zur Mitte des 19. Jahrhunderts konzentriert sich das Vereinsleben auf die Städte und grossen Ortschaften. Das Dorf, die Landschaft wird, von wenigen Ausnahmen abgesehen, von der Vereinsbildung zunächst nicht oder nur wenig berührt. Die ältesten Vereine waren nicht populär, sie entsprangen, was schon Gotthelf bemerkt hat, der gehobenen Sozialschicht – man denke etwa an die Helvetische Gesellschaft oder die Naturforschende Gesellschaft sowie die Offiziersgesellschaft. Erst den Verbänden der Schützen, Schwinger, Turner und Sänger gelang es, ins Volk zu dringen und auch in den Dörfern Fuss zu fassen. Sie verfolgten zwei Ziele: Einerseits galt es, die Mitglieder in eine Kunst, beispielsweise in die Kunst des Schwingens einzuführen, andererseits sollte die Geselligkeit gepflegt werden. Eine Idee also stand ihnen zu Gevatter, darin unterscheiden sie sich von den alten Trägern der Geselligkeit und des Brauchtums, den Knabenschaften.

Wie weit sie selber, ohne es zu beabsichtigen, zum Niedergang dieser uralten Institution beitrugen, ist schwer auszumachen. Tatsache ist jedenfalls, dass die Knabenschaften im 19. Jahrhundert ihre bindende Kraft verloren, irgendwie verkamen und sich schliesslich auflösten. Einen ausgezeichneten Einblick in den Auflösungsprozess gewähren die Aufzeichnungen von W. Manz aus dem Sarganserland sowie die Untersuchungen von G. Caduff über die Knabenschaften Graubündens. Noch zu Beginn des 19. Jahrhunderts scheint alles intakt. Die Knabenschaften bilden, wie schon früher, eine streng geschlossene Gesellschaft der unverheirateten Burschen, der Ledigen. Sie besassen Statuten, in Flums die Gesetzestafeln genannt, in denen Rechte und Pflichten der Mitglieder aufgezeichnet waren. In Form von Wein oder Geld wurden Einkaufsgebühren erhoben. Voraussetzung zur Aufnahme waren ein guter Leumund und eine «makellose Moral». Die Aufnahmeprüfungen glichen da und dort einem Ritual und waren nicht selten mit allerhand Quälereien und Demütigungen verbunden, wie Schwärzen des Gesichtes mit Holzkohle oder Brennen mit glühender Holzkohle. Eine hierarchische Gliederung ist kennzeichnend. An der Spitze ist der aus der Mitte gewählte Obmann oder Schultheiss, in Flums auch Landammann genannt. Die Mitglieder kamen da und dort in einem alten leeren Haus, in einem Gesellschaftshaus, zusammen. Wo sie sich zum Tanz trafen, sorgte ein Spielmeister für eine gewisse Ordnung. Ein von den Mitgliedern gewählter «Gärtner» (Taminatal) oder Mädchenvogt (Flums) überwachte den Lebenswandel der Mädchen und sorgte dafür, dass sich der Kiltgang nach altbewährtem Muster abspielte. Stattete zum Beispiel ein Knabe einem Mädchen einen Besuch ab, obwohl er genau wusste, dass dieses schon «versorgt» war, so drang eine Schar der Knabenschaft ein, um ein «Plahä», ein Heutuch, über den Missetäter zu werfen. Also gefesselt wurde er ins Freie geschleift, hier verprügelt oder in den Dorfbrunnen geworfen. Genau registrierte man den Lebenswandel der ledigen Mädchen. Wer in Ragaz zum Beispiel seine nächtlichen Besuche bei einem «nicht ganz sauberen Mädchen» machte, riskierte den Ausschluss. Fremde, das heisst Burschen aus anderen Dörfern, hatten im eigenen Dorf nichts zu suchen und wurden gewaltsam vertrieben. Mädchen, die gegen Sitte und Anstand verstiessen, bekamen in der Nacht zum 1. Mai den sogenannten Maibrief, eine Art Sündenregister. Man klebte diesen Maibrief ans Haus und brachte dazu in der gleichen Nacht einen Maienmann, eine in Lumpen gehüllte Strohpuppe, beim Haus an. Wehe dem Mädchen, das den Maienmann erst entdeckte, wenn sich schon das ganze Dorf daran ergötzt hatte. Wehe auch jenen Frauen, die als scharfzüngig oder als bösartig galten. Sie mussten damit rechnen, einmal nachts aus dem

Hinterhalt mit einem Schöpfer voll Abtrittsjauche begossen zu werden. Ja, die Knabenschaften massten sich auch Kontrollen über das Liebes- und Eheleben an. Stritt sich irgendein Ehepaar, so hatte es mit einer nächtlichen Katzenmusik zu rechnen. Selbstverständlich tritt die Knabenschaft an Hochzeiten, an Silvester, Neujahr, an Kirchweih und Fasnacht, am Aschermittwoch in Erscheinung. Bei all diesen Anlässen war sie die Wahrerin der Ortsbräuche.[20] Und sie fühlte sich auch als Wahrerin des Rechtes, gab es doch in Graubünden mit Ausnahme des Engadins und des Puschlavs überall eigentliche Knabengerichte. Sie dekretierten zum Teil härteste Strafen. Nach den Andeerer Satzungen von 1820 bezweckte das Knabengericht, «die schädliche Eitelkeit zu beseitigen, eine bessere Moral und Lebenssitte anzustreben und die Rechtsprechung zu erlernen und sich darin zu üben».[21] In Tat und Wahrheit gingen die meisten Knabengerichte, wie die Strafartikel zeigen, bedeutend weiter. Einzelne massten sich an, selbst über Diebstähle, Erbschaftsstreitigkeiten und Treuebruch von Brautleuten zu urteilen. Wer ohne hinreichenden Grund dem Gottesdienst fern blieb, wer fluchte, schwor, um Geld spielte, im Wirtshaus überhockte, sich betrank oder moderne Kleider trug, wurde zitiert. Und die Vorgeladenen hatten «schicklich gekleidet, anständig gekämmt und sauber gewaschen vor den richterlichen Schranken zu erscheinen». Erstaunlich ist, dass diese Knabengerichte beim Volk im allgemeinen ein hohes Ansehen genossen, sie wurden immer wieder angerufen. Dies keineswegs zur Freude der regulären Gerichte. Diese legten zwar dem «knabenschaftlichen Terror» gegenüber eine unglaubliche Langmut an den Tag, so dass viele Knabengerichte ihre «illegale Polizeigewalt» bis gegen Ende des 19. Jahrhunderts weiterführten. Viele aber kehrten zu ihren Ursprungsformen zurück. An die Stelle der Straforganisation des Knabengerichtes trat wieder die spontane, regellose Lynchjustiz mit Katzenmusik und Brunnentauche. Doch gegen Ende des Jahrhunderts waren alle diese archaischen Formen irgendwie suspekt geworden. In Ragaz und Flums, in Ortschaften, die an Verkehrsadern lagen und sich stark entwickelten – man denke an die vielen Zuzüger – liessen sich die Knabenschaften schon um 1850 nicht mehr halten. Den «modernen» Menschen gab, wie ein Zeitgenosse berichtet hat, die «krankhafte, degenerierte Weise der Nachtbuben auf die Nerven». In Wangs sind die Knabenschaften um 1890 noch greifbar. In Mels fand eine «Anpassung» statt. Die neuen Statuten von 1892 weisen verdächtige Anklänge ans Vereinsleben auf: «Die Jünglinge bilden zum Zwecke gegenseitiger Annäherung und Gründung freundschaftlicher Verhältnisse, sowie gegenseitiger Belehrung und anständiger gemeinsamer Unterhaltung ohne irgendwelche Politik einen Verein, welcher den althergebrachten Titel Knabenschaft führt.» Da und dort hat sich allen Einwendungen zum Trotz die sittenrichterliche Tätigkeit der Knabenschaften bis um 1910 erhalten. Noch um diese Zeit stellte die Knabenschaft von Sargans einen Maienmann auf. In Valens dagegen übernahm die schulpflichtige Jungmannschaft den alten, einst von den Knabenschaften betreuten Brauch des Scheibenschlagens.

In den nichtalpinen Regionen scheinen die Knabenschaften, wie die Untersuchungen von E. Strübin für Baselland zeigen, ihre einstige Bedeutung schon früher verloren zu haben. Zwar gab es noch Dörfer, in denen um 1900 die Knabenschaften die Beziehungen zum anderen Geschlecht regelten, doch gab es keine bindende Ordnung für die Kilter mehr. Jeder besuchte seinen Schatz, ohne dass ihn andere behelligten oder befragten. Einzig wenn Kilter aus anderen Gemeinden auftraten, begann man zur Abwehr zu schrei-

51

ten. Was aber geblieben ist, sind die Nachtbubenstreiche. Wie schon früher verschleppten die Nachtbuben in gewissen Nächten einen Wagen, oder sie schichteten Holzhaufen vor einem Haus auf, hängten eine Egge an einen Baum, um nur einige Beispiele zu geben. Doch gingen zwischen 1890 und 1920 die Nachtbubenstreiche «ganz erstaunlich zurück».[22]

Die neue Geselligkeit sah anders, sah domestizierter aus. Die Ortschronik von Zeglingen in Baselland drückt es deutlich aus: «Seit dem Bestehen der Vereine hat der Nachtlärm aufgehört; Anstand und gute Sitten der Jungmannschaft haben sich merklich gebessert.»[23] In der Basellandschaftlichen Zeitung stand im November 1859 zu lesen: «Die jungen Leute bringen ihre freie Zeit auf eine Weise zu, die beurkundet, dass in ihnen ein Streben nach dem Besseren und Edleren lebt.»[24] Der «Landschäftler», eine in Liestal erscheinende Zeitung, berichtet im Dezember 1875 aus Birsfelden, dass «der Volksverein auch nicht müssig bleibt. Beinahe jede Woche werden Vorträge gehalten, so über Baumzucht und -pflege, Geschichte; nächstens wird auch der Vortrag über die Heimatkunde beginnen, der mehrere Abende in Anspruch nehmen wird. So bleibt und regt sich stetsfort ein Vereinsleben, wie auch der Gesangsverein, der Turnverein, Hilfs- und Sparverein; ebenso lag in Plane, eine Leihkasse zu gründen». Aus Liestal berichtet die gleiche Zeitung, dass «innert der nächsten Wochen dem Publikum mehrere musikalische Genüsse bevorstehen. Erstens wird der Turnverein eine Aufführung veranstalten, sodann wird nächsten Sonntag der Basler Musikverein im Schillersaale dahier eine musikalische Unterhaltung geben. Ferner findet nächsten Freitagabend, veranstaltet vom Liestaler Orchesterverein im Falken, dahier eine gemütliche Abendunterhaltung statt.» Aus Arisdorf wird von der gleichen Zeitung gemeldet:«In Städten werden zur Winterzeit für den publikus Vorträge über Homer, Shakespeare und dergleichen gehalten.

Es verdient ebensogut wie dieses lobender Erwähnung, wenn in schlichten Dorfschaften zur Winterszeit die intelligenten Bürger wöchentlich einmal zusammenkommen, um sich über Stoffe aus ihrem Kreise zu besprechen.»[25] Die Vereine sind, so schreibt die Basellandschaftliche Zeitung um 1895, eben «Träger der idealen Bestrebungen geworden: Wie der angehende stimmfähige Jüngling sich den Vereinsstatuten unterziehen lernt, so fällt es ihm später nicht ein, an den Vorschriften staatlicher Ordnungen herumzunörgeln und sich hartnäckig gegen dieselben zu stemmen. Es ist ja eine unbestreitbare Tatsache, dass in den Vereinen die einzelnen Mitglieder sich besser kennenlernen. Sie schätzen einander mehr, was zur Folge hat, dass Raufereien, Prügeleien unter Vereinsmitgliedern nicht mehr vorkommen. Wenn unsere Gemeinde- und Staatsbehörden auch noch nicht in dem Masse, wie es vielleicht angezeigt wäre, das Gedeihen der bildenden Vereine unterstützen, so muss doch rühmend die Tatsache erwähnt werden, dass es in dieser Beziehung ‹von oben herab› doch merklich gebessert hat. Die Behörden haben aber auch Ursache, ihr Augenmerk den Vereinen und deren idealen Bestrebungen zuzuwenden; übernehmen doch alle direkt oder indirekt die Fortbildung der Volksschule. Sie lehren den jungen Staatsbürger Aug und Hand fürs Vaterland zu üben, sie stählen den Körper und pflegen die edlen idealen Bestrebungen auf dem Gebiete der Humanität. Es ist durch das Vereinsleben den unverantwortlichen Ausflüssen menschlicher Verirrungen wohl am wirksamsten entgegengetreten worden. Wer wollte diesen schönen Seiten nicht die gebührende Achtung zollen!»[26] Allein, so fährt der Verfasser fort, es sei nicht alles Gold was glänzt. In den Gesangsvereinen zum Beispiel herrsche «eine geisttötende Drillerei und Abrichterei». An die Stelle des alten Volksgesanges seien aus falsch verstandenem Konkurrenzgeist schwierige, komplizierte Kompositionen getreten, sie aber könnten nur mit hartem Drill bewältigt werden.

Man fragt sich: Haben unsere Vorfahren, indem sie die Knabenschaften durch die Vereine tauschten, einen schlechten Tauschhandel gemacht?

Symbole und Zeichen:
Baum und Baumbrauch

52

52 Die Volkskalender des 19. Jahrhunderts entdeckten nicht nur die Kultur exotischer Völker, sondern auch das einheimische Brauchtum. Der Grütlianer bringt um 1900 das Bild eines Maibaumes.

Aller Aufklärung zum Trotz hatte das Volk im 19. Jahrhundert zum Baum, überhaupt zur Natur, eine enge und tiefe Beziehung. Alte, aus dem Spätmittelalter übernommene Vorstellungen prägten weiterhin seine Denkweise und sein Brauchtum. So glaubte man immer noch an die Verwandtschaft und enge Beziehung zwischen Pflanze und Mensch. Die uralte Saga vom Lebensbaum blüht weiter. Auch im 19. Jahrhundert pflanzten Bauern bei der Geburt eines Sohnes einen Baum und glaubten, dass er mit dem Leben und der Gesundheit des Kindes verknüpft sei. Der Baum blieb Bild der Persönlichkeitsentwicklung des Menschen; ja es kam zu einer eigentlichen Identifikation: Der Baum wird als zweites Ich erlebt. Blüht und wächst der Baum, so gedeiht auch der Mensch, stirbt der Baum, «serbelt» der Baum, so leidet auch der Mensch. Der Baum spielt also eine «kündende» Rolle. Der Mensch ist wie ein Baum, der Baum wie ein Mensch – so dachte und argumentierte vor allem der volkstümliche Mensch. Der deutsche Gelehrte Wilhelm Mannhardt hat dafür schon vor hundert Jahren eine bemerkenswerte Erklärung gefunden: «Alle lebenden Wesen, vom Menschen bis zur Pflanze, haben Geborenwerden, Wachstum und Tod miteinander gemein, und diese Gemeinsamkeit des Schicksals mag in einer fernen Kindheitsperiode unseres Geschlechtes so überwältigend auf die noch ungeübte Beobachtung unserer Voreltern eingedrungen sein, dass sie darüber die Unterschiede übersahen, welche jene Schöpfungsstufen voneinander trennen.»[1]

Sowohl im 18. wie auch im 19. Jahrhundert verbindet sich der Glaube an den Lebensbaum mit Zauberei und Magie. Nach wie vor glaubte man, einen Menschen strafen zu können, indem man seinen Lebensbaum beschädigt, Nägel in den Stamm treibt zum Beispiel. «Sein Baum ist vernagelt»: der Betreffende wird erkranken, vielleicht sogar sterben. Dazu einige Beispiele: In Wangs (SG) hatte ein junger Mann Streit mit seinem Vater. Er wünschte ihm den Tod, und da «vernagelte» er ihn. Im Namen des Teufels schlug er grosse Nägel in eine Eiche, worauf diese abstarb; der Vater starb mit ihr. Offenbar ragt dieser Glaube und Brauch bis ins 20. Jahrhundert hinein, wurde doch in Wangs um 1960 noch ein Baum angetroffen, der mit Nägeln besetzt war und von dem es hiess, hier sei jemand vernagelt worden.[2] Ein zweites Beispiel: In Mels (SG) gingen die Leute, nachdem sie hörten, dass einer ihrer kranken Mitbürger vernagelt worden sei, zum Kapuziner. Dieser gab ihnen den Rat, den betreffenden Baum zu fällen, und von da an wurde der Kranke wieder gesund.[3] Ins gleiche Kapitel gehört ein Brauch, der aus den Jahren 1840 bis 1850 aus dem Bernbiet überliefert worden ist: «Wenn jemand seinem Nachbarn einen Baum aus Neid verdirbt und der Nachbar nimmt das Bäumchen und setzt es umgekehrt mit der Wurzel nach oben in die Erde, so wird das Bäumchen absterben und mit ihm derjenige, der es beschädigte.»[4] Aus dem Aargau wird berichtet, dass bei der Geburt eines Kindes ein Lebensbaum gepflanzt wurde. Gedieh der Baum, so gedieh auch das Kind. Nun ereignete es sich einmal, dass in einer dieser Familien der Sohn der Liederlichkeit anheimfiel und wegzog. Voller Wut darüber hieb der Vater den Geburtsbaum des Sohnes um. Es wird uns allerdings nicht berichtet, ob der Fall des Baumes auch den Fall des Sohnes nach sich gezogen hat.[5]

54

Weil der Baum eine Seele hatte und weil er allenfalls einen Dämonen enthielt, galt es danach zu trachten, diese Instanz nicht zu erzürnen. Deshalb hieben die Holzfäller im Berner Oberland nach dem Fällen eines Baumes ein Kreuz in den Baumstrunk, und deshalb baten um 1860 viele Holzfäller, bevor sie einen Baum fällten, diesen um Verzeihung.[6] Ähnlich wie Menschen und Tiere erhielten viele Bäume einen Namen. So sprach man von einer alten grossen Tanne in Valens von der «Nane», der Grossmutter, und in Zollikon (ZH) hiess ein alter Apfelbaum «Battli».[7]

Das 19. Jahrhundert ist ausgesprochen reich an Baumbräuchen. Es gab Maibäume, Erinnerungsbäume, Aufricht-, Freiheits- und Ehrenbäume, ja Schandbäume, um nur die Wichtigsten zu nennen. Wohl das umstrittenste Symbol war der Freiheitsbaum. Er wurde wie andere revolutionäre Symbole von Frankreich übernommen. Dort hat er sich aus einem ländlichen Votivbrauch zum Zeichen der besiegten Feudalität gewandelt.[8] In der Schweiz gab es seit dem 14. Jahrhundert Maibäume, doch hatten sie keine politische Bedeutung. Obwohl viele Schweizer die Franzosen als Befreier begrüssten, empfand man den Freiheitsbaum als hassenswertes Zeichen der Fremdherrschaft oder gar als eine teuflische Erfindung, die das Kreuz verdrängen wolle. Nur dort, wo man die Franzosen als Befreier empfing, hat man, wie etwa auf der Zürcher Landschaft, Freiheitsbäume aufgerichtet. Zur Zeit der helvetischen Revolution galt es als selbstverständlich, dass in jeder Ortschaft ein Freiheitsbaum stand. Von Gesetzes wegen war es nicht vorgeschrieben. Direktorium und Räte der helvetischen Republik befassten sich wiederholt mit der Frage, was mit jenen Dörfern, wo Störefriede, das heisst Anhänger der alten Ordnung, die Freiheitsbäume nachts umgehauen hatten, zu geschehen hätte. Später fasste der Vollziehungsrat einen Beschluss, wonach fortan in jedem Dorf ein Freiheitsbaum zu stehen habe. Auf geschickte Weise gab man dem Freiheitsbaum einen nationalen Sinn. Den Waadtländer Revolutionären fiel ein, sie könnten den Freiheitsbaum statt

53

74

55

mit der üblichen roten Franzosenmütze mit einem grünen, federverzierten runden Hut schmücken. Offenbar gefiel die Idee; der Tellenhut wurde zum offiziellen Zeichen, haben sich doch im Juni 1798 helvetische Beamte darüber beschwert, dass sich einige Dörfer des Kantons Bellinzona weigerten, ihn auf den Baum zu stecken. Der Freiheitsbaum selber blieb umstritten. Ursprünglich ein Symbol der Freiheit, wurde er bald zum politischen Abzeichen der Partei der Franzosenfreunde. Nach Abzug der französischen Truppen entfernte man prompt auch den Freiheitsbaum. So schleiften die solothurnischen Knabenschaften den Freiheitsbaum von Büsserach. Dann geriet das Symbol in Vergessenheit. Um 1830 begannen die Freiheitsbäume erneut eine politische Rolle zu spielen. Sie waren damals ein Zeichen für alle jene, die mit der Restauration nicht zufrieden waren. Wieder erschienen im Baselbiet Freiheitsbäume. Manche trugen die Inschrift «Freiheit oder Tod». Obwohl sie von den Autoritäten entfernt und verboten worden waren, verschwanden sie nicht aus der schweizerischen Politik. So wurden 1841 in den katholischen Bezirken des Kantons Aargau erneut Freiheitsbäume aufgestellt. Damals protestierten die Katholiken gegen die Verfassungsrevision, die die konfessionelle Parität aufgehoben hatte. Nach dem Sonderbundkrieg erschienen in der Innerschweiz und in Zug nochmals Freiheitsbäume. Rund hundert Jahre nach ihrem ersten Erscheinen, am 27. Februar 1898, beging man in Ellikon eine Freiheitsbaumfeier.[9]

Älter, volkstümlicher und politisch unbelastet war der Maibaum. Dieser Brauch erscheint in verschiedenen Varianten. Man stellte beliebten, heiratsfähigen Mädchen in der Nacht zum 1. Mai einen Maibaum vor das Haus. Maibäume gab es aber auch für ein ganzes Dorf; sie sind auf einem Platz errichtet worden. Den Brauch treffen wir nicht in allen Regionen. Offensichtlich war er im Mittelland verhältnismässig stark verbreitet, wobei es ein luzernisches und ein solothurnisch-bernisches Kerngebiet gab. Ausläufer reichten in den Jura und ins Berner Oberland sowie in den Kanton Freiburg. Das schaffhausische Thayngen scheint ein schweizerischer Vorposten gegen das süddeutsche Verbreitungsgebiet gewesen zu sein. Nun hat man beileibe nicht allen Mädchen einen Maibaum gewidmet. Es bekamen ihn nur die beliebtesten oder auch die Schönen des Dorfes, jene, die man gerne geheira-

53 Aus dem 19. Jahrhundert sind zahlreiche Erinnerungslinden bezeugt. Wohl ein Unikum stellen aber die Tanzlinden von Zofingen dar. Sie sind schon um 1678 gepflanzt worden, waren aber, wie diese Lithographie von 1865 zeigt, im 19. Jahrhundert noch in Gebrauch. Sie waren so kunstvoll gezogen und geschnitten, dass sich zwei Laubhütten ergaben. Vorn im Bild exerzieren die Kadetten.

54 Errichtung eines Maibaumes.

55 Freiheitsbaum mit Freiheitshut auf dem Basler Münsterplatz im Januar 1798.

tet hätte; sie bedeuteten demnach eine Auszeichnung. Manches Mädchen wartete die ganze Nacht hindurch und schaute immer wieder nach, ob so etwas auf das Dach komme. Gegen Ende des Jahrhunderts scheint der Brauch in vielen Regionen zu sterben. Man stellte fest, dass er nur noch in kleinen Dörfern üblich war. In Solothurn, meinte ein Gewährsmann um 1937, sei der Brauch kaum mehr anzutreffen. Interessant ist die Beurteilung eines Gewährmannes bei der Umfrage der Schweizerischen Gesellschaft für Volkskunde aus Utzenstorf: «Früher war das Maitanndli eine Ehre; es war Gelegenheit für die Leute, zu trinken zu bekommen. Dann kam es fast etwas in Verruf; nun kommt es wieder auf.» Einen Brauchwandel konnte man auch in Vully feststellen. Hier hat man noch im 19. Jahrhundert vor jedem Haus einer heiratsfähigen Tochter einen Maibaum aufgestellt. In den dreissiger Jahren des 20. Jahrhunderts pflanzte man nur noch einen Maibaum am Eingang des Dorfes auf.[10]

Im Tessin scheint es keine individuellen Maibäume gegeben zu haben. Hier hat man den Maibaum gemeinsam aufgestellt. Junge Burschen haben in der Nacht vom 30. April auf den 1. Mai den Maibaum aufgerichtet. Dieser musste, ob es sich nun um eine Tanne, Erle, Birke, Linde oder einen Kirschbaum handelte, hoch und schlank sein, und der Wipfel hatte mit Blumengirlanden geschmückt zu sein. Gesang und Tanz auf der Piazza schlossen sich als heiterer Ausklang an. Und da kamen alte Mailieder zu Ehren.[11] Überall, wo die Sänger ihre Ständchen brachten, wurden sie mit einem Imbiss bewirtet. Den Maibaum selber liess man als freundliches, festliches Wahrzeichen während des ganzen Monates stehen. Auch in den deutsch-freiburgischen Gemeinden Kerzers und Murten schlossen sich an die Maibaumerrichtung Festlichkeiten an. So wurden die Mädchen zu einer Ausfahrt mit Essen und Tanz, dem sogenannten Maieverdrinket, eingeladen. Die verschiedenen, von der Gemeinde geschenkten Maibäume wurden versteigert, wobei der Erlös den Mädchen zukam, die am «Maieverdrinket» die Partner einluden. Später, so meinte ein Gewährsmann, «wurden die Mädchen an den Tanzsonntagen selbständig, sie zahlten selbst, daher ist das Maienverdrinket nicht mehr nötig».[12] Im Seeland wurde am 1. Mai in jedem Dorf eine schlanke, grüne Rottanne mitten im Dorf aufgestellt. Unter der mit Papierrosen geschmückten Krone heftete man einen Moos- oder Buchskranz mit Papierrosen. Weiter unten wurde ein Stab waagrecht befestigt, woran zuäusserst je eine leere Weinflasche gehängt wurde. Dieser Maibaum wurde nach acht Tagen gefällt und versteigert. Mit dem Erlös leistete man sich einen gemütlichen, geselligen Abend. Fast überall ging der Brauch noch vor dem ersten Weltkrieg ein. Später ist er in veränderter Form, angeregt und gefördert durch die schweizerische Trachtenvereinigung, wieder aufgekommen.[13] Auch der Maibaum auf Brunnen erschien um die Jahrhundertwende vom Absterben bedroht. Aus Oltingen im Baselbiet wurde berichtet, das Maibaumstellen sei verschwunden. Unter dem Einfluss eines Lehrers ist der Brauch, wie Strübin berichtet, in den dreissiger Jahren wieder aufgelebt. Dabei haben jene Gemeinden, in denen die Tradition nicht abbrach, als Vorbild gewirkt.[14]

Verhältnismässig weit verbreitet war im 19. Jahrhundert noch das Maisingen. Dabei trugen die heischenden und singenden Kinder ein Maibäumchen mit.[15] Um 1880 gingen die Kinder im genferischen Genthod mit einer geschmückten Tanne umher, sie bettelten um Eier und Früchte. Ein ähnlicher Brauch ist aus Nods im Jura überliefert. Dort gingen die armen Kinder am 1. Mai singenderweise durch das Dorf, indem sie ein bändergeschmück

56 Keine andere Institution hat so grosse Anstrengungen unternommen, um den schädlichen Raubbau und ähnliche Bräuche im Wald abzuschaffen, wie der Schweizerische Forstverein. Unser Bild: Festkarte für die Versammlung des Schweizerischen Forstvereins vom August 1892 in Zürich.

56

tes Bäumchen mittrugen. Sie bekamen von den Bauern Brot geschenkt. Ähnliches wird aus Maglio di Colla berichtet.[16]

War der Maibaum eine Ehre, eine Auszeichnung, so war der Schandmaien ein Rügezeichen. Die Burschen, die in der Nacht vom 30. April auf den 1. Mai einen Schandmaien vor das Haus eines Töchterchens stellten, wollten es ärgern oder blossstellen. An die Stelle des Maibaumes trat ein blühender Faulbaum oder, was als besonders bösartig und schmachvoll galt, ein dürres oder verkrüppeltes Tännchen. Es konnte aber auch, wie in Walenstadt, ein Mistelzweig sein; man sprach dann von einem Narrenast. Der Brauch, einem spröden oder sonst missfälligen Mädchen einen Narrenast als Symbol der Unfruchtbarkeit oder des unerwünschten Cölibats vor das Fenster der Schlafkammer zu hängen, war vor allem im St. Gallischen verbreitet.[17] Den Rügebrauch finden wir aber auch im bernisch-freiburgischen Gebiet. Man hat dort diesen Akt den unordentlichen und faulen Mädchen oder solchen, die man einfach gerne blossstellen wollte, bereitet. So hat man in Gruyères einer Frau, der man nachsagte, sie sei böse, am Silvester ein Tännchen auf das Hausdach gestellt. Im Freiburgischen beehrte man klatschsüchtige Frauen mit einem mit Zeitungen und Fäden behängten Tännchen. Der Brauch ist wie andere Rügezeichen gegen Ende des 19. Jahrhunderts überall verschwunden. Auch der Brauch im Mittelland, am 1. Mai einem unbeliebten Mädchen einen Strohmann aufs Dach zu stellen, gehört der Vergangenheit an. Die Bestrafte war nicht zu beneiden, wusste doch ein Gewährsmann aus Derendingen (AG) zu erzählen, man müsse einfach «die Puppe unter dem Dachtrauf verlochen; sobald sie verfault sei, verfaule auch der Täter». Auch das Streuen von Sägemehl und Strohhäxel am 1. Mai ist verschwunden. Diesen Brauch übten die Leute in Beromünster, zum Teil auch im Solothurnischen und Bernischen oder in Berschis bei Walenstadt aus. Man wollte damit die Beziehungen zwischen zwei Verliebten kundtun. Den «Kilterweg abstecken», das harmlose Ausplaudern von Liebe, konnte jedoch auch in eigentliche Brandmarkung umschlagen. So wird aus Dagmarsellen berichtet: «Um Liebschaften bekannt zu machen, wurde Sägemehl gestreut. Den verhassten Mädchen, sei es, dass sie allzu spröde oder allzu weitherzig waren, streute man auch Löwenzahn vor die Türe.»[18]

Maibäume gab es nicht nur für Mädchen, sondern auch für den neuen Pfarrer oder für neugewählte Beamte, neuzugezogene Wirte. So hat man etwa im Jura dem neueingesetzten Pfarrer einen Ehrenbaum vors Haus gestellt. In St. Ursanne bekam der Geehrte auch ein Lamm. Allerdings musste er auch einen Trunk anbieten.[19] Häufiger als den Geistlichen sind neugewählten Beamten, dem Gemeindepräsidenten oder dem Bürgermeister Ehrenbäume vor das Haus gestellt worden. Das geschah im Berner Jura und in der Nordwestschweiz. In der Regel war es eine hohe, entastete Tanne, deren Wipfel man mit Bändern und Blumen schmückte. In Frick wurden dem Gewählten zwei Tannenbäume aufgestellt, diese beiden Bäumchen verband man mit einer Inschrift. In Russo, im Tessin, schmückte man den Wipfel mit einem Fähnchen, und am Stamm prangte die schöne Inschrift «E viva il sindaco». Im Baselbiet war freilich die aufgestellte Tanne weniger ein Ehrenzeichen, sondern vielmehr ein Triumphzeichen, das die siegreiche Partei errichtete. Der Ansporn zu solchen Ehrentannen war dann gegeben, wenn ein heftiger Wahlkampf vorausgegangen war. Dieses Maibaumstellen nach einer Wahl führte indessen zu mancher Klage. So schrieb der Landschäftler (BL) am 26. April 1859: «Eine Unsitte herrscht noch in einigen Gemeinden, nämlich ‹das Maibaumstellen›, wodurch ein Gewählter genö-

Willkomen!

Sihlwald

Schweiz. Forstverein

Versammlung in Zürich v. 7-10 Aug. 1892.

56

tigt wird, den Wählern, und wer sonst noch zuläuft, aufzutischen, gleichsam denselben ihre Gunst zu bezahlen, indem solche Affären schon in die Hunderte von Franken gestiegen sind. Eine schöne freie Wahl freier und wohldenkender Bürger!»[20] Die grossen Auslagen für den Umtrunk und das Essen mögen eine Erklärung dafür sein, dass der Brauch des Ehrenbaums um 1900 fast überall verschwunden war.

Weit verbreitet war auch der Brauch, einen neuen Wirt mit einem Maibaum auszuzeichnen. Er ist vor allem für die Westschweiz, aber auch fürs Baselbiet, für das Solothurnische sowie den Aargau bezeugt. Ein Gewährsmann aus dem basellandschaftlichen Buus, geboren 1860, berichtet: Wenn ein frischer Wirt kam, stellten sie ihm einen Maienbaum. «Dä hätt müese verschwellt sii.» Ein Mann aus Hemmiken, geboren 1870, berichtet: «Als der neue Rössliwirt kam, hat man ihm eine Tanne gestellt, worauf er einen Trunk anbot.» Aus Sempach wird 1867 gemeldet: «Vor ein neues Wirtshaus oder vor dasselbe bei einem neuen Wirte stellen die jungen Burschen einen geschälten, das Haus überragenden Tannenbaum, den sie, mit Bändern geschmückt, herbeischleppen.»[21]

Weit verbreitet war überall der Aufrichtebaum. Dieser Brauch erwies sich als besonders zäh und lebenskräftig. Überall wo ein Haus, eine Fabrik, ein Werkgebäude oder eine Kirche im Rohbau vollendet war, brachte man auf dem Giebel oder an einer Gerüststange einen mit bunten Bändern geschmückten Aufrichtebaum an. Im 19. Jahrhundert ist der Baum auch mit bunten Taschentüchern behängt worden. In diese Taschentücher hat man in Grüningen (ZH) ein Geldstück eingebunden, um so die am Bau beteiligten Handwerker zu beschenken. Mit der Zeit ersetzte man die buntfarbigen Taschentücher durch farbige Attrappen. In Graubünden hängte man ans Aufrichtebäumlein auch Krawatten, Hosenträger, Pfeifen und Tabakbeutel. Die ans Aufrichtebäumchen gehängte Flasche sagte deutlich, dass Wein spendiert werden müsse. Diese Aufrichtebäumchen sind in freiburgischen Gemeinden oder auch im Jura von den Mädchen des Dorfes geschmückt worden. Sie trugen das Bäumchen jeweils singend zum Neubau, um es mit wohlgewählten Worten, zum Beispiel «compliment du bouquet», dem Hausherrn oder Zimmermeister feierlich zu überreichen. Ein Handwerker nagelte hierauf das festliche Zeichen am obersten Dachsparren fest und leerte die von den Mädchen dargebrachte Flasche. Die Mädchen wurden zum Firstmahl eingeladen. Überliefert sind auch Sprüche, die der Zimmermann aufsagte. So hiess es etwa: «Ein neues Haus ist aufgericht; gedeckt, gezimmert ist's noch nicht, drum können Regen und Sonnenschein noch überall herein.» Da und dort rief der Zimmermeister auf dem Giebel des Hauses: «Das neue Haus ist aufgericht.» Aus Reinach (BL) ist folgender Spruch überliefert: «Git's Zibelewääje (Zwiebelkuchen), Gottes Säge drii, git's kei Zibelewääje, schlot der Blitz drii.»[22] War der Bauherr geizig und spendete den Bauleuten kein Mahl, so brachten die Arbeiter statt des Aufrichtebaumes einen Schandmaien, ein Rügezeichen an. Dieses konnte etwa aus einem Schwarzdornbusch oder aus einem Besen mit zwei leeren Bierflaschen bestehen. Einem unbeliebten Bauherrn holten die Nachtbuben den Firstbaum herunter, um ihn zu verstecken oder auf ein altes Haus zu stellen. In Oberehrendingen befestigte einer statt des Tännchens einen Rinderschädel auf dem Dach. Die einen ärgerten sich, die anderen lachten.[23]

Im Freiburgischen sind auch an Fronleichnam grüne Bäume aufgestellt worden. Diesen Brauch findet man auch in anderen katholischen Landesgegenden. Dazu kam noch Buchenlaub, mit dem man Fensterkreuze verklei-

57 Beispiel eines Erinnerungsbaumes: alte Linde beim Hof Erni in Hirzel (ZH).

57

dete. Im Freiburgischen hat man die an Fronleichnam aufgestellten Buchen oder Tannen längere Zeit, oft bis zum Fronleichnamsfest des nächsten Jahres stehengelassen. Man sprach vom Herrgottsmaie oder Herrgottsbaum. Mit dem Maibaum verwandt ist der Erntemai, ein Bäumchen, mit dem man den letzten Wagen bei der Heu- oder Getreideernte schmückte. Der Brauch verschwand am Ende des Jahrhunderts, man hatte keine Zeit mehr für ihn. Nur in Derendingen (AG) halten die grossen Bauern noch viel darauf, hiess es um 1930.[24]

Zum Maibaum kommt der Erinnerungsbaum. Unter dieser Bezeichnung verstand man Bäume, die «mit einem gewichtigen oder seltsamen Ereignis der Vergangenheit in Zusammenhang gebracht wurden».[25] Solche Erinnerungsbäume sind anlässlich der ersten Bundesfeier von 1891 in Vallorbe, Ste-Croix, Aarburg und in Schöftland gepflanzt worden. Man nannte sie auch Bundeslinde. Erinnerungsbäume sind auch im Waadtland anlässlich der Erinnerungsfeiern von 1898 und 1903 gepflanzt worden. In Vevey und St-Imier pflanzte man 1848 zur Erinnerung an die Gründung des schweizerischen Bundesstaates einen arbre de la liberté. Im Jahre 1834 wurden, im Zusammenhang mit den konfessionellen Auseinandersetzungen, im Berner Jura als Antwort auf antiklerikale Strömungen sogenannte Religionsbäume aufgestellt. Sie trugen die Inschrift: «Katholisch leben, oder sterben.»[26] Da und dort hat man auch Erinnerungsbäume zu Ehren eines Bekannten oder Verwandten gepflanzt. Dank den Nachforschungen von Jürg Winkler (Hirzel) kennen wir die Geschichte von zwei der berühmten und im nationalen Inventar aufgeführten Hirzeler Linden. Die sogenannte Gehristeiglinde – sie ist 1971 von einem Blitz zerstört worden – wurde 1858 von einem Bauern anlässlich der Geburt eines Sohnes gepflanzt. Hier würde es also eher um einen Lebensbaum denn um einen Erinnerungsbaum gehen. Bei der zweiten Linde auf der Fahrenweid ist der Fall eindeutiger. Diese Linde hat die Dichterin Meta Heusser 1872 zu ihrem 75. Geburtstag geschenkt bekommen. Dieser Baum sollte sie immer an den gütigen Geber erinnern. Diese beiden verbürgten Fälle zeigen recht schön, dass hier noch vage Reste von magischen Vorstellungen, von altem Baumglauben im Spiel waren.

58

Auf der Suche nach Identität
in Gemeinde, Staat und Nation

Sich zurechtzufinden in seiner Umgebung, in seinem Dorf, seiner Stadt, im Staat, das war und ist für den Einzelnen im Alltag ebenso entscheidend wie die Identitätsfindung im Beruf. Im 19. Jahrhundert wird ihm das in nie zuvor erreichtem Ausmass erleichtert: Es ist leichter, sich mit einem Kanton, einem Staat zu identifizieren, der demokratisch aufgebaut ist, als mit einem Regime mit feudalen, spätmittelalterlichen Strukturen. Das 19. Jahrhundert brachte alles, jedenfalls vieles: Die Schweiz führte – übrigens als erstes europäisches Land – mit bemerkenswerter Konsequenz das allgemeine gleiche und direkte Wahlrecht ein. Es existiert in einzelnen Kantonen seit 1831, in anderen seit den vierziger Jahren und in der ganzen Eidgenossenschaft seit 1848. In keinem anderen Land sind die breiten Schichten des Volkes so früh, so entschieden in den Prozess der Willensbildung eingegliedert worden. Das zu sehen war gewiss für den Einzelnen ein erhebendes, beglückendes Erlebnis.[1] Wie nie zuvor bekommt der Einzelne nun die Möglichkeit und das Recht, auf allen Ebenen mitzuregieren. Auf der untersten Ebene der Gemeinde hatte es übrigens, im Gegensatz zu den anderen Ebenen, schon in der alten Eidgenossenschaft ein Mitbestimmungsrecht, eine gewisse Autonomie gegeben. Sie hat damals wie auch im 19. Jahrhundert und heute die Basis allen politischen Lebens gebildet. Im Gegensatz zu anderen Staaten ist der unsrige von unten nach oben, nicht von oben nach unten aufgebaut. Eindrücklich formulierte es André Siegfried: «Le principe de cette démocratie, c'est en effet d'être communal avant d'être cantonal avant d'être fédéral. La base est celle de l'autonomie locale». In der Gemeinde lernte man die Sachprobleme kennen und die Konflikte regeln. Hier übte man den vielgeschmähten und doch so notwendigen helvetischen Kompromiss. Hier in der Gemeinde, im Dorf, in der Stadt gab es auch Vereine und Parteien, in denen man alles auf ungefährliche Weise einüben konnte.[2] Und viele der Politiker haben sich ihr Rüstzeug hier geholt. Hier auf dieser Basis wurde der gesellschaftliche Modernisierungsprozess vorbereitet, der schliesslich zur Bundesverfassung von 1848 geführt hat. Einschränkend muss allerdings betont werden, dass es schliesslich eine bürgerliche Elite gewesen ist, die «ihre spezifischen Vorstellungen von institutioneller und wirtschaftlicher Integration innerhalb des gegebenen Territoriums der Eidgenossenschaft durchgesetzt hat».[3]

Das ist um so erstaunlicher, als es ja ein nationales Bewusstsein, an dem alle Schichten teilhatten, noch nicht gegeben hat. Ansätze zu einer nationalen Besinnung waren allerdings vorhanden. Sie gehen weit in die Alte Eidgenossenschaft zurück und wurden in der Helvetik, wie es Daniel Frei gezeigt hat, deutlich formuliert.[4] Von der Helvetik führt eine Linie nationalen Denkens durch die Gefahrenzonen, die die grossen politischen Veränderungen von

58 Die Gemeindeversammlung vermittelte ihren Bürgern politische Erfahrungen jeglicher Art. Hier wurden jene Bereiche besprochen, welche die soziale und wirtschaftliche Situation der Dorfbewohner bestimmten. Die Gemeinde war im 19. Jahrhundert entscheidender Ort der politischen Sozialisation. Unser Bild: Die Väter der Gemeinde kommen im Schulhaus zusammen, um über die Geschicke des Dorfes zu beraten. Druckgrafik nach einem Bild von Albert Anker.

1803 und 1815 brachten. Franz Josef Stalder, der volkstümlich interessierte Pfarrer von Escholzmatt, hat diese Kontinuität 1810 zum Ausdruck gebracht: Er erblickte Wesen und Sendung der Schweiz darin, «dass die Schweizer sich Fürsten und Völkern als ächte Republikaner zeigen durch Nationalkraft, Festigkeit und hohen Muth».[5] Das war fortan Leitidee vor allem der Liberalen: Die Schweiz sollte die republikanische Freiheit verkörpern. Man hatte ja dafür Vorbilder genug: die Männer vom Rütli, den Tell, den Winkelried. Sie wurden denn auch immer wieder aufs neue zitiert und heraufbeschworen, so etwa von Oberst Guillaume Henri Dufour, der am Schützenfest vom 1. Juli 1829 in Freiburg dazu aufrief, das wertvolle Erbe der Väter, le précieux héritage de nos pères, zu verteidigen und sich den berühmten Gründern der Eidgenossenschaft, den illustres fondateurs de notre confédération, würdig zu erweisen.[6]

Doch die Kraft nationaler Gesinnung reichte nicht weit: Im Jahre 1833 wird der Vorschlag einer Bundesrevision von der Tagsatzung verworfen. Allerdings wird die Idee nationaler Einigung nicht mehr aufgegeben. Und ihren Propagandisten fiel etwas Neues ein: Sie fanden in der Jesuitenhetze einen Gegenstand von grosser integrierender Kraft. Man hatte von nun an einen deutlichen Gegner, einen nationalen Prügelknaben. Deshalb rief man, nachdem 1848 der Durchbruch zur Nation gelungen war, aus: «Dank sei den Jesuiten und Sonderbund gebracht; ohne sie wäre es noch schwerlich zu einem solchen Bundesleben gekommen, wie es die Schweiz... durch Annahme der neuen Bundesverfassung empfing.»[7] Die neue Bundesverfassung, eine grossartige Errungenschaft, wurde sie wirklich als solche begrüsst, herrschte überall eitel Jubel? Im Kanton Bern haben sich beispielsweise an der Abstimmung über die neue Verfassung nur ein Drittel der stimmfähigen Bürger beteiligt. Das Volk war «der politischen Umtriebe und des ewigen Abstimmens bereits satt», schrieb eine Berner Zeitung, und wenig später: «Es ist ärgerlich, dass die Bundesversammlung ohne irgendeine Rücksprache gewaltige Forderungen aufstellt.» Ein Leser doppelte nach: «Wahrlich, wahrlich, die Einwohner Berns sind nicht mehrjährig geworden, um vor einem neuen Vogt den Nacken zu beugen.»[8]

Tatsächlich war das Gebäude der Bundesverfassung von 1848, wie ein Wortführer der ehemaligen Sonderbundskantone, Philipp Anton von Segesser, sagte, «noch nicht so fest ausgebaut, dass ein kräftiger Stoss es nicht hätte ins Wanken bringen können».[9] Erst die beiden aussenpolitischen Krisen, der Neuenburger- und der Savoyerhandel, brachten die notwendige nationale Besinnung. Die Gefahr war damit allerdings nur für den Augenblick gebannt. Bereits stand eine neue vor der Tür: die nationalstaatliche Bewegung, die nun in Europa mächtig auftretende Theorie der Identität von Sprache, Volk und Staat. Das war die grosse Herausforderung der zweiten Hälfte des Jahrhunderts. Ein schlagendes Argument war zur Stelle: Die Schweiz hat, wie sich Ludwig Tobler damals ausdrückte, die Aufgabe, einzustehen «für eine echt christliche, im modernen Kulturleben immer mächtiger sich regende Idee der Völkerverbindung, auf Grundlage der Gleichberechtigung und Austauschung verschiedenster Individualität».[10] Nicht genug: Die Schweiz hatte auch eine politische Sendung zu erfüllen. Es galt, der Demokratie überall und an allen Orten zum Durchbruch zu verhelfen. Bundesrat Jakob Dubs schrieb den stolzen Satz: «Wir haben durch eine gründliche Bearbeitung und Lösung der Frage des Ausbaues der Demokratie auch eine höhere, man darf wohl sagen weltgeschichtliche Mission zu erfüllen.»[11]

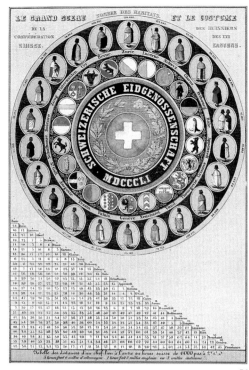

59

59 Noch in der ersten Hälfte des 19. Jahrhunderts ist vieles unternommen worden, um das Standesbewusstsein der Kantone zu festigen. Unser Bild: Bundessiegel mit den 22 Kantonen aus dem Jahre 1830. In der Mitte das Schweizerkreuz, im inneren Kreis die Kantonswappen, im äusseren die Standesweibel und am äussersten Rand die Anzahl der Bewohner. Unten eine Tabelle der Distanzen von einem Hauptort zum anderen.

60 Man stellte sich im 19. Jahrhundert den Bundesstaat gerne als Mutter vor. Die Helvetia war höchst populär. Auch die Arbeiter konnten sich, wie die Postkarte zeigt, mit ihr identifizieren.

Und das Volk? Hat der Einzelne solche «Lippenbekenntnisse grosser Gallionsfiguren» (Paul Hugger) geteilt? Es gibt zwei Möglichkeiten, nationale Identität und nationales Bewusstsein des einzelnen Bürgers zu erfassen, den Prozess in seiner nationalen Selbstwertung, in seiner Alltäglichkeit zu entdecken: Da sind die Zeitungen und sodann zweitens die Autobiographien. Hier finden sich sowohl positive wie negative Belege. Es fehlten, wie Paul Hugger, der die Autobiographien untersucht hat, sagte, von wenigen Ausnahmen abgesehen, Äusserungen über die eidgenössischen Schützen-, Gesangs- und Turnfeste und über vaterländische Reden an 1.-August-Feiern. Man hat offenbar solche Reden zwar gehört, doch nicht einer Aufzeichnung für würdig befunden. Um so eifriger schrieben viele über ihre Reisen ins Ausland: «Da brechen Gedanken und Gefühle auf, die sich vorher kaum äusserten. Erst aus der Distanz heraus wird einem die Heimat bewusst, erkennt man, welche Werte das Vaterland beinhaltet.» Das ist durchaus keine Neuerscheinung. Schon im 17. und 18. Jahrhundert gibt es eine wundervolle Literatur und viele Aufzeichnungen über die heimwehkranken Schweizer Söldner, sie findet im 19. Jahrhundert Fortsetzer. So hat etwa Josef Zangerl um 1840 dem Heimweh, wie auch Johann Heinrich Schlegel (Untersuchung über das Heimweh von 1835), eine grosse Untersuchung gewidmet und festgestellt, dass nicht nur die Hirten, sondern selbst Schweizer Kühe beim Anhören des Kuhreigens von Heimweh erfasst werden können.[12] Auch im 19. Jahrhundert gab es Schweizer Söldner, die im Ausland Dienst taten, und auch sie schrieben, «dass dem Schweizer in der Fremde das Vaterland erst recht lieb und teuer wird». Dabei konnte es sich um ganz alltägliche Dinge wie etwa die viel gerühmte Schweizer Hygiene handeln. So denkt etwa der Legionärsrekrut Heinrich Spinner, als er unter algerischen Flöhen und Wanzen litt, an die Reinlichkeit der Schweiz.[13] Walter Siegfried, der als junger Kaufmann in Paris weilte, schreibt angesichts der mangelnden Hygiene der französischen Hauptstadt, das sei dem Pariser wohl selbstverständlich, doch «dem Schweizer widerlich, der aus der peinlichen Sauberkeit und Ordnung seiner heimatlichen Häuser kommt».[14] Als er später in St. Gallen wohnte, notierte er: «Wie wohnte sich's behaglich in dieser Stadt! Wieder so recht in der schweizerischen Sauberkeit und Honettität.»[15]

Doch bleiben die aufzeichnenden Schweizer nicht bei solch vordergründigen Dingen stehen. Für den Legionär Heinrich Spinner ist die Schweiz mehr als nur ein Land der Sauberkeit, sie ist Arkadien, das Land der Sehnsucht. Auf der Wache im fernen Puebla träumt er: «Die wundersamen grünen Matten, die sprudelnden Quellen und einladenden Brunnen mit kristallhellem, frischem Wasser, das liebliche Glockengeläute, die stattlichen Viehherden und heimeligen Hügel und obendrein – die jauchzenden, jodelnden Sennen.»[16] Was hier der Legionär schreibt, ist nicht neu, vielmehr altbekanntes und schon im 18. Jahrhundert gebräuchliches Cliché. Wesentlich ist aber, dass es zur Verfügung stand.

Oft sind es ganz kleine Vorkommnisse, die bei den Schweizern im Ausland ein nationales Bewusstsein erwecken. Als die Serviertochter Anneliese Rüegg – wir begegnen ihr auch im Kapitel Arbeiten – in einem Hotel am Gardasee ihrer Chefin gnädige Frau sagen sollte, weigerte sie sich und sprach: «Weil ich nichts von Gnade empfinde, und überhaupt bin ich eine Schweizerin.»[17] Ernst Kreidolf, der Mallehrer des Fürsten von Schaumberg-Lippe, hätte auf Wunsch der Fürstin eines seiner Bücher seiner Arbeitgeberin widmen sollen. Doch tat er es nicht: «Ich bedanke mich für die grosse Ehre –

VII. Schweizerischer
Arbeiter-Sängertag Arbon
den 22. & 23. Juni 1902

Heil Dir Helvetia,
Hast noch der Söhne ja
Wie sie St. Jacob sah
Freudvoll zum Streit!

60

Gnade hätte ich sagen müssen, aber als Schweizer...»[18] Oft sind es wirklich Kleinigkeiten, die Anstoss erregen: Im Sommer 1902 weilte der Kunstmaler und Radierer Wilhelm Balmer in Florenz, und da ärgerte er sich sehr, weil der deutsche Konsul drei kleinen Schweizer Mädchen verbot, barfuss in den deutschen Kindergarten zu gehen.[19]

Erstaunlicherweise tritt der Begriff Heimat, so wie wir ihn heute kennen, in der ersten Hälfte des Jahrhunderts weder in Autobiographien noch in Zeitungen kaum je auf. Er war offenbar immer noch an den realen Ursprung gebunden: Heimat war identisch mit dem Heimwesen, dem Hof und der Siedlung. Das schloss indessen eine gefühlsmässige Bindung keineswegs aus. Wir erinnern hier nur etwa an den Ausspruch Ulrich Bräkers: «Du bist in Deine kropfichte (hügelige) Heimat vernarrt.»[20] Der Begriff Heimat taucht im 19. Jahrhundert zunächst in den Schützenfestreden auf: Um 1857 wird in Bern eine Schützenscheibe «Heimath» benannt, und 1862 steht in der Einladung zum Offiziersfest in Bern, die Armee finde «ihre wahre Stärke in der Heimathliebe unseres Volkes (27. Juli 1862)».[21] Unter dem Begriff Schweiz wurde damals das Gebiet des Staatenbundes und dessen Bewohner verstanden. So gab es etwa eine neue Statistik der Schweiz, eine Flora der Schweiz, eine Geschichte des Schweizerlandes. Doch geht der Begriff bald einmal über das Statistische hinaus, so etwa wenn gewünscht wird, der Anna-Seiler-Brunnen möge «jedem ächten, treuen Schweizerherzen nicht ohne Werth sein» oder wenn in Reden an den alten Schweizersinn appelliert wird.[22]

Volkstümlicher war zunächst der Begriff Eidgenosse, Eidgenossenschaft. An den eidgenössischen Festen sprach man sich nicht mit Schweizer, sondern mit der alten Begrüssungsformel «Treue liebe Eidgenossen» an. Als die Urner im Juli 1847, also mitten in einer bürgerkriegsähnlichen Situation, an das Sängerfest nach Glarus gingen, wurden sie «von den Armen der Eidgenossen brüderlich umfangen».[23]

In seiner Autobiographie spricht der Werdenberger Jean Zogg (1838–1905) «von unseren sonderbündlerischen Miteidgenossen». Wundervoll zeigt diese Aufzeichnung, wie ein einfacher Mann den Sonderbundskrieg von 1847 erlebte: «An einem Sonntag ging im Werdenbergischen das Gerücht um, die katholischen Sarganserländer könnten einbrechen. Es geschah nicht, dagegen mussten die Reserve-Mannschaften hiesiger Gegend ins Sarganserland, während die jungen Mannschaften in die inneren Kantone einrücken mussten. Da es in diesem Jahr massenhaft Obst gegeben, gab es ausser genug Dörrobst noch genug Most und Branntwein wie Fleisch, so dass die Jungmannschaften kugelrund und fett von diesem Winterfeldzug heimkamen! Unsere sonderbündlerischen Miteidgenossen hatten alle Keller und Kästen voll Proviant.»[24] Nationales Selbstbewusstsein selbst in diesen Tagen! Fast schön endet dieser Sonderbundskrieg, der junge Rahner erlebt sein Ende: «Da war ein Triumphbogen errichtet, von Säulen getragen, mit Tannenreiser umkleidet. Dufours Bild prangte von der Höhe. Festlich gekleidete Mädchen holten die Helden, die zurückkehrenden Soldaten ein.»[25]

Um die Mitte des Jahrhunderts setzt sich neben den Begriffen Heimat und Nation auch die Bezeichnung Vaterland durch. Wer im 18. Jahrhundert von Vaterland gesprochen hatte, meinte weniger die Nation als vielmehr den eigenen Stand. O Bern! O Vaterland! hatte Albrecht von Haller noch 1737 ausgerufen.[26] Um 1848 stellt eine Berner Zeitung dem engeren Vaterland, dem Staate Bern, das «gesamte Vaterland» gegenüber. Schon im Sonderbundskrieg hatte die Armee «die Ordnung im Vaterland» wieder herzustel-

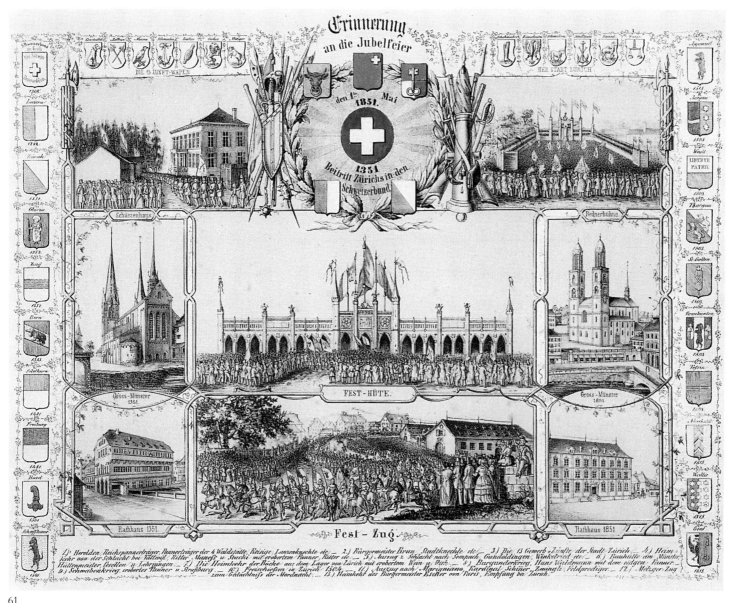

61

len, während die Daheimgebliebenen um Spenden für die «im Dienste des
Vaterlandes Verwundeten» gebeten worden sind.[27] Der von Gottfried Keller
1844 in einem Gedicht heraufbeschworene Begriff Vaterland war mehr als
ein Raum, es war, wie es J. Ramseyer ausgedrückt hat, «eine säkularisierte
Gottheit mit einem Altar, auf dem man Opfer darbringt».[28]

Auf diese höchste Autorität beriefen sich regierende Politiker mit oft
pathetischen Worten, wenn sie dem Volk Steuern schmackhaft machen oder
den Wehrdienst begründen wollten. Keineswegs gefeit gegen Missbrauch,
ist der Begriff Vaterland oft strapaziert worden. Spott war die eine Möglichkeit, sich abzuschirmen: «Das heurige Freischiessen in Glarus zeichnet sich
durch eine Masse von ungeheuer vaterländischen Reden aus», schreibt eine
Zeitung am 23. Juli 1847. Viele unserer «Tageshelden», meint das gleiche
Blatt, schwatzen viel von «Vaterland, Vaterlands- und Freiheitsliebe...
wobei aber für das liebe Vaterland wenig Gutes herauskommt».[29]

Ganz anders als die Tageshelden hat der volkstümliche Mensch den
Begriff Vaterland gebraucht. Am eidgenössischen Schützenfest vom Sommer 1861 wird eine Scheibe Vaterland genannt. Auf sie dürfen aber nur
Vereinsmitglieder schiessen. Nur wer diese etwas merkwürdige Verwendung des Wortes kennt, wird auch eine Zeitungsmeldung vom 23. Juli 1847

richtig interpretieren können. Da heisst es: «Glarus. Den besten Schuss im Vaterland hat bis dahin Hr. Siebenmann von Aarau gethan.»[30]

Reden fürs Vaterland, Reden ans Vaterland – sie alle kennzeichnen die Feiern und Feste des 19. Jahrhunderts. Den modernen Menschen fällt es schwer, dieses Pathos, diesen Aufwand an Kostümen und Kulissen zu verstehen. Die autobiographischen Aufzeichnungen zeigen aber, dass das alles den damaligen Menschen rührte und bewegte. So hat etwa Karl Weinberger die Bundesfeier von 1891 als grösstes Ereignis seiner Schulzeit und seines ganzen Lebens bezeichnet. Alles beeindruckte ihn zutiefst. So auch die übergrosse Statue der Helvetia: «Im Westen gegen die Gartenmauer ragte erhobenen Hauptes die von Bildhauer Brutschi modellierte überlebensgrosse Statue der Helvetia. Sie blieb nach der Bundesfeier noch wochenlang an ihrem Standort stehen, als sollte sie den Rheinfeldnern Gelegenheit geben, sich noch mehr als bisher an die Zugehörigkeit zur Schweiz zu erinnern, die ihnen erst ein Menschenalter vorher in den Schoss fiel...»[31] Anneliese Rüegg, die allem Sentimentalen abholde Serviertochter, schreibt von der Bundesfeier 1901: «Mir ging sie so zu Herzen, dass ich weinte. Waren es Tränen der Vaterlandsliebe? Ich wusste nicht, was mich so tief bewegte.»[32] Selbst Industrieausstellungen hatten, wie Bundesrat Stämpfli anlässlich der Eröffnung an der dritten Ausstellung von 1857 erklärte, «das Bewusstsein nationaler Einheit, auch im Gebiet der geistigen und materiellen Produktion zu erheben». Am Eingang hing riesengross ein Schweizer Wappenschild, um zum Heiligtum zu verweisen, wo, wie Zeitgenossen berichteten, eine «kirchlich-religiöse Sonntagsstimmung herrschte».[33]

Mehr als alle diese Feste hat der Übertritt der Bourbaki Armee nationales Denken gefördert. Da sah man hautnah, was Krieg bedeutete, wurde es auch dem Gleichgültigsten klar, was Frieden, Unversehrtheit, Neutralität und Kleinstaatlichkeit bedeutet.[34] Jean Zogg (1838–1905), er war damals vierzehnjährig, war tief erschüttert, als er die erschöpften, ausgehungerten, fremden Soldaten plötzlich in seinem eigenen Schulhaus sah.[34] Sie lagerten auch vor dem Haus des jungen Niklaus Bolt in Lichtensteig: «Da packte mich der erste Schrecken vor dem Kriegsgeschehen. ‹Bei uns in der Schweiz sind die Soldaten sicher, sagte die Mutter tröstend zu mir...› Das Kriegsbild aber bemächtigte sich meiner Phantasie und liess mich nimmer los.» Dass die Schweiz als «terre de liberté» und als «refuge» eine Sonderstellung habe, kam auch dem Neuenburger Philippe Godet angesichts des Kriegerelendes zum Bewusstsein.[35]

Doch zeigte sich der deutsch-französische Krieg – die Bourbaki-Internierung war ja nur ein Teilstück – auch als Zerreissprobe. Der Basler Karl Stückelberger war beeindruckt vom französischen wie auch deutschen Schrifttum. «Unbewusst gingen wir auf die Suche nach dem Heroischen, und dies wurde im Verlaufe des Krieges immer mehr auf Seiten der Deutschen offenbar. Als Basler folgten wir aber der damals herrschenden Sympathie für Frankreich... So wurden wir innerlich hin und her gezerrt, und unser Trost war, dass wir weder Deutsche noch Franzosen, sondern Schweizer waren.»[36] Das Bourbaki-Erlebnis wirkte übrigens recht nachhaltig. Noch 1891 feierte der Dichter Arnold Ott die «milde Hand der Schweiz», die «ein elend Trümmerheer» aufnahm und den «Siegerkranz der Ahnen zum Samariterzeichen» erhöhte.[37] (Siehe auch Abbildung Seite 21).

Manche Anregung und manchen Anstoss zur Identität gab auch die Schule: «Das Beste, was die Geschichte der jungen Generation bietet», so meinte der Prättigauer Jakob Mathis, «ist Begeisterung». Patriotische Red-

86

62

ner an Volksfesten, vaterländische Gesänge, das sei alles schön und recht: «Dauerhafter und wertvoller sind die Denkmäler, welche ein Lehrer, der in Bescheidenheit und Stille, dafür mit Geist und Wärme Geschichtsunterricht erteilt, in den Herzen der Kinder errichtet.»[38]

Sowohl Stückelberger wie Hafter und Mathis berichten, dass ihnen in der Schule Schillers Drama von Wilhelm Tell einen tiefen Eindruck gemacht habe. Als Adam Hafter nach Bürglen kam, errinnerte er sich dessen dankbar: «Und wenn auch die geschichtlichen Überlieferungen über Wilhelm Tell vielfach angezweifelt werden, so sind und bleiben diese wunderbaren dichterischen Schöpfungen eine unversiegbare Quelle der Begeisterung für schweizerisches Volk und Vaterland. Auf mich hat dieser Fleck Erde einen unauslöschlichen Eindruck gemacht.»[39] Ein zwanzigjähriger Leinenweber aus Toggenburg schwört bei der Tellskapelle, von nun an sich für andere einsetzen zu wollen und nur noch Gutes zu tun.[40]

Freilich: stärker blieb das haften, was Väter und Mütter weitergaben. Dem jungen Ludwig Köhler machte es einen tiefen Eindruck, wenn ihm seine Mutter das Lied des heimwehkranken Schweizersoldaten «Zu Strassburg auf der langen Brück, da hob mein Sehnen an» vorsang. Sie lehrte ihn auch singen: «Ich bin ein Schweizerknab und hab die Heimat lieb.» Sie wollte, wie er schreibt, «mein Empfinden damit nicht lenken, aber sie hat mich doch gelenkt».[41] Rückblickend meinte auch Jörg Hagmann, die Mutter habe ihn durch ihre Lieder und Gedichte für die Poesie, sein Vater für die Geschichte empfänglich gemacht.[42]

Wie stark auch das blühende Kadettenwesen patriotische Gefühle zu entfachen vermochte, hat Gottfried Keller in klassischer Weise beschrieben.[43] In den Lebensberichten wird es ergänzt: Paul Meyer «erlebte auf sommerlichen Märschen weihevolle Stunden, besonders auf dem Schlachtfeld von St. Jakob, wo Karl Wieland mit einer patriotischen Rede die Knaben zu fesseln verstand, und zwar nicht etwa mit hohlen Phrasen, sondern mit packenden, meist an ein historisches Ereignis geschickt anknüpfenden Worten, die lautlos angehört wurden».[44]

Grösstes Glück aber wurde dem jungen Glarner Kadetten Fridolin Schuler am Eidgenössischen Schützenfest von 1849 zuteil: Er hatte als Ehrenwache dem hochverehrten alten General Dufour zu dienen. Die Kadetten wurden von ihm «als die künftigen Hüter schweizerischer Ehre» angeredet.[45]

Nach den Kadettenmärschen, Ausstellungen, Festen und Feiern auch die Volksversammlungen: aus Hunderten einige Beispiele. Am 15. Dezember 1867 versammelten sich in Uster etwa 6000 Personen zu einer sogenannten Landsgemeinde. Wie Der Landbote berichtete, ordnete sich der Zug beim Kreuz, um sich in Bewegung zu setzen: «Kadettenmusik, Fahnen, Kanonendonner, Glockengeläute. Ich muss gestehen», so der Berichterstatter: «Dieser Anblick war geeignet, den Verächter der Volkssouveränität beben zu machen! Ja, es ist ein Anderes, das ganze Volk, versammelt zur Landsgemeinde wie ein Mann, und das Volk, zerstreut in seinen Werkstätten, auf dem Felde, im Webkeller. Man hüte sich, des Volkes ‹Majestät› zu beleidigen! Diese ernsten Gedanken durchzogen meine Seele, bis wir auf dem freien Platz angekommen und die ungezählte Menge sich lautlos um die Tribüne geschaart, nichtachtend des strömenden Regens und des eiskalten Sturmes...»[46] Drei Dinge fallen hier auf. Erstens: die Versammlung war gut vorbereitet, gut organisiert. Erfahrene Oppositionspolitiker führten da eine überlegene Regie. Zweitens: Die Versammlung verlief ohne Zwischenfall, ohne Gewalttätigkeiten, ohne Raufereien, wie sie sich noch Jahrzehnte vor

62 Die Landsgemeinde war im 19. Jahrhundert Vorbild aller Volksversammlungen. Unser Bild: Der Ring zu Glarus.

her und vor allem Jahrhunderte vorher wohl unausweichlich eingestellt hätten. Man war bereit, auch gegensätzliche Ansichten ruhig und ohne Protest anzuhören. Drittens: Man sang vaterländische Lieder, und dies gelang so gut, weil sich auch Gesangsvereine, dem Aufruf des Komitees Folge leistend, beteiligten. Keine chaotische Volkswut, entfesselt durch Agitation machtbesessener Politiker. Wie war das nur möglich? Martin Schaffner hat das politische Umfeld dieser Volksversammlungen, die Marksteine der Demokratischen Bewegung der sechziger Jahre untersucht. Hier seine Überlegungen und Schlussfolgerungen: Die Bürger brachten politische Erfahrungen, Lernerfahrungen von zu Hause, von ihrer Gemeinde, von der politischen Arbeit auf Gemeindeebene mit sich. Diese Arbeit in und an der Gemeinde hat sich auch im 19. Jahrhundert bewährt «als Ort der politischen Sozialisation».[47]

Hier erlebte man immer wieder aufs neue, dass eine Demokratie nur funktioniert, wenn sich die Minderheit den Beschlüssen der Mehrheit unterzieht. Die Spielregeln des Staatslebens sind aber nicht nur auf Gemeindeebene, sondern auch in den Vereinen eingeübt worden, und sie fehlten wahrlich im 19. Jahrhundert nicht. Auch hier «lernte jedes Mitglied, sich Mehrheitsbeschlüssen zu fügen».[48] Allerdings hat auch diese Institution in den Gesellschaften des 18. Jahrhunderts ihre Vorläufer.

Leitbild der Volksversammlungen von Uster und Winterthur war die Landsgemeinde. Mit voller Absicht gaben die Organisatoren ihren Volksversammlungen diesen Namen. Sie wussten ganz genau, dass in den Landsgemeinden Interessengegensätze und die sozialen Unterschiede zurücktreten. Sie wussten, dass hier auf freiem Boden sich freies, souveränes Volk trifft, und sie wussten, dass sein Wille hier unantastbar, letztgültig souverän ist. Auch diese Erkenntnis war nicht ganz neu. Bereits in den ersten Jahrzehnten des 19. Jahrhunderts hatte man in der Regeneration an die Landsgemeinde als grosses Vorbild der Demokratie, als Bild der Volksfreiheit angeknüpft. Dabei spielten «in allen diesen und späteren Debatten weniger historische Erfahrungen funktionierender Landsgemeinde, Demokratie eine Rolle, als vielmehr das tradierte Bild von Volksfreiheit mit».[49] Weder das oppositionelle Volk noch seine Führer orientierten sich hier an Staatstheorien als vielmehr an tradierten Bildern. Was ihnen vorschwebte, war die Einheit von Regierenden und Regierten. Tatsächlich: Die Landsgemeinde, war sie nicht grossartiger Ausdruck der gewachsenen Demokratie? War sie nicht einzigartiges Mittel, um Interessen auszugleichen und Konflikte zu lösen?

Etwas schwieriger gestaltete sich die Suche nach einer Identität im militärischen Bereich. Jedenfalls verlief hier der Prozess nicht spezifisch schweizerisch-national, unabhängig von der politischen und allgemeinen Entwicklung in anderen Staaten. Hier waren es «die wirklichen und die vermeintlichen Bedrohungen von aussen, die das Gefühl der Zusammengehörigkeit sowie den Wehrwillen unterhielten».[50] Zunächst war es einmal der Zusammenbruch der Alten Eidgenossenschaft, die militärische Katastrophe von 1798 sowie die Intervention Napoleons, die nachwirkten. Nie wieder eine solch schmähliche Niederlage, lautete von nun an die Parole. Das aber hiess Wachsamkeit, hiess Bereitschaft. Die Gefahren waren evident. Im Neuenburger Handel etwa drohte der Schweiz das gleiche Schicksal, das 1864 Dänemark erlitt, und man wusste, dass 1853 Radetzky mit dem Gedanken einer Intervention gespielt hatte. Man sah 1859 die französische Annexion von Savoyen. Auch befürchtete man, als 1866 drei Nachbarstaaten miteinan-

63 Die grosse Volksversammlung von Uster 1832. In den dreissiger Jahren ist die Tradition der revolutionären Volksversammlungen wieder aufgenommen worden. Damals fanden in der ganzen Schweiz grosse Volkstage statt. Als Muster dienten die Landsgemeinden.

64 Der Sonderbundskrieg von 1847 schlug zwar grosse Wunden. Auf der anderen Seite hat die Krise, nachdem sie einmal siegreich überwunden worden war, das Zusammengehörigkeitsgefühl gestärkt. Dazu hat nicht zuletzt auch der gemeinsame Militärdienst beigetragen. Unser Bild: Dankesurkunde des Standes Glarus an die heimkehrenden Wehrmänner.

der im Krieg lagen, Grenzverletzungen. Jedenfalls wurden die Grenzen besetzt. Angesichts all dieser Gefahren und Bedrohungen begann man sich materiell sowie geistig vorzusehen. Die Militärausgaben, einst recht mager und bescheiden, wurden verdoppelt. Nach 1885 baute man die Gotthardfestung, später jene von St. Maurice. Der Schweizersinn, den Gotthelf und Keller immer wieder evoziert hatten und der in der Aufstellung von Mahnmalen, Denkmälern, Neuenegg, Grauholzsäule, da war – es galt nun, ihn umzusetzen in die schweizerische Armee (1874) einerseits und die Bundesbefestigung (nach 1885) anderseits. Und der Militärdienst? Wurde er gerne und freiwillig akzeptiert? Was geschah mit den jungen Menschen, welche das erste Mal in eine Kaserne kamen? Welche Bewusstseinsänderung bewirkte die Militärdienstzeit? Wir haben da leider nur ganz wenige Zeugnisse. Georg Hartmann aus Sevelen (1817–1899) berichtet, dass er im Sonderbundskrieg fünf Wochen Dienst zu machen hatte: «Dort hatte ich meistens gutes Quartier. Somit hatte ich meinen Sold bis auf 24 Rappen heimgebracht. Die Wirte verdienten nicht viel bei mir. Zur Ehre rechne ich es mir, dass ich immer ohne Arrest davongekommen bin ... Da hatte ich keine grosse Rolle gespielt. Ich war einfach Soldat.»[51] Michael Schwendener (1892–1979) berichtet rückblickend über seine Dienstzeit: «Es war keine verlorene Zeit, denn Kameradschaft und Dienst an der Heimat sind bleibende Werte.»[52] Das sind zweifellos knappe Angaben. Aber es steht ausser jedem Zweifel, dass der Militärdienst im 19. Jahrhundert eine integrierende Wirkung ausgeübt hat. Viele Männer kamen im Militärdienst erstmals in einen anderen Landesteil, in eine andere Region, und ähnlich wie im Schützen- und Schwingerverein war der Militärdienst auch eine Schule der Demokratie, kamen doch im Militärdienst die Vertreter der verschiedensten Berufe und Sozialschichten zusammen. Zweifellos entwickelte sich ein bestimmter Typus der Kameradschaft auch mit «Fremden». Ausserdem, so die Historikerin Beatrix Messmer, war die «Wirkung der Armee und ihrer Organisationsformen in den beiden letzten Jahrzehnten des 19. Jahrhunderts auch im zivilen Bereich sichtbar und spürbar. Die Offiziere der Milizarmee sind ja zugleich Parlamentarier, Unternehmer und Administratoren. Unter ihnen herrscht Konsens über die Ausgestaltung von Führungsstrukturen. Der Bedarf an administrativen Techniken, der mit der Industrialisierung und dem Wachstum der Agglomerationen ansteigt, kann durch Transfers militärischer Organisationsformen behoben werden.»[53] Um die Jahrhundertwende war man sich im übrigen der Schwächen der materiellen Kriegsbereitschaft durchaus im klaren, man wusste auch, dass diese überwunden werden kann «durch die geistige Kriegsbereitschaft, die im festen Willen des Volkes liegt, alles an die Erhaltung seiner Unabhängigkeit zu setzen». [54]

64

Die Arbeit und ihr Lohn

66

65 In der Werkhalle der BBC Baden posieren 1891 Arbeiter und Meister vor dem Fotografen. Die Unterschiede sind leicht erkennbar: Die Meister erscheinen im Anzug, mit Kragenhemden, Krawatte und Hut, die Arbeiter im gewöhnlichen «Übergwändli». Entsprechend abgestuft waren die Löhne. Selbst innerhalb der Arbeiterschaft war das Gefälle gross.

66 Bäuerliche Arbeit war hart, Unfälle an der Tagesordnung. Auf diesem Votivbild von 1832 aus dem Kanton Aargau ist ein vierspänniges Ochsengespann abgebildet. Im Hintergrund Bauernhaus und Scheune. Der Text lautet: «Wunderbares Ereigniss. Den 16ten May 1828 hatte Elisabetha Rosina in ihrem Alter von 1½ Jahren das Unglück, unter einen mit Schutt beladenen Wagen zu kommen. Eines der hintren Räder fuhr ihr über den Rüken, doch ohne besondere Verletzung. Durch der Aeltern inständiges Gebeth und Vertrauen auf Gott und der göttlichen Mutter wurde das Kind gesund erhalten.»

Bauernarbeit

«Wer arbeiten will, der findet immer Brod. Dem fleissigen Mann gukt der Hunger wohl ins Haus, hinein aber darf er nicht. Fleiss ist des Glükes Mutter und dem Fleissigen schenkt Got alles. Bestelle dein Feld, wenn der Faule schläft, so wirst du Korn zum Aufschütten haben. Arbeite heute, denn du kannst nicht wissen, was dich morgen abhält. Ein heute ist mehr werth, als zwei morgen. Verschiebe daher nie auf morgen, was du heute thun kannst... Greife die Arbeit rüstig an, und bedenke, das die Kaze in Handschuhen keine Mäuse fängt. Mit Fleiss und Geduld nagt eine Maus ein Schiffseil entzwei. Die grösste Eiche fällt unter wiederholten Streichen.

Wie? werden einige sagen, soll man sich denn gar keinen guten Tag machen? ich antworte: wende deine Zeit wohl an, wenn du Ruh verdienen willst. Fliehe die Ergözungen und sie werden dich aufsuchen. Die fleissige Spinne hat ein grosses Nest.»[1] Diese Sätze stehen nicht in einem Lehrbuch für Volkswirtschaft, sondern im Zürcher Kalender für das Jahr 1800, und sie werden unter dem Titel «Benjamin Franklins Rezept wohlhabend zu werden» dem Leser aufgetischt. War das für ihn neu? Wusste er nicht seit geraumer Zeit, dass die Arbeit die Grundlage des Wohlstandes ist? Gab es nicht ein schon im 17. und 18. Jahrhundert wohlbekanntes und immer wieder neu evoziertes protestantisches Arbeitsethos?[2] Die Sätze, die Benjamin Franklin in den Mund gelegt werden, stellen kein Novum dar. Und doch bringen sie etwas Neues: Das bisherige Arbeitsethos war anders, war christlich geprägt: «Christenthum und Arbeitslust, pflanzt Euch früh in Eure Brust», hiess es 1750 bei J. C. Hirzel. Der neue Arbeitsbegriff des 19. Jahrhunderts erscheint ohne jede christliche Bindung. Er ist säkularisiert und beginnt selber an die Stelle des Glaubens zu treten. Die Arbeit erhält eine religiöse Weihe. In einem Grütli-Kalender ist ein Zitat von Robert Seidel aus dem Jahre 1885 abgedruckt. Der Artikel ist mit Arbeit überschrieben. Er rückt, wenigstens was das Äussere anbetrifft, verdächtig nah an einen Psalm, ja gar an ein Gebet. Da heisst es: «Arbeit! die Du den Gebeugten aufrichtest, den Traurigen tröstest, den Irrenden auf der Bahn der Tugend leitest; Arbeit! Du Trost der Schwachen, Rettung der Armen und Freude der Starken; Arbeit! Du Arznei der Gefallenen, Stab der Strauchelnden und Labsal der Guten; Arbeit! Du Abglanz der höchsten Kraft, die Du uns zur Gottähnlichkeit erhebst; Arbeit! die Du die ganze Menschheit erzogen und aus der Barbarei herausgeführt hast – Du wirst Deine gewaltige Bildungs- und Erziehungskraft auch an dem weichen Stoff des heranwachsenden Geschlechtes ausüben und eine schönere und bessere Jugend wird durch Dich erblühen, sich selbst und der Welt zur Freude und zum Segen.»[3]

Man könnte annehmen, dass ein solches Elaborat kaum Aussicht hatte, volkstümlich zu werden. Weit gefehlt: das in den Kalendern und auch Schulbüchern immer wieder aufs neue heraufbeschworene Arbeitsethos ist ohne weiteres rezipiert worden. Zahlreiche Belege sprechen dafür. Lassen wir zunächst einige Zeugen sprechen, welche etwas über die Arbeit in der Landwirtschaft aussagen. Der Engländer W. Longman, der um 1857 die Schweiz bereiste, berichtet, das Land sei in der Regel sehr gut bebaut, die Leute arbeiteten sehr hart und auch sehr fleissig: Männer, Frauen und Kinder seien vom Morgen bis zum Abend auf den Feldern. Andere ausländische Beobachter meinen, nicht nur die Felder seien sehr gut bebaut; sondern auch jedes andere Fleckchen Boden werde bis zum Äussersten ausgenützt. Selbst das Gras an den Strassen- und Wegrändern wird gemäht, bemerkt W. White.[4] Doch gibt es auch andere Urteile. Die Engländerin S. D. Delmard, die um 1860 während zwei Jahren in der Nähe vom Bex wohnte, das Land also nicht nur flüchtig kannte, schreibt: Ein Engländer könnte ohne Arbeit nicht glücklich sein; der Schweizer aber, wie sein Nachbar, der Italiener, liebe das «dolce far niente» und arbeite nur, um nicht zu verhungern. Die halbe Zeit auf dem Felde werde mit Plaudern, Trinken und dem Aufpassen auf die Kinder zugebracht. Die Frauen und auch die Kinder müssten mit auf die Felder; ja nicht etwa, weil der Mann die Frau nicht missen möchte, sondern, weil er fürchte, sie könnte zu wenig Arbeit leisten, wenn sie zu Hause bliebe.[5] Die Tessiner, so schreibt der Engländer F. M. Tupper 1856, lassen es sich in einer Schenke bei Wein und Tabak wohl sein, während die Frauen auf den Wiesen heuen. Der Engländer F. B. Zincke, der nach längerem Aufenthalt 1872–1874 gleich drei Bücher über die Schweiz geschrieben hat, meinte, dass dort, wo die Allmende vorherrsche, es weniger gut aussehe als dort, wo der Kleingrundbesitz allgemein sei. So versuchen die Nidwaldner «so wenig als möglich zu tun und so viel als möglich aus dem Boden herauszuholen». In Glarus sei die Zahl der gut bebauten Parzellen kleiner als jene der verwahrlosten. Demgegenüber lobt er die Bauern von Ennetbürgen, «wo man jeder Wiese und jedem Obstbaum ansieht, dass der Boden wirklich Eigentum des Bebauers ist und schon seit Generationen mit grösster Liebe und Sorgfalt gepflegt worden ist». Das Prättigau, wo Kleingrundbesitz vorherrschte, war in seinen Augen «eines der bestbebauten Täler der Schweiz».[6] Charles Williams fielen vor allem die überaus starken Männer, die in der schweizerischen Alpwirtschaft anzutreffen seien, auf. Er steht mit seiner Beobachtung nicht allein da. Bärenstarke Männer fielen nicht nur den Engländern auf, sie sind Bestandteil eines reichen, schweizerischen Erzählgutes, das schon im 18. Jahrhundert fassbar ist und im 19. Jahrhundert eine besonders grosse Dichte aufweist. Es sind, wie die Antworten auf die volkskundliche Umfrage von 1937–1942 zeigt, sowohl Berichte von ganz bestimmten Arbeiten und Kraftleistungen wie auch Angaben über die Körperstärke von bestimmten und mit Namen erwähnten Männern und Frauen. Einzelne Berichte verlassen, wie eine Durchsicht dieses reichen Materials sofort zeigt, den Boden der Realität. Sie sind ins Reich der Sage und des Schwankes zu verweisen; wir werden sie deshalb für unsere Betrachtungsweise ausklammern. Wohl am zahlreichsten sind die Angaben über Männer und Frauen, die grosse Lasten tragen konnten. Ruedi Bach von Bourgillon war imstande, eine bossette (Fass für den Salztransport) von 330 Pfund von der Unterstadt nach Bourgillon zu tragen. Gadme-Michel trug 200 Pfund von Splügen über den Löchlipass, Jürg von Praden schulterte 2 Maltersäcke von Chur nach Praden. Ein Safier namens

67

Gredig trug zwei Maltersäcke von 1½ Zentnern = 75 kg von Thusis unter dem Arm bis Urmein, von dort auf dem Kopf über den Glaspass.[7] Der alte Binkert von Erlach trug auf einem besonderen Reff oder Räf einen ganzen Ster Holz; ein Sprecher von Campadiel schmetterte einen Tramen ganz allein auf den Bauplatz; einzelne Valserinnen trugen ihre Salzlast auf dem Kopf heim und strickten dazu.[8] Weger Baschi von Meiringen hob zur Zeit des Schwingfestes den Tragsattel samt zwei Lageln Wein vom Pferd, worauf die Haslischwinger auf einen Hosenlupf mit diesem Kerl verzichteten.[9] Niggel im Huggerwald hob eine Reifenbiegmaschine von 300 kg mühelos auf; er war dafür zuvor eine Wette um einen Doppelliter Wein eingegangen.[10] Remigi Selm zog eine Wagenladung von 30 Zentnern von Emmeten nach Beckenried, Schelbert Marti einen Wagen voll Mist, gleich einem starken Ross. Das alles wissen die Gewährsleute aus ihrer Jugendzeit zu erzählen. Weitere Angaben über starke Männer finden wir in den Kalendern, so etwa im Nidwaldner Kalender von 1905, wo starke Männer wie Martin Schelbert, Hans Rotzer und Martin Zimmermann ausdrücklich erwähnt werden.[11]

Körperliche Stärke war in der Tat auch im 19. Jahrhundert gefragt, waren doch die Arbeiten in der Landwirtschaft nach wie vor harte, knochenharte Handarbeit. Verschiedene Gewährsleute der Umfrage von 1937 bis 1942 berichten aus ihrer Erinnerung, dass man früher, das heisst im 19. Jahrhundert, selbst Menschen vor den Pflug gespannt hatte: Manchmal im Moos bei sumpfigen Boden oder im Tobel wo «het müesse g'acheret si» wurden die Männer vor Holzpflüge gespannt. In Sigriswil am Thunersee zog man den Schälpflug immer von Hand.[12]

Härteste Arbeit bedeutete immer auch das Hacken. Steile Äcker mussten angesichts des Fehlens von Windenpflügen von Hand geackert werden. In den Graswirtschaftszonen und in der alpinen Selbstversorgungszone (Wallis, Graubünden, Tessin), herrschte Hackbau vor. Er war die älteste, früheste Form des Ackerbaues neben dem im 19. Jahrhundert nur langsam sich durchsetzenden Pflugbau. Im Oberwallis wurden alle Äcker mit der Haue und mit dem Karst bearbeitet. Dies im Gegensatz zum Unterwallis, wo der Pflug allmählich bis in die hintersten Seitentäler vorgedrungen war. Ein tüchtiger Mann konnte in einem Tag eine Fläche von 400 Quadratmetern Roggenstoppel hauen, das heisst mit der Breithaue umbrechen: «Je nach der

67 Starke Männer waren gesucht, gefragt und beliebt. In der Alpwirtschaft war Kraft unentbehrlich. Kein Wunder, dass es in der naiven, volkstümlichen Malerei Bilder von bärenstarken Männern gab.

68 Bis in unser Jahrhundert hinein hat man mit solch altertümlichen Geräten in Werdenberg gepflügt. Es handelt sich um einen einfachen Hakenpflug; er griff zwar tief, zog aber nur einen sehr schmalen Streifen.

68

Tiefgründigkeit des Bodens wurde etwa 20–30 Zentimeter, ausnahmsweise 40 Zentimeter tief umgearbeitet. Als besonders hart galt die Arbeit am unteren Ende des Ackers, weil dort die meisten Steine liegen.» Mit etwas «Spis», Brot und Käse, oder einem guten Glas Wein oder Most versuchte man die Arbeit etwas zu erleichtern und aufzulockern. Ein Hauer erhielt gar – für damalige Begriffe eine Seltenheit sondergleichen – am Morgen schwarzen Kaffee und Schnaps und sage und schreibe sogar frische Butter und Honig. Die Arbeit begann um vier Uhr morgens. Man arbeitete bis gegen zwölf Uhr. Dann ruhte man sich bis gegen vier Uhr aus, um frisch gestärkt wieder anzutreten.[13] Recht anschaulich schilderte ein Bauer aus Eggiwil die Arbeit mit dem Karst: «Dort im Hürliseggschwand, einem steilen Heimet, arbeiteten immer zwei zusammen: mit dem Karst schlägt einer in die Erde, der andere nebenan, und gemeinsam wird eine grosse Erdscholle umgerissen; dadurch entstehen gleich grosse und grobe Schollen wie beim Pflug.»[14]

Weshalb hat man so lange am alten Hackbau festgehalten? Es hätte sich wohl kaum gelohnt, die kleinen Äcker – man baute für den Selbstbedarf etwa Kartoffeln auf kleinster Fläche an – zu pflügen. Einem rationellen Pflügen stand im Wallis und im Tessin auch die Güterzersplitterung im Wege. Im steilen Gelände war das Pflügen ohnehin schwierig, wenn nicht unmöglich. Das Pflügen selber war übrigens keineswegs einfach oder weniger hart, hat man doch im 19. Jahrhundert in weiten Teilen des Landes, vor allem in den Mittel- und Kleinbetrieben, ausschliesslich mit Rindern gepflügt. Allmählich nimmt der Pferdebestand zu, aber im Berggebiet gibt es noch am Ende des 19. Jahrhunderts nur wenig Pferde. Lediglich die Fuhrleute und Postpferdehalter verfügten über ein Pferd. In den Bergkantonen gab es noch um 1866 lediglich 12000 Pferde. Der Bestand stieg bis 1901 allmählich auf 16300 an. In der ganzen Schweiz zählte man um 1866 105800 Pferde, Maultiere und Esel, während es 1901 doch 129762 Stück waren.[15] Allmählich begann sich die Einstellung zur Pferdehaltung zu ändern: Für alle Arbeiten, so meinte ein Bauer aus Kulm im Kanton Aargau, «wird Rindvieh gebraucht, der Bauer aber setzt seinen Stolz darein, wenn er ein Ross kaufen kann».[16] Das Pferd wurde zum Ausdruck bäuerlichen Selbstbewusstseins. Der alltäglich-gewöhnliche Rinderzug wurde nur noch für Mist, Jauchefuhren, für den Gras- und Heuwagen gebraucht, für Arbeiten also, bei denen es nicht auf das Tempo ankam. In kleinbäuerlichen Betrieben, wo es nicht rentierte, ein Pferd zu haben, brauchte man den Rinderzug für alle Arbeiten. Mit leisem Spott sprach man von «Rackerbürli», die ihre Arbeit mit einem «Chueli» besorgten. In der Westschweiz besassen gegen Ende des 19. Jahrhunderts mehr als die Hälfte der Bauern ein Pferd. Das gilt auch fürs Engadin, wo noch zu Beginn des Jahrhunderts der Ochsenzug vorgeherrscht hatte.[17]

Gewandelt hat sich in dieser Zeit nicht nur die Bespannung der Fuhrwerke, sondern vor allem auch die Organisation, die Verteilung der Arbeit auf die Geschlechter. Zunächst scheint die Tradition übermächtig: Man macht es seit Jahrhunderten so und nicht anders. Die Männer melken, die Frau füttert Schweine und Hühner, aber im Stall hat sie nichts zu suchen. Das war in vielen Gegenden der Schweiz so, und es hatte so zu bleiben. Ein Mann aus Belp meinte, die Frau hätte das Melken als demütigend empfunden. Ein Heimiswiler bemerkte, man würde es allgemein als unehrenhaft empfinden, wenn eine Frau melken würde. In kleinbäuerlichen Verhältnissen, bei Arbeiterbauern sah es etwas anders aus. Da hatte auch die Frau bisweilen zu

69 Um die harte Handarbeit zu erleichtern, wurde wie hier im Bild gesungen. Gezeigt werden Mädchen beim Jäten eines Getreidefeldes im Bündner Oberland.

70 Aufzug zur Alp. Dreipferdiges Gespann mit Hausrat und Käsekessel, hinten ein Stier. Freiburger Poya aus dem Jahre 1866.

70

melken. So hiess es im Baselbiet, die Frauen hätten früher bei den kleinen Bauern häufig gemolken. Dabei galt das Melken als Männersache. Nur im Tessin und im Wallis galt das Melken als Frauenarbeit. Im Urnerland und in Graubünden teilten sich Männer und Frauen in die Stallarbeit. Wieder anders sah es im Lötschental aus; hier molken im Tal Frauen und Männer. Auf der Alp wird diese Arbeit von den Sennen, den Frauen und Mädchen besorgt. Als Hauptgebiete der bäuerlichen Frauenarbeit haben das Wallis und das Tessin zu gelten. Doch gab es auch hier Ausnahmen. Im Goms zum Beispiel war das Melken Männerarbeit. Im übrigen Wallis, vor allem in den Kleinbetrieben, bei Arbeiterbauern, war Melken und Füttern ausschliesslich Frauenarbeit. Im Tessin, wo die typische Saisonwanderung der Männer seit dem 18. Jahrhundert weit verbreitet war, galt die Frauenarbeit als selbstverständlich. Aus einer ursprünglich wirtschaftlich bedingten Arbeitsteilung entstand indessen mit der Zeit eine Art Tradition: Die Frauen arbeiten und die Männer sitzen (wenn sie überhaupt zu Hause sind) am Kamin. Das ist freilich eine Verallgemeinerung. Ein Mann aus Rovio meinte: Um 1880, als die Männer noch auswanderten, besorgten die Frauen alles. Jetzt (um 1937) helfen auch die Männer mit.[18] Oft hat man sich in die Arbeit geteilt: In Giornico war das Melken Männersache, das Füttern aber auschliesslich Frauenarbeit.

Allen aufklärerischen Stimmen zum Trotz schlägt die bäuerliche Tradition auch im Arbeitsbrauchtum immer wieder durch. Eindrücklich haben die Zürcher Gewährsleute in einer Umfrage des deutschen Gelehrten Mannhardt um 1865 beschrieben, wie in Oetwil am Erntetag «ein Geschnitt» – es bestand aus einem Mann und drei bis vier Frauen – sich in das Geschäft des Schneidens mit Sichel und Sense, des Antragens (Sammelns) und des Bindens teilte und mit einem Geiger an der Spitze auf das Feld zog. Dort wurde nach dem Takt der Musik gearbeitet. «Wer nicht nach dem Takt schneiden, nicht Schritt halten konnte, dem bereitete man einen Fuulacker (Faulacker): Die Voranschreitenden trennen ihn von ihrer Gemeinschaft ab, indem sie ihn auf einem isolierten Stück, einer kleinen Getreideinsel zurücklassen. Das heisst das Äckerli- oder Zipfelschneiden und geschieht auch anderwärts, zum Beispiel in Schaffhausen.» Zunächst rückt der Geiger vor und singt zu seinem Spiel in altmodischer Weise:

«s'Zipfeli wott nüd schwyne
s'Zipfeli wott nüd ab;
jetzt Zipfeli wänd nit schwyne witt,
so, Zipfeli, rätsch di ab.»

Dabei schallendes Gejauchze der übrigen und Zuruf: «Fuulacker! Ab Äckerli, ab, so chunt de fuul Schnitter drab!» Bisweilen schnitt aber auch umgekehrt ein Einzelner allen übrigen ein Äckerlein ab, indem er vorauseilend von einem Flügel zum anderen einen Bogen beschrieb. Kein Schnitter, so heisst es wörtlich in der Beschreibung, «soll den anderen lästig fallen,

69

durch Beklagen oder Arbeitsmusse – etwa mit der beliebten Formel – die Katze will mir auf den Buckel springen. Wer sich über Rückenschmerzen beschwert, den nötigt man ohne Nachsicht, sich auf den Bauch zu legen und von einem aus dem Geschnitte sich nach der Musik des Geigers auf dem Rücken herumtanzen zu lassen.» Diese Organisation war indessen nur in Grossbetrieben anzutreffen, und Grossbetriebe waren damals selten. Dennoch ist die Aussage aufschlussreich, zeigt sie doch, wie wichtig im Zeitalter der Handarbeit die Gemeinschaft war. Die Antworten der Gewährsleute sind auch interessant, weil sie uns mitten in das Denken der damaligen Zeit hineinführen. Da heisst es zum Beispiel: «Wenn ein Häufchen Getreide auf dem Feld liegen bleibt, so sagt man, eine von den Personen, die gehäufelt haben, müsse Windeln bereit machen.» Das Häufchen heisst an einigen Orten, zum Beispiel in Bülach, auch Wiege. An anderen spricht man von der letzten Garbe. «Wenn nämlich statt der vier Häufchen, aus welchen jede Garbe gebunden wurde, schliesslich nur noch zwei bis drei übrig bleiben, so wird diese kleinere Garbe unter Zujauchzen sämtlicher Schnitter als Wiege begrüsst, wobei es nicht an Neckereien und Beglückwünschungen zwischen Schnittern und Schnitterinnen fehlt.» Hier schimmert deutlich alter Fruchtbarkeitszauber durch. Zweifellos spielen auch erotische Dinge hinein. Sie sind ja dort, wo paarweise gearbeitet wurde, verständlich. Besonderer Art waren die folgenden Regeln: «Es wird immer noch ein Häuflein Heu oder Getreide auf dem Feld zurückgelassen, damit der Segen des folgenden Jahres nicht ausbleibt.» Dazu kam ein weiterer Brauch: «Der die Garben bindet, drückt noch mit dem Bein insbesondere auf ein Ende, damit für die Ährenleser mehr Ähren abfallen.» Zweifellos hat da ein gewisses Wunschdenken mitgespielt, denn die kommende Fruchtbarkeit war ja von ausschlaggebender Bedeutung. Bei der zweiten Regel handelt es sich auch um soziale Gegebenheiten, denn wir haben uns zu vergegenwärtigen, dass in dieser Zeit die Produktivität äusserst gering war und dass es eben zahllose Arme gab, die auf das Ährenlesen angewiesen waren. In der Mannhardt-Umfrage ist auch vom Dreschen die Rede. Wir erfahren da, wie diese Arbeit im einzelnen durchgeführt wurde. Es gab verschiedene Dreschtakte, so beispielsweise den Achtdreschertakt, er lautet mit Schlag auf jeder Silbe: «Räbe, Pappe, Räbepappe.» Dann gab es den Sechsdreschertakt, Sechs, Sechser genannt: «Die Stadtknecht, die Hundsfott»; oder «die Hundsfott, die Stadtplätz». Hier wird nicht nur der Rhythmus genau beschrieben, es kommt auch etwas Politisches zum Ausdruck: Noch in der Mitte des 19. Jahrhunderts war offenbar auf der Zürcher Landschaft die Erinnerung an die Stadtherrschaft lebendig. Wie hätte man sonst die Stadtknechte als Hundsfott bezeichnen können...

Dort, wo gemeinschaftlich gearbeitet wurde, ist auch gemeinsam gegessen worden: «Nach dem letzten Drusch schlagen Alle zumal auf die Tenne, oder sie schaffen den Bindbaum in den Hof und dreschen auf unterlegte Balken so lange ohrenzerreissend los, bis der Bauer in Sorge um Flegel und Bindbaum mit dem also herausgeforderten Schlaftrunk erscheint.» Hier handelt es sich um einen alten Heischbrauch. Er zeigt, wie energisch dieses Wünschen oder Heischen, Heuschen gemeint war. Wundervoll kommt in diesen Antworten zum Ausdruck, dass das Arbeitsgerät die Arbeit und die Arbeitsform auf dem Acker und später auf dem Erntefeld bestimmte. Es kam auf das Können jedes Einzelnen an. Eine gewisse Arbeitsehre entfaltete sich; sie ist zweifellos auch durch die erotischen Spannungen des paarigen Wettbewerbes gesteigert worden. Die Antworten der Gewährsleute zeigen

71

72

aber auch, was verloren ging, als die ersten Maschinen auf den Wiesen und Feldern erschienen.[19]

Für die Heu- und Getreideernte, die grossen Werke, hat man im 19. Jahrhundert immer wieder auch ortsfremde Arbeitskräfte beigezogen. Es kam zu eigentlichen Arbeiterwanderungen, sie glichen den Flügen von Zugvögeln und blieben sich während Jahrzehnten, ja während eines ganzen Jahrhunderts genau gleich. Über Generationen hinweg kamen die Arbeiter aus den gleichen Familien zu «ihrer Arbeitgeberfamilie». All diese Züge kamen erst mit den staatlichen Eingriffen nach dem ersten Weltkrieg und der Wirtschaftskrise von 1930 ins Stocken, um schliesslich in der Hochkonjunktur gänzlich zu verschwinden.[20]

So kamen, um nur einige Beispiele zu erwähnen, im Herbst Franzosen (die Burgunder) in den Jura, um die Weiden einzufrieden und zu flicken. Man bezahlte sie nach dem Laufmeter Mauer. Aus Savoyen kamen Rebarbeiter und ihre Frauen in die Weinberge des Genfersees. Weil sie auf der Place du Molard in Genf angeworben worden sind, nannte man sie auch Molardiers. Auch für die Heu- und Getreideernten stellten sich Mädchen aus Savoyen ein. Oft reisten die Leute von weit her; so berichtet ein alter Mann aus Damvant: «Autrefois (gemeint ist das Jahr 1880), les ouvriers venaient de la Haute-Saône. Les dimanches, ils dançaient en sabots sur la place de l'église et chantaient des chants de leur pays. Ils recevaient un franc par jour.» Aus dem Schwarzwald kamen, wie schon im 18. Jahrhundert, die Wäldermäher, die Wälder. Sie schnitten das Getreide noch mit der Sichel. Man liebte und schätzte sie sehr, spottete aber auch etwa gutmütig über ihr Benehmen: «Sitz nit do wie-n-e Wälder», sagte man zu den Kindern.[21] In Schaffhausen kamen für die Weinlese die badischen Lesermeitli und die badischen Wimmer. Als Bergheuer und Holzer hatten die Tiroler einen guten Namen. Als hochgeschätzte Heuer trafen jeweils im Prättigau auch die Montafoner ein. Manche nahmen den beschwerlichen Weg über das Schweizertor unter die Füsse. Die Veltliner und Bergamasken, kurz Italiener bezeichnet, galten in Graubünden als unentbehrlich. Sie, wie die Schwabenschnitter, sind zum Inbegriff der Wanderheuer geworden. Wir sind, so ein Averser, auf sie angewiesen, «da wir unser Heu in kürzester Zeit unter Dach bringen müssen».[22]

Zu den ausländischen kamen auch inländische Wanderarbeiter, so etwa die faucheurs des waadtländischen Juras. Sie stammten aus der plaine vaudoise und aus dem Freiburgischen, wo es immer einen gewissen Arbeitskräfteüberschuss gab.[23] In Cernier (Neuenburg) warb man die Freiburger auf dem Dorfplatz an; sie kamen wie die Berner par bandes, in Gruppen. Sie galten als travailleurs et tranquilles. Es gab, wie in Bern, einen eigentlichen Knechtemarkt, auf dem die Heuer gedungen wurden. Als Bauernsöhne waren die gedungenen Berner überall beliebt; man bedauerte etwa um 1890 ihr Ausbleiben. Sie erschienen mit der Sense auf dem Buckel und einem Wäschebündel in der Hand, man nannte sie im Jura «les bourdons».[24] Als Herkunftsgebiet der bernischen Wanderheuer galt vor allem das Seeland. In Nods erzählte man: «Autrefois des ouvriers saisoniers arrivaient du Seeland, où la fenaison est plus avancée.» In Saignelégier stellte man noch zwischen 1880 und 1890 sonntags vor der Kirche nach der Messe die faucheurs ein, die aus der Ajoie kamen, bis die Maschinen ihre Arbeit überflüssig machten. Viele Wanderheuer stammten aus dem Emmental. Ein Heimberger sagte, man nehme am liebsten die Heuer von den Bergen, von Schwarzenegg, Hemmenschwand, alles Leute, die später zuhause mit Heuen weiterfuhren: «Von hier kamen auch einfache, treue und zuverlässige Leute.» Die Bauern

71 Dieses Votivbild «Unfall bei der Alpabfahrt» spricht nicht nur für die Volksfrömmigkeit. Es ist gleichzeitig geeignet, die Transporttechnik des 19. Jahrhunderts zu zeigen. Auf steilen Wegen benützte der Bauer, auch im Sommer, den Schlitten. Das Wildheu wurde in Netze verpackt.

72 Mehlsack aus Rüschlikon 1821. Ausdruck der Wohlhabenheit: bedruckte und bemalte Mehlsäcke. Im 19. Jahrhundert war es Brauch, Mehl- und Getreidesäcke mit Holzmodeln zu bedrucken. Das Schweizerische Landesmuseum besitzt nahezu dreissig derartige verzierte Säcke aus der ersten Hälfte des 19. Jahrhunderts, als diese Kunst zu einer wahren Blüte gelangte.

vön Münchenbuchsee warben ihre Emmentaler auf dem Berner Märit an. Ähnlich wie in Bern gab es in Solothurn einen Chnechtemärt. Er fand am Sonntagmorgen vor dem Roten Turm statt.[25] Man beurteilte über diese Wanderheuer nicht überall gleich, so sagte man von den Leuten aus Obervaz, sie tränken zuviel. Auch hiess es etwa, man mache die Arbeit lieber selber, weil die Fremden es sowieso nicht so gut machten: «Nur die Leute aus dem Dorf wissen, wie man beim Heuen Wälen macht.»[26]

Und doch war man in der alten traditionellen Landwirtschaft auf gegenseitige Hilfe angewiesen. Auch im 19. Jahrhundert besitzt das Gemeinwerk, nimmt die nachbarliche Hilfe einen hohen Stellenwert ein. Beim Heuen fehlten jegliche Maschinen, war man auf gegenseitige Hilfe und Dienste stark angewiesen. Wenn ein Bauer im Rückstand war, wenn das Wetter umschlug, waren die Nachbarn schnell zur Stelle. Man half sich mit Arbeitskräften und Zugtieren aus. Wird ein Bauer mitten im Herbst krank, eilen die Nachbarn zu Hilfe. Das galt als Ehrenpflicht, es wurde in manchem Dorf von der Kanzel aus verdankt. In Sedrun bot der Dorfmeister die Nachbarn in aller Form zum «Dienst» auf. Die gegenseitige Hilfe galt als Ehrensache, «als zur Religion gehörig», wie sich ein alter Bauer ausdrückte.[27] Zur Belohnung gab's ein Stück von der Metzgete oder eine Fuhre Mist für den Garten oder Küchlein an der Kilbi. Am Schluss der Heuernte lud der Bauer alle Beteiligten und Helfer zu einem Nachtessen, dem Hechhaue, der Rechelösig, Hauenlösi ein.[28] Auch die Getreideernte bot Anlass zur gegenseitigen Hilfe. Man sprach von der Sichlete, zu der sich jeweils zwei Familien zusammenfanden. Man half dem Nachbarn, wenn er nicht rechtzeitig fertig wurde. Nach der Ernte fand man sich bei der Sichellegi, der Chrähane zusammen.

Gewisse Arbeiten, wie das Dreschen, liessen sich nur gemeinschaftlich durchführen. Man half einander auch dann, wenn es einem gar nicht in den Kram passte. Selbstverständlich hat der Bauer auch die Drescher verköstigt, und sie assen auch wie die Drescher. Die Flegellösig von Muri zum Beispiel war ein wahres Freudenfest.[29]

Brauchmässig war die Hilfe im Stall, man half sich beim Kalbern, beriet sich bei Viehkrankheiten wie zum Beispiel bei Blähungen. Auch bei solchen Arbeiten bleibt es nicht ohne Nachspiel. So sassen zum Beispiel die Bauern in Buchs, die beim Kalbern geholfen hatten, zusammen und begossen das Ereignis: «Das Kalb lernt so gut saufen», sagte man. Es gab immer auch Bauern mit tierärztlichen Kenntnissen, die sich gerne zur Verfügung stellten. Dabei machte man hin und wieder schlechte Erfahrungen, man «pfuschte» oder pressierte, und deshalb wurde die Hilfe im Stall seltener. Auch wegen der Viehversicherung begann man in Notfällen den Tierarzt zu holen.[30]

Weit verbreitet und traditionell verankert blieb im 19. Jahrhundert das Gemeinwerk von Korporationen und Gemeinden. Im Gegensatz zu den gegenseitigen, freiwilligen Hilfsleistungen gab es eine durch Satzungen festgesetzte Pflicht. Der Bündner Durgiai hat das bündnerische Gemeinwerk anschaulich beschrieben: «Im Frühling, nachdem der Landmann seine Äcker und Wiesen bestellt, und im Herbst, wenn er die Feldarbeiten beendet hat, da findet in den Bergdörfern Graubündens ein merkwürdiges Schauspiel statt: Eines schönen Morgens ertönt vom Kirchturme die eherne Stimme der grossen Festtagsglocke. Es ist das Aufgebot zur Gemeinschaftsarbeit im Gemeindeverband, zum Gemeinwerk. Im Nu herrscht reges Leben auf dem verträumten Dorfplatz, und beim letzten Glockenschlag ist das halbe Dorf beisammen: Männer und Frauen, Burschen und Mädchen, aus jeglichem Haus ein Vertreter. Alle sind mit dem nötigen Werkzeug bewaff-

73

74

net, und einige erscheinen selbst mit Pferde- und Ochsengespann. Plötzlich vernimmt man eine laute Stimme, die Ruhe gebietet, der Dorf- oder Werkmeister, dem die Aufsicht und Leitung des Gemeinwerks obliegt, schreitet zum Appell. Peinlich genau wird die Liste der Gemeinwerkspflichtigen durchgegangen und ihre An- oder Abwesenheit festgestellt. Alsdann nimmt der Werkmeister die Arbeitsteilung und -verteilung vor und betraut kleine Gruppen mit den einzelnen Aufgaben. Bald ist die Dorfstrasse, ein Feldoder Waldweg in Stand zu stellen, bald sind die Wuhren am Dorfbach auszubessern. Oder, dass die Gemeindewiesen eingefriedet, gesäubert und bewässert werden sollen, das Brennholz für den Pfarrherrn oder die Gemeindeschule geschlagen und in das Dorf geführt werden muss. Je nach der Jahreszeit und der zu leistenden Arbeit wird verfügt, und gar hurtig geht es dann ans Werk. Fröhliche Lieder und heitere Spässe begleiten das Tagewerk, und rasch rückt die Stunde des Feierabends heran. Der Werkmeister überprüft das Geleistete und entlässt die Gemeinwerker nach Hause.»[31] Das Gemeinwerk hat sich in den alpinen und voralpinen Regionen während des ganzen 19. Jahrhunderts erstaunlich gut gehalten. In Graubünden gab es in ⅚ aller Gemeinden solche Institutionen. Es waren zweifellos gewisse Wechselwirkungen vorhanden: Auf er einen Seite haben gewisse ökonomische und auch klimatische Faktoren, hat vor allem der gemeinsame Besitz von Alpen, Wiesen und Allmenden zum Entstehen und zum Weiterführen von Gemeinwerken geführt. Andererseits haben die Gemeinwerke selber zur Erhaltung der Dorfgemeinschaft geführt, das lokale oder regionale Selbstbewusstsein gefördert und gestärkt. Doch machte der Zeitgeist auch vor diesem grossartigen, traditionellen Brauch nicht halt. Ein Flimser Bauer berichtete, dass «die lavor cumina» im althergebrachten Sinn schon abgeschafft worden sei. Man wähle jetzt (1937) einen Werkmeister, der die Nachbarn aufbiete; eine Verpflichtung zu dieser besoldeten Arbeit bestehe aber nicht. Auch in Schuls ist das Gemeinwerk abgeschafft worden, während es im Mittelland, im Jura und im Tessin schon vor oder jedenfalls kurz nach 1900 aufgegeben worden ist. Selbst im Wallis, diesem einst konservativen Bergland mit einer besonders grossen Gemeinwerktradition – sie ist von A. Niederer vorbildlich dargestellt worden – ging das Gemeinwerk in grösseren Ortschaften ein. Die entsprechenden Arbeiten werden jetzt durch fix besoldete Gemeindearbeiter oder im Akkord ausgeführt. Das geschah gewiss nicht immer zum Vorteil des Dorfes, war doch der Arbeiter, «der für seine Bürgergemeinde an einer Alpmelioration arbeitet, wenn er selbst zu den Nutzniessern der betreffenden Alp zählt, am Zustandekommen des Werks unmittelbar interessiert. Er geniesst den Ertrag seiner Arbeit in Form einer Erhöhung des Alpnutzens. Er wird für seine Mitarbeit nicht mit dem qualitativ indifferenten Medium Geld bezahlt. Die innere Identität zwischen Arbeiter und Werk bleibt gewahrt.»[32] Vielerorts gab man die Allmenden auf und verliess die Dreifelderwirtschaft mit ihrer Verbindung von individuellem Besitz und Allgemeingut. Auch hier wurde das Gemeinwerk überflüssig. In dem Augenblick, wo die geschuldete Arbeitsleistung durch Geld abgelöst werden kann, ist die Existenz des Gemeinwerkes bedroht, wird es zur Stundenlohnarbeit degradiert und seines ursprünglichen Sinnes beraubt.[33] Leider sind im Laufe des 19. Jahrhunderts auch andere gemeinsame Arbeiten verschwunden, so die Nussnütschete, die nach dem Rückgang der Nussbaumbestände nicht mehr stattfand. Gemeinsame Arbeiten wie Rätschen, Schleizen, Spinnen fielen dahin, weil man den Anbau von Hanf, Flachs und die Schafzucht aufgab. So fand im Baselbiet 1850 die letzte Hanfreibe statt. Die

73 Milcheimer und Stallschemel aus Holz. Der Hocker ist mit 1889 datiert.

74 Käsereifen und geschnitztes Holzgerät um 1850.

Selbstversorgung mit Wolle fiel dahin. In Baselland gab es 1827 noch 8994 Schafe, um 1906 dagegen nur noch 581.[34] In der ganzen Schweiz gab es um 1850 noch 474000 Schafe, um 1906 dagegen nur noch 209997 Stück.[35] Auch die Einstellung zur Arbeit änderte sich: Das Gemeinsame, das Kollektive wird abgewertet. Nach 1890 hiess es: Chacun pour soi. Auch sagte man: Man mache nichts mehr umsonst, oder: Neuerdings will eigentlich alles seinen Lohn. «Man macht gar nichts umsonst, auch für die Kirche nicht.» Oder: On ne connaît pas même l'aide volontaire et spontanée.[36] Diese Sätze von Zeitgenossen sagen mehr aus als viele Erklärungen.

Ein Zeitalter ging um 1900 zu Ende: Die herkömmlichen Gemeinschaftsbindungen entsprachen der Lebensweise des modernen Menschen und seiner individuell geprägten Haltung nicht mehr. Käse, Brot, Wein und andere Naturalgaben lockten nicht mehr zum fröhlichen Beisammensein nach getaner Arbeit. Die neuen überbetrieblichen Arbeiten, wo sie überhaupt noch vorkommen, vollziehen sich im Gegensatz zum alten Gemeinwerk im nüchternen Rahmen. Der Geist der modernen Genossenschaften ist von anderem Zuschnitt. Er hat nichts mehr gemein mit der mittelalterlichen Bedarfsdeckung, in ihm weht der nüchterne Geist der Interessenorganisation.[37]

Am Ende des 19. Jahrhunderts beginnt nicht allein das Gemeinwerk in Not zu geraten. Die Krise geht tiefer, sie umfasst die ganze Landwirtschaft. Sie geht auf starke Veränderungen im Preisgefüge einerseits und neue Tendenzen auf der Seite des Aufwandes zurück: «Je grösser der Marktanteil und die Verflechtung der Betriebe mit dem Markt wurde, je mehr entschied das Verhältnis zwischen Geldeinnahmen und Ausgaben über das Wohlergehen, ja die Existenz des Bauern.» Vor allem auf der Preisseite spielten sich einige Dinge ab, die für die Bauern nachteilig waren. Je länger je mehr kam es auch zu einer Diskrepanz, zu einem deutlichen Auseinanderklaffen der Interessen von Produzenten und Konsumenten. Waren die Agrarpreise hoch, so freuten sich, sehr im Gegensatz zu den Arbeitern, die Bauern. Waren sie tief, so gefiel das den Arbeitern, erregte aber das Missfallen der Bauern. Die Situation sah im letzten Drittel des Jahrhunderts für die Bauern nicht mehr rosig aus. Die Getreidepreise waren nach 1870 rückläufig, und nach 1881 gab es einen eigentlichen Preissturz, sanken doch die Preise zwischen 1881 und 1890 um einen Drittel.[38] Auch die Kartoffelpreise sanken zu Beginn der 1880er Jahre, und die Obstpreise fielen in den achtziger Jahren um rund 20 Prozent. Selbst die Milchpreise, die ja für viele Bauern so wichtig waren, gehen in dieser Zeit um 20 Prozent zurück.[39] Einzig die Fleischpreise nahmen einen für die Bauern günstigen Verlauf. Fazit: Auf der Preisseite sah es recht ungünstig aus. Betrachten wir nun noch die andere Seite, die Löhne, die Zinsen, die Steuern und die Preise der ins Gewicht fallenden gewerblichen Erzeugnisse. Da sieht man zunächst, dass sich zwischen 1850 und 1880 die Taglöhne verdoppelten; die Wochenlöhne stiegen um 75–85 Prozent an. Sie hinkten aber immer noch hinter den Industrielöhnen nach. Erste Folge: Die Landarbeiter wanderten ab. Zweite Folge: Die Landarbeiterlöhne stiegen infolge Knappheit. Das Nachsehen hatten die Bauern. In der gleichen Zeit stiegen auch die Zinskosten an. Einzig die Steuerlast blieb im ganzen gesehen – es gab von Gemeinde zu Gemeinde und von Kanton zu Kanton allerdings erhebliche Unterschiede – ungefähr gleich. Weil die Selbstversorgung zurückging und der Bauer mehr und mehr auf den Kauf gewerblicher Erzeugnisse angewiesen war, spielten die Preise für gewerblich-industrielle Produkte eine grössere Rolle als noch zu Beginn des Jahrhunderts. Sie stiegen zum Teil erheblich. Alles Gründe, weshalb sich die bäuerliche

Lebenssituation deutlich verschlechterte. Die Einkommen gingen zurück, viele Bauern verschuldeten sich, und die Konkurse mehrten sich in bedrohlicher Weise. Im Luzerner Hinterland kommen, so ein Sprecher im Grossen Rat, die Bauern «mahdenweise» in Konkurs.[40] Zwar setzte nach 1890 eine leichte Besserung ein, aber nach wie vor lebten viele Bauern hart am Existenzminimum. Deutlich kommt das Unbehagen in einem Artikel der Basellandschaftlichen Zeitung zum Ausdruck: «Trotz grosser Anstrengungen, Sparsamkeit, Fleiss und Einfachheit in der Lebenshaltung konnte unter solchen Verhältnissen für den Landwirt von einem erspriesslichen Vorwärtskommen keine Rede sein. Allgemein hatte man das Gefühl, es muss irgend ein Missverhältnis vorliegen.»[41] Der Artikelschreiber hatte nicht unrecht.

Handwerk und Gewerbe

«Alle Gewerbe und Zweige der Industrie sollen in Helvetien frei und aller bisheriger Zunftzwang aufgehoben sein... Alle Innungen, Ehehaften und anderen Gewerbsvorrechte sind ohne Ausnahme und Entschädigung aufgehoben.» Diese Bestimmungen der neuen helvetischen Regierung von 1798 lösten auf der einen Seite Jubel und Begeisterung, auf der anderen hingegen Enttäuschung und Ärger aus. Die bisher Privilegierten sahen sich ihrer alten Vorrechte beraubt und einer heftigen Konkurrenz ausgesetzt. Dafür erreicht das ländliche Gewerbe die längst ersehnte Gleichstellung. Der Übergang war so schroff und so plötzlich, dass sich ein gewisses Chaos zeigte: Überall schossen wie Pilze neue Gaststätten und Metzgereien aus dem Boden. In manchen Gewerben wie beispielsweise bei den Schuhmachern zeigte sich sofort eine starke Überbesetzung, und prompt setzten Klagen über Pfuscher, Hausierer, Winkelwirte und Winkelmetzger ein. Zu allem Unglück zeigte sich die neue Regierung trotz der Hilfe von französischen Bajonetten nicht im Stande, die neuen Grundsätze und Gesetze auch nur einigermassen durchzusetzen. Das Experiment der Helvetik war sodann von so kurzer Dauer, dass niemand in der Lage war, die Wirkungen der neuen Ordnungen zu schätzen. Als die Kantone 1803 auf dem Gebiet der Gewerbe- und Wirtschaftsgesetzgebung souverän geworden waren, schlugen viele den

75 Blick in die Werkstatt und den Laden eines Bürstenmachers. Die seltene Abbildung zeigt, wie ein Laden im 19. Jahrhundert ausgesehen hat und woher er seine Bezeichnung bekommen hat. Man klappte den Fensterladen hinunter und konnte so von innen her die vor dem Hause stehenden Kunden bedienen.

75

Weg zurück ein; einige wenige blieben bei der von der Helvetik geschaffenen Neuordnung, so dass sich auf eidgenössischem Gebiet vollständige Gewerbefreiheit, im Sinne der Helvetik, neben schärfstem Zunftzwang, im Sinne des Ancien Régime fanden. In den Länderkantonen war die Wiederherstellung des Alten fast vollständig. Dort war der Hass gegen alles Helvetische und Französische so gross, dass keine Institution bestehen sollte, die an die Helvetik und an die Franzosenzeit erinnerte. Aber auch die Stadtstaaten wie Zürich, Schaffhausen, Basel und Solothurn kehrten zum Zunftwesen und zu den alten Ehehaften zurück. Wie im 18. Jahrhundert versuchten die Zünfte aufs neue ihren Einfluss aufs Land auszudehnen.[1] So fragten, um nur ein Beispiel anzuführen, im Jahre 1816 die Wädenswiler Metzger den Gemeinderat, wie sie sich gegenüber der Einladung zum korporativen Eintritt in die städtische Metzgerzunft zu verhalten hätten. Nach eingehender Beratung beschloss die Behörde, den Metzgern den Beitritt offenzulassen, sofern dadurch die Rechte der Bevölkerung (Metzgfreiheit) nicht geschmälert würden. Ein Jahr später erschienen die Metzger abermals vor dem Gemeinderat. Sie seien, so erklärten sie, bis jetzt der städtischen Zunft nicht beigetreten, erwarteten aber vom Gemeinderat, dass er ihnen helfe und in ihrem Berufszweig eine gewisse Ordnung schaffe. Er solle das Hausieren mit Fleisch verbieten und jedem, der selber metzge, nahelegen, «das ganze Jahr mit Fleisch versehen zu sein». Wer diese Anforderungen nicht erfülle, brauche auch kein Fleisch feilzubieten. Endlich versprach der Gemeinderat, gewisse Missbräuche zu bekämpfen, und empfahl den Metzgern, bei ihrer ablehnenden Haltung der Zunft gegenüber zu verharren. Später stellte er allerdings fest, dass er sich den Metzgern gegenüber zu nachgiebig verhalten habe, und stellte eine strenge Metzgerordnung auf. Inzwischen scheint aber im Gewerbe selber eine liberalere Gesinnung Platz gegriffen zu haben. Im Namen des gesamten Handwerkerstandes von Wädenswil verlangten im Jahre 1831 vierundzwanzig Handwerker von der Regierung die sofortige Aufhebung des Zunftzwanges. Tatsächlich wurden 1832 achtzehn bisherige Handwerke frei erklärt. Ausdrücklich wurde es nun den meisten überlassen, über Grösse und Umfang des Geschäftes zu beschliessen.

Vier Jahre später fielen auch die letzten Zunftschranken.[2] Auch an anderen Orten konnte die endgültige Befreiung höchstens verzögert, nicht mehr aufgehalten werden. In Basel beispielsweise erhob Christoph Bernoulli seine machtvolle Stimme. Seine Schrift «Über den nachteiligen Einfluss der Zunftverfassung auf die Industrie» (1822) fand in der ganzen Schweiz grossen Widerhall. Die Stimmung hatte weitgehend umgeschlagen. Als die Direktion der Gemeinnützigen Gesellschaft die Frage des Zunftwesens öffentlich zur Diskussion stellte, meldeten sich zahlreiche Männer aus allen Landesteilen zu Worte. J. C. Pestalutz aus Zürich, der das Material zu sichten und darüber zu referieren hatte, kam zur Schlussfolgerung, dass die Zunftverfassung endgültig der Geschichte angehöre. Die ihr zugeschriebene Fähigkeit, den Erwerb zu sichern, bestehe nicht mehr, und die Sicherung der Existenz könne auch nicht mehr einer bestimmten Klasse vorbehalten werden. In der nachfolgenden Diskussion erklärte der Appenzeller Kaspar Zellweger kurz und bündig: «Unsere Gewerbeverhältnisse wirken aufs Wohl der ganzen Schweiz nachteilig ein, und der Gewerbeschutz ist eines der grossen Hindernisse für den Absatz unserer Produkte.» Während so zwischen den Anhängern einer fortschrittlichen und neuen Politik und den Anhängern der alten Ordnung gestritten wurde, zündete, wie einst beim Sturm auf die Bastille, der Blitz wieder von Frankreich her. Diesmal nahm

76

allerdings das Volk sein Schicksal selber in die Hand. In den dreissiger Jahren entstanden fast überall Verfassungen auf der Grundlage der Volkssouveränität. In einzelnen Stadtstaaten sind die Zunftrechte aufgehoben worden, während andere, wie beispielsweise Schaffhausen, beim alten Innungswesen blieben. Auch in Basel siegten die zünftigen Handwerker noch einmal, während der neue Kanton Baselland zur verfassungsmässigen Gewerbefreiheit überging. Einzelne Länderkantone wie Schwyz, Glarus und Zug proklamierten die Gewerbefreiheit, während in Uri, Obwalden und Nidwalden die alte Ordnung siegte.

Angesichts dieser uneinheitlichen Situation musste sich der Bund bei der Aufstellung der Verfassung von 1848 auf jene Bestimmungen beschränken, die nach dem Stand der kantonalen Gesetzgebung möglich waren. Indem aber die neue Verfassung freie Ein-, Aus- und Durchfuhr, den freien Kauf und Verkauf der Gewerbeerzeugnisse gewährleistete, entzog sie dem Zunftwesen das eigentliche Lebenselement.[3] Es war indessen keineswegs leicht, «alle schneidenden Widersprüche zwischen Zunftordnung und Freiheit, dem kosmopolitischen und dem städtischen Prinzip aufzuheben».[4] Obwohl die Bundesverfassung die Rechte der Niederlassung und die Rechte der freien Gewerbeausübung ausdrücklich gewährleistete, öffneten sich die Gewerbeschranken nur sehr langsam. So haben sich beispielsweise in Basel die Zünfte gegen die nicht in der Stadt ansässigen Gewerbeleute zur Wehr gesetzt. Es kam sogar zur Verhaftung landschaftlicher Berufsleute. Erst auf die Drohung mit Gegenmassnahmen durften die Baselbieter Bauhandwerker in der Stadt arbeiten; andere Handwerksgruppen wurden erst mit der Zeit zugelassen. Im Volksblatt vom 20. September 1852 beschwerte sich denn «Einer im Namen vieler» darüber, wie basellandschaftliche Handwerker in Basel behandelt werden: «Während Basler Professionisten aller Art als Spengler, Schreiner, Hafner, Malerleute, Zimmerleute usw. in allen landschaftlichen Orten der Umgebung der Stadt Basel stets ungehindert ihrer Arbeit und ihrem Verdienst nachgehen können, werden landschaftliche Professionisten, auch wenn sie in der Stadt unter einem Meister schaffen und also mit diesem noch den Profit teilen müssen, dort aufs strengste behandelt, von Landjägern gepackt, eingesperrt und um schweres Geld bestraft, wie dieses zum Beispiel letzte Woche bloss wegen 2½ Tag Arbeit einem Binninger Professionisten in Basel passiert ist, alles angesichts unserer garantierten, eidgenössischen Rechte und Freiheiten, Kantons- und Bundesverfassung. Wie reimt sich dieses mit dem im Paragraph 17 unserer Verfassung zugesicherten Gegenrecht? Wie lange werden unsere Behörden diesem Spiel noch zusehen? Und was tut unser Handwerkerverein? Schläft er?» Mehr und mehr setzte sich damals die Einsicht in die Notwendigkeit und den Wert der Gewerbefreiheit durch. Selbst die Handwerker begannen einzusehen, dass sie sich nur dann halten konnten, «wenn das freiheitliche Grundgesetz der industriellen Produktionsweise auch auf sein Gewerbe übertragen werde, das heisst, wenn der Handwerker bei möglichst wohlfeiler Produktion die beste Ware liefert».[5]

Völlig anders sah das Bild in den alpinen Regionen aus. Zwar hat auch dort nach dem Bau von Strassen und Bahnen «das Neue» Einzug gehalten. Doch wurde hier ein bedächtigeres Tempo eingeschlagen. Noch dominierte in diesen Regionen das bäuerliche Element, und die Bergbauern haben von jeher zäh am Althergebrachten festgehalten. Das gilt zum Teil auch für die Handwerker. Das Handwerk war ohnehin stark mit dem Bauerntum verbunden, in vielen Fällen stammte der Handwerker direkt aus dem Bauern-

76 Wagner an der Arbeit. Solche Handwerke waren zwar geschätzt und auch notwendig. Hin und wieder kam es aber auch zu Zusammenstössen wegen der Immissionen. Um 1850 sagte eine Frau, die gern Ruhe gehabt hätte, zu ihrem Nachbarn: «Ihr Fleiss ist mein Schmerz. Jeden Ihrer Hammerschläge fühle ich im Kopfe, und wenn Sie feilen, ist es mir oft, als ob die Feile auf meinen Nerven hinginge.» Die Antwort des Handwerkers war: «Ich kann ja nicht anders, ich muss mich und meine Mutter ernähren, es ist meine Profession, ich hämmere ja nicht aus Übermuth.»

stand. Noch in der ersten Hälfte des 19. Jahrhunderts war der Bauer immer selber auch Handwerker: er war imstande, einfache Geräte wie Äxte und Rechenstiele selbst herzustellen, Wagen und Schlitten zu reparieren, seinen Stall ohne Hilfe des Gewerbes einzurichten. So wird um 1806 im Neuen Sammler berichtet, die Männer hätten im Winter, «wo sie ausser der Besorgung ihres Viehs und etwas Heuführen, wenig zu tun, so versuchen sie von selbst mancherlei Professionen, schnitzeln Holzgerätschaften».[6] So gab es im Dorf «neben den für sich werkenden Bauern das Halbhandwerkertum». Im Tavetsch gab es, wie ein Zeitgenosse schreibt, keine Handwerker, sondern nur «einige halbausgelernte Tischler, Schuhmacher, Zimmermänner, Näherinnen, Rotgärber und einen Schmied».[7] Im Oberhalbstein gab es viele Schuster, auch Schneider, Schlosser, Schmiede, Schreiner, Zimmerleute, Maurer, Gerber, Färber, Küfer und Weber. Alle aber, oder die meisten, arbeiteten sehr mittelmässig.[8] Die handwerklichen Bauern, Halbhandwerker und Berufshandwerker sind in manchen Fällen schwer von einander zu unterscheiden. Es gab handwerkskundige Bauern, «die es mit einem Handwerker ohne weiteres hätten aufnehmen können». Es ist deshalb oft nicht einfach zu entscheiden, ob beispielsweise eine einfache Truhe von einem Bauern oder von einem Handwerker angefertigt worden ist. Doch begannen sich im Laufe des Jahrhunderts die Verhältnisse auch in den alpinen Regionen allmählich zu ändern. Zu den einheimischen stiessen immer mehr auch wandernde Handwerker. Sie arbeiteten Jahre − vielleicht Jahrzehnte lang − fern von der Heimat, kehrten dann aber, vom Heimweh geplagt, doch wieder zurück.

Zur ganzen und teilweisen Auswanderung zwang nicht allein die knappe oder gar fehlende Existenzgrundlage. Es gab in den Alpentälern auch zu wenig Lehrstellen. Fehlte es auch am mangelnden Ansehen des Handwerks? Fast möchte man es vermuten, schreibt doch der Neue Sammler 1805: «Handwerke wollten den hiesigen Einwohnern niemals behagen, obgleich sie alles Talent dazu besitzen. Die öffentliche Meinung ist so entschieden gegen die Handwerke, dass mancher Bauer sein Gut lieber in kleine Theilchen zerstückeln lässt, als dass er einige seiner Kinder ihr Glück in Handwerken versuchen liesse. Vielleicht ist die Abhängigkeit, in der der Handwerker gewissermassen steht, ihnen unangenehm...»[9] Dennoch zogen ganze Scharen von Bündnern und Tessinern in die Fremde, um dort als Schuster, Kaminfeger, Maurer, Zuckerbäcker usw. ihr Glück zu versuchen. Sie fanden indessen nicht das Lob der damals tonangebenden patriotischen Ökonomen: Recht bedauerlich ist es, so argumentierten sie, dass wir solche «Zuckerbäkker eine Menge und hingegen keinen einzigen rechten Maurer oder Zimmermeister, geschweige denn andere Professionen und Künstler aufzuweisen haben».[10]

Tatsächlich waren die meisten Handwerker Ortsfremde, das heisst Schweizer aus anderen Regionen oder aber Italiener und Tiroler. Ein Rheinwalder beispielsweise war in erster Linie Säumer, nebenbei noch Landwirt, hingegen höchst selten Handwerker. «Während die ersten Kolonisten ihre Häuser und Ställe noch selber gebaut hatten − und zwar nach Walserart aus Holz − wurden später Italiener und Nachbarn der Umgebung als Handwerker und Baumeister herangezogen.»[11] Handwerker fehlten in Bünden vor allem beim Wiederaufbau der immer wieder aufs neue vom Brand heimgesuchten Dörfer. Man musste die notwendigen Arbeitskräfte jeweils von auswärts kommen lassen. Die ortsfremden Handwerker aber brachten neue Techniken und Bauweisen; sie beeinflussten den beruflichen Alltag in stärk-

77

78

ster Weise. Aber es gefiel ihnen oft so gut, dass sie sich immer in diesen Dörfern niederliessen. Gegen ihre dauernde Niederlassung hatten die Einheimischen nichts einzuwenden, im Gegenteil, man war ja auf diese Fachleute angewiesen. Die Medaille aber hatte auch ihre Kehrseite: Als die Söldnerdienste 1859 in Graubünden zu Ende gingen, wäre man um Arbeitsplätze im Gewerbe und Handwerk recht froh gewesen; diese waren aber inzwischen durch Fremde besetzt.[12]

Was blieb den jungen Leuten anderes übrig, als das Heil wiederum in der Fremde zu suchen? Sie konnten sich dabei auf die Tradition und die Erfahrung ihrer Vorläufer und Vorfahren stützen. So hatten sich beispielsweise die Bündner im Konditoreifach in zahlreichen Städten Europas einen Namen gemacht. Man zählte auf sie, wie der Brief von Christion Tester aus Safien bezeugt. Er schrieb aus Schemnitz im damaligen Ungarn um 1844: «Nur Safier her, sobald sich Gelegenheit zeigt... Jetzt dürfen Safier Lehrlinge um desto getroster herkommen, da doch wir Landleute die Angeber und Anführer in der Arbeit sind.»[13] Um 1846 schrieb ein Zeitgenosse: «Die Schweizer Konditoren seien in Deutschland ebenso bekannt geworden, wie früher einmal die Treue der Schweizer.»[14] Einmal etabliert, zogen sie immer wieder Landsleute nach. Ein hübsches Beispiel aus Warschau: Um 1798 eröffnete Giachem L'Orsa aus Silvaplana eine Konditorei sowie ein Café in dieser Stadt. Nach ihm leitete es Andrea Robbi aus Silvaplana. Dann übernahm es der Puschlaver Bernardo Semadeni und schliesslich 1875 Jakob Zamboni aus Bever. Um die Jahrhundertwende ging schliesslich das vornehmste Kaffeehaus von ganz Warschau an Riccardo Semadeni-Matossi von Poschiavo über.[15]

Wie eine Lehre im Handwerk und Gewerbe damals aussah, schildert Werner Mooser (1886–1965). Er trat als Vierzehnjähriger eine Bäckerlehre bei einem Lausanner Bäcker an. Er schreibt: «Was soll ich hier nun von meiner harten Lehrzeit und den Leiden eines vierzehnjährigen, einsamen Buben im fremden Land erzählen? Die Arbeit begann um elf Uhr nachts, am Samstag bereits um zehn Uhr, und dauerte bis zwölf Uhr am anderen Tag. Am gleichen Tag musste ich dann um sieben Uhr abends wieder antreten, um die Hebel und andere Arbeiten für die Nacht vorzubereiten. Ich war für mein Alter, wenn auch recht kräftig, noch ziemlich klein und musste eine Kiste benützen, um beim Kneten der Teige genügend tief in die Betonmulde hinabreichen zu können. Meine Nebenarbeiter waren alles Welsche und verstanden kein Wort Deutsch, sowenig wie ich anfänglich Französisch

77 Auch im 19. Jahrhundert ziehen die Handwerksgesellen, versehen mit Bündel und Gesellenbrief (unser Bild), von Ort zu Ort, um Arbeit zu suchen. Im Gesellenbrief, er stammt aus dem Jahre 1820, wird dem Betreffenden attestiert, dass er «treu, still, fleissig, fridsam und ehrlich» sich verhalten hat.

78 Uhrenwerkstatt in La Chaux-de-Fonds um 1877. Der Beruf des Uhrmachers war angesehen, der Verdienst in Zeiten guter Konjunktur für damalige Verhältnisse glänzend.

konnte. Meine Arbeitszeit betrug pro Tag fünfzehn Stunden und manchmal noch mehr. Die Teige wurden durch die beiden Bäckergesellen und mich verarbeitet, mit den Händen in Stücke verklemmt, in die Höhe gehoben und im Takt wieder zurück in die Mulde geschlagen. Durch diese, für mich viel zu strenge Arbeit, bekam ich mit der Zeit ein etwas hohles Kreuz und krumme Beine. Eine Knetmaschine gab es damals noch nicht.

Wenn diese strenge Arbeit in der Bäckerei getan war, musste ich noch das Brot und das Kleingebäck an die Kunden vertragen und zwar hinunter bis an den See und hinauf bis zu den obersten Hügeln von Lausanne. Mehr als fünf bis sechs Stunden Schlaf pro Tag war mir nicht vergönnt. Zu dieser schweren Lehrzeit bezahlte meine Heimatgemeinde aus den Mitteln einer Stiftung dem Lehrmeister überdies noch ein Lehrgeld von 200 Franken ... Um den Leser nicht zu langweilen, möchte ich hier nicht länger weiter die Leiden eines armen Lehrbuben schildern. Nur das sei noch vermerkt, dass ich während der zwei Jahre meiner Lehrzeit weder einen Lohn noch eine Gratifikation erhielt, keinen einzigen Feier- oder Sonntag geniessen konnte, ja, an diesen Tagen noch mehr als sonst arbeiten musste. Doch mein stets fröhliches Gemüt, das ich wahrscheinlich von meiner Mutter geerbt habe, hielt mich aufrecht. Ich war immer freundlich zu den Kunden und erhielt dafür von diesen Wäsche- und Kleiderstücke und oft auch einen halben oder einen ganzen Batzen Trinkgeld. Endlich war meine Lehrzeit um, und ich hoffte, dass nun ein freundlicherer Stern über meinem weiteren Leben leuchten werde. Doch mit des Geschickes Mächten ist kein ew'ger Bund zu flechten! Kaum aus der Lehre, trat ich in Stellung bei einem jungen Bäckermeister. Schon nach einem Monat aber musste ich dieses Engagement wieder fahren lassen, weil dieser Patron in Konkurs geriet und ich für meine fleissige Arbeit keinen Rappen Lohn erhielt. Der Leser dieser Memoiren wird nun verstehen, warum ich mit meiner politischen Gesinnung nach all meinen traurigen Erfahrungen stets scharf nach links tendierte und voll Überzeugung beim Kampf für eine bessere Stellung der arbeitenden Klasse mitmachte.»[16]

Gut Gsell' und du musst wandern: Zur Ausbildung eines Handwerkers gehörte eine mehrjährige Wanderschaft; sie ist zwar nach 1848, nach der Einführung der Gewerbefreiheit, nicht mehr verpflichtend, aber sie wird doch immer noch erwartet, erwarb sich doch ein junger Mensch in der Fremde nicht nur Fachkenntnisse, sondern auch eine gewisse Lebensweisheit. Wie eine solche Walz etwa aussah, erfahren wir aus einem Reisebericht, den 1894 der junge Werdenberger Malergeselle Johann Gantenbein im Alter von 21 Jahren verfasst hat. Am 14. November 1893 brachen sie zu dritt auf. Mit von der Partie waren die beiden Freunde Kobelt und Seifert, denen sich in Solothurn noch der Schlossergeselle Rieser anschloss. Sie marschierten zunächst nach Interlaken, wo sie am 16. November eintrafen. Unterwegs litten Gantenbein und Seifert an «offenen Füssen», weil ihr Schuhwerk zu eng war. In Thun hatten sie Umschau gehalten, das heisst, bei den Meistern nach Arbeit gefragt. Bei einem negativen Bescheid erhielt man vom Handwerker einen Zehrpfennig, so dass die Burschen einige Zehner zusammenbrachten. Nach einem Abstecher in die «Alpenrose» in Wengen zogen die Burschen dem Brünig zu – «tagsüber stibizten wir die noch an den Bäumen gebliebenen Äpfel und Nüsse. In Brienz machten wir kurze Rast, kauften Tabak und Raucherrequisiten und schäkerten noch eine Stunde mit den uns bedienenden Ladenmädchen, zwei lustigen frischen Bernermädchen. Durch diesen erbaulichen Zwischenfall belustigt, zogen wir armen Burschen von dannen, um trotz des heftigen Schneefalles Brünig-Kulm noch vor Dunkel-

79

80

heit zu erreichen. Im Gänsemarsch, Kragen hoch, Stock unterm Arm, Hände in den Taschen, gings Schritt für Schritt dem Ziele zu, einer in des anderen Fussstapfen tretend, hie und da etwas Ungewisses in die Bärte murmelnd. In verhältnismässig kurzer Zeit waren wir oben. Der Wirt, ein gewesener Landjäger, verkürzte uns den Abend mit allerlei Kurzweil, so dass wir ziemlich spät in die Federn krochen.» Nach einem Tag in Luzern ging's dem Gotthard zu. Unterwegs spielte sich ein Intermezzo ab, das den dauernden Kleinkrieg zwischen den Handwerksgesellen und den Landjägern illustriert: «In Meggen kauften wir in einer Sennerei Käse und fragten um Buttermilch, mit Erfolg. In der hohlen Gasse mit Tellkapelle wurde das Mittagessen vertilgt, Brod, Käse und Äpfel. Kaum die Löffel geputzt, kommt ein Mensch des Gesetzes, ein Landjäger angepirscht. Jedenfalls schauten wir verdächtig drein und so glaubte er, irgend ein edles Wild erhaschen zu können. Meine Kameraden gingen etwas schneller, um die Sache noch spannender zu machen, während ich gemütlich mein Pfeifchen schmauchte. Der Jäger bei mir vorbei natürlich ohne Gruss und ich hintendrein, seine etwas schwerfällige Gangart verspottend. Doch die Sonne bringt es an den Tag: Auch mein Schatten kapriolte und der Pfiffikus merkte es. Rechts um kehrt: ‹Heid ihr oh Schriften› brüllte er mich an. ‹Seb isch gwüss› war meine kalte Antwort, ihm beflissen mein Dienstbüchlein vorweisend. ‹Doch, doch› und dann gab ich ihm erst den Heimatschein. Nun kommen die Kollegen unters Kreuzfeuer, zuerst Kobelt und dann Seifert. Während dieses Prüfungsaktes zündeten wir alle ein Pfeifchen Tabak an, als ob weit und breit kein Landjäger wäre. Die Sache ärgerte ihn so, dass er schliesslich in aller Wuth und Eile davontrabte. Lachend zogen wir auch vondannen, Immensee zu.» Nach einigen Tagen erreichten sie Chiasso, wo sie schliesslich die Grenze überschritten. In Mailand übernachteten sie in einer «altbekannten Beize», wie sich der Handwerksbursche ausdrückt, und da trifft sich alles vom Hochstapler bis zum unschuldigen Rostbrater, vom gefallenen Studenten bis zum Militär- oder Schiffsdeserteur. In der Gauner-, Handwerksburschen- und Mattenglischen Sprache werden die Tageserlebnisse, ob wahr oder Aufschnitt, breitgeschlagen. Die Nacht war unruhig: «Unser sämtliches Geld trug Seifert auf seinem Leibgurt, ebenso war er Träger eines Revolvers. Während des Einschlafens erzählte noch irgendeiner eine Schauergeschichte. Plötzlich wurde laut an die Tür gepocht. ‹He ufmache›, erscholl es draussen... Sobald der Fremde mich erblickte, entschuldigte sich derselbe sehr höflich, es tue ihm leid, er habe gemeint, es schlafe da ein Kamerad von ihm. Nach diesem köstlichen Zwischenfall schliefen wir wieder ein, von Räubern, Überfällen usw. träumend bis am hellen Morgen.» In Pavia logierten sie «zwar auf etwas neue Art, im gleichen Zimmer mit Wirt, Wirtin und Schankmädchen. Doch das Bett war gut, und folgedessen genierte uns diese Gastfreundschaft nicht im geringsten, nur nicht so exakt.» In Busalla ging's weniger gut. «In der Locanda dei tre mori (Lokal der drei Neger) verschlangen wir mit riesigem Appetit die uns aufgestellten Kartoffeln und etwas Fleisch und hatten bei diesem Saubermahl schon eine Ahnung, wie wohl das Bett aussehen würde. Ein zirka zwanzigjähriges, verlebt aussehendes Weibsbild mit frechem Gesicht, begleitete uns auf unser Zimmer und entfernte sich dann lachend. Wir untersuchten die Betten und siehe da, nebst den bekannten Läusen, Flöhen und Wanzen sah das Leintuch aus wie eine bunte Landkarte. Und die Nase musste man sich zuhalten, so lieblich duftets im Maien. Was machen? Reklamierten wir, so wurden wir auf die Strasse gestellt und das durfte nicht riskiert werden... Die Bestien nagten unaufhörlich, trotz-

79 Im Winter 1893 machten sich zwei Wandergesellen (Gantenbein links und Seifert) auf die Handwerkerwalz. Ihre Montur ist charakteristisch: Filzhut, Jacke, Gilet, steifer Kragen und Krawatte, silberne Uhrenkette, Umhängetasche (Berliner) und grosser Regenschirm.

80 Gerber bei ihrer harten Arbeit um 1804. Noch zu Beginn des 19. Jahrhunderts waren die Gerber mitten in den Städten am Werk. Zahlreiche Geruchsimmissionen führten immer wieder zu Klagen und schliesslich auch zur Verlagerung der Betriebe.

dem hie und da eine dran glauben musste, denn von Zeit zu Zeit hörte man einen halblauten Fluch oder es hiess: ‹Wider e so en Chaib.› Morgens verliessen wir früh unsere Menagerie, reinigten uns notdürftig am ganzen Leibe und dann wurde ohne Abschied weiter marschiert.» Mit farbigen Worten wird schliesslich die stürmische Meerfahrt nach Neapel beschrieben: «Abends sechs Uhr betraten wir die ‹Maria Theresia›, – ein schmutziger, alter Rumpelkasten von einem Küstendampfer.» Zunächst blieben sie oben, wurden aber bald «von einem tückischen Seegeist erfasst», bis sie von einem Matrosen kurzweg in die Kabinen gejagt wurden: «Auf den Knien kriechend erreichten wir die Luke, um niedersteigen zu können, Handstöcke, Fleisch, Brot und Wein hatten wir aber vergessen an unserem Standort. Mit Hilfe von Seifert ging ich nochmals zurück und wurde bei dieser Gelegenheit vollkommen durchnässt, Wellen spritzten über Deck. Den Wein liess ich im Stich, die Handstöcke versorgte ich aber so, dass sie unmöglich umfallen konnten. Danach kroch ich wieder zurück auf allen Vieren und suchte die Lagerstätte auf. Etwas Widerlicheres, Schmutzigeres lässt sich nicht denken. In allen Ecken lag, hockte die Reisegesellschaft: Weiber, Männer, Kinder untereinander wie Mäusedreck und Curiander... Schlafen war unmöglich. Morgens um fünf Uhr begaben Seifert und ich uns auf das Deck, der Sturm hatte etwas nachgelassen, und wir wollten den Wein und die liegengelassenen Effekten holen. Alles war verschwunden, nur das beseeligende Lächeln der zwei wachhabenden Matrosen deutete daraufhin, wo Bartli den Most holt. Wir stolperten wieder dem erbärmlichen Strohsacke zu. In einer Stunde waren wir wieder auf Deck und blieben, bis es völlig Tag war.» Nach einem Besuch des Vesuvs ging's auf die Heimreise. Im Seebad Nervi machte einer der Burschen den Vorschlag, auszusteigen, es gebe da ein von einem Bündner geführtes Hotel, und da sei wohl eine warme Suppe zu bekommen. «Wir wurden angewiesen, in einer Viertelstunde wieder zu kommen, genau nach Zeit waren wir wieder an der Stelle und nachdem verschiedene Fragen erledigt, bekamen wir pro Person 20 bis 50 Centimes. Oh, wie viel lieber wäre uns eine gute Fleischsuppe gewesen oder etwas Fleisch und Gemüse, denn während wir auf unsere Gabe warteten, kitzelte ein feiner Bratengeruch unsere jetzt sehr empfindlichen Nasenlöcher. Beim nächsten Brodladen wurde Brod gekauft und beim nächsten Baum Orangen gestohlen. Jetzt ging's wieder besser, denn vorher war uns so leer und öde, dass wir wie berauscht umhergingen.» In Genua half der Konsul über die gröbste Not hinweg, in Nervi gab's etwas trockenes Brot und in Mailand eine Wassersuppe, welche die Männer nicht einmal bezahlen konnten. Sie übernachteten auf Kredit und verpfändeten die Uhren. Mit dem Rest vom Geld reisten sie weiter und kamen abends sieben Uhr in Chiasso an, wo sie sofort von zwei Polizisten in Empfang genommen und eingeschlossen wurden: «Ein erscheinender Wachtmeister verhörte uns und sagte uns alle erdenkliche Schmeichelnamen ins Gesicht wie Strolche, Vagabunden etc. So, so, schon wieder in der Schweiz drin! Auf die Frage nach Geld sagten wir ohne erröten zu müssen: ‹keins.› Erst jetzt ging's Gewitter los, doch so wenig wie die Berge bei einem solchen erzittern, sowenig erzittern wir ob diesem unheimlich tobenden Ausbruch polizeilichen Machts- und Grössenwahns.» In Lugano konnten die Handwerksburschen während 14 Tagen arbeiten, allerdings wurden sie am Schluss von der Arbeitgeberfamilie um ihren Lohn geprellt. Nun galt es den Heimweg über den Gotthard zu bewältigen: «Bei zweitägigem stürmischem Schneewetter, unter Hunger und Müdigkeit leidend, schleppten wir uns dem Gotthard zu. Am Abend des 17. Januars

81

81 Das gute Handwerk. Erste Voraussetzung für das gute Gedeihen des Handwerkes sind Sauberkeit und häusliches Glück. So meinten es die Kalender, und sie dokumentierten es mit hübschen Bildern wie hier der «Pilger aus Schaffhausen» 1857.

langten wir in Airolo an und erhielten nach längerem Wortgefecht auf der Gemeindekanzlei eine Bescheinigung zur freien Durchfahrt nach Göschenen. Abends zehn Uhr waren wir in Wassen im Spital untergebracht.» Der Weitermarsch ging über Altdorf, Ingenbohl, Schwyz nach Einsiedeln. An den Klosterpforten klopfte man jeweils um eine Suppe an. Gleich drei Tage verbrachten die Männer in Einsiedeln, assen im Kloster und schliefen im Klosterstall, bis die Polizei sie aufforderte, weiterzuziehen. Bei nasskaltem Wetter wanderte man weiter nach Konstanz, wobei die Gesellen von den Meistern am Weg jeweils Unterstützung erhielten. Doch hier wie auch in Basel fanden sie keine Arbeit. Sie zogen weiter nach Biel und nach Bern, aber auch dort gab's keine Arbeit. In Worb wurde wieder einmal übernachtet, und «fast auf Geheiss des dortigen alten Polizisten ging die Jagd los. Schliesslich erbarmte sich unser ein hübsches Mädchen und verpflegte uns mit Küchli und Krapfen flott...» Anderntags, nachmittags zwei Uhr, ging's weiter auf dem Marsch nach Thun. «Wir klopften noch fünfzig Rappen zusammen und begaben uns ohne z'Nacht ins Bett. Bei starkem Schneegestöber schliesslich, lenkten wir Wengen zu. In Wilderswil musste ‹ein letztesmal geklopft› werden, ein alter Mann brachte einen Hut voll dürrer Birnen. Abends, fünf Uhr, langten wir in Wengen an, ein währschaftes Nachtessen brachte uns ins richtige Geleise, die guten Leute hatten fast zuviel Erbarmen mit uns. Längere Zeit assen wir mehr, als wir verdienten. Wir nahmen wieder zu an Körpergewicht, Kleidern und Arbeitsgeist und fristeten unser Dasein würdig mit unserer Hände Arbeit.» So der Schluss des humorvollen Berichtes, der uns Mühen und Sorgen des Gesellenlebens drastisch vor Augen führt. Er zeigt aber auch auf, wieviel Sorgen und Mühen die jungen Menschen damals auf sich nehmen mussten, um sich beruflich weiterzubilden.[17]

Der Bericht offenbart aber auch die Schwächen der damaligen Handwerkerausbildung. Man ging, sofern es überhaupt möglich war, zunächst in eine Lehre. Vielleicht arbeitete man noch einige Zeit als Geselle, ging auf die berühmte Wanderschaft, die Walz, um sich dann irgendwo niederzulassen, um vom einmal Gelernten ein ganzes Leben lang zu zehren. Berufsschulen gab es nur sehr wenige, und an Kurse für eine Weiterbildung war nicht zu denken. Dabei wäre angesichts der grossen Bedrohung, der das Gewerbe damals gegenüberstand, eine kontinuierliche Weiterbildung zweifellos nötig gewesen. Wie in früheren Jahrhunderten beschränkte sich das Lernen, das Aneignen im 19. Jahrhundert ausschliesslich auf die Jugendzeit. Später dachte man nicht an neue Kenntnisse, und meistens erlosch auch jeder Impuls. Das gilt insbesondere für die Dorfgemeinschaften der alpinen Regionen. Hier liegt vielleicht auch eine Erklärung dafür, weshalb es da und dort zu einer gewissen Erstarrung des Dorfhandwerkes kam. Anpassung oder Widerstand, Beharren oder sich Wandeln war die Frage.

Vor dieser Frage stand das Handwerk im 19. Jahrhundert. Wie wurde sie beantwortet? Welches waren die Faktoren, die einzelne Handwerker zu Promotoren des Fortschrittes werden liessen, während andere an den altüberlieferten Formen festhielten? Um diese Frage beantworten zu können, wollen wir einige Handwerker vorführen.

Wir beginnen beim Lavezsteintöpfer. Seine Arbeit und Technik, die sich tatsächlich über ein gutes Jahrtausend belegen lässt, ist noch im 19. Jahrhundert auf primitivste Weise vorgenommen worden. Der Handwerker sass (und sitzt auch heute noch) in einem Erdloch, weil die Drehvorrichtung, die verlängerte Achse eines Wasserrades, eine andere Arbeitshaltung gar nicht

zulässt. Gewiss eine seltene Treue, ein schönes Beispiel auch für altüberlieferte Handwerkertreue. Doch das Handwerk ist vom Aussterben bedroht. Paul Hugger hat den letzten Steintöpfer im Val Malengo (Veltlin) bei seiner Arbeit noch filmen können.[18]

Vom Holzschuhmacher, den eine Equipe der Schweizerischen Gesellschaft für Volkskunde im St. Galler Rheintal aufnahm, lässt sich das gleiche sagen: «Seine Schnitzbank, einzelne Werkzeuge und die Arbeitshaltung stimmen bis in Einzelheiten mit der Darstellung auf einem Grabrelief eines Holzschuhmachers aus gallo-römischer Zeit überein.»[19] Auch der «Tüchelbohrer», der Brunnenmacher, welcher Holzstämme zu Leitungsrohren gebohrt hat, konnte im 19. Jahrhundert schon auf eine jahrhundertalte Tradition zurückblicken. Die Abbildung aus dem 16. Jahrhundert im Werk «de re metallica» von Georg Agricola zeigt eine frappante Übereinstimmung in Gerät und Arbeitsgang. Auch dieses Handwerk ist vom Aussterben bedroht. Um 1960 haben Hans Marti und Paul Hugger einen solchen Sodmacher im luzernischen Hinterland entdeckt und auch beschrieben.[20]

Ein wahrhaft grossartiges Beispiel alter Handwerkstradition ist der Giltsteinofenmacher im Wallis. Sein Handwerk lässt sich anhand einzelner Öfen oder Ofensteine bis ins 14. Jahrhundert zurückverfolgen. Noch im 19. Jahrhundert gab es, wie die Volkszählung von 1880 aufzeigt, im Oberwallis zahlreiche solche Giltsteinofenbauer. Auch hier sind Arbeit und Technik seit Jahrhunderten gleich geblieben. Zunächst galt es, tagelang Schutt und verwittertes Gestein wegzuräumen oder mit Schwarzpulver vorsichtig harten Felsen wegzusprengen, bis ein brauchbarer Stein zum Vorschein kam. «Dieser Stein, der selbst im gleichen Steinbruch von verschiedener Farbe und Härte sein kann, wurde mit Pickel und Zweispitz herausgehackt und am Stolleneingang mit zwei Spitzeisen und Hammer vorbearbeitet und bisweilen rechtwinklig zugeschnitten, um den Abtransport durch das steile und unwegsame Gelände zu erleichtern.» Dabei hat man zu bedenken, dass die Blöcke durchschnittlich 30–50 kg schwer waren. Ausserdem waren sie zerbrechlich, sie mussten deshalb sachte, an gefährlichen Stellen durch kräftige Händepaare gesichert, hinuntergleiten, bis an einen sicheren Ort, von wo sie mit den Schlitten oder auf dem Rücken eines Maultieres abgeholt werden konnten. «Vor dem Hause begann nun ein tagelanges Sägen, Meisseln, Hämmern und Feilen, und allmählich fügte sich unter den bewundern-

82 Ein den Zeitgenossen des letzten Jahrhunderts noch vertrautes Bild: Der Schuhmacher an der Arbeit. Albert Anker hat ihn meisterhaft dargestellt.

den Augen der Kinder und den etwas kritischeren Blicken vorbeigehender erwachsener Dorfbewohner Stein an Stein, türmte sich Ring auf Ring, bis der probeweise Aufbau des Ofens beendet war und das Werk der Selbstkritik des Meisters standhielt. In zwei bis drei Wochen stand ein neuer Ofen betriebsbereit in der ihm zugewiesenen Stubenecke.»[21]

Wie plötzlich ein altes Gewerbe im 19. Jahrhundert in Not kommen konnte, zeigt das Beispiel des Steinbruchgewerbes im Kanton Solothurn. Auf dem Bucheggberg sind seit dem 16. Jahrhundert Mühlsteine aus Nagelfluh gebrochen worden. Sie hatten einen guten Namen und wurden bis nach Holland geflösst. Um 1850 kamen aber ganz besonders gute und preisgünstige französische Mühlsteine auf den Markt, und damit war es um die Solothurner Mühlsteine geschehen. Zum Glück gab es westlich der Stadt Solothurn noch den berühmten Solothurner Marmor. Er eignete sich ganz besonders für Brunnen, Brunnentröge und Bauquader. Das alte Steinmetzgewerbe erlebte, als die Eisenbahntrassees, vor allem die Viadukte gebaut wurden, eine neue Blütezeit. Um 1880 sind in den Solothurner Brüchen zweihundertfünfzig bis dreihundert Mann beschäftigt. Aber die Bahn brachte nicht nur neue Arbeitsaufträge, sondern auch Konkurrenzprodukte: vor allem Granitsteine aus dem Gotthardgebiet, sodann italienische und französische Steine. Die Krise und der schliessliche Niedergang waren nicht aufzuhalten.[22] Es fehlte nicht an der Härte der Solothurner Köpfe, sondern an der Härte der Steine. Es ist dies ein Beweis dafür, dass ökonomische Zwänge oft stärker sind als der Arbeitswille und auch die Innovationskraft der Handwerker und Gewerbler.

Fast in allen grösseren Ortschaften der Schweiz gab es noch im 19. Jahrhundert zahlreiche Kammacher. Sie sind am Ende des 19. Jahrhunderts auf ein kleines Häuflein zusammengeschmolzen. Nur wer auf industrielle Fertigung umstellte, überlebte. Das zeigt das Beispiel der Mümliswiler Kammacher. Um 1779 war der Mümliswiler Strumpfwirker und Ferggersohn Urs Josef Walter ausgezogen, um beim Kammacher Anton Sigg im bernischen Bützberg die Strählmacherei zu erlernen. Nach einer kurzen Lehre ging er mit Werktischkluppe und Kammsäge auf dem Rücken auf die Stör, flickte alte Kämme und sägte neue. Er liess sich 1783 endgültig in Mümliswil nieder, wo er später eine Werkstatt und ein Haus baute. Er lernte zwei heranwachsende Söhne an, und der Familienbetrieb gedieh. Das Rohmaterial, die Kuh- und Ochsenhörner, konnte er bei Metzgern, Viehhändlern und Bauern der Umgebung beschaffen, während er die fertigen Kämme an Krämer lieferte, die sie auf den Märkten zwischen Aarau, Biel und Bern feilboten. Der älteste Sohn, Victor Walter, übernahm den Betrieb, während der Bruder eine eigene Werkstätte betrieb. Dessen Sohn, Felix Walter, liess sich 1873 als Kammacher in Selzach nieder. August Hadolin Walter (1833–1878) verlegte den Betrieb seines Vaters aus dem Dorf in die Lobisei hinaus, dort baute er 1862/63 ein Fabrikgebäude. Später kaufte er noch eine Liegenschaft und eine Nagelschmiede hinzu und erstellte dort, an deren Stelle, ein neues, grosses Fabrikationsgebäude. Er hat also den Schritt zur Industrie getan, so dass sein Sohn, der jugendliche August Walter (1858–1886), einen technisch hoch entwickelten Fabrikbetrieb mit 120 Angestellten übernehmen konnte.[23]

Nur geringe Chancen hatten im Kampf mit der Industrie die Schuhmacher. Sie scheinen zunächst von der Industrialisierung nicht viel zu spüren. So stieg zum Beispiel die Zahl der Schuhmacher im Oberwallis zwischen 1800 und 1900 von 94 auf 110 an.[24] Diese Zahl ist nicht einmal vollständig, denn es gab in vielen Dörfern noch Schuhmacher, die eigentlich von Beruf Bauern waren und die Schusterei nur nebenbei im Winter betrieben. Viele der ländlichen Schuhmacher gingen auf die Stör. Sie waren es auch, die neben der Flickerei auch neue Schuhe herstellen konnten, ganz im Gegensatz zu den Bauern-Schuhmachern, die nur flickten. Einer dieser letzten Stör-schuhmacher, Karl Kalbermatten aus Blatten im Lötschental, ist 1970/72 von einem Team der Schweiz. Gesellschaft für Volkskunde bei der Arbeit beobachtet und gefilmt worden. Wie schon im 18., so dauerte auch die Arbeitszeit im 19. Jahrhundert «von fünffe morgens bis auf zehende Stund abens» wie es in einer Leuker Ordnung hiess. Das Entgelt war nach wie vor bescheiden, doch das vermochte die gute Laune der Störschuhmacher nicht zu beeinträchtigen. «Sie galten als gute Gesellschafter und lustige Burschen, und gross und klein freute sich auf ihr Kommen. Böse Zungen behaupteten zwar gelegentlich, sie seien schneller bei Hackbrett und Kanne, als bei Klopfstein und Kienruss.»[25] Noch um 1900 gab es im ganzen Land da und dort Schuhmacher, die Schuhe von A bis Z herstellten. Allerdings war es nur eine Frage der Zeit, wann sie von der Industrie verdrängt würden.

Etwas anders sah das Schicksal der Kupferschmiede aus. Auch dieses Handwerk hatte noch im 19. Jahrhundert seinen goldenen Boden. Wie Jahrhunderte zuvor, stand damals noch Kupfergeschirr in jeder Küche, und bei jeder Gelegenheit schenkte man sich auch kupferne Stücke. So erschienen etwa die Taufpaten im Zürcher Oberland mit einer Kupfergelte oder einem Kessi und Wassergäzi (Schöpfkelle). Auch gaben die Meistersleute einem Dienstmädchen, das mehrere Jahre brav gedient hatte, eine Kupfergelte zur Aussteuer.[26] Doch im Laufe des 19. Jahrhunderts begannen industrielle Produkte aus verschiedenen Materialien das althergebrachte Kupfergeschirr immer mehr zu verdrängen. Zählte man 1870 in der Schweiz noch 1292 Kupferschmiede, waren es 1930 nur noch 686, 1960 gar nur noch 312. Dabei standen die in den letzten Volkszählungen erfassten Kupferschmiede zweifellos nicht mehr in der Werkstatt; vielmehr verkauften sie industriell hergestellte Kupferwaren.[27] Wie sah die Arbeit der Kupferschmiede aus? Einer der letzten Kupferschmiede im Wallis, den Markus Seeberger in den sechziger Jahren noch beobachten konnte, stellte in seinen jüngeren Jahren noch Destillierkessel für die Obstbrennerei und Kupferkessel für die Sennereien her. Zu seinem Leidwesen war aber schon damals das Kupfergeschirr in den Küchen von Haus und Hotels längst durch Aluminium ersetzt worden. Das angestammte Kupferschmiedehandwerk vermochte seinen Meister nicht mehr zu ernähren, und er war froh, sein Einkommen durch andere Arbeiten, wie Spenglerei, verbessern zu können.[28]

Das Schicksal dieses Kupferschmiedes gleicht in vielen Teilen demjenigen des Schuhmachers oder des Giltsteinofenbauers. Vor uns stehen die Repräsentanten von Gewerben, die keine grossen Entwicklungschancen hatten, weil sie sich nicht für industrielle Arbeitsweisen eigneten. Sie waren deshalb zum Aussterben verurteilt. Ihnen stehen andere Gewerbezweige gegenüber, die sich anpassen konnten, die eine Chance hatten. Dazu gehört etwa der Hufschmied, der seine Schmitte zur automechanischen Werkstätte umwandelte, oder der Schreiner, der trotz modernster Maschinen Handwerker geblieben ist.

Im 19. Jahrhundert sah man der Zukunft des Gewerbes nicht mit grossem Optimismus entgegen. Manche Beobachter glaubten, dass das Handwerkersterben bis zum Aussterben andauern werde. Man prüfte zwar geeignete Selbsthilfemassnahmen, und man ging der Frage nach, ob man mit staatli-

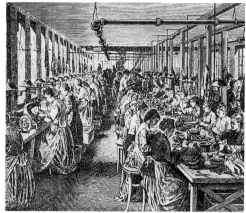

83

chen Hilfen den Prozess steuern könnte. Selbst führende Männer wie etwa Bundesrat Ludwig Forrer, glaubten, dass dem Handwerkerstand nicht mehr zu helfen sei: «Sein Niedergang ist nicht aufzuhalten . . .»[29] Heute, aus einiger Distanz, sehen wir die Dinge besser. Angesichts der vielen Beispiele wird deutlich, dass es Faktoren gibt, welche den Wandel bedingten und ermöglichten, dass es auch Elemente gegeben hat, die den Wandel verhinderten. Dass im 19. Jahrhundert die Zünfte die Entwicklung noch wesentlich gehemmt hätten, kann wohl nicht behauptet werden, denn die Zunftschranken sind ja im 19. Jahrhundert allmählich gefallen. Ausserdem gab es im ländlich-alpinen Bereich überhaupt keine Zünfte. Beharren beim alten war aber selbstverständlich trotzdem möglich. In der Tat kann man, vor allem in alpinen Regionen, eine gewisse konservative Grundeinstellung feststellen. Da war die Tradition nach wie vor mächtig; sie setzte sich dem rational wissenschaftlichen Drängen nach Neuem zum Teil energisch entgegen. Auf der anderen Seite ist schon im 19. Jahrhundert im Handwerk vieles in Gang gekommen. Wohl das Wichtigste: Man strebte nach höherem Lebensstandard. In jedem Dorf gab es erfolgreiche Gewerbler und Innovatoren, sie zeigten, «wie man es macht, um zu Wohlstand und zu Ansehen zu kommen». Auf der anderen Seite gab es auch das Bild des Erfolglosen, des Handwerkers, der es nie auf einen grünen Zweig brachte. Das Bild der armen Näherin, die einen der schlechtestbezahlten Berufe hatte, geisterte durch die Kalender. Der Zürcher Kalender von 1859 zeigte eine Näherin, die bei Kerzenlicht arbeitet und deren Gesicht deutlich von Hunger und von Entbehrung geprägt ist.[30] In den Kalendern tauchte auch das Bild eines Schneiders auf, der als Folge seines Berufes immer wieder von neuem erkrankte. Im Zuger Kalender von 1869 war zu lesen: «Schneider sind meist schwächliche Menschen, und selten wählt ein gesunder, kräftiger Bursche das Schneiderhandwerk.»[31] Tatsächlich führte die sitzende Lebensweise, die gebückte Stellung häufig zu Krankheiten der Lunge, der Unterleibsorgane sowie zu Deformationen der Wirbelsäule. Auch um das Ansehen der Schuhmacher war es nicht besonders gut bestellt. Im St. Galler Kalender von 1865 heisst es: «Sie sind zumeist mit unverhältnismässigen Gliedern des Unterleibs begabt, was von verstickter Luft bei stetem Sitzen auf konvexem Stuhl herkommen mag. Diese dringt allmälig auf das Innere derselben, macht sie hypochondrisch und konfus und endet nicht selten mit dem Tod.» Im Zuger Kalender von 1869 wird dargelegt, dass ihre sitzende Beschäftigungsweise «eine grosse Zusammenpressung der Unterleibsorgane bedingt». Sie seien zu Unterleibskrankheiten geradezu disponiert, und diesen Krankheiten entspringe «Hypochondrie und Melancholie, woraus leicht zu erklären sei, dass Schuster es so häufig waren, die sich religiöser Schwärmerei hingaben».[32] Die Maurer und Steinhauer, so der Zuger Kalender von 1869, seien auch nicht zu beneiden. Sie leiden an den Wirkungen des Staubes, sie bekommen die Steinbrecherkrankheit.[33] Der Luzerner Hauskalender von 1893 empfiehlt – sicher wohlmeinend – ein Rezept, um die im Baugewerbe immer wieder vorkommenden Augenverletzungen durch Kalk zu vermeiden: «Arbeiter, die oft auf Bauten zu thun haben, wissen, wie gefährlich es ist, wenn durch einen Zufall Kalk ins Auge gelangt. Ein einfaches Mittel hiergegen ist kaltes Zuckerwasser, mit dem das betreffende Auge ausgewaschen wird.» Dieser Ratschlag war sicher gut gemeint, die Frage ist nur, ob er nicht geeignet war, das Ansehen dieses Berufszweiges und Handwerkes zu untergraben. Auch die Müller und Bäcker kommen in den Kalendern nicht gut weg. Wegen ihrer anstrengenden Arbeit bei hohen Temperaturen neigen sie zu Wechsel-

83 Innenraum eines industriellen Betriebes. Die Schäftenäherei der Schuhfabrik C. F. Bally in Schönenwerd um 1900. Wie das Bild zeigt, waren in diesem Fabriksaal ausschliesslich Frauen beschäftigt.

fiebern. Als besonders gefährdend wird der Weberberuf dargestellt: «Die Körperstellung, das Anliegen der Magengegend an den Webstuhl erzeugt Blutstockungen, erhöht Blutsammlung im Unterleib, was wiederum Störungen der Verdauung bewirkt.»[34] Das alles war in der Tat keine gute Reklame für Berufe, die einstmals den Ruhm hatten, solid, kunstgerecht zu sein und einen goldenen Boden zu haben.

Weben und Sticken, Schaufeln und Pickeln

Der Winter 1808, so erzählt Jakob Stutz in seinen Lebenserinnerungen, «war der erste Winter, wo ich nachts arbeiten musste. Die älteste Schwester zettelte, und wir jüngeren Geschwister sassen im Kreise um die Mutter und spulten. Wollte uns etwa der Schlaf anfechten, hiess sie uns ein Liedlein anstimmen; wir werden dann schon wieder munter werden, sagte sie ... In solchen Nächten war die Mutter manchmal auch sehr gesprächig und erzählte uns viel aus ihrer Jugendzeit. Wie sie sich fast zu Tode haben spinnen müssen ... O, Kinder seufzte sie und schlug die Hände zusammen, ‹wenn sich das Blättli› einmal wendet in unserem Haus, dann kommt das Unglück oben zum Dach herein. Ich muss es wohl nicht mehr erleben, aber ihr, dann kommt das eine dahin, das andere dorthin.»[1] Das Blättli hat sich in der Tat für die Heimarbeiter, die Handspinner und Handweber bald einmal gewendet. Man war zunächst ahnungslos. Den ersten Gerüchten über die englische Spinnmaschine schenkte niemand Glauben. Ein Spinnrad, das von selbst arbeitet, das kann ja nicht einmal der Teufel erfinden, geschweige denn ein Mensch, sagte man. Was geht uns England an, «mir sind in eusrem Land und sie in ihrem».[2] Vorerst wusste man sich noch einigermassen zu helfen: Als die Handspinnerei unterging, stellte man auf die Bandweberei um, und das sah nicht einmal so schlecht aus. Um 1827 sind im Kanton Zürich 12 000 Baumwollstühle in Betrieb, zwei Drittel stehen im Oberland. Doch da tauchte, 1831, ein neues Gerücht auf: Die Firma Corrodi und Pfister in Uster richte eine Fabrik mit mechanischen Webstühlen ein und selbst in Wald plane man Ähnliches. Kein Unglück bleibt allein: Die französische Juli-Revolution löste just in dieser Zeit eine Absatzstockung aus. Doch solche Zusammenhänge sahen die Heimarbeiter nicht, sie glaubten, dass alles von der «teuflischen» Maschine komme. Es kommt da und dort zu Zusammenrottungen und ersten Drohungen gegen die Maschinen. Am Ustertag 1832 treten die aufgebrachten Heimarbeiter zum Kampf gegen die eisernen Tyrannen an. Sie zündeten die Weberei an und zerstörten die Maschinen.[3] Die Mechanisierung konnte damit verzögert, doch nicht aufgehalten werden. Für den Augenblick schien die Gefahr gebannt, und die Zahl der Baumwollwebstühle stieg weiter. Bald kamen im Zürcher Oberland zwei bis drei Einwohner auf einen Webstuhl.[4] Mitte der vierziger Jahre steigt indessen der durch die ausländische Maschinenweberei verursachte Preisdruck erneut an, und es kommt zu fürchterlichen Notständen. Die Konkurse häufen sich. Und die gleichen Menschen, welche die Webmaschine wie eine Hexe verbrannten, rufen nun nach Fabriken. Inständig bitten Bürger von Diezikon bei Wald den Unternehmer Jakob Oberholzer, ihnen mit einer mechanischen Weberei Verdienst zu bringen. Er sagte es 1851 tatsächlich auch zu.[5] Um die Jahrhundertmitte entstehen überall mechanische Webereien, und die Heimarbeiter treten gern und ungern den Gang zur Fabrik an. Ungern, weil die Fabrikarbeit oft gleichbedeutend war mit dem Verlust der

85

86

84 Der Fabrikbrand von Uster. Erregte Heimarbeiter, die sich durch die neu entstehenden Fabriken in ihrer Existenz bedroht fühlten, steckten 1832 eine Textilfabrik in Brand. Das Ereignis hat, wie der Zeichner festhielt, grosse Volksmassen angezogen. Es wird erregt diskutiert.

85 Spinnen und Weben gehörten zur bäuerlichen Hauswirtschaft des 19. Jahrhunderts. Kleinbauern haben mit Heimarbeit den Verdienst ergänzt. Man spann und wob aber auch in wohlhabenden Familien, wie unsere Lithographie von Brodtmann zeigt. Landwirtschaft hiess damals weitgehend Hauswirtschaft.

86 Heimarbeiterin am Jacquard-Webstuhl. Lithographie Füssli 1849. Oben in der Vignette der Erfinder des Webstuhles, unten ein Bienenkorb, das Symbol des Fleisses.

Heimat oder aber jedenfalls lange Arbeitswege mit sich brachte, und das war besonders im Winter doch recht mühsam. Viele Handweber aber fuhren in ihrem aussichtslosen Kampf weiter. Man konnte eben früher wohlhabend werden, und ausserdem war es in der Protoindustrie möglich, selbst kleinere Kinder oder alte Leute mitzubeschäftigen. Ausserdem konnte man zu Hause sich ganz besonders einfach kleiden und daneben ein bisschen Landwirtschaft treiben. Der Lehrer von Rothenfluh auf der Basler Landschaft ist indessen beunruhigt: Die Posamenterei hat in den dreissiger Jahren einen gewaltigen Aufschwung genommen. Er schreibt: «Alle mit wenigen Ausnahmen posamenten hier, aber die Verdienste gehen zurück. Die Fabriken sind eine üble Konkurrenz. Leider haben einzelne Posamenter, verlockt durch den leichten und reichlichen Verdienst der ersten Jahrzehnte, den Landbau vernachlässigt. Die meisten sind dabei aber ökonomisch zu Grunde gegangen.»[6] Der Lehrer von Seltisberg, ebenfalls Baselland, sieht die Geschichte etwas anders. Er findet, dass die Heimweberei in «normalen» Zeiten den notwenigen Nebenverdienst biete, die Bevölkerung vor Auswanderung bewahre. Sie erziehe zu sorgfältiger Arbeit und präge das hübsche, reinliche Dorfbild: «Alle diese Räume sind meistens sehr reinlich gehalten, da das Posamenten und namentlich die bei den Seidenbändern vorkommenden heiklen Farben die grösste Sorgfalt und Reinlichkeit erfordern. So wird der Posamenter schon von Jugend auf an beides gewöhnt, und die Folge davon ist, dass sich das Innere des Posamenthauses durch Sauberkeit auszeichnet.»[7] Ein anderer Baselbieter meint 1863: «Es ist von Vorteil, dass der Heimarbeiter seine Heimarbeit zu Hause verrichten kann.[8] Es ist auch gut, dass die männlichen Posamenter noch ihr Vieh zu besorgen, das Land zu bestellen haben, auf diese Weise kommen sie an die frische Luft.»[9] Kaum ein zeitgenössischer Beobachter hat all diese Zusammenhänge so genau beobachtet und auch registriert wie der Franzose Louis Reybaud: «En aucun pays mieux qu'à Zurich les produits du sol et les fruits de l'industrie ne se mettent en équilibre. Quand les uns manquent, les autres viennent en aide aux populations dépurvues.» In Zeiten schlechter Ernten habe man in der Seidenindustrie recht gut verdient, während es 1859 umgekehrt sei. Auf diese Weise komme es immer zu einem gewissen Ausgleich.[10] Tatsächlich ging es den schweizerischen Arbeitern im Vergleich zum ausländischen Industrieproletariat verhältnismässig gut. Das trifft vor allem für die Arbeiterbauern zu, doch diese sind im Laufe des 19. Jahrhunderts mehr und mehr verschwunden. Noch um 1840 waren im Kanton Zürich 6/7 diesem Stand zuzurechnen. Dann verschiebt sich das Verhältnis dauernd zu Ungusten der Arbeiterbauern. Ähnlich war es im Kanton St. Gallen, wo von 9000 Fabrikarbeitern nur 1217 ausschliesslich auf den Fabrikerwerb angewiesen waren.[11] Der Statistiker Stefano Franscini weist um 1850 auf die auffallende Streuung des Grundbesitzes im ganzen Land hin. In der Schweiz kommen gesamthaft gesehen auf 100 Familien 80 mit Grundbesitz, in Frankreich sind es nur 30 Prozent und in Grossbritannien nur 20 Prozent.[12] Zu diesem weitverstreuten Eigentum kam in vielen Kantonen noch der Korporationsbesitz. Ein Glarnerischer Fabrikarbeiter, so meint Pfarrer Becker um 1862, «ist auf seine Tagwen-, Kirchen-, Schul- und Armengüter stolz, hat seine 200 bis 300 Klafter Gemeindepflanzböden, also im concreten Sinne des Wortes etwas an der Welt, ein Stück Erde tief gegen den Mittelpunkt der Erde zu...».[13] Das ist vielleicht ein bisschen idealisiert, vielleicht ist da der Wunsch der Vater des Gedankens. Jedenfalls hat kurze Zeit später der Glarner Fabrikinspektor Schuler geschrieben, die Arbeiter hätten sich nach dem Auftauchen des

Kartoffelkäfers enttäuscht und resigniert vom Landbau abgewendet. Man weiche mehr und mehr von der Selbstversorgung ab und es gebe nur noch wenige, die ein eigenes Schwein halten. Einzig Gemüse werde noch etwa angebaut.[14] Doch konnte das «Angebundensein an die Erde», der feste Wohnsitz, wie ein Arbeiter aus Winterthur sich um 1855 ausgedrückt hat, auch Nachteile mit sich bringen. Der feste Wohnsitz «liefert den Arbeiter an die Willkür des Herrn aus».[15] In der Tat: Die Arbeitgeber hatten alle Trümpfe in der Hand, noch gab es keine rechtlichen, verbindlichen Vorschriften zum Schutze des Arbeiters. Das Dienstverhältnis zwischen den Sozialpartnern richtet sich, so heisst es im Zürcher Polizeigesetz von 1844, «nach den Vorschriften, welche ein Fabrikherr für die Angestellten eines Gewerbes aufstellt». Manche Zeitgenossen sprachen denn auch von einer modernen Sklaverei. Beim Lesen der Fabrikordnungen ist man zunächst geneigt zuzu-stimmen. Doch Vorsicht: Sowohl Zeiten wie Einstellungen waren völlig anders. Manches Unternehmen stand auf finanziell schwachen Füssen und hatte gleichzeitig einen unerbittlichen Konkurrenzkampf durchzustehen. Gleichzeitig stand der Arbeitgeber vor der nüchternen Tatsache, dass ihm vor allem qualitativ minderwertige Arbeitnehmer zur Verfügung standen. Erziehung war deshalb die Parole. Es galt der Unpünktlichkeit, Unzuverläs-sigkeit, dem alten Schlendrian, dem alten Handwerkerbrauch, dem Blauen machen entgegenzutreten. Dass sich dieses Blaumachen wie eine Seuche bis gegen Ende des Jahrhunderts hinzog, bezeugt eine Stickereiarbeiterin um 1880, Luise Rüd aus Teufen. Die Stickerin, die schon als zehnjähriges Mäd-chen in der Stickfabrik einfädelte, den Betrieb also kannte, bezeichnet die Sticker als liederliche Gesellschaft: «Trinken und Blaumachen am Montag war etwas Feststehendes.» Der Sticker Konrad Knöpfel bestätigt diesen Sachverhalt. Die Arbeitsmoral der Sticker bezeichnet er als durchwegs schlecht, und er begriff, dass die Fabrikanten das Blaumachen «scharf ver-dammten».[16] Mancher Arbeitgeber glaubte unter diesen Umständen scharf durchgreifen zu müssen. Selbst sozial gesinnte Arbeitgeber wie etwa der Aargauer J. C. Brunner meint: «Ich kann mir schlechterdings keine prospe-rierende Fabrik vorstellen ohne Ordnung und Disziplin und keine Ordnung und Disziplin ohne Strafmittel.»[17] Ein historischer Prozess spielte sich ab: Bisher arbeitete man ohne Uhr, in einem von der Natur diktierten Rhyth-mus. Jetzt galt die rational eingeteilte Zeit, und die Zeiteinheit wurde zur Lohneinheit.[18] Die Arbeiter selbst waren in diesem Punkt nicht viel zimperli-cher; in ihren Vereinen und Gewerkschaften waren Bussen für kleine Verge-hen an der Tagesordnung, und selbst in den Familien wurden in dieser Zeit oft noch spätmittelalterliche Strafmethoden angewendet. Die überaus harte Haltung, die Christian Schenk (1781–1834) an seinem Vater festgestellt hat, scheint keine Ausnahme gewesen zu sein.[19] Nun erzog die Fabrik nicht nur zur Pünktlichkeit, sondern auch zur Ordnungsliebe und Sauberkeit. Den Arbeitern wird zur Pflicht gemacht, auf dem Wege von und nach der Fabrik die Bäume unbeschädigt zu lassen. Nach der Brunnerschen Fabrikordnung hat jeder Arbeiter «gekämmt und gewaschen in möglichst reinlicher, nicht zerrissener Kleidung anzutreten».[20] Für die meisten Vergehen wurden Bus-sen ausgesprochen. Heinrich Brandenberger (1826–1882) sucht eines Tages am Morgen vor Arbeitsbeginn im Fabriksaal seinen Ohrenschutz, die Ohrenschüblinge. Er verspätet sich deshalb, und «plötzlich stund hinter mir der Anteilhaber des Geschäftes, Herr Wirth. Er trat mit fast unbemerkter Röte im Gesicht auf mich zu und sagte zu mir: ‹J meine fast, es gäb do öppis z'verdiene?› Ich verstand sehr wohl, dass er mir Strafe andeuten wollte, und

87

116

ich sagte im ganz kalten Tone zu Herrn Wirth: ‹Ich glaube, es mög si nid verträge.› Wirth aber ging zum Saalaufseher und klagte mich für nachlässige Arbeiten an und diktierte mir eine Strafe von 20 Centim, was ich bald auf der Straftafel ersehen konnte.»[21]

Die scharfen Strafen für Veruntreuung, Diebstahl von Rohmaterial und Fahrlässigkeit im Umgang mit den Maschinen lassen darauf schliessen, dass solche Vergehen hin und wieder vorkamen. Freilich haben manche Unternehmer, wie etwa der Spinnerkönig Kunz, den Bogen überspannt. Hier haben wir, nach den Aussagen eines Gemeinderates von Uster, einen Tyrannen vor uns, «der in jedem Menschen nichts anderes zu achten und zu schätzen weiss, als die Arbeitskraft, die dieser für ihn umzusetzen im Stande ist.»[22] Eine Reaktion, ja eine Art Notwehr, blieb denn auch nicht aus. Ein fein organisiertes Unterschlagungssystem, an dem alle Arbeiter, vom Vertrauten des Tyrannen über den Aufseher bis hin zum Hilfsarbeiter beteiligt waren, verkettet die Belegschaft zur eigentlichen Schicksalsgemeinschaft des Verbrechens. Doch solche Verhältnisse bildeten eher die Ausnahme. Dem nüchtern urteilenden Franzosen Reybaud fiel auf, dass in der schweizerischen Seiden-Heimweberei Betrügereien nicht vorkommen. Er macht die dörfliche Kontrolle und den puritanischen, zwinglischen Glauben dafür verantwortlich: «C'est encore la même faveur religieuse et la même rigidité des mœurs... L'homme est gardé par sa conscience, aucun frein ne vaut celui-là.»[23] Erziehung zur Arbeit, Genauigkeit, Pünktlichkeit, war das nicht eine Grundvoraussetzung zur bald sprichwörtlich werdenden Qualität der Schweizer Arbeit? Eine Grundvoraussetzung auch für den späteren Wohlstand? Freilich: Der Preis, den die Arbeiter dafür bezahlten, war verhältnismässig hoch: Lange Arbeitszeiten sind auch im 19. Jahrhundert durchaus an

87   Die Strohflechterei gab Hunderten von armen Bergbauernfamilien zusätzlichen Verdienst. Auf unserem Bild die Strohflechterinnen in Comologno. Aufnahme von Ernesto Büchi um 1900.

88   Die Arbeiter der Maschinenfabriken waren – wie verschiedene Aussprüche bezeugen – selbstbewusst und stolz auf ihre Erzeugnisse. Auf unserem Bild von 1894 posiert ein Mechaniker vor einem riesigen Rotor der BBC Baden.

88

der Tagesordnung. In der Uhren- und Metallindustrie wird vor 1850 12 Stunden, dann bis 1870 während 10 Stunden gearbeitet. 1871 stellt die Maschinenindustrie auf den 10-Stunden-Tag um. Sehr lang, nämlich 18 und mehr Stunden, wird in der ersten Jahrhunderthälfte in der Textilindustrie gearbeitet. Noch 1848 bezeichnet das Glarner Fabrikgesetz den 14-Stunden-Tag als Norm. Im Jahre 1872 beschliesst die Glarner Landsgemeinde, auf 11 Stunden zurückzugehen, und 1877 führt das schweizerische Fabrikgesetz den 11-Stunden-Tag ein. Die Arbeitszeit der Kinder hat 1868 in einzelnen Kantonen bis 14 Stunden gedauert, im Durchschnitt waren es 12 Stunden.[24]

Eine wahrhaft erstaunliche Nachricht vermittelt das Aargauische Wochenblatt. Es bringt am 28. November 1863 eine Petition von Fabrikarbeitern zur Sprache, welche für Kinder unter 16 Jahren eine Erhöhung der Arbeitszeit auf 13 Stunden wünscht. Die Zeitung selber meint, der grosse Rat «sollte dieses Begehren unter den Tisch wischen».[25] Was veranlasste die Arbeiter zu diesem Schritt? War es die wirtschaftliche Not? War es die Überzeugung, ohne Mitarbeit von Kindern und Frauen die Familie nicht durchbringen zu können? Lassen wir einen Beteiligten selber sprechen. In den Jugenderinnerungen eines Werkmeisters schreibt Jakob Kreis (1851–1922): «Es war kein unmenschlicher Pflanzer, wie ihn Geibel in des Negerweibes Klage so ergreifend schildert, nein, es war der Armut Sklavenkette, deren Rasseln mich so früh aus meinem süssen Kindertraum erwecken und die überreiche Phantasie mit des Lebens Wirklichkeit vertauschen sollte. In den Biographien grosser Männer heisst es beim Eintritt ins reifere Jugendalter gewöhnlich: Nachdem er die Schulen seines Heimatortes durchlaufen, kam er aufs Gymnasium nach N., um sich dann nachher auf den Universitäten in X. für den erwählten Lebensberuf auszubilden usw. Bei meinesgleichen von jenen Zeitgenossen dürfte es lauten: Nachdem er zur grossen Beruhigung seiner armen Eltern endlich der Alltagsschule entlassen wurde, kam er in die Weberei oder Spinnerei seines Heimatortes, um sich da frühzeitig für den Kampf ums Dasein einzuüben. Ja, auch bei mir war dies der Fall, und greift jener Moment tief zurück ins zarte Kindesalter, denn damals stand dasselbe noch unzureichend unter dem Schutze einer humanen Gesetzgebung, und leisteten mancherorts sehr mangelhafte Schulverhältnisse in dieser Beziehung bedeutend Vorschub.

Es war nicht immer gewissenlose Ausbeutung, welche die Eltern veranlasste, Kinder von 9 bis 10 Jahren in die dumpfe Atmosphäre der Fabrik zu stecken und sie in dieser Weise dem für ihre geistige und körperliche Entwicklung notwendigen Einfluss von Gottes freier Natur zu entziehen, nein, gewiss nicht. In den meisten Fällen war es eben, wie bei uns, die bittere Armut, die Wahl zwischen Hungerleiden oder Verdienen, was sie bestimmte, ihre Gefühle gewaltsam niederzudrücken und den Verhältnissen das Opfer zu bringen.

So weiss ich gewiss, dass es mit schwerem Herzen geschah, als mich meine Mutter eines Vormittags an die Hand nahm und zum Direktor der Spinnerei führte, um für mich und meinen Bruder dort um Arbeit zu fragen. Es ist mir noch, als wäre es gestern geschehen; der Direktor sass eben beim Znüni, als wir auf sein ‹Herein› in die Stube traten. Ein Schoppen Rotwein, Käse und Brot deckten den Tisch und nahmen mein ganzes Interesse in Anspruch; von ihm selber hatte ich eine so hohe Meinung, wie heute von einem deutschen Fürsten. Schüchtern brachte meine Mutter ihr Anliegen vor und fragte, ob der Herr Direktor so gut wäre und ihre beiden Knaben als Arbeiter in die Spinnerei aufnehmen wollte.

89

90

‹Wo sind denn die beiden Knaben›, liess sich der Direktor vernehmen. ‹Der eine ist dieser hier›, sagte meine Mutter, ‹der andere ist noch ein Jahr jünger, aber auch gesund und gut gewachsen›.

‹Und wie alt ist denn dieser hier?›

‹Er wird anfangs Januar zehn Jahre, der andere hat diesen Monat das neunte zurückgelegt.›

Der Direktor sah meine Mutter eine Weile schweigend mit grossen Augen an und sagte dann: ‹Aber ums Himmels willen, Frau, was denkt Ihr, Kinder in diesem Alter schon in die Fabrik schicken zu wollen.› ‹Aber Sie beschäftigen doch auch solche, die mit meinen beiden Knaben in der gleichen Schulklasse sind›, wagte meine Mutter einzuwenden. ‹Sie sind aber dennoch älter, ich sage Euch, dass kein Kind unter zehn Jahren in der Spinnerei arbeitet, mit diesem Alter nahm ich sie nur, weil sich die Eltern auch da befinden, gesetzlich darf ich aber keines unter zwölf Jahren annehmen.› Damit war die Audienz beendet und konnten wir mit getäuschten Hoffnungen abtreten.»
Der Vater aber empörte sich, schreibt Kreis weiter: «Dass man nun heutzutage bei gesunden Kindern ein Alter von zwölf Jahren zur Aufnahme in die Fabrik verlange, betrachte er als schädlichen Eingriff in die persönliche Freiheit. Er beschuldigte den Direktor der Parteilichkeit, das Gesetz aber als einen Unsinn. So sechs bis sieben Stunden im Tag in der Fabrik arbeiten, meinte er, das schade keinem gesunden Kinde etwas, aber wie es bei seinem Aufwachsen war, dreizehn bis vierzehn Stunden arbeiten für ein bizzli oder zwanzig Rappen im Tag und dann, wie er und seine Geschwister Sommer und Winter, bei Sturm und Wetter, fast eine Stunde weit nach Hause laufen, schlecht genährt und schlecht gekleidet, das bezeichnete er allerdings als Hundeleben. Von diesem Standpunkte aus betrachtet hatte er wohl etwas recht, aber all sein Lamentieren half nichts, der Direktor hatte gesprochen, und dabei blieb es...

Gegen das Frühjahr wechselten wir die Wohnung in Niederuzwil und bezogen eine solche in der Hub oder dem jetzigen Uzwil, von wo sich doch noch eine Gelegenheit bot, mich mit zehn Jahren in einer Fabrik unterzubringen... Ausgerüstet mit einem grösseren Stücklein Brot und den Ermahnungen zu Fleiss und Vorsicht wegen den Maschinen von Seite der Mutter, betrat ich nicht gerade mit Begeisterung den engen, dumpfen Arbeitsraum im Dachboden. Mir wäre, offen gestanden, die Spinnerei lieber gewesen, wo meine Schulkameraden arbeiteten und oft lustige Stücklein davon erzählten, obwohl sie hie und da den vierfachen Strick zu spüren bekamen, der an jeder Saaltüre aufgehängt war, und mit dem der strenge Herr Direktor den jugendlichen Mutwillen in Schranken hielt... Es sollte jedoch am ersten Tage nicht so lange dauern, mir wurde in der ungewohnten schlechten Luft übel, und ich kehrte um vier Uhr mit dem ungegessenen Stück Brot wieder heim. Meine Mutter war nicht sehr erbaut ob dieser kurzen Ausdauer, ich musste am anderen Tag doch wieder gehen, und nun kam es besser, der Mensch ist ja ein Kind der Gewohnheit.»[26]

In diesem Lebensbericht sind nicht alle Aspekte der Frauen- und Kinderarbeit enthalten. Zweifellos galten Frau und Kind – das war schon in der Heimindustrie der Fall – als Produktionsfaktor. Die Eltern glaubten, einen legitimen Anspruch auf die Arbeit ihrer Kinder zu haben: «Das wäre afe lustig, we d'King, dene me z'fresse gä hey u si bekleidet, wo sie mit heyge chönne verdiene u bös gha drby ds Mul wüsche wetti u ga, we si afe neuis mache chönnti. Pack di i Keller mach es neues Wubb (Webstück) uf, oder i nime di bim Gring», sagt der Vater zu seinem Bub, der zu einem Schulmei-

89 Alte Appenzellerin am Handwebstuhl. Auch nach dem Aufkommen der industriellen Fabrikarbeit dauerte die Heimarbeit fort. Der Verdienst sank allerdings.

90 Heimarbeit in der Stickereiindustrie. In der Stickereiindustrie arbeiten Kinder mit. Unser Bild: Mutter und Kinder beim Ausschneiden. Um 1900.

ster in die «Lehre» gehen will.[27] Die Kinderarbeit hat in den Augen der Eltern auch einen erzieherischen Sinn: Arbeit ist das beste Mittel, um aus einem Kind einen richtigen, einen ganzen Menschen zu formen. Niemand dachte vor Pestalozzi, der übrigens in seinen frühen Schriften die Kinderarbeit verteidigt hat, daran, dass das Kind ein Wesen voll Eigenart ist, das zu erfassen und richtig zur Entfaltung zu bringen von höchster Bedeutung für sein späteres Menschenleben sein könnte.[28] Wohl der erste, der das sah, war der Genfer Gelehrte J. C. L. Sismondi. In seinem 1819 in erster Auflage erschienenen Werk «Nouveaux Principes d'Economie Politique» verlangte er gesetzliche Beschränkungen, ein Verbot der Nacht- und Sonntagsarbeit und legte dar, dass eine vernünftige Gesellschaft die Kinder nicht um ihr einziges Lebensglück, um die Freude der Kindheit bringen dürfe.[29] Er wird nicht gehört: In der Zürcher Baumwollindustrie sind 1842 2400, 1868 3085 Kinder unter 16 Jahren beschäftigt. Im Kanton Glarus waren 1869 im ganzen 9629 Fabrikarbeiter tätig, und 1363 Kinder unter 16 Jahren liefen jeden Morgen in die Fabrik. Im Kanton St. Gallen wird die Gesamtzahl der Fabrikarbeiter auf 8985, davon 3444 Männer, 4063 Frauen und 1478 Kinder unter 16 Jahren angegeben. In der ganzen Schweiz werden 1868 9505 Kinder gezählt.[30] Zum Glück hatten die Kinder mächtige und mutige Fürsprecher. So etwa Gottfried Keller, der im Zürcher Intelligenzblatt schreibt: «Der denkende und menschenfreundliche Staat sieht fünfzig Jahre weiter und erblickt ein verkümmertes Geschlecht überall, wo Räder treibende Wasser laufen, welche ihm weder taugliche Verteidiger noch unabhängige Bürger liefern, er berechnet, wie lange der Tag ist für das unruhige Kinderherz, das sich krümmt und wendet, bis es sich allmählich ergibt, um in einem verfrühten Geschlechtsleben eine neue Generation hervorzubringen, an der schon bedeutend weniger zu zähmen ist: Er berechnet, wie vielleicht gerade die dreizehnte Stunde dreihundertmal jährlich wiederkehrend, die Stunde zuviel ist, welche die Lebensfrische retten könnte, und er bettelt bei der Baumwolle um diese einzige Stunde. Er weiss, dass kleine Republiken vor allem die volle Zahl und Kraft ihrer Bürger brauchen und keine Kasten dulden können, die, bereits körperlich, gesundheitlich verschieden, ihr Grundprinzip aufheben, und er bettelt abermals um die dreizehnte Stunde bei der Baumwolle ... Allein die Baumwolle ‹niggelet› stetsfort mit dem Kopfe, den Kurszettel der Gegenwart in der Hand, indem sie sich auf die ‹persönliche Freiheit› beruft, während sie wohl weiss, dass der Staat in kirchlichen, pädagogischen, polizeilichen, sanitarischen Einrichtungen oft genug diese unbedingte persönliche Freiheit zu beschränken die Macht hat, und dass die Quelle, aus welcher diese Macht fliesst, nicht versiegen kann. Sie wird niggelen mit dem Kopfe, bis der Staat einst sein Recht zusammenrafft und vielleicht nicht nur eine Stunde, sondern alle dreizehn für die Kinder wegstreicht.»[31] Und diese Gesellschaft hat sich tatsächlich bald danach aufgerafft. Nach einem beispiellos heftigen Abstimmungskampf hat das Volk am 21. Oktober 1878 das eidgenössische Fabrikgesetz gutgeheissen. Es lehnte sich weitgehend an das glarnerische Fabrikgesetz an, verbot den Eintritt des Kindes in die Fabrik vor dem vierzehnten Altersjahr sowie die Nacht- und Sonntagsarbeit und brachte als erstes Gesetz in Europa einen Normalarbeitsvertrag mit einem 11-Studen-Tag für alle Arbeitnehmer.

Aber das Elend hat manchmal ein zähes Leben. In anderer Spielart, aber in den Folgen nicht besser, erstand es neu in der Hausindustrie, vor allem in der ostschweizerischen Stickerei, wo die Kinder vor und nach der Schule bis tief in die Nacht hinein fädelten, spachtelten und ausschnitten, oder im Aargau,

92

wo eifrig Tabakblätter ausgerippt und Stroh geflochten wurde, im Kanton Obwalden, wo man hütelte, und im Berner Oberland, wo gezündhölzelt wurde. Eine Umfrage der Gemeinnützigen Gesellschaft, die sich einmal mehr kräftig gegen diesen Missbrauch zur Wehr setzte, zeigt, dass noch im Jahre 1906 in der gesamten Hausindustrie ungefähr 36 000 schulpflichtige Kinder arbeiteten; die Hälfte war zu ungewöhnlich früher oder später Stunde am Werk. Aus dieser Zeit besitzen wir auch Dokumente, in denen die Kinder in aller Unbefangenheit und Unbeholfenheit selber zu uns sprechen. Ein elfjähriges Appenzeller Mädchen schrieb in einem Schüleraufsatz: «Schon mit fünf Jahren lernte ich sticken. In den Ferien sticke ich zwölf Stunden; nebst der Schule sticke ich sechs Stunden.» Ein zwölfjähriges St. Galler Kind sagte: «Als ich noch in die Schule ging, musste ich nur fünf Stunden sticken, aber später musste ich viel länger.» Ein zwölfjähriger St. Galler Bub führte aus: «Wenn die Arbeit pressant ist, muss ich von 5½ Uhr morgens bis nachts 11 Uhr fädeln im Keller; nachher sage ich meinen Eltern gute Nacht und gehe ins Bett. So geht es alle Tage.» Schliesslich lassen wir noch eine zwölfjährige Thurgauerin sprechen: «Ich spule von 5½ Uhr morgens bis 8 Uhr abends, dann habe ich frei.» Ein Augenzeuge aus dem Aargau schilderte, wie er drei- bis sechsjährige Kinder beim Tabakausrippen fand, wie sie unter dem Tabakstaub litten und sehnsüchtig durch die Fenster ins verlorene Land der Jugend blickten. Spätere Revisionen des Fabrikgesetzes haben auch diesem Unfug ein Ende gemacht.[32]

Hilfe kam indessen nicht allein vom Staat, sondern, so merkwürdig es auch klingen mag, von der Maschine selber. So brachte etwa die 1884 erfundene Fädelmaschine den Frauen und Kindern der Sticker grosse Erleichterung: «Gar nichts hat man zu tun, als das Rad zu drehen. Im Nu ist ein Lineal eingefädelt», sagte eine Fädlerin aus dem Toggenburg.[33] Schon 1863 hatte Isaak Gröbli mit seiner neuen Schifflistickmaschine einen kaum vorstellbaren Fortschritt gebracht. Sie entlastete die Arbeiterinnen von vielen mühsamen Arbeitsvorgängen, hatte allerdings auch den Nachteil, dass sie einer gewissen Arbeitslosigkeit Vorschub leistete, ersetzte doch eine Stickmaschine die Arbeit von ungefähr vierzig Stickerinnen.[34]

In andern Branchen war eine solche, durch die Maschinen bedingte Rationalisierung im 19. Jahrhundert noch undenkbar. Wir denken etwa an die Bahnarbeiter, die in der zweiten Hälfte des 19. Jahrhunderts ein ganz bedeutendes Kontingent stellten. Schon im Frühjahr 1856 waren 3000 Arbeiter im Einsatz. Damals herrschten noch fast spätmittelalterlich anmutende Arbeitsmethoden. Sämtliche Minierarbeiten wurden von Hand ausgeführt. Versuche, mit einer Bohrmaschine zu arbeiten, schlugen fehl. All die umfangreichen Erdverschiebungen wurden mit herkömmlichen Werkzeugen, mit Pickel und Schaufel in Handarbeit bewältigt. Bei schwierigen Bodenarten wurde ausserdem die Brechstange eingesetzt. Beim Transport brauchte man Karren, die der Arbeiter selbst ziehen musste. Beim Abtragen von Erde war, so etwa beim Bau der ersten Eisenbahn in den Vierzigerjahren, «ein Arbeitssystem bevorzugt, das zwar zeitsparend – die Eisenbahnbauarbeiter arbeiteten teilweise im Akkord –, aber auch unfallträchtig war. Die Erde wurde nicht systematisch von oben nach unten abgetragen, sondern die Arbeiter unterhöhlten die betreffende Böschung, bis sie zusammenstürzte. So brauchten sie die Erdmassen dann nur noch aufzuladen und wegzutransportieren. Man sprach bei dieser Arbeitsweise von ‹unterminieren oder untergraben›.»[35] Auch bei der Erstellung des Unterbaues herrschten vorindustrielle Arbeitsmethoden. Auch hier wurde

91   Wie dieses Bild zeigt, wurden schon sechs- bis siebenjährige Kinder in den Arbeitsprozess (Spulrad) eingespannt. Daran änderte auch die Reform des Schulwesens nur wenig. Hilfe brachten erst die Arbeitsgesetze der Kantone.

92   Fädlerin aus dem Toggenburg um 1900. Frauen und Kinder sind noch in der zweiten Hälfte des 19. Jahrhunderts in den Fabriken in grosser Zahl anzutreffen. Einige Erleichterung brachte die Fädelmaschine: «Gar nichts hat man zu tun, als das Rad zu drehen. Im Nu ist ein Lineal eingefädelt.»

die eigentliche Grabarbeit vollständig von Hand ausgeführt. Im ganzen stellten alle diese Arbeiten einen primitiven ganzheitlichen Arbeitsvorgang dar, «wobei allfällige Differenzierungen nicht durch technische Neuerungen, sondern durch arbeitsorganisatorische Änderungen (zum Beispiel Teamarbeit) erfolgten». Ausser einer guten physischen Verfassung und ein bisschen Geschick brauchten die Erdarbeiter keine anderen Voraussetzungen zu erfüllen; «sie waren demzufolge leicht auswechselbar».[36] Beim Tunnelbau herrschten ähnliche Arbeitsverhältnisse wie auf offener Strecke. Zunächst musste das Gelände gerodet und von losem Gestein befreit werden, dann entfernte man die Humusschichten, bis man auf festes Gestein stiess. Dann begann die bergmännische Arbeit; sie bestand zunächst darin, Bohrlöcher anzubringen, auch das geschah ohne jegliche Maschinen. Waren genügend Löcher vorhanden, begannen die eigentlichen Spreng- und Schiessvorbereitungen, und nach der Explosion hatte man das gelöste Material so schnell wie möglich aus dem Stollen zu räumen. Das alles geschah bei schlechtester Beleuchtung. Zur Beleuchtung im Tunnel wurden Grubenlampen verwendet, die mit Öl oder Unschlitt (Talg, tierisches Fett) gefüllt waren. In den 1850er Jahren sind beim Bau von grösseren Tunnelstrecken, wie beim Hauenstein, auch Rollbahnen gebraucht worden. Als Antrieb für die Förderung von Material in Schächten setzte man später auch Pferdegöppel ein. Die «normale» Arbeitszeit betrug 11 bis 12 Stunden, dazu kam der oft längere Arbeitsweg, er konnte im Tag mehrere Stunden ausmachen. An Sonn- und Feiertagen wurde «nur» gearbeitet, wenn man baulich in Rückstand geriet.[37] Das trat aber verhältnismässig häufig ein. So arbeitete man im Sommer 1846 an drei von fünf Sonntagen an der Sihlbrücke, freilich nach Einholung einer Bewilligung. Im Januar 1847 wird um die Bewilligung ersucht, «auch an Sonn- und Festtagen ununterbrochen fortfahren zu dürfen». Das Statthalteramt antwortete prompt. Zwei Tage später wird zu Protokoll genommen, dass es geschehen könne, allerdings seien die Arbeiten während des Morgengottesdienstes einzustellen.[38]

Eine eigentliche Schichtarbeit kannte man damals noch nicht. Die gleichen Arbeiter, die tagsüber im Einsatz standen, mussten in Notfällen auch nachts antreten, und diese Notfälle scheinen häufig gewesen zu sein. Im Schlossbergtunnel bei Baden ist fast während jeder Nacht gearbeitet worden. Als die Anwohner wegen Nachtruhestörung reklamierten und sich der Gemeinderat einschaltete, entgegnete der verantwortliche Unternehmer

93 Bauarbeiten um 1880 in Zürich. Noch dominiert die Handarbeit. (Zeitgenössische Foto).

94 Um 1900 wird am Zürcher Paradeplatz fleissig gearbeitet. Die elektrische Strassenbahn soll das Rösslitram ablösen.

kühl, die Erfüllung des Akkordes erfordere eben auch Nachtarbeit. Offenbar waren die Bedingungen, zu welchen er die Arbeit übernommen hatte, recht streng und hart. Das zwang ihn seinerseits, die Arbeiter zum höchsten Einsatz zu treiben. Der Bezirksammann sah es deutlich: «Die Arbeiter, die während der Woche angestrengt sind, arbeiten dann noch gewöhnlich zwei bis drei Nächte und bedürfen gewiss Sonntags der Ruhe. Das gleiche darf auch zu den Fuhren verwendeten Pferden gesagt werden, denen man die strenge Arbeit mehr als zur Genüge ansieht.»[39] Ganz besonders hart war die Arbeit im Tunnelbau. Es sind, wie selbst ein hartgesottener Bauingenieur dieser Zeit sagte, «die mühevollsten Verhältnisse, die man sich vorstellen kann». Die Luft war schwül, stickig und von Pulverdampf, Rauch und Ausdünstung durchschwängert. Von den Wänden tropfte es unablässig und goss es zeitweise in Strömen. Die Arbeiter standen knietief in Schlamm und Wasser. Im Hauenstein mussten die Arbeiter bisweilen mit einem Floss zum Arbeitsplatz vorstossen. Zwar gab es in diesem Tunnel eine Trockenhütte, in der man die nassen Kleider trocknen konnte. Dort verbrachten die todmüden Arbeiter auch ihre Ruhezeit.[40]

Die Arbeit war nicht nur lang und hart, sondern auch gefährlich. Ein Beispiel: Am Sonntag, den 8. November 1846 wollten die Arbeiter am Schlossbergtunnel einen Felsblock sprengen. Da entzündete sich beim Laden das Pulver. Drei Arbeiter fanden den Tod, die übrigen sechs bis sieben wurden schrecklich verstümmelt, und sie litten entsetzliche, rasende Schmerzen. Wie es hiess, sind «zwei durch den Tod von ihren Leiden erlöst worden. Ein gleiches Schicksal muss man einem Dritten, schrecklich Verstümmelten wünschen.» Einem Vierten wurde die Hand amputiert; sein Überleben war ausserdem ungewiss. Man sah das alles als Strafe des Himmels an, weil an einem Sonntag gearbeitet worden war. Doch wir haben die Bewilligung eingeholt, meinte der Unternehmer.[41] Andere Unglücksfälle verliefen zwar glimpflicher, doch die Bilanz ist dennoch erschütternd: Der Bau der Strecke Zürich–Baden erforderte sechs bis zehn Tote und dreissig Mittel- oder Schwerverletzte.[42] Was aber geschah mit den Verunglückten? Was geschah mit den Arbeitern, die ein Augenlicht, die ein Bein, einen Fuss, eine Hand verloren? Es war Sache der Unternehmer, für die verunglückten oder kranken Arbeiter zu sorgen. Wenn sich die Bahngesellschaft dafür einsetzte, dass sich kranke und verunfallte Arbeiter in Spitalpflege begeben konnten, tat sie das gewissermassen freiwillig. Sie richtete (wiederum auch freiwillig) Krankenzimmer ein. Ein bahneigenes Spital gab es nicht.[43]

Weit folgenschwerer als die Katastrophe im Schlossbergtunnel war jene im Hauenstein vom 28. Mai 1857. Sie kostete 63 Eisenbahnarbeiter das Leben. Ein zeitgenössischer Bericht schildert die Katastrophe: «Am Donnerstag den 28. Mai, kurz vor Mittag, kam das Holz im Schacht Nr. 1, das von dem Feuer zur Luftreinigung schon ausgedörrt war, in Brand. Eine Feuersäule, bis nach Aarau sichtbar, stieg aus dem Schacht empor und mit solcher Gewalt, dass Balken hoch in die Luft geschleudert wurden und das Dorf Hauenstein längere Zeit dem Schrecken und der Gefahr wie beim Ausbruch eines feuerspeienden Berges ausgesetzt blieb. Die nächste Folge davon war, dass Schutt und brennendes Gebälke in den Tunnel herabstürzte und dort anderes Holzwerk nebst einem Vorrat von 31 Zentnern Steinkohlen ebenfalls in Brand steckte. Dadurch wurde dann auch der hintere Raum des Tunnels, von der Einmündung des Schachtes bis zu der noch zu durchbrechenden Stelle, vollständig abgesperrt. In jenem Teil des Tunnels waren an dem verhängisvollen Vormittag über sechzig Arbeiter beschäftigt. Als

zwei in der Schmiede beschäftigte Männer den Ausbruch des Feuers in dem Schacht bemerkten, schickten sie sogleich einen Knaben ab, um jene Arbeiter zu schleuniger Flucht zu mahnen. Leider folgten nur wenige dem Warnungsruf, und kaum hatten diese die Brandstätte überschritten, als hinter ihnen das brennende Gebälk von Schutt gefolgt, herabstürzte. Im Tunnel abgesperrt sind 52 Personen: 29 Schweizer, 16 Deutsche, 2 Engländer, 2 Italiener und 1 Franzose. Von dreien weiss man nicht genau, ob es Schweizer oder Deutsche sind. Was zu ihrer Rettung für Anstrengungen gemacht worden sind, haben Zeitungen berichtet; welchen Erfolg dieselben haben werden, ist zur Stunde nur Gott bekannt. Schon elf von den todesmutigen Arbeitern, die sich zur Rettung ihrer Genossen herbeidrängten, sind den giftigen Dünsten erlegen: 7 Schweizer, 2 Engländer, 1 Deutscher. Im Laufe dieser Nacht, Montag auf den Dienstag, spätestens morgen früh, hofft man den herabfallenden Schutt zu durchbrechen: Gebe Gott, dass man die Verschütteten noch am Leben finde.»[44] Leider erwies sich die Hoffnung als falsch: Alle 52 Verschütteten und 11 Rettungsleute konnten nur noch tot geborgen werden. Ausser dieser Katastrophe war zum grossen Glück nur noch ein grösseres Unglück mit drei Todesopfern zu beklagen. Meist blieb es bei einem Todesopfer pro Unfall, doch hatten alle diese Unfälle in der Regel auch Schwerverletzte zur Folge. Ihr Schicksal ist ganz besonders erbarmungswürdig. Hart heimgesucht wurden auch die Hinterbliebenen, waren doch die Abfindungssummen schäbig, ja kläglich. Bei tödlichen Verletzungen wurde den Hinterbliebenen von der Nordbahngesellschaft in zwei Fällen 14 Franken überwiesen. Für eine verlorene Hand – wir berichten zunächst von den Verhältnissen der vierziger und fünfziger Jahre – wurden 20 Franken hingelegt. Für eine Augenverletzung gab es 10 Franken, für eine Beinverletzung bei längerer Arbeitsunfähigkeit 15 Franken, für einen zerquetschten Fuss 8 Franken.[45] Wie das im einzelnen etwa aussah, erfahren wir aus den Aufzeichnungen über den Fall des Jacob Zentner aus Elm/Glarus. Er wurde im März 1847 durch einen Erdrutsch schwer, doch nicht lebensgefährlich verletzt. Am 1. Juni war er wieder soweit genesen, dass er die Bäder in Baden besuchen konnte. Rechnungsführer Faesi von der Bahngesellschaft besprach den Fall mit der Direktion, er meinte, man solle ihm für Verköstigung, Arznung und Badbenützung in der Armenbadanstalt von Baden pro Tag 9 Batzen zahlen. Tatsächlich stellte ihm die Gesellschaft den nötigen Badschein aus, ausserdem bat sie aber den Gemeinderat von Elm, weitere Kosten zu übernehmen. Die arme Armenpflege von Elm trat schon zwei Tage später mit der Badarmen-Commission in Verbindung, und Elm, gewiss keine reiche Gemeinde, übernahm für ihren Bürger auch die weiteren Kosten. Einem letzten Quellenbeleg zu diesem Fall ist zu entnehmen, dass sich auch der Ortspfarrer von Elm einschaltete; er bat die Direktion der Nordostbahn, dem armen Zentner nochmals 20 Franken zu überweisen, was dann auch geschah. Ob Zentner jemals arbeitsfähig wurde, wissen wir nicht. Aber der arme Mann hatte noch Glück im Unglück: Seine Heimatgemeinde stand in den schweren Tagen zu ihm.[46]

Die Nordostbahn zog aber doch aus diesem und anderen Fällen eine Lehre. 1847 wird eine Unterstützungskrankenkasse gegründet. Im Monat sind etwa zehn bis fünfzehn Arbeiter mit durchschnittlich je 20 Franken unterstützt worden.[47]

Höchst aufschlussreich ist auch der Fall der Familie Borner, mit der sich die Centralbahngesellschaft und ihre Organe zu befassen hatten. Lorenz Borner war ein Opfer der Katastrophe im Hauenstein vom 8. Juni 1857. Er

95

hinterliess eine Ehefrau und fünf Söhne. Die Familie Borner wohnte in Rickenbach im Kanton Baselland, nur einige Kilometer von Sissach entfernt, und von dort stammten auch drei weitere Opfer, die ebenfalls eine mehrköpfige Familie zurückliessen. Nun hat der Pfarrer von Läufelfingen diesen Familien nicht gerade ein gutes Zeugnis ausgestellt. Nach der Katastrophe erhielten, schreibt er, «die Witwen der Mittel mehr als genug, ihre Kinder besser zu ernähren und zu erziehen zu guten Landleuten». Doch hätten sie es nicht getan, «vielmehr waren sie liederlich, machten sie Schulden, liessen die Kinder betteln: Die erste Hälfte der vom Direktorium den Witwen bestimmten 1000 Franken ward verprasst und verschleudert, das reichlich gespendete Kostgeld für die Kinder ebenso, die Kinder von Kleidern entblösst und wie früher dem Bettel preisgegeben, während die drei Rabenmütter abends, nachdem sie das Kostgeld für die Kinder bezogen, aller menschlichen Gefühle bar im gleichen Bette ihren viehischen Rausch ausschliefen. Unsere Mahnungen wurden verlacht, wir wiesen die Hilfe der Gemeinde an, aber die Behörden waren lässig, so dass wir gezwungen waren, selbst Ordnung zu schaffen. Wir nahmen mit Hilfe des Oberamtes die Strenge des Richters in Anspruch, die Witwen wurden bevogtet und wir waren genötigt, ihnen die Kinder wegzunehmen und sie anderwärts zu verkostgelden...»[48] Das weitere Schicksal der Kinder ist kennzeichnend: Der älteste Sohn Konrad entwickelte sich nicht gut. Er kam wegen Eigentumsbeschädigung ins Gefängnis, verprasste die Liebesgaben. Der zweite Sohn Friedrich absolvierte später eine Lehre als Schuhmacher. Er zog ins Welschland, starb dort an Lungenschwindsucht und hinterliess Frau und Kinder im tiefsten Elend. Zwei weitere Söhne Joseph und Ludwig machten eine Handwerkerlehre. Der jüngste, Alois, hatte schon vor seiner Volljährigkeit Schulden von mehreren hundert Franken, obwohl ihm nach dem Tode des Vaters insgesamt 2848.60 Franken ausbezahlt worden waren. Das war immerhin im Gegensatz zu anderen Beiträgen ein sehenswerter Betrag.[49]

Auch die Centralbahngesellschaft übernahm keine Haftung für die verunglückten Arbeiter. Bei der Hauensteinkatastrophe gewährte sie Beiträge an eigene Angestellte. Nur in zwei Fällen griff sie helfend ein, bei allen anderen Fällen hatten die Krankenkassen der Unternehmer einzugreifen. Nach dieser

95 Arbeiten im Rhonebett um 1880. Alles wird von Hand geschaufelt und gepickelt.

125

Katastrophe begann sie auch die Hinterbliebenen zu unterstützen. Es sind immerhin für 27 600 Franken Abfindungsgelder ausbezahlt worden. Eine öffentliche Geldsammlung zugunsten der Opfer brachte bis zum 15. Juni rund 40 000 Franken an Liebesgaben. Am Schluss waren gar 110 000 Franken zu verteilen.[50] Die Verunglückten und auch ihre Kinder wurden von einem Ausschuss zum Teil über Jahre hinweg betreut. Verglichen mit den Opfern der Spanischbrötlibahn, sind auch die Beiträge wesentlich höher. Was das für den Einzelnen hiess, wollen wir anhand des Falles Jakob Klöti ein wenig näher beleuchten. Dieser Fall ist insofern interessant, als es sich dabei um eine eigentliche Anstellung eines Eisenbahnbauarbeiters handelt. Klöti erlitt bei der Explosion im Hauensteintunnel schwere Verbrennungen am Gesicht und an beiden Händen, so dass er sein Leben lang keine Handarbeit mehr verrichten konnte. Der behandelnde Arzt, Doktor Mundwiler, meinte denn auch, dass Klöti von allen am Tunnelbau verunglückten Arbeitern einer der schwerst Betroffenen sei, und empfahl ihn für die Gewährung einer Unterstützung. Doch lassen wir nun Klöti selber sprechen: «Wir mussten auch am Sonntag arbeiten, nur bei der Nachtzeit war das Anfertigen von Patronen untersagt, zur Vermeidung des Gebrauchs von künstlichem Licht, was ich jedoch nicht wusste, da es nirgends angeschlagen war. Weshalb ich denn auf Befehl des Schachtmeisters Blond, Schacht Nr. 3, an einem Sonntagabend ebenfalls an der Arbeit war. Ein Württemberger wollte mir, obleich ich es ablehnte, behilflich sein und zündete, trotz meiner eindringlichen Warnung, neben einem Quantum Pulver ganz unnötigerweise Zündschnüre an. Mehrere Arbeiter aus dem Tunnel hatten eben Ruhestunde und können meine Abmahnungen noch heute bezeugen; dessen ungeachtet fuhr der Arbeiter in seinem tollen Unternehmen fort, während die genannten Arbeiter teils wieder im Tunnel waren oder sich aussen zerstreuten. Um halb zehn Uhr nachts geschah, aus Schuld des genannten Württembergers, der mir fortwährend nur trotzigen Bescheid gab und sich gross machte, wie er schon weit mehr als ich im Pulver gearbeitet habe, eine plötzliche furchtbare Explosion. Ungefähr 48 Pfund Pulver, teils bloss, teils in fertigen Patronen vorhanden, flogen im Feuer auf. Ein hinten im Gebäude schlafender Arbeiter, Müller von Eptingen, kam mit blossem Schrecken davon, indem nur seine Kappe brannte. Der Veranlasser aber, unten am Tische sitzend, geriet ganz in Flammen. Er schrie entsetzlich, es überschlug ihn, und die herbeigesprungene Mannschaft warf ihn, der sich wieder aufraffend, herausgesprungen kam, zu Boden, wälzte ihn, um zu löschen hin und her und riss ihm mit eigener Gefahr so schnell es eben gehen konnte alle Kleider vom Leibe, an dem er überall verbrannt war. Mich aber, den Unschuldigen, traf es am härtesten, indem ich beim Ablegen einer Patrone auf den Tisch plötzlich vom Feuerqualm ergriffen und im Gesicht und an Händen furchtbar zugerichtet wurde. Der nackte Unglückstifter kam, gleich als wir uns kaum vom Todesschrecken erholt hatten, zu mir und hielt an, ich möchte ihn doch nicht verraten, dass er Zündschnüre in Brand gesteckt habe. Das hörten aber andere auch, und er wurde deshalb auch nicht in den Spital von dem Tunnel aufgenommen. Endlich nach vielen und langanhaltenden Schmerzen und überstandenen Operationen blieben mir nur zwei Finger an jeder Hand noch brauchbar, die anderen verstümmelt. Meine Arme waren ganz verdreht, und ich musste sie lange Zeit in fester Form eingezwängt halten. An beiden Seiten des verbrannten Gesichtes muss ich noch lebenslänglich mich entstellende Brandmahle tragen und leichten Beschäftigungen nachgehen, wie es meine Kräfte und gelähmten Hände und Finger erlaubten.»[51] Nach dem

96

Unfall hielt sich Klöti als Hausierer über Wasser und scheint hin und wieder auf das entstellte Gesicht und die verstümmelten Hände angesprochen worden zu sein. Er kam deshalb auch auf die Idee, seine Unfallgeschichte drucken zu lassen und als Flugblatt den Interessierten abzugeben. Einerseits wollte er die Geschichte nicht fortwährend wiederholen, andererseits versuchte er seine Einnahmen zu erhöhen. Er erhielt 200 Franken aus dem Liebesgabenfond. Er legte sie bei der Hypothekarbank in Liestal an. Ein knappes Jahr später aber wandte er sich an Pfarrer Buser mit der Bitte, die 200 Franken verwenden zu dürfen. Ihm biete sich die Möglichkeit, den bisherigen Hausierhandel aufzugeben und sich in Wenslingen in einem geräumigen Zimmer an der Strasse nach Oltingen als Kleinhändler niederzulassen. Hier verlassen wir Klöti und die Eisenbahnarbeiter; wir werden ihnen im Kapitel Löhne, Preise und Lebensstandard nochmals begegnen.

Arbeitsalltag von Commis, Kontoristen, Ladendienern und Serviertöchtern

Schon zu Beginn des 19. Jahrhunderts wird in den Quellen da und dort von Ladendienern und Buchhaltern gesprochen. Es sind dies gewissermassen die Vorläufer. Denn von einer eigentlichen, modernen Angestelltenschaft konnte damals noch nicht die Rede sein. Sie bildete sich erst zwischen den Jahren 1860 und 1900 allmählich heraus. Vorläufer, gewissermassen Pioniere sind die Ladendiener und Verkäufer sowie Verkäuferinnen. Zu welchem Stand, zu welcher Berufsgruppe gehörten diese Leute? Man scheint es im 19. Jahrhundert noch nicht recht zu wissen. Die Statistiker betrachteten das Verkaufspersonal bei der Volkszählung von 1894 als eine besondere Gruppe zwischen der Arbeiterschaft und den Büroangestellten, und die Statistiker des Bundes ordneten es den Angestellten zu. Die gleiche Zwiespältigkeit und Unsicherheit herrschte in den Reihen der Berufsorganisation selber. Als einzige Angestelltengruppe waren die Verkäuferinnen teilweise in der Arbeitergewerkschaft organisiert. Der kaufmännische Verein akzeptierte sie zunächst nicht als Mitglieder.[1] Und die Verkäufer selber hatten keine klaren

96 Ein Opfer der Arbeit wird aus dem Gotthardtunnel getragen. Der Zeichner hat um 1875/80 alles daran gesetzt, das tragische Geschehen zu verdeutlichen. Die Frauen brechen in Wehklage aus.

Vorstellungen. Verena Conzett (1861–1947) gibt uns in einer Autobiographie Einblick in ihr Leben und ihre Arbeit und das berufliche Selbstverständnis. Sie war zunächst Fabrikarbeiterin, dann Krawattenmacherin. Als sie 1878 eine Stelle als Verkäuferin in einem Zürcher Modegeschäft erhielt, betrachtete sie das zwar als Aufstieg, nicht aber als eigentlichen Sprung von der Arbeiterschaft in den Angestelltenstatus.[2] Für die junge Frau bedeutete es gleichwohl eine grosse Verbesserung: «Ich darf mich immer in dem schönen Verkaufslokal aufhalten und habe dort die bestellten Krawatten zu machen», erklärte sie zu Hause voller Stolz. «Und denkt euch nur: Auch Kunden darf ich bedienen, und dafür bekomme ich sechzig Franken Lohn.»[3] Von der Fabrik keineswegs verwöhnt, war sie mit dem Lohn schnell zufrieden, und sie nahm selbst eine recht lange Arbeitszeit in Kauf. Die Arbeitszeit einer Verkäuferin dauerte damals je nach Geschäft 12½ bis 13½ Stunden.[4] «Und er war streng, dieser Alltag!», meint Verena Conzett: «Unser Geschäft blieb abends bis acht Uhr offen, sehr oft auch länger. Wurde dann endlich geschlossen, wanderte ich müde und abgehetzt nach Hause...»[5]

Es war ein grosses Ereignis und ein grosser Tag, als Herr Henneberg, ihr Chef, verkündete, es sollte der Abenddienst so eingeteilt werden, «dass jede Ladentochter wöchentlich zweimal um sieben Uhr heimgehen konnte». Doch immer am Samstag, dann, wenn man besonders gerne rechtzeitig heimgegangen wäre, «blieben die Herren bis halb zehn Uhr, um ihr Krawättli einzukaufen».[6] Im Vergleich mit anderen Angestellten oder auch Arbeiterinnen schnitten die Verkäuferinnen besonders schlecht ab. Gesetzliche Regelungen der Arbeitszeit gab es nur in Basel-Stadt und Neuenburg. Dort wurde der Maximalarbeitstag auf 11 Stunden pro Tag beziehungsweise 65 Stunden pro Woche festgelegt.[7] Und dabei hatten die Verkäuferinnen stets «freundlich, aufmerksam und dienstbereit» zu sein. Eine allenfalls schlechte Laune des Kunden, Unhöflichkeit, ja selbst kleine Demütigungen waren bereitwillig hinzunehmen.[8]

Nun hatte das Verkaufspersonal nicht nur zu verkaufen, sondern auch die Ware aufzustellen, abzuwägen und zu verpacken. Im Gegensatz zu heute gab es noch Papiertüten zu kleben, Zuckerstöcke zu zersägen, das Lokal zu reinigen und Lagerkontrollen zu führen. In seinen Lebenserinnerungen beschreibt Jean Zogg (1838–1905), welche Arbeiten er als Ladendiener, beziehungsweise als Verkäufer auszuführen hatte. «Im Laden des Handelshauses Hilty in Buchs sah ich den Wandkorpus mit Schubladen, mit lateinischen Überschriften, was dem Laden den Anstrich einer halben Apotheke verlieh...»[9] Das machte ihm aber keinen allzu grossen Eindruck, hatte er doch vorher in einer Apotheke gearbeitet. Er war deshalb, wie er selber schreibt, in kurzer Zeit «au courant». Mit Eifer machte er sich ans Werk und arbeitete sich auch in die Buchhaltung ein, so dass er ziemlich bald zu einem Faktotum der Firma wurde. Im dritten Jahr übernahmen die Prinzipale, was eine besonders hohe Gunst bedeutete, seine Preisvorschläge für Eisenwaren. Doch bekam er für seine Arbeit nur 200 Franken im Jahr, weshalb er die Stelle nach zwei weiteren Jahren aufgab. Nicht nur bei Hilty in Buchs, auch in anderen Ladengeschäften war es Usus, alle Arbeiten stehend zu erledigen. Fuss- und Beinbeschwerden waren an der Tagesordnung: «Die Ladentochter ist für den Arzt eine gute Kundschaft», heisst es noch um 1900. Und die Löhne des Verkaufspersonals waren, auch wenn Verena Conzett mit ihren 60 Franken zufrieden war, recht bescheiden, um nicht zu sagen dürftig. Noch um 1890 ist der Status des sich mehrheitlich aus mithelfenden Familienangehörigen rekrutierenden Verkaufspersonals niedrig. Die Ausbildung blieb rudimentär. Das wusste man ganz allgemein, und das prägte natürlich auch das Berufsbild. Eine ausgesprochen berufliche Orientierung bildete sich erst später aus. Wohl grenzten sich die Verkäuferinnen nach 1890 mehr und mehr von der Arbeiterschaft ab. Zur Identitätsfindung fehlten aber immer noch die notwendigen Voraussetzungen.[10]

Wie sah die Arbeit der anderen Angestellten, der Kontoristen, der Commis, wie man die Büroangestellten damals noch nannte, aus? Da gab es grosse Unterschiede. In kleineren Betrieben brauchte es keinen oder nur einen einzigen Schreiber, wie er noch um 1850 genannt worden ist. Diese Schreiber waren gewissermassen die alleinige und rechte Hand des Unternehmers, der sie selber auch einführte und überwachte. Der junge Heimweber Furrer aus dem Zürcher Oberland hörte eines Tages, dass der Fabrikherr Huber in Uster «einen Schreib- und Buchführungslehrling» brauche. «Dort müsse er sich in ein paar fremden Sprachen üben, unter der Anleitung des Fabrikherren selbst, welcher der italienischen, englischen und französischen Sprache mächtig sey. Vier Jahre müsse er bleiben, ohne Lohn zu erhalten, dann aber erhalte er jährlich sechshundert Gulden nebst freier Kost und Wohnung.»[11] Furrer nahm die Stellung nicht an. In grösseren Betrieben sahen die Lehrverträge und auch die Arbeitsverhältnisse anders aus: Johann Herzog, der 1882 als 13 jähriger Commis in die Jacquardweberei in Bischofszell eintrat, schreibt: «Die Fabrik beschäftigte gegen 200 Arbeiter. Es wurden fabriziert: Baumwoll-Satin, Damaste, Schale und leichte Vorhangstoffe für den Export nach aussereuropäischen Ländern. Täglich gingen grosse Kisten ein, die Webgarne von verschiedenen Spinnereien enthielten; ich musste das Abladen, Abwägen und Einlagern überwachen und die Garne kontrollieren. Nebst den Büroarbeiten fiel mir noch die Aufgabe zu, jeden Tag zwei- bis dreimal einen Gang zu machen durch die drei Websäle, die Zettlerei, Schlichterei, den Kesselraum und die mechanische Werkstätte, um zu sehen, ob jeder Arbeiter und Webermeister auf seinem Posten stehe. Alle zwei Wochen erhielten die Arbeiter ihren Lohn. Am Morgen des Zahltags musste ich auf der Bank das nötige Geld in Banknoten, Gold, Silber und Nickel abheben, das ich in einem Zwilchsack auf der Schulter durch die Stadt zur Fabrik trug...

Die Arbeitslöhne eines jeden Webers und Taglöhners wurden auf einen Zettel geschrieben und das Geld darein gewickelt. Vor dem Einpacken des abgezählten Geldes machte man eine Stichprobe mit der in den Büchern eingetragenen Totallohnsumme; es durfte daher nach dem Einpacken der Löhne weder Geld übrig bleiben noch solches fehlen, sonst mussten die Geldtäschen wieder geöffnet werden, um den Fehler herauszusuchen.»[12] In vielen Betrieben, vor allem den mittleren und kleineren, wurde die Korrespondenz und Buchhaltung vom Unternehmer selber erledigt; den Commis fiel dann lediglich die einfache Arbeit der Materialkontrolle und manchmal auch das Verpacken der produzierten Gegenstände zu. Anders in Grossbetrieben: In der Seidenstoffweberei Schwarzenbach in Thalwil, die rund 4000 Personen beschäftigte, gab es 83 Angestellte. Zu diesen gehörten auch 26 «richtige» Büroangestellte. Was diese zu bewerkstelligen hatten, erfahren wir aus den Aufzeichnungen des langjährigen Bürochefs Bühler. Um 1870 waren, so schreibt er, die beiden Prinzipale, die beiden Brüder August und Robert Schwarzenbach, «Tag um Tag vom Morgen bis Abend auf dem Büro tätig; mit Ausnahme vom Freitagnachmittag, welcher der Börse in Zürich bestimmt war».[13] Da Robert Schwarzenbach, der kaufmännische Leiter, geschäftehalber oft Wochen, ja Monate im Ausland weilte, hatte

Bürochef Bühler zusätzliche Aufgaben zu übernehmen. Er war froh, vom jungen Hans Spörry unterstützt zu werden. Dieser trat zwanzigjährig, nach Absolvierung seiner Lehre, im Jahre 1879 bei Schwarzenbach ein. Er war für folgende Arbeitsabläufe verantwortlich: «Beschaffung von Offerten für den mir vom Dispositionsbüro schriftlich eingereichten Bedarf an Rohseide... Empfang der Verkäufer und Prüfung der eingegangenen Muster und Anstellungen, Unterhandlungen, Abschlüsse, Erledigung allfälliger Reklamationen und Proteste.»[14] Zu erledigen waren ausserdem Büro- und Magazinarbeiten. Spörry zählt auf: «Untersuchung (reconnaissance) der Waren auf Conformität mit dem Abschlussmuster und den stipulierten Bedingungen: Qualität, Farbe, Apparenz, Griff, Sauberkeit, Zwirnfehler. Eintragung (nach Verification und Richtigbefund) der Auskünfte in die Lagerbücher unter festlaufender Nummero, Organzin und Trame separat. Fakturenkontrolle, Engagementsbücher, Correspondenzen mit den Märkten Zürich, Lyon und London. Controlle unserer italienischen Industrie, deren Warenablieferungen und der Spinn- und Zwirnabrechnungen. Je auf Monatsende: Aufnahme von Lagerbestand und laufenden Contracten mit allen Détails. Preismoyennerechnung der Hauptartikel in Organzin und Trame. Eintrag des Preisstandes gewisser Seiden in einer graphischen Tabelle, Monatsstatistik über Einkauf usw.»[15]

Das ist in der Tat eine respektable und anspruchsvolle Tätigkeit. Spörry war deshalb froh, als zu seiner Entlastung ein junger Kaufmann angestellt und ihm eine Seidenpröblerin unterstellt wurde. Denn alles musste nicht nur genau, sondern auch schnell geschehen. Die erste Instruktion für Spörry lautete: «Machen Sie jeden Tag fertig, was fertig zu machen ist... Man weiss nie, was der nächste Tag bringt.» Und er brachte in der Regel viel. Ausserdem war er auch lang. Bühler notiert, dass in den 1870er Jahren 10, 11 und 12 Stunden am Tag gearbeitet worden ist. Selbstverständlich arbeitete man am Samstag bis 7 Uhr abends, und am Sonntagmorgen schaute man noch schnell herein. An Ferien dachte man zwar, es gab sie aber nicht.[16]

Etwas anders sah es in den Büros der chemischen Industrie aus. W. Heitz, ein langjähriger Angestellter der Firma Geigy in Basel, beschreibt das alte, an der damaligen Bahnhofstrasse gelegene Geschäftsgebäude – die Bezeichnung Verwaltungsgebäude hätte das Haus nicht verdient: «In dem relativ kleinen Raum sass man an alten Pulten mit Klappdeckel, das Tintenfass vorsorglich rechts oben im Pult eingelassen. Im Pult selbst, Platzmangels wegen, waren die nötigen Begleitadressen, Deklarationsformulare, Musterdüten, Brief- und Stempelmarken usw. verstaut... Unter reichlicher Schreibarbeit lernte man die Speditionsmethoden und die damit verknüpften Vorschriften kennen, daneben aber auch die Namen der Speditionsfirmen.»[17] Hier wirkte der Lehrling Heitz ein Jahr lang, um sich in der Spedition weiter auszubilden. Dann wechselte er zur Finanzabteilung, wo er bereits eine kleine Kasse zu führen hatte. Hier arbeiteten fünf Personen. «Hinter einer das Zimmer zu einem Drittel einnehmenden Glasverschalung thronte Herr Ueberegger, welcher die Haupt- und Geheimbücher führte und auch für die Gehälter zu sorgen hatte. Er erhielt als Erster aus dem ‹Cabinet› die eingehende Post... Es waren hier weiter tätig Herr Hägler als Journalführer, Herr Zweifel an der Kasse, ein Lehrling und Bürodiener Dilger, dem eigentliche Hilfsarbeiten wie Ordnen und Klassieren der erledigten Briefe sowie die Bedienung der Kopierpresse von Hand zufielen.»[18]

Nach einem weiteren Jahr stieg der junge Mann in «die abwechslungs- und lehrreiche eigentliche Schlüsselstellung der Verkaufsabteilung empor».

97

Hier regierte Prokurist Kübler. Er korrespondierte mit Krefeld, Lyon, New York und war für Verkauf, Kalkulation zuständig. Drei Korrespondenten, zwei Lehrlinge sassen in den beiden Büroräumen. Hier war, wie Heitz notiert, «reichlich Gelegenheit gegeben, nicht nur seine Schön- und Schnellschrift zu üben, sich vielmehr auch einen gewissen Korrespondenzstil anzueignen und die technischen Ausdrücke zu lernen. Anfänglich bekam man Briefe auf Grund von Brouillons der Herren Kübler und Gysin oder nach Diktat zu schreiben, wobei oft zum Radiermesser gegriffen wurde … Gegen Ende der Lehrzeit konnte man sich als selbständiger Korrespondent auswirken und durfte ab und zu eine Anerkennung von seinen Vorgesetzten entgegennehmen.»[19]

Selbstständig – damit kennzeichnet Heitz jene Stufe, jene Schaltstelle, die den Korrespondenten vom übrigen Personal abhob. Einzelne Korrespondenten schickte man gar – höchstes Glück für die Auserwählten – auf Kundenbesuch ins Ausland. Damit erreichten sie fast die Autonomie der Verkaufsvertreter.[20] Sie hoben sich auch deutlich ab von den Leuten in der Buchhaltung, die an «dicke, schwere Kontokorrentbücher» gebunden waren. Ihr Arbeitsalltag war wie jener der Orderabteilung eher monoton. Heitz beschreibt recht farbig die ruhige aber auch beschauliche Atmosphäre, die hier herrschte: «Herr Birkenmeyer erhielt die eingegangenen Originalbestellungen von Herrn Kübler oder Herrn Gysin ausgehändigt, wobei er solche zunächst in besondere Orderbücher, je nach Objekt für Farbstoffe oder Extrakte, handschriftlich mit Tinte einzutragen hatte, aus welchen alsdann die sogenannten Packzettel für die Betriebe, ebenfalls mit Feder und Tinte, herausgeschrieben wurden. Herr Birkenmeyer durfte sich rühmen, über eine fliessende und überaus klare Handschrift zu verfügen, so dass sich oft seine ‹Exportpackzettel› wie lithographiert präsentierten.

Herr David, der ruhige und stille, dabei vergnügliche Kollege, betreute die dicken schweren Kundenbücher und das ebenso umfangreiche wie unhandliche Material … Herr Brügger hatte jahraus, jahrein täglich von Hand sämtliche Rechnungen aus den Packzetteln aufzustellen, ausgerechnet mit

97 Um 1899 waren Büroangestellte offenbar recht gesucht, wie diese Inserate zeigen. Man war allerdings damals noch nicht sicher, ob man von Töchtern, von Mädchen oder von Angestellten reden sollte. Einmal wird eine gewandte Tochter aus guter Familie für ein Büro gesucht, ein andermal ist es ein junges Mädchen, das die Korrespondenz machen sollte, ein drittesmal wird von einer «Comtoiristin» gesprochen.

Herrn David, der solche ins dicke Memorial eintrug, und oft konnte Brügger vor lauter Schreibkrampf nicht mehr weiter schreiben...»[21]

«An Stosstagen gab es für die Fakturisten auch Überstunden. Alles war eintönig und doch konzentriert, so dass die Nerven des Herrn Brügger stets angespannt waren und mit Herrn Birkenmeyer nicht gut Kirschen essen war.»[22] All diesen Unzulänglichkeiten zum Trotz betrachteten sich diese Männer als professionelle Kaufleute, hatten sie Freude an der Arbeit, standen sie loyal und treu zu ihrem Geschäft und ihren Prinzipalen. «Ihr berufliches Denken kreiste um die Tugenden harter Arbeit und steter Dienstbereitschaft; damit verbanden sich Vorstellungen, dass man einen wichtigen Beitrag leiste zum Wohl der Firma, für Handel und Industrie der Schweiz, ja für Zivilisation und Fortschritt überhaupt.»[23] Doch das alte patriarchalische Verhältnis zwischen Unternehmer und Angestellten weicht, je grösser die Betriebe wurden, einem kühleren Verhältnis. Schon um 1877 wird festgestellt, dass der Grossbetrieb in Handel und Industrie an Bedeutung gewinne, man finde Häuser mit zehn, zwanzig und mehr Angestellten, heisst es 1895. Einzelne Firmen beschäftigen «eine kleine Armee von Hülfsgeistern, vom subalternen Packer über den Gefreiten Buchhalter bis zum Offizier, der die Prokura führt». Spezialisierung, Arbeitsteilung heissen die neuen Begriffe. Und etwas völlig Neues erscheint: die Frauen ziehen in die Büros ein. Die Firma Georg Fischer AG in Schaffhausen stellte 1899 die erste Frau zur Bedienung der neu geschaffenen Telefonzentrale ein, während bei Geigy in Basel 1896 die erste Dactylographin und mit ihr die erste Schreibmaschine Einzug hielt. Das alles geschah unter den erstaunten Blicken der männlichen Commis, und manche empfanden es als bedrohlich, erschienen doch Lohn und Arbeitsplatz gefährdet. Endlose Querelen und Streitgespräche brechen denn auch in den 1890er Jahren im SKV, dem Verband der Angestellten über die sogenannte Frauenfrage los.[24]

In anderen Berufszweigen war man an die Mitarbeit der Frau längst gewöhnt, so gab es beispielsweise in der Industrie im ganzen 19. Jahrhundert Tausende von Fabrikarbeiterinnen, und auch im Gastgewerbe waren die Frauen von jeher mit bedeutenden Zahlen vertreten. Von ihrer Arbeit ist allerdings nirgends die Rede. Eine Ausnahme macht Anneliese Rüegg (1879–1934). In ihrem Buch: «Erlebnisse einer Serviertochter, Bilder aus der Hotelindustrie» gewährt sie Einblick in die Verhältnisse im Hotelbetrieb des 19. Jahrhunderts. Hier wird, wie Pfarrer P. Pflüger, der sie zum Schreiben ermuntert hatte «die Not unserer Saaltöchter oder Serviertöchter einmal von berufener Seite zur Darstellung gebracht».[25] Nach der Konfirmation nimmt sie erstmals eine Stelle in der Westschweiz an. Hier gibt es, so schreibt sie ihrer Mutter, «so noble und vornehme Leute, die gar nichts schaffen. In meiner Etage wo ich arbeite, hat es ein amerikanisches Fräulein, die ihr Morgenessen im Bett isst. Tee und Weggli, auf welche sie noch Butter streicht. Aber sie ist gesund und immer freundlich zu mir. Ich habe auch gut und genug zu essen, alle Tage bekomme ich Fleisch. Aber wenn Du einmal sehen könntest, was die Pensionäre hier bekommen, weisst ich weiss auch nicht immer, was es ist, das ich serviere. Nicht einmal an einem Bankett im Usterhof hat es so schöne Sachen gegeben und hier alle Tage und so viel, dass die Pensionäre nicht einmal alles mögen, ich denke mir, wenn ich nur hie und da etwas von dem, was hier übrigbleibt, Euch schicken könnte. O dann hättet Ihr es noch viel besser als damals, wo die Soldaten in Uster waren.»[26] In einem anderen Brief schreibt sie der Mutter, dass es hier ganz anders und nobel sei: «Und wie ich den Tisch decke, decke ich für jeden einzelnen

98

Pensionär 3 Gabeln, 2 Löffel, 3 Messer, 2 Gläser, jeden Tag, jedem Pensionär eine saubere Serviette und zweimal frische Tischtücher in der Woche, zu jedem Gang einen sauberen Teller (Gang sagt man, wenn es zum Essen wieder etwas anderes gibt). Es gibt immer zuerst Suppe (an Sonntagen aber noch vor der Suppe auf einer Platte allerlei gefärbte, kalte Sachen; man sagt diesen Sachen Ordöver). Also zuerst Suppe und dann noch vier, fünf Gänge, also ein Pensionär bekommt zum Mittag- und zum Nachtessen jedesmal fünf bis sechs Teller. Weisst Mutter, wenn ich in meiner Etasche, das heisst Stock, immer gute Pensionäre habe, so bekomm ich noch viel und schicke Dir dann auch davon.» Als Anneliese Rüegg zum ersten Mal heimkehrte, war es bereits Nacht. Die Geschwister und Schulfreundinnen holten sie am Bahnhof ab, und bis spät in die Nacht hinein erzählte sie von ihrer Arbeit und beantwortete alle Fragen. Am folgenden Tag wurde dann beraten, wie sie wieder an eine passende Stelle kommen könnte: «Meine ältere Schwester meinte, ich könnte in einen Laden nach Zürich. Mir wollte dies nicht einleuchten, denn ein Ladenfräulein verdient kaum genug für sich selbst. Dazu kam, dass ich noch im Sinne hatte, italienisch zu lernen.» Sie fragte zwei Italiener, die neben ihrem Häuschen die Kirchhofmauer ausbesserten, wie sie das wohl anstellen könnte. Ihr Rat war, sich an eine Zeitung in Bellinzona, den «Dovere», zu wenden. Worauf sie ein Inserat verfasste, das folgenden Wortlaut hatte: «Nette Tochter, deutsch und französisch sprechend, sucht Stelle, wo sie italienisch lernen könnte.» Voller Hoffnung trug sie den Brief auf die Post, und tatsächlich bekam sie noch in der gleichen Woche zwei Offerten: «In Bellinzona verlangte man ein fleissiges Zimmermädchen und in Lugano eine freundliche Serviertochter.» Auf den Rat der Mutter fuhr sie nach Lugano. Dort angekommen, suchte sie «mit einem Waschkorb in der Hand mein Gasthaus Fontana. Als ich's sah, wäre ich lieber wieder zurück nach Bellinzona gefahren, denn da sah's gar nicht einladend aus. Wie viel schöner war doch die Grancy Villa gewesen! ‹Ich bin die neue Serviertochter›, sagte ich auf französisch der auf mich zukommenden Wirtin, stellte meinen schweren Korb auf den Boden ab und gab der mich anstaunenden Frau freundlich die Hand. Sie brachte mit Mühe einige französische Worte zusammen und führte mich unter das Dach, wo zwei Betten in einer Ecke standen. Ich suchte nach einer Tür und fragte erstaunt, ob eine solche hier nicht üblich sei. ‹Es wird nun eine Tür gemacht. Einstweilen schläft Angelina noch mit Ihnen; Sie brauchen sich also nicht zu fürchten.› Ich konnte die erste Nacht nicht schlafen, daran war nicht das türenlose Zimmer und das harte Bett schuld, aber das Weinen und Schluchzen meiner Schlafkameradin ... Als Angelina fort war, erzählte man, sie sei kein braves Mädchen gewesen. Sie sei deshalb nach Como geschickt worden, wo sie nun ungestört Mutter werden könne.

Die Türe kam, aber ich fühlte mich doch nicht zu Hause im Albergo Fontana. An Markttagen wäre ich immer am liebsten davongelaufen; mir ekelte, wie viele Gäste auf den Boden spuckten; und vor dem Koch, der an solchen Tagen so aufgeregt wurde, dass er seine weisse Mütze ins Feuer warf, fürchtete ich mich und getraute mich nicht mehr, die Speisen aus der Küche zu holen, wenn ich den Kopf ohne Mütze sah.

Am anderen Tag war zu wenig Arbeit, dann schickte mich der Herr manchmal zum Bahnhof; dort sollte ich den Fremden unseren Albergo empfehlen. Ich tat es aber nur einmal.

Einem Herrn, den ich vom Bahnhof kommen sah und deutsch sprechen hörte, sagte ich freundlich: ‹Haben Sie schon ein Zimmer? Bei uns können

98 Auf dem Rigi Kulm um 1855. Damals wurden die Fremden noch auf Maultieren oder Pferden hinaufgeführt. Neben der Herberge auf dem Kulm sind im 19. Jahrhundert weitere Hotels errichtet worden, und schon vor der Erbauung der Bahn zählte man jährlich bis zu 40000 Rigi-Besucher. Zahlreiche Familien fanden ihr Einkommen in diesem neu aufblühenden Erwerbszweig.

Sie ein schönes haben.› Da schrie mich der Deutsche herrisch an: ‹Was wollen Sie von mir, wie alt sind Sie?› Ohne eine Antwort zu geben, lief ich erschrocken davon.

Ich dachte nur daran, wie ich eine andere Stelle finden könnte. Eines Tages kleidete ich mich sorgfältig an und stellte mich im Café Central vor, welches mir schon von aussen sehr imponierte. ‹So kommen Sie in vierzehn Tagen. Wir werden sehen, ob's geht›, damit engagierte mich die junge Wirtin.» Dort ging es ihr leidlich gut, und auch die Gäste konnten sie recht gut leiden: «Einige schickten mir sogar Briefe, in denen sie mich zu Spaziergängen einluden. In meiner Aufrichtigkeit sagte ich alles meiner Madame. ‹Auch schon wieder›, sagte diese, ‹das kennen wir. Glauben Sie nur nicht, dass es hier einer aufrichtig meint. Sie sind noch zu jung und haben keine Ahnung von der Welt. Man kann keinem trauen und auch nicht, wenn er schwört, er wolle Sie glücklich machen. Das Gegenteil von Glück ist's. Lesen Sie Schiller's Kindsmörderin, dort steht's!› Ich glaubte meiner Madame, nahm ihre Belehrung ernst und dankbar an. Jetzt war ich glücklich und meine Mutter so zufrieden.»

Ihre nächste Station war das Grand Hotel in St. Moritz. Hier war sie Saaltochter und stand mit anderen Saaltöchtern unter einem Oberkellner: «Es war Hochsaison. Jede Woche war Ball im Hotel, wobei bis Mitternacht getanzt wurde. Zum Umfallen müde schaute ich dem munteren Treiben zu und sagte leise ‹wenn doch nur eine von Euch tanzenden Schönen wüsste, wie müde man nach sechzehn Stunden Arbeit ist. Wenn nur eine von Euch morgen um sechs Uhr an die Arbeit müsste.›

Der Oberkellner war, je nach Mass als Weinresten für ihn übrig blieben, grob oder freundlich mit uns. Den Fremden gegenüber war er stets die Höflichkeit selbst; für die bückte und drehte er sich wie ein Schlangenmensch.» Noch einmal wechselte sie, und zwar diesmal ins Grand Hotel Terrasse in Ste. Croix. Dort wurde sie gleich Obersaaltochter. Dort kamen ihr allerlei Gedanken: «Heute abend ist wieder Konzert. Grosser Gott, hast Du denn gar kein Erbarmen mit den Saaltöchtern? Müssen die jede Woche zweimal für die reichen, vergnügungssüchtigen Drohnen bis nach Mitternacht arbeiten?

99 Neue Arbeitsplätze für weibliche Angestellte boten die ersten Telefonzentralen, wie jene von La-Chaux-de-Fonds 1888. Die «Fräuleins vom Amt» tragen lange, weisse Schürzen.

Der Propietär des Grand Hotels schimpfte von morgens bis abends; ich machte mir nichts daraus, wusste ich doch, dass der Alkohol aus ihm sprach. Seine Gemahlin liess mich deshalb einmal auf ihr Büro kommen, wo sie mich ernst fragte: ‹Warum respektieren Sie meinen Mann nicht?› Ich gab keine Antwort. Beleidigten Tones sprach Madame weiter: ‹Wissen Sie nicht, dass Monsieur votre patron, Besitzer des Grand Hotels und verschiedener anderer Häuser ist?› ‹Nein, ich wusste es nicht.› Zu gerne hätte ich anders gesprochen, aber ich wollte nicht schon wieder mitten in der Saison die Stelle verlieren.»[27] Soviel aus dem Tagebuch der Anneliese Rüegg.

Einen guten Einblick in die Arbeit eines der vielen guten Geister im Dienste des Fremdenverkehrs bieten die Kutschenbücher des Christian Hagmann (1836–1907) von Sevelen. Er war Lohnkutscher, besass eigene Pferde, ein eigenes Gefährt. Seine Kundschaft fand er vor allem bei den ausländischen Kurgästen in Bad Ragaz. Von hier fuhr man mit den Passagieren ins Bündnerland, ins Engadin. Beliebte Ziele waren St. Moritz und Pontresina. Denn noch fuhr keine Bahn dorthin, die Albulabahn wurde erst 1903 eröffnet. Für die Strecke Bad Ragaz–St. Moritz wurden zwei Tage eingesetzt. In den Kutscherbüchern sind auch die übrigen Standardrouten, so die Clevnerroute (Chiavenna) über den Splügen bis hinunter nach Varrena am Comersee, die Bellinzonaroute über den St. Bernardino nach Como, die Engadinerroute, die Oberalproute nach Luzern, eingetragen. Die Tarife waren verhältnismässig hoch, kostete doch eine Fahrt im Zweispänner nach Como 270 Franken, zuzüglich zehn Prozent Trinkgeld. Und diese 300 Franken entsprachen zwei- bis drei Monatseinkommen eines damaligen Industriearbeiters. Weil Christian Hagmann einen Vierspänner fuhr, war der Preis dementsprechend höher. Hagmann selber hat in seine Kutscherbücher nichts eingetragen. Dafür sind viele lobende Empfehlungen und Dankesbezeugungen von Touristen aus Deutschland, Frankreich, England und den Vereinigten Staaten zu finden. Am 10. Juli 1882 schreibt ein Hamburger Kunde: «Christian Hagmann fuhr uns von Chur über Thusis nach St. Moritz. Dieses ist schon das zweite Mal, dass Erstgenannter uns über die Pässe glücklich hinüberbrachte. Derselbe hat sich jedesmal als ausgezeichneter und zuverlässiger Kutscher bewährt. Ich mache mir ein Vergnügen daraus, ihn als ausgezeichneten Kutscher zu empfehlen.» Gelobt werden auch in anderen Zeugnissen der gute und sanfte Wagen und die vorzüglichen Pferde. Eine New Yorkerin meint, dass Hagmann sich besonders für Damenfahrten eigne, er sei eben ausserordentlich höflich. Ein Fahrgast lobt 1885 den Kutscher, er sei der beste, verlässlichste Kutscher, den man sich überhaupt für eine Reise wünschen könne: «Hagmann ist vorsichtig und weiss seine Fahrgäste auf alles bescheiden und zur rechten Zeit aufmerksam zu machen.»[28]

Nicht alle Kutscher fanden den gleichen Beifall. Zwar bemerkt der Engländer John Ball, es sei überall in der Schweiz leicht möglich, ziemlich bequeme Fahrzeuge und gute Pferde zu erhalten. Andere Engländer beschreiben die Fahrzeuge, die sie vor allem im Jura zu sehen bekommen, als plumpe, komisch aussehende Gefährte, die so schmutzig aussehen, als wären sie noch nie gewaschen worden, seit sie zum ersten Mal auf die Strassen kamen. Der Engländer Charles Williams schreibt, es sei ihm immer ein Rätsel, wo die Schweizer ihre Fahrzeuge hernehmen, er habe nämlich noch nie ein neues gesehen und verwundere sich oft, dass diese baufälligen Vehikel auf den steilen Strassen nicht auseinanderfielen. Ein ähnliches Verdikt trifft übrigens auch die öffentliche Post. Die Postkutschen seien nicht nur alt und lotterig, sondern es sei überhaupt nichts an ihnen, das einen glauben

machen könnte, sie seien je neu gewesen, schreibt der Engländer Grant. «Die Lage wird dadurch noch schlimmer, dass diese Kutschen überhaupt nie gereinigt werden. Und Kutscher wie Pferde passen ausgezeichnet zu diesen Vehikeln.» Doch gibt es auch andere Zeugnisse. 1854 schreibt ein Engländer: Die staatlichen «diligencies» führen überall hin und sind glänzend organisiert. Falls eine Kutsche voll sei, werde ohne weiteres eine zweite bereitgestellt. Und was sagen die Pöstler zu ihrer Arbeit? Sie schweigen ebenso wie die Angestellten der öffentlichen Betriebe, der Bahn etwa. Einzig ein Trämler meldet sich zu Wort: Es ist der in Ennetbaden geborene Werner Mooser (1886–1965), den wir schon als Bäckerlehrling kennenlernten. «Um für sein späteres Leben eine sichere Existenz zu schaffen», meldete er sich anfangs des 20. Jahrhunderts beim Zürcher Tram. Doch wollte, wie er schreibt, auch hier eine rechte Arbeitsfreude nicht aufkommen: «Für die kleinste Unterlassungssünde gab es einen mündlichen Verweis oder eine schriftliche Verwarnung auf den berüchtigten roten Zetteln... Die alten Trämler und ehemaligen Rössliträmler wurden allerdings nicht so scharf in die Zange genommen, dafür um so mehr die jungen Ablöser. Wenn im Personal diese Missstände zur Sprache kamen, sagten die ehemaligen Fuhrleute und Rossknechte: ‹Die Jungen sollen die Schnauze halten!›»

Die Arbeitszeit beim Zürcher Tram betrug damals zehn bis elf Stunden täglich. «Als Ablöser musste man schon morgens um fünf Uhr sich im Depot einfinden. Jeden Tag kam man an eine andere Coupierzange und mit anderen Lochzeichen. Diese musste mit feinem Schmirgelpapier vom Rost gereinigt werden. Weiter war es unsere Aufgabe, alle Räume im Depot zu wischen und abzustauben. Der Lohn betrug für die Ablöser pro Stunde 1.50 Franken. Somit gab es oft Tage mit einem Verdienst von nur drei bis fünf Franken. Einmal brachte ich in vierzehn Tagen ganze einundzwanzig Franken heim. Zum Glück arbeitete meine Frau noch in der Seidenweberei Thalwil und verdiente in vierzehn Tagen als Seidenweberin im Akkord sage und schreibe dreissig Franken. So war oft Schmalhans Küchenmeister in unserer kleinen Familie... Die meisten Tramwagen hatten noch keine geschlossenen Türen. Im Winter fror man da schrecklich, trotz Holzschuhen und dicken Strümpfen, wenn man bis zu fünf Stunden ununterbrochen als Wagenführer am gleichen Platz stehen musste. Bei der Bergfahrt, den Zürichberg hinauf, stellte ich den Motor deshalb oft auf die vierte Stufe,

100 Christian Hagmann (1836–1902) betrieb in Sevelen eine kleine Landwirtschaft. Im Sommer arbeitete er als Lohnkutscher. Seine Kutschenbücher sind erhalten. Da schreibt unter anderem ein Hamburger Kunde am 10. Juli 1882: «Christian Hagmann fuhr uns von Chur über Thusis nach St. Moritz... Derselbe hat sich jedesmal als ausgezeichneter und zuverlässiger Kutscher bewährt.» Unser Bild: Christian Hagmann auf dem Bock der vierspännigen Kutsche in voller Fahrt passaufwärts in Graubünden.

sprang vom Trittbrett und lief neben dem fahrenden Wagen einher, mich am Handgriff festhaltend. So konnte ich mir, wenigstens vorübergehend, die eingefrorenen Füsse wieder aufwärmen. Auf der Überlandstrecke Altstetten–Dietikon hatte ich im Winter immer eine grosse Porzellanpfeife bei mir, steckte diese unter den Mantel und rauchte während der Fahrt mit Volldampf. So hatte ich auf der Brust immer ein warmes Öfeli. Das war natürlich verboten, aber man hat mich nie erwischt.

Als Ablöser musste ich oft in andere Depots, um von dort aus den Fahrdienst zu versehen. So zum Beispiel nach Wollishofen, Seefeld, Burgwies oder nach dem Depot Hard, und zwar meistens im Frühdienst, wobei man schon morgens um fünf Uhr auf dem Platz sein musste. Vom Borweg auf dem Friesenberg, wo ich wohnte, stampfte ich im Winter oft über die Wiesen nach dem Albisgüetli und über die Allmend und das Muggenbüel nach Wollishofen. Wenn ich dann im Depot eintraf, waren meine Socken vom Schnee durchnässt, und in diesem Zustand hiess es dann vier bis fünf Stunden auf dem zugigen Wagen stehen. Die Wagen durfte man auch bei strengstem Frost nicht höher als bis fünf Grad beheizen, sonst bekam man vom Kontrolleur wieder einen der bekannten roten Fackel.»[29] Trämlerschicksal und Arbeit vor achtzig Jahren ...

Löhne, Preise und Lebensstandard

Die Arbeit war hart, gewiss, aber hat sie wenigstens etwas eingebracht? Einigermassen verlässliche Angaben über die Ertragslage und den Lebensstandard gewinnen wir erst, wenn wir die Preise, Löhne, die Einkommen und Ausgaben einander gegenüberstellen. Nun haben die Zeitgenossen solch alltägliche Dinge wie Preise und Löhne selten notiert. So fehlen beispielsweise für die landwirtschaftlichen Einkommen entsprechende Zahlen fast vollständig. Wir mussten uns, davon war im Kapitel Bauernarbeit die Rede, mit Umschreibungen begnügen. Etwas besser sieht es beim Handwerk und bei gewissen festbesoldeten Berufen, wie zum Beispiel Briefträger, aus. So können aus den Basler Tarifordnungen recht aufschlussreiche Angaben gewonnen werden. Laut dem Tarif vom 6. September 1803 über die Löhne der am städtischen Lohnamt angestellten Zimmerleute, Maurer, Strassenarbeiter («Ruchwerker»), Gassenbesetzer und Brunnenwerkarbeiter erhielt der Zimmermeister einen wöchentlichen Lohn von 12 alten Franken. Dazu kam eine jährliche Wohnungsentschädigung von 60 alten Franken. Der Maurermeister hatte Anspruch auf ein gleiches Einkommen, dazu bekam er allerdings noch eine freie Wohnung. Etwas niedriger war der Wochenlohn des Brunnenmeisters, nämlich 9 alte Franken, dazu kam aber eine jährliche «Kompetenz» von rund 100 alten Franken. Der Ruchwerkmeister bekam wöchentlich 6 alte Franken, dazu eine freie Wohnung. Die Zimmerleute, Maurergesellen, Gassenbesetzer und Brunnknechte erhielten wöchentlich 9 Franken im Sommer und 7.20 Franken im Winter. Dazu kam noch ein wöchentliches Wartgeld von 6 Franken.[1] Hier handelt es sich um vollständige Einkommen, das heisst, es kamen weder Brot noch Wein hinzu, wie das noch im 18. Jahrhundert allgemein üblich war. Was diese Zahlen indessen zu bedeuten haben, wissen wir erst, wenn wir eine Reihe von Preisangaben haben. Wir werden aber die Preise erst nach den Löhnen betrachten. Den obrigkeitlichen Verordnungen ist zu entnehmen, dass die Löhne der Zimmer-, Maurergesellen sowie Handlanger zwischen 1807 und

1846 stark stiegen. Doch Vorsicht ist am Platz: In den Löhnen von 1846 sind gewisse Naturalbezüge sowie die Stundengelder nicht inbegriffen. In Wirklichkeit waren sie kaum höher als 1807, das heisst, dass eine eigentliche Verbesserung nicht stattgefunden hat, denn in diese Zeit fällt die grosse Teuerungswelle von 1816/17. Etwas mehr sagen die Zahlen aus dem Kompetenzbuch von 1813 aus. Auf der untersten Stufe standen damals die Lohnamtsarbeiter sowie Polizisten mit einem Jahresverdienst von 312 beziehungsweise 320 Franken alter Währung. Der Briefträger bekam 480 Franken jährlich, der Postmeister indessen 1200 Franken, gleichviel wie ein Hauptpfarrer, aber etwas weniger als ein Universitätsprofessor, der 1600 Franken bekam. An der Spitze der Liste steht der Staatsschreiber mit 2000 Franken alter Währung.[2] Betrachten wir die Jahresbesoldung unseres Briefträgers noch etwas näher: Er erhielt 1811/20 768.20 Franken, 1892/1900 dagegen 2078.33 Franken.[3] Das ist nominell doch eine erhebliche Steigerung. Wieviel es real gewesen sind, werden wir noch erfahren. Ganz allgemein sind um 1900 die Jahresverdienste der Zimmerleute, Maurer und Handlanger sechsmal grösser als hundert Jahre zuvor. Die Kaufkraft des Geldes aber ist 2½ mal geringer gewesen als 1807. Wir dürfen daraus schliessen, dass die Reallöhne der Basler Handwerker, wie auch der festbesoldeten Angestellten, im 19. Jahrhundert ganz beträchtlich verbessert werden konnten. Nimmt man als Basis die Zeit von 1911/13, so kommt man für das Jahr 1803 zu einem Reallohn von 37,4 Prozent; er steigt bis 1810 auf 42,9 Prozent des Reallohnes der Basisperiode. In den Teuerungsjahren 1811/12 sinkt er auf 36,5 Prozent und 1817 gar auf 30,6 Prozent zurück. Dann steigt die Kaufkraft des Einkommens infolge des Rückganges der Lebenskosten weiterhin an. Das Jahr 1825 weist mit der Ziffer 59,2 den höchsten Reallohn auf; dann geht es im Teuerungsjahr 1832 auf 46,7 Prozent zurück.[4] In der zweiten Hälfte des Jahrhunderts gehen die Preise – man denke an die Möglichkeit billigerer Transporte, an die Industrieprodukte – nochmals zurück. Der Lohn verharrt aber fast auf der gleichen Höhe. Deshalb resultiert eine Reallohnverbesserung. Im Jahre 1892 steht der Index auf Ziffer 90,5. Er ist also seit 1832 um 93,4 Prozent gestiegen. Bis Mitte der 1890er Jahre sinken die Lebenskosten nochmals, und die Kaufkraft des Briefträgereinkommens steigt auf 96,7 Prozent im Jahre 1896. Um 1900 erreicht der Reallohn mit der Ziffer 117,3 den höchsten Stand in dieser ganzen Zeit.[5] Alles in allem genommen: Unser Briefträger lebte in der ersten Hälfte des 19. Jahrhunderts noch recht kümmerlich. In den Notzeiten, den Teuerungsjahren, ging es ihm und seiner Familie sogar äusserst schlecht. Eine markante Besserung tritt erst in den letzten Jahrzehnten des Jahrhunderts ein. Ganz ähnlich ging es den im Dienste des Kantons Basel stehenden Beamten und Angestellten. Auch ihr Lohn ist in den dreissiger Jahren mehr als bescheiden. Die Zimmerleute und Maurer verdienten pro Jahr 623.50 Franken, die Handlanger 446.20 Franken. Um 1896 dagegen erhielten die vom Staat angestellten Maurer und Zimmerleute nach einer Liste des Baudepartementes 1320 bis 1560 Franken pro Jahr. Sie standen wesentlich besser da als die Arbeiter der Privatindustrie, brachte es doch ein Posamenter lediglich auf 1203 Franken Jahreseinkommen.[6]

Neben diesen im allgemeinen doch mehr dem Handwerkerstand zugeordneten Angestellten gab es im letzten Viertel des 19. Jahrhunderts infolge des Ausbaues der kantonalen Verwaltungen mehr und mehr Kontorgehilfen. Zu ihnen stiessen nach 1860/70 auch die kaufmännischen Angestellten im Handel und in der Industrie. Ihre Zahl ist vorerst noch klein. 1880 sind es in der ganzen Schweiz 20000, was nur etwa 3 Prozent der Beschäftigten

101

101 Die arme müde Näherin. Zu den am schlechtesten bezahlten Frauenberufen gehörte jener der Näherin. Ein Kalender von 1859 zeigt eine Näherin, die mitten in der Nacht an der Arbeit ist. Entsprechend ist auch ihr Aussehen.

ausmacht.[7] Es handelt sich um Büroangestellte, Handelsreisende und Verkäuferinnen. Doch die Zahl dieser neuen Berufszweige nimmt verhältnismässig schnell zu. Um 1900 hat sich die Zahl verdoppelt. Es gab Commis, Kontoristen und Kaufleute oder, wie sich ein Zeitgenosse ausdrückte, es gab «eine ganze kleine Armee von Hülfsgeistern».[8] Der Anteil der weiblichen Commis ist vorerst noch recht gering. Anders sieht es im Detailhandel aus, hier gab es schon von Anfang an verhältnismässig viele Verkäuferinnen.[9] Die Löhne all dieser Angestellten waren zunächst keineswegs fürstlich, was sich zum Teil aus dem grossen Andrang der Stellensuchenden, einer gewissen «Überfüllung» dieser Berufe erklärt.[10] Um 1890 betrug das Durchschnittsgehalt der kaufmännischen Angestellten 180 Franken im Monat. Die jungen 21- bis 23jährigen Commis brachten es gar nur auf 115 Franken. Dann steigt das Gehalt bis 1905 aber rasch an. Es beträgt 1905 220 Franken im Durchschnitt, während die jungen Commis 139 Franken bekamen. Verglichen mit den Löhnen der Angestellten in den kantonalen Verwaltungen – gelernten Arbeitern – mit denen man sie wohl am ehesten vergleichen müsste, muten diese Ziffern recht bescheiden an. Bekamen doch diese Angestellten in Basel um 1895 einen Monatslohn von 120 bis 150 Franken.[11] Bis zum Ersten Weltkrieg tritt hingegen eine gewisse Verbesserung der realen Gehälter ein. Zwischen 1890 und 1914 stiegen aber auch die Löhne der gelernten Arbeiter. Sie erreichten oder überholten gar die Gehälter der jungen Angestellten.[12]

Völlig anders sieht das Lohngefüge der beim Bau der Eisenbahnen beschäftigten Arbeiter und Angestellten aus. Sie brachten es, wenn es im Akkord gut lief, um 1850 auf ein durchschnittliches Monatseinkommen von 60 Franken.[13] Allerdings spielte das Wetter manchmal einen üblen Streich. Wenn die Witterung besonders schlecht war, erhielten die Arbeiter keinen Lohn. Zwischen den angelernten und den qualifizierten Arbeitern gab es recht grosse Unterschiede. Durch zusätzliche Nachtarbeit und Sonntagsarbeit konnte der Wochenlohn um einiges verbessert werden. Wesentlich besser gestellt waren die Kaderleute. Ein Bauführer verdiente das Zwei- bis Vierfache. Der Buchhalter bekam 208 Franken, der Oberaufseher bei den Minierarbeiten 333 Franken im Monat, während es der Ingenieur eines Tunnelbauunternehmens gar auf 1000 Franken brachte.[14] Verglichen mit anderen Arbeitern stand der Eisenbahnarbeiter im ganzen gesehen nicht allzu schlecht da. In der Landwirtschaft lagen die Löhne wesentlich unter diesem Ansatz, und von den Fabrikarbeitern waren nur die Uhrenarbeiter besser bezahlt.[15] Die Lage der Eisenbahnarbeiter blieb dennoch kritisch. Sie waren im Taglohn angestellt und konnten deshalb jederzeit entlassen werden. Da sie aber wie die Heimarbeiter von der Hand in den Mund lebten, stand jeweils die nackte Not vor der Tür. Um 1854 beklagten sich drei Eisenbahnarbeiter von Muttenz über ihre Entlassung «gerade noch bei solchen Zeitumständen, wo sich ein arbeitsliebender Mann fast nicht durchzubringen weiss und besonders noch Familienväter». Für viele Leute war aber die Arbeit bei der Eisenbahn die einzige Möglichkeit, um sich und die Familie einigermassen glimpflich über die Runden zu bringen. Es war, wie ein Zeitgenosse meinte, überhaupt die einzige Verdienstquelle: «Was aber thun, wenn die Preise für Nahrung ausserordentlich theuer werden?»[16] Versuchen wir anhand eines Budgets die Schwierigkeiten eines Eisenbahnarbeiters etwas besser kennenzulernen! Wir können davon ausgehen, dass er im Durchschnitt etwa einen Taglohn von 2.50 Franken bekam. Sein Budget sah folgendermassen aus:

Einnahmen	Ausgaben	
2.50 Fr.		
	Kost und Logis	Fr. 1.50
	übriges Essen	Fr. −.40
	Krankenkasse	Fr. −.05
	Kleider, Arbeitsgeräte	Fr. −.20
	Waschen, Flicken	Fr. −.05
	Total	Fr. 2.20

Es blieben also genau Fr. −.30, um der Familie zu helfen. Dieses Budget kann als realistisch betrachtet werden, vielleicht sind die Ausgaben für Kleider etwas zu niedrig budgetiert. Die Bekleidungsartikel waren damals allgemein recht teuer. Für ein Paar Stiefel legte ein Arbeiter den Arbeitslohn von 3 bis 6 Tagen hin. Ein neuer Rock machte gar einen ganzen Wochenlohn aus. Sodann haben wir auch an den hohen Verschleiss zu denken. Allerdings kamen die Eisenbahnarbeiter in verschiedenen Läden zu Altkleidern.[17] Allgemein reichte der Lohn nicht aus, um auch nur eine kleine Ersparnis anzulegen, und das rächte sich: Bei der Inventarisation der Vermögen von Eisenbahnarbeitern, die durch eine Katastrophe umgekommen waren, zeigte sich, dass 31 Arbeiter (77,5%) ein ganz kleines Vermögen hatten, bei 9 (22,5%) überwogen die Schulden. Das Durchschnittsvermögen betrug 137.12 Franken, es bestand aus der Fahrhabe, den Kleidern und den Lohnguthaben. Fast alle verunfallten Arbeiter hatten Schulden zwischen 35 und 40 Franken zu begleichen. Sie kauften das Brot auf Kredit. Selbst Kost und Logis mussten ihnen, wie die Kostgeber klagten, «creditweise verabreicht werden».[18]

Wiederum ein anderes Bild bieten die Löhne und Einkommen der Heimarbeiter. Sie sind zunächst von grossen Schwankungen gekennzeichnet. In der Zeit zwischen 1820 und 1835 verdienten die Heimarbeiter in den Baumwollwebereien 50 Rappen im Tag. 1840/45 waren es 65 Rappen, um 1850 1.20 Franken und 1870/75 2.05 Franken.[19] In dieser Zeit kam es, wie diese Zahlen zeigen, zu einer deutlichen Verbesserung. Da, wo diese Verdienste lediglich ein Nebenerwerb waren und wo noch andere Quellen, zum Beispiel aus der Landwirtschaft, flossen, mag es noch hingegangen sein. Wie aber hat es ausgesehen, wo man allein auf die Heimarbeit angewiesen war? Jedenfalls haben sich dort die Konjunktur und Krisen noch stärker ausgewirkt, und solche Krisen traten immer wieder ein. Die Bandweberei ist, so heisst es in der Basler Zeitung, «fürs laufende Jahr trockengelegt». Und an einer anderen Stelle lesen wir: «Ein Glück, dass sich niemand ganz auf die Seidenindustrie verlässt. Wenn das Verdienen nicht mehr geht, muss man sich an die Scholle halten.»[20] Und immer wieder wird gesagt, dass von den Krisen die landlosen Heimarbeiter am stärksten betroffen seien.[21]

Wohl am besten sind wir über die Löhne und die Lebenshaltung der Fabrikarbeiter orientiert. Hier ist die Quellenlage günstiger. Ausserdem liegen Untersuchungen von E. Gruner und J. Siegenthaler vor. (Siehe Tabelle 1, Seite 142).

Wie die Tabelle der Löhne der schweizerischen Fabrikarbeiter zeigt, stiegen die Löhne im ganzen zunächst langsam, gegen Ende des Jahrhunderts stärker an. Am schlechtesten bezahlt waren mit 92 Rappen im Tag die Textilarbeiter; der Lohn stieg bis 1900 auf 2.90 Franken.[22] Demgegenüber erhielt ein Metallarbeiter (hochqualifiziert) um 1845 2 Franken, um 1900 indessen 5.20 Franken. Daraus kann man schliessen, dass die existenzminimalen Löhne stärker gestiegen sind als jene von spezialisierten Arbeitern. Das Bild täuscht, weil die Arbeitszeitentwicklung nicht miteinbezogen ist. Zwar ist nach der Arbeitszeitverkürzung auf längere Dauer der Lohnausgleich gewährt worden. Eine Verkürzung der Arbeitszeit bedeutete aber immer, so willkommen sie auf der einen Seite gewesen ist, eine Lohneinbusse, und diese war zum Teil recht erheblich. Insgesamt ist die Arbeitszeit für Männer von 12 bis 14 Stunden im Tag im Jahre 1850 auf 10 Stunden um 1895 verkürzt worden.[23] Um zu wissen, wie der Lebensstandard wirklich aussah, müssen wir auch die Nahrungsmittel-, die Kleiderpreise und ihre Entwicklung, die Wohn- und Heizungskosten und vor allem die konsumierten Mengen der einzelnen Bedarfsartikel kennen. (Siehe Tabelle 3, Seite 143).

Ein genereller Blick über diese Tabelle zeigt, dass die Preise durchwegs steigende Tendenzen aufwiesen. Auf dieser Tabelle sind indessen nur die Durchschnittspreise angegeben. Kurzfristige Aufschläge sind nicht erfasst. Weil sie aber im 19. Jahrhundert ebenso häufig wie heftig waren, dürfen wir sie nicht ausser acht lassen. In einzelnen Jahren, zum Beispiel 1800, 1816/17; 1832, 1847 und 1870/71 sind die Preise einzelner Lebensmittel innerhalb weniger Wochen bis aufs Dreifache, Vier-, ja Fünffache angestiegen. Die Löhne folgten nicht sofort, was zu Reallohneinbussen führte. Zur Teuerung trugen auch Wucher und Fürkauf bei sowie die Sperrung der Getreideausfuhr benachbarter Staaten, zum Beispiel der süddeutschen Staaten im Jahre 1847. Obgleich die Kantonsregierungen die Vorratslager öffneten, begannen die Preise ruckweise zu steigen.[24] Wir haben auch zu bedenken, dass die Preise von Ort zu Ort und sogar innerhalb einzelner Gemeinden stark variierten. So verkaufte der Konsumverein Zürich das Halbweissbrot im Winter 1832 zu 18 statt üblicherweise 22 Rappen. In Lausanne wurde es zu 16 statt 20 Rappen abgegeben. Grosse Preisunterschiede gab es auch beim Fleisch. Die Unterschiede waren nicht immer qualitätsbedingt. Das gleiche gilt für importierte Produkte wie zum Beispiel Reis und Kaffee.[25] Angesichts der allgemein steigenden Preistendenz kam es auf das Verhalten der Löhne an. Entscheidend ist und bleibt einzig die Frage: Sind die Löhne stärker gestiegen als die Preise? Glücklicherweise kann diese Frage positiv beantwortet werden. Doch gilt es diese generelle Aussage noch zu überprüfen, wobei wir die nachfolgende Grafik etwas näher ansehen wollen. Ganz allgemein können wir festhalten, dass sowohl die Preise wie die Löhne stiegen. Da aber die Nominallöhne stärker stiegen, kam es zur Reallohnverbesserung.

Preise, Nominal- und Reallöhne, 1835—1914 (1914 = 100)

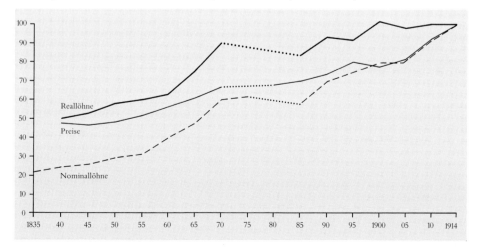

Tabelle 1:   Löhne schweizerischer Arbeiter nach Wirtschaftszweigen (Durchschnitte Schweiz), 1835–1914 (in Rp./Tag)

Jahr	Metall-gewerbe	Bau-gewerbe	Nahrungs-mittel	Textilien	Beklei-dung	Holz/Glas	Graphisches Gewerbe	Leder	Chemie
1835	—	173	—	92	—	185	310	210	—
1840	—	—	—	105	165	—	350	—	—
1845	200	163	100	110	—	110	—	190	—
1850	200	200	110	—	255	220	—	320	—
1855	220	—	—	110	—	—	—	330	220
1860	—	255	—	175	240	225	310	—	—
1865	315	285	220	155	—	235	—	220	—
1870	440	315	205	190	350	290	495	320	—
1875	390	405	—	230	370	370	525	325	—
1880	—	—	—	275	—	—	540	330	—
1885	370	410	265	—	365	246	—	310	452
1890	415	400	—	285	—	385	—	375	320
1895	475	425	320	285	405	430	590	290	380
1900	520	412	390	290	490	490	530	—	—
1905	540	470	390	275	490	555	630	405	—
1910	540	510	420	—	—	575	900	520	—
1914	580	675	420	420	700	680	—	610	565

Tabelle 2:   Jährlicher Verbrauch einer Arbeiterfamilie Fr./Rp.

	Fr./Rp.
Fleisch per Tag 1½ Pfund, zusammen 127½ Rp.	465,37
Brot per Tag 4 Pfund, zusammen 88 Rp.	321,20
Kartoffeln per Jahr 10 q à 5 Fr.	50.—
Milch per Tag 1½ Maß à 28 Rp.	153.30
Butter per Jahr	75.—
Kaffee und Cichorien wenigstens	39.—
Mehl per Jahr	20.50
Gemüse per Tag à 15 Rp.	53.75
Wein per Jahr	100.—
Hauszins per Jahr	350.—
Schuhwerk wenigstens	100.—
Kleider für alle	100.—
Wäsche und Bettzeug	50.—
Dem Arzt mit Medizin durchschnittlich	50.—
Lehrmittel für die Kinder	6.50
Brennmaterialien	100.—
Beleuchtung	18.75
Militär (Arbeitsversäumnis und Verbrauch während der Übungszeit von durchschnittlich zehn Tagen)	50.—
Geburts- und Sterbefälle	40.—
Steuern an Staat und Gemeinde	28.—
Monatliche Beiträge in die Kranken- und andern Kassen	40.80
	2212.17

Tabelle 3: Preise wichtiger Bedarfsgüter schweizerischer Arbeiterfamilien (Durchschnitte Schweiz), 1830–1914 (in Rp.)
(Nach Siegenthaler, mit unseren Ergänzungen)

Jahr	Halbweiss-brot (kg)	Kartoffeln (kg)	Milch (Liter)	Butter (kg)	Rindfleisch (kg)	Kaffee (kg)	Eier (Stück)	Wein (Liter)	Buchenholz (Klafter)	Schuhe (Paar)	Baumwoll-tuch (m)	Strümpfe (Paar)	Männer-hemd (Stück)	Frauen-rock (Stück)	3-Zimmer-Wohnung (Jahr)
1830	36	4,3	9,0	135	58	157	—	—	—	—	—	85	—	—	—
1835	32	2,8	12,0	144	63	222	—	—	—	—	—	—	120	540	
1840	—	4,5	9,9	151	56	160	3,0	—	2500	550	250	63	—	470	15000
1845	34	3,6	8,3	152	69	135	4,3	—	2810	—	210	—	—	—	15000
1850	32	7,0	8,5	133	61	150	3,5	1,5	2280	640	—	55	275	500	—
1855	—	9,0	10,0	164	84	170	—	3,5	2590	—	—	—	—	—	—
1860	40	8,5	12,7	178	95	180	5,0	2,9	3750	510	—	—	225	550	—
1865	33	6,6	11,3	188	98	240	5,4	3,4	4260	—	250	—	—	550	27500
1870	45	7,0	12,5	216	119	240	6,0	2,6	4660	1100	190	—	285	—	—
1875	43	8,6	16,0	244	—	270	8,1	3,7	5050	1050	190	50	—	—	24000
1880	39	7,0	18,0	240	119	—	7,1	4,9	4800	1025	—	35	275	375	19000
1885	32	7,0	18,7	233	158	140	7,2	3,6	4680	—	167	—	375	350	24000
1890	33	8,3	19,0	261	155	240	7,8	5,7	4830	860	—	55	—	—	27000
1895	27	7,4	19,4	255	166	215	8,2	4,7	5360	780	—	55	375	—	41000
1900	28	6,9	18,5	256	155	135	8,5	2,5	5130	750	—	—	—	900	37500
1905	51	9,0	20,0	300	—	132	8,9	2,8	5190	780	64	—	475	900	35000
1910	33	9,2	23,1	349	175	195	9,9	6,1	5500	—	—	—	—	1000	47500
1914	59	17,0	23,4	362	193	250	11,1	—	6100	835	92	130	350	900	52000

Tabelle 4: Verbrauchsstruktur (Anteile an den Jahresausgaben, in Prozent)

	1800/50	1850/75	1885/1900	1900/14
Nahrungsmittel	59	62	49,5	45,5
Kleider	17	14	11,5	11,5
Wohnung	11	13	14,5	17,5
Heizung	12	7	5,5	4,5
Übriges/Wahlbedarf	1	4	19	21

Das Budget einer Arbeiterfamilie sah völlig anders aus als heute. Für Nahrungsmittel sind zwischen 1800 und 1850 fast 60 Prozent ausgegeben worden, um 1885/1900 waren es noch 49,5 Prozent. Markant ist auch der Rückgang des Anteiles an Kleidern (industrielle Fertigung = billigere Preise), während der Anteil für Wohnung (steigende Mietzinse) deutlich zunahm. Dafür ging der Anteil für Heizung zurück. Endlich blieben für die übrigen Bedürfnisse (Arzt) sowie den Wahlbedarf eine höhere Spanne, stieg doch dieser Anteil von 1 auf 21 Prozent.[26] Bei den Nahrungsmitteln standen die Ausgaben für Brot an erster Stelle. Es folgte das Fleisch, dann die Milch. Neben dem Preis spielt die verbrauchte Menge eine grosse Rolle. Jürg Siegenthaler hat aufgrund der Quellen herausgefunden, dass eine 5köpfige Familie um 1870 pro Tag 2 kg Brot, 1,5 kg Kartoffeln, 1,5 l Milch, 60 g Butter, 250 g Fleisch, 50 g Kaffee und ein Ei konsumierte. Zu den damaligen Preisen gerechnet, kommt man auf 1.70 Franken Nahrungskosten pro Tag oder 758 Franken im Jahr.[27] Dazu kamen noch die Ausgaben für Kleidung, Wohnung und Heizung. Recht gute Aufschlüsse vermittelt das Budget einer Zürcher Arbeiterfamilie von fünf Personen. (Siehe Tabelle 2, Seite 142).

Der für dieses Budget verantwortlich zeichnende Arbeiter bemerkt dazu, dass er pro Jahr 1200 Franken, seine Frau 300 Franken verdiene. Das macht 1500 Franken. Es bleibt also ein Manko von 712.17 Franken. Bis die Kinder ins erwerbsfähige Alter kamen, musste also diese arme Familie ihre Ersparnisse – soweit sie überhaupt solche hatte – aufbrauchen.[28] Etwas besser sah es in einer Familie eines Basler Bandwebers aus. Die Einnahmen des Vaters betrugen 2298.60 Franken, die Ausgaben beliefen sich auf 2049 Franken. Kein Defizit![29] Kinderarbeit oder Konsumverzicht? Das war für die Betroffenen die Frage, wobei das zweite nicht leicht zu bewerkstelligen war, da die Rationen ausserordentlich knapp bemessen sein dürften. Deutlich wird das etwa in den Jugenderinnerungen von Jakob Kreis (1851–1922) zum Ausdruck gebracht: «Mancher Bissen ist vom Munde des Vaters abgespart, mit Muttertränen benetzt.»[30] Die ganze Not kommt auch in den Zahlen von Zürcher Textilarbeitern aus dem Jahre 1850 zum Ausdruck. Die betreffende Familie gab im Jahr 700 bis 750 Franken für den Lebensunterhalt aus. Der geplagte Familienvater brachte aber lediglich 340 Franken Lohn nach Hause. Die Frau musste mithelfen, ihr Lohn betrug 215 Franken, während ein Kind noch 135 Franken beisteuern konnte.[31] Deutlich kommt zum Ausdruck, dass die Familie also nur existieren konnte, wenn alle Familienglieder mitarbeiteten. Es war durchaus «normal», wenn der Familienvater nur die Hälfte der Ausgaben bestritt. Gegen Ende des Jahrhunderts sah es ein wenig besser aus. Um 1890 konnte der Familienvater mit seinem Lohn ¾ der Ausgaben bestreiten. Qualifizierte Arbeiter hatten es vielleicht besser, wir denken etwa an die Uhrenarbeiter. Doch Vorsicht ist geboten: dieser Beruf war sehr krisenanfällig.[32] (Siehe Tabelle 4, Seite 143).

Man muss auch daran denken, dass die Wohnkosten recht hoch waren. Dabei gab es allerdings (recht) grosse Unterschiede. Jene Arbeiter, die ein eigenes Haus hatten – im Kanton St. Gallen waren es immerhin ¼ –, standen besser da als die Mieter. Auch wohnten viele Arbeiter in den Wohnungen der Fabrik, in den Fabrikarbeiterwohnungen. Die Mietzinse waren hier kleiner, dafür war die Abhängigkeit vom Arbeitgeber um so grösser. Der jährliche Mietpreis variiert je nach Wohnort, Ausführung und Raumverhältnissen zwischen 160 bis 500 Franken. Bei den Unternehmerwohnungen lag er zwischen 60 und 240 Franken.[33] Über die Wohnverhältnisse wird im Kapitel «Wohnen» noch mehr zu berichten sein. Weniger ins Gewicht fielen die Steuern. Nach den Berechnungen von G. Schanz betrug die durchschnittliche Gesamtsteuerbelastung im Jahre 1856 pro Kopf 7.88 Franken. In den folgenden Jahrzehnten steigt sie aber beträchtlich an, um 1886 waren es immerhin 20.73 Franken.[34] Die Zahlen variieren indessen von Kanton zu Kanton ganz erheblich. Im agrarischen Kanton Wallis betrugen 1860 die direkten Steuern pro Kopf 43 Rappen, in Schwyz 1.24 Franken, im industrialisierten Genf hingegen 3.74 Franken. Auch müsste man noch die Gemeindesteuern mit einbeziehen. Sie konnten, wie einzelne Beispiele zeigen, recht beträchtlich sein, besonders wenn man noch die Kirchensteuer, Schulsteuer und Armensteuer miteinbezieht. Manche Gemeinde erhob um 1877 sodann eine Sondersteuer, um den Eisenbahnverpflichtungen nachzukommen. Sie betrug zum Beispiel am linken Zürichseeufer 2.90 Franken pro 1000 Franken Vermögen je Haushaltung und Mann. Sie fiel also lediglich für die besser bemittelten Mittel- und Oberschichten in Betracht.[35] Um 1860 betrug die Gemeindesteuer pro Kopf und Jahr in den Kantonen Luzern und St. Gallen, für die Berechnungen vorliegen, 5 Franken. Dazu kommen noch Staatssteuern von rund 7 Franken pro Kopf und Jahr.[36] Für den Arbeiter waren das sicher recht hohe Beträge. Verglichen mit anderen Ländern war allerdings die Prokopf-Belastung in der Schweiz äusserst gering. Eine weitere finanzielle Belastung stellte der Militärdienst dar, noch gab es keine Lohnersatzordnung. Das Arbeitsversäumnis für 10 Tage ist mit 50 Franken berechnet worden.[37] Eine Last war im weiteren das Schulgeld, das auch nach der «Demokratisierung», das heisst nach 1780, noch in vielen Kantonen erhoben worden ist. Es betrug in Zürich pro Kind und Jahr 2 bis 3 Franken, in Basel gar 6 bis 7 Franken.[38] Alle diese Zahlen und Angaben zeigen recht schön, dass man mit dem Reallohnindex die prekäre Situation allein nicht richtig wiedergibt. Man sieht es deutlich: der Lohn der Fabrikarbeiter verharrte aller Lohnsteigerungen zum Trotz immer nahe beim Existenzminimum, in bösen Teuerungszeiten sicher auch darunter. Die Verhältnisse haben sich erst in jüngster Zeit grundlegend geändert. Angesichts dieser Situation begreifen wir einmal mehr, weshalb die Arbeiter ihre Frauen und Kinder mit in die Fabrik nahmen. Auch versteht man, weshalb sie in vielen Fällen gegen die Arbeitszeitverkürzungen auftraten.[38] Alle Familienglieder mussten eben mithelfen, und da traten manchmal auch soziale und menschliche Überlegungen in den Hintergrund. Selbst wenn diese Menschen ihre Arbeit bis zur faktischen Erschöpfung ausführten, konnten sie sich bis 1870 kaum etwas leisten, was über den normalen und dringend notwendigen Lebensbedarf hinausging. Manche Fabrikarbeiterfamilie hätte auch nicht existieren können, wenn nicht noch kleine Nebenverdienste und wenn nicht gewisse Produkte aus dem Pflanzplätz hinzugekommen wären. Bei den eigentlichen Arbeiterbauern mag dieser Anteil mehr als die Hälfte der Nahrungskosten ausgemacht haben, doch die Quellen schweigen darüber. Wir wissen nicht, wie gross der Anteil an Selbstversorgern oder Teilversorgern gewesen ist. Die Lage im allgemeinen war also recht düster. Eines nur ist tröstlich, dass gerade in dieser Zeit der Grundstock zu einem späteren Wohlstand gelegt worden ist. Die Opfer waren freilich fürchterlich.

Wohnen

103

102 Die Familie Högger um 1813. Bürgerlich-behagliche, vielleicht etwas steife Wohnausstattung. Zu den schlichten und geraden Formen des Tisches und der Stühle kontrastiert der schwere Vorhang im Hintergrund.

103 Arbeiterwohnhäuser der Firma Rieter & Co., Winterthur. Rieter hat um 1852 eine eigentliche Arbeitersiedlung erstellt. Sie ist in ihrem Zustand von 1870 abgebildet.

Hausbau, Wohnkosten und Wohnqualität

«In der Tat hat die industrielle Revolution das Leben des einzelnen und der Familie, die Struktur der Gesellschaft und die Organisation des Staates tiefer und nachhaltiger beeinflusst als kaum je ein Ereignis in der ganzen Geschichte der Menschheit; sie hat das Antlitz der Erde in gewalttätiger Weise zutiefst verändert.»[1] Zum Glück vollzog sich die Verwandlung nicht plötzlich, schlagartig. In der ersten Hälfte des 19. Jahrhunderts kommen zwar die ersten Maschinen auf, werden die ersten Fabriken und auch die ersten Arbeiterwohnhäuser gebaut. Doch geht es da um eine Phase der Vorbereitung, des Überganges. Die eigentliche Industrialisierung und Technisierung mit der Eisenbahn als Merkmal, ja Symbol des industriellen Fortschrittes vollzieht sich erst in der 2. Hälfte des Jahrhunderts. Rein zeitlich betrachtet gibt es also ganz deutliche Phasen. Sie sind auch im räumlichen Gefüge sichtbar.

Der neue Geist und die neuen Techniken erreichen das Land, insbesondere auch die Berggebiete mit deutlicher «Verspätung». Wer von Wohnbau und Wohnkultur des 19. Jahrhunderts spricht, wird deshalb ganz genau angeben müssen, ob er Städte, Industriegebiete oder ländlich-bäuerliche Verhältnisse anvisiert. Versuchen wir zunächst ein Bild des Hausbaues und Wohnmarktes auf der Landschaft zu gewinnen. Hier waren die Anstösse zunächst nicht so stark, dass die bestehenden Hausformen nicht mehr genügt, den Anforderungen nicht mehr entsprochen hätten. Der Bestand an Häusern wird übernommen; es wird vielleicht da und dort umgebaut, angebaut und aufgestockt. Dabei werden im Gegensatz zu früheren Zeiten, in denen der Bauer selbst Hand anlegte, mehr und mehr Handwerker, Baumeister, später sogar vereinzelt Architekten meist aus den näherliegenden Städten beigezogen.[2] In erster Linie baute man Rauchküchen um, setzte geschlossene Herdkonstruktionen, Sparherde hinein, um den Rauch aus der Küche zu verbannen. Auch zog man etwa das Kamin übers Dach hinaus. Da und dort baute man vielleicht einen Abort an oder verlegte ihn von aussen ins Haus. In den Gebieten der Haus- und Heimindustrie baute man Strickräume, richtete Webkeller ein. «Was an neuen Bauten entsteht, verliert zusehends an Stil- und Materialechtheit, die Massverhältnisse gehen verloren, die Fenster werden zu gross, und die Originalität der Fassaden verschwindet. Oft werden sogar anstelle der alten, kleinen Fenster in brutaler Weise in eine Wand grössere eingefügt, dem Streben nach Luft und Licht folgend.»[3] Es kommen auch da und dort Vorschriften auf, die das Bauen verändern. So verbietet etwa um 1806 die Feuerverordnung des Kantons Aargau das Strohdach und leitet damit das Aufkommen des Ziegeldaches ein.[4] Ganz allgemein wird der

147

Massivbau bevorzugt; weil man das Steinhaus als etwas besseres ansieht, werden alte Fachwerkhäuser verputzt. Im Entlebuch entsteht ein neuer Vielzweckbau mit Krüppelwalm. Da und dort greift man zum Pisé-Bau: Erde und Lehm werden bearbeitet, mit gehäckseltem Stroh durchmischt, angefeuchtet und zwischen hölzernen Schalungswänden festgestampft.[5] Fast überall verschwindet der hölzerne Bohlenständerbau zugunsten der Gemischtbauweise. Nackte Nützlichkeit und geringerer Preis geben den Ausschlag. Manchem Bau des 19. Jahrhunderts möchte man deshalb gern, so Albert Knoepfli, «eine Nüchternheitsprämie» zugestehen: «Es sind zumal hochgestelzte, meist mit Kniestock versehene Wesen mit dünner architektonischer Substanz.»[6] Städtische Bauformen und Stilmerkmale tauchen in den Dörfern auf. Die öffentlichen Gebäude wie Schulen oder Spritzenhäuser (Feuerwehrhäuser) verlieren ihr Aussehen. Sie, aber auch die Villen der Fabrikanten oder die neuen Geschäftshäuser sollten etwas vorstellen. Verzierungen in Laubsägemanier, Blechtürmchen erscheinen. Schon die Zeitgenossen klagten: «Die Schweiz ist arm an höheren Werten der bildenden Kunst», und «das Ganze der schweizerischen Denkmäler bietet ein Bild voller Widersprüche, aus dem nur schwer und nach längerer Umschau der Hinblick auf festere Richtungen und die mannigfaltigen Einflüsse sich öffnet, die von hüben und drüben zusammentrafen und seit der romanischen Epoche der Kunst unseres Landes ein völlig kosmopolitisches Gepräge aufdrückten.»[7] Als 1835 Johann Kaspar Escher von der Baukommission der Neumünsterkirche in Zürich die für die damalige Zeit klassische Frage gestellt bekam: «In welchem Stil sollen wir bauen?» gab er die charakteristische Antwort: «Möge man den altrömischen oder den gotischen Styl, oder ganz einfache, nur durch den absoluten Zweck des Gebäudes bedingte Bauart wählen, so können in allen Fällen durch Weglassen entbehrlicher Zieraten und möglichst sparsame Verwendung des Materials die Bausummen auf eine beinahe gleiche Summe gebracht werden.»[8] Nach A. Reinle hat die Schweiz im 19. Jahrhundert ebensowenig wie in vorangehenden Jahrhunderten eine «nationale Schule der Baukunst entwickelt».[9] Und doch gab es deutliche Ansätze dazu. Schon zu Beginn des Jahrhunderts hat man sogenannte Schweizerhäuschen zunächst in den Ideenmagazinen gezeichnet, und von etwa 1840 an ist ein eigentlicher Schweizerhäuschenstil entstanden. Er hatte für alle erdenklichen Bauaufgaben zu dienen: Bahnhöfe, Restaurants, Ausstellungsbauten usw. Für die Weltausstellung in Paris 1868 bauten die Schweizer einen Pavillon, bei dem Motive des Schweizer Bauernhauses mit einer griechischen Säulenordnung verbunden wurden. Man fand diese Idee äusserst glücklich und verfolgte sie fortan weiter. Ein Spezialist für solche Bauten war Jacques Gross, der in Zürich die Dolder-Hotelbauten realisierte und der als einmaliger Könner galt. Das Schweizerhäuschen hatte ein Geschwisterkind, das italienische Landhaus. Ein schönes Beispiel schuf Gottfried Semper 1862 in Castasegna (GR) mit einem Solaio (offener Estrich) und weinbehangener Pergola. Doch bald wird auch dieser Campagniastil ein wenig opulent. Ein Beispiel dafür ist die Villa Patumbah in Zürich, um 1883 bis 1885 erbaut.[10]

Doch zurück zu den einfachen Bauten von Bürgern und Bauern! Die selbst in den Agrargebieten nach 1850 entstandenen Neubauten sind nicht mehr typenbildend. Sie tragen auch hier ein städtisch beeinflusstes Gepräge neuer, zufällig individueller Wohn- und Wirtschaftsbedürfnisse.[11] Auffallend ist, dass man nicht mehr wie im 18. Jahrhundert nach alten Traditionen baut. Kein Mensch scherte sich mehr darum, ob «man» in einem Dorf die

104

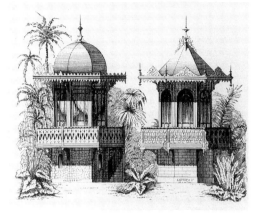

105

104 Die Bauhandwerker an der Arbeit. Ihr Gewerbe und ihr Handwerk stützte sich auf altüberlieferte Traditionen. Die verwendeten Materialien stammten in der ersten Hälfte des 19. Jahrhunderts (man denke an die hohen Transportkosten) aus naheliegenden Steinbrüchen.

105 Pavillontypen aus dem Prospekt einer «Chalet-Swiss-Fabrik» um 1880. Der Schweizerhäuschenstil geht auf die Gedankenwelt Jean-Jacques Rousseaus und Albrecht von Hallers zurück. Im 19. Jahrhundert gab es Ideenmagazine, die Anregungen für Garten- und Lusthäuser vermittelten. Die Architekten haben, wie ein Rezensent schrieb, «Motive aus den verschiedenartigsten Bauwerken unseres Landes verwendet und dieselben den Bedürfnissen des modernen Wohnens angepasst».

106 Im 19. Jahrhundert war der Holzbau immer noch weitverbreitet. Die Feuergefahr war deshalb gross und den Bränden stand man machtlos gegenüber. Die Brandbekämpfung mit Wassereimern, die von Hand zu Hand gereicht wurden, war mühsam und wenig effizient. Eine grosse Neuerung war deshalb die zu Beginn des Jahrhunderts aufkommende Schlauchspritze. Hier ein Exemplar der Gemeinde Münchenbuchsee aus dem Jahre 1811.

Häuser wie bisher traufseitig zum Hang oder giebelseitig zum Hang gebaut hatte, jedermann stellte sein Haus so hin, wie es ihm gerade passte. Man hat deshalb den Eindruck von etwas Wucherndem und Ungeordnetem. Gesetzliche Vorschriften für das Bauwesen fehlten weitgehend. Viele Kantone wie etwa der Kanton Zürich beschränkten sich auf die Regelung der Bautätigkeit in den Städten. Die zürcherische Bauordnung, sie stammt aus dem Jahre 1863, konnte zwar von den Landgemeinden übernommen werden, das heisst, sie konnten sich dieser Ordnung unterstellen. Aber erst gegen Ende des Jahrhunderts schlossen sich die Gemeinden mit einer grösseren Bautätigkeit an.[12] In manchen Kantonen sah es anders aus. So bestand seit 1807 in Basel die Pflicht, für Neubauten eine Bewilligung einzuholen. Um 1840 wird diese Pflicht auch auf Umbauten ausgedehnt, aber diese Weisung ist zweifellos nicht überall eingehalten worden. Noch um 1880 meinte der Baudirektor in seinem Amtsbericht: Ob man der Weisung nachkomme, sei ihm nicht bekannt.[13]

Baustatistiken aus dieser Zeit sind deshalb mit Vorsicht zu betrachten. Im Trend dürften sie einigermassen richtig sein. Sie zeigen eine recht ungleiche bauliche Entwicklung der einzelnen Regionen. Die Posamentendörfer im Baselbiet hatten um 1860 beispielsweise ihren Bauboom bereits hinter sich. Zwischen 1820 und 1830 «wurden sozusagen sämtliche Gebäude grossartig erweitert und renoviert, so dass das jetzige Aussehen des Dorfes (gemeint ist Ziefen in BL) mit dem ehemaligen nicht zu vergleichen ist . . . Die Zeit war so günstig, wie es seither nie mehr der Fall war. Doch scheint man in neuerer Zeit (gemeint sind die sechziger Jahre des 19. Jahrhunderts) noch mehr auf bequemere und schönere Wohnungseinrichtungen zu sehen, als das früher der Fall war. Die besten Beweise hierfür sind die Neubauten oder erhebliche Erweiterungen an einzelnen Gebäuden.»[14] Zwischen 1876 und 1878 kommt es zu einer deutlichen Häufung von Baugesuchen. In Binningen und Birsfelden kam es infolge des Wachstums der Bevölkerung zu einer «Baulust, die ihresgleichen sucht». Neue Häuser erhoben sich und schossen wie Pilze aus der Erde. Tanzböden, Scheunen, Ställe, Remisen, Estriche, ja selbst Werkstätten und Wirtshäuser mussten Wohnungen weichen.[15] Sofort begannen auch die Landpreise zu steigen. An einer Liegenschaftsgant galt die Jucharte von 3600 Quadratmetern 3000 Franken: «Das Land ist hier, besonders wo es in der Nähe des Dorfes liegt und sich zu Bauplätzen eignet, in sehr hohem Wert.»[16]

Auch in den zürcherischen Landgemeinden, in denen sich die Industrie etabliert, wird fieberhaft gebaut, und trotzdem gelingt es nicht, der Nachfrage nach günstigen Wohnungen zu genügen. So wird zum Beispiel in Horgen um 1875 über grosse Wohnungsnot geklagt, und die Klagen mehren sich 1894. Damals gingen auf zwei Inserate für vermietbare Wohnungen innerhalb 24 Stunden rund dreissig Offerten ein. Es fehlte vor allem an billigen Wohnungen für Arbeiter. Die Sparkasse half aus der Not, sie entwickelte ein Modell eines Fünfzimmer-Einfamilienhauses zu 7400 Franken inbegriffen Boden. Sie erwarb auch Land und baute sechs Doppeleinfamilienhäuser. Auch Gesellschaften aus der nahen Stadt Zürich begannen auf der Landschaft Reihenhäuser zu erstellen. An anderen Orten blieb die Baulust, allen Klagen über Wohnungsnot zum Trotz, gering.[17] Da und dort griffen gemeinnützige Gesellschaften oder die Unternehmer selber ins Geschehen ein. Die Firma Ebauches in Fontainemelon ist dafür ein frühes Beispiel. Nach 1860 erstellten viele Unternehmer Wohnblöcke. So hat zum Beispiel die Firma Henggeler in Baar damals über hundert Wohnungen gebaut. In Basel

erstellt die Baugesellschaft die vom Unternehmer mitfinanzierte «Baugesellschaft für Arbeiterwohnungen» um 1870 nicht weniger als 86 Häuser für achthundert Personen. In Winterthur bietet die Lokomotivfabrik ihren Arbeitern, die sie sonst gar nicht hätte rekrutieren können, geeignete Unterkünfte an. Escher Wyss in Zürich verkaufte Einfamilienhäuser zum Preis von 5200 bis 5600 Franken gegen eine Anzahlung von 500 Franken sowie monatliche Abzahlungen von 35 Franken und eine Miete von 5 Prozent, Summen, die allerdings nur von bestbezahlten Spezialarbeitern aufgebracht werden konnten.[18] In Baden kauft um 1896 die BBC 60000 Quadratmeter Land im Wettingerfeld, um hier eine Wohnkolonie zu bauen.[19]

Dass es in bezug auf die Bautätigkeit und den Wohnungsmarkt auf der Landschaft die allergrössten Unterschiede gab, wird auch von Ausländern, die damals unser Land bereisten, immer wieder betont. Im Tessin werde mit Ausnahme der grösseren Orte Lugano und Locarno kaum je ein neues Haus gebaut, meinen die Engländer J. Barrou und J. Catlow. Die Tessinerhäuser seien zwar malerisch, jedoch dunkel und verlottert. Die Mauern scheinen nur noch von den Reben zusammengehalten zu werden. Im Gegensatz zu den Holzhäusern anderer Regionen und den englischen Cottages machten sie den Eindruck, sie hätten die guten Zeiten längst hinter sich. Einzig in Lugano, so D.T.K. Drummond 1852, sehe es besser aus; hier werde fleissig gebaut, schade, dass die Strassen so schrecklich stänken.[20] In den meisten Städten wird dagegen fast ausnahmslos fleissig gebaut. Die Geschichte unserer Städte ist die eines jähen Wachstums: «Die bis ins 18. Jahrhundert mit geschlossener Form, mit ablesbarer Silhouette erscheinenden Siedlungen wurden unüberblickbar.» Ausbruch aus der Enge, Bruch mit der Enge, war die Parole.

«Die Wälle schaut, die Thore fallen,
Es wird, was eng war, weit und frei.»[21]

Überall werden nun Stadttore und Mauern abgerissen. Lasst den Verkehr frei sich entwickeln, schafft Luft und Licht, hiess es. «Unsere Gemeinde bleibt in den guten Fortschritten nie zurück», weiss ein St. Galler um 1836 zu melden.[22] Selbst für Karl Müller-Friedberg, einen der geschichtlichen Tradition verpflichteten Mann, sei «hellere Ansicht und Weltkenntnis nötig, als sich zwischen den Thoren der heimatlichen Stadt aufheben lässt. Frönt er aber im Dunkeln und Engherzigen, so hat er Zeilen für Spezereiläden geschrieben.»[23] Der Verkehr und seine Mittel bekommen eindeutig den Vorrang. In der entfestigten Stadt schaffen ihm neue Durchbrüche Platz. Die Stadt wird zu einer «Station im Verkehrsnetz, wenn auch am Anfang die neue Lebensform noch in der alten integriert erschien».[24]

Auch im 19. Jahrhundert gilt das alte Wort «Stadtluft macht frei» – Stadt bedeutet jetzt aber gleichzeitig auch Welt. Augenfällig wird der Ausbruch nicht nur beim Schleifen der Stadttore, sondern auch beim Ausbrechen von Fenstern aus dem alten Mauergefüge. Eine Wohnung mit freierm Ausblick «mit Aussicht über den Graben und auch mit Sonne», «Frohmut» wird gefragt. In St. Gallen erscheinen zwischen 1810 und 1820 Vermietungsangebote wie «Herberge gegen Stadtgraben», «Eine schöne, sonnenhafte Herberg an der Stadtmauer», oder «Zwey frohmüthige heitzbare Zimmer, die Aussicht gegen den Graben haben».[25] Weit bedeutender sind gassenbreite Durchbrüche der Umgürtung, die nur durch grössere Mauerabbrüche zu erreichen waren. Man sprach von besserem Verkehr, aber auch von zu erreichenden «Verschönerungen». Alle anderen Städte, Winterthur und

107

108

107 Das Neue kommt, das Alte weicht zurück. Hier werden in Zürich um 1890 zahlreiche alte Häuser abgebrochen, um neueren und höheren Bauten Platz zu machen. Landpreise und Baukosten steigen.

108 Um 1890 ist dieses Foto entstanden. Die Bewohner des Kosthauses Sagenrain in Wald ZH stehen pflichtschuldig und brav vor ihrer armselig-einfachen Behausung. Doch so armselig war sie in ihren Augen nicht: Sie besass immerhin angebaute Aborte, und Petrol war, wie die Lampe am Fenster (erster Stock, links aussen) zeigt, auch vorhanden.

Zürich zum Beispiel, waren gleichzeitig mit der Demolierung ihrer Tore und Türme beschäftigt. So berichtet «Der Erzähler» von 1834 aus Zürich: «Die Demolition der Festungswerke rückt vorwärts; bis zum 1. Juli werden die Zugänge bedeutend erweitert, die Thore ganz verschwunden seyn. Auch die Pallisaden sollen allmählig sich vermindern. Sobald irgend wieder ein bedeutender Schritt geschieht, hört man neuen Jammer; einmal vorbei, findet man aber den Erfolg ganz schön. In und um Zürich wird dermal so emsig gebaut, dass jüngst in einem kleinen Umkreis zwanzig neue Firste gezählt werden konnten.»[26] Die gleiche Zeitung berichtet 1835 aus Winterthur: «Da die Bürgerschaft von Winterthur die Auffüllung der um die Stadt herum sich ziehenden Gräben sowohl im Gesichtspunkte der mehrseitigen Nützlichkeit, als auch der Verschönerung der Umgebungen besprochen und die diesfälligen Vorarbeiten einer Kommission überwiesen hat, so werden diejenigen Herren Ingenieurs und Sachverständigen, welche geneigt sind, Pläne und Kostendevis über diese wichtige Arbeit einzugeben und selbst auch diese zu übernehmen, hierdurch eingeladen.»[27] Im St. Galler Tagblatt von 1850 wird aus Genf gemeldet: «An der Demolition der Festungswerke wird immer noch fortgearbeitet, und zwar nicht bloss das schon demolierte noch völlig verebnet, sondern auch Neues in Angriff genommen, jedoch nicht an den wichtigsten Punkten.»[28] Soweit die Zeitungen. In Briefen von Zeitgenossen wird man etwas deutlicher: So schreibt der Zürcher Bürgermeister Johann Jakob Hess (1791–1853) seinem Freund, dem Landammann G.J. Baumgartner von St. Gallen: «In Zürich ist eine solche Schanzenliebe vorherrschend, dass man glauben sollte, wir lebten unter lauter Mineurs und Vaubans. Die guten Leute in der Stadt sehen die Stadt noch nicht, die ausserhalb ihrer alten Mauern schon entstanden ist und die bald wichtiger ist als die innerhalb ... Die Gegner der Radikalen befürchten, von einer Niederlegung der Festungswerke den Gewalttätigkeiten radikaler Elemente aus der Landschaft ausgeliefert zu sein...»[29]

109

In Bern gelang es den Vorkämpfern für eine Neugestaltung der Altstadt, 1865 den altehrwürdigen Christoffelturm zu stürzen. Ein Teil der Stadtbefestigung war schon in den 1830er Jahren abgetragen worden.[30] Als die Solothurner 1883 daran gingen, ihre Bastionen zu sprengen, griff Gottfried Keller zur Feder. In einem Gedicht «Ratzenburg» tadelt er dieses Treiben:

«Die Ratzenburg will Grossstadt werden
Und schlägt die alten Linden um;
Die Türme macht sie gleich der Erden
Und streckt gerad, was traulich krumm.
Am Stadtbach wird ein Quai erbauet
Und einen Boulevard man schauet
Vom unteren bis zum oberen Thor;
Dort schreitet elegant hervor
Die Gänsehirtin Katherine,
Die herrlich statt der Krinoline,
Zu aller Schwestern blassem Neide,
Trägt sie ein Fassreif stolz im Kleide.

So ist gelungen jeder Plan,
Doch niemand sieht das Nest mehr an!»[31]

Doch bald sah man, was man angerichtet hatte. Johann Rudolf Rahn, der Pionier der schweizerischen Kunstgeschichte und Denkmalpflege, geisselt um 1889 in grossartigen, doch harten Worten die Altstadtzerstörung:

«Wir erinnern uns des Anblickes, den die Nachbarstadt (gemeint ist Winterthur) noch in den fünfziger Jahren geboten hat. Ringsum war alles grün, im Westen breiteten sich Wiesen aus, wo alljährlich rechte Bürgerfeste abgehalten wurden. Die Stadt ist auf langgestrecktem Plane regelmässig gebaut, aus jeder Schmalseite ragte ein Thor und Thurm empor; das gab schon von weither eine gute Silhouette. Zwei Schwybbögen teilten die lange Hauptgasse ab; über dem einen war die Thurmstube mit gothischen Fenstergruppen geöffnet, ein kunstreiches Uhrwerk mit ergötzlichen Schildereien schmückte jedes andere Thor. Zwischen je zwei Thoren oder Bögen stand ein Brunnen, und mitten durch die Gasse war der klare, unbedeckte Stadtbach geführt. Und wie sieht's da heute aus? Alles Trauliche ist zerstört. Monumentale Abschnitte hatten wirksam den Gassenzug unterbrochen, sie liessen die Unregelmässigkeit der Führung übersehen. Jetzt liegt sie hässlich da. Eine lange Strasse gähnt uns in langweiliger Öde entgegen. Sie ist nicht gerade, nicht ganz krumm und nirgends schön... Wie oft sind ohne Noth die Gräben gefüllt, die Zinnen geschleift und trauliche Gärten in Wüsten verwandelt worden, die nur da sind, um eine Ahnung von niemals zustande kommenden Boulevards zu erwecken.»[32]

Demolierungsarbeiten und Mauerdurchbrüche der Städte gingen Hand in Hand mit der Anlage neuer Quartiere. Zwar versuchte man, sich noch auf

109 Villenquartier «Rigiviertel» Zürich, um 1899. Die zinnen- und turmgeschmückten Silhouetten der Villen sind zum Teil Nachahmungen des Rittertums oder Landadels vergangener Jahrhunderte. Gleichzeitig signalisieren sie «die grosse Reorganisation der Wohnkultur, welche im Innern dieser Bauten stattfand» (O. Birkner).

110 Um 1885 war elektrisches Licht noch eine ungewöhnliche Attraktion. Das Hotel Uzwil in Uzwil liess deshalb ein Inserat erscheinen, in welchem die Vorzüge der neuen Beleuchtung beschrieben werden.

überlieferte Bautraditionen zu stützen. Als in St. Gallen 1802 westlich des Grabens eine Häuserzeile entstand, bestimmte die von der Stadt eingesetzte Baukommission, man solle dafür sorgen, dass «etwas regulares erbaut und nicht da ein Haus und dort ein Haus angelegt, sondern ganze Gassen errichtet werden».[33] Von einer Wohnung erwartete man indessen ganz andere Qualitäten als noch wenige Jahrzehnte zuvor. Recht schön kommt das zum Ausdruck in den Inseraten der damaligen Zeit. Rudolf Ramseyer hat die Annoncen des Berner Wochenblattes von 1821 untersucht. Im Vordergrund aller gewünschten Eigenschaften stehen neben Wärme, Sauberkeit immer wieder das Licht und die Sonne. Die Werbesprache bediente sich dabei des Wortes heiter oder auch des Wortes fröhlich. Im Französischen hiess es «une chambre gaie». Fröhlich meinte also nicht nur eine menschliche Gemütsstimmung, sondern kennzeichnete eine von Sonne erfüllte, helle Wohnung: «Ein fröhliches Zimmer; eine fröhliche Stube» wird etwa angepriesen. Oder «eine sehr fröhliche und wohl möblierte Stube» oder «eine äusserst fröhliche und wohl möblierte Stube» oder «eine fröhliche Stube gegen die Sonne» oder «un second étage consistant en deux chambres gaies et commodes» oder «ein fröhliches Sommerlogement» oder «ein sehr angenehmes fröhliches Logement» oder «eine Stube mit fröhlicher Aussicht». Seltener als heiter und fröhlich finden sich in den Inseraten die anpreisenden Adjektive schön, angenehm und artig sowie das Adverb wohl. Einige Beispiele: «Ein schönes Logement» oder «schön möblierte Zimmer mit schöner Aussicht», oder «Ein sehr angenehmes fröhliches Logement» oder «Ein angenehmes Stöcklein». Um 1870 lockt die Werbesprache mit anderen Adjektiven: «Eine sonnige, freundliche Wohnung» oder «Eine helle, trockene Werkstatt» oder «Eine grosse, geräumige und sehr helle Werkstatt» oder «Ein hübsch möbliertes Zimmer gegen die Gasse». Aus einigen Inseraten ist auch die Lage des Objektes zur Sonne direkt ersichtlich. Da heisst es beispielsweise: «An der Kramgasse schattseite» oder «Sonnseite im zweiten Stockwerk ein Cabinet» oder «Eine fröhliche Stube sonnseite» oder «Eine fröhliche Stube gegen die Sonne» oder «A la grande rue coté du soleil».[34] In den Inseraten wird nicht von Wohnungen, sondern von Logement oder Logementer geschrieben. So heisst es beispielsweise: «An der Spitalgasse ein Logement, bestehend in drey Zimmern, einer chambre borgne (einäugiges Zimmer, eventuell sogar fensterloser Raum) und Küche mit einem Kunst- und Bratofen (geschlossener Feuerherd in der Küche, mit dem auch ein Stubenofen erwärmt wird). Dazu wird gegeben: Ein Gerümpelgemach (Plunderkammer), in dem alter oder nur zeitweilig gebrauchter Hausrat verwahrt wurde, Holzhaus und Keller.» In einem anderen Inserat heisst es: «Untenher der Nydeckstiege ein schönes Logement von drey, grossen, sauberen Zimmern nebst Küche, einem eingeschlossenen und einem offenen Vestibule (Vorraum mit Kleiderablage). Alles im ersten Stockwerk, nebst Gerümpelgemach.» In den Inseraten treffen wir noch auf spätmittelalterliche Begriffe. So heisst es beispielsweise in einem Inserat: «Zu Bellevue im oberen Stadtbezirk eine Behausung, Küche, zwey Stuben und Nebengemach, Garten und Schweinstall» oder «Vor dem oberen Tor eine Behausung samt Garten, Keller, Schweinstall». Häufig werden auch einzelne Zimmer, Stuben oder Kammern vermietet. Einige Beispiele: «In der Mitte der Stadt eine Stube mit Küche», oder «Eine Stube samt Bett» oder «Eine äusserst fröhliche und wohlmöblierte Stube gegen die schöne Aussicht» oder «Ein heizbares fröhliches Stüblein» oder «Eine halbe Stube samt Küche, mit einer ehrlichen Weibsperson». Aber die Mieter müssen gewissen Ansprüchen genügen. So

heisst es beispielsweise: «An stille Leute» oder «An ein stilles, honettes (ehrbahres, rechtschaffenes) Frauenzimmer» oder «An reinliche und vertraute Leute» oder «An brave Leute ohne Kinder» oder «An säuberliche und stille Leute ohne kleine Kinder». Leider enthalten die Inserate keine Angaben über die Höhe des Mietzinses, es heisst höchstens: «Eine saubere, möblirte Wohnung um einen sehr billigen Zins», oder es heisst etwa: «In kostendem Preis» oder «Um billigen Preis», oder einmal heisst es auch: «Dem redlichen Finder wird ein billiges Trinkgeld versprochen.» Wir werden aber Mietpreise auf andere Weise noch kennenlernen.

In den Einsendungen der Zeitungen aus diesen Jahren kommt noch ein anderer Aspekt zur Geltung, ein Aspekt, den wir in den Inseraten selbstverständlich nicht finden, es ist die unaufhörliche Klage gegen die Überbauungen, die das Sonnenlicht wegnehmen. Immer und immer wieder erscheinen Klagen und Querelen über Standort und Höhe von Neubauten. Die «Bauerei der Speculanten» treibt, so heisst es, die Bodenpreise und damit auch die Mietzinse in die Höhe. Diese Vorstellung ist im 19. Jahrhundert weit verbreitet. Tatsächlich sind die Grundstückpreise wichtige Faktoren, ja Determinanten städtischer Strukturen und vor allem des städtischen Wohnmarktes. Der Grundstückpreis entwickelt sich nach seinen eigenen Gesetzen: Die Verkehrslage, die Erreichbarkeit, die Besonnung, die Aussicht spielen eine grosse Rolle. Doch nicht genug damit: Die Geschichte wird noch komplizierter, weil das Land ja zwei ganz verschiedenen, schwer vergleichbaren Nutzungen dient: der wirtschaftlichen Tätigkeit einerseits und dem Wohnen andererseits. Entscheidend war schon damals die Nachfrage. Es ist kein Zufall, dass starke Schübe im Bevölkerungswachstum auch starke Bodenpreissteigerungen mit sich bringen. Die von Bruno Fritzsche aufgestellte Grafik zeigt die Entwicklung besser als viele Worte[35] (siehe unten).

Die Grafik zeigt, dass die Bevölkerungs- und Bodenpreisentwicklungen im Zentrum von Bern nicht ganz gleichförmig verliefen. Zwar verlangsamt sich in den Jahren 1780 bis 1788 das Tempo der Bevölkerungszunahme, was auf eine Krise schliessen lässt. Die Bodenpreise aber reagierten mit einem

Grundstückpreise als Determinanten städtischer Strukturen: Bern im 19. Jahrhundert

Bevölkerungswachstum und Bodenpreise

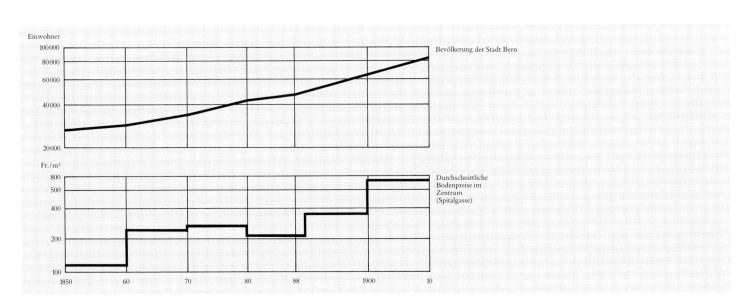

111

negativen Wachstum weit heftiger, «weil in ihnen neben der verminderten Bevölkerungszunahme im Einzugsgebiet auch die verminderte Nachfrage, der schlechte Geschäftsgang sich spiegelt».[36] In den einzelnen Stadtquartieren verläuft die Entwicklung recht ungleich. In Bern und Zürich ist es, wie wenn sich im Zentrum eine Bodenpreisexplosion ausgelöst hätte. Sie breitete sich ringförmig aus, hat an ihrer Front eine Bevölkerungsverdichtung zur Folge und hinterlässt im Rücken ein zunehmendes Vakuum. Etwa zwischen 1888 und 1900 ist in Bern ein kritischer Punkt erreicht, wo die Grenze der Innenstadt überschritten wurde und in den Aussenquartieren verebbte. «Die Innenstadt als Ganzes begann sich nun zu entvölkern, die Aussenquartiere, die zwischen 1880 und 1888 erst den Bevölkerungsgleichstand mit dem Zentrum erreicht hatten, nahmen die grossen Wachstumsschübe der folgenden Jahre auf und beherbergten 1910 177 Prozent mehr Einwohner als 1888.» Die Verdrängung von Wohnraum durch Geschäftsbauten in der Innenstadt ist also durchaus keine neuere Entwicklung. Sie beginnt sich schon im 19. Jahrhundert deutlich abzuzeichnen.[37]

Wir haben zu bedenken, dass sich die Dinge nicht immer nach rationalen Erwägungen abspielten: Bärtschi hat festgestellt, dass in Zürich die Mietzinse auf dem teureren Aussersihler Boden auch pro Kubikmeter niedriger waren als die Mietzinse im Villenquartier Enge bei niedrigeren Bodenpreisen.[38] Nach den Berechnungen und der Computeranalyse von K. Kreis machten die Baulandpreise in den Jahren 1860 bis 1894 zwischen 9 und 38 Prozent der gesamten Neubauinvestitionen aus. Dabei sinkt der Kostenanteil für Bauland in dieser Zeit, gleichzeitig steigen aber die Mietzinse. Entscheidend für die Höhe der Mietzinse war die Höhe der Verzinsung des Eigenkapitals des Hauseigentümers, beziehungsweise die Höhe der Zinsen für die Bank- und Hypothekarschulden.[39] Anders ausgedrückt: Der Preis hängt nur zu einem Teil vom Bodenpreis ab. Carl Landolt berechnete um 1896 für Bern den durchschnittlichen Anteil der Grundrente am Mietzins auf 23 Prozent. Weshalb aber dann, so fragt man sich, sind an besonders günstigen Lagen keine Wohnblöcke oder Mietkasernen gebaut worden? Wieso das, wenn doch allfällige Differenzen in den Bodenpreisen zu klein sind, um einen entscheidenden Einfluss zu haben? Bruno Fritzsche nimmt an, dass die Verteilung «durch einen Konsens der am Grundstückmarkt Beteiligten vorgenommen wurde». Hin und wieder werden solche Übereinkommen greifbar: So, wenn ein kapitalkräftiges Konsortium besonders schöngelegene Grundstücke aufkauft und mit bestimmten Auflagen weitervermittelt. Dafür zwei Beispiele: Die Berner Landcompany, welche das Kirchenfeld erschloss oder das Venedigli-Quartier in Zürich-Enge, das mit einer privaten Bauordnung belegt wurde.[40]

Recht aufschlussreich ist die Untersuchung der Bewohnerverteilung (Segregation in St. Gallen), die P. Röllin vorgenommen hat. Danach betrugen die durchschnittlichen Jahresmieten pro Wohnung in den St. Galler Stadtquartieren im Jahre 1897:

Mühleck	Fr. 303.–	St. Magniberg	Fr. 513.–
Wassergasse	Fr. 384.–	Linsenbühl	Fr. 514.–
Lämmlisbrunnen	Fr. 385.–	Vadianquartier	Fr. 698.–
Paradies-Oberstrasse	Fr. 389.–	Unterer Brühl	Fr. 719.–
Rohrschacherstrasse	Fr. 398.–	Bahnhof	Fr. 836.–
Untere Stadt	Fr. 421.–	Rosenberg	Fr. 923.–
Obere Stadt	Fr. 488.–		

111 Selbst in der Mansarde liess sich's wohl sein, vor allem hat man von hier aus die schönste Aussicht. Ausschnitt aus dem Stadtpanorama von Thun, von Marquard Wocher um 1808 bis 1814 ausgeführt.

112

Bestimmte Berufsgruppen haben sich, wie diese Zahlen deutlich zeigen, auf gewisse Quartiere stärker verteilt als auf andere. Die Grosshändler beispielsweise sind am häufigsten in den Quartieren obere Stadt und Rosenberg zu finden, die Kleinhändler dagegen in der oberen und unteren Stadt, aber auch im typischen Arbeiterquartier Paradies-Oberstrasse, während sich die Lehrer, Pfarrer, Professoren und Richter gerne am St. Magniberg und Rosenberg niederliessen. Geschätzt war auch Linsenbühl, wo 1885/86 grosszügige Quartierüberbauungen erstellt worden waren. Die Enquête bestätigt auch, dass die unteren Schichten vor allem die alten, wohnhygienisch schlechten Vorstadtgassen (Lämmlisbrunnen und Wassergasse) sowie die billigeren und schattenseitigen Neubauquartiere im Steingrübli bewohnten.

Zu einem wichtigen Faktor der Bodenpreisentwicklung wurde mehr und mehr der Strassenbau. Dabei war sicher auch die Spekulation mit im Spiele. Über die bauliche Entwicklung um 1881 schrieb das St. Galler Tagblatt: «Es stellten sich die meisten Neubauten der letzten und laufenden Periode als eigentliche Spekulationsbauten dar, notabene nicht etwa von Kapitalisten, sondern meist von tüchtigen Architekten, oder dann von zufälligen Leuten, die mit einer gewissen Vigilanz eine Art Gründereifer, aber noch einen weit höheren Grad blinden Glaubens und Hoffnungsseligkeit auf eine erlösende kauflustige Zukunft verbinden...»[41]

Wir haben es schon angedeutet: Manche dieser Erscheinungen der sozialen Trennungsvorgänge der Segregation, können nicht allein ökonomisch erklärt werden. Die Ursachen liegen eindeutig tiefer: Sie sind in ganz bestimmten Normen und Wertvorstellungen, kurz im Zeitgeist zu suchen. Die Oberschicht verlässt das Stadtzentrum nicht allein, weil es ihr zu dunkel und zu eng ist, sondern weil die alte stadtbürgerliche Welt, weil die zünftische Welt vergangen ist. Sowohl die alten Geschlechter wie auch die Neureichen orientieren sich gerne am adligen Lebensstil. Dieser Stil aber konnte in den engen Altstadtgassen nicht realisiert werden. Dazu brauchte es Villenquartiere.

Anderen Gesetzen folgen die Arbeiterquartiere. Was sich da ereignet, ist Teil eines grösseren, schon vor dem 19. Jahrhundert einsetzenden Prozesses. Es ist die Auflösung des «ganzen Hauses». Knechte und Gesellen werden aus

112 Viele Wohnungen besassen auch im 19. Jahrhundert kein Wasser. Es musste deshalb, wie unser Bild zeigt, am Brunnen geholt werden. Dargestellt ist eine Szene beim Theaterbrunnen (Obmannamt) Zürich. Der Künstler ist unbekannt.

156

dem Haushalt des Meisters ausgegliedert; sie siedeln sich zusammen mit der neuen Schicht der Fabrikarbeiter in den neuentstehenden Arbeiterquartieren an. Ein klassisches Beispiel ist dafür Zürich Aussersihl. Hier wird aus einer kleingewerblichen Wohnstadt mehr und mehr eine verarmte Arbeitergemeinde.[42] Gleichzeitig übertrifft das Quartier (Gewerbestandort) alle anderen Quartiere. Das führt dazu, dass neben Schuldenbergen und Bergen von unausgeführten Plänen die Bevölkerung explosionsartig wächst. Gleichzeitig verschlimmert sich die Lebensqualität in erheblichem Masse. Dieser Befund gilt nicht allein für Aussersihl. Der bernische Polizeiarzt Wilhelm Ost hat eine Statistik der Todesfälle für die Jahre 1891 bis 1900 vorgelegt. Aus ihr geht hervor, dass im Unterschichtsquartier in der Berner Altstadt die allgemeine Sterblichkeit 85 Prozent über dem städtischen Durchschnitt lag. Dabei ist vor allem auch die Aufgliederung nach verschiedenen Todesursachen recht instruktiv. So bewegte sich beispielsweise die Kindersterblichkeit mit 132 Prozent über dem städtischen Durchschnitt. An Tuberkulose starben damals dreimal so viele (89 Promille gegenüber 29,6). Ähnliche Proportionen würde man zweifellos auch bei den Infektionskrankheiten finden.[43]

Wie ein Magnet hat das Zürcher Aussersihl-Quartier die Zuwanderer von ähnlichem Zuschnitt angezogen, unerwünschte Minderheiten dagegen abgestossen.[44] Wanderungsbewegungen wirken, wie Bruno Fritzsche betont, destabilisierend und verstärken die sozialen Spannungen.[45] Mancher städtische Krawall entzündet sich, man denke etwa an den Tonhallenkrawall von 1871 oder den Italienerkrawall von 1896, an den Fremden.[46]

Zur Verschlechterung des Klimas in den Arbeiterquartieren trägt das «Schlafgängerunwesen» bei. Viele Familien sind gezwungen, ihre Wohnungen durch Aufnahme von Untermietern besser zu nutzen. In Aussersihl trifft es auf hundert Haushalte 82 Zimmermieter, in Enge dagegen nur 40. In Aussersihl und Wiedikon müssen sich drei Bewohner in zwei Zimmer teilen.[47] In Vierzimmerwohnungen wurden Räume mit drei bis vier Matratzen mit Wolldecken auf dem Boden vermietet, wodurch pro Wohnung bis zu 20 Schlafgänger Platz fanden.[48] Lästig war auch der stete Wechsel in den Miethäusern. In Basel zählte man 1880 6143 Umzüge bei einem Gesamtbestand von 4763 bewohnten Wohnhäusern, 1888 aber 14 352 Umzüge, wobei in diesen acht Jahren nur etwa 360 Ein- und Mehrfamilienhäuser gebaut worden waren. Im Jahre 1889 betrug die durchschnittliche Bezugsdauer nicht mehr als 3 Jahre, ein volkswirtschaftlich sicher beklagenswerter Zustand. Die vielen Neubauten der Mehrfamilienhäuser in Kleinbasel machten das Bild noch unerfreulicher. Hier kamen Handänderungen ganz besonders häufig vor. Weil der Verkaufspreis nach dem Mietwert berechnet wurde, nahm man bei jedem Besitzwechsel eine Neueinschätzung vor. Finanzschwache Mieter wurden bei den Zinsaufschlägen schnell zum Umzug gezwungen. Um 1889 hat die Miete da und dort noch 25 bis 30 Prozent der Jahreseinnahmen einer Arbeiter- oder Kleinbürgerfamilie ausgemacht. Es ist deshalb nicht verwunderlich, wenn wir vernehmen, dass gerade in den minderbemittelten Familien der Wohnungswechsel am häufigsten vorkam. Wurde einer Familie wegen Zahlungsverzug gekündigt, kam der Name auf die schwarze Liste des Hausbesitzervereins.[49]

Allmählich entwickelte das Quartier seine eigenen Wertvorstellungen und Verhaltensnormen. Erstaunlich aber war: Die Identität, das Bewusstsein, sich eins zu fühlen mit dem Quartier, war stärker als die Zugehörigkeit zur Stadt selber. Das konnte auch negative Folgen haben: Im Quartier Zürich-Enge besuchten dreimal mehr Schüler weiterführende Schulen als in

Zürich Aussersihl. Das hat wenig mit einer besseren Grundschulausbildung, aber sehr viel mit quartierspezifischen Vorstellungen vom Wert der Schulbildung zu tun.[50] Gab es so etwas wie eine quartierspezifische Subkultur? Gewisse Anzeichen scheinen es zu bestätigen. Der Zürcher Arbeiterarzt Brupbacher beschreibt die Wohnverhältnisse in Aussersihl: «Je ärmer sie waren, um so mehr Kinder hatten sie. Wenn man an den Winterabenden seine Besuche in den Arbeiterwohnungen machte, so lag gewöhnlich die ganze Gesellschaft im Bett, in der Dunkelheit, um Heizung und Licht zu sparen.» Brupbacher hat vor allem auch die weitverbreitete Trunksucht festgestellt. Er kannte das Wirtshausleben, hörte von sexuellen Ausschweifungen, von Kupplern, Prostituierten, Bordellen. Aber er hielt auch fest, dass die Arbeiter zwar keine Engel, so doch natürlich waren: «Im allgemeinen war das Volk da unten eben wie Kinder, gutmütig von einem gesunden Egoismus... Trotz des Elendes oft fröhliche und sympathische Menschen – gewiss auch etwa verlogen, verschlagen, nicht immer sehr tapfer nach oben hin, gelegentlich brutal zu den Frauen. Das war der Durchschnitt. Daneben gab es aber prächtige, rücksichtsvolle Edelmenschen, tapfer gegen den Feind, kameradschaftlich und zu allen Opfern bereit im Kreise der Genossen.»[51] Zwischen den einzelnen Quartieren herrscht nicht gerade Krieg, aber eine kühle bis ablehnende Distanz.

Noch grösser war wohl die Entfremdung zwischen Städtern und Nichtstädtern. Bezeichnend ist die Karikatur im St. Galler Kalender, in welcher der Bauer zweimal seinem Zinsherrn begegnet, vor zehn Jahren und jetzt (siehe Abbildung 113). Man verstand auf dem Land den Städter nicht mehr. Ein Appenzeller kommt 1858 nach St. Gallen. Er hält ein Broderies-Geschäft für einen Brot- und Reisladen, wird aber vom Commis barsch abgewiesen: Wir verkaufen Stickereien! (siehe Seite 36).

Während biedere, einfache Appenzeller in ihrer Tracht auf den Strassen von St. Gallen ihre Molken feilhielten, sprachen manche Städter stolz von ihrem West-End, von ihren Boulevards und erledigten im amerikanischen Konsulat ihre Geschäfte.[52] Alle grösseren Schweizerstädte standen vor dem gleichen Dilemma: Grossstadt und Weltstadt einerseits, kleinbürgerliches Beharren vieler Städter andererseits. Wachsende Skepsis der Bewohner der umliegenden Landschaft und Stolz über erreichte Grösse bei den Städtern, Städte zwischen Heimat und Fremde, Städte mit reichen und armen Quartieren, Städte zwischen Tradition und Fortschritt – alles Kennzeichen des 19. Jahrhunderts.

Vor zehe Johre isch es gsee
Han i zom Zisheer g'säät
Ehr chönted z'Nacht au bi'mer see
I ha scho Größer g'läät.

Er het si das i's Oehrli g'faßt,
Nüd ful, schlot er am Zis mir uf,
Das hani för min dumme Gspaß
Jetzt goni schier fast druf.

Die Wohnungsausstattung

«Typisch 19. Jahrhundert!» Angesichts gewisser Interieurbilder aus dem letzten Jahrhundert ist dieses Etikett schnell zur Stelle. Aber ist es angesichts der Vielfalt und Uneinheitlichkeit der Bauten und Wohnungen auch gerecht und angebracht? Das 19. Jahrhundert selber hat sich ja dank der erstmaligen «vermeintlich objektiven Übersicht über alle vergangenen Kunstepochen als deren souveränen Erben» verstanden. Es war ein Erbe, der aus dem Schatz der Stile und aus den Formen der Bauten das ausgewählt hat, was ihm nur passte. «Hatten in vorangehenden Epochen die Künstler und ihre Auftraggeber jeweils naiv ihren eigenen Stil als das künstlerisch Höchste betrachtet, so werden nun die Stile relativiert und auf bestimmte Lebensgebiete aufgeteilt.»[1] Gottfried Semper, einer der grössten Architekten dieses

Er aber het en dicke Buuch,
I wöschem Glöck derzue,
Er brucht e halbi Ell meh Tuech
Und dichet wie ne Chue.

I aber rauch mis Pfifli us
Expreß no wie vorhee,
Z'Gast lade thäti aber i mis Hus
Nie kän so Schelme meh.

113

114

Jahrhunderts, meinte einmal, man sollte die Bauaufgaben mit «Selbständigkeit, aber auch mit Berücksichtigung des Vorausgegangenen» lösen. Dies sei «um so nothwendiger, als selbst der Eindruck, den ein Bauwerk auf die Massen hervor bringt, zum Theil auf Reminiszenzen begründet ist. Ein Schauspielhaus muss durchaus an ein römisches Theater erinnern, wenn es Charakter haben soll. Ein gotisches Theater ist unkenntlich, Kirchen im Altdeutschen- oder selbst im Renaissancestil des 16. Jahrhunderts haben für uns nichts Kirchliches. Auf diesem Boden stehen wir nun einmal» (Aus dem Erläuterungsbericht zum Projekt für eine Kirchenbauzeitung 1847). Tatsächlich haben die vorherrschenden Stilphasen des 19. Jahrhunderts vom Spätklassizismus bis zum Neoklassizismus des beginnenden 20. Jahrhunderts ein kaum abreissendes Gespräch mit der Antike geführt. Ein neuer, eigentlicher, typischer Stil ist wohl gerade deshalb nicht entwickelt worden. Vielleicht hängt das auch damit zusammen, dass es bis um die Mitte des Jahrhunderts keine schweizerische Architektenschule gegeben hat. Erst mit der Eröffnung des Polytechnikums in Zürich 1855 hat das geändert. Die neuen Architekten aber standen vor einer gewaltigen, fast nicht zu bewältigenden Aufgabe, musste doch das 19. Jahrhundert vom Kultbau bis zur Fabrik, vom Wohnquartier bis zur Eisenbahn alles und in kürzester Zeit erstellen. Begreiflich, dass unter diesen Umständen neben Gutem auch Schlechtes entstand. Dazu kommt, dass für unsere Vorfahren des 19. Jahrhunderts die Architektur nicht nur Nutzform, sondern auch symbolische Schauform war. Nicht das praktische Erfordernis war ausschlaggebend, sondern auch der Eindruck, den es geben sollte.

Ein weiteres Merkmal des 19. Jahrhunderts: Die Wohnverhältnisse in der Stadt und auf dem Land entwickeln sich erstmals stark auseinander. Während man auf dem Land und vor allem auch in den Bergregionen länger und stärker an altüberlieferten traditionellen Formen festhielt, beginnt sich in den Städten das Neue ungehemmter und kräftiger zu etablieren. Bis zur Mitte des Jahrhunderts war die Ausstattung, die Möblierung von einem einheitlichen Zuschnitt und von einer gewissen Schlichtheit. In seiner Statistik der Schweiz konnte es Stefano Franscini um 1829 noch wagen, in wenigen Sätzen die schweizerische Wohnkultur allgemein zu umschreiben. Er unterliess es auch, von Unterschieden, von städtischen und ländlichen Verhältnissen zu sprechen. Vielleicht hatte er recht, vielleicht gab es sie gar nicht. Lassen wir ihn selber sprechen: «Ein sehr grosser Theil der Schweizer bewohnt durchwegs hölzerne Häuser, besonders in den Gebirgsgegenden. Solche Gebäude sind ohne Zweifel weniger kostspielig, als die aus Bau- und Backsteinen. Bedenkt man aber die leichte Möglichkeit der schrecklichen Feuersbrünste, deren Folgen sehr viele Dörfer und Flecken der Schweiz erfahren haben, so wird man sich nicht wundern, dass die verständigsten Völkerschaften aufhören, ihre Wohnungen aus Holz zu bauen. In der Schweiz steigern überdies die hölzernen Wohnungen den Holzverbrauch um so mehr, als nicht wenige Leute mehrere hie und da zerstreute Häuser besitzen ... Die Schweizer wohnen gerne in sehr warmen Stuben, obwohl sie an ein kaltes Klima gewöhnt sind. Sie haben meist Öfen von gebranntem Lehm, und heizen sie stark. Nie oder fast nie öffnen sie die Fenster der Stube, in welcher sich ein geheizter Ofen befindet. Männer und Weiber bringen während der rauhen Jahreszeit darin ihre Zeit zu mit Arbeiten oder mit Unterhaltung, und Gewöhnlichem ziemlicher Anzahl. Zwey, drey und mehr Personen schlafen des Nachts darin. Daher wird die Luft verdorben und es entsteht ein Gestank, welcher den nicht daran Gewöhnten zurück-

113 Bauer und Zinsherr einst und jetzt. Es ist eine Entfremdung eingetreten. Der Städter von 1865 hat einen dicken Bauch bekommen. Der Bauer, der vor zehn Jahren freundlich war, begegnet dem Städter mit einiger Skepsis. Er würde jetzt einen solchen Gast, weil er ein Schelm geworden sei, nicht mehr ins Haus nehmen. Oben: vor zehn Jahren, unten: jetzt (gemeint 1865).

114 Biedermeier-Interieur. Auf diesem Ölbild von 1841 sitzen die Eltern schräg in den Ecken des hartgepolsterten Biedermeiersofas. Im Hintergrund ein Bild des Helden des 19. Jahrhunderts, Napoleon. Zu beachten ist auch die Kleidung der Kinder (lange Hosen und darüber knielanger Rock).

schlägt, und welcher ohne Zweifel der Gesundheit selbst derjenigen, welche sich daran gewöhnen, schadet... Im allgemeinen liebt man viele und schön verglaste Fenster; allein meist trifft man sehr niedrige Stubendecken. Auch ist es nicht selten, dass die Glasfenster wohl Licht aber nicht frische Luft in die Stuben lassen, indem der Einsatz so gemacht ist, dass man nur einen Viertel des Ganzen öffnen kann. Die im besten Geschmack gebauten Häuser findet man in der italiänischen Schweiz, die grössten und glänzendsten aber in den Cantonen Zürich, Bern, Basel und Neuenburg. Sehr klein und hässlich sind in der Regel die Wohnungen im Wallis.»[2]

Detaillierte und auch differenzierende Berichte stammen aus der Mitte des Jahrhunderts. Sie sind zu finden in den «Gemälden der Schweiz», in denen einzelne Kantone vorgestellt worden sind. Wir beschränken uns auf eine ganz kleine Auswahl, auf einige Beispiele. Oswald Heer und J.J. Blumer haben um 1846 die Glarner Wohnverhältnisse beschrieben: «Dem Bedürfnisse eines einfachen Bergvolkes war bald entsprochen mit einem warmen, Sturm und Regen trotzendem Hause, daher auch jetzt noch grosse Einfachheit bei den Häusern gewöhnlichen Schlages; doch gibt es auch eine gute Zahl grosser, mit vielem Aufwande gebauter Steinhäuser. Was eigentlich grosse Wohnhäuser sind, stammt meist aus früherer Zeit; jetzt wird gewöhnlich in kleinerem Massstabe gebaut.

115

Der Mangel am eigentlichen Schönheitssinne und das meist aufs Nützliche gerichtete Streben der Bewohner des Glarerthals hinderte eine wesentliche Verschönerung der dem Lande eigentümlichen Bauart, daher reiche Leute nicht, wie noch oft im Kanton Appenzell geschieht, sich bei Umbauten der landesüblichen Bauart bedienen, sondern ihren Styl von aussen, besonders von den Landhäusern um die Städte her nehmen... Die Holzhäuser sind denen der Urkantone sehr ähnlich, sie bestehen aus behauenen, ineinandergefügten Balken, und sind oft von bedeutender Höhe... Die Fenster, nicht allzu gross, sind ziemlich zahlreich, doch nicht in dem Masse wie im Kanton Appenzell. Die Eingänge sind gewöhnlich eng und dunkel, ebenso die Treppen. Bei vielen Häusern ist der Eingang nicht zu ebener Erde, sondern die erste Treppe ist aussen angebracht und führt zu einer Art Balkon, Brückli genannt, der meistens noch sein besonderes Dach hat und mit Brettern eingemacht ist, so dass man darauf auch bei Regenwetter verweilen kann. Das Erdgeschoss wird dann gewöhnlich von Webkellern oder Vorratskammern, Bogen genannt, eingenommen. Die Stuben sind in der Regel getäfelt und hell, und die runden Scheiben haben auch hier meist weichen müssen und werden nur noch im Winter für Doppelfenster gebraucht. Wandschränke sind gewöhnlich und an den Wänden laufen ahornene Bänke fast ringsum, ebenso um den Ofen, der meist aus dicken Schieferplatten besteht, die, wo sie zusammengehen, mit Holz eingefasst sind. Die Tische sind ebenfalls meist eingefasste Schieferplatten, die Stühle von Ahornholz mit auseinanderstrebenden Füssen und mannigfach ausgerandeten Rücken. Die Kammern sind sehr oft ungetäfelt und durch die weit überragenden Dächer etwas düster. Die Bettstellen von Tannenholz sind sehr einfach und bei den Wohlhabenden mit vielen Farben, meist aufs geschmackloseste bemalt, sowie Koffer und Schränke, die gewöhnlich die Namen ihrer Besitzer mit der Jahrzahl ihrer Verehelichung tragen. Die Küchen sind gewöhnlich dunkel und unbequem, und für Holzersparnis ist noch selten gesorgt. Fast überall trifft man Feuerstellen von Sandstein mit mehreren Löchern. Es ist eine grosse Ausnahme, wenn in einem Hause auf einer blossen Herdplatte gekocht wird.»[3]

116

117

118

Ähnlich tönt es bei Gerold Meier von Knonau in seiner 1844 erschienenen Beschreibung des Kantons Zürich. Der Haupteingang befindet sich auf der Südseite, «zu welchem eine steinerne Treppe führt, von der man in den Gang eintritt, wo rechts und links die Türen beider Wohnungen in gleicher Ordnung, oft von Nussbaum- oder selbstgepflanztem Birnbaumholz angebracht sind. Durch die erste tritt man in die Wohnstube, ein geräumiges, helles aber gewöhnlich niedriges Gemach, das eine ununterbrochene Reihe von Fenstern hat, deren Ballen (Läden) durch Schnüre aufgezogen werden können. In keiner dieser nach alter Sitte eingerichteten, getäferten, doch ungemalten Stuben fehlt das nussbaumene Büffet mit Giessfass und Handbecken; das schmale Ruhebett mit Kissen und Decke versehen, Kutsche genannt, auf dem die kleinen Unpässlichkeiten der Familienglieder, zur Winterszeit auch schwere Krankheiten überstanden werden; ferner längs der Fenster die hölzerne Bank, welche gewöhnlich eine Art liegenden Schrankes (Bankkasten) bildet, wo die Woche hindurch bis zum Samstag die schwarze Wäsche aufbewahrt wird; und endlich vor der Bank ein grosser hölzerner Tisch mit eingelegter, gewaltiger Schiefertafel, worauf der Hausvater seine Rechnungen zu machen pflegt, darunter sich die bedeutendsten auf den Viehhandel und die dem jeweiligen Senn abgelieferte Milch beziehen. Ein grosser, grüner Ofen ist an den Winterabenden der Sammelplatz derjenigen Hausbewohner, die sich nicht anderes zu beschäftigen wissen; denn während die Hausmutter und die älteren Töchter ihre Spinnräder schnurren lassen, sind die kleinen Kinder, oft auch Vater und Brüder, meist aber die Knechte, auf oder neben dem Ofen gelagert. Aus der Stube tritt man in die Küche, welche die zweite Tür nach dem Hausflur hat, und auf die Küche folgt gewöhnlich noch ein Behälter, Untergaden genannt, wo mancherlei Gerätschaften aufbewahrt und Arbeiten verrichtet werden, die sich für die Stube nicht eignen.»[4] Hier wird doch wohl eher das Haus des reicheren, wohlhabenderen Zürichseebauern beschrieben. Die Behausungen ärmerer Leute schildert Jakob Zollinger in einem Aufsatz über das Oberländerdorf Gossau: «Durch den engen düsteren ‹Ern› (Hausgang) gelangte man in die niedere Küche. Eine riesige ‹Chämischooss› bereichert sich über der ‹Chouscht› aus. Gegenüber erhob sich gewöhnlich das ‹Chuchigstell› mit der Kupfergelte darauf. Diese enthielt das Wasser. Mit einem Gätzi wurde es in der Küche ausgeschöpft. Durch eine schmale Türöffnung gelangte man in die Stube, schwere Balken trugen die niedrige Decke. Neben dem grünen Kachelofen mit dem Chouschtbänkli führte eine Falltüre in den darunter befindlichen Keller. Im Herbst konnten die geernteten Rüben und Kartoffeln jeweils bloss in die Stube getragen und durch diesen ‹Chälerbale› in den Keller hinunter geleert werden. Die Ausstattung der Stube war ganz einfach: Ein Tisch, zwei drei Sidele (Stabellen) und vor dem Ofen ein gepolsterter Ofenstuhl. Rund um den Ofen hingen Wäschestücke und Windeln, die die Luft in der Stube manchmal fast unerträglich macht. Auch die ‹Speuztrucke›, die sich in der Stube befand trug das Ihrige dazu bei. Zudem liessen sich die Stubenfenster vielerorts nicht einmal öffnen, da sie von aussen her durch Holzbeigen blockiert waren. Deshalb griffen die Leute zu einem anderen Mittel, um die Stubenluft zu verbessern. Sie verbrannten auf glühenden Kohlen gedörrte Apfelschnitze. Wohl dufteten diese gut, aber die Stubenluft wurde dadurch nur noch dicker...»[5]

Auch im Baselbiet waren die Wohngelegenheiten höchst einfach und knapp. «Öfters wohnten in den Bauernhäusern, die heute einer Familie gehören, zwei Kinderreiche ‹Sippschaften›. Viele begnügten sich mit einer

115 Wohn- und Schlafzimmer einer Leinenweberfamilie im Kanton Bern. Zeitgenössische Fotografie um 1890/1900. Wohnkultur hat in dieser Zeit weder für die Heimarbeiter noch für die Fabrikarbeiter ein Statussymbol bedeutet. Das konnte es angesichts der prekären Situation aber auch gar nicht sein.

116 Biedermeierliches Zimmer um 1820. Es zeigt patrizisch-bürgerliche Züge, vermittelt aber den Eindruck grosser Wohnkultur.

117 Bäuerliche Schlafkammer aus der Mitte des 19. Jahrhunderts. Das Stollenbett mit Bettkarren ist einfach konstruiert. An der Decke ist der Betthimmel mit Fransenbehang befestigt. Typisch ist der hohe Kissenberg mit gestreiften Ziechen.

118 Jahrzeitenschrank von 1812, gemalt von Conrad Stark. Reichere Bauern und Bürger leisteten sich auch im 19. Jahrhundert solch spätbarocke Bauernmöbel. Die meisten dieser bemalten Kästen zeichnen sich durch heitere Darstellungen ländlicher Szenen sowie durch den virtuosen Einsatz umfangreicher Dekors aus.

Stube, einer bis zwei Kammern und der Küche. Die Eltern schliefen zumeist in der Wohnstube, junge Leute, Knechte, Mägde in den Kammern, Kinder, zwei bis vier in einem Bett, nicht selten unter dem Dach auf dem Estrich. Die Stube hatte eine Balkendecke und einen Boden aus Tannenbrettern. Die Wände wurden geweisselt.»[6] Von einer Tapete ist in allen diesen Beschreibungen nicht die Rede. Und doch galten die ersten drei Jahrzehnte als das «Goldene Zeitalter der Tapete». Um 1804 brachte die Manufaktur Zuber in Rixheim(Elsass) mit den «Vues de Suisse» eine der ersten handgedruckten Landschaftstapeten auf den Markt. Bald folgten weitere Bildtapeten. Zum Teil stammten sie, wie ein schönes Beispiel aus dem Kanton Aarau zeigt, von der Firma J. Dufour-Leroy in Paris von 1829/30. Bildtapeten waren zwar beliebt, doch sehr teuer.[7] Später folgten Drucke nach literarischen Vorlagen. Ein wunderschönes Beispiel ist der Tapetenstoff mit Szenen aus der Geschichte des Wilhelm Tell. Sie entstand 1850 und ist heute im Landesmuseum zu sehen.[8] Im Laufe des Jahrhunderts hat der Walzendruck die billigeren Papiertapeten ermöglicht und die noch vorhandenen textilen Wandbespannungen endgültig verdrängt.

Um so mächtiger entfalteten sich die Textilien in Form von Vorhängen. Da fehlte es nicht an vielen Varianten: Zunächst gab es dicke Wollvorhänge, die, in mächtige Falten gelegt, den Raum abdunkelten. Sie verschwanden jedoch in der zweiten Hälfte des Jahrhunderts mehr und mehr, denn man wollte freien Blick von der Innenwelt zur Aussenwelt. Das Fenster ist nun Sinnbild für Transparenz, für Weite. Zwei bildliche Darstellungen geben uns Einblick in die Möglichkeiten: Auf Seite 146 wird die Familie Högger (um 1813) dargestellt. Die obere Fensterhälfte wird durch einen Wollvorhang abgedeckt, während unten ein Tüllvorhang das Fenster nur ganz leicht bedeckt.[9] Das Bild Nr. 123 zeigt Appenzeller Stickerinnen in ihrer Arbeitsstube. Das hereinströmende Licht wird leicht gebrochen von dünnen halbhohen Fenstervorhängen.[10] Mehr und mehr wird die Fenstergestaltung vom sozialen Status abhängig. Hohe, breite Fenster in einem städtischen Haus erlauben ein anderes Fensterkleid als die kleineren Fenster von ländlichbäuerlichen Häusern. Dafür wieder zwei Beispiele, freilich nicht aus Privathäusern, sondern aus einem Restaurant, beziehungsweise einem Hotel. Das eine Bild, entstanden 1828, zeigt die Auberge du Sauvage in Meiringen. Die verhältnismässig grossen Fenster werden hier kaum oder nur sparsam abgedeckt, während im anderen Raum, dem Salon 26 des Hotels Baur au Lac von Zürich aus dem Jahre 1859, mit Vorhangstoffen nur so geschwelgt wird.[11] Stoffe haben oder keine Stoffe haben, auch das ist typisch fürs 19. Jahrhundert.

Keinen Stoff für Vorhänge hatten, obwohl sie selber Stoff herstellten, die Heimarbeiter. Deren Ausstattung war denkbar einfach. Tisch, Stühle und Bank, eine Kommode, oft ein Bett, so sahen die meisten dieser Stuben um 1860 aus. Damals gab es in den Stuben mehr Hocker als Stühle; in einem ganzen Dorf vielleicht ein «Kanape», an den Wänden manchmal ein seltenes Portrait, einen Kalender. «Der Stolz war die blumenbemalte Schwarzwälderuhr, die in einem besonderen ‹Zythüüsli› tickte. Die Betten waren mit Stroh- oder Laubsäcken versehen, die Deckbetten mit ‹Zieche› aus ‹Chöltsch› bezogen, und man lag auf rauhen ‹Lylache›. Das eigene Leinenzeug, bewahrt in einem Schrank, der in der Kammer stand; dort waren auch die Schnitztröge mit dem Wintervorrat ... Was man besass, war währschaft; Möbelstücke dienten mehreren Generationen, ein zerbrochenes Gerät wurde einem Verlust gleich geachtet.»[12]

119

120

162

121

Anders sah die Wohnkultur der Fabrikanten aus. Silvia Oberhänsli beschrieb die Wohnkultur der Glarner Textilunternehmer zwischen 1850 und 1900. Ihre Villen bestanden aus «rund zehn Zimmern, umgeben von Stallungen, Waschhaus und gepflegtem Garten. Als Prunkstück einer jeden Villa galt der Salon, ein Raum, der eigentlich einzig der Repräsentation diente, was schon daraus deutlich wird, dass auf den Möbeln stets ein Schutzüberzug lag, der nur entfernt wurde, wenn Besuch erwartet wurde. In den meisten Unternehmerhaushalten wurde ein Kult daraus gemacht, Freunde und Geschäftskollegen möglichst perfekt zu bewirten. Je nach Rang der Gäste wurde das gewöhnliche, das bessere oder das beste Geschirr aufgetischt. Für Teppiche und Bilder wendeten die Fabrikanten mit Ausnahme einiger Stücke nicht viel Geld auf. Hingegen legten sie sehr grossen Wert auf kostbare Stilmöbel. In jedes gehobene Heim gehörte selbstverständlich ein Klavier, wenn nicht sogar ein Flügel, es gab wohl kaum eine Unternehmertochter, die darauf nicht endlose Tonleitern hätte üben müssen...»[13]

Gegen Ende des Jahrhunderts wird die Möblierung der Bürgerhäuser und Villen pompöser: «Die historischen Stile, die auf ungeeignete Objekte angewandt wurden, machten gewisse Inneneinrichtungen zu Ausgeburten böser Träume: Imitierte Ledertapeten über in Edelholzimitation bemaltem Tannenholz, Draperien aus Baumwollplüsch, bronzierte Gusseisenlampen für Petroleum oder Gasbeleuchtung, farbige Turmöfen mit Gusseisentürchen, die mit ‹Renaissanceornamenten› verschönert waren, Linoleumbeläge, Fabrikteppiche, die Orientteppiche vortäuschten, bunte Gläser in den Scheiben, eventuell noch ein gefälschtes Glasgemälde, gehäkelte Decken auf Tischen, Fauteuils und Sofa, metallbeschlagene, codexähnliche Photographiealben, eine Palissy-Schüssel, ein Makart-Bouquet in der Ecke und Reproduktionen von Historiengemälden oder Farbdrucke von Sitten- und Genrebildern und beliebten, ja allzu beliebten Landschaftsszenerien (Schloss Chillon von Montreux aus; die Jungfrau, gesehen von Interlaken), vereinigten sich zu einem schaurigen ‹Gesamtkunstwerk›. So manifestierte sich die Zeit, die mit den verfügbaren grossen technischen Mitteln noch keine eigenen Formen zu schaffen verstanden hatte.»[14]

Diesen Herrschaftswohnungen standen die Arbeiterbehausungen gegenüber. «Der Grossteil der Arbeiter vegetierte damals in kleinen, muffigen Altwohnungen, in Kellergeschossen und dunklen Dachkammern. ‹Geht hin in die Hütten der Armen›, rief 1871 ein Anwesender an einer Arbeiterversammlung in der Hirschenhalle in St. Fiden, St. Gallen, ‹beseht ihre Wohnungen, ihre Betten und wohnlichen Einrichtungen und überzeugt Euch, ob Ihr es recht findet, wenn Menschen auf solche Weise leben müssen›. Ein schlichter Arbeiter stellte die Frage, ob es nicht möglich wäre, auf genossenschaftliche Art gesicherte Heime zu erstellen, damit der Arbeiter ‹nicht jedes Jahr von einem Schlupfwinkel zum anderen getrieben werden könnte, wie es hier der Fall ist›. Der Berichterstatter dieser Versammlung schreibt, er habe in manchen Quartieren der Stadt (gemeint ist St. Gallen) Wohnungen angetroffen, ‹die unter der Erde, das heisst in Kellerräumen sich befinden, feucht und in keiner Beziehung gesund sind, sowie unter Dächern, zu welchen man auf fast halsbrecherischen, dunkeln, sehr baufälligen unzusammenhängenden Treppen gelangen muss›.»[15]

Allen Anstrengungen auf privater und genossenschaftlicher Basis zum Trotz blieb die Schaffung und Gestaltung von Arbeiterwohnheimen auch im letzten Viertel des Jahrhunderts eine ungelöste Aufgabe. Es kam deshalb

119 Prättigauer Stube. Der gestrichene Ofen ist aus Lehm gebaut. Vorn eine Frau, die sowohl das Spinnen wie das Weben beherrschte.

120 Im Tessin bilden Küche und Stube des bürgerlich-bäuerlichen Hauses im 19. Jahrhundert immer noch eine Einheit. Hier eine Wohnküche aus Ronco oberhalb Locarno.

121 Der Kachelofen behält seine Bedeutung. Zu jeder rechten Bauern- und Bürgerstube gehörte im 19. Jahrhundert der gemütliche Kachelofen mit dem «Chouschtbänkli». Hier ein schönes Beispiel aus der Gemeinde Hirzel (Kanton Zürich).

da und dort, so in St. Gallen im Juni 1883, zu Krawallen im Zusammenhang mit der Wohnungsnot der Arbeiter. Im St. Galler Stadtanzeiger von 1883 gab L. Bamberger zu bedenken, dass sich in der Maschinenhalle der schweizerischen Landesausstellung in Zürich ein vollständig eingerichteter Pferdestall befinde, «der an Eleganz alle Arbeiterwohnungen übertreffe und klar demonstrire, dass die Pferde der Reichen oft besser gehaust und gepflegt sind als die meisten Arbeiter, die doch alle Reichthümer schaffen». Über dem Eingang der Maschinenhalle – so Bamberger – «sollte eigentlich die Inschrift angebracht sein: ‹Geburtsstätte des Proletariats, Grabstätte des Kleinhandwerks›.»[10] Dabei stand St. Gallen im Vergleich zu anderen Kantonen nicht einmal schlecht da. Um 1894 rangierte es mit 291 Arbeiterhäusern an der Spitze gleich hinter dem zahlenmässig stark industrialisierten Kanton Zürich mit 670, vor Baselstadt mit 256 und dem Kanton Bern mit 217 Arbeiterhäusern.[17]

Das 19. Jahrhundert ist nicht allein durch die sozialen Gegensätze, sondern – wir beziehen uns dabei vor allem auf das Wohnen – durch den Stilpluralismus und durch eine Vielzahl oft gewagter Materialkombinationen gekennzeichnet. Auf der einen Seite huldigt man gegen Ende des Jahrhunderts dem Jugendstil als einer von allen Traditionen befreienden Bewegung, andererseits hatte man eine eigenartige Schwäche für alte Traditionen und für alte Handwerksbräuche. Zur Illustration dieser sich überschneidenden Tendenzen wollen wir einen Bürger um 1875 und seinen Sohn um 1900 kurz besuchen. Den Bürger von 1875 finden wir im Neurenaissancesalon, dessen Details stilistisch makellose Nachahmungen der Zeit Holbeins sind: «Man betrachte nur die Vertäfelungen, die Decke oder die Krüge auf dem Bord. Selbstzufrieden wird er den Besucher noch mehr verblüffen. Die Decke ist aus Zink, die Wandverkleidung aus Kunstholz, Zierleisten aus Papiermaché und die Krüge aus ‹Alluminiumbronze›. Sein Sohn aber hat damit mächtig aufgeräumt und war gegen die sogenannten ‹unechten Materialien› ganz besonders ungnädig. Schon die Gusseisengeländer des Gartens mussten liebevoll gehämmerten Schmiedeeisen weichen. Jetzt gucken Apfelbaumblüten durchs Fenster, wo einst Palmwedel diskrete Schatten warfen.»[18]

122

Für den Innenausbau sind zunächst die natürlichen Rohmaterialen wie Naturstein, Holz und gebrannter Ton verwendet worden. Im einfachen Bürgerhaus wie auch im Bauernhaus bevorzugte man die hölzernen Riemenböden, während in den Villen Parkett an der Tagesordnung war. Selbstverständlich wurden, dem 19. Jahrhundert gemäss, auch neue Materialien gesucht, das Linoleum beispielsweise wurde als fugenloses, strapazierfähiges und leicht zu reinigendes Material in allen Räumen des Hauses gern gesehen. Um 1890 hatte eine englische Firma die durchgefärbte Linolmasse erfunden. Für die Wand und die Decke waren nach wie vor die Holzvertäfelung Ausdruck gediegener Wohnkultur. Aber das Jahrhundert war erfindungsreich: Es gab knetbare Massen, die sich vor der Erhärtung in jede Form pressen liessen. An der Berner Industrieausstellung von 1857 zeigte Kaspar Schlee aus Bern einen ‹Holzguss›, mit dem er Blätterornamente und sogar Büsten geformt hatte. Die Schweizer Eternitwerke in Niederurnen brachten um 1900 ganze Wohnzimmervertäfelungen auf den Markt. Um 1890 gab es auch eine Columbustechnik, bei der Holzsurrogate und verschieden geformte Leisten zu Platten gepresst wurden.

123

Revolutionäre Entwicklungen bahnten sich auf dem Gebiete der Heizung an. Die ersten Zentralheizungen sind nicht in Wohnhäusern, sondern in öffentlichen Gebäuden aufgestellt worden. So hat um 1841 etwa Johann

124

125

122 Wohnzimmer um 1900. Gegen Ende des letzten Jahrhunderts kamen neue Werkstoffe auf. So auch das Eternit, das in Niederurnen (Glarus) hergestellt worden ist. Das Wohnzimmer auf unserem Bild hat eine Eternitvertäfelung. Es weist bereits alle Züge des modernen Komforts, wie elektrische Beleuchtung auf.

123 Appenzeller Stickerinnen in ihrer Arbeitsstube. Das hereinströmende Licht wird nur ganz leicht von dünnen halbhohen Fenstervorhängen gedämpft.

124 Tischtuch mit Weissstickerei, den Rütlischwur darstellend. Diese schöne Arbeit stammt aus Appenzell. Die 22 Kantonswappen und das Mittelmedaillon sind gesondert gestickt und aufgenäht. In der Mitte stehen die drei Eidgenossen, die Hand zum Schwur erhoben, auf der durch Grasfläche, Baum und Felsen angedeuteten Rütliwiese; über ihnen das Schweizerkreuz.

125 Zwei Petrollampen aus der Mitte des 19. Jahrhunderts. Messing und Blech.

Jakob Sulzer eine Dampfheizung für das Gymnasium in Winterthur eingerichtet. Nach wie vor aber behauptete sich der Kachelofen, ja, im 19. Jahrhundert erlebte gar alte Hafnertradition eine eigentliche Renaissance: «Firmen, die in den letzten Jahrzehnten des Jahrhunderts nur mit Mühe mit den neuesten Heizsystemen konkurrieren konnten, richteten sich nun ‹Kunsttöpfereien› ein.»[19] Beschwörend schrieb nun ein Architekt um 1910, der Schweizer müsse dem Kachelofen treu bleiben: «Denn er ist es, der in Behäbigkeit mit seiner farbenfreudigen Glasur, seinem plastischen Schmuck oder seiner bunten Bemalung dem ganzen Raume Behaglichkeit mitzuteilen vermag und so Stimmungswerte hervorzuzaubert, die gusseisernen Heizkörpern und eisernen Öfen völlig fremd sind.»[20]

Eine Revolution bahnte sich auf dem Gebiete der Beleuchtung an. Petroleum und Gasleuchter waren zwar gegenüber den alten Talglichtern bereits eine entscheidende Verbesserung, aber man ärgerte sich, dass man auf die nach oben brennenden Flammen Rücksicht nehmen musste. «Die elektrische Glühbirne sprengte nun die letzten Fesseln, da sie in alle Richtungen strahlen konnte. Schon in den letzten Jahrzehnten des 19. Jahrhunderts begannen in den Salons tropische Arrangements und Girlanden die Decken und Wände zu überwuchern.» Und weiter geht's mit grossen Schritten: 1878 führte das Gewerbemuseum von Zürich die ersten Telefonapparate vor und wenig später, als der Architekt Heinrich Ernst 1891–1893 «das Rote Schloss», eine grosse Mietshausgruppe am Alpenquai in Zürich, erbaute, wurden «hinter turmreichen Fassaden die Wohnungen mit Personen-, Kohlen- und Briefaufzügen, Elektrizität, zentraler Heizanlage, Warmwasserversorgung, Dampfwäscherei und Trocknerei ausgestattet».[21]

Gleichzeitig brach das Zeitalter der Hygiene an. Hätte um 1850 ein Architekt ein Haus bauen müssen, so hätte er ganz sicher die Nebenräume wie auch die Aborte an den Rand gerückt. Sie waren vom mittelalterlichen Bau bis hin zum barocken Palais meist nur Anhängsel. Mehr und mehr aber rückten jetzt das Bad, das WC und vor allem auch die Küche in den Mittelpunkt der architektonischen Planung. Allerdings mussten bei der Planung im 19. Jahrhundert andere Ziele verfolgt werden; Küche und Bad hatten ja zunächst nichts miteinander zu tun. Die Küche grenzte an die Personalräume, das Bad hingegen gehörte zur intimsten Privatsphäre.[22]

Eine Geschichte eigener und merkwürdiger Art hatte das Möbel durchzustehen. Zunächst kommt es zu einer Desintegration des Raumes. Das Mobiliar wird so behandelt, als wäre es eine in sich selbst ruhende Architektur. Mehr und mehr werden die Stücke zu einzelnen Existenzen und verlieren den Zusammenhang mit dem umgebenden Raum. Es fehlte an grossen Möbelbauern, an Kunsttischlern, wie sie noch das 18. Jahrhundert nicht nur in der Schweiz, sondern in allen europäischen Ländern hervorgebracht hatte. Zwar gab es immer noch routinierte Kunsttischler, die Möbel nach althergebrachten Traditionen herstellten. Mehr und mehr begann man aber auch eigene Modelle zu basteln, und jetzt versuchte sich auch die Industrie einzuschalten. Ein eigentlicher Stilpluralismus entstand jetzt; wir finden in den Interieurs neugotische, der Renaissance nachempfundene und neubarocke Möbel. Eines ist jedoch allen diesen Stilen gemeinsam, es ist die Vorliebe für textile Zutaten wie Quasten, Bordüren, Fransen und Draperien. Neu ist nur der von Michael Thone erfundene Buchenholzstuhl. Aber die unverzierten Formen ohne Polster und Stoffbezug wollten nicht so recht in die üppigen textilbehangenen Innenräume passen. Sie wurden dem Repräsentationsbedürfnis nicht gerecht. Deshalb hat diese Stuhlform im Wohnbereich nur zögernd Fuss gefasst.[23] Typisch fürs 19. Jahrhundert ist sodann die Vorliebe für den Orient. Er repräsentiert ja im gewissen Sinn eine neue Weisheit alter Lebenshaltung, die in der eigenen Zeit verlorengeht. Orientalischer Einfluss taucht überall auf; vom persischen Teppich bis hin zu den unzähligen Genrebildern des herrschenden Geschmacks. Auch der Diwan ist ein Kind des Orients. Man nannte ihn zunächst Duquois; er bestand aus drei Kissen, die als Sitze dienten.[24] Auch Kissenhocker (pouf) sowie kreisförmige Sofas (borne) kamen auf. Es sind wohl die voluminösesten Möbel der Zeit, und sie prangten in der Mitte des Salons. Um 1880 taucht der Polstersessel, der confortable, auf. Das Skelett ist vollkommen stoffverkleidet, die Armstützen sind zu zylindrischen Kissen angewachsen. Das Ganze erscheint als eine auf unerklärliche Weise zusammengehaltene Ansammlung von Kissen. Für diese confortables sind zum ersten Male Sprungfedern in Möbeln verwendet worden. Es war die Zeit, in der man sie mechanisch herstellen konnte.[25]

Die Drahtmatratze begann in dieser Zeit das Bett zu verwandeln. Beim Bett war das 19. Jahrhundert besonders erfindungsreich. Die Bettstatt, so lautete die Parole, sollte fortan zwar formschön, aber auch solid und praktisch gearbeitet sein. Der Bettinhalt musste den erhöhten hygienischen Ansprüchen genügen. Um 1831 wurden in England die ersten Patente für Bettkonstruktionen aus Messing und Gusseisen erteilt, und schon sechs Jahre später lobte die «Zeitschrift für Volksbildung in der Schweiz» die «schönen Formen der eisernen Bettgestelle, die grössere Leichtigkeit und den geringeren Umfang ... Weder verbergen noch vermehren sich in ihren Fugen Insekten, noch Ansteckungsstoffe.»[26] Zu diesen Betten passten allerdings die alten Betthimmel und Vorhänge nicht mehr. Hygiene auch hier: In der Mitte «des modernen Schlafzimmers steht frei das Messingbett». In seinem schmucken Glanz verbreitet es im ganzen Zimmer eine Stimmung heller, schimmernder Ordnung, so luftig und licht. Kein staubfangender Himmel wölbt sich darüber. Es hat seinen Schmuck in einem Messingrahmen am Kopfende, in den reichen Falten, in denen der gleiche Musselin gespannt ist, der die Fenster dekoriert.[27] Im Gegensatz zu früher verzichtete man auf Bettüberwürfe, es sollte dem Bettzeug Licht und Luft zukommen. Allerdings werden auf die sichtbaren Kopfkissen tagsüber gerne prunkvoll garnierte Paradekissen gelegt. Denn es liegt «ein eigentümlicher Reiz in der Geschicklichkeit, welche die Frauen in Nadelarbeiten entfalten, es gewährt einen sanften, angenehmen, man möchte fast sagen rührenden Eindruck, die Geduld und Ausdauer zu beobachten, welche sie dabei an den Tag legen und wodurch sie sich so wesentlich vom Manne unterscheiden».[28] In neuen und eigenen Katalogen warben von nun an die Versandgeschäfte mit fertig genähten Leintüchern, mit kompletten Bettbezügen und fertigen Matratzen aus der eigenen Polsterwerkstatt. Das Versandhaus Jelmoli Zürich versprach: «Wir führen nur strengere Spezialmarken und können infolgedessen für Güte und Preiswürdigkeit jede Garantie übernehmen.»[29] Doch diese Dinge waren wohl nur für das Bürgertum erschwinglich. In weiten Kreisen war man immer noch mit dem wohlfeilen Bett, dem mit «Haferspreu gefüllten Bettsack aus Zwilch oder anderem Zeug zufrieden».[30] Je nach Landesgegend wurden die Bettsäcke ganz verschieden gefüllt: Wo Mais angebaut wurde, stopfte man Bettsack und Kopfkissen mit den feinen Blättern des Türkenkorns. Im Berner Oberland sammelte der Bergbauer das Moosheu, die Lischa, um damit den Lischensack zu füllen. Im Spätherbst zogen die Dorfbewohner in den Wald, um dort dürres Buchenlaub zu sammeln. Mit dem Laub wurden Laubsack und Kopfkissen, das sogenannte

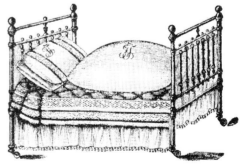

127

126 Das Neue kommt: Jelmoli liefert 1890 ganze Betten. Um 1890 konnte man bei Jelmoli, gestützt auf seinen Versandkatalog, eine fertige Bettenausstattung samt Bettstelle weiss-lackiert mit polierten Messingverzierungen kaufen. Die ganze Ausstattung samt Bett kostete 208.25 Franken.

127 Die Hotellerie des 19. Jahrhunderts entwickelt einen neuen Wohnstil. Unser Bild: Ein «alpennahes» Arrangement für reiche Gäste aus den Städten im Vestibül des Hotels Waldhaus in Vulpera-Tarasp.

Lauberli, gefüllt. Nach wie vor legte man in einfachen Verhältnissen die Laubsäcke auf den Boden, und wo hölzerne Bettladen vorhanden waren, teilten sich immer noch mehrere Schläfer, Kinder und Erwachsene, auf ein Bett. Nicht allen ging es so gut wie dem rechtschaffenen Meieli, das als reiche Frau Jowäger am Morgen nach seiner Vermählung erwacht und sein Glück kaum zu fassen vermag: «Das Bett war so weich und warm, wie es noch keines gesehen; was das für ein anderes Deckbett war als das dünne Häutchen, mit dem es sich sonst decken musste, und welch Unterbett gegen das, auf dem es sonst lag und durch welches hindurch man die Bettladen wenn nicht zählen, doch fühlen konnte. Da war an Federn nicht gespart, und man sah es wohl, dass je mehr derselben Ziechen gingen, desto grössere Freude die Bäuerin, welche sie füllte, gehabt haben muss.»[31] Das Bett sagte etwas aus über Reichtum oder Armut der Bewohner. Im Haslital mussten mindestens drei prall gefüllte Kopfkissen in der Bettstatt übereinanderliegen. Während das städtische Bürgertum mit erwachendem Hygienebewusstsein die Federbetten abschaffte, häuften sich in den ländlichen monatlichen Kalendern die Annoncen der Bettfedernlieferanten. Meieli träumt davon, im weichen Bett den Jüngsten Tag zu verschlafen, da vermag die Warnung «Auf, schaffe fort das Krankheitsnest! im Federbett steckt manche Pest!» nichts auszurichten.[32]

Das verwirrend vielseitige Bild, welches das 19. Jahrhundert bietet, offenbart sich auch im Wandschmuck. Ideal und Wirklichkeit klafft auch hier weit

167

auseinander. Die Idealvorstellung tritt uns in einem Brief des Zürchers Johann Heinrich Pestalozzi an den Künstler Ludwig Vogel in Rom von 1804 entgegen. Da heisst es: «Freuen tu ich mich innig, dass Du die äusserlich abgestorbene Grösse des Vaterlandes noch innerlich im Herzen seiner edlen Söhne zu erhalten zum Zweck Deines Lebens und zum Ziel Deiner Kunst machen willst. Meine Hoffnungen sind gross, der Stoff zu seelenerhebenden Kunstwerken liegt unermesslich in unserer Geschichte ... Gib uns wie Overbeck Blätter, die auf's Volk wirken und in seine Hände kommen, damit, wenn sie alle Spuren des Segens, des Glückes und der Rechte ihrer Väter in ihren niedrigsten Hütten ausgelöscht finden, sie sich an dem Bilde der glücklicheren Väter erheben und nicht hoffnungslos dahingehen.»[33] Es bleibt

festzuhalten, dass solch «akademisch-ästhetische Wertvorstellungen, vermittelt durch erzieherisch-belehrende Anstrengungen, für die Wahl des Wandschmuckes der Wohnungseinrichtung insgesamt von untergeordneter Bedeutung blieben».[34] Käufer und Hersteller von populärem Wandschmuck kümmerten sich wenig um Ideal-Vorstellungen, für sie war der Bildinhalt weit wichtiger als die künstlerische Gestaltung. Es gab nur wenig Bilder, von denen Pestalozzi träumte. Immerhin: Bei Buri und Jeker erschien 1872 in Bern die Schweizer Geschichte in Bildern mit 68 ganzseitigen Holzstichen nach Vorlagen von teilweise bedeutenden Künstlern. Zu ihnen gehörte u. a. der aus Muttenz stammende Karl Jauslin. Herausgeber der ersten Folge war Jakob Robert Müller-Lanzmann, ein Zichorienfabrikant aus Lotzwil (Kanton Bern). Die Bilderfolge war ursprünglich als Werbegeschenk gedacht, es handelte sich um Federlithographien, gedruckt von Adolf Föllmy in Liestal. Die knappen Texte stammen von verschiedenen Autoren, die Serie beginnt mit der «Urzeit von Helvetien» und endet mit der Schlacht bei Laupen 1339. Die Bilderfolge war auf billigem Papier gedruckt; sie fand Verbreitung in unzähligen Stuben.[35] Noch grösser war der Erfolg der von Jauslin 1898 im Basler Birkhäuser Verlag herausgegebenen Bilder aus der Schweizer Geschichte. Diese Bilder waren von hoher Qualität, und die stilistische Einheitlichkeit half dem Betrachter, sich zurechtzufinden. Innerhalb von wenigen Jahren gab's verschiedene Ausgaben. Das zeigt doch, dass sie Anklang und Absatz fanden.[36]

Neben diesen anspruchsvollen wie ansprechenden Blättern hingen in den Stuben aber andere Druckerzeugnisse. Da gab es viele Andachtsbilder, sodann profane Bilder mit moralisierendem Inhalt, Bilder von antiken Helden und mittelalterlichen Rittern, Bilder mit Monstern, mit Mongolfieren, Regenten und Revolten. Das alles und vieles andere mehr fand das Volk auf den Jahrmärkten oder kaufte es von herumziehenden Kolporteuren.[37]

Aber der einfache Mann konnte sich auch einen Öldruck leisten. Die litografischen Anstalten hielten ein breitgefächertes Angebot von buntesten «Gemälden» bereit. Ganz besonders beliebt waren Sofabilder. Sie zierten die Wand über dem Sofa. Die Themen: Treue und Unschuld oder Abschied und Heimkehr, Morgengebet und Abendgebet. Höchst beliebt waren Landschaftsbilder wie Sonnenland oder Heideland und selbstverständlich der herrliche, kräftige, mit starkem Geweih versehene Hirsch, der an einem Septembermorgen im Tann oder am Bergsee röhrt. Welch grosser Ausdruck von Leidenschaft, Kraft, wilder Natur und unangezweifeltem Patriarchat! Um den teuren Bilderrahmen zu ersetzen, wurden die frühen Öldrucke mit aufgedruckten Ornamentrahmen und Goldbordüren geliefert. Selbstverständlich sind auch fromme Bilder fürs christliche Haus angeboten worden. Da gab es ein Bild mit dem Titel «Der gute und der schlechte Weg». Für

128

129

128 Eine Wohnung in Zürich-Aussersihl um 1893. Typische fin-de siècle-Ausstattung und -Kleidung. Aussergewöhnlich hohe Räume, dementsprechend die gewaltige Wirkung der Vorhänge.

129 Hocker aus Holz, datiert 1889. Mit Kerbholz-schnitzerei.

130 Waschpresse um 1850.

katholische Käufer gab es sogenannte Absturzbilder, auf denen der heilige Schutzengel Kinder auf Felsklippen oder Brücken vor Stürzen bewahrt. Gekauft wurden auch die Produkte der Bauernmaler im Toggenburg, im Greyerzerland und Appenzell. Gefragt waren Sennenstreifen mit detaillier-ten Alpaufzügen. Landschaftsbilder und eigentliche Portraits von Gehöften erlebten eine neue Blütezeit. Silhouettenbilder und Scherenschnitte, schon im 18. Jahrhundert bekannt, werden mit Liebe hergestellt und gekauft. Hochdotiert waren die Schnitte des Köhlers J. J. Hauswirth, der wie ein Hausierer umherzog und auf den Bauernhöfen für ein paar Rappen Scheren-schnitte verkaufte. Doch überlebten sie nur in seltenen Fällen eine, höchstens zwei Generationen. Ganz genau gleich ging es den canivets, wie man die kunstvoll mit dem Messer (canif) ausgeschnittenen Papierbogen nannte. Sie dienten als Andenken an Konfirmation, Firmung oder Taufe oder auch die Heirat. In mancher Stube hingen kleine Kästchen, in denen unter Glas die aus den Haaren des Verstorbenen geflochtenen Symbole für Glaube, Liebe und Hoffnung als Totenandenken aufbewahrt wurden. Auch sie verschwanden im Laufe der Zeit bald einmal. Selbst die Kammtaschen, einst mit Seiden-, Gold- und Silberfäden bestickt, schon im 18. Jahrhundert weit verbreitet, gingen verloren, wie auch die Seidenstickbilder der Biedermeierzeit. Schade, die Nadelmalereien waren höchst kunstvolle, romantische Spielereien, wie sie nur das 19. Jahrhundert hervorbringen konnte. Sie wurden auch – das ist typisch für diese Zeit – durch Industrieprodukte ersetzt. Warenhäuser boten in Katalogen und Inseraten nicht nur Bilder, sondern auch Halbfabrikate an, die zu einem «beglückenden Tun» einladen sollten. So offerierte die Firma Schoepperle, Schmidt und Companie in Lausanne in ihrem Spezialkatalog feinen Holzwarenwandschmuck mit Brandmalerei und Werkzeugen «zum Brennen, Grund- und Tiefbrand, für Kerbschnitt, Intarsien-Malerei und Laubsägearbeiten».[38] Ganz offensichtlich fehlte bei diesen fabrikmässig her-gestellten Halbfabrikaten die Möglichkeit, individuelle Talente zu entfalten. Aber das wurde nicht als Nachteil empfunden. Ganz im Gegenteil: «Mit Fleiss und Streben nach Perfektion wurden Wandschoner und Wandbe-hänge bestickt, auf denen von Ornamenten umrahmte Sinnsprüche in goti-scher Fraktur schriftpräzise vorgezeichnet waren.» Dass die Arbeiten am Schluss nicht etwa handwerklich, sondern perfekt, wie von der Maschine gemacht, aussahen, darin lag das für die Zeit typische Erfolgserlebnis.[39] Perfektion und Erfolg, auch das gehört zum 19. Jahrhundert.

130

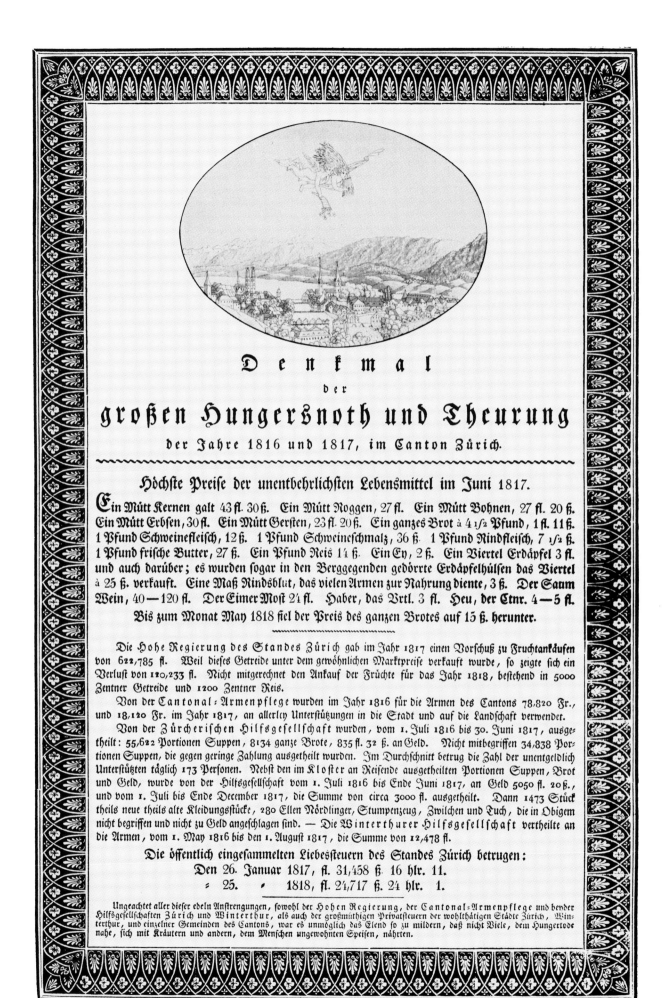

Denkmal

der

großen Hungersnoth und Theurung

der Jahre 1816 und 1817, im Canton Zürich.

Höchste Preise der unentbehrlichsten Lebensmittel im Juni 1817.

Ein Mütt Kernen galt 43 fl. 30 ß. Ein Mütt Roggen, 27 fl. Ein Mütt Bohnen, 27 fl. 20 ß. Ein Mütt Erbsen, 30 fl. Ein Mütt Gersten, 23 fl. 20 ß. Ein ganzes Brot à 4 1/2 Pfund, 1 fl. 11 ß. 1 Pfund Schweinefleisch, 12 ß. 1 Pfund Schweineschmalz, 36 ß. 1 Pfund Rindfleisch, 7 1/2 ß. 1 Pfund frische Butter, 27 ß. Ein Pfund Reis 14 ß. Ein Ey, 2 ß. Ein Viertel Erdäpfel 3 fl. und auch darüber; es wurden sogar in den Berggegenden gedörrte Erdäpfelhülsen das Viertel à 25 ß. verkauft. Eine Maß Rindsblut, das vielen Armen zur Nahrung diente, 3 ß. Der Saum Wein, 40—120 fl. Der Eimer Most 24 fl. Haber, das Vrtl. 3 fl. Heu, der Ctnr. 4—5 fl.

Bis zum Monat May 1818 fiel der Preis des ganzen Brotes auf 15 ß. herunter.

Die Hohe Regierung des Standes Zürich gab im Jahr 1817 einen Vorschuß zu Fruchtankäufen von 622,785 fl. Weil dieses Getreide unter dem gewöhnlichen Marktpreise verkauft wurde, so zeigte sich ein Verlust von 120,233 fl. Nicht mitgerechnet den Ankauf der Früchte für das Jahr 1818, bestehend in 5000 Zentner Getreide und 1200 Zentner Reis.

Von der Cantonal-Armenpflege wurden im Jahr 1816 für die Armen des Cantons 78,820 Fr., und 18,120 Fr. im Jahr 1817, an allerley Unterstützungen in die Stadt und auf die Landschaft verwendet.

Von der Zürcherischen Hilfsgesellschaft wurden, vom 1. Juli 1816 bis 30. Juni 1817, ausgetheilt: 55,622 Portionen Suppen, 8134 ganze Brote, 835 fl. 32 ß. an Geld. Nicht mitbegriffen 34,838 Portionen Suppen, die gegen geringe Zahlung ausgetheilt wurden. Im Durchschnitt betrug die Zahl der unentgeldlich Unterstützten täglich 173 Personen. Nebst den im Kloster an Reisende ausgetheilten Portionen Suppen, Brot und Geld, wurde von der Hilfsgesellschaft vom 1. Juli 1816 bis Ende Juni 1817, an Geld 5050 fl. 20 ß., und vom 1. Juli bis Ende December 1817, die Summe von circa 3000 fl. ausgetheilt. Dann 1473 Stück theils neue theils alte Kleidungsstücke, 280 Ellen Nördlinger, Stumpenzeug, Zwilchen und Tuch, die in Obigem nicht begriffen und nicht zu Geld angeschlagen sind. — Die Winterthurer Hilfsgesellschaft vertheilte an die Armen, vom 1. May 1816 bis den 1. August 1817, die Summe von 12,478 fl.

Die öffentlich eingesammelten Liebessteuern des Standes Zürich betrugen:

Den 26. Januar 1817, fl. 31,458 ß. 16 hlr. 11.

= 25. = 1818, fl. 24,717 ß. 24 hlr. 1.

Ungeachtet aller dieser edeln Anstrengungen, sowohl der Hohen Regierung, der Cantonal-Armenpflege und beyder Hilfsgesellschaften Zürich und Winterthur, als auch der großmüthigen Privatsteuern der wohlthätigen Städte Zürich, Winterthur, und einzelner Gemeinden des Cantons, war es unmöglich das Elend so zu mildern, daß nicht Viele, dem Hungertode nahe, sich mit Kräutern und andern, dem Menschen ungewohnten Speisen, nährten.

Die Ernährung

132

Angebot und Nachfrage nach Nahrungsmitteln

Wie stille ich den Hunger? Diese Frage stellte sich auch im 19. Jahrhundert. Ja, sie wurde in einzelnen Jahren und Jahrzehnten mit einer Härte und Eindringlichkeit sondergleichen gestellt, nahm doch die Zahl der hungrigen Mäuler abermals zu und kam es doch auch im 19. Jahrhundert wiederholt zu Engpässen, ja eigentlichen Hungerkrisen. Nach 1800 setzte ein «geradezu treibhausartiges Wachstum der Bevölkerung» ein, das alles bisherige weit übertraf und innert eines einzigen Jahrhunderts zu einer Verdoppelung der Einwohnerzahl der Schweiz von 1,67 auf 3,3 Millionen führte.[1] Wie kam dieses demographische Take-off zustande? Eine erste Hypothese – sie geht auf den Bevölkerungstheoretiker Malthus zurück – erklärt das Wachstum, das ganz wesentlich mit einer Abnahme der Sterblichkeit, der besseren Ernährung zusammenhängt, mit einem Zuwachs der Pro-Kopf-Produktion und Konsumation an Nahrungsmitteln. Dieser Zuwachs wird auf verschiedene Neuerungen der agrarischen Nutzungssysteme, insbesondere auf die Einführung der Kartoffel, zurückgeführt. An diesem Zuwachs sind auch neue Düngemittel sowie die Verbesserungen auf dem Gebiete der Tierzucht beteiligt. Schliesslich hat die Berufsbildung und Fachberatung zu einer Ausweitung des Wissens und Könnens der Landwirte geführt. Stimulierend wirkten sodann auch der Wegfall der Zehnten, die Entsumpfungen, Meliorationen und die Güterzusammenlegungen. Möglicherweise hat auch die Konkurrenz des Auslandes mitgewirkt, ist doch die Landwirtschaft in dieser Zeit ganz allgemein nicht nur in die schweizerische, sondern in die europäische Wirtschaft integriert worden. Aus den auf sich allein gestellten Haushaltbetrieben sind vor allem gegen das Ende des letzten Jahrhunderts marktorientierte Unternehmen geworden.[2] Zur besseren Ernährung trat eine bessere Medizin, so unter anderem die Einführung der Pockenschutzimpfung im frühen 19. Jahrhundert sowie ganz allgemein die besseren hygienischen Verhältnisse in den Wohnhäusern und die Einführung von Entsorgungssystemen in den grösseren Ortschaften und Städten. Im Kapitel Wohnen war davor schon die Rede.

Hat die Modernisierung der Landwirtschaft ausgereicht, um die wachsende Bevölkerung hinreichend zu ernähren? Ist die Anfälligkeit für wetterbedingte Ertragsschwankungen zurückgegangen? Welche Massnahmen sind von den Produzenten, den Konsumenten und schliesslich vom Staat ergriffen worden, um die auch im 19. Jahrhundert immer wieder auftretenden Engpässe zu überwinden? Wie hat sich die Ausweitung und Verbesserung der Verkehrssysteme (Strassen, Bahnbau) auf die Ernährungssituation ausgewirkt? Welche Folgen hatte die Industrialisierung auf dem Ernährungssektor? Inwiefern hat die Industrie zur Verbesserung der Ernährung beigetragen? Wir wollen diese Fragen im einzelnen angehen.

Zur ersten: So gross auch die Hoffnung der Erneuerer, der Innovatoren, zu denen unter anderem die auch noch im 19. Jahrhundert wirkenden Patriotischen Ökonomen zählten, auch waren, sie wurden zunächst nicht oder nur in bescheidenem Rahmen erfüllt. Der Umstellungsprozess ging langsamer vor sich, als man es sich ursprünglich vorgestellt hatte. Doch stellen wir zuerst die drei grossen Neuerungen einmal vor: Es sind die schon im 18. Jahrhundert entdeckten Kulturpflanzen, die Kartoffel, die Ackerfutterpflanzen wie Luzerne, Esparsette und Klee, und es ist die neue Form der Viehhaltung, bestehend aus der Stallfütterung im Sommer, die grössere Milcherträge zur Folge hatte. Es ist schliesslich auch die Bepflanzung der Brache.[3] Das schon im 18. Jahrhundert vollgültig ausgebildete Nutzungssystem, das heisst die Zoneneinteilung in Kornland (Dreizelgenwirtschaft), Mischzone der Selbstversorger (Feldgraswirtschaft), Hirtenland (Viehwirtschaft) und alpine Selbstversorgungszone bleibt zunächst bestehen.[4] Alle Neuerungen vollzogen sich im Rahmen dieses Nutzungssystems. Das geschah zum Teil ohne Schwierigkeiten und Zwänge. Die Kartoffel liess sich im Kornland ohne weiteres ins Dreizelgensystem einbauen, indem man sie in die Brache einführte. Das ist vielleicht neben ihren einmal erkannten Vorzügen den, Grund, weshalb sie unter allen Neuerungen stets die Nummer eins geblieben ist. Die beiden andern Innovationen liessen sich nicht ohne weiteres ins herkömmliche System einbauen, ja sie sprengten ihren Rahmen. Eine individuelle Bearbeitung einer Parzelle, die auch speziell eingezäunt werden musste, passte nicht ins Konzept. Sie erforderte die Zustimmung der Dorfgenossen, ja mancherorts gar der Obrigkeiten. Zweifellos hat eine konservative Grundhaltung manche Neuerung hinausgezögert. Es waren aber auch technische Zwänge zu überwinden. So fehlte es überall an Flurwegnetzen. Nur wenige Güter und Parzellen waren durch Wege erschlossen. Mancher Bauer konnte nur über das Feld und die Wiese seines Nachbarbauern zu seinem eigenen Grundstück gelangen. Ein Wegnetz, wie es sich einzelne Agronomen vorstellten, hätte eine völlig neue, andere Struktur der Grundbesitzverhältnisse verlangt. Und das war sicher vorerst eine Utopie. Solche Unternehmungen, das heisst neue Wegnetze, konnten erst gegen Ende des 19. Jahrhunderts an die Hand genommen werden.[5] In der ersten Hälfte des 19. Jahrhunderts blieb die zelgengebundene Betriebsweise, blieb der Flurzwang noch erhalten. Was erreicht werden konnte, war der Anbau der neuen Kulturpflanzen in der Brache, war die verbesserte Dreifelderwirtschaft. Dabei hat sich die Entwicklung je nach Region, je nach Dorf ganz verschieden vollzogen. Im Zürichbiet kannte man um 1860 «die Brache nur noch vom Hörensagen». In einzelnen bernischen Ämtern zwang hingegen «die grosse Zerstückelung und Mangel an Zelgwegen, beim alten zu bleiben». Im Baselland dagegen waren schon um 1857 «keine Ortschaften bekannt, in welchen die Dreifelderwirtschaft strikte eingehalten wurde». Im St. Galler Rheintal lag schon um 1804 keine Zelge mehr brach, während im Thurgau sich zu Beginn des Jahrhunderts der bis anhin nur spärlich betriebene Anbau von Kartoffeln mehr und mehr ausbreitete. Im Tessin waren die Brachfelder nach einem Bericht von Stefano Franscini schon um 1835 unbekannt. In der Waadt und in Genf ging die Brache rasch zurück, während es im Freiburgischen langsamer vor sich ging. Im ganzen gesehen umfasste das Brachland um 1850 wohl nur noch 5 Prozent der Ackerfläche. Das war gewiss ein erster schöner Erfolg für die

Neuerer. In Deutschland betrug der Anteil der Brache damals immerhin noch 20 Prozent.[6]

Die Umstellung der agrarischen Produktion und deren Tempo hat auch die Ernährungsweise beeinflusst. Das wird ganz besonders bei der Kartoffel, diesem «grössten Geschenk der Neuen Welt an die Alte», spürbar. Nach gewissen Anlaufschwierigkeiten im 18. Jahrhundert ist ihr Sieg im 19. Jahrhundert nicht mehr aufzuhalten. Nach einem Bericht von Oswald Heer aus dem Jahre 1847 «wurde sie die Königin des Sommerfeldes, und Hirse und Ackerbohnen, Linsen und ähnliche Gewächse mussten ihr überall weichen, ja in den Bergkantonen trieb sie fast alle Gewächse ohne Ausnahme von den Feldern weg. Sie eroberte aber auch vieles Wiesen- und Weideland, nach vielen harten Kämpfen selbst die Allmenden und zwar nicht allein in dem Flachlande der Schweiz, sondern im ersten und zweiten Jahrzehnt auch in manchen Bergkantonen.»[7]

Der Erfolg der Kartoffel – sie galt zunächst als Krisennahrung, als Heiland der Armen – ist nicht zufällig, bot sie doch gegenüber anderen Kulturpflanzen einige ins Auge springende Vorteile: Sie ist von ihrer Heimat im Andenhochland an kurze Sommer gewöhnt. Frühe Sorten, um die sich die Ökonomen des ausgehenden 18. Jahrhunderts bemüht hatten, konnten schon im Hochsommer, gerade dann, wenn die Getreidepreise am höchsten waren, geerntet werden. Sie ist gegen den Hagelschlag mehr oder weniger gefeit. Unter normalen Umständen konnte das Kraut als Futtermittel verwendet werden. Sie ist konsumfertig und in der Küche vielseitig verwendbar. Ihr grösster Vorteil aber: Sie ist sehr fruchtbar. Die Bauern erkannten bald einmal, dass selbst ohne Düngung das Drei- bis Vierfache des Pflanzengutes geerntet werden konnte. Bei guter Düngung erreichte man schon in den ersten Jahrzehnten des 19. Jahrhunderts rund 90 Zentner pro Hektare. Gegenüber dem 18. Jahrhundert war das ein grosser Fortschritt, gegenüber heute ist es eine recht bescheidene Ziffer, sind es doch heute 272.[8]

Das eidgenössische Departement des Innern nahm 1855 einen Gesamtverbrauch von 9 Mio. Hektoliter oder 3,75 Hektoliter je Einwohner an, während Franscini in seinen Berechnungen von 1848 auf einen Verbrauch von 6,9 Mio. Hektoliter oder 3 Hektoliter pro Kopf der Bevölkerung kam.[9] Um 1890 sind 137 kg Kartoffeln pro Kopf konsumiert worden. Heute sind es noch 45 kg.[10] Man kann aus diesen Ziffern ablesen, dass der Bedarf an Kartoffeln mindestens in normalen Erntejahren gedeckt war. Es ist von grosser Bedeutung, weisen doch die Kartoffeln einen hohen Gehalt an Vitamin C und eine hochwertige Aminosäure-Zusammensetzung auf; sie macht das Kartoffeleiweiss für menschliche Ernährung besonders wertvoll. Die Kartoffel wurde, wie es Gotthelf ausdrückt, «für die Menschheit wichtiger als Silber und Gold, sie bedeutete für den Armen alles, seine Kuh, seine Schweine, sein Kornfeld, sein Kabisplätz, sein ganzer Wintertrost».[11] War die Ernte gut, dann hat Käthi die Grossmutter «das freudige Gefühl, sie habe nun Speise, welche sie selbst gepflanzt und besorgt, für sich und ihre Kinder einen langen Winter durch und einen noch längeren Vorsommer». Gab es genug Kartoffeln, war auch die Welt in Ordnung und Grund genug, im stillen Gott zu danken: «Lebt doch der alte Gott noch, und dass er an uns sinnet, das sehen wir den Kartoffeln an», meinte Käthi. Als ihr Enkel Johannesli eines Tages sagt, die Erdäpfel seien ihm verleidet, empfindet sie es als Gotteslästerung: «Büebli, schweig doch, schweig, sagte die gute Frau erschrocken, schweig und versündige dich nicht! Die Erdäpfel verleidet! Du mein Gott, was willst du denn essen? Und was meinst, wenn jetzt der liebe

Gott die Erdäpfel verhageln täte oder die Emme kommen liesse, was wolltest du essen, und was sollten wir essen?» Doch die Emme trat mehr als einmal über ihre Ufer und zerstörte die Ernte. Dann schaufelten die armen Leute stundenlang, und «wenn sie endlich zu einer Erdäpfelstaude kamen und gruben sie aus, so waren einige schlechte Erdäpfel darunter; sie taten sie in die Tenne zum Trocknen, und wenn sie nach einigen Tagen nachsahen, so war die Hälfte davon schon angefault, und, was mit der anderen Hälfte werden werde, das wussten sie nicht».

Eine wahre Katastrophe war die um 1840 auftretende Kartoffelkrankheit. Sie trat um 1830 schon in Frankreich und in Deutschland auf. Im Sommer 1843 entdeckte man die ersten Krankheitsherde im zürcherischen Bezirk Dielsdorf. Schon um 1846 war sie über das ganze Land verbreitet. Das Volk war tief beeindruckt, ja erschüttert: «Von allen Seiten her kamen mehr und mehr Menschen, brachten von allen Seiten her Bericht, dass die Pestilenz (gemeint ist die Kartoffelfäule) auch bei ihnen sei, alles schwarz. Niemand weinte, aber Ratlosigkeit, Trostlosigkeit lag auf allen Gesichtern. Es war ein Donnerschlag aus hellem Himmel; in Angst wie versteinert standen die Menschen, wie das Vögelein vor der Schlange versteinert, deren Beute es im nächsten Augenblicke werden wird.»

«Auch Käthi war wie vom Schlage gerührt, vermochte kaum die zitternden Glieder zum Krämer zu schleppen; die Krämerin konnte kaum das Öl ausmessen, so zitterten ihr die Hände. ‹Es wird nicht sein, es kann nicht sein, es wird unser Hergott uns doch nicht heimsuchen›, seufzten beide. Aber wie in heissen Fiebern kein Trunk den Durst löscht, so stillte kein Seufzen ihr Bangen. Die Angst zog Käthi heim, die zitternden Beine wollten nicht fort, der Atem stockte in der gepressten Brust; stillesitzen, absitzen musste Käthi manchmal, ehe sie zu ihren Erdäpfeln kam. Es war Nacht geworden... Gebeugt leuchtete Käthi in den Erdäpfeln herum, hintendrein schrie immer lauter Johannesli. Jetzt sah Käthi im Lampenscheine die grause, schwarze Pestilenz an ihren Erdäpfeln, und es war ihr, als werde, je mehr sie zünde, die Pestilenz immer schwärzer und grausiger. Da überwältigte der Jammer die alte Frau. Sie setzte sich an die Furche und weinte bitterlich...»[12]

Noch kannte man kein Mittel, um der Kartoffelfäule beizukommen. Die erfolgreiche Bekämpfung mit Bordeauxbrühe setzte erst um 1880 ein. Es gab nur eines: abermalige Umstellung. Tatsächlich wird denn auch in diesen Jahren der Not das Anbausortiment erweitert. Gleichzeitig nehmen die landwirtschaftlichen Vereine die Saatgutvermittlung auf.[13]

Not macht erfinderisch, zwingt zu Neuerungen. Das gilt auch für die Viehzüchter: Die Sommerstallfütterung, auf Empfehlung der Ökonomen im 18. Jahrhundert eingeführt, setzt sich im 19. Jahrhundert vor allem nach den fürchterlichen Missernten der Jahre 1816 und 1817 mehr und mehr durch. Bei einer ganzjährigen Stallhaltung konnte die Mistmenge verdoppelt, die Milchleistung deutlich verbessert werden. Christian Pfister hat ausgerechnet, dass auf einem Drei-Hektar-Selbstversorgebetrieb vor der agrarischen Strukturänderung mit einer jährlichen Milchleistung von 820 Litern, nach Einführung des Klees und der Sommer-Stallfütterung aber mit 1940 Litern gerechnet werden konnte.[14] Ausserdem waren die Feldverluste bei der Weidenutzung geringer, sie sanken von 15 bis auf 5 Prozent ab. Das fiel um so mehr ins Gewicht, als tatsächlich einzelne Allmenden in alarmierender Weise überbestossen waren. Die neue Struktur hat nicht nur eine höhere Milchleistung des einzelnen Tieres, sondern auch eine Vermehrung des gesamten Tierbestandes und damit eine grössere Konsummenge zur

133

Folge gehabt. Der Kuhbestand erreichte um die Jahrhundertmitte 525 000 Stück, in der 2. Hälfte des Jahrhunderts stieg er gar auf 739 922 Grossvieheinheiten im Jahre 1901.[15] Gleichzeitig nahm die jährliche Milchleistung pro Kuh von 1990 Litern auf 2550 zu. Die gesamte Kuhmilchproduktion verdoppelte sich in dieser Zeit. Für den Konsumenten war das ein grosses Geschenk. Denn noch zu Beginn des 19. Jahrhunderts war Milch ein rarer, teurer Artikel. Der Milchverbrauch war vor allem in den minderbemittelten Familien, wir werden darauf zurückkommen, recht gering. Jetzt endlich waren Angebot und Nachfrage einigermassen im Gleichgewicht, und jetzt endlich konnte jedermann dem mehr und mehr in Mode gekommenen Milchkaffee frönen. Einen Aufschwung nahm in der Folge auch die Butter sowie die Fettkäseerzeugung. In seiner «Käserei in der Vehfreude» schildert Gotthelf 1850 die neue Situation in der ihm eigenen originellen Weise: «Man hatte Milch bis über die Ohren, und manches Weib ertrank fast darin, manches Weib schüttete so viel ins Mistloch, dass, wenn es sie im Fegefeuer hätte, es manches Jahr seinen Durst ziemlich löschen könnte.»[16] Als fast unerhofftes Nebenprodukt aus der Umstrukturierung in der Landwirtschaft ist auch die Talkäserei entstanden. Weil sich die Käserei erst bei grösseren Viehbeständen (30 Grossvieheinheiten) lohnt, schlossen sich viele Bauern zu Genossenschaften zusammen, um gemeinsam zu käsen. Die erste solche Talkäserei entstand 1815 in Kiesen. Gotthelf beschreibt die neue Situation: «Wie üblich im Bernbiet, wo man nicht auf jede neue Rarheit versessen war, betrachtete man anfangs die Sache mit grossem Misstrauen, es fand sich wenig Nachahmung. Mit gerümpften Nasen ging man um die in Käsereien gemachten Käse herum und tat, als ob man ihren Geruch kaum ertragen möge...» Man wolle «den Rufkredit der Emmentalerkäse nicht in alle Ewigkeit hinaus gefährden; sie seien höchstens gut für die Buchiberger, deren Hälse an siebenjähriger Ankenmilch erhärtet seien, oder für Züribieter, die ihren Wein überstanden und ihr Leben bis in die zwanziger Jahre gebracht». Doch die Käsehändler machten nach und nach die Erfahrung, «dass auch die feinsten Berliner- und Petersburgernasen den Unterschied zwischen Alpen- und Talkäs nicht merkten, dass der Käsereikäs ohne Kreditschwächung prächtig ins Ausland zu gebrauchen sei». Für uns ist jedenfalls von Bedeutung, dass nun die Nachfrage auch im Inland zu steigen begann, und «von da an mehrten sich die Käsereien stündlich, hätten wir bald gesagt. Sie schossen aus dem Boden herauf fast über Nacht wie die Pilze.»[17] Der Käsekonsum stieg zwischen 1886 von 5 kg je Kopf im Jahr auf 12 kg im Jahre 1900. Um was für Käse es sich handelt, wird freilich aus dieser Zahl nicht ersichtlich. Es war kaum Fettkäse. «Denn nicht alle folgten» – so der Bauer Mattheus Eggenberger aus Grabs (1823–1895) – «den Berner Bauern und fabrizierten um jeden Preis eine Herrenspeise (Fettkäse), welche der Haushaltung und sogar den Kindern den letzten Tropfen Kuhmilch entzieht». Fettkäse, so Eggenberger, ist für einfache Volkskreise unerschwinglich. Aber es gibt einen Ausweg: Man kann, alten Rezepten folgend, den ursprünglichen herkömmlichen Sauerkäse herstellen. Er bildet «für jede Bauernfamilie und auch jeden Arbeiter eine nahrhafte und wohlfeile Speise, die niemals Preisschwankungen oder Zollkrisen unterworfen wird, weil im Lande selbst erzeugt und konsumiert».[18]

Die Agrarreform erhöhte nicht nur die Milch-, Butter- und Käseproduktion, sondern auch die Fleischerzeugung. Leider fehlen für die erste Hälfte des Jahrhunderts genaue Zahlen. Sie liegen, und auch das waren lediglich Schätzungen, erst fürs Jahr 1886 vor. Damals sind 592 350 Zentner Rind-

133 Backofen bei Obersaxen (Graubünden).

fleisch, 333 350 Zentner Schweinefleisch erzeugt worden. Das sind, wenn wir sie in Beziehung zur Bevölkerung bringen, relativ bescheidene Ziffern. Der Kopfverbrauch bezifferte sich denn auch 1886 auf 25 kg Rindfleisch pro Kopf und 14,5 kg Schweinefleisch pro Kopf und Jahr.[19] In vielen Haushaltungen kam damals, wir werden darauf zurückkommen, Fleisch nur an Sonntagen auf den Tisch. Grössere Tierbestände, höhere Schlachtgewichte und rascherer Umtrieb führte von 1886 bis 1911 zur Steigerung der inländischen Fleischproduktion um 50 Prozent.[20] Der Pro-Kopf-Konsum stieg entsprechend an: Im Jahre 1896 wurden 30,2 kg Rind- und 20,2 kg Schweinefleisch konsumiert. Nach den Jahresberichten des Schlacht- und Viehhofes von Basel betrug der Fleischkonsum pro Kopf und Jahr um 1891 70 kg, um 1901 75 kg.[21] Heute werden 15,8 kg Rindfleisch, 4 kg Kalbfleisch und 30 kg Schweinefleisch konsumiert. Dazu kommen allerdings noch 35 kg Wurstwaren sowie 24 kg anderes Fleisch.[22]

Vom agrarischen Aufschwung und den neuen Erkenntnissen profitierte auch der Obstbau. Stolz meint eine eidgenössische Expertenkommission im Jahre 1844: «Die Obstkultur in der Schweiz befindet sich in ebenso günstiger Lage wie der Kartoffelbau. Sie hat eine Ausdehnung genommen wie in keinem anderen Lande Europas.» Tatsächlich zeigen verschiedene Quellen, dass seit 1800 der Obstbaumbestand sehr stark zunahm. In Luzern pflanzte man, wie Regierungsrat Kottmann 1825 schrieb, sehr viele Obstbäume – die meisten stammten aus der Baumschule des Kantons Zug. Nach einem Bericht von 1852 wurden viele Kirschbäume gepflanzt. Sie nahmen zum Teil die Stelle der abgehenden Nussbäume ein. Franscini schätzte 1848 die mittlere schweizerische Obsternte auf 1 Mio. Doppelzentner. Ein beträchtlicher Teil wurde gedörrt, weil damals Dörrobst vielerorts immer noch das Brot ersetzte. Ein grosser Teil der Ernte wurde zu Obstgetränken verwendet. Im Thurgau war es etwa die Hälfte, während in anderen Gegenden wie im Kanton Bern und der Innerschweiz, der grössere Teil der Ernte auf den Frischkonsum und die Dörrobsterzeugung ging.[23] Der Aufschwung der Obstbaukultur dauert in der zweiten Hälfte des 19. Jahrhunderts an. Der Obstbaumbestand nimmt nochmals zu. Das gilt vor allem auch fürs Wallis, wo man sehr rasch auch die Möglichkeiten des Bahnverlades erkannte. An vorderster Stelle der Sorten stand der Apfelbaum. Um 1880 registrierte man nicht weniger als 5,5 Mio. Apfelbäume. Das hat vielleicht auch mit der in dieser Zeit eingetretenen Geschmacksverschiebung zugunsten des Apfelmostes zu tun. Noch gab es eine ausserordentlich grosse Zahl von Sorten, was sich nicht als Nachteil erwies, solange der Obstbau vorwiegend auf die Selbstversorgung ausgerichtet war. Kaum aber hatte die Marktproduktion zugenommen, wurde dem bestehenden «Sortenwirrwarr» von seiten der landwirtschaftlichen Vereine der Kampf angesagt. Die Ernten schwankten wie auch die Preise sehr stark. Der Frischkonsum nahm zu, während die Dörrobsterzeugung abnahm, was vor allem mit der Holzverteuerung und der Zunahme ausländischer Dörrprodukte zusammenhängt. Schliesslich haben sich auch die Ernährungsgewohnheiten geändert.[24]

Die Änderung der Ernährungsgewohnheiten wirkte sich auch auf den Gemüsebau aus, nahm doch die Nachfrage nach Frischgemüse schon in der ersten Hälfte des Jahrhunderts stark zu. Zwar gab es immer noch Leute, die «Gemüse nicht gern auf dem Tisch sehen». Noch immer waren die Gärten relativ einfach angelegt. Die Bepflanzung bot wenig Abwechslung: Mangold, Spinat, Kefen, Kabis, Zwiebeln waren die gewöhnlichen Gartenprodukte. Andere Gemüse wie Buschbohnen, Stickelbohnen, aber auch Kabis sind damals ausserhalb des Gartens angepflanzt worden. Nach einem Bericht von 1842 sieht man ausser diesen althergebrachten Gemüsesorten noch verschiedene Zuckererbsen, feinere Stickel- und Buschbohnen, Blumen- und Rosenkohl, frühe und späte Wirzsorten sowie Kohlraben.[25] Schon in der ersten Hälfte des 19. Jahrhunderts gab es auch einige Gegenden, die sich dem Erwerbsgemüsebau zur Versorgung der Städte widmeten. So das St. Gallische Rheintal, die Umgebung von Tägerwilen im Thurgau für St. Gallen und Zürich, das Zürichseegebiet für die Stadt Zürich, Weggis für die Stadt Luzern, das Baselbiet für Basel und das Genferseegebiet für Lausanne und Genf. Besonders bekannt war der genferische Gemüsebau. Hier fanden Wettbewerbe zur Förderung der Gemüsesorten statt. Um 1855 bemerkt Stefano Franscini, dass im Kanton Graubünden, im Wallis und im Tessin die grosse Zahl der Bewohner die Vorteile erkenne die eine Familie aus einem kleinen, kultivierten Garten ziehen könne. Leider werde im Kanton Tessin trotz der Fruchtbarkeit des Bodens und der guten Möglichkeiten, die der Boden gewährte, jährlich Gemüse im Betrage von 80 000 Livre eingeführt. Um die Jahrhundertmitte wird tatsächlich ein steigender Verbrauch von Frischgemüse registriert. Neu waren in den Gärten damals die Gurke, die Endivie sowie verschiedene Salatsorten. Die Tomate, Liebesapfel genannt, wird zwar registriert, aber noch kaum angebaut. Noch um 1846 war man an vielen Orten auf den eigenen Garten angewiesen, weil es keinen Gemüsemarkt und auch keine Gärtnereien gab. Das gilt beispielsweise auch fürs Glarnerland. Indessen mehrten sich damals die Stimmen, die für eine Rationalisierung des Gartens eintraten. In den landwirtschaftlichen Kalendern und in den Wochenblättern werden Anregungen zur besseren Pflege von Obst und Gemüse in den Gärten gemacht.[26] In den Städten wird der Gemüseverbrauch mehr und mehr durch Einfuhren gedeckt. Vor dem Bau der Eisenbahnen waren lediglich 48 000 Zentner Gemüse (samt Obst) eingeführt worden. Zwischen 1885 und 1889 waren es jährlich 557 000 Zentner. Gemüse wird nun erstmals auch zur Herstellung von Gemüsekonserven verwendet. Eine erste Fabrik entsteht 1868 in Frauenfeld. Weitere Gründungen erfolgten in Lenzburg 1885, Saxon und Rorschach 1887. Immer noch überwog in den Landwirtschaftsbetrieben der Anbau von Erbsen und Bohnen, in den Gemüsepflanzungen der Nichtlandwirte der Anbau von Kohlgewächsen.[27]

Verglichen mit Hafer oder gar Dinkel und Weizen, kam dem Mais eine untergeordnete Bedeutung zu. Dennoch darf man nicht übersehen, dass er in einzelnen Regionen wie im Rheintal zu den Hauptnahrungsmitteln gehörte. Mitte der 1890er Jahre wurde Mais immerhin noch auf einer Fläche von 4150 Hektaren angebaut. Dann sank der Anbau z. T. infolge der Maisimporte auf noch 2000 Hektaren des Jahres 1917.[27a] Zum Mais tritt in den südlichen Bergtälern der Schweiz, im Bergell und im Tessin, die Kastanie. Sie hat im Winterhalbjahr zur Hauptnahrung der Bevölkerung gehört. In einer Familie von 6 Personen betrug der Verbrauch 6 bis 7 Zentner oder 100 bis 150 kg pro Person. Die Kastanien wurden gekocht, geröstet und in einzelnen Regionen auch zu Broten verarbeitet. Eine grössere Anzahl von Kastanienmühlen war noch bis zur Jahrhundertwende in Betrieb.[27b]

Die Zunahme der Bevölkerung sowie die verbesserte Kaufkraft haben sich auch auf den Rebbau ausgewirkt. Zunächst ist allerdings, als Folge der vielen Fehlernten zwischen 1808 und 1817, ein Rückgang der schweizerischen Rebfläche eingetreten. Die neuen Anlagen sind erst in den Zwanzigerjahren erfolgt. Freilich fiel in diesen Aufschwung ein Wermutstropfen, hatte doch der Beitritt Badens und Württembergs zum Deutschen Zollverein die Ausfuhr für Schweizer Weine empfindlich gestört. Was aber den schweizerischen Konsumenten freute, war die Zunahme der ausländischen Weine auf dem Binnenmarkt. Man brachte vor allem italienische Weine über die ausgebauten Bündnerstrassen in die Schweiz.

Um 1844 sind rund 900 000 Hektoliter Wein geerntet worden. Als fortschrittlich galten die Rebbauern im Kanton Waadt, wo schon in der ersten Hälfte des letzten Jahrhunderts die ersten Weinbauvereine entstanden. Nach der Jahrhundertmitte begann man da und dort Reben zu roden. So reduzierten die Schaffhauser ihre Reben wegen des rückläufigen Weinexportes nach Süddeutschland. Andere Rebgebiete nahmen indessen zu. Der Rückgang der Rebfläche führte an den meisten Orten zu einer Konzentration auf günstigere Lagen. Die Ernten schwankten zwischen 1893 und 1900 zwischen 1,6 Mio. und 2 Mio. Hektolitern. Dass man einmal viel, das andere Mal wenig erntete, blieb nicht ohne Einfluss auf die Weinpreise. Grosse Schwierigkeiten stellten sich ein, als um 1851 der echte Mehltau aus England über Frankreich und Italien in die Schweiz kam. Er trat zumindest im Tessin verheerend auf. Mit den amerikanischen Reben gelangte die Reblaus nach Europa. Den ersten Reblausbefall stellte man 1874 im Kanton Genf fest. Dank energischem Kampf konnte man eine allzu grosse Zerstörung verhüten. Die zerstörte Rebfläche blieb bis 1894 auf 88 Hektaren und bis 1900 auf 207 Hektaren begrenzt. Die Ernteausfälle sind dank dem Import auf Eisenbahnwagen gedeckt worden. Die Produktion blieb zwischen 1850 und 1900 immer ungefähr auf eine Mio. Hektoliter beschränkt, während die Einfuhr von 0,2 Mio. Hektolitern im Zeitraum 1851/60 auf 1,3 im Zeitraum 1901/ 1910 anwuchs. Schon um 1900 sind fast 50 Prozent des konsumierten Weines durch den Import gedeckt worden.[28] Der Weinverbrauch pro Kopf stieg von 1880/84 von 70 Liter auf 88,8 Liter in der Zeit 1893/1902. Gleichzeitig nahm auch der Obstwein (Gärmostkonsum) von 22,4 auf 28,1 Liter je Kopf der Bevölkerung zu. Die grösste Zunahme allerdings verzeichnete das Bier, dessen Pro-Kopf-Konsum von 36,3 Litern in der Zeit 1880/84 auf 61,6 Liter in der Zeit zwischen 1893 und 1902 zunahm. Dass sowohl das Bier wie auch der Most eine verhältnismässig gute Position bekamen, geht teilweise sicher auf den Mangel an qualitätvollen Weinen zurück. Klagen über den sauren, geringen Wein erschallen durchs ganze 19. Jahrhundert. Der Bendlikoner, ein Wein vom linken Zürichseeufer, ist schärfer als ein Schwert, schreibt H. Schinz, der auch sonst über die schlechte Qualität der Zürichseeweine klagte. J. M. Kohler meinte: Am Zürichsee werde im allgemeinen auf Quantität hingearbeitet. In der Tat, so schreibt der Aktuar des Weinbauvereins Winterthur, dem Zürichseerebbauern ist das Quantum die Hauptsache: «Er denkt, die Käufer seines Weines werden schon dafür sorgen, dass er trinkbar werde.» Allen Aufrufen zum Trotz hielt der Rebbauer an der Quantität fest; der Qualitätsgedanke scheint noch wenig verwurzelt. Allerdings war ein qualitativ guter Wein in dieser Zeit noch weitgehend ein Zufallsprodukt. Im Gegensatz zu heute hatte der Rebbauer kaum Möglichkeiten, bei der Pflege der Reben zugunsten einer guten Weinqualität einzugreifen. Eine Änderung brachte erst die wissenschaftliche Forschung des 20. Jahrhunderts. Vielleicht war aber der Konsument noch nicht so verwöhnt wie heute. Jedenfalls kaufte er in grossem Massstab billige Tresterweine sowie Trockenbeerweine.[29] Solche «Weine» wurden zu 15 bis 20 Rappen je Liter verkauft, wie aus den «Nachrichten vom Zürichsee» aus dem Jahre 1886 hervorgeht. Ein Inserat von 1886 preist einen Sauser an: «Von Mitte September an erhalte ich

134

Trauben diesjähriger Ernte, aus Griechenland und Kleinasien, zur Bereitung von Sauser, im Geschmack und Gehalt einem guten Walliser entsprechend, eignen sich dieselben vorzüglich und werden Bestellungen entgegengenommen von Charles Goldschön, Trockenbeerweinfabrik, Industriequartier, Zürich.» Ein Inserat im «Anzeiger vom Zürichsee» vom 14. Mai 1888 lautet: «J. S. in Zürich ist Preparateur des Mittels für Wiederherstellung von Essigweinen, er heilt auch alle anderen im Weine vorkommenden Krankheiten. Er ist bereit, kranke Weine jeder Art aufzukaufen.» Leider «verbesserten» auch viele Rebbauern ihren Wein mit Zucker, Wasser oder gewissen Chemikalien, was die Weine schliesslich in Misskredit brachte und mithalf, den Untergang des Weinbaues in verschiedenen Regionen, beispielsweise am linken Zürichseeufer, herbeizuführen.[30]

Zu den Hauptnahrungsmitteln muss auch im 19. Jahrhundert das Brot gezählt werden. Das gilt freilich nicht für alle Regionen der Schweiz. Im Hirtenland und in der alpinen Selbstversorgungszone sah es anders aus als im Kornland. Die vollkommene Abwendung vom Ackerbau hat ja die Bevölkerung der alpinen Regionen schon im 17. und 18. Jahrhundert zu einer grundlegenden Umstellung ihrer Ernährungsweise gezwungen. Der Mangel an Brot auf dem Tisch der Innerschweizer fiel allen Zeitgenossen, ganz besonders aber den Ausländern auf. In den Gebirgsgegenden ist Brot, so schreibt Normann, «das seltenste und theuerste Nahrungsmittel, die Hauptbeköstigung schränkt sich auf die Milch und die Fabrikate daraus ein». Ähnliches ist im helvetischen Almanach von 1807 nachzulesen: «Die Einwohner dieses Landes (gemeint ist Uri) brauchen wenig Korn. Es gibt viele Haushaltungen, die das ganze Jahr hindurch kein Brod geniessen, sondern sich von den Erzeugnissen ihrer Erden nähren. Solange das Korn auf den Märkten von Luzern und Zürich noch in erträglichem Preis erhalten werden kann, begnügt man sich, das Wenige, so im Lande konsumiert wird, daselbst einzukaufen.» Offensichtlich hat man sich, vor allem in Zeiten der schwieri-

134 Albert Anker hat mit diesem Stilleben «Der neue Wein» das schlichte Glück einer einfachen bäuerlichen Mahlzeit auf wundervolle Weise geschildert. Zum trüben Sauser in der Doppelliterflasche gesellten sich ein frisches Bauernbrot und einige starkschalige neue Nüsse.

gen Beschaffung, abgewöhnt, Brot zu essen. Hier die Worte des Talschreibers von Ursern an die Kriegskommission von Uri am 27. Oktober 1813: «Da wir hier mit dem Brod sehr übel versehen sind, so wollen wir Sie ersucht haben, uns in ereignetem Falle mit solchem zu versorgen und müssen für das Besttunlich erachten, wenn auch ohne gebackenes Brod auch einige Mütt Mehl für Vorsorge dann hierher geschickt würde.» Einige Mütt Mehl, meint der Talschreiber von Ursern, würden genügen. Dabei hat dieses Tal 600 Seelen gezählt! Das Brot hatte den Status einer Sondernahrung für Kranke, Gäste und hohe Herren. Es war damals keine Alltagsnahrung. Von der Richtigkeit dieser Behauptung zeugt ein alter Brauch. In Altdorf hat man jeden, der mit einem Laib Brot auf der Strasse angetroffen wurde, mit der Frage begrüsst: «Wer hesch chrank deheime?»[31]

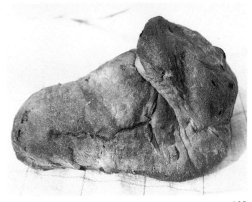

135

Selbst im Kornland bereitete die Beschaffung des Brotgetreides auch nach der Agrarreform einige Schwierigkeiten. Weil die Kartoffeln in die Brache kamen, profitierte der Getreidebau von der verbesserten Dreifelderwirtschaft vorerst nicht. Zwar hat sich die Getreidefläche in den ersten Jahrzehnten des 19. Jahrhunderts etwas ausgedehnt. Doch wird der Erfolg dieses Wachstums durch einige verheerende Missernten zunichte gemacht. So fiel in Zürich 1806, 1816, 1831 der Dinkel dem schlechten Wetter völlig zum Opfer.[32] Die Getreidemissernte von 1816 verursachte gar eine eigentliche Hungersnot. Sie war die Folge eines fast totalen Ausfalles der Ernte. Die Knappheit führte sofort zu einer Teuerung ohnegleichen. Der Sack Korn, der zu Beginn des Jahres 1816 in Basel im Mittel 22,75 alte Franken galt, kostete im Mai 1817 78.50 Franken. An anderen Orten stieg der Brotpreis um das Dreifache. Die Preise für Gerste und Hafer verdoppelten sich. Trotz Kornaufkäufen durch den Staat im Ausland und obgleich in Basel eine öffentliche Brotanstalt errichtet worden war, herrschte in unbemittelten Kreisen eigentlicher Hunger. Wie schon in den grossen Hungerkrisen des 17. und 18. Jahrhunderts griff man auf Gras, Mattenkräuter, Klee und Nesseln zurück. Im Kanton Schwyz verzehrte man das Fleisch von Maulwürfen, und im Baselbiet backte man Chrüschbrot.[33] Nach dem Bericht eines Zeitgenossen haben die Kinder von Jberg, Rothenturm und anderen Berggegenden «oft im Gras geweidet wie die Schafe. Die unglücklichen, bedauernswerten, armen Geschöpfe sahen aus wie Sterbende, so hager, blass, mit eingefallenen Augen und ganz abgemergelt, dass man sie ohne Mitleid nicht ansehen konnte.» In Appenzell Innerrhoden hat, wie auch in anderen Regionen, die Not auf das demographische System durchgeschlagen. Betrugen doch 1817 die Todesfälle 308 Prozent, im Kt. St. Gallen 173 Prozent des Vorjahres.[34]

Um 1847 tritt eine weitere Subsistenzkrise ein. Die Mehl- und Brotpreise stiegen sprunghaft in die Höhe. Wieder versuchte man das Mehl im Ausland zu kaufen. Doch war das nicht immer sehr einfach, wie wir das an einem Beispiel sehen: Ein Basler Getreidehändler kam von einer mehrtägigen Reise aus dem Elsass mit leeren Händen zurück. Er warf das Geld in die Stube: «Do frässet Gäld, Brot gits e keis.»[35] Im Kanton Zürich führten die Ärzte die in diesen Jahren ansteigende Mortalität direkt auf die Subsistenzkrise zurück. Kinder, schwächliche ältere Leute seien dem Mangel an hinreichender Nahrung direkt erlegen.[36] Dort, wo ein hoher Selbstversorgungsgrad vorlag, dürfte der Mangel zwar auch deutlich spürbar, die Teuerung hingegen weniger gravierend gewesen sein als dort, wo die Bevölkerung alle Nahrungsmittel kaufen musste. Auf den Zusammenhang zwischen Löhnen, Preisen und dem Nahrungsmittelverbrauch ist schon im Kapitel Arbeit hingewiesen worden. Hier betrachten wir das Problem aus einem anderen

135 Aufgesetztes Brot, sogenanntes Kopfbrot, wie es vor allem auf der Landschaft in der ersten Hälfte des letzten Jahrhunderts gebräuchlich war.

Blickwinkel: Quantität und Qualität der Lebensmittel spielen für die Gesundheit, das Wohlbefinden, ja die Lebensfreude des Menschen eine grosse Rolle. Sodann nimmt der Posten Nahrung im Verbrauchsbudget des Durchschnittsbürgers – von den obersten Sozialschichten einmal abgesehen – eine dominierende Stellung ein. In den Jahren 1806 bis 1810 entfielen 61 Prozent der Ausgaben auf Nahrungsmittel. Im Laufe des 19. Jahrhunderts sank dieser Anteil (man denke an das Engelsche Gesetz) allmählich ab. Er betrug aber um 1912 immer noch 45 Prozent.[37] Es ist deshalb bis zu einem gewissen Grade möglich, den Stand der Lebenshaltung und des Lebensstandards am Nahrungsmittelverbrauch abzulesen.

Leider sind Verbrauchszahlen, die wesentlich sind, nicht leicht zu bekommen. Wir müssen von Glück reden, wenn die Haushaltungsbücher einer vierköpfigen Familie eines Basler Buchdruckergesellen aus dem Jahre 1806 erhalten geblieben sind. Betrachten wir den Milchkonsum dieser Familie! Er betrug in diesem Jahre 259 Liter. Für die Milch gab diese Familie täglich einen Schilling (sechs alte Rappen) aus, wofür sie nach den damaligen Milchpreisen ½ Mass oder 0,71 Liter erhielt. Das ist sehr wenig. Erstaunlicherweise ist bei einer aus drei Personen, Mann, Frau und Dienstmagd bestehenden bürgerlichen Familie im gleichen Jahre der Milchkonsum mit 129 Litern noch geringer. Für das Jahr 1825 wurde der Milchbedarf der Stadt Basel auf 25 000 Saum (34 125 Hektoliter) berechnet, was bei rund 18 000 Einwohnern einen Tagesverbrauch von 0,52 Liter Milch pro Kopf der Bevölkerung ausmacht.[38] Für die Zeit um 1866/96 wird mit einem jährlichen Pro-Kopf-Verbrauch im Schweizer Schnitt von 250 Litern oder 258 kg gerechnet. Für 1911 sind es 245 kg oder ein Tagesverbrauch von 0,65 Litern.[39]

Für die Selbstversorgungszone dürften andere Zahlen gelten. J. Bielmann hat ausgerechnet, was eine Urner Normalfamilie an Milch zu Beginn des 19. Jahrhunderts konsumieren konnte. Sie dürfte über vier bis fünf Kühe, vier Schafe und sechs Ziegen verfügt haben. Die Erträge, welche sich aus dem landwirtschaftlichen Besitz und vor allem auch aus dem Viehbestand herauswirtschaften liessen, sind wenigstens im grossen Rahmen zu überblicken. Die Kuh lieferte damals zwischen 4 und 5 Liter Milch. Das ergab einen Jahresertrag von 1300 Litern Milch (Verglichen mit heute eine um ⅔ geringere Leistung). Da zur Herstellung von einem Pfund Butter oder einem Kilogramm Magerkäse je 15 Liter Milch benötigt wurden, konnte der Besitzer von fünf Kühen jährlich mit einem Ertrag von ungefähr 110 kg Butter oder 220 kg Magerkäse rechnen. Die durchschnittliche Familie hatte also unter normalen Umständen nicht eigentlich Hunger zu leiden. Doch war die Speisefolge sehr einseitig. Sie zeichnete sich durch einen ausserordentlichen Protein- und Fettreichtum aus. Nun muss ein solches Übermass der Gesundheit ja nicht unbedingt abträglich sein. Man weiss, dass nomadisierende Viehzüchter in Kenia und Somalia nur von Milch und Fleisch leben, ohne dass sie von irgendwelchen Mangelkrankheiten befallen würden. Die Gefahren einer fettreichen Ernährung werden durch grössere körperliche Aktivität mehr oder weniger ausgeglichen.[40]

Völlig anders sieht die Situation aus, wenn wir den Fleischkonsum betrachten. Für die wenig bemittelten Bürger in ländlichen Zonen dürfte ein regelmässiger Fleischgenuss kaum erschwinglich gewesen sein. Besser sah es in den Städten des Mittellandes aus. So hat erstaunlicherweise die Basler Arbeiterfamilie von 1806 rund 101 kg Fleisch konsumiert. Das ist sogar etwas mehr als eine fünfköpfige Normalfamilie des Jahres 1912 mit 95 kg.

Offensichtlich war in den Städten der Fleischkonsum höher als auf der Landschaft. So hat Archinard für die Genfer Landgemeinden 1883 einen Pro-Kopf-Verbrauch von 56 kg Fleisch gegenüber 80 kg in der Stadt errechnet.[41] Nach Basler Quellen sind in dieser Stadt um 1833 pro Kopf nicht weniger als 74,3 kg Fleisch konsumiert worden. Das ist, wenn man mit ausländischen Beispielen vergleicht, verhältnismässig viel. Denn für die Stadt Bonn ist für die Zeit von 1822 eine durchschnittliche Verbrauchsmenge von 41,6 kg errechnet worden. Etwas höher sind die Fleischverbrauchsziffern von München, sie betragen in der Zeit 1819 bis 1829 104 kg. Der Basler Fleischkonsum ist fürs 19. Jahrhundert rückläufig. 1913 betrug er noch 86,8 kg, 1920 gar nur noch 54 kg. Mögen das verglichen mit heute höhere Quantitäten gewesen sein, so verhält es sich mit der Qualität ganz anders. Beim Frischfleisch handelte es sich in der Regel um Kuhfleisch. Man kaufte es, soweit es sich nicht um landwirtschaftliche Familien handelte, in der Regel in der Metzgerei. Das Fleisch war mangels technischer Einrichtungen im Sommer nicht haltbar; man konservierte es im Salz und im Rauch, wo es, wie Gotthelf es formuliert hat, wie Stein wurde.[42] Weil die Kühe erst geschlachtet wurden, wenn sie ihre langjährige Aufgabe als Milchlieferanten erfüllt hatten, war ihr Fleisch nach einem verbürgten Zeugnis wie «mittelmässiges Sohlleder». Dieses Fleisch hat, wir zitieren nochmals Gotthelf, einen Vorteil, welchen aber nur Eingeweihte kennen: «Solches Fleisch ist vor den Würmern sicher. Würmer fressen bekanntlich weder Kiesel – noch andere Steine; ihre Zähne sind nicht dafür eingerichtet. Gibt es Würmer oben im Rauchfang, so lassen die alsbald solches Fleisch und fressen bloss die Weidenzweige durch, an welchen das Fleisch aufgehängt. Dann fällt dasselbe begreiflich runter; wenn es nun die Bäuerin unten merkt, weiss sie, dass es reif zum Brauchen ist.»[43] Innereien, Kutteln, Leber oder Hirn fehlten auf dem Speisezettel des Bauernhaushaltes mit Ausnahme der Tage nach der herbstlichen Metzgete, während sie in den Dorf- und Stadtmetzgereien schon ihres Preises wegen zu den meistgekauften Artikeln und Fleischsorten gehörten. Schlecht besoldete Leute, wie zum Beispiel die Schullehrer, konnten nicht einmal Innereien kaufen, sie «vermögen oft wochenlang überhaupt kein Fleisch».[44] Fridolin Schuler, der aus dem Glarnerland stammende eidgenössische Fabrikinspektor, machte sich Gedanken über den Fleischkonsum: Trotz vergleichsweise hohen Preisen, so schreibt er 1872, «scheint aus der beständigen Vermehrung der Zahl der Metzger sowohl als der kleinen Fleischhändler hervorzugehen, dass der Fleischkonsum von Jahr zu Jahr zunimmt, und dieser Verbrauchskonsum betrifft hauptsächlich das frische Fleisch, während das geräucherte im Verhältnis immer mehr zurücktritt».[45] Die Fleischspeisen sind, so wiederum Schuler, «natürlich nur für den besser situierten Arbeiter tägliche Nahrung, und zwar meist als Siedfleisch, mit möglichst grossem Quantum fader Suppe. Die ärmere Klasse geniesst meist nur sonntags Fleisch oder an den Wochentagen Schweinefleisch oder anderes fettes Fleisch, in kleinerer Menge als Beilage zu Gemüsen. Sehr viele, vielleicht die meisten ärmeren Arbeiter, begnügen sich aber dann nicht mit gesottenem Fleisch, sondern sie braten das mit unendlichem Wasserschwall fast zu purem Leim gekochte Fleisch in etwas heisser Butter, um ihm etwas mehr Geschmack zu verleihen.»

Fleisch bildete offenbar in der Arbeiterbevölkerung einen «Markstein» in der kulinarischen Wocheneinteilung. So erzählte die Mutter von Nationalrat Robert Grimm: «Wä mer emol ame Sunntig zwei Pfund Fleisch un en Schüblig gsotte händ, so hät de Ma ganz dünni Schibli gschnitte, das alli devo

136

übercho händ.» Otto Kunz erzählt aus seiner Jugend, dass seine Geschwister zusammen mit ihm mit wässerigem Mund vor der Metzgerei Kunz in Wald standen und «zu den frischglänzenden Strangen Cervelas» hinaufblickten, in der Hoffnung, dass eine «Perle von der Stange ihnen in den Schoss falle». Tatsächlich hat sich dieser Wunsch hin und wieder erfüllt, hat doch Metzger Kunz «ihnen ein Schnäfeli Wurst zum Stückleín Brot ins umgehängte Sammettäschlein gelegt». Die frischglänzenden Cervelats des Metzgermeisters Kunz sind für die letzten Jahrzehnte des 19. Jahrhunderts charakteristisch. Zu den herkömmlichen bäuerlichen Schlachtwürsten traten in dieser Zeit neue, leider nur kurzfristig haltbare Wurstsorten. Für die Arbeiterbevölkerung aber wird der Cervela, der Aufschnitt, werden die Streichwürste immer wichtiger. Wie Braun richtig vermerkt, verraten schon die Namen der Würste, «wie der lokale Rahmen gesprengt wird und das Fremde lockt: Von Lyon bis Wien und von Mailand bis Frankfurt reichen die Horizonte».[46]

Im Gegensatz zum Fleischverbrauch scheint – zuverlässige Zahlen gibt es leider nicht – der Fischkonsum eher rückläufig. Zwar gab es laut der Eidgenössischen Volkszählung von 1880 immer noch fast 1000 Personen, welche die Fischerei als ihren Beruf angaben. Diese Fischer haben ganz erhebliche Quantitäten abgesetzt. Die Hotels und Restaurants waren ihre Hauptabnehmer. Um 1880 ging der Fischbestand indessen drastisch zurück, was mit der Nutzung des Wassers durch das Gewerbe und mit Uferverbauungen, Ableitungen und Ablagerungen zusammenhing.[47] Wieweit Fische, vielleicht auch selbstgefangene, die einfache Tafel weniger bemittelter Schichten bereicherten, wie weit sie nur auf den Tisch des Wohlhabenden kamen, ist schwer zu eruieren. Wenn wir Jeremias Gotthelf vertrauen wollen müssen wir annehmen, dass der Fisch mehr zur Mahlzeit der «Herren» gehört hat. Er selber wusste die Fische wohl zu schätzen, spricht er doch von «Goldforellen mit dem schönen rosenroten Fleische, das schmeckt wie Haselnüsse».[48] In vermögenden Kreisen werden Fische häufig konsumiert. Gotthelf braucht das Bild: «Fischeli zMorge und Krebseli zNacht.» Käthi dagegen, die arme Frau, «brächte kein Stücklein hinunter von den Fischen,

136 Fröhliche Geselligkeit unter Schatten spendenden Bäumen lag den Menschen des 19. Jahrhunderts am Herzen. Hier die Gartenwirtschaft zum Strohhof um 1870.

183

welche sie Johannesli hat fangen helfen, und selbst Wirtinnen, obwohl die sich auf die Zubereitung der Fische bestens verstehen, fragen denne Gräte nichts nach».[49]

Wildbret wird auch im 19. Jahrhundert als Ergänzung der Fleischnahrung geschätzt. Doch schon in der ersten Hälfte des Jahrhunderts gingen die Bestände wegen des – wie sich Franscini ausdrückte – «gemeinen Hanges zur Jagd» im ganzen Lande zurück. Für Wölfe und Bären setzten die Kantonsregierungen Prämien ein; ihre Zahl nahm schon in der ersten Hälfte ganz erheblich ab. Verhältnismässig ertragreich war die Wildschweinjagd sowie die Jagd auf Hirsche, Rehe, Füchse und Dachse sowie Murmeltiere und Gemsen. In verschiedenen Kantonen gab es Jäger, die die Jagd als Gewerbe auffassten. Die Glarner Jahrbücher erwähnen einen Johann Heiz, der in einer Felskluft umkam, nachdem er in seinem Leben 900 Gemsen erlegt hatte. David Zwicki, auf dessen Konto 1000 Gemsen gingen, erlitt das gleiche Schicksal. Wenn es so weitergeht und wenn die Jagdfreiheit uneingeschränkt bleibt, so prophezeite Franscini um 1829, «wird man die Jagd in der Folge aus völligem Mangel an Gewild ganz aufgeben müssen».[50] Das geschah bis zum Ende des 19. Jahrhundert nicht. Man gab sich mit der Zeit mit dem zufrieden, was man noch hatte, ganz nach dem Leitwort Jeremias Gotthelfs, das da lautet: «Wenn Hirsche nicht kommen, sind Hasen auch gut.»[51]

Zum Wildbret kam das Geflügel. Offenbar hielt man Hühner, wenigstens zu Beginn des Jahrhunderts, ausschliesslich der Eier wegen. Für eine arme Frau wie Käthi die Grossmutter bilden «zwei Hühner, ein schwarzes und ein weisses» eine wesentliche Existenzgrundlage. Brathähnchen oder Hühner kamen nur ausnahmsweise auf den Bauerntisch. Hähnchen und Tauben sind nach Gotthelf «etwas für verwöhnte Leute», im Welschland zum Beispiel, wo «Monsieur tranchiert aus einem Hähneli 17 Stücke machen kann».[52]

Zu den wenigen Gegenden mit einer eigentlichen Marktproduktion an Schlachtgeflügel zählten lediglich einige Juratäler, der Bezirk Bucheggberg (Solothurn) sowie das Untere Aaretal zwischen Siggental und Klengnau (Aargau) oder das St. Gallische Rheintal. In der zweiten Hälfte des letzten Jahrhunderts nahm die Tierhaltung einen respektablen Aufschwung. Leider existieren keine diesbezüglichen Zahlen. Wir wissen lediglich, dass im Jahre 1918 die Geflügelhaltung der verbreitetste Zweig der Tierhaltung in der Schweiz überhaupt gewesen ist. Nach einem Lagebericht des schweizerischen Bauernsekretariates von 1900 gehörte die Hühnerhaltung zu den rentableren Zweigen der landwirtschaftlichen Produktion.[53]

Bis jetzt war vom Brotverbrauch kaum die Rede. Dabei gehörte das Brot im 19. Jahrhundert mehr und mehr allmählich zu den Hauptnahrungsmitteln. Ja, es erhielt durch die Heimarbeit und schliesslich durch die Fabrikarbeit einen anderen und zum Teil noch grösseren Stellenwert. Es besass Qualitäten, die damals ganz besonders gefragt waren: es ist leicht transportabel, handlich, essbereit, nahrhaft, und es kann auch mit Zulagen gegessen werden. Schon zu Beginn des Jahrhunderts ist der Brotkonsum der Arbeiter verhältnismässig hoch, hat doch die Basler Buchdruckerfamilie, die Notz untersucht hat, 409,8 kg Brot im Jahr konsumiert. Demgegenüber verbrauchte man im bürgerlichen Haushalt zur gleichen Zeit nur 223,2 kg.[54] Am Ende des 19. Jahrhunderts erreichte der Brotkonsum in der Basler Arbeiterfamilie 491,10 kg, in der bürgerlichen Familie 420 kg.[55] Für die alpinen Regionen sind zweifellos viel kleinere Zahlen anzunehmen. Dennoch: Das Brot begann allmählich in verschiedenen Regionen die Mehlspeisen, die neben Kartoffel- und Maisgerichten zu den Grundelementen der

Hauptmahlzeiten gehörten, zu verdrängen. Fabrikinspektor Fridolin Schuler bemerkt um 1820: Das Brot ist im Vergleich zu anderen Nahrungsmitteln immer wohlfeiler geworden, und sein Konsum nimmt zu.[56] Zu diesem Aufschwung trugen sicher auch die aufkommenden Bäckereien und der Brothandel in der zweiten Hälfte des 19. Jahrhunderts bei. Brot wird auch hausiert. Es kommen neue Brotsorten auf den Markt. So lässt die «Aktienbrauerei des Arbeitervereins» von Rüti im Zürcher Oberland im «Allmann» von 1865 bekanntgeben, «dass von Heute nebst dem bis anhin verkauften Weiss- und Mittelbrot noch eine zweite Qualität 4pfündiges Mittelbrot zu 50 Rappen verkauft wird».[57] Doch in den Zeiten schwacher Ernten bleibt es immer noch ein Mangelartikel, ist es für die Armen immer noch unerschwinglich. Immer noch stellte es den Inbegriff des Begehrenswerten dar. Brot schänden galt deshalb nicht nur als Sünde vor Gott, es verstiess auch gegen die Sitte: «Wer es auch sei, der Brot gschändet, wie man sagt, den sieht der Landmann mit Scheu an und flieht seine Nähe fast wie die eines in einem Gewitter Fluchenden.»[58] Für die unteren Sozialschichten blieb das Brot das ganze Jahr hindurch Mangelartikel. Käthi die Grossmutter muss mit «grosser Anstrengung wie aus hartem Gesteine der Welt das tägliche Brot abpressen». Gegen fünf Eier tauscht sie am Samstag beim Bäcker ein Brötchen ein und hat dann als «Dessert ein Schnäfelchen Brot». In der Haushaltrechnung einer armen Schulmeisterfamilie bildet Brot den Hauptposten: «Und wenn man alles kaufen muss bis an die Erdäpfel, so rechne man einmal nach was es heisse, wenn man für sechs Personen nicht mehr brauchen will als 3 Franken wöchentlich. Für zehn und einen halben Batzen Brot, sieben Batzen Milch, einheinhalb Batzen Salz, fünf Batzen Anken oder Schmär, vier Batzen Mehl und drei Batzen Kaffee, ist wahrhaftig wenig für 6 Personen und doch schon mehr als drei Franken.» So Jeremias Gotthelf in «Leiden und Freuden eines Schulmeisters».[59]

Auf Geflügel oder Wildbret könnte man verzichten, niemals auf die Kartoffeln; sie sind, so Jeremias Gotthelf, eine eigentliche «Naturnotwendigkeit, sie hätten je so wenig fehlen können als die Sonne».[60] Allen Schwierigkeiten zum Trotz − man denke an die Ernteschwankungen oder an die Kartoffelkrankheit − verlieren sie ihren beherrschenden Platz innerhalb der Nahrungsmittel kaum. Gewisse Anzeichen deuten aber doch darauf hin, dass sie gegen Ende des Jahrhunderts ihre ausgeprägte Dominanz einbüssten. So meint Fabrikinspektor F. Schuler 1882: «Sie dominieren nicht mehr in dem Masse wie noch vor zwanzig Jahren oder zu Beginn des Jahrhunderts.»[61] Eine Ausnahme machen die Alpentäler. Hier gebührt der Kartoffel bei einer Flächenzuteilung nach wie vor wohl der erste Platz. So haben etwa die Urner zwei Drittel ihres Gartens mit dieser wichtigen Pflanze angebaut. Gemäss Berichten der Gemeinden Flüelen und Seedorf an die zentrale Armenpflege in Altdorf sind durchschnittlich pro Kopf der Bevölkerung rund 30 bis 40 kg Kartoffeln eingebracht worden. Bei einer Familiengrösse von 2 Erwachsenen und 3 Kindern kann man mit einer jährlichen Kartoffelernte von 160 kg rechnen.[62] Ähnliche Angaben für das Kornland fehlen leider. Überhaupt sind für die ersten Jahrzehnte des 19. Jahrhunderts die Verbrauchszahlen äusserst spärlich. Wir wissen lediglich, dass um 1870 pro Tag in einem 5köpfigen Haushalt einer Basler Arbeiterfamilie 1,5 kg Kartoffeln und 2 kg Brot konsumiert worden sind. Mitte der 90er Jahre sind 137 kg Kartoffeln und zwischen 1906 und 1912 135 kg im Jahr konsumiert worden. Das ist im Vergleich zu heute (45 kg) recht viel.[63] Der verhältnismässig grosse Konsum ist um so erstaunlicher, als die Preise vom Beginn bis zum

Ende des Jahrhunderts sehr stark anstiegen. Zwischen 1800 und 1830 hat man pro Zentner drei bis fünf Franken bezahlt, während es zwischen 1892 und 1900 zwischen zehn und zwölf Franken gewesen sind.[64] Weil aber, wie wir im Kapitel Arbeiten darlegen, die Reallöhne in dieser Zeit ebenfalls relativ stark stiegen, blieb die Kartoffel immer noch verhältnismässig wohlfeil. Die Gegenüberstellung von Quantität und Kaufpreis einer Ware kann allein noch keine richtige Vorstellung vom Wert eines Lebensmittels geben. Entscheidend ist das Verhältnis des Preises eines Produktes zu seinem Nährwert. Eine Zusammenstellung Preis/Nährwert zeigt etwas Erstaunliches: Die Hausfrauen haben sich mit sicherem Instinkt auf die ihrem Nährgeldwert nach «billigsten» Speisen eingestellt. In dieser Liste steht die Kartoffel nicht schlecht da. Sie hat ja an und für sich wenig Nährgehalt und weist verhältnismässig wenige Kalorien auf. Verglichen aber mit dem Preis sieht das Ganze anders aus. Bielmann hat für die Zeit von 1800 bis 1806 die Kalorien pro Gulden umgerechnet. An der Spitze stehen die getrockneten Erbsen mit 15 023 Kalorien pro Gulden. Es folgt das Dörrobst mit 12 489 Kalorien, die Butter mit 12 427 Kalorien. Den nächsten Rang nehmen die Kartoffeln mit 12 000 Kalorien ein. Ungünstig sieht es bei der Milch aus, hier spielt der verhältnismässig hohe Preis eine «böse» Rolle. Die Anzahl Kalorien pro Gulden beträgt hier lediglich 4422. Man sieht: Mit dem Nährwert allein ist nicht alles ausgesagt. Manchmal spielen auch andere Faktoren mit,

137 Diese Puppenküche aus dem Jahre 1850 stammt aus Winterthur. Sie ist ein getreuliches Abbild der damals gebräuchlichen Küche. Noch erkennt man oben den Rauchhut. Das Feuer selbst ist im Herd gefasst, wobei das Wasserschiff eine grosse Rolle spielt. Links unten die Käfige für die Hühner.

beispielsweise der Grad der Beliebtheit eines Produktes. Denken wir etwa an die grosse Rolle des Milchkaffees. Nach übereinstimmenden Berichten vieler Beobachter wird Kaffee zusammen mit Rösti zur eigentlichen schweizerischen Nationalspeise jener Zeit. Ein Kronzeuge für die Beliebtheit dieses Getränkes ist Jeremias Gotthelf. Er hat den täglichen Morgenkaffee in aller Frühe selber bereitet und schwarz, ohne weitere Zutat getrunken. Sein stimulierender Duft durchzog nicht nur das Pfarrhaus, sondern als Lob sein ganzes Werk: «Es ist wohl nichts auf der Welt und von der Welt, was einem Weibsbilde so wohl macht, so gut und Trost gibt, als ein Kacheli guten Kaffee.» Der kranke Grossvater wünscht nichts mehr als «es Schlückli Kaffee», und der Arzt benötigt ihn nach durchwachter Nacht. Auch der Hebamme als besonderer Vertrauter der Bäuerin und als wichtiger Person wird der beste Kaffee aufgestellt. Und «einer armen Frau wie Käthi der Grossmutter zittert das Herz vor Behagen», wenn sie auswärts einmal guten Kaffee erhält. Freilich müssen arme Leute die Bohnen zählen, welche sie zu einem Kaffee brauchen. Daher fällt dieser dann meist dünn, halbblauer, blau oder gar himmelblau aus, dies trotz den Zutaten wie Zichorie, kleingeschnittenen und gedörrten Möhren oder Eicheln, mit denen man die teuren Bohnen zu strecken sucht.[65]

Die Haushaltungsbudgets der Basler Familien vom Jahre 1806, die Emil Hotz untersucht hat, enthalten einige interessante Angaben über den Verbrauch von Kaffee und Zucker. In der bürgerlichen Familie hat man in dieser Zeit 17,5 kg Kaffee und 14,6 kg Zucker gebraucht, dagegen sind im Arbeiterhaushalt lediglich 7,5 kg Kaffee und 6,2 kg Zucker, also nicht einmal die Hälfte konsumiert worden. Die Erklärung ist verhältnismässig einfach. Diese Konsumzahlen sind preisbedingt. Der Preis war durch die Kontinentalsperre, die die Kolonialwaren verteuert hat, in die Höhe getrieben worden. Obgleich der Preis auch nach der Aufhebung der Kontinentalsperre relativ hoch geblieben ist, sind grosse Summen für den Kaffee ausgegeben worden. Es ist geradezu «ungeheuerlich, welche Summen Geldes jährlich in einem einzigen Dorfe für Päckelkaffee, das heisst für jenes bränzliche Pulver aus Feigen und schlechten Obstsorten, Hülsenfrüchten ausgegeben wird, um damit eine abscheuliche, wertlose Brühe, Kaffee genannt, herzustellen. Die alte bäuerliche Milch und Mehlsuppe musste dem magenschwächenden Kaffee, der bekanntlich nichts weiter als ein Genussmittel ist, weichen», so meinte tadelnd ein Sissacher Lehrer im Jahre 1892.[66] Ein anderer Beobachter sagte um 1865: «Wenn der Kaffee halb oder mehr mit Milch vermischt getrunken wird, wäre nicht viel dagegen einzuwenden, aber zuerst aus Mangel an Milch und zuletzt aus Gewohnheit wird er von manchen Leuten schwarz getrunken. Dazu kommt noch, dass bei den gestiegenen Kaffeepreisen derselbe äusserst sparsam verwendet wird und so ein Getränk entsteht, das dem Brunnwasser wenig vorzuwerfen hat. Dadurch wird der Magen aber so blöde, dass er die schmackhaftesten Gemüse nicht mehr zu verdauen imstande ist. Nicht umsonst sagte schon vor dreissig Jahren der alte Zimmerruedi vom Kaffee: ‹Macht mer en stark, so verbrennt er der Mage, und macht men en z schwach, so verschwemmt er en eim.›»[67] Sind schon die Jahresverbrauchmengen für Kaffee ganz erheblich, so ist die Verbrauchszahl für Zucker noch erstaunlicher. Wurden zu Beginn des Jahrhunderts noch zwischen 6 bis 15 Kilogramm pro Jahr konsumiert, so waren es 1912 nicht weniger als 68 Kilogramm.[68] Dabei ist der Zucker auch in diesem Jahrhundert immer noch als grosse Kostbarkeit betrachtet worden: «Zucker hätten sie keinen im Hause, dergleichen brauche ein Pächter nicht», sagt Vreneli zu

ihrem Besucher. Man kauft ihn, wenn überhaupt, in kleinsten Mengen und
spart ihn für bevorzugte Personen und für besondere Gelegenheiten auf.
Zucker hat man in der ersten Hälfte des Jahrhunderts in bäuerlichen Haushaltungen durch Honig ersetzt. Er war aber ebenso rar und teuer wie
Zucker. So diente er etwa als «Kram» bei einem Krankenbesuch oder kam
bei wichtigen Visiten auf den Tisch.[69] Stefano Franscini meinte um 1829, dass
die Bienen «in den Teilen, in welchen die Umstände ihnen günstig sind,
recht angelegentlich gepflegt werden, indem die Schweizer von dem Honig
viel Gebrauch machen». Der Ertrag sei allerdings, weil nicht immer die
notwendige Sachkenntnis vorhanden war, nicht beträchtlich.[70] Gegen Ende
des Jahrhunderts nimmt der Honigkonsum zu, was auch auf das Angebot
zurückzuführen ist, sind doch um 1900 242 544 Bienenvölker registriert
worden, während es 1876 nur deren 177 120 waren. In dieser Zeit ist auch der
Mittelertrag je Volk gestiegen nämlich von 4,8 kg auf 7,7 kg im schweizerischen Mittel.[71]

138

Erstaunlicherweise werden in unseren Arbeiterbudgets die verbrauchten
Weinmengen nicht registriert. Dabei wissen wir aus anderen Quellen, dass
der Weinkonsum auch in diesem Jahrhundert verhältnismässig bedeutend
war. Verlässliche Zahlen für die erste Hälfte des Jahrhunderts fehlen allerdings. Wir wissen lediglich, dass um 1880/84 70 Liter Wein je Kopf getrunken wurden, während es 1893 bis 1902 pro Jahr 88,8 Liter pro Kopf gewesen
sind. Das sind indessen Durchschnittszahlen, der Verbrauch dürfte von
Region zu Region, ja selbst von Haushalt zu Haushalt sehr stark geschwankt
haben.

Insgesamt wird man festhalten können, dass der Lebensmittelverbrauch
der Schweizer Bevölkerung in diesem Jahrhundert bedeutend gestiegen ist.
Die Ernährung selbst der unteren Sozialschichten ist reichlicher und vor
allem reichhaltiger geworden. Die Quantitäten wurden grösser, die Qualitäten besser. So hat man zum Beispiel um 1900 Vollmilch trinken können,
während es früher bläuliche, halbentrahmte Milch gewesen ist. An die Stelle
der Stockbutter, der gewöhnlichen Rahmbutter, ist verhältnismässig wohlschmeckende Tafelbutter, Zentrifugenbutter getreten. Auch das Fleisch
besass damals dank der besseren Zucht und Mästung einen höheren Nährwert und besseren Geschmack als noch zu Beginn des Jahrhunderts. Das
Schlachtvieh war grösser geworden und lieferte mehr Fleisch als noch um
die Jahrhundertwende. Sowohl die Zahl des Geflügels wie die Produktion
und das Volumen der Eier nahmen zu. Zu den tierischen Fetten sind
schmackhafte Pflanzenfette gekommen. Dank dem verbesserten Verkehr
konnte Olivenöl eingeführt werden, es war zwar teuer, doch besser haltbar
als die einheimischen Produkte wie Mohn-, Nuss-, Rüb- und Levatöl.

Gerade das Olivenöl ist für die neue Situation symptomatisch: Zur Verbesserung der Ernährungssituation hat nicht allein die Landwirtschaft, sondern auch die neue Verkehrssituation beigetragen. Dank der Bahn konnten
die Mankos ausgeglichen werden. Anders ausgedrückt: Die Bevölkerung
war so stark angestiegen, hatte so viele neue Konsumbedürfnisse, dass die
schweizerische Landwirtschaft trotz grossen Anstrengungen geldmässig
gegen Ende des Jahrhunderts nur noch ⅔ des Gesamtverbrauches an Nahrungsmitteln zu liefern vermochte. Betrachtet man den Nährwert der Produkte, so schneidet die Landwirtschaft noch schlechter ab. Nach verschiedenen Berechnungen konnte sie nur noch 51 Prozent, also gut die Hälfte des
gesamten Kalorienbedarfes decken.[72] Vergessen wir die Industrie nicht: sie
leistete ihren Teil zur Verbesserung der Ernährungssituation, man denke nur

138 Metzger an der Arbeit. Da der Fleischkonsum
allmählich anstieg und die Hausmetzgereien nicht
mehr die ursprüngliche Bedeutung hatten, war das
Einkommen der Metzger mehr oder weniger gesichert. Die Ansprüche der Kunden in Sachen
Fleischqualität waren nicht allzu hoch. Man
beachte die alte, magere Kuh, die eben geschlachtet
wird.

an die Suppen und die fabrikmässige Konservierung frischer Früchte sowie Fruchtsäfte oder die Herstellung von Kondensmilch und Schokolade. Die relativ niedrigen Preise dieser Artikel öffneten selbst verhältnismässig schwachen Sozialschichten den Zugang zu hochwertigen, kalorienreichen Nahrungs- und Genussmitteln.

Verglichen mit den Zuständen zu Beginn des Jahrhunderts, sah es allgemein erheblich besser aus. Aber in den ärmeren Schichten der Arbeiterschaft war persönlichen Wünschen und Vergnügen erst ein kärglicher Spielraum gewährt. Am unteren Ende der sozialen Stufenleiter der Pyramide näherte sich die Lebenshaltung der Lebenserhaltung.[73]

Dass sich die Ernährung auf die Gesundheit, ja auf den gesamten Habitus des Menschen auswirkte, war schon den Beobachtern zu Beginn des 19. Jahrhunderts bekannt. So hat ein Deutscher um 1800 von den Urnern geschrieben: Der stete «unausgesetzte Genuss von Milch und Käse, der fast mit gar nichts anderem abwechselt, muss wenn man will, einen kindlichen aber auch matten Sinn geben, und klinge es so sonderbar als es wolle, aber ich glaube, wer gar keine salzigen, geistigen und scharfen Speisen und Getränke geniesst, dessen Seelenfähigkeiten können auch nicht viel zu bedeuten haben». Diese Behauptung fusst keineswegs auf oberflächiger Beobachtung. Selbst neueste Untersuchungen haben gezeigt, «dass chronischer Mangel den Menschen in innere und äussere Stumpfheit versinken lässt».[74] Die mangelhafte Ernährung hat bei den Bergbauern und vor allem auch den Heimarbeitern zu einem Heisshunger nach Süssigkeit geführt. Sowohl sie wie auch die Fabrikarbeiter und Bergbauern tranken übermässig viel Kaffee. Vielleicht war das nicht einmal schlecht, konnte er doch das fehlende Vitamin PP, das sonst nur noch im Schwarzbrot vorhanden ist, wenigstens teilweise ersetzen. Allgemein habe die mangelhafte Ernährung aber, so meinte Oswald Heer, Professor für Naturgeschichte in Zürich, um 1846 zu einer eigentlichen Verschlechterung des Volksschlages geführt. Man treffe in der Fabrikbevölkerung grossenteils schmächtige, schwächliche Menschen an; «wohl vorzüglich von ärmlicher Nahrung und dem häufig werdenden Branntweingenusse».[75]

Fast zu gleicher Zeit hat sich der zürcherische Landarzt Johann Jakob Graf – er praktizierte in Rafz – Gedanken über die Wirkung der Nahrungsmittel auf die Gesundheit gemacht. Offenbar hat man damals im Rafzerfeld verhältnismässig viel Fleisch gegessen. Er schreibt: «Wöchentlich ein-, zwei- bis dreimaliger Genuss des Selbstgeschlachteten und nach starkem Einsalzen gedörrten oder geräucherten Schwein- und Rindfleisches ist allgemein; frisches Fleisch hat man fast nur am Sonntag. Der zur Sommerzeit anhaltende Genuss des geräucherten Fleisches äusserte erst noch vor zwanzig und mehr Jahren, als er noch sehr häufig war, gerne seinen schädlichen Einfluss auf die Gesundheit, doch mehr bei den Weibern und Kindern als bei streng arbeitenden Männern; in den letzten zehn Jahren (also seit etwa 1840) aber sind die nachteiligen Folgen des Mangels an Fleisch auf die Gesundheit des Güterarbeiters (Landarbeiter, Bauer) beinahe ebenso häufig geworden als die vormaligen Folgen eines Übermasses an solchem.» Beklagt er hier den Mangel, so hat er andererseits beim Branntwein den Überfluss gerügt. Branntwein, so schreibt er, «wird sehr viel und mit ganz ungemeiner Vorliebe getrunken. Dieses Halbgift wird aus Kartoffeln, Getreide, Kern- und Steinobst, Wacholderbeeren, Weintrebern und Hefen gezogen und von Einwohnern ohne alle Einschränkungen selbst und manchmal schlicht genug bereitet. Dazu befinden sich auf den Dörfern und Höfen 112 Brennhäfen (die der eigentlichen gut eingerichteten Brennerei von Rafz nicht beigezählt). Nur 14 dieser Häfen werden von den Küfern, die übrigen 98 von Leuten gebraucht, die das Handwerk nur halb kennen. Aus diesen Werkstätten kommt der Branntwein selten anders als mit Grünspan geschwängert und erregt darum so häufig, auch in kleinen Portionen getrunken, die heftigste Reizung und ein fürchterliches Erbrechen. Gewiss ist für diese Gegend der Branntwein eine der bedeutendsten Krankheitspotenzen.»[76] Auch der im Oberalbstein um die Mitte des Jahrhunderts wirkende Bezirksarzt Dr. Hilarius Rischatsch hat sich Gedanken über die Ernährungsgewohnheiten und die Gesundheit gemacht. Auch er versuchte die Auswirkung einer sicher qualitativ verhältnismässig schlechten Ernährung zu erklären: Das offenbar sprunghafte Ansteigen von Magenleiden, Schwäche des Magens, Cardialgie, Magenkrebs sei letzten Endes in den Ernährungsgewohnheiten zu suchen: «Ich glaube diese Leiden in Nahrungsmitteln suchen zu müssen, namentlich in dem Genuss von Kartoffeln und Kaffee. Die höher gelegenen, von der Landstrasse entfernter liegenden Gemeinden, welche zwar in der Zivilisation zurückgeblieben, aber getreu ihren alten Sitten und der Lebensweise leben, sich von den Produkten ihres Viehs: Milch und Käse nähren, aus hölzernen Schüsseln mit hölzernen Löffeln ihre geröstete Mehlsuppe schöpfen, geniessen eine viel bessere Gesundheit. Dahin gehören die Gemeinden: Reams, Salux. In blühender Gesundheit und Stärke zeichnen sich die Bewohner von Mühlen, Marmels und Stalla aus, wo die Kartoffeln gänzlich fehlen und die Kaffeemode noch nicht eingerissen ist und ihre Sitten einfach und rauh wie Glätscher geblieben.» Schliesslich nimmt er auch Anstoss an der Ernährung der Säuglinge und Kleinkinder. Er spricht von einer unsinnigen Überfütterung und prangert die Ernährung der Schwangeren, Stillenden und Kleinkinder an, «den täglichen und fast ausschliesslichen Genuss von Kartoffeln und Kaffee». Die schlechte Ernährung sei auch Ursache von Typhusfällen vor allem der Jahre 1845/46.[77]

Dass Mangelerscheinungen in der Ernährung direkt aufs demographische System durchschlagen können, zeigt drastisch das Beispiel des Kantons Bern. Dort hatte um die Mitte des 19. Jahrhunderts die Ernährungskrise und Massenarmut einen Höchststand erreicht. Zwei Krisen verschärften die Notsituation: Einmal die durch die Kartoffelkrankheit ausgelöste Teuerung der Jahre 1946/47, dann die durch wetterbedingte Missernten verursachte Subsistenzkrise der frühen 1850er Jahre. Um 1854 mussten nicht weniger als 15 Prozent der bernischen Bevölkerung unterstützt werden. Das hatte einen deutlichen Rückgang der Geburten zur Folge. Die Quote sank von 10,9 Promille der Jahre 1819/1837 auf 7,1 in den Jahren 1847/50 und gar auf 3,2 Promille in den Jahren 1851/56. Scharen von Unbemittelten wanderten ab. Erstmals seit der Ruhrepidemie von 1750 sank die Gesamtbevölkerungszahl des Kantons Bern zwischen 1850/1856 deutlich ab. Die Verluste konzentrierten sich dabei auf die höchstgelegenen Zonen. Die Krise von 1845/46 hat, wie Christian Pfister zu Recht meint, «jenen Prozess ausgelöst, der mit wechselnder Intensität bis heute zur Entvölkerung mancher Bergtäler geführt hat».[78] Man wusste in Regierungskreisen, dass es mit der Ernährung nicht zum besten stand. So beauftragte die bernische Direktion des Innern die Aufsichtsorgane der öffentlichen Armenpflege, die Ernährung unter die Lupe zu nehmen. Pfarrer Friedrich Küchler berichtete über diese Untersuchungen. Die Ernährung sei mangelhaft und vor allem einseitig. Kaffee und Kartoffeln seien an der Tagesordnung. Milch und Käse seien zu teuer. «Viele Leute werden täglich in Folge falscher und ungenügender Ernährung krank.»[79] Unternommen wurde nichts. Erst als 1875 die Berichte der Aushebungsoffiziere eintrafen, wurde man hellhörig. Rund ein Viertel der Stellungspflichtigen erreiche die erforderlichen Masse nicht und weise Zeichen von Unterernährung und Schwindsucht auf. Man frage sich beim Anblick dieser jungen Menschen, «sind das denn wirklich die Nachkommen unserer Helden von Morgarten und Sempach, die Enkel derjenigen, vor welchen Burgunds stolze Heere schwankten».[80] Der Verfasser des Berichtes, der Militärarzt Josef Hürlimann, erkannte die Ursachen: Minderwertige Nahrung und übermässiger Schnapskonsum. Jetzt wurde eine Kommission zur Bekämpfung der Trunksucht eingesetzt. Die Gemeinnützige Gesellschaft bestellte auch eine Kochschulkommission. Noch glaubte man in weiten Kreisen, die Ernährungsschäden könnten behoben werden, indem man zur «unverfälschten Kost» der Altvorderen zurückkehre.

Der eidgenössische Fabrikinspektor Schuler war anderer Meinung. Er empfahl in seinem Referat über die Ernährung 1882 die Einführung neuer, zweckmässig aufgebauter Lebensmittel wie vorfabrizierte Suppen. Die Gemeinnützige Gesellschaft griff den Vorschlag auf, und bei Julius Maggi entwickelte man zusammen mit zwei Experten die Fertigsuppe, die rasch ein voller Erfolg wurde. Die gleiche Gesellschaft führte auch die Alkoholgesetzgebung ein, die wesentlich zum Rückgang des Alkoholkonsums beitrug.[81] Die Nachfahren der Helden von Sempach und Murten begannen sich zu bessern.

Vom Essen und Trinken

Wieviele und welche Nahrungsmittel standen dem Menschen des 19. Jahrhunderts zur Verfügung? Dieser Frage gingen wir in historischer Betrachtungsweise im ersten Teil dieses Kapitels nach. Im folgenden betrachten wir die täglichen Ess- und Trinkgewohnheiten in volkskundlicher Sicht. Zur Frage nach dem Wann tritt die räumlich vergleichende Fragestellung: «Wie war es da?» – «wie war es dort?» Wir wollen uns dabei nicht mit einer blossen Auflistung begnügen, sondern vielmehr nach der Ursache der räumlichen Verschiedenheit der Ess- und Trinkkultur fragen. Wir wollen wissen, warum man in den verschiedenen Regionen unseres Landes ganz bestimmte Speisen bevorzugte, warum zum Beispiel ein Urner andere Lieblingsspeisen hatte als ein Basler. Wer so fragt, wird bald entdecken, dass sich das Vorkommen der einzelnen Speisen weder ausschliesslich naturwissenschaftlich noch historisch und volkskundlich erklären lässt. Zwar spielten die alten Zonen, die schon im 17. und 18. Jahrhundert in deutlich ausgeprägten Formen auftraten, auch im 19. Jahrhundert eine grosse Rolle. Da gab es, wie die Karte von Mattmüller zeigt (ich habe sie in meinem Buch «Was für ein Leben» auf S. 24 reproduziert), das Kornland. Es umfasste das Mittelland und den tiefer gelegenen Jura. Hier waren alle anderen Produktionen dem Getreidebau untergeordnet. Daran schloss sich die Übergangszone an. Hier trieb man Getreidebau und Viehzucht/Milchwirtschaft in freier Wahl, je nach lokaler Bedingung. In der dritten Zone, der alpinen Selbstversorgungszone, gab es eine Mischung von Getreidebau und Viehzucht, während das Hirtenland sich auf den Export von Rindvieh und Käse ausgerichtet hatte. Neben diesen ausgeprägten Zonen gab es da und dort noch eigentliche Weingebiete.[1] Ende des 18. Jahrhunderts und zu Beginn des 19. Jahrhunderts trat eine grosse Veränderung ein: Die Kartoffel tritt auf; sie hat sich vor allem nach der Hungerkrise von 1770/71 zunächst im Kornland breitgemacht und ist von dort in die anderen Zonen vorgestossen; sie stellte sich in der inneralpinen Zone den Maisspeisen, der Polenta (Tessin), dem Ribel (Graubünden, Rheintal) oder der Maissuppe (Wallis) entgegen. Als weitere Neuerung ist der Mais im 19. Jahrhundert – man denke an die verbesserten Verkehrsverhältnisse in den alpinen Zonen – an die Stelle älterer Getreidenahrung getreten. Erstaunlicherweise waren die Bewohner der inneralpinen Zone dem Anbau der Kartoffel nicht geneigt. Es ist, wie Richard Weiss richtig vermutete, alpiner Traditionalismus, der sich radikalen Neuerungen entgegenstemmte.[2] Demgegenüber hatte man in den klimabegünstigten Gebieten des Mittellandes keine Lust, Mais in grossem Massstabe anzupflanzen. Man sagte ganz einfach, dass er ein Schweinefutter sei und sich vielleicht für die «Tschinggen» (Italiener) eigne. Schon diese wenigen Hinweise genügen, um zu zeigen, dass man mit rationalen Erklärungen und Deutungen allein nicht durchkommt.

Zur räumlichen Dimension kommt die zeitliche. Im Laufe des 19. Jahrhunderts veränderten sich Wirtschaft und Verkehr in umfassender Weise. Es werden mehr Nahrungsmittel importiert, und es kommen die Teigwaren, die Fleischkonserven, die Suppenkonserven auf den Markt. Passte man sich nun den neuen Verhältnissen bedingungslos an, oder verharrte man in volkstümlich traditioneller Weise bei altüberlieferter Tradition? Beide Pole sind nachzuweisen, sind greifbar: Anpassung und Widerstand. In dieses Spannungsfeld ist der ganze Ernährungskomplex eingefügt. Das fängt beim Morgenessen, beim Frühstück an. Noch zu Beginn des Jahrhunderts gibt es vor allem im bäuerlichen Haushalt die klassischen Kartoffel- und Maisspeisen. Vereinfacht und überspitzt ausgedrückt: Es gab typische Maisesser wie ausgeprägte Kartoffelliebhaber. Es gab eine südliche Maisfront, sie zog sich von der südlichen Abdachung der Alpen entlang bis nach Kärnten und gegen den Balkan hin. Demgegenüber stossen wir auf eine nördliche Kartoffelfront. Sie füllte das Mittelland aus und griff in die angrenzenden Übergangszonen und das Hirtenland über. Dazwischen findet man Lücken, Reliktgebiete der ursprünglichen Milchnahrung des Hirtenlandes. Zwei Schichten überlagern sich: Ältere Gebiete mittelländischer Agrarnahrung (Hafermus, Mehlsuppe), der nordalpinen Hirtennahrung und die Mehlspeisen der alpinen Selbstversorgungszone.[3] Neu ist hingegen, dass sich im 19. Jahrhundert das Kartoffelfrühstück zusammen mit Milchkaffee immer stärker ausbreitet. Es ist die berühmte Rösti, die zusammen mit Milchkaffee Nationalspeise wird. Dieses Kartoffelfrühstück tritt in städtisch-bürgerlichen Verhältnissen zurück. Dort ass man die gebratenen Kartoffeln zur Hauptmahlzeit. In den alpinen Gegenden verhinderten die Widerstände gegen Neues die Verbreitung des Kartoffelfrühstücks.[4] Im späten 19. Jahrhundert dehnt sich die Kartoffelfront weiter aus. So können wir das Kartoffelfrühstück auch in westschweizerischen Gebieten feststellen; es waren vor allem Berner Bauern, die die Rösti mitbrachten. Von den Einheimischen wird diese Speise, oft les reuchtis, reuchetis genannt, als fremder Import empfunden.[5] Im Glarnerland hatte man zum Morgenessen auch gesottene Kartoffeln, man vermischte sie mit Milch und Rohziger. Im Waadtland gab es die pommes de terre au lait. Die Maisesser blieben bei ihrer traditionellen Maisspeise; sie hat in der inneralpinen Zone Terrain gewonnen und die ältere Kornernährung (Roggen und Gerste) zum Teil abgelöst. Das ist erstaunlich, musste doch Mais in die Hochtäler mit Pferdefuhrwerken oder Bastpferden eingeführt werden. Später, nach dem Aufkommen der Bahnen, ging das etwas leichter.

139

140

Anders verhält es sich im St. Gallisch-bündnerischen Rheintal und im oberen Rhonetal. Hier wurde selbstangebauter Mais gegessen. Im unteren Rhonetal waren dagegen die Frites, die Bratkartoffeln nicht zu verdrängen. Erstaunlicherweise gab es im Südtessin keinen Mais zum Frühstück. Dort, wo man wie im Rheintal den Mais selber pflanzte, hat man die feineren Qualitäten, wie sich der Grabser Eggenberger ausdrückte, angebaut. Gegenüber dem einheimischen, weissen Maismehl galt der gelbe Polentamais als minderwertig.[6] Der Maisbrei ist auf verschiedenste Art zubereitet worden. Man konnte ihn wässerig machen oder fest zum Schneiden, nur mit Wasser und Salz (eventuell Milch) oder mit Butter und Käse kochen und essen. Im Maggiatal und im Bergell haben die armen Leute, die kein Brot kaufen konnten, die kalte Polenta vom Vorabend in Milch oder Kaffee eingebrockt. In Locarno ass man die polentina, «una papa di farina gialla», in Rovio die «pauiscia», die «polentina di farina gialla». Da und dort schnitt man den Maisbrei in Stücke zum Braten, so in Grindelwald, in Adelboden (Maisprägel), in Jaun (Poläntebrägu), in Gsteig (Simmental) als Polentarösti, im obersten Wallis als «bratne Polenta». Man hat genau zu unterscheiden: Die Polentarösti ist nicht identisch mit dem Ribel, dem körnig gerösteten Mais, der am Vorabend angebrüht wird. Im Rheintal beispielsweise bestand der Ribel aus weissem Maismehl, in Graubünden aus gelbem Maisgriess. Die Walliser kannten ausserdem die mit Käse angereicherte Maissuppe.[7]

Andere Frühstücksspeisen sind im 19. Jahrhundert allmählich im Verschwinden begriffen, so etwa die Hafersuppe oder der Haferbrei. Die Haferbappe, meinte 1930 ein alter Mann, ist vor 50 bis 60 Jahren durch die Rösti verdrängt worden. Ein Gewährsmann aus Steckborn betonte demgegenüber, dass in seiner Region noch um 1900 «viel Habermus bei allen Ständen» gegessen worden sei.[8] Im alten Kornland ass man besonders vor den Erntearbeiten nach wie vor die Mehlsuppe aus geröstetem Mehl. Diese Mehlsuppe ist aber auch in inneralpinen Regionen (Wallis und Engadin) neben anderen Mehlspeisen erhalten geblieben. Im Freiburgischen wurde die Mehlsuppe mit Ziger und Käse zubereitet. Neben dem alten Habermus gab es im Kornland den Wiismues-Brei aus Milch und Mehl. Im Engadin ass man Mehlmus aus geschrotetem Weizen, Schmalzmues, eine dicke weisse Mehlsuppe mit viel Butter. Bei strengen Arbeiten bevorzugte man das Mehlmus oder den Tatsch, eine in der Bratpfanne zerstückelte Omelette. In Poschiavo fügte man dieser Mehlspeise noch Eier bei. Man nannte dieses Gericht manfriguli.[9] Dem deutschschweizerischen Mehlmus entsprach im Jura die «purée claire de lait et de farines», genannt «mâles» oder «pèpè». Sie verschwand zwischen 1880 und 1900. Im untersten Rhonetal ass man dagegen zum Morgenessen auch gesottene Kastanien. Sie sind in Disentis zusammen mit der Polenta gegessen worden.[10]

Erstaunlich zäh hat sich in vielen Regionen die Morgensuppe behauptet. Auf der Genfer Landschaft war es eine dicke Gemüsesuppe, die um 7 Uhr morgens auf den Tisch kam. Es war, wie aus Genf berichtet worden ist, die Suppe vom souper, vom Abend her, welche zum Morgenessen wieder aufgewärmt oder «über Nacht unter der Bettdecke warmgestellt wurde». Als altes Suppengebiet gilt auch das Tessin, wo man die minestra vom Vorabend aufwärmte. Mit einem Zusatz von Maismehl wurde sie zum mazzafam, zum Hungertöter. Das alte Suppenfrühstück ist aber auch hier vom allgemein schweizerischen Milchkaffee allmählich verdrängt worden.[11]

Als typisches Winterfrühstück galt im Wallis eine Chuchisuppe, die «ingschnittne» Suppe mit Brot, Käse, Kartoffeln oder Reis. In Visperterminen

139 Rösti und Milchkaffee bildeten in der ersten Hälfte des 19. Jahrhunderts die Nationalspeise. Auf unserem Bild ein Röstiplättli samt der hölzernen Kartoffelraffel.

140 Während man im Mittelland da und dort die Polenta als Hühnerfutter bezeichnete, gründeten in Loco (Tessin) einige Liebhaber der Polenta 1890 die Gesellschaft «Polenta e Spessura». Diese Polenta wurde mit Rahm (statt mit Milch und Wasser) gekocht, und dabei verwendete man alle Geräte der Milchwirtschaft (Kupferschüssel und Hängekessel). Zur fröhlichen Polentamahlzeit tranken die jungen Leute Wein, den sie in einem kleinen Weinfass mitbrachten.

genoss man am Sonntag anstelle der Werkstagspolenta die Fleischsuppe: Der Vater holte aus dem Speicher ein Stück luftgetrocknetes Fleisch, daraus ward eine wohlschmeckende kräftige Fleischbrühe gemacht, die man zum Mittagessen mit dem Stücklein Fleisch genoss. Zum Morgenessen aber legte man Weissbrot, Roggenbrot und Käse in den Teller und goss darüber ein wenig Fleischbrühe.[12] In den alten Hirtengebieten hielt sich die Milchsuppe, das Zigersuufi (frischer Ziger in heisser Schotte) nur noch in Reliktgebieten, so etwa in Engelberg oder im Bedretto, wo man sie Söifi nannte.

Nach wie vor gehörte im Hirtenland, aber auch in der inneralpinen Selbstversorgungszone Käse zum Morgenessen. So ass man etwa in Russo den althergebrachten Sauerkäse, den «muttin formagella di latte coaguleto e scolato e messo in forme». Er entsprach dem Hüdaliziger, selbstgemachtem weissem Käse aus saurer Milch des hinteren Glarnerlandes. Wie schon im 18. Jahrhundert treffen wir auf dem Frühstückstisch immer wieder auch gedörrte Früchte oder Brot aus gedörrten Früchten, so etwa in Altdorf oder Sarmensdorf.

Im 19. Jahrhundert hält der sich schon früher anbahnende Siegeszug des Milchkaffees an. Doch wechseln die Begleiter: Anstelle von Rösti oder Polenta Brotschnitte mit Butter und Konfitüre, die «Ankebruut». Diese neue Frühstücksspeise war in oberen Sozialschichten anzutreffen, dort wurde sie vor allem am Sonntag genossen. In unteren Sozialschichten fällt sowohl Butter wie Konfitüre weg und wird im besten Fall durch Käse ersetzt. Es waren vor allem die Städte, in denen sich das Café-complet-Morgenessen zuerst einbürgerte. Nicht immer gehörte zum Kaffee die Milch: In den Hirtengebieten des Wallis, aber auch im Tessin kam schwarzer Kaffee ohne Milch auf den Tisch.[13] Selbstverständlich führte das Café-complet-Morgenessen unmittelbar zu einer grösseren Nachfrage nach Brot. Im 18. Jahrhundert in allen Gebieten ausser dem Kornland eher selten, eine Kostbarkeit, ein Leckerbissen, wird es nun im 19. Jahrhundert zur Alltags-speise. Dabei hat nicht nur die Brotquantität zugenommen. Gewandelt haben sich Qualität und Brotsorten, wobei es nochmals zu einer Differenzie-rung kommt. Im Alpengebiet und im Tessin hält sich das Roggenbrot bis gegen Ende des 19. Jahrhunderts. Auf der Genfer Landschaft hat man noch im 19. Jahrhundert Roggenbrot gegessen. Es ging nicht hoch auf, sondern breit und «lief den Leuten zum Ofen hinaus».[14] Nicht die Städter, sondern die Bauern zogen das Weissbrot vor. Das war auch einer der Gründe, weshalb man lange an der Selbstbäckerei festhielt. Man tat es, «um ganz weisses Bauernbrot» herstellen zu können, wie sich eine Bäuerin ausdrückte. Heute versteht man unter Bauernbrot eher dunkles Brot. Das Weissbrot galt indessen, so vor allem im Bernbiet, als Sonntagsbrot. Es ist ein typisches soziales Attribut: «Dans les bonnes familles on consommait le pain blanc», heisst es beispielsweise im unteren Wallis.[15] Das Gerstenbrot ging, soweit es überhaupt noch vorhanden war, weiterhin zurück. Im Oberhalbstein und in Sils im Engadin ass man es hin und wieder. Im alten Kornland sagte man: «Gerstenbrot war immer das erste Brot; es ging nicht gut auf, aber man freute sich darauf.» Es waren arme Leute, die das niedrige, fladenartige Gerstenbrot assen, «freilich aber nur im Sommer, weil es bald schimmlig wurde».[16] Dinkel, im Kornland einfach «Chorn» genannt, wird da und dort weiterhin angebaut und gegessen, weil es «besseres, mürberes Brot gibt als Weizen», meinte ein Gewährsmann. Früher, so sagte ein Aargauer Bauer, hatte man «überhaupt nur Chornbrot, schon weil man das Stroh für die Dächer brauchte».[17]

Dass man das Brot selber backt, gilt noch in der ersten Hälfte des 19. Jahrhunderts als Ehrensache. Die «richtigen» Leute, vor allem die Bauern backen immer selber: Nur s'Lehrers gehen, so heisst es zum Beispiel in Wenslingen (Baselland), zum Bäcker. Solange sich die Selbstbäckerei hielt, hat sich auch die Karte der Verbreitung der Hausbäckerei ziemlich genau mit jener des Getreideanbaues, das heisst mit dem Kornland, gedeckt. Im Hirtengebiet, man denke an die weitere Schrumpfung des Getreideanbaues, geht die Hausbäckerei früher zurück. Dennoch: In Wassen wird 1870 und in Unterschächen um 1900 noch zu Hause gebacken. Die Hausbäckerei ist aber um 1920/30 im Hirtengebiet kaum mehr vorhanden. Selbst in eigentlichen Getreidegebieten setzt der Rückgang der Hausbäckerei ein. Die Westschweiz sowie der Kanton Tessin gehen voran, es folgt etwas zögernd die alpine Selbstversorgungszone. Auch hier ging die Hausbäckerei zurück. Im Wallis wurden fast alle Gemeindebackhäuser stillgelegt. In Frutigen habe man aufgehört zu backen, weil man kein eigenes Mehl mehr habe, meinte ein Gewährsmann zu der Umfrage von 1937 bis 1942.[18] In Lax und Fiesch (Wallis) führten das Auftauchen der Bäcker und Konsumvereine zur Aufgabe der Hausbäckerei. Da und dort kommt es zu eigenartigen Übergangsformen: In Ormont-Tal liessen viele Leute, bevor es einen Bäcker gab, ihr Brot in einem besonders gut eingerichteten Haushalt backen. In Villa gingen die Leute zum furnér, zum Backofenbesitzer. Für 16 Brote bekam er 6 Holzscheite und ein Brot als Backlohn.[19] Dort, wo man an der Hausbäckerei festhielt, ist der Backtag zugleich Kuchentag geblieben. Die Apfelwähe am Freitag blieb nach wie vor die beliebteste Fastenspeise, und die Kinder bekamen zum Beispiel im Baselbiet am Backtag ihren heissbegehrten Öpfelwegge. Aus den Teigresten stellte man ausserdem allerlei Gebildbrote für die Kleinen her. Da gab es in der Westschweiz den ringförmigen coucou oder im Bergell die brasciovola, im Lötschental die vogelähnlichen Gebildbrote, die Vogle, im Tessin die püpa, eine Puppe.[20] Die Abkehr von der Hausbäckerei führte zur Aufgabe und Stillegung von Hunderten von Backhäusern und Gemeindebacköfen. Eine erste Welle erfasste das Genferseegebiet und den Jura zwischen 1870 und 1880. Damit gaben manche Familien ihre Selbstversorgung preis. Eine zweite Periode der Stillegung erfolgte zwischen 1900 und 1920. Es lässt sich kaum ermessen, wieviel alte, brauchmässige Tradition mit den Backöfen untergegangen ist. Der Betrieb von Gemeinschaftsbacköfen – private Backhäuschen gab es im Valserischen Safiental und im Freiburgischen sowie in Bosco Gurin – war ja mit einer alten Benutzungsordnung verbunden. Da finden wir manch hübsches Détail: In Lignière (Jura) steckte die Hausfrau, welche backen wollte, ihr Hauszeichen in eine Ritze des Fensterladens am Ofenhaus, rechts für die erste Backzeit, links für die zweite; am Morgen früh kam der fournier, der Ofenaufseher, um die Frauen zum Kneten aufzurufen: «Louise, pétrir!» In Sonogno (Tessin) stellte die Bäuerin einen Stecken an die Mauer des Backhauses: «per prendere il forno», um sich die nächste Backzeit vorzubehalten.[21]

Sag mir, was für Brot Ihr habt, und ich sage Dir, wo Du wohnst! Welche Vielfalt, welch reiches Bild bietet die schweizerische Brotlandschaft des 19. Jahrhunderts! Da gab es zunächst einmal die traditionellen Rundformen der Hausbäckerei samt ihren Varianten, den Ring- und aufgesetzten Formen. Sie standen gewissermassen in schroffem Gegensatz zu den neueren Langformen des Bäckereigewerbes. Doch keine Regel ohne Ausnahme: In den zentralschweizerisch-glarnerischen Gebieten gab es nur Langformen. Relikthaft kommen in inneralpinen Selbstversorgungszonen noch die alten Fladen

141 Gebäckmodel mit Katze. Oben das Model, unten das Gebäck (Marzipan).

vor. Sie erinnern an die Entwicklungsstufen: Brei, Fladen, Fladenbrot, Brot. Es handelte sich um Fladen-Roggenbrote, die man monatelang aufbewahren konnte und auch noch ass, wenn sie steinhart geworden waren. Im Urnerland sprach man von Tätsch und Tatschli. Man kannte die Formen und Spezialitäten des Nachbarn und mokierte sich hin und wieder auch über sie. So verlachte man im Tal «die Guttanner als Chuechler wegen ihren nur 3 cm hohen, aus Mehl, Kartoffeln und Milch bereiteten Chuechli».[22] Im Waadtland sprach man von den Ringlern und meinte damit die Ringbrote der Waadtländeralpen, Brote, die man mit einem Kuhhorn durchbohrte, um sie an Stangen aufhängen zu können. Die Walliser backten neben dem üblichen Fladenroggenbrot auch Riie. Sie bestanden aus durchgepressten, gesäuerten Kartoffeln, Milch und Mehl. Im Bernbiet und im Freiburgischen kannte man auch Kopfbrote: «Das manchmal nur durch eine Falte am Brotlaib erkennbare Umlegen wird dort statt des üblicheren Schneidens des runden Bernerbrotes gemacht.» Aufgesetzte Brote waren auch eine Neuenburger Spezialität. Das Aufsetzen kam aber bald einmal aus der Mode – es gehörte eben zur alten Hausbäckerei: Die Bäcker selber übernahmen manchmal gewisse alte landschaftliche Formen; sie wurden dann zu Spezialitäten. So gab es in Basel eines Tages ein St. Galler Brot, während man in Zürich ein Baselbrot haben konnte.[23] Auch wenn sich die alte Brotlandschaft allmählich auflöste, so ist sie im 19. Jahrhundert doch in ihrer Vielfalt zu einem schönen Teil noch erhalten geblieben. Sie ist von grossem Reichtum.[24] Etwas verwikkelter ist die Brötli-Landschaft. Von den petits pains, ballons, geht es da über Brötli, Weggli, Schild, Mutsch, Murren bis michetta. Auch hier lassen sich im 19. Jahrhundert fast kartografisch genau gewisse Verbreitungsgebiete erfassen. So gab es westlich der Reuss ein Mutschligebiet. Es zog sich nach Osten durch die Innerschweiz ins Glarnerland bis nach St. Gallen und Graubünden hin.[25] Man unterschied batzige und halbbatzige Mutschli.[26] Das Pürligebiet ist deutlich begrenzt vom Zürichsee und vom Bodensee; gegen Süden stiess es vom Walensee bis nach Ilanz vor. Es ist dort auch das gewöhnliche Vorlegbrot in Wirtshäusern.[27] Es bestand, wie ein Appenzeller definierte, aus «Mehl, das eben so fein, aber weniger weiss ist als Schiltmehl, doch weisser als cherniges Mehl».[28] Das Pürligebiet ist fast identisch mit dem Weggligebiet, obwohl Weggli etwas anderes sind; sie werden mit Milch hergestellt. Das Weggligebiet zieht sich auch nach Osten Richtung Bern und südlich bis nach Andermatt. Unter Weggli verstand man (heute nicht anders) ein gespaltenes Milchbrötli. War es grösser, so sprach man auch von einer Zürimurre. So erwartete man in Winterthur und in Baden von einem, der von Zürich heimkehrte, als Kram, als Mitbringsel eine Zürimurre. Man ass sie auch als Festgebäck an Ostern und Weihnachten.[29] In rätoromanischen Gebieten und im Tessin hatte das Weggli keinen eigenen Namen. Es war eben neu, ein Import, und das Café complet war den Fremden bestimmt.[30] Das Frühstück oder Morgenessen fand in der Regel vor Arbeitsbeginn statt. In bäuerlich-ländlichen Gebieten wurde es je nach Jahreszeit zwischen 5 und 8 Uhr morgens eingenommen. Im alpinen Raum wurde erst nach dem Viehfüttern gegessen. Dann gab es eben noch ein Vorfrühstück. Es bestand in der alpinen Region aus einem Schluck Milch, einem Bissen Brot oder aus einem Schnapskaffee, in Rebgebieten aus einem Glas Wein, im Tessin aus dem grappino (Tresterschnaps). Man musste, wie es hiess, entnüechterä, de Nüechte bräche, rompre le jeûne.[31]

Auf das Morgenessen folgte das Znüni; es ist im späten 19. Jahrhundert im Zusammenhang mit der Mechanisierung der Landschaft vereinzelt fallenge-

142

142 Blick in eine Backstube. Bäcker gab es zwar schon früher. Im 19. Jahrhundert erhalten sie eine neue Bedeutung, gaben doch viele Haushaltungen die Hausbäckerei auf.

lassen worden. Im Tessin gab es kein Znüni, weil man allgemein am Vorfrühstück festgehalten hat. Besonders in strengen, sommerlichen Erntezeiten erhielt das Znüni eine grosse Bedeutung. Im Welschland herrschte der Ausdruck «les dix heures» vor, womit angedeutet ist, dass sich die Zwischenmahlzeit dort zeitlich verschoben hat. Zum Znüni wird im welschen Weinbaugebiet die piquette (Tresterwein) getrunken. In der Ostschweiz war es vor allem Most. Im Solothurnischen ass man um 1830 zum Znüni eingeweichte, gedörrte Zwetschgen mit Brot. Noch um 1900 werden in Sempach zum Znüni lediglich gedörrte Birnen oder Zwetschgenschnitze gegessen, man weichte sie vorher im Wasser ein, man «schwellte» sie.[32]

Nach dem Znüni kam als Hauptmahlzeit das Mittagessen. Im Gegensatz zu heute wurde es schon um 11 Uhr eingenommen. Um diese Zeit läutete auch die Mittagsglocke, ertönte die Fabriksirene. Um 11 Uhr kamen zum Beispiel im Baselbiet auch die Kinder aus der Schule heim. In den Städten ass man schon damals etwas später. Die Bauern essen um 11, die Herren um 12 Uhr, hiess es beispielsweise im Kanton Aargau. Erstaunlicherweise hielt man trotz der allgemeinen Tendenz, später zu essen, in ländlichen Gegenden immer noch am Elfuhrläuten fest. «Ein alter Brauch ohne Bedeutung», meinte um 1930 ein Baselbieter. Er wurde aber korrigiert: «Am Mittag wird 11 Uhr geläutet, das ist ein Zeichen, dass man früher um diese Zeit gegessen hat.»

Das Mittagessen teilt den Tag in zwei Hälften, es schafft die notwendige Pause. Körper und Geist können Atem holen, und tatsächlich nahmen sich sowohl Bauern wie Handwerker genügend Zeit, um sich zu erholen. Anders sah es bei der Fabrikbevölkerung aus. Für das Mittagessen war in der Regel eine Stunde Freizeit eingeräumt. Glück hatten jene Arbeiter, die in der Nähe der Fabrik wohnten, sie konnten zu Hause essen. Gemäss altem Fabrikbrauch konnten die Ehefrauen und Mütter eine halbe Stunde vorher weggehen, um das Mittagessen vorzubereiten. Doch selbst wenn die Frauen vorher weggehen konnten, es blieb ihnen für die sorgfältige Zubereitung des Essens und vor allem für ein ruhiges Geniessen der Mahlzeit keineswegs genug Zeit. Dazu Fabrikinspektor Schuler: «Eine halbe Stunde vor dem Mittagessen verlässt die Hausfrau ihre Fabrikarbeit und eilt nach Hause, kocht so rasch als möglich, denn bald stehen die Ihrigen bereit zum Essen und jammern über Verspätung, wenn die Schüssel nicht schon auf dem Tische dampft. Eine Stunde später, und die ganze Familie steht abermals an ihrem Posten in der Fabrik. Wo also die Zeit hernehmen zum gehörigen Kochen?»[34] Die Arbeiter, die nicht nach Hause gehen konnten, assen im Sommer im Freien. Bei Regenwetter und Winter aber waren sie gezwungen, «in dem mit Öldampf und staubgeschwängertem Fabriksaal, zwischen den Schienen im Dampfhaus oder auf der Treppe ihre mitgebrachten Speisen zu verzehren». Nur wenige hatten die Möglichkeit, die Speisen zu wärmen. Oft war im Fabrikgebäude nicht einmal Trinkwasser vorhanden. Speiseanstalten und Volksküchen gab es nur in den Städten, auf dem Lande waren sie sehr selten.[35] Angesichts der kurzen Mittagspause und der sehr langen Arbeitszeit wundern wir uns nicht, wenn wir in zeitgenössischen Quellen lesen, dass auch während der Arbeitszeit gegessen, getrunken und vor allem auch genascht worden ist. Es gab ja im Ablauf der Arbeit Zeiten, in denen der Arbeiter oder die Arbeiterin nicht direkt in den Produktionsgang einzugreifen hatten, und da war gedörrtes Obst, Brot und in guten Zeiten auch Gebäck ein willkommener Zeittöter. Gegen Ende des Jahrhunderts ersetzen Milchschokolade, Biscuits und Schleckwaren die lokalen und hausgemachten Naschereien. «Es ist zu bedauern», schreibt 1872 Fabrikinspektor Schuler, «dass Glarner Fabrikarbeiter sich nicht mehr begnügen mit Glarnerleckerbissen, dem Birnenbrot oder dem Butterbrot mit Honig. Sie kaufen jetzt ihre Naschereien bei den Zuckerbäckereien, die in grosser Zahl auftauchten.» Im Zürcher Oberland zog die Textilindustrie viele Brot- und Zuckerbäcker sowie fahrende Spezereiwarenhändler an. Gesucht wurde nicht der Nährwert, sondern die stimulierende Nachwirkung. Das Naschen gehörte zum Fabrikalltag: «Früher, so erzählte eine ältere Weberin, trank man neben seiner Arbeit gemütlich seinen Kaffee. Eine Weberin hatte sogar einen kleinen Tisch im Gang stehen und ass dort, auch wenn einer der Herren im Saal war. Man durfte nur keine Flecken im Tuch haben, sonst gab es Abzüge.» Diese stichwortartigen Hinweise genügen, um zu zeigen, welche tiefgreifenden Veränderungen die Trennung von Arbeits- und Wohnplatz mittelbar und unmittelbar, nicht nur in der Ernährung, sondern im Leben des Einzelnen zur Folge hatte. Naschereien – das liest sich so leicht. Und dabei naschten diese Leute nicht allein zum Vergügen. Man denke an die überaus lange Arbeitszeit. Von der einen Hauptmahlzeit bis zur andern lag eine nicht endenwollende Spanne Zeit. Kein Wunder, dass mancher «vor Hunger und Blödigkeit bei der Arbeit ohnmächtig zusammensank». Es gab denn auch Färbereien und Bleichereien, welche ein «Vormittags- und Abendessen» anboten. «Ich weiss dann», so ein Färbereibesitzer, «dass der Mann etwas im Magen hat und wieder arbeiten mag».[36]

Die sich so aufgeklärt gebenden Menschen des 19. Jahrhunderts hielten sehr lange an überlieferten Esstraditionen fest. Mittelalterliche Fastengebote werden nicht nur in katholischen Gebieten, sondern auch in reformierten Regionen – aller Reformation zum Trotz – weiterhin befolgt. Ursprünglich waren es vor allem Mittwoch und Freitag, an denen fleischlos gegessen wurde. In verschiedenen Regionen ist mit der Zeit der Mittwoch fallengelassen worden. In vielen Familien rutschte das fleischlose Essen vom Freitag auf den Samstag. Es wurde am Samstag fleischlos gegessen, weil die Hausfrau putzen müsse, wird etwa gesagt.

Der Freitag war an vielen Orten der Wähentag oder Dünnetag, so etwa im Zürichbiet.[37] Unter Wähe oder Dünne, Tunne, Tülle, Fladen, Chuechen verstand man nicht überall dasselbe. Üblicherweise besteht die Wähe aus einem dünn ausgewallten Teigboden mit niederem, 3 cm hohem Rand, welcher, auf dem Wähenblech ausgebreitet, mit Früchten, Apfelschnitzen, Kirschen oder Käse, Zwiebeln, Spinat bedeckt im Ofen gebacken wird. Das Wähengebiet erstreckte sich vom Kanton Thurgau über den Kanton Zürich bis ins Bernbiet. Jenseits der Reussgrenze, besonders im Kanton Freiburg, gab es die gâteaux oder tartes. Sie galten vor allem auch als Bettagsspeise.[38]

Eine Freitags-Fastenspeise war im alten Hirtenland auch die Käsesuppe, jenseits des Gotthards chès-süpa genannt, die zuppa al formaggio. Im Appenzellischen bestand die Käsesuppe aus geschnetzeltem Brot, geschnetzeltem Käse, die mit Ei im Fett zusammen gebraten wurden. In Zermatt dagegen ass man am Freitag die Broche, im Salz gebrochene, geklopfte Milch.[39]

Die klassische, althergebrachte Fastenspeise ist selbstverständlich vorab der einheimische Fisch. Der Import von Meerfischen war im 19. Jahrhundert verhältnismässig gering. Man ass am Freitag da und dort etwa Stockfisch, den man wie im 17. und 18. Jahrhundert nach dem Kauf 3 bis 5 Tage aufweichte und dann kochte. Doch: «Die Bauern essen solches nicht», vermerkt eine Hausfrau aus dem Baselbiet lakonisch. Demgegenüber blieb

143

man, zum Beispiel im Wallis, dem Stockfisch (Merluz) verhältnismässig treu. Man ass auch Heringe mit Kartoffeln als altüberlieferte Fastenspeise. Selbstverständlich ass man in Seegebieten die «eigenen» Fische.[40]

Freitagsspeise, Fastenspeise par exellence war in der Zürichseezone auch der Spinat mit Spiegeleiern. In unserer eigenen Familie ist das seit Generationen die herkömmliche Karfreitagsspeise. Im Tessin ass man am Freitag Gemüsesuppe, süpada d'oli, zuppa di verdura condito d'olio. Es war streng untersagt, an Fasttagen mit Tierfett oder Speck zu würzen; die «frommen Luganeser» halten sich auch im 19. Jahrhundert daran, vermerkte ein aufmerksamer Beobachter.[41] Als Freitagsspeise galt da und dort auch die Kürbissuppe.

Alles Ding will seine Ordnung: Es gibt nicht nur ein klassisches Freitagsmenü, sondern auch typische Samstagsspeisen. Zwar gehörte der Samstag nicht zu den Fasttagen der katholischen Kirche. Dennoch ist er hier, vor allem auch in protestantischen Regionen, allmählich zu einem Fasttag geworden. Wurde er es in protestantischer Sicht in bewusstem Gegensatz zum Freitag als dem typisch katholischen Fasttag? Oder war es einfach, wie eine Frau um 1930 meinte, ein ausgesprochener Putztag, an welchem man besonders einfach, das heisst fleischlos ass? Sei es wie auch immer, jedenfalls gibt es, wie die Umfrage für den Volkskunde-Atlas zeigte, typische Samstagsspeisen; so etwa die macaronis, die in Bex in der Nähe des katholischen Wallis, aber auch in reformierten Neuenburger Familien gegessen wurden. Im Prättigau ass man die althergebrachten Mehlspeisen, die Bicoggels. Nicht umsonst sprach man hier von einem Bicoggel- oder Bäzoggeltag. Da und dort kamen am Samstag auch Wähen auf den Tisch. So etwa die Träschwähe mit gehackten Dörrbirnen und Rahm in Fischental[42] oder die Speckwähe, «le gâteau au lard», in Chavornay. Im alten Bern dagegen schwor man auf die Kartoffelsuppe. Das sei hier alter Brauch, meinte ein Gewährsmann. Sie wurde allein oder höchstens mit Brot gegessen, während im Aargau und im Baselbiet ein Schüblig oder etwas Speck dazukam. Hier war also der Samstag ebensowenig wie in der Ostschweiz ein fleischloser Tag. Für weite Teile der Ostschweiz galt das gesottene Rindfleisch, Gsottes oder Südfleisch, als traditionelle Samstagsspeise. Es entsprach dem sonntäglichen pot au feu der Westschweiz.

Siedfleisch als Samstagsspeise dringt von der deutschen Schweiz bis zur Sprachgrenze vor. So heisst es beispielsweise im Freiburgischen das Puli, was nichts anderes bedeutet als bouilli. Erstaunlicherweise fehlt beim Brauch des samstäglichen Siedfleisches eine konfessionelle Scheidung, sind es doch ungefähr gleich viele katholische wie protestantische Orte, an welchen man diese samstägliche Speise genoss.[43] In Zürich und Basel bekannten sich die bürgerlichen Familien alter Tradition gemäss zum Siedfleisch. In Basel wird lediglich bemerkt, dass der Suppehafe mit Beilagen auch an anderen Tagen auf den Tisch komme, freilich nicht am Sonntag, weil es am Sonntag einen Braten gebe. Im Luzernischen kommt neben dem Samstag auch der Dienstag für Gsottnigs mit Schnitz (gedörrte Äpfel oder Birnen und Kartoffeln) in Frage. Völlig aus der Reihe tanzen drei jurassische protestantische Orte mit städtischem Charakter: «In St. Croix, Le Locle, La Chaux de Fonds ass man am Samstag Kutteln, tripes und ventre de veau.» In Tramlean und in Langnau gab es atriaux, gebratene kuglige Würste.[44]

Im Gegensatz zum doch allgemein eher fleischlosen Samstag war der Sonntag fast überall ein Fleischtag, galt doch Fleisch, das man in den Wochentagen des verhältnismässig hohen Preises wegen eher mied, als

143 Essgeschirr aus der ersten Hälfte des 19. Jahrhunderts. Vorn eine einem Freund gewidmete Suppenschüssel, hinten Matzendorfer-Teller, ebenfalls mit Widmungen.

199

besonders gutes und festtägliches Essen. Lakonisch sagte ein alter Oberwalliser: «Sonntag Fleisch. Wer das nicht kann, ist ein armer Teufel.» Weil gebratenes Fleisch feiertäglicher als gesottenes ist, gab es in Tausenden von Familien den berühmten und hoch geliebten Sonntagsbraten, den Brotis, der wie in Basel städtische Verhältnisse charakterisiert. Abweichende Stellung nehmen nur die Westschweizer Familien ein, sie hielten sich nach wie vor ans pot au feu. In Le Sentier erklärte eine alte Frau: «Autrefois, avant 1900, le dimanche, les familles consommaient regulièrement leur morceau de bœuf bouilli accompagné de ressaillons, soit, d'un mélange de carottes, d'oignons, de choux-raves et de pommes de terre cuits dans la même marmite. La ménagère pouvait ainsi se rendre au culte, pendant que les aliments mijotaient sur un feu de sourbe.»[45] Der pot au feu, in Zürich auch die Spanisch-Suppe, sollte es der Hausfrau erlauben, dem Gottesdienst unbekümmert beizuwohnen. An die Stelle des frisch gesottenen Fleisches trat vor allem in bäuerlichen Verhältnissen mit Selbstversorgung der Speck. Speck und Kohl mit gekochten Birnen war ein beliebtes Sonntagsessen; ihn liebten auch die Bauern von St. Aubin, und in Balstal ersetzte Speck gar das frische Fleisch für den Sonntag. Am Samstag hat man keine Zeit. Darum diese Speise: «Surchabis und Speck gibt wenig zu tun», so eine Frau aus Sigriswil.[46] Im Wallis und in Graubünden wurde der Speck durch luftgetrocknetes Fleisch ersetzt. Man ass in Graubünden am Sonntag eine Suppe, bestehend aus luftgetrocknetem Fleisch oder Rauchfleisch, in der man auch Gerste und Bohnen im Erzhafen stundenlang kochte. Zur Freude von jung und alt gab es dazu, vor allem im Bündner Oberland, die gnocs oder aber wie im Unterengadin die chapuns. Im Bronce-Hafen wird ein in Leinwand eingewickelter Knödel aus Maismehl, gedörrten Birnen und Weinbeeren gekocht. Er wird in Scheiben geschnitten und mit dem Fleisch und der Suppe gegessen.[47]

Zu den Hauptmahlzeiten gab es – vielleicht war es nicht eine sehr sonntägliche Speise – immer auch Würste. Zu den verbreitetsten und auch wohl beliebtesten Würsten gehörte die Blutwurst. Das Blut wurde mit Milch, Rahm und vielerlei Gewürzen vermischt, in die dicksten Därme des geschlachteten Tieres gefüllt. Die Beigaben wechselten von Ort zu Ort. So wurden im Baselbiet auch Mehl, gedämpfte Zwiebeln, Eier und Weinbeeren zugefügt. Freilich tritt die Blutwurst nicht überall auf. So sagte beispielsweise ein Waadtländer: «Le boudin n'est pas vaudois.» Im Gegensatz zu dieser doch eher bäuerlichen Speise galt die Bratwurst als feinere Wurst. Da und dort tritt sie auch als Sonntagsspeise auf. Für sie wurde das beste Schweine- und Kalbfleisch verwendet. Die Bratwurst hat freilich in vielen Regionen immer hinter die lokalen Spezialitäten, etwa die saucisse d'Ajoie oder die saucisse de ménage, zurücktreten müssen.[48]

Ganz anders der Schüblig, Schübling: Diese weitherum bekannte und althergebrachte Wurstart tritt in fast allen Teilen der Schweiz auf. Man verstand unter dem Schübling «eine geräucherte Wurst aus Rind- und Schweinefleisch». Man ass sie roh oder auch heiss: zu dem Schüblig wird das rauheste von allem Wurstfleisch bestimmt, man hackt es nicht allzu fein, nimmt Wein und Gewürz, aber kein Blut, dafür eine Handvoll ziemlich grob zerschnittenen Speck. Die dünnen Würste werden «ongefähr nach acht, die dicken wie Mortadellen nach 12 Tagen durchräucht sein». Sie bleiben «am längsten bis weit in den Frühling hinaus gut» – so heisst es in einer Beschreibung von 1805. Besonders berühmt waren die St. Galler Schüblig, bekannt waren aber auch die Kurzenberger- und die Wässern-Schüblig.[49]

144

Mit dem Schüblig verwandt ist der Salziz, die salseccia. Der Salziz unterscheidet sich nicht nur durch das Brät, sondern auch durch den Geschmack und die Form. So war beispielsweise der Bündner Salziz, ähnlich wie heute der Landjäger, vierkantig gepresst und eher luft- denn rauchgetrocknet. Die Bündner und die Ostschweizer schätzten im 19. Jahrhundert auch die Zungenwurst. Im Gegensatz zu anderen Wurstarten ist die Zunge nicht gehackt, sondern manchmal ganz in einen grossen Darm gesteckt worden. Die Beinwurst, ebenfalls eine Bündner Spezialität, bestand dagegen aus dem samt den Knochen grob gehackten Rippenstück, den Kopf-, Fuss-, und Schwanzteilen des Schweins. Beinwurst und Gerstensuppe waren die Hauptspeisen eines Bauernessens, welches die vielen ausgewanderten Bündner am neuen Wohnort wieder zusammenführte. Im südwestlichen Teil Graubündens und im Tessin liebte man die Mortadella, eine grosse, rundliche, oft geschnürte Wurst, in die feingehackte, gekochte Leber und weisse Speckwürfel gefüllt wurden.[50] Da im 19. Jahrhundert die Hausmetzgete noch weit verbreitet war, gab es selbstverständlich auch die «Hauswurst». Sie enthielt allerlei Resten und vielleicht auch minderwertige Bestandteile wie Lunge, Kutteln, Kohl und Kartoffeln. Im Bernbiet nannte man solche Hauswürste gern Grümpelwürste, was ihrer Beliebtheit keinen Abbruch tat.[51]

Berühmt waren schon im 19. Jahrhundert die Waadtländer und die Genfer saucissons. Der Saucisson war im Gegensatz zur saucisse à la viande eine gerade Wurst, und man verwendete dazu besonders schöne und teure Därme, in die man bestes Schweinefleisch füllte. Eine Westschweizer Spezialität waren auch die Atriaux. Sie bestanden aus Leber und anderen fein gehackten Eingeweiden und waren eingehüllt in ein Netz. Die Atriaux stammten vermutlich aus der plaine vaudoise. Sie erscheinen aber auch im Berner Jura und am Bielersee. Heute ist diese ehemalige Waadtländer Spezialität unter dem Namen Adrio in der ganzen Schweiz bekannt. Sie wird wie die Cervelats, die Lyoner, die am Ende des 19. Jahrhunderts auftauchten, von den Metzgern hergestellt. Ähnlich ging es mit dem Salami; diese ursprünglich in tessinischen und italienischen Hausmetzgereien hergestellte Dauerwurst ist längst von den Metzgern übernommen und über die Sprachgrenze hinaus in alle anderen Regionen exportiert worden.[52] Eine lokal typische Spezialität ist dagegen immer die Glarner Chalberwurst geblieben. Sie wurde weniger von Hausmetzgereien denn vielmehr von Metzgern aus Kalbfleisch mit Brot, Milch und Mehl hergestellt. Sie galt immer auch als leicht verderblich, und die Glarner vermerkten nicht ohne gewisse Genugtuung, dass man sie in den angrenzenden Gebieten verbot. Sie wurde in Buttersauce gekocht und mit Mus von gedörrten Zwetschgen gegessen.[53]

Es gab Haushaltungen, in denen das Menü für alle Wochentage bestimmt war. Das hatte den Vorteil, dass die Hausfrau sich nicht allzu sehr mit Menüzusammenstellungen abplagen musste, und es hatte weiterhin den Vorteil, dass der Hausvater immer etwa wusste, was ihn zu Hause auf dem Tisch erwartete. Montag gab es Reste des Gsottenen als «Böllebudel», so im Zürichbiet. Der Böllebudel besteht aus einem Gemisch von gehackten Siedfleischresten, Brotdünkli und geschnetzelten Zwiebeln. Dieses Gemisch wird gut durchgebraten. In der Westschweiz ass man am Montag auch Käsekuchen, während in Oltingen (Baselland) einst Knöpflitag war. In Mesocco und Locarno ass man am Montag Risotto, schon wegen der Fleischbrühe, die man vom Sonntag her noch hatte. In Russo gab es immer eine Minestra.[54] Der Dienstag war zusammen mit dem Donnerstag meistens ein Fleischtag − soweit es überhaupt in der Woche jemals Fleisch gab. Im

144 Fleisch war teuer und für untere Sozialschichten kaum erschwinglich. Preiswerter waren Wurstwaren; sie traten im 19. Jahrhundert einen eigentlichen Triumphzug an. Unser Bild: Wurstmaschine aus Graubünden um 1850.

Luzernischen sowie im Schaffhausischen gab es am Dienstag etwa Siedfleisch. In Romont und in Moutier, wo am Dienstag immer auch der Markt abgehalten wurde, bekam man saucisse fraîche oder bouille.[55]

Am Mittwoch wiederum wurde in überaus zahlreichen Haushaltungen fleischlos gegessen, besonders in katholischen Gebieten, während sich in zürcherischen Gebieten die von Metzgern hergestellten Blut- und Leberwürste einbürgerten.

Vielleicht ist der Donnerstag der ausgeprägteste Fleischtag, wiederum mit der bekannten Einschränkung der in vielen Haushaltungen erzwungenen fleischlosen Woche. An das berühmte Wochenschema hielten sich auch die öffentlichen Waisenhäuser. So gab es im Zürcher Waisenhaus an 4 Tagen Fleisch und Gemüse, an 3 Wochentagen Milch- und Mehlspeisen.[56] Wenn unsere Vorfahren von Fleischtagen sprachen, so meinten sie damit vor allem die Hauptmahlzeit, das Mittagessen. Das Nachtessen kommt in allen Beschreibungen immer etwas zu kurz. Es war irgendwie zweitrangig, was wohl damit zusammenhängt, dass es vor allem in bäuerlichen Regionen ursprünglich eine andere Bedeutung hatte. Es gibt Orte, wo man nicht von einem z'Nacht sprach, sondern von Abendessen. Z'Abig, so in Urnäsch, wo im Winter das z'Abet um halb sechs Uhr die letzte Mahlzeit war. Auch im Thurgau sprach man selten vom Nachtessen, sondern von einem z'Abig. Es wurde wie im appenzellischen Herisau um 6 Uhr abends eingenommen. Z'Aabe war im alten Bernbiet und in Biel das letzte Mahl, während man im bäuerlichen Waadtland vom goûter sprach, das um 5 Uhr abends eingenommen wurde. In katholischen Gebieten der französischen Schweiz sprach man vom Marenda.[57] Feierlich tönte es in Genf, wo man ganz allgemein vom souper sprach. Damit meinte man freilich nichts anderes als die althergebrachte Gemüsesuppe. Sie bestand ganz einfach aus Resten der mittäglichen Hauptmahlzeit.[58]

Im 19. Jahrhundert gab es da und dort, vor allem in städtischen Verhältnissen, zum Nachtessen Bratkartoffeln. Man hat sie gerne mit etwas Speck angereichert. Dann sprach man von einer «richtigen Berner Rösti» oder einer Luzerner Späckbrousi oder Späckbraüsi. In alpinen Regionen gab es «Chäsherdöpfel», mit geriebenem Käse vermischte Bratkartoffeln. Häufig sind aber auch Zwiebeln beigemengt worden. Dann war es eben eine Zibeleröschti oder Zibelbrägu. Daneben erscheint als Nachtessen die Öpfelröschti. Die Zubereitung ist einfach: Äpfel werden gekocht oder roh in Scheiben geschnitten und den gebratenen Kartoffeln beigemengt. «Es Mauschi» war zum Beispiel in Solothurn eine Rösti aus gekochten Äpfeln, die man in zwei Lagen (Rösti-Äpfel-Rösti) mit den Kartoffeln fest zusammenbackte. Da und dort sind auch rohe Kartoffeln zum Braten verwendet worden. Ungesotten wurden vor allem die neuen frischen Kartoffeln gebraten. Im Tessin waren die patate fritte sehr beliebt. Offensichtlich standen die Gschwellten, die gekochten Kartoffeln, beim Nachtessen aber an vorderster Stelle: «Reeschti gäbe viel mehr zu tun, und Gschwellti ghöred zum Chäs», meinte ein Hasliberger.[59]

Nach dem Nachtessen gab es vielerorts noch eine Spätmahlzeit. So sprach man im Jura von einem pousignon, abgeleitet vom lateinischen postcinium. Dieser Brauch der Spätmahlzeit war vor allem bei den Uhrenarbeitern beliebt. Aber jetzt, das heisst im 19. Jahrhundert, verliert sich der Brauch allmählich, meinte ein Gewährsmann aus dem Jura. Die Spätmahlzeit zwischen 21 und 22 Uhr oder «avant de se coucher» bestand aus Tee, Most oder Wein, Käse und Wurst. In Mittelbünden war sie noch bei anstrengenden

145

Erntearbeiten oder beispielsweise nach der Hausmetzg oder dem Maisentkernen üblich. Man nannte es puschegn. Im alten bäuerlichen Wallis gab es das «Aftetschi». Es bestand aus Schnaps oder Wein und wurde vor dem Schlafengehen genommen. Wie die vielen Zwischenmahlzeiten, Znüni und Zvieri, war es vor allem ein Stück alten bäuerlichen Brauchtums.[60]

Was trank man zu den Hauptmahlzeiten? Trotz fortschreitenden Veränderungen und Wandlungen – man denke an den Ausbau des Verkehrs und an die Industrialisierung – überlebt die alte herkömmliche Bindung der Getränke an die ortseigene Produktion. Im Klartext und einfach gesprochen: Wo Wein angebaut wurde, ist auch Wein getrunken worden. Wo es keinen gab, wurde kein oder jedenfalls viel seltener Wein getrunken. Doch keine Regel ohne Ausnahme: Im Jura reicht der regelmässige Weinkonsum deutlich über die Weinbaugebiete hinaus, und der Mostkonsum ist auch in Gebieten, in denen es keinen eigenen Most gab, wie im Hirtenland, recht weit verbreitet, hat man doch beispielsweise in Einsiedeln in grossen Mengen den Wädenswiler und Richterswiler Most getrunken. Freilich machte die ausgesprochene Bevorzugung von Most als Alltagsgetränk an der Reussgrenze Halt. Zum Essen wurde in steigendem Masse im 19. Jahrhundert Milchkaffee getrunken. Doch gibt es auch da Ausnahmen. Selbst eigentliche Milchbauern tranken ihren Kaffee ohne den Milchzusatz, um die Milch verkaufen zu können. Ähnlich hielten es im übrigen die Weinbauern, sie tranken in der Ostschweiz etwa Most, während sich die Westschweizer mit der piquette, einem Tresterwein aus gepressten Wein-Trestern mit Zucker- und Wasserzusatz, begnügten. Auch trank man viele minderwertige Weine, denen man mit etwas Zuckerwasser nachhalf; daher ihr schöner Name «le doublé». Die Ostschweizer Weinbauern sprachen auch etwa vom Hudli, der in schlechten Weinjahren aus angefaulten Trauben produziert worden ist. Entsprechend sprach man auch vom Rebsteckenmost oder mit einem leisen Spott vom Stägefässler. Die Welschen pflegten ihren piquette im Spass Chambertin zu nennen. Die Tessiner tranken selbstverständlich ihren nostrano nella tazzina gnapa, also aus dem Majolika-Krug mit gekniffener Schnauze.[61] Erstaunlicherweise ist nur selten bezeugt, dass zu den Mahlzeiten auch Milch getrunken wurde. Das heisst nicht, dass es nicht da und dort trotzdem, vor allem in den Hirtengebieten, einen gewissen Milchkonsum gab. Selbstverständliches wird eben nicht aufgeschrieben oder von den Gewährsleuten speziell mitgeteilt. Immerhin wissen wir, dass in Davos und in Arosa immer eine Gebse ungekochte kalte Milch auf den Mittagstisch kam. Man löffelte sie wie früher die Milchsuppe gemeinsam aus. Auch in Langwies und in Avers stand die gemeinsame Milchschüssel auf dem Mittagstisch.[62] Einem mündlichen Bericht zufolge liess man in Evolène die Geissmilch sauer werden, während man in Vals die Tünni, mit Wasser verdünnte gesottene Milch, als Sommergetränk, sowie das Zigerwasser, für das getrockneter Ziger in Wasser und Milch geschnitzt und gesotten wurde, kannte. In Poschiavo wurde Milch mit Wein vermischt getrunken. In Airolo war einst die Käsmilch, lecc chiasò, mit Milchzusatz üblich.[63]

Ein anderes Bild bietet der Getränkekonsum in den Wirtschaften. Es gab im 19. Jahrhundert, insbesondere im ländlichen Raum, typische Weinwirtschaften, Schnapswirtschaften, Most- und Bierwirtschaften. In den Städten und Industriezonen dominierten die Bierwirtschaften. Als typisch muss aber fürs ganze 19. Jahrhundert gelten, dass die alkoholfreien Getränke nicht jenen Stellenwert hatten, den sie heute besitzen. Eine Aussage aus Balsthal verdeutlicht diesen Sachverhalt: Früher durfte doch keiner in einer Wirt-

145 Tragbares Holzfässchen (5 Liter Inhalt) für Most.

schaft Tee oder Milch trinken, heisst es da. Da hatten die Musikanten oder Turner jeden Sonntag «es Siechli... heute sind alle noch nüchtern um Mitternacht». Recht aufschlussreich ist es auch, dass man beispielsweise in Grenchen bis um 1900 zum Jugendfest Wein kaufte und dass die Gemeinde den von der Schulreise heimkehrenden Kindern ein Fass Bier schenkte.[64] Erstaunlich ist auch, dass der Wirtshausbesuch nicht unbedingt traditionell gewesen sein muss. Es gab Gegenden, in denen man eben nicht oder nur sehr selten ins Wirtshaus ging. In Guttannen galt es als «Schande», wenn einer an einem Werktag ins Wirtshaus ging, und in anderen Gegenden wird die Wirtschaft höchstens nach dem Kirchgang aufgesucht.[65] Im 19. Jahrhundert ist der Bierkonsum im Steigen begriffen, man begann Bier zu trinken, sagte fast mit unverkennbarem Zorn im Unterton ein Unterwalliser. Freilich wurde das verhältnismässig neue Getränk nicht von allen Schichten gleichmässig konsumiert, es galt zunächst als Arbeitergetränk. Die Herren trinken Wein, die Arbeiter Bier, wurde etwa gesagt. In vielen Regionen der Ostschweiz, aber auch der Innerschweiz oder in Zug stand nach wie vor der vergorene Most an erster Stelle des Wirtshauskonsums. Manche Wirte meinten allerdings, es sei nicht ehrenhaft, Most auszuschenken, hiess es in Baden.[66] Neben den Mostgebieten gab es – horribile dictu – auch eigentliche Schnapsgebiete. Als solche galten etwa das Freiburgische und der Jura. In Bonfol sagte man, dass ganze Familien vom Unglück heimgesucht worden seien, weil der Vater zuviel Mais- und Kartoffelschnaps getrunken habe. Kleinlützel galt bis 1914 als eigentliches Schnapsnest einer ganzen Region. In Luzern und im Entlebuch rangierte der Konsum von Schnapskaffee mengenmässig unmittelbar nach dem Bier. «Das Schwarze» halb Kaffee, halb Schnaps, stand im Kanton Uri und im Kanton Obwalden bisweilen an erster Stelle unter allen Wirtshausgetränken. In Amsteg gab es es g'hirates, eine Mischung aus Pfefferminz und Trester, im Kanton Schwyz den Chrüter, einen Kräuterschnaps von unterschiedlicher Qualität.

Erstaunlich ist, dass in den Wirtschaften der inländische Wein selbst in Gegenden mit eigenem Weinbau eher selten getrunken wurde. Der Weinbauer bekam ihn zu Hause eben besser und auch billiger. Im Tessin konnte man im 19. Jahrhundert in den Weinbaugebieten keinen Nostrano finden, die Einheimischen tranken Weine italienischer Herkunft. Noch immmer herrschten die Weissweine vor. Den Roten trank man seltener: In Kerzers sagte ein Mann zu seinem Freund: «Was ist mit dir, bist du krank, dass du Roten nimmst?» Allmählich aber beginnt der Vormarsch der roten Weine. Dank verbesserten Strassen konnte man zum Beispiel im Freiburgischen nicht nur Waadtländer, sondern auch Walliser trinken, und Walliser Weine begannen selbst ins Bernbiet und in die Ostschweiz vorzudringen. Demgegenüber kamen die Ostschweizer Weine kaum über ihre engen Gemarkungen hinaus. Sie überschritten im Gegensatz zu den Westschweizer Weinen die Reussgrenze nicht. Widerstand und Anpassung auch im Gebiete des Getränkekonsums![67] Recht schön sieht man am Beispiel vom Wein und Most, dass, abgesehen vom objektiven Verbreitungsbefund, das Lokaltypische bestimmt ist durch ein subjektives Element, durch das Empfinden der Bewohner einer Region.

Die Menschen des 19. Jahrhunderts wussten im stärkeren Masse als wir heutigen, dass ein Getränk, eine Speise für den allgemeinen kuluturellen und wirtschaftlichen Charakter bezeichnend ist oder war. Gewisse Nahrungsmittel werden in den stereotypen Ortsneckereien zum Emblem, zum Symbol. So sprach man noch im 19. Jahrhundert eben nicht vom Thurgau,

146

146 Die Menschen des 19. Jahrhunderts waren schnell zufrieden. Mit etwas Wein und einem schlichten Essen verscheuchten sie den Trübsinn des harten Lebens. Unser Bild: Weinrestaurant Münstergasse in Zürich um 1890. Hinten die mit Uhr versehene, reich geschmückte Theke, dahinter die Weinfässchen für den Offenausschank. (Zeitgenössisches Foto).

sondern von Mostindien. Die Aargauer waren eben die Rueblifresser. Man sprach nicht von Kartoffeln, sondern von Berner Orangen. Die Zolliker hiessen die Lunggesüüder, weil sie ihrer allzugrossen Häuslichkeit wegen oft in die Stadt gingen, um billige Lunge einzukaufen. Den Brüttenern sagte man Koschtkerner, weil sie angeblich sich allein von Koschtsuppe, Bohnensuppe, ernährten. Die Dachsler im Wehntal waren ganz allgemein als die Türken bekannt, weil sie ihr Maismues, das Türggemues, über alle Massen liebten.[68] Es gibt einen eigentlichen Spezialitätenkatalog; er stammt von Jeremias Gotthelf: «Da ist Murtenchabis und Kraut von Payerne, Rauchstoff für die Jünglinge, geliefert von Freiburg und Waadt. Bier kommt vom Zürichsee, da der dortige Wein weder mit einer beschaulichen Lebensweise, noch mit der Wissenschaft sich verträgt. Thurgau ist mit kleberigem Birenmost vertreten. Von den Urkantonen kommt das Hochwild, von Zug die Zwetschgen, von Luzern das Vieh und die Füchse und die Pfeifer. Basel gibt Baslerleckerli bei, Graubünden sendet Bärenfleisch und Konfitüren, Tessin Kastanien, aber ungebraten, da bekanntlich die Tessiner nicht gern Feuer riechen in der Nähe. Solothurn findet sich mit Geisskäsen und Erdbeeren ab, Aargau mit Rüben, Rettigen und Nonnenfürzen, Baselland mit buchenen Knebeln und Gurken, St. Gallen mit Maisbrei und Kohlraben, Schaffhausen endlich versieht die hohe Anstalt mit Schaffnern, Obern und Untern, Junkern und Nichtjunkern, welche alles abnehmen und einiges verrechnen sollen, wenn sie nämlich nicht von der Rechnungsablage sich absentieren.»[69] In diesem Kontext gehört etwa die Geschichte des Fondues. Diese einfache, bäuerliche Speise ist schon im Mittelalter bekannt. Sie wird aber im 19. Jahrhundert mehr und mehr als typische Greyerzer oder Walliser Spezialität erklärt. Die Zubereitungsart war nicht überall gleich: der Käse wird nicht immer in Wein geschmolzen. Die Gommer beispielsweise, die keinen eigenen Wein besitzen, schmelzen ihn in heisser Milch. Im 19. Jahrhundert wird das Fondue auch in anderen Weinbaugebieten, so beispielsweise am Neuenburgersee, bekannt, und schliesslich dringt es als eigentliche Westschweizer Spezialität auch in deutschschweizerische Regionen vor. Ähnlich verhält es sich mit der Raclette. Sie gilt allgemein als Walliser Spezialität, dabei weiss man, dass man schon im 18. Jahrhundert in Nid- und Obwalden den Bratkäse kannte. Es war ein 5 bis 6 Pfund schwerer Käse, der ans Feuer gehalten wurde, «wodurch die Oberfläche weich wird und er sich abschmelzen lässt».[70]

Kaum zu überblicken ist die Liste der Gebäckspezialitäten. Sie gehörten mit zum lokaltypischen Reiz einer Ortschaft, wie etwa die Sèches in Neuenburg, die Basler Leckerli, die Zürcher Tirggel, die Spanischbrötli von Baden, ein viereckiges Kleingebäck aus Pastetenteig, das mit der ersten Bahn von Baden nach Zürich gebracht wurde. Man nannte die Bahn auch die Spanischbrötlibahn. Erst jetzt konnten ja die Zürcher dieses Gebäck ofenfrisch beziehen. Appenzell hatte seinen Fladen, St. Gallen seinen Biber, Willisau seine Ringli, Einsiedeln seine Böcke. Schon im 19. Jahrhundert kam es zu einer gewissen Kommerzialisierung, zu einer Verbindung geschäftlicher Rührigkeit mit wiedererwachtem Heimatbewusstsein. Manche Spezialität ist seither wieder verschwunden. Mit Bedauern vermerkte ein Aargauer, dass es einstmals ein wundervolles Samstigpastetli gab, eine kleine Pastete mit Fleischfüllung. Da starb der Bäcker; und er nahm das Rezept mit sich ins Grab.[71]

Ein Kennzeichen dieser Zeit sind auch die grossen Unterschiede im Essen und Trinken der verschiedenen sozialen Schichten. In ländlich-bäuerlichen

Kreisen ist etwa um 1860, als Folge der steigenden Agrarpreise, ein wachsender Wohlstand, dementsprechend auch eine Verbesserung der Ernährung, festzustellen. Doch auch nachher blieb die Ernährung, vielleicht abgesehen von jener der Grossbauern, einfach, um nicht zu sagen karg. Als Beispiel ein luzernischer Speisezettel aus der Mitte des 19. Jahrhunderts. Zum Morgenessen gab es Hafermus, Milch- oder Mehlsuppe, allenfalls auch Rösti und Milch. Zum Mittagessen kam eine Suppe sowie Gschwellti, Birnen und Apfelschnitze auf den Tisch, während es zum Nachtessen nochmals eine Mehlsuppe und Gschwellti mit Milch gab. Als Luxus galten in dieser luzernischen Familie Kaffee und Brot.[72] Demgegenüber sah der Speisezettel eines Bauern in Borgnone(TI) folgendermassen aus: Zum Morgenessen Polenta oder Käse mit Milch, zum Mittagessen Minestra und Käse und zum Nachtessen Polenta oder Kartoffeln.[73] Recht einfach, um nicht zu sagen eintönig sah auch der Speisezettel der Arbeiter in der zweiten Hälfte des Jahrhunderts aus: Zum Morgenessen gab es Kartoffeln und Zichorienkaffee, «ein fades Getränk aus wenig Kaffeebohnen, viel Eicheln und sehr wenig Milch». Zum Mittagessen wurden geboten: Kartoffeln in einer Wassersuppe oder vermischt mit Dörrobst als Brei.[74] Ganz anders sah hingegen das Menü einer wohlhabenden Basler Familie aus: Zum Morgenessen gab es Brot, Käse und Milchkaffee, am Sonntag dazu auch Konfitüre und Butter. Zum Mittagessen stellte die Hausfrau Fleischbrühe, Kartoffeln, Gemüse, gesottenes Rindfleisch auf den Tisch. Als Beilagen erschienen Mehlspeisen oder, vor allem im Sommer, frisches Obst. Meistens bekam der Hausherr ein Extraplättli, bestehend aus gebratenem Fleisch. Zum Nachtessen gab es präglete Härdöpfel.[75] Aus der ersten Hälfte des 19. Jahrhunderts sind auch verschiedene Menüs von vornehmen Züricher Familien übermittelt. Im April 1822 fand ein Diner bei der Familie Heinrich Escher statt. Zum Essen wurde serviert: «Suppe, zwei grosse Forellen, ein Roastbeef, Pastetli mit Milken und Krebsschwänzen, ein Schnepfenfricassé, eine Trüffelpastete, Anchoix, Meeretich, Cukümmerly, halbe Eyweiss mit Senf gefüllt.» Danach gab es eine Pause, und dann brachte der zweite Akt folgende Delikatessen: «Eine Zunge, einen Auerhahn, einen Welschhahn, Krebse, Fleischsulz, Vanillesauce, Bouding, Orangesulz, gefüllte Spanischbrötli und zum Dessert lauter Zuckerzeug.»[76] Am 18. Februar 1832 ass man bei Reinhards in Zürich anlässlich eines Geburtstages folgende guten Dinge: «Rost Beef mit Erdäpfeln, Forellen, Hammen, Kalbskopf, Milken Pastetli, Güggel, ausgebeinter Haase, Bohnen, Brüssler Kohl, Hering, gefüllte Morcheln, Ochsenzunge grün, Welschhahn, Rehschlegel, Schnepfen Pastete, Aal, Sulz, gefüllte Murren, Blumenkohl, Chocoladen und Citronen, Crèmes, Melonen, Zwetschgen.» Dazu gab es sechs verschiedene Weine sowie einen Punsch.[77]

Über das Essen in den Gasthäusern gibt es eine Menge von Angaben, die indessen ein ziemlich uneinheitliches Bild ergeben. Es ist wohl auch nicht möglich, dieses Essen auf einen Nenner zu bringen. Eines ist sicher: Im 19. Jahrhundert werden riesige Anstrengungen unternommen, um selbst verwöhnteste Gaumen, selbst jene von Ausländern, zu befriedigen. In Basel zum Beispiel, wo die Engländer abstiegen, um hier ihre erste Schweizer Nacht zu verbringen, gab es «bei zwar hohen Preisen im Trois Rois das allerbeste Essen». Der englische Berichterstatter notierte, ein ähnlicher Service wäre in England auch zum doppelten Preise nicht zu haben, so J. Bradbury 1867.[78] In Zürich wird das Baur au Lac ebenso hoch gelobt wie das Baur en Ville.[79] Die verwöhnte Herzogin von Parma, die 1859 im Baur au Lac

147

abstieg, bekam ein Déjèuner à la fourchette, und sie meinte dazu, es sei etwas vom Besten gewesen, das sie je genossen habe.[80] In Bern wird die «Couronne» vom Engländer F. Chamier 1855 sehr gelobt. Dabei war dieser Mann überaus kritisch und anspruchsvoll. Auch die Hotels von Genf kamen gut weg, schreibt doch einer der berühmten Besteiger des Mont Blanc, Albert Smith, 1852: «Sie bieten erstklassige Speisen.»[81] Ein Engländer, der 1850 nach Zermatt kam, fand, dass das einzige Hotel der Familie Lauber ein zwar geniessbares Essen biete, dagegen seien die Böden sehr schmutzig. Demgegenüber sei in Château-d'Oex, wo der Engländer abstieg, das Essen recht schlecht gewesen. Klagen und Lob halten sich, so kann man zusammenfassend feststellen, die Waage. Der Engländer Captain Chamier schreibt um 1850: Ein Feinschmecker habe ihm vom Besuch der Schweiz dringend abgeraten, weil es dort keinen einzigen guten Koch gebe. In Avers könne man, so notierte der Engländer F. B. Zincke 1873, ausser Milch, Roggenbrot und Käse nichts bekommen. Er war aber gleichwohl zufrieden, weil «die Leute das Beste bringen, das sie haben».[82] Das ist gewiss ein schönes Zeugnis für die damals noch weitverbreitete Gastfreundschaft.

Zu den ausländischen zwei schweizerische Kronzeugen. Jeremias Gotthelf kannte sich in den Gasthäusern recht gut aus. Für ihn ist das Wirtshaus «Anker der Welt», für die Dorfgemeinschaft als pädagogische Provinz, als Pflanzstätte der Volksaufklärung unentbehrlich. Er kannte manch «ehrbare Dorfwirtschaft, wo ehrbare Leute eine sich fast gleichbleibende Gastig bilden». Sie sind bekannt für gute Küche, reelle Weine und von tüchtigen, freundlichen Wirtinnen geführt. Doch beginnt, so meint Gotthelf um 1830, eine Flut von Pinten das Land zu überschwemmen. Tatsächlich stieg im Kanton Bern die Zahl der Wirtschaften zwischen 1833/34 von 245 auf 1375 an. Als Aktuar des Chorgerichtes, als Pfarrer, als Schulkommissär beklagte Gotthelf diese Entwicklung, schimpfte er über die Auswüchse im Gasthausgewerbe in zahlreichen Briefen und Zeitungsartikeln. Die Wirtshäuser, schrieb er erbittert, seien «Zersittlichungsanstalten».[83] Er warnt seine Leser immer wieder davor, ihr Geld «für zähes Fleisch beim Bären, siebenjähriges Sauerkraut beim Ochsen, gräueligen Wein beim Löwen auszugeben». Nach der table d'hôte, so schreibt er anderswo, haben die Gäste mit dem zähen Kuhfleisch in den Zähnen zu schaffen, und man bekomme da ein «styfes Wynli, das einem die Haare bolzgrad aufstelle».[84] Gotthelf kannte und schilderte aber auch gute Wirtshäuser, er lässt uns gar in einem für gute Küche berühmten Gasthaus teilnehmen: «Droben im Stübchen war der Tisch gedeckt; eine Suppe dampfte darauf, mit Schnittlauch dicht überstreut und mit Brot gesegnet, dass man von der Fleischbrühe, die daran sein sollte, kaum was vermerkte... Als aber die Fische kamen, da vergass man die Suppe und das Herz im Leibe lachte allen, sie mochten eins haben wie sie wollten, ein altes oder ein junges, ein hartes oder ein zartes. Das waren Fische! Jeder eine starke Mannshand hoch und waren dazu Goldforellen mit dem schönen, rosaroten Fleische, das schmeckt wie Haselnüsse und so selten wird, dass es die Herren in der Stadt um gut Geld nicht mehr kriegen. Dazu waren die Fische nicht abgezählt, so dass höchstens ein Komplimentfisch übrig lag in der Schüssel, sondern für jeden waren zwei gezählt, und jeder musste auch seine zwei essen, es tat die Wirtin nicht anders. Da kam manchem noch ein stärker Schnaufen an als früher den Berg auf und keiner war, der, als er mit seinen zweien fertig war, nicht sagte: ‹So hab ich lang nicht Fische gegessen, aber Gottlob und Dank, dass ich nicht hinter einen dritten muss!›»[85]

147 Schwarzer Kaffee in gehobenem bürgerlichen Milieu um 1900.

Lassen wir zum Schluss auch Gottfried Keller zu Worte kommen. Er hatte in seinem Leben auch auf diesem Gebiete einige Erfahrung gesammelt. So schreibt er am 13. Januar 1856 an Frau Lina Duncker: «An diversen zürcherischen Zweckessen bin ich auch schon gewesen; man kocht sehr gut hier, und an Raffiniertheiten ist durchaus kein Mangel, so dass es hohe Zeit war, dass ich heimkehrte, um meinen Landsleuten Moral und Mässigung zu predigen, zu welchem Zwecke ich aber erst alles aufmerksam durchkosten muss, um den Gegenstand recht kennenzulernen, den ich befehden will.»[86] Schon der junge Keller wusste genau, um was es beim Essen und Trinken geht. So notiert er im Grünen Heinrich: «Jede Hausfrau verleiht, auch wenn die Rezepte ganz die gleichen sind, doch ihren Speisen durch die Zubereitung einen besondern Geschmack, welcher ihrem Charakter entspricht. Durch eine kleine Bevorzugung eines Gewürzes oder eines Krautes, durch grössere Fettigkeit oder Trockenheit, Weichheit oder Härte, bekommen alle ihre Speisen einen bestimmten Charakter, welcher das genäschige oder nüchterne, weichliche oder spröde, hitzige oder kalte, das verschwenderische oder geizige Wesen der Köchin ausspricht, und man erkennt sicher die Hausfrau aus den wichtigsten Speisen des Bürgerstandes, nämlich dem Rindfleisch und dem Gemüse, dem Braten und dem Salate; ich meinerseits, als ein junger frühzeitiger Kenner, habe aus einer blossen Fleischbrühe den Instinkt geschöpft, wie ich mich zu der Meisterin derselben zu verhalten habe. Die Speisen meiner Mutter hingegen ermangelten, sozusagen, aller und jeder Individualität. Ihre Suppe war nicht fett und nicht mager, der Kaffee nicht stark und nicht schwach, sie verwendete kein Salzkorn zu viel und keines hat je gefehlt, sie kochte schlecht und recht, ohne Manieriertheit, wie die Künstler sagen, in den reinsten Verhältnissen; man konnte von ihren Speisen eine grosse Menge geniessen, ohne sich den Magen zu verderben. Sie schien mit ihrer weisen und massvollen Hand, am Herde stehend, täglich das Sprichwort zu verkörpern: Der Mensch isst, um zu leben, und lebt nicht, um zu essen!»

Das ist sehr genau die Stimme der bürgerlichen Tugend; es ist aber auch die Stimme des 19. Jahrhunderts, das noch die Existenzknappheit, ja den Hunger kannte. Es ist eine Stimme aus der Zeit, in der das Sattwerden, das Vollwerden in den unteren Sozialschichten noch so etwas wie eine Sensation bedeutete. Es ist eine Stimme aus der Zeit, in der man im Sonntagsbraten noch die Erfüllung aller Wünsche sah. Es ist die Zeit, in der Unterernährung das Problem Nummer eins war. Es ist aber auch die Zeit, in der sich der Staat der Hungernden und Leidenden vermehrt annahm: «Keiner soll hungern, keiner einer anständigen Wohnung und Kleidung entbehren», erklärte einmal Bundesrat Forrer (1845–1921).[87] Aber es ist doch auch die Zeit, in der sich eine gewisse Esskultur entwickelte, in der es endlich auch viele schweizerische Kochbücher gibt. Fortschritte der Esskultur hängen aber immer auch mit dem Fortschritt der allgemeinen Kultur zusammen.[88] Gottfried Keller hat es genau gesehen und ebenso genau umschrieben.

Kleidung

148

148 Eine vornehme Baslerfamilie stellt sich vor. Fotografie mit einkopiertem Hintergrund, um 1880. Die Frau in einer Krinoline mit Tüll-Häubchen, die Männer in dunkler Kleidung mit weissem Kragen.

Keine Zeit hat die Kleidung so umfassend umgestaltet, ja revolutioniert, wie das 19. Jahrhundert. Es war ja auch eine Revolution, die diesen Wandel einleitete, beginnt doch nach dem Durchbruch der französischen Revolution und dem Sturz des alten Regimes die Herrschaft der Trachten, das augenscheinliche Merkmal des ständisch aufgebauten Staates, zu wanken. Die Abkehr vom Alten geschah indessen nicht schlagartig, plötzlich. Vielmehr gab es zahlreiche, zum Teil fliessende Übergänge. So herrschte beispielsweise bis 1820 im oberen Baselbiet die landesübliche Tracht vor; in anderen Regionen, wie im Emmental, noch bedeutend länger.[1] Der «Abstieg» der Tracht ist eng verknüpft mit dem Übergang von der Selbstversorgung zur Konsumentenhaltung, mit dem Aufbrechen alter lokaler Traditionen, mit der neu entstehenden Mobilität, mit den neuen Verkehrsmitteln, dem Aufkommen des grossräumigen Handels, ganz allgemein mit der Öffnung des Horizontes. Es ist deshalb nicht verwunderlich, dass sich die Trachten am längsten in alpinen Reliktgebieten erhielten.

Dieser allgemeine Wandel bahnte sich gleich zu Beginn des Jahrhunderts an, und es gab einige aufmerksame Beobachter, die ihn sofort registrierten. So kennzeichnet beispielsweise das St. Gallische Wochenblatt im Jahre 1804 die neuesten modischen Strömungen als «dekorierte Gemeinheit, gefällige Karikatur». Wir leben, so heisst es da, «im Zeitalter des Scheins, der Überspannung, der methodischen Verkehrtheit... Sonst waren die Vorfahren einfältig genug, aus übertriebener Sparsamkeit die abgelegten und aus der Mode gekommenen Kleidungsstücke ihren Kindern zustutzen zu lassen; jetzt kriecht jedes Töchterchen schon fix und fertig nach der neuesten Mode aus seinem Ey hervor mit Schleppen, Tuniken, Titusköpfen und Knabenschuhen, halbnackt und bloss, im Geiste des Zeitalters...».[2] Besonders auffällig, so meint das Jahrbuch der Stadt St. Gallen, sei die Amtstracht der Räte und Richter, «die plötzlich auf schwarze Kleidung, Hut und Degen verzichteten, weil sich alles freier bewegen will». Nichts Äusseres soll mehr den einen Bürger von dem anderen unterscheiden; der Beamte aber soll «vor allem von kostbaren und lästigen Ceremoniel befreit sein». Diese beiden Grundsätze scheinen der veränderten Sitte zu Grunde zu liegen.[3]

Präziser liesse sich der Tatbestand gar nicht ausdrücken: Vor der Revolution hatte «jedermann seine gegebene Art, sich zu tragen in Farbe, Stoff, Schnitt, Ausstattung des Gewandes, Setzung des Hutes, des Degens – kurz in hundert Kleinigkeiten, die alsbald verrieten, wer der Träger war, und an Grösse und Ausstaffierung des Zopfes war es überdies noch von hinten auf hundert Schritte zu bestimmen».[4] Tatsächlich: die französische Revolution schnitt nicht nur Köpfe, sondern auch Zöpfe ab. Mit ihnen verschwand «nicht die berufliche Identität, wie ja auch das Ablegen der Tracht nicht gleichbedeutend mit dem Aufgeben örtlicher oder landschaftlicher Identität war».[5] Und dennoch, ein erster, ja wesentlicher Schritt in diesem Prozess war getan. Er erfolgte, wie die beiden Stellen aus St. Galler Zeitungen und Zeitschriften verraten und ahnen lassen, in den Städten. Hier ist parallel mit dem Abbau volkstümlicher Gemeinschaftsordnungen die Tracht zuerst verschwunden. An ihre Stelle tritt die individuelle Mode. Sie hat mit der alten Tracht nur das eine gemeinsam: Sie untersteht kollektiven Bindungen. «Man» trägt das und dies – je nach der Modelaune. Im Unterschied aber zum Trachtenbrauchtum, bei welchem die Träger Gemeinsames betonen, wird versucht, originell zu sein und den anderen auszustechen. Ein weiterer Unterschied: Die Tracht wurzelt im Herkommen, in der Tradition; die Mode muss neu oder, um einen im 19. Jahrhundert aufkommenden Begriff zu übernehmen, modern sein. «Das isch e Sach mit däm Mode, s'cha gwüss nümm so goh», meinte eine Baselbieterin um 1863.[6] In der Kleidung, so sagte ein Sissacher, «will's der eine dem anderen nachmachen. Manche glauben, den Kredit einzubüssen, wenn sie mit weniger moderner Kleidung als der ihnen Gleichgestellte einhergehen.»[7] Gleichzeitig wird bedauert, dass mit der «Ausgleichung der Standesunterschiede alles aus dem Rahmen gekommen ist; es gibt keinen Unterschied mehr zwischen hoch und niedrig. Der Angestellte ist vom Arbeitgeber nicht mehr zu unterscheiden; die Dienstmagd nicht von der Frau.» Und dann fügt der offenkundig konservative Baselbieter eine moralische Betrachtung bei: «Es ist selbstverständlich, dass die gegenseitige Achtung und Unterordnung der einzelnen Stände unter solchen Verhältnissen leiden, dass sich deshalb die Bande der gesellschaftlichen Ordnung mehr und mehr lockern.»[8] Man könnte umgekehrt sagen, dass sich zunächst die gesellschaftliche Ordnung änderte; die Kleidung folgte als Ausdruck einer Gesinnung einfach nach. Doch so einfach ist die Geschichte, wie wir im folgenden anhand von vielen Beispielen sehen werden, nicht. Es spielen die mannigfaltigsten Strömungen und Gegebenheiten mit.

Um bei den Hüten zu beginnen: Hutformen und Tragen beziehungsweise Nichttragen des Hutes sind gleicherweise durch individuelle wie traditionelle Kräfte bedingt. Im 19. Jahrhundert ist die traditionelle Kopfbedeckung noch lange Zeit Ausdruck der Gemeinschaft. Das lederne Sennenkäppli weist etwa auf den Sennenstand hin. Sodann spielen aber auch landschaftliche Komponenten hinein, und schliesslich kommt es da und dort schon rasch zu einer Auseinandersetzung mit der Mode.[9] Noch zu Beginn des Jahrhunderts war es für Männer allgemein Sitte, die Kopfbedeckung auch im Hause zu tragen. Am Ende des gleichen Jahrhunderts galt es als altväterisch oder bäuerisch. Damals trugen nur alte Männer, vor allem Handwerker, eine weiche Schirmmütze, eine Deckelkappe, Dächlichappe. Die Aarburger sprachen von einer Schopplichappe, die Wattenwiler von einer Talschchappe und meinten eine niedrige, lederne Mütze. Weitverbreitet war im Mittelland, vor allem in den Kleinstädten und Dörfern, die Hausmütze, das Chäppli, ein steifes rundes Mützchen ohne Rand und Schirm. Es war aus Seide oder Samt gearbeitet, mit Glasperlen bunt verziert und wurde von «besseren Herren, auch von Wirten, Lehrern, Beamten getragen». Ende des Jahrhunderts war es selten und wurde nur noch von alten Männern getragen. Der Sigrist, so meinte eine Gewährsperson in Baldegg (Aargau), war der letzte, der das Hausvaterchäppli hoch in Ehren hielt. Das Pendant zu diesem Chäppli war in bäuerlichen Regionen die Zipfelmütze. Auch sie verschwand im Laufe der Zeit: Früher war sie grosse Mode, jetzt trägt sie nur noch der

149

149 Hutmacher an der Arbeit. Die Kopfbedeckung gehörte im 19. Jahrhundert zur Kleidung wie der Rock. Da sie ausserdem den Moden unterworfen war, hatten die Hutmacher verhältnismässig gute Zeiten.

150 Mit einer Schirmmütze, einem blauen Mantel und Stiefeln begibt sich dieser städtische Herr auf die Wanderschaft. Die Botanisierbüchse verdeutlicht seine wissenschaftlichen Neigungen. Aquarell eines unbekannten Künstlers aus der Mitte des 19. Jahrhunderts.

151 Zürcherin auf dem Weg zur Kirche. Die schwarze Kleidung ist puritanisch einfach und noch immer, wie schon im 17. und 18. Jahrhundert, ist das Haupt der Frau mit einer weissen Haube bedeckt.

Grossvater, meinte ein Gewährsmann im Baselbiet.[10] Offenbar war sie aber nicht überall autochthon. So hat in Sternenberg (Zürcher Oberland) die Zipfelmütze als Kennzeichen eingewanderter Berner gegolten.

Es gab zahlreiche Männer, die ihre Mütze oder Chappe weder im Haus noch im Wirtshaus je ablegten. Allerdings zogen «jüngere Leute, die etwas auf sich haben, die Mütze oder den Hut ab. Ältere Einheimische, die nie fortgekommen sind, empfinden dieses Verhalten als bäuerisch und unfein, als ungehobelt und unmodern.» Wie sehr sich die Dinge wandelten, erfahren wir aus einer Bemerkung eines Mannes aus Gelterkinden: «Früher», so meinte er, «gab es in den Wirtshäusern fast keine Hutnägel», was darauf schliessen lässt, dass die Leute den Hut eben nie abzogen.[11] Es ist verbürgt, dass die Männer im Wallis ihren Hut oder ihre Mütze weder im Haus noch im Wirtshaus, ja nicht einmal beim Tanzen ablegten.[12]

Für gewisse Arbeiten im Stall oder beim Heuen war eine Kappe oder Kapuze zweckmässig, ja notwendig. Dazu gehört etwa das Sennenkäppchen aus Leder oder Filz. Sein Vorkommen ist bezeugt in Bern mit Ausläufern nach Westen und nach Norden bis ins Klettgau und sodann im appenzellischen Raum. Ursprünglich wurde das Melkkäppchen, das heute ja zu allen schweizerischen Sennentrachten gehört (es war 1937/38 allgemein Mode geworden), ausschliesslich zum Melken gebraucht. Es schützt den Kopf, da man beim Melken oft mit dem kotigen oder nassen Fell der Kuh in Berührung kommt. Das Käppchen hat deshalb auch keinen Rand, es wäre ja dies von Nachteil, weil es immer wieder abgestreift würde.[13] Auch das Hirten-hemd – heute wichtiges Requisit von Trachtengruppen – war einst eine zweckbedingte und auch herkömmliche Arbeitstracht. Dazu gehörte in der Innerschweiz eine angenähte Kapuze. Das Hirtenhemd wurde für Stallarbei-ten, aber auch zum Heutragen verwendet. Solche Kapuzenhemden gab es in der Innerschweiz, im Toggenburg, aber auch im Berner Oberland, in Teilen Graubündens, Appenzells und in Walliser Tälern.[14] Mit dem Hirtenhemd verwandt ist die Bluse. Dieser hemdkittelartige Leibrock ist im Gegensatz zum heutigen Hemd kein Unterkleid, sondern ein über die Hosen fallender Rock. Er gehört zum ältesten Bestandteil der Männertracht und hat sich als Bauern- und Fuhrmannskittel bis in die neuere Zeit erhalten. Die blaue, braune oder dunkelgrüne Männerbluse gehörte zum eigentlichen Kennzei-chen des 19. Jahrhunderts. Sie hat die Mode in stärkster Weise beeinflusst, bildete sie doch Vorbild für die um 1940 aufkommende «Schwizerbluse».[15] In vielen alpinen Regionen gab es auch gestickte Blusen. Sie hat sich, wie J. Heierle gezeigt hat, im Laufe des 19. Jahrhunderts aus dem von Frankreich eingeführten Burgunderhemd entwickelt – im Luzernischen sprach man ja auch vom Burgunderhemd. Sie war ein Feiertagsgewand. Man trug sie bei der Alpfahrt, bei Sennenbällen, das heisst überall dort, wo sennisches Selbst-bewusstsein zur Schau gestellt wurde. Neben dem Sennenkäppli ist sie zum Emblem altschweizerischen Volkswesens geworden.

Am Hut konnte man sie erkennen: Der Innerschweizer trug den Flade-huet, der Basler sein kleines flaches Baslerhuetli aus schwarzem Filz; den Mann aus dem Livinental kannte man an seinem Barett, dem baretìn da boratt.[16] Den Toggenburger erkannte man am Redlihuet. Diese Hutform ist später der von der Trachtenvereinigung geförderte Trachtenhut gewor-den.[17] Man betonte auch soziale Gegebenheiten: Der Arbeiter trug die Schildmütze; sie war eigentliches Wahrzeichen der «milieux populaires». Der Bäcker trug eine graue, der Schmied eine schwarze Schirmkappe.[18] Die Hüte waren ausserdem der Jahreszeit angepasst: «Wenn unser Baumeister den Strohhut anhatte (er war immer der erste), konnte man auch den Strohhut tragen.»[19]

Nach dem ersten Weltkrieg wurde es plötzlich Mode, überhaupt keinen Hut mehr zu tragen. Diese Strömung erreichte aber die bäuerlichen Gegen-den, das Wallis, Unterwalden und das Emmental vorerst nicht. Ohne Hut auf die Strasse zu gehen, so meinte ein Gewährsmann, hätte früher als unanständig gegolten. Die Hutlosigkeit gehörte eben zum «allgemeinen Sittenzerfall». Die neue Mode galt als «fabriklermässig», als «kommuni-stisch» oder «reformerisch». Man sagte es frei und frank und deutlich: «Nur Spinner gehen hutlos.» Einmal mehr zeigte es sich, dass alte kollektive Werthaltungen nachhaltig wirken. Als stärkstes Bollwerk gegen die Hut-losigkeit erwies sich die Kirche, das heisst genauer gesagt der sonntägliche Kirchgang. «Man» ging eben nie ohne Hut in die Kirche.[20]

Bei der Kopfbedeckung der Frauen spielten weitere Elemente wie Alter, soziale Gliederung und Zivilstand (ledig, verheiratet) mit. So trugen im Kanton Aargau die Frauen im 19. Jahrhundert im Alter Hübli, Capotte; aber nur wenn sie Kinder hatten. Und im Tessin erinnerte man sich, dass früher bei den Bauernfrauen von Biasca das «basetà, cuffiodi cotone a fiorellini con pizzo intorno» gebräuchlich war.[21]

Weit verbreitet und beliebt war das Kopftuch. In der Ostschweiz, in Graubünden und auch in der Innerschweiz war es weiss. Doch auch hier gab es Unterschiede. Ein weisses Kopftuch trugen nur alte Frauen, die jungen

152

152 Genfer Bürgersfrau mit Kindern um 1850. Karierte Stoffe für Kinder waren Mode.

153 Ochsengespann in Luzern. Fotografie um 1900. Die Aufnahme ist in zweierlei Hinsicht inter-essant. Es ist erstaunlich, dass in dieser Zeit noch Ochsengespanne bis mitten in die Stadt Luzern fuhren. Uns interessiert aber vor allem auch der Fuhrmann. Er trägt typische Standeskleidung für alle Fuhrmänner: das blaue Hirtenhemdlein mit dem runden schwarzen Hut. Selbstverständlich gehört die Geissel dazu.

154 Lederschuhe waren teuer, deshalb war man froh, Holzsandalen kaufen zu können. Man brauchte sie in Stall und Feld, selbst auf den Gän-gen ins Dorf.

153

bevorzugten buntfarbene, rot und gelb karierte Tücher. Man kaufte sie in der Ostschweiz etwa von Hausierern, die sie von Glarner Fabriken bezogen. Begehrt waren aber auch schwarz-weiss bedruckte Glarnertücher. In Hallau trugen die unverheirateten Frauen ein rotes Kopftuch mit dunkelblauen Randstreifen. Die Verheirateten dagegen kauften blaue Tücher mit roten Randstreifen. Wieder anders sah das Kopftuch im Haslital aus. Zur alten Haslitracht gehörte ein rot und schwarz kariertes Kopftuch, die sogenannte Schnugelle. Alte Frauen falteten das Kopftuch zu einem Dreieck und banden die vorderen Zipfel unterm Kinn, junge Frauen knoteten ihr Tuch im Nacken.[22] Das galt allerdings beispielsweise in Visperterminen als «neue, dumme Mode». Offenbar wussten die Frauen ganz genau, was andernorts üblich und Brauch war. So nannte man etwa bis 1910 die Nackenbindung im Oberiberg Tessinerhaube, und in Graubünden nannte man die aus dem Tessin stammenden Stroh- und Flachshüte kurz und bündig Tessinerhüte. Sie wurden durch wandernde Händler vertrieben. Dort, wo es eine eigene Strohindustrie gab, wie zum Beispiel im Freiamt, trug man selbstverständlich Strohhüte. Dabei kam es zu deutlichen Verschiebungen. Ursprünglich Kopfbedeckung der Bäuerin, wandelte sich der Strohhut unter französischem Einfluss zum modischen Damenhut.[23]

Zum Kopftuch kamen die dort gebräuchlichen Hauben. Eine leichte aus Baumwollstoff gefertigte Haube wurde in Graubünden zum Heuen getragen. Sie ähnelte der Holländerhaube. Man nannte sie in Splügen den Kuckuckshut, in Schlarigna auch Schlarinet. Julie Heierle, die grosse Trachtenforscherin, vertrat die Ansicht, die Haube sei ursprünglich ein modischer Hut aus der Zeit um 1820 gewesen. Er lag eng am Kopf und besass einen hochgewölbten, vorspringenden Rand als Schattenspender. In Zuoz hatten um 1937 noch zwei bis drei Frauen solche Hüte.[24]

Wann gingen die Frauen mit einem Hut aus? Ursprünglich scheinen die Frauen aus gehobenen Sozialschichten auch am Werktag einen Hut getragen zu haben. Les dames de la bourgeosie, sagte man in der Westschweiz, gehen mit Hut aus. In der Ostschweiz dagegen sah es wieder anders aus. Die alten Laufenburgerinnen beispielsweise tragen keinen Hut, «aber die besseren Frauen – die Frau des Doktors – gehen immer mit einem Hut aus». Ein Gewährsmann aus Liestal meinte entrüstet, es sei jetzt (1939) so weit, dass auch Dienstmädchen zum Einkaufen einen Hut trügen. Im Wallis, Tessin und Graubünden trugen die Frauen bei ihren Gängen ins Dorf ein Kopftuch. Dann verschwand es mehr und mehr, um später als Modeartikel wieder auferstehen zu können. Zäh behaupteten sich indessen in einigen Walliser Tälern die eigentlichen Trachtenhüte.[25] So sagte man in Savièse (Wallis): «Les femmes portaient toujours le chapeau (gemeint ist der Trachtenhut) pour se rendre au marché; on adopta ensuite le mouchoir et maintenant (1939) on revient au chapeau.» Und auch hier erweist sich wiederum der sonntägliche Gottesdienst als Bollwerk gegen die neue Mode.[26] Am Samstag und vor allem an Feiertagen trug man einfach alter Tradition gemäss den Walliserhut, im Tessin das Kopftuch.

Der Auflösungsprozess vollzieht sich fast nach Schema: In Leuk kamen um 1900 noch alle Frauen, um 1940 nur noch Frauen vom Berg mit einem Kopftuch in die Kirche. In den Bündner Tälern erschienen nur noch die alten Frauen mit Kopftuch, während die jungen modische Hüte vorzogen oder sich gar, wie in protestantischen Regionen, der hutlosen Mode verschrieben.[27] Aber die alten Frauen wussten immer noch, was sich gehörte: In Zeiten der Trauer banden sie sich ein schwarzes Kopftuch um, vor allem

154

155

155 Familienaufnahme in einem Garten um die Jahrhundertwende. Die männlichen Familienglieder tragen, entsprechend damaliger Mode, entweder Stroh- oder Filzhüte. Zu den Attributen der Damen gehörten der Sonnenschirm und der Fächer.

156 Traum jeder modebewussten Dame war ein Spitzenkleid aus der weltberühmten St. Galler Stickerei. Der New Yorker Modekatalog «Harper's Bazaar» offeriert zwischen 1867 und 1898 spitzengesäumte Morgentoiletten und Accessoires.

157 Die Kalender des 19. Jahrhunderts haben hin und wieder auch das Thema Kleidung aufgegriffen. Meist geschah es in Form einer Karikatur. Man macht sich, wie unser Bild zeigt, über Modetorheiten lustig. Eine «neu erfundene Körperpressmaschine», dargestellt im «Züricher-Kalender» 1814, soll es den Frauen ermöglichen, ihre Korsetts noch enger als bisher zu schnüren.

158 Krinoline bestehend aus karierter Taftseide um 1845. Die Krinoline ist das charakteristische Trachtenmerkmal dieser Jahre. Der Reifrock hat den Namen vom Crin, das heisst dem Rosshaar, das man ursprünglich zum Versteifen der Röcke und Unterröcke verwendete.

159 Festliche Damenrobe aus dem Jahre 1882. Bedruckte Seide mit spitzenbesetzter Schleppe und dunklem Umhang. In der linken Hand trägt die Frau ein Ridicule (Mundart: Ridiggül). Ridicule oder Arbeitsbeutel treten schon bei David Herrliberger um 1749 auf. Das Wort stammt aus dem französischen Réticule. Im 19. Jahrhundert wird aus dem Arbeitsbeutel ein kleines Täschchen das, wie ein Zeitgenosse berichtete, die «Elite der guten Gesellschaft» getragen hat.

dann, wenn es sich um einen Todesfall in der engsten Familie handelte. Für Todesfälle in der Verwandtschaft ziemte sich, beispielsweise im Wallis, ein schwarzes Kopftuch mit braunen oder blauen Blumen. Für Tante und Onkel dauerte die Trauer sechs Wochen, für die engsten Familienangehörigen bedeutend länger. Im Maggiatal banden die Frauen bei Volltrauer ein schwarzes Tuch um, bei Halbtrauer aber eines mit einem violetten Streifen. Im Meiental bedeckten die Frauen ihr Haupt zum Zeichen der Trauer bis zum Jahre 1900 mit einem weiss gemusterten Tuch.[28] Auch hier gab es Unterschiede zwischen Ledigen und Verheirateten. Bis um 1900 schmückten sich zum Beispiel die ledigen Frauen von Wassen für den Kirchgang mit viereckigen Tüchern, die lose auf den Kopf gelegt und mit einer Schmucknadel am Scheitel festgehalten wurden. Die Tücher kamen aus Italien und aus dem Glarnerland.[29]

Zum Kopftuch kam im Tessin und in Graubünden die Schärpe, ein schwarzes Halstuch, das man entweder über den Kopf legte oder um den Kopf hüllte. Der gleiche Brauch ist im Urnerland nachgewiesen, was auf kulturelle Einflüsse des Südens schliessen lässt. In Salouf (Graubünden) trugen die Frauen die schlengia (Schärpe) beim Kirchgang, ledige Frauen nur in der Trauerzeit. Die Schärpe glich dem Schleier, den die Tessinerinnen und Bündnerinnen der Südtäler lose über den Kopf legten. In Pura (Tessin) erschienen die unverheirateten Frauen bei kirchlichen Feiern im weissen Tüllschleier; die Verheirateten bestickten den Schleier mit Blumen.[30]

In den Walliser Dörfern kamen die Frauen am Sonntag mit ihrem althergebrachten Trachtenhut, dem Walliserhut, in die Kirche. Der Walliserhut erscheint in verschiedensten Formen. In deutschsprechenden Teilen des Wallis gab es den Chreeshuet, das war ein hoher Strohhut mit schwarzem Seidenband. Es gab in Savièse den Gupf, den Strohhut und die noch ältere weisse Haube mit Filzhütchen in Evolène. In verschiedenen Orten, so etwa in Salgesch, verschwand der Hut nach der Jahrhundertwende vollständig, an anderen Orten teilweise. Erst die Trachtenbewegung der jüngsten Zeit verhalf ihm zu einer glanzvollen Auferstehung.[31]

Wohl ebenso alt wie der Hut ist in alpinen und voralpinen Gebieten die Haube. In Disentis (Graubünden) war es eine Haube aus schwarzer Seide, die

156

157

158

159

schlappa. In St. Peter und in Arosa (Graubünden) trugen die Frauen auf dem sonntäglichen Kirchgang bis 1890 die Florchappa, in Langwies (Graubünden) das Kapadüsli, ein schwarzes Häubchen mit Klöppelspitzen, in Churwalden das Tschäppeli, eine tellerrunde, schwarze, mit schwarzen Rüschen umsäumte kappenähnliche Haube. Verheiratete Bündner Frauen trugen auch das Tussettä, das Kapotli. In Appenzell Innerrhoden gingen die Frauen mit der Flügelhaube, der Schlappe in die Kirche.[32]

Zum Hut und der Haube gehört selbstverständlich eine brauchmässige Haartracht. In der Innerschweiz, im Berner Oberland und im Freiburgischen flochten die Frauen farbige Samtbänder in ihre Zöpfe. Besonders kunstvoll waren die von ledigen Töchtern hergestellten Haartrachten in Unterwalden. Künstliche Zöpfe wurden mit rotem Band umbunden und zu einer eindrucksvollen, kunstreichen Haargarnitur geflochten. Mit einem Haarpfeil wurde sie auf dem festgekämmten Haar aufgesteckt. Dazu brauchte man volle drei Stunden. Kein Wunder, dass es nach 1850 durch eine Attrappe ersetzt und später ganz aufgegeben wurde.[33]

Zur alten Tracht gehörte auch Schmuck, gehörten Ohrringe, wie sie etwa in Appenzell Innerrhoden und in der Innerschweiz noch um 1800 ganz allgemein Brauch waren. Dass es auch religiöse Grenzen gab, zeigen die beiden Appenzell: Die Innerrhoder Frauen trugen zu ihrer reichen Tracht auch einen reichen Schmuck. In Appenzell Ausserrhoden dagegen verschwanden die Tracht und mit ihr auch die Ohrringe verhältnismässig früh. Die heutige Frauentracht ist eine Neuschöpfung der dreissiger Jahre des 20. Jahrhunderts. Auch im Toggenburg verschwand die Frauentracht und mit ihr auch der Brauch, Ohrringe zu tragen im Laufe des 19. Jahrhunderts. Erstaunlicherweise aber hat sich hier die Männertracht erhalten. In Graubünden und im Tessin war der Brauch, Ohrringe zu tragen, noch um 1930 Kennzeichen der älteren Generation. Früher, so meinte ein Gewährsmann um 1937, war der Brauch ganz allgemein, «jetzt kommt er nur noch etwa bei einem Drittel der Frauen vor».[34] Die Protestanten empfanden den Ohrring als katholische Sitte. Einzelne Beobachter glaubten, es sei eine Besonderheit der Italienerinnen. In Sissach hiess es: «Nur Italienerinnen und Welsche tragen solche Dinge; der viele Schmuck entspricht nicht dem Baselbieter Volkscharakter.»[35]

Im 19. Jahrhundert war der Ohrring auch ein männlicher Schmuck. Im Zeitalter der Revolution und bis in die vierziger Jahre des 19. Jahrhunderts hinein war er verbreitet, gegen Ende des Jahrhunderts aber nur noch in bäuerlich-kleinbürgerlichen Bereichen anzutreffen. Schliesslich war er ein Kennzeichen von Einzelgängern und sozialen Aussenseitern. In Reliktgebieten wie dem Toggenburg trugen in den dreissiger Jahren unseres Jahrhunderts noch alte Bauern Ohrenschräubchen, auf den Berghöfen auch Schlangenköpfe.[36]

Ein typisches Requisit des 19. Jahrhunderts waren die Holzschuhe. Die Holzböden klapperten durch das ganze Jahrhundert, und überall gab es noch Holzschuhmacher, die Holzbödeler, im Französischen die sabotiers. Der Holzschuhmacher gehörte in den dreissiger Jahren des 20. Jahrhunderts zu den aussterbenden Handwerkern.[37] Der Holzschuh, eine typisch bäuerliche Fussbekleidung, wurde beim Waschen, beim Metzgen getragen, er ist heute vollständig durch Gummistiefel ersetzt. Noch vor hundert Jahren aber war das bäuerlich gewerbliche Leben ohne ihn undenkbar. Es gab verschiedenste Varianten: Den Holzschuh mit Lederschaft, mit Nesteln oder Schnallen, den Derbiholzschuh, die Holzgaloschen, den Pariserholzschuh (Kanton Bern), schliesslich auch den pelzgefütterten Holzschuh. Man trennte sich kaum von ihnen; lediglich zum Ausgang ins Dorf mied man sie. Im ganzen waren sie aber doch ein Kennzeichen von Ärmlichkeit, ja von Armut. Man gab Holzböde an arme Kinder auf dem Lande ab. Eine hirtenbäuerliche Eigentümlichkeit waren schliesslich die Holzsandalen, die häufig ohne Socken getragen wurden. Sie sind meistens von einheimischen Holzschuhmachern oder aber von Bauern in der Freizeit fabriziert worden. Die bekannten Tessinerzoccoli sind auf die gleiche Art hergestellt worden. Man kaufte sie vor allem auf den Märkten. Es waren dies aber «zoccoli moderni come in città». Zoccoli waren auch hier ein Kennzeichen der Armut. Ein Gewährsmann aus Mendrisiotto sagte: «Arme Leute besassen am Hochzeitstag ein Paar Lederschuhe, sonst nur Zoccoli.»[38]

161

Arme Leute, vor allem auch Kinder, gingen aber, soweit es die Witterung zuliess, immer barfuss. Diese Sitte ging aber gegen Ende des 19. Jahrhunderts stark zurück. Die Leute, so hiess es damals, seien eben nobler geworden, hochmütige Leute verbieten es selbst ihren Kindern. Auffallend sind die sozialen Unterschiede: In St. Gallen gingen nur die armen Kinder «in der Halde drunten» barfuss, in Büren an der Aare nur jene in den Quartieren gegen die «Ländte». Standesbewusste Leute begannen ihren Kindern das Barfussgehen überhaupt zu verbieten. In der Westschweiz begannen sich die Barfüssler vor den Fremden zu schämen. Im Baselbiet sagte man den kleinen Kindern: «Am Samschtig chunnt dä, wo d'Barfüessler ufhänkt» oder in Sempach: «Dr Landjäger tuet d'Barfüessler ufhänke.»[39]

Werktags- und Sonntagskleidung unterschieden sich im 19. Jahrhundert ganz wesentlich. Während eines ganzen Jahrhunderts bleibt die Werktagskleidung auch der Frauen recht bescheiden. Sie trugen noch um 1900 am Werktag einen bis zum Knöchel reichenden wollenen oder baumwollenen Rock. Gedämpfte Braun- und Grautöne herrschten vor.[40] Am Sonntag aber trugen die Frauen im Baselbiet kurze, schwarze, gefältelte «Juppe» mit einem buntgestickten samtenen Korsett (Göller), eine Leinenschürze, rote oder weisse Strümpfe, auf dem Kopf die Kappe, von der schon die Rede war.[41] Die Sonntagstracht der Männer bestand hier aus einem langen, schwarzen Zwilchrock oder einem gelben Frack, aus niederen Schnallen-

160

162

schuhen, einem schwarzen Wollhut oder der altbewährten Zipfelmütze.[42] Sonntagskleider wurden nur an Sonntagen und für bessere Gelegenheiten angezogen, zum Beispiel, wenn man am Werktag einen sehr wichtigen Besuch zu machen hatte. Traf man in einem solchen «Staat», so schreibt die Baslerin Johanna von der Mühll, eine Freundin, «so wusste sie, dass es sich um eine feierliche Visite handelte. Man konnte sicher sein, dass sie einen anhalten würde und fragen: ‹Warum hast Du den Sonntagshut auf?› Weshalb es einem unangenehm war, am Werktag in der Sonntagskleidung angetroffen zu werden.» Soweit die Baslerin. Andererseits wäre es überall undenkbar gewesen, am Sonntag aus irgendeinem Grund das Werktagskleid anzuziehen.[43] Hier werden städtisch-bürgerliche Verhältnisse geschildert. Die Kleinbauern, Arbeiter und Taglöhner kannten derlei Feinheiten nicht. Sie waren froh, überhaupt ein einigermassen intaktes Werktagskleid zu haben; jedermann lief, wie sich ein Kleinbauer ausdrückt, in geflickten Kleidern, die aussahen wie «gefleckte Landkarten», herum.[44] In bäuerlichen Kreisen hat man noch bis ins letzte Drittel des 19. Jahrhunderts die Kleider allgemein selber hergestellt. Die gekauften Stoffe begannen sich aber damals allmählich durchzusetzen.[45] Doch die gekauften Stoffe waren weniger solid, und vor allem begannen dort, wo man noch eine alte Tracht hütete, «die hässlichen Werktagskleider vom alten Sonntagsstaat deutlich abzustechen».[46]

Nun begann die Mode immer tollere Sprünge zu machen. Alte Leute ärgerten sich darüber. Eine Grossmutter sagte um 1860: «Der Hochmut der Leute wird bis an den Himmel hängen, und sie werden am Ende noch Kuhblatter und Rossbollen auf dem Kopfe tragen.»[47] Die Baselbieter Grossmutter steht nicht allein: Als um 1840 in Paris die blumengeschmückten Mousselinekleider aufkamen und die Schweizer Mädchen die «Thorheiten dieser Mode» nachahmten, schrieb das Wochenblatt von St. Gallen, «dass die Mädchen nun zwar nicht über Mangel an Eroberungen zu klagen hätten, dass es aber doch wohl wäre, wenn sie im einfachen Hauskleide erschienen».[48] Die Mode war auch Ziel von heftigen Angriffen von seiten eines Ästhetik-Professors: Friedrich Theodor Vischer geisselte mit scharfen Worten die Krinolinenmode: «Diese Mode muss zupfen, rücken, umschieben, strecken, kürzen, einstrupfen, nesteln, krabbeln, zausen, aufbauschen, kurz, sie ist ganz des Teufels, jeder Zoll ein Affe...»[49] Tatsächlich war um 1860 die durch den Reifrock gestützte Krinoline überall anzutreffen; selbst Marktfrauen und Köchinnen trugen die Krinoline. Und dazu kamen − selbst ein Friseur von Wald im Zürcher Oberland verkaufte sie − «Perücken, Locken, Zöpfe, Roleau, Noechignon».[50] In Zeitungen wird diese Mode glossiert. Die Männer stöhnten: «Einer Dame den Arm zu reichen war unmöglich geworden, da die Eisenreife den Begleiter auf Distanz hielten. Ihr in den Fiaker oder ins Eisenbahncoupé zu helfen, erforderte unmenschliche Geduld. Sie selbst sah sich ausserstande, ihr Kleinkind an der Hand zu führen oder etwa auf dem Fussboden mit ihm zu spielen. Ein Gang zur Toilette erforderte umständliche Vorkehrungen...»[51]

Die Herrenmode war dagegen seit der Biedermeierzeit ärmer, dürftiger, glanzloser geworden: «Damals hatte man mit prunkvollen Westen paradiert. Mit dem Eisenbahnzeitalter kamen Frack und Gehrock aus schwarzem Tuch − und die mussten für alle gesellschaftlichen Anlässe, ob Ball, Begräbnis oder Hochzeit − herhalten.» Als einzige Farbe für die Beinkleider breitete sich Graugrün aus, eine Mischfarbe, die den kritischen Ästhetik-Professor so recht «innig an Schmutz erinnerte». Er spottete aber auch über den Kittel: «Die vollendete Mattheit und Schlaffheit im Schnitt musste sich mit der

160 Eine Bergbauernfamilie im Sonntagsstaat um 1900.

161 Um 1890 ist die Krinoline verschwunden. An ihre Stelle sind die langen Röcke, Hauben und Hüte getreten. Das Bild zeigt vornehme Zürcher Damen und Herren anlässlich der Seegfrörni 1891.

162 Schöne Schuhe fallen vom Himmel... Bally-Werbepostkarte um 1890.

Farbe der Waisenbubenuniform vermählen; das ganz Blasierte ist farblos, selbst schwarz ist ihm zu entschieden, grau, grau wie die Seele drinnen musste der Kittel werden.» Zielscheibe seines Spottes war auch der Zylinder, dieses «dumme steife, in die Stirn schneidende Stück Ofenrohr».[52]

Doch die Launen der Mode wechselten rasch: In den siebziger Jahren ist die Krinoline bereits wieder verschwunden: «In jeder Stadt herrschte jetzt ‹le cul de Paris›, der Pariser Hintern, und die ‹Tournure›: riesige über das Gesäss gebundene Kissen, über welche die Röcke wie geraffte Gardinen fielen. Romantische Falten, plissierte Rüschen, Besätze und Bänder − all dies liess ihn eher an die Werkstatt eines Tapezierers als an ein Schneideratelier denken... Nicht genug damit. Als gelte es, den Stoffverbrauch pro Kleid konstant zu halten, wurde dem cul eine Schleppe von ein bis zwei Metern Länge angehängt. Gehen im Strassenkot war nur möglich, indem die Dame ihre Schleppe mittels eines Hakens und einer Schnur in die Höhe hielt.»[53] Nicht ganz zu Unrecht, jedoch völlig wirkungslos rief Vischer zur Revolution gegen den Despotismus der Modeschöpfer auf. In jeder Grossstadt sollen sich die modemüden Frauen zusammenschliessen und einen guten Künstler beauftragen, um eine bequeme und wohlgefällige Modelinie zu entwerfen. Schneiderateliers sollten mit Nachdruck gezwungen werden, das Entworfene auszuführen. Die männlichen Begleiter sollten, um dem Nachdruck zu verleihen, mit Revolvern ausgerüstet werden.[54]

Diese Revolution kam nicht zustande. Die Modeschöpfer sorgten selber für neue und einfachere Linien. Um 1900 kam die Hosenrock-Mode auf; in den Städten kam es zu eigentlichen Tumultszenen; einige Jahre später trat der Hosenrock, «der bis jetzt immer noch in Restaurants und in den Strassen der Stadt vereinzelt zu sehen war, seine Wanderung hinaus aufs Land an». Am 31. Mai 1911, so meldet die Basellandschaftliche Zeitung, «sah man an den vergangenen schönen Sonntagen einige Ausflügler im Hosenrock: Das ungewohnte Habit verursachte bei den Leuten Aufsehen und Kopfschütteln. In jedem Fall aber sind die Trägerinnen dieser neuen Bekleidung, die nichts weniger als schön ist, viel beguckt worden. Modetorheit!»[55]

Am Ende des Jahrhunderts kamen aber nicht nur neue Modeströmungen auf, eine Wendung bahnte sich gleichzeitig auch auf dem Gebiete der althergebrachten Tracht an. Ihr Schicksal war traurig. Sie war bis in die achtziger und neunziger Jahre hinein beinahe in Vergessenheit geraten und nur noch in abgelegenen Gebieten anzutreffen. Althergebrachte Trachten traf man noch im Kanton Bern, in Appenzell Innerrhoden, im Toggenburg, im Greyerzerland, in der Innerschweiz oder in einzelnen Walliser Tälern, im Klettgau. In den Zürcher Weinbergen sah man noch hie und da alte Bäuerinnen im blaubedruckten Gestaltrock an der Arbeit. Doch die Renaissance nahte: An der 700-Jahr-Feier der Gründung der Stadt Bern 1891 marschierten sämtliche Trachten der Berner Talschaften und Bezirke auf. Um 1896 organisierte der Zürcher Lesezirkel Hottingen ein Trachtenfest. Zur gleichen Zeit bewunderten die Schweizer an der Landesausstellung in Genf das mit Trachtengruppen bevölkerte «village suisse». Das war allerdings Folklore und Folklorismus, da war Echtes und Unechtes nahe beieinander. Die Tracht hatte ihre Träger gewechselt, statt Bauern waren Städter in die Sennenkittel geschlüpft. Zwei Jahre später, am 25. Juni 1898 bei der Eröffnung des Landesmuseums in Zürich, bewunderte das herbeigeströmte Volk einen grossen Festumzug. Da zogen 1500 schöne historische Trachten aus allen Kantonen durch Zürichs Strassen. Die Begeisterung war gross, der Grundstein für eine Trachtenbewegung war wenigstens markiert.[56]

163

Liebe und Ehe

164

163 Bürgerliche Frauenkleidung um 1900, wohl Ostschweiz. Aufnahme eines unbekannten Fotografen.

164 Im 19. Jahrhundert ist der Kiltgang so allgemein wie schon im 18. Jahrhundert, dementsprechend gibt es auch verschiedene Darstellungen. Auf unserem Bild sitzt das Mädchen auf der Fensterbank, während der Kilter sich noch draussen aufhält. Bereits ist aber auch ein Glas Wein bereit; vom Bett, das sich hinter dem Mädchen befindet, ganz zu schweigen.

Neuigkeiten auch auf dem Gebiet der Liebe: Unter dem Einfluss der Ideen der französischen Revolution sprach man von einer «natürlichen Freiheit» und meinte damit die Befreiung der Eheschliessung von ökonomischen und traditionellen Zwängen. Liebe und persönliches Glück sollten von nun an ausschliesslich die Partnerwahl bestimmen. Die Liebesheirat, wie sie Friedrich Schlegel etwa in seiner «Lucinde» 1799 verkündet hatte, liess sie zu einem neuen Ideal und zu einer neuen Norm werden.[1] Auf dem Heiratsmarkt war zunächst von diesem neuen Ideal wenig zu spüren. Hier wurde nach wie vor nach handfesten, realen Gesichtspunkten gehandelt. Der Mann suchte eine Frau zu finden, die eine grosse Mitgift in die Ehe brachte, eine tüchtige Hausfrau war und über einen guten Ruf verfügte. Die Frau begehrte ihrerseits einen Mann, der neben seiner Ehrsamkeit über gewisse finanzielle Mittel verfügte. Neben körperlichen Vorzügen war auch das Prestige ein wichtiger Punkt. Vor allem im bäuerlichen Bereich zählten weniger innere Werte als vielmehr ganz handfeste Dinge wie Haus und Hof, Äcker und Wiesen. Eine Frau, die einige Jucharten einbrachte, wurde höher bewertet als ein armes Taunerkind. Die Heiratskreise in ländlich bäuerlichen Regionen blieben gerade auch aus diesem Grund verhältnismässig eng und intakt. Nach wie vor galt der Spruch: «Heirate über den Mist, so weisst du, wer sie ist.»

Auch die Eheanbahnung blieb, vor allem im ländlichen Bereich, gleich wie früher. Man traf sich an Festen, am Sonntagnachmittag beim Tanz. Da fand man, wie es Gotthelf ausdrückt, den Schatz, den man «bestellt hat». Tanztage sind Heiratsmärkte. Nach dem gemeinsamen Tanz begleitet der Bursche das Mädchen heim. Oft schliesst sich ein nächtliches Beisammensein an, ganz besonders dann, wenn das Pärlein schon bekannt oder versprochen ist.[2] In ländlichen Regionen, beispielsweise in Graubünden oder im Bern- oder Baselbiet, war die wichtigste Form, sich einem Mädchen zu nähern, nach wie vor der Kiltgang oder das Gadensteigen. Wie im Kapitel Vereine nachzulesen ist, übten dabei die Knabenschaften immer noch eine dominierende Rolle. Beim Kilten und Gadensteigen wurden traditionelle Formen gewahrt: Solange der Bursche kein bestimmtes Mädchen im Auge hat, steht ihm das Recht zu, vor jedes Fenster zu gehen. Liederliche Mädchen werden dabei gemieden, vornehme Bauernhäuser aber bevorzugt. Streng wurde auch im einzelnen auf die Formen geachtet: Der Knabe steigt auf die Laube oder Holzbeige, döppelet (pocht) an des Mädchens Kammerfenster und sagt einen Kiltspruch her, worauf das Mädchen öffnet und frägt, wer draussen sei. Manchmal spricht das Mädchen aus dem Fenster mit dem Draussenstehenden, lässt sich vielleicht auch küssen. Im allgemeinen aber lässt es den Burschen in die dunkle Kammer. Die Zeit wird mit Liebesge-

219

sprächen und dem Schmieden von Zukunftsplänen verbracht. Liebende erzählen einander, wie Gotthelf es anmutig sagt, «in herzlicher Traulichkeit» ihre Schicksale. Das alles geschieht indessen keineswegs heimlich, sondern vielmehr mit Wissen der Eltern und Meister. Eltern greifen erst ein, wenn der Freier unerwünscht ist. Kiltgang und Gadensteigen ist Brauch, kann aber auch Missbrauch sein. Wo es «wüst und zügellos ist, kann es in einen Krebsschaden für das Land ausarten». Als bindend gilt nach wie vor das Eheversprechen. Wurde es gegeben, heiratete der Bursche das Mädchen, worauf schnell «verkündet wird». Ein uneheliches Kind zu haben, galt nach wie vor als Schande. Wurde ein Mädchen schwanger, beeilte sich der Bursche von sich aus, die Heirat einzuleiten. Dennoch kam es, darüber wird noch zu berichten sein, auch im 19. Jahrhundert immer wieder zu Vaterschaftsklagen vor den Ehe- und Chorgerichten.[3]

In der städtischen Bürgerschaft sah die Eheanbahnung anders aus. Johanna Von der Mühll hat darüber eingehend berichtet: «Wenn der junge Basler aus dem Auslande zurückkehrte, galt es, sich die Lebensstellung zu schaffen ... Mit 28 bis 30 Jahren war der Augenblick gekommen, wo der Sohn selbstständig wurde. Nun konnte er daran denken, einen eigenen Hausstand zu gründen. Es ist ein vornehmer Grundsatz, dass nur der heiratet, der eine Familie erhalten kann. Auf glänzende Aussichten hin oder mit Zuschüssen der Eltern heiratete man nicht.»[4] Für den jungen Mann war es nicht ganz einfach, «eine junge Dame auszuzeichnen. Selbst wenn der Freier sich entschlossen hatte, Hand zu halten, war es kaum möglich, die Auserwählte unbemerkt von der Gesellschaft auszuzeichnen.» Daniel Burckhardt schreibt am 5. Januar 1829 an Eduard Merian: «Le concert est le seul endroit où en voit encore le beau sexe; mais il faut bien se garder de ne pas trop faire la cour aux dames, ou en est crié par toutes les bouches de la ville comme promis, et c'est principalement désagréable pour les demoiselles.»[5] Zum Glück, so Johanna Von der Mühll, «kannte der junge Mann in den allermeisten Fällen das Mädchen, das für ihn als Gattin in Betracht kam, von Kindheit auf ... Wenn ein junger Mann seine Wahl getroffen hatte, wandte er sich in dieser für ihn und die Familie so wichtigen Angelegenheit zunächst an seinen Vater, um dessen Mithilfe und Unterstützung zu erbitten. Gegen Abend, oder auch mittags um zwölf Uhr, machte der Vater nach dieser Unterredung dem Vater der Auserwählten seines Sohnes eine feierliche ‹Visite› im Zylinderhut, um im Namen seines Sohnes um die Hand der Tochter anzuhalten. Hatte der Vater nach seinen Erkundigungen guten Bescheid erhalten, «dann gab es eigentlich keinen Grund, den Antrag abzulehnen». Auf die Liebe kam es da nicht immer an. So wird in den Memoiren von J. J. Burckhardt-Stefani berichtet, dass ein nicht mehr junger ernster Mann sich in eine kaum dem Mädchenalter entwachsene Tochter verliebte und um sie warb. Nach damaligen Begriffen fanden die Grosseltern, «sie dürften den Bruder ihres Tochtermannes nicht abweisen, und die junge Frau, die ihn gar nicht liebte, musste ihm nach schweren Kämpfen zum Altar folgen».[6] Ähnliches kann man auch in anderen Autobiographien lesen. Was da über Liebe und Ehe alles geschrieben ist, hätte die Romantiker und Theoretiker der Liebesehe und Liebesheirat wohl wenig gefreut. Da wird von Liebe erzählt, die lediglich ein dünner Firnis war, hinter dem sich handfeste materielle Konturen verbargen oder wo die Liebe als kurze Leidenschaft aufflammte, um in den Sorgen des Alltags schnell wieder zu erlöschen. Die Skeptiker, die nicht an die Tragfähigkeit der Liebe glaubten, hätten sich da bestätigt gesehen.[7]

165

165 Handgemalter Liebesbrief aus dem Zürichbiet um 1800. Hier einige Textproben:
«Lieb mich allein/oder lass es gar sein»
oder
«Zwüschen Ostern und Wienachten/wachsen die Reben/und wann die Reben tragen Wein/söl die Lieb beständig sein»
oder
«Mein Herz und Dein Herz ist ein Herz und söls sein/Bis wachsen drei Lilien/auf einem Mühlestein.»

Die Liebesheirat gehörte zunächst zum Lebensideal einer kleinen elitären Minderheit. Doch diese Minderheit wurde grösser, und sie bekam Hilfe von verschiedenen Seiten. Zunächst war es die Literatur, der Roman vor allem, in dem die Liebe «als wichtigste Angelegenheit des Lebens erscheint».[8] Über Herz-Schmerz-Romane drang die Kleinleuteromantik in breite Schichten des Volkes und sorgte für ein Bekanntwerden der neuen Leitbilder.[9]

Allerdings waren die Moderomane, wie ein Zeitgenosse meinte, eine Lebenshilfe nur bis zum Traualtar. «Hier nun, wo die Liebe sich schlechterdings gestalten muss, wenn sie bestehen soll, wo die eigentliche Kunst der Liebe erst angeht, weil alle Täuschungen der Ferne wegfallen, der gegenseitig angeträumte Zauber verschwindet und harmonisch gesprochen und gelebt werden soll – hier verlassen uns die Romane.»[10] Eheanleitungen, Aufklärungsschriften, Leitfaden und Breviere aller Art – ihre Zahl nimmt gegen Ende des Jahrhunderts deutlich zu – versuchten diese Lücke zu füllen. «Die Haupt-Vorbedingung für eine glückliche Ehe» – so definiert eine Broschüre das neue Eheideal – «ist das Vorhandensein einer tiefernsten innigen Zuneigung zum anderen Teil, mit einem Worte die Liebe. Das Ideal einer Ehe ist diejenige, die aus reiner Liebe geschlossen wurde, eine Neigung, die standhält allen Stürmen zum Trotz, die uns hinaufhebt über all die Misèren und Kümmernisse des Daseins, die die gegenseitigen kleinen und grossen Schwächen des Partners in verklärendem Lichte erscheinen lässt, und die selbst dann noch vorhält, wenn das Alter seine dunkeln Dämmerschatten ins Leben hereinwirft und selbst dann noch den Lebensabend licht macht.»[11]

In einer Beziehung passte das neue Ideal der Liebesheirat gut zu alten Wertvorstellungen. Wie schon im 18. Jahrhundert ging man auch im 19. davon aus, dass Sexualität nur innerhalb der Ehe legitim aufzutreten habe. Diese Legitimität ist in diesem ganzen Jahrhundert durchaus gegeben, und sie strahlte damals zurück auf das Eheversprechen. Wie die Ehegerichtsprotokolle des 19. Jahrhunderts zeigen, «bleibt ein Mädchen ehrbar, wenn es einem Mann den Beischlaf gestattete, sofern er ihr die Ehe versprochen hat».[12] Von einer sexuellen Revolution ist in diesen Protokollen nichts zu spüren. Sie müsste sich ja in der Zunahme von vor- und ausserehelichen Sexualkontakten registrieren lassen. «Es war durchaus keine neue Gewohnheit, dass Geschlechtsverkehr der Eheschliessung vorausging.» Der sächsische Reisende Küttner, der einst ein paar Tage auf einer Alp im Baselbieter Jura verbrachte, vermerkte in seinem Reisebericht: «Das ganze Heer junger Leute beiderley Geschlechts schläft über uns auf einem Boden, wo es denn bis spät in der Nacht wild hergeht. So lebt man an den mehrersten Orten, bis ein Mädchen schwanger wird, und ein Knab es heuratet ... Wenn ein Knabe sein schwangeres Mädchen heuratet, so ist alles gut und dies ist ländliche Tugend!»[13] Dass die Verlobten vor der Aufnahme der häuslichen Gemeinschaft miteinander geschlechtlich verkehrten, war in den unteren Schichten durchaus üblich. Die Ehegerichtsprotokolle widerspiegeln deshalb nicht eine neue Unsittlichkeit, sondern ein altes Verhaltensmuster der Grundschichten.[14] Dazu einige Beispiele: Am 27. Januar 1832 erschienen Anna Bachmann von Schönenberg und Jakob Baumann von Langnau (Zürich) vor dem Horgner Gericht. Es ging um die Vaterschaft. Die junge Frau sagte aus, dass sie von ihm um «fleischlichen Umgang ersucht wurde, doch nicht auf schlechte Art, indem er ihr versprochen, sie nicht sitzenzulassen», das heisst sie zu heiraten. Diesem Wort habe sie getraut. Als sie etwas spürte, sei sie aber schimpflich aus dem Hause des Jakob Baumann gejagt worden, dennoch habe er ihr weiter Hoffnungen gemacht und ihr versprochen, bald Hochzeit zu halten. Der Entscheid des Gerichtes: Ein Kind, das auf Grund eines Eheversprechens gezeugt wird, gilt von Geburt an als ehelich, auch wenn die Eltern nicht getraut waren. Selbst wenn sich das Paar die Ehe versprochen habe und sich nicht trauen liess, wäre die Ehe rechtlich gültig gewesen.

Ein zweiter Fall: Am 20. Januar 1832 erschien die Elisabeth Leuthold von Horgen, sie sei seit zwanzig Wochen im Zustande der Schwangerschaft. Als Vater bezeichnete sie Jakob Marti von Enge (Kanton Glarus), er habe ihr mündlich die Ehe versprochen und sei nun nach Hause gegangen, um die nötigen Vorkehrungen zur Verehelichung zu treffen. Nun habe er aber nichts mehr von sich hören lassen. Auch in diesem Fall ging es um das wichtige Eheversprechen, und auch in diesem Fall wurde das Kind von Geburt an als ehelich bezeichnet. Etwas anders sah es im dritten Fall aus: Küngold Keller von Mangenbach (TG) war Magd. Sie pflegte mit Conrad Hauser unerlaubten Umgang. Er aber hat dem Mädchen, wie sie aussagt, mehrmals mündlich die Ehe versprochen. Vor Gericht aber behauptete er, er habe sie jedesmal bezahlt, er bestritt auch, die Ehe versprochen zu haben. Mittels Zeugen versuchte das Gericht herauszufinden, wie sich das Ganze wirklich zugetragen habe.[15] Recht aufschlussreich ist noch eine Zeugenaussage im Verfahren der Katharina Rusterholz gegen Eduard Kleiner, Schuster von Wädenswil. Dieser hatte sie geschwängert, und es lag ein Eheversprechen vor. Da sagte ein Zeuge aus, der Angeklagte sei mit der Jungfrau nie zum Tanz erschienen oder habe sie zu anderen öffentlichen Versammlungen begleitet, das Verhältnis sei deshalb nicht zur allgemeinen öffentlichen Kenntnis gekommen. In einem weiteren Fall konnte die Geschwängerte den Beweis des ehelichen Versprechens nicht erbringen, die Klage auf Vaterschaft wurde deshalb abgewiesen, das Kind als ausserehelich bezeichnet und der Mutter zugesprochen.[16]

Weitere Beispiele aus Basel: Vor dem Basler Ehegericht erschien 1870 ein schwangeres Mädchen. Es sagte aus: «Wir sind seit eineinhalb Jahren miteinander bekannt, er hat mir die Ehe versprochen. Die Gemeinde aber verweigert die Zustimmung wegen seines Alters (er war 22jährig).» In einem anderen Fall sagte das Mädchen aus: «Wir sind seit fünfviertel Jahren miteinander bekannt, und er hat mir die Ehe versprochen. Er anerkennt dies, aber seine Eltern wollen ihn nicht heiraten lassen.» In einem dritten Fall sagte das Mädchen aus: «Ich kenne ihn seit acht Monaten, er hat mir die Ehe versprochen, aber es fehlt an Geld. Er anerkennt Vaterschaft und Eheversprechen, man wolle ihn nicht heiraten lassen, weil er noch zu jung sei.» Dieser Mann war 22 Jahre alt.[17] Vor dem Gericht erschien eine 21jährige Fabrikarbeiterin von Tecknau. Sie gab an: «Sie habe den Mann kennengelernt, weil er im gleichen Haus gelebt hat, nach einigen Wochen haben wir Umgang gehabt, und er hat mir die Ehe versprochen; er ist heimlich fort und ich weiss nicht warum . . . Ich bitte, mir das Klagerecht auf ihn offenzuhalten.»[18] Die Erkundigungen der Behörden ergaben, dass der Mann seine Schriften im Dezember nach Zürich hatte überweisen lassen.

In Basel kamen häufig Kontakte über die Grenzen zustande, und ein ausländischer Vater konnte leicht verschwinden. So meldete eine 20jährige Fabrikarbeiterin von Lauwil Ende Februar 1870 dem Ehegericht, sie sei seit Oktober von einem Elsässer Küfer schwanger, «welcher eine Stelle in St. Louis gehabt habe, von wo aus er sie besucht habe; im Dezember habe er sich nach Batavia in holländische Dienste engagieren lassen, er habe ihr die Ehe versprochen gehabt». Dass Geschlechtsverkehr der Eheschliessung vorausging, ist durchaus keine Neuigkeit. Was sich da im 19. Jahrhundert abspielt, gab es schon im 18. Jahrhundert. Rechtlich verbindlich war schon damals, und diese Praxis wurde weitergeführt, nicht die Trauung, sondern das Eheversprechen. Hauptpunkt der Verhandlungen vor dem Ehegericht (wir haben allerdings nur die Basler und Zürcher Quellen untersucht, können uns aber auf Grund von Einblicken, beispielsweise in die Chorgerichtsverhandlungen von Saanen, vorstellen, dass es an anderen Orten nicht anders aussah) bildete immer die Frage, ob die Männer Vaterschaft und Eheversprechen anerkannten. In Basel haben 49 von 90 Männern ihre Vaterschaft bestätigt und darüber hinaus ihr Eheversprechen bekräftigt. «Damit erweisen sich ihre ausserehelichen, nach damaligem Recht strafbaren Beziehungen als eigentliche Eheeinleitung in der traditionellen Weise.»[19] Neu ist lediglich, dass es recht viele Männer gab, die die Mutter des Kindes nicht heiraten wollten, und da sah es für die Mädchen bös aus. Eine junge Frau konnte in der Stadt ihren Freund nicht, wie das noch im 18. Jahrhundert in ländlichen Gegenden der Fall war, «zur Ehre ziehen», das heisst auf der Heirat bestehen. Es fehlte die Dorfgemeinschaft, die Knabenschaft, welche die Beziehungen der Ledigen einstmals überwachte und auch regelte. Davon ist im Kapitel «Zentren der Geselligkeit» die Rede. In den neunzig untersuchten Vaterschaftsprozessen zeigte sich ein weiteres Merkmal. Die schwangeren Frauen entstammten vorwiegend den unteren Sozialschichten, und sie kamen, was vor allem für die Stadt Basel gilt, fast alle von auswärts, aus nordwestschweizerischen Kantonen oder aus Süddeutschland. Ihr «Fehler» bestand darin, «dass sie nach Verhaltensweisen ihrer Vorfahren in einer städtischen Umgebung, die dafür nicht eingerichtet war, handelten».[20] Nun erschien selbstverständlich vor den Ehegerichten nur eine Minderheit aller Personen, die in der gleichen Zeit heirateten. Wie stark war diese Minderheit? Wie weit überwog das Normalverhalten? Eine erste, allerdings recht grobe Vorstellung erhalten wir dann, wenn wir die Zahlen der Trauungen neben jene der Vaterschaftsprozesse halten. Im Jahre 1870, in welchem das

Gericht 148 Vaterschaftsfälle zu bearbeiten hatte, wurden im Kanton Basel-stadt 318 Trauungen vorgenommen. In der Stadt allein waren es 298.[21] Die Zahl der Trauungen war nur etwas mehr als doppelt so hoch wie die Zahl der ausserehelichen Beziehungen, die vor den Richter führten. Betrachten wir nun noch die Illegitimitätsquoten. Im Jahre 1870 wurden in der Stadt Basel 1280 eheliche und 136 aussereheliche Geburten registriert. Somit waren 9,6 Prozent aller Geburten aussereheliche.[22] Die Zahlen sprechen für sich: Nur eine kleine Minderheit hat sich den geltenden Gesetzen nicht angepasst. Die Zahl 9,6 Prozent sagt allein noch nicht viel aus. Wir würden gerne wissen, wie es früher und wie es später aussah, wie es an anderen Orten ausgesehen hat. Da führt uns nun eine Aufstellung, die der Basler Antistes 1827 gemacht hat, etwas weiter. Sie zeigt, dass der Prozentsatz der in Basel geborenen ausserehelichen Kinder damals bedeutend kleiner war, zählte doch die Statistik des Basler Kirchenvorstehers von 1817 bis 1826 total 4031 Geburten, darunter 195 aussereheliche. Danach betrug der Anteil der aussereheliche geborenen Kinder nur 4,8 Prozent, also knapp halb so viel wie in den siebziger Jahren des 19. Jahrhunderts.[23] Recht aufschlussreich ist auch der Vergleich mit anderen Schweizer Kantonen. Um 1873 zum Beispiel wurden in Basel 11,3 Prozent uneheliche Geburten gemeldet, in Basel-Land aber waren nur 4,9 Prozent, im Aargau 4,6 Prozent und in Schwyz gar nur 3,1 Prozent, in Genf dagegen 13,1 Prozent registriert. Danach weisen die Städte grosse, die ländlichen Regionen kleinere Ziffern auf. War der Sexualtrieb in den Städten grösser als auf der Landschaft? Kaum, die geringe Quote in den Landgebieten ist auf etwas ganz anderes zurückzuführen: Auf dem Land wurde geheiratet, wenn die Braut schwanger war. Erstaunlich ist es, dass auch die Untersuchungen von deutschen, französischen und englischen Forschern ähnliche Verhaltensmuster ergeben haben. So war bei den Textil-arbeitern von Barmen in Westfalen vorehelicher Geschlechtsverkehr ganz allgemein üblich. Geheiratet wurde immer erst dann, wenn eine Schwanger-schaft eintrat. Interessant ist, dass es in dieser Stadt auch eine soziale Kon-trolle gab, wie wir sie aus unseren Landgebieten kennen. Da wurde ein eheunwilliger Vater zur Heirat gezwungen: «Er wurde von den Arbeits-kameraden verprügelt, und man brachte ihm nächtliche Katzenmusiken und machte ihm das Leben unerträglich.»[24] Die Zahl der unehelichen Geburten war hier viel niedriger als in Basel, wo man solche Bräuche offenbar nicht kannte. Wenigstens ist in den Prozessakten davon nicht die Rede. Sie betrug in Barmen, im Durchschnitt der Jahre 1865 bis 1869, nur 2,4 Prozent aller Geborenen. Viel höher lag dagegen der Prozentsatz der unehelichen Gebur-ten in der französischen Fabrikstadt Lille. Sie betrug beispielsweise im Arbeiterquartier von Saint-Sauveur um 1861 nicht weniger als 24,7 Pro-zent.[25] Die verhältnismässig hohen Ziffern dieser Industrieorte haben nichts mit neuen «unsittlichen» Verhältnissen zu tun, sie sagen vielmehr etwas aus über ein gewisses Beharrungsvermögen, das mit einer menschlichen Grund-haltung zusammenhängt.

Wir haben bisher das Verhalten der unteren Sozialschichten untersucht. Wie stand es mit den Normen und Verhaltensregeln im Bürgertum? Im Gegensatz zu den Arbeiterkreisen und vor allem auch zu den bäuerlichen Verhältnissen wurde von der bürgerlichen Frau erwartet, dass sie als Jung-frau zum Traualtar schreite. Der unverheirateten Frau wurden deshalb Zurückhaltung und Passivität empfohlen, denn «das Weib, das in dieser Rolle bleibt, hat darin einen starken Schutz für seine Ehre». Selbstverständ-lich müsse, so heisst es in den bürgerlichen Leitbildern, auch der Mann seine

166

Triebe beherrschen. Von ihm wurde Gattentreue und voreheliche Keuschheit erwartet. Das volle Lebens- und Liebesglück wird in der monogamen und unauflöslichen Ehe gesucht: «Die monogamische Lebensehe ist in ihrer Ausbildung ein allgemeines Naturgesetz, und indem das Sittengesetz der Menschheit dieselbe fordert und anstrebt, ist es eben nicht ein Stück ‹zivilisatorischer› Unnatur, sondern ein Stück Natur... Der aussereheliche Geschlechtsverkehr ist in der Natur nicht vorgesehen», so Albert Heim in einem Vortrag in Zürich um 1900.[26] In seiner Broschüre «Wachet, Mahnworte und Ratschläge für junge Männer», 1898, meint O. Hauri: «So gut für die Jungfrau die Reinheit des Herzens und des Lebens der schönste Schmuck ist und der Myrthenkranz das Sinnbild der Jungfräulichkeit, die köstlichste Gabe, die sie ihrem Mann in den Ehebund bringt, so gut ist die Reinheit der kostbarste Schatz, den er in die Ehe bringen kann.»[27] Fehltritte wurden aus dem offiziellen Leben ferngehalten und als streng geheim deklariert. Man wollte auf diese Weise der «Sittenverwilderung» beikommen. «Die Frauen werden es sein, die die Ehe und Liebe retten, die Familie, den Staat, die Menschheit, indem sie die Keuschheits- und Reinheitsgebote auch vom Manne fordern», heisst es bei F. Fellenberg-Egli.[28] Mässigkeit wurde grossgeschrieben; vor allem junge Leute sollten nicht durch vorzeitigen Verkehr um ihre Kraft und um ihr Feuer gebracht werden.[29] Es wurde angenommen, dass «körperliche Leistungen höchsten Grades nur bei vollständiger Enthaltung von jeder Art Befriedigung des Geschlechtstriebes erzielt werden können».[30]

In bürgerlichen Kreisen wurde die Sexualität nicht nur kanalisiert, sondern auch verdrängt. Sie wurde, wie es Norbert Elias formuliert hat, «mehr und mehr hinter die Kulissen des gesellschaftlichen Lebens verlegt und in einer bestimmten Enklave, der Kleinfamilie gleichsam eingeklammert... ummauert und ‹hinter die Kulissen› verlegt. Eine Aura der Peinlichkeit, Ausdruck der soziogenen Angst, umgibt diese Sphäre des menschlichen Lebens.»[31] Das alles blieb nicht ohne Folgen. Das Verbot der Sexualität vor der Ehe führte dazu, «dass die Pubertät und die ihr folgende Zeit bis zur Verheiratung als peinvoll erlebt wurde». Die Intimisierung aller körperlichen Funktionen führte zur Spaltung in zwei Bereiche, in einen öffentlichen

166 Der Heiratskontrakt. Der Maler Albert Anker lässt die Szene im Büro des Gemeindeschreibers von Ins vor sich gehen. Die Braut erscheint in der Berner Tracht. Die Stimmung ist feierlich ernst.

225

und in einen geheimen. Zum zweiten Bereich gehörte auch die Prostitution. Ihr wurde entschlossen der Kampf angesagt. Man kann sich die Vehemenz, mit welcher dieser Kampf im 19. Jahrhundert geführt wurde, heute kaum mehr vorstellen, es war ein eigentlicher Kreuzzug. In den achtziger Jahren fand eine «totale Mobilmachung» gegen dieses «Krebsübel der Gesellschaft» statt. Sittlichkeitsvereine schossen wie Pilze aus dem Boden. Noch sah man nicht, «dass die bürgerliche Gesellschaft, welche die Sexualität ausschliesslich auf die staatlich sanktionierte Ehe beschränkte, damit gerade die Prostitution schaffte, die sie so sehr verabscheute».[32] Viele ledige Männer konnten nicht mehr wie früher zu einem Mädchen auf den Gaden steigen; sie konnten erst spät heiraten. Eine freie aussereheliche, voreheliche Liebe aber war kaum möglich. Eine Maitresse zu halten war Luxus. Also half man sich, wie es Stefan Zweig einmal ausgedrückt hat, «mit Ladenmädchen und Kellnerinnen aus».[33] Die andere Möglichkeit war das Bordell. Erhalten gebliebene Briefe von jungen ledigen Männern an Prostituierte geben Einblick in die Wünsche, Sehnsüchte, aber auch Nöte und Zweifel. Der Briefschreiber, ein junger Student, an eine Prostituierte aus Zürich: «Unwillkürlich muss ich an Dich Tag und Nacht denken... Aber vielleicht ist das Unrecht, dass wir das thun, indem wir uns lieben? Wir müssen uns doch später trennen, und das wird wohl für beide schwer.»[34] In einem zweiten Brief ist von Leidenschaft die Rede: «Denn ich fühle, dass es eben nicht nur tierische Leidenschaft war, sondern dass Liebe und Seligkeit uns beide aneinander hält.»[35] Offenbar wurde hier das Liebesleben in eine tierische und in eine himmlische Hälfte gespalten. Aus allen Briefen, die erhalten geblieben sind, sehen wir, dass die Beziehungen zu Prostituierten voller Probleme waren. Die Männer sind von Angst, Schuldgefühlen, Hemmungen aller Art heimgesucht und belastet worden.

Zu den «Kunden» zählten aber auch Männer, die hier zeitweiligen Ersatz für die Ehe zu finden glaubten. Einzelne Bemerkungen, die sich in Briefen finden, deuten daraufhin, dass sie hier Verführung, Sensationen und Erotik suchten. Standort der Prostitution war der städtische Vergnügungsbetrieb. In den öffentlichen Lokalen war es möglich, an ein «leichtes Mädchen» heranzukommen. Hier gab es jene sinnlich-erotische Einstimmung, die Robert Walser so meisterhaft geschildert hat: «Während der Pausen (er spricht vom Corso) versank ich jedesmal in tönende Träumereien. Es war mir, als wären die nackten, kühnen steinernen Figuren an beiden Seiten der Bühne auf ihren Postamenten lebendig geworden... Ich fand alles schön und unendlich zauberhaft... Da gab es wieder Momente in der Pause, wo ich meinte, meine beiden Augen seien lange, dünne Stangen geworden und hätten die Hand einer der unter mir sitzenden Damen berühren können. Aber sie schien nichts zu merken, sie liess mich machen, und was ich tat, war doch so unverschämt.»[36]

Ohne Zweifel, die Männer wussten, dass das, was sie taten, unverschämt war. Gerade das führte oftmals zu seelischen Konflikten. Es führte dazu, dass es für viele Männer ein zweiteiliges Bild der Frauenwelt gab: «Von der hohen Liebe zur bewunderten Frau der eigenen Kreise – ‹dem reinen Engel› – aus dem jegliche Sinnlichkeit ausgeschlossen war, trennten sie die Befriedigung der sexuellen Bedürfnisse ab. Diese ordnet er Frauen zu, die er gering schätzte...»[37] Während der Mann die verworfene Frau «als Verkörperung dessen, was ihn bei allen Frauen bedrohte, ablehnte oder gar verfolgte, gelang es ihm mit dem Bild von der ‹reinen, weissen Frau› bei gesellschaftlich gleichgestellten Frauen, das Bedrohliche auszublenden».[38] In dieses

167

167 Zürcher Hochzeitsgesellschaft um 1860.

226

Idealbild «projizierte der Mann seine diffuse Sehnsucht nach Werten, die in der bürgerlichen Leistungswelt zu kurz kamen, und er idealisierte und verehrte sie als deren Trägerinnen». Die Frau ist berufen, heisst es in einem Leitfaden «im Leben das Gemüts- und Seelenleben, welches der arbeitende Mann notgedrungen vernachlässigt, zu pflegen und zu vertreten». Hinter dieser Projektion der reinen weissen Frau «steckte die Sehnsucht der Männer nach einem ganzheitlichen Zustand».

Die Frau hatte wohl keine andere Wahl, als sich diesem Idealbild entsprechend zu verhalten. Die Luzernerin Rosa Dahinden-Pfyl hat in ihrer Broschüre «Die Kunst mit Männern glücklich zu sein» diese Vorstellung, dieses Idealbild übernommen: «Nimm an Allem, was Deinen Ehemann betrifft, zärtlichen Anteil. Weibliche Teilnahme . . . ist wahrer Balsam für das männliche Herz. Suche die Falten seiner Stirne zu erheitern. Selbst wenn ihn Widerwärtigkeiten nicht ganz ohne seine Schuld treffen, so versage ihm Deine Teilnahme nicht, verdopple nicht seine eigenen Vorwürfe durch die Deinigen. Dem Mann sucht man immer zu gefallen, man studiert seine Neigungen, kommt ihm zuvor, zeigt in seiner Gegenwart das Herz und den Geist auf die vorteilhafteste Weise, kleidet sich sorgfältig, sucht sich in seiner Gunst immer mehr zu befestigen. Bei aller Deiner Sorgfalt werden Deine Reize doch früh genug welken. Dann ist es Zeit, dass Geist und Herz Deinen Mann mit Vergnügen unterhält . . . Und merkst Du je einmal, dass seine Neigung schwankt, so suche ihn stillschweigend durch verdoppelte Gefälligkeit und kluge Liebe an Dich zu ziehen. Hüte Dich wohl, ihm irgendeine Art von Vorwurf darüber zu machen.»[39]

Verschiedene Autoren sprechen von einer heimlichen Macht der Frau, von einem Disziplinierungsdruck auf den Ehemann mit indirekten Mitteln. Zwar blieb die bürgerliche Frau nach wie vor materiell wie rechtlich von ihrem Mann abhängig. Im Gegensatz zum Arbeiterstand oder zu bäuerlichen Kreisen leistete die Frau im bürgerlichen Haushalt in der Regel kaum einen Beitrag zum Familieneinkommen. Um so stärker hing sie vom Einkommen, der beruflichen Laufbahn ihres Mannes ab. Ihr Interesse für den beruflichen Aufstieg des Mannes war um so grösser, als ja ihre gesellschaftliche Stellung davon abhing. In ihren Erinnerungen stellt Fanny Bühler-Sulzer, eine Frau aus dem Winterthurer Grossbürgertum, resigniert fest, ihr Mann gehöre zu den Stillen im Lande: «Er konnte und wollte sie sich nicht valieren machen, was mich oft ärgerte . . .» Über die Ehe eines Cousins schreibt sie: «Er verheiratete sich mit Emma Blumer, die sehr energisch und streberisch war und ihn, den ‹Ultragutmütigen›, ganz leitete. Es war aber wirklich zu seinem Glück.»[40]

Da wurden Ansprüche angemeldet, Ansprüche nicht nur an ein schönes Heim, an einen gewissen Lebensstandard, da ging es um mehr, um berufliche Tüchtigkeit, männlich-energisches Auftreten. Manche Frau drehte den Spiess um: Da man ihr nun einmal eine gewisse Rolle zugeteilt hatte, da sie nur und in allererster Linie die Hüterin bürgerlicher Moral geworden war, begann sie einen «disziplinierenden Druck» auf den Mann auszuüben. Rosa Dahinden rät in ihrem Revier allerdings zur Vorsicht: «Hüte Dich in den Ratschlägen, welche Du etwa Deinem Mann erteilst, nicht in einen belehrenden oder befehlenden Ton zu verfallen. Selbst wenn Du in manchen Sachen öfters einen helleren Blick haben solltest, darfst Du nie ein Übergewicht des Geistes gegen Deinen Mann blicken lassen . . . Zudem allem musst Du genau auf die guten und bösen Tage achten, was er heute mit Lächeln anhört, das reizt ihn morgen vielleicht zum Zorn.»[41]

Viel wird da von den Frauen verlangt, und zum Teil werden auch Widersprüche wie Erwartungen an sie gestellt. Konflikte konnten deshalb nicht ausbleiben. Nicht jede Frau hatte die Grösse einer Fanny Sulzer-Bühler. Sie nahm sich vor, den Konflikten immer auf den Grund zu gehen: «Ich hatte mir jedoch das Wort gegeben, nie einzuschlafen, bevor solche Uneinigkeiten klar gelegt werden, und so liess ich ihm keine Ruhe, bis er mir den Grund (seines Grolls) gestanden hatte.»[42]

Völlig anders sahen die Rollenanforderungen im bäuerlichen Leben aus. Es liegt ja in der Natur des Bauerntums, dass Mann und Frau samt der übrigen Familie als Arbeitsgemeinschaft auftreten. Bäuerliches Leben steht im Dienste des Hofes, die Arbeit nimmt alle Kräfte in Anspruch, und jedes hat auch seinen Platz. Der Bauer ist, wie es Jeremias Gotthelf ausgedrückt hat, fast ein König, die Frau sein Innenminister, ja selber eine Art Majestät, mehr «als eine Königin, welche nichts anderes kann, als den König angrännen und die Hofdamen anschnauzen».[43] Zeit für Eheprobleme gab es da kaum. Äusserlich war der Mann immer noch das Oberhaupt; er achtete auch, wie wir im Kapitel Arbeit schon darlegten, auf eine genaue Arbeitsteilung: Der Mann ist Meister in Feld und Stall, im Haus schaltet und rumort die Frau, «und alles muss sich vor ihr ducken, auch der Mann». In vollem Bewusstsein ihres Wertes kann eine Frau wie das Vreneli bei Jeremias Gotthelf sagen: «Ich regiere die Haushaltung, du das Feld, steh mit dir auf, geh mit dir zu Bette, bin nicht deine Magd, sondern deine Frau.»[44] Es entspricht dieser Stellung, dass die Männer mit ihr die wichtigen Angelegenheiten des Hauses im Stübli oder «hinter dem Umhang» (des Ehebettes) bereden, dass ihnen ungefragt das Verfügungsrecht über die gemeinsame Kasse, «das Schublädli», zusteht. «Die rechten Weiber sind die, welche ihren Mann für ihren Herrn halten, ist er aber abwesend, regieren sie, als wäre er es selbst.» E. Strübin hat allerdings mit Recht angemerkt, dass sie oft auch regierten, wenn der Mann zu Hause war. Viele Ehemänner scheuten deshalb ihre Gattinen, nicht nur Hansli Jowäger oder Peterli in Dürrluft. Auch in bäuerlichen Haushalten war manche Frau die führende: «Wenn die Höseler nicht handeln, lasst uns zwei Monat die Hosen anziehen und kriecht in unsere Gloschli (Unterröcke), sie sind schön warm!» Nach Gotthelf hat die Frau die stärkere Natur und formt den Mann zum Schlimmen oder zum Guten. Durch ihre Frauen können aus den «gutmütigsten Burschen» halbe Teufel werden. Andererseits wird ein Knabe und wird ein junger Mann «erst durch eine gute Frau zum Manne gebildet; das klassische Beispiel ist das Wirken Meyelis am jungen Jowäger».[45] Sind da nicht gewisse Parallelen zum Disziplinierungsversuch in bürgerlichen Ehen festzustellen? Offenbar gibt es menschliche Verhaltensmuster, die in allen Schichten ähnlich aussehen. Das Ziel ist fast dasselbe, die Methoden mögen anders aussehen.

Familienleben

168

168 Zürcher Oberländer Fabrikarbeiter mit seinem Sohn. Foto 1895. Der Vierzigjährige sieht aus wie heute ein Siebzigjähriger. Die durchschnittliche Lebenserwartung betrug damals nicht mehr als 45 Jahre. Das Bild zeigt aber noch einen andern Aspekt damaligen Lebens: Eine enge Vater–Sohn-Beziehung. Allerdings hatte der Vater, eingespannt ins Fabrikleben, für seine Kinder nur wenig Zeit.

«Es hätte bei uns», so schreibt Jakob Kreis (1815–1922) «das schönste Familienleben herrschen können, wenn die Mittel nur einigermassen hinlänglich gewesen wären. Mein Vater war durchaus solid und genügsam, meine Mutter eine tüchtige Hausfrau, die alles zu Rate ziehen konnte und von früh bis spät arbeitete.»[1] Tatsächlich war das Familienleben der allermeisten Schweizer Familien im 19. Jahrhundert dem rauhen Wind des Wirtschaftslebens in extremer Weise ausgesetzt. Und mehr als das: Selbst das Heiratsverhalten und die Kinderzahl waren von Krisen und wirtschaftlichem Wachstum geprägt. So gingen etwa in Luzern die Eheschliessungszahlen und Heiratsziffern in der wirtschaftlich schwierigen ersten Hälfte des 19. Jahrhunderts stark zurück. Sie erreichten mit 3,4 Promille 1854 ihren Tiefstand. In der zweiten Hälfte des Jahrhunderts kommt es dagegen zu einer deutlichen Zunahme, die Ziffer erreicht um 1874 mit 15 Promille ihren Höhepunkt.[2] Doch da war nicht nur die Ökonomie, sondern auch die Politik mitbeteiligt. Seit 1835 waren im Kanton Luzern rechtliche Ehebeschränkungen in Kraft; trotz heftiger Kritik aus fortschrittlich liberalen Kreisen wurde die Ehe sehr restriktiv gehandhabt. Luzern hat dabei durchwegs keinen Einzelfall gebildet. Auch in der übrigen Schweiz, ja in ganz Europa hatte man Ehebeschränkungen gekannt und geübt, fürchtete man sich doch damals vor einem ungehemmten Bevölkerungswachstum. Wenn Zeiten schlechter Wirtschaftslage und die Ehebeschränkungen einen Rückgang der Eheschliessungen bewirkten, so bedeutete das für viele Heiratslustige doch noch keinen vollständigen Verzicht auf Heirat. Man schob sie einfach auf. Das hatte zur Folge, dass das Heiratsalter in der zweiten Hälfte des 19. Jahrhunderts anstieg. Nach 1870 setzte sich die Tendenz zum früheren Heiraten wieder durch.[3] Die Ehebeschränkungen führten nicht nur zu einem Rückgang der Heiraten, sondern auch zu vielen ausserehelichen Geburten. Das Luzerner Tagblatt meinte 1883 halb spöttisch, halb ernst: «Das schlimmste bei der Ehebeschränkung war die grosse Zahl der unehelichen Kinder. Mit der Ehebeschränkung brachte man es fertig, dass unter den grossen schweizerischen Raritäten auch der ‹keusche Luzerner› aufgezählt wurde. Es ist begreiflich, dass die armen Teufel, denen man um des Geldes willen die Ehe verweigerte, sich selber die Ehe erlaubten, soweit es möglich war.»[4] Dass aber die Ehebeschränkungen «wirksam» waren, beweist die überdurchschnittliche Geburtenziffer in der Mitte der 1870er Jahre. Da war so etwas wie ein Nachholbedarf entstanden.

Das 19. Jahrhundert zeichnet sich ganz allgemein durch einen eigentlichen Kinderreichtum aus. Mehr und mehr rückten die Kinder ins Zentrum der Familie. Waren unsere Vorfahren kinderfreundlich? Wie sahen die Familienstrukturen aus? Hat sich, wie immer wieder behauptet worden ist, die

Familienstruktur im 19. Jahrhundert als Folge der Industrialisierung geändert? Ist es wirklich, wie oft gesagt worden ist, zu einer Desintegration oder Desorganisation gekommen? Hat sich der Familienverband, wie ein deutscher Soziologe behauptete, reduziert, weil die Familie viele Funktionen einbüsste?[5] Daten zur Familiengrösse sind nicht leicht aufzutreiben, fehlen doch umfassende Untersuchungen auf diesem Gebiet. Die Methode der reconstitution des familles, wie sie französische Forscher entwickelten, ist von Bielmann und Schürmann für einzelne Schweizer Regionen angewendet worden. Im Zentrum dieser Untersuchungen stand indessen das 18. Jahrhundert. Wir mussten angesichts des Fehlens genügender Vorarbeiten einen anderen Weg suchen. Die Statistik half ein Stück weiter: Im Jahre 1870 wurde eine Volkszählung durchgeführt. Die Zählbögen der einzelnen Haushalte sind noch vorhanden. Aus den Bögen lässt sich die Grösse einer Arbeiterfamilie ersehen. Für unsere Stichprobe wurde das Bläsiquartier, ein Basler Stadtteil, der hauptsächlich von Arbeitern bewohnt war, ausgewählt. Von den 314 Familien waren 79 ohne Kinder, 83 hatten je ein Kind, 84 Familien hatten zwei, 30 Familien hatten drei, 23 Familien besassen noch vier und in fünfzehn Familien waren fünf Kinder, in 13 Familien sechs Kinder vorhanden, 4 Familien hatten sieben Kinder. Das Ergebnis ist einigermassen überraschend. Die Zahl der Familien mit null bis zwei Kindern überwiegt bei weitem. 25 Prozent hatten kein Kind, 47 Prozent nur eins oder zwei Kinder. In diesem Arbeiterquartier waren kleine Familien die Regel, grosse Familien die Ausnahme. Das im 19. Jahrhundert oft zitierte Wort von der kinderreichen Arbeiterfamilie trifft nicht zu. Leider können wir nicht feststellen, in welchem Ausmass die Kindersterblichkeit daran beteiligt gewesen ist. Wir wissen lediglich, dass sie zwischen 1870 und 1900 stark zurückgegangen ist. Mit Recht betont Martin Schaffner, der dieses Material ausgewertet hat, dass die These von der Reduktion des Familienverbandes im Zeitalter der Industrialisierung nicht so sehr eine Verminderung der zahlenmässigen Grösse als vielmehr das Verschwinden der Dreigenerationenfamilie meint. Neu war die Kernfamilie, die nur zwei Generationen, Eltern und Kinder, umfasste. Sie hat die alte patriarchalische Grossfamilie abgelöst. Jedenfalls gibt das Zahlenmaterial aus dem Basler Arbeiterquartier hierfür einigen Aufschluss, weil die Formulare von 1870 alle im gleichen Haushalt lebenden Personen verzeichnen. Insgesamt hatten 53 oder 17 Prozent aller Familien Verwandte bei sich, wobei die meisten Verwandtschaftsbeziehungen über die Frau liefen. Die Reduktion von der Grossfamilie zur Klein- oder Kernfamilie war demnach nicht so allgemein, so radikal, wie oft angenommen worden ist.[6]

Dass viele Arbeiterfamilien eine Mutter, einen alten Vater, vielleicht auch eine Tante bei sich hatten, hängt zweifellos mit der Altersversorgung zusammen. Nur wenigen alten Menschen stand ein Pfrundhaus, ein Altersheim, zur Verfügung. Ein Stöckli gab es, wie wir im Kapitel Wohnen nachgewiesen haben, nur in bestimmten Regionen, und es war nur in wohlhabenden bäuerlichen Familien anzutreffen. Allgemein sind im 19. Jahrhundert die verschiedensten Arten der Alterssicherung anzutreffen. In wohlhabenden bäuerlichen Kreisen zogen sich die Eltern, wenn sie nicht ein eigenes Haus hatten, wenigstens in eine eigene Wohnung zurück. Das war indessen verhältnismässig selten. Man muss Geld haben, um zu privatisieren, hiess es etwa.[7] In weniger wohlhabenden Familien nahmen die Kinder ihre alten Eltern, vielleicht auch nur die Mutter oder den Vater zu sich und unterstützten sie, oft auch murrend. Im Kanton Luzern gab es den Schliis; er wird von

COSTUMES DES ENVIRONS DE BERNE.

169

Es hat 1861 eine Frau Pfister von Luzern eine Wallfart gemacht zu Ehren der göttl. Gnaden-Mutter Maria Rikenbach wegen Schwirigkeiten in der Familie, und ruft die göttl. Mutter um Hülfe an, und opfert die ganze Familie mit einer gelübt Tafel das jederman einsehen kan, dass grosse Hülfe zu erhalten ist. Es sei tausend fältigen Dank gesagt der göttlichen Mutter zu Rikenbach 1862.

170

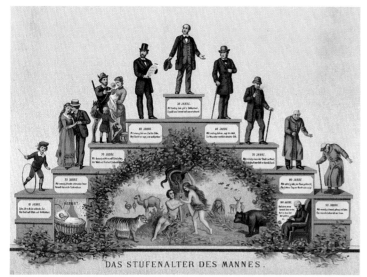 

DAS STUFENALTER DES MANNES.   DAS STUFENALTER DER FRAU

169 Bäuerliche Familie im Kanton Bern. Der Maler hat ein idyllisches Bild entworfen: Die Familie steckt in der sonntäglichen Tracht und die Gesichter strahlen Zufriedenheit und Glück aus. Vielleicht hat der Alttag nicht immer so ausgesehen.

170 Schwierigkeiten in der Familie gab es auch im 19. Jahrhundert in grosser Zahl. Auf diesem Exvoto erscheint eine vornehme Familie, welche die Mutter Gottes um Hilfe anruft. Die Gebete fanden offenbar Erhörung. Jedenfalls vermerkt der Text: «Es sei tausendfältigen Dank gesagt der göttlichen Mutter zu Rickenbach.»

171 Die Stufen des Alters. Die farbige Lithographie aus dem Ende des letzten Jahrhunderts zeigt, wie man damals über die Stufen des Alters dachte. Sowohl beim Mann wie bei der Frau wird der «Gipfelpunkt» beim 50. Geburtstag angegeben. Frau und Mann tragen mit 60 Jahren greisenhafte Züge. Tatsächlich galten ein Mann und eine Frau von 60 Jahren damals als Greis und Greisin. Die mittlere Lebenserwartung war ja noch im Jahre 1860 nicht höher als 43 Jahre.

einem Mann aus Sursee umschrieben: «Die Eltern bleiben im Hof, sie haben den Schliis im Haus. Der Vater arbeitet gewöhnlich noch mit, er arbeitet, was ihm passt.» Man sagte auch: «Die Eltern haben den Alteteil.» In Neuenburg gab es eigentliche Verpfründungsverträge. Im Engadin sprach man von vitalizi und meinte damit die Verpflichtung der Kinder, für die weiterhin im Haus wohnenden Eltern zu sorgen.[8] In der Westschweiz sprach man auch vom gros ménage. Ausserdem gab es eine altertümlich anmutende Art der Altersversorgung, das van en roda. Das Wort kommt von Rod oder Runde, Tour oder Kehrordnung.[9] Die Eltern machten einfach den Kehr, das heisst, sie wohnten abwechslungsweise zwei bis vier Monate bei jedem Kind. Im Raron (VS) musste der Vater, wenn er nicht über eigene Mittel verfügte, z'Balleteile gehen, das heisst der Reihe nach bei den einzelnen Kindern oder Verwandten Kost und Logis beziehen.[10] Alle diese verschiedenen Methoden der Altersvorsorge und Alterssicherung zeigen eines: Die Abkehr von der alten patriarchalischen Grossfamilie wird deutlich greifbar. Nun müsste man eigentlich annehmen, dass sie eine neue Rollenfixierung, ein neues Familienverständnis zur Folge gehabt hätte, dies um so mehr, als ja auch die Berufsarbeit aus dem häuslichen Bereich ausgegliedert wurde. Solche Tendenzen waren, wie die Autobiographien zeigen, durchaus vorhanden. Im ganzen aber «blieb die soziale Machthierarchie erhalten».[11] In der Arbeiterfamilie dachte kein Mann daran, der überbeschäftigten Frau beizustehen. Wie wollte er auch: War er doch selbst bis zum äussersten in einen langen und harten Fabrikarbeitertag eingespannt. So schuftete denn die arme Fabrikarbeitersfrau unentwegt weiter: «Das Reinigen, Putzen und Scheuern ist bei ihnen», so Fabrikinspektor Schuler, «zur wahren Manie geworden».[12] Alles in allem hatte sie aber zu wenig Zeit für die Haushaltsarbeit. Vor allem in der Küchenarbeit war Schnelligkeit gefragt, verliess doch die Fabrikarbeiterin ihren Arbeitsplatz lediglich eine halbe Stunde vor dem Essen und eilte dann nach Hause, «kochte so rasch als möglich, denn bald standen die Ihrigen bereit zum Essen ... Wo also Zeit hernehmen zum gehörigen Kochen?»[13] Zum Essen war aber die Familie ohnehin nicht «aufgelegt», denn man hatte sich in der Fabrik angewöhnt, Zeit zu töten, Zuflucht zu nehmen zu kleineren und grösseren Häppchen. Von diesem Essen und Trinken während der Arbeitszeit waren die Hungergefühle gestillt, der Anreiz zu grossen Kochereien fehlte weitgehend.[14] Von Kochkunst konnte unter diesen Umständen sicher nicht mehr gesprochen werden. Am Sonntag – da hätte man mehr Zeit gehabt für ein gutes Essen – «braten die Arbeiterfrauen das mit unendlichem Wasserschwall fast zu purem Leim gekochte Fleisch in etwas heisser Butter, um ihm etwas mehr Geschmack zu verleihen».[15] Oft gab es aber selbst am Sonntag Cervelats und, wenn's gut ging, etwas Aufschnitt. Im letzten Viertel des Jahrhunderts kamen auch amerikanische Fleischkonserven auf den sonntäglichen Tisch.[16]

Von der bürgerlichen Hausfrau wurde in Sachen Kochen mehr erwartet. Das Mittagessen sollte aus Suppe, Zugemüse und Dessert bestehen. Da Bratenfleisch teuer war, fabrizierte die Hausfrau alle möglichen «falschen Braten und Ragouts, sammelte jeden erstarrten Fettpropfen, wandelte billiges Gemüse in schmackhafte Gerichte um».[17] Wichtig waren die Restenverwertung, das Einmachen und Konservieren. Gefragt war aber auch physische Kraft, denn Holz und Kohle mussten mitunter von weit her und manche Treppe hinauf geschleppt werden. Anstrengende Arbeit verlangte auch der Waschtag. Zusammen mit der Waschfrau stand die Hausfrau oft sechzehn Stunden in Hitze und Dampf beim Waschen, Mangeln (Glätten) und Bleichen, schleppte schwere Wäschekörbe in den Garten oder auf die Zinne. Stundenlang stand sie am Bügelbrett oder besserte Wäsche aus, und sie war auch und musste es sein, eine Meisterin im Verwenden alter Resten. Kein Schnürrest, kein Knopf, kein Stoffetzchen durfte verloren gehen. Mühsam war auch das Putzen. Die Stubenböden mussten geschrubbt, die Holzböden gebohnert und auf den Knien gewichst werden. Die Ofenkacheln galt es zu polieren, die Messingknöpfe und Türfallen zu glänzen. Fleissig, freundlich, kinderreich, still, tätig – all das hatte die bürgerliche Frau zu sein.

Doch auch Leitbilder können sich ändern. Gegen Ende des Jahrhunderts war körperliche Arbeit unbemerkt von der Öffentlichkeit zu verrichten. Der Ehemann sollte seine Gattin nie schwitzend, nie in der Schürze antreffen, sondern sauber, adrett und bereit zu heiterem Gespräch sehen. Der Arbeitsaufwand sollte hinter der Kulisse geleistet werden, denn die bürgerliche Hausfrau «ist eine Dame, die dank der Stellung ihres Mannes nicht schuften muss». Im unteren und mittleren Bürgertum war immerhin Nähen und Stricken auch vor den Augen des strengen Mannes noch akzeptabel.[18]

In der Erziehung blieb die alte Geschlechterrolle zunächst erhalten. So beklagte sich der Redaktor des Schweizerischen Familienwochenblattes 1895 darüber, «dass sich kleine Buben entrüstet zeigen, wenn man ihnen zumutet, ein Paket über die Gasse zu tragen». Denn das war ja Pflicht des weiblichen Geschlechtes und selbst für einen angehenden kleinen Mann unerträglich.[19]

Hin und wieder treten uns Klagen über rücksichtslose Männer, über Patriarchen entgegen: «Warum erzieht Ihr sie nicht anders», meint deshalb ein wohlmeinender Berater. «Ihr seid selber schuld an dieser Misère. Wenn wir in eine Kinderstube blicken, wo Knaben und Mädchen sind, so hören wir oft das Kommandowort der Brüder: Hole mir dies! thue mir jenes! und sogar die Mutter befiehlt gar oft den Mädchen: Bring dem Bruder seine Schuhe!»[20] Man nehme, so heisst es weiter, die zuvorkommenden Engländer als Beispiel. Doch dann besinnt sich der Verfasser plötzlich und kommt zur alten herkömmlichen Auffassung zurück, indem er mit einem Goethe-Zitat seine Betrachtung schliesst: «Dienen lerne das Weib bei Zeiten.»[21] Gefordert war Respekt vor dem Familienoberhaupt. Hatte es einmal damit basta gesagt, so war die Sache erledigt, da war nichts mehr zu machen, heisst es in einer Autobiographie.[22] Immer mehr Väter waren, allerdings die bäuerliche und handwerkliche Familie ausgenommen, tagsüber weit weg, fort von der

172

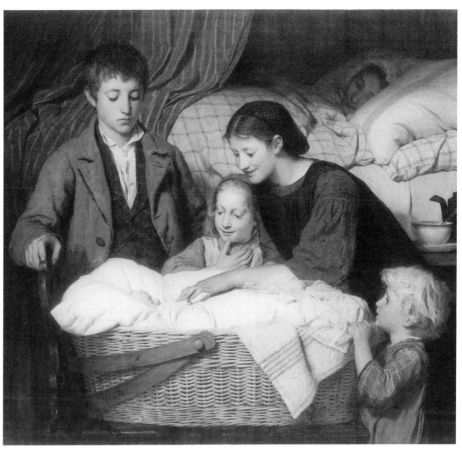

173

Familie an irgendeinem Arbeitsplatz, und die Mutter hatte sich allein mit ihren Haushaltsorgen und der Erziehung zu plagen. Konnte sie sich nicht durchsetzen, so drohte sie – verständlich, doch nicht sehr weise – mit dem Vater. Auf diese Weise geriet dieser «mehr und mehr in die Rolle einer Schreckgestalt». So hiess es denn etwa: «Der Vater kommt! kleine runde Gesichter werden lang... es wird zu Nacht gegessen, so still, als ob das Reden durch die Hausordnung verboten wäre, die Kinder schleichen wie Verbrecher in ihre Betten.»[23] Alter Tradition entsprechend, sind die Kinder zu absolutem Gehorsam verpflichtet. «Wer den Eltere nid folged», so ein Luzerner Sprichwort aus der ersten Hälfte des 19. Jahrhunderts, «mues dem Chalbsfell (Trommel = ausländische Kriegsdienste) folge.» Ein anderes Sprichwort sagt es noch deutlicher: «Wer sich an den Eltere vergrift, dem wachst e Hand usem Grab.» Dazu kommen die Warnsagen, die Kinder, welche sich an den Eltern vergriffen, das heisst, ihnen nicht mit Respekt begegneten, mit schweren Strafen belegten.[24] Gehorchen, das heisst Brav-sein, soll, so die allgemeine Auffassung, vom zweiten und dritten Lebensjahr an beginnen. Dass es gleich nach der Geburt einzusetzen habe, galt als Überspanntheit oder gar Ketzerei.[25]

Keine Übereinstimmung herrschte in bezug auf das Stillen. So berichtet um 1900 ein Lehrer aus dem aargauischen Jonen, «dass die Frei- und Keller-ämterweiber die Zeit des Stillens so weit thunlich abkürzen, die einen, weil das Stillen ‹z'vel Arbet› gebe, die anderen, weil sie sich fast genieren, dem Kinde sälber z'trinke z'geh. Wieder andere unterlassen das Stillen ganz.»[26] Um 1892 bedauert der Redaktor des Schweizerischen Wochenblattes, dass das Stillen «in so erschreckendem Mass» abnehme. Früher sei es selbstver-ständlich gewesen, und das alles geschehe aus purer Bequemlichkeit. Dabei sei es erwiesen, dass künstliche Ernährung zu hoher Sterblichkeit führe.[27]

172 Zwei Frauen mit Kindern bei der Arbeit und beim Spiel in einer bürgerlichen Stube um 1890. Aufnahme eines unbekannten Fotografen.

173 Familien-Glück. Der Neugeborene. Von Albert Anker, um 1865.

233

174

Neue Mutterbilder werden propagiert. Wohl unserer Generation, so schreibt das Schweizer Wochenblatt 1885, «dass die Unnatur, welche das, was des Weibes höchste Würde ausmacht, unter ihrer Würde finden konnte, endlich einer besseren Einsicht Platz gemacht hat. Die unsterbliche Königin Louise hat auch hierin den deutschen Frauen als Muster vorangeleuchtet; sie suchte ihren Ruhm darin, ihre Kinder selbst zu ernähren.»[28] Der Redaktor rät den Müttern, einen strengen Zeitplan einzuhalten, denn der Säugling sei schnell bereit, seinen Willen durchzusetzen. Diesen aber gelte es rechtzeitig zu brechen, man hüte sich davor, bei jedem Schreien das Kind mit Nahrung beruhigen zu wollen.[29]

Doch bahnen sich, schüchtern zwar, mildere Sitten an. 1895 wird die Abhärtungspädagogik nicht als der Weisheit letzter Schluss betrachtet: «Ein Kind bedarf vor allem der Ruhe – allein es wird nicht gleich verwöhnt, wenn es hie und da aus seinem Bettchen genommen wird... und wenn es schreit, ist nicht gleich Eigensinn zu vermuten. Selbst kräftige, gesunde Kinder haben allerlei Beschwerden... Jedenfalls ist den Kleinen eher erlaubt, die Geduld zu verlieren, als den Grossen.»[30] Vom Wiegen wird nach wie vor abgeraten: «Viele verständige Eltern haben deshalb die Wiege abgeschafft.» Man treffe sie nur noch auf dem Lande an. Offenbar war sie aber auch in bürgerlich-städtischen Haushaltungen noch anzutreffen. Jedenfalls berichtet Johanna von der Mühll, dass in ihrem Elternhaus das Buschi (Kleinkind) «in schönster Pracht in seiner Wiege lag».[31] Zum Glück für den Säugling ging das Bandagieren, das Fäschen oder Fätschen, das noch im 18. Jahrhundert durchaus gebräuchlich war, allmählich zurück. Lediglich auf der Landschaft kannte man das schon von Rousseau als Fesseln angeprangerte Fätschen noch. So war es im Freiamt um 1880 Sitte, den Säugling «mit schon gestreckten Ärmchen und Beinchen von den Schultern an mit einer acht Zentimeter breiten Binde fest zu umwickeln». Man nannte das Kind deshalb auch etwa Birrewegge. Doch wird in den Zeitschriften davor gewarnt: «Lasst dem Säugling die Arme ledig, wickle ihn nicht zu fest und dies auch nicht über den Bauch, lass ihm öfter die Beine frei, dass er sich tüchtig

174 Der stolze Vater. Fotografie um 1890.

175 Die Arbeit – diese höchste Tugend, wie die Kalender des 19. Jahrhunderts schreiben – muss, auch wenn es «nur» Stricken ist, früh eingeübt werden.

tummle», heisst es 1887. «Wichtig sei», so wurde betont, «dass die Windeln nach jedem Gebrauch gewaschen werden. Entsteht im Zimmer ein übler Geruch, so soll man ihn dort beseitigen, wo er herkommt und nicht zu alten Mitteln, wie dem Abbrennen von Wachholderbeeren auf glühenden Kohlen greifen.»[32] Und die Kinder sollen frühzeitig zur Reinlichkeit erzogen werden. Man soll das Kind vor dem Schlafengehen «zum Entleeren seiner Blase veranlassen», wird etwa gefordert.

Da Reinlichkeit und allzu häufiges Waschen aber weiterhin irgendwie suspekt erschienen, wurde dafür eine neue Metapher gebraucht: «Wo Reinlichkeit und Ordnung herrscht, da ist auch meist Ordnung im Gefolge, eine rege Täthigkeit, Sinn für Kunst und anständigen Erwerb.»[33] Wer sich nicht sauber hielt, verstiess gegen sittliche, moralische Gesetze, war auch kein guter Staatsbürger.[34] In der klassischen und etwas pathetischen Manier des 19. Jahrhunderts heisst es: «Natur und Moral, Familiengeist und Vaterland fordern von den Müttern diese heilige Arbeit, diesen Liebesdienst der Menschheit, am Altar des Vaterlandes.» Die Hausfrau, gewohnt, Befehle an ihre Kinder und ihre Dienstmädchen weiterzugeben, kam ihnen auch nach. Doch stellten sich einige neue Probleme: Wie säuberte man die Ohren, was hatte mit den Zehennägeln, mit den Zähnen und den Haaren zu geschehen? Um 1870 entstanden Rezepte, und sie sind in den für die Frau gedachten Zeitschriften auch eifrig weiterverbreitet worden.[35]

Wie setzte man solche Anordnungen und Befehle durch? Genügten gute Worte oder musste, wie einst im Spätmittelalter, der Stecken, die flache Hand nachhelfen? In den Autobiographien ist hie und da von Körperstrafen die Rede. Hier ein – allerdings krasses – Beispiel: Die Base Anneli erzählt: «Ich musste einmal eine neue Saite an mein Spinnrad machen, weil die alte zerrissen war. Zu meinem Unglück machte ich aber diese Saite zu kurz. Das sah der Ätti – und wie rasend kam er auf mich zu und schlug mich mit den Fäusten zu Boden. Ich wollte aufstehen – aber wenn ich auf den Knien war, schlug er mich mit den Fäusten und mit den Schuhen wieder nieder; so zum dritten, vierten Mal, bis ich bewusstlos dalag und von all den weiteren Streichen nichts mehr merkte. Als ich wieder zu mir selbst kam, lag ich in der Mutter Schoss; sie wollte mir kaltes Wasser zu trinken geben, sie weinte überlaut. Ich aber wie gerädert und gefoltert, konnte weder mehr gehen noch stehen und hatte den grössten Schmerz im Rücken. Ich musste lange Zeit das Bett hüten und wurde nach und nach krumm und schief, wie du siehst, dass ich es bin. Und bin nun so bucklig seit meinem neunten Jahr.» Jakob Stutz, der diese wahrhaft ergreifende Geschichte wiedergibt, fährt fort, dass es ihm währenddessen eiskalt den Rücken hinauflief. «Ich hatte sonst den alten Vetter lieb, aber von da an wurde ich ihm abgeneigt. Ich sagte Base Anneli: da habe ihr Ätti doch eine grosse Sünde getan. ‹Er meint es nicht›, erwiderte sie, ‹weil es in der heiligen Schrift steht, dass man die Kinder züchtigen müsse›. Was ich hierüber gedacht habe, weiss ich nicht mehr, aber das weiss ich, dass zu jener Zeit eine solche Kinderzucht fast gang und gäb war; das hab ich später gesehen. Wahrlich, und manche Eltern hatten hiebei einen gewissen Stolz, zu zeigen, welch' eine gute, gottesfürchtige Erziehung sie ihren Kindern geben; daher prügelten sie dieselben wo immer möglich im Angesicht der Nachbarn ab. Die Früchte hievon sind aber nicht besonders gut ausgefallen.» Soweit Jakob Stutz.[36] Prügelstrafen sind aber auch in anderen Autobiographien aufgezeichnet.

Anders das Schweizerische Familienwochenblatt; es gab sich fortschrittlich: «Ich halte es», so der Redaktor, «für eine grosse Barbarei, ein Kind zu

175

schlagen, das noch nicht einmal sitzen kann und es zu strafen, nachdem es noch gar keinen Schein von Unrecht besitzt. Wenn es nach mir ginge, würden überhaupt die Prügel aus der Kinderstube verbannt.»[37] Diese Linie wird indessen nicht durchgehalten, an anderer Stelle empfiehlt der Redaktor die Körperstrafe dringend. Wiederholt werden die Mütter aufgefordert, die Züchtigung ihrer Kinder nicht zu unterlassen «aus Weichlichkeit, aus falscher Liebe». Das Recht, körperlich zu strafen, dürfe sich keine Mutter rauben lassen.[38] Eine Strafe soll immer auf das Vergehen zugeschnitten sein. Sie soll dem Kind, so fordert es das Schweizerische Familienwochenblatt 1884, «gleichsam ein Mass sein für die Grösse des Vergehens». Die Strafe erfolge nicht im Affekt, sondern nach vorgeschriebener Form. Der Vater schlägt nicht in sinnloser Wut drein, vielmehr «langt er hinter dem Schrank nach dem Stab, der immer im kriegstüchtigen Zustande gehalten wird, und thut, was in solchem Falle (gemeint ist der Diebstahl eines Würstchens) das Richtige ist».[39] In der Erziehung sei das Beispiel wichtig und deshalb sei auch darauf zu achten, dass das Kind einen guten Umgang hat. Besser keinen Umgang als einen nicht passenden, meint eine Zeitschrift 1885. Die Eltern werden ermahnt, ihre Kinder nicht abzusondern. Die Mutter bringt es vielmehr «unter seinesgleichen und lässt wohl auch die sehnsüchtig am Gartenzaun stehenden Kinder der Armut herein».[40] Diese Forderung ist wahrhaft erstaunlich, hielt man doch im 19. Jahrhundert streng auf hierarchische Gliederungen. Zwar soll, so wird den Jugendlichen in einem Zürcher Anstandsbuch beigebracht, der Mensch fähig sein, mit jedermann zu verkehren. «Aber dies geschehe nur so, dass er sich seinem Alter und Stande gemäss beträgt.»[41] Und weiter wird zur vornehmen Zurückhaltung geraten: «Alter, Reichtum oder Stellung berechtigen niemanden, sich über die Vorschriften der guten Lebensart hinwegzusetzen.»[42]

Sind die Erziehungsziele: absoluter Gehorsam, Ordnungsliebe und Selbstbeherrschung nach der Meinung der Zeitgenossen einigermassen erreicht worden? Eine 1868 geborene Zürcherin aus alteingesessener Familie berichtet in ihren Jugenderinnerungen: «Mutter, hielt auf unbedingten Gehorsam und grosse Ordnung. Sie duldete kein ‹nein›, dabei waren wir glücklich und vergnügt, und Tränen gab es selten. Wir liebten unsere Eltern, liebten unsere Freiheit und kannten keine Verwöhnung. Deshalb blieb uns drei Schwestern eine Freude an allem Erleben erhalten, bis auf den heutigen Tag… Es herrschte Offenheit, und das Gehorchen fiel uns nie schwer, wir empfanden es als selbstverständlich und waren dadurch wohl glücklicher als viele verwöhnte Kinder.»[43] Die aus einem Winterthurer grossbürgerlichen Geschlecht stammende Fanny Sulzer-Bühler, geboren 1865, erinnerte sich, dass ihr Vater sehr auf Ordnung und Pünktlichkeit speziell zur Essenszeit hielt. Bei einem Verstoss bekamen die Kinder einen «Tapen», das «gefürchtete Meerrohr lag immer hinten auf seinem Stuhl».[44] Ähnliches berichtet die Baslerin Johanna von der Mühll von ihrem Grosspapa Sarasin. Er war «die oberste Instanz, der sich alles unterordnete; er war das geliebte und verehrte und wohl auch etwas gefürchtete Oberhaupt der Familie… Wo er war, gab es Ordnung; denn energisch verlangte er als getreuer Haushalter von seinen Umgebenen nahezu so viel wie von sich selbst. Wenn er das Haus betrat, dämpfte man die Stimme, wenn er durch den Garten schritt, hemmte man den allzu raschen Lauf, und wenn er Befehle gab, hielt man sich strammer als gewöhnlich.»[45]

Achtung, Ehrfurcht und Respekt vor den Eltern prägten auch die Beziehungen in den Glarner Fabrikantenfamilien: «In wichtigen Dingen entschied

Höre auf der Eltern Lehre und Erfahrung!

Danke für der Eltern Sorgfalt und Liebe!

176

176 Die Kalender beteiligten sich an der Erziehung, wobei sie sich an bewährte Leitsätze hielten. Einer hiess: Ehret das Alter. Ehrfurcht vor der Erfahrung der Eltern und der Alten garantiert das Wohlergehen der Jugend. Der Einsiedler-Kalender von 1851 hat das in zwei Bildern recht einprägsam dargestellt.

177 Der schwere Waschvorgang wird im 19. Jahrhundert durch das Aufkommen von Seifen wesentlich erleichtert. Unser Bild: Kernseife aus dem Jahre 1900.

178 Zur Hausfrauenarbeit gehörte die Wäsche. Sie war sehr zeitraubend und erforderte viel Kraft. Hier ein Bild von der Wäscheanstalt in Genf um 1820.

178

der Vater als Oberhaupt der Familie mehr oder weniger alleine. Seine Meinung war für alle verbindlich und wurde nicht weiter in Frage gestellt. Selbst ein Halbwüchsiger hätte nie gewagt, dem Vater offen zu widersprechen oder gar gegen ihn zu rebellieren ... Vor allem auf Pünktlichkeit legten die Eltern, deren Tagesablauf zeitlich genau geregelt war, grösstes Gewicht.» Ein Glarner Fabrikant erzählte, dass er einmal beim Blumensuchen die Zeit vergessen habe. Als Strafe für seine Unachtsamkeit musste er sofort ohne Abendessen ins Bett. Ein anderer Unternehmer berichtete, dass er «pünktlich jeden Tag um halb sieben ins Bett geschickt wurde, was ausgesprochen ärgerlich war, zumal die anderen Kinder noch eine Weile draussen spielen durften. Besonders exakt mussten die Unternehmerkinder die Essenszeiten einhalten. Verspäteten sie sich um fünf oder zehn Minuten, bekamen sie nichts mehr zu essen oder hatten sonst eine Strafe zu gewärtigen.»[46] Selbst die erwachsenen Söhne hatten sich vor dem Vater in acht zu nehmen. Eine Unternehmertochter erzählte, dass ihr achtzehnjähriger Bruder dem Vater eine freche Antwort gegeben habe, daraufhin habe ihn dieser mit den Worten geohrfeigt: «So lange du noch auf meiner Tasche liegst und dich aufführst wie ein kleiner Bub, wirst du auch als solcher behandelt.»[47] Sowohl Söhne wie Töchter der bürgerlichen Gesellschaft hatten sich «in der Fremde» zu bewähren. Es galt vor allem, allfälliges Heimweh zu überwinden und an sich selbst weiter zu arbeiten, wobei auf korrektes Benehmen im Alltag und bei gesellschaftlichen Anlässen grosser Wert gelegt wurde. Aus dem Pensionat zurückgekehrt, begann für die junge Frau eine Wartezeit als Tochter des Hauses: Dem gängigen Ideal entsprechend hatte sie nun folgsam, bescheiden, liebenswürdig und harmonisch-ausgeglichen zu sein. Ferner sollte sie zart, graziös, unschuldig und frisch wirken. In den Tagebüchern wird indessen doch hie und da ein diffuses Unbehagen spürbar, vor allem bei jenen Töchtern, die mit der zunehmenden Berufstätigkeit junger Frauen des Mittelstandes bis zur Heirat konfrontiert waren. Eine nahe Beziehung durften sie nur zu Familienangehörigen und zu gleichaltrigen Töchtern ihrer Schicht haben. Umgang mit anderen Menschen war «durch das Korsett formalisierter Umgangsformen» erschwert.[48] Noch ist ein «Frauenberuf» verpönt. Was ist Frauenberuf, fragt ein Beitrag aus der Feder einer Frau ironisch: «Da werden sie Telegraphenbeamtinnen, Schriftstellerinnen,

177

179 In der zweiten Hälfte des 19. Jahrhunderts treten erste zaghafte Versuche zur Altersversicherung auf. Hier ein Blatt der zürcherischen Alterspensionskasse. Das Gedicht beginnt mit folgenden Worten:
«Wer ernten will muss Samen streuen/
Pflanzen, wer der Frucht sich einst will freuen.»
Es schliesst mit folgenden Worten:
«Lasst durch vereinte Kraft nun fröhlich ihn gedeih'n/Dass euer Alter sich der Früchte mag erfreu'n.»
Die Embleme zeigen, worauf es ankam: Fleiss (Bienenkorb oben), Treue (Frau mit Anker), Säen und Bäume setzen (links), Ernten (oben rechts und Mitte), Sparen (links) und Ertrag im Alter (rechts).

179

Schriftsetzerinnen, Buchhalterinnen, Korrespondentinnen, das Heer von Lehrerinnen und Gouvernanten nicht zu rechnen, für das kaum mehr ein nützlicher Platz zu finden ist.» Dabei habe der Himmel das Weib vor allem zur Hausfrau bestimmt, und dafür sollte sie sich vor allem anderen vorbereiten. Der Wirkungskreis der Frau, so das Schweizerische Familienwochenblatt 1883, ist das Haus. Auch die Schule, so heisst es 1883, soll «verständige und gemüthliche, nicht aber gelehrte Frauen bilden, denn ein gelehrtes Weib ist gewöhnlich weniger tüchtig in der Führung des Hauswesens und vernachlässigt mehr seine Pflichten als Gattin und Mutter, denn ein weniger gebildetes Weib».[49] Zwar hat sich 1863 erstmals eine Frau − es war eine Russin − als reguläre Studentin der Medizin an der Universität Zürich immatrikuliert. Frauen hatten aber im allgemeinen «in der gelehrten Welt» nichts zu suchen. Hermann Köchly hatte, als er 1850 aus Dresden in die Schweiz zurückkam, den Eindruck, seine Frau werde da einige Mühe haben, sich zurechtzufinden. Die Schweizer und Schweizerinnen seien «ganz ungesellige Haustiere... in den Kneipen sind erstere allerdings recht gemütlich». Zwar haben auch einige Frauen eine gesellschaftliche Rolle gespielt. Doch waren das Ausnahmen.[50] Dennoch können wir aufgrund vieler Autobiographien annehmen, dass das Familienleben, auch die Ehen in den bürgerlichen Familien, verhältnismässig harmonisch war. Scheidungen kamen jedenfalls nur selten vor. Die bürgerlichen Frauen fühlten sich «in ihrer Rolle als Gattin, Hausfrau und Mutter keineswegs unglücklich. Die meisten waren mit ihrem Leben sehr zufrieden, denn es entsprach der gesellschaftlichen Norm. Schon ihre Mütter hatten so gelebt und sie selbst waren sorgfältig auf dieses Leben vorbereitet worden.»[51]

Alltag der Auswanderer

180

Im 19. Jahrhundert war die Auswanderung für viele Menschen die einzige Möglichkeit, um dem Hunger, ja dem sozialen Abstieg zu entrinnen. Da gab es zunächst, wie früher, die fremden Dienste. Ausserdem boten die europäischen Staaten den Saisonauswanderern, aber auch den ganzjährigen Auswanderern manche Verdienstmöglichkeiten. Immer mehr boten aber die Siedlungsgebiete von Nord- und Südamerika die Voraussetzung zur organisierten Massenauswanderung ländlicher Kreise und Familien. In vielen Fällen halfen die Obrigkeiten bei der Vorbereitung zur Auswanderung, so etwa bei der Gründung von Nova Friburgo in Brasilien 1819 oder später beim Auswanderungszug nach New Glarus im heutigen US-Staat Wisconsin. Zeitweise war die Auswanderungsbewegung so mächtig, die Menschen, die ihre Heimat verliessen, so zahlreich, dass man an die Errichtung eines 23. Kantons in den Vereinigten Staaten von Nordamerika dachte. Diese Pläne interessieren uns weniger. Wir fragen vielmehr nach dem Schicksal der einzelnen Auswanderer. Wussten sie, was ihrer harrte, oder steuerten sie ihrem Schicksal blindlings zu? Wie sah ihre Reise, wie ihr Leben am Ziel aus, sofern sie dieses Ziel überhaupt erreichten?

Gleich zu Beginn des Jahrhunderts zog es Tausende von Familien nach Südrussland. Anstoss dazu waren Berichte, wonach es am Kaspischen Meer eine grosse Niederlassung von Deutschen und Schweizern gab. Der Boden sei fruchtbar und das Klima mild. Durch die Arbeit sei der Lebensunterhalt gesichert.[1] Vinzenz Godt aus Altdorf (Uri) gab sich mit diesen Informationen nicht zufrieden. Er begab sich eigens nach Konstanz zum «vorgeblich bevollmächtigten Gesandten des russischen Kaisers Herrn Escher Vater und Sohn, ursprüngliche Bürger von Zürich». Auf seine Fragen, ob denn die Einwanderer vor der Leibeigenschaft sicher seien, habe er aber trotz der Zusicherung einer Antwort selbst nach acht Monaten keine erhalten können. Um seine Mitbürger zu warnen, schreibt er im Schweizer Boten vom 25. Mai 1804: «Ein solcher Hofbescheid, oh ihr lieben Mitbürger, ist mir Beweises genug, dass die Abreisenden dort so gut wie Leibeigene werden... Hütet euch vor Fallstricken.»[2] Doch die Mahnung kam für viele zu spät oder erreichte sie gar nicht, schreibt doch ein Einsender aus Malans in der Bündner Herrschaft im gleichen Organ am 15. Juni 1804: Seine Gemeinde habe 77 Personen «eingebüsst, welche ihr Glück in der Krimm suchen, und die Schlachtopfer ihres Eigensinns oder ihres Leichtsinns werden wollen. Vor acht Tagen schifften sie sich bey der untern Zollbrücke auf Flötzen ein, und fuhren den Rhein hinab nach Rheineck.»[3] Über ihr Schicksal erfahren wir nichts.

Gleichzeitig trafen indessen Berichte über die Auswanderung nach Amerika ein. Am 18. Mai 1804 teilte Christoph Winckelblech, Post-Meister der

180 Abschied eines Tessiner Emigranten um 1904. Aufgenommen vom Tessiner Fotografen Eugenio Schmidhauser.

amerikanischen Post zu Basel, mit, es seien am 11. April einhundertzwanzig Schweizer von Basel nach Amsterdam gereist. Sie würden in 14 Tagen auf der Fregatte Rebecca des David Low nach Philadelphia abreisen. Die Meerfahrt koste 14 Louis d'Or. An diese Mitteilung schliesst sich das Wort des Herausgebers. Da werden die Leser fast beschworen, von diesem Wagnis abzusehen: «Denn Amerika, meine lieben Landsleute! ist ein unermesslich grosses Land, wo ihr, wann ihr die Überfahrt nicht zahlen könnt, oft auf vier-, fünf- bis sechshundert Stunden weit in das Land hinein geführt werdet, ohne jemals mehr einander zu sehen oder auch nur schreiben zu können. Oder ihr kommt (und gerade braucht man Euch da am mehrsten) in so heisse Gegenden, wo ihr die Hitze nicht ertragen könnt, und ihr sterbet mit der Verantwortung, eure unschuldige Frau und Kinder auf eine gewisse Weise ermordet und eurem Leichtsinn geopfert zu haben.»[4]

Tatsächlich verliefen solche Reisen nicht ohne Risiken, denn am 15. Juni berichtet der Schweizer Bote folgendes: «Johann Rudolf Burkhard von Basel, Jakob Buser von Zyfen und noch ein dritter fielen in Amsterdam den Seelenverkäufern in die Hände, welche sie mit süssem Bier berauschten. Burkhard, welcher Unrath merkte, machte sich bald davon; auch Busern glückte es frey zu werden. Aber den dritten, welcher den Contract des Seelenverkäufers schon mit einem Kreuz unterschrieben hatte, brachten sie nur mit Noth davon, indem er seinen Rock im Stiche liess. Er musste sich sehr verborgen halten, denn sein Name stand schon auf allen Rapportzetteln, und er ward ämsig aufgesucht.»[5] Manchmal hatten die Auswanderer auch Glück. So berichtet ein Schweizer, der sich im Staate Ohio niedergelassen hatte, es gehe ihm sehr gut. Er hatte aber offensichtlich die nötigen Geldmittel bei sich, konnte er doch für den Preis von 1267 Dollars nicht weniger als 640 Acres Land kaufen: «Es liegt grösstentheils ganz flach, enthaltet drei schöne und gesunde Brunnquellen, und wird noch überdies von einem angenehmen Bach befeuchtet, welcher beynahe mitten hindurch fliesst.» Im übrigen sei er von den Nachbarn «mit weit mehr Menschen- und Nächstenliebe aufgenommen worden, als man in der Schweiz nur denken darf». Zwar fehle es noch an diesem und jenem, aber man müsse eben gut wirtschaften können. Im ganzen zeigte sich dieser Auswanderer überzeugt, dass die Aussichten «hier weit vortheilhafter sind als wir sie in der Schweiz nie hätten wünschen dörfen». Obwohl die Reise und Neuansiedlung viel Geld gekostet habe, so «gestehe ich doch aufrichtig, dass wenn man mir schon das Reisegeld wieder zurück geben würde, ich keineswegs gesonnen wäre, mein nunmehriges Wohnort dagegen zu vertauschen».[6] Von einem glücklichen Auswanderer berichtet auch Mattheus Eggenberger (1823−1895) in seinen Lebenserinnerungen. Auf der Arbeitssuche lernte er in Poschiavo einen Herrn kennen, der sein Glück im Ausland gemacht hatte. Er galt als Millionär und besass drei der schönsten und grössten Häuser in seinem Heimatort Poschiavo. Dieser Mann namens Matossi, «der dem Puschlaver nur als Geissbub noch in Erinnerung war, erschien eines Tages in feinen Kleidern, in einem ausgezeichneten spanischen Übermantel, mit goldener Uhr und Kette, schweren goldenen Fingerringen und öffentlichen Manieren in Puschlav. Seine Reise sollte zugleich zur Brautschau werden, und wie der echte Bündner in der Fremde auch gerne seine Braut in den heimischen Berg holt, so gelang es unserem Puschlaver, von einem der reichsten Puschlaver seine Tochter als Frau mit sich retour nach Spanien zu nehmen, mit einem Brautgeschenk von hunderttausend Bündner Gulden. In Spanien gebar ihm seine Frau eine Tochter und zwei Söhne. Die Söhne führten später den

181 Die Auswanderer. Stich aus dem Jahre 1821. Die bäuerlichen Geräte zeigen, dass es sich um Auswanderer aus bäuerlichem Kreis handelt. Der Zeichner hat es verstanden, den traurigen Augenblick des Auszuges aus dem Haus zu schildern. Kinder und Jugendliche weinen, der Vater des auswandernden Paares faltet die Hände zum Gebet.

Handel fort in Spanien. Der alte Matossi baute zwei der schönsten Häuser an der Hauptstrasse in Poschiavo; seine Tochter heiratete den Institutslehrer Lardelli...» Soweit der Traum aller Auswanderer.[7]

Die Wirklichkeit sah oft anders aus. An seinem 15. Geburtstag reiste Giovannes Mathis aus Celerina (1839) nach Brüssel, dem Arbeitsort. «Der Wagen bestand aus einem grossen Sitz, vorn ein Brett für den Fuhrmann, hinten lagen die Koffer. Bei strömendem Regen erreichten wir nach zwei Tagen die Stadt Chur, wo wir auf zwei weitere Reiseteilnehmer warten mussten. Mit der Diligence ab Chur erreichten wir nach sieben Tagen die belgische Hauptstadt.» Dort begann Mathis eine Zuckerbäckerlehre bei seinem Landsmann Robbi aus Surlej.[8] Etwas bequemer sah die Reise des Geschäftsmannes Pfirter von Birsfelden aus. Er reiste nach Nordamerika. Hier sein Bericht: «In Basel löst man auf der Post eine Karte bis Havre, die 62 Franken kostet. Bis Mühlhausen geht es per Eisenbahn. Hier angekommen, wird die Reise per Postwagen bis Paris und von dort mit dem Nachtwagen per Eisenbahn bis Havre gemacht. Bei Ankunft in Havre harret vor dem Stationshause ein Schwarm von Mäklern, um die Reisenden in ihre Gasthöfe zu bringen. Alles was der Auswanderer zu seiner Verpflegung in Havre kauft, ist gewöhnlich schlecht und teuer, daher jeder wohl tut, Betten und wollene Decken, gebrannten Kaffee (der in Havre ist schlecht) und etwas Zwetschgen von Haus aus mitzunehmen.

Der Seekrankheit zu begegnen kennt man keine Mittel; in jedem Fall ist das Reinigen des Magens vor Antretung der Reise und während derselben keine Überladung des Magens gut. Das unangenehmste der Seereise ist, dass sich die Reisenden des Lebens selbst gegenseitig verbittern. Vor New York

Für Auswanderer.

Das Haus **Jean Stößel & Comp. in Basel** befördert regelmässig Auswanderer nach Nord- und Südamerika und Australien zu den billigsten Preisen und vortheilhaftesten Bedingungen.

Gute und freundschaftliche Behandlung werden zugesichert.

Wegen Akkordsabschlüssen und weiterer Auskunft beliebe man sich zu wenden an

Jean Stößel und Comp.,
Centralbahnplatz Nr. 9, Basel,
oder deren konzessionirten Generalagenten.

Auswanderern

halte ich meine **regelmässigen Schiffsgelegenheiten** vermittelst der rühmlichst bekannten schnellen **Bremer Postdampfer** und schöner, schnellsegelnder dreimastiger **Bremer Segelschiffe** nach **New-York, Baltimore, Philadelphia, Charleston S. C., New-Orleans, Galveston, Quebec** (in Canada), sowie nach **San Francisco** (in Californien), den **Australischen** Häfen und denen des **la Plata** (Montevideo und Buenos-Ayres) bestens empfohlen.

183

182 Zeitungsinserat vom 1. Juli 1868. Jean Stössel und Compagnie wirbt für Schiffahrten nach Nord- und Südamerika zu den billigsten Preisen.

183 Eine Auswanderungs-Agentur sucht Kunden. In der Presse der sechziger und siebziger Jahre des 19. Jahrhunderts erschienen immer wieder Inserate für Auswanderer. Die Auswanderungsagenturen hatten glückliche Zeiten. Ironischerweise hiess die Agentur, die hier Kunden wirbt, Bion-Glück.

bietet sich links und rechts eine himmlische Aussicht dar; die schönsten Landhäuser stehen auf den Anhöhen, sie sind der Aufenthalt der hiesigen reichen Kaufleute. In der Stadt angekommen, passen wie gierige Wölfe hunderte von Mäklern, eine Rasse Menschen so schlecht als man es sich nur denken kann. Diesen angeblichen Glücklichmachern, von denen einer den anderen aushudelt, sowie den Emigrantenwirten, in deren Sold sie stehen, entrinnt von Tausenden nicht einer. Als Schweizer schäme ich mich, Ihnen die Namen der hiesigen Schweizer Emigrantenwirte zu nennen. Wie sich der Reisende bei Ankunft in New York vor Beeinträchtigung schützen kann, kenne ich keine Mittel; das Beste ist, dass er sein Mitgebrachtes nie aus den Händen lässt und falls er in das Innere will, die Reise schleunig per Dampfboot oder Eisenbahn antritt und die Taxe für Station bezahlt. Die Hauptsache, dass man sich vor Betrug nicht hüten kann, ist die Unkenntnis der englischen Sprache; das ist auch der Grund, warum gewöhnlich das erste Jahr es jedem Einwanderer schlecht geht.»[9] Wie es den Goldgräbern ging, wird im Volksblatt vom 8. August 1860 berichtet: «In Muttenz ist kalifornisches Gold angelangt. Ein junger Schuhmacher, Strübin von da, der anno 1848 oder 1849 auswanderte, ersparte sich in New York 1200 Franken, die er dann zu einer Reise in das Goldland verwendete. Er langte glücklich, obwohl unter vielen Strapazen, an Ort und Stelle an und arbeitete nun in den Goldminen. Die Ausbeute war aber bis jetzt noch mittelmässig (drei bis fünf Dollar täglich reiner Gewinn), wird aber, wie Strübin hofft, noch besser werden. Noch ein Jahr Gesundheit, meint er, so sei sein Glück gemacht. Das grösste Goldkorn, das er bis jetzt ausgegraben, sei etwa wie eine Bleikugel, das kleinste wie feiner Sand. Lebensmittel und Kleider sind sehr teuer. Seine Kleider habe er seit zwanzig Wochen nicht mehr abgelegt. Das mit dem Brief geschickte Gold befand sich unter dem Siegel und bestand in dünnen, länglichen Plättchen, im ganzen etwa einen Taler wert. Strübin ist Willens, wenn sein Unternehmen gelungen, wieder nach Muttenz zurückzukehren.»[10]

Verhältnismässig gut sind wir über das Schicksal der Auswanderer nach Nova Friburgo in Brasilien unterrichtet. Allein im Schweizer Boten werden vierzehn lange Berichte und über zwanzig oft mehrseitige Briefe abgedruckt; sie zeichnen ein reiches, in vielen Bezügen widersprüchliches Bild vom Schicksal dieser über zweitausend Auswanderer aus der französischen und deutschen Schweiz, die 1819 ein Neu Freiburg zu gründen hofften. Eine erste Notiz vom 29. Mai 1817 meldet, dass Herr Gasche, Bürger von Greyerz, in Brasilien eine neue Schweizer Siedlung zu gründen hoffe. Am 15. November folgt eine weitere Mitteilung, in der der Grossmut und die Klugheit des portugiesischen Königs sowie das Verhalten der Freiburger Regierung in dieser Angelegenheit gerühmt werden.[11] Am 29. Juli 1819 folgt eine Beschreibung der Fahrt nach Basel, wo die grosse Zahl der Auswanderer eine «babylonische Verwirrung» angerichtet habe. Ein Auswanderer schreibt, es wäre besser gewesen, in kleinen Gruppen zu reisen, «denn mit Wenigen nur ist gut hausen, auf dem Kuhboden der Schweizer, wie auf den Wellen des Meeres».[12] Während des wochenlangen Wartens in Holland schwanden die an und für sich schon nicht sehr reichen Geldmittel dahin wie Schnee an der Märzensonne. Die Auswanderer kommen «arm wie Kirchenratzen, aber doch nicht ganz hoffnungslos in Rio de Janeiro an».[13] Fürchterlich war das Schicksal der Passagiere auf dem Schiff «Zwei Katharinen», auf welchem von 350 Personen nicht weniger als 72 starben. Es gab schlechtes, ungesundes Wasser und zu wenig Mehl. In Brasilien angekommen, ging nicht alles nach Wunsch. Die Hitze war für Schweizer Bauern, die die Arbeit «der Neger verrichteten, völlig unerträglich». Die Nahrung sei fremdartig und die Kolonisierung äusserst schwierig. Viele Kantone hätten die Auswanderung dazu benützt, «sich vielen schlechten Gesindels zu entledigen». Ein Auswanderer schreibt, er hoffe «bald zurückzukommen, um sie nie wieder zu verlassen, die geliebte Heimath».[14] Andere Auswanderer klagen über mangelnde Führung und schlechte Lebensbedingungen. Ende 1821 wird gemeldet, die Auswanderer seien auf schlechtem Land, arbeiteten schwer und ausserdem ohne jeglichen Lohn. Die Kleider und Werkzeuge seien abgenutzt, das Elend der Kinder, vor allem der Waisen, sei unbeschreiblich.[15] Bald einmal wurden sechshundert Kranke registriert. Es gibt, so steht in einer Meldung zu lesen, Familien mit sechzehn Personen, in denen sechzehn krank waren.[16] In den ersten sechs Monaten starben 131 Kolonisten. Die Situation verschärfte sich, weil eine grosse Zahl der Männer gestorben war. Die Witwen und Kinder fanden keine Arbeit. Es muss endlich, schreibt ein Kolonist, eine Institution gefunden werden, die sich mit diesen Hinterlassenen beschäftigt, sonst ist ihre Zukunft ebenso bitter wie die der Sklaven.[17] Obgleich eine gemeinnützige Gesellschaft gegründet worden war, verliess die Mehrzahl der Schweizer Nova Friburgo.[18]

Weitverbreitet war die saisonale Auswanderung. Bekannt und berüchtigt war die sogenannte Schwabengängerei. Da zogen Tausende von Armeleute-Kindern aus den Berggebieten Graubündens, Appenzells und des Rheintales ins sogenannte Schwabenland, in die Württembergischen Gebiete jenseits des Bodensees, um dort ihre Arbeitskraft zu verdingen. Die saisonale Emigration hat in der ersten Hälfte des 19. Jahrhunderts ihren Höhepunkt erreicht; sie nahm mit dem Ende des ersten Weltkrieges ein schnelles Ende. Vor dem Bahnbau zogen die Kinder gruppenweise zu Fuss an den Bodensee. Meistens übernahm eine Frau oder ein älterer Mann die Führung. Wer im voraus keinen Arbeitsplatz gefunden hatte, stellte sich auf den wöchentlichen Märkten in den süddeutschen Städten zum Verding auf. Von weither kamen die Bauern, um sich hier ein Hütekind auszusuchen. Einmal angestellt, hatten die Kinder das Vieh zu hüten, aber auch beim Heuen und bei der Kornernte mitzuhelfen. Einen familiären Anschluss fanden diese bedauernswerten Geschöpfe nicht, sie wurden als Fremde behandelt. Im Herbst erhielten die Kinder neue Kleider, das war ihr Lohn. Dazu kam etwas Bargeld und einige Lebensmittel, wie etwa ein Sack voll Korn, den man nach Hause schleppte. Die noch erhaltenen Briefe sprechen von Leid, aber auch von kleinen Freuden, die diese Kinder erlebten. «Habt Ihr», so heisst es in einem Brief vom 12. August 1870 aus Gössenried, «auch so schlechtes Wetter bei Euch? Schon bereits vierzehn Tage haben wir hier meistens Regenwetter, das ist bös, auch für uns, besonders für die Bauern, denn es liegt noch viel Gerste und Weizen. Oh, wie gerne möchte ich mündlich mit Euch reden, liebe Eltern. Wie ging es den anderen Salezern (Kindern von Salez), haben sie viel bekommen und sind sie schon wieder daheim? Wir gehen, denke ich, die nächste Woche in die Hopfen, aber hinten in der Woche. Wir gehen sonst nicht so gerne, aber doch müssen wir gehen, man verdient doch mehr weder bei uns daheim ... Betet für uns, wir thun es auch für Euch.»[19]

Die Solddienste haben seit der zweiten Hälfte des 18. Jahrhunderts einiges an Anziehungskraft eingebüsst. Sie blieben aber bis zur Mitte des 19. Jahrhunderts immer noch eine bedeutende Form schweizerischer Auswanderung. Wie der Dienst eines Söldners im 19. Jahrhundert aussah, erfahren wir beispielsweise aus dem Bericht des am 9. November 1832 in Walzenhausen

185

geborenen Kaspar Niederer. Er kam schon mit vierzehn Jahren in die Fremde und brachte sich mit Weben mehr oder weniger kärglich durchs Leben. Im Winter 1853/54 war es besonders rauh und kalt: «Nur mit Widerwillen stieg ich in den Webkeller hinunter, in dem ich vor Kälte beinahe erfror. Oft dachte ich, wenn ich nur aus dem feuchten, ungesunden und langweiligen Mauerloch herauskäme und mit einer Arbeit meinen Lebensunterhalt mir erschaffen könnte. Da kam der Werber Hugentobler des Weges und jodelte so schön zufrieden vor sich hin und war so lustig und aufgeräumt. Ich steckte den Kopf zum Kellerfenster hinaus und rief ihm zu: ‹Ihr habt doch guten Humor; ich wollte, es wäre mir auch so wohl.› Da trat er zu mir her, bückte sich zu mir herunter, stiess einen hellen Jauchzer aus, klopfte mir auf die Achsel und sagte mit lachendem Gesichte: ‹Gerade so wohl kann es Euch auch sein. Das hängt nur von Euch ab. Kommt nur mit und lasst Weben Weben sein. Was willst Du in diesem feuchten Hundeloch unten hocken und bei kleinem Lohn andern helfen, dass sie reich werden! So bleibst Du ein geplagter armer Teufel Dein Leben lang und hast nichts von der Welt gesehen. Dummheit! Komm mit mir nach Neapel! Da kriegst Du gleich am ersten Tag ein Handgeld von 56 Dukaten, kannst eine schöne Reise machen, fremde Leute und Städte und das Meer sehen. Und wenn Du erst wüsstest, wie schön es in Neapel ist! Es ist ein Paradiesgarten! Der Dienst ist leicht, und der Sold und das Leben könnten nicht schöner sein…›» Wahrhaft verführerische Reden, und sie schlugen ein: «Mein Herz schlug höher. Ich konnte nicht mehr weben. Neapel, der schöne Paradiesgarten − war mein einziger Gedanke und Wunsch.» Eines Tages reisten drei Gesellen, jeder mit etwa zehn Franken in der Tasche, «mit einem Sackmesser und mit einem Handstock versehen nach Au hinunter und fuhren auf der Rheinfähre

184 Im Frühling 1870, anlässlich der grossen Auswanderungswelle nach West-Virginia, wanderte die Familie Gimmel aus Blumenstein (BE) mit sieben Kindern nach Clarksbourg in die Siedlung Helvetia aus. An diesem grossen Tag posierte die Familie im Sonntagsstaat vor dem Fotografen.

185 In der zweiten Hälfte des 19. Jahrhunderts dauerte die sogenannte Schwabengängerei immer noch an: Tausende von Kindern aus armen Familien fanden Arbeit im süddeutschen Raum. Unser Bild: Der Hütkindermarkt in Ravensburg um 1895.

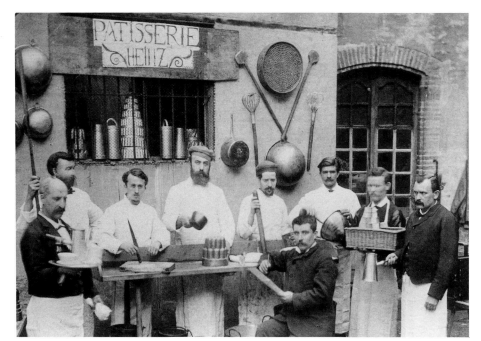

186

nach Lustenau hinüber. Dort kehrten wir in der Krone ein, tranken einander frisch und fröhlich zu, besprachen unsere Zukunft und bauten uns die prachtvollsten Luftschlösser.»[20] Nachdem sie in Bregenz auf dem Anwerbungsbüro den vierjährigen Vertrag unterschrieben hatten, kam die erste Ernüchterung. Das versprochene Hand- und Werbegeld bekamen sie nicht. Der Wachtmeister behielt es zurück und bestritt daraus die Extraausgaben auf der Reise nach Neapel. Die Rekruten wurden hierauf in einer Gruppe von je zwanzig Mann, in einem sogenannten Transport, nach Neapel spediert. Kaspar Niederer kam in die Elitenjägerkompagnie des zweiten Regimentes. Ein Wachtmeister führte ihn in die militärische Ordnung der Garnison, Schweizerquartier genannt, ein. Im Jahre 1858 war seine vierjährige Dienstzeit abgelaufen, und er hätte Abschied nehmen können. Aber er entschloss sich, noch einmal vier Jahre zu bleiben. Das Abenteuer endete indessen schlecht. Niederer liess sich in eine Rebellion verwickeln; sie wurde blutig niedergeschlagen, und der Appenzeller selber wurde schwer verletzt. Er wurde operiert und nach sechzig Tagen aus dem Spital entlassen. Er kam aber ohne harte Bestrafung davon. Als Rebell erhielt er zwar kein «Bedankungsgeld». Sie kamen alle auf ein besonderes Schiff. Nach langer und entbehrungsreicher Reise kam er im November 1859, wie er schreibt, «matt und abgelaufen mit meinem Stock, meinem durchschossenen Bein und mit etwas mehr als einem Franken in Rheineck an». Er blieb im «Adler» über Nacht und erzählte den Bauern am Abend von seinen Erinnerungen aus Neapel, wofür sie ihn mit Buchberger Sauser traktierten. Als er morgens mit einem «nicht unbeträchtlichen Durste» erwachte und sein Vermögen zählte, reichte es noch zu einer Tasse Kaffee und zwei Brötchen. «Dann blieben mir noch fünf ganze Rappen, aus denen ich mir zum Abschluss meiner Reise noch zwei Zigarren kaufte ... Mit etwa zehn Franken in der Tasche war ich im Jahre 1854 freien und frohen Mutes ausgezogen; ohne einen Rappen kehrte ich jetzt ‹tusam› nach Wolfhalden zurück.»[21] Wer alle diese Berichte liest, so meinte ein Einsender im Schweizer Boten, wird den Solddienst verwerfen. Er ist «noch viel schädlicher als Auswanderungen».[22]

Mensch und Tier

187

187 Die beiden Brüder mit ihrem Lieblingshund. Das von J. F. Dietler um 1854 gemalte Bild ist ein schönes Zeugnis der Tierliebe im 19. Jahrhundert.

Im 19. Jahrhundert verschwanden die Ställe aus den Städten und grösseren Ortschaften, die enge Verbindung zum Tier aber blieb. Das Haustier war mehr als ein Wirtschaftsobjekt, es war gleichzeitig auch ein Familienglied. Eine Geburt im Stall war immer eine Art Familienereignis. Nach altem Brauch teilte man beispielsweise dem Vieh den Tod des Hausherrn im Stall mit, und es gehörte zu den selbstverständlichen Obliegenheiten eines Imkers, den Bienen ein solch einschneidendes Ereignis anzusagen.[1] Kennzeichen und Merkmal für die enge Verbindung mit den Haustieren ist die Namengebung. Vor der Einführung der obligatorischen Viehversicherung und der Zuchtbücher gab es eine bunte Vielfalt der Namen. Ausschlaggebend für einen Namen war zunächst die Farbe. Da gab es Bruni, Choli (dunkle Tiere), Schilten (gefleckte), Grisle (gesprenkelte), Tschägg (gefleckte), Gurt (weisser Streifen um den Leib), Bless oder Pläss (Tiere mit weissen Flecken). Im Engadin lauteten die Namen entsprechend: Brüna, Grischa, Falche (helle), Marma (braune), Staila (Stern auf der Stirne) oder Tschecca (gefleckte).[2] Der Bauer war nicht nur in der Namengebung freier, er bestimmte weitgehend auch das Zuchtziel selber. So züchtete mancher eine Hofrasse mit ihren Eigentümlichkeiten. Man kaufte auch selten ein Stück dazu. Ein einheitliches Zuchtideal gab es nicht, wenn wir von den Schlägen absehen (Braunvieh in der Innerschweiz, rotgeflecktes im Simmental). In bezug auf die Grösse und Farbe der Tiere hegte man dennoch genaue Vorstellungen. So mussten damals im Kanton Graubünden die Stiere und Ochsen nach Auffassung der Hauptabnehmer, der Italiener, hell sein, die Kühe aber dunkel, angeblich, weil sie mehr Milch gaben. Dabei stand man vor einem recht verzwickten Problem, helle Stiere und dunkle Kühe nebeneinander zu züchten. Es gab auch Spezialitäten. So führten die Engadiner und Bündner Oberländer im 19. Jahrhundert die grauen Prätigauer Kühe mit weissen Mäulern, die sogenannten mustazúnas, wie man sie im Engadin nannte, ein. Auf dem Viehmarkt kauften viele Bündner Bauern gerne auch eine braun-weiss gescheckte kleine Tiroler Kuh.[3] Von Generation zu Generation sagte man es weiter: Ein Gurt muss im Stall sein, so sprach man im Toggenburg, das bringe Glück. Für die Namengebung war nicht nur die Farbe, sondern auch die Stellung der Hörner entscheidend. Im Prätigau zum Beispiel hiess die schönste Kuh, die Heerkuh, etwa Togge. Sie zeichnete sich durch besonders schöne, aufwärts und auswärts gerichtete Hörner aus. Dann gab es die Gable, die Kuh mit stark aufwärts gerichteten, die Zange mit oben gegeneinander stehenden, die Ggappe mit abwärts geschwungenen, den Hirsch mit grossen, den Mutsch mit abgeschlagenen Hörnern. Die Davoser kannten ausserdem den Tubel, das war eine Kuh, deren Hörner waagrecht hinausstanden, oder das Gemschi mit hochaufgestellten Hörnern.

Da und dort hat man auch eine besonders flinke Kuh so genannt. Die Eigenschaft der Kuh war bei der Namengebung mitbeteiligt. Besonders gern nannte man aber die Tiere nach ihrem Herkunftsort. So gab es im Kanton Zürich eine Ybriger oder eine Bänkner Kuh.[4] In einem Prättigauer Stall stand eine Montafuuneri, in einem Valser Stall stand eine Ziege, genannt Massoggeri (Misoxerin). In mehr oder weniger deutlicher Beziehung zur Hausfrau oder zu einem Mädchen gab man der Kuh Namen wie die Kleine oder die Alte. Auf einem Prätigauer Hof stand eine Baabe, in einem Davoser Stall dagegen eine Joli, so genannt nach einem Veilchen oder Frühlingsenzian.[5] Es gab kosende Namen wie Meiel, Rosi und Blumi.[6] Aus solchen Namen spricht Liebe, Zuneigung und menschliche Wärme. Um die Wende zum 20. Jahrhundert wurden manche Namen als altmodisch betrachtet, die Bauern wollten aber von einer Neuerung zunächst nichts wissen. Als der Präsident einer Viehgenossenschaft im Prättigau vorschlug, die alten Namen abzuschaffen, wurde dies mit grossem Gelächter quittiert.[7]

War die Namengebung eine schweizerische Eigenart? Vor kurzem hat ein deutscher Forscher die Tiereigennamen in Mecklenburg von 1700 bis 1800 untersucht. Er gibt eine Aufstellung der Benennungsmotive; wie im Prättigau überwiegt die Farbe mit 71 Prozent, es folgen die Aussagen über Wesensart mit 14 Prozent, die Merkmale der äusseren Erscheinung mit 17 Prozent. Menschliche Vornamen waren damals selten; sie waren aber im 19. Jahrhundert weitverbreitet.[8] Neuerdings hat der deutsche Volkskundler Hermann Bausinger die Tiernamen untersucht. Ihm stand der Katalog des Fränkisch-Hohenlohischen Viehzuchtverbandes vom September 1959 zur Verfügung, er enthält 6200 Nennungen.[9] Bausinger stellte fest, dass die Namen in diesem Zuchtgebiet zufällig wirken und nicht einen unmittelbaren Bezug und Umgang widerspiegeln. Sie sind zu einem rein äusserlichen Abzeichen geworden. Auffallend war lediglich, dass die charakterisierenden Benennungen bei den weiblichen Zuchttieren etwas höher waren. Da sah der Namenbestand etwas anders aus, trugen doch 82 Prozent der weiblichen Tiere menschliche Vornamen. Bei den männlichen Tieren tauchen nur 18 Prozent mit menschlichen Vornamen auf. Vielleicht spielten hier noch alte Bräuche mit. Möglicherweise waren mit der Benennung des Tieres auch Frauen und Mädchen aus der eigenen Familie anvisiert. Mehr als eine Vermutung ist dies indessen nicht.

Liebe zum Vieh spricht nicht nur aus den Namen, sondern auch aus mancher Bauernregel. Dabei gilt es allerdings zu bedenken, dass auch Eigennutz mitbeteiligt war. Gut gepflegte und gefütterte Tiere gaben eben mehr Milch als andere. Eine Regel aus der Zeit von 1865 hiess: Gut gefuttert – viel gebuttert. Sie tauchte in einem Lesebuch für die Schweizer Jugend auf, und da finden wir auch die Regel: «Striegel und Streu, tun mehr als Heu» oder die andere: «Treibst auf schlechte Weid die Kuh, so verlierst du die Milch und den Mist dazu.» Wundervoll und schlicht wird diese Weisheit im folgenden Leitsatz ausgedrückt: «Die Kühe melkt man durchs Maul.»[10] In einer Bündner Regel heisst es ähnlich: «Die Leistung geht durch den Magen.»[11] Zur Pflege kommt die Beobachtung im täglichen Umgang mit den Tieren. Klassisch heisst es in der rätoromanischen Chrestomathie von 1890: «An baselgia ed an uigl è ins mai mengia bler.» Was zu deutsch heisst: «In der Kirche und im Stall ist man nie zuviel.»[12] Einer Huldigung an die Frau kommt die aus Graubünden stammende Regel gleich: «Wenn die Frau Kühe füttert, geben selbst die Hörner Milch.» Unsere Vorfahren wussten, dass sich die Frauen dank ihrer guten Beobachtungsgabe und ihrem Einfühlungs-

189

vermögen in der Tierhaltung seit jeher auszeichneten.[13] Dass es bei der Beurteilung eines Tieres auf viele Faktoren ankommt, sagt kurz eine Engadiner Regel: «Beim Pferd schaue auf die Beine, bei der Kuh aufs Euter und bei den Leuten aufs Herz.»[14] Aus der gleichen Region stammt auch jene Regel, die im 19. Jahrhundert noch Gültigkeit hatte, heute aber nur noch bedingt angewendet wird: «Kühe und Frau nimm in deinem Dorf auf.»[15]

Es gab indessen nicht nur für das Rind, sondern auch für die Ziege verschiedene Sprüche. Sie hatte ja als Kuh des kleinen und armen Mannes zentrale Bedeutung und war noch weit verbreitet. Auch hier gab es, je nach der Region, eine entschiedene Vorliebe für die Farbe. So sagte man beispielsweise im Engadin: «Las chavras albas sun fallatschusas», die weissen Ziegen sind ungeratene (wenig widerstandsfähig). Aus dem Unterengadin stammt auch die Regel: «Alte Ziegen und junge Hühner machen die Hausfrau lächeln.» Mit dem Milchertrag der Ziege befassen sich auch die beiden folgenden Regeln: «St. Jakob mit dem Stab, schlat de Gaiss die halb Milch ab» (Kanton Zug). Am Jakobstag (25. Juli) sind die für die Ziege besonders attraktiven Kräuter nicht mehr vorhanden; auch der Höhepunkt der Laktation ist, sofern sie vor Ostern geworfen hat, in dieser Zeit überschritten. Eine Regel aus Courrendlin (BE) mahnte den Bauern: «Au mois d'avril, la chèvre au chevreau.» Man schlachtete auf Ostern ein Zicklein, um es entweder selber zu verzehren oder einen günstigen Preis zu bekommen, deshalb hatte man die Ziege vorher zu decken. Eine Tessiner Regel behauptete: «La capra non sta bene fin che non diventa magra.» Der Ziege geht es nicht gut, solange sie nicht mager wird. Die Ziege gehörte zu den eigentlichen Weidetieren, und sie gedeiht schlecht, wenn sie im Stall eingesperrt wird. Im Futter ist sie genügsam, aber man darf es nicht auf einen Futtermangel ankommen lassen. Wie die folgende Tessiner Regel zeigt, gab es genaue Anweisungen für die Fütterung: «Wenn man die Ziegen mit Stroh füttert, geben sie Milch, die nicht viel wert ist, wenn man sie mit Laub füttert, geben sie Milch, wenn es ihnen passt; wenn man sie mit Heu füttert, geben sie von sich aus das Beste.»

188 Zwei Bauernmädchen vergnügen sich mit ihrem Hund (Erste Hälfte 19. Jahrhundert).

189 Im 19. Jahrhundert ist der Hund ein Zugtier par excellence. Auf dem Foto von 1890 ist eine Szene am Pfeiferbrunnen von Bern festgehalten. Der brave Hund hat mit einem zweirädrigen Karren Wasser zu schleppen. Zahlreiche Stadt-Häuser hatten kein fliessendes Wasser und waren auf öffentliche Brunnen angewiesen.

Zu jeder Haushaltung gehörten im 19. Jahrhundert auch Hühner. Ihnen hat Gotthelf in der Geschichte «Käthi die Grossmutter» ein Kapitel gewidmet: «Hühner sind bekanntlich etwas kuriose und sehr kapriziose Personen, akkurat wie man sie in Serails zumeist finden soll. Und je üppiger ein Serail ist, um so kurioser und kaprizioser sollen dem Vernehmen nach die Personen werden, bald rapplicht, bald brütig, bald mit dem Pips behaftet, bald wassersüchtig, bald geschwollen an der Leber, bald sturm im Kopfe oder gar kaputt an den Nerven, was gar bös sein soll, und akkurat auch so geht's den Hühnern. Man hat Beispiele, dass Hühner grundschlecht Eier legen und nichts als üppig sind, den Hafer verschmähen, den Hähnen nachstreichen, an der Sonne liegen, dreimal im Jahr sich mausen und alles, was sie fressen und fordern mit der grössten Unverschämtheit an die Federn wenden und immer schöner werden möchten, als sie von Natur werden können. Arme Hühner, das heisst Hühner von armen Personen, die haben es ganz anders; ach, die wissen nicht einmal, was Hafer ist, leben glücklich bei den armütigen Brosamen von des Herrn Tische, sind von Herzen glücklich, wenn unser Herrgott die Sonne scheinen lässt, die Erde offen erhält, sie Futter suchen können, sie denken nicht an die Federn, aber sie legen prächtig... Käthis Hühner waren traute Hühner, teilten genügsam die Armut, benutzten die Sonne draussen, waren zufrieden mit wenigem, legten Eier, liessen nicht bloss Federn fallen. Sie legten nicht alle Tage, sondern über den anderen Tag, wenigstens solange sie an die Sonne konnten; ja, und sieben Eier in einer Woche, wenn das Ei einen Kreuzer wert ist oder gar fünf Eier zwei Batzen

190

191

oder acht Kreuzer gelten, sind für eine arme Haushaltung keine Kleinigkeit...»[16] Auch die Bauernregeln befassten sich mit den Hühnern: «Junge Hennen auf die Hühnerstange» – sagte man, damit sie dort und nicht irgendwo unter einer Holzbeige ihre Eier legen. Die Hühner brauchen gutes Futter, so mahnt eine Tessiner Regel: «Le galline fanno le uova tal pecco.» Die Hühner legen Eier vom Schnabel.[17]

Von den Hühnern zu den Hunden und Katzen. Auch hier bestanden enge und alte Beziehungen. Will man ihnen jedoch etwas weiter nachgehen, stösst man gleich ins Leere. In den Autobiographien sind Hunde und Katzen nicht oder nur sehr selten und höchstens am Rande erwähnt. In den Volkserzählungen und Sagen sind sie höchstens negativ besetzt. Da gibt es Gespensterhunde in Hülle und Fülle, da kommen Hunde mit feurigen Augen vor, da bewacht ein grimmiger Hund einen Schatz und ein rotgefleckter Hund wird zu einem Bozen, zu einem Gespenst. Nicht anders sieht es bei den Katzen aus: Eine schwarze Katze bewirkt eine Seuche, eine andere wächst zum Schrecken des Vorübergehenden zur Grösse eines Schafes, eine fauchende Katze bewacht einen Schatz. In einer Urner Sage verdirbt eine böse Katze das Vieh, eine andere verlegt den Weg und verschwindet bei Kreuzzeichen mit Gestank. Eine dritte musiziert mit Knochen, und da gibt es auch den Hexentanz der Katzen, um nur einige Beispiele zu nennen. In den Sprichwörtern sieht es nicht viel besser aus. Da ist viel von beissenden Hunden die Rede: «Hünd a Chettene sind bissiger als ander» oder «Hünd wo vil bäled, bissed nüüd» oder «Bilt ein Hund, so bäled all» oder «Die chline Hünd bissed lieber as die grosse» und schliesslich: «Me cha de Hünde s'Bälle nid vertriebe.»[18] Doch schimmert in einem Sprichwort des 19. Jahrhunderts auch eine gewisse Zuneigung, ja ein eigentliches Verständnis für den Hund durch: «Mer cha si au amene Hund versündige.»[19]

Im 19. Jahrhundert galt der Hund weitgehend als Luxustier: «Wer Geld hät, hät au Hünd», hiess es im alten Zürich oder: «We me's hät und vermag, so hät men en Hund», was soviel hiess wie: dann mache man unnötige Ausgaben. Dass man den Hund im 19. Jahrhundert ausserhalb des bäuerlichen Bereiches als unnötigen, überflüssigen Luxus angesehen hat, belegt auch der aus Luzern stammende Spruch: «Er brucht en Hund, wie-n-en Bettler e Goldwag.»[20] Ganz anders die Bauern; sie brauchten und schätzten den Hund als Viehhüter und als Begleiter, als treuen Hausgenossen, wie bei Gotthelf nachzulesen ist. In «Zeitgeist und Bernergeist» begrüsst Schnauz (wohl ein Berner Sennenhund oder Dürrbächler) den heimkehrenden Meister. «Oben auf einem Vorsprung an des Berges Seite war schon lange ein grosser Hund sichtbar, als wäre es ein steinerner. Als Benz über die Mitte des Berges war, ward das Bild lebendig, schlug einige Male an, kam dann trippelnd und wedelnd den Berg ab, tat einige kurze Sätze, wedelte endlich

190 Der Meister und sein Hund. Selbstbildnis des Künstlers im Reitkostüm von Jacques-Laurent Agasse. Grossartig hat der Maler die enge Beziehung des Hundes zu seinem Meister geschildert. Vertrauensvoll stützt die Bulldogge ihren Kopf auf das Knie ihres Herrn.

191 Heilung eines Kühleins. Votivbild aus Niederrickenbach, 1860. In rührender Weise wird hier die unsägliche Not beschrieben, welche den armen Familienvater Hurni erfasste, als sein einziges Kühlein erkrankte.

192 Alle drei sind stolz: der Appenzeller Senn, angetan mit allen brauchmässigen Insignien bis hin zur Pfeife, die Leitkuh mit mächtiger Treichel, der Bless mit hoch erhobenem, geringeltem Schwanz. Welch schöne Eintracht!

192

nahe bei dem Meister mit dem ganzen Leibe, sprang an ihm auf, leckte ihm die Hand, sprang voraus, sprang zurück, wand sich um des Meisters Beine und lange ging's, bis er es dahin brachte, sittig neben seinem Herrn einherzugehen. Benz nahm diesen Empfang mit der Ruhe hin, welche eben die Hunde am meisten fesselt durch Liebe und Respekt.»[21] Hier war der Hund so etwas wie ein Status-Symbol und auch ein Zeichen bodenständiger Kraft. Bäri, Michels Hund, «war ein ganz vortrefflicher Hund mit Löwenkraft und Menschenverstand, daher auch wie ein Zwillingsbruder von Michel geliebt. In grösstem Streit half Bäri seinem Meister nie ungeheissen», berichtet Gotthelf in Michels Brautschau.[22] Auf kleinen Höfen gab es keinen Hund. In den Erlebnissen eines Schuldenbauern erklärt Hans Joggi der Frau Pfarrer: «Verzeiht Frau, unsereiner vermag keinen Hund, die Speise haben wir sonst zu brauchen... wir geben sie den Kindern.» Für Gotthelf war es selbstverständlich: Die Hunde haben auch einen Sinn für das Gute und Wahre. Im «Bauernspiegel» lässt er den Ringgi auftreten, der den Familienstreit beendet: «Da fuhr auf einmal unser Ringgi, der gewöhnlich den Vater begleitete, dem Vreni an die Beine, weil es sich an meinem Vater vergriffen hatte.»[23]

Der Hofhund: ein Symbol des inneren und äusseren Friedens, auch das treffen wir bei Gotthelf an. Im Roman «Geld und Geist» hat sich Änneli, die Bäuerin, nach langem innerem Kampfe durchgerungen, den lang gehegten Groll gegenüber ihrem Mann aufzugeben. Sie hatte erkannt, dass es gerade dieser Groll war, der den guten Geist im Hause vertrieb, und nicht der Verlust: «Als Änneli so auf dem Berge gerungen und gesieget hatte, und sie die Augen aufhob, da schien ihr alles noch viel schöner als sonst, und der Himmel schien ihr nicht nur die Erde zu umranden, sondern sich auf dieselbe gesenkt, mit ihr verwoben zu haben... Gekräftigt, wie neu geboren, stieg sie zum Hause hinab. Freundlich bewillkommen sie Tauben und Hühner, folgen ihren Schritten bis zur Küchentüre, harren dort, bis sie ihnen Futter bringt und fröhlich zusieht, wie sie lustig und friedlich darum sich zanken. Da kommt auch der Hund hervor, wedelt durch Tauben und Hühner, ohne sie zu stören und legt sein Haupt in Ännelis Schoss und lässt sich nicht stören,

193 Gelegentlich war man froh um gutmütige Pferde. Im Jahre 1843 stellte der Franzose Georges Barnard den Abstieg von der Gemmi dar. Ein verängstigter Tourist hält sich am Schwanz des Pferdes fest.

194 Der Kuhhirt. In dieser Bleistiftskizze hat Rudolf Koller um 1865 die Beziehung zwischen Mensch und Tier in schlichter und eindrucksvoller Weise zur Darstellung gebracht.

wenn die Katze, welche bereits auf demselben Platze genommen, ihn mit der Tatze trifft, denn sie hatte die Krallen eingezogen und neckte sich gern mit dem alten Kameraden. An dieser Einigkeit und Traulichkeit hatte Änneli grosse Freude und streichelte abwechselnd bald Hund und Katze; aber sie ging ihr auch zu Herzen und trieb ihr das Wasser wiederum in die Augen. Wenn Hund und Katze sogar wegen alter Bekanntschaft einig und im Frieden miteinander lebten, wie können denn Mann und Frau, die Gott füreinander geschaffen hat, sich plagen und quälen...»[24]

Nun gab es den Hofhund beileibe nicht nur im Emmental. Bekannt war im 19. Jahrhundert beispielsweise auch der Appenzeller Bläss. Ihm hat Stefan Sonderegger ein Denkmal gesetzt: «Er ist kein eigentlicher Hund. Er ist über den Hund hinaus – noch Appenzeller. So beliebt ihm der Hund in ihm wie der Appenzeller aus ihm und um ihn herum. Er ist das kläffende Daneben, ohne das es keinen Appenzeller gibt, so liebt er den Mondschein wie er ihn chromatisch-disharmonisch mit kurzem Aufbellen dazwischen beheult in den einsamen Winternächten mit ihren halb scharfen, halb undeutlichen Schwarz-Grau-Weiss-Konturen. So bleibt er der fröhliche vor- und zurücklaufende Begleiter und Viehtreiber, dem es nichts ausmacht, den Weg zehnmal zu verlängern, wie der knurrig-bellende Aufpasser auf andere. Vor allem: er ist der Mitherr des Hofes, in echter Mitbestimmung, bis zum Milchanteil vom frisch Gemolkenen, das er, noch schäumig, in seiner Treuherzigkeit schlappt... Er ehrt seinen Meister, der Bläss den Appenzeller, durch Treuherzigkeit und Hofverbundenheit. Er haftet an seinem Hof, noch mehr als selbst der Besitzer. Er verlässt ihn nie, ausser mit dem Senntum zusammen zur Alp hinauf, oder wenn es sonst Gross- oder Kleinvieh zu treiben gibt. So begleitet der Bläss seinen Herrn nie allein nach Haus. Er bleibt das Zeichen des Hofes, Hüter und Stellvertreter zugleich. Und wenn der Hund den Fremden verbellt, der sich dem Hof nun nähert, weiss man nie, ob der Hofbauer da ist und sich einfach nicht zeigen lassen will, oder ob er nicht da ist, und man sich mit dem Stellvertreter begnügen muss.»[25]

Im Vergleich zum gelehrigen Hund erschien die wenig willfährige Katze als eigensinnig und wenig intelligent. «Dumm wie-n-e Buseli», hiess es

Der Schwalben Einzug.

K. JAUSLIN.

— 10 —

Was die Katzenmutter Surrimurri ihren Jungen erzählt.

„Ja, ja Kinderchen, ihr könnt gut lustig sein, denn ihr habt noch nichts erfahren im Leben. Wenn ihr durchgemacht hättet, was ich, so würden euch die Narrenpossen von selbst verleiden."

Also sprach Frau Surimurri eines Tages zu ihren Jungen, die in der grossen „Zaine" auf dem Küchenboden ihre Purzelbäume schlugen. Und sie seufzte tief, so dass die Kleinen erschrocken inne hielten und verwundert fragend ihre Mutter anschauten. Die Alte putzte langsam die Schnauze, fuhr dreimal mit dem Tätzchen über das Gesicht und hub dann an zu berichten:

„Vor vielen Jahren spazierte ich an einem Herbstabend im Garten, um mich nach irgend einem Leckerbissen umzusehen. In der Reblaube sassen und flatterten ein Dutzend freche Spatzen und plünderten die süssen Trauben meiner Herrschaft; die einen schlüpften im Laubwerk herum und die andern füllten ihre Bäuche

— 15 —

etwa. Doch finden wir auch andere Belege, wir finden sie namentlich dort, wo natürliche Eigenschaften dieses Haustieres auf das menschliche Wesen übertragen werden. «Das macht der Chatz kein Buggel», sagte man, was soviel hiess wie es ist gleichgültig, schadet nichts. Oder: «Z'nacht sind alli Chatze schwarz» war die Antwort auf die Frage, warum einer eine so hässliche Frau geheiratet habe. «Er fallt allwil uf d'Füess wie d'Chatze», sagte man von einem, der sich glücklich aus der Affäre zog. Im Solothurnischen hiess es: «Es got so still zue, d'Chatz im Ofeloch schmöckt (merkt) nüt dervo.» Anderseits hiess es: «Wider öppis, wo d'Chatz nid frisst», was soviel bedeutete wie eine unerwartete Einnahme. Ein weiteres Sprichwort lautete: «Passen wie Katze auf die Maus», und weiter heisst es: «Ufem Geld si wie d'Chatz uf der Mus», so sagte man beispielsweise im Zürichbiet. In Basel hiess es: «D'Chatz uf de Chäs setze», damit meinte man, jemanden der Versuchung aussetzen. Auf gute Beobachtung stützt sich das Sprichwort aus der ersten Hälfte des 19. Jahrhunderts: «Tapen (bedächtig vorgehen) wie eine Katze in ein frisches Mus.» Wertschätzung, ja Zuneigung spricht aus einem damals geläufigen Sprichwort: «D'Chatz ist der best Husrat.» Im Zürcher Unterland sagte man: «Wer d'Chatze gern hät, hät au d'Manne gern.» In Luzern hiess es: «Die Braut, welche die Katze gut füttert, hat in der Ehe Glück.» Und noch deutlicher, ja warnend: «Wer Katzen misshandelt, wird nie reich.»[26]

195 Die im Verlag von J. R. Müller zur Leutpriesterei in Zürich erscheinenden illustrierten Jugendschriftchen (Kindergärtlein für das Alter von sieben bis zehn Jahren) unternahmen vieles, um den Kindern Tierverständnis und Tierliebe beizubringen. Unser Bild: Zwei Seiten aus dem Kindergärtlein von 1900. Links der Schwalbeneinzug, rechts «Was die Katzenmutter Surrimurri ihren Jungen erzählt».

Gesunde und kranke Tage

196 Inserat der Badeanstalt in Murten vom 30. Juni 1867. Die Frauen haben andere Badezeiten als die Männer. In dieser Zeit sind die Seebäder aus medizinischen Gründen empfohlen worden. So hat der Murtener Arzt Johann Friedrich Ludwig Engelhart (1783–1862) geschrieben: «Die Seebäder werden mit Nutzen bei Schwäche der Nerven, in Frauen- und Kinderkrankheiten als stärkend und beruhigend angewendet.»

Ein Jahrhundert ohne die fürchterlichste Geissel der Menschheit: Ein Jahrhundert ohne Pest. Zwar gab es einige andere, verhältnismässig gefährliche Seuchen, die Pocken oder die Cholera etwa. Sie hatten im 18. Jahrhundert noch Tausende von Toten gekostet. Aber da war doch einige Hoffnung auf erfolgreiche Bekämpfung. Schon damals kannte man gewisse Impfverfahren. Sie waren allerdings unsicher und kostspielig wie die Überimpfung von Serumpockenkranken, so dass das Volk, solchen Eingriffen ohnehin abgeneigt, davon nicht erfasst worden ist. Um die Wende vom 18. zum 19. Jahrhundert entdeckte man das Einimpfen der ungefährlichen Kuhpocken und erzielte damit einen bedeutend besseren Schutz. Der helvetische Gesundheitsminister Stapfer regte 1801 gar die allgemeine öffentliche Pockenimpfung an, und tatsächlich sind verschiedene Kantone dem Aufruf gefolgt. Dennoch kam es 1824/25 zu einer neuen Epidemie. Auch der Erfolg der neuen Impfung war nicht über alle Zweifel erhaben. Immer wieder gerieten deshalb Impfgegner und Impffreunde aneinander. Um 1882 siegten gar die Impfgegner: Das erste schweizerische Epidemiegesetz, das den Impfzwang vorsah, wurde verworfen. Der Impfzwang selber wurde in den deutschschweizerischen Kantonen aufgehoben, die westschweizerischen behielten ihn bei.[1] Die Todesopfer waren immer noch beträchtlich. So erlagen zum Beispiel im Baselbiet 1885 81 Personen den Pocken. Von diesen 81 waren 63 nicht geimpft.[2]

Zu den Pocken trat die Cholera. Sie forderte 1854/55 und 1867 grosse Menschenopfer; sie sind allerdings nicht mit den Pestverlusten früherer Jahrhunderte vergleichbar. In Basel starben 1854/55 200 und in Zürich 50 Personen. Wiederholt traten auch Typhusepidemien auf. Um 1890 gab es allein in Liestal 192 Typhuskranke, 17 davon starben.[3] Typhus, Ruhr und Cholera, so meint Bickel, seien vor allem überwunden worden, weil man die Trinkwasserversorgung und die Entsorgung der Fäkalien verbesserte. Den Anstoss zu diesen Sanierungen gaben tatsächlich die Seuchen der fünfziger und sechziger Jahre.[4]

Damit sind aber doch wohl die Verdienste der Ärzte zu wenig gewürdigt. Man lese etwa bei Koelbing, Ackerknecht und Buess nach, welch grosse Fortschritte die Medizin im 19. Jahrhundert gemacht hat.[5] Die Erfolge der Ärzte gehen zum Teil zurück auf die Gründung der neuen Universitäten von Zürich, Bern, Genf und Lausanne, auf die Errichtung von Spitälern und Irrenanstalten, sie gehen aber auch zurück auf einige Erfindungen wie Anästhesie und Asepsis. Ohne sie wäre der Aufschwung gerade der bahnbrechenden Chirurgie undenkbar gewesen. Neben den Chirurgen traten indessen auch namhafte Psychiater auf den Plan. Die Internisten schufen sich einen Namen, indem sie sich der Tuberkuloseheilung zuwandten. Manche Errungenschaft auf dem Gebiete der Hygiene geht direkt auch auf das Wirken der Sozialmediziner zurück. Einen grossartigen Fortschritt hatte auch die Zahnheilkunde zu verzeichnen. Allmählich lösten die Zahnärzte die fahrenden Zahnkünstler und Zahnoperateure ab.[6] Alle diese Fortschritte hätten kaum erzielt werden können, wenn nicht gleichzeitig auch die Zahl der Ärzte zugenommen hätte. Dabei ist in diesem ganzen Jahrhundert zwar eine starke Verbesserung, niemals aber die Erreichung von optimalen Zuständen eingetreten, was wir anhand von zwei Beispielen zeigen wollen. Im ganzen Wallis waren um 1812 nicht mehr als 17 Ärzte tätig. Im Verhältnis zur Bevölkerungszahl trafen auf einen Arzt 1812 3737, um 1900 3576, um 1930 dagegen 1755 Einwohner. Noch um die Jahrhundertwende hatte das grosse Vispertal lediglich 1 bis 2 Ärzte in Visp selber. Ein Visper Arzt hatte in tagelangem Ritt auf dem Maultier oder zu Fuss bis nach Zermatt oder Saas Fee zu gehen.[7] Das zweite Beispiel: Im ganzen Kanton Graubünden gab es 1829 23 Ärzte. Sie hatten zusammen mit den anderen Heilkundigen 75 000 Menschen zu verarzten.[7a] Doch nehmen wir einmal an, es sei in jeder Region ein Arzt verfügbar gewesen. Wurde er aber auch wirklich beim Ausbruch einer Krankheit, bei einem Unfall immer gerufen?

Diese Frage führt uns ins Zentrum einiger notwendiger Überlegungen. Wir gehen für einmal nicht aus von der ärztlichen Therapie und ihrem Erfolg, sondern von der Einstellung des betroffenen Menschen zu seinem Leiden, zu seinen Krankheiten, zu seiner Gesundheit. In der Literatur trifft man zwar immer wieder den leidenden Menschen, aber man findet ihn aufgezeichnet als Pockenfall, als Spitalfall, als Sterbenden, als Interessenobjekt von Ärzten, von der Gesellschaft, vom Staat. Den leidenden Menschen selber bekommt man kaum oder nur sehr selten zu Gesicht. Das ist beileibe nicht allein der Forschung anzulasten, es liegt viel mehr darin begründet, dass der leidende Mensch selten oder gar nicht zur Feder gegriffen hat. Zwar gibt es eine schöne Anzahl von Autobiographien. Da wird etwa die Krankheit eines Angehörigen beschrieben, wird kurz verzeichnet, welche Mittel

198

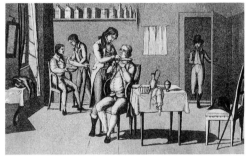

199

197 Der Zahnarzt. Dieses Bild stammt aus dem Haus- und Wirtschafts-Kalender des Schweizerischen Republikaners 1835. Dargestellt ist ein Zahnarzt, der «hoch und feierlich versicherte, dass er die Zähne auf neue schmerzlose Art herausnehmen könne». Sein Geheimnis bestand darin, «dass er, während er die Patienten massakierte, Allerlei vorspielen liess, um den Schmerz zu übertäuben». «Ich schwöre», sagte er, «dass man von meinen Patienten nicht den leisesten Seufzer hört.»

198 Apotheken (unser Bild) gab es nur in grösseren Ortschaften und Städten. Sie verkauften nicht nur Medikamente, sondern auch Gewürze und Zucker.

199 Neben den Chirurgen waren die Bader und Scherer tätig. Sie rasierten, schröpften und behandelten kleinere Wunden. Scherer und Bader an der Arbeit um 1804.

man holen liess. Da treten auch hin und wieder Ärzte auf. Gerne aber wüsste man mehr, denn nicht immer kann man auch hinter den Zeilen lesen. Allzu gern möchten wir erfahren, was es für unsere Vorfahren hiess, wenn sie krank wurden, wenn sie verunfallten. Wer war schuld? Woher kam die Krankheit? Was für Hausmittel gab es? Welche Personen kamen für eine Hilfe in Frage? Waren es die akademischen Ärzte, die man zuerst aufsuchte, oder waren es andere Heilkundige, die man vorzog? Gab es da eine bestimmte Reihenfolge? Führte der Weg zuerst zu einer nicht autorisierten Heilperson und erst, wenn diese nicht helfen konnte, zu einem Arzt? Waren die Krankheitsauffassungen sozial geprägt? Schon eine erste Durchsicht der Quellen zeigt ein höchst erstaunliches, unerwartetes Resultat: Obwohl es im 19. Jahrhundert mehr und bessere Ärzte gab, hielt das Volk an den althergebrachten traditionellen Methoden fest. Zuallererst kamen die «altbewährten» Hausmittel zum Zug; dann vielleicht irgendein Heilkundiger im Dorf, und erst, wenn das alles nichts fruchtete und wenn es zusehends schwieriger wurde, dachte man daran, einen Arzt beizuziehen. Die Reihenfolge ist also genau umgekehrt wie heute: Im zwanzigsten Jahrhundert zieht man den Arzt vor, und erst wenn dieser nicht helfen kann, greift man auf den «Wunderarzt» zurück. Damals war der Arzt für das Volk irgendwie «unerreichbar». Dabei meinen wir diesen Befund keineswegs nur körperlich, räumlich. Der Arzt war nicht nur weit weg, selten und schwierig zu bekommen, man war auch geistig weit weg von ihm. Das gilt nun allerdings nicht für die sozialen Oberschichten, aus denen die Ärzte auch stammten. Hier war der Zugang zum Arzt gewiss leichter und war auch die Einsicht in rationale wissenschaftliche Zusammenhänge möglich. Der Alltagsmensch der unteren Schichten dachte nach wie vor in anderen Kategorien. Für ihn war die Krankheit nach wie vor eine Strafe Gottes oder, bei einer säkularisierteren Auffassung, ein böser, unvermeidlicher Schicksalsschlag. Entsprechend standen denn für den Durchschnittsbürger allerhand magische Praktiken und volksmedizinische Rezepte im Vordergrund. Hier in der Magie und Volksmedizin fand das «Heil- und Erlösungsbedürfnis» seine Befriedigung. Nur so ist es erklärbar, dass im gleichen Jahrhundert, in welchem die Medizin einen derart grossartigen Aufschwung genommen hat, die Quacksalberei ihre wunderlichsten Blüten getrieben hat. So begreifen wir es einigermassen, dass die Zauberbücher, das sechste und siebte Buch Mosis, das Romanusbüchlein weiterhin in hohem Ansehen standen. Auch im 19. Jahrhundert hatte fast jedes Dorf einen Heilkundigen. Dabei brauchte es durchaus kein eigentlicher Scharlatan zu sein, der gelegentlich «mit Worten» gegen Krankheiten von Menschen und Vieh auftrat und wirkte. Im gleichen Jahrhundert, das sich so aufgeklärt, so wissenschaftlich gibt, gehen die Leute erst zum Arzt, wenn alles andere versucht worden ist.

Ein Arzt aus der Mitte des 19. Jahrhunderts hat das recht anschaulich herausgestellt. Es ist Johann Jakob Graf, der eine Praxis im Rafzerfeld hatte: «Nun verschlimmert sich eine Krankheit zusehends, und die Leute entschliessen sich doch, den Arzt herbei zu rufen. Da wohl und gut, wenn dessen Auge die bisherige, sechs- bis acht- und mehrtägige Krankheit blitzschnell herausfindet, denn die Leute haben es unter sich schon ausgemacht, ihm dieselbe als von zwei, höchstens drei Tagen oder gar als von der letzten Nacht an anzugeben und ihm ihre Selbstkur streng zu verschweigen. Gelingt ihnen das, und der Arzt entdeckt die Geschichte der acht bis zehn Tage alten Krankheit und die Selbstkurmethode gegen dieselbe nicht, so ist es bloss glücklicher Zufall, wenn nicht schon seine erste Arzneiverordnung einen

Fehler darstellt. In vielen Fällen bereitet dieses verderbliche Geheimwesen manches Kranken und seiner Hausgenossen dem Arzt eine Menge von Täuschungen und hintergeht ihn auch da, wo er es am wenigsten befürchten zu müssen glaubt...»[8]

Johanna Spyri (1827–1901) schreibt, dass zu ihrer Zeit ganz allgemein die Ansicht geherrscht habe, aus einem Krankenhaus und einem Arzthaus käme keiner wieder heraus, «ohne dass man ihm wenigstens ein Bein oder einen Arm abgenommen habe, nur damit der Doktor etwas probieren könne. So lag mancher lieber in einem luftlosen Loch, ohne Pflege und rechte Hilfe, als dass er sich solchen Gefahren aussetzen wollte».[8a] Kamen aber dann solche Patienten endlich doch zu einem Arzt, so gab es oft keine andere Möglichkeit mehr als eine Operation oder eine Amputation. Das war meistens eine furchterregende Angelegenheit, kannten doch die Chirurgen anfangs des Jahrhunderts noch keine Narkosemittel. So operierte beispielsweise der junge Arzt Doktor Heusser, der um 1810 in Hirzel eine Praxis als Landarzt aufnahm, ohne Narkose. Nach der alten Methode, wie sie im 18. Jahrhun-

201

dert von Laurenzius Heisster in seinem Lehrbuch über die Chirurgie beschrieben worden war: mittels eines Tourniquets, einer besonderen Art von Aderpresse, wurde zuerst der betroffene Körperteil abgebunden, um einen allzu starken Blutverlust zu vermeiden. Dann begann der Arzt zu schneiden, wobei die einzige Möglichkeit, den Operationsschmerz einigermassen in Grenzen zu halten, seine entschlossene und schnelle Arbeit war. Mehrere Gehilfen hatten den Patienten festzuhalten. Dann lockerte der Arzt kurz die Aderpresse, damit die Gefässe mit blutstillendem Wundschwamm verstopft werden konnten, und vernähte die Wunde im allgemeinen nicht. Ein Operationsbericht des Horgner Wundarztes Johannes Hüni (1743–1800) beschreibt eine solche Amputation. Sie wurde vorgenommen an einer Frau, die über Schmerzen am linken Bein klagte: «Ein Tourniquete wurde zuoberst an dem Schenkel angelegt, welches Chirurgus Staub halten und nachlassen musste.» Ein junger Mann musste die Frau halten, dann führte der Chirurg «zwei Querfinger unter dem Knie die Amputation durch, mit einem geraden Messer, in der Länge eines Tischmessers, sägte dann das Bein ab, die Arterien unterband er nicht sondern stopfte Agarikus in dieselben, sehr viel trockene Charpie darüber, ein paar Heftpflästerchen dieselb zu halten, eine lange zweiköpfige Binde. Die Tourniquete sollte drei Tag an dem Bein bleiben.» Erstaunlicherweise starb die Patientin nicht.[8b]

Auch Gottfried Keller (1819–1890) war Augenzeuge einer Operation. Er sah in jungen Jahren «einst auf dem Operationstisch einer chirurgischen Klinik einen Greis aus den unteren Ständen liegen, welchem an seinem erkrankten Knochenwerk herumgesägt wurde. Schon im Anfange, während des Blosslegens und Unterbindens der Gefässe, beklagte er sich seufzend und stöhnend über den Schmerz; als aber die Säge kam und das Leiden stieg, wurde das Klagen lauter und lauter, aber immer artikulierter, sozusagen formvoller und edler. Kein wüster Schrei, kein hässliches Aufkreischen, sondern alles deutlich prononcirte Worte, und die Oh's und Ach's dazwischen wohl wimmernd, aber immer gemässigt ausklingend. Allerdings benimmt sich die Mehrzahl der Leute vielleicht nicht so stilvoll.»[8c] Meta Heusser, die Frau des Hirzeler Arztes, nahm, wie sie selbst berichtet, «am freudigsten und hoffnungsvollsten solche auf, die sich schweren Operationen unterwerfen mussten; unter manchen anderen waren es doch meist Amputationen und Bruchoperationen, deren so viele in unserem ‹Bäuli› vollzogen wurden. Ich wusste, was in diesen Fällen geleistet wurde, was eine Menschenhand leisten konnte, und mit einem eigentümlichen Gefühl der Freude und des Dankes sah ich manchen Geretteten, wenn auch um ein Glied ärmer, unser Haus verlassen.» In einem Brief an eine Freundin berichtet sie von einer «grässlichen Operation» hier im Hause: «Die Wegnahme einer krebskranken Brust an einer ehrlichen Katholikin, die aus dem Aargau hergekommen, sich von meinem Manne schneiden und heilen zu lassen... Gottlob! Es geschah ihr bei dem Entsetzlichen, dem sie sich unterworfen hatte, nach ihrem Glauben und einfältigen Gebete: Es ging und geht ihr sehr gut.» Man kann sich fragen, wie sie solche Operationen überhaupt durchstehen konnten. Tatsächlich war früher die Fähigkeit, vielleicht auch die Bereitschaft, Schmerz zu ertragen, möglicherweise grösser als heute. Es gehört zur bäuerlichen Eigenart, dass eigene Leiden gering geachtet werden; auf keinen Fall will man als wehleidig gelten.[8d]

In klassischer Weise hat Gotthelf in «Anne Bäbi Jowäger» beschrieben, was passierte, wenn ein Mensch krank wurde und welche «Reihenfolge» man befolgte. Jakobli bekam die Blattern (Pocken), die Eltern hatten ihn

200 Magen- und Darmkrankheiten waren im 19. Jahrhundert häufig. In vielen Fällen konnten, weil die Medizin noch wenig entwickelt war, die Ursachen nicht ergründet und keine Hilfe geboten werden. Man nahm deshalb, wie dieses Votivbild zeigt, Zuflucht zum Gebet.

201 Kropfkranke Frau aus dem Tessin. Diese Krankheit war im 19. Jahrhundert verhältnismässig häufig. Sie wurde durch Jodmangel hervorgerufen. Krankheit, Elend und Armut sprechen aus dem von Roberto Donetta um 1900 aufgenommenen Bild.

259

nicht impfen lassen – «es war nicht der Bruch gewesen in unserem Haus, der Ätti hat es nicht getan und der Grossätti nicht und niemärandere, sowyt me si hingerebsinne cha». Als die Blattern aber ausbrachen mit fürchterlicher Macht, «da ward der Jammer gross im Hause, man wusste nicht, bei wem am grössten». Der Vater meinte, Wagensalbe sei «bsunderbar heilsam, er wolle sie gerne vorbereiten oder wenn er wüsste, dass das Beten mehr hülfe, so wolle er gerne weiterfahren, bis es bschossen hätte». Schliesslich einigte man sich aber doch darauf, einen Arzt zu suchen. Er kam. Sobald er den Vater sah, sagte er: «Vor dem hätten sie sein können, und er begreife nicht, wie Eltern ihren Kindern solches Leiden antun mögen, wenn sie es ihnen doch ersparen könnten. Jetzt sei nicht mehr viel zu machen. Mittel gebe es keine; zu trinken sollten sie ihm geben nach seinem Bedürfnis, Haberkernenbrühe und Eibischtee mit Süssholz. So viel Leute sollten sie nicht in der Stube haben, das mache dem Armen nur angst, und finster sollten sie machen und machen, dass keine Fliegen in die Stube kämen.» Auf den Einwand der Mutter, seine Augen seien ganz verschwollen, ob man da nichts weiteres unternehmen könne, meinte der Arzt: «Mit Netzen und mit Salben würde man da nur verderben, man müsse warten, bis die grösste Geschwulst der Augendeckel etwas abgenommen habe, dann erst könne man sehen, wie es um das Innere stehe.» Mit den Worten: Macht kühl im Stübli und jagt die Fliegen aus, ging der Arzt.[9] Mädi aber, die Magd, tat genau das Gegenteil vom dem, was der Arzt verordnete. Je heisser es war in der Stube, um so mehr deckte es den Jakobli zu. Es salbte Jakobli alle halbe Stunde, mit immer wieder etwas anderem: «Das fanden die Leute recht gut, und jeder wusste noch etwas; die einen meinten süsser Anken wäre gut, andere gaben dem Schmer den Vorzug.» Mädi aber «salbete Tag und Nacht, bald mit Nidlenhaut, bald mit süssem Anken, bald mit Schmer, bald mit Augenwasser oder Augensalbe, je nachdem es das Eine oder das Andere bei der Hand hatte. Es wolle doch sehen, ob dann alles nicht helfe; und wenn das Eine nichts nütze, so nütze doch etwas anderes... Aber das Ding kam nicht gut. Das Gesicht sah immer wüster aus trotz Mädis Fleiss.»[10]

Doch Jakobli überlebte. Freilich war sein Gesicht entstellt und Anne Bäbi versuchte es, nachdem ihm der Arzt weder einen Trank zum Purgieren oder Laxieren verschrieben hatte mit einem Elixier, «wo da einer in Mirtligen macht, der halbe Schoppen für fünf Batzen». Mädi, die Magd, aber meinte, es wäre doch vielleicht besser das Wasser zum Sameli, dem Wunderdoktor zu schicken, «der könne aus dem Wasser Allen sagen, wo es ihnen fehle».[11] Anne Bäbi selber aber erzählte im Wirtshaus, wie es beim Doktor gewesen, und wie der ein hochmütiger «Uverschamte und Ungschleckete sei. Für seinen Buben hätte er ihm nichts gewusst...» Das allerdings hörte der Arzt, der sich im Nebenzimmer aufhielt, er trat heraus und sagte: «Aber von dir hätte ich es nicht gedacht, dass du so redetest über mich und mich so verdächtigtest; das hab ich um dich nicht verdient. Aber so hat man es: wenn man es gut meint und aufrichtig ist, so glaubt ihr es einem am allerwenigsten; dem ärgsten Lumpenhund, der euch die Haut über die Ohren abzieht, könnt ihr glauben.»[12]

In der Tat, es fehlt nicht an Beweisen, dass es solchen «Lumpenhunden» weiterhin gelang, das Volk zu betören: «Die Fortschritte der medizinischen Wissenschaft haben die Wunder nicht zu vollbringen vermocht, die der gequälte und vom Tod bedrohte Mensch vom Heilkundigen erwartete.»[13] Das Volk hat sich weiterhin in Scharen vom gelehrten Mediziner zum Wunderdoktor, von der Wissenschaft zur Magie gewandt. Reisende, Zahn-

203

künstler, Operateure, Wunderdoktoren reisten mehr oder weniger ungehindert durchs Land, und sie fanden ihre Anhänger. Aus Hunderten von Fällen nur ganz wenige Beispiele: In Tinzen (Oberhalbstein) war um 1820 ein als «stummer Mensch» beschriebener Heilkundiger am Werk. Der Bündner Sanitätsrat ersuchte die Gerichtsbehörde einzuschreiten. Tatsächlich sprach Kriminalstatthalter Anton Spinatsch in Tinzen vor. Daraufhin drohte die aufgebrachte Ehefrau des Heilpraktikers, ihn beim Kleinen Rat zu verklagen. Soweit kam es indessen nicht. Ob die Praxis eingestellt wurde, wissen wir nicht. Um 1828 tauchte ein italienischer Wunderarzt namens Kallenberg im Bergell und im Engadin auf. Chirurg Schmidheini aus Bondo legte dem Bündner Sanitätsrat einen Bericht vor, da heisst es: «Es befindet sich hier im Bergell seit drei Jahren zeitenweise ein Bauer von der Lombardei aus dem Tal zu St. Jakob, namens Kallenberg, der mit einem Kistli Menschenbeinen und einem Kräuterbuch sich als ein Wunderarzt ausgibt und bei den gemeinen Leuten mit seiner Grossprahlerei ziemlichen Beifall bekommt. Er erstreckt sich zuweilen bis nach dem Engadin.» Kallenberg nahm selbst grössere chirurgische Eingriffe vor. Als er einmal von einer begonnenen Kropfoperation davonlief, was den Tod des Patienten zur Folge hatte, sperrte man ihn einige Monate ein. Das hinderte ihn aber nicht, kurz darauf seine Praxis wieder aufzunehmen. Er versprach vor allem, Epilepsien gründlich heilen zu können. Ja, er könne selbst ein Gehirn herausnehmen und es wieder einsetzen. Besorgt schrieb der Sanitätsrat dem Podestà vom Bergell, man müsse diesem Treiben Einhalt gebieten. In seiner Antwort vermerkt der Podestà, das sei nicht so leicht, besitze doch der Wunderarzt keine Aufenthaltsbewilligung im Bergell. Würde man ihn ausweisen, so hätte das zur Folge, dass das Volk ihn auch auswärts aufsuchen würde. Immerhin erhielt der Zollaufseher von Castasegna die Weisung, den Wunderarzt bei der Grenzüberschreitung wegzuweisen. Doch 1821 tauchte Kallenberg wieder im Oberhalbstein auf, seine Arzneien, meist Brechmittel und Laxantien, in seinem Nastuch eingebunden mit sich tragend. Er hatte nach dem Bericht des kantonalen Impfarztes «einen jungen Menschen am Uterus behandelt, wegen welchen er auch express gerufen worden war».[14] Kallenberg soll mindestens 50 Gulden aus der Gegend weggetragen haben – den Heilkünstlern standen also die Geldsäckel offen.

202 Briefliche Behandlung! Im Bündner Kalender für das Jahr 1872 empfiehlt sich ein gewisser Bergfeld, Arzt in Glarus, alte Magen- und Geschlechtsleiden brieflich, rasch, sicher und billig zu behandeln. Gleich nebenan werben Grob und Bernard, Flaum und Bettfedern zu den billigsten Preisen zu liefern.

203 Die Genesende. Um 1887 hat Albert Anker die kleine Genesende gemalt. Das kranke Mädchen liegt in seinem städtischen Kinderbett, setzt seine Püppchen auf niedliche Polstermöbel und gruppiert eine kleine, feierliche Gesellschaft um einen Tisch. Sie sieht noch ein wenig spitz und blass aus, im Gegensatz zum pausbäckigen, blonden Brüderchen, das hinter der rotgepunkteten Bettdecke staunend und vergnügt hervorlugt.

Nicht alle Heilkünstler kamen von auswärts. Einem Arzt in Lenz fiel um 1830 auf, dass es in seiner Praxis überhaupt keine chirurgischen Fälle mehr gab. Er war höchst überrascht, als er erfuhr, dass der Landammann höchst persönlich zum Hauptchirurgen der Region aufgestiegen war. Der Arzt aus Lenz klagte, und er konnte gleich auch mit belastendem Material aufwarten. Er berichtete dem Sanitätsarzt über mindestens zwei Fälle, die von Stephen Philipp, dem Landammann, unsachgemäss behandelt worden waren. Erbittert schrieb der Arzt, ein solcher Praktikant gefährde nicht nur Leben und Gesundheit der einheimischen Bevölkerung, sondern untergrabe auch das Ansehen der Ärzte. Der studierte Arzt wird «einem solchen Quodlibet gleichgestellt oder noch nachgesetzt». Der Arzt war erstaunt, dass seine Kollegen in der Region die Praxistätigkeit des Landammanns mehr oder weniger stillschweigend duldeten. Offenbar fürchteten sie sich vor der mächtigen Autorität des politischen Führers. Es waren aber auch Leute aus der Region, die für den populären Heilkünstler eintraten. Die Leute aus Stürwis berichteten, dass es eine ganze Reihe von Patienten gebe, die Stephen Philipp «vollkömmlich kuriert und so behandelt habe, dass er sich in keinem Falle etwas Ordnungswidriges zu Schulden kommen lassen habe». Selbst das Hochgericht Oberhalbstein fand, dass der Mangel an Wundärzten in den beiden Gerichten die «Praxis des Herrn Landammann notwendig mache.» Mit voller Gewandtheit führe er chirurgische Operationen durch, und innere Curen habe er nie unternommen. Schliesslich wurde auch die Armut der Bevölkerung angeführt. Der Landammann habe seine Patienten stets für ein geringes Entgelt behandelt.[15]

Recht aufschlussreich ist auch der Fall des Franz Hoderas oder Hoderus, eines Müllers, der seit Jahren als eigentlicher Quacksalber wirkte. Er tat dies mit Wissen sämtlicher Ortsvorsteher. Der Arzt, den man um seine Meinung bat, berichtete, er habe Kranke genug, die einen patentierten Arzt zu würdigen wüssten. Es kümmere ihn wenig, wenn und in welcher Art ein einfältiger Mensch sein Leben einem Scharlatan anvertraue: «Die medizinischen Kenntnisse eines praktizierenden Arztes sollen das Dunkel dieser dummen Leute lichten und ihre eigenen, für ihr Leben und Gesundheit durch After-ärzte gemachten traurigen Erfahrungen sie strafen.» Der praktizierende Müller übernahm offenbar jeden Kranken. Er praktizierte im grossen wie

205

auch im kleinen an Menschen und Vieh. Bei Misserfolgen erhielt er indessen kein Honorar, er musste lediglich Drohungen einstecken. Er liess sich gut bezahlen und ging nur dorthin, wo er mit Pferd und Wagen abgeholt wurde. Zusammen mit einem weiteren selbsternannten Arzt namens Christian Item von Marmels, einem Kessler (Spengler), behandelte er einen bejahrten Knecht, der an Hüftschmerzen litt. «Zuerst wurde die schmerzende Stelle mit siedendem Wasser gebrannt und dann gesalbt.» Kein Wunder, dass die Wundverhältnisse immer schlechter wurden. Ob er schliesslich starb, wissen wir nicht. Das Hochgericht nahm den Angeklagten in Schutz, man habe ihm die Ausübung der Tierheilkunde und der niederen Chirurgie für geringfügige Verletzungen, für Verrenkungen und Beinbrüche ohne Anwendung von Schneid- und Brenninstrumenten gestattet. Seine Praxis liege im Interesse der hilfebedürftigen Armen. Er sei zwar kein gebildeter Arzt, aber sicher auch kein Scharlatan, weil er sich dem Kranken nicht aufdränge. Der Sanitätsrat aber sprach ein Praxisverbot aus. Das Volk reagierte unwirsch. Man behauptete, Hoderas sei ein unschuldig Verfolgter. «Wenn Sie, hochgeehrte Herren», so heisst es in einem Schreiben, «die hiesigen Verhältnisse berücksichtigen würden, so dürften sie den Bräuchen anderer civilisierter Länder folgend dem Franz Hoderas auch die Ausübung der niederen Chirurgie gestatten». Der Sanitätsrat liess sich indessen nicht erweichen, er forderte vielmehr die Behörde auf, den Fehlbaren zu bestrafen. Das Schreiben des Hochgerichtes selber wurde «als merkwürdiges Aktenstück» der Klage an den Kleinen Rat beigelegt. Inzwischen fand aber eine Umbesetzung des Gerichtes statt, und die Klage wurde fallen gelassen. Franz Hoderas praktizierte unbehelligt weiter. Erst sein Tod hat der Praxis ein Ende gesetzt. [16]

Offenbar gab es aber auch Wunderdoktoren, deren Taten selbst den Sanitätsrat eines Kantons so befriedigten, dass er ihnen eine beschränkte Weiterführung ihrer Praxis erlaubte. Ein Beispiel: Peter Jenick führte auf dem Brigelshof Vali oberhalb Tavanaso eine Praxis. Um 1823 verbot ihm der Bündner Sanitätsrat deren Weiterführung, obgleich er sich über gewisse Erfolge ausweisen konnte. So hatte er in Truns sechs Schwerkranke geheilt. Einer Frau, die an heftigen Bauchkrämpfen gelitten hatte, konnte kein Arzt helfen: Der Doktor im Vali aber war erfolgreich. Ja selbst die Obrigkeiten setzten sich für ihn ein. Er hatte indessen eine Prüfung abzulegen. Der

204 Das Bad im Freien gehört in der zweiten Hälfte des 19. Jahrhunderts zu den grossen Errungenschaften moderner Lebenshaltung. Hier ein Bild aus den neunziger Jahren, von dem man freilich nicht weiss, ob es der Realität entsprang oder nur Wunschvorstellung war.

205 Molkenkuren sind gesund. Neben den alten Bädern empfahlen sich im 19. Jahrhundert die Molkenkurorte zur Heilung mancherlei Leiden. Unser Bild zeigt den Molkenkurort Gais im Appenzellerland. Ulrich Hegner hat die Molkenkur beschrieben. Da gab es alte, gichtbrüchige Jäger oder «kupfernasige Fleischer», phlegmatische Müller und alte Landrichter, die hier ihren «Durst gern mit Molken löschen möchten».

gelehrte Arzt Vieli aus Rhäzüns hatte ihn darauf vorzubereiten. Vieli berichtete, dass der Wunderarzt halt rein nichts von der Theorie wüsste; dafür sei er in der Praxis sehr bewandert und auch erfolgreich. Man sollte ihm vielleicht Kuren von «äusseren chronischen Gebrechlichkeiten vorübergehend gestatten, aber keine nur inneren, vorzüglich nicht hitzige Krankheiten». Darauf hat der «Doktor im Vali» weiter praktiziert. [17]

Zu diesen Heilkünstlern stiessen die fahrenden Zahnärzte. Wie sie wirkten, erfahren wir aus einem Inserat der Zürcher Zeitung von 1800. Da heisst es: «Es ist all hier Josef Oetinger, ein berühmter Zahnkünstler, von Anspach angekommen und er erbiethet einem geehrten Publikum in nachstehenden Wissenschaften seine ergebensten Dienste und versichert einem jedem, welchem er gefällig ist, seine Kunst zu erfahren, in allem bestmöglichsten Vergnügen zu leisten: Erstens nimmt er alle abgefaulten und abgebrochenen Zähne künstlich heraus, zweitens vertreibt er allen Skorbut oder Tartar von den Zähnen in einer halben Stunde so, dass man lebenslänglich nichts mehr davon verspürt. Drittens weiss er die Zähne weiss wie Elfenbein auf beständige Dauer zu machen, viertens die hohlen Zähne künstlich zu katerisiren und plombiren, fünftens setzt er auf ungemein künstliche Art Zähne ein, sechstens hat er ein durch Proben bewährtes Pulver, die Zähne zu erhalten, siebtens hält er eine Tinktur, das abgebrochene Zahnfleisch wieder herbey zu bringen und wachsen zu machen, achtens besitzt er die Kunst, Zahnschmerzen augenblicklich zu stillen, so dann neuntens die sogenannten Hühneraugen ohne einiges Bluten und ohne geringste Wehempfindung zu vertreiben.» [18] Solch fahrende Zahnärzte haben beispielsweise in Graubünden bis zur Mitte des Jahrhunderts ihre Kunden aufgesucht. Um 1854 wurde ihre Existenz amtlich untersagt. Trotzdem wirkten sie in abgelegenen Talschaften noch lange weiter. [19]

Noch Ende des letzten Jahrhunderts erfreuten sich die Heilpraktiker bei dem Volk ganz allgemein grosser Beliebtheit. Aus dieser Zeit sind allerdings keine spektakulären Fälle mehr gemeldet worden. Es lag aber nicht daran, dass die Heilkünstler ihrer Berufung entsagt hätten, vielmehr fehlte es an entsprechenden Anzeigen. So hat beispielsweise der Bezirksarzt Viktor Weber aus Alvaneu 1873 geschrieben: «Ich werde grundsätzlich erst zu einer Klage schreiten, wenn mir ein grober Kunstfehler oder das Verabreichen gefährlicher Substanzen bekannt wird.» Die freie Arztpraxis fand in Graubünden so viele Anhänger, dass 1874 der Grosse Rat die ärztliche Praxis freigab. Der Beschluss ist allerdings im folgenden Jahr wieder aufgehoben worden. [20]

Wir haben indessen unser Augenmerk nicht allein auf alle diese hauptberuflichen Heilkünstler zu richten. Um die Mitte des 19. Jahrhunderts hatte in unserem Land nach den Aussagen von Johann Jakob Graf «jedes Dorf, nicht selten schon der mehrhäusrige Hof, seine bald männliche, bald weibliche Hausmittelmedikaster, zu welchen viele in Krankheiten ihre erste Zuflucht nehmen». [21] Da und dort seien es auch die Pfarrer, die aus gedruckten Schriften und nach ihrer Erfahrung geschöpfte arzneiwissenschaftliche Kenntnisse besassen und sie auch anwandten: «Unser Heer, der Pfarrer, so sagten die Leute, ist nicht bloss geistlich, sondern auch doktormässig gstudiert.» Graf notiert − erstaunlicherweise ohne Anwandlung von Zorn oder gar Neid −, dass «die meisten katholischen und reformierten Geistlichen der Gegend immer sehr viel, einige noch mehr Zeit auf Krankenbesuche verwendeten als die Ärzte, nicht selten die genaue Ausführung der Verordnungen des Arztes trefflich beobachteten und überwachten». Graf glaubte die ärztliche «Litera-

206

206 Auch im 19. Jahrhundert war das Aderlassen eine Therapie und ein Hilfsmittel ersten Ranges. Unser Bild: Aderlassgerät in Etui mit zwei Schneppern aus dem Kanton Bern, datiert 1850.

tur» der Geistlichen zu kennen. Es seien die noch aus dem Ende des 18. Jahrhunderts stammende Anleitung für das Landvolk in Absicht auf seine Gesundheit (Verfasser J. Tissot, Übersetzer Stadtarzt J. J. Hirzel aus Zürich), sodann die damals noch geltenden Verordnungen und Anleitungen des Sanitätsrates bei Seuchen, schliesslich die Kräuterbücher (Matthiolus 1586, Tabernaemontanus 1597 und Zwinger 1696). In den Pfarrhäusern gebe es auch Hausapotheken, und in den Pfarrgärten werde eine grosse Menge verschiedenster Heilkräuter kunstvoll angebaut. In den Pfarrapotheken selber gebe es neben den Heilkräutern eine achtunggebietende Reihe von Arzneien: Leinöl, Honig, Wachs, Hexenmehl (Sporen des Bärlapp, Lycopodium clavatum L.), das bei Hautentzündungen angewendet wurde[22], Fliegen, Terpentinöl, Aloë, Jalappawurzel, Manna, Sennesblätter, Glaubersalz, Wurmsamen, Birkensaft, spanisches Fliegenpflaster, Schwefel, Steinöl, Hoffmannsche Tropfen, Salmiakgeist, Laxierlatwergen usw.[23] Freilich, so meint Graf, seien manche Mittel auch in den allermeisten Häusern bekannt. Jedermann wisse, dass Lindentee schweisstreibend wirke, dass Kamillen- und Melissetee «bei weiblichen Geschlechtszufällen» helfen, dass man Fieberkranken mit dem Haber-, Gersten-, Brot-, Zwetschgen- und Ziparten-wasser (Aufgüssen) helfen könne, dass man dem Durchfall mit Eiern und gedörrten Birnen begegnen könne. Bei Harnverhaltung gehe man mit dem Aufguss aus «Witschgen» (Hauhechel, Ononis spinosa L.) vor. (Nach dem Pharmakologen Flück wirkt tatsächlich Hauhechel harntreibend.[24]) Manches Hausmittel stammte noch aus dem Spätmittelalter und basierte auf dem Prinzip der Ähnlichkeit. Ein Beispiel: Um die Gelbsucht heilen zu können, trägt man so viel grün-gelbes Schöllkraut in den Schuhen, als darin Platz findet. Auch die Mittel gegen die Ruhr stammten noch aus dem 18. Jahrhundert. Sie waren nicht nur im Rafzerfeld, sondern in der ganzen Schweiz anzutreffen. Man ass rässen, stark gesalzenen Käse oder stark geröstetes Hafermus. Daneben nahm man auch Pfeffer in rotem Wein ein. Etwas maliziös vermerkt Graf: «Ein anderer und auch nicht selten gegebener und befolgter Rat in der Ruhr, aus allen möglichen Dingen gerade das zur Kur zu wählen, wonach einem gelüstete, soll sich auch nicht selten als probat erwiesen haben.» Seltsamerweise hätten sich bei der Ruhrepidemie von 1804 mit einem vielgepriesenen Mittel sogar hin und wieder Erfolge eingestellt: «Nach einem reichlichen, bis zum Ekel getriebenen Genuss von in Küchlein gebackenen Brennesselsamen, sah man bei Kindern und Jugendlichen das Übel bald ohne Rückfall verschwinden.»[25]

Nach Graf nahmen die Selbstkuren und vor allem das Aderlassen nach wie vor die «gewaltigste Stelle ein». Die meisten Leute halten es «für ein Universal Präservatif und machen es sich zur blossen, häufiger schädlichen als nützlichen Gewohnheit, andere davon bei den auffallendsten Gegenanzeigen als von einem Spezifikumgebrauch wie auf heftigen Zorn, gegen Furunkel, Krätze, Epilepsie, Zahnschmerzen, Rheumatismen, heftige Kopfschmerzen aller Art, verlorene Esslust, Blähungen in Schwangerschaften, hysterischen Zufällen, im Schnupfen, nach starken körperlichen Anstrengungen, zur Erholung und wählen die rechte Zeit dazu nach den Kalendern, welche ihre 17 bösen und 13 guten Lässertage haben».[26] Um die Krätze zu vertreiben, hätten die Einwohner die verschiedensten Methoden gebraucht. Man habe in einem Fluss vor Sonnenaufgang gebadet, es sei eine Salbe aus Schweinefett und Schiesspulver verwendet worden, andere brauchen ein Waschwasser aus Seifenwasser und Kleien usw. «Eine mit Kuhschmalz gekochte Salbe, auf die Kopfausschläge geschmiert, hat diese, als sie noch häufiger waren, nur zu oft vertrieben», so meint Graf. Alte Fussgeschwüre pflege man dagegen «am liebsten mit Huflattichblättern zu belegen, die Rose am Unterschenkel mit blauem Zuckerpapier zu umgeben.» Dieses Heilmittel war nicht nur im Zürcher Unterland anzutreffen. Blau hat man als Schutzfarbe gegen Verhexung seit dem späten Mittelalter sehr geliebt. Gegen Verstauchungen der Gelenke und bei Quetschung stehe das Safranpflaster in grossem Ansehen, während man gegen Urinverhaltung warme Umschläge von in Milch oder Wasser gesottenen Strangen Leinengarnes anwende. Als gutes «Kühlmittel habe man geschabte, rohe Kartoffeln gehalten und damit «Verbrennungen und hitzige Geschwulste allerart belegt». Als blutstillendes Mittel bei Verwundungen brauche man Umschläge von kaltem Wasser, Essig, Branntwein oder aber man belege die Wunde mit Zündschwamm, Spinnmückengarn, mit feiner Erde oder gar Waldmoos. Pflaster aus Harz und solche aus Pech haben den Mangel an anderen Pflastern zu ersetzen. In hohem Ansehen standen noch die Räucherungen. Darunter ist nichts anderes zu verstehen als kirchlich gesegnete Kräuter, welche von den katholischen Nachbarn alljährlich übernommen und auch in protestantischen Gebieten gebraucht wurden. Am Fest in Mariä Himmelfahrt (15. August, also um die Zeit der Reife des Getreides) band man sich aus verschiedenen Pflanzen einen Strauss. Dieser wurde zur Segnung auf den Altar gebracht und zu Hause schliesslich als eine Art Heiligtum ans Bett oder an einem Balken der Schlafkammer aufgehängt.[27] Als besonders verwerflich hat Graf die Selbstkuren mit Exkrementen von Menschen, Haus- und anderen Tieren betrachtet, ohne es freilich zu begründen. Wahrscheinlich wusste er es aus der Literatur, dass diese «Heilmethode» zu fürchterlicher Sepsis führen konnte. Er vermerkt freilich, dass in den letzten fünfzig Jahren «solches Gelichter» allmählich zurückweiche. Das Volk brauche ausser dem Menschenharn als Waschwasser gegen die Krätze, Menschen- und Mäusedreck, bei hitzigen Geschwulsten suche man aber da nur noch selten Zuflucht. Viel häufiger, als die Ärzte glauben, so fährt Graf fort, werden immer noch sympathetische Selbstkuren getrieben, allerdings komme man allmählich von der früheren Praxis der Übertragung von Krankheiten von Menschen auf Tiere wieder weg. Eine Ausnahme sei das Halten von Turteltauben unter dem Stubenofen oder ganz in dessen Nähe. Im Jahre 1813 gab es im Rafzer

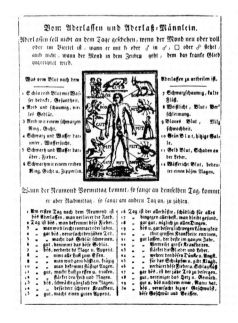

207

feld noch 47 Häuser, die solche Tauben hielten. 1851 waren es nur noch acht Fälle. Man brauchte sie, um rheumatische und andere gichtige Übel der Hausbewohner auf sie zu übertragen. Die Übertragung von Krankheiten auf Pflanzen dagegen, «auf den Schlehendorn, Hagedorn, die Eiche, die Weide, den Holunder sei in einzelnen Familien immer noch bekannt. Als übertragbar wurden folgende Krankheiten gehalten: die Wechselfieber, das Podagra, der Skorbut, die Auszehrung, die Wassersucht, das Zahnweh.» Noch immer werden auch Zauberformeln an Häusern und Ställen angebracht.[28] Der Arzt habe Mühe, sich seinen «rein abergläubigen» Patienten gegenüber durchzusetzen und «das Durcheinanderstürmen der grossen Ungeduld und ebensogrossen Unfolgsamkeit zu einem guten Ende leiten zu können».[29] Es gab in den ersten fünfzig Jahren meiner Praxis, so notiert Graf, Leute, «gleichsam eine Sekte ohne allen Glauben an ein anderes Heilen innerlicher Krankheit als an das durch Hungern; zu Rafz allein gehörten 15 bis 17 Familien mit 80 bis 90 Personen dazu. Sie glauben an die «Alleinherrschaft der Natur». Sie glauben, dass die Brustentzündungen, auch Keuchhusten, die Ruhr, das Wurmfieber, die Auszehrung der Kinder und auch chronische Krankheiten von selbst heilen. «Man habe lediglich bei der Wiedergenesung, den Kindern mit guter Rindfleischsuppe aus dem Wirtshaus, den Erwachsenen mit altem roten Wein zu helfen.»[30]

Zur gleichen Zeit, in welcher Graf so getreulich seine Notizen machte, legte J. E. Rothenbach auf Veranlassung von Heinrich Grunholzer, Direktor am bernischen Lehrerseminar in Münchenbuchsee, eine breit angelegte Sammlung von «Satzungen des Aberglaubens» – so nannte er es – an. Wir haben hier ein einmaliges Dokument aus der Frühzeit volkskundlicher Forschung in der Schweiz vor uns. Zusammen mit der Sammlung von Werner Manz («Volksbrauch und Volksglaube des Sarganserlandes») bildet sie eine volksmedizinische Fundgrube von einmaliger Art.[31] Da finden sich Rezepte gegen Warzen: «Man macht in eine Weidenrute so viele Schnitte als man Warzen hat und steckt sie im Dorfbrunnen in die Röhre, so bekommt die Warzen derjenige, welcher die Rute herauszieht.» Ein anderes Mittel: Man wasche während dem Grabgeläute bei einem zunächst der Kirche liegenden Gewässer die Hände und spreche dazu: «Jetzt lütets eneme Tote is Grab, jetzt wäschen i mini Wärze ab.» Darauf wird man von den Warzen befreit. Eine andere Heilmethode war das Einknoten: man mache «in eine Schnur so viele Knöpfe als man Warzen hat und lasse sie auf dem Wege liegen. Wer sie findet, bekommt die Warzen.» Viele Mittel sind dem Blutstillen gewidmet: «Wem die Nase blutet, der nehme einen Strohhalm, mache ein Kreuz daraus und blute darauf, so wird das Bluten aufhören.» Ein anderes «bewährtes» Stillungsmittel war: «Wenn man sich stark geschnitten hat, so lasse man etwas Blut in ein Pfännchen giessen und stelle es über das Feuer, das Bluten würd aufhören, wie das blutig wird.» Selbstverständlich sind gegen das Bluten auch heilkräftige Sprüche empfohlen worden, wie zum Beispiel: «Heilig ist die Wunde, heilig ist die Stunde, heilig ist der Tag da Jesus Christus geboren war. Dieser Spruch ist während dem Verbinden zu sprechen.»[32] Da werden auch Mittel gegen mancherlei Kinderkrankheiten angegeben: «Wenn schwere Krankheiten wie Gicht, Rüppsucht, das Kind befallen, so geht man um Mitternacht und legt es in eine Krippe, oder man spaltet eine junge Eiche oder einen Efeubaum und zieht es durch die Spalte.» Ein anderes Mittel: «Gegen die Skrophulose der Kinder, die Rüppsucht, legt man das Kind drei aufeinanderfolgende Freitage in die Krippe und lässt es von den Kühen beriechen.» Eine andere Heilmethode: «Hat ein Kind einen

207 Aderlass ist Trumpf. Bild links: Der Aderlassmann nennt gute und schlechte Tage für den Aderlass und gibt Hinweise zur Beurteilung des entnommenen Blutes. Bild rechts: Eine «aufgeklärte» Lass-Tafel. Die Abbildung entspricht der traditionellen Form. Im Text werden altüberlieferte «Weisheiten» mit aufklärerischem Gedankengut auf wunderliche Weise gemischt.

Leibschaden, so glauben die Leute, ihn auf folgende Weise heilen zu können: Sie betteln ein Ei von einem schwarzen Huhn, wobei Geber und Empfänger durchaus nicht reden dürfen, bohren es am Karfreitagmorgen vor oder mit Sonnenaufgang in eine junge Eiche ein. Wird das Loch überwachsen, so glauben sie fest, es werde dem Kind bessern.» Johnnes Nyffeler von Huttwil bestätigte ausdrücklich, dass viele Eltern diesen Glauben haben.[33] Auch die Simmentaler glaubten die Krankheit verpflöcken zu können: «Hat ein Kind einen Bruch, so muss man am Karfreitagmorgen, vor Sonnenaufgang in den drei höchsten Namen, ihm drei Büschel Haar, etwas von den Nägeln der kleinen Finger und der kleinen Zehen abschneiden; ein Loch in eine stark wachsende Weide bohren, das Abgeschnittene hineinlegen und das Loch wieder schliessen. Sobald das Loch in der Weide wieder zugewachsen ist, wird der Bruch geheilt sein.»

Ein ganzes Arsenal von Heilmitteln und Heilmethoden boten ausserdem die Kalender des 19. Jahrhunderts an. Da werden Aufgüsse und Abkochungen von Kräutern, Blättern, Blüten, Beeren gepriesen. Sie wurden empfohlen gegen Fieber, Magenstörungen, Unwohlsein und Kopfweh, äusserlich für Umschläge bei Verletzungen, Wunden und Hautaffektionen. Gegen Schwitzen sind empfohlen worden: Flieder, Holunder, Wacholder und Lindenblüten. Gegen Halsentzündung und Husten: Flieder, Malven, Salbei, Wegerich; gegen Krämpfe, Magenschmerzen, Ohnmachten: Kamillen, Melissen, Krauseminze und Pfefferminze, und gegen Wassersucht: die Efeublätter. Mancher Kalender hat allerdings gleichzeitig auch den Spott über gewisse Mittel ausgegossen. So heisst es um 1834: «Erdbeerkraut schadet nichts, wenn es als Tee genossen, schwarzer Kaffee ist gut gegen Blödigkeit, Skorpionöl ist ein unnützes Ding, Chamillenblumen dienen einigen krämpfigen Weibern da sie hitziger Art sind usw.»[34] Die Kalender treten insbesondere für eine bessere Kinderpflege ein. Immer wieder finden sich grössere Artikel über Kinderzucht und Erziehungskunst. Auch werden die Leiden der kleinen Patienten beschrieben und Methoden und Mittel zur Heilung empfohlen. So heisst es beispielsweise: «Erbrechen bei Muttermilchnahrung wird beseitigt durch Verabreichen von Anis, bei Leibweh soll weniger Milch zugeführt werden. Der Schnuller ist verwerflich, er macht Schärfen, Durchfälle und Rührlein» (1840). Im neuen gregorianischen Kalender von 1806 wird von einem Knaben berichtet, der durch den Genuss unreifen Obstes Scharlach bekam. Ein Mittel, um die Fieber zu mildern, sei frisch ausgelassener Rinds- oder Hammelstalg, der auf die Haut gestrichen wird, meint der Schweizerische Dorfkalender von 1871. Geschwächte und abgezehrte Kinder (auch bei Erschöpfung infolge Durchfall und Erbrechen) werden, so meint der Vaterländische Pilger 1832, durch die Salepwurzel schnell gekräftigt: «Sie nehmen zu und werden mit gesundem Blut gefüllt.» Die Wurzel wird gepulvert und ein Teelöffel täglich in Milch eingegeben.[35] Manche Kalender geben sich aufgeklärt. So bemerkt der «Vaterländische Pilger» 1834, das einzige Wundermittel, das wir kennen, sei der Glaube an die Hilfe des Arztes. Alles vorherige Pröbeln sei vom Übel. Man solle endlich aufhören, so «unflätige Mittel» wie Salbe aus Knabenurin oder Ziegenkot, Kuhfladen, Gülle, Hausjauche zu brauchen. Auch die Wundermittel helfen nichts. Es hilft nichts, die drei höchsten Namen anzurufen. Wurzeln oder Zwiebeln der Herbstblume gegen Kinderblattern helfen nichts. Alle diese Mittel gehören dem Mittelalter an.[36] E. Rothenbach, der eifrige Sammler Volksmedizinischer Rezepte, meinte, dass der Aberglaube keineswegs der Vergangenheit angehöre, es sei deshalb Pflicht, vorurteilsfrei und pietätvoll jegliche Form

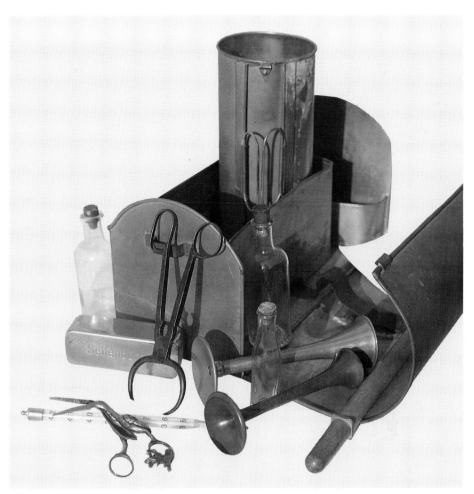

208

208 Hebammenausstattung aus der ersten Hälfte des 19. Jahrhunderts. Hinten: Klistier für Einläufe. Im Blechköfferchen stehend die zwei Fläschchen für Schnaps, vorne rechts Fiebermesser in Holzröhrchen. Bildmitte: Höhrrohr, oben Blech, unten Holz. Vorne links: Nabelschere in Form eines Storches und mit einer Kröte (Symbol der Gebärmutter) verziert, darunterliegend ein einfacher Fiebermesser. Dahinter, ans Hebammenköfferchen anlehnend: Dammzange, dahinter eine Seifenbüchse. Angesichts dieser Ausrüstung wundern wir uns nicht über die hohe Sterblichkeit der Gebärenden und der Neugeborenen.

des Aberwissens zu bekämpfen und für die Förderung einer gesunden Geistesbildung zu wirken. Er sah genau, dass das Volk den wissenschaftlichen Ärzten gegenüber skeptisch eingestellt war, andererseits verdammte er die Missachtung der Wissenschaft gegenüber Volksanschauungen, welche auf «richtiger Beobachtung und langjähriger Erfahrung» beruhen. Verständlicherweise waren die Ärzte dieser Zeit etwas anderer Meinung. Johannes Glur, Arzt und Autor der Roggwiler Chronik, schreibt: «Von verborgenen Schätzen und Alraunen wird viel gebrichtet. So ist der Aberglaube ein wahrer Tyrann der Menschen, der nicht nur das Gemüt verdüstert und das Leben verbittert, sondern die Seele noch vor der Zukunft schreckt und dem Wanderer durchs mühselige Leben den Trost und die Hoffnung einer friedlichen Zukunft raubt.» Der Arzt F.J. Schild meint, man habe seinen Bauern das Leben sauer gemacht. Man habe vielerlei wegräumen müssen, bis es so weit gekommen sei, wo wir jetzt stehen. Andere Ärzte wie J. Jentzer meinten: Es lohne sich nicht, «diesen Resten einer früheren Zeit nachzuspüren, noch weniger sind sie es würdig, durch eine Erwähnung an dieser Stelle dem verdienten Lose der Vergessenheit entrissen zu werden; schweigen wir sie lieber todt»![37] Der zürcherische Landarzt Graf ärgerte sich über gewisse Wunderkuren, weil er dann am Schluss die Patienten doch noch zu betreuen hatte und es viel schwieriger war, einer verschleppten Krankheit am Schluss dann doch noch beizukommen. Manchmal sei auch ein Arzt am Ende seines Lateins angelangt, und er könne sich nur noch mit den Worten des Predigers 7, 17 einigermassen trösten: «Sei nicht überfromm und gebärde dich nicht gar zu weise; warum willst du dich zu Grunde richten?»[38] Das Beste ist, so Graf, wenn der Arzt die Leute nimmt, «wie sie einmal sind und in ihrer Lage nicht so leicht anders sein und werden können. Hat er einmal das in jeder Beziehung so lügenhafte Hosianna des Janhagels hinter sich und bald auch Takt genug erlangt, diesem fern zu bleiben, so wird das Joch seines Berufes sanfter, die grosse Last leichter; und die rechte innere Ruhe, ein nie ermattendes Überschauen sind die treuen Begleiter auf allen seinen Wegen. Er ist seinen Kunden weder ein zu tätiger noch zu ermüdender Helfer.»[39]

Und das Volk selber? War es bereit, im Arzt den alleinigen, wirklichen und sicheren Helfer zu sehen? War es bereit, ihn in einziger und letzter Instanz zu sehen? Hat das Auftreten der Mediziner im 19. Jahrhundert eine neue Einstellung zur Krankheit selber gebracht? Hat der Arzt das Gefühl, dass jeder für seine Gesundheit und deren Wiederherstellung selbst verantwortlich ist, allenfalls untergraben? Mit einem leisen Unbehagen müssen wir jedenfalls zur Kenntnis nehmen, dass sich im 19. Jahrhundert eine Entwicklung in dieser Richtung anbahnt. «Nicht dass damals ‹Gesundheit›, soweit es sich um die eigene Gesundheit handelte, vom Alltagsmenschen problematisiert worden wäre – es fehlten ihm effektive, eigene Möglichkeiten zur allfälligen Vorsorge oder Wiederherstellung ebenso wie ein rationales Interesse an den zu Grunde liegenden logisch- ökologisch-gesellschaftlichen Zusammenhängen –, aber er hat damals begonnen, die Gesundheit bzw. die Gesundheitseinbussen anderer mit neuen Augen zu betrachten, und zwar derjenigen, bei denen diese Einbussen am massiertesten auftraten: bei seinen Kindern.»[40] Zweifellos hatte der Alltagsmensch die enorm hohe Sterblichkeit von Säuglingen und Kindern – nur eines von zweien erreichte das Erwachsenenalter – auch schon vor dem 19. Jahrhundert wahrgenommen. Man konnte ja auf jedem Friedhof sehen, welches Schicksal die Kinder erwartete. Im 19. Jahrhundert nun wollte er sich nicht mehr mit diesen reihenweise zum Tod führenden Gesundheitseinbussen abfinden. Er begann sich mitverantwortlich zu fühlen. Deshalb die aktive Mithilfe bei der Krankheitsbekämpfung. Deshalb die allmähliche Vorzugsstellung der Ärzte, und deshalb das Überhandnehmen von empfängnisverhütenden Mitteln. Das war ja auch fast das einzige, was der Mensch wirklich selber tun konnte: Die Reduktion der Geburtenzahl. Je weniger Kinder pro Familie zur Welt kamen und vor allem je weiter sie zeitlich auseinanderlagen, um so grösser wurde die Überlebenschance für jedes einzelne von ihnen. Freilich sind im 19. Jahrhundert keine neuen antikonzeptiven Mittel bekannt geworden. Ausserdem hat die Empfängnisverhütung längst nicht alle Sozialschichten gleichermassen erfasst. In ländlichen und auch in katholischen Gebieten war sie weniger bekannt, wurde sie wenigstens weniger angewendet als in anderen Regionen. Viel erstaunlicher ist indessen eine andere Beobachtung: Während die Sozialmedizin und die Obrigkeiten sich darauf konzentrierten, die öffentliche Hygiene zu verbessern, die Gewässerverschmutzung in den Griff zu bekommen; während man daranging, Gefahrenherde am Arbeitsplatz, besonders in den Fabriken, zu eliminieren und den Dauerstress der überlangen Arbeitszeit und die Frauen- und Kinderarbeit abzubauen, fiel es dem Alltagsmenschen offensichtlich schwer, für seine eigene Gesundheit Verantwortung zu übernehmen, eine vorausschauende Gesundheitsvorsorge zu betreiben: seine Essgewohnheiten beispielsweise zu verändern, weniger zu rauchen, für mehr körperliche Bewegung zu sorgen. Wusste man nicht, dass die Lebenserwartung auf diese Weise verändert werden konnte, oder wollte man es nicht sehen? Möglicherweise mangelte es noch im 19. Jahrhundert weitgehend an einer breiten und wirksamen Gesundheitsaufklärung. Zwar hat Jeremias Gotthelf über die Quacksalber gewettert, zwar gibt es einige

209

Ansätze in den Schulbüchern, man findet entsprechende Hinweise in Zeitungen und Kalendern. Dass nicht mehr getan wurde, liegt vielleicht auch darin begründet, dass der Mensch des 19. Jahrhunderts noch allzusehr in einem eigentlichen Existenzkampf, in einem Ringen um Tod oder Leben völlig befangen war. Die vordringliche Frage war – wie wir im Kapitel Ernährung darzulegen versuchen –: Wie stille ich den Hunger? Die dringlichste Frage im Leben jedes Hausvaters lautete so: Was muss ich tun, damit ich meine Familie über die Runden bringe? Und da hatten alle anderen Überlegungen in den Hintergrund zu treten: Das Hemd lag näher als der Rock. Ein letztes noch: Im 19. Jahrhundert gab es bei uns keine Pest mehr. Aber es gab immer noch Cholera, Typhus und Pocken. Krankheit war für die Gesellschaft immer noch gleichbedeutend mit Seuchen, Infektionskrankheiten. Sie meinte nichts Individuelles, das man allenfalls dem Einzelnen selbst überlassen konnte, sondern etwas Kollektives, das alle anging. Die tausendfach gleichzeitige Anwesenheit der Krankheit in einem Seuchenzug mit entsprechend vielen Todesfällen konnte sich ja leicht zu einer tödlichen Gefahr für das ganze Volk ausweiten. Da man in solchen gemeinschaftsbedrohenden Situationen wie Pest, Pocken, Typhus und Cholera damals kurativ wenig vermochte, kam alles auf eine effektive Prävention an. Im 19. Jahrhundert begann sich die Lage grundlegend zu ändern. Die Zeit der grossen Epidemien neigte sich in Europa ihrem Ende zu. Damals bestanden (ähnlich wie heute) die Krankheiten aus den Gesundheitseinbussen vieler Einzelner. Ein immer besser ausgebautes Medizinalwesen eröffnete echte Behandlungs- und Heilungsmöglichkeiten. Gleichzeitig nahmen aber auch schwere chronische, jedoch nicht ansteckende Leiden zu. Die Medizin des 19. und besonders des 20. Jahrhunderts hat sich damit eine äusserst schwierige Situation eingehandelt. Sie steht zunehmend wieder Krankheiten gegenüber, gegen die sie wenig unternehmen kann. Es ist schwieriger, auch nur einen kleinen Schritt in der Erforschung der äusserst komplexen, chronischen Leiden weiterzukommen, als den Erreger dieser oder jener Infektionskrankheit herauszufinden. Das aber war noch das vorrangige Problem der Ärzte des letzten Jahrhunderts, das waren die grossen Schritte Alexandre Yersins, Louis Pasteurs, Robert Kochs und vieler anderer.

209 Sowohl in der Stube wie auch in öffentlichen Lokalen waren überall Spucknäpfe aufgestellt. Damit man den Inhalt besser leeren konnte, legte man einen Zeitungsausschnitt auf den Boden und bestreute ihn mit Sand. Nicht hygienisch, aber immer noch besser als das weitverbreitete Spucken auf den Boden.

S FLORIANUS

Sonntags- und Werktagsglaube, Volksreligiosität

Weder Kirchenordnungen noch staatliche Kirchengesetze und theologische Lehren bestimmen das Religiöse des Einzelnen im Alltag, sondern allein die Praxis der Frömmigkeit. Neben der offiziellen Religiosität gab es immer und gibt es auch heute noch eine Volksreligiosität. Sie bezieht ihre Inhalte vom Brauch und von der Tradition.[1] Welche Strukturen hat die Volksreligiosität im 19. Jahrhundert entwickelt? Hat sie zu Übereinstimmungen oder Trennungen geführt, zu Trennlinien, die nicht mit der offiziellen Kirchlichkeit übereinstimmen? Haben sich da irgendwelche Identitäten herausgebildet? Wie stand es mit der Integrationsbereitschaft? Wie stand es überhaupt um den Volksglauben? All diese Fragen sind nicht leicht zu beantworten. Es fehlt zwar nicht an reichen Quellen, aber sie sind nur teilweise erschlossen, und die Einzeluntersuchungen sind von ungleicher Qualität. Was hier vorgetragen wird, muss deshalb skizzenhaft bleiben. Ein erstes: Zwischen den Konfessionen gab es auch im 19. Jahrhundert erhebliche Unterschiede. Für den Katholiken war und ist die Bindung an seine Kirche Glaubens- und Gewissensverpflichtung. Für ihn waren die fünf Kirchengebote – sie wurden im Katechismusunterricht eingeprägt – massgeblich. Sie verlangten die Einhaltung der kirchlichen Feiertage; sie verpflichteten zur Teilnahme am Messgottesdienst, zur Einhaltung der Fasten- und Abstinenztage. Mindestens einmal im Jahr hatte der Katholik zu beichten und zur österlichen Zeit die heiligen Sakramente zu empfangen. Diese Erziehung war verbindlich und streng, und sie hatte auch einen gewissen «Erfolg». Im Unterschied zum Protestantismus blieben im 19. Jahrhundert die Intellektuellen und die Arbeiter mehr oder weniger kirchentreu. Die Gottesdienste waren, darin sind sich alle Beobachter einig, bedeutend besser besucht als bei den Protestanten.[2]

Nun war und ist gerade für den Protestanten die Kirchlichkeit nicht ein massgebendes Kriterium für die Glaubenshaltung. Er berief sich vor allem im 19. Jahrhundert – kein Wunder im Zeitalter des Liberalismus – gerne auf die Freiheit des Glaubens. Die Zeit der Kirchenzucht, die Zeit, in der man den Gottesdienst mit politischen Massnahmen durchsetzte, sei, so wurde argumentiert, jetzt vorbei. Die Kirche selber reduzierte ihr Angebot: Die Wochengottesdienste fielen weg. Allerdings sind die Sonntagsgottesdienste deshalb nicht etwa besser besucht worden. Man lamentierte dauernd über zu lange oder abgelesene Predigten. Dennoch schritten in ländlichen Gebieten die Gläubigen immer noch in Scharen zur Kirche. Gottesdienst war hier traditioneller Brauch: Man ging zur Kirche, weil es sich so gehörte. Von 500 Kirchengliedern im bernischen Lotzwil gingen um 1806 rund 200 regelmässig zur Kirche, weitere 200 hin und wieder, während die restlichen 100 zu Hause blieben. Eine Zählung in mehreren bernischen Synodalbezirken vom

210 Hl. Florian, Feuerpatron, als geharnischter Krieger, ein Kreuz auf dem Brustpanzer, in der Linken die Lanze mit dem roten Fähnlein (Feuer), in der Rechten einen Wasserkübel, im Hintergrund brennende Häuser. Volksheiliger durch seine Feuerabwehr. Weil es im 19. Jahrhundert immer wieder brannte, genoss auch der Heilige Florian, wie diese Abbildung verrät, höchstes Ansehen.

273

Oktober 1871 bis Ostern 1872 ergab für die festlichen Zeiten einen Durchschnittsbesuch von 20 Prozent, für die Oktobersonntage aber nur 6,2 Prozent.[3] Eduard Strübin, der das kirchliche und religiöse Leben im Baselbiet untersucht hat, sprach angesichts all dieser Fakten von einem Niedergang des Volkschristentums. Während drei Jahrhunderten hat sich das Volk «den reformierten Christenglauben angeeignet und auf dem Boden der autoritären, traditionalistischen Staatskirche eine Volksfrömmigkeit angeeignet... Eine gesunde Gewöhnung liess ihn die Botschaft in Fleisch und Blut übergehen. Nichts hinderte, dass das Übernommene, Konventionelle für wahr gehalten, immer wieder persönlichstes Erlebnis werden konnte. Diese reformierte Volksfrömmigkeit im schönsten Sinne hat gute 300 Jahre vorgehalten und das Leben erwärmt...»[4] Weshalb kam es zur Abkehr vom Volkschristentum?

Wahrscheinlich hat die protestantische Hochreligion «nicht alle Saiten der Volksseele zum Klingen gebracht». Zwar kam der Hang zur Weltverneinung, der ja in manchen Predigten immer wieder dominierte, dem damaligen Menschen zu einem gewissen Grade entgegen. Und doch entsprach diese Abwendung vom Jetzt und Hier, das Vertrösten auf ein besseres Jenseits, nicht ganz der allgemeinen Volksart: «Diese Geistigkeit machte dem Volk Mühe, und das rächte sich. Der unanschauliche Gottesdienst, der die Gläubigen zur Passivität zwang, verbreitete in seinen zahlreichen und langen Predigten jahraus, jahrein eine zähe Langweile.»[5] Ist es nicht symptomatisch, wenn noch um 1809 die Basler Behörden von der Kanzel verkünden liessen, dass jedermann die Morgenpredigt zu besuchen habe, «und all da bis zum Ende zu verharren hat»? Offenbar hatten gelangweilte Kirchgänger das Ende der Predigt jeweils nicht abgewartet.[6] Angesichts all dieser Fakten begreifen wir, dass es Leute gab, die den christlichen Glauben erneut in Frage stellten. Und wie immer und schon zuvor: Das Volk begnügte sich nicht mit theoretischen Erörterungen. Vielmehr begannen die radikalisierten Baselbieter «mit leidenschaftlichem Hass die schwarzen Vögel, die städtischen Pfarrer, als Vertreter eines staatlichen und kirchlichen Dunkelmännertums zu verfolgen».[7] Zwar glätteten sich die Wogen bald einmal, und nach einem «tollen Zwischenspiel radikaler Pfarrer wählte man wieder am liebsten orthodoxische Geistliche aus der Stadt». Aber was jetzt noch christliche Gemeinde genannt werden konnte, war etwas völlig anderes, etwas Neues: Das reformierte Schweizervolk war vor allem in der zweiten Hälfte des 19. Jahrhunderts säkularisiert.

Was heisst säkularisiert? Versuchen wir ein differenziertes Bild zu gewinnen! Zunächst wollen wir noch einmal den Gottesdienst betrachten. Es ist dies allen Einwänden zum Trotz mindestens ein brauchbares Kriterium, um wenigstens die kirchliche Einstellung zu erfassen. Im April 1850 erschien im «Kirchenblatt für die reformierte Schweiz» ein Artikel mit dem Titel «Der religiöse Zustand von Basel im Jahre 1800 und 1850».[8] Es handelt sich um die Wiedergabe eines Vortrages, den ein Basler Pfarrer vor der Predigergesellschaft gehalten hat. An den Anfang seiner Überlegungen stellte der Redner die Frage: «Ist es in religiöser Beziehung seit einem halben Jahrhundert besser oder schlimmer bei uns geworden?» Hier seine Bilanz: Am Anfang des Jahrhunderts waren die Kirchen gefüllt. «Alle Haushaltungen nahmen am Gottesdienst theil. Die besetzten Plätze machten ungefähr ¾ aus; in manchen Kirchen hatte man sogar Mühe, noch einen Platz zu finden.» Jetzt aber, fünfzig Jahre später, sehe es ganz anders aus. Die Kirchen sind nicht einmal mehr halbvoll. Lediglich an Festtagen sind sie noch besetzt, und das

211

211 Ein Soldat betet. Zu den grossartigen und gleichzeitig schlichten Votivbildern gehört dieses Exvoto aus dem Jahre 1847. Ein Sonderbundssoldat bittet die Mutter Gottes, ihn vor Wunden und Tod zu schützen.

Schlimme sei, dass an gewöhnlichen Sonntagen «bloss Dilettanten anzutreffen sind, etwa solche, welche die gute alte Gewohnheit noch beibehalten haben...». Ganze Bevölkerungsgruppen seien im Gottesdienst überhaupt nicht mehr vertreten: «Der Handwerkerstand besucht in der Regel das Haus Gottes nicht mehr, Fabrikarbeiter und Proletarier thun es selten, am meisten noch Leute aus vornehmen Ständen.» Der Verfasser bleibt bei diesen Feststellungen nicht stehen, er geht vielmehr den Gründen dieser Erscheinung nach. Früher, so meint er, «war es Äusserung der Frömmigkeit und guten Sitte, es war eine Schande, unkirchlich zu sein. Jetzt hat sich das geändert...». Wer jetzt daheim bleibe, verliere sein Ansehen, seine bürgerliche Wertschätzung keineswegs. Vielleicht, so der Referent, sei das Verschwinden der sozialen Kontrolle dafür verantwortlich. Ein Votant nannte aber weitere Gründe. Unter dem Einfluss von Rousseaus und Voltaires Schriften sei der Unglaube zunächst in die Kreise der Intellektuellen und von hier aus in die unteren Sozialschichten gedrungen. Es war also aufklärerisches Gedankengut, das wir für diesen höchst bedauerlichen Zustand verantwortlich machen müssen. Jedenfalls, so ein weiterer Votant, kann es nicht verborgen bleiben, dass die unteren Stände «immer mehr Gleichgültigkeit gegenüber der Religion zeigen».[9]

Die Frage der mangelnden Kirchenbeteiligung der Arbeiter liess die Pfarrer, vor allem jene der pietistischen Richtung, nicht mehr los. Sie gründeten 1859 die Basler Stadtmission. Sie sollte die Arbeiterbevölkerung religiös betreuen. Sie wollte die Bibel verbreiten, Anleitung zu ihrer Lektüre und zu Hausandachten geben und seelsorgerisch wirken. Zu diesem Zweck stellte sie vollamtliche Stadtmissionare an. Sie hatten den leitenden Organen regelmässig schriftliche Berichte abzugeben. Diese – es sind zum Teil Tagebücher, zum Teil Wochenrapporte – sind im Archiv der Baslermission erhalten, und sie stellen ein grossartiges, einmaliges Quellenmaterial dar. Einer dieser Stadtmissionare, Andreas Ludwig, dem wir die interessantesten Berichte verdanken, machte zwischen 1865 und 1873 nicht weniger als 12 000 Besuche; er kam mit 2000 Personen ein oder mehrere Male zusammen.[10] Eine genaue Überprüfung seiner Berichte zeigt, dass der Stadtmissionar in verschiedener Hinsicht befangen war. Man merkte eben, dass er einmal Missionar und nachher Prediger der Brüdergemeinde gewesen war. So hielt er etwa leichtsinnigen Fabrikarbeiterinnen ihre Sündhaftigkeit vor, ermahnte geplagte Arbeitereltern zur christlichen Kinderzucht, suchte verbitterte Kranke zu bekehren. Mit schöner Regelmässigkeit finden wir Sätze wie folgende: «Ich erinnerte ihn an seine Taufe und forderte ihn nun auf zur Busse... So bemühte ich mich mit diesen verhärteten Sündern lange vergeblich... Ich bemühte mich, sie auf das Heil ihrer unsterblichen Seele aufmerksam zu machen.»[11] Auch die für den Pietismus typische Beurteilung des geistigen Entwicklungsstandes fehlt in der Regel nicht: «Sie ist nicht ohne Erkenntnis... Es fehlt ihm an tiefer Erkenntnis und Herzenserfahrung.» Doch Ludwig unterscheidet sich vor allem in einer Beziehung von den anderen Stadtmissionaren, er war sehr sozial gesinnt. Wiederholt hat er die heftigen und bitteren Klagen von Arbeitern genau und ausführlich zitiert, um zu zeigen, wie schlecht es ihnen ging. Man spürt genau seine Absicht: er wollte dem Komitee die Not möglichst originalgetreu schildern, um zu erreichen, dass auch wirklich und nachhaltig Abhilfe geschaffen werden sollte. So berichtete er von einem Posamenter, der «bei einem anerkannt christlichen Herren» arbeitete und der sich mit Recht darüber ärgerte, dass sein Chef die Arbeiter am Samstag nicht früher heimlasse wie andere «ganz unchristlich gesinnte Herren», so dass er seine Einkäufe am Sonntag erledigen müsse.[12] Er berichtete weiter von einer Frau, die in einem anerkannt christlichen Betrieb arbeitete. Sie stellte in Heimarbeit Kartonschachteln für die Seidenbandfabrikation her und beschwerte sich über die unausgesetzte Sonntagsarbeit, die man von ihr verlangte. Seit zwei Jahren sei sie an keinem Sonntag mehr in der Kirche gewesen oder hätte auch nur vor das Tor hinaus gehen können. Doch diese soziale Einstellung und diese Zwischenbemerkungen haben prompt zu Auseinandersetzungen mit dem Komitee geführt, und sie hatten das Ausscheiden Ludwigs aus dem Dienst der Stadtmission zur Folge.

Uns interessieren hier vor allem Ludwigs Bemerkungen über die religiösen Einstellungen und Verhaltensweisen der von ihm befragten Arbeiterbevölkerung. Zunächst geht es wiederum um den Kirchenbesuch. Gemäss ihrer Dienstordnung hatten die Angestellten der Stadtmission auf den Kirchgang der von ihnen besuchten Personen zu achten. Sie waren reglementarisch zu Hausbesuchen an Sonntagen verpflichtet, da viele Arbeiter nur an Sonntagen zu Hause anzutreffen waren. Bis zu einem gewissen Grade kam das Erscheinen des Missionars an einem Sonntag auch einer Kontrolle des Kirchenbesuches gleich. Die Erfahrungen, die Ludwig da machte, waren erschütternd. Unzählige Male musste er abends in seinen Berichten und Beobachtungen notieren: «Ich fand ihn am Sonntagvormittag beim Rasieren... Ebenso war bei den übrigen in diesem Hause wohnenden Familien keine Rede vom Kirchengehen... In den vier Familien, die ich an einem Sonntagvormittag hier besuchte, war wenig vom Sonntag zu spüren. Die Männer waren daheim und spät aufgestanden, von den Frauen wusch die eine einen Kinderplunder, die andere scheuerte die Stube... Ich traf ihn an einem Sonntagvormittag wieder im Negligé... Als ich an einem Sonntagvormittag zu ihnen kam, hatte die Frau gerade das Zimmer gefegt, und der Mann war mit einer Reparatur im Hause beschäftigt... Statt in der Kirche gewesen zu sein, war sie bei der Arbeit.»[13] Die Leute, die Ludwig zu Hause statt in der Kirche antraf, hatten sofort ein Argument bereit. Sie waren sich offensichtlich bewusst, gegen eine gewisse Norm verstossen zu haben, und sie hatten ein schlechtes Gewissen. So notiert Ludwig etwa: «Beiden fehlte es nicht an Entschuldigungen, dass in der Woche zu solcher Arbeit keine Zeit gewesen.»[14] Vielleicht war das der häufigste Grund für das Wegbleiben vom Gottesdienst: keine Zeit. Eine Fabrikarbeiterin erklärte dem Missionar, worum es denn eigentlich ging: «Mein Verdienst in der Woche reicht nicht hin, so dass ich am Sonntag daheim arbeiten muss.» Ein Posamenter meinte treuherzig: «Ich muss ausschlafen und dann für die Familie die Kleider flicken, mir bleibt dann keine Zeit mehr übrig, in die Kirche zu springen, das überlasse ich den Reichen.» Und ein anderer Posamenter berichtete: «Wenn ich die ganze Woche arbeiten muss, habe ich am Sonntag das Bedürfnis auszuschlafen.»[15] Aus dem Kapitel «Arbeit» wissen wir, dass diese Begründung in der Tat nicht abwegig ist. Die Arbeit war äusserst hart und die Arbeitszeit lang. Wir wundern uns deshalb nicht, auch von Ludwig zu erfahren, dass die Armut die Arbeiter und ihre Angehörigen am Kirchenbesuch gehindert hat. Eine Frau erzählte dem Stadtmissionar, weder sie noch ihr Mann könnten sich am Sonntag in der Kirche sehen lassen, da sie keine ordentlichen Kleider besässen.[16] Allerdings gab es auch Leute, die ganz andere Argumente vorbrachten und die aus ihrer Abneigung gegen die Kirche keinen Hehl machten: «Frau Müller verteidigte sich aus Leibeskräften gegen die Zumuthung, am Sonntagvormittag in die Kirche zu gehen und

212

hatte viel auszusetzen an denen, welche dies regelmässig thun.»[17] Frau Weber an der Sattelgasse erklärte dem Stadtmissionar «mit grosser Kaltblütigkeit», ihre fünf Söhne kämen alle ohne die Kirche aus, denn «das Kirchenspringen macht auch nicht besser».[18] Der Taglöhner Werenfels räsonierte gewaltig über die Leute, die so viel in die Kirche gingen und schlechter seien als andere. Und ein Posamenter «verfocht gar mit grossem Trotz den Satz, er wisse, was er zu thun habe, auch ohne in die Kirche zu gehen». Offensichtlich gab es also neben dem Ruhebedürfnis auch andere Motive, um dem Gottesdienst fern zu bleiben. Doch mieden nicht alle Arbeiter die Kirche. Ein älterer Posamenter meinte im Gespräch mit Ludwig, dass ihn seine Schwerhörigkeit abhalte, den Gottesdienst zu besuchen. Manchmal geschahen auch Zeichen und Wunder, konnte der Stadtmissionar erfreuliche Wandlungen aufzeichnen: «Der Posamenter S. von der Hutgasse Nr. 21 hat seit Weihnachten wieder angefangen die Kirche zu besuchen. Als ich ihm meine Freude darüber bezeugte, sagte er: ‹Ja, ich hatte mich verirrt.›»[19]

Ohne jeden Zweifel: Der Kirchgang kann allein noch kein Gradmesser für die religiöse Haltung der Bevölkerung sein. Die Häufigkeit des Kirchganges sagt lediglich etwas über die Kirchlichkeit, nichts oder nur wenig über die religiöse Haltung aus. Die Aufzeichnungen von Ludwig aber helfen da einen Schritt weiter. Sie zeigen viele Schattierungen von Einstellungen zur christlichen Religion auf. Es geht von der heftigen Ablehnung über Gleichgültigkeit bis hin zur Nachdenklichkeit, grossem Interesse und pietistisch gefärbter Frömmigkeit. Zunächst einige Beispiele für die Ablehnung. Ludwig besuchte im September 1869 eine 79jährige Frau. Er traf sie am Spulrad an, aber sie war allen seinen Argumenten gegenüber völlig taub. Sie hatte «für den geistlichen Zuspruch nicht den mindesten Geschmack».[20] Vom Posamenter Imboden schreibt er, er sei sehr «widrig gesinnt», er rief, als er den Stadtmissionar erblickte: «Es ist niemand daheim», und verschwand. Ärgerlich für den Missionar war es auch, wenn in einem Kosthaus am Leonhard Stapfelberg die Kostgänger während seiner Ansprache dauernd vor sich hin lachten. Manche wiesen dem Stadtmissionar die Türe: «Die Frau eines Appreteurs in der Breite drohte mir, wenn ich das Zimmer nicht augenblicklich verlasse, ihren Mann zu holen, der mir die Wege schon weisen werde.»[21] Da ist auch die Rede von «christlich gesinnten Schwestern, die in der Fabrik viel leiden mussten, weil sie um der Gottseligkeit willen angegriffen wurden».[22] Ein Kollege des Stadtmissionars namens Stöckli konnte einen Arbeiter trotz mehrfacher Aufforderung nicht zur Teilnahme an den Bibelstunden bewegen. Der Grund: «Mein Mann geniert sich vor den Posamentern und ihrem heillosen Gespött.»[23] Eines wird beim Lesen dieser Dokumente deutlich: Manche Familie stand der Kirche und dem reformierten Glauben fern. Welches waren die wirklichen Motive dieser Haltung? Im Januar 1866 führte Ludwig ein Gespräch mit einem Zettlermeister und einem jungen Arbeiter. Er hatte dem Meister Mangel an Sündenerkenntnis vorgeworfen, da trat der Jüngere hinzu. «Der Zettlermeister sprach zum Stadtmissionar: ‹Sehen Sie, da kommt einer, der glaubt an keinen Gott und liest nie in der Bibel. An den können Sie sich machen, wenn Sie jemanden bekehren wollen.› Darauf der Jüngere zum Älteren: ‹Die Bibel ist ja ganz voller Widersprüche, gleich da am Anfang bei der Erschaffung der Welt.› Darauf der Missionar: ‹Wieso?› Der Zettlermeister: ‹Ja das kann ich Ihnen jetzt nicht sagen.› Der jüngere Arbeiter: ‹Ja die biblische Schöpfungsgeschichte ist ganz im Widerspruch mit der heutigen Wissenschaft.› Der Stadtmissionar: ‹Was widerspricht der heutigen Wissenschaft?› Darauf der Zettlermeister: ‹Zum Beispiel wider-

212 Fromme Klosterfrauen schufen auch im 19. Jahrhundert Andachtsbilder, wie diese Mutter Gottes unter Glassturz aus der zweiten Hälfte des 19. Jahrhunderts aus dem Kloster Eschenbach zeigt. Köpfe und Hände sind aus Wachs. Das Seidenkleid ist mit Gold- und Paillettenstickerei verziert.

spricht der heutigen Wissenschaft, dass die Welt erst sechstausend Jahre steht.› Der Stadtmissionar: ‹Das steht nirgends in der Bibel, zeigen Sie's mir!›» Das Beispiel zeigt drastisch, wie stark das aufklärerische Denken unter den Arbeitern Fuss gefasst hatte. Es offenbart, dass der antireligiöse Rationalismus grosse Teile der Arbeiterbevölkerung erfasste. Woher aber kam dieses aufklärerische Denken? Woher bezogen die Arbeiter ihre Argumente gegen die Stadtmissionare und gegen die Bibel, die sie immer wieder anführten?

Ganz offensichtlich waren es einmal die Zeitungen. Sie wurden auch zitiert. Zettlermeister Oberer erklärte dem Stadtmissionar, dass er seine Kenntnisse ganz allein den Zeitungen verdanke: «Ich lese unter anderem die Allgemeine Zeitung, und da habe ich erst kürzlich einen schlagenden Artikel gefunden.»[24] Nun kann im allgemeinen die Zahl von Zeitungsabonnenten in den sechziger bis achziger Jahren des letzten Jahrhunderts aus wirtschaftlichen Gründen kaum sehr hoch gewesen sein. Ein Abonnement der «Augsburger Allgemeinen» kostete immerhin 9 Mark im Quartal, der Freisinnige «Basler Volksfreund» etwa 6 Franken halbjährlich. Das waren doch Beträge, die ein Arbeiterbudget allzu stark belastet hätten. Einen grossen Einfluss hatten wohl auch jene Blätter, die sich direkt an die Arbeiter wandten. So etwa der «Arbeiter», das Organ des Internationalen Arbeitervereins, oder etwa der «Grütlianer», in denen sich hin und wieder Aufsätze mit deutlich antikirchlicher Tendenz finden lassen. Selbstverständlich kann für die Verbreitung von aufklärerischem Gedankengut nicht allein die Zeitung verantwortlich gemacht werden. Es gab daneben auch Wirtshäuser, dort lagen Zeitungen auf, und dort wurde auch das Gelesene diskutiert. Ein Beweis: Ein fünfzehnjähriger Lehrbub sagte zu einem Stadtmissionar in höhnischem Ton: «Die Bibel enthält nur Pfaffenmärchen, im Wirtshaus, da lernt man die rechte Weisheit kennen.»[25] Längst nicht alle kritischen Arbeiter äusserten sich übrigens antichristlich. So hat ein Drechsler dem Stadtmissionar Ludwig erklärt, die Kirche müsse der fortgeschrittenen Aufklärung Rechnung tragen: «Christus ist ein grosser Lehrer gewesen. Er ist unser erhabenstes Vorbild ... Die meisten unserer Geistlichen können als vernünftige Leute unmöglich alles das selbst glauben, was sie dem Volk sagen müssen, das musste ich mir am letzten Sonntag sagen, als über die Auferweckung des Lazarus gepredigt wurde. Wie konnte Jesus den Lazarus lebendig aus der Erde hervorgehen lassen?»[26] Natürlich blieb Ludwig dem Arbeiter keine Antwort schuldig, aber es gelang ihm irgendwie doch nicht recht, seinen Gesprächspartner zu überzeugen. Resigniert bemerkte er nach diesem Gespräch: «Meine Versuche, das Schuldbewusstsein und die Erlösungsbedürftigkeit in ihm zu wecken, blieben zur Zeit völlig fruchtlos.» Zu den Zeitschriften, die einen gewissen Einfluss auf die Arbeiter ausübten, muss auch das «Basler Protestantenblatt» gezählt werden. Nach der Beobachtung der Stadtmissionare haben die Fabrikarbeiterinnen und Mägde auch die Reformzeitschrift «Zeitstimmen» gelesen. Viele nahmen auch an den Vorträgen, die der Reformverein im Winter 1867/68 veranstaltet hatte, teil. Nach einem dieser Reformvorträge ergriff nach dem Bericht der Basler Nachrichten ein Arbeiter das Wort, «um im Namen von vielen Hunderten von Arbeitern und im Namen seines ganzen Standes dem kirchlichen Reformverein für die Anordnung der freireligiösen Vorträge aufs wärmste zu danken».[27]

Offensichtlich hat also die Unkirchlichkeit und die Religionskritik der Arbeiterbevölkerung eine geistesgeschichtliche Komponente. Die Aufklä-

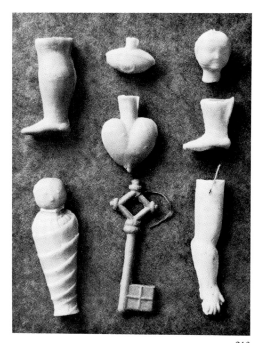

213

213 Wachsvotive, wie sie im 19. Jahrhundert von den Frauen des Klosters zu St. Clara (NW) in Holzformen gegossen wurden. Solche Votive waren in allen Wallfahrtskapellen aufgehängt.

214 Sturz vom Baum. In höchster Not rief Kaspar Jöry am 18. Oktober 1826 die Mutter Gottes an. An diesem Tag war er von einem hohen Baum gefallen, hatte das Bein zweimal gebrochen und «am ganzen Leib solchen Schmerz erlitten, dass niemand mehr an seinem Tod zweifelte». Er versprach hierauf der göttlichen Mutter in Rickenbach dieses Votiv, wenn er wieder hergestellt werde, «und es geschah». So der Text auf dieser Tafel, die ein reizvolles Stück biedermeierlicher Malerei darstellt.

Anno 1826 den 13 Weinmo: fiel Kaspar Jörg von einem hohen Baum, brach ein Bein zweymal, und litt im ganzen Leib solchen Schmerz daß niemand mehr an seinem Tod zweifelte, er verspricht also der göttlichen Mutter in Rikenbach, (wenn er wider hergestellt werde) dieses Votiv. Und es geschah. Gott und Maria sey Dank. Amen.

214

rung hatte damals, wenn auch mit zeitlicher Verschiebung, auch diese Gesellschaftsschicht noch erfasst. Die Frage ist nun, ob es nicht vielleicht doch auch spezifische, in der Arbeiterschaft selber wurzelnde, Motive gegeben hat. Ludwigs Notizen sind auch in dieser Beziehung aufschlussreich. Gestern, so sagte eine arme Arbeiterfrau, «hat der Mann wieder in der Bibel gelesen, sagte aber, davon werde eben doch der Hauszins nicht bezahlt». Ein anderes Mal notierte Ludwig: «Ich fühlte, dass die Posamenter bei sich dachten, davon werden wir nicht satt.»[28] Ein Posamentermeister zu Ludwig in der Krise der sechziger Jahre: «Wenn man noch so viel betete, flögen einem die gebratenen Tauben doch nicht in den Mund.»[29] Erbittert forderten manche Fabrikarbeiter die Stadtmissionare auf, den Reichen zu predigen: «Gehn Sie zu den Reichen, dass sie sich um die Armen kümmern. Predigen Sie denen, die brauchen's noch mehr als wir ... Gehn Sie doch einmal zu den

reichen Herren in der Stadt und sagen Sie denen, sie sollen den Gross (das heisst den sprechenden Arbeiter) nicht verhungern lassen.»[30] Ein anderer meinte: «Bekehren Sie nur erst die Reichen, dann werden die Arbeiter schon folgen.»[31] Unter Berufung auf die biblische Wahrheit wird versucht, die Stadtmissionare vor ihren Wagen zu spannen, und das wird nicht ungeschickt arrangiert: Als ein Posamenter hörte, dass der Stadtmissionar im Hause war, liess er ihn in die Wohnung kommen, wo die ganze Familie, im ganzen elf Personen, beim Mittagessen sassen: «Sehen Sie», so sagte der Vater zu Ludwig: «Ich kann für uns elf nur anderthalb Pfund Fleisch kaufen, während sich die Reichen ganze Körbe davon holen lassen, und sie sind doch auch nur Menschen wie wir. Es ist doch etwas ungleich verteilt.»[32] Ein Posamenter ging scharf mit dem Stadtmissionar ins Gericht: «Wenn es einen Gott gibt», so sagte er, «warum schlägt er dann nicht mit Donner und Blitz da rein, wenn er die Ungerechtigkeit der Arbeitgeber mitansieht»?[33]

Viele Frauen und Männer waren religiös nicht ansprechbar, jedenfalls nicht in dieser Art, wie die Stadtmissionare operierten. Wir dürfen die Haltung dieser Arbeiter deshalb nicht unreligiös nennen. In der Opposition gegen Kirche und Christentum steckte, zwar verschüttet und selten ausgesprochen, das Bewusstsein, dass in der Bibel, in der christlichen Religion ein Massstab gegeben ist, der für alle, arm und reich, Arbeiter und Fabrikanten, gleichermassen gilt. Das ist eine Erklärung dafür, weshalb die Arbeiter Ludwig immer wieder aufforderten, den Reichen zu predigen.[34]

In den Augen der Arbeiter standen die Exponenten der Kirche nicht auf ihrer, sondern auf der Seite jener, welche sie für ihr schweres Los verantwortlich machten. Immer und immer wieder wurde betont, dass Pfarrer und Kirche es mit den Reichen hielten. Das wussten auch die Vertreter der

215 Die Prozession zur Madonna del Sasso. Aufnahme von Philippo Franzoni um 1904.

offiziellen Kirche. An der Jahresversammlung der schweizerischen Reformierten Predigergesellschaft 1871 hielt Pfarrer Becker ein Referat über «das
Verhältnis der Kirche zur Arbeiterfrage». Er wies den Vorwurf, die Kirche
habe in sozialer Beziehung versagt, zurück, mindestens in unserem schweizerischen Vaterlande «habe er keine Gültigkeit».[35] Tatsächlich hat gerade
dieser aus Linthal stammende Mann einen solchen Vorwurf am allerwenigsten verdient, ist er doch immer wieder für Verkürzung der Arbeitszeit,
bessere lokale Fabrikkrankenkassen und andere soziale Postulate eingetreten. Anlässlich der Näfelser Schlachtfeier vom 8. April 1858 hatte er in einer
aufsehenerregenden Fahrtenpredigt gewisse rücksichtslose Unternehmer
wie auch uneinsichtige Eltern schonungslos angegriffen, hatte die Schäden
der Kinderarbeit gegeisselt und schliesslich konkrete Vorschläge für ein
Schutzgesetz entwickelt. Seine Worte wie Schriften wirkten nachhaltig und
trugen Wesentliches zur glarnerischen Gesetzgebung bei, die führend war.
Mit Recht wird Becker als eigentlicher Vater des glarnerischen Fabrikgesetzes von 1856 angesehen.[36] Doch hat auch er nie daran gezweifelt, dass die
Religiosität der Arbeiterbevölkerung von der gesellschaftlichen Umwelt
beeinflusst war. Er ahnte, dass es zwischen der Industrialisierung und der
Frömmigkeit eine Beziehung gab. Aber er sah nicht und konnte es nicht
sehen, dass der Begriff Industrialisierung sehr weit gefasst werden muss,
wenn er über das Verständnis des Phänomens etwas aussagen will. Wir
wissen heute, dass die Angehörigen der unteren Sozialschichten schon in
vorindustriellen Zeiten, das heisst schon im 17. und 18. Jahrhundert, sich
von kirchlichen Frömmigkeitsformen zu lösen begannen. Der Begriff Ent-
kirchlichung setzt ja voraus, dass die kirchliche Praxis einmal allgemein
verbreitet gewesen sein muss. Das trifft aber kaum zu. Aus der Zeit vor der
eigentlichen Industrialisierung gibt es Berichte aus ländlichen Gemeinden,
von denen man eine hohe «Kirchlichkeit» annehmen müsste. Sie lauten aber
ganz anders. Der Pfarrer von Ormalingen sagte, es stehe so schlimm wie an
anderen Orten. Der Pfarrer von Arisdorf meinte, mit den Alten sei er noch
einigermassen zufrieden, den Jungen scheine die Religion gleichgültig zu
sein.[37] Neben den sozialen und wirtschaftlichen gibt es eben auch andere
Komponenten. Sie hängen direkt oder indirekt mit dem Wesen des Protestantismus zusammen. Die Volkskundler Richard Weiss und Eduard Strübin haben immer wieder darauf hingewiesen, dass dem reformierten Glauben wichtige Voraussetzungen zur eigentlichen Volkstümlichkeit gefehlt
hätten.[38] Eine säkularisierte protestantische Volkskultur sei gewissermassen
vorprogrammiert gewesen.

Kann man aber diese säkularisierte Volkskultur noch protestantische
Volkskultur nennen, wenn ihre Entwicklung doch profanen, jedenfalls
unkirchlichen Tendenzen überlassen blieb? Wir lassen diese grundsätzliche
Frage noch offen und richten unser Augenmerk zunächst auf zwei typische
Erscheinungen, die, wenn es auch auf den ersten Blick verwunderlich
erscheint, der protestantischen Volkskultur zugeordnet werden müssen.
Das eine ist die Sekte, die Freikirche, die religiöse Bewegung, «die Erwek-
kung», das andere die Magie, die Bereitschaft, heimlich, ausserhalb der
Kirche des offiziellen Glaubens seine innere Befriedigung und Ruhe zu
suchen. Wir brauchen mit voller Absicht das Wort heimlich, denn der
Protestant brauchte die Mittel der Magie nicht nur ohne kirchliche Approba-
tion und Billigung, sondern meist in ganz bewusstem Gegensatz zu Kirche
und Pfarrer, sofern er überhaupt kirchlich gebunden war. «Er brauchte sie
also mit schlechtem Gewissen, erst recht, wenn er katholische Mittel in

Anspruch nahm.»[39] Mancher Protestant spottete über den katholischen Zauber der Messen und Wallfahrten und nahm doch an ihnen teil. Mancher Protestant ging zu den Kapuzinern, die Zürcher etwa ins nahegelegene Kapuzinerklösterlein in Rapperswil oder in die March, nach Einsiedeln, ohne den Katholizismus zu akzeptieren. Das gilt auch für die reformierten Prättigauer und die Herrschäftler, die nach Mastrils pilgerten.[40] Die Kapuziner können eben Geister bannen, sagte man in protestantischen Bernerkreisen. Man rief sie, berichtete ein Gewährsmann, um böse Geister zu vertreiben; «diese bannten sie dann ins Rottal bei Lauenen». In Horben und Kröschenbrunnen (Emmental) liess man die Kapuziner zur Vertreibung von Hexen kommen, «sie bohrten etwas in die Schwelle ein».[41] Manche Protestanten scheuten sich nicht, die von den Priestern geweihten Palmen (grüne Zweige) zu Hause aufzuhängen oder ein Muttergottesbildchen bei sich zu tragen. Man sei dann eben vor allen Gefahren geschützt.[42] Geweiht und «zauberkräftig» erschien auch das Abendmahlsbrot. Wer es aus der Kirche heimträgt und im Stall aufhängt, so glaubte man in bernischen Gebieten, wird keine Viehseuche mehr zu befürchten haben.[43]

Auch den Kirchenglocken schrieb man magische, helfende Wirkung zu. In Bönigen (BE) glaubte man einem kranken Menschen helfen zu können, «wenn man ihn am Sonntag, während es in die Kirche läutet, durch eine aufgespaltene Linde zieht». Immer wieder wird die Zahl 3 (Dreifaltigkeit) bemüht: «Lässt man 3 Hagelsteine in der Hand schmelzen, so hört das Gewitter auf», sagte man in Lützelflüh um 1850. Nach einem anderen Bericht aus dem Kanton Bern legte man bei einem Gewitter «ein Leintuch mit 3 Zipfeln unter die Dachtraufe, damit der Blitz nicht einschlägt.»[44] Dem gleichen Glauben entspricht die Weisung: «Wenn Du ein Brod anschneidest, so mache 3 Kreuze darüber, dann bleibt der Segen Gottes darin.»[45] Ein weiteres Beispiel: Ein Kind lernt früh gehen, wenn man es während des Kirchenläutens 3 mal unter der Dachtraufe herumführt.[46] Auch die Bibel musste für mancherlei Zwecke herhalten: «Kocht man ein Blatt aus der Bibel in den ersten Brei, so wird das Kind fromm», so glaubte man in Madiswil (BE) oder: «Wenn ein Kind recht religiös werden soll, so lege man ihm in den ersten sechs Wochen die Bibel unter das Kopfkissen (BE).» Im Oberaargau glaubte man, dass ein frischgeborenes Kind, das man beim Fäschen (Einwickeln) das erste Mal auf eine Bibel lege, gelehrsam und gottesfürchtig werde. Ein Mittel, sich vor dem Alpdruck (Doggeli) oder einer Hexe zu schützen, bestand darin, dass man eine Bibel unters Bett legte.[47] Auch ein frommer Spruch kann manchmal helfen: «Begegnet mir ein Geist, und sage ich, wenn dieser sich erniesen muss, helf dir Gott, so ist er erlöst», meinte ein Gewährsmann aus Zauggenried (BE).[48] Der Glarner Pfarrer Ernst Buss berichtete, er habe um 1890 im Bürgerasyl Glarus eine Diesbacher Bürgerin getroffen, die jeden Abend, bevor sie schlafen ging, ihre Pantoffeln kreuzweise übereinander unters Bett stellte. Wenn sie die Wärterin wieder zurechtschob, stand sie erneut auf, um sie wiederum in die Kreuzlage zu bringen. Befragt, warum sie das tue, antwortete sie, damit sie nicht «gschrättelt», das heisst vom Schrätteli alias Doggeli, dem Alb gedrückt werde.[49]

Für magische Zwecke sind sowohl von Katholiken wie Protestanten das 6. und 7. Buch Mosis, das «Romanusbüchlein», die «ägyptischen Geheimnisse» herangezogen worden. Werner Manz fand 1910 ein solches Buch bei einem 86jährigen Melser. Er bemühte sich aber vergeblich, Einsicht in das «Zauberbuch» zu bekommen. Er würde es, obwohl er äusserst arm war, nicht einmal für 500 Franken hergeben.[50] Das 6. und 7. Buch Mosis gehört zu

216

den bekanntesten und verbreitetsten Zauberbüchern des 19. Jahrhunderts. Es handelt sich nicht um eine feste Textsammlung, sondern um verschiedene volkstümlich gewordene magische, sympathetische und religiöse Texte, kompilatorisch zusammengefasst, wie sie von meist deutschen Verlegern und Buchhandlungen in alle europäischen Länder verkauft worden sind. Wir brauchen hier nicht auf die Entstehung dieser Zauberbücher im einzelnen einzugehen. Sie tauchten in der Schweiz erstmals um 1797 auf und erfreuten sich grosser Beliebtheit. Zu diesem 6. und 7. Buch kam auch das Buch «Jezira», eine Sammlung von Zaubersprüchen in deutscher und lateinischer, stellenweise auch hebräischer Sprache. Es ist eine jüdische, metaphysische, auf Zahlen und Buchstaben mythisch aufgebaute Schöpfungslehre, die vermutlich im zweiten vorchristlichen Jahrhundert zur Aufzeichnung kam. Bei uns sind diese Bücher im Sarganserland und im Baselbiet nachgewiesen.[51] Um unseren Lesern eine kleine Kostprobe geben zu können, zitieren wir aus den «ägyptischen Geheimnissen» eine Stelle: «Um sich vor bösen Leuten sicherzustellen, wenn man auf Reisen ist, und in Gefahr kommen möchte angegriffen zu werden, so sprich 3 mal: Es haben mich zwei böse Augen überschattet, so überschatten mich drei gute Augen, das eine ist Gott der Vater, das andere ist Gott der Sohn, das dritte ist Gott der heilige Geist, der behüte mir mein Blut und Fleisch, mein Mark und Bein und alle anderen Gross und Klein, die sollen alle in Gottes Namen behütet sein.»

In den «Neunzig Geheimnissen» heisst es: «Wenn ein Kind auf den Tod beschrien ist, wenn böse Augen haben Dich übersehen, drei böse Zungen Dich übersprochen, drei will ich Dir gewähren, die sollen Dir wieder geben Dein Essen und Trinken, Deinen Schlaf und Deine Ruhe, Deinen Saft und Deine Kraft und Deine ganze Eigenschaft!»[52]

Die damaligen Leser übergingen wohl meistens das Schlusskapitel. Es nennt sich: «Magisches Mittel sich selbst als dumm zu erkennen, mithin den ersten Schritt auf dem Wege zur Klugheit zu tun» und endet mit den Worten: «Wer alsdann nach Lösung dieser magischen Aufgabe nicht vollkommen klar einsieht, dass er fabelhaft dumm gewesen, der tröste sich immerhin mit dem rührenden Bewusstsein, dass das eiserne Schicksal selbst an seiner Wiege ihn zur ewigen Dummheit bestimmt habe, und gebe sich auch ferner keine Mühe, dem Verhängnis sich entwinden zu wollen.»[53] Recht aufschlussreich ist auch das Morgengebet, das sich im «Romanusbüchlein» befindet: «Heut will ich ausgehen, Gottes Steeg und Weg will ich gehen, wo Gott auch gegangen ist, und unser Herr Jesu Christ, und unsere herzliebe Jungfrau mit ihrem herzlieben Kindlein, mit ihren sieben Ringen, mit ihren wahren Dingen, oh Du mein lieber Herr Jesu Christ; ich bin eigen Dein, dass mich kein Hund beisst, kein Wolf beisst, kein Mörder beschleich, behüt mich mein Gott vor dem jähen Tod, es stehe in Gottes Hand, da bind ich mich, in Gottes Hand bin ich gebunden durch unseres Herrn Gottes heilige fünf Wunden, dass mir alle und jede Gewehr und Waffen sowenig schaden als der heiligen Jungfrau Maria ihrer Jungfrauschaft mit ihrer Gunst, mit ihrem Gesponst Jesu. Bete drei Vater Unser und drei Ave Maria und ein Glauben.»[54] Die Titel der einzelnen Abschnitte sprechen für sich: «Ein gewisser Feuersegen, so alle Zeit hilft oder eine Kunst, Feuer zu löschen ohne Wasser oder vor Hexen, die das Vieh verzaubern, ihm den Stall zu machen», oder «Vor Unglück und Gefahr im Hause», «Vor Not und Tod zum bei sich tragen», «Vor die Geschwulst oder einen Dieb zu bannen, dass er stillstehen muss» oder «So der Mensch Würmer im Leibe hat» oder «Kräftiges Gebet

216 Die Wahrsagerei war weit verbreitet. Einzelne Kalender unternahmen einen eigentlichen Feldzug gegen das Wahrsagen. Unser Bild: Ein reicher Bauer lässt sich von der Zigeunerin die Zukunft lesen. Der «Hausfreund» verurteilte solches Aberwissen. Der Erfolg war gering.

alle Zeit bei sich zu tragen». Das hier zu Tage tretende «religiöse» Gedankengut lässt sich unschwer orten: Es ist jedenfalls nicht protestantischen Ursprungs. Um so erstaunlicher ist, dass es auch im protestantischen Raum weite Verbreitung fand. Alles in allem gesehen hatte freilich der Protestant des 19. Jahrhunderts zu diesen Praktiken eine zwiespältige Einstellung. Sie helfen, so hoffte man, aber es ist nicht recht, es ist gegen den eigenen kirchlichen Glauben, also unrecht oder verboten, «aber gerade darum hilft es auch wieder in besonderen und verzweifelten Fällen, in denen zuletzt der Teufel selber helfen mag».[55] Vielleicht sprach auch ein Trotz mit: Wenn die Kirche doch nicht helfen kann, so hilft man sich eben selber.

Diese Einstellung finden wir auch in den Sekten und in den Bewegungen. Anhand einiger Beispiele wollen wir sie etwas näher kennenlernen. Höchst aufschlussreich ist die pietistische Bewegung. Sie konnte sich nur entfalten, weil die Kirche selber verunsichert war: Kritische Theologie, Nachlassen der Gottesdienstbesuche, Forderung nach Trennung von Kirche und Staat. Charakteristisch für den Pietismus als einer ganz neuen Sache gegenüber dem alten Protestantismus war es, dass er, um mit Karl Barth zu sprechen, «wieder Heiligengestalten hervorbringt, Heroen der Reinheit, des Gebetslebens, der Liebe und des Glaubenseifers, natürlich in derselben Meinung, wie es auch der Katholizismus mit seinen Heiligen tut: Dass diese Menschen durch die Gnade Gottes seien was sie sind, aber eben doch direkt aus ihren Werken, ihrer Lebensführung, ihrer Haltung, aus dem persönlichen Eindruck, den sie erwecken, als solche erkenntlich, biographisch als solche zu beschreiben und wie Heroen auf anderen Gebieten als solche zu feiern.»[56] Es kann hier nicht darum gehen, die komplexe Geschichte des Pietismus nachzuzeichnen. Sie erhält ihren Stempel von höchst farbigen Persönlichkeiten wie etwa der Frau von Krüdener, einer exaltierten Russin, die den Réveil, die Erweckung in Genf einleitete und später auch in der Nord- und Ostschweiz gewirkt hat.[57] Eine andere eindrückliche Repräsentantin war das blinde «Eisi», mit Namen Elisabeth Kohler in Wasen (Emmental). Sie wurde durch eine «erwählte» Patrizierin nach Bern geholt. Im Sulgenbachgut nahm sie Einsitz, es wurde zum Hauptquartier einer neuen Laienfrömmigkeit. Hier entstand auch die Evangelische Gesellschaft.[57a]

Im Zentrum des Programmes der Pietisten stand die Bibel. Überall gründete man Bibelanstalten. Sie warfen Bibeln, Kalender, Andachtsbilder und Zeitschriften auf den Markt. Der Kauf einer Bibel, so wurde argumentiert, lohne sich, zahle sich aus. In den Kalendern wird wie früher mit Exempeln gearbeitet. Unter dem Titel «Das Körblein einer Wirthstochter und was drin ist» brachte der dem Pietismus nahestehende Volksbotenkalender 1859 folgende Geschichte: Ein wegen eines Unfalls arbeitsunfähiger Hafnergeselle sitzt im Wirtshaus zu B. im Elsass. Er und einige andere Gäste verlangen Spielkarten. Die Wirtstochter gibt sie ihnen nicht, «denn sie wusste zu gut, wie dieser Zeitvertreib noch keinen wahren Vortheil, aber schon unsäglichen Nachtheil gebracht hat». Der Hafnergeselle hofft, in ihrem Körblein die Karten zu finden, findet jedoch nur ihr Neues Testament. Er beginnt aus Langeweile daraus vorzulesen und bekehrt sich während des Lesens.[58] Der «Schaffhauser-Pilger» bringt 1877 folgende Geschichte. In einer Räuberhöhle in North Carolina übernachtet ein Mann. Seine Bibel ist seine Verteidigungswaffe. Er erzählt am anderen Tag einer Familie die Wirkung seiner Lektüre: «Meine Bibel lähmte ihren Arm, ermahnte ihr Herz und beugte ihre Knie... Kinder, ihr braucht die grössten Gefahren des Lebens nicht zu fürchten, wenn ihr nur das Wort Gottes bei und in Euch habt.»[59]

217 Berner Bauernfamilie beim Gebet. Aus Autobiographien wissen wir, dass das gemeinsame Gebet im 19. Jahrhundert verhältnismässig häufig war. Man sang in vielen Familien gemeinsam Psalmen.

217

Die Bibel schenkt selbst irdischen Reichtum und Macht, wenn ihre Gebote befolgt werden: Im Exempel «Das Geheimnis von Englands Macht und Grösse» übergibt die Königin Viktoria einem afrikanischen Gesandten auf die Frage: ‹Worin liegt denn eigentlich das Geheimnis von Englands Grösse?› eine schön gebundene Bibel. Der Kalendermann kommentiert: «Woher anders nimmt das Volk Englands seine Achtung für Gesetz und Obrigkeit, welche das Land zusammenhält, als aus der Bibel; die grosse Achtung für den Sonntag, der ein grosser Ruhetag ist, an welchem das Volk sich für seine grosse Arbeit stärkt, nimmt es aus der Bibel.»[60] Gesangbücher und Kirchenlieder üben wunderbare Wirkungen auf die Menschen aus: Das verdeutlicht der «Pilger aus Schaffhausen» mit seiner Geschichte «Der Gesang eines Liedes und was darauf folgte». Eine Frau, die ihren Mann aus dem Wirtshaus holen will, wird von den Zechern zurückgehalten, denn sie gilt im Dorf als gute Sängerin und soll ihren Mann mit einem Lied lossingen. Die Frau singt das Lied «Jesu, meine Zuversicht». Der Mann hört mit dem Trinken gänzlich auf.[61] Die Kinder können Wunder wirken, das meinen die Erweckungsprediger immer wieder, denn sie sind der Auffassung, dass sich Gott gerne der Kinder als Werkzeuge bedient, um plötzlich und unerwartet ins Dasein der Menschen einzugreifen. Denn das Kind ist ja noch frei vom Ballast des Weltwissens, seinem Mund kann darum echte und göttliche Weisheit entströmen. Im Streitgespräch mit Kindern unterliegen selbst die Gelehrten. Davon ist die Rede im «Pilger aus Schaffhausen»: Ein ungläubiger Gelehrter fragt ein Kind, welches die Bibel liest: «Nun, kleine Tochter, machst du deine Aufgabe?» «Oh nein, nein Herr, ... ich lese die Bibel.» «Aber du machst, denke ich, deine Aufgabe aus der Bibel?» «Ach nein, Herr! die Bibel zu lesen ist mir keine Aufgabe, es ist ein Vergnügen.» Der Gelehrte wird daraufhin gläubig.[62] Auch Tiere können, ähnlich wie die Kinder, Gotteslob aussprechen. Dabei stützt sich der Pietist wiederum auf die Bibel ab: «Lobet den Herrn, Tiere und alles Vieh» (Ps. 148,10). Ein Kalender bringt eine Geschichte unter dem Titel «Merkwürdige Bewahrung»: Gott beschützt eine Witwe und ihre Kinder vor Räubern durch einen Hund, der plötzlich aus dem Wald auftaucht.[63] Auch die Geschichte vom seltsamen Raben weist in die gleiche Richtung: Ein Rabe bringt täglich einer Witwe und ihren Kindern Nahrung durch die offene Haustüre. Der Glaube ihres Kindes, dass Gott ihnen wie dem Elias einen Raben mit Nahrung schicke, wird belohnt.[64]

Gottvertrauen belohnt gute Taten. Dies kommt zum Ausdruck in einem Exempel aus dem «Schaffhauser Pilger»: Warum ein Kandidat Pfarrer wird. Ein Kandidat der Theologie nimmt einem armen kleinen Kind die schwere Last ab. Als dies in der Gemeinde bekannt wird, wählt man den Kandidaten zum Pfarrer. Demgegenüber werden die Sünder bestraft. «Beim Worte genommen», heisst ein weiteres Exempel: Ein Schnapser sagt: «Es git ja kein Tüfel, und wenn's eine git, so söll er mi grad hole!» Der Mann fällt sogleich tot um.[65]

Der Pietist distanziert sich von der Welt. Deutlich zeigt sich diese Tendenz in den pietistischen Kalendern, da wird den Schauvergnügen wie Theater, Zirkus, Bänkelsang und Boxsport eine deutliche Absage erteilt. Tanz und Befolgung der Mode werden als sündig und weltlich abgelehnt. Der «Pilger» argumentiert zum Theater als Bestandteil des Weltglücks: «Warum ins Theater gehen, wenn man Trauerspiele sehen will? Das ist gar nicht nötig, im wirklichen Leben gibt es genug Trauerspiele. Viele Augen fliessen von Thränenströmen; was will man gehen und sehen, wie die Thränen gespielt werden?»[66] Wer aber trotzdem ins Theater geht, kann fürchterlich bestraft werden: Die Königin von Schweden, die Witwe des ehemaligen Generals Bernadotte, will sich im Theater das Stück «Das Leben ist ein Traum» ansehen. Beim Aufgehen des Vorhanges sinkt sie tot zusammen.

Abgelehnt wird auch die Mode. Ein pietistischer Kalendermann kommentiert die neueste Mode: «So haben sie in neuer Zeit eine Art von Rock erfunden, die man Krinoline heisst, ist unten weit, eine neue Art von Reifrock, die man noch nicht lange verspottete, und oben eng, damit man recht aussehe wie eine Wespe; das soll schön seyn! Zu schmalen Thüren kann man gar nicht mehr hereinkommen mit diesen Krinolinen, und Kästen muss jetzt eine vornehme Krinolinen-Madame eine ganze Menge haben, so dass dem armen Mann für sein winzig Fräcklein kaum noch ein Plätzlein im Kasten übrig bleibt. Aber auch sonderbare Hüte sind aufgekommen, an denen ringsum etwas hängt, wie ein Gitter. Man nennt sie letzte Versuche, weil scheints eine arme, dumme Närrin meinte, dadurch nach vielen anderen vergeblichen Versuchen noch ihr Glück zu machen, oder ein Spassvogel das aussprengte und den Namen erfand.»[67]

Einen breiten Raum nimmt in den religiösen und pietistischen Kalendern die Bekämpfung des Alkoholismus ein. Der Volksbotenkalender bringt ein Exempel mit dem Titel «Der Kohlengräber merkt's»: Ein Redner an einer Mässigkeitsversammlung sagt: «Mit jedem Glas Branntwein, das einer trinkt, schluckt er einen Quadratfuss Land hinunter, den er sich dafür kaufen könnte.» Ein Kohlengräber nimmt sich dies zu Herzen, hört mit dem Trinken auf und wird Haus- und Grundbesitzer.[68]

Manche Exempel beziehen sich auf die Sonntagsheiligung. Unter dem Titel «merkwürdig» bringt der «Schaffhauser Pilger» folgendes Geschichtlein: Ein Bauer in Rheinpreussen arbeitet am Sonntag. Am gleichen Tag bricht in seiner Scheune ein Feuer aus.[69] Noch deutlicher ist die Geschichte mit dem Titel «Profitabel»: Ein englischer Knabe, der in einer Fabrik arbeitet, hält trotz Arbeitsaufgebot den Sonntag heilig. Er wird entlassen. Er findet bald wieder einen neuen Arbeitsplatz, wo er den doppelten Lohn erhält. Seine religiöse Gewissenhaftigkeit hat sich bezahlt gemacht.[70]

Deutlich richten sich die protestantischen Kalendermänner gegen den Besitz und Gebrauch der verschiedenen Zauberbücher. Ein Kalender bringt unter dem Titel «Geheime und offene Künste» folgende Geschichte: «Mein Grossvater selig hat mir, wie ich noch ein Büblein war, viel von einem sechsten und siebenten Buch Mosis erzählt; die habe man in einer Bibliothek an Ketten und Banden verwahrt; denn es stehe darin viel von der Schwarzkunst und von der Zauberei. Es gibt zwar Leute, die im Besitz der Kenntnis geheimer Naturkräfte sind, aber ein sechstes und siebtes Buch Mosis gibt es nicht und besonders keins, wo solche Dinge drin stehen. Der Gebrauch der geheimen Mittel ist in der heiligen Schrift verboten und sind die mit dem Fluche belegt, die sich damit abgeben.»[71] Ein anderer Volkskalender bringt eine Geschichte mit dem Titel «Von einem Teufelsbüchlein in Christenlanden»: «Da brachte mir Einer ein entsetzliches Büchlein, auf welchem eine scheussliche Teufelsgestalt abgebildet ist und in dem Büchlein wird damit bekannt gemacht, wie man in Kraft heiliger Worte einen Höllenzwang ausüben und den Teufel beschwören könne, damit Einen beliebiges Geld, Gut und Glück darbringen müssen, ohne dass er Einen gross beschädigen könne... Oh lieber Freund, lass Dich um Gottes Willen nie in so etwas ein. Alle Zauberei ist ein Greuel vor Gott. Also beflecke Dich nimmer mit solchem Greuel, und auch nicht mit dem, was damit verwandt ist. Den Gebrauch von sogenannten sympathetischen Mitteln will man für unschuldig halten; aber das sind undurchsichtige Dinge, die man um so mehr lassen muss, je mehr sie an Zauberei anstreifen.»[72] Auch das «Romanusbüchlein» wird scharf beobachtet und als gefährlich bezeichnet. «Der Pilger», gemeint ist der pietistisch inspirierte Schaffhauser Kalender, «hat das Romanusbüchlein und andere dergleichen Bücher gelesen und hat's aus der Hand gelegt und sagen müssen: Solche Mittel und solche Entheiligungen des Namens Gottes kann ein rechtschaffener Christ zu keinen Zeiten brauchen und dulden und liegt darauf ein Unsegen und Fluch und begreife ich, wenn es in der Offenbarung St. Johannes heisst: ‹Draussen sind die Zauberer und die Hunde› (Offenbarung 22,15).»[73]

Unter Beschuss gerät auch die Astrologie. Der dem Basler Pietismus nahestehende Volksbotenkalender schreibt unter dem Titel «Der Astronom, und die im Jahre 1845 eintreffenden Finsternisse» folgendes: «Aber ich kenne Einen, der möchte um Alles gern in dieses Buch des Himmels hineingucken; er meint, für den, der's versteh sey in den Gestirnen der Menschenlebenslauf zu lesen und aus diesem Buche könnte er daher erfahren, was er so gerne wissen möchte; das sey von Alters eine grosse Wissenschaft gewesen und man habe sie Astrologiam geheissen: Berühmte Männer hätten sich damit abgegeben, und wer nur die Zeichen in diesem Buch verstände? Aber ich will Dir nur sagen, dass Du Dich ganz auf dem Holzwege befindest, wenn Du Dich auf diese trügerische Wissenschaft, die keine Wissenschaft ist, irgend verlassen wolltest. Erstlich ist es Dir durch Gottes Wort verboten, Dich mit der Zeichendeuterei abzugeben. Unsere Zukunft sollen wir Gott überlassen und auch nicht für den morgenden Tag sorgen... Willst Du aber durch Zeichendeuterei und Astrologiam den verbotenen Vorhang lüften, so wird es Dir nicht gelingen und nicht fruchten.»[74]

So deutliche Worte finden wir in den katholischen Kalendern nicht. Eine Ausnahme macht vielleicht der Einsiedler Kalender. Er bringt um 1885 nicht nur grundsätzliche Überlegungen, sondern zählt auch die in katholischen

Familien vorkommenden magischen Praktiken auf. Der Titel der Abhandlung lautet: «Etwas aus dem heiklen Kapitel vom Aberglauben»: Die Gebete «Die heiligen sieben Himmelsriegel, welche ein frommer Einsiedler von seinem Schutzengel bekommen hat» und das «Gebet des himmlischen Hofes» seien an und für sich schön und erbaulich, aber das Unchristliche und Unkatholische liegt darin, dass ihnen Wirkungen zugeschrieben werden, welche sie nicht haben können, weil sie mit der Lehre der Kirche in Widerspruch stehen. Es ist unchristlich und unkatholisch, wenn gewisse abergläubische Gebete an die Verrichtung derselben eine unfehlbare, bestimmte und gewisse Wirkung knüpfen und einen unausbleiblichen Erfolg verheissen. Da die Kirche ferner die einzige Richtschnur unseres Glaubens sein darf, ist es unchristlich und unkatholisch, wenn andere Sacramentalien oder Segnungen gebraucht werden, als die Kirche eingeführt und gebilligt hat, oder wenn dieselben in anderer Weise und Absicht angewendet werden, als die Kirche es will. Es ist vollends ein sündhafter Missbrauch, wenn die heiligsten Namen und Geheimnisse mit allerlei unsinnigen Sprüchen, Zauberformeln, Zusammenstellungen von Buchstaben und Zeichen vermengt werden. Dies ist beim ‹Wahren geistlichen Schild› der Fall. Die päpstlichen Approbationen und Empfehlungen von Heiligen sind Lüge und absichtliche Täuschung. Auch die ‹Gewisse und wahrhaftige Länge unseres lieben Herrn Jesus Christi, wie er auf Erden und an dem heiligen Kreuz gewesen› ist ebenfalls mit einer erfundenen päpstlichen Genehmigung versehen worden. Ähnliche abergläubische, verwerfliche Schriften sind: ‹Gewisse, wahrhaftige und rechte Länge und Dicke U.L.FR.›, ‹Schöne Offenbarung, so zu Jerusalem mit goldenen Buchstaben geschrieben, bei dem heiligen Grab gefunden worden›, und ‹Das goldene Vater Unser› sowie die schönen Gebete des heiligen Papstes Gregorius und ‹Die ägyptischen Geheimnisse für Menschen und Vieh des Albertus Magnus sowie Tobias Segen, Michaels Brief› und ‹Die sieben heiligen Schloss›.»[75]

Kein Zweifel: Es war die offizielle katholische Kirche, welche diese Praktiken verbot. Für den einfachen Katholiken gab es subjektiv überhaupt keinen Aberglauben, weil er alles unter den Glauben, unter seine fides implicita zu subsumieren vermochte: Die Scheidung zwischen Glauben und Aberglauben vollzieht sich für Protestanten und Katholiken nicht auf gleiche Weise. Die katholische Kirche hat von jeher den weitern Bereich volkstümlichen Glaubens duldsamer umfasst als die protestantische Kirche ... Sie hat manchen «alteingewurzelten Wildwachs in ihrem Garten geduldet und ihn zu beschneiden und zu veredeln versucht».[76] Sie hat zwar immer wieder auf die nicht zu überschreitenden Grenzen aufmerksam gemacht. So hat etwa Bischof Christian Caminada im Geleitwort zur volkskundlich-religionsgeschichtlichen Arbeit von Hans Krömler über die Eucharistie deutlich gesagt, dass es sich nicht um ein religiöses Erbauungsbuch handle: «Sollte irgend ein Leser die Kenntnis der katholischen Lehre der Eucharistie oder der Hl. Messe hier schöpfen wollen, fände er sich auf falscher Fährte und würde das Ziel keineswegs erreichen, wenn auch sehr vieles so geartet ist, dass es hohe Achtung für dieses Geheimnis einflössen muss. Dessen muss sich besonders der Nichtkatholik bewusst sein; aber auch der Katholik möge die klaren Unterscheidungen des Autors gut beachten, damit nicht Ärgernis oder Geringschätzung des grössten Geheimnisses der christlichen Religion daraus entstehe.»[77] In der Arbeit von Krömler, in welcher der Eucharistie nachgegangen wird, tritt dieser Sachverhalt deutlich zutage. Da schimmert etwas von der volksfrommen Sinnlichkeit durch, die in der katholischen Kirche

Diese Zedel sind gut wider Pestilenz, und von leidigen Suchten herkommenden Krankheiten, Zauberei, Verschreyungen und Nachstellungen des bösen Feinds. Solche können in den Ställen, oder sonst wo angemacht werden.

Gedruckt zu Altdorf genannt Weingarten, bey Georg Fidelis Herkner 1835.

218

des 19. Jahrhunderts geherrscht hat. Da kann man nachlesen, welche zeremonienreiche Liturgie die Kirche entfaltete, um die Messe für die Pfarrgenossen immer aufs neue «zu Zeugen jenes geheimnisvollen Vorganges zu machen, der mitten unter ihnen geschieht und an dem sie zutiefst beteiligt sind».[78] Die Biographien katholischer Männer und Frauen des 19. Jahrhunderts zeigen, welch hohen Stellenwert die Messen in ihrem Leben einnahmen. Sie sind, so eine Frau aus dem Urnerland, das Salz des Lebens. Besonders beliebt waren die in der Adventszeit gehaltenen Rorate- oder Engelmessen. Ihren Namen hatten sie vom ersten Wort des Introitus der Mutter-Gottes-Votivmesse, der meist gestifteten Votivmesse. Morgens in aller Frühe gehalten, von alten Adventsliedern umrahmt, gab sie eine einmalige Stimmung, die das Volk in den vorweihnächtlichen Tagen mit grosser Freude erfüllte. Diese Messe wurde mit dem von den Schulkindern gesungenen Ave Maria eröffnet. Währenddessen trug man das Allerheiligste in feierlicher Prozession vom Hochaltar zu einem eigens geschmückten Roratealtar ... Besondere Ausschmückung hat dieser winterliche Morgengottesdienst im Flecken Appenzell erfahren. «Schon in aller Herrgottsfrühe kamen die Leute selbst bei grimmigster Kälte von weit her zur Kirche. Waren sie zu früh im Dorf angekommen, begaben sie sich ins ‹Messmerstübli›, um sich noch ein bisschen zu erwärmen.»[79]

Schon die Vorbereitung zu den Messen war wesentlich. Auch in kleinsten Dingen ist die Kirche den seelischen Bedürfnissen ihrer Kirchgenossen entgegengekommen. Sie wusste, dass die Glocke die Seele ganz besonders ansprach, und deshalb umrahmten die Glocken auch alle bedeutenden christlichen Geschehnisse. So zeigen die Kirchenordnungen aus dem Jahre 1866 an, worum es ging und wie es zu handhaben war: «Jeder Hauptgottesdienst an Sonn- und Feiertagen soll mit wenigstens einem Glockenzeichen angezeigt werden. Dieses Zeichen wird jeweilen längstens eine Stunde oder mindestens eine halbe Stunde vor der festgesetzten Anfangszeit, das heisst vor dem Einläuten gegeben werden.»[80] Alte, meist ungeschriebene Tradition galt viel, und die Gläubigen des Dorfes waren sich dieser erst bewusst, wenn einmal ein Uneingeweihter nach dem falschen Glockenseil griff. Wurde gar einmal «chlänggt», wo ordentlich geläutet werden musste, fragten die Leute erstaunt, was denn geschehen sei.

So sehr hingen die Leute an der Eigenart ihrer Läutordnung, dass sie sich selbst dem befehlenden Wort eines Bischofes nicht untergeordnet hätten.

218 Stallsegen aus der Innerschweiz Jahr 1835. Segen gegen Pestilenz und von Suchten herkommender Krankheit, gegen Zauberei, Verschreiungen (Verhexen) und Nachstellungen des bösen Feindes. Im Bild in schwarzem Schriftband die Initialen des Zachariassegens gegen Pestilenz, als Stallsegen wohl gegen Viehseuchen, in der Bildmitte der Benediktusschild mit den Initialen des Benediktussegens als Bannspruch gegen teuflische Anfechtungen wie Dämonen und Hexen. Über dem Schrifband die 4 Schutzpatrone: Ignatius von Loyola im Messgewand mit dem Christusmonogramm, Patron gegen Dämonen. Benedikt mit Abtstab und Becher, aus dem eine Schlange emporsteigt, Patron gegen Zauberei und höllische Mächte. Scholastika, Patronin gegen Blitzgefahr. Anastasiushaupt gegen Nachstellungen des bösen Feindes, gegen Geister, Gespenster und Krankheiten.

Die Glocken mahnten indessen nicht nur zum Kirchenbesuch, sie ertönten auch unmittelbar vor der Konsekration, und hier hatte frommer Glaube in Volk und Klerus reichliche Möglichkeiten, durch Zahl und Art der Zeichen das herauszustellen, was ihm wichtig schien. Dabei gab es grosse Unterschiede. Die Urschweiz beispielsweise kannte «s'Evangelilüten und s'Messuslüten» nach der Wandlung, während in der Ostschweiz «s'Sanktuslüte» weit verbreitet war. Mit welcher Glocke und wie lange geläutet werden musste, hatte der Sigrist von seinen direkten Vorfahren, seinem Grossvater oder Urgrossvater zu erfahren. Auch der Eintritt ins Gotteshaus war brauchmässig geregelt. Noch im 19. Jahrhundert machten die Leute auf dem Wege zur Kirche in fest formulierten Gebeten «die guet Meinig». So hat eine Grossmutter aus dem Fürstenland Gott stets gebeten, «dass durch diese Heilige Messe eine arme Seele aus dem Fegefeuer befreit werde, ein Sünder sich zu Dir bekehre, ein Sterbender Bamherzigkeit finde und von einem Kind die Gefahr, ohne Taufe zu sterben, abgewendet werde». Unmittelbar vor dem Eintreten in die Kirche wünschten die Gläubigen einander «gueti Andacht». Die Eintretenden nahmen das Weihwasser, bekreuzigten sich, beugten die Knie und begaben sich hierauf in ihre Kirchenstühle. Früher haben manche Leute, bevor sie das Kreuz über sich schlugen, den Boden mit Weihwasser besprengt und dabei gebetet: «Tröst Gott die arm Seel.» Zum Rüstzeug des Kirchgängers gehörten das Gebetbuch, das Paternoster, der Rosenkranz. Im 19. Jahrhundert gab es noch Kirchenordnungen, die jenen, die sich weigerten, in der Kirche den angewiesenen Platz einzunehmen, entweder einen Verweis oder eine Geldbusse eintrugen.[81] Auf dem Land war es durchwegs so, dass die rechte Seite dem männlichen Geschlecht, die linke dem weiblichen reserviert blieb. In Appenzell durften die Frauen auch auf der rechten Hälfte Platz nehmen, weil sie der alten Sage gemäss am Stoos mitgekämpft hatten. Ganz genau war auch vorgeschrieben, wie sich die Mädchen und Jungfrauen beim vormittäglichen Gottesdienst zu verhalten hatten. So bestimmte eine Ordnung der Gemeinde Eggersried 1847, dass die der Alltagsschule entlassenen Mädchen und Jungfrauen in ihren Familienstühlen zu stehen haben. Bei den nachmittäglichen Gottesdiensten aber stehen sie vor dem Kreuzgang.[82]

Auch im 19. Jahrhundert ist die Messe mit bestimmten Gebeten umrahmt worden. Im Wallis, in Graubünden und im St. Galler Oberland wurde vor dem Sonntagsgottesdienst der Rosenkranz gebetet: Er muss gebetet werden, bemerkten die Leute, selbst wenn nur wenige Personen sich dazu eingefunden haben, weil die Väter es schon so gehalten haben.[83] Auch hier gab es gewisse Eigentümlichkeiten, so beteten etwa die Herbrigger im Wallis nach jeder Messe mit zertanen Armen die fünf Wunden. In Eggenwil bei Bremgarten lobte man nach jeder Messe in einem jahrhundertealten Gebet die Gottes Mutter. Das Gebet lautete:

«Sei gegrüsst, Du liebe Tochter Gottes Vaters;
Sei gegrüsst, Du wahre Mutter Gott des Sohnes;
Sei gegrüsst, Du keusche Braut Gott des Heiligen Geistes;
Sei gegrüsst, Du Tempel der allerheiligsten Dreifaltigkeit.
Heilig, heilig, heilig bist Du Gott der Heerscharen.
Die ganze Welt ist mit Deiner Herrlichkeit erfüllt.
Ehre sei dem Vater, Ehre sei dem Sohne, Ehre sei dem Heiligen Geist.»[84]

Besonders grosse Bedeutung kam dem Messgewand des Priesters zu. Alte Kaseln, wie man das Messgewand auch nannte, durften nie zu profanen

219

219 Der Betruf. Auf diesem Kalenderblatt, aus dem Ende des 19. Jahrhunderts, wird der Betruf nach althergebrachter Tradition durch den Milchtrichter gerufen. Unten im Vordergrund des Bildes ist nach dem Kalenderblatt «die altheidnische Zeit dargestellt, wo der Segen in Gestalt irdischer Schätze von den Berggeistern aus dem Schoss der Erde emporgeschafft wird, während oben die christliche Auffassung herrscht, wo in der Gestalt des Christuskindes und seiner Anbetung alle geistigen Güter aus Himmelshöhen auf die Menschheit herabsteigen».

Zwecken verwendet werden, sondern waren im Osterfeuer des Karsamstags zu verbrennen. In der Innerschweiz sind vor allem zwei Messgewänder in Ehren gehalten worden, das eine ist jenes, das nach dem Bergsturz von Goldau auf dem Schutt unversehrt angetroffen wurde, das andere beherbergt die Sakristei von Schattdorf. In Einsiedeln gab es ein Messgewand, das an das Wunder von 1893 erinnerte: «Während Meinrad Anton Kälin am Ölbergaltar die Messe las, wurde er von hinten mit einer Kugel beschossen. Nach dem bezirksärztlichen Bericht wurde die Kugel im Gewand hängend gefunden, und der Priester kam ohne grössere Verletzung davon.»[85]

Um die Messe rankten sich viele Volksmeinungen. So erzählte man sich etwa in St. Gallenkappel, dass, wenn zwei Geistliche zur selben Zeit die Heilige Messe lesen, der eine die Heilige Hostie emporhebt, während der andere den konsekrierten Kelch in die Höhe streckt, bald jemand in der Gemeinde sterbe. In Morgarten und Gersau erzählte man sich, dass, wenn zwei Priester in der gleichen Kirche zur gleichen Zeit Wandlung feiern, in der Gemeinde bald jemand sterben müsse. In Eggersried glaubte man, dass, wenn unter dem Wandlungsläuten die Uhr schlägt, jemand in der Pfarrei zu sterben habe. Erstaunlich: Auch die Aufklärung vermochte nicht, solchen Anschauungen den Garaus zu machen. Ihr Einfluss ist aber doch auch im katholischen Kirchenleben des 19. Jahrhunderts spürbar.

So hat sie vor allem zu einem Rückgang der Wallfahrt geführt. Während dieser Einfluss im Wallis und in den Bündner Tälern verhältnismässig gering war, schmolzen doch andernorts viele Wallfahrten zusammen oder erloschen ganz. Freilich sind dann aber im Zeitalter der Romantik neue, vorwiegend Marianische Wallfahrtsorte entstanden, wie etwa Mariahilf auf dem Gubel 1815, oder Mariabildstein 1830, ferner Notre Dame in Genf 1856, Vorbourg bei Delsberg 1869, Oberiberg 1877, Broc 1886, Schwyz Mutter vom guten Rat 1887, Aahorn (Weissbachtal) 1895, um nur einige Beispiele zu nennen. Die meisten dieser Wallfahrtsorte sind (aber) allerdings von neuen Grosswallfahrten, hauptsächlich Marien-Wallfahrten nach La Salette oder Lourdes, überstrahlt worden. Im grossen und ganzen blieb die Sakrallandschaft erhalten, und manche Feste des Kirchenjahres − dem Fest wird ein besonderes Kapitel gewidmet sein − sind mit grossen, prunkvollen, weitherum bekannten Prozessionen gefeiert worden. Diese führten oft über viele Kilometer; Ziel waren meist bestimmte Kirchen und Kapellen und deren Gnadenbilder. Als zeitgenössischer Zeuge dieser Wallfahrt sei der Bamberger Ignaz Schwarz zitiert, der von 1837 bis 1842 als Lehrer an der Disentiser Mittelschule wirkte. Er beschreibt die Disentiser Sakrallandschaft so, wie es nur ein Romantiker tun konnte: «Ein besonders ergreifender Anblick aber ist eine Wallfahrt der andächtigen Volksmenge nach einer solchen Kapelle unter Lobgesängen und Hörnerklang, mit Kreuzen und fliegenden Fahnen. Denn ein Gottesdienst, mitten in der grünenden Natur, als der zweiten Offenbarung des Göttlichen, wirkt auf das gefühlvolle Herz mit wunderbarer Gewalt; unwillkürlich mischt man sich unter die Betenden und wird mit fortgerissen von den Wogen des allgemeinen Hosiannas.» Solche Wallfahrten und Prozessionen, so meint er an anderer Stelle, sind «die schönsten Seiten in der religiösen Symbolik der katholischen Gottesdienstes».[86]

220

220 Blick in eine Schulstube um 1905. Fotografie
von Josef Dahinden (1863–1931). Abgebildet ist
eine Privatschule, doch die Requisiten sind die
gleichen wie jene der öffentlichen Schulen. Typisch
sind für diese Zeit die weissen Schürzen der beiden
Schülerinnen. Es ist auch kein Zufall, dass der
Knabe sich mit dem metrischen System beschäftigt.

Alltag der Schule

Das 19. Jahrhundert – die hohe Zeit der Schule. Von ihr erwartete man Bildung, Emanzipation und Befreiung zugleich. Die Schule sollte jedem Bürger zugänglich sein. Privilegien irgendwelcher Art sollte es nicht mehr geben. Zu diesen Grundsätzen bekannten sich alle, welcher Partei sie auch immer angehörten. Streit, ja Zank gab es erst, als die Frage nach der Realisierung, nach dem Obligatorium und nach der Unentgeltlichkeit der Volksschule auftauchte. Grundsätzlich war die Frage schon in den ersten Jahrzehnten des Jahrhunderts entschieden, hatten doch die liberalen und radikalen Kantonsverfassungen die Verantwortung des Staates für das Bildungswesen übernommen, die Freiheit und Unentgeltlichkeit des Unterrichtes garantiert und hatten doch die Pädagogen wie Johann Heinrich Pestalozzi, Philipp Emanuel von Fellenberg und Gregoire Girard diese liberale Konzeption vertreten und verteidigt. Verteidigt gegen tausend Widerstände und Hemmnisse: Einmal lieferten die reaktionären Kräfte letzte Rückzugsgefechte, und sodann kam es, was zunächst erstaunt, zum Widerstand der Betroffenen selber. «Von Volksbildung will das Volk nichts wissen», schrieb Girard 1835.[1] Die Gründe für diese Haltung sind verschiedener Art: Einmal war es ganz schlicht und einfach Trägheit und Gleichgültigkeit. Viele, die keinen einzigen Buchstaben lesen und schreiben konnten, behaupteten, das sei gar nicht nötig, «man seye vor diesem auch in den Himmel gekommen». Der Schulmeister von Rothenfluh (BL) lehrte nicht Rechnen, «weil die Eltern es für überflüssig halten». In Anwil durften die Mädchen nicht schreiben, «weil die Eltern behaupteten, sie würden es dann nur zu Liebesbriefen verwenden». Im Gegensatz zu den Eltern hätte die neue Lehre den Kindern ganz gut gefallen, «sie buchstabierten schon auf der Gasse à la Pestalozzi». Die Eltern dagegen empfingen den Pestalozzischüler Erhard Schneider an seinem neuen Schulort Zunzgen alles andere als freundlich, er wurde «verfolgt, ja sogar einmal geschlagen». Er stehe, so wurde gesagt, mit dem Bösen im Bund, andere meinten, er werde die katholische Lehre verkünden. In Liestal gab es pietistische Eltern, die fanden, «ihre Kinder könnten in der Schule geistigen Schaden nehmen».[2] In der zürcherischen Gemeinde Stadel musste die Polizei eingreifen, «weil der Kampf gegen die neue Lehre der Schule handgreifliche Formen annahm». In einer Petition hatte die Gemeinde dargelegt, «dass der Landmann zu arm sei, um kostspielige Bücher für die neue Lehrmethode sich anzuschaffen».[3]

Widerstand regte sich auch bei den Bauern. Viele glaubten, der Schatz von Erfahrungen, der von einer Generation auf die nächste übertragen werde, sei gross genug, um das Leben meistern zu können.[4] «Was nützt den Kindern Bildung», so fragt in einer anonymen Schrift ein Bauer: «Ist der Bauer zu gelehrt, so hat er nurmehr Flausen im Kopf; er will nicht mehr Jauche austragen, nicht mehr Mist führen, nicht mehr den Acker bestellen . . . Mein Grossvater sagte immer: ich kann nichts, und meine Buben brauchen auch nicht mehr zu können als ich . . . Die Lehre mag recht sein für die in der Stadt. Ich brauche meine Kinder auf dem Felde . . . ».[5] Tatsächlich war es in der Zeit der allgemeinen Handarbeit für viele Bauern sehr schwierig, ohne Kinder auszukommen. Der Staat nimmt sie mir weg, hiess es etwa. Hat der Staat einen so unbedingten Anspruch auf unsere Kinder? So wurde gefragt.

Verhasst war auch der Schulzwang. Man ärgerte sich masslos, wenn die säumigen Eltern ermahnt oder verwarnt, ja sogar ins Gericht, «ins Präsidentenverhör» genommen wurden. Besonders zornig waren jene, deren Namen wegen Säumigkeit in der Schule an der sonntäglichen Gemeindeversammlung verlesen wurden oder gar jene, die ihre Busse nicht zahlten und dafür Zwangsarbeit zu leisten hatten.[6] Aus heutiger Sicht sind wir geneigt, über diese rückständigen Eltern den Stab zu brechen. Doch Vorsicht: Wir brauchen nur die Versäumnistabellen etwas näher anzusehen, um zu anderen Einsichten zu gelangen und für mildernde Umstände zu plädieren. Auf einer solchen Tabelle aus dem Jahre 1834 steht bei 9 der 16 am meisten fehlenden Schüler die Bemerkung «arm» oder «sehr arm». Wir finden aber auch Wörter wie «arm und schwach» oder «sehr arm und sehr schwächlich». Wer am Rande des Existenzminimums lebt – man denke nochmals an das im Kapitel «Arbeit» Dargelegte – hatte andere Ziele als die Schulbildung im Auge; mit knurrendem Magen lernt sich schlecht. Man braucht sich nur in die von Hungerhalluzinationen gequälten Kinder zu versetzen, um sie zu verstehen, wenn sie in der Schule nicht aufpassten oder einschliefen. Man halte sich die Situation vor Augen: «Bei uns lief Tag und Nacht der Webstuhl», sagte ein Heimarbeiter, «die Kinder müssen helfen, wenn wir nicht Hungers sterben wollen». Manches Fabrikkind stand um vier Uhr morgens auf und ging erst um zehn Uhr nachts ins Bett. Und viele Fabrikkinder arbeiteten nachts. Wenn sie am Morgen zur Schule kamen, was freilich sehr selten geschah, schliefen sie sofort ein.[7] Die Autobiographien sprechen eine deutliche Sprache: Jakob Senn hatte, wie er berichtet, während seiner Schulzeit in der elterlichen Hausweberei mitzuhelfen: «Alles Widerstreben half nichts, man nahm mir meine Büchlein weg und sparte im äussersten Fall auch an körperlicher Züchtigung nicht.» Sein grosser Wunsch, die Sekundarschule zu besuchen, blieb unerfüllt; die Mutter meinte, Jakob sei «zur Arbeit geboren, und nicht, um den Herrn zu spielen».[8]

Mit Strafen allein kam man nicht viel weiter. Vielmehr geriet die Schule bald einmal in den Ruf einer verhassten Zwangsanstalt. Zwar versuchte man dem Volk begreiflich zu machen, dass «die gegenwärtige Zeit höhere Anforderungen an die Bildung» stelle und dass «Versäumnisse eine himmelschreiende Versündigung an der Zukunft der Jugend» darstellen. Es helfe den Kindern nichts, so der basellandschaftliche Erziehungsdirektor Banga, wenn sie ihre Kinder in schwierigen, krisenerfüllten Zeiten nicht zur Schule schikken: «Die Zeiten, da die Gewerbsamkeit gedrückt ist, müssen am dringendsten mahnen, dass man den Kindern den Schulbesuch als eine wichtige Sache erscheinen lasse, indem gerade der Arme die Kenntnisse, welche er in der Schule holen kann, am nöthigsten hat.»[9]

Welches Ausmass die Versäumnisse annahmen, zeigen die Zahlen aus dem Baselbiet. Dort rechnete man für 1835/36 mit Tausenden von ganz oder teilweise versäumten Schultagen. Später ging man davon aus, dass jeder Schüler einen halben Tag in der Woche fehle. Im Winter 1834/35 besuchten in Waldenburg 29 Kinder, mehr als ein Viertel, die Schule überhaupt nicht.

221

222

Dabei waren es immer wieder Kinder, die ohnehin «benachteiligt» waren, weil sie von armen oder nachlässigen Eltern stammten.[10] Die «säumigen» Kinder sind in den Berichten auch beschrieben worden. Sie machen nach einer Aufzeichnung des Jahres 1866 den Eindruck, «als ertödte das immerwährende Geschnurr der Fabriken jede geistige Kraft im Menschen. Sie schauen oft drein, als wären sie halb blödsinnig.»[11] Ein Schulpfleger 1853: «Während meiner 26jährigen Amtstätigkeit ist es mir noch nie so schwer vorgekommen, die Absenzen zu verzeichnen, wie dieses Jahr. Soll man brave pflichtgetreue Eltern, die wegen Mangel und Noth gezwungen sind, ihre Kinder für häusliche Arbeiten daheim zu behalten, auf die Strafliste setzen?»[12] «Der Landschäftler» nahm die geplagten Eltern in Schutz: Harte Strafen, so plädierte er, verschärften nur die Not, viel besser wäre es, den armen Schülern finanziell zu helfen. Der Staat habe am Schulobligatorium festzuhalten, ohne «an den Eltern Einzelner grausame Ungerechtigkeit zu üben».[13]

Die vielen Versäumnisse waren indessen nur einer der Gründe, weshalb es mit den Leistungen der Schule nicht recht klappen wollte. Die zweite Ursache liegt in den Klassengrössen. Wie sollte ein Lehrer mit einer Klasse von weit über hundert Schülern eine gute Leistung zustande bringen? Im Jahre 1839 lag zum Beispiel in Zürich die durchschnittliche Klassengrösse bei 129 Schülern; in Glarus lag sie gar bei 219. Etwas besser sah es in Baselland aus, dort lag sie bei 99 Schülern; es folgte Baselstadt mit 96, Genf mit 80, Aarau mit 59 und Bern mit 58 Schülern. Um 1870 hatte sich die Lage nicht wesentlich verändert; das Baselbiet kam auf 83 Schüler pro Klasse, in Genf waren es 87 und in Appenzell Ausserrhoden 100 Schüler.[14]

Zwar gab es in den Kantonen Schulgesetze, welche die Grösse festsetzten. Wie aber sah es mit der Durchsetzung aus? Um neue Klassen zu schaffen, fehlte es zunächst an Lehrern, sodann aber auch an Schulräumen. In einzelnen Gemeinden half man sich so, dass die eine Klasse am Morgen, die andere am Nachmittag zum Unterricht erschien.[15] In Bubendorf waren nach dem Bericht von Pfarrer Niklaus von Brunn 140 Schüler zu unterrichten; es gab aber nur eine einzige Schulstube, die höchstens 90 Kinder fasste. In Buus war

221 Lehrer auf einem Schulausflug um 1890. Ein mit Blumen und Fahnen geschmückter Wanderstab, der sogenannte Maienstock, gehörte dazu.

222 Die Kleinkinderschule stellt sich mit den Lehrerinnen vor. Basel, Utengasse. 1858.

es nicht besser: «Die Schulstube (zugleich Wohnstube des Schulmeisters) ist nur 14 Schuh lang und 10 breit – an beyden Seiten stehen zwei lange Tische, an welchen über 50 Kinder so zusammengepresst sitzen, dass sie sich nicht rühren können; alle Schulfähigen hätten nicht einmal Platz; die Stube wird nur von vorne beleuchtet, so dass die unten sitzenden Kinder bey dunkelm Wetter nicht heiter genug haben, um in ihren Büchern lernen zu können, und die Schreibschüler um zu schreiben. Im Winter ist es in diesem von Kindern vollgepfropften Schulställein vom Ofen und der dadurch vermehrten Ausdünstungen der Kinder verursachten Hitze fast nicht auszustehen; gleiche Unannehmlichkeit verursacht im Sommer die gerade hineinscheinende Mittagssonne.»[16]

Verweilen wir noch einen Augenblick bei den Massen: Es waren 4,2×3 Meter = 12,6 m² pro Schule. Die Fläche pro Schüler betrug demnach 0,25 m². Die heutige Norm schreibt mindestens 2 m² pro Schüler vor. Pfarrer Jakob Burckhardt, Vater des berühmten Kunsthistorikers, intervenierte im Jahre 1814 für die Schule von Lausen. Da seien nicht weniger als 81 Kinder in eine kleine Schulstube gepfercht: «Man muss Augenzeuge gewesen seyn, wenn man sich den dichtgedrängten Schwarm auf und in den Bänken, Gesimsen, Blöchern sich immer stossend und drückend vorstellen solle; wo natürlicherweise wenig Ordnung und viel Unruhe herrschen muss.» Eine Besserung trat indessen nur zögernd ein. Noch um 1889 schreibt der Baselbieter Schulinspektor, man müsse prüfen, wie man diesem Notstand abhelfen könne. Immer noch ist die schlimmste Not «die Überfüllung vieler unserer Schulen».[17] Man sollte, so meinte ein Schulinspektor einmal, «ermitteln können, welche Todesfälle von Kindern und Erwachsenen durch schlechte Schullokale herbeigeführt werden». Tatsächlich litten viele Lehrer wegen der feuchten Räume, sie seien mit der Zeit unfähig, weiter zu arbeiten. Die Kinder dauern einen, schreibt Karl Iselin, Pfarrer in Wintersingen, «in diesem Noth Stall – nur der rechte Arm darf auf dem Tisch seyn, um das Büchlein zu halten, der Linke muss unter dem Tisch seyn und so sitzen sie – seitwärts, in einer krummen Atitüde, in einem für Kinder und Lehrer ungesunden Geruch».[18] An einem anderen Ort war die Schulstube zur Wirtsstube gemacht «und die Schüler tags darauf, die Tische noch vom Wein befeuchtet und vom Specksalath verschmutzt, anzutreffen». Der arme Schulmeister kann sich «erst um zwei Uhr schlafen legen». Selbst in grösseren Gemeinden waren «in einem unbeschreiblichen Qualm 112 Kinder so eng aufeinander geschichtet, dass sich keines hätte regen können, geschweige denn, dass sie den zum Schreiben oder Rechnen nöthigen Platz gehabt hätten. So muss wirklich die Schule für Lehrer und Kinder eine Qual seyn, indem es nicht möglich ist, daselbst bey offener Thür und Fenstern frey zu athmen; auch sind die Bänke so dicht ineinander gedrängt, dass der Lehrer durchaus nicht zu mehr Kindern kommen kann, als den zwey vordersten und untersten auf jeder Bank, er wolle denn über sie hinkriechen.» Zustände vom Juli 1814 in Muttenz. [19]

Es fehlte indessen nicht allein am Platz, es fehlte auch am Mobiliar, es fehlte an Lehrmitteln. Um 1829 berichtet Pfarrer Johann Rudolf Buxstorf: «In dem brestartigen Schulzimmer der kleinen Tecknauer Schule gebricht es bis dahin noch an einem Nothwendigen, nämlich an den erforderlichen Schultischen und Bänken. Man behalf sich wohl bis jetzt mit zwei Tischen, die aber von Bürgern der Gemeinde geliefert wurden und als gewöhnliche Tische der nöthigen Einrichtung ermangelten.» Es fehle ausserdem auch an Lehrmitteln.[20] In der Schule von Itingen gab es 1825 nur «wurmstichige,

223

allzu schmale Tische». Die Schüler kehren dem Lehrer den Rücken und «letzterer hat auf jedem beliebigen Standpunkte nur die halben Schüler im Auge». Bei der letzten Renovation der Schule sei weder auf Lehrer noch auf Schüler Rücksicht genommen worden. Anstatt die alten Tische, «an welchen die Schüler mit gegeneinandergekehrten Köpfen sassen», zu entfernen, habe man nur den Schulraum ein wenig erweitert.[21]

Alltag der Schule – das hiess noch zu Beginn des 19. Jahrhunderts vor allem Auswendiglernen. Der Lehrer hatte abzuhören. Zur Verfügung stand ein Namenbüchlein und «ein unverständliches verstiegenes Nachtmahlbüchlein».[22] Lesen und Schreiben stand zwar auf dem Programm: «Doch Buchstaben mahlen heisst man schreiben und orthographisch schreiben, und sonderlich etwas mit Anstand von selbsten aufzusetzen wissen, das muss man wahrlich in unserem Land nicht suchen.» Auch um 1820 sieht es nicht viel anders aus: Johann Ulrich Schaub berichtet in seiner Lebensbeschreibung, dass man nach der alten Lehrweise unterrichtet habe. Danach wurde nichts anderes «getrieben, als mechanisches Lesen und ABC Buch, Katechismus und biblische Geschichte, Abschreiben und mechanisches Erlernen des Einmaleins mit diesem Punktum...»[23] Faule und unaufmerksame Schüler wurden, wie die Autobiographien immer wieder melden, mit der Birkenrute ermuntert, schwatzhafte mit einem «Ohrenstüber» oder einem «Hoorrupf» (Zerren am Haar) zur Raison gebracht. Ernst Rohrer aus Zumikon im Rheintal, der zum «Tuscheln» neigte, hatte, wie er vermerkt, «über dem rechten Ohr eine ‹plutte› (haarlose) Stelle, was dann zu Hause zwangsläufig zu Fragen und meinerseits zu Begründungen führte».[24] Pfarrer Peter Flury, Mitbegründer der Mittelschule von Schiers, bestätigt diesen Befund. Er fügt seinen Jugenderinnerungen bei, dass «die allzu mechanische, das Denken nicht sonderlich in Anspruch nehmende Unterrichtsweise der Schulen im Prättigau nicht sonderlich dazu angetan war, waches selbständiges Denken zu fördern».[25]

Unabdingbar zum Unterricht gehörten während des ganzen Jahrhunderts die Schiefertafel und der Griffel. Diese «Instrumente» waren schon vor Pestalozzi bekannt, er hat sie jedoch systematisch eingeführt und durchgesetzt. Das Schreiben muss, so verlangte er, «zuerst mit dem Griffel auf Schiefertafeln versucht werden, indem das Kind in einem Alter fähig ist, Buchstaben mit dem Griffel zur Vollkommenheit zu bringen, in welchem es unendlich schwer wäre, es zur Führung der Feder zu bilden... Sollten die in der Schweiz sehr bekannten Glarnerschiefer schwer zu bekommen sein, so könnte man auch schwarze, hölzerne Tafeln mit weisser Kreide brauchen.»[26] Doch hatte längst nicht jeder Schüler eine Schreibtafel. Denn die Schulmaterialien mussten von den Eltern gestellt werden, und da haperte es denn auch bedenklich. Manche waren kaum in der Lage, jedes der zahlreichen Kinder gut auszustaffieren. Johann Martin, ein Kind armer Eltern und später selber Lehrer, schreibt 1812, er hätte die Tafel bekommen, «welche schon zwei viel ältere Schwestern gebraucht hatten». Auch Papier war rar. Viele Gemeinden gaben es nur für die oberen Klassen ab. Die Schüler hatten die Papierhefte selbst zu nähen.[27] Etwas besser stand es mit den Schulbüchern, sie wurden von den kantonalen Regierungen und Amtsstellen den Gemeinden zur Verfügung gestellt. Die Bedeutung der Schulbücher kann kaum überschätzt werden. Im Schulbuch hat ja das Kind, so heisst es im Vorwort zum Basler Schulbuch von Rudolf Hotz von 1866/1869, «jahrelang auch sein Ein und Alles, den Inbegriff seines Lernens und Wissens, die Grundlage all seiner späteren Kenntnisse, die erste und nachhaltigste Anregung zu alle dem, was

223 Albert Anker malte 1879 dieses Mädchen. Es benützt zum Schreiben Schiefertafel und Griffel.

224

noch der Greis von den Dingen dieser Welt und denen, die jenseits dieser Welt sind, denken und empfinden wird».[28]

Was aber fand das Kind jener Zeit in seinen Schulbüchern? Zunächst waren es Anstandsregeln. Das scheint auf den ersten Blick erstaunlich. Ein Blick in die Geschichte der Schule zeigt aber, dass diese Regeln seit dem Humanismus eine beliebte Sparte aller Schulbücher waren.[29] Schon ein Trogener Lehrmittel von 1789 bringt den Lesern «Regeln der Höflichkeit und gute Sitten» nahe. Es verlangt eine gute Haltung beim Sitzen, Gehen und Stehen und es verbietet «alle seltsamen und lächerlichen Geberden», es verlangt Reinlichkeit und verbietet lautes «Nachrufen», fordert züchtige Grüsse und Antworten und legt vor allem Gewicht auf ein gutes Benehmen in der Kirche. In einem Zürcher Schulbuch von 1791 werden hygienische Vorschriften gemacht, während ein baslerisches Buch von 1817 gleich wie das appenzellische von 1789 verbietet, «heisshungrig zuerst in die Schüssel zu greifen, die Speisen mit den Fingern anzufassen und diese hernach abzulecken, zu schlürfen und laut zu schmatzen».[30] In einem Bündner Schulbuch von 1846 heisst es: «Kleine Kinder und wilde Menschen führen die Speisen mit den Fingern zum Munde. Gesittete Leute bedienen sich der Löffel, der Messer und der Gabeln. Das Brot beisst man nicht ab, sondern schneidet es in Stückchen, welche man auf einmal kauen kann. Salz nimmt man nicht mit den Fingern aus dem gemeinschaftlichen Salzfass, sondern mit der Messerspitze.» Scherr hat noch um 1860 einem Lesebuch für die Abschlussklassen eine «Wohlanständigkeitslehre» beigegeben. Ähnlich wie in diesem Thurgauer Buch finden wir noch 1860 im Tessiner Elementarbuch solche Vorschriften: «Einen Angesprochenen darf man nicht am Kleid zupfen oder seine Schultern berühren.» Das Freiburger Lesebuch von 1885 kritisiert Unarten am Tisch und verlangt, dass die Kinder links von den Erwachsenen gehen. Ein Zürcher Lehrbuch von 1808 warnt im Rahmen einer Gesundheitslehre auch vor Wunderdoktoren und fügt bei: «Es ist Aberglaube, dass Krankheiten durch Behexen und Besprechen entstehen können. Alle Krankheiten haben ihre natürlichen Ursachen.» Ein Bündner Lehrmittel von 1848 warnt vor der Astrologie: «Was im Einzelnen von dergleichen Vorausbe-

224 Rechnen ist ein schwierige Sache... Kinder versuchen um 1804 das neue System von Pestalozzi. Der Zeichner stand, wie das Bild zeigt, nicht auf der Seite des grossen Reformers.

stimmung zu halten ist, weiss jeder», und ein Bündner Lesebuch von 1857 schreibt, Wettervoraussagen in Kalendern seien einfach erfunden; Gott allein kenne die Zukunft. Die Pädagogen hatten eine Abneigung gegen Feste und Bräuche. In einem Lausanner Lesebuch von 1825 wird dies mit aller Deutlichkeit zum Ausdruck gebracht. Da wird geschildert, wie einem Witwer, der sich zum zweiten Male verheiratete, die Katzenmusik dargebracht wurde. Dieser Brauch, so wird beigefügt, sei aber in der Barbarei entstanden und passe nicht in ein aufgeklärtes Jahrhundert.

Ein zentrales Thema war die Arbeit. In einem Basler Buch von 1808 wird gesagt, dass man fleissig arbeiten müsse, sich freundlich und höflich zu betragen habe, jeder Betrug sei zu meiden. Bei solchen Eigenschaften wird man «selten arbeitslos bleiben; und jeder wohlhabende Bürger wird sich eine Pflicht daraus machen, einem solchen Mann so viel wie möglich in seinen alten und kranken Tagen oder in anderen Zeiten unverdienter Not menschenfreundlich beyzuspringen».[31] In einem St. Galler Lesebuch von 1838 wird die soziale Schichtung gerechtfertigt: «Kein Stand ist verächtlich oder gering zu schätzen; denn jeder, der Bauernstand wie der Handwerksstand, ist für das Wohl der menschlichen Gesellschaft nützlich, ja sogar notwendig... Leute, die sich solchen beschwerlichen Arbeiten unterziehen, sind daher im Grunde genommen höher zu achten und haben mehr Anspruch auf Dankbarkeit als andere, die keine so unangenehmen Geschäfte zu verrichten haben.» Das Leben in den Fabriken wird selten, das Alpleben dafür häufig geschildert. War es ein Plädoyer für einen in den Städten gering geachteten Stand oder Lobpreis «urtümlicher Lebensformen»? In einem Walliser Lesebuch wird um 1856 festgestellt, dass die ersten Bewohner des Wallis Hirten gewesen seien, «roh und ungebildet, wild und grausam». Jetzt aber sei alles anders, und da haben «der Fleiss, die Arbeitsamkeit, die Erziehung und der Unterricht mitgewirkt». Ein Freiburger Lesestück beschreibt das Leben in der Alphütte als einfach, arbeitsam und bescheiden. Der Verfasser unterlässt es nicht, die Frömmigkeit der Hirten zu preisen. Hier wird zwar idealisiert, doch noch in Massen. In einem Berner Lesebuch von 1830 hatte es noch anders getönt. Da heisst es: «Die Älpler genossen als Speise, was ihre Heerden, ihre Äcker und Gärten ihnen gaben, die Wolle ihrer Schaafe oder das selbstgemachte Leinenzeug bekleidete, sie, einfache Hütten, bescheidene Häuser gaben ihnen Obdach; da war nicht jene unüberwindliche Lüsternheit nach weitergebrachten Leckereyen, jene Sucht nach fremden Kleidern, jenes Streben, durch glänzende Wohnungen sich auszuzeichnen; sie lebten genügsam und einfach.»[32] Dass die Industrialisierung in den Schulbüchern fast nicht erscheint, darf man wohl als beredtes Schweigen interpretieren. Wenn demgegenüber dem Alpwesen ein grosser Raum gewährt wurde, dann nicht aus Vorliebe, sondern mit der Absicht, Bestehendes zu verbessern. Es ging darum, die allgemeinen Sitten zu verbessern. So heisst es in der Schweizer Heimatkunde von 1878: «Alte Sitten und Gebräuche bei Taufen, Hochzeiten, Gräbden oder Leichenbegängnissen sind wohl noch in Erinnerung, wohl aber kaum mehr in der Praxis vorhanden, und es ist hie und da zu bedauern, dass ein alter, schöner Brauch zu Grabe gegangen – ‹in dieser neuen Zeit› – dafür sind aber auch zu Grabe getragen jene Dorffeindschaften, jene Prügeleien, die oft in halbe Schlachten ausarteten... Wer jetzt noch auf dem Lande in Ehren ‹chilten› will, der kann es ohne Gefahr seines Lebens thun.»[33] Man wird ohne Bedenken einen Teil des volkstümlichen Realismus, der das Volk im 19. Jahrhundert geprägt hat, auf das Konto der Schulbücher setzen können.

Dass nicht nur die Schulbücher, sondern vor allem auch die Lehrer ihre Schüler prägten, gilt auch fürs 19. Jahrhundert. Lassen wir wiederum die Autobiographien sprechen. Jean Zogg, geboren 1838, aus Buchs, schreibt, sein Lehrer Zellweger sei ein grosses Vorbild gewesen. Er «behandelte mich stets mit pietätvoller Freundlichkeit...». Einst musste Zogg mit anderen in der Schule zurückbleiben, und da war er sehr traurig. Er fühlte sich schuldlos, weil er mit einem anderen Fehlbaren zusammen gewesen war. Da «hob mich dieser Lehrer Zellweger freundlich auf seine Schultern und trug mich in ein Zimmer neben der Schulstube, wo er mir ein Birnenbrot schenkte».[34] Matthäus Eggenberger (1823–1895), alt Gerichtspräsident aus Grabs, erinnert sich dankbar an seinen Oberlehrer Fridolin Eggenberger, «der besonders im richtig betonten Lesen, in Sprachlehre und Satzbildungen bei seinen fähigeren Schülern das damals in Primarschulen gewöhnlich Unerreichbare leistete».[35] Georg Hagmann aus Glat/Sevelen (1817–1899) erinnert sich, dass sein Lehrer ihn einst aus Lebensgefahr errettete.[36] Der Sticker Ernst Rohrer rühmt seinen Lehrer Rothenberger, der seinen Schülern «mit viel Geduld das Einmaleins und das ABC beigebracht habe». Ein anderer Lehrer, Ulrich Grässli, war ein «sehr dynamischer Mann, der Schwung und Können liebte». Auch vom Lehrer Christian Beusch, Jahrgang zirka 1840, wusste er nur Gutes zu berichten: «Er war ein ausgezeichneter Schulmeister und wusste gut, wo die Kinder der Schuh drückte.» Er hatte merkwürdige Gewohnheiten: «Er war ein sehr starker Schnupfer. Immer hatte er grosse rote, heute noch kaum gebräuchliche ‹Fazzanedli› (Nastücher) in Gebrauch. Wenn sich irgendein Maitli oder Bub über etwas wirklich oder nur aus einem anderen Grund über Unwohlsein beklagte, zum Beispiel Kopf-, Ohren-, Hals- oder Bauchweh, dann sagte er: ‹Chomm Urseli› oder ‹Gälli› oder ‹Oswald› oder ‹Emmali, i will dir scho helfe›. Dann packte er das Kind unter seinen linken Arm und schob ihm aus der bereitgestellten Schnupftabakbüchse eine genügend grosse, meistens aber eine übergrosse Prise in das Näschen. Darüber mussten die so Gepflegten immer heftig niesen, was dann das Weh-wehlein fast augenblicklich heilte. Wegen dieser Art Intensivkrankenpflege erhielt dann der Lehrer Beusch den nie bösgemeinten Übernamen ‹dr Schnupftabak-Christeli›.»[37]

Anregung und Anschauung boten auch die Schulreisen. Sie waren von bescheidenem Zuschnitt. Georg Hagmann aus Sevelen schreibt in seinen Lebenserinnerungen, sie seien sehr glücklich gewesen, dass sie zu Fuss bis nach Oberschan gehen durften. Und dann fährt er weiter: «Der Lehrer von Oberschan lud unseren Lehrer zum Mittagessen ein, und wir Schulkinder konnten warten beim Schulhaus und unser Stück Brot und Zugemüse essen und für Durst gut Wasser trinken. Der Lehrer hatte kein Geld, mit uns ins Wirtshaus zu gehen. Nach langem Warten kam der Lehrer, und nun ging's hurtig nach Malans zu. Der Nachmittag verging, und am Abend ging die Reise dem Heimweg zu, aber es war kein Vergnügen mehr, mit nüchternem Magen spät am Abend zwei Stunden weit heimzulaufen. Ich selbst glaubte Sterne zu sehen, ehe es Nacht war. Solche Ausflüge gab es mehrere. Oh! Ihr Schulkinder heutzutage, Ihr werdet besser verpflegt, und mit Recht. Nun, ich lernte lesen, schreiben und rechnen und singen, aber wie gross die Welt, die Schweiz oder unser St. Gallen ist, musst ich erst im Mannesalter lernen...».[38]

Schulalltag im 19. Jahrhundert: Im ganzen gesehen erweckt er einen zwiespältigen Eindruck. Er ist gekennzeichnet von zwei gegensätzlichen Polen, von Beharrung und Fortschritt. Er wird erleuchtet vom Glauben der Aufklärer: Wir müssen Sorge tragen, so meinte ein Schulinspektor um 1840, dass wir den Fortschritt nicht verlieren, dass wir unsere Kinder nicht zurücksinken lassen in das Dunkel der Unerfahrenheit, in das alte und träge Papageientum der Vorzeit.[39] Manches Postulat blieb unerfüllt, manches ward erreicht: Der Fächerplan wird erweitert, es kommt zu einer Verlagerung des Schwergewichtes auf realistische Bildung, gleichzeitig werden neue Lehrer und Hilfsmittel eingeführt, die Oberstufe wird Ganztagsschule, das Schulgeld für Primar- und Sekundarschule wird aufgehoben. Was aber blieb, war eine vor allem auf dem Land weitverbreitete Skepsis gegen jeden staatlichen Dirigismus im Bildungswesen. Was blieb, war eine weitverbreitete Skepsis gegen jede Ausdehnung der Schulzeit. Dennoch gelang es gegen Ende des letzten Jahrhunderts, die obligatorische Schulpflicht vielerorts von sechs auf acht Jahre zu erweitern, die maximale Schülerzahl von achtzig auf siebzig zu reduzieren.[40] Vieles war also gewonnen. Und dennoch blieb die Lage vieler Schulkinder vor allem aus Kreisen der Kleinbauern, Arbeiterbauern und Fabrikarbeiter in den neuerstandenen Industrieagglomerationen wenig befriedigend. An ihnen gingen selbst die bestgemeinten Ansichten der Bildungspolitiker vorbei. Mit solchen Kindern konnte, wie ein Zeitgenosse feststellte, «auch die beste Schule nichts Rechtes leisten... Die Schule ist keine Heilstätte für die Leiden und Mängel dieser Kinder; denn in der Schule können sie nicht ausruhen und schlafen; denn in der Schule erhalten sie nichts zu essen und werden nicht durch nahrhafte Speisen gestärkt; denn in der Schule können sie sich nicht tummeln, sondern sie müssen wieder stillesitzen; denn in der Schule verlangt man von ihnen neue und besonders schwere Arbeit, wie die geistige Sammlung und willenskräftige Aufmerksamkeit eine solche schwierige Aufgabe ist. Die Schule als solche verbessert also das Los dieser Kinder nicht...»[41]

Feiern und Feste

Das 19. Jahrhundert – eine Zeit der Feste. Sie bildeten die Alternative zum grauen, oft harten Alltag, sie beflügelten die schöpferische Phantasie, sie stärkten die Gemeinschaft. Im Fest entstand jene Harmonie, die man im Alltag nicht fand. Doch keine Regel ohne Ausnahme: Wie schon in vorangehenden Jahrhunderten haben viele Feste die alten Gegensätze neu artikuliert, entstanden neue Spannungen. Die Feste und Feiern des 19. Jahrhunderts sind deshalb schillernde Erscheinungen; sie banden und entzweiten, sie führten von sakraler Weihe bis hin zu rauschhaften Exzessen, sie reichten vom intimen stimmungsvollen Familienfest bis zu säkularisierten Routineanlässen. Der Anlass zum Fest war übrigens nicht entscheidend. Das Volk war jederzeit bereit, sich zu einem Fest verführen zu lassen. Noch scheute man sich nicht vor pathetischen Gesten. Noch hatte man keine Angst vor dem Massenhaften, vor der Masse. Vielmehr gab sich das Volk ganz unbekümmert der Ekstase, und Trance im Gemeinschaftserlebnis hin. Alles, Rede, Gestus und Dekor, passten zusammen. Die Schweiz, meinte Johann Jakob Meyer (1799–1865), ist berühmt für ihre vielen Feste. Es sind «rechte Licht- und Glanzpunkte im Leben des Volkes».[1]

Es kann in diesem Kapitel nicht um eine umfassende, lückenlose Darstellung der gesamten reichen Festkultur des vergangenen Jahrhunderts gehen. Was wir bieten können, sind skizzenhaft formulierte Einblicke in eine überaus komplexe Erscheinung. Man kann heute, nach den leidvollen Erfahrungen der Diktatur und der Jahre der Negation, wieder etwas leichter ans Fest herangehen. Das ist wohl auch der Grund, weshalb Soziologen wie Philologen und Historiker den Zugang zum Fest in den letzten Jahren neu entdeckt haben. Auf die neuen «Festtheorien» von Mauss, Debord, Duvignaud, Wunenberger, Gallini, Lanternari, Pieper, Moltmann, Cox und Maslow müssen wir nicht eingehen; sie alle kümmern sich um das Prinzip des Festlichen, seine Essenz, wie das Paul Hugger klar herausgestellt hat.[2]

Wir beginnen mit der hohen Zeit der Feste, den Winterfesten von Niklaus, Weihnacht, Silvester, Neujahr und 2. Januar. Und da machen wir gleich eine überraschende Beobachtung: Der Niklaus-Brauch fehlte vielerorts, so in Graubünden, im Tessin. In anderen Regionen, im Wallis etwa, ist der Brauch in der Schule von Lehrern eingeführt worden. Überhaupt kommt es im Zeitalter der erhöhten Mobilität zu Verschiebungen und Änderungen im festlichen und allgemeinen Brauchtum. Zugewanderte wie Hoteliers und Kurgäste brachten, wie die zeitgenössischen Berichte klar zeigen, das Niklausbrauchtum auch in Regionen, die es bis dahin nicht kannten. Im ganzen ist das Niklausbrauchtum vielschichtig geblieben. Formen des alten Heiligenkultes, Reste des alten ausgelassenen Schülerfestes gingen weiterhin einher mit der Gestalt und dem Tun älterer Geisterwesen. Niklaus belohnt

225 Fahnenburg und Gabentempel des eidgenössischen Schützenfestes von 1844 in Basel. Der Gabentempel wird in der Schützenzeitung eindrücklich geschildert: «In dem selben Augenblicke, wo in den Prachträumen altherrlicher Hoheit und fürstlichen Glanzes unter den Blicken und Schritten des millionen-überthronenden Königs der Franzosen, die Schätze des Kunstfleisses einer grossen Nation sich langgedehnt ausbreiten, thut sich unter den Augen und Händen einer unabhängigen Bundesgenossenschaft eine Industrieausstellung anderer Art auf: ein Gabentempel wird aufgeschlagen, den Bauern, Hirten und Bürger mit den Erzeugnissen ihres Fleisses und ihrer Kunstgaben ausschmücken ... Ein Volk, in allerlei Gesittung und Lebensweise getheilt, rüstet zu einem Freudenfeste, das es in brüderlichem Einklang begehen will, froh und freiwillig die Festpreise, um sich selbst zu überraschen und zu beschenken.»

und beschert nicht nur; er bestraft zugleich. Und weil er als guter Heiliger in Bischofsgestalt einherschreitet, überlässt er das Strafen seinen Begleitern. Aber die lärmenden Kläuse gehören eigentlich nicht ins Bild. Sie gehören vor allem dorthin, wo der Klaus fehlt, zu den alten Winterlärmumzügen.[3] Im 19. Jahrhundert kommt es zu einer Verschmelzung all dieser verschiedenen Elemente. So zogen etwa in Arth am Rigi fünfzig Kläuse in reich verzierten Gewändern mit beleuchteten Transparenten auf dem Kopfe, begleitet von je zwei Schmutzli, durchs Dorf.[4] Wann der Schmutzli erstmals auftrat, ist nicht zu eruieren. Wie sein Name verrät, war er schmutzig, suchte er andere zu beschmutzen, indem er nicht nur sich, sondern auch den anderen Gesicht und Hände mit Russ beschmierte.[5]

Völlig anders als heute gestaltete sich im 19. Jahrhundert die Bescherung. In der Ostschweiz wurde sie vom Niklaus am 6. Dezember, da und dort aber auch am Silvester gebracht. Im Laufe des Jahrhunderts wurde der Niklaus aber immer mehr vom Christkind abgelöst, das zusammen mit Christbaum und Bescherung an Weihnachten erschien. In der Westschweiz vollzog sich der Übergang des Bescherens von Silvester/Neujahr auf Weihnacht erst später. Hier war die Geschenkbringerin die Dame de Noël. Sie überbrachte die Bescherung beispielsweise in Undervelier und Bassecourt. Die Katholiken liessen die Geschenke an Weihnachten durch die Eltern oder Paten direkt übergeben.[6] Im Bernbiet gab es noch Gestalten, deren Tradition weiter zurückreicht, so den Mutti. Er erschien am Neujahr, dem alten westschweizerischen Bescherungstermin. Später trat, vereinzelt allerdings, der Niklaus an seine Stelle.[7] Zu den bescherenden Gestalten gehörte im Kander- und Simmental der Pelzer oder Pelzmarti. Diese schreckhaft vermummte Gestalt bescherte nicht nur, sondern strafte auch unfolgsame Kinder. Der Brauch war übrigens auch in Süddeutschland beheimatet.[8] Kaum eine Gestalt hat die Phantasie so beflügelt wie der St. Niklaus. So erzählte er im Oberwallis den Kindern, er komme von unten herauf, weil es ja auf den Bergen keine Äpfel und Nüsse gebe. «Da aber die guten Kinder des ganzen Landes beschert werden, besitzt er in einem weit entlegenen Lande viele und grosse Baumgärten, die von tausend Dienern gepflegt werden. Ist sein Tag in der Nähe, so beladet er eine Menge von Eseln und Maultieren mit den schönen Sachen und reitet von Dorf zu Dorf, von Haus zu Haus, um auf die hingestellten Teller für jedes Kind die bestimmte Gabe zu legen.»[9] Auch im Glarnerland war nach den Aufzeichnungen von H. Herzog um 1884 der 6. Dezember der grösste Freudentag der Kinder. Ganz im Gegensatz zu heute konnten sie die Weihnachtsbescherung vom Samichlaus entgegennehmen. In den meisten Familien übernahm ein älteres Familienglied die Rolle des Samichlaus: «Gewöhnlich verkündigt der Alte bald nach der Betglocke seine Ankunft durch ein ungewohntes Lärmen und Poltern auf dem Hausgange, tritt dann vermummt in die Stube, wünscht allerseits einen freundlichen guten Abend und erkundigt sich bei Vater und Mutter nach der Aufführung ihrer Kinder. Je nachdem die Berichte lauten, spendet er seine Gaben: Dem einen Esswaren, dem anderen Spielzeug und gewöhnlich auch eine birkene Rute. Da er den Abend noch weiter muss, nimmt er bald Abschied, entfernt sich aber erst, nachdem er den Kindern mit Anspielung auf Dinge, die nur ihnen und den Eltern bekannt sein können, einige gute Lehren gegeben hat, mit dem Versprechen, nächstes Jahr wieder zu kommen, wenn sie dieselben gehalten haben werden.»[10] Doch auch hier spielten alte Lärmbräuche mit, zogen doch am 6. Dezember «verkleidete Knaben mit phantastisch ausgeschnitzten und von Lichtern erhellten Mützen mit Schellengeklingel durch die Strassen».[11]

227

Anders sah das Niklausfest in Appenzell Ausserrhoden aus. «Da zogen Gruppen von Knaben und Töchtern in mannigfaltigen Verkleidungen herum und führten kleine Kinderschauspiele und Gesänge auf. Jünglinge und Mädchen vereinigten sich zu gesellschaftlichen Spielen oder zum Tanz. Männer und Frauen versammelten sich in Familienkreisen oder am Wirtshaustische, wo ein schmackhaftes Mahl durch komische Vorträge, allerlei Schwänke, kleine Maskeraden, Lustspiele und Gesänge gewürzt wird.»[12]

Wurde schon der Klausbrauch je nach Region recht verschieden durchgeführt, so gilt das erst recht für das grösste Familienfest des Jahres, für die Weihnacht. In weiten Teilen des Landes, so etwa in Graubünden, Wallis, im Tessin und in der Westschweiz fehlte das heute wohl wichtigste Element, der Weihnachtsbaum, zu Beginn des Jahrhunderts noch vollständig. Dann aber wird er sukzessive eingeführt; einige Beispiele verraten, welches die Innovatoren waren. Im Wallis ist 1880 der Weihnachtsbaum durch Fremde importiert worden. In Bulle wurde er um 1900 durch Mädchen, welche in der deutschen Schweiz in Pension waren, neu in die Familien gebracht. In

226 Weihnacht mit Christbaum in Zürcher Bürgerfamilie um 1895. Wie es damaliger Sitte entsprach, sind die Geschenke unter dem Baum aufgestellt.

227 Der Christbaum einer wohlhabenden Familie um 1890.

Wassen waren es deutsche Ingenieure, in Locarno um 1900 Deutsche, die den Brauch bekannt machten. Ins Waadtland wurde er durch Leute der Eglise libre gebracht. Sie führten den Christbaum in den siebziger Jahren zunächst für das kirchliche Fest ein. Im oberen Baselbiet wurde der Christbaum 1865 durch einen Zürcher, im Hasliberg 1890 durch einen Basler Maler bekannt gemacht. In St. Moritz und in Münster (Wallis) wurde er um 1900, in Arosa um 1880 durch Hoteliers bekanntgemacht. Ganz allgemein lässt sich feststellen, dass es die Vertreter der Oberschicht, insbesondere die Pfarrer waren. Der Brauch hat sich in den Städten schneller als auf der Landschaft durchgesetzt. Um 1900 war der Christbaum in vielen Walliser Dörfern noch völlig unbekannt. Ein Gewährsmann meinte: Die Bauern sind unsentimental, die Ärmeren können sich keine Kerzen kaufen; man hatte genug an der Krippe in der Kirche – so lauteten etwa die Erklärungen.[13] Im Tessin und etwas seltener allerdings in der Westschweiz und in Graubünden gab es den Weihnachtsklotz. Man suchte einen besonders schönen Holzklotz aus, um ihn dann im offenen Kamin an Weihnachten anzuzünden. Der ceppo, wie man ihn im Tessin nannte, musste besonders gross und schön sein. Mit ihm wurde auch ein Juniperuszweig verbrannt, weil die Madonna daran die Windeln vom Jesuskind trocknen liess. Der ceppo brannte vom Abend des 24. Dezember bis zum Ende der Messe. Er brannte oder glühte bei gelöschtem Licht, die Mutter oder Grossmutter erzählte derweil Weihnachtsgeschichten. Besonders freute man sich im Tessin, wenn die Männer, die als Saisoniers auswärts arbeiteten, endlich wieder einmal zu Hause waren. Ein Festessen schloss sich an; die glühenden Überreste des ceppo aber wurden aufs Steindach gebracht.[14] Der Weihnachtsklotz verschwand im Laufe des 19. Jahrhunderts aus ganz einfachen Gründen, die offene Feuerstelle wurde in vielen Häusern durch den Herd ersetzt. Ganz vergass man ihn nicht, so ist er in der französischen Schweiz unter dem Namen bûche als Patisserie wieder aufgetaucht.[15]

Dass sich der Weihnachtsbaum nur langsam durchgesetzt hat, hängt mit dem älteren Krippenbrauch zusammen. Zahllose, vor allem katholische Kirchen besassen solche Krippen seit altersher. So wird aus dem 19. Jahrhundert gemeldet, dass die Kirche von Wassen schon die dritte Krippe seit Bestehen der Kirche besitze. Da und dort sind indessen die alten Gruppen durch neue «künstlerische, schönere» ersetzt worden. Meistens blieb die Krippe ein bis zwei Wochen stehen, die Figuren wechselten aber ihren Platz. So rückten beispielsweise in Salux und Salouf (GR) die Könige zwischen dem vierten und sechsten Januar, dem Dreikönigstag, näher zur Krippe.[16] Da und dort gab es aber auch Krippenfiguren in den Familien. Dieser Brauch wurde in Schaffhausen-Thayngen und Domat-Ems sowie im Kanton Aargau als alt bezeichnet.[17] Die meisten Krippen sind gekauft worden. Im Tessin führte man sie aus Italien ein; man betrachtete sie in Osco und Mendrisio als italienischen Brauch.[18] In seinen «Traditions et Légende du Jura» berichtete 1877 Auguste Quiquerez von einer grossartigen Krippe mit mechanischen Figuren. Sie war so gross, dass man einen speziellen Saal brauchte, um sie aufstellen zu können. Die Figuren wurden von Weihnachten bis zum Dreikönigsfest ausgewechselt.[19]

In vielen Familien stellte man an Weihnachten auch die Rose von Jericho auf. Dieses Wüstengewächs wurde an den grossen Jahrmärkten feilgeboten. In Des Volksboten Schweizer Kalender 1845 wird der Brauch eingehend beschrieben, aber zugleich auch als «Aberglauben» apostrophiert: «Da gehen narrechtige Leute und stellen sie (die Rose von Jericho) am Weih-

228

nachtsabend ins Wasser und wollen aus der Art, wie sie aufgeht, erkennen, was es für ein Jahr gibt. Für solche Leute ist die Pflanze ein Lügenprophet, weil sie's halt nicht anders wollen; denn die Geheimnisse des folgenden Jahres vertrauet Gott keinem Menschengeiste, geschweige denn einer Kreatur dieser Erde an. Das hat er sich vorbehalten, zu geben wie er will.»[20] Der Brauch ist im 19. Jahrhundert auch aus dem Puschlav überliefert: «Am Weihnachtsabend versammeln sich Freundinnen und Nachbarinnen in irgend einem Hause... Mit feierlicher, ernster Miene stellt dann die Hausfrau mehrere brennende Lichter auf den Tisch und in deren Mitte ein mit Wasser gefülltes schönes Gefäss, darin legt man hierauf ein Ding, das wie eine dürre, mit einigen feinen Fasern versehene Blumenzwiebel aussieht, sodann fängt die um den Tisch versammelte Gesellschaft an, Psalmen und geistliche Lieder, besonders Weihnachtshymnen zu singen. Von Zeit zu Zeit stehen die andächtigen Sängerinnen auf und schauen in das Gefäss hinein. Die durch das Wasser aufgeweichten Fasern des mysteriösen Gewächses nehmen die Gestalt von länglichen Blättern an und bilden eine Art von Blumenkelch. Dann sagt man: ‹Die Weihnachtsrose hat sich geöffnet!› Freudig wird noch ein Lied angestimmt und gesungen. Es ist gewöhnlich Mitternacht, wenn die Weihnachtsrose sich öffnet, und vom Turme der St. Viktorskirche tönt weithin das feierliche Geläute... Die Sitte soll uralt sein, man nennt sie: ‹Der Weihnachtsrose wachen› (vegliare alla rosa del santo natale). Es sind nur drei oder vier solcher sonderbaren Wurzeln oder Zwiebeln vorhanden. Man gibt vor, dass sie aus fernen Ländern herstammen.»[21]

Festliche Bräuche kennzeichnen den Jahresbeginn. Da ist einmal das traditionelle Umsingen, an dem sich im Gegensatz zum 17. und 18. Jahrhundert nicht mehr Erwachsene, sondern vor allem Kinder beteiligen. Sie singen ein Lied, sagen einen Spruch auf oder bringen auch nur einen Glückwunsch vor, um dafür eine Gabe zu erhalten.[22] Dieser Brauch ist vor allem für die erste Hälfte des Jahrhunderts bezeugt. In den achtziger und neunziger Jahren nimmt er stark ab. Aber noch immer wünschte man sich das neue Jahr an, und noch immer glaubte man, dass es Glück bringe, wenn der Glückwunsch von einem Knaben vorgetragen wird. In La Brévine (Jura) wurden die Knaben «oft von Abergläubischen bezahlt». In der Westschweiz, wo zur Neujahrszeit das Maskieren üblich war, verkleideten sich sowohl Mädchen wie Knaben. Im Gebiet von Murten und im Kanton Graubünden waren die Kinder als Drei Könige verkleidet. So sangen etwa in den Stuben von Salouf drei Knaben als Könige zusammen mit vier «Lacais». Sie trugen drehbare Sterne. Mit «Altjahrsterna» und einem «Totechriz» gingen die Knaben von Bosco singend durch das Dorf, um Geld einzuziehen für die armen Seelen. In Zermatt nahmen die Burschen die angebotenen Speisen für ein «Singermähli» an Neujahr zu sich. Im Berner Jura haben die Burschen ihre Mädchen zu einem Essen in die Wirtschaft eingeladen.[23] Im Zürcher Unterland gingen am Neujahrstag die Kinder zu ihren Paten, wünschten ihnen das neue Jahr an und nahmen dafür den Helsig (Neujahrsgeschenk) in Empfang. Es bestand aus einem Helsweggen (Butterweggen), auch etwa ein Zinnbecherchen gehörte dazu.[24] Im Tösstal hat man am Neujahr «Süessszöpf» gebacken. Gedörrte Birnen wurden gesotten und das braune Sudwasser zum Anmachen von Teig benutzt und allerhand Gewürze (Nägeli usw.) dazu genommen. War der Teig gehörig durchgearbeitet und aufgegangen, flocht man Zöpfe. Ein solcher Zopf konnte mehrere Pfund wiegen.[25] Am Zürichsee und im Zürcher Oberland sind am Neujahrstag auch Äpfel- und Birnenweggen hergestellt worden. Besonders begehrt war auch die Nidelwähe.[26] Beliebt

228 Brauchtum am Jahreswechsel. Neujahrsbrief von 1836. Ein aufmerksamer Sohn wünscht seinen gerührten Eltern Glück fürs neue Jahr.

war auch das Nusswasser; dazu brauchte man unreife, halb gewachsene Baumnüsse, gelben Zucker, gedörrte Kirschen und Tresterbranntwein. Man offerierte dieses Nusswasser den Gratulanten, dazu gab es ein Stück Wähe.[27] Sowohl an Silvester wie an Neujahr fand sich das Volk zu gemeinsamen Spielen. Da wurde einmal nach Noten gejasst, weitverbreitet war das Ramsen, ein altes Kartenspiel, bei dem der Preis aus Zopfnüssen, Nidel und allerhand Leckereien bestand.[28] Im Aargauischen und Luzernischen ramste man auch um Geräuchertes und um Bauernwürste. In Niederbipp sprach man deshalb etwa von Ramswürsten. Dort wo der Gewinn des Spieles aus Nüssen bestand, sprach man vom Nüssle.[29] In der Westschweiz, vor allem in der Waadt, ergötzte man sich an Silvester und Neujahr am Lotto. Der Gewinn bestand aus Geflügel. Es gehörte sich, dass der Wirt an Silvester oder an Neujahr etwas spendete. In Graubünden und im Glarnerland trafen sich die Ledigen, um gemeinsam zu silvesterlen. Da gab es Nidle, «Pitta», Birnbrot und Rosoli. Selbstverständlich wurde auch getanzt.[30] H. Herzog hat den Silvesterbrauch, wie er in der Region des Zürichsees gehandhabt wurde, aufgezeichnet. Da ging die Familie vor dem letzten Jahrestag rechtzeitig zu Bett, denn nach drei Uhr war's mit der Ruhe vorbei: «Da rumpelt und klopft es im Hause gar bedenklich; aus den Schlafkammern schiessen die Jungen und Alten und rennen wie besessen treppab in die Wohnstube. Dort erhebt sich ein munteres Geflüster und Gekicher, das endlich in tollen Jubel sich verwandelt, wenn das letzte Familienglied – das ist eben der ‹Silvester› – einrückt, dem dieser Spottitel unisono entgegengerufen wird. Der Scherz schliesst mit einem gemütlichen Frühstück, worauf die älteren Familienglieder sich wieder zu Bette legen.» Für die Jugend war das Fest noch nicht vorbei. Jetzt begaben sie sich hinaus in die kalte Winternacht und sammelten sich in grösseren und kleineren Lärmzügen. Dazu brauchten sie Schellen, Glocken, Hörner, Pfannendeckel und Trommeln. Von Zeit zu Zeit wurde bei den Fenstern halt gemacht, und es ertönte aus vielen Kehlen der Ruf:

«Silvester, stand uf!
Streck d'Bei zum Bett us!»

Darauf begaben sie sich ins Schulhaus, wo sie gemütlich weiter silvesterten.[31] Während sich die Silvesterbräuche da und dort bis zum heutigen Tag gehalten haben, verschwanden die meisten Heischebräuche gegen Ende des letzten Jahrhunderts. Man empfand das mit dem Singen oder Glückwünschen verbundene Heischen als Bettel. Zwar gab es auch erhaltende Tendenzen. So wehrte sich zum Beispiel die Bevölkerung von Mustèr, als eine von auswärts eingeheiratete Frau den Brauch abschaffen wollte.[32]

Den Neujahrsfestlichkeiten schlossen sich jene des Berchtelistages, des Berchtoldstages, des 2. Januar an. Die Bezeichnung wird von Berch, Berchten, Bechten abgeleitet und bedeutet heischen, verkleidet umgehen und schmausen. Es hat also nichts, wie man noch im 19. Jahrhundert geglaubt hat, mit Berchtold zu tun. Berühmt war der Berchtelistag in Stammheim. An diesem Tag fanden die Gemeindewahlen statt, danach vereinigten sich alle Bürger im Gemeindesaal zu einem gemeinsamen, bescheidenen Mahl, das aus Wein, Brot und Nüssen bestand. Alter Sitte gemäss kam im Laufe des Abends die Magd des Pfarrers mit einem Weggen, dem Heerenweggen oder Herrenweggen. Er wurde am runden Tisch dem Ortsvorsteher als Gegengeschenk des Pfarrers für das von der Gemeinde erhaltene Brennholz übergeben. Der Gemeindepräsident teilte den Weggen aus. Die Bürger aber assen ihn nicht sogleich, sondern brachten ihn nach Hause. Um acht Uhr abends

229

229 Seit 1885 war es im Kanton Zürich und auch anderswo üblich, dass die Kinder am letzten Schultag des Jahres mit Pfannendeckeln, Glocken, Tierhörnern und Trommeln lärmend durch die Strassen zogen. Die Illustration zu Eduard Schönenbergers Gedicht «Sylvester» schuf Karl Jauslin 1893.

wurde der Pfarrer an den Ehrenplatz gesetzt, und da rückten nun auch Bratwürste mit Zwiebeln und Salat auf. Dann machte der Pfarrer die Runde an allen Tischen der grossen Stube, stiess mit einem Glas zum Wohl an und verabschiedete sich um elf Uhr wieder, worauf das Fest seinen Fortgang nahm.[33] Im Zürcher Unterland gab es auch den Berchtoldsball, er wurde von den Knabenschaften organisiert. Das Fest begann morgens um zehn Uhr mit einem feierlichen Umzug der Teilnehmerpaare, begleitet von einer Musik. So begab man sich ins Wirtshaus, wo bis in die Nacht hinein getafelt und getanzt wurde.[34] Ähnliche Bräuche sind auch aus Villars und Ollons überliefert. Dort heischte die maskierte Jeunesse Würste und Gebäck, um sich an einem Ball mit Essen und Trinken bis Mitternacht zu vergnügen.[35] In Niederweningen tanzten die Mädchen und Burschen beim Berchtele des Knabenvereins in einem gemieteten Saal.[36] Meist aber war der Tanz öffentlich und ganz allgemein. Um die Jahrhundertwende begannen diese Tanzanlässe wie auch die Maskenbälle und das Heischen zu verschwinden. Erhalten haben sich die Stubenhitzen in Zürich. Wie der Brauch im 19. Jahrhundert ausgesehen hat, erfahren wir aus einem Brief von Gottfried Keller an Ludmilla Assing vom 2. Januar 1858: «Unsere Strassen sind heute (2. Januar) ganz mit geputzten Kindern bedeckt. Auf Neujahr geben nämlich die gelehrten, künstlerischen, militärischen, wohltätigen und andere Gesellschaften sogenannte Neujahrsstücke heraus... Diese Hefte lässt man am 2. Januar durch die festlich geputzten Kinder auf den Gesellschaftslokalen abholen, wo einige wohlwollende, freundliche Herren sitzen und aus langen, neuen Tonpfeifen Tabak rauchen, der auf einem silbernen Teller liegt. Die Kinder überbringen in ein Papier gewickelt ein Geldgeschenk für die Gesellschaftskasse (die sämtlichen Päckchen tragen sie in einem niedlichen Körbchen) und erhalten dafür das Neujahrsstück, werden mit Tee, Muskateller und Konfekt bewirtet und dürfen die etwaigen Sammlungen und Raritäten der Gesellschaft besichtigen. So geht's von Haus zu Haus, und die geöffneten Heiligtümer der alten Stadt sind von einer jubelnden Kinderschar angefüllt. Seit ein paar Jahrhunderten besteht der Brauch, da einige Gesellschaften ebenso alt sind wie die Musikgesellschaft, die Gesellschaften der Stadtbibliothek und die Feuerwerkergesellschaft, welch letztere in ihren Neujahrsstücken stets martialische Kriegsgegenstände abhandelt zum Vergnügen der Knaben. Auch bekommen diese den alten Waffensaal zu sehen mit der ehrwürdigen Kriegsbeute aus früheren Jahrhunderten, während auf dem Musiksaale die kleinen Mädchen kokett ein Morgenkonzert anhören und ihre Mütter nachahmen. Wer keine eigenen Kinder hat, beglückt fremde Kinder, die keine oder unvermögende Eltern haben, mit der Sendung. Einzig die derbe Schützengesellschaft (vierhundert Jahre alt) ist so militärisch geblieben, dass sie statt Schrift und Bild ein Pack Kuchen verabreicht und überdies im Geruche steht, die Jungens mit kleinen Räuschen zu versehen, indem sie dieselben aus ihren alten Ehrenpokalen trinken lässt.»[37] «Stubenhitzen» heisst der Brauch: Bis weit ins 18. Jahrhundert hinein der Austausch von Geschenken (Helsen) auf den Zunft- und Gesellschaftsstuben nur denen gestattet sei, die dort in Form von Scheitern- oder Reisigbündeln ihren Beitrag an die Heizung (Stubenhitzen) entrichten. Wer kein Brennholz abgeben konnte oder wollte, der überbrachte eine entsprechende Geldsumme, welche die Bezeichnung «Stubenhitze» beibehielt. An die Stelle dieser Verköstigung trat im bildungsfreudigen 18. Jahrhundert das Neujahrsblatt.[38] Am Berchtelistag zogen damals vom Lande her ganze Scharen maskierter Kinder durch die Stadt, «die an langen Stangen in farbigen

Laternen Lichter trugen, ihre ‹Mareielisprüchlein› sangen und dafür mild-thätige Gaben in Empfang nahmen. Jetzt sind diese Maskaraden abgeschafft und finden blos noch hin und wieder auf dem Lande statt.»[39]

Kaum war der Berchtelistag vorbei, folgte ein weiterer festlicher Tag, der Dreikönigstag (6. Januar). Er galt als Ende der Weihnachtszeit; der Weihnachtsbaum wird aus der Stube geschafft, und es beginnt die Fastenzeit. Das Brauchtum, das sich an diesem Tag reich entfaltet, besass in der französischen Schweiz ein anderes Gesicht als in der Ostschweiz. In der westlichen Schweiz gab es nur einen König. Seine Wahl ist eigenartig. In einem Kuchen wird eine Bohne gebacken, wer das Stück mit der Bohne erwischt, wird zum König ausgerufen. Der König nahm den Ehrenplatz am Familientisch ein, er hatte die Unterhaltung anzuregen, und wenn er trank, erhoben sich, so war es in Puntrut Sitte, die Ess- und Trinkgefährten. Die Wurzeln dieses Brauches sind nicht in der Dreikönigslegende, sondern vielmehr im Bereich des Narrenkönigs zu suchen. Der Brauch war vor allem in Frankreich weit verbreitet; es scheint, dass die Westschweiz nur ein Teilgebiet dieses viel grösseren Brauchkreises gewesen ist. Der Brauch war im 19. Jahrhundert vom Aussterben bedroht. Dass er sich in zunehmdem Mass auf den 6. Januar verlagert hat, hat vielleicht etwas mit dem Königsnamen zu tun.[40] In der deutschen Schweiz ist das Brauchtum eng mit der Überlieferung der Drei Könige verbunden. Einst waren es Erwachsene oder ledige Burschen, die als Könige verkleidet umherzogen. Im 19. Jahrhundert galt der Tag mehr und mehr als Kinderfest. Besonders reich war das Dreikönigsbrauchtum in der Innerschweiz ausgestattet. So war es bis um 1825 in Luzern üblich, «dass Chorknaben in Seide gekleidet, mit Krone und Cepter in den Händen Opfergefässe tragend, begleitet von der heiligen Familie und anderweitigem Gefolge, singend durch die Gassen zogen, indem sie die heiligen Drei Könige vorstellten, von welchen der Mittlere ein Schwarzer war». Auch in Nidwalden zogen als Könige kostümierte Knaben umher, «wobei sie von Frauen und Töchtern mit dem besten und köstlichsten Schmuck herausgeputzt waren. Sie sangen fromme Lieder und erhielten nicht unbedeutende Gaben, die sie aber als Choralsänger das Jahr hindurch wohl verdienen mussten. Diese Sänger waren nämlich auf solchen Sold angewiesen.» In Klingnau kamen am Dreikönigstage zwölf Knaben, «ein weisses Hemd über die Kleider angezogen, ein Waidmesser umgürtet und mit bunten papierenen Kronen auf dem Haupte und einen prächtigen papierenen Stern an einer Stange, nach dem nahen Flecken Zurzach und sangen daselbst vor den Häusern ein Lied zu Ehren der heiligen drei Könige, wofür man ihnen eine Gabe an Geld reichte». H. Herzog, der diese Bräuche übermittelt hat, berichtet ausserdem von einem originellen Brauch in Lugano. Da zogen «unter ausserordentlichem Spektakel junge Burschen vor die Häuser derjenigen Personen, welche sehr brauner Gesichtsfarbe sind, und ruhen nicht eher, bis letztere sich zeigen – eine Anspielung auf den Mohrenkönig».[41] Auf grossartige Weise feierte man den Dreikönigstag in Savièse (Wallis). Man mietete die schönsten Pferde, suchte die drei schönsten Männer aus und schmückte sie aufs herrlichste mit buntestem Flitter. Man stelle sich den Zug vor: Vorn die Könige hoch zu Pferd, in der Mitte die heilige Familie mit dem Esel und am Schluss drohend und wild gestikulierend Herodes. So ging's durch die Weiler bis zur Festkapelle, wo die Weisen beteten, dem neugeborenen Kind ihre Geschenke überreichten, der Jungfrau Maria, dargestellt durch die Dorfschöne, reiche Gaben überbringend. Nach drei Stunden ging's ins Dorf zurück. Im Gemeindesaal stand das Festessen bereit. Doch war, als 1867

230

230 Im Fasnachtsbrauch tauchen im 19. Jahrhundert exotische Motive auf. In Schwyz erhielt eine neue Gattung von Fasnachtsspielen den Namen «Japanesenspiele», nachdem die Japanesengesellschaft 1863 ein Stück aufgeführt hatte, das die neuen schweizerisch-japanischen Beziehungen parodierte. Hier eine zeitgenössische Darstellung des Japanesenspieles. Unten verschiedene Sujets, rechts oben die Festbühne vor der Kirche in Schwyz.

diese Aufzeichnungen gemacht wurden, das Fest gefährdet: «Es stellen sich immer weniger Zuschauer ein, und wenn nicht alle Zeichen trügen, wird das Dreikönigsspiel in Savièse in kürzerer Zeit sein Ende nehmen.» Das geschah denn auch.[42]

Die Fasnacht. Lassen wir zunächst einen Basler sprechen! Karl Rudolf Hagenbach, ein Theologe und Mundartdichter (1801–1874), hat in seinen Aufzeichnungen einige originale Bemerkungen gemacht, die wir unseren Lesern nicht vorenthalten wollen: «Man halte es nicht unter meiner theologischen Würde, auch von ihr eine nähere Beschreibung zu geben, wenn sie gleich nicht ausfällt wie Goethes Beschreibung des römischen Carnevals; denn wer weiss? ob bis zu der Zeit, wo man diese Zeilen lesen wird, nicht entweder der puritanische Trübsinn oder der rationalistische aufklärende Flachsinn (die sich hierin als Extreme die Hand reichen) noch den letzten Rest dieser alterthümlichen Sitte werden abgeschafft haben?»[43] Sie wurde im 19. Jahrhundert nicht abgeschafft. Vielmehr erscheint sie auch in diesem Zeitraum in vielen Formen, als Umzug in Luzern und Basel, als Maskentreiben wie in Schwyz, als Fasnachtsfeuer wie in der Innerschweiz, Glarus und Graubünden, als Fasnachtstanz in Rapperswil, als Spiel um den wilden Mann im Wallis. Selbst im zwinglianschen, puritanischen Zürich tauchte sie in Form von Maskenbällen und Theaterspielen wieder auf. Gemeinsame Züge sind gutes, festliches Essen. Verständlich, denn nachher folgten die Fasten, und da wollte man sich vorher noch einmal den Bauch füllen. Nicht ohne

Fasznachts-Umzug

Zu Ehren des Fridolin Fritschi u. seina Frau,
gehalten zu Luzern den 26 ten Hornung) 1829.

Ein Ehepaar aus dem goldenen Zeit-Alter.

231

Grund sprach man auch vom schmutzigen Donnerstag; mardi gras, feist Frontag, martedì grasso oder Schübeldienstag / Schübeldonnerstag.[44] Bleiben wir einen Augenblick beim Essen: Aus dem Wallis ist ein altertümlich anmutender und im 19. Jahrhundert verschwindender Brauch bezeugt. Am schmutzigen Donnerstag oder Dienstag stahlen sich einige Knaben in irgendeine im voraus bestimmte Küche, um den Fleischhafen zu entwenden und gemeinsam zu vertilgen. Die leere Pfanne oder den Hafen hängte man an einen Brunnentrog, ans Glockenseil, oder man füllte ihn mit alten Schuhen oder altem Plunder. Diesen Brauch kannte man auch in Andermatt und im Rheintal.[45] In Münster (Wallis) brachten die verkleideten Knaben den Topf am anderen Tage leer zurück. Man sprach vom «Häfeli neh». Vor dem Fasten nahmen die Walliser «ds Aftertschi», das letzte Fleischmahl, zu sich. In Ponte-Capriasca (TI) läutete am schmutzigen Donnerstag eine Glocke zum Zeichen, die letzten fettigen Nahrungsmittel zu sich zu nehmen. Der Brauch ist um die Jahrhundertwende verschwunden, wohl weil man die Fasten nicht mehr so streng nahm.[46] In Payerne bereiteten die Hausfrauen eine saucisse au foie. Man ass sie gemeinsam im Kapitelsaal, und die Gemeinde stiftete dazu den Wein. In Walenstadt gab es am schmutzigen Donnerstag ein Herrenessen mit Schnecken. Selbstverständlich gehörten zu jeder Fasnacht auch die Küchlein, die damals ebenso wie die Krapfen zu Hause hergestellt worden sind.[47] Im Solothurnischen durfte der Dorfhirte an

231 Die Luzerner Fasnacht hat auch das 19. Jahrhundert erfolgreich überstanden. Hier eine Darstellung des Fasnachtsumzuges aus dem Jahre 1829: «Ein Ehepaar aus dem goldenen Zeitalter.»

der alten Fasnacht in jedes Bauernhaus gehen, wo man ihm Fasnachtsküchli gab, so viel er nur essen mochte. Im Zürichbiet schickte man den Lehrern und Pfarrern Küchlein und Kräpflein. Da und dort luden die Wirte ihre Gäste auf den Fasnachtssonntag zu einem Küchliessen ein, und die Mädchen bewirteten ihre Kilter an der Fasnacht mit Küchli und Krapfen.[48] Zur Fasnacht gehörten auch im 19. Jahrhundert die Maske und die Verkleidung. Doch fehlte sie in vielen Regionen wie in der Waadt, in Neuenburg und im Berner Oberland. Im Tessin und in einzelnen Freiburger sowie Berner Gegenden waren es nur die Kinder oder die Ledigen, die sich maskierten. Den Quellen und den Aussprüchen der Gewährsleute der volkskundlichen Umfrage von 1937/42 ist zu entnehmen, dass sich die Fasnachtsbräuche in Jahrhunderten stark veränderten. So wird etwa gesagt: Heute, das heisst um 1940, seien nur noch vereinzelt Maskierte zu sehen, während vor 40 bis 60 Jahren, das will besagen im 19. Jahrhundert, ein allgemeines Maskentreiben herrschte oder Umzüge stattfanden. Dies berichtet ein Gewährsmann aus dem Oberwallis.[49] Dafür gab es bedeutend mehr Maskenbälle als noch im 18. Jahrhundert; Träger waren die Wirte oder Vereine. Der Brauch erscheint demgemäss als ein organisiertes, geschäftliches Unternehmen.[50]

Doch wird in vielen Regionen auch die alte Fasnachtstradition hochgehalten. So erschienen in der March die alten Röllibutze; sie wurden von alteingesessenen, wohlhabenden Männern getragen. In Zug erschien wie schon früher die Gret Schell. Sie war von sechs Löli umgeben. Die Lölibekleidung bestand aus mit Stoffplätzchen getupften Kleidern und Narrenkappen. In Laufenburg gab es das Narronlaufen, die Narrone. Angehörige der Narronzunft in ihren mit Stoffetzen besetzten Kleidern und Holzlarven mit heller Halskrause trugen einen Sack, aus dem sie den singenden und rufenden Kindern Gaben wie Nüsse und Äpfel zuwarfen. In Hägendorf jagte der Rot bei Einbrechen der Dunkelheit vom 13. Januar in einem roten Kleid und einer Teufelsmaske mit Fell, Messingglocken um die Hüften und mit einem alten Reisbesen drohend durch die Dörfer, um die Kinder zu erschrecken. In Einsiedeln erschienen die Joheen, die Mummerien und die hüpfenden Hörelibajasse. Zu ihrer Ausstattung gehören Rollengurte, über den Achseln oder um die Hüfte Besen oder Schweinsblasen. Sie gingen im hüpfenden Tanzschritt einher und warfen Gaben aus.[51]

Ein typisches Kind des 19. Jahrhunderts sind die Fasnachtsumzüge. So ist etwa der Basler Fasnachtsumzug erstmals um 1809 von einer Gesellschaft Herren organisiert worden. Damals haben sich erstmals auch Frauen beteiligt. Um 1840 hat sich indessen, wenn wir den Worten eines Pfarrers glauben wollen, «immer mehr der Pöbel fasnächtlich belustigt». Um 1858 hat der neugegründete gesellige Verein Quodlibet, dem viele Neubürger angehörten, einen Zug aufgestellt und gelungene Sujets prämiert. Aus diesem Quodlibet ging 1910 das Comité hervor, das heute noch wirkt.[52] In Luzern wurden die im 18. Jahrhundert eingeführten Schauumzüge von der Zunft zu Safran organisiert. Wie früher erschien zur Freude der Luzerner der alte Bruder Fritsche, eine aus dem 15. Jahrhundert stammende Figur, mit seinem Possen reissenden Narren.[53] Doch auch im 19. Jahrhundert bleibt die Fasnacht nicht ohne gewichtige Gegner: Der Walliser Prior Johann Gibsten wollte den Tschäggätä mit ihren gescheckten Verkleidungen und urtümlichen Masken mit einem behördlichen Verbot ein Ende bereiten. Doch der Brauch war nicht leicht auszurotten. In der Gemeinde Blatten, kaum eine Wegstunde vom Pfarrhaus in Kippel entfernt, erschreckten um 1885 die Tschäggätä die Mädchen und Frauen weiterhin, indem sie sie mit Holzspritzen und Aschensäcken angriffen. Um 1902 wird das Verbot gelockert, die Masken werden zugleich auch «menschlicher»; sie lassen die Spritze und Aschensäcke zu Hause.[54]

In Schwyz wird 1863 ein Fasnachtsspiel aufgeführt, das sogleich eine gewisse Berühmtheit erlangt. Es trägt den Titel: Die Schweiz in Japan. Grosses japanisch-schwyzerisches Hof- und Volksfest in Jeddo Schwyz. Es parodierte die eben aufgenommenen schweizerisch-japanischen Beziehungen. Die Freunde des tollen Lebens, wie sich die Japanesen auch nannten, wollten die Fasnacht so bereichern, dass man sich amüsiere und das Publikum ergötze, ohne sich müde Beine zu machen, wie das gewöhnlich beim Nüsslen (Tänzeln) der Fall sei. Neue Fasnachtsfreude also! Doch war es mehr als das. Das Japanesenspiel ist typisch für die Haltung jener Zeit, für das 19. Jahrhundert überhaupt. So drückte sich die Freude an der Erschliessung der fernen Welt, die Freude am Exotischen aus.[55]

232

233

Ein Kind des 19. Jahrhunderts ist auch die um 1896 erstmals beschriebene Groppenfasnacht von Ermatingen. Ihre Anfänge sind bescheiden. Noch im 19. Jahrhundert war an der Fasnacht von den Fischern des Ortes eine Strohpuppe verbrannt worden. Das war gewissermassen das Zeichen dafür, dass der Groppen nach dem Auftauen der Eisdecke wieder fangbar wurde. An die Stelle der Strohpuppe tritt im 19. Jahrhundert der Groppenkönig. Er wird allerdings nicht verbrannt, sondern auf einem von Zwergen und Kobolden gezogenen Wagen durch die Strassen geführt.[56]

Auf die Fasnacht folgt im Festkalender der Palmsonntag. An diesem ursprünglich wohl rein kirchlichen Fest zog Christus, der Brauch ist im 18. Jahrhundert noch bezeugt, auf dem hölzernen Palmesel in der Prozession mit. Im 19. Jahrhundert wird er noch ein einziges Mal, und zwar im Zusammenhang mit dem Diebstahl des Palmesels in Arth, erwähnt.[57] Erhalten geblieben sind da und dort die Prozession um die Kirche und vor allem die Palmen in den Händen der Gläubigen, die den Einzug Jesu markieren. Unter Palmen verstand man Stechpalmen, Wacholder, Tannenzweige, Weidensträusschen, Eibe oder Lorbeerzweige. Sie wurden mancherorts zu Sträussen oder zu ringförmigen Gebilden mit Äpfeln und Eiern geschmückt. Stolz stellten sie die Hersteller zur Schau, um sie nachher ins Haus zurückzunehmen, wo sie entweder im Garten aufgestellt oder, sofern es kleinere Exemplare waren, auch in die Stube genommen wurden, um hier Haus und Stall vor Unheil und Krankheiten zu schützen.[58] Besonders feierlich wurde der Palmsonntag im Freiburgischen und Berner Jura begangen. Berühmt waren auch die Palmen von Lunkhofen und Muri im Kanton Aargau. Im bernischen Laufen kam der Pfarrer zusammen mit den Prozessionsteilnehmern und den Palmträgern nach ihrer Prozession zur verschlossenen Kirchentüre, dann wurde dreimal mit dem Kreuz angeklopft, worauf der Sigrist von innen die Türe öffnete. Damit war ein Wechselgesang verbunden. Ob diese Szene auf die Höllenfahrt Christi zurückgeht, wie sie sich zum Teil in den mittelalterlichen Osterspielen findet, lässt sich nicht ausmachen. Der Ausdruck «im Ostertüfel chlopfe» (Oberfreiamt) scheint darauf hinzudeuten.[59] Feierliche Palmsonntagsbräuche waren auch in Beromünster bekannt. Da nahm der Stiftspropst an zwölf Schülern die Fusswaschung vor. Einer unter ihnen, Judas, hielt den linken Fuss hin und warf nachher dreissig Silberlinge, die sogenannten Blanken (sechsspeichige Rädchen) ins Volk. Starke Anziehungskraft haben im 19. Jahrhundert auch die am Sonntag durchgeführten Passionsspiele in Sitten, Somvix und in Lumbrein ausgeübt.[60]

Noch feierlicher, festlicher waren die Osterprozessionen, so etwa jene in Bern. Da zog die Jungmannschaft «pomphaft» in Bern ein. Voran «eine türkische Musik» (auch hier wiederum die Freude am Exotischen) und der landesübliche Mutz, dann Geharnischte, der Tell mit seinem Knaben, die alten Kantone, hunderterlei Gestalten zu Ross und zu Fuss, Gessler mit Gefolge, ein Hanswurst, zwanzig Paare, Tänzer mit Reifen (wie bei den Basler Küferumzügen) und ein Wagen mit Fass, auf dem Bacchus rittlings sass. Fast alle diese prunkhaften Osterumzüge verschwanden um die Jahrhundertwende.[61] Erhalten haben sich andere Osterbräuche wie Eiersuchen, Eierlaufen, Eierwerfen, Eierrollen und Eiertütschen. In Gotthelfs Erzählung «Michels Brautschau» ist nachzulesen, wie ein solcher Brauch im 19. Jahrhundert aussah. Da lief das junge Volk auf den Platz: «Viel tausend Eier, hart gesotten, bunt gefärbt, oft mit schönen Sprüchen verziert, werden hergetragen und verdüpft ...» Ein Hauptwitz besteht darin: «Dass ein Bursche, der von einem Mädchen ein Ei zum Besichtigen in die Hand bekommt, damit

232 Das Eiertütschen an Ostern erfreute jung und alt. Hier eine seltene Darstellung aus dem Jahre 1879.

233 In Obfelden (ZH) wurden bei den Sprägglenumzügen schreckhafte Tiergestalten, die sogenannten Schnabelgeissen, umgeführt. (Zeitgenössische Foto.)

315

davonläuft. Natürlich das Mädchen in vollen Sprüngen auf und nach, und wie dann dies schreit, sich zerrt und doch nicht beisst.»[62] Zum Düpfen kam der Eierlauf. Da teilten sich die Burschen eines Dorfes in zwei Parteien: «Der einen liegt ob, Eier aufzulesen, der anderen, zu laufen an einen bestimmten Ort und zurückzukehren, ehe die Eier aufgelesen sind...» Im Verhältnis zu der bestimmten Entfernung werden nun zwei- bis dreihundert Eier in einer Entfernung von einem Fuss zumeist in zwei Reihen nebeneinander auf die Erde gelegt. Der Läufer der zweiten Partei hat die Aufgabe, diese Eier eins nach dem anderen aufzulesen und in eine am oberen Ende mit Spreue gefüllte Wanne hineinzutragen. «Es ist eine lustige Art von Wettlauf, doch waltet ein eigener Unstern darüber, denn gewöhnlich endet dieses Spiel mit blutigen Köpfen oder doch mit Streit und Zank... Die verlierende Partei muss eine Zeche bezahlen, das bringt Ärger und Unmut, und je mehr Wein dazugegossen wird, desto mächtiger gären beide Elemente.» Hier spricht nicht der Schriftsteller, sondern der Pfarrer und Moralist Gotthelf. Der Brauch ist vor 1900 ausgestorben. In Ins ist er um 1936 neu aufgenommen worden.[63]

In der Westschweiz, aber auch in der Bündner Herrschaft, kannte man das Eierrollen. Da wurde wie auch in Ins (BE) gewettet. Der aber gewann, dessen Ei am weitesten lief. Beliebt war auch das Eierwerfen. In Kleinlützel warf einer sein Ei, wer es fing, durfte es auch behalten, sonst gehörte es dem Stifter. Auch der Wurf in die Weite wurde geübt, wie das Geldspicken. Der Brauch starb um 1915 bis 1920 in vielen Orten, wo er früher bezeugt war, aus. In Zürich wurde er wieder neu aufgenommen.[64]

Himmelfahrt oder Auffahrt hatte eine grössere Bedeutung als heute. Zunächst einmal hat man damals besonders gerne Ausflüge auf benachbarte Höhen unternommen. So gingen etwa die Stadtzürcher auf den Uetliberg, die Berner auf den Bantiger, wobei man es sich zur Pflicht machte, schon vor Sonnenaufgang die Höhe erreicht zu haben. In den Kantonen Freiburg, Luzern, Zug und Schwyz zog man in der Kirche ein Christusbild in die Kirchendecke. Diese Sitte war im 18. Jahrhundert an vielen Orten verboten. Sie hat sich aber im 19. Jahrhundert doch an einigen Orten erhalten.[65] So wurde dieser Brauch bis weit ins 20. Jahrhundert ausgeübt. In Grosswangen und Sempach (LU) fanden kirchliche Umrittprozessionen statt. Ganz besonders reich gestaltete sich auch im 19. Jahrhundert der Auffahrtsumritt in Beromünster (LU). Form und Gestalt gehen in spätmittelalterliche Zeit zurück.[66] Neu ist im 19. Jahrhundert, wie den zeitgenössischen Beschreibungen zu entnehmen ist, die Beteiligung des Militärs. Den Zug eröffnete immer noch der Stiftsweibel im roten Mantel mit dem St. Michaelstab, ihm folgte ein Kirchendiener mit dem Kruzifix. Neu nun war die Kavalleriemusik. Im Mittelpunkt des Zuges stand das Allerheiligste, es wurde von einem berittenen Leutpriester getragen. Ihm schloss sich ein Zug Dragoner an, worauf die Bürger des Fleckens und der Umgebung zum Teil beritten, zum Teil zu Fuss folgten. Einzig die Strecke hat man im 19. Jahrhundert etwas gekürzt. Die grosse Beteiligung aber blieb. So zählte man doch um 1880 400 Reiter und über 8000 Fussgänger.[67] Von anderer, weltlicher Art war der Bannumgang im Baselbiet. In Liestal gingen am Montag vor Himmelfahrt vier Rotten nach allen vier Richtungen des Bannumfanges. Noch um die Mitte des 19. Jahrhunderts «war der Umgang oder Umritt ein bei Busse gebotenes Gemeinwerk, zu dem die Bürger und ihre Söhne ‹mit hauendem Geschirr› zur Säuberung der Bannweglein anzutreten hatten». Erst als die Gemeindegrenzen durch Vermessungen genau festgelegt worden waren,

234 Die Industriehalle der Schweizerischen Landesausstellung Zürich 1838. Hauptakzent dieser Ausstellung bildeten die Industrie- und Maschinenhallen auf den beiden Uferseiten der Sihl. Es waren Holzkonstruktionen. Als Vorbild betrachtete man die reich dekorierten Holzbauten der bayerischen Landes-, Industrie-, Gewerbe- und Kunstausstellung von Nürnberg. Den «Schweizer Holzstil» hat man phantasievoll abgewandelt. Die Industriehalle erhielt zwei «barockisierende» oder, wenn man lieber will, indische Türme. Der Ausstellung war ein voller Erfolg beschieden.

verlor er seine alte Bedeutung. Man ging nur noch alle paar Jahre oder liess es bei einer Abordnung bewenden. Vielerorts verschwand der Brauch, oder der Banntag «degenerierte» zu einem Sauftag. In neuerer Zeit werden die Bannumgänge wieder durchgeführt, um den Zugewanderten die engere Heimat näherzubringen.[68] Im Kanton Uri fand am Tag nach der Auffahrt die Landeswallfahrt nach der Tellsplatte statt. Die dortige Kapelle, die der Chronist Brennwald 1510 zum erstenmal erwähnt, ist dem heiligen Sebastian, dem alten Schützenpatron, geweiht. Die Prozession ging bis Flüelen, dort stieg man in den Urnernauen und fuhr bis zum Tellen, wo Predigt und Hochamt gehalten wurde. Als das Dampfschiff aufkam, sind die Urnernauen abgelöst worden, der Kreuzgang aber blieb.[69]

Pfingsten hat auch im 19. Jahrhundert, wenigstens in den katholischen Landesgegenden, kirchliches Festbrauchtum beibehalten. Da sind die Muttergottesaltäre festlich geschmückt worden. In Hellikon (LU) gingen um zwölf Uhr die Mütter mit ihren Kindern ins Freie, beteten drei Vaterunser und den Glauben, auf dass der Pfingstgeist auf sie herabkomme.[70] Erhalten haben sich auch andere Pfingstbräuche; sie haben nichts mit dem Pfingstgeist, dafür aber mit alten Vegetationsbräuchen zu tun. Es sind der Maibär in Ragaz, der Feuillu in Genf, der Bossu in der Waadt und der Pfingstsprüzzlig im Fricktal. Der Pfingstsprüzzlig, Pfingsthutte oder Pfingstkorb, wie er auch genannt wird, ist von E. L. Rochholz um 1857 beschrieben worden. Kurz vor Pfingsten gingen die Knaben der Dörfer in den Wald: «Hier wurden lange Laubzweige pyramidal um zwei Reifen zusammengeflochten, darum werden Zweige gehüllt, der Träger schlüpft hinein. Abends um fünf Uhr erscheint diese Pfingsthutte plötzlich im Dorfe, voraus marschieren ihrer drei, die auf dem Pfingsthorn blasen. Dieses ist aus Weidenrinde zirkelförmig geschnitten, stückweise und getrichtert ineinander geschoben...» Damit werden die Leute ans Fenster gelockt. Sind Pfarrer und Wirt in guter Laune, so erhält der Umzug ein Glas Wein. Es ist ihnen aber weniger um diese Spende als um das Recht zu tun, ihre Pfingsthutte zum Schluss auf den Hauptbrunnen des Dorfes pflanzen und hier behaupten zu können.[71] In Sulz und Gansingen (AG) war dieser Vegetationsbrauch noch mit Wasser und Brunnenzeremonien verbunden. Die Mädchen riefen: «Mir au en Sprutz.» Es handelt sich «um einen die Fruchtbarkeit übertragenden Wasserguss».[72]

Zum Pfingstkreis gehörte das Fronleichnamsfest, meist auch «unser Herrgottstag» genannt. An Prunk und Pracht stand es auch im 19. Jahrhundert an erster Stelle. Dafür zeugen etwa die Prozessionen in Freiburg, Luzern und Appenzell. Da erfolgte ein gewaltiger Aufmarsch von Schulen, Vereinen und religiösen Gemeinschaften. Alle Strassen zeigten reichen Schmuck. Zum Fronleichnam gehörte auch das Schiessen. In Luzern bildeten die Herrgottskanoniere eine eigene Bruderschaft mit dem Zweck, am Fronleichnamstag «die feierlichsten Momente durch Schüsse hervorzuheben». Aber auch in Graubünden und im Wallis trat die Jungmannschaft militärisch auf.[73]

Zu den Frühlingsfesten muss sodann das Zürcher Sechseläuten gezählt werden. Hier finden wir ein «ganzes Konglomerat» von Brauchelementen: Repräsentation der freien, von Bürgern regierten Stadt, festliches Frühlingsmahl der Handwerkerzünfte, Feuerbrauchtum der vorreformatorischen Zeit, Freude an festlicher Verkleidung und schliesslich die Handwerkerordnung des ausgehenden Mittelalters. Noch im 18. Jahrhundert hatten die Zünfte den Frühlingsbeginn in ihren Zunftstuben bei Speis und Trank gefeiert, wobei der jährliche Beginn der Sechseläutenordnung auf den ersten Montag nach der Tag- und Nachtgleiche festgesetzt worden war. Reformatorischem Geist entsprechend hatten die Lustbarkeiten nur hinter verschlossenen Türen stattgefunden. Doch Revolution und Aufklärung brachten Befreiung. Im Frühling 1818 beschloss die Meisenzunft, den Abend des Sechseläutentages durch einen Umzug mit geharnischten Reitern und einem mit Musikanten besetzten Wagen zu eröffnen. Schon bald schlossen sich weitere Zünfte an. Man begann einander mit Fackelzügen zu besuchen. Noch immer war es ein interner Zunftbrauch. Erst 1830 wagte die Saffranzunft den Umzug bei hellem Tage, und dies in Kostümen der seit der französischen Besetzung entschwundenen «alten zunftherrlichen Zeit». Im Jahre 1839 machten alle dreizehn historischen Zünfte mit. Künstlerisch begabte Zürcher begannen das Geschehen zu arrangieren, Programmtexte zu verfassen, und so erhielt der Umzug ein Thema von grösserer oder weniger grosser Attraktivität. So hat man beispielsweise im April 1882 die bevorstehende Eröffnung der Gotthardbahn gezeigt. Da sah man zunächst die nach Gallien «wild anstürmenden Helvetier». Es folgte eine «Handelskarawane mit Zaumrossen über die Alp». Man bestaunte eine «kolossale Postkutsche, die bald aus dem Besitze ihrer bisherigen Privilegien zu weichen hatte. Es erschienen eine Tunnelbohrmaschine, eine Lokomotive, Tunnelarbeiter (wirklich echte), die Förderer des Unternehmens in Wagen, Dr. Alfred Escher, Bundespräsident Welti, Viktor Emanuel, Fürst Bismarck, in mehr oder weniger guten Masken.» Die Schlussapotheose war grossartig: Sie wurde gebildet durch einen den Tunnel darstellenden Wagen mit den lebensvollen Gestalten der Germania, Helvetia und Italia und den Portraits seiner Erbauer: Favre, Escher usw. Dieser Wagen aber wurde umschwärmt von «beflügelten Merkuren auf Velozipeden, von reizenden Erscheinungen», wie der Berichterstatter vermerkt. Klassisches 19. Jahrhundert![74]

Doch das 19. Jahrhundert gab sich nicht nur historisch, sondern auch patriotisch. Welch eine Fülle von Festen und Feiern bei nationalen Denkmälern und an bedeutsamen Erinnerungsterminen! Da schlüpften Tausende in historische Kostüme und versuchten sich mit den dargestellten Personen zu identifizieren. Es war auch eine Blütezeit der Verleihfirmen. Es entwickelte sich allmählich ein kultisch anmutender Feststil aus einer merkwürdigen Verbindung allgemein verständlich gewordener Symbole der Revolutionszeit und Elementen des christlich-kirchlichen Rituals. Dazu kamen Trophäen aus eidgenössischen Trachten. Aber dieser Stil war nicht nur kultisch-pathetisch, er wurde bald auch volkstümlich. «Das historische Festspiel hat während der Zeit seiner grössten Beliebtheit, 1885 bis 1905, Hunderttausende begeistert, Junge und Alte, Männer und Frauen, Landleute, Städter, Gebildete und Ungeschulte.»[75] Es ist zweifellos aus dem viel älteren und von ihm nie ganz verdrängten Umzug (von dem noch die Rede sein wird) herausgewachsen. Die historischen Festspiele sind eigentlich nichts anderes als reduzierte Umzüge, die an einem einzigen Ort ausgewählte Momente der Geschichte in Erinnerung riefen. Man glaubte lange Zeit, dass das historische Festspiel immer existiert habe oder dass es gleichsam durch einen glücklichen Zufall in Analogie zum politischen Volksdrama des 16. Jahrhunderts entstanden sei. Diese These lässt sich nicht halten: das Festspiel ist aus einem anderen Geist geboren als die Dramen des 16. Jahrhunderts. Es hängt sicher mehr mit der Fasnachtszeit als einem Moment satirischer Freiheit zusammen. Im Gegensatz aber zur Fasnacht enthält es viel Pathos. «Hier feierte ein Staatsvolk vergangene eigene Leistungen und überwundene

235

318

236

Gefahren.»[76] Zu den Befürwortern und Protagonisten des Festspieles gehörte auch Gottfried Keller. Er trat nach der wichtigsten schweizerischen Schillerfeier des Jubiläumsjahres 1889, der Einweihung des Schillersteins am Vierwaldstättersee, öffentlich für regelmässige festlich-dramatische Gross-veranstaltungen ein. Gottfried Keller sah in den «grossen und echten Natio-nalfesten, an welchen Hunderttausende sich beteiligen» die «Mütter» eines neuen schweizerischen Dramas. Es ging für ihn und seine Mitstreiter um eine moralisch-politische Besinnung und eine zukunftsbewusste Selbstdar-stellung des Schweizervolkes. Die allgemeine Thematik sollte nach Keller sein: «Grosse geschichtliche Erinnerungen, die Summe sittlicher Erfahrung oder die gemeinsame Lebenshoffnung eines Volkes, Momente tragischer Selbsterkenntnis nicht ausgeschlossen.» Was dann aber vor allem nach etwa 1885 Gestalt annahm, war nicht von diesem Geist getragen. Eine «kritische Selbstreflexion» fand bei diesen eher mehr imposanten als tiefgründigen Grossfestspielen kaum statt.[77]

Der Umzug, wir haben es schon angedeutet, ist älter. Umzüge kleineren Ausmasses kannten schon die Städte und Orte der alten Eidgenossenschaft. Berühmt, wenn auch angefochten und verboten waren etwa die Umzüge des Äusseren Standes in Bern oder die Metzgerumzüge in Zürich. Wir haben im Buch vom Schweizer Alltag des 15. bis 18. Jahrhunderts darüber berich-tet.[78] Im 19. Jahrhundert wird dieses Brauchtum aufgewertet. Es gewann durch den beginnenden Tourismus zusätzliches Ansehen, das zu einer «Selbstbesinnung und Selbstschätzung des Landvolkes» führte. Dem Volk gefiel das ganz offensichtlich: «In der ihm zugedachten Rolle spielte es sein Brauchtum – den Erwartungen der reisenden Gäste und vaterländischen Volksbildnern entsprechend – gerne als Schau bei vielerlei Anlässen vor, und der Umzug erwies sich als hervorragendes Darstellungsmittel für derar-tige Schauvorstellungen.»[79] Kein Mittel schien zu gering, um den festlichen Umzug zu einem eigentlichen Kunstwerk werden zu lassen. In den Umzugsfestlichkeiten liessen sich denn auch «die bedeutsamen Absichten jener Tage ablesen: nationale Integration und Hebung des regionalen Selbst-bewusstseins, romantisch verklärter Nachvollzug einer als heroisch emp-fundenen Vergangenheit und Demonstration des Fortschrittes, künstleri-sche Aussage, Lobpreis und Danksagung».[80]

235 Das Sechseläuten gehört im 19. Jahrhundert zu den grössten Festen des bürgerlichen Zürich. Hier eine Darstellung aus dem Jahre 1875. In der Mitte eine Ansprache auf einer Zunft. Erstaunlicherweise steht hinter dem Redner eine in Tracht gekleidete Frau, obwohl das Sechseläuten seit jeher ein reines Männerfest gewesen ist. Unten der Umzug.

236 Ankunft der Schweizer im Kanton Genf am 1. Juni 1814. Die Ankunft der Truppen gestaltete sich zu einem glorreichen, enthusiastischen Emp-fang, wie die Presse meldete. Um dieses wichtige historische Ereignis festzuhalten, wurde 1895 an dieser Stelle ein Obelisk aufgerichtet. Man ersetzte dieses Denkmal, das von schlechtem Geschmack zeugte, durch ein modernes Werk.

237

Zu den «Absichten» jener Tage gehört auch die Bundesfeier. Hier kurz die Entstehungsgeschichte: Im Herbst 1890 beschloss die Bundesversammlung, es solle am 1. August 1891 der sechshundertjährige Gedenktag des ersten Schweizerbundes gefeiert werden. Die Feier sollte in Schwyz stattfinden, und es wurde ein Bundeskredit gesprochen. Das entsprach nicht ganz dem historischen Bewusstsein. Bis dahin hatte der Neujahrsmorgen 1308 als Geburtstag der Eidgenossenschaft gegolten. Der Bundesbrief von Anfang August 1291 war damals lediglich den Historikern bekannt. In der eigens zur Feier von Schwyz verfassten Festschrift versuchte denn auch Wilhelm Oechsli, dem ganzen Volk den 1. August als Datum näherzubringen. Die Feier selbst mit Gottesdienst, Ansprachen, Festaufführung war ein voller Erfolg. Man war ja an den festlichen Kultus schliesslich gewöhnt. Nicht alle, aber doch viele Kantone erliessen damals Aufrufe, den Tag würdig mit Glockengeläute und Höhenfeuern zu feiern. Doch blieb es zunächst bei dieser einmaligen Feier. Einzelne Kreise, viele gewerkschaftlich organisierte Arbeiter einerseits, katholisch-konservative Kreise anderseits begegneten der Jahrhundertfeier mit kühler Skepsis.[81] Am 4. August 1901 hiess es im Zürcher «Volksrecht»: «Unser Feiertag ist der 1. Mai. Wir möchten der gesamten hiesigen Arbeiterschaft empfehlen, sich mit dem Sängerbund von den bürgerlichen Bundesfeiern fernzuhalten...» Das Eis wurde aber schliesslich doch gebrochen. Zwischen 1892 und 1898 gab es in vielen Städten und Fremdenkurorten Bundesfeiern. Von einer Einheit in der Durchführung konnte indessen keine Rede sein. Da stand ein «Patriot» auf: Der Berner Rudolf Münger reichte 1898 im Berner Stadtrat eine Motion ein, in welcher er die Behörden aufforderte, das Glockengeläute am Abend des 1. Augusts, so wie es 1891 stattgefunden, zu einem dauernden allgemein gültigen Brauch zu machen, und er fand überall Gehör. Der Bundesrat hat 1899 die Kantonsregierungen zur Anordnung des Festgeläutes aufgefordert. Jetzt erst war die Bundesfeier offizielles Allgemeingut geworden.

Volkstümlich und allgemein anerkannt war sie aber noch nicht. Der Boykott der organisierten Arbeiterschaft dauerte bis 1937 an.[82] Fackeln,

237 Anlässlich der Bundesfeier von 1906 hat Josef Dahinden (1863–1931) diese köstliche Aufnahme gemacht. Vorne in der Mitte unten sitzt ein kleiner Wilhelm Tell mit weissem Bart und Zipfelmütze, in der Mitte steht mit skeptischem Blick ein hübsches kleines Trachtenmädchen, während hinten oben sich drei stramme Kadetten mit ernster Miene aufgestellt haben.

238 Kein Schützenfest ohne den Gabentempel oder Gabensaal. Der Gabentempel auf unserem Bild ist mit den Kantonsfahnen geschmückt. Mit einer Kette ist er vom Publikum abgetrennt. Ausserdem wird er von mit Gewehren bewaffneten Soldaten streng bewacht.

später Lampions, Reden, Musik, gemeinsame Umzüge und Gesang waren um 1900 die Brauchelemente. Das Verlesen des Bundesbriefes war im letzten Jahrhundert noch unbekannt. Das Höhenfeuer setzte sich nur sehr langsam durch. In mancher Region stand es im Kampf gegen die populären Fasnachtsfeuer. Weil zwei Jahresfeuer zuviel waren, hat schliesslich das Bundesfeuer gesiegt. Es hat, wie Eduard Strübin bemerkte, «auffällig viel Mühe gekostet, einen schweizerischen Nationalfeiertag zu schaffen ... Einer im Geistigen verankerten ‹würdigen› Feier mit Ansprache stand der Bürger verlegen, ja hilflos gegenüber ...»[83] Was vielen Bürgern aber die Augustfeier nahe brachte, war das einfache Symbol, das Glockengeläute, war, wie alle Gewährsleute übereinstimmend festhielten, eine gesellige Fröhlichkeit, war der gemütliche Teil der Feier.[84]

Weit populärer und beliebter als die Nationalfeiern waren im 19. Jahrhundert die Gedenktage, die Schlachtfeiern. Sie waren historisch gewachsen, älter als die 1.-August-Feier; sie stützten sich auf ein starkes Nationalbewusstsein. Ihm haftete, wie allen Gedächtnissen dieser Art, etwas von der Intensität einer Familienfeier an. Hans Georg Wackernagel bezeichnet die Schlachtfeiern als «kultische Gedächtnisfeiern mit weltlich patriotischem Einschlag».[85] Man merkte kaum, dass ihnen ein moralisch-ethischer, ein erzieherischer Gedanke zu Grunde lag: Es galt, in einer Zeit der Veränderung und des Fortschrittes die Taten der einfach lebenden Vorfahren als vorbildlich hinzustellen: «Das Vergangene schien in verklärtem Glanze, um das Gegenwärtige mit seinen Problemen zu stärken.»[86] Diese Feste waren politische Lektionen und patriotische Feierstunden zugleich. Doch merkwürdig: Keine dieser Schlachtfeiern hat allgemein schweizerische Gültigkeit erlangt. Sie blieben regional, ja lokal geprägt. Maria Schnitzer hat deshalb zu Recht von einem «kleinteiligen Festföderalismus» gesprochen.[87]

Dazu ein Beispiel: «Die Morgartenfeier hat sich auf einen kleinen, nicht einmal die ganze Innerschweiz umfassenden Teil des Volkes beschränkt, und am Schlachttag selbst wurde grundsätzlich eine schwyzerische und eine zugerische Gedenkfeier abgehalten.» Noch fehlte das Denkmal, es ist erst 1908 eingeweiht worden, und noch fehlte das Morgartenschiessen, das erst 1912 eingeführt worden ist. Um 1865 zum Beispiel versammelte sich, nach dem Bericht des Eidgenössischen Kalenders, das Volk bei der Kapelle, von

238

wo aus der Festzug sich auf das eine halbe Stunde entfernte Schlachtfeld in Bewegung setzte. Von Schwyz kamen die Landesregierung mit ihren Weibeln in scharlachroten Mänteln, die Zöglinge des Kollegiums zu Maria Hilf und des Lehrerseminars in Seewen. Nach elf Uhr setzte sich der Festzug von der Kirche am Sattel unter dem Festgeläute aller Glocken in Bewegung, voraus ritt eine Abteilung stattlicher Guiden (Dragoner) mit ihren gelben Raupen auf den hell glänzenden Helmen. Dann folgte eine Abteilung Soldaten und hierauf die Schuljugend vom Sattel. Auf die Geistlichkeit folgten die alten Banner und zwischen ihnen der Pfeil des Hünenbergers, getragen von Knaben in alter Schweizertracht und umgeben von den Weibeln der Urkantone in den Landesfarben. Vor der Kapelle verlas der Landschreiber den Schlachtbericht. Es folgte eine Festrede über «die Siegeskraft der Eidgenossen, die stark gewesen durch die Gerechtigkeit ihrer Sache sowie durch die Unschuld ihrer Freiheit und die Eintracht ihrer Glieder, und die gesiegt durch weise Einsicht in die Sachlage». Nach der Festrede wurde gebetet und gesungen.[88]

Keine Schlachtfeier entsprach dem Geist des 19. Jahrhunderts besser als jene von Sempach, gehörten doch Winkelried und Sempach zu den beliebtesten Themen der volkstümlichen Geschichtsbetrachtung.[89] Die Feier selbst wurde nach einer Beschreibung von Kasimir Pfyffer um 1858 nach altbewährtem Schema durchgeführt. Da erschienen die Abgeordneten der Regierung bei der Schlachtkapelle sowie eine grosse Anzahl von Geistlichen, unter ihnen der Festredner. Die grossartige Kulisse: das Landvolk aus den umliegenden Ortschaften und viele Bürger aus der näheren Umgebung. Nach der Predigt verlas ein Priester aus dem Jahrzeitbuch von Sempach den ausführlichen Schlachtenbericht. Er verlas auch die Namen der auf beiden Seiten Gefallenen. Dem Hochamt schloss sich ein frohes Mahl von hundert und mehr Gedecken an, alles auf Kosten des Staates.[90]

Ein klassisches Szenario einer Gedenkfeier bot die Näfelserfahrt. Ihr liegt der Landsgemeindebeschluss vom 2. April 1389 zu Grunde. Ein Jahr nach der Schlacht einigten sich die Glarner darauf, zum Gedenken an den Sieg alle Jahre einen Kreuzzug nach Näfels durchzuführen. Fünfhundert Jahre später, am 13. April 1882, ist aus diesem Kreuzzug, nach einem Bericht der «Schweizer Grenzpost», eine nach allen Regeln der Kunst organisierte Erinnerungsfeier und darüber hinaus ein allgemeines Volksfest geworden: «Die Werkstätten sind geschlossen, die Fabriken stehen still, die gesamte Bevölkerung aller Stände schliesst sich der Wallfahrt nach dem Schlachtfelde an; auch wer nicht mitziehen kann, wirft sich in den Sonntagsstaat, und bei schlechtem Wetter wird in allen entfernteren Gemeinden Fahrtgottesdienst gehalten.» Die Feier habe, so meint der Berichterstatter, nichts von ihrer alten Anziehungskraft eingebüsst. Das Fahrtfest vereinige vielmehr alle Parteien und bilde «ein treffliches Bindemittel zwischen den verschiedenen Konfessionen, Ständen und politischen Richtungen».

Aufgewertet wurde auch die Schlachtfeier am Stoss. Auch sie profitierte vom «neuen Aufschwung, den in neuester Zeit unsere Schlachtjahrzeitfeiern überall im lieben Schweizerlande gefunden haben». Dieser Satz steht im Bericht über die Schlachtfeier am Stoss vom Jahre 1865. Die Feier fand an Bonifazius, dem 14. Mai, statt. Sie wurde um vier Uhr in der Frühe mit einer halben Stunde dauerndem «Angstläuten» eingeläutet. Um fünf Uhr zog die nur aus Männern bestehende Prozession von der Pfarrkirche, angeführt von der Geistlichkeit und den mit wallenden Radmänteln und Degen bekleideten Regierungsräten, zum Sammelplatz.[92] Aus jedem Hause schloss sich ein

239 Das Programm des Eidgenössischen Schwing-
und Älplerfestes in Zürich vom Sommer 1889 sah
vor: Hornussen, Stöckeln, Kugelnwerfen, Fahnen-
schwingen, Steinstossen, Weitspringen und Wettlauf. Das geschah alles am Sonntagvormittag; am
Sonntagnachmittag standen ein Ausschwingen
sowie Klettern, Jodeln, Alphornblasen und Hägge-
len auf dem Programm.

239

Mann dem Zuge an, in der einen Hand den Degen, in der anderen den
Rosenkranz. Bei der Schlachtkapelle wurde halt gemacht. Der Pfarrer von
Appenzell bestieg die Kanzel und hielt eine «warme vaterländische Predigt»,
in welcher er die Tugenden und Heldentaten der Väter pries. Mit Genugtuung vermerkt der Berichterstatter, dass auch die reformierten Ausserrhödler
an der vaterländischen Feier teilnahmen. Nach der Predigt bewegte sich die
Prozession betend zur Kirche von Marbach, wo Gottesdienst gehalten
wurde.[93]

Wie man in der Westschweiz ein Denkmal einweihte, zeigten die Genfer
1869 exemplarisch. Es ging um die Enthüllung des Nationaldenkmales, das
anlässlich des fünfzigjährigen Eintrittes der Stadt Genf in den Bund der
Eidgenossenschaft errichtet worden war. Nicht weniger als fünfzehntau-

240

send Teilnehmer fanden sich ein. Vorausgetragen wurden acht «geschicht-lich merkwürdige» Fahnen. Es folgte eine Schar Amerikaner mit ihrem Sternenbanner als «theure Gäste am Ehrenplatze». Es folgten die Vereine der Stadt und die noch lebenden Veteranen des Solothurner und Freiburger Bataillons, welche am 12. September 1814 als eidgenössische Truppen die Stadt Genf in Besitz genommen hatten. Einige erschienen in den alten Uniformen, welche sie vor fünfzig Jahren getragen hatten, und «diese ehr-würdige Schar wurde vom Helden des Tages, General Dufour, befehligt». Er war es denn auch, der im Namen des Gründungsausschusses das Natio-naldenkmal übergab. Hierauf sprach Bundesrat Ruffy zum Volk. Nach der Enthüllungsfeier liess sich auf zwanzig öffentlichen Plätzen das Volk in bester Eintracht zum fröhlichen Mahle nieder. Vornehme Genfer Damen in weissen Kleidern mit roten Schürzen speisten unentgeltlich mehrere tausend Arme. Wenige Minuten vor zwei Uhr «ertönte vom Münster herab der Klang der grossen Glocke, und es erhoben sich auf allen Plätzen Festredner, welche ihr Hoch dem schweizerischen Vaterlande darbrachten. Tausend-stimmiger Zuruf und Kanonendonner antworteten, und von der Peterskir-che herab ertönte Luthers Lied: ‹Eine feste Burg ist unser Gott› in feierlichem Choral: Ein tiefergreifender feierlicher Augenblick».

Nur wenige Feiern haben die Menschen des 19. Jahrhunderts so bewegt wie die Vierhundertjahrfeier der Schlacht von Murten. Gertrud Züricher erlebte sie als kleines Mädchen. «Mir machte», so schreibt sie, «die Figur Hans Waldmanns in seiner blauen Rüstung einen unauslöschlichen Ein-druck.»[94] Die Regie scheint an diesem Fest tatsächlich alle Register gezogen zu haben. Man erstellte eine Festhütte und stattete sie mit künstlerischer Dekoration aus: «Ein grossartiges und prachtvolles Transparent liess das Licht gedämpft zwischen dem Sänger und der neuen Hütte auf das Podium fallen, wo die Festkantate aufgeführt wurde… In täuschender Perspektive sah man über eine Galerie hinweg die Stadt Murten mit ihren Ringmauern und Thürmen und dahinter den blauen See.» Nach dem Einzug der Kantone und Herrschaften, welche seinerzeit an der Schlacht beteiligt waren, begann man mit der Aufführung der Kantate, an welcher zehn Gesangsvereine mitwirkten. Dichter und Komponist ernteten Lorbeerkränze. Im Zentrum der Feier stand der riesige Umzug, dessen Beginn 22 Kanonenschüsse anzeigten. Kavallerie und die Freiburger Militärmusik führten den Zug an.

240 Auf dieser Aquatinta des eidgenössischen «Ehr- und Freyschiessens» von Zürich 1834 sind sämtliche Elemente, die zu einem richtigen Schüt-zenfest gehörten, beisammen. Die Stimmung, die herrschte, hat ein Zeitgenosse klassisch beschrie-ben: «Doch sie (gemeint sind die sieben Aufrechten mit ihrem Fähnlein) hatten schon den Platz betre-ten; eben zogen die Graubündner ab, ein langer Zug brauner Männer, und an ihnen vorbei und nach dem Klange ihrer Musik marschierten die Alten so taktfest als je durch das Volk. Nochmals mussten sie auf der Stelle marschieren, wie der technische Ausdruck sagt, wenn man auf demsel-ben Flecke die Bewegung des Marsches fortmacht, da drei glückliche Schützen, welche Becher gewon-nen hatten, mit Trompetern und Anhang ihren Weg kreuzten; doch das alles, verbunden mit dem heftigen Schiessen, erhöhte nur ihre feierliche Berauschung, und endlich entblössten sie ihre Häupter angesichts des Gabentempels, der mit sei-nen Schätzen schimmerte und auf dessen Zinnen eine dichte Menge Fahnen flatterte in den Farben der Kantone, der Städte, Landschaften und Gemeinden.» (Gottfried Keller, «Das Fähnlein der sieben Aufrechten»)

Feierlich schritten die Mitglieder des Bundesrates, des Bundesgerichtes, die Vertreter der Kantonsregierungen und Abgeordnete der verbündeten Städte, alle mit Weibeln im Standesmantel, einher. Der historische Zug selber stellte die Besatzung von Murten unter Adrian von Bubenberg, die Vorhut unter Hans von Hallwil, den Gewalthaufen unter Hans Waldmann und die Nachhut unter Kaspar Hertenstein dar. Und als der imposante Zug ernst und würdig sich durch die spalierbildende Volksmenge vorüberbewegte, «da glänzten in vieler Augen Thränen; man fühlte sich in jene alte Zeit zurückversetzt, und es war, als zögen die kriegerischen Scharen wirklich in die Feldschlacht von Murten. Nach vielen, vielen und schönen Reden begann man den Rückzug anzutreten. Am Eingang in die Stadt war eine schöne Estrade errichtet, auf welcher neun in der Tracht der Burgunderzeit gekleidete Jungfrauen mit Eichenkränzen der Heldenführer und der Fahnen harrten, um selbe damit zu schmücken, was unter stürmischen Volksbeifall geschah.»[95]

Von anderer Art waren die Schwing-, die Turn- und die Schützenfeste. Die Schwingfeste dieser Zeit tragen weiterhin den Stempel alpinen Volkstums. Doch wird jetzt nicht mehr nur in Dörfern alpiner Regionen oder auf den Alpen geschwungen. Solche Feste finden nunmehr auch in den Städten statt. So fand auf der Schanze in Bern ein Schwingerfest statt; da massen sich die flinken, zähen Oberhasler mit den bärenstarken Emmentaler Kühern. Die städtischen Zuschauer waren begeistert. Doch sind diese Feste, ähnlich wie die Unspunnenanlässe von 1805 und 1808, zunächst nicht wiederholt worden. Erst 1867 fand – die Idee stammte aus Interlaken – ein weiteres Unspunenfest statt. Dieses Schwingfest – es traten die Oberländer gegen die Emmentaler an – war von Tausenden besucht. «Unter den Klängen der Musik und dem fortwährend wieder von neuem erschallenden Jubel des Volkes nahmen die Sieger ihre Preise in Empfang.» Selbstverständlich fehlte es auch hier nicht an einer passenden Festrede. Sie schloss mit den Worten: «Übet fortwährend eure Kraft, euren Muth und eure Ausdauer bei diesem schönen vaterländischen Spiel. Es sei euch dasselbe eine Vorschule für ernste Tage, in denen unsere höchsten Güter mit Herz und Hand vertheidigt werden müssen. Auch unser heutiges Fest möge das republikanische Selbstbewusstsein stärken und eine neue Quelle der Freundschaft unter den verschiedenen Stämmen des Vaterlandes werden!»[96]

Pädagogische Absicht wird deutlich: Doch das störte die Schwinger nicht, wussten sie sich doch mit den Rednern einig.[97]

Ein neues Gesicht bekommen im 19. Jahrhundert die Turnfeste. Dies wird verdeutlicht in der Inschrift an der Festhütte von Aarau 1882, da heisst es:

«Einst turnt' akademisch die Einzelperson,
dann rückte im Marsch auf die Turnersektion.
Und schliesslich in Centralisation
turnt flott militärisch die Nation.»[98]

Die Requisiten des Festes muten bekannt an: Festzug mit Fahnen und Ehrengästen, die «eigentliche Turnerkolonie in drei Divisionen eingetheilt mit je einem Berittenen als Führer». Einzug mit siebzig Fahnen, voran die eidgenössische Fahne, die Trinkhörner mit ihrem blendenden Kreuz im riesigen Bouquet, ein Bankett mit Hurra und Trinksprüchen, ein Chinesentanz, dargeboten von Aarauer Kantonsschülern, ein Waffentanz. Selbstverständlich wurde auch gearbeitet. In der grossen Halle entfernte man die beweglichen Tische und Bänke, worauf das «Divisionswetturnen im Rin-

241

gen, Schwingen, Pferd, Barren und Reck begann». Die Schlussapotheose
aber war einmalig. Da fand man sich vor der Darstellung eines Bildes «Rufst
Du mein Vaterland», skizziert vom Kunstmaler Vigier aus Solothurn:
«Hoch oben auf zackigem Alpengranit thront Mutter Helvetia und krönt das
täuschend dargestellte Winkelried-Denkmal. Zu ihren Füssen stürzen die
schweizerischen Waffen in die männermordende Feldschlacht, muthige,
edle Frauen weihen unter dem rothen Kreuz der Genfer Konvention ihr
Leben dem Vaterlande.» Mit den Leistungen war man zufrieden. Beim
Sektionswetturnen erkannte man «namhafte Fortschritte».[99]

Höchst eindrücklich waren auch die Darbietungen am eidgenössischen
Schützenfest in Basel von 1844 für die noch unverbrauchten Zeitgenossen.[100]
Als die eidgenössische Verbandsfahne Baselbieter Boden erreichte, wurde
sie mit Glockengeläute, Musik und Kanonendonner empfangen. Eine
Ehrengesandtschaft der Regierung stand bereit, und der Zug bewegte sich
durch die mit Blumen und Inschriften geschmückten Dörfer. Ein von Reden
und Toasten belebtes Bankett im Regierungsgebäude folgte, und nachts war
alles «illuminiert». Eine eigene hölzerne Feststatt mit Fahnenburg, Gabentempel und Festhütte war aufgebaut. Im Mittelpunkt stand ein kolossales
Lokal, «welches an Grösse den bedeutendsten Kathedralen gleichkömmt».[101]
Man schoss auf 140 Scheiben, und eine «aufs höchste vervollkommnete
Absendmaschine theilt den Karton vom Scheibencentrum bis zum Rand in
nicht weniger als fünfzigtausend Teile, also eine Prüfungsweise, die in Bezug
auf Genauigkeit nichts mehr zu wünschen übrig lässt». Jeder Schütze hatte
eine Kehrmarke zu erwerben, und da mussten, wenn man wirklich dies
Pensum erfüllen wollte, erkleckliche Summen beigebracht werden. Am
eidgenössischen Schützenfest in Basel besann man sich deshalb eines besseren. Eine neue Ordnung ermöglichte es, dass es auch minderbemittelte
Männer zum Schützenkönig bringen konnten. Die höchste Ehre ward ja nur
demjenigen zu Teil, der die beste Serienprämie gewann. Die Gaben, die noch
in Lausanne eine ungewöhnliche Summe erreicht hatten, wollten, so der
Berichterstatter, «diesmal nicht recht in Fluss kommen». Eine gewisse
Ermüdungserscheinung war vorhanden, doch die Gaben waren immer noch
stattlich. Da glitzerte es nur so von silbernen Services, von Pokalen, wie «in
der Schatzkammer eines fürstlichen Hauses», und selbstverständlich fehlten
die eigentlichen Wappen und Gemälde nicht. Man dachte aber auch an den
Haushalt. Die Küfer spendeten Fässer, die Weinhändler manch gute Flasche,
und Frauen und Mädchen stickten Teppiche. Schützenkönig wurde mit 318

241 An der Kirchweih, am Schützenfest, trat
gegen Ende des letzten Jahrhunderts auch das
Dampfkarussell als grosse Attraktion auf. Hier das
Dampfkarussell von 1890 in Zürich.

242 Festplatz des Eidgenössischen Schützenfestes
von 1850. Keine Kosten wurden gescheut, um
riesige Festzelte aufzubauen. Sie wurden nicht nur
mit den Schützenvereinsfahnen, sondern auch mit
dem Kantonalfahnen geschmückt. Die Schützenfeste bildeten einen wichtigen Integrationsfaktor.

243 Die Schützen zeigten, wie man ein grosses
Fest feiern kann. Die Sänger folgten nach. Hier die
Sängerhalle des eidgenössischen Sängerfestes von
Zürich im Jahre 1855.

Punkten ein Mann namens Haury aus Reinach im Aargau. Er wurde im Triumph nach der Speisehütte und an den Ehrenplatz geführt. Sein Zug durch die Stadt wurde zu einem Triumphzug. Von den Fenstern herab bedachte man die gekrönten Schützen reichlich mit Blumen, und «Hurras erschallten durch alle Strassen».

Feste gab es nicht nur für die Erwachsenen, sondern auch für die junge Generation: Die Kadetten- und Jugendfeste liessen sich sehen. Man dachte an den «Nachahmungstrieb des jungen Geschlechtes». Tatsächlich, die Jungen standen vor den Alten nicht zurück. Am Jugendfest in St. Gallen von 1864 betrat, nachdem getafelt war, einer der älteren Gymnasiasten die Rednerbühne und hielt «feurigen Wortes und Blutes eine begeisterte Ansprache an seine Altersgenossen; Freiheit, Vaterland und Dank an alle Jugendfreunde, sowie der Aufruf zum eifrigen Emporstreben sind die Grundgedanken, an denen sich die ganze Rede emporrankte».[102]

Kein Fest ohne Musik. Sie bildete das tragende freudig-heitere Element aller Feiern. Sie bewies sich als «belebendes Prinzip des sozialen Lebens». Anders beim Musikfest, hier war die Musik nicht Begleitung, sondern Mittelpunkt. Und welche Horizonte öffneten sich hier: Die Tonkunst war in den Augen unserer Vorfahren ja die «geselligste aller Künste». Sie hatte das soziale Leben zu aktivieren und zu fördern. Die Musikfeste waren, wie ein Zeitgenosse vermerkte, ein «vaterländisches Unternehmen».[103] Das Gesangsfest, zumal das Männergesangsfest, war damals ebenso volkstümlich wie das Schwing- und Schützenfest. Gepflegt wurde aber nicht die Volksmusik, sondern die klassische Musik. Ziele und Programme waren hochgesteckt: Es sollte das einheimische Genie in seiner oft dunkeln Verborgenheit gesucht werden; es ging darum, die Tonkunst einem breiteren Publikum vorzuführen, die Fortschritte zu zeigen, wie es in den Statuten der am 27. Juni 1808 gegründeten allgemeinen schweizerischen Musikgesellschaft hiess.[104] Der Komponist Carl Maria von Weber, der am Schaffhauser Musikfest von 1811 teilgenommen hatte, formulierte es so: «Ein kühner einziger Gedanke ist es, alle Musikfreunde und Ausüber eines Landes zu versammeln.» An solchen Musikfesten beteiligten sich nicht nur die grossen, sondern auch kleinere Städte. Sie kennen, so Hans Georg Nägeli, der Präsident der Musikgesellschaft, die «isolierende Selbstzucht, den Luxus und die Zerstreuung der Grossstadt nicht». Der gesellschaftliche Aspekt war wichtiger als die Qualität der Aufführung. So kam es denn, so Louis Spohr, der 1816 das Musikfest in Freiburg besucht hatte, bei der Aufführung von Haydns Schöpfung zu erheblichen Misstönen: «Die Geiger intonierten unerträglich falsch, und die Bläser, besonders die Hörner und die Trompeten, brachten zuweilen Töne hervor, die allgemeines Gelächter erregten.»[105] In der Eröffnungsrede zum Musikfest von Neuenburg von 1828 wird festgehalten, dass die Musikgesellschaft «weniger eine Pflegerin der Musik sei, als diejenige der sittlichen Harmonie, des Zusammenhaltens, der Einigkeit der Eidgenossenschaft, des gegenseitigen Wohlwollens, mit einem Wort, die Bewahrerin aller edlen Gefühle und Tugenden, welche die Liebe des Vaterlandes festigen».[106]

Auch das Musikfest kennt seine festen Abläufe und Zeremonien. Fast ebenso wichtig wie Musik selber war der Einzug der Kantonsvertreter in die Feststadt. So reisten 1820 die Zürcher mit einem reich geschmückten Ledischiff nach Basel. Die Ruderer waren als eidgenössische Krieger verkleidet, neben der Leier am Bug waren zwei Kanonen aufgestellt, und auf der Fahrt kreiste unablässig der Ehrenbecher.[107]

242

243

327

Wehe dem, der solches Tun nicht ernst nahm. Als 1840 beim zweiten Basler Musikfest ein Basler Küfer mit einem gekaperten Lastschiff dem Zürcher Ehrenschiff voranfuhr, erkannte das am Rheinufer in Klein-Basel stationierte Festkomitee nicht, dass «besagtes Vorschiff kein eidgenössisches Musikschiff war und ermangelte nicht, dem obgenannten Küfermeister die gewöhnlichen Empfangskapriolen zu schneiden; man liess es an Hurra und Complimenten nicht fehlen, bis die wohlgeachteten Herren diesen Irrthum erkannten. Dieser Witz gab zu einigen Unannehmlichkeiten Anlass, so dass der Küfermeister für einige Zeit eingesteckt worden ist.»[108]

244

Dass den Musikfesten eine offizielle, ja staatspolitische Bedeutung zugemessen wurde, zeigt das Fest von Solothurn vom Juli 1849, hielt doch der Redner fest, dass es nach dem Sonderbundskrieg Zeit sei, «geschlagene Wunden zu heilen und entzweite Gemüter einander entgegenzuführen».[109] Doch ging es im Laufe des festfreudigen Jahrhunderts immer mehr um ein Messen der Kräfte. So war das Gesangsfest von Anfang an – das erste Eidgenössische Sängerfest fand 1843 in Zürich statt – als Konkurrenz unter der Zensur eines Kampfgerichtes gedacht. Eifrig konzentrierten sich die Sänger auf das Wettsingen. Es wurden vier Schwierigkeitskategorien erstellt, und die Beurteilung erfolgte nach einem komplizierten Punktsystem. In den Kampfgerichten sassen, mindestens in der zweiten Hälfte des Jahrhunderts, auch deutsche Musikdirektoren. Das Wettsingen spornte zwar die Kräfte an, war aber eine ständige Quelle «von Misshelligkeiten, Verstimmungen und Streitigkeiten».[110]

Am glanzvoll aufgezogenen Gesangsfest von Basel 1865 erkannte man plötzlich, dass der Volksgesang «auf bedenkliche Irrwege geraten sei». Der Präsident des Kampfgerichtes rügte «das Erkünstelte, Raffinierte im Vortrag vieler Volksgesangsvereine». Über das Zürcher Fest von 1880 schrieb ein Berichterstatter, dass ungefähr die Hälfte der 68 Volksgesangsvereine Naturlieder sangen, die mit mehr oder weniger Geschick «Frühlingsduft und Sonnenschein» und dergleichen behandeln. Man müsste, so meinte er, wieder zu konkreteren Stoffen kommen, die «dem Volksgefühl viel näher liegen».[111] Dennoch: Fast alle Autobiographien bezeugen, dass man sich an den Musikfesten erfrischte und erlabte. Ihre Ausstrahlung blieb allen Misstönen zum Trotz kräftig und hell. In überschaubaren Lebenskreisen waren sie «zumindest eines: eindrückliche Manifestationen eines Kunst- und Gesellschaftsverständnisses, in denen sich das Bürgertum des 19. Jahrhunderts gültig repräsentiert sehen konnte».[112]

244 Im Jahre 1820 reisten die Zürcher mit einem eigens dazu angefertigten und reichgeschmückten Schiff zum Musikfest nach Basel. Die Ruderer waren in die alteidgenössische Tracht des 16. Jahrhunderts gekleidet. Vorne auf dem Schiff befanden sich Kanonen, mit denen man Salutschüsse feuerte.

Musik und Tanz

245

245 Mädchen beim Klavierspielen um 1890. Die Fotografie ist einmalig. Sie zeigt nicht nur den Ernst, mit welchem die beiden bei der Sache waren, sondern auch die Jugendstilausstattung des bürgerlichen Hauses.

Musik und Tanz hatten im 19. Jahrhundert eine andere Bedeutung als heute. Man ging mehr zu Fuss als heute: Froher Gesang erleichterte den Marsch. Man arbeitete mehr von Hand als heute: Rhythmische Musik förderte und erleichterte die Arbeit. Die Bergbauern aus dem Val d'Anniviers, die unten im Rhonetal in ihren Reben arbeiteten, hätten sich die Arbeit kaum ohne die anregenden Klänge des Pfeifers und Trommlers vorstellen können. Pas de fluti, pas de travail! sagten die Anniviarden.[1] Und die Schnitter aus der Ostschweiz, die ein Geiger begleitete, kamen mit ihrer Sense unter den munteren Weisen auch zügiger voran. Zur volkstümlichen Musik des 19. Jahrhunderts gehörte immer auch ein wenig Magie. Im Charivari, in der Katzenmusik, im Schellenschütteln und im Läuten von Kirchenglocken beim Unwetter erscheint sie. Altem Glauben entsprechend soll die geräuschvolle Musik unerwünschte böse Geister vertreiben. Eine Bannwirkung hatte zweifellos auch der gesungene Alpruf. Er war im 19. Jahrhundert noch weit verbreitet, und wir besitzen auch die Texte. Der deutsche Reiseschriftsteller I. G. Ebel (1764–1830) hat sie auf Grund von Auskünften des Schulmeisters von Bürglen aufgezeichnet. Hier eine erste Version:

«Schwyz
Ave Maria! Ave Maria! Ave Maria!
Ave Maria! Jesus Krist
uff der Alp da ist ein guldner Graben
dorin sind dry liebe heilige Knaben
das ist Gott der Vater, Gott der Sohn und Gott
der heilige Geist
das wolt Gott, behüt Gott vor den böse Gespeist
das wolt Gott, behüt Gott der heilige Antoni
das wolt Gott, behüt Gott der heilige St. Wändel
das wolt Gott, behüt Gott der heilige St. Gall
und die anderen heiligen Engel Gottes all
ho loben, ho loben, ho loben
Alle Schritt und alle Tritt in Gottes Namen
ho lobe.»[2]

Das, so lautete der Kommentar, ist «das Abendgebet, welches die Sennen auf den Alpen des Muotathales im Kanton Schwyz durch die Milchsyne absingen». Die Milchsyne ist nichts anderes als ein hölzerner Milchtrichter, auch Folle genannt; er wurde megaphonartig vor den Mund gehalten und diente so der akustischen Verstärkung.

Franz Xaver Triner, Schullehrer in Bürglen, steuerte zum Entzücken von J. G. Ebel eine zweite Version bei. Sie lautet:

«Her Kühli zu Loben,
all Schritt und Tritt in Gottes Namen Loben,
und in allen heiligen Gottes Namen Loben
und unserer Lieben Frauen Namen Loben.
hier in der Alp ist ein goldener Ring,
das ist die Lieb Mutter Gottes, mit ihrem herzliebsten Kind.
Ave Maria! ave Maria! ave Maria!
Jesus Christ! Jesus Christ! ach lieber Herr Jesus Christ!
behüt uns in der Alp, was dazu gehört und ist.
Das walt Gott und der heilig Sant Antonj,
das walt Gott und der lieb heilig Wendel,
Das walt Gott und der lieb heilig St. Jakob.
der woll unss heut glückselige Nachtherberg halten,
das walt Gott, und unsere herzliebe Frau.
im Namen der allerhochheiligsten Dreyfaltigkeit,
diss alles wolle unss der liebe Gott behüten, Amen!»

Naive Frömmigkeit, gewiss! Doch kommt, man denke an den Ausdruck
böse Gespeist (Gespenster), ein weiteres Element, der magische Bann dazu.
Im Ebelschen Nachlass, der im Zürcher Staatsarchiv verwahrt wird, befindet sich ein Blatt, das den Empfänger ganz besonders gefreut haben mag. Es
enthält Angaben mit Notenproben zum Püchelspiel in den Wägitaler Alpen.
Unter Püchel oder Büchel, Büchelhorn verstanden die Innerschweizer ein
langgestrecktes, schlankes Alphorn.[3] Das Spiel beginnt, so versichert uns der
unbekannte, aber zweifellos versierte Zeuge, «mit einem träfen lange anhal-
tenden Touche, der sich mit einer Majestät, wie sie nur ein Ohrenzeuge
glauben kann, von einem Fels auf den anderen trägt, und Menschen und
Vieh und Felsen mit einem so sonderbaren heimattlichen Gefühle anspricht,
dass die Kühe auf diesen ersten Ruf ihres Hirten ihre Köpfe hoch emporhe-
ben...». Der Älpler hebt, so der Informant, in der unteren Quint, nämlich in
G an, so weit sein Odemzug es aushält und wälzt sich dann, wie wiegend,
erst eine Zeitlang über Terz und dann aufwärts und abwechselnd auf die
Secunda, Terz, Quart, Quint des Hauptones... Beyläufig in diesen Tönen
tändelt er eine Zeitlang und wiegt sich hin und her... Nach diesem unschlüs-
sigen weichen Wiegen bricht er endlich singend mit dem Püchel in frohe
Melodien aus...[4]

247

Ebel erhielt zu seiner grossen Befriedigung schliesslich auch den Text und die Melodie des berühmten Ranz-des-vaches. Martin Staehelin hat nachgewiesen, dass es sich nicht um eine Abschrift nach dem damals in der gedruckten Literatur bereits erreichbaren Ranz-des-vaches, sondern vielmehr um eine eigentliche «Feldaufnahme» handelt. Sie ist allerdings verwandt mit der Fassung des Ranz-des-vaches, der «Sammlung von Schweizer Kühreigen» vom Jahre 1812 und der Schrift des Franzosen Tarenne von 1813.[5] Der Verfasser hat dem mundartlichen Text die französische Fassung beigefügt. Hier die erste Strophe:

«Les Fruitiers de Colombette
De bon matin se sont levés.
Yoba, yoba (terme ou manière dont on sert pour appeller des vaches)
Pour traire
Vené toutes
Jeunes et autres
Sous un dûne
Ou je trais,
Sous un tremble
Ou je tranche (le lait pour en faire du fromage)
Yoba yoba
pour traire.»[6]

Mit welcher Intensität Ranz-des-vaches und Kuhreigen im 19. Jahrhundert weiter tradiert worden sind, ist schwer auszumachen. In den «Alpenrosen» wird 1828 darüber geklagt, dass der Kuhreigen mehr und mehr verschwinde, wobei «fremde Moden» dafür verantwortlich gemacht werden.[7] Es gibt aber Anzeichen dafür, dass gerade Küher-Sennenlieder, nachdem sie 1818 veröffentlicht worden waren, dem «Bergler die poetische Betrachtung von Herdengeläute, Alpenglühen, Edelweiss und Alpenrosen, Jauchzen und Alphornklängen» geläufig wurden und damit zur «unrealistischen, aber wohltätigen Selbstverklärung der eigenen harten Existenz beitrugen».[8] Der Kuhreigen selber aber wurde «salonfähig». Seine Melodie gelangte über Ferdinand Huber und J. Weigel in die Kunstmusik, und selbst bei Mendelssohn, Rossini, Liszt und Richard Wagner finden sich pastorale Reminiszenzen. Was aber mehr erstaunt als dies, ist die Tatsache, dass der Kuhreigen zum Schluss wieder dort einkehrte, wo er ausgegangen war.[9] Der Kuhreigen diente wieder zum Locken und Eintreiben der Herde. Da und dort wurde er auch noch am Tag der Alpfahrt gesungen. Es wird glaubwürdig bezeugt, dass die Herde auf den Küherruf, den Jodelruf horchte und sich zur Tränke und zum Melken sammelte. «Weidete das Vieh weit entfernt, so wurde auch das Alphorn oder der Büchel geblasen.»[10] Glaubhaft ist auch bezeugt, dass die charakteristischen und altertümlichen Züge der alpinen Volksmusik von den urtümlichen, naturgegebenen Weisen des Alphorns geformt wurden. «Im schweizerischen Teil der Alpen ist dieses Erbe alter Hirtenkultur konservativer als in den Ost- und Westalpen festgehalten worden, und so konnte der Alphornklang in jenes als gemeinschweizerisches empfundene Erbgut eingehen, das seinen Ursprung in den Alpen hat.»[11]

Zwischen Alphornmelodik und alpinem Singen herrschen enge Beziehungen. Man denke nur an den gehobenen singenden Sprechton des Betrufes, und man denke an den Jodel, diesen Gesang ohne Worte, der zu den primitiven Formen, zu den ursprünglichsten Gefühlsäusserungen unserer Vorfahren gehört. Jauchzen und Jodeln gehören zusammen, wobei das

246 Die gemischten Chöre waren in der zweiten Hälfte des 19. Jahrhunderts aus dem städtischen Musikleben nicht wegzudenken. Sie bereicherten nicht nur das musikalische, sondern auch das gesellschaftliche Leben. Hier der gemischte Chor Neumünster in Zürich um 1900. (Zeitgenössisches Foto.)

247 Soldatenspiel von Karl Stauffer (1857–1891).

Jauchzen doch etwas grundsätzlich anderes ist als das Jodeln, es ist ein Zuruf, es ist ein Gruss, es ist ein Erkennungszeichen und ein Signal. Man jauchzte beim Mähen, und Burschen jauchzten einem Mädchen; ein Scheidender jauchzte fröhlich noch einmal zurück. Das Jodeln ist im Vergleich zum Jauchzen eine längere Tonfolge. Ursprünglich eine alpenländische Kunst, ist es im Laufe des 19. Jahrhunderts ähnlich wie das alpine Schwingen durch Vereine und Feste auch ins Mittelland hinausgetragen worden. Doch gab es noch im 19. Jahrhundert eigentliche Jodelgebiete, so die beiden Appenzell, das Toggenburg, das St. Galler Oberland, die Innerschweiz, Obwalden, das Urnerland, die Glarner Alpen, das Entlebuch, das Emmental, die freiburgischen und waadtländischen Gebirgsregionen, den Berner Jura sowie das Berner Mittelland und Berner Oberland. Das Wallis, der Kanton Graubünden und der Kanton Tessin gehören nicht zur ursprünglichen Stammlandschaft des Jodelns.[12] Im 19. Jahrhundert wird das Jodeln nicht nur weiter verbreitet, es kommt auch zu einer Änderung des Jodelns an sich. Der mehrstimmige Jodel kommt auf. Im Appenzellischen nannte man diese Art «Jodeln mit gradhäbe». Die Melodie des Vorsängers wird dabei durch einen oder mehrere Basistöne untermalt: «Gradhäbe, den stimmführenden Solo-Jodler durch harmonisches zwei- oder dreistimmiges, improvisiertes Mitsingen sekundieren.»[13] Ein Zeitgenosse umschreibt dieses Jodeln: «Sind mehrere Sennen beisammen und wollen sie zum Beispiel an einem sogenannten Resttag (Tanztag) einen ‹Löckler› produzieren, stecken sie die Köpfe (im Kreise) zusammen und halten einander über den Schultern. Gewöhnlich werden dazu ‹z'Schella g'schöttlet› (Viehglockengeläute). Einer der besseren Jodler singt die Melodie (Loba, Lobela usw.) während alle anderen monoton den Grundton aushalten (ähnlich wie ein Dudelsack).»[14] Fehlten die Schellen, so konnte man sich auch mit dem Talerschwingen begnügen. Es ist um 1900 erstmals erwähnt, kann aber durchaus älter sein. Man trieb ein Fünffrankenstück in einem grossen Tonbecken herum. Bald einmal waren es drei nach Grösse und Klang aufeinander gestimmte Tongefässe, so dass man einen Dreiklang als Klangkulisse zum Gesang erhielt.[15]

Nostalgisches Erlebnis einer verlorenen Zeit! Dass aber auch andere Elemente mit im Spiel waren, zeigt die Geschichte des Alphorns. Am 25. Juli 1808 schreibt der durch seine Vedoutenmalerei bekannte Berner F. N. König an den Schultheissen des Kantons Bern: Das Alphorn, dieses so einfache, aber charakteristische Instrument, sei «wegen der überhandnehmenden Trägheit der Alpenbewohner und sodann infolge des allgemeinen Sittenzerfalles seit der Revolution im Absterben begriffen». Mit ihm aber gehe «der fröhliche Sinn, der früher die Alpenbewohner beseelte», verloren. Man müsse von nun an für neue Instrumente sorgen, in Walkringen befinde sich noch ein Alpenhornfabrikant. Auch gebe es einen Musiklehrer namens Huber aus Hofwyl, der das Alphorn «gegenwärtig genau einstudiert», dieser könnte den Unterricht erteilen. Weil aber der Landmann «nichts tue, was ihm keinen Gewinn bringt, müsste man Prämien erteilen».[16]

Zwei Jahrzehnte vergingen, dann geschah ein kleines Wunder. In den Jahren 1826/27 wurden, angeregt durch Landammann von Mülinen in Grindelwald, Alphornkurse durchgeführt. Man studierte gleichzeitig dreistimmige Jodler nach gedruckten Liedblättern ein. Der Erfolg blieb nicht aus. Am Äpllerfest von Siebnen von 1869 marschierten 15 bis 20 Alphornbläser auf, und von da an fanden immer wieder «Wettblasen» statt.[17] Die Renaissance des Nationalinstrumentes ist damit eingeleitet. Sein Siegeszug fällt indessen erst ins 20. Jahrhundert.

248 Anleitung zum Tanz. Im 19. Jahrhundert gab es vor allem in den Städten eigentliche Tanzschulen. Auf unserem Bild das Titelbild einer Anleitung zu einer Quadrille des Lanciers.

249 Das Hackbrett war im 19. Jahrhundert in der Ostschweiz und im Wallis heimisch. Es wurde aber bis zur Jahrhundertwende auch im Kanton Bern gespielt. Unser Bild: Das Hackbrettfraueli von Grindelwald.

250 Harfenspielerin. Um 1822 hat der Genfer Maler Francois Ferrière dieses Bild gemalt. Es zeigt die Harfenistin Ninette Duval in den Räumen des herrschaftlichen Hauses in Genf.

F. N. König förderte aber nicht allein das Alphorn, sondern auch den Gesang. Die Sangeslust und der Sinn für den Gesang sei, so schreibt er, ganz allgemein zu Lande und in der Stadt zerfallen. Es gebe in Bern zwar eine Musikalische Gesellschaft, doch sei die «heutige Musik, sowohl in Hinsicht der Komposition, als auch des Vortrages keineswegs geeignet, sich dem einfachen Gemüthe empfänglich zu machen». Man müsste den Lehrern, welche den Gesang fördern und wieder einführen, Prämien geben, und zu fördern wäre auch der Gesang im «Militair». Für militärische wie zivile Zwecke sei eine neue Sammlung von Volksliedern zu schaffen, und an Sängerfesten könne man dann das Gelernte vorführen.[18]

Was König forderte, lag tatsächlich in der Luft: Überall entstanden Sängervereine, und am 4. August 1825 fand auf Vögelinseck ein erstes Sängerfest statt. Die Anregung dazu ging vom Appenzeller Pfarrer Samuel Weishaupt (1798–1874) aus, der mehrstimmige Lieder sammelte und die Gesänge von Hans Georg Nägeli (1773–1836) und Johann Heinrich Tobler (1777–1838) bekanntmachte. Merkmal dieser Chorlieder ist der angehängte stilisierte Jodel. Es waren nicht allein die Sängervereine, welche Lieder vortrugen: Gesungen wurde auch in Turn- und Schwingerkreisen.[19]

Man sang schweizerisch und jodelte schweizerisch. Das ist indessen nur bedingt richtig. Sieht man von einigen schweizerischen Heimatliedern ab, so ist daneben sehr vieles importiert. Die westschweizerischen Volkslieder stammen von Frankreich und die deutschschweizerischen Lieder kommen zu einem grossen Teil aus dem immensen Liederschatz Deutschlands. Vieles wurde aber umgeformt und ins Schweizerische transformiert. Ein Beispiel dafür ist das Emmentalerlied «Niene geit's so schön und lustig». Es stammt vom Volksdichter Christian Wiedmer aus Signau. Die Melodie gehörte zu einem deutschen Lied: «Schönstes Schätzchen, liebstes Herzchen», und sie geht zurück auf den in Bologna um 1780 geborenen Mauro Giuliani.[20] Schweizerischer Herkunft sind indessen die Vaterlandslieder, so etwa die von J. R. Wyss 1811 für ein Artillerielager gedichtete Hymne «Rufst du mein Vaterland» oder das Lied «Uf de Bärge isch guet läbe», von G. J. Kuhn 1818 gedichtet, oder: «Es lebt in jeder Schweizerbrust ein unnennbares Sehnen» von W. Widmer 1842.

Manche Lieder sind am Feierabend von ungeübten Laien und ganz spontan gesungen worden. Gleichzeitig beginnt ein Üben und Proben der Chöre ohnegleichen. Ein Sänger, Reinhold Rüegg, schreibt 1880: «Während andere jauchzend den Bergstock schwingen oder nach einem Badeort eilen, muss der Sänger die ärgsten musikalen Strapazen bestehen; eine Korporalschule ist Kinderspiel im Vergleich dazu. Die letzte Woche vor dem Fest gestaltet sich für ihn zu einer wahren Charwoche, er kommt vor Mitternacht gar nicht zu Bette, und wenn er träumt, so träumt er mit Schrecken von der kitzlichen Passage, bei der seine Zunge konsequent entglitt, wenn der Nebenmann zufällig weggeblieben ist. Denn der Herr Direktor ist unerbittlich; rastlos entdeckt er neue Stellen, die noch der Feile bedürfen. Bald entwickelt ihm der erste Bass einen allzu gläsernen Ton, bald stürmt der zweite ruchlos über eine besonders wirksame Fermata hinweg; heute erwischt der erste Tenor sein oberes A nicht mit dem wünschbaren Bravour und morgen ärgert ihn die Lahmheit des zweiten. Ist endlich jede Stimme eingeschossen und legt der gesamte Chor los, so vermisst der Meister schon nach dem dritten Takt die harmonische Reinheit und den präzisen Einsatz, – es wäre ja schrecklich, wenn nicht alle die 48 Mann gleichzeitig wie aus einer

251

251 Auf unserem Bild, um 1830 entstanden, wird an einem ländlichen Hochzeitsfest im Kanton Bern Polka getanzt. Hübsch ist es, wie die Kinder ins Tanzen einbezogen waren. Zu beachten ist das Paar ganz links: Die Tänzerin hat den Schuh verloren, zieht ihn wieder an, der Partner aber tanzt unbekümmert allein weiter.

252

252 «Gute Tanzmusik über die Kirchweihe.» Die während der Woche aufgestaute Energie und Lebenslust entlud sich am Sonntag, wie diese Inserate aus der Glarnerzeitung vom 19. August 1866 zeigen. Die Glarner hatten Gelegenheit, am Sonntag gleich an sechs bis sieben Orten auf den Tanz zu gehen.

Pistole geschossen, den Frühling vieltausendmal grüssten oder es bestätigten, dass die Schwalbe ans Fensterlein des Mädchens klopfe.» Der unermüdliche Einsatz war nicht umsonst. In den Dörfern singt man, so unser Sängerfreund Rüegg 1896, «meist reiner, verständnisvoller als einst in städtischen Musiksälen».[21] Dieses hohe Lob teilten nicht alle Zeitgenossen. In der «Eidgenössischen Zeitung» vom 26. Oktober 1855 steht zu lesen, der Männergesang sei vielerorts «bis zur wirklichen Trivialität und Rohheit verkommen». Und selbst da, wo er wirklich gepflegt werde, seien die Männergesangsvereine der «musikalischen fürchterlichen Einseitigkeit» verfallen. Viel besser wären gemischte Chöre. Doch die seien derzeit nicht gut besetzt. Viele seien gar eingegangen. Neue Versuche müssten gemacht werden, und die Erfahrung habe weiser gemacht. «Oder sollte es wahr sein, dass ein gemischter Verein bei uns keinen Bestand hat, weil zwar wohl die Damen in Eifer und Ausdauer mit gutem Beispiele vorleuchten, Bässe und Tenöre aber nicht nachfolgen? Die Männerchöre, sagt man, haben das verschuldet; durch die fast unausgesetzte Pflege gehaltloser Musik, besonders aber durch die zu enge Bindung von Lied und Wein ist allmälig der Geschmack für solidere Musik, besonders wenn Wein und Tabak ausgeschlossen sein sollen, gründlich ruiniert worden.»[22]

Auch die Streichorchester erreichten, so viele zeitgenössische Beobachter, den verlangten hohen Standard nicht. Am 11. Juli 1854 hätte Richard Wagner am schweizerischen Musikfest in Sitten Beethovens A-Dur-Symphonie dirigieren sollen. Nach der Probe reiste er aber, so die «Eidgenössische Zeitung» vom 13. Juli 1854, «missgestimmt über den mehr als zweifelhaften Stand des Orchesterpersonals, plötzlich ab».[23] Glücklicherweise gibt es aber auch positive Stimmen. Die «Eidgenössische Zeitung» vom 30. Januar 1854 schreibt: «Das gestern von dem Stadtsängerverein zu Gunsten der hiesigen (zürcherischen) Blinden- und Taubstummenanstalt gegebene Konzert erfreute sich eines zahlreichen Besuches. Dass die Aufführung recht gelungen war, bewies wohl am besten der Umstand, dass Herr Richard Wagner derselben bis zum Schlusse beiwohnte.»[24] Da hatten es die Ländlerkapellen und Streichmusiker ländlicher Regionen entschieden besser. Unter ihren Zuhörern befanden sich keine Berichterstatter, das Volk war gutgelaunt. Man wusste, dass die Musiker sich aus den eigenen Schichten rekrutierten. Da gab es Bauern, Handwerker, Arbeiter, Angestellte, aber auch etwa ein Lehrer oder ein Pfarrer spielte mit. Man spielte aus Freude, und man spielte laienhaft. Indessen brachten es einige, wie etwa die Appenzeller Streichmusiken, weiter. Da wurde bewusst geschult, wurde eine gewisse Professionalität und ein Qualitätssiegel angestrebt. So heisst es im Avisblatt 1812, dass in Herisau der «Sinn für höhere Instrumentalmusik» neuen Schwung erhalten habe. Die Musikgesellschaft fährt fort, «ihre Fertigkeit durch tägliche Übungen zu vermehren».[25] Dass es da manchmal grosse Könner gab, wird selbst in den kleinen unscheinbaren Einladungen im Inseratenteil der Zeitungen deutlich. So heisst es etwa in der Appenzeller Zeitung vom 3. Juli 1866: Im Rössli Waldstatt werde der «berühmte Violinspieler» Bänziger aufspielen. Ein anderes Inserat: «Konzert der rühmlichst bekannten Streichmusik Urnäsch.» Die Musiker selber wussten, was sie ihrem Ruf schuldeten. So wurden die von Musikern aufgezeichneten Melodien von den Familien eifersüchtig gehütet. Doch letztlich gab nie Ruhmsucht, sondern die Musikalität, die Freude an der Musik den Ausschlag. Stefan Sonderegger, ein gebürtiger Appenzeller, hat das in klassischer Weise formuliert: «Es ist nie Verlorenheit, nie Romantik – und doch ein Stück Ersehnen dabei in der Musikalität des Appenzellers. Es ist beides: naives Musikantentum, tänzerisches Mitmachen, vor allem ausgelassene Selbstfröhlichkeit – ein geradezu intellektualistisches Mitgeniessen und Mitgraphieren, ein Schwelgen ohne Schmalz, ein Schmelz ohne Verlorenheit, ein Sich-Hingeben ohne Sich-aufgeben-Müssen, ein scharfes Hinhören ohne Umstimmigkeitskritik – ein untrügliches Bassempfinden neben den lauteren, glasklar-oberflächlichen Hackbrettönen... Ein Land der feineren Volksmusik, der leidlich-lustigen, mit deutlichen Obertönen – doch stets mit freudigem Künstlertum erfüllt.»[26]

Wenn von Appenzeller Streichmusik die Rede ist, denkt man unwillkürlich auch ans Tanzen, denn die beiden Elemente gehörten immer zusammen. So heisst es denn im Tagblatt von 1851: «Die Mädchen wurden zu Wein und Tanz ins Gontenbachbad ausgeführt. Da werden Walzer getanzt, auf einer Bühne sitzen fünf Musikanten.» In einem Inserat der «Appenzeller Zeitung» wird Tanzunterhaltung bei «gut besetzter Streichmusik offeriert», und im Tagblatt finden wir Tanzanzeigen wie die folgende: «Bei J. G. Bruderer zum Adler auf der Säge ist nächsten Donnerstag gute Tanzmusik anzutreffen.»[27] Wichtiger Tanztermin war hier im Appenzellischen, wie auch in der übrigen Schweiz, im 19. Jahrhundert die Fasnacht. In den katholischen Gebieten,

253 Bäuerlicher Tanz (wohl Polka) Mitte 19. Jahrhundert.

254 Einladungskarte zum Ball des Lesezirkels Hottingen in Zürich, 1898.

253

254

dem Sarganserland und im Oberwallis sind in der Fasnachtszeit wahre Tanzorgien abgehalten worden. In Visperterminen (VS) tanzte man in der Gemeindestube zwei bis drei Tage lang hindurch. Man unterbrach jeweils nur kurz, um zu essen oder schnell in die Messe zu gehen. In den protestantischen Gegenden der Ost- und Westschweiz erfreute man sich vor allem am Silvestertanz. Getanzt wurde indessen auch an Jahrmärkten, an der Kilbi, an den Nachtagen von Ostern und Pfingsten. Dazu kamen Älplerfeste, die Landsgemeinde, die Schützenfeste. Wie im 18. Jahrhundert waren es die Knabenschaften, welche die Dorftänze regelten. Sie bestellten Tanzordner, Spielmeister oder – wie im Weisstannental oder in der Innerschweiz-Tanzschenker. Zu den öffentlichen Tänzen gesellten sich im 19. Jahrhundert mehr und mehr auch die Tanzanlässe der Vereine und die Hausbälle der städtischen Gesellschaften. Eine Abkehr von brauchmässigem Tanz beginnt sich abzuzeichnen. Das Tanzvergnügen wird mehr und mehr privat und individuell.[28]

Ein Wandel stellt sich auch bei den Tanzformen ein. Zwar gibt es noch Regionen mit strengen Traditionen. So wurden in der Innerschweiz noch um 1885 sechs Tänze vom Tanzmeister zu einem «Räschtlitanz» zusammengefasst, Schottisch, Walzer, Polka, Mazurka und Ländler. «Man hatte damals die echten Schwyzer Ländler, nicht die einstudierten Niederrheinisch-Bayrischen und aller Teufel durcheinander, die jetzt mit ihrem verrückten Tempo in ein Surrlimurri ausarten...» Es gab Tänzer, die das Bödelen sehr gut konnten, sie kreuzten die Beine übereinander, schlugen den einfachen und dann den Doppelschlag. Gewalzert wurde viel «hindersi», das heisst links herum. Der Polka war sehr schön, weil nämlich alle auf den Takt in der Mitte des Tanzplatzes zusammenkamen und wieder auseinander gingen.[29]

Auf dem Tanzboden herrschte Ordnung. Wer aus der Reihe tanzte, musste riskieren, dass man ihm ein Bein stellte. Es gab geübte, ja grossartige Tänzer. Aus dem Avers wird berichtet, dass es «Burschen gab, die einen Walzer tanzen konnten mit einem vollen Glas Wein auf dem Kopf, ohne dass dabei auch nur ein einziger Tropfen verloren ging».[30] Das Tempo des Walzers artete oft in einen Wirbel aus; der Wiener Schnellwalzer kam auf. Vieles ist Import. So auch die um 1830 aufgekommene Polka, die Züge des tschechischen Volkstanzes aufweist, oder der Schottisch, ein rasch getanzter

255 Um die Jahrhundertwende kommen die ersten automatischen Phonographen mit Münzeinwurf für Restaurants auf. Hier ein Inserat: Eine Lausanner Firma verkauft, wie das Inserat kundgibt, automatische Phonographen für Cafés, Brasserien, Restaurants und Hotels.

255

Rundtanz. Ob er aus Schottland kommt, ist freilich ungewiss; man hiess den 1840 entstandenen, im ruhigen ¾ Takt stehenden Rheinländer gemeinhin «Schottisch». Neu war auch die Mazurka, sie kam aus Masowien und leitet sich aus der Mazur ab, einem im schnellen ¾- oder ⅜-Takt stehenden Sprung- und Drehtanz. Die Tendenz zu schnelleren Tempi ist unverkennbar. Mehr und mehr wurde der abgezirkelte Gesellschaftstanz des 18. Jahrhunderts einem wilderen Bewegungsrausch vorgezogen. Es entsprach dem neuen bürgerlichen Lebensgefühl. Plastisch umschrieb es 1845 ein Zeitgenosse: «Es ist jetzt nicht mehr ein Tanzen, es ist ein Rasen, eine Arbeit, ein Frondienst, ein Gliederzappeln, eine systematische Epilepsie, eine Veitswut, eine galvanisch-musikalische Verzuckung...»[31] Der Walzer wird zum klassischen Tanz des Bürgertums. Es ist kein Zufall, dass Johann Strauss (Sohn) seine Walzer Bürgersinn und Bürgerweisen nannte. Typisch ist auch, dass sich die Tanzformen von Stadt und Land vermischten. Die Städter fanden im romantischen Zeitalter grossen Gefallen an den Ländlertänzen der Dörfer. Die alte aristokratisch-städtische Tanzkultur ging ruhmlos unter.

Spiel und Sport

256

«Wir haben die Nacht», so der Appenzeller Kaspar Niederer, geboren 1832, «des öfteren bei Spiel und Tanz verbracht». Der Thurgauer Jakob Kreis (geboren 1851) schreibt: «So wurden denn die langen Abende, besonders am Sonntag, mit Spiel und Scherz ausgefüllt.» Es handelte sich, so meinte er einmal, um anständige, harmlose Spiele. An anderen Orten seien freilich diese gemeinschaftlichen Spiele, «die ich an Sonntagabenden mitangesehen, nicht immer so harmlos, und wurde ohne Rücksicht auf Unerwachsene die Grenze des Anständigen oft weit überschritten».[1] Welcher Art diese Spiele waren, wissen wir nicht. Sicher ist eines: Spiel und Arbeit gehörten auch im 19. Jahrhundert unzertrennbar zusammen. Und sie lassen, denken wir nur an die im Kapitel «Feste und Feiern» beschriebenen Eierläufe, noch etwas spüren vom entwicklungsgeschichtlich zu fassenden Zusammenhang von Kult, Brauchhandlung, Spiel und Sport. Wie Richard Weiss dargelegt hat, müssen viele Spiele, wie etwa der Wettlauf mit Eiern, aus einstigen Vegetationskulten hergeleitet werden.[2] Ein gutes Beispiel liefert der Gansabhauet in Sursee. Da hat ein Mann mit verbundenen Augen und einer Maske vor dem Gesicht zu versuchen, eine an einem Seil herabhängende tote Gans entzweizuhauen. Der Brauch, schon im Spätmittelalter bezeugt, wird 1821/22 noch erwähnt, wurde also damals noch geübt, geriet dann aber in Vergessenheit. Im Jahre 1863 wird er erneut eingeführt. Um diese Zeit, vielleicht auch etwas später, ist er mit vielerlei Attributen ausgeschmückt worden, so fügte man den roten Mantel sowie eine Sonnenmaske hinzu. Dazu gesellten sich das Sackgumpen, Stangenklettern, Seilziehen und Chäszänne, Grimassenschneiden. Die Spielfreude kannte kaum Grenzen.[3]

Gefördert durch Vereine, nahmen auch alte Bewegungsspiele, wie das Kegeln in der Ostschweiz und das Bocciaspielen in der Südschweiz sowie das Hornussen im Bernbiet, einen neuen Aufschwung. Manche Spiele sind damals, wie etwa das Hurnen in Grindelwald, noch als Kinderspiele durchgeführt worden.[4] Die Kinderspiele haben in dieser Zeit noch die volkstümlichen Züge alter Gemeinschaft und Tradition bewahrt. Ihre Formen und Gattungen sind kaum überblickbar, und sie waren auch landschaftlich gebunden. Wie sie etwa aussahen, erfahren wir aus den beiden Taschenbüchern des Thalwiler Pfarrers Johann Jakob Sprüngli von 1838/1840. Das Titelblatt ziert eine Lithographie nach einem – künstlerisch fragwürdigen – Bild von Deschwanden. Oben turnt ein Bub auf einem hölzernen Reck, wie es Turnvater Jahn 1816 erfunden hatte. Unten rechts bläst sein Kamerad, auf der Trommel sitzend, eine Trompete. Ihm gegenüber vergnügen sich Kinder mit Blindekuh. Auf dem Boden liegen Drachen und Gegenstände von Kriegsspielen, wie ein Morgenstern. Recht friedlich präsentiert sich dagegen ein sinnendes Mädchen mit einer Harfe.[5] Auf einem anderen Blatt hat

256 Einer der ersten schweizerischen Spielförderer des 19. Jahrhunderts war Johann Jakob Sprüngli, Pfarrer in Thalwil. Er gab 1838 und 1840 zwei Taschenbücher «Die Jugendfeste» heraus. Hier das Titelblatt der ersten Ausgabe, auf dem verschiedene Spiele dargestellt sind: Blinde Kuh, Mädchen mit Harfe, Kriegstrompeter, Federballrackets und Luftdrache. In der Mitte ein Morgenstern, der offenbar zu den Attributen des damaligen Spieles gehörte. Oben turnt ein Büblein an einem hölzernen Reck, wie es Jahn 1816 erfunden hatte.

340

258

Sprüngli das Stöcklispiel wiedergegeben: Am Boden sind einige Pflöcke eingeschlagen. Jeder Mitspieler hat seinen eigenen Pflock, aber einer ist zu wenig. Auf einen Zuruf müssen nun die Plätze gewechselt werden, wobei der Überzählige einen Platz zu ergattern hat.[6] Die Kinder vergnügten sich ausserdem mit Murmeln, mit Steckenpferden, mit Fangspielen, Kreiselschlagen, Reifentreiben, Stelzenlaufen, mit Windrädern und Federbällen, mit Seilspringen, Ballspiel und Reigen.[7] Wie schon in früheren Zeiten haben auch die Kinder im 19. Jahrhundert in ihren Spielen die Arbeit der Erwachsenen spielerisch nachgeahmt. Zeugnisse dafür finden wir in den Museen, vor allem Spielzeug-Museen, auch in einzelnen privaten Sammlungen. Da gibt es wundervolle Alpfahrten und Viehmärkte, da wimmelt es nur so von Krämerläden, von Puppenhäusern und Puppenstuben, von Postkutschen, Heuwagen, Eisenbahnen, und selbstverständlich fehlen auch die Baukästen, Bilderbücher, Lotto und Domino nicht. Dass es bei vielen Spielzeugen um mehr ging als um spielerischen Zeitvertreib, hat die Volkskunde in den letzten Jahrzehnten immer deutlicher herausgearbeitet. Anhand der Spielzeuge liesse sich unschwer ein ganzer Tugendkatalog ablesen, in dessen Rahmen die Kindererziehung verlief. So waren etwa die Puppenstuben des 19. Jahrhunderts zum Teil ausgesprochen bürgerliche Erziehungsinstrumente.[8]

Doch hatten die Eltern, die ihre Kinder so zu Fleiss und Disziplin erzogen, selber auch ihre schwachen Stunden. Jakob Kreis (1851–1922) meint, dass trotz knapper Lebenssituation und puritanischer Lebenshaltung der Spielteufel sich immer wieder erneut meldete. So war «das Lötterlen» mit der «österreichischen Staatslotterie» stark im Schwange, und «manch sauer verdienter Franken wanderte über den Rhein nach Feldkirch, wo jeden Monat eine Ziehung war. Auch meine Eltern opferten hie und da ein paar Kreuzer. Von Gewinn habe ich weder bei ihnen noch bei anderen nie etwas gehört, wohl aber übergenug davon reden und Luftschlösser bauen...»[9] Allerdings ist, so Kreis, nicht allein alles diesem «Spielmoloch» geopfert worden. «Nebst diesem war Kartenspielen hauptsächlicher Unterhaltungsstoff für gross und klein...» Wie schon Jahrhunderte zuvor war das Kartenspiel selbstverständlicher Mittelpunkt der Wirtshausgeselligkeit. Doch treffen wir es im 19. Jahrhundert vor allem auch in den Stubeten und vielen

257 Unbeschwertes Kindervergnügen tritt uns in diesem Bild entgegen. Es ist 1830 von J. L. Agasse gemalt worden. Dargestellt sind die Kinder eines Genfer Anwalts, in dessen Hause der Maler lange Jahre lebte.

258 Das Kegelspiel war auch im 19. Jahrhundert sehr beliebt. Hier eine Darstellung aus Burgdorf, Mitte des 19. Jahrhunderts.

259

260

261

anderen nachbarlichen Zusammenkünften und in den Familienstuben an. Im Gegensatz zu heute hatte jede Region ihre eigenen Spiele. So spielten etwa die Unterwalliser Napolitaine, im Jura spielte man Seul, ferner: Piquet, Bête, Petite Bad, Trente et un, Pomme und Attaque. In Romanisch Bünden spielte man Tsinquina und Tresett.[10] Im Kanton Graubünden stand im 19. Jahrhundert Tarock an vorderster Stelle. Das «dar troccas» war in vielen Bündner Wirtshäusern sowie in Familien, wie Alexander Bigliel überliefert hat, das einzige Spiel: «Vor allem im Winter, zur Fasnachtszeit, besuchten ganze Familien einander. Während sich die Kinder mit «Aschiet e bigiet» (Blinde Kuh) unterhielten, spielten die Erwachsenen Tarock, meistens bis Mitternacht. «Ein kleines Petrollicht, das über dem Tisch baumelte, liess hie und da ein erhitztes Gesicht der lustigen Gesellschaft erscheinen, und niemand dachte im Augenblick an das Schneegestöber, das um die vier Wände tobte. Am Ende dieses nächtlichen Festes durfte der ‹puschegn› (später Imbiss) nicht fehlen . . .»[11] In der Innerschweiz und in Glarus herrschte das Kaisern (Chaisere) vor. Es verlor aber, vielleicht weil es zu kompliziert gewesen ist, gegenüber dem Jass zusehends an Bedeutung.[12] Im Tessin herrschten die älteren, mit italienischen Karten gespielten Scopa-, Tresette- und Briscolaspiele vor. In der ganzen deutschen Schweiz, vor allem auch in Basel, spielte man den Ramsen. Man verteilte die Karten zu je fünf unter beliebig viele Mitspieler, die oberste Karte des verbleibenden Restes war Trumpf. Man zählte nur die Stiche, wer keinen Stich machte, rams wurde, musste den ganzen Einsatz ersetzen. Man ramste um Nüsse, um Züpfen (im Bernbiet), in Schwyz am Dreikönigstag auch um Nidle.[13] Ein anderes Kartenspiel nannte sich das Peterlen. Es kommt wohl von Schwarz Peteren und ist der Name des Verlierenden in einem Spiel, das sich auch der bös Bueb nannte. Jeder Teilnehmer hat der Reihe nach aus dem verdeckt hingehaltenen Spiel des Nachbars eine Karte zu ziehen. Zwei sich dabei ergebende gleiche Karten werden entfernt, nur der Schellenbube nicht, auch wenn man noch einen zweiten Buben hat; wem dieser zuletzt in der Hand zurückbleibt, der hat verloren und ist der bös Bueb. Ein ähnliches Spiel hiess im Bernbiet der

259 Spiel im Kindergarten um 1876.

260 Puppe in Wehntalertracht aus der zweiten Hälfte des 19. Jahrhunderts. Der Körper besteht aus Leinenstoff und ist mit Sägespänen gefüllt, der Kopf ist aus Papiermaché hergestellt und mit echten Haaren versehen.

261 Das Konzert der Kleinen: Spiel auf dem Kamm und mit der Flöte um 1856.

262 Der Turnverein Neumünster von Zürich auf dem Marsch zum Einsatz. Vorn drei Turner mit blumengeschmückten Hörnern und den breiten roten Binden. Es folgt der Fahnenträger, schliesslich der Herr Präsident im Frack und Zylinder, dann das Turnervolk im Turnertenue, zu dem auch ein Strohhut gehörte. Man beachte auch die Kleidung der Zuschauer vorne links.

262

schwarz Bueb, Jage oder valet de pique. Vielleicht ist das Spiel identisch mit dem Schelle-sueche im alten Luzern.[14]

Doch selbst wo es diese altertümlichen Spiele gab, wurde, wie schon im 18. Jahrhundert, fleissig gejasst. Da gab es den Schellen-Jass, der heute ganz vergessen ist, den Fischentaler, den Bäretschwiler, Schaffhauser, den Hand-Jass,[15] den Feld-und-Wise-Jass, den Chrüz- oder Schmaus-Jass, den Raub-Jass, den Hindersi-Jass, den Zebedäus, den Zuger, um nur einige Beispiele zu nennen.[16] Weniger wandelbar als die Spiele selber erwiesen sich im 19. Jahrhundert die Karten. In der Ostschweiz und Zentralschweiz hielten sich die deutschen, in der Westschweiz die französischen Karten.

Gewandelt hat sich hingegen das Erscheinungsbild der Bewegungsspiele. Manche Anstösse zur Reform der altüberlieferten Leibesübungen gaben die Pädagogen, so etwa Pestalozzi (1746–1827). In seinem Yverdoner Institut gehörten drei bis vier Stunden Leibesübungen zum Tagespensum von Schülern und Lehrern, ebenso wie das gemeinsame Spielen auf den Wiesen. Die Gymnastik umfasste Laufen, Springen, Klettern und Gleichgewichtsübungen. Dazu kamen im Sommer Schwimmen und Rudern, im Winter Schlitteln und Schlittschuhlaufen.[17] In Bern führte Ph. H. Clias (1782–1854), ein im Ausland geborener Innerschweizer, ein neues gymnastisches System ein. Er verwendete dazu unerwartete Geräte wie Schlitten (eine Kiste an schiefer Seilbahn), Haspel und Klettertaue. Wer damals von Turnen sprach, meinte immer Knaben- und Männerturnen. Clias aber war fortschrittlich, um 1829 gab er eine Anleitung für Mädchenturnen heraus. Damit eilte er freilich seiner Zeit weit voraus. Sein Turnprogramm hat sich kaum durchgesetzt. In der Westschweiz herrschten französische Vorbilder, in der deutschsprachigen Schweiz die Anhänger des deutschen Turnvaters Friedrich Ludwig Jahn (1778–1852).[18] Manche Anstösse kamen von aussen. So hat der Deutsche Adolf Spiess (1810–1855) in Burgdorf das Turnen in der Schule eingeführt. Später lehrte er in Basel an höheren Schulen Leibesübungen. Sein Turnstoff war methodisch aufgeteilt. Drill herrschte – nicht zuletzt auch der grossen Klassenbestände wegen – vor.[19] Gestützt auf deutsche Vorbilder setzte sich

343

das Kunstturnen an den Geräten durch. Mächtige Impulse gingen dabei von den Turnvereinen und vor allem auch vom grossen ersten schweizerischen Turnfest von 1832 in Aarau aus. Eine Turnbegeisterung sondergleichen erfasste das Land. Von nun an betätigten sich die Turner am Reck, am Barren, am Pferd, am Schwebbaum und führten an Hunderten, ja Tausenden von Festen ihre Freiübungen vor. Man unterschied zwischen Kunst-, National-, Spezial- und Sektionsturnen. Unter Kunstturnen verstand man die Übungen, die noch heute an Wettkämpfen zu sehen sind und die man als Turnen ganz allgemein bezeichnet: das individuelle Absolvieren von Übungen an einem Gerät. Die Nationalturner aber traten zu einem Mehrkampf an, der aus kunstturnerischen, leichtathletischen und schwingerischen Elementen bestand. Alle übrigen Sportarten fasste man unter dem Begriff Spezialturnen zusammen.[20]

Noch volkstümlicher als das Kunstturnen blieb allerdings im 19. Jahrhundert das Schwingen. Ursprünglich eigentliches Älplerspiel, begann es zusammen mit dem freieren Ringen und dem Steinstossen − ebenfalls eine Disziplin des Nationalturnens − auch das Flachland zu erobern. Turnerschwinger begannen den Bergschwingern den Rang streitig zu machen.[21] Um 1895 standen sich in Biel 78 Sennen den 57 Turnerschwingern gegenüber. Knapp zwei Jahrzehnte später, vor dem Ausbruch des Ersten Weltkrieges, zeigte sich eine vollständig andere Situation: Unter den 2400 Aktivmitgliedern fanden sich noch 264 Sennen. Aber vor den «Sennen» hatte man immer noch ehrfürchtige Hochachtung. Vom «bösesten» Schwinger, dem Berner Oberländer Ueli Beer, sagte man, seine Gegner seien unfehlbar verloren gewesen, sobald er sie nur um einen einzigen Zentimeter vom Boden hochgehoben habe. Er war an allen Schwingfesten der 1850er Jahre Schwingerkönig. Von Beers Vorgänger, dem Oberländer Wittwer, sagte man, er könne ein volles säumiges Weinfass auf Brusthöhe heben und aus dem Spundloch trinken. Starke Sennen: Der Haslitaler Fuhrer, Schwingerkönig von 1886, trug eine 160 Kilo schwere Ofenplatte auf dem Traggestell zwei Stunden weit von der Brünig-Station zu seinem Heimwesen. Gefragt waren Bärenkraft und Schnelligkeit. Aus der Beschreibung des Schlussganges von Sarnen 1902 treten uns diese beiden Schwinger-Eigenschaften entgegen. Hier der Bericht: «Als nun endlich Kocher und Stucki Hans in den Plan treten, weiss jedermann, dass es sich jetzt um Rang Numero Eins handle. Kaum in den Griffen, zieht Stucki mit furchtbarer Gewalt an, lezt auf die linke Hüfte und wirft. Allein Kocher vermag sich noch etwas zu drehen und touchiert bloss mit der rechten Schulter, ist auch sofort wieder auf den Beinen. Nun sucht Kocher den Oberschenkelgriff zu bekommen, und diesen Augenblick benützt Stucki, seinen Gegner anzuziehen und mit dem äusseren Hacken zu werfen. Im zweiten Gang versucht Kocher verschiedentlich den Stich stehend. Aber solche Griffe blitzen an den baumdicken Gliedern Stuckis alle ab. Nun aber wendet er sich abermals zum Oberschenkelgriff und wird denn auch genau in derselben Art wie das erste Mal geworfen, so zwar, dass er seine Niederlage fast nicht glauben kann.»[22]

Das Hornussen wird vom 18. Jahrhundert beinahe unverändert übernommen. Hier die Beschreibung eines Kenners von Rang, von Jeremias Gotthelf. «Das Hurnussen ist nämlich eine Art Ballspiel, welches im Frühjahr und Herbst im Kanton Bern auf Wiesen und Äckern, wo nichts zu verderben ist, gespielt wird, an dem Knaben und Greise teilnehmen. Es ist wohl nicht bald ein Spiel, welches Kraft und Gelenkigkeit, Hand, Aug und Fuss so sehr in Anspruch nimmt als das Hurnussen. Die Spielenden teilen sich in zwei

263

264

Partien, die eine hat den Hurnuss zu schlagen, die andere ihn aufzufangen. Der Hurnuss ist eine kleine Scheibe von nicht zwei Zoll im Durchmesser, in der Mitte etwas dicker als an den Rändern, welche abgerundet und zwei Linien dick sind. Derselbe wird mit schlanken Stecken von einem Sparren, der hinten auf dem Boden, vornen auf zirka zwei bis drei Fuss hohen Schwirren liegt, geschlagen, auf den er aufrecht mit Lehm angeklebt wird. Etwa zwanzig Schritte weit vor dem Sparren wird die Fronte des Raumes bezeichnet, innerhalb welchem der Hurnuss fallen oder abgetan werden muss. Dieser Raum oder dieses Ziel ist an der Fronte auch ungefähr zwanzig Schritte breit, erweitert sich nach und nach auf beiden Seiten, hat aber keine Rückseite, sondern ist in seiner Längenausdehnung unbegrenzt; soweit die Kraft reicht, kann der Hurnuss geschlagen werden. Innerhalb dieses Zieles muss nun der sehr rasch fliegende Hurnuss aufgefasst, abgetan werden, welches mit grossen hölzernen Schaufeln mit kurzen Handhaben geschieht. Fällt derselbe unabgetan innerhalb des Zieles zu Boden, so ist das ein guter Punkt. Wird er aber aufgefasst, oder fällt er dreimal hintereinander ausserhalb der Grenzen zu Boden, so muss der Schlagende zu schlagen aufhören. Die zwei Partien bestehen aus gleich viel Gliedern und schlagen und tun wechselseitig den Hurnuss ab. Haben alle Glieder einer Partie das Schlagrecht verloren, indem der Hurnuss entweder abgefasst worden oder ausser das Ziel gefallen, so zählen sie die guten Punkte und gehen nun ins Ziel, um den Hurnuss aufzufassen, den nun die andere Partie schlägt, bis auch alle Glieder das Schlagrecht verloren. Welcher Partie es gelungen ist, mehr Punkte zu machen, den Hurnuss ins Ziel zu schlagen, ohne dass er abgetan wird, die hat gewonnen. Nun muss man wissen, dass dieser Hurnuss fünfzig bis siebenzig Fuss hoch und vielleicht sechs- bis achthundert Fuss weit geschlagen wird, und doch gelingt es bei geübten Spielern den Partien oft nicht, einen einzigen Punkt zu machen, höchstens zwei bis drei. Es ist bewunderungswürdig, mit welcher Sicherheit gewandte Spieler dem haushoch über sie hinfliegenden Hurnuss ihre Schaufel entgegenrädern, wie man zu sagen pflegt, und ihn abtun mit weithin tönendem, hellem Klange, mit welcher Schnelligkeit man dem Hurnuss entgegenläuft oder rückwärts springt, um ihn in seinen Bereich zu kriegen. Denn je gewandter ein Spieler ist, ein desto grösserer Raum wird ihm zur Bewachung anvertraut. Je gewaltiger einer den Hurnuss zu schlagen vermag, um so mehr müssen die Auffassenden im Ziel sich verteilen, so dass grosse Zwischenräume zwischen ihnen entstehen und auf den geflügelten Hurnuss eine eigentliche Jagd gemacht werden muss. Dieses Spiel ist ein echt nationales und verdient als eins der schönsten mehr Beachtung als es bisher gefunden hat. Dass es ein nationales ist, beweist das am besten, dass ein ausgezeichneter Spieler durch eine ganze Landschaft berühmt wird und die Spieler verschiedener Dörfer ordentliche Wettkämpfe miteinander eingehen, wo die verlierende Partie der gewinnenden eine Uerti zahlen muss, das heisst ein Nachtessen mit der nötigen Portion Wein usw.»[22a]

Ebenso beliebt und volkstümlich wie das Schwingen war im 19. Jahrhundert das Schiessen. «Wo ein paar Häuser sind, da ist auch ein Schiessstand, eher als ein Schulhaus oder eine Kirche, und die Schiessvereine sind zahlreicher als alle anderen Vereine.»[23] Es gab ja im 19. Jahrhundert nicht allein das Pflichtschiessen, sondern eine Schiesskunst, die nach alter Tradition eifrig weitergepflegt wurde. Neben den «gewöhnlichen» Schützenvereinen gab es ja noch ältere, exklusivere Schützengesellschaften. Da wurde mit dem Schiessen ein eigentlicher Kult getrieben. Als die «Noble Abbaye des

263 Zu den beliebten Abendunterhaltungen von Handwerkern und Bauern gehörte das Einbauen von Spielzeug in Flaschen, das sogenannte Eingericht. Unser Bild: Ein Eingericht aus Ormont-Dessus (VD) um 1850.

264 Um 1875 hat Franz Anton Haim drei Appenzeller Bauern beim Jassen gemalt. Der Bless ist als unentbehrlicher Begleiter mit von der Partie.

265

Archers de Lausanne» ihr Bestehen feierte, waren vertreten der Marschall der Bogenschützenabtei von Bern, die im Jahre 1264 gegründet worden sein soll, der Abbé des entsprechenden Genfer Vereins, der seit 1444 als Noble Exercices de l'arc de Genève besteht, ferner die Äbte der Abbayes de Lac von Morges, Vevey und Romont. Bogenschützengesellschaften gab es auch in Zürich, Schaffhausen und Thun. Daneben aber gab es die Compagnie de l'Arquebues oder Compagnies des Mousquetaires, die den Schiesssport mit Feuerwaffen pflegten. In der alten Abbaye de Grandson schoss man bis 1818 auf einen an einem Turm aufgehängten hölzernen Vogel, den Papegay. Die aus dem 16. Jahrhundert stammende Société des Tireurs à la Cible führte alle Jahre ein Schützenfest durch, während in Montreux, in Estavayer und in Zofingen die Schiessgesellschaften alte Schützentradition weiterführten.[24] In der Organisation und in der Brauchtumspflege all dieser Gesellschaften mischt sich zünftisches Erbe mit jenem geistlicher Bruderschaften und alter Knabenschaften. Hier offenbart sich einmal mehr auch ein tief eingewurzelter Wehrgedanke, ein National- und Heimatbewusstsein von seltener Kraft. Auf diese Wurzel lässt sich auch der 1824 in Aarau gegründete Schweizerische Schützenverein zurückführen. Die Gründer beriefen sich ausschliesslich auf diese Kraft: Man müsse alles unternehmen, «was zum Gedeihen gemeineidgenössischen Sinnes beitragen könne», heisst es im Aufruf an die eidgenössischen Stände vom 23. Februar 1824. «Im Verein von Schützen aus allen Ständen und Altern» müssen vor allem auch die jungen Leute, aus denen «die Vertheidiger des Vaterlandes» stammen, gewonnen werden. Sie sind in den «geschickten Gebrauch dieser höchst wichtigen Waffe» einzuführen. Ausserdem aber habe der Verein die Aufgabe, die Kantone einander näherzubringen. Alles in allem: Man wolle «Freude und Freundschaft und Ehre und Nutzen des Vaterlandes und aecht schweizerische Gesinnung fördern».[25] Um diese hochgesteckten Ziele zu erreichen, sind alle Register gezogen worden. Zum Besuche des Freischiessens waren Schützenuniformen vorgeschrieben: grüner Rock mit einer Knopfreihe, grüner Schützenhut aus Filz, geschmückt mit der kantonalen Kokarde und dem eidgenössischen Wappenschild, schwarze Halsbinde und Waidtasche. Ein eigentlicher Kult wurde mit den Fahnen getrieben. Zu den kantonalen Fahnen gesellte sich die

265 Hornussergesellschaft in Burgdorf um 1901.

266 Zwei Schwinger. Pinselzeichnung von unbekannter Hand, Mitte 19. Jahrhundert. Deutlich erkennt man die damals durchwegs schon gebräuchlichen Schwingerhosen.

267 Ereignis des Jahres 1893: der Aufstieg des Ballonfahrers Spelterini vom Kasernenhof in Zürich (Zeitgenössisches Foto).

267

eidgenössische Schützenfahne, genannt die Schützenfürstin.[26] Der Schiess-
betrieb sah anders aus als heute. Man schoss am Anfang des 19. Jahrhunderts
noch auf Holzscheiben mit einem runden Schwarz, genannt Zweck. War er
getroffen, begann der Zeiger zu «gaukeln», er erschien vor der Scheibe und
machte allerhand Kapriolen. Nach 1830 kamen drehbare Holzscheiben auf,
und die Zeiger standen hinter einer Steinwand. Für das Gaukeln brauchten
sie einen mannsgrossen, an einer Schnur aufgezogenen Hampelmann, der
mit allerlei Bewegungen die Entfernung des Schusses vom Zentrum
anzeigte. Immer wenn der Hampelmann erschien, erschallte Jubel. Je höher
er stieg, je wilder er gestikulierte, um so grösser der Beifall. Der glückliche
Schütze aber hatte sich dem Gaukler «erkenntlich» zu zeigen. Jedermann
bedauerte es, als 1842 die Holzscheibe durch Tuchscheiben ersetzt und die
Zeiger unter dem Boden verschwanden, das Gaukeln aufhörte. Reste dieses
Brauches erhielten sich noch eine Zeitlang in Bern. Die «Reismusketen-
schützen» brauchten eine Gauklerfigur, das Gatteranni, es machte «Caprio-
len, wenn die Mouche, das Zentrum, getroffen wurde. Der Schütze aber
hatte dem Zeiger einen halben Liter zu zahlen.»[27] Höchstes Glück stellte sich
ein, wenn die Scheibe Vaterland getroffen wurde, auf sie durften indessen
nur Mitglieder des Eidgenössischen Schützenvereins schiessen. Neben
dieser Scheibe gab es Stichscheiben, sie trugen die Namen berühmter
Schweizerhelden wie Wilhem Tell, Walter Fürst, Werner Stauffacher,
Rudolf von Erlach und Hans Waldmann.[28]

Schiessen und Schwingen sind im eigenen Land gewachsene Sportarten.
Etwas anders verhält es sich beim Wintersport. Hier stammten manche
Impulse aus dem Ausland. Zwar kannte man in der Schweiz sowohl Schlitt-
schuhe wie Schlitten. In seinen Lebenserinnerungen schildert Jakob Kreis
(1851–1902) Bauernbuben, die im Winter mit buntgemalten Schlitten und
Schlittschuhen, damals noch primitiv mit Holzsohlen und Riemenwerk zum
Festschnallen, ausgerüstet waren. «Mit diesen Dingen an den Füssen den
Abhang hinunter zu sausen oder auf der glatten Eisfläche dahinzugleiten,
schien mir das grösste und stolzeste Vergnügen auf dieser Welt. Leider
konnte ich weder damals noch später einen Schlitten und noch weniger
Schlittschuhe mein eigen nennen.»[29] Ausser dem Handschlitten gab es auch

266

268

268 Das Velozipeddepot offeriert Velozipede. Wie dieses Inserat aus dem St. Galler Tagblatt von 1886 zeigt, waren die Velozipede hoch im Kurs.

269 Velorennen in Zürich um 1890. Gleich wird das Hochrad (hinten) das Veloziped (vorne) überholen. Noch gibt man sich mit kleinem Publikum zufrieden.

im 19. Jahrhundert den Pferdeschlitten, den man gerne zu Schlittenpartien verwendete. In der französischen Schweiz und auch im Mittelland wie in Graubünden waren es die Ledigen, die ihre Altersgenossen einluden. In Zernez wurden die Paare jeweilen durchs Los bestimmt. In Schuls veranstaltete die Jugend am Neujahrstag eine Schlittrada mit anschliessendem Ball. Im Februar erfolgte die Schlittrada dals maridats, die Schlittenfahrt der Verheirateten. In Basel organisierten «junge Herren» prachtvolle Schlittenfahrten nach Lörrach. In Schwanden bei Glarus veranstaltete die Kasino-Gesellschaft, die sich aus Kreisen der Fabrikanten rekrutierte, eine sportliche Schlittenfahrt. Im Prättigau taten es die Kinder den Grossen gleich. Sie schmückten ihre kleinen Handschlitten mit Girlanden und Bogen aus Reisig, behängten sie mit Glöcklein und zogen als Pferde das Gefährt ins Nachbardorf.[30] Schlittenfahren wurde erst zum eigentlichen Sport, als geschäftstüchtige Hoteliers gegen Ende des Jahrhunderts Schlittenpartien organisierten und als 1879 der Kurverein Davos eine erste Schlittelbahn erstellte. Der Davoser Schlitten war bald ein Begriff und entwickelte sich zum Renngefährt. Mittels einfachen «Davosern» ist denn auch am 12. Februar 1883 das «erste offizielle internationale Wettschlitteln» durchgeführt worden. Und wie nicht anders zu erwarten: Die Einheimischen fanden sich auf der Strecke vom Wolfgangpass nach Klosters am besten zurecht. Bald ahmten die St. Moritzer Kurgäste die Davoser nach. Um 1884 entstand der Cresta Run, eine künstlich angelegte Schlittelbahn. Da stürzte sich der Engländer Cornish auf einem Davoser Schlitten zum Entsetzen des Publikums kopfvoran die Bahn hinunter. Um 1889/90 tauchten auch zwei amerikanische Schlitten, die Toboggans, die ersten Bobs, auf. Und schon 1896 schritt man zur Gründung des St. Moritzer Bobsleigh-Club. Erstaunlicherweise waren zwei der fünf Vorstandsmitglieder Frauen. Nach den Statuten waren im Dreierbob immer mindestens eine, im Viererbob mindestens zwei Frauen mitzunehmen. Beginn der Frauenemanzipation![31]

Klein und bescheiden waren die Anfänge des Eislaufens. Hier standen zunächst nur gefrorene Weiher und kleine Seen zur Verfügung. Aber schon bald genügte das nicht mehr. So stand den St. Gallern ein Eisfeld mit künstlichen Dämmen in Schönenwegen (Straubenzell) zur Verfügung. Und auf Dreilinden gab es gar eine Eisbahn: «Welch' ein buntes Durcheinander, welch' ein Wogen und Toben, Stossen und Drängen...» Die Jugend, so meint der Berichterstatter, geniesse «die edle Kunst des Schlittschuhlaufens in vollen Zügen.»[32] Auch das Schlittschuhlaufen kam nicht ganz ohne ausländische Impulse aus. Um 1898 engagierten die Davoser den Kanadier G. A. Meagher, der seinen Lebensunterhalt mit Eislaufdemonstrationen und Shows bestritt. Anfänge des Profitums... In dieser Zeit kam auch Bandy,

269

270 Überreichung des Lorbeerkranzes an den Sieger. Plakat des Eidgenössischen Turnfestes in La Chaux-de-Fonds um 1900.

271 Schwingfest auf der Balisalp im Haslital (Berner Oberland). Ölgemälde von Jakob Christoph Miville (1786–1836).

271

270

eine Art Hockey auf. Es wurde vor allem in Davos gespielt. Aber als Bollwerk des neuen Hockeyspieles erwies sich zunächst die Westschweiz.[33]

Langsamer setzte sich der Skisport durch. Zwar las man auch hierzulande das Buch des norwegischen Polarforschers Nansen. Er hatte die Skis als günstiges Fortbewegungsmittel gepriesen. Bei uns, im alpinen Gelände, so wurde etwa argumentiert, eignen sie sich aber nicht. Wer es dennoch, fast heimlich, versuchte, hatte mit Spott zu rechnen. Der Glarner Christof Iselin riskierte, in der Fasnachtszeitung glossiert zu werden. Dennoch glaubte er an die Zukunft der Skis. Er fand einen in Winterthur tätigen norwegischen Ingenieur namens Kjelsberg, der ihm weiterhalf. Am 11. Dezember 1892 traf der Norweger mit drei Paar Christiana-Skis aus seinem Land ein. Zusammen mit Freunden organisierte er am Fusse des Glärnisch eine Demonstration. Sie überzeugte auch Skeptiker, übersprang er doch mit seinen Skis eine sechzig Zentimeter hohe Schanze – so bescheiden war man damals noch. Doch Skepsis und Misstrauen waren nicht ganz überwunden. Ein Experiment sollte vollends Klarheit schaffen. Am 28/29. Januar 1893 wanderte Dr. Naef mit Schneereifen über den Pragel, die Norweger machten die gleiche Strecke mit Skis. Sie waren bedeutend schneller. Der Widerstand war gebrochen, und Iselin führte daraufhin norwegische Instruktoren ein. Sie sollten in acht Kurorten Skikurse abhalten. Bald ersetzte man die alten Fassdauben durch die von der ersten europäischen Skifabrik in Glarus hergestellten Skis.[34] Um 1893 ist auch der erste Skiklub in Glarus gegründet worden, und um 1904 gab es schon 16 Klubs mit 731 Mitgliedern. So zögernd und bescheiden der Beginn auch war, so bedeutete er doch den Auftakt zu einem Massensport.

Ein anderer «Import»: der Fussball. Englische Studenten brachten den Sport in Institute der Westschweiz. Als erste Schweizer Stadt erhielt St. Gallen 1879 eine Fussballmannschaft. Die Mitglieder des «Football-Club» rekrutierten sich aus der St. Galler Kaufmannschaft.[35] Fussball, in England Volkssport, war in der Schweiz zunächst ein Sport der Intellektuellen:

272

Mediziner gründeten den FC Bern, und Engländer bildeten den Grundstock
an Spielern. Die erste «Nationalmannschaft», die in Basel im Dezember 1898
gegen Süddeutschland antrat, bestand aus Schweizern, Engländern und
Deutschen. Aber «das rohe Gekicke» fand keineswegs überall Gefallen. Die
Zuschauerzahlen hielten sich in bescheidenen Grenzen. Um 1909 spielten die
Schweizer gegen die Engländer. Sie verloren gegen ihre Lehrmeister mit 9:0.
Zum Spiel waren immerhin achttausend Zuschauer erschienen. Der neue
Sport hatte seine «Daseinsberechtigung bewiesen».[36]

Älter als der Skisport ist das Bergsteigen. Hier wurde zunächst die grosse
Tradition des 18. Jahrhunderts weitergeführt. Es ging wie damals um die
Erforschung der Alpen, es ging um die Erkundung unbekannter Gletscher
und Gipfel. Noch standen zahlreiche Erstbesteigungen bevor. Doch stand
das nicht immer im Vordergrund: Johann Rudolf Meyer aus Aarau beauftragte den Ingenieur J. H. Weiss, eine Karte des Berner Oberlandes aufzu-
zeichnen. Der Meyer-Weiss war 1796–1802 erschienen. Nun wusste man,
wie die «Täler hinter den Schreckhörnern und Vischerhörnern und diese
ganze Zona glacialis incognita aussehen». Um 1811 machte sich J. R. Meyer
mit seinem Bruder auf, um den Gipfel der Jungfrau zu erklimmen. Ein Jahr
später sehen wir ihn am Finsteraarhorn. Zwischen 1826 und 1832 unternahm
Professor Hugi aus Solothurn Expeditionen ins Berner Oberland. Am Finsteraarhorn musste er, an der Stelle, die heute Hugisattel heisst, aufgeben.
Hingegen gelang es ihm, das Rottal zu erforschen und im Winter zu den
Grindelwaldgletschern vorzustossen. Zwei Westschweizer, J. de Charpen-
tier und Louis Agazziz, untersuchten die Gletscher von Zermatt und Mont
Blanc. E. Désor, der dabei war, berichtet darüber 1844 in seinen «Excursions
et séjour dans les glaciers».[37]

Schöne und stolze Zeiten des Alpinismus! Noch waren die Schweizer
praktisch unter sich. Die Engländer waren an einer Hand abzuzählen. Was
den Schweizer Alpinisten alles gelang, ist in der Tat erstaunlich: Christian
Heusser stand 1855 als erster auf dem Weissmies. Der Bündner J. Coaz

273

274

erstieg den Piz Bernina. Die Berner Eduard von Fellenberg und Abraham Roth gelangten 1862 aufs Doldenhorn und die Weisse Frau. Gottlieb Studer krönte seine Karriere mit der Erstbesteigung der Diableret. Er hat im ganzen nicht weniger als 600 Gipfel und viele Pässe überschritten. Kein Alpental war ihm unbekannt. An der Erkundung der Berge waren auch die Westschweizer beteiligt. So hat etwa der Genfer François Thioly 1855 die Diableret über den Versant d'Anzeinde bezwungen. Eugène Rambert finden wir an der Dents du Midi und der Cime de L'Est, dem kleinen Matterhorn. Mit J. Piccard hat Rambert die Ära der Winterbesteigungen eingeleitet. An Weihnachten 1860 standen sie auf dem Titlis.[38] Bis zu dieser Zeit, genauer bis 1855, hatten die Schweizer dominiert. Die Engländer hatten zwar das Strahlhorn, den Ostgipfel des Monte Rosa und einige Gipfel dritter Ordnung bezwungen. Jetzt übernahmen sie aber die Führung. Unter Alpinismus verstanden sie indessen etwas anderes als die Schweizer. Für sie war es ein Sport, ein Spiel, war der Berg kein Forscherziel, sondern ein Abenteuer. Dies vorausgesetzt, versteht man die Rivalität Whymper-Tyndall am Matterhorn.[39] Wir wundern uns deshalb nicht mehr, weshalb Whymper, als er sich dem Gipfel der Dent Blanche näherte, seinen Führern befal umzukehren. Er sah den Steinmann und wusste, dass er nicht mehr der erste war. Solches Denken war den Schweizer Bergsteigern jener Zeit fremd. Bergsteigen hiess für sie Erforschen. Bergsteigen war eine wissenschaftliche, eine patriotische Mission. Als Melchior Ulrich 1848 auf den Silbersattel kam, liess er seine Führer den Ostgipfel der Dufourspitze erklettern, er beobachtete in dieser Zeit Luftdruck und Temperatur.[40]

Eine neue Ära beginnt: Als Professor Th. Simler aus Bern mit seinen Seilkameraden Georg und Sand und dem Glarner Bergführer Hans Elmer am 30. Juli 1861 zum ersten Male auf dem Firngipfel des Piz Rusein sassen, sprach man genau über dieses Thema. Was ist zu tun, um die Alpen noch besser kennenzulernen? Man besitzt ja «keine Nachrichten von den Gletschern Gliems, Puntaiglas und Frisal; unerstiegen ist der Bifertenstock, der doch eine wahrhaft kühn herausfordernde Stellung behauptet; unbekannt ist

272 Skifahrerinnen um 1900. Noch begnügte man sich mit einem Stock. Er diente unter anderem zum Bremsen.

273 Am 16. und 17. Januar 1904 fand in Davos ein internationales Eiswettlaufen statt. Der Mann auf dem hübschen Plakat bindet sich die Skis an, während im Hintergrund die zierlichen Schuhe einer schlittschuhlaufenden Dame zu erkennen sind.

274 Um 1900 erschienen die skilaufenden Damen in Cernier in weissem Wollschal, Pullover und mit Hut.

275 Die Berner Pioniere des Alpinismus kurz nach einer Erstbesteigung. Die Fotografie um 1880 vereinigt vier der grossen Pioniere aus den Berner Alpen: Dübi, Aeby, Studer und Fellenberg. Diese taten sich nicht nur durch alpinistische Leistungen, sondern auch durch schriftstellerische Tätigkeit hervor. Studer und Fellenberger gehören zu den Mitbegründern des Schweizer Alpenclubs.

275

der Rücken des langgedehnten Selbssanft». Mit den eigenen schwachen Kräften, so wurde argumentiert, sei da nicht viel zu machen, und so reifte der «Gedanke einer Association». Die Engländer hätten ja schliesslich 1857 ihren Alpine-Club gegründet, und es gebe auch einen österreichischen Alpenverein. Simler erwog dies alles mit weiteren Freunden; am 20. Oktober 1862 verschickte er ein Kreisschreiben an die Bergsteiger und Alpenfreunde der Schweiz, in welchem er zur Gründung eines Alpenklubs aufrief. Es meldeten sich spontan 130 Zustimmende, worauf am 19. April 1863 die konstituierende Versammlung stattfand. Es war die Geburtsstunde des SAC. Er zählte 1863 bereits 8 Sektionen mit 358 Mitgliedern. Es war gewiss ein bescheidener Anfang, doch eine kräftige Entwicklung stand bevor. Als die Bergsteiger ihr erstes «25 Jahre SAC» feierten, zählte man 34 Sektionen mit fast 3000 Mitgliedern. Man hatte festen Tritt gefasst und glaubte, den Gipfel erreicht zu haben. Doch weit gefehlt. Bei der 50-Jahr-Feier 1913 waren es 58 Sektionen mit 13 500 Mitgliedern.[41] An der Zielsetzung hatte sich nicht viel geändert. Man propagierte periodische Gebirgsausflüge der Sektionen, man errichtete Schirmhütten und stattete sie immer besser aus, man förderte das Führerwesen. Was sich änderte, war die soziologische Zusammensetzung der Bergsteiger selber. Waren es noch bei der Gründung vorwiegend Akademiker und Kaufleute, so sind es fünfzig Jahre später auch Angestellte, Handwerker, Beamte, Arbeiter und Bauern. Über alle Standesunterschiede hinaus «hatten sich feste Seilschaften und Freundschaften gebildet». Der Bergsport ist zur Sache des ganzen Volkes geworden.[42]

Anders die Jagd. Sie blieb auch im 19. Jahrhundert, trotz einer gewissen demokratischen Öffnung und obgleich es in vielen Kantonen die Patentjagd gab, auf verhältnismässig enge Kreise beschränkt. Zum Glück, muss man sagen. Denn trotz kantonalen Jagdgesetzen schmolzen die Tierbestände weiter zusammen. Verschiedene Wildarten standen vor der Ausrottung, um andere war es bereits geschehen. Denn in vielen Kantonen herrschte, wie sich ein Jäger ausdrückte, «das brutalste Jagdsystem», erstreckte sich doch die Schonzeit kaum über ein paar Monate. Von einer jagdpolizeilichen Kontrolle war keine Rede. Eine Besserung trat erst ein, als das erste Bundesgesetz 1874 endlich sämtliche Vögel schützte und Bannbezirke einrichtete. Einzelne Wildarten wie der Gemsbock standen von da an dauernd unter Schutz.[43] Die einst als beutegierig verschrienen Jäger begannen die Verantwortung für die in der freien Wildbahn lebenden Tiere zu erkennen. Einzelne führten bereits ausgestorbene Wildarten in ihren Revieren ein. Ein bekannter Jäger setzte Rehe ein: «Da aber niemand als er, Rehe für ein mit Vorteil einzuführendes Produkt hielt», gediehen sie nicht.[44] Im Emmental, aus welchem der Bericht stammt, gab es damals tatsächlich keine Rehe mehr, dafür aber Wachteln und Schnepfen, selten Hühner, Hasen und Füchse. «Alle Halbdutzend Jahre verirrte sich ein Wildschwein in die Gegend, von den Vogesen oder vom Schwarzwald her. Da gab es dann grossen Spektakel mit Treiben und Brüllen, wobei zumeist kein Leben sicherer war als das der gejagten Sau. Bei den anderen Jagden ging's ganz einfach zu. Ein Piqueur führt die Jagdhunde, eins, zwei, selten mehr als drei Koppel, die Herren gehen zu Fuss, manchmal den Hühnerhund an der Schnur bei sich. So marschiert man aus ohne Sang und Klang. Früher hörte man zuweilen noch hie und da ein vertrocknetes Waldhorn das ‹A la mort!› blasen, jetzt scheint ihm der Atem ganz ausgegangen zu sein.»[45] Die Aufzeichnung stammt von einem Jäger. Er ist allen unseren Lesern gut bekannt. Hier sein Schriftstellername: Jeremias Gotthelf.[46]

276

276 Um 1830 skizzierte der Maler Martin Disteli den Solothurner Naturforscher Franz Josef Hugi, der in Begleitung von Wissenschaftlern und Zeichnern im Rasttal an der Jungfrau dargestellt ist. Bergsteigen bedeutete damals Alpenforschung, Geologie, Botanik und Topographie. Auch Bergführer und Träger hatten sich in den Dienst solcher Unternehmungen zu stellen.

Neue und alte Leitbilder

277

277 Eine berühmte Leitfigur des 19. Jahrhunderts ist der Waadtländer Major Davel. Auf diesem Bild hat Charles Gleyre die Hinrichtung dargestellt. Die Geistlichen versuchen ihn zu trösten, während der Scharfrichter hinten rechts bereitsteht.

Zur Einführung

Das 19. Jahrhundert ist mehr als das vorangegangene ein Jahrhundert der sich mehrenden Wissenschaft und Aufklärung. Beide aber begründen die Autonomie des Menschen. Sie sind Ausgang aus der Unmündigkeit, um eine Definition Kants zu brauchen. Aufklärung und Wissenschaft bringen neue Einsichten, ein neues Denken. Für die Wissenschaft gibt es fortan nur die Weltwirklichkeit mit ihren Gesetzen. Jeder Vorgang hat seine Ursache, und jede Ursache bringt unweigerlich die ihr gemässe Wirkung hervor. Der Mensch, vordem in seinen Traditionen befangen, wird der neuen Lehre gemäss eine andere Entwicklung nehmen. Alles geschieht jetzt nach der neuen Gesetzlichkeit. Menschliche Triebe, Gefühle, Gedanken gehen den Gang, den ihnen die biologischen und physiologischen Gesetze vorschreiben. Und alles im Namen des Fortschrittes. Fortschritt aber kann nur erzielt werden, indem man Normen und Gefühle sowie traditionelle Bindungen beseitigt. Fortschritt musste in den Augen vieler dadurch erzielt werden, dass man die alte Vormachtstellung der Kirche und der Religion brach. Das war in kurzen Worten ungefähr das Credo der Rationalisten.

Doch ihr Sieg war nicht leicht zu erringen. Denn noch gab es zahlreiche Menschen von eher konservativer Grundhaltung. Sie brauchten die Religion. Religion war für sie nicht Erbauung, Gefühl und Herkommen, sie bedeutete für zahllose Menschen auch des 19. Jahrhunderts, gleichviel ob katholischer oder protestantischer Konfession, existentielle Notwendigkeit. Für sie war vor allem eine Ethik ohne Religion undenkbar. Gerade aber das wurde von den Neuerern bestritten. Sie glaubten ohne Religion auszukommen, man habe schliesslich das Gewissen. Dieser Gedanke war damals neu. Er ist nicht denkbar ohne Rousseau, der das Gewissen entdeckt hatte. Für ihn und seine Anhänger wird das Gewissen ausschliessliche Richtschnur menschlichen Handelns. Mit seinem Ruf «Zurück zur Natur» hatte ja der grosse Genfer Forscher, nicht wie zu Unrecht oft angenommen wird, ein Zurück zu urtümlichen Zuständen gemeint, sondern vielmehr das Gewissen im Auge gehabt: «Im Gewissen kehrt der Mensch zu sich zurück, wird er wieder natürlich.»[1] Viele Menschen des 19. Jahrhunderts glaubten an das Gewissen als eine «durch die Natur des Menschen garantierte und in ihm sich artikulierende Instanz». Und es waren «weiss Gott nicht die Dümmsten und Schlechtesten, die felsenfest an diese Sicherheitsanlage der menschlichen Natur glaubten».[2]

Ein eifriges Suchen nach neuen Leitbildern und Leitgestalten setzt ein. Wo waren sie zu finden? Sollten es die alten sein? Wird man sie, wie im 17. und 18. Jahrhundert, im christlich-antiken Bereich finden? Soll man sie weiterhin

Die Piramide in Sarnen, beim Anlaß des Wettschießens der 3 Urkantone Uri, Schwyz und Unterwalden den 28ten, 29ten u. 30ten Brachmonat 1840.
Sie war 6½ Fuß hoch und 24 Fuß breit.

278

im magischen Bereich suchen, oder soll man sie vielmehr im Umfeld der neuen Wissenschaft und Wirtschaft entdecken? Im folgenden wird zu zeigen sein, dass es im 19. Jahrhundert grob gesprochen zweierlei Leitbilder gab. Auf der einen Seite kommt es im Sinne der romantisch-historischen Zeitströmung zu Rückgriffen. Man nimmt neuerdings bei Tell und Winkelried Zuflucht. Selbst magische und mythologische Erklärungen bleiben nicht ausgeschlossen. Auf der anderen Seite aber blickt man voll Vertrauen zu den grossen Machern, den Ingenieuren und den Wirtschaftskapitänen. Manche Wirtschaftsführer werden zu neuen Leitgestalten, und da kommt es oft zu erstaunlichen Vorgängen: Der Bildhauer Richard Kissling schuf das Telldenkmal und fast zur gleichen Zeit das Denkmal für den Zürcher Wirtschaftsführer Alfred Escher. Krasser kann die Polarität nicht ausgedrückt werden. Sie ist ein Kennzeichen des 19. Jahrhunderts. Im Alltag ist das freilich alles viel komplizierter, da gibt es viele Denkweisen, viele Leitbilder. Ihnen wird in den folgenden Abschnitten im einzelnen nachzugehen sein.

278 Leitgestalten traten vor allem an den Schützenfesten immer wieder auf. So gab es anlässlich des Wettschiessens der drei Urkantone vom Juni 1840 drei hohe Pyramiden. Erstaunlicherweise treten aber auf den einzelnen Kantonspyramiden nicht die betreffenden Helden auf, vielmehr kommt es zu merkwürdigen Vertauschungen. Auf der Urner Pyramide erscheinen Arnold von der Halden aus dem Melchtal, Werner Stauffacher von Schwyz sowie Wilhelm Tell, während auf der Schwyzer Pyramide Walter Fürst von Uri und auf der Unterwaldner Pyramide Winkelried und Heinrich Abderhalden auftreten.

Volkslieder

Johannes Stumpf und andere Chronisten berichten, die alten Schweizer seien des Lesens und Schreibens unkundig gewesen, sie hätten deshalb alles «in Lieder und Gesang gestellt».[1] Tatsächlich hat das Volkslied im grossen Massstab bei der Identitätsfindung mitgeholfen. Wie verhielt es sich im 19. Jahrhundert? Welche Bedeutung, welche Funktion hatte das Volkslied in dieser Zeit, in einer Zeit, in der es keine siegreiche Schlachten mehr zu besingen gab? Dass viel und oft gesungen wurde, steht ausser Zweifel. Wie hätte es auch im romantischen Zeitalter anders sein können, galt doch damals das Volkslied als Äusserung der «Volksseele». Aber offenbar wurde nicht so gesungen, wie es sich aufgeklärte Geister vorstellten. Jedenfalls stellte der Dichter und Pfarrer G. J. Kuhn, der Herausgeber der Sammlung von Schweizer Küherreigen und alten Volksliedern, 1811 fest, dass die Freunde des Vaterlandes den «frommen Wunsch hegen, dass unser Volk anders und besser singen sollte». Er machte deshalb den Versuch, «für das Volk andere und wills Gott auch bessere Lieder zu dichten, als es seine gewöhnlichen sind».[2] Schon in einer früheren Volksliedersammlung von 1805 waren die «entarteten und unsittlichen» Lieder verdammt worden, und schon damals versuchte man, «den ländlichen einfachen Sinn und Geist der Lieder» zu bewahren.[3] Sammlung folgte auf Sammlung, und mit der Zeit war die Liedersammlung so umfänglich und so kostspielig geworden, dass sie vom Volk kaum mehr erstanden werden konnte. Insbesondere die zweisprachige Ausgabe von J. R. Wyss, Bern 1826, war auch gar nicht mehr für die Einheimischen, sondern vielmehr für die Fremden gedacht. Sie sollte die Touristen auf die schönen alten Sitten und Bräuche lenken. Doch indem man diese Sitten, Bräuche und Lieder entdeckte und auch «reinigte», hat man ihnen nicht den allerbesten Dienst geleistet. Allerdings ist es einigermassen verständlich, glaubte man doch, dass das Volkslied ein Stück Natur sei, das im Zeichen «der allgemeinen Denaturierung» verkümmere.[4] Dieser Glaube hat sich auch im 19. Jahrhundert als unausrottbar erwiesen. Dass sich Liedergut und Singstil zu allen Zeiten aus den verschiedenen geschichtlichen Elementen zusammensetzen, sah man nicht. Ein Querschnitt durch das volkstümliche Singen und durch die Volkslieder zeigt recht schön, dass es auch im 19. Jahrhundert zu einer Synchronisation, zu einer Zusammenfassung, zu einer Zusammenschmelzung heterogenster Elemente kam. Im Vordergrund stehen im 19. Jahrhundert die Heimatlieder. Die Alpenbegeisterung ist ja damals Allgemeingut geworden. Es ist denn auch kein Zufall, dass das Lied «Wo Berge sich erheben» (Salut glaciers sublimes) ausserordentlich beliebt war. Noch volkstümlicher war allerdings das Berglied von G. J. Kuhn, dem Herausgeber der Küherreigen und Volkslieder:

«Uf de Bärge-n-isch guet läbe!
D'Chüejer jutze nid vergäbe...»

In all diesen Liedern wird dem Älpler «die Naturempfindung des Städters und die romantisch gefühlvolle Lobpreisung des Sennenlebens in den Mund gelegt».[5] So heisst es in dem 1833 von Josef Anton Henne gedichteten Abendlied «Lueged vo Berg und Tal»: «Chüegerglüt üseri Luscht, tuet is so wohl i der Brust.» Man entdeckte die Melancholie des Bündners Gaudenz von Salis-Seewis. Seine Heimwehlieder «Traute Heimat meiner Lieder, denk ich still an Dich zurück» und «Im schönsten Wiesengrunde» gehörten zu den beliebtesten und meist gesungenen Liedern.

Selbst im 19. Jahrhundert finden sich im Liedergut Anklänge an alte Heldenlieder. So etwa im Lied der aufständischen Hallauer Bauern gegen die Stadt Schaffhausen 1831. Da heisst es:

«Die Hallauer Bauern die sind so flink,
sie haben das Kriegen so recht im Sinn.

Sie sind gegangen mit Gewehr und Pistolen
und hand zuerst sollen Pulver holen.»

Allein im Gegensatz zu den Heldenliedern werden die Taten der Hallauer Bauern in diesem Liedchen nicht gerühmt. Zwar heisst es:

«Sie sind gesprungen als wie die Stier,
wenn man einen schlägt, so springen vier.»

Das Unternehmen endet kläglich:

«Am Morgen haben die Schaffhauser patrulliert
und haben vierzig Gefangene gekriegt
Sie haben sie in die Stadt reingeführt
im Zuchthaus hat man sie einquartiert.»[6]

Aus dem Sonderbundskrieg ist das Dufourlied erhalten, es stellt eine Huldigung an den beliebten General dar. Es ist nach der Melodie «Prinz Eugen» gesungen worden. Hier die erste und die beiden letzten Strophen:

«General Dufour, der edle Ritter,
sollt den Schweizern wiederum kriegen
alle sieben Sonderbundskanton;
und als Alles wohl beraten,
greift er an mit sein' Soldaten,
an die hundert tausend Mann.
Freiburg, Du zuerst von allen
musst vom Sonderbund abfallen,
öffnen eilig Deine Tor;
und mit klafterlangen Schritten
fliehen fort die Jesuiten,
warten nicht auf ‹Gottes Zorn›»
(so nannten die Soldaten den Artillerieoberst Orelli von Zürich, seiner grimmigen Miene wegen).

Die beiden letzten Strophen lauten wie folgt:

«In der Nacht nach allen Winden
die Verräter tun verschwinden
und Luzern kriecht schnell zum Kreuz.
Sonderbund, du bist verloren,
wir ziehn ein zu allen Toren:
Vivat hoch! es leb die Schweiz!

Held Abyberg kann nicht halten
Uri, Schwyz und Underwalden,
Curten nicht das Rohnetal;
drum dir ewig Ruhm gebühret,
dass du uns so gut geführet,
Dufour, unser General!»[7]

Politischen Gehalt finden wir auch im Lied auf die Balstaler Volksversammlung:

«Im Winter bi dem chalte Schnee –
ha mi'r lebtig nüt so gseh –
si mir uf Balstal gfare;
die alte Herre z'Soledurn
hei gseit: die Donnersnarre!
Dirlum dei und so mues 'sei!

Zweitusig stön es do parat –
jede chli meint, er chömi z'spat –
der Munzinger uf der Stäge:
die alte Herre müesse weg,
me nimt sie bi de Chräge!

D'Schwarzbuebe hei Schnaps mit ne gnoh –
keine isch jo süsch dört cho –
si tüe de Gäuere winke:
he juhe, iez muess es si!
Das Ding wird welle stinke.»[8]

In der alten Tradition der Kampf- und Heldenlieder steht auch das Zürcher Straussenlied von 1839. Hier einige Strophen:

«Uf, uf ihr Züribieter all!
S'ischt grossi Gfohr im Land;
s'chunt eine, der will gschieder si
als mir, das cha bim Eid nüd si!
Das wär für eus ä Schand.

D'Regierig stellt en Kerli a
A d'Universität,
en Kerli, dä glaubt a ken Gott!
Wär das nüd au ä Schand und Spott,
wenn man es leiden thät?
S'sind frili au no Landslüt da,
Zu aller Zürcher Schand,
Die hanged a dr neue Lehr:
dä Hirzel und Direkter Scherr
und sust na meh im Land.

Uf, uf ihr Fekelschäzere,
ihr tunnerhagel Hünd!
Nehmt Euer Gwehr und Habersack
und jaged furt das Lumpepack;
denn iez regiert's persè
eweg muess d'Universität,
D'Regierig und Alls eweg,
D'Regierig furt mit schnellem pott!
Mir wüssed scho, wie's ligge sott –
wenn's nu scho ase wär!»[9]

Leitbildhaften Charakter trugen auch die Neujahrslieder, welche die Nachtwächter in der Silvesternacht vortrugen. Hier ein Beispiel aus Oberglatt, Kanton Zürich. Das Lied wurde an 28 Stellen des Dorfes mit Variationen je nach den Zeitereignissen gesungen:

«Gott hat uns gsegnet wunderbar
In diesem abgewichnem Jahr
Mit seiner Gnad und Güte.

Es hat uns auch der treue Gott
Behüt' vor grosser Hungersnoth
Und schweren Ungewittern.
Er hat zunichten gmacht dies Jahr
Die Rathschläg unserer Widerpart,
Die sie gar oft hand gmachet.

Die Rathschläg unserer Obrigkeit
Hat Gott gesegnet dieser Zeit
Das ganze Jahr vorüber.

Es war nicht unsere Grechtigkeit
Dass Gott uns soviel guts erzeigt,
Sondern sein Gnad und Güte.

Dafür wir ihm sollen dankbar sein,
Dass er uns war so gnädig g'sein
In unserem Vaterlande.

Jetzt treten wir an ein neues Jahr;
Gott will uns segnen immerdar
Mit Gsundheit und viel Früchten.
Gott segne geist und weltlich Stand
Ze Hülf und Trost im Vaterland
Nach seinem Wohlgefallen.

Jetzt wünsch ich Euch ein gutes Jahr,
Erstlich dem Herrn Pfarrer zwar
Und allen Vorgesetzten.

Hausvätern, -müttern allgemein,
Wie auch dieser ehrsamen Gmein,
Dazu auch dem Schullehrer.

Söhn, Töchter, Knecht, Mägd, Weib und Kind,
Auch alle die in Krankheit sind,
Wöll Gott in Gnad erhalten.

Er bhüte auch in sonderheit
Vor Hunger und vor theurer Zeit
Und schweren Ungewittern.

Gott bhüt das Vieh und Haus und Heim,
Die Frücht im Feld und an den Bäum,
Den Weinstock auch desgleichen.

Gott wölle auch bekrönen wohl
Dass Tenn und Trotten werden voll
Von Wein und von Getreide.

Ich wünsch Euch Allen viel Glück und Heil,
Dass Gottes Gnad Euch werd zu Theil,
Dazu das ewig Leben.

Mein Wunsch mach Gott in Gnaden wahr;
Er gebe noch viel gute Jahr
Durch Jesum Christum. Amen.»[10]

Zeitungen und Bücher

«Überall tauchen neue Zeitungen auf. In die entferntesten Täler, auf die höchsten Höhen tragen sie Kunde von dem, was in unserem Weltteile Grosses geschieht. Alles lauscht mit der gespanntesten Aufmerksamkeit auf die Pulsschläge der Gegenwart; auf die Wehen, unter denen eine neue Zeit sich zu Tage ringt.»[1] Besser als diese Sätze aus dem «Prospektus» des Baselbieter Landschäftlers vom Dezember 1848 kann man wohl die Strömung jener Jahre kaum umschreiben. Die Presse war Vehikel des Fortschrittes, Mittel zur Aufklärung, zur Bildung, aber auch ein Mittel der politischen Parteien. Sie war, wie ein Historiker sagte, «die vierte Gewalt im Staat.» Wie stark sie das politische Leben und Geschehen beeinflusste, wird schwer zu bestimmen sein. Wir wissen auch nicht genau, wieviele Menschen die Zeitungen lasen. Im Baselbiet beispielsweise war im ersten Drittel des letzten Jahrhunderts einzig das Blatt Heinrich Zschokkes «Der aufrichtige und wohlerfahrene Schweizer Bote» bekannt. Seine Auflageziffer wird zwischen 3000 und 5000 geschätzt und muss für die damaligen Verhältnisse als recht hoch bewertet werden. Ernst Münch, ein Zeitgenosse und Freund Zschokkes, berichtet, es sei «beinahe unter dem gemeinen Volk sprichwörtlich» gewesen, einem, der aus der Reihe tanzte, zuzurufen: «Du wirst gewiss noch in's Blättlein kommen!» Wenn, so schreibt er, «sonntags die von den Mühen der Woche rastenden Landleute und Bürger in der Stadt vergnüglich um den Wirtstisch sitzen, dann wird vor allem andern das Blättlein hinter dem Spiegel hervorbegehrt; die Politiker rücken näher zusammen und das Vorgelesene wird sodann parlamentarisch und mit vielen Glossen kommentiert, bisweilen auch berichtigt und widerlegt.»[2] Welche Artikel wurden bevorzugt? Las der einfache Mann politische Abhandlungen oder nur die Inserate? Lag ihm, wie ein Fabrikarbeiter in seiner Autobiographie meinte, die Rätselecke mehr am Herzen als alles andere? Wie gross war die Freude, schreibt Heinrich Brandenberger (1826–1882), «wenn ein Silbenrätsel im Blatte (gemeint ist der Zürcher Oberländer Allmann) erschien, um den Kern herauszuknacken.»[3] Um 1820 war in Buus und Rothenfluh eine einzige Zeitung abonniert. Um 1845 gab es in Maisprach drei bis vier Zeitungen. Erst in den politisch erregten sechziger Jahren stiegen die Zahlen an: Buus 40, Rothenfluh 50, Hemmiken 28. In Maisprach gab es fast in jeder Haushaltung eine Zeitung. Um 1900 soll auch im ärmsten Haus eine Zeitung gehalten worden sein.[4] Gesamtschweizerisch gesehen, stieg die Zahl der neu gegründeten Zeitungen und Zeitschriften – insgesamt 739 von 1748 bis 1848 – vor allem nach 1830 stark an. Dabei hat zweifellos die Aufhebung der verhassten Pressezensur mitgewirkt. Wie hatte man doch unter der Unterdrückung der Meinungspresse, in der Restauration und Mediation, gelitten. Die Klagen nahmen zu; mit der Zeit war man nicht mehr bereit, die lästige Bevormundung hinzunehmen. «Als in Trogen im Kanton Appenzell Aus-

XII. Mon. Wochentage.		Dezember. Christmonat.		Mondlauf.
		Katholisch.	Protestantisch.	
Donnerst.	1	Eligius, B.	Nahum	☽
Freitag	2	Bibiana, J.	Petr. Chr.	
Samstag	3	Franz Xaver	Charlotte	
49.		Kath. Johannes im Gefängniß. Matth. 11, 2—10. Prot. Johannis Predigt. Luc. 3, 1—18.		
Sonntag	4	2. Advent	2. Advent	
Montag	5	Sabbas, Abt	Nicetas	
Dienstag	6	Nikolaus, B.	Nikolaus	
Mittwoch	7	Ambrosius, B.	Agathon	
Donnerst.	8	Mariä Empfängn.	Mariä Empf.	
Freitag	9	Joachim	Willibald	
Samstag	10	Eulalia	Melchiades	☺
50.		Kath. Johannis Zeugniß von Christo. Joh. 1, 19—28. Prot. Johannis Zeugniß. Joh. 1, 15—30.		
Sonntag	11	3. Advent	3. Advent	
Montag	12	Bertholdus	Berthold	
Dienstag	13	Lucia	Ottilia	
Mittwoch	14	Quatember	Quatember	
Donnerst.	15	Christiana	Abraham	
Freitag	16	Albertus	Adelheid	☾
Samstag	17	Lazarus, B.	Bezza, J.	
51.		Kath. Stimme in der Wüste. Luc. 3, 1—4. Prot. Johannes im Gefängniß. Matth. 11, 2—10.		
Sonntag	18	4. Advent	4. Advent	
Montag	19	Nemesius	Adjutus	
Dienstag	20	Christianus, B.	Achilles	
Mittwoch	21	Thomas, Ap.	Thomas, Ap.	
Donnerst.	22	Beata, J.	Demetr. Wint.-A.	
Freitag	23	Viktoria, J. M.	Dagobert	●
Samstag	24	Adam, Eva	Adam, Eva	
52.		Kath. Geburt des Herrn. Luc. 2, 1—14. Prot. " " " 2, 1—14.		
Sonntag	25	Heil. Christfest	Heil. Christfest	
Montag	26	Stephanus, M.	Zweites Fest	
Dienstag	27	Johannes, Ev.	Johannes, Ev.	
Mittwoch	28	Unsch. Kindlein	Unsch. Kindlein	
Donnerst.	29	Thomas, B.	Jonathan	
Freitag	30	David, k. Pr.	David	
Samstag	31	Sylvester, P.	Gottlob	

Den 4. Barbara, J. M. — Den 11. Daniel. — Den 14. Matronius. — Den 18. Mariä Erw.

Die Sonne geht aus dem Schützen in das Zeichen des Steinbocks am Donnerstag den 22. Kürzester Tag, längste Nacht. Winters-Anfang.

☽ Erstes Viertel den 2. Trocken.
☉ Vollmond den 10. Wind mit Schneegestöber.
☾ Letztes Viertel den 16. Nasses Wetter.
● Neumond den 24. Stürmisch.

Vermuthliche Witterung.

Am 2. trocken. 4. schön. 6. gelind. 8. Nebel. 16. naß. 19. Schnee. 20. Gewölkt. 21. trüb. 25. Wind. 27. feucht. 28. düster.

Sonnenaufgang.		Sonnenunt.	
Den 4. um 7 U. 38 M.		4 U. 3 M.	
» 11. » 7 » 46 »		4 » 1 »	
» 18. » 7 » 52 »		4 » 2 »	
» 25. » 7 » 55 »		4 » 6 »	

Tageslänge.

Den 4.	8 Stunden	25 Minuten.
» 11.	8 » »	15 » »
» 18.	8 » »	10 » »
» 25.	8 » »	11 » »

Bauernregeln.

St. Barbara soll Blüthenknospen zeigen.
Weihnachten naß,
Gibt leere Speicher und Faß.
Immer bringt der Dezemberdonner
Regen und Wind im nächsten Sommer.
Scheint die Sonne am Christtage klar,
So bedeutet 's ein glückliches Jahr;
Wählt sie sich aber St. Stephan aus,
So sagt es eine Theurung voraus.
Gehen in der Christnacht die Weine über,
so folgt ein gutes Weinjahr.
Wenn es in der Christnacht schnelet, so
soll der Hopfen wohl gerathen.
Wenn auf Weihnachten die Winde stark
wehen,
Ist auf viel Obst im nächsten Jahr zu
sehen.
Grüne Weihnachten, weiße Ostern.

serrhoden, der keine Zensur kannte, 1828 die oppositionelle liberale ‹Appenzeller Zeitung› gegründet wurde, war das ein Ereignis von gesamtschweizerischer Bedeutung.»[5] Mit der Alphabetisierung nahm auch die Lesefähigkeit zu. Rudolf Schenda hat geschätzt, dass in Deutschland um 1770 25 Prozent der Bevölkerung lesen konnten. Um 1800 waren es 40 Prozent, um 1870 75 Prozent und um 1900 90 Prozent. Doch diese Zahlen verstehen sich nur als abgerundete, optimale Zahlen, und sie bedeuten, so Schenda, nicht, «dass ein solcher Prozentsatz der Bevölkerung auch wirklich las».[6] Genaue Zahlen für die Schweiz liegen nicht vor. Sicher ist eines: «Eine neue Art zu leben, zu denken, zu fühlen und zu handeln brach sich langsam Bahn.»[7] Hatte bisher nur eine verhältnismässig kleine Schicht an der Hochkultur teilgehabt, so sollte jetzt auch die Masse des Volkes daran beteiligt werden. Mittels Presse und Schule sollte die volkstümliche Tradition überwunden werden: Gleiches Recht für alle auch auf dem Gebiete der Bildung.[8] Die Wissenschaft wird zu einer Bildungsmacht, wird oberste Richterin aller Dinge im Himmel und auf Erden, wie es einmal Gotthelf formulierte.[9] Wie früher die Aufklärer glaubten auch jene des 19. Jahrhunderts, das Wissen um das Gute ziehe auch ein entsprechendes Handeln nach sich. Und nicht zuletzt war Wissen auch Macht, liess sich «praktisch verwerten, sogar in Geld umset-

279 Wer lesen konnte, hielt sich im 19. Jahrhundert einen Kalender. Noch in der ersten Hälfte des Jahrhunderts galt es, die guten und bösen Tage zu beachten. In der Mitte des letzten Jahrhunderts sind die astrologischen Zeichen, wie dieses Kalenderblatt des Monats Dezember vom Jahre 1859 zeigt, zum grossen Teil verschwunden. Es blieben aber die Mondphasen und zwei Fische als Bezeichnung der Fastentage.

zen».[10] Deutlich wird das in den Statuten des Lesezirkels von Hottingen 1883 ausgesprochen. Es wird von nützlicher Unterhaltung und Belehrung gesprochen, dazu sollen gute Zeitschriften und «gediegene Bücher» angeschafft werden. Die Gründer wollten mehr: Es galt, die Früchte «wissenschaftlicher Forschung in breite Schichten des Volkes zu bringen».[11]

Freilich gab es auch verhängnisvolle Irrtümer: Viele glaubten, dass die Bildung von der Quantität des Wissens abhängig sei. In den Augen vieler Schweizer bestand das Volk demnach aus Gebildeten, weniger Gebildeten und gänzlich Ungebildeten. Man sprach über Bücher und Zeitungen, und da wurde es recht übel vermerkt, wenn man sagte, man habe es noch nicht gelesen. Eine Art von «Bildungshochmut» begann sich breitzumachen. Ein Mann, der, auf eigene Beobachtung gestützt, um 1900 die Meinung vertrat, die Sonne drehe sich um die Erde, wurde verlacht, verspottet und als «ein zweiter Galilei» bezeichnet.[12]

Für den einfachen Mann war das Buch seiner hohen Kosten wegen damals kaum erschwinglich. Die Buchhandlungen waren selten, man war nach wie vor auf Hausierer angewiesen. Zwar gab es mehr und mehr Lesegesellschaften, Lesevereine und Lesezirkel, Leihbibliotheken, die Bücher ausliehen. Die Mitgliederlisten zeigen, dass sich die Leser aus dem bildungsbestrebten Bürgertum zusammensetzten. Fabrikarbeiter sind kaum oder nur sehr selten anzutreffen.[13] Wohlhabende Bürger besassen selbst einige Bücher, und sie liehen sie oft auch aus. Doch der Brauch des Bücherausleihens war unbefriedigend. Die Unart des Nicht-mehr-Zurückgebens herrschte vor. Das Bücherangebot war nicht allzu reichhaltig. Hausierer und Leihbibliotheken bestimmten die geistige Kost ihrer Kunden. Was vor allem in der ersten Hälfte des Jahrhunderts angeboten wurde, waren abenteuerliche Erzählungen, Sensationsgeschichten, moralische Geschichtchen und Anekdoten, wie sie auch die weitverbreiteten Kalender anboten. Man muss sich stets vor Augen halten, dass es gerade «diese massenhaft verbreiteten Büchlein waren, die das geistige Bild der meisten Menschen des 19. Jahrhunderts mitprägten».[14] Was die populären Lesestoffe boten, ist alles andere als erfreulich. Helden wie Napoleon besitzen überhaupt nur noch positive Aspekte. Die Realität der Armut wird ausgeklammert. Bei den Mordgeschichten fehlt jede sozialkritische Interpretation. Die Auseinandersetzung mit aktuellen Problemen wird oft gemieden.[15] Bei der Auswahl eines Buches genügte manchmal ein zügiger, vielversprechender Titel. Und doch verraten schon die Titel nicht viel Gutes: «Friedrich mit den gebissnen Wangen», «Amaliens Erholungsstunde», «Taschenbuch für lustige Leuth» kamen auf diesem Wege unter die Erwerbungen der Wädenswiler Lesegesellschaft. Die massgebenden Leute der Lesegesellschaft pflegten intensive Beziehungen mit der Zieglerischen Buchhandlung in Zürich, und diese empfahl beispielsweise die Anschaffung der «Geschichte der merkwürdigsten Reisen, welche seit dem zwölften Jahrhundert Jahrhunderte zu Wasser und zu Land unternommen worden sind». Von dieser Sammlung älterer und ältester Reisebeschreibungen über Afrika wurden jahrelang sämtliche nachfolgenden Bände weiterbezogen. Die Buchhandlung zum Elsässer lieferte an die Lesegesellschaft den «Unterricht in der Naturgeschichte für diejenigen, welche noch wenig oder gar nichts von derselben wissen». Die gleiche Buchhandlung lieferte auch die ersten Proben zeitgeschichtlicher Werke nach Wädenswil. Weitere Bücher bezog man von der Versandbuchhandlung Frickhardt in Zofingen. Von dieser Buchhandlung gelangte auch das berühmte Buch «Über den Umgang mit Menschen» des Freiherrn von Knigge ins dörfliche Milieu.[16]

Farbig hat Gottfried Keller in den «drei gerechten Kammachern» geschildert, wie die «Bibliothek» einer einfachen Näherin aussah. Züs Bünzlin las am Sonntag fleissig. «Sie besass noch alle ihre Schulbücher seit vielen Jahren her und hatte auch nicht eines verloren, so wie sie auch noch die ganze kleine Gelehrsamkeit im Gedächtnis trug, und sie wusste noch den Katechismus auswendig, wie das Deklinierbuch, das Rechenbuch, wie das Geographiebuch, die Biblische Geschichte und die weltlichen Lesebücher; auch besass sie einige der hübschen Geschichten von Christoph Schmid und dessen kleine Erzählungen mit den artigen Spruchversen am Ende, ein halbes Dutzend verschiedene Schatzkästlein und Rosengärtchen zum Aufschlagen, eine Sammlung von Kalendern voll bewehrter mannigfacher Erfahrung und Weisheit, einige merkwürdige Prophezeiungen, eine Anleitung zum Kartenschlagen, ein Erbauungsbuch auf alle Tage des Jahres für denkende Jungfrauen und ein altes Exemplar von Schillers Räubern, welches sie so oft las als sie glaubte, es genugsam vergessen zu haben, und jedesmal wurde sie von neuem gerührt, hielt aber sehr verständige und sichtende Reden darüber. Alles was in diesen Büchern stand, hatte sie im Kopfe und wusste auf das Schönste darüber und über noch viel mehr zu sprechen.»[17]

Man wird dieses literarische Zeugnis mit Vorsicht bewerten und auswerten dürfen. Vielleicht sagen doch die Autobiographien etwas mehr aus. Der Fabrikarbeiter Heinrich Brandenberger, von dem schon die Rede war, berichtet, dass er als junger Bursche in der Weberei arbeitete und damals jede Pause benutzte, um zu lesen. «Was ich aufgabeln konnte, durchstöberte ich; den Schinder Hannis, die Genoveva, und in Mangel andere Schriften benutzte ich, oft auch vom Nachbar, Altegger genannt, fromme Traktätchen, muss aber gestehen, dass mir diese ‹Baslerleckerli› nie gemundet haben, da war dann der Bührli-Kalender aus Zürich mir eine lieb're Seelenspeise, die heiteren Gedichte, welche namentlich in 1840er Jahrgängen jährlich so gut gewürzt von David Bürkli aufgetischt wurden. O! Wie gerne habe ich dieselben gelesen und mich daran ergötzt! – und auswendig gelernt, und bis auf den heutigen Tag sind mir die meisten der Gedichte, namentlich die in Zürcher Mundart geschriebenen, im Gedächtnis geblie-

280 Der prompte Bücherdienst. Die Lesegesellschaften und Lesezirkel des 19. Jahrhunderts haben Zeitschriften und Bücher in Schachteln zirkulieren lassen. Einen recht guten Dienst unterhielt der Lesezirkel Hottingen in Zürich. Auf unserem Bild geschieht die Mappenzirkulation um 1907 bereits mit einem Auto.

ben.»[18] Der «Durst nach Büchern», so meinte er, habe ihn immer mehr zum Lesen angespornt, das sei sehr notwendig gewesen, denn mit täglich vierzehnstündiger Arbeitszeit wären sonst «die geistigen Triebe fast erstickt».[19]

Was sich Heinrich Brandenberger zu Gemüte führte, ist, wie wir unschwer erkennen, von ungleicher Währung. Neben Schiller finden wir den Schinder Hannes und die Genoveva, den Bürkli-Kalender und die Lebensgeschichte von Platter. Gewiss nicht einmal die schlechteste Auswahl! Bei manch anderen Zeitgenossen dürfte das Sortiment anders ausgesehen haben. Da waren die Kolportageromane Trumpf: «Die schauerlichen und blutrünstigen Bilder», schreibt ein Leser, «stehen mir noch vor Augen, die schreienden Titel auch ... Dutzende solcher Schmökereien gingen durch unsere Hände. Es war sehr schlimm.»[20] Gottfried Keller, der die Verhältnisse genau kannte, plädierte für eine Verbrennung der Leihbibliotheken; so würde aller Schund zerstört und man könnte «lauter gute Nahrung» für das Leservolk anschaffen.[21]

Tatsächlich machten sich um die Mitte des 19. Jahrhunderts gemeinnützige Gesellschaften daran, «gute Bücher unter das Volk zu bringen». Freilich ernteten sie nicht immer nur Lob, schrieb doch das «Volksblatt» (BL) vom 31. Juli 1851, die gemeinnützige Gesellschaft in Langenbruck habe Hans Jakob oder die beiden Seidenweber von Gotthelf empfohlen. Er habe, so bekennt der Redaktor freimütig, diese Schrift zwar nicht gelesen. Doch Bitzius sei der «Schwärzeste unter den Schwarzen». Sprache und Titel seines Buches seien gewiss anziehend und lockend, «aber es steckt ein pfäffisch-aristokratischer Geist dahinter, der nicht für die Landschäftler passt».[22] Dieses harte Urteil wird indessen am 4. September 1851 zurückgenommen. Die Schrift sei ein gutes Volksbuch, auch «aus einem faulen Teuchel kann mitunter noch lauteres Wasser fliessen». Jetzt werden dem Buch recht viele Leser gewünscht: «Es enthält eine Menge wohlgelungener Zeichnungen aus dem Volksleben und ist ein trefflicher Sittenspiegel für jung und alt, Männer, Weiber und Kinder.»[23]

Ein Sittenspiegel – gewiss, das sind Gotthelfs Erzählungen! Doch sind sie mehr als das: Sie sind Hilfen zu besserem Leben. Zwar versuchte Gotthelf das Leben realistisch und «unverblendet», wie es im Bauernspiegel heisst, wiederzugeben. Aber diese Realität wird an einer umfassenden geistigen Wirklichkeit, an der Welt des Christentums gemessen. Wie seine Predigten sind seine Schriften Verkündigungen des Reiches Gottes. Seine Leser waren, ohne sich dessen bewusst zu sein, bei ihm in der Predigt, in der Kirche.[24]

Manche Romane – man denke an «Zeitgeist und Bernergeist» – sind allerdings Anklageschriften, sind Straf- und Lehrbücher. Da tritt Gotthelf gegen den ihm so verhassten «falschen» Fortschrittsgeist an. Indem er den bäuerlichen Geist seiner Heimat gegen den Zeitgeist, den Weltgeist verteidigt, schafft er so etwas wie eine Insel des Bewahrens, einen Hort des Guten und Wahren.[25] In der Egozentrik der Triebe und des Ehrgeizes sah er die Familie, die Ehe zerfallen. Gerade die Ehe war aber für ihn wichtig, ja sankrosankt. Er sah es als selbstverständlich an, dass beim Eheschluss der Bauern manche wichtige Dinge, nicht nur das persönliche Glück, zu betrachten waren. Der junge Hoferbe muss eine Frau haben, die seine Mutter ersetzen kann: «Für es rechts Hus z'füehre, müesse Ma u Frau sy.» Geld und Geist sind wichtig, doch nicht alles: «Wenn man einen grossen Kohlwagen voll Dublonen hätte, was hilft's einem, wenn man ein Babi zur Frau hat ...»[26]

Zur rechten Ehe gehören für Gotthelf selbstverständlich Kinder. In reichen Häusern achtet man freilich darauf, nicht allzu viele zu bekommen. Nur

Kleinbauern sind «überkindet», da ist man fast froh, wenn ein kleines Kind stirbt.[27] Ein rechter Hof ist für Gotthelf das «Muster einer engen, wohlgeordneten Lebensgemeinschaft, ein kleiner Kosmos, der sich beinahe selbst genügt».[28] Hof bedeutet aber auch Heimat, bedeutet Geborgenheit. Wenn jemand von zu Hause weg muss, freut er sich bei der Heimkehr, so wie sich ein Schiffer freut, der nach langer Irrfahrt seinen Hafen wieder findet: «So wohl wie daheim ist einem doch nirgends auf der Welt, wenn sie schon so gross ist.»[29]

Sowohl für den Hof wie für das Dorf gibt es strenge Ordnungsregeln, denn das Land ist ja «keine Krautsuppe, wo alles durcheinander isst und keiner viel mehr als der andere».[30] Die Gemeinde gibt auch das Mass für das politische Denken, denn der Staat ist eine ziemlich ferne Grösse. Die Formen sind einfach. An der Gemeindeversammlung spricht man über ein neues Schulhaus, eine Feuerspritze, über den Dorfmuni, in der Käsereigenossenschaft über die Anstellungsbedingungen des Käsers.[31] Selbstverständlich wusste Gotthelf, dass das Gemeinschaftsdenken dem Eigennutz oft unterlag. Den Vehfreudigern fehlt jedes Holzgewissen: «Die Mindesten stahlen Holz aus Privatwaldungen, die Mittleren aus dem Gemeindewald, die Bessern aus dem obrigkeitlichen, bloss die Allerbesten stahlen gar keines.»[32] Wer den Hof richtig verwaltet, wird, so Gotthelf, auch den Wald sorgfältig behandeln: «Von weitem erkennt man dieses Verhältnis an der Üppigkeit des Landes, den alten schönen Bäumen, den wohl erhaltenen Gebäuden, der Sorgfalt, welche im Grossen und Kleinen sichtbar ist.» Seinen Lesern führt Gotthelf aber auch jene Höfe vor, denen man «nur genommen, nicht gegeben, die Nidel ab der Milch, nun ist diese noch da, so dünn und blau. Wenn bei einem Gute Wald sein soll, merkt man denselben kaum mehr. Die Bäume stehen in demselben so dünn und traurig, wie Zähne im Mund eines achtzigjährigen Zuckerbäckers.»[33]

Im Dorf müssen die Vorsteher und die Richter mit dem guten Beispiel vorangehen. Respekt gebührt ihnen. Wer sie verhöhnt, begeht Majestätsverbrechen.[34] Zwar gibt es im Dorf Standesunterschiede und Ungleichheiten. Aber da bestehen doch Brücken, wie etwa die Arbeit, die alle gleich, ob oben oder unten, zu verrichten haben. In schweren Zeiten, bei Feuer, Hagelschlag, Wassersnot, steht man einander ohnehin bei.[35] Und Wohltätigkeit gehört zum Ruhm eines Hauses.

Positiv steht Gotthelf dem alten Brauch, der Tradition gegenüber. Er weiss, dass seine Berner das Alte hochschätzen und das Neue ablehnen. Und er kennt den Beharrungswillen des Volkes. Anne Bäbi Jowäger beruft sich auf den Kosmos, um irgendeine Neuerung abzulehnen: «Es seien Sonne, Mond und Sterne gleich geblieben, alle vier Wochen sei Wädel (erstes Mondviertel), und der Herr werde auch der gleiche geblieben sein. Immer das Gleiche bedeutet Ordnung. Verfluchte Moden, wo alles ‹angers› sein sollte.»[36] Doch Gotthelf warnt auch vor Trägheit und Passivität: «Die Vehfreude ist ein Dorf, wo Lehm sozusagen das herrschende Mineral ist.»[37] Auf seinen Gängen in die Häuser stiess er aber auch immer wieder auf Trägheit und Passivität, und er geisselte solches Verhalten. Gleichzeitig wusste er aber, dass das volkstümliche Geschichtsbewusstsein, das im Ahnenkult so sichtbar verkörpert ist, doch zu einer grossen Stabilität verhalf. Was die Alten taten und glaubten, ist gut, hat sich bewährt. Und die Vorfahren sind nicht irgendwelche Ahnen, sondern die unmittelbaren Vorläufer: Vater, Mutter, Grossätti, Grossmuetti. Nicht nur im Leben, sondern auch im Tode greifen sie in das Dasein der Nachkommen ein…[38]

281 Gottfried Keller um 1887. Auf diesem Alters-
bildnis, einer Radierung von Karl Stauffer,
erscheint der kleingewachsene Mann in seiner ganzen Grösse. Kennzeichnend sind auch die Zeilen,
die Gottfried Keller der Radierung beigefügt hat:

Was die Natur schon fragmentirt,
Hat hier des Künstlers Hand ersquirt;
So aus der doppelten Verneinung
Kommt ein bedenklich Ganzes zur Erscheinung
Es scheint der kurze Mann fast krank,
Doch raucht er ja noch, Gott sei dank!

281

Man kann sich den volkstümlichen Traditionalismus, wie ihn Gotthelf
immer wieder dargestellt hat, nicht sinnlich genug vorstellen. Die grosse
Schatzkammer, der Spycher, enthält den Segen der Arbeit von Generationen. Allerdings spielen, wie Gotthelf immer wieder betont, auch ethische
und religiöse Werke mit. Joggeli auf der Glungge, der den Hof vom Vater in
gutem Zustand übernommen hat, könnte nicht ruhig sterben, wenn er ihn
nicht in ebensogutem Zustand überliefert hätte: «Wie durfte ich wieder zu
ihm kommen, wenn ich schlecht hinterlassen würde, was er gut übergeben.»[39] Gotthelfs Menschen sind überzeugt, dass ihr Geschlecht «auf den
Erfahrungen und Erfindungen der früheren Geschlechter steht». Den Vorfahren aber dankt man am besten, indem man ihnen nachlebt. Es wäre einer
«ein schlechter Sohn, wenn er den Pflug nicht im gleichen Loche fahre wo
der Vater».[40] Die Tochter wusste immer, was die Mutter «albits gseit het».
Es darf allerdings, so Jeremias Gotthelf, nicht Lebenszweck der Frau sein, ein
Dutzend Kinder auf die Welt zu stellen und ein paar tausend Gulden auf
einen Haufen zu kratzen, vielmehr geht es darum, anstelle «der alten Natur
nach einer neuen zu trachten, ein neues Wesen zu werden».[41]

Nun war Gotthelf nicht nur ein grosser sozialer Erzähler, sondern auch ein
Zeit- und Gesellschaftskritiker. Dort aber, wo er Himmel und Erde zusammen brachte, wuchs er über sich selbst hinaus, schuf er dank seines künstlerischen Vermögens Werke, die mehr waren als Dorferzählungen.

Wer ein gutes Buch von einem guten Schweizer Dichter wollte, musste
nicht nur zu Gotthelfs Werken greifen. Da gab es einen anderen Grossen:
Gottfried Keller. Wie Gotthelf, so hat auch Gottfried Keller sein ganzes
Leben lang, fast ohne Unterbruch, zu allen Zeitproblemen Stellung bezogen,
sie gewertet und sie zu beeinflussen versucht. Frühe Tagebucheintragungen
geben davon Zeugnis: «Die Zeit ergreift mich mit eisernen Armen. Es tobt
und gärt in mir wie in einem Vulkan. Ich werfe mich dem Kampfe für völlige
Unabhängigkeit und Freiheit des Geistes und der religiösen Ansichten in die
Arme; aber die Vergangenheit reisst sich nur blutend von mir los.»[42]

Wie weit ist dieser Prozess gelungen? Wie weit hat sich Keller von der
Vergangenheit formen lassen? Wie die Mehrzahl der Dichter des bürgerlichen Realismus ist Keller in der Sphäre des Kleinbürgertums aufgewachsen.
Wie sie hat auch er aus ihr Lebenswerte und Lebensbedingungen empfangen,
sich jedoch gleichzeitig aus deren Enge herauskämpfen müssen. Für Keller
war das Kleinbürgertum ein sittliches und soziales Fundament, das er zwar
brauchte, zu dem er jedoch Abstand gewinnen musste, um zur völligen
Unabhängigkeit zu gelangen. Als Fundament und als Begrenzung ist dieses
Erbe in seinem Werk gegenwärtig geblieben, und aus den mit Heiterkeit und
Humor durchwirkten Sätzen, mit denen er diese Welt beschreibt, spricht
zugleich Liebe und Abwehr, Vertrautheit und Abstandnahme, Sympathie
und Kritik. Keller war sich seiner kleinbürgerlichen, handwerklichen und
auch ländlich-bäuerlichen Herkunft jederzeit bewusst, ja er war stolz auf sie.
So beginnt der Grüne Heinrich seine Lebensgeschichte mit den Worten:
«Mein Vater war ein Bauernsohn aus einem uralten Dorfe», und so bekannte
der Dichter, als ihm 1878 das Ehrenbürgerrecht der Stadt Zürich verliehen
wurde, dass er, obgleich er die geschichtliche Bedeutung der grundlegenden
Stadt keineswegs verkenne, sich stets als Angehöriger der Landschaft glücklich gefühlt habe.

Stadt und städtische Entwicklung: Keller war skeptisch. Um 1878 klagt
er, dass «unser Nest nun zu den langweiligen Vergrösserungspunkten
gehört, wo von allen Seiten neue Horden müssiger und unmüssiger Men-

schen zulaufen.» In einer Zeit, in welcher die Städte noch im Wettstreit um die Einwohnerzahl lagen und in welcher man Stadttor und Stadtmauern bedenkenlos, ja begeistert dem Verkehr und der Vergrösserung opferte, trat er für die Erhaltung schöner Bauten und alter Bäume ein. Als die Solothurner um 1883 ihre Bastionen sprengten, entstand das Gedicht «Die Ratzenburg».[43] Wir haben es im Kapitel «Wohnen» beschrieben.

Gottfried Keller kannte, um einen modernen Begriff zu verwenden, den komplementären Charakter der Erscheinungen. So lässt er Frau Regel Amrein sagen: «Nun da das Gesetzliche und das Leidenschaftliche, das Vertragsmässige und das ursprünglich Naturwüchsige, der Bestand und das Revolutionäre zusammen erst das Leben ausmachen und es vorwärts bringen, so war hiegegen nichts zu sagen als: seht euch vor, was ihr ausrichtet!» Keller hat den Übergang der Schweiz vom Hirtenland zum Industriestaat bejaht. Weil er die Wichtigkeit, ja Notwendigkeit der Industrie anerkannte, versuchte er auch in ihr Wesen einzudringen. Seine Sachkenntnis erweist sich als umfassend und präzis. Manche Aussprüche erweisen sich fast als prophetisch. Eines Tages, so sagt Frau Marie Salander, werde ein schrecklicher Kriegszug nötig werden, «welchen die Schweizer nach Asien oder nach Afrika werden unternehmen müssen, um ein Heer von Arbeitssklaven oder besser ein Land zu erobern, das sie liefert. Denn wer soll den ärmeren Bauern die Feldarbeit verrichten helfen?»

Gottfried Keller war realistisch genug, um zu sehen, dass es in der Wirtschaft immer einen Kampf der Interessen geben wird. Die Frage, die ihn aber beschäftigte, war: Wo findet sich ein gerechter Ausgleich? Gibt es eine deutliche Grenze zwischen Gut und Böse, zwischen Erlaubtem und Unerlaubtem, zwischen Recht und Unrecht? Anhand verschiedener Beispiele aus der wirtschaftlichen Praxis suchte er sich darüber Rechenschaft zu geben. Um 1850 erschienen in den schweizerischen und zürcherischen Zeitungen ganzseitige Inserate, welche ein Stärkungsmittel unter dem Namen «Revalenta arabica» anpriesen. Wie ist dieses Unternehmen, das von London aus die halbe Welt belieferte, zu beurteilen? Sicher, so meint Keller, herrschen in dieser Firma gute Ordnung, Fleiss, Betriebsamkeit und Initiative, und sicher wird auch gute Arbeit geleistet, «um dem Bohnenmehl neue Bahnen zu eröffnen und es in diesem und jenem Weltteil vor drohender Konkurrenz zu schützen». Und doch stehen wir vor einer betrügerischen Spekulation, denn die Erfinder und Produzenten dieses Stärkungsmittels rechnen mit der Gutgläubigkeit der Käufer. Das wäre nicht allzu schlimm, wenn nicht Revalenta arabica gemacht würde mit anderen Dingen, die weniger harmlos sind als das zum Stärkungsmittel erhobene Bohnenmehl.

Diese Bemerkungen finden wir im Grünen Heinrich. Das Thema der Spekulation wird in den Leuten von Seldwyla wieder aufgenommen und weiterentwickelt. In dieser Satire auf das schweizerische Bürgertum wollte Keller nach seinen eigenen Worten die Freude am Lande mit einer heilsamen Kritik verbinden, denn er hielt es für die Pflicht eines Dichters, «nicht nur das Vergangene zu verklären, sondern das Gegenwärtige, die Keime der Zukunft so weit zu verstärken und zu verschönern, dass die Leute noch glauben können, ja, so seien sie, und so gehe es zu...» Wie man schwangeren Frauen schöne Bildwerke vorhalte, so müsse man dem allzeit trächtigen Nationalgrundstock stets etwas Besseres zeigen, als er schon ist; dafür könne man ihn auch um so herzhafter tadeln, wo er es verdiene...

Dass die schweizerische Industrie die Kosten möglichst niedrig halten muss, um auf den Weltmärkten konkurrenzfähig bleiben zu können, war

282

Gottfried Keller wohl bewusst. Wir sind, so sagte er, stolz auf unsere weltverbundene, blühende Wirtschaft. Wir sind auch stolz darauf, dass schweizerische Fracht auf allen Meeren fährt, «aber wir möchten auch gerne stolz auf die freie Hand sein, die man in einem so freien und durchsichtigen Gemeinwesen haben sollte, die Dinge sich nicht über den Kopf wachsen zu lassen, sondern sie nach Vernunft und Menschlichkeit zu bezwingen.» Auch im Wirtschaftsleben haben für ihn sittliche Massstäbe zu entscheiden. Reichtum und Wohlfahrt sind nicht höchste Ziele, sie allein machen nicht glücklich. Eigentliches Glück findet nur der opferbereite, Familie und Gemeinschaft verpflichtete, zu innerer Freiheit bereite Mensch. Zur wahren inneren Freiheit kommen wir erst, wenn wir das Einzelne und Vergängliche dem Unendlichen und das Gewissen, das in der Wirtschaft und Politik «so oft durch Rücksicht des nächsten Bedürfnisses der scheinbaren Zweckmässigkeit der Parteiklugheit befangen und getäuscht wird, dem Ewigen und Unbestechlichen gegenüber stellen». Keller hat diese Worte für das Bettagsmandat 1862 geschrieben. Es war eine Zeit höchster Bedrohung. Wir wissen, dass diese Worte damals als heilsame, aber auch tröstliche Botschaft betrachtet wurden.[44]

Der dritte Dichter, der dem Schweizervolk in dieser Zeit geschenkt wurde, war Conrad Ferdinand Meyer. Er war von anderer Statur als Keller und Gotthelf. In seinem Werk ist von der Gotthelfschen Freude an der Wirklichkeit der eigenen Zeit wenig zu spüren. Der demokratische Gedanke, wie er bei Gottfried Keller vorherrschte, ihn prägte, war ihm fremd.[45] Conrad Ferdinand Meyer hat die Leitbilder seiner Kunst in der Geschichte gesucht. Im Vergangenen suchte er das zu finden, was ihm selbst versagt war: Willenskraft, Vitalität, Sinnlichkeit und Lebenstrunkenheit. Die Geschichte bot ihm, was er suchte: glühende Farben der Leidenschaft und harte Gewalt der Konflikte. «Die Geschichte wurde ihm zur Bühne, auf der der Mensch autonom und einsam geworden eine ihm aus dem Unbekannten zugewiesene Rolle spielt.»[46] Dass sein Werk gleichwohl von Ungezählten gelesen, ja bewundert und geliebt wurde, ist bekannt.[47] Allerdings hat sich Conrad Ferdinand Meyer nie um die Lebensform und das Lebensgefühl seiner Leser gekümmert. Italien und das Reich standen ihm näher als seine Landsleute. Er sprach ihnen jede Grösse ab: «Dieses Land ist für ihn durch und durch neutral, heisst: da ist nichts Entschiedenes, nichts Kräftiges.»[48] Conrad Ferdinand Meyer hatte in vielen Dingen eine andere Auffas-

282 Noch zu Beginn des letzten Jahrhunderts war eine öffentliche Hinrichtung ein Schauspiel erster Ordnung. Ein Kalender hat eine solche Hinrichtung mit detaillierten Hinweisen für den Betrachter beschrieben. Es ging um die Hinrichtung des Obersten Despard und seiner Mitschuldigen.

sung als seine beiden grossen Zeitgenossen G. Keller und J. Gotthelf. Er sah die Aufgabe des Dichters darin, Zeugnis abzulegen «von der vergessenen Macht des Schicksals».[49] Er dachte viel über die Kunstauffassung, über Wesen und Ziel des Dichters nach. So schrieb er einmal an Adolf Frey: «Die Kunst hebt uns wie nichts anderes über die Trivialitäten dieses Daseins hinweg. Ehe sich Macchiavelli zum Schreiben niedersetzte, zog er sein Feierkleid an. Ein verwandtes Gefühl überkommt mich, wenn ich mich an die Arbeit begebe. Mir ist, ich betrete die Schwelle eines Tempels.»[50] Was Conrad Ferdinand Meyer seinen Zeitgenossen darbot, waren Träume, waren Bilder und Parolen. Er setzte ihnen, um seine eigenen Worte zu brauchen, Helden vor, «Helden, die im irdischen Leben hochstehen, damit sie Fallhöhe haben für ihren Sturz».[51]

283

Man hat Conrad Ferdinand Meyer oft mit Jacob Burckhardt (1818–1897) verglichen. Beide führt, so der Meyer-Biograph Adolf Frey, das Bedürfnis nach der grossen Kunst zu den Alten und zur Renaissance. Der Gelehrte hat den Geist der Renaissance eigentlich entdeckt und erweckt, der Dichter hat ihm unvergängliche Gestalt gegeben. Tatsächlich gibt es, wie Karl Schmid betont hat, gewisse Parallelen. Da ist einmal die Herkunft, sodann die tiefe Skepsis gegenüber der demokratischen Entwicklung des Jahrhunderts. Wie Conrad Ferdinand Meyer neigte auch Jacob Burckhardt dazu, «das Bild des Menschen in der Geschichte zu suchen und den Menschen als historischen Menschen zu erfahren».[52]

284

Aber es gibt erhebliche Unterschiede. Jacob Burckhardt liess sich von so fanfarenhaften Wörtern wie Reich und Renaissance, Leben, Schönheit, Glück und Grösse nicht so leicht betören. Selbst den Einflüsterungen der Grösse gegenüber zeigte er sich fest und standhaft. In den Weltgeschichtlichen Betrachtungen unternahm er vielmehr eine Kritik der Grösse. Die wirkliche Grösse, sagt er da, «ist ein Mysterium».[53] Wir urteilen, so heisst es, «weit mehr nach einem dunkeln Gefühle, als nach eigentlichen Urteilen aus Akten...» Wenn wir, so meinte er, über das Wesen der Grösse nachsinnen, «so müssen wir uns vor allem dagegen verwahren, dass im Folgenden sittliche Ideale der Menschheit sollten geschildert werden; denn das grosse Individuum ist ja nicht zum Vorbild, sondern als Ausnahme in die Weltgeschichte gestellt».[54] Bei der weltgeschichtlichen Grösse sei, meinte er im weiteren, «die Seelengrösse das Allerseltenste». Denn sie liege «im Verzichtenkönnen auf Vorteile zugunsten des Sittlichen, in der freiwilligen Beschränkung nicht bloss aus Klugheit, sondern aus innerer Güte, während die politische Grösse egoistisch sein muss und alle Vorteile ausbeuten will».[55] Es ist schwierig, Grösse von blosser Macht zu unterscheiden, «weil sie gewaltig blendet, wenn sie neu erworben oder stark vermehrt wird.»[56] Keiner hat in dieser Zeit «die Romantisierung der vergangenen Geschichte» so deutlich blossgestellt wie Jacob Burckhardt. Seine Werke, vor allem seine Weltgeschichtlichen Betrachtungen, sind alles andere als eine Handreichung für den Alltag. Sie sind eine «Weisheitslehre, die ein Einzelner im Kleinstaat für Einzelne schrieb». Wir wollen, so Jacob Burckhardt, selber durch Erfahrung nicht sowohl klug (für ein andermal) als weise (für immer) werden.[57]

Wie grossartig sind seine Erkenntnisse und Deutungen! Wie aber ist es mit den Wirkungen? Wir kennen die Weltgeschichtlichen Betrachtungen nur in der Form, wie sie acht Jahre nach Burckhardts Tod 1897 von seinem Neffen Jacob Oeri herausgegeben worden sind. Ein druckreifer Text ist erst 1903/ 1905 unter den «vorsichtig verknüpfenden Händen des pietätvollen Redaktors entstanden». Die Auflage war klein und der Leserkreis bescheiden.

285

Zu diesen Werken gesellten sich im 19. Jahrhundert zwei ebenso liebens-
würdige wie erfolgreiche Jugendbücher. Das erste ist der schweizerische
Robinson des Berner Pfarrers Johann David Wyss. Sein grosses Vorbild war
der Robinson des Engländers Daniel Defoe aus dem Jahre 1719. Wyss war als
Feldprediger in königlich-sardinischen Diensten in Italien, wo er medizinische und naturkundliche sowie ornithologische Kenntnisse erwarb. Wieder
in der Heimat, las er als bildungsbeflissener Familienvater zusammen mit
seinen Kindern «Die Weltumsegelung» von Johann Georg Forster. Man
besprach das Buch zusammen. Da tauchte der Gedanke auf, sich weiter in
das Robinsonleben auf einer fernen Insel zu vertiefen. Das Resultat dieser
Studien und Besprechungen bestand in einem umfangreichen Manuskript,
das erst sein Sohn Johann Rudolf Wyss um 1812/13 teilweise veröffentlichte.
Schon 1821 wurde eine zweite Auflage nötig; später folgten weitere Teile.
Das Werk: «Der schweizerische Robinson oder Der schiffbrüchige Schweizer Prediger und seine Familie» kann seine pädagogische Absicht nicht
leugnen. Die Familie, die sich ans fremde Ufer rettet, trägt leitbildhafte
Züge. Alle wissen, dass es wesentlich auf ihr eigenes Verhalten ankommt.
Wer Rechte und Pflichten einhält, trägt nicht nur zum gemeinsamen Gelingen bei, sondern verschafft für sich selber höchstes Glück. Der Berner
Robinson, zuerst nur einem kleinen Kreis bekannt, wurde schliesslich zu
einem Bestseller, der in mehreren Sprachen übersetzt und in vielen Ausgaben nicht nur in Europa, sondern auch in Amerika erschien.[57a]

Ebenso erfolgreich wie Robinson war das zweite grosse Jugendbuch des
19. Jahrhunderts: «Heidis Lehr- und Wanderjahre.» Als das Buch 1880 bei
Perthes in Gotha, erschien war die Nachfrage so stark, dass innert Jahresfrist
gleich zwei weitere Auflagen gedruckt werden mussten.[58] Dem Drängen der
Leser und vielleicht auch des Herausgebers folgend, entschloss sich die
Autorin Johanna Spyri-Heusser (1827–1901) zur Fortsetzung: «Heidi kann
brauchen, was es gelernt hat.» Hier fanden die Leser, ob gross oder klein,
jung oder alt, Leitgestalten, die Halt und Zuversicht versprachen. Da sind
einmal die beiden Grossmütter, die blinde, hilflose, aber tapfere Frau im
Dörfli und die feinfühlige Grossstädterin in Frankfurt. In ihnen hat Johanna
Spyri ihrer eigenen Grossmutter im Hirzler Doktorhaus ein wundervolles
Denkmal gesetzt. Ihre eigene Grossmutter hatte die Heusser Kinder jeweils
zum Gebet versammelt. Grossmutter Sesemann indessen lehrte das Heidi

283 Jacob Burckhardt von Basel (1818-1897).
Zusammen mit den grossen Schriftstellern wie
Gotthelf, Keller und Meyer hat Jacob Burckhardt
das Geistesleben des 19. Jahrhunderts massgeblich
geprägt. Seine Bücher erreichten zwar nur einen
kleinen Leserkreis, ihre Ausstrahlung aber war
dennoch gross.

284 Eine grosse Leitgestalt des 19. Jahrhunderts
war Henri Dunant (1828–1910). Das Bildnis
prägte die Vorstellung von der äusseren Erscheinung des Gründers des Roten Kreuzes. Es erschien
im Appenzeller Kalender von 1897.

285 Buchdrucker an der Arbeit. Dieses Gewerbe
erreichte im 19. Jahrhundert eine neue Blüte, es
hatte, wie ein Buchdrucker einmal sagte, einen
«goldenen Boden».

369

Das leselustige Kindsmädchen.
Ein sittengeschichtliches Genrebild nach der Natur gezeichnet.

auf eine gleiche Art beten. Sie hatte dabei mit Einwänden fertig zu werden. Heidi sagte, sie habe alle Tage das gleiche gebetet, den gleichen Wunsch geäussert viele Wochen lang, aber der liebe Gott habe doch nichts getan. Die Grossmutter erwiderte ihr: «Ja, so geht's nicht zu, Heidi. Das musst du nicht meinen. Siehst du, der liebe Gott ist für uns Alle ein guter Vater, der immer weiss was für uns gut ist, wenn wir es gar nicht wissen. Wenn wir nun aber Etwas von ihm haben wollen, das nicht gut für uns ist, so gibt er uns das nicht, sondern etwas viel Besseres, wenn wir fortfahren, so recht herzlich zu ihm zu beten, aber nicht gleich weglaufen und alles Vertrauen zu ihm verlieren.»[59] Heimat, Freundschaft, menschliche und göttliche Liebe bilden das A und O in Spyris Werk. «Mögen die Hauptfiguren ihrer Geschichten von noch so harten Schicksalsschlägen getroffen werden – nie wird der Leser traurig und ungetröstet entlassen.»[60] Mit wenig Stoff hat die Verfasserin, so Conrad Ferdinand Meyer, etwas «Naives, Strahlendes, Glückliches hergestellt».[61]

Alle Kritiker waren sich einig: Die Erzählungen von Johanna Spyri werden «Gemeingut unseres Volkes», und ihr erzieherischer Gehalt kann kaum unterschätzt werden. Es gab indessen auch kritische Töne: In seinem Buch «Das Elend unserer Jugendliteratur», sagte der deutsche Kritiker H. Wolgart der Schweizerin «eine unrealistische Abkehr von der Gegenwart und der Wirklichkeit» nach. Später hiess es gar, das Heidi gehöre in den Giftschrank der Jugendliteratur. Mit Recht meint demgegenüber Jürg Winkler sorgsam abwägend, dass in einer Zeit «um sich greifender Lieblosigkeit und Gleichgültigkeit die Botschaft Johanna Spyris ihren Sinn behält». Bettina Hürlimann, eine der besten Kennerinnen der Jugendliteratur, nannte das Werk «eine Botschaft der Güte und Hilfsbereitschaft». Es ist, so meinte sie, «wohl doch das Wunder echter Erfindung, dass aus der Geschichte eines einfachen Bergkindes eine ‹Saga› wird, die für unser Land da steht und sein Bild in der Welt mitgeprägt hat».[62] Auch Bücher kennen ihre eigenen Schicksale.

286 Eine Lesebesessene: «Das leselustige Kindsmädchen.» Darstellung aus einer Zeitschrift von 1863.

287 Zu Beginn des 19. Jahrhunderts traten in den verschiedenen Schweizerstädten oft französische Schauspieler mit französischen Stücken auf. Hier der Theaterzettel der französischen Schauspielergesellschaft, die drei Stücke aufführten. Es werden angezeigt: zwei Komödien sowie eine Oper. Das Theater fand in einem ehemaligen Militärschopf statt, und man bezahlte für den ersten Platz zwölf Batzen, für den zweiten acht und den dritten vier Batzen.

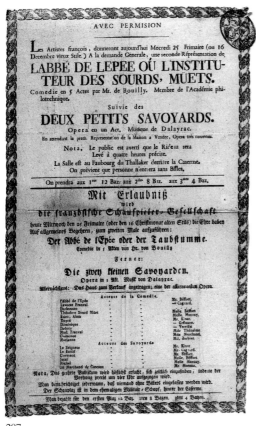

Theater und Festspiel

Manches zerbrach in den Wirren der Revolutionszeit. Das alte Volkstheater aber überlebte. Die alte Spielfreude, so meinte ein kritischer und aufmerksamer Beobachter, sei geblieben, die Erfahrung habe gelehrt, wie sehnlichst das Volk panem et circenses wünsche.[1] In Bern entstanden gleich zwei Liebhabergesellschaften. Die «Lemaner» spielten Molière, Corneille und Chénier, die andere Gesellschaft Schillers Räuber, Stücke von Kotzebue und Iffland. Nach Bern erhielt auch St. Gallen ein Berufstheater. Die ersten Vorstellungen einer deutschen Theatergruppe wurden 1801 in der Remise der Abtei beim Karlstor gegeben. Noch war ein grosses Misstrauen gegenüber dem modernen Schauspiel zu überwinden. Begründer und Förderer der 1805 ins Leben gerufenen Theateraktiengesellschaft war St. Gallens erster Landammann Karl Müller-Friedberg, selbst Verfasser vaterländischer und anderer Dramen.[2] Zu sehen waren Schillers Tell und Don Carlos. Dazu kamen Opern wie die Zauberflöte. Andere Städte wie Basel, Schaffhausen, Luzern, Chur, Lugano und Lausanne folgten.[3] Über das Berner Theater schreibt 1812 ein Rezensent: «Schon seit zwölf Jahren wird den deutschen Schauspielern, die hier Vorstellungen geben, zu Gemüte geführt, dass Räuberschauspiele, Stücke, die von Anfang bis Ende nichts als Grausen und Entsetzen hervorbringen und die unangenehmsten Gefühle zurücklassen, durchaus nicht im Geschmack des Publikums von Bern sind, so wenig als Farcen im niedrig komischen Gewande. Auch Prügelszenen gefielen nicht.»[4] Geschätzt waren dafür patriotische Dramen. Schon 1804 war ein erstes Nationalstück aufgeführt worden, in welchem Nikolaus von Flüe auftrat, und es hatte damals grossen Beifall geerntet.[5] Das alte Volkstheater war weniger in den Städten als vielmehr in ländlichen Regionen anzutreffen. So wurde 1823 in Somvix ein Passionsspiel aufgeführt, es war noch ganz dem Barock verhaftet. Die Spielstätte war die des alten Volkstheaters. Der Ölgarten war in eine kleine Ebene ausserhalb des Dorfes gelegt worden. Von dort wurde der Heiland unter dem «wilden Jauchzen und Geschrei der Juden zu den Bühnen des ‹Superintendenten› Annas und des Caiphas geführt», welche im Dorf errichtet waren. Die Schädelstätte war ein sanft ansteigender Hügel unweit des Dorfes. Die Zuschauer folgten der Szene von Ort zu Ort. Das Volk aber dachte und litt mit: «Als man den Heiland ans Holz band und am Kreuz erhöhte, brach das ganze Volk in lautes Weinen aus.»[6]

Begeisterte und mitfühlende Zuschauer fanden auch die Volksaufführungen von Schillers Tell. So wurde bei einer am 25. März 1824 in Bözingen bei Biel von jungen Leuten veranstalteten Freilichtaufführung ausdrücklich vermerkt, dass es sich um den Wilhelm Tell von Schiller handle. Der Berichterstatter bewunderte die aus Bern und Solothurn bezogenen Kostüme und fand die Harmonie der Reiter ganz besonders bemerkenswert.[7] Später sind fast jedes Jahr eine oder mehrere Aufführungen des Schillerschen Tell nachgewiesen. Die Hauptinitianten waren Lehrer, manchmal auch Ärzte und Schriftsteller. Einige Aufführungen waren von einmaligem Zuschnitt. So etwa die 1828 in Küssnacht am Rigi aufgeführte «grosse Vorstellung des Schauspiels Wilhelm Tell mit natürlichen Dekorationen»: Das Spiel begann auf dem Engelplatz, wo die Stange mit Gesslers Hut stand. Dann begleitete die Zuschauermenge Gessler mit seinem Gefolge und Tell ans Ufer des Vierwaldstättersees. Hier begaben sich die Darsteller auf einen Nauen, der in die Mitte des Sees fuhr, wo durch Schaukeln ein Sturm angedeutet wurde. Tell setzte am gegenüberliegenden Ufer zum Tellsprung an. Leider fiel er ins

Wasser und musste sich schwimmend ans Land retten. Zusammen mit den Zuschauern zog er hierauf in die historische hohle Gasse, um hier auf Gessler zu warten. Nahe bei der Tellskapelle erreichte ihn der Pfeil Tells. Unter grossem Jubel der Zuschauer zogen die Darsteller gemeinsam mit dem Volk wieder nach Küssnacht zurück, wo alles in einem grossen Volksfest ausklang. Im Jahre 1829 wurde die Aufführung wiederholt, wobei die Rütliszene hinzugefügt wurde.[8]

Solche Tellspiele fanden um 1840 auch in Kaiserstuhl statt. Unter den Zuschauern war auch der junge Gottfried Keller, der dieses Spiel im «Grünen Heinrich» beschrieb. Man legte, so schreibt er, «Schillers Tell zu Grunde, welcher in einer Volksschulausgabe vielfach vorhanden, darin nur die Liebesepisode zwischen Berta von Bruneck und Ulrich von Rudenz fehlte. Das Buch ist den Leuten sehr geläufig, denn es drückt auf eine wunderbare Weise ihre Gesinnung und alles aus, was sie durchaus für wahr halten; wie denn selten ein Sterblicher es übel aufnehmen wird, wenn man ihn dichterisch ein wenig oder gar stark idealisiert.»[9] Tell wurde in dem Spiel, das Keller beschrieben hat, von einem vierzigjährigen Wirt gespielt. Er trug eine altschweizerische Tracht «rot und weiss mit vielen Puffen und Litzen, rote und weisse Federn auf dem eingekerbten rot und weissen Hütchen. Überdies trug er noch eine seidene Schärpe über der Brust, und wenn dies alles nichts weniger als dem einfachen Weidmann angemessen war, so zeigte doch der Ernst des Mannes, wie sehr er das Bild des Helden in seinem Sinn durch diesen Pomp ehrte; denn in diesem Sinne war der Tell nicht nur ein schlichter Jäger, sondern auch ein politischer Schutzpatron und Heiliger, der nur in den Farben des Landes, in Sammet und Seide, mit wallenden Federn denkbar war.»[10] Gottfried Keller schildert dann die Aufführung selber. Eine Bretterbühne war nicht vorhanden, man verteilte die verschiedenen Szenen auf verschiedene Orte im Dorf. Für die Rütliwiese war eine schöne Stelle am Fluss ausgesucht worden. Nach dem Tellschuss begab sich die Menge, die Schauspieler und die Zuschauer vereint, dorthin. «Auf dem Rütli ging es sehr ernst und feierlich zu; während das bunte Volk auf den Abhängen unter den Bäumen umhersass, tagten die Eidgenossen in der Tiefe. Man sah dort die eigentlichen wehrbaren Männer mit den grossen Schwertern und Bärten, kräftige Jünglinge mit Morgensternen und die drei Führer in der Mitte. Alles begab sich auf das beste und mit viel Bewusstsein...»[11] Nachdem der Bund beschworen war, setzte sich alles in Bewegung dem Städtchen zu, wo man gemeinsam tafelte. «Den Stoff zu den lauten Gesprächen lieferte die allgemeine Theaterkritik... Diese Kritik befasste sich weniger mit dem Inhalt des Dramas und der Darstellung desselben, als mit dem romantischen Aussehen der Helden und der Vergleichung mit ihrem gewöhnlichen Behaben. Daraus entstanden hundert scherzhafte Beziehungen und Anspielungen, von denen kaum der Tell allein freigehalten wurde; dieser schien unangreifbar.»[12] Was ist damit gemeint? Vielleicht dieses eine: Es gab offenbar eine Grenze, welche selbst in der kritischen Diskussion nicht überschritten werden durfte. Da tat sich, so meinte einmal Karl Schmid, eben eine «heilige Ferne auf, von der wir zuzugeben bereit sind, dass sie höher und glanzvoller ist als alles Vertrauliche und Vertraute».[13]

Das Theater war im 19. Jahrhundert immer auch ein wenig mit dem politischen Geschehen verwoben. So sehen wir denn, dass es in der politisch regen Regenerationszeit neuen Auftrieb bekam. Kein Wunder, sahen doch die Liberalen in ihm den gleichberechtigten Bundesgenossen von Schule und Kirche. Es ist auch kein Zufall, dass in Zürich die Gründung der Mittel- und

288

Hochschule mit der Eröffnung des stehenden Theaters zusammenfiel. Jetzt gelang es endlich, die letzten Bedenken der Kirchenführer in den Wind zu schlagen. Man scheute sich nicht einmal, das Theater in die alte Franziskanerkirche zu verlegen.[14] Wenige Jahre nach der Gründung erlebte die Zürcher Bühne eine erste grosse Blütezeit. Charlotte Birch-Pfeiffer, die Leiterin des Theaters, meinte, dies sei der schönste Beweis dafür, dass eine Kunstanstalt auch in einer Republik gedeihen könne. Sie selbst schuf das Bühnenstück «Ulrich Zwingli», das grossen Beifall fand. Selbst die Konservativen, die ursprünglich Bedenken hatten, meinten, es sei doch erstaunlich, wie die Dichterin «seit der kurzen Zeit ihres hiesigen Aufenthaltes jene wichtige Epoche der Reformation bis in ihre Falten durchstudieren und ein so treues Bild unseres Zwinglis und der damaligen Zeit entwerfen konnte».[15] Was man in Zürich sehen konnte, war an anderen Orten kaum möglich. Kein anderes Theater hat in dieser Zeit eine ähnliche Blüte erlebt. In Basel, wo der Liberalismus nur in beschränktem Masse siegte, wirkten die alten Bedenken der Kirche weiter. Der Kirchenrat war dagegen, dass an Sonntagen Theater gespielt wurde: «Unvermöglichere würden das Sonntagstheater besuchen; der Wirtshausbesuch würde dadurch erhöht.»[16] Was den Baslern nicht gelang, erreichte man im spielfreudigen Luzern. Am 29. September 1835 versammelten sich einige Theaterfreunde, um die ersten Schritte zur Gründung einer Theateraktiengesellschaft zu unternehmen. Dabei half die alte Fasnachtsfigur Fritschi mit. Hinter ihm erschienen im Aufzug Standarten, an die Beitrittserklärungen und Aktienscheine geheftet waren. Am 7. November 1839 wurde das Theater eingeweiht.[17]

Die Bundesverfassung von 1848 brachte im Theaterleben keine Änderung. Das Theater wurde nicht Bundessache, es verblieb den Kantonen, und diese überliessen es den Gemeinden. In den Städten blieb das Theater den Berufsbühnen, in den ländlichen Gemeinden setzte das Liebhabertheater seinen Siegeszug fort.[18] Zu diesen beiden etablierten Institutionen gesellte sich eine dritte, das Festspiel. In ihm artikuliert sich das neu erwachte Nationalbewusstsein. Das Festspiel ist, um nochmals mit Gottfried Keller zu sprechen, diejenige Kunst, «in welcher das Schweizervolk mit der Zeit etwas Eigenes und Ursprüngliches ermöglichen kann». Der Volksbühne, so meinte er, können die alten Städtetheater nichts abgeben: «Ein Theater, das jahraus, jahrein wöchentlich siebenmal geöffnet ist, entbehrt jeder Feierlichkeit, das Festliche ist zum gemeinen Zeitmord herabgesunken.» Gottfried Keller wird, so hat Richard Weiss mit Recht festgestellt, allerdings den Verdiensten der alten Stadttheater um die dramatische Kunst nicht ganz gerecht. Der polemische Ton erklärt sich aber «aus dem leidenschaftlichen Wunsch nach einem vaterländischen und volkstümlichen Festspiel».[19] Es sollte als wahres Volksschauspiel ebenbürtig an die Seite der alten geistlichen Spiele treten; es geschah tatsächlich. Zur Tellsgeschichte gesellten sich freilich schon vor 1848 vaterländische Schauspiele. Politisches Geschehen wirkte mit. So ist in Küssnacht am Rigi 1813 in einer «heroischen Fasnachtslust zu Fuss und zu Pferde, zu Wasser und zu Lande» das «jüngste politische Ereignis» auf die Freilichtbühne des Volkes gekommen: Einzug des Direktoriums in Bern, Vertreibung der Helvetischen Regierung und Ankunft der neuen Regierung. Im Jahre 1824 hatte man dort auch das Schauspiel «Bruder Klaus oder die Tagsatzung in Stans» aufgeführt. Besonders beliebt waren die vaterländischen Schauspiele auch am Zürichsee. Die Meilener führten 1873 die Schlacht bei Sempach auf, die Wädenswiler 1841 die Schlacht bei St. Jakob an der Birs, ein Jahr darauf die Schlacht am Stoss und 1850 den

288 Historischer Festzug. Plakat zum dreihundertjährigen Jubiläumsschiessen der Schützengesellschaft Aarau. Dargestellt wurde das Schiesswesen von der Römerzeit bis zur Gegenwart.

289

Königsmord in Windisch. Stäfa folgte 1843 mit dem Kampf der Nidwaldner gegen die Franzosen und 1853 sowie 1873 mit dem Spiel «Karl der Kühne und die Schlachten bei Grandson, Murten und Nancy». Es waren nicht weniger als vierhundert Darsteller beteiligt, die Zuschauerzahl bewegte sich zwischen fünfzehn- und zwanzigtausend.[20] Aufsehenerregend war eine Aufführung des Christian Schybi im Luzernergebiet. Damals wurde in Root auf einer hölzernen Brücke mitten im Ort der erste und der dritte Akt dargestellt, während man den zweiten Akt in ein bewaldetes Gelände bei Gisikon verlegte. Berühmt waren auch die Japanesenspiele der Schwyzer, die 1867 chronikartige Bilder aus Heimat und Fremde von Ambros Eberle aufführten. Um 1874 folgten «historisch-romantische Bilder aus alter und neuer Zeit». In Steinen spielte man 1878 den Winkelried des Luzerner Arztes Feierabend. Im Thurgau war es vor allem das spielfreudige Diessenhofen, das mit Freilichtaufführungen wie der Schlacht bei St. Jakob 1882 hervortrat. Grosse Zuschauermengen verzeichnete auch die Uraufführung des Dramas «Karl der Kühne und die Eidgenossen» von Arnold Ott um 1900. Der Maler August Schmid, der sich ganz dem Volksschauspiel widmete, errichtete vor den Mauern des Städtchens eine geräumige Freilichtbühne, bestehend aus zwei grossen Terrassen.[21]

Zu den regionalen Schauspielen stiess schliesslich das nationale Festspiel. Man beschritt gleichzeitig neue Wege. So hat der Luzerner Musikdirektor Gustav Arnold für das Eidgenössische Sängerfest 1873 die Winkelriedkantate komponiert. Unter Beifügung kurzer Zwischengespräche machte der Zürcher Pfarrer Heinrich Weber aus Höngg aus ihr ein grosses Volksschauspiel. Fast tausend Schauspieler stellten die historischen Ereignisse vor. Eröffnet wurde das Festspiel mit einer Erntefeier. Den Abschluss bildete eine prophetische Zukunftsvision.

Weniger avantgardistisch war das Schauspiel, das am 1. August 1891 in Schwyz zur 600-Jahr-Feier der Eidgenossenschaft aufgeführt wurde. Das

Konzept stammte aus der Tradition der Japanesenspiele und missfiel der dazu eingesetzten «eidgenössischen Kommission». Das hätte beinahe zum Bruch geführt, drohten doch die Japanesen, an der Veranstaltung nicht teilzunehmen. Die Kommission gab nach. Neue Wege beschritten die Berner mit ihrem Festspiel vom 15. August 1891. Den ersten Preis hatte wiederum der Zürcher Heinrich Weber erhalten. Die Inszenierung hatte ein Bankier übernommen. Es waren nicht weniger als achthundertvierzig Männer und hundertfünfundzwanzig Frauen sowie hundertzweiundzwanzig Knaben und Mädchen für die Rollen verpflichtet worden. Der Erbauer des Bundeshauses, Hans Wilhelm Hauer, hatte den Festplatz entworfen. Die Kritik meinte, dass in diesem Festspiel, wie bei den Persern des Aischylos, das nationale Gefühl der Zuschauer in seinen innersten Tiefen erregt worden sei.[22] Selbst die grossen Zeitungen des Auslandes fanden die theatralischen Manifestationen des Schweizervolkes unter freiem Himmel vorbildlich. Die Wiener «Freie Presse» schrieb anlässlich der 500-Jahr-Feier der Schlacht bei Sempach 1886: «Die freie Schweiz hat soeben ein erhabenes und wahrhaft grossartiges Nationalfest gefeiert, das in seinem ganzen Verlauf den Geist der Ordnung und der Gesetzmässigkeit beweist, die alle Massenfeste dieser friedlichen Republik darstellen.» Die «Kölnische Volkszeitung» fand 1892: «Es steckt im Schweizer ein lebhaftes Gefühl, ja eine besondere Vorliebe für die szenische Illusion. Sie wurzelt tief im Volk, nicht nur der Stadt, selbst des Alpendorfes, wohin das Festgeläute, die Kunst nicht mehr dringt. Ohne sie wären die grossartigen Veranstaltungen, wie sie die Festspiele in Sempach, Schwyz, Bern und Basel erforderten, die Opfer an Zeit und Mühe, die sie jedem der vielen Mitwirkenden auferlegten, der warme Beifall, den sie fanden, gar nicht möglich gewesen.»[23]

289 Das historische Festspiel hat während der Zeit seiner grössten Beliebtheit (1885–1900) Hunderttausende begeistert, Junge und Alte, Männer und Frauen, Landleute und Städter, Gebildete und Ungebildete. Im Festspiel feierte ein Staatsvolk vergangene eigene Leistung und überwundene Gefahren. Hier die Darstellung der eidgenössischen Bundesfeier in Schwyz von 1891 mit dem grossartigen Triumphbogen im Hintergrund.

290 In der zweiten Hälfte des 19. Jahrhunderts haben immer wieder auch fremde Theatergruppen die Herzen der Schweizer erfreut. Hier das Théatre Guignol Parisien, das anlässlich des Knabenschiessens von 1887 in Zürich gastierte. (Zeitgenössisches Foto).

Inschriften an Häusern, Möbeln und Geschirr

Spruch und Inschrift sind, obgleich es auf den ersten Blick so scheint, nicht dasselbe. Als Inschrift erhält der Spruch eine andere Bedeutung, er erhält Dauer, Beständigkeit. Ausserdem ist die Inschrift auf einen Gegenstand, auf ein Haus, eine Tasse oder eine Truhe bezogen; sie prägt den Gegenstand, verleiht ihm Würde, Dauer und – beim Geschirr – beispielsweise auch Witz. In vielem ist die Inschrift mit dem Spruch verwandt: Sie will ebenfalls deuten, abklären, belehren und, man denke an die vielen Haus- und Kirchensprüche religiösen Inhaltes, auch erheben oder trösten.

Inschriften weichen je nach Gegenstand und Material im 19. Jahrhundert erheblich von einander ab. Selbst innerhalb einer Gruppe ist mit verschiedenen äusseren Determinanten zu rechnen. Eine Determinante bleibt das Material: Die Inschrift am Holzhaus ist im 19. Jahrhundert häufiger als jene am Steinhaus. Holzschnitzen war leichter, brauchte weniger Können als Steinhauerei oder Malkunst. Darum fällt der Inschriftenbrauch in seiner Blütezeit (17. bis 19. Jahrhundert) im Bernbiet oder im Prättigau mit der Holzbauweise zusammen, und darum trugen die gemauerten oder verblendeten Häuser des Mittellandes seltener Inschriften. Im Bergell waren selbst die hölzernen Ställe einst reicher beschriftet als die Wohnhäuser.[1]

Das sind nur äussere Gegebenheiten. Auch sie unterlagen übrigens einem gewissen Wandel. So ging man um 1800 im Prättigau vom Schnitzen der Inschriften zum Malen über. Was war der Grund? Waren es finanzielle Überlegungen, oder stecken andere, tiefer liegende Gründe dahinter? Die Erklärung liegt nahe, und sie ist einfach: es war der Zeitgeist. Zwar ist der Inschriftenbrauch noch lebendig, doch wurde er nicht mehr mit der gleichen Intensität, ja Inbrunst gepflegt. Der Aufwand «lohnte» sich nicht mehr. Mit der geringeren Mühe bewies man eine geringere Achtung vor der Sache selber. Irgendwie war das Verständnis für den tieferliegenden Sinn des Brauches abhanden gekommen. Man baute nicht mehr für Jahrhunderte, für ganze Generationen, sondern vor allem für sich selber, für die eigene Familie, für den Augenblick. Wer noch eine Inschrift anbrachte, dachte nicht mehr in erster Linie an die Ewigkeit. Vor allem waren es auch nicht mehr der Bauer oder der Dorfhandwerker selber, der Inschriften machte, sondern mehr von auswärts zugezogene Maler oder Dekorateure. Gleichzeitig unterschrieb man nicht mehr mit seinem Namen. Ob bewusst oder unbewusst – jedenfalls verlor das Haus damit seinen brauchmässigen Charakter als Stammsitz des Geschlechtes, man verzichtete auf die Dauer. Indem man den Brauch anpasste, das heisst die Inschrift malen liess, legte man auch den Keim für seinen Untergang.[2]

Gewandelt hat sich nicht nur die Form, sondern auch der Inhalt der Sprüche. Zwar fehlte es weiterhin nicht an religiösen, an frommen Sinnsprüchen. Doch geraten sie allmählich, wenn wir nur ihre Quantität ins Auge fassen, in den Hintergrund. Und ein weiteres: Während man sich früher, das heisst noch im 18. Jahrhundert auf wenige allgemeine Grundgedanken, auf einfache Themata beschränkte, entwickelt sich im 19. Jahrhundert eine grosse Vielfalt. Deutlich wird sichtbar: Gott steht nicht mehr im Mittelpunkt der geistigen Welt. Die Sprüche werden weltlicher. Auch wählte man für die Stube und das Gerät andere Sprüche als für die Aussenfassade. Im 19. Jahrhundert kommen eigentliche Schulhaussprüche, Gasthaus- und Handwerkersprüche auf. Von einem allgemeinen Bekenntnis gelangte man zur individuellen Ausgestaltung. Zweifellos kommt darin auch das neue

291

Lebensgefühl, der Individualismus des vielgestaltigen, liberalen Jahrhunderts zum Ausdruck. Auf der einen Seite verschwinden viele Sprüche an ihren einstigen Hauptstellen, auf der anderen Seite treten sie vermehrt am Geschirr, an Möbeln, Fahnen und Denkmälern auf. Der Brauch verlor so seinen ursprünglichen Charakter: «Man ruft nicht mehr über Stube, Haus und Dorf den Beschützer und Herrn allen Lebens an, sondern redet – in ernster bis spielerischer Weise – von der menschlichen Bestimmung besonderer Dinge. Der Brauch verlagert sich aus der Familien- und Dorfgemeinschaft in den betont privaten oder doch betont öffentlichen Rahmen.»[3]

Wie in der Blütezeit des Inschriftenbrauchtums sind auch im 19. Jahrhundert die meisten Sprüche von Lehrern, Pfarrern, also von Intellektuellen geschaffen worden. Das Volk selber übernahm sie, um sie umzuprägen, umzuwandeln. Doch tauchen da und dort einzelne Spruchdichter auf, so etwa Hans Michel aus Lunden (GR), gestorben um 1850. Von ihm hiess es, er habe keine Feldarbeiten verrichtet, sondern vielmehr den ganzen Tag gedichtet und «gesetzt». Doch das war wohl eher die Ausnahme.[4] Die Gelehrten selber, die die Sprüche lieferten, erfanden sie nicht, sie stützten sich, wie W. Rüegg nachweisen konnte, auf Spruchsammlungen.[5] Die Kirchenlieder, einst eine überaus wichtige Quelle, scheiden aus. Die Lieder von Gellert werden wenig, jene von Paul Gerhardt nur noch in seltenen Ausnahmefällen verwendet. Dafür dringen Volkslieder in den Vordergrund des Bewusstseins. Manche Spruchweisheit wird von den Kalendern übermittelt. Sie bilden im 19. Jahrhundert fast ausschliesslich den Lesestoff des einfachen Volkes. Noch liegt zwar ein Gesangsbuch oder liegt die Bibel in der Herrgottsecke, mit zunehmendem Masse schöpft man seine Weisheit aber aus der Literatur. Die Mobilität trägt das ihre dazu bei: Man kennt fremde Spruchlandschaften, weiss, wie's jenseits der Dorfgrenze aussieht. In rein bäuerlichen Regionen herrscht weiterhin eine religiöse Grundstimmung vor. Dort weiss man, dass zum Gedeihen der Ernte der Segen des Schöpfers notwendig ist. So heisst es am Speicher Beuren in Köniz 1812:

«Ach lieber Gott ins himmels Sall,
verlass die Bauren nicht über All,
schick Ihnen den göttlichen Segen vom Himmel herab,
das denen Baurss leuten ihre Früchte wohl gerath.»[6]

Daneben stehen Inschriften mit chronikalischem Inhalt wie jene des Hauses Löffel in Müntschemier von 1827:

«Als man den zweiten Weinmonat
Tausend Achthundert und Sieben
und zwanzig that sprechen,
That morgens um vier Uhr in
diesem Dorf ein Feuer ausbrechen,
Durch welches innert einer Stund
Neun und zwanzig Häuser sind gegangen zu grund,
In welchen, wie man hat erfahren
drey und vierzig Haushaltungen mit
Zweihundert und sechs und zwanzig Seelen waren.
Darum Jakob Niklaus auch musste schauen
sich eine andere Wohnung zu bauen.
Durch Zimmermeister Niklaus Stauffer zu Bühl.
Aufgerichtet den 1. Mayen.»[7]

291 Rokokoschrank aus dem Anfang des 19. Jahrhunderts. Die Inschrift lautet: «Als Demuth weint und Hochmuth lacht/war der schweizer Bund gemacht./Oh Herr, was wir Hier Sammeln ein/Kommt gross alles Von dem Segen dein.» Links oben Tells Apfelschuss, rechts der Rütlischwur.

Mancher Spruch ist ganz dem Jenseitigen zugewandt. Dafür zeugt die schöne Inschrift von 1843 eines Hauses in Jenaz:

«Hier wohn ich nur im Pilgerlande
In Hütten, die doch bald vergehen
Der Bau von Gott im Vaterlande
wird ewig wie mein Geist bestehen
Herr zeige mir in Gnaden an,
Wie ich dahin gelangen kann.»[8]

Ähnlich lautet der Spruch von 1879 am Haus Büschlen in Adelboden:

«O Höchster, schütze dieses Haus
und die da gehen ein und aus
und führe sie auf rechter Bahn
Schon hier auf Erden himmelan!»[9]

Beliebt waren im 19. Jahrhundert die Reimsprüche. Hier ein Beispiel aus dem bernischen Bühl. Er ist mit 1814 datiert und lautet:

«Durch die Bücher und die Lehr
will ich Mehren Meine ehr.
Alles im Augenblick verschwind
das sieht die Welt doch bleibt sie blind.
Gott gibt Mehr in einem Tag,
als ein Keysertum vermag.
Lust und lib an jedem Ding
macht alle Müh und Arbeit ring.
Das ist Fürwahr ein braver Mann,
der Unglück wohl ertragen kan.
Mit Got das Haus gebauen ist,
dem seys befohlen zu aller frist
Sein Eingang, Ausgang, Tach und Gmach
erhalte Herr Gott vor Ungmach.»[10]

Mitunter trifft man auch Reimversuche einfacher Landleute. So etwa in Schüpberg, Schüpfen, die 1823 angebrachte Inschrift:

«Die ist für wahr ein braves Schwein
So sprach der Händler feyn
Mit dem Manne siht es grausam aus
Wann er hat ein böses Weib zu Haus
Schau auf dich und nicht auf mich
thu ich Unrecht so hüte dich.
Allhier hab ich gebaut
auf die Verleumder nichts geschaut
doch wird es sich zeigen
dass sie werden schweigen.»[11]

Tugenden wie Fleiss und Sparsamkeit standen im 19. Jahrhundert in hohem Ansehen. Kein Wunder, dass sie auch in Inschriften erscheinen. So heisst es in einer aus dem Jahre 1822 stammenden Inschrift in Kandergrund (BE):

«Junges Blut: Spar dein Gut!
Armut im Alter wehe tut!»[12]

Ähnlich lautet eine Inschrift in Grüsch (GR) von 1850:

«Diebsbrot bringt Galgentot
Bettelbrot bringt bittere Not
aber Arbeit segnet Gott.»[13]

Dem gleichen Geist verpflichtet ist die Inschrift aus Luzein-Buchen (GR) von 1856:

«Wo Fleiss und
Arbeit Wurzeln schlagen
da macht Gottes
Segen einen Baum
daraus.»[14]

In Klosters-Platz (GR) befand sich ein Haus mit einer aus der Zeit von 1885 stammenden Inschrift:

«Lieber Gott, behüt' mein Haus,
derweil ich geh auf Arbeit aus.»

Das Volk zitierte den Spruch in abgeänderter Form. Da hiess es nun plötzlich: «derweil ich geh auf Raub hinaus.»

Der Zimmermann, dem das Haus gehörte, war nach der Meinung der Dorfgenossen Mitglied der Langfingerzunft.[15]

Neu sind im 19. Jahrhundert die Inschriften, die im Sinne des Spruches «Jeder ist seines Glückes Schmied» dem Unternehmungsgeist und dem Individualismus huldigen. Die Inschrift aus Klosters von 1897 ist dafür ein schönes Beispiel:

«Wie sich einer schickt
Also es ihm glückt.»[16]

Eine ähnliche, mit 1833 datierte Inschrift stammt aus Büttikon (AG):

«Was du beginnst, muss vorwärts gehen
Bleib nicht auf halbem Wege stehen.»[17]

Auf alter Tradition beruhen die Neider- und Gaffersprüche. Ein Beispiel ist dafür der Spruch von 1850 auf einem Haus in Grüsch (GR):

«Wer bauen will an die Strassen
muss die Narren tadeln lassen
Gescheite machen nicht viel daraus
Es gibt Narren genug die alles richten aus.»[18]

Zu den üblichen Hausinschriften kommen jene, die sich auf die besondere Funktion eines Hauses bezogen (Schule, Bad oder Keltereigebäude). Hierher würden auch die Rathaussprüche gehören. Sie stammen indessen alle aus älterer Zeit. Aus dem 19. Jahrhundert sind mir keine neuen Rathausinschriften bekannt. Hübsch sind die Inschriften an Badhäusern. Aus dem Jahre 1822 stammt die Inschrift am Fideriser Bad, es wurde 1945 abgebrochen. Sie lautete:

«Willt kummen,
fasst ze dinem Zil
Trink nit ze lützel,
nit zeviel.»[19]

Unter dem Giebel der Trinkhalle befand sich die aus der gleichen Zeit stammende Inschrift:

«In vino veritas,
in aqua sanitas.»[20]

Das Nebeneinander von Religiösem und Profanem ist auch für die Stube charakteristisch. Erstaunlicherweise herrscht bei den Stubensprüchen des 19. Jahrhunderts aber der Ernst vor. So heisst es 1810 in einer Stube aus Putz (GR):

«Gott ist allein mein zuversicht
das andre alles acht ich nicht.»[21]

Weit verbreitet war folgender Spruch. Wir zitieren die Inschrift, die mit 1827 datiert ist und sich in einer Stube in St. Antönien (GR) befand:

«Gott behüte dieses Haus
und die da gehen ein und aus.»[22]

Wohl auf ein pietistisches Lied geht die Inschrift von 1810 in Luzein (GR) zurück. Eine erweiterte Fassung ist als Tischgebet aus dem Zürcher Oberland bekannt:

«Jesus! Wohn in meinem Haus,
Weihe (weiche) nimmermehr daraus,
Wohn mit deiner Gnad darin
weil ich sonst verlassen bin.
O du grosser segens-Man!
Komm mit deinem Segen an;
gib fried freud Glück und Heil, auf das meim Haus werd zu Theil,
Gleich wie Hiob und Abraham
reichen Segen überkam,
ach so schütte über mich
deinen Segen miltiglich
Leonhard Luck, Anna Maria Caspar.»[23]

Auf die Bibel (Psalm 127,1) greift der Spruch von 1804 in einem Bündner Maiensäss zurück:

«Alle Müh ist Umsunst
wan Gott nicht komt.»[24]

Auf ein Kirchenlied von C. F. Gellert geht die Inschrift von 1805 in Klosters-Dorf zurück:

«Leiden dieser Zeit? Wie bald ists überwunden!
Hoff auf den Herrn! Er hilft uns gern;
Seyd fröliche Knechten.»[25]

In einem pietistischen Versammlungsraum von St. Antönien stand die aus der Zeit um 1812 stammende Inschrift:

«Freue Dich meine Seele, Dass Dein Erlöser lebt,
Darum Unterwirfe Dich in seine Sieges Wunden
und unter Seine siegesflam,
Dan der Her hat den Fürst dieser Welt gebunden
Und Tod tüfel und Hölle überwunden.»[26]

292 Auf dem Empireschrank der Jungfer Anna-Barbara Ehrbar von 1819, gemalt von Conrad Stark, gibt es eine Reihe von Inschriften, die dem Alltag gewidmet sind. Da erscheint ein Arzt am Bett einer Kranken. Die Bildschrift verdeutlicht das Geschehen: «Ja der Kranke bildt ihm ein/klüger als der Arzt zu seyn.»
Auf einem zweiten Bildchen bemerkt man einen reitenden Knecht. Da heisst es: «Uebermüthig reitt der Knecht/Und der Herr nachgehet schlecht.»
Auf einem dritten Bildchen schreitet ein Blinder einher. Die Schrift dazu: «Auch der Blinde fahren soll/Einen der da siehet wohl.»
Auf dem vierten Bild sitzt ein Herr dem Bauern gegenüber. Die Legende lautet wie folgt: «Der Bauer den Herrn/vor sich citirt, den Fassnacht wird all Tag geführt.»

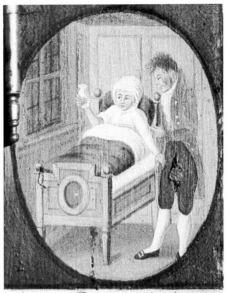

292

Mit Sprüchen verzierten die Hirten altem Brauch gemäss auch im 19. Jahrhundert ihre Pritschen. So heisst es 1820 einfach und schlicht:

«Gott sei mit uns allen amen geschrieben von mir
Hans Töni.»[27]

Gleich mehrere Sprüche zieren das aus dem Anfang des 19. Jahrhunderts stammende Appenzeller Himmelbett.[28] Jedesmal, wenn die Schlafenden erwachten, konnten sie am Himmel lesen:

«Ach mögten früh, wenn die Geschöpf aufs neu aus finstern Tiefen steigen
Sie wie dem Aug ein Bild der Schöpfung so unserm Geist den Schöpfer
zeigen.»

Aussen gab es weitere Inschriften:

«Lob sey Gott, der den Morgen uns sendet nach der Nacht;
der, wenn wir ohne Sorgen entschlummern für uns wacht.»

Auf der Fussseite steht zu lesen:

«Der uns im Schlaf erquicket und unser Kraft erneut,
dem Herrn der uns beglücket sei Preis in Ewigkeit.»

An der linken Seite heisst es:

«Unaussprechlich schnell entfliehen die mir zugezählten Stunden,
Eh mans denkt sind sie dahin, und auf ewig mir verschwunden.»

Von heiterer Art sind die meisten Ofensprüche. Hier einige Beispiele.
Unter dem Bild einer spazierenden Rokokodame steht die Inschrift:

«Ich geh in meiner Einsamkeit spazieren mit dem Flohr
Mein Glück steth noch in weiter Hand
Ich schleif mein Hündlein fohr.»

Im folgenden Spruch meint man Rousseaus Naturbegeisterung herauszu-
hören. Die Ofenkachel stammt aus der Töpferei St. Antönien-Ascharina. Sie
befindet sich heute im rhätischen Museum in Chur und ist wohl auf 1811 zu
datieren:

«O! Wie wohl ist mir zu muth,
in dem Frisch und grünen Walde,
da man for der Sonnengluth
Nun befreyet wird alsbalde,
O! das ist mein grözt Lust
Dis erfreuet meine Brust.»[29]

Ein vollständiges Lebensprogramm enthält der 1889 von Josef Anton
Keiser in Zug gebaute Ofen:

«Gott fürchten, ein gesunder Leib, ein fröhlich Herz,
Ein freundlich Weib, ein guter Wein, das Gewissen rein,
Mag wohl das beste Leben sein.»[30]

Die Inschriften an Möbeln schwanken im 19. Jahrhundert zwischen ernsthafter oder scherzhafter Bezeichnung des Zweckes. Neu sind die Sprüche
historischen Inhaltes. Auf einem ganz dem Rokoko verpflichteten Kasten
finden wir neben der Tell'schen Apfelschussszene den Rütlischwur und
daneben die für diese Zeit recht charakteristische Inschrift:

«Als Demuth weint und Hochmuth lacht
war der Schweizer Bund gemacht.
O Herr, was wir Hier Sammlen ein
Kommt alles Von dem Segen dein.»[31]

Aus dem Jahre 1840 stammt die Bündner Truhe mit einer Inschrift, die auf
ein Kirchenlied zurückgeht:

«Auf Gott und nicht auf meinen Rath
will ich mein Glücke bauen
und dem der mich erschaffen hat
mit ganzer Seele trauen.»[32]

Glasinschriften sind verhältnismässig selten. Zwar war die Glasdekoration mit kaltverarbeiteten Farben in Venedig und anderswo längst bekannt. In den schweizerischen Glashütten des Entlebuches finden wir sie erst nach 1820. Es waren vor allem Taufflaschen, die man mit Sprüchen dekorierte. Besonders hübsch ist eine Flühli-Taufflasche von 1871. Sie ist in Rot-Weiss-Grün-Ocker gemalt. Dargestellt ist eine Blumenvase. Die Inschrift ist denkbar einfach und schlicht: «Zum Andenken aus Liebe und Freude.»[33] In den mit Email verzierten Taufflaschen beschränkten sich die Maler darauf, die Jahrzahl anzubringen.[34] Wer seiner Liebsten ein Glas mit Inschrift verehren wollte, war auf deutsche Gläser angewiesen. Beliebt war das Vergissmeinnicht-Motiv auf den Gläsern von Kothgasser. Da finden sich zum Beispiel von 1815 sinnige Inschriften, wie:

«Vergiss mein nicht,
wenn ich dich auch nicht sehe
Dein süsses Bild ist stets in meiner Nähe.»[35]

Da man das Wort Stiefmutter nicht liebte, sprach man von Pensées. Die Inschrift auf solchen Pensées-Gläsern ist meist französisch:

«Elles sont toutes pour vous.»[36]

Auch Fayencegeschirr ist im 19. Jahrhundert mit Inschriften dekoriert worden. Die Verse, die man anbrachte, machen deutlich, dass diese Töpfereiware eben mehr war als nur alltägliches Gebrauchsgut. Wer etwas auf sich hielt, stellte solche dekorierten Fayencen in der Stube auf. Hier wurde es von den Besuchern bewundert. Es war ein «Medium heiterer Geselligkeit».[37] Auch auf den Fayenceinschriften wechselt Witz, Ironie mit ernsthafter Besinnung. So heisst es auf einer Zürcher Platte aus dem Jahre 1820:

«O Jüngling, liebst du Freud und Ruh
So eile nicht dem Ehstand zu.»[38]

Aus dem Jahre 1806 stammt die hübsche Heimberger Schüssel mit dem Spruch:

«Wann wir währen alle reich
Und einer dem anderen gleich
gleiches Gewicht und gleiches Gelt
So stund es wohl in dieser Welt.»[39]

Tröstlich meint die Inschrift von 1908 auf einer Langnauer Schüssel:

«Ist eine Mutter noch so arm
Sie gibt doch ihrem Kinde warm.»[40]

Heiter und unbeschwert gibt sich eine Inschrift auf einem Teller der Manufaktur Schooren:

«Zwei Stück
lieb ich auf der Welt
schöne Jungfern und
das Geld.»[41]

Ein Fayenceteller war damals oft auch das Geschenk des Bräutigams an seine Braut. Wundern wir uns deshalb nicht, wenn auch der Text entsprechend gewählt wurde. So heisst es auf einem Matzendorfer Teller:

«In Deinen Armen
kann ich verwarmen.»[42]

Allgemeine Lebensweisheit verkündet die Heimberger Schüssel:

«Von der Wieglen bis zum Grab
wechslet das Glück auf und ab.»[43]

Hin und wieder macht sich der Töpfer oder Hafner über seine Kunden lustig. So etwa, wenn es auf einer Schüssel von 1820 heisst:

«Das näfli ist von lein (Lehm) gemacht
wenn es schon bricht Der Hafner lacht.»[44]

Ein Bauer liess 1852 auf seiner Schüssel folgende Inschrift anbringen:

«Christian Röthlisberger zu Oltenney
hat die beste Kuh die zu gmüngen (wohl gewinnen) war
da man zahlt 1852 Jahr, sie gibt 126 Näpf.»[45]

Witzig heisst es auf einer Langnauer Schüssel von 1815:

«Alte Affen, junge Pfaffen
Böse Weiber und Bären
das sollst du in deinem Haus nit begähren.»[46]

Ein moralisierender Spruch ziert eine Langnauer Platte von 1800:

«Wo jeder Thut, Wass ihm gefält
da ist es Warlich schlächt Bestellt
Wär sich von seiner Arbeit nehrt
Dem bleibet sein Glück unversehrt.»[47]

Einem Stossseufzer gleicht die Inschrift auf einer Schüssel:

«Wie schwer ist doch Ehrlichkeit
die Gott und gute Menschen freut.»[48]

Tröstlich meint ein Verseschmied auf einer Basler Fayence-Schüssel:

«das malen und dichten
macht manchen zu nichten.»[49]

Malerei und Skulptur

Das ikonographische Programm der Malerei des 17. und 18. Jahrhunderts war von Klerikern und Gelehrten erdacht worden. Es war eindeutig und klar formuliert: Es ging um die Verherrlichung der Heilsgeschichte in Deckengemälden und Altargebilden, und es ging um die Darstellung des Menschen im Staatsgemälde und Bildnis. Die Maler und auch Bildhauer hatten sich an das oft komplizierte Programm zu halten. Im 19. Jahrhundert wird vieles anders. Die Bildanstösse kommen jetzt nicht mehr von Gelehrten und Klerikern, sondern vielmehr von Auftraggebern, manchmal auch von Kommissionen. Die Literatur übernimmt – wenigstens teilweise – die Leitung.

293

293 Heimberger Teller aus dem Jahre 1873. Die Inschrift ist schlicht und allgemein verständlich. Sie lautet: «Alle Knaben auf Erden/möchten gerne Männer werden.»

294 Eine neue Leitfigur: General Dufour. Mouchoir mit Helden und Szenen aus dem Sonderbundskrieg. Dufour hatte 1847 dank seiner klugen Führung viel dazu beigetragen, dass der Sonderbundskrieg ohne allzu grossen Schaden überwunden werden konnte. Er war aber auch berühmt als Initiant der topografischen Karte der Schweiz und der Schweizerfahne. Auf dem Mouchoir sind weitere grosse Persönlichkeiten jener Zeit abgebildet: Jonas Furrer, erster Bundespräsident der Schweizerischen Eidgenossenschaft; Eduard Ziegler, Militär- und Staatsmann; Ulrich Ochsenbein, erster Präsident des Nationalrates; Louis Rilliet, Kommandant der ersten Division im Sonderbundskrieg. Das Mouchoir besteht aus Baumwolle. Es ist ein Kupferdruck in Braun und Blau mit verschiedenen Medaillons, nach zeitgenössischen Lithographien und Stichen.

295 Der Tod Winkelrieds. Ludwig Vogel war nicht nur Historienmaler, sondern auch patriotischer Erzieher. Das 1841 vollendete Bild zeigt den toten Helden und die Trauer der überlebenden Kämpfer. Neben dem betenden Diener kniet der Sohn von Winkelried.

384

294

Mancher Schriftsteller wird – man denke etwa an Pestalozzi, Gotthelf oder Keller – zum Erzieher der Nation.[1] Sie verhalfen dem Volk zur Identität, und sie vermittelten auch manchem Maler und Bildhauer Anregung und Stoff. Das ist die eine Neuerung. Die zweite: Im Gegensatz zum 18. Jahrhundert erhält die Historienmalerei eine führende Stellung, sie wird zum Liebling des Publikums. Die religiöse Malerei tritt dagegen mehr und mehr in den Hintergrund. Neue Anstösse sind verhältnismässig selten. In den katholischen Regionen sind die Maler weiterhin barocken Idealen verpflichtet. Etwas anders sieht es in den reformierten Gebieten aus. So hat Johann Caspar Schinz (1797–1832) nach seiner Ausbildung in Rom, wo er sich dem Kreis um Overbeck angeschlossen hatte, 1815 eine Madonna ganz im Stil der neuen nazarenischen Richtung gemalt.[2] Schinz beeinflusste auch den Stanser Paul Melchior von Deschwanden (1811–1881). Auch er war bei Oberbeck, und er malte «für religiöse Gemüter». Er war äusserst produktiv: Allein zwischen 1840 und 1861 entstanden 376 Altarbilder. Die Qualität hielt nicht immer Schritt mit der Quantität. Wenn Deschwanden – so Gottfried Keller – «so fortfährt, wird er bald gänzlich auf ein oberflächliches Publikum beschränkt sein».[3] Doch dieses Publikum ehrte und bewunderte ihn, er war vor allem in geistlichen Kreisen «grosse Mode».[4]

295

Ein Nazarener war auch Ludwig Vogel (1788–1879), doch fehlte ihm die religiöse Inbrunst dieser Malrichtung. Sein Ziel war es, «Bilder meines teuren Vaterlandes zu malen».[5] Fleissig wie Deschwanden, schuf er ein ikonographisches Kompendium der schweizerischen Geschichtsmalerei. Er verschrieb sich völlig der patriotischen Erziehung; seine Bilder sind im eigentlichen Sinne «staatsbürgerliche Unterrichtstafeln».[6] Er traf den Ton des 19. Jahrhunderts ganz ausgezeichnet. Über das 1841 vollendete Bild «Die Eidgenossen an der Leiche Winkelrieds» schrieb Salomon Vögeli: «Das ist die Totenfeier des Helden von Sempach, ein Bild wie kein anderes aus unserer Geschichte, ergreifend durch die Tiefe des Gefühls, grossartig in der Einfachheit der Darstellung.»[7] Stärker der Gegenwart war Martin Disteli (1802–1844) verpflichtet. Er betrachtete die geschichtlichen Ereignisse mehr im Spiegel der Gegenwart, und er nahm Partei, so etwa, wenn er in seinem Bild «Schibi auf der Folter» den Bauernführer zum Held werden lässt und den verhörenden Ritter Pfyffer karikiert.[8] Disteli hatte Glück, seine Bilder sind im Schweizerischen Bilderkalender reproduziert worden, und so fanden seine Leitgestalten, fand sein dem radikalen Liberalismus verpflichtetes Weltbild den Weg zum Volk. Selbst Gottfried Keller schätzte ihn, schrieb er doch aus München seiner Mutter, «sie möge ihm nebst Wurstwaren auch

297

296 Schibi auf der Folter. Um 1838 hat Martin Disteli diese schreckliche Szene festgehalten. Gezeigt wird, wie der Bauernführer gefoltert wird. Ein kleines Detail: Vor Scham oder Schrecken verkriecht sich der Hund unter dem Tisch der einvernehmenden Richter.

297 Der Rütlischwur, gemalt von Ernst Stückelberg 1881 in der Tellskapelle am Urnersee, hat die Menschen des 19. Jahrhunderts hell begeistert. Die Inszenierung ist mit jener Schillers verwandt: In der Mitte Walter Fürst, Werner Stauffacher und Arnold von Melchtal, umgeben von den Mannen aus Uri, Schwyz und Unterwalden.

den Disteli- Kalender schicken.»[9] Neben Disteli und Vogel finden wir eine Reihe von Lokalmeistern wie Jeronimus Hess, Johann Georg Volmar, Johann Friedrich Dietler, Hans Bendel und Theodor von Deschwanden. Sie alle malten die verehrten Helden und trugen so zur Erinnerung an die glorreiche Zeit der alten Eidgenossenschaft bei. Dazu kommen hervorragende Zeichner wie etwa der Genfer Jean-Léonard Lugardon (1801–1884). Bekannt sind seine Darstellungen des Rütlischwurs sowie das grosse Bild von Arnold von Melchthal, dem Schillers Tell zu Grunde liegt. Charles Gleyre (1806–1874) malte den waadtländischen Freiheitshelden Major Davel. Die Szene entspricht ganz dem Geist des Jahrhunderts. Davel steht kurz vor der Hinrichtung – der Henker steht mit seinem Schwert bereit – und er wendet sich nochmals, mit zum Schwur erhobener Hand, an sein Volk. Zwei Geistliche begleiten ihn, teilnehmend, tröstend mit ernster Gebärde.[10] Kaum war das Historienbild ausgestellt, pilgerten die Waadtländer in hellen Scharen dorthin, um sowohl den Helden wie den Maler zu ehren.[11]

Eines der besten Historienbilder der Schweiz schuf der Ostschweizer Maler Konrad Grob (1828–1904). Es ist der grossen Leitgestalt Pestalozzi gewidmet. Pestalozzi sitzt in dem 1879 gemalten Bild in den abgenützten Kleidern des Idealisten inmitten der Kriegswaisen. Ein anmutiges, aber armes Kind hält ihn von hinten umfangen. Die Wandtafel im Hintergrund dient als Symbol für seine Lehrtätigkeit.[12]

Zu den populärsten Schöpfungen der schweizerischen Historienmalerei gehören die von Ernst Stückelberger (1831–1903) gemalten Fresken in der Tellskapelle am Urnersee. Sie gehen auf einen im Jahre 1876 ausgeschriebenen Wettbewerb des Schweizerischen Kunstvereins zurück. Das ikonographische Programm stützt sich ganz auf Schillers Wilhelm Tell. Stückelberger liess sich von verschiedenen Vorbildern anregen, so unter anderem vom Apfelschussgemälde des Zürcher Historienmalers Ludwig Vogel. Er hatte recht, das zu tun, meinte Gottfried Keller: «Wenn ein so eminent patriotischer Gegenstand in der Arbeit des Altmeisters so glücklich behandelt und so populär ist, ohne dass er sich jemals der monumentalen, gewissermassen offiziellen Ausführung erfreute, so darf der glückliche Nachfolger, dem diese Aufgabe zufiel, dem Alten billig die Ehre erweisen, an sein Werk in ein paar grossen Zügen zu erinnern, es pietätvoll hervorleuchten zu lassen und zu sagen: Ich weiss das nicht besser zu machen! Hat er doch des Eigenen Selbstständigen dabei die Fülle hinzuzubringen, so dass wir immerhin ein schönes neues Werk besitzen.»[13]

298

Zu den bedeutenden Repräsentanten der Schweizer Malerei des 19. Jahrhunderts gehören Arnold Böcklin (1827–1901) und Albert Anker (1831–1910). Böcklin war kein Historienmaler, vielmehr ein Malerpoet. Mit Vorliebe malte er märchenhafte mythologische Szenen. Leitgestalten erscheinen, wenn wir vom Bild des Ökolampad absehen, nicht.[14] Albert Anker hat sich dagegen eingehend mit der Geschichte befasst; es ist kein Zufall, dass in seinem Œuvre immer wieder leitbildhafte Figuren erscheinen. So schuf er um 1870 ein Gemälde «Hans Heinrich Pestalozzi und die Waisenkinder in Stans», und 1876 malte er die «Länderkinder». In der Hauptgasse von Murten nehmen die Pflegeeltern die armen Unterwaldner Waisen in Empfang. Trostlosigkeit auf der einen, energische Hilfsbereitschaft auf der anderen Seite. Das Gemälde ist wie das Bild «Protestantische Flüchtlinge» von tiefer Menschlichkeit getragen. Ohne Zweifel verfolgte Anker mit solchen Bildern pädagogische Absichten. Er wurde auch verstanden, ja geliebt und geehrt.

299

Ganz anders Ferdinand Hodler (1853–1918). Er hatte, als er die Entwürfe für die Fresken im Schweizerischen Landesmuseum (Thema: Rückzug von Marignano) einreichte, hochgestellte und erlauchte Gegner vor sich. Heinrich Angst, der Direktor des Landesmuseums, bot alles auf, um die Ausführung zu verhindern. Er warf nicht nur Hodler, sondern allen zeitgenössischen Künstlern vor, «dass sie den Dreck mitmalen und auch noch den Gestank dazu malen würden, wenn sie es könnten». Es würde den Besucher des Landesmuseums peinlich berühren, schreibt er, «wenn in der gleichen Halle, wo die Originalrüstungen und Waffen des 16. Jahrhunderts ausgestellt sind, die Wandmalereien auffällige und störende Anachronismen, Lächerlichkeiten aufweisen würden. Der Hodler'sche Entwurf wimmelt von solchem Zeug…»[15] Andere Kenner wie Professor J. R. Rahn meinten, dass Patriotismus und Schicklichkeit die Ausführung verböten. Er vermisse, so schreibt Rahn, die «innere und äussere Wahrheit». Auch der Kunsthistoriker Josef Zemp lehnte das Bild ab. Allein Albert Fleiner, der Redaktor und Kunstkritiker der Neuen Zürcher Zeitung, meinte, «Hodlers eminentes Formengefühl, seine Kraft der Zeichnung, sein grosser Stil der Farbengebung, der freilich mit allem, was wir als artig und nett kennen, nichts gemein hat, weist ihn auf die monumentale Kunst hin, das heisst auf eben jene Kunst, die nur in Verbindung mit der Architektur gedacht werden kann … Mag die Komposition, die Hodler uns bot, gefallen oder nicht, Tatsache ist, dass er

300

301

302

allein das Zeug hat, diese grosse Aufgabe in grossem, würdigem Stil durchzuführen.»[16] Tatsächlich hat Hodler, wie Franz Zelger schreibt, «der schweizerischen Historienmalerei monumentale Form und innere Grösse verliehen. Die künstlerische Bewältigung von Freiheitsbewegungen entsprach dem unabhängigen und kämpferischen Wesen des Künstlers.»[17]

Wie die Malerei, so stand auch die Plastik im 19. Jahrhundert vor neuen Aufgaben. Hauptaufgabe für den Bildhauer war das Denkmal, «primär die Monumente für Ereignisse der vaterländischen Geschichte, aber auch für Einzelpersönlichkeiten ... Diese Denkmäler sind das plastische Gegenstück zur Historienmalerei.»[18] Wie diese wandten sich auch die Bildhauer – die bedeutenden können allerdings an einer einzigen Hand abgezählt werden – den Leitgestalten zu. So schuf Jean-Jacques Pradier (1792–1852) aus Genf ein Denkmal für den Philosophen Rousseau. Die Bronzefigur ist in ihrer unpathetischen Art eines der ansprechendsten Denkmäler des 19. Jahrhunderts in der Schweiz insgesamt.[19]

Sein Pendant ist, wenn der Vergleich überhaupt möglich ist, das 1875/84 entstandene Reiterdenkmal für General Dufour in Genf, geschaffen von Alfred Lanz (1847–1907). Es ist von ruhiger und schlichter Haltung.[20]

Berühmt und von allen Volkskreisen verstanden war im 19. Jahrhundert das von Ferdinand Schlöth (1818–1891) geschaffene Winkelried-Denkmal in Stans. Hier seine Vorgeschichte: Am eidgenössischen Schützenfest von 1853 in Luzern sprach man erstmals davon, Winkelried ein Denkmal zu errichten. Damals stand Winkelried für die Mehrheit der Schweizer an der Spitze der eidgenössischen Heldengalerie. «Mit ihren offenkundigen christlichen und menschlichen Motiven habe man nichts ähnliches in der Weltgeschichte», meinte der Philosoph Ignaz Paul Vital Troxler, «nur ein Denkmal bewahre die Tat Winkelrieds vor dem Vergessenwerden. Das Denkmal würde im doppelten Sinne zu einem Wahr- und Merkzeichen für thatkräftige Religiosität, ächte Vaterlands- und Familienliebe, sowie eines freien Volkes würdigen Heroismus.»[21] Zu diesen patriotischen Argumenten kamen wirtschaftliche Überlegungen. So meinte das «Nidwaldner Wochenblatt»: «Es kann nicht geleugnet werden, dass eine hübsche Statue auch ihre materiellen Vorteile hat, es kommen viele Neugierige, der Wirt zählt seine

298 Grosser Ruhm Rousseaus im 19. Jahrhundert. Nicht genug, dass er ein eigenes Denkmal auf der Rousseau-Insel erhielt: später gingen fleissige Stikker dazu über, das Denkmal auf Seide mit gemaltem Hintergrund zu sticken.

299 Pestalozzi bei den Waisen von Stans. Das Bild von Konrad Grob zählt zu den ergreifendsten Pestalozzidarstellungen des 19. Jahrhunderts. Es zeigt den Menschenfreund inmitten einer Schar hilfsbedürftiger Kinder.

300 Kämpfender Eidgenosse. Für die Hodler-Bilder im Landesmuseum hat der Künstler verschiedene Entwürfe geschaffen. Auf unserem Bild sehen wir den Entwurf für das rechte Seitenbild. Dargestellt ist der Rückzug von Marignano. Verzweifelt kämpft ein Eidgenosse um sein Leben. «Eine ungeheure Energie spricht sich in der Figur aus; sie ist furchtbar, grausig, schreckerregend, just wie das Handwerk, das der Mann übt.» (Franz Zelger)

301 In der Malerei des 19. Jahrhunderts stösst man wiederholt auf die Spuren Tells. Hier ein Aquarell von Samuel Birrmann von der Tellskapelle in Bürglen. Entstanden um 1824.

302 Arnold von Melchtal. Das von Jean-Léonard Lugardon 1841 gemalte Bild gehörte zu den beliebtesten Historienmalereien des 19. Jahrhunderts.

lieben Gäste.» Nur wenige Tage nach dem eidgenössischen Schützenfest verschickte der Stanser Gemeinderat einen Subskriptionsaufruf. Man schrieb einen Wettbewerb aus. Die beiden eingegangenen Arbeiten befriedigten indessen nicht, so dass die Jury eine neue Konkurrenz ausschrieb. Robert Dorer und Ferdinand Schlöth reichten Vorschläge ein. Die Modelle traten eine lange Reise an, und beide Bildhauer erhielten einen ersten Preis. Die Ausführung überliess die Jury indessen dem Bildhauer Schlöth. In den folgenden Jahren konzentrierte man sich darauf, die nötigen Geldmittel aufzutreiben. Erst 1862 konnte sich Schlöth an die Ausführung des Denkmals machen. Als Standort war von Ferdinand Stadler das Huobliegg vorgeschlagen worden: «Das ganze Gelände liegt abseits des Strassengewirrs und menschlichen Treibens und wird von einer wohltuenden Stille beherrscht, was für die monumentale Bestimmung äusserst günstig ist.» Dieser Standort ist indessen aus Kostengründen fallengelassen worden. Das Denkmal fand schliesslich am oberen Rand des Dorfplatzes Aufstellung. «Obwohl Winkelried hier zwar nicht begraben liegt – das Fehlen seiner Gebeine wurde denn auch schmerzlich empfunden – weckt der Sockel doch die Vorstellung, dass man hier an der letzten Ruhestätte des Helden stehe.»[22] Das Denkmal kam allen Erwartungen und dem Bedürfnis der patriotischen Pilger entgegen. Es fehlte auch nicht der Brunnen. Mit dem Trinken von dessen Quelle nimmt der Gläubige teil an der «Erlösungstat Winkelrieds». So wurde aus dem Helden ein Heiliger gemacht.[23]

303 Im Sommer 1865 fand in Stans die feierliche Einweihung des Winkelried-Denkmales statt. Der Bildhauer Ferdinand Schlöth hatte allerdings einiges zu leiden, bis es zur Ausführung kam. Unser Bild: Das vierte Modell von 1859/1860 zum Winkelried-Denkmal.

303

Im 19. Jahrhundert ist in den meisten Dörfern häufig erzählt worden. Das geschah zu Hause, bei Nachbarn, in der Sennerei, in Werkstätten der Handwerker oder auf der Totenwache. Mit Anekdoten, Sagen und Schwänken versuchte das Volk den Abend zu verkürzen. Viel Humor und Schalk waren dabei: «Man machte sich einen Spass daraus, den Mut ängstlicher Kinder und Erwachsener auf die Probe zu stellen.»[1] Volkstümlich derbe Elemente fehlten nicht, denken wir an die Schildbürgerstreiche, die wir mit einbezogen und mit denen dieses Kapitel eröffnet sei. Es sind gewissermassen traditionelle Spottgeschichten. Man könnte sie, so Richard Weiss, mit allgemein menschlichen Äusserungen eines ursprünglichen Gemeinschaftsgeistes gleichsetzen. Es ging um die Stärkung lokalen Selbstbewusstseins. Das geschah einmal, indem man sich der eigenen Taten rühmte, und sodann, indem man die Schwäche der anderen aufzeigte und sie als lächerlich hinstellte. Das ist durchaus keine schweizerische Eigenheit. Dem Schilda der Deutschen, einem Ort in Sachsen, entsprechen in Frankreich Saint Jacut, Sainte Dode und Saint Maixent. Fast jede Landschaft und jede Talschaft besass im 19. Jahrhundert ihren eigenen Schildbürgerort. Man schematisierte gewisse Züge, ganz ähnlich wie man heute von der Langsamkeit der Berner und den langen Fingern der Thurgauer spricht. Meist ging es nicht um grosse, allgemein bekannte Gemeinden oder Städte, sondern um kleine, unbekannte Dörfer. Sie waren dem Spott besonders ausgesetzt. Das Jahrhundert war ja aufgeklärt, niemand wollte den Ruf des Hinterwäldlertums, des Hinter-dem-Mond-Seins auf sich nehmen. Man hielt die Leute solcher Ortschaften nicht für dumm, sondern für komisch. Die Furner im Prättigau galten als pfiffig: Furna war ein typischer Schildbürgerort. Das war nicht neu, sondern lag in der Linie alter Überlieferungen. Schon N. Sererhard hatte im 18. Jahrhundert gemeint: «Die alten Furner haben Anlass gegeben zu vielem Gelächter durch ihre curiosen Einfalls-Thaten und auch Reden (denke wohl arge Schälke haben viel dazu fingiert), welche noch immerzu in lustigen Compagnien jocose ventiliert werden. Die heutigen sind witzig genug...»[2] Ursprünglich war der Gegensatz zwischen den in Streulage siedelnden Walser Kolonisten und den in kompakten Dörfern wohnenden alteinsässigen Rätoromanen im Tal im Spiel. Auch andernorts spielen historische Gegebenheiten mit. So sah man die Lötschentaler als Schildbürger an, weil sie bis 1799 von den fünf Oberwalliser Zenden unterjocht waren.

Zielscheibe des Spottes waren häufig Trauben und Wein einer Ortschaft. So hiess es von den harten Trauben in Spiez und Wimmis, man müsse die Trauben dreschen, man könne sie zum Schiessen brauchen. In Merligen seien die Fensterscheiben nicht sicher, wenn Wein gepresst werde.[3] Die Meinisberger müssen beim Traubendreschen nach der Weinlese die Läden schliessen. In Steckborn lasse man zur Feststellung der Reife die Eisenbahn über eine Beere fahren; zerplatze sie, so begännen sie mit der Weinlese. In Berlingen müsse der Nachtwächter um Mitternacht läuten, damit die Leute nach dem Genuss ihres neuen Weines nicht vergessen, sich auf die andere Seite zu legen, weil der Wein sonst ein Loch in den Magen brennen könnte.[4] Im Kanton Glarus war Schwendi ein Schildbürgerort. Nach der Überlieferung seien die Schwendi-Leute nach dem Brand von Glarus mit Säcken gekommen, um zu «löschen». Die meisten Fensterläden sollen aus Glarus stammen. Die Schwendener bekamen den Übernamen Säcke und waren als diebisch verrufen.[5]

Von den als arm verspotteten Klingnauern hiess es, man sehe am Samstag niemand auf der Strasse, weil die Hemden in der Wäsche seien. Als besonders dumm und faul galten die Leute von Neunkirch. Von ihnen erzählte man, dass sie bei einer Belagerung auf die Frage nach Vorräten antworteten, sie seien an das Hungern gewöhnt. Die Leute von Wohlen galten als Grosshansen: Wenn sie Kaffee zum Mittagessen hatten, standen sie mit dem Zahnstocher im Mund vor der Tür, um zu zeigen, dass sie Fleisch gegessen hätten. Von den Leuten in Muri sagte man, ihr Friedhof sei so klein, weil man allgemein im Zuchthaus sterbe.[6]

Von den Hegnauern im Kanton Zürich sagte man, sie hätten einst einen Kuckuck durch Einhegung des Baumes, auf welchem er sass, fangen wollen. Seitdem werden sie mit Guggu geneckt. Ein Hegnauer sei in die Stadt gegangen, um gutes Heuwetter in einer Apotheke zu kaufen. Der Apotheker gab ihm in einer Schachtel eine Bremse mit. Als sie der neugierige Bauer öffnete und die Bremse wegflog, rief er: «Heuwetter uf Hegnau zue.»[7] Von den Jonschwilern erzählte man sich, sie hätten die gesammelten Maikäfer, um sie zu vernichten, über einen Felsen gestürzt. Der Vorschlag dazu sei von der einstimmigen Gemeindeversammlung gekommen.[8] Eine ähnliche Geschichte stammt aus Medels. Dort fällte die Gemeindeversammlung das Todesurteil über einen Hühnerhabicht, den ein Bauer im Hühnerhof gefangen hatte: Man müsse den Vogel über den höchsten Felsen des Tales stürzen![9] In Berlingen war beim Graben eines Brunnens ein Erdhaufen übrig geblieben. Er sollte beseitigt werden, indem man auf Befehl des Gemeinderates daneben ein Loch grub, in dem er zu versenken war.[10] Schildbürger waren auch die Leute von Lachen. Bei einer Feuersbrunst im Dorf empfingen die Lachener die zu Hilfe eilenden Rapperswiler am Ortseingang mit dem Ruf: «Das isch euseri Brouscht (Brunst)» und jagten sie zurück.[11] Anschaulich ist auch die Geschichte, die man sich über einen Vorfall in La Sagne (Neuenburg) erzählte. Dort belud man einen Wagen mit Baumstämmen. Ein Mann fügte einen letzten bei und sagte: «Nachdem das Pferd alle anderen Stämme gezogen hat, wird es auch diesen einen ziehen.» Doch das Pferd versagte. Daraufhin lud der Mann alles ab: «Weil mein Pferd diesen letzten nicht ziehen kann, wird es auch die anderen nicht ziehen wollen.»[12]

Verwandt, aber nicht identisch mit diesen Schildbürgerstreichen sind die Sagen von den starken Männern. Wir sind ihnen schon im Zusammenhang mit der Arbeit begegnet. Auch im 19. Jahrhundert waren körperliche Kräfte für viele Arbeiten unabdingbar. Jedermann bewunderte deshalb starke Männer und Frauen, fehlte es doch an geeigneten Transportmitteln und auch Wegen. Deshalb waren auch schwerste Lasten von Hand zu tragen. Dazu nur wenige Beispiele: August Käslin von Beckenried konnte sieben Stück Käse von der Alp allein heruntertragen. Der alte Pinkert aus Frick (AG) trug auf einem besonderen Reff einen ganzen Ster Holz. Die beiden Brüder Michel aus Süs im Engadin trugen mehrzentrige Tramen über das Baugerüst. Hans Wiesner aus Lausen hob drei bis vier Männer in die Höhe. Der Gros Bellet schlug mit einem Faustschlag einen Nussbaumtisch entzwei. Huonder Grond aus Churwalden streckte beim Einfall der Franzosen um 1800 ganze Kolonnen der Eindringlinge nieder.[13]

Mit besonderer Liebe beschäftigten sich die Sagenerzähler mit Helden vergangener Zeiten. Dabei treten immer wieder die gleichen Klischeevorstellungen zutage. «Es ist nicht das nackte historische Faktum, das die Sage interessiert, sondern das menschlich ausserordentliche oder menschlich rührende Geschehen, das gefühlsmässig erfasst wird», schreibt L. Röhrich.[14]

Ohne Zweifel sind die Sagenerzähler auch durch die vielen historischen nationalen Feiern bestärkt worden. Erstaunlich ist es dennoch, was da alles zum besten gegeben wurde. Da erscheinen die burgundische Bertha, Karl der Grosse, die Grafen von Gruyère, Herzog Leopold und Carlo Borromeo. Im Fricktal beschäftigte man sich mit Joseph dem Zweiten, im Kanton Neuenburg mit den preussischen Königen. Dort, wo Napoleon einmal abstieg, wie in Moudon, blieb die Erinnerung lebendig.[15] An die Franzosenzeit erinnern die Sagen über die Generale Schauenburg und Suworow. Als eindrucksvolles Ereignis fand das Schicksal der Bourbaki-Armee Eingang in die volkstümlichen Erzählungen.[16] Eigenes Erleben oder die Erzählung des Vaters bewahrten farbige Bilder von zerlumpten Soldaten mit ihren ausgemergelten Pferden. Was den Zuhörer interessierte, war das Detail, und damit wurde nicht gespart: Ein Solothurner erzählte, dass eine Tochter, die einen typhuskranken Franzosen geheilt hatte, später die Einladung zu einer Weinlese nach Frankreich bekam.[17]

Ebenso versiert wussten die Sagenerzähler von alten Völkern zu berichten. Sie kannten die Heidenhäuser. Ein alter Lenker berichtete, es sei noch ein altes Heidenhaus in Pöschenried gewesen. Ein Schwarzenburger meinte, man habe jenen Heidenhäuser gesagt, die Stierenköpfe über dem Eingang hatten.[18] Anderer Auffassung war ein Brienzer: Heidenhäuser seien solche, die ein Kreuz unter dem First haben. Neben diesen alten Häusern erinnerten Höhlen und Klüfte an vordenkliche, eben heidnische Zeiten. Man sprach vom Heidenloch in Abländschen, nördlich Saanen, und erzählte: Die Urbewohner haben dort Gottesdienste gefeiert.[19] Erratische Blöcke deutete die volkstümliche Meinung mit Vorliebe als heidnische Opfersteine. So soll der grosse Stein bei Visperterminen als Opferstein benutzt worden sein.[20] Unter den Völkern der Ur- und Frühgeschichte interessierten sich die Sagenerzähler besonders für die Römer und ganz besonders für die Römerstrassen. Da wusste man Erstaunliches zu erzählen: Im Hochfelderwald bei Bülach sollen hie und da auf der alten Römerstrasse feurige Reiter auf weissen Rossen zu sehen sein. In Präz erzählte man sich: Die alten Römer passierten unseren Ort auf ihrem Weg nach Italien. Unterm Piz Beverin seien noch heute Spuren der alten Römerstrassen sichtbar. In Präz soll sich ein römischer ‹Stalaz› (Umladestelle) befunden haben.[21] Im volkstümlichen Erinnerungsbereich blieben auch die Raubzüge und Einfälle der Schweden an der Westgrenze unseres Landes haften. In Porrentruy sagte man, nur eine Nebelwolke habe die Schweden an einer Invasion gehindert. In der Tat haben die Wirren des dreissigjährigen Krieges zu häufigen Grenzverletzungen durch fremde Heere geführt. Es ist historisch belegt, dass eine erste Belagerung von Porrentruy um 1634 erfolgreich abgewiesen werden konnte.[22]

Ohne Zahl sind die Sagen, die sich mit der Franzosenzeit befassten. Das Andenken an diese recht böse Zeit blieb lange wach. Mit mehr oder weniger grossem Erfolg versuchte man dieser nicht eben glorreichen Episode unserer Geschichte auch einige gute Züge abzugewinnen. Man erzählte sich, dass es doch viele Männer und Frauen gegeben habe, die sich den Franzosen heldenmütig widersetzt hätten. In Laax, so erzählte man, habe in der Franzosenzeit ein Büchser auf die anrückenden Franzosen geschossen. Er habe aber dabei den Tod gefunden. In Isenthal und in Graubünden erzählte man, die Frauen hätten den Franzosen mit heldenhaftem Mut hart zugesetzt. In Ems vertrieb Anna Bühler die Franzosen. Im Schanfigg wurden die Franzosen von Langwieser Frauen aufgehalten. Sie rollten von einem hohen Felsen Steine und Balken hinunter.[23] Endlos sind die Schilderungen von Gewalttätigkeit, Ver-

304

gewaltigung, Raub, Plünderung. Nicht viel besser kamen die österreichischen Invasoren weg; sie wurden als gefrässig bezeichnet. Vor Hunger hätten sie selbst Kerzen gegessen, besonders erpicht waren sie auf Speck.[24] Nichts Rühmliches wusste man von den Russen zu berichten. Sie plagten die Leute: «Wenn es blitzte, sollen die Russen die Säbel in die Luft geschwungen und geflucht haben, als ob sie das Gewitter hätten vertreiben können.» Eine 83jährige Frau aus Balsthal erzählte, ihre Familie sei von den Alliierten bös ausgeraubt worden; sie hätten es abgesehen gehabt aufs Weibervolk, auf die ‹Linge› (Wäsche) und aufs Silber.[25]

Meisterhaft verstanden es die Sagenerzähler, landschaftliche Besonderheiten zu deuten. Da waren der volkstümlichen Phantasie keine Grenzen gesetzt. Erstaunt musste der Hörer zur Kenntnis nehmen, dass der Kirchenhügel von Châteaux-d'Oex entstanden war, weil hier der Riese Gargantua seine Hutte ausgeleert habe. Bei Rance liegt ein grosser Granitblock. Er heisst Pierre de Bon Château. Goliath hat ihn in seiner Hutte getragen, da riss sein Tragriemen und der Block blieb liegen. Erstaunt vernahm man auch, wie das Martinsloch bei Elm entstand. Der heilige Martin hütete hier seine Schafe. Da kam ein Riese über den Segnespass, um die Schafe zu stehlen. Es kam zum Kampf. Der Heilige schleuderte seinen Hirtenstock gegen den Riesen, verfehlte ihn aber. Dafür schlug er ein grosses Loch, das Martinsloch, in die Felswand.[26]

Glücklicherweise gab es mythenhafte Erscheinungen, die weniger furchterregend waren: die Zwerge. Sie hausten in abgelegenen Gegenden, in

304 Zur Belehrung und Unterhaltung bieten die Volkskalender manche Sage. Auf den beiden Bildern hat Karl Jauslin um 1886 die Sage von der Erbauung der Teufelsbrücke illustriert.

Höhlen, in Tobeln und Wäldern. Sie waren hilfsbereit, fütterten oder melkten das Vieh und bekamen dafür Milch. Man darf sie aber nicht beobachten, sonst verschwinden sie, meinte warnend ein Sagenerzähler. Wer sie verspottete, bekam einen geschwollenen Kopf.[27] Die Zwerge warnten die Leute auch vor kommendem Unheil. So sagten sie im alten Bergwerk am Gonzen den Knappen einen Einsturz voraus, indem sie kleine Steine herabrollten.[28]

Rätselhaft wie die Erscheinung der Zwerge war jene des ewigen Juden. Man kannte ihn schon im ausgehenden Mittelalter. Im 19. Jahrhundert ist das Erzählmotiv seltener geworden. Es bleibt aber gleich: Der Jude, der Verräter Judas, muss bis zum Jüngsten Gericht reisen und wandeln. Geht er vorbei, so ist das ein Vorzeichen für Krieg oder für Seuchen. Er ist im Grossholz bei Ormalingen, einem düsteren Wald zu sehen; er war aber auch in Visp. Auf dem Plan Névé (bei St. Maurice) wurde er von den Hirten abgewiesen. Die Erzähler wussten, wie er aussah, er hatte eine weisse Schürze, ein graues Gewand sowie einen grossen Stock. Man beobachtete den ewigen Juden beim Überschreiten von Pässen. Nach einer Walliser Schilderung war der Sanetsch beim ersten Überschreiten felsig, das zweite Mal eine Weide. Als der ewige Jude in Grindelwald bei seinem ersten Kommen schöne Vorsassen antraf, erklärte er, der Bergelbach werde bei seinem zweiten Erscheinen alles fortnehmen. Das traf auch ein, jedoch ohne dass der ewige Jude gekommen wäre.[29] Wo er erschien, zeigte er sich unruhig, er marschierte in der Stube herum. Bei Wolfenschiessen, wo er darum bat, übernachten zu dürfen, benutzte er das ihm angebotene Bett nicht, sondern lief die ganze Nacht herum. Die Gestalt des ewigen Juden diente auch als Kinderschreck. Man sagte, wenn er komme, nehme er unfolgsame Kinder mit. Weil er so unruhig war, sagte man zu ruhelosen Leuten auch etwa: «Springsch wie der ewig Jud.» Unersättliche Geschäftsleute mussten aber auch damit rechnen, mit dem ewigen Juden identifiziert zu werden: «Er isch wie der ewig Jud», hiess es von einem rastlosen Menschen, der nicht genug zusammenhamstern kann.[30]

Im Sagengut des 19. Jahrhunderts wimmelt es von fremden Zauberern, von Venedigern und von fahrenden Schülern. Die Venediger waren als Kenner der Bodenschätze berühmt. In den Spillgärten bei Zweisimmen graben sie, so heisst es in einer Sage, in einem Goldloch. Ein solches Goldloch gab es aber auch im Gamsberg ob Tscherlach und am Zipf oberhalb Weisstannen. Am Kamm holte ein Venedigermännli jährlich an einer nur ihm bekannten Stelle einen Becher voll Gold. In Wald im Kanton Zürich hiess es, die Venedigermännli hätten das im Goldloch gegrabene Gold nach Venedig mitgenommen.[31] In Vättis litt man sehr unter den Nattern. Man ging deshalb einen Venediger um Hilfe an. Er machte ein Feuer und las in einem Buch. Die Nattern kamen und verbrannten alle. Zuletzt ging eine weisse Natter durch die Luft auf den Venediger los und biss ihn tot.[32]

Kenntnis von Bodenschätzen hatten nach den Sagen auch die fahrenden Schüler. Auf ihrer Wanderschaft gaben sie einzelnen Leuten wertvolle Hinweise.[33] Zaubern konnten nach Auffassung der Sagenerzähler des 19. Jahrhunderts auch die Zigeuner. Sie kamen damals noch in ganzen Scharen aus dem Tirol oder aus Österreich.[34] In Kleinlützel (SO) waren sie wegen des Verhexens von Vieh, der Bäume oder des Landes gefürchtet. Eine alte Frau von Sissach erzählte: «Die Zigeuner haben ein Kind in der Wiege gegen ein anderes umgetauscht, sonst wäre es hübscher und netter.»[35]

Gefürchtet war im 19. Jahrhundert in vielen Kreisen immer noch der Teufel. Von ihm sprachen und erzählten nur die Alten. Der Teufelsglaube, so ein Mann aus Oron-la-Ville, ist gegen Ende des 19. Jahrhunderts verschwunden.[36] Man bewunderte vor allem seine Arbeiten. So soll die Brücke über die Morge, bei Savièse, der Pont neuf oder Pont du Diable, vom Satan errichtet worden sein. Er versprach die Brücke zu bauen, wenn ihm der erste Brückengänger überlassen werde. Man überlistete ihn und jagte eine Katze darüber.[37] In Nunningen (SO) erzählte man, der Teufel habe auf der Portenfluh ein Schloss bauen wollen, doch habe der Blitz ins neuerbaute Gebäude geschlagen. Den Riss könne man deutlich sehen. In Andermatt bewahrte man die Sage des grossen Felsblockes von Göschenen. Er wurde vom Teufel dorthin gebracht aus Ärger über eine verlorene Wette, die Teufelsbrücke zu zertrümmern. Im Oberwallis erzählte man sich, der Teufel habe das Dorf Münster mit einem Stein durch Hochwasser zerstören wollen. Doch der heilige Antonius beschwor die Gefahr. Die Fäuste des Teufels sind als grosse Löcher eingedrückt immer noch zu sehen. Eine Warnsage ist aus dem Rheintal überliefert: Im Schwefelbad Neuvogelsang an der Lawenastrasse festete man anlässlich der Fasnacht trotz Anbruch der Fastenzeit weiter. Der Teufel war mit dabei. Seine Spuren seien als Eindrücke auf einem Stein deutlich zu sehen. Das Bad ging zur Strafe unter.[38]

Die Erzähltradition blieb im 19. Jahrhundert nicht überall erhalten. Sie ging im Mittelland, in den Städten zurück, blieb aber in den Berggebieten erhalten. Und hier waren es vor allem die katholischen Gebiete (Sarganserland, einzelne Bündner Täler, Wallis) in denen die Sagen lebendig blieben. Kein Wunder, hängt doch die Sage zum Teil eng mit Glaubensvorstellungen der katholischen Kirche zusammen. Das Erzählgut – wir konnten es nur teilweise vorstellen – war weitgespannt, es schloss Leben wie Tod ein. Im Zentrum blieb das Numinose, das schwer Begreifliche, das kaum Fassbare, einer anderen Welt Zugehörige. Wenn mitunter freundlicher Kontakt beispielsweise mit den Zwerglein dargestellt wird, so bleibt doch alles voller Spannung und Störung. Der Mensch scheint dem Einbruch des Unheimlichen schonungslos ausgeliefert. Doch er wusste sich zu helfen, und die Sage war ihm dabei eine Stütze. Da wurde gezeigt, worauf es ankam. In den Frevlersagen – man trifft sie in allen Sagensammlungen – wird besonders deutlich, worum es ging. Im Zentrum stand die Aufrechterhaltung der gesetzlichen und gesellschaftlichen Ordnung. Wer einen Markstein versetzt, muss nach seinem Tod wandeln. Ob kleiner oder grosser Frevel: alle werden bestraft: sowohl das Mädchen, das zu Lebzeiten zu kurze Röcke trug, wie das andere, «dem es im Leben nirgends recht, da kalt und da zu bös war», sie alle mussten nach dem Tode umgehen, mussten «geisten».[39]

Hören wir zum Schluss, was der alte Heinrich Gamma von der Göscheneralp dem Spitalpfarrer von Altdorf 1903 erzählte: «Durch die Schuld des Kühers erfiel in den Planggen in der Gescheneralp eine Kuh, Tschägg genannt, die einem gewissen Marti gehörte. Der Küher starb. Aber zu gewissen Zeiten, besonders an den Vorabenden hoher Feste, erblickte man ihn oben auf einem Felsen ob den Planken. Er kauerte auf dem Boden, und es hatte ganz den Anschein, als ob er da ‹beränä› würde. Zuletzt rief er dann hinunter: ‹D's Martis Tschägg isch ibery.› Einmal ging auch jener Marti selber durch die Gegend und er sah den seltsamen Beerensammler und er hörte ihn rufen: ‹D's Martis Tschägg isch ibery.› Da rief Marti hinauf: ‹Ja, i weiss scho; äs soll-der g'schänkt sy.› Seit diesem Augenblick liess sich der Geist niemehr sehen, er war erlöst.»[40] Der Grossmut des Geschädigten hat hier wahrhaft ergreifenden Ausdruck gefunden. Es ging dem Bauern nicht um sich, sondern um die Seelenruhe des unachtsamen, fehlbaren Hirten.

Welcher Grossmut! «Das ist keine blosse Warnsage mehr, sie will nicht einfach zu treuer Pflichterfüllung mahnen; wichtiger als die Besitzermoral ist das Bild des über sich und seine Ansprüche hinauswachsenden Menschen geworden. Statt des Warnbildes steht ein Leitbild im Vordergrund...»[41]

Sprichwörter, Schwänke und Witze

Das Sprichwort – auch jenes des 19. Jahrhunderts – interessiert uns, weil es einer Sammlung von Kleinkommentaren zum menschlichen Leben gleichkommt. Es lebte noch kräftig in einer Zeit, da andere Gattungen der Volksliteratur allmählich ins Buch oder in die Kinderstube abgedrängt wurden. Es bedeutete alles: Trost und Aufmunterung, moralischen oder auch zynischen Zuspruch. Oft war es resignierende, bittere, ironische Feststellung: So geht es zu in der Welt! Über alle regionalen Grenzen hinweg hat das Sprichwort, genauer hat der Träger des Sprichwortes den Menschen als einen des Zuspruchs Bedürftigen gesehen. Konnten sich aber diese Bedürftigen am Sprichwort wirklich aufrichten? Wieso gab und gibt es denn so viele unmoralische Sprichwörter wie: Man muss mit den Wölfen heulen, Not kennt kein Gebot, Quant ont tient l'oiseau, il faut le prendre, Sälber ässe macht feiss? Solche Wörter wurden indessen nicht nur zynisch, sondern vor allem auch humorvoll angewendet; sie zeigten Schwächen auf, waren Anzeichen dafür, sich zu rechtfertigen.

Ein Sprachforscher sagte einmal: Die geistige Grundhaltung des Sprichwortes sei Misstrauen. Dem pflichtete der Volkskundler und Sagensammler Arnold Büchli bei. Er kannte seine Landsleute, und er erfuhr es immer wieder aufs neue, wenn er ins Gespräch kommen wollte. Wundere dich nicht: Eifersucht und Misstrauen sind weit verbreitet bei uns, sagte ihm ein alter Bündner Politiker. Klassisch drückte es der Obersaxener Kaminfeger Walder aus, er hörte aus dem Geläute seiner Kapelle die Worte heraus: «Nid und Hass.»[1] Skepsis, ja Resignation herrschen in vielen Sprichwörtern des 19. Jahrhunderts vor. Hier einige Beispiele aus der Sammlung Ineichen: «Wie mer drin rüert, wie mee ass stinkt.» Oder: «Mer glaubt kem Heilige, oder er tüeg es Zeiche.» Oder: «Der Fuchs verbirgt de Schwanz.» Oder: «Wer uverschamt isch, läbt descht baas (besser).» Oder: «Eergyz und Flöö springed gärn id'Höö.»[2] In diese Kategorie gehören auch die vielen Sprichwörter mit «man muss». Dazu einige Beispiele: Il faut étendre ses pieds selon ses draps. Oder: Man muss mit den Wölfen heulen. Il faut hurler avec les loups. Bisogna urlar co'lupi. Me mues mache, dass d'Chile zmits im Dorf blibt. Me mues de Hund la wi-n-er si gwänet ist. Dem Zeitgeist entsprechend werden einige Sprichwörter im 19. Jahrhundert mehr gebraucht als früher: Hilf dir selbst, so hilft dir Gott. Oder: Frisch gewagt ist halb gewonnen. Oder: Nüd nalah gwünnt. Besonders fleissig werden jetzt die Fleiss-Sprichwörter in den Kalendern und Zeitungen tradiert. Mancher Redaktor sah sich gleichzeitig auch als Volkserzieher. Dazu folgende Beispiele: Land will e flissigi Hand. Oder: Dem Fleissigen schaut der Hunger zum Fenster hinein, er tritt aber nicht ein. Nüüd tue leert übel tue. Mer mues bätte und d'Hand aalegge. Der Giltmerglych wird niemool rych.[3] Diese Sprichwörter sind aber auch relativiert worden, indem man ihnen einen Schwanz anhängte. So zum Beispiel: Arbeit macht das Leben süss und Faulheit stärkt die Glieder. Oder: Morgenstund het Gold im Mund und Blei im Chrage.[4]

Man müsste einmal die Zusammenhänge zwischen Sprichwort und Sozialschicht oder Wirtschaftsformen untersuchen. Sicher gab es Sprüche, die ausschliesslich von Arbeitern, andere, die nur von Bauern benützt wurden, und zweifellos gab es grosse Unterschiede zwischen Stadt und Land. Ausserdem gibt es Unterschiede zwischen den Sprichwörtern, die von den Zeitungen und Kalendern kolportiert, und jenen, die von Mund zu Mund weitergegeben wurden. Allerdings wäre eine solche Untersuchung gar nicht im Sinne des Sprichwortes selber. Man darf in dem, was nur Scherz und Laune sein will, nicht immer strenge Wahrheit suchen. Wir haben nicht zu vergessen, dass es neben den Sprüchen, die eine Lebensweisheit ausdrücken, auch viele gibt, die nur gesellige Unterhaltung bedeuten.

Gesellige Unterhaltung, das wollten auch die Schwänke, Anekdoten und Witze. Das Geschichtenerzählen scheint im 19. Jahrhundert nach all dem, was ältere Gewährsleute berichten, noch weit verbreitet gewesen zu sein. Man sprach freilich nicht von Geschichten, sondern von Stückli, Stüggli, Müscht oder Müschterli oder ganz einfach von «Sprüch». Nicht alle Motive sind neu. Vielen begegnet man schon in älteren Sammlungen, man denke nur etwa an die viel älteren Schildbürgergeschichten, die wir im Kapitel Sagen untergebracht haben. Geändert hat sich aber die Bedeutung, die man vielen Geschichten beimass, und geändert hat sich vor allem auch die Form. Die Erzählrunden sind, von einigen Ausnahmen abgesehen, die gleichen geblieben. Man unterhielt sich beim Essen oder am Abend in der Stube. Man erzählte sich Müsterli bei gemeinsamen Arbeiten, beim Lismen, beim Weben, beim Bohnenfädeln. Erzählt wurde auch in der Sennhütte, im Wirtshaus, auf dem Bauplatz, im Gemeinwerk, bei den Wald-, Weg- und Wuhrarbeiten. Neue Müschterli bekam man im Militärdienst und in der Fabrik zu hören. Solange die Lebensweise des 18. und 19. Jahrhunderts Bestand hatte (und das war der Fall bis zum Ersten Weltkrieg), blieben auch die Unterhaltungsformen mehr oder weniger stabil.[5] So wurden, wie Alois Senti bezeugt, politische Anekdoten aus dem 18. und 19. Jahrhundert in den politisch interessierten Familien bis in die Zeit der dreissiger Jahre des 20. Jahrhunderts mit grosser Selbstverständlichkeit erzählt. Das setzte bei den Zuhörern ein bestimmtes Wissen voraus. Um zum Beispiel die vielen Erzählungen über den Sarganser Statthalter Johann Baptist Gallati und dessen Bruder Hauptmann Cassian Gallati zu verstehen, musste man das politische Umfeld zu Beginn des 19. Jahrhunderts kennen.[6] Das gleiche gilt für die Anekdoten von und über den Baselbieter General Buser. Sie gehören in die Zeit der Kantonstrennung von 1833, und sie sind ohne Kenntnis der damaligen Wirren nicht denkbar.[7] Anders die Schwänke; da kommen allgemein verständliche Dinge ins Spiel. Da werden die Grossartigen von den Geringen überrascht, die Wohlhabenden von den Ungebildeten überlistet. Die kürzeste Form der meistens aufs Lachen angelegten kleinen Erzählungen ist schliesslich der Witz. Ihn zeichnen Unverblümtheit und Direktheit aus. Aber er blieb manchmal doch eher oberflächlich. Die Erzähler waren zufrieden, wenn die Zuhörer lachten.[8] Gemäss antik-mittelalterlicher Theorie blieb der Witz «mehr Antwort auf ein Seiendes, auf ein wenn auch nur augenblicklich Gewordenes, als auf wirklich gestellte Fragen». Deshalb aber lebte der Witz aus der augenblicklichen Situation; manchmal gewann er ihr aber etwas allgemein Gültiges ab.[9]

Dass der Witz ankommt, dass er trifft, das hängt weitgehend von der Kunst des Erzählenden ab. Nicht alle sind zum Witz geboren. Wie der Witz in jedem Mund anders tönt, so gibt es auch regionale Unterschiede, gibt es besonders witzbegabte Volksgruppen wie die Appenzeller oder die Basler. Die Witze aus solchen Regionen haben die Spritzigkeit eines Landweines.

Doch «so trunken der Witz den macht, dessen Geist er entsprungen, so ernüchternd wirkt er auf die anderen – aber nicht wie reine Nüchternheit, sondern wie durch eine neue Erleuchtung schon sich selbst enthobene eigentlich ernüchternde Nüchternheit aus hellhörigem Witz heraus».[10] Zwischen dem Witzerzähler, dem Witzbold, und seiner Zuhörerschaft besteht ein eigentümliches Verhältnis. Beide sind aufeinander angewiesen: «Und nicht selten steigt aus der witzigen Zuhörerschaft... ein neuer Witzkopf hervor, der an sich reisst, was des Witzes ist.»[11] Nichts zu lachen hat höchstens der Unwitzige von draussen, der selber Ziel des Witzes ist und selber nicht zielen kann. Man meine nicht, sagt Stefan Sonderegger, der Witz entspringe immer einer fröhlichen Laune, einem fröhlichen Gemüt. Er braucht nicht fröhlich und harmlos zu sein. Nur der appenzellische Witz über die Appenzeller, wie er im Mittelland kursiert, ist fröhlich-lächerlich. Der Appenzellerwitz selber ist etwas anderes als Karikatur, er trifft «den Menschen in seinem Sein zwischen Möglichkeit und Wirklichkeit... in der Zwischenwelt zwischen tiefstem Ernst und sprunghaftem Scherz, zwischen Versagen und Erfüllen».[12]

Das Erzählgut des 19. Jahrhunderts überrascht durch die Vielzahl der Motive und Typen. Wer sich dem genüsslichen Lesen der vielen Erzählungen hingibt, tritt in eine komische, lustige Welt ein. Vieles wird er nicht verstehen, hingegen immer wieder aufs neue über die närrischen und pfiffigen Einfälle staunen können.

Ein unerschöpfliches Thema sind zunächst einmal die neuen Bahnen und Bähnlein. Man musste sich zuerst an sie gewöhnen, und dabei waren offenbar einige Schwierigkeiten zu überwinden. Arnold Büchli hat aus dem Bündnerland das folgende Stückli aufgezeichnet: «Ein Medelser ist mit dem Zug nach Chur gefahren. In Disentis hat er ein einfaches Billett gelöst. Und dann hat man ihm in Chur gesagt, er hätte ein Retourbillett nehmen sollen. Das wäre billiger gewesen. Da hat er ein Retourbillett gelöst, um billiger nach Disentis zurückfahren zu können.»[13]

305 Die volkstümlichen Kalender des 19. Jahrhunderts bieten nicht nur Belehrung und Aufklärung, sondern auch Unterhaltung. In ihnen finden wir ein breites Spektrum von Sagen, Schwänken und Witzen. Sie sind, wie unser Beispiel zeigt, oft von hintergründiger Art. Ein Bauer begegnet einem städtisch gekleideten Herrn. Die Angehörigen dieser beiden sozialen Schichten werden durch typische Kleiderunterschiede gekennzeichnet.

305

Hübsch ist auch ein Müschterli aus dem Baselbiet: Zur Zeit der Gründung der Bahn (Waldenburgerbahn) wurde im Verwaltungsrat über die Anschaffung eines Schlusslichtes beraten. Lange wurde diskutiert, da beantragte ein heller Landschäftler: Wir lassen doch einfach den letzten Wagen weg, dann können wir diese Ausgabe sparen.[14] Man lachte gern über das kleine Bähnchen, das den Namen «Rütscherli» oder «Glettyseli» bekam. Die folgende Geschichte spricht für sich: Eine Familie aus Waldenburg will nach Amerika auswandern und ist mit dem Waldenburgerli glücklich in Liestal angelangt. Da fragt eines der Kinder: «Vatter, sy mer jetzt z'Amerika?» – «Nei, nonig, aber s'Ergscht isch überstande.»[15]

Charakterzüge wie Neid, Geiz, Wucher und Verschwendung, die in den Warnsagen so sehr gegeisselt werden, sucht man in den Schwänken und Erzählungen vergeblich. Es fällt auch auf, dass der von den Sprichwörtern hochgepriesene Arbeitseifer geringgeschätzt wird. In Sargans erzählte man: «Dr alt Gyräloch Wysi z'Flums hät dinn gmaint, dr Sunntig söt so hailig sy, ass mä nä drei Tääg drvour und drei drnou müesst fyrä.»[16] (Der Sonntag sollte so heilig sein, dass man noch drei Tage vorher und drei Tage nachher feiern müsste.) Ein Lob des Arbeitseifers scheint die folgende Geschichte aus dem Baselbiet zu sein. Sie ist es aber, wie man unschwer feststellen kann, nicht: «Diä Zyt, women uf em Land no fascht alles vo Hand het müese schaffe, sy d'Hämmiker Buure wägen ihrem Chrampfe bsunders berüemt gsi. J de dryssger Jore het emol em Ormelinger Schmid sy Frau zuemer gsait: ‹Weisch, die maches eso: Si gönge znacht nit ins Bett, si chnüünle numme dervor. Wenn si sötten ynicke, derno schleue i der Mölli uf der Bettlade uuf, denn stönde si uuf, as si vor dr Tagheiteri wider chönne go mäje.›»[17] Auch in der folgenden Geschichte aus dem Baselbiet wird dem Fleiss keine hohe Ehre zuteil: «Man fragte einen alten Baselbieter, was man machen müsse, um alt zu werden.» Seine Antwort war: «Bym Ässe voryne ha, bym Trinke ghörig hindere helde und bym Schaffe e Schritt-zwee näbenuuse stoh!»[18] In die gleiche Richtung zielte ein Appenzellerwitz: Einer, der faul war, wird vom Pfarrer angesprochen: «Wääscht du nüd, as hässt: Arbeit macht das Leben süss!» Die Antwort: «J ha no nie vil of em Süesse ghaa!»[19] Ein Lob auf die Faulheit enthält auch die Geschichte von Flums: «Winn ainä z Flums dm Härgott d Zyt abgstoulä hät, isch es dr Zoller Juli gsii. Am liebschtä hett er, we d Bärschner säägen, tuschur alläwyl nüt as Blauä gmacht. ‹Zyt tärf mä schu stäälä›, hät er dinn gsäit, ‹nu käi Wegger und Uurä›.» (Wenn einer in Flums dem Herrgott die Zeit abgestohlen hat, war es der Zoller Juli. Am liebsten hätte er, wie die Leute aus Berschis sagen, jederzeit nichts als Blauen gemacht, nicht gearbeitet. Zeit darf man schon stehlen, sagte er dann, nur keine Wecker und Uhren.)[20] Vom Zoller Juli wurde erzählt, er hätte sich durch eine grosse Esslust ausgezeichnet. An einer Primizfeier ass er so viel, wie wenn er drei Tage vorher nichts mehr gegessen hätte. Da rief ihm der Pfarrer über den Tisch zu: «Passt dr maini, Juli?» Darauf antwortete Juli: «Gout ä sou, Herr Pfarrer, mä chas ässä, winn mä si ruuch gwint isch.» (Man kann es essen Herr Pfarrer, wenn man sich einigermassen daran gewöhnt ist.)[21] Ins Kapitel Essen gehört die Anekdote, die man am Zürichsee über das Dorforiginal Baneeter Buume (Barometermacher Baumann, 1785–1871) erzählte: Einst trank Baumann in der Krone zu Weesen eine halbe Mass. Neben ihm sass ein fremder Herr, dem man zum Abendessen einen Fisch «en sauce» vorgesetzt hatte. Dessen Duft kitzelte Baumann die Nase. Im Gespräch mit ihm äusserte der Fremde, der Fisch sei die Hauptsache, auf die Sauce komme es weniger an. «Wenn Ihnen an der Sauce nicht viel gelegen ist, so will ich Sie Ihnen gerne abkaufen», und bietet zwei Batzen. Der Fremde war einverstanden. Baumann nahm den Löffel, packte den Fisch und schleckte die Brühe ab, worauf der Fremde auf den Fisch verzichtete.[22]

Pfiffig war jener Taglöhner aus dem Baselbiet, der einen Laib Brot in den Händen herumdrehte, ihn von allen Seiten beguckte und schliesslich den Meister fragte: «Isch s glych, wo nen aschnyde?» Als dieser die Frage bejahte, erklärte er schmunzelnd: «Derno nimm en und schnyd en deheim a!»[23]

Zahlreiche Schwänke und Anekdoten handeln vom Lebenslauf und vom Familienleben. Ein Beispiel aus den Baselbieter Müschterli: «Zwei Druscheli (beschränkte Personen) mussten heiraten, beide hatten keine Zähne mehr. Bald darauf bekamen sie ein Kind. Da sagten die Leute im Dorf: ‹Är het keini Zehn, sii het keini Zehn, und jetzt hai si no ne Chind übercho, wo keini Zehn het.›»[24] Lustig ist auch die Geschichte, die Kassian Locher aus dem Sarganserland erzählte: «Wo dr Sargaaser Baahoufvourstand dm Stuggi Andreïs zu dä Zwillingä gratuliert hät, sait där, si heïen di letscht Zyt schu au ds Gfüül gka, ass es am Ind na meï as äis sy chünnt, aber gad an zwäi heïen si au nid tinggt.» (Als man dem Sarganser Bahnhofvorstand Andreas Stucki zu den Zwillingen gratulierte, sagte dieser, sie hätten in der letzten Zeit auch das Gefühl gehabt, es könnte am Ende mehr als eines sein, aber gerade an zwei hätten sie auch nicht gedacht.)[25]

Viele Menschen sind gutgläubig, ja einfältig. Sie büssen dafür oft bitter. Dazu eine Erzählung aus dem Emmental. Sie stammt von Jeremias Gotthelf: «Ein schlauer Fuchs, der sein Leben mit Kniffen zugebracht und eines jeglichen Schwäche zu benützen wusste, lag schwer krank, so dass man ans Sterben dachte, und er selbst auch... Ein ehrlich, einfältig Bäuerlein besuchte ihn auch. Der Sterbende dankte gar schön, rühmte die Teilnahme der Menschen, und wie viele ihn besuchen täten. Wenn er wieder zwegkommen sollte, so wolle er keinen vergessen, sondern einem jeden daran denken. Und damit er keinen vergesse, habe er ein Gschrift zweggemacht, wo jeder seinen Namen darein schreiben müsse; sie liege dort, er solle es auch tun. Das Bäuerlein, das wohl seinen Namen schreiben, aber keine Gschrift lesen, und wenn schon lesen, doch keine verstehen konnte, dachte bei sich schon an das schöne Geschenk, das er erhalten, oder an die Mahlzeit, an die er eingeladen werden könnte, und kratzte ohne Komplimente mühsam seinen Namen hin. Nach Jahren kam ein Schuldbekenntnis von viertausend Pfund zum Vorschein, in welchem das Bäuerlein mit seiner Unterschrift als Schuldner sich bekannt hatte.»[26]

Vielerlei Geschichten gab es über die Ehe. Ein Mann in Gelterkinden hatte angeblich eine böse Frau. Er sagte jeweils: «E Ghyrotene chunnt nie in d'Höll − s' chunnt kein zweimol ans glych Ort.»[27]

Über das Liebes- und Eheleben selber schweigen die Erzählungen. Man sprach nicht über intime Dinge. Die Sexualität erlangt, wie es Alois Senti vom Sarganser Erzählgut sagt, nicht jene Bedeutung, die den vielen Situationen des Geschlechtslebens entsprechen würde. In einem Stückli aus dem Emmental wird ein verliebter Knecht vorgestellt. Er erhielt einen Liebesbrief. Seine Meistersfrau hörte ihn in seiner Kammer umherschlurfen. Da ging sie hinauf, um nachzusehen, und fand den Knecht vor einer Schweizerkarte am Boden kniend. «Was isch, was machsch du da?» fragte sie ihn. «Jaa, hig er gsiit, er suech uf dr Charte die lengscht Zyt öppis u fings geng niid. Sie hig im gschribe, si syg itz in Schwangerschaft.»[28]

Eine hübsche Geschichte aus dem Eheleben steuert Gotthelf bei. Er spricht vom «Knupen» und meint damit das Schmollen: «Es ist dieses ein kurios

Ding; wir nehmen uns das Grässlichste vor, zum Beispiel zu knupen sieben Jahre lang ununterbrochen, aber wir können nicht; wers auf sieben Tage bringt, meint, schon viel gemacht zu haben, und jene Frau, die es auf drei Wochen brachte, hat mehr verrichtet, als die meisten. Aber als ihr Mann mit einem Stecken unter dem Ofen guselte und gar nicht aufhören wollte, so konnte sie doch dem Ärger und der Neugierde nicht widerstehen und schnauzte ihn an und frug: ‹Was suchst, du Stopfi?› ‹E gottlob!› antwortete das Mannli, ‹dys Mul ha ih gsuecht u jetz gottlob gfunge›!»[29]

Reichlich vorhanden sind die Belege über die Trauung und Hochzeit. Wie die Quellen zeigen, hat sich der Hochzeitstag unserer Vorfahren kaum von einem gewöhnlichen Arbeitstag unterschieden. Schon in der Morgenfrühe trafen sich die Brautleute vor der Kirche und gingen nach der Trauung ihrer gewohnten Arbeit nach. Auswärtige Trauungen und gar Hochzeitsreisen sind erst nach dem Bau der Eisenbahn und nachdem der Lebensstandard ein wenig gestiegen war, aufgekommen.[30] So heirateten zum Beispiel die Leute aus dem Sarganserland auf Maria Bildstein und in Einsiedeln. Die Hochzeitsreise führte oft nach Zürich oder ins Tessin. Darüber berichtet ein Flumser: «Dr Rupf Tuuni ab dr Hochwiisä isch uf dr Houchzytsräis bis ga Züüri ai chuu. Winn mä nä gfrouget hät, warum ass si nüd na wyters säien, hät er albig gsäit: Winns nu uf üs aachu weïr, mier hettens schu na verlittä. Aber z Züüri jund hört diä choogä Ysäbaa äifach uuf. Dou hülft alles nüt meï.»[31] (Der Toni Rupf von der Hochwiesen gelangte auf seiner Hochzeitsreise bis nach Zürich. Wenn man ihn fragte, warum sie nicht weiter gekommen seien, sagte er jeweils: Wenn es auf sie angekommen wäre, sie hätten es schon noch weiter ertragen. Aber in Zürich unten höre die Eisenbahn einfach auf. Da helfe alles nichts mehr).

Über die Hochzeit gab's und gibt's auch heute noch Appenzellerwitze. Hier ein Beispiel: Nach einer Trauung kam der Bräutigam allein zur Kirche hinaus. Die Verwandten schimpften mit ihm, das sei doch keine Art. Der Bräutigam aber sagte: «Etz hört s Flattiere halt uff.»[32]

Hin und wieder gab es auch Ehestreit, vor allem, wenn der Ehemann zu spät heimkam. Ein Reigoldswiler (BL) feierte mit seinen Freunden. Am anderen Tag fragte ihn einer: «Was hesch dr Frau gsait, ass eso spot hei cho bisch?» Druuf git dä umme: «I nüt gsait, d Frau alls gsait!»[33]

Es folgen die Erzählungen über Alter und Tod. Wer in ihnen aber gefühlvolle Szenen vermutet und sucht, wird enttäuscht. Es tritt vielmehr eine gewisse Gefühlskälte an den Tag. Aber vielleicht scheint das nur so zu sein, vielleicht hat man nur so getan als ob. Vielleicht hat man sich in gefahrvoller und schwerer Zeit so verhalten wie jener Urner, der jeweils sagte: «Nüd dergliche tue.» Doch nun einige Beispiele: Im Emmental, so eine Geschichte, die Jeremias Gotthelf überliefert hat, starb ein alter Junggeselle, der kein Testament hinterliess. «Schlaue Leute wissen sich aber zu helfen, sie schleppen den Gestorbenen in eine alte Rumpelkammer, und in das noch nicht erkaltete Bett legen sie einen vertrauten Knecht, setzen ihm die Nachtkappe des Gestorbenen auf und laufen nach Schreiber und Zeugen. Schreiber und Zeugen setzen sich an den Tisch am Fenster, rüsten das Schreibzeug und probieren, ob guter Wein in der weissen Guttere sei. Unterdessen berzet und stöhnt es im dunkeln Hintergrunde hinter dickem Umhange, und eine schwache Stimme frägt, ob der Schreiber nicht bald fertig sei, es gehe nicht mehr lange mit ihm. Der Schreiber nimmt hastig das Glas vom Munde und lässt die Feder flüchtig übers Papier gleiten, aber immer halb links schauend, wo das Glas steht. Da diktiert leise und hustend die Stimme hinter dem

306

Umhange das Testament, und der Schreiber schreibt, und freudig hören die Anwesenden, wie sie Erben werden von vielem Gut und Geld. Aber ein blasser Schrecken fährt über ihre Gesichter und faustdicke Flüche quellen ihnen im Halse, als die Stimme also spricht: ‹Meinem getreuen Knecht aber, der mir so viele Jahre treu gedient hat, vermache ich achttausend Pfund!› Der Schalk im Bette hatte sich selbst nicht vergessen, und bestimmte sich selbst seinen Lohn für die gut gespielte Rolle. Er war aber noch bescheiden; er hätte sich ebensogut zum Haupterben machen können, und was hätten die anderen sagen wollen?»[46] Ein zweites Beispiel stammt aus dem Sarganserland. Eine Wangserin fragte ihren Mann auf dem Totenbett, was er tun werde, wenn sie gestorben sei, ob er nochmals heirate oder Wittwer bleibe. Da antwortete der Mann: Das könne er jetzt noch nicht sagen: «Stirb Du jetz zerscht afäu ämoul.»[35] Ebenso drastisch ist die folgende Geschichte: Ein Flumser erzählt, ein alter Hochwisner sei schwer erkrankt. Man holte den Pfarrer und Arzt. Er erholte sich aber wieder. Eine Nachbarin fragte seine Frau, wie das alles gekommen sei. Sie gab zur Antwort: Er habe die letzte Ölung gehabt und der Arzt habe gesagt, mehr als ein paar Tage lebe er nicht mehr. Jetzt seien es aber zwei Wochen. «Äs isch halt afä uf nüt meï Verlass.»[36]

Nüchterne Sachlichkeit spricht aus einer Baselbieter Erzählung. Man sprach vom Sterben und wie grosse Kosten beim Todesfall anfallen. Da schüttelte eine alte Jumpfer den Kopf und sagte: «Dasch au e Sach, hüt mues men efange rych sy, wäm me will stärbe.»[37] Aus dem Bernbiet stammt die folgende, von Jeremias Gotthelf aufgezeichnete Geschichte: «Ein ältlicher Mann wurde begraben, eine rüstige Wittfrau ging hinter dem Sarge her und tat gar nötlich hinter dem Schnupftuch, verbarg das ganze Gesicht darin und schnüpfte, dass es einen Stein hätte erbarmen mögen. Auf dem Kirchhofe empfing der Totengräber seine Beute, und lauter und immer lauter jammerte das arme Weib. Der Totengräber kam mit dem Sarge nicht zurecht und sagte zu seinen Handlangern: ‹Mr müesse ne chehre!› Plötzlich stockte das Schluchzen, hörte der Jammer auf, vom Gesichte weg flog das Schnupftuch, und mit bleichem Gesicht, aber gleitigen Beinen sprang das Weib herbei und fragte im höchsten Schrecken: ‹Herr Jeses! Was! Wott er sich no wehre?›»[38]

Grotesk-komische Züge nimmt eine Erzählung aus dem Sarganserland an: Als am Grossberg oben einer starb, sagte die Nachbarin zur Frau des Verstorbenen: «Du söttisch nä glaubi na äbitz wäschä, är isch na gruoset.» Da sagte die Wittfrau: «Där wo nä überchunnt, cha nä dinn wäschä.»[39]

Vielsagend sind die Geschichten über Arme und Reiche. Man kann sich kaum mehr vorstellen, so beginnt eine Geschichte aus dem Weisstannental, wie arm die Leute hier einmal gewesen sind. Ein Weisstanner soll den Kindern an einem Abend einen Zweiräppler gegeben haben, wenn sie ohne gegessen zu haben ins Bett gingen. Am Morgen mussten sie das Geld jeweils wieder abgeben, damit sie etwas zu essen bekamen.[40] Kurz, aber aussagekräftig ist die Geschichte, die man in Berschis erzählte: «D Bärschner heïen zwar käi Gält, aber drfür seïen si gsund. So wyt mä zrugg tinggä müüg, sei ämel z Bärschis na niä käi Millionär gstorbe, hät dr lang Chrischti gsait.»[41] Dazu gibt es noch eine ältere Fassung. Sie lautet folgendermassen: «Bärschis isch ä gsundi Gääget, be üs isch na niä kai Herr gstorba und kai Ross verdorbe.» (Weil man keines hatte!)[42]

Ganz unerwartet schliesst die Geschichte aus dem Emmental: Drei Mädchen spielten zusammen. Das erste sagte, es wisse nun, wo die Kinder herkommen, der Storch bringe sie, seine Mutter habe es gesagt. Das zweite meinte, die Hebamme bringe sie. Das dritte schwieg lange, nach einer Weile sagte es: «Emu mii hi Vati u Mueti gmacht, mir sy drum aarm Lüüt.»[43]

Hin und wieder wird Sozialkritik von unten laut. So in der Geschichte aus dem Baselbiet: «In der Zeit, in welcher die elektrischen Bandstühle in der Heimindustrie eingeführt worden sind, um 1900, meinte man, jetzt etwas mehr verdienen zu können. Da sagte einer: Gegen die Herren ist nichts zu machen. Jeder Fabrikant hat drei Söhne, einer ist Fabrikherr, einer Jurist, einer Pfarrer. Und die Pfarrer aus der Stadt besitzen alle Stellen aus der Landschaft bis in die abgelegensten Orte und predigen das Evangelium: Hebet eure Augen auf zu den Bergen, von welchen euch Hilfe kommt, das undedra nämme d'Brieder»![44] Von Barometermacher Baumann, Baneeter Buume am Zürichsee, wird erzählt: In der Zeit der grossen Seidenkrise sass Baumann im Wirtshaus. Es gab einige Seidenfabrikanten, die ihn neckten. Er schwieg eine Weile, sagte dann: Wisst Ihr auch, welches das grösste Tier ist auf der Welt? Die einen meinten, es sei der Elefant, andere Walfisch, Kamel. Alle lachten über die einfältige Frage. Baumann aber meinte: Ihr ratet alle schlecht. Das grösste Tier ist eine Chrott (Kröte). Nun erst recht Gelächter. Und warum, fragten sie: Weil alle Seidenherren drin sind, anwortete Baumann.[45] Zielscheibe seines Spottes waren nicht nur die krisenempfindlichen Seidenherren, sondern auch die Behörden. In Horgen sitzt man eines Tages über Baumann zu Gericht. Die Verhandlungen gehen dem Ende entgegen; das Urteil ist gefällt. Baumann, meint einer der Richter, gibt es noch etwas zu fragen? Ja, erwidert Baumann, könnten mir die gelehrten Herren den Unterschied zwischen einem Unglück und einem Unfall erklären? Die Richter stehen sprachlos da, dann äussert sich einer: «Unglück und Unfall sind dasselbe, oder vielleicht ist ein Unglück eher eine Spur gefährlicher als ein Unfall.» Baneeter Buume lächelt verschmitzt: «Darf ich es Ihnen erklären? Wir nehmen an, alle Richter stünden in Reih und Glied auf der Horgener Hafenmauer. Plötzlich fegt ein Wind daher, und die Richter platschen in den Zürichsee. Ertrinken sie, so ist dies ein Unfall. Können sie aber wieder an Land schwimmen – dann ist es ein Unglück!»[46]

Auch mancher witzige Baselbieter hatte es darauf abgesehen, seinen Behörden eins auszuwischen: An einer Gemeindeversammlung im Baselbiet ging's eifrig zu. Da meinte ein Stimmbürger: «Die Hälfte des Gemeinderates bestehe aus ‹verdraite Chaibe›. Der Präsident verlangte, er solle diese Beleidigung zurücknehmen. Der Sünder nach einigem Besinnen: Also, ich gebe zu, dass das, was ich sagte, nicht stimmte. Die Hälfte des Gemeinderates sind keine ‹verdraiti Chaibe›.»[47] Offenbar war dies ein Wandermotiv. Genau die gleiche Geschichte erzählte man sich von Barometermacher Baumann am Zürichsee. Im Sarganserland, wo eine ähnliche Geschichte kursierte, war es Julius Zoller aus Flums, der den witzigen Einfall hatte.[48]

Wenig Ehrfurcht vor den Behörden zeigte auch der Nachtwächter einer Gemeinde im Baselbiet: Der Gemeinderat sass in einer Wirtschaft. Der Nachtwächer trat herein, um sich zu wärmen. Die Gemeinderäte stellten ihn zur Rede. Er habe da nichts zu tun, er solle lieber auf die Schelmen aufpassen. Da sagte er: «Es cha nüd passiere, dir syt jo alli do.»[49] Schlagfertigkeit im Umgang mit den Behörden wird vor allem den Frauen nachgerühmt: Beim Flumser Rathaus fielen zwei ältere Frauen um. Da kam der Gemeindeammann hinzu und half ihnen auf die Beine. Einen Dank wollte er nicht annehmen, hingegen solle man bei den nächsten Wahlen daran denken. Darauf meinte die eine Frau, das könne sie jetzt nicht versprechen: «Ich bi uf d'Fütlä gkeit und nit uf ä Chopf.»[50]

404

Wichtig war den Erzählern und Zuhörern, dass die einfachen kleinen Leute für einmal das letzte Wort haben. Dabei werden die sozialen Strukturen nicht angefochten. Das gleiche gilt für die Kirche. Auch sie wird nicht in Frage gestellt. Hingegen werden die Amtsträger, die Priester und Pfarrer, hin und wieder aufs Korn genommen. Von Gottlieb Rothpletz, der von 1833 bis 1852 als Pfarrer in Buus (BL) wirkte, erzählte man, dass er ein grosser Jäger war. Eine Frau auf dem Hof Grien war schon lange Zeit krank. «Isch der Pfarrer schon einmal bei Dir gewesen?» fragte sie eine Besucherin. Die Antwort lautete: «Wenn i e Has weer, weer er scho lang cho.»[51]

Lustige Geschichten erzählte man auch über den Pfarrer Karl August Rippas, der von 1855 bis 1877 in Oltingen wirkte. Er war alles andere als ein Verächter des Wirtshauses. Ja, er galt sogar als leidenschaftlicher Kartenspieler. An einem Samstagabend stand er aber, eingedenk der Sonntagspredigt, beizeiten auf und verabschiedete sich von der Runde: «So, der Rippas teet no gärn wyterjasse, aber der Pfarrer mues jetzt go.»[52]

Die Melser, so eine Geschichte aus einer katholischen Region, kamen einmal mit einem Kaplan nicht gut aus. Nichts war recht, was er machte. Ein Mann legte aber für ihn ein gutes Wort ein: Aber eines ist sicher, sagte er, «Mäss lääsä chan er we dr Satan».[53]

Immer wieder tauchten schon im letzten Jahrhundert Geschichten über den oft schwachen Kirchenbesuch auf. Ein Beispiel aus Flums: Als die Flumser wegen einer neuen Kirche jahrelang stritten, sagte ein alter Mann: «Winn all yni geïngen, geïngen nid all yni, wil aber nid alli yni gund, gund all yni.»[54] Wenn einer nicht in die Kirche ging, musste er einfach eine gute Ausrede finden. Das war wichtig, und die Zuhörer lachten, wenn sie gefunden wurde. Hier eine Geschichte aus Flums: Ein Wildhüter, der die Kirche besser von aussen denn von innen kannte, lief eines schönen Tages dem Pfarrer in die Arme. Euch habe ich schon lange nicht mehr in der Kirche gesehen, sagte der Pfarrer, habt Ihr so viel zu tun, dass Ihr keine Zeit mehr für den Herrgott findet? Der Wildhüter darauf: «Ich käme gern, aber wenn mich die Kleinberger auf dem Gang zur Kirche sehen würden, ging's den Füchsen und Hasen schlecht.»[55] Hübsch ist die Geschichte vom Pater David: Er predigte in einer Kirche im Sarganserland. Da wurde es ihm auf der Kanzel schlecht, er ging in die Sakristei zurück, um sich zu erholen. Darauf erschien er nochmals auf der Kanzel, breitete die Arme aus: «Meine lieben Christen. Es kann weiter gehen. Der Schwindel ist vorbei . . .»[56] Dass es die Appenzeller ihren Pfarrern hin und wieder «heimzahlten», erstaunt nicht. Dafür zwei Beispiele: Ein Pfarrer brach all seine Predigten mit dem Stundenschlag ab. Einmal sprach er von einem Bösewicht und sagte zuletzt: «Und was war sein Lohn? – Der Galgen! (Glockenschlag) . . . wozu uns allen der liebe Gott verhelfen möge! Amen!»[57] Das zweite Beispiel: Einem Mann in Gais hielt der Pfarrer eine sogenannte «Stühlipredigt», wie sie früher häufig zu hören war. Des Pfarrers Tadel richtete sich dabei an einen einzelnen Kirchgänger, von dem die übrigen Anwesenden wussten, dass er etwas auf dem Kerbholz hatte. Als ihm, dem Angesprochenen, das Ding zu bunt wurde, rief er erbost aus: «Pfarer, tönd den andere au predige, nüd gad meer; Ehr hönd de Loh au nüd gad vo mer elää.»[58]

Beliebt waren die Beichtwitze. Zwei Beispiele: Der Weisstannen-Pfarrer fragte ein Mädchen, wie es sich zur Fleischeslust stelle. Es: «Jo wüssender, Herr Pfarrer, d Flaischesluscht macht mer nüt. Am liebschtä ha i all na Kaffi und Broggä.»[59] Das zweite Beispiel zeigt Anklänge an die im Kapitel «Sagen» geschilderte Ortsneckerei: Ein Mann aus Berschis beichtete in

Flums. Er sagte, er sei noch ledig und ein Berschner. Darauf der Beichtvater: «Das sei nicht zu beichten. Das ist keine Sünde, das ist nur eine Schande.»[60]

Dass auch der Schulberuf einigen Erzählstoff hergab, erstaunt nicht. Auch dafür nur zwei Beispiele: Ein Lehrer sammelte Antiquitäten, und so sagte er denn einmal zu seinen Schülern, wer zu Hause etwas Altes habe, möge aufstrecken. Ein Ormalinger hielt die Hand auf. Da fragte ihn der Lehrer voller Freude: «Was ist es, kannst Du es mitbringen?» Antwort: «Das goht nit, das isch my Grossvatter.»[61] Die zweite Geschichte stammt aus dem Sarganserland: Als der Lehrer Vogler als zweiter Organist nach Sargans kam, sagte ihm ein Lehrer: So, jetzt wird es dann leichter gehen in der Kirchgesangsstunde: «Du tuesch orgälä und ich tua orfygnä.»[62]

Mit besonderer Vorliebe hielten sich die Geschichtenerzähler an die einfältigen Patienten, die den Arzt nicht verstanden oder die Rezepte falsch auslegten. Ein Thema waren auch die alten Landärzte. Der populäre Ziefner Arzt Dr. Matt (1814–1882) pflegte allabendlich seine Wirtshausrunde zu machen. Dabei suchte er oft die anwesenden Gäste zu foppen. Zielscheibe seines Spottes war der für seine grosse Nase bekannte alte Samuel Koch. Dieser liess sich das aber nicht lange gefallen und erwiderte: «I ha my Nase – und uf Äui schyss i!» Das war auch für Dr. Matt genug. Er trank sein Glas aus und ging.[63]

307 Zahlreiche Schwänke des 19. Jahrhunderts sind dem Kapitel «Der Fremde» gewidmet. Der Tourismus kam auf; man setzte sich auch im Kalender mit diesem Phänomen auseinander.

307

Die Sprache der Ärzte wird oft nicht verstanden: Eine Frau aus Weisstannen ging wegen Bauchbeschwerden zum Arzt. Auf dem Weg stürmte es. Der Arzt fragte sie, ob sie Wind habe. Da sagte die Frau, das sei gewiss der Fall, auf der Langwiese habe es ihr zweimal den Schirm gekehrt.[64]

In mancher Erzählung werden die Quacksalber anvisiert. Dazu ein Müsterchen aus Gotthelfs Geschichten-«Drucke», genauer aus dem Berner Kalender für das Schaltjahr 1844: Ein fremder Barbiergeselle verlangt ein Doktorpatent – nur für die Fremden. Er wird gedacht haben, was jener, der mit Arsenik und Honig Lippen- und Zungenkrebs kurieren wollte und der, als man ihn auf die Gefährlichkeit dieses Mittels aufmerksam machte, antwortete, man solle nicht Kummer haben, er gebe «dere Züg nume der Ländere». (Mit Länder sind Leute der Urkantone und für die Emmentaler die des benachbarten Entlebuches und Willisauerlandes gemeint).[65]

Dass der Fremdenverkehr für die Erzähler manch hübsches Sujet brachte, steht zu erwarten. Die Einheimischen geben sich den Fremden gegenüber in all diesen Erzählungen eher karg und unfreundlich. Aber das schien den Zuhörern zu gefallen. Hiefür ein Beispiel aus dem Appenzeller-Land: Ein fremder Kurgast aus Deutschland ging im Weissbad über Land spazieren. Er kam an einer alten Appenzeller Frau vorbei, die ihn freundlich grüsste. Hochmütig meinte er, den Gruss einer Bäuerin nicht achten zu müssen. Da rief sie ihm unvermittelt zu: «Wenn D hönne so phaab bischt wie vonne hesch es oo ringe.»[66] Das zweite Müsterchen stammt aus dem Sarganserland. Ein Bergführer aus Vättis ging mit einem Touristen über den Kunkels. Dort hätte der Fremde gerne den Namen eines Berges gewusst. Der Bergführer kannte ihn nicht, sagte aber, ohne zu zögern: «Jo, das isch jetz dr Türgg.» Der Fremde gab sich zufrieden. Für die Vättiser aber war der Felszacken von nun an «dr Türgg».[67] In der folgenden Geschichte verhält sich der Einheimische nicht freundlicher. Auf die Frage eines Zürchers auf der Flumseralp, wie der Berg heisse – er zeigte mit dem Finger auf den Spitzmeilen –, antwortete der Älpler: «Ich wäiss es au nid. Där isch geschter na nid umä gsi.» Noch schlechter geht's in der dritten Geschichte: Ein Kutscher aus Ragaz kommt heim und erzählt seiner Frau, ein Deutscher habe ihm gesagt, er hätte einen Charakterkopf. Die Frau: «Was meinte er?» Der Kutscher: «Jä lous, das waiss i au nid. Für all Fäll han duä ais an d Ourä ggii.»[68]

Ein eigentümliches Verhältnis zur Zeit und zur Geschichte ist den meisten Schwänken eigen. «Vorzue luege», war offensichtlich die Devise der Geschichtenerzähler. Sie waren weder zukunftsträchtig noch zukunftssüchtig. Neues, Ungewohntes war nicht jedermanns Sache. Dazu ein Beispiel: Als 1852 die alten Münzen des Kantons Baselland eingewechselt wurden und neue eidgenössische in Umlauf kamen, jammerte eine alte Frau aus Bubendorf: «Mit däm hätte sy au chönne warte, bis alli olte Lüt gstorbe sy!» Auch als man 1875 zum Dezimalsystem überging, gab's Probleme. Der alte Zimberheini aus Oltingen, schimpfte, er habe die neuen Dachkennel falsch gemessen, daran sei der «Santimeter» schuld. «Das chaibe neu Mäss isch schuld, dr Santimeter! Me sett die olte Hamperchslüt z tod schlo, we men es neus Määs will yfüere, Zoll und Schue isch nümm guet gnueg gsi, nai, dä verflüecht Santimeter het zue müesse.»[69] An die Zukunft wurde wenig gedacht, man lebte im Heute und war guter Dinge dabei. Wie die Appenzeller tröstete man sich: «Me hets amel wider gmacht.» So war die Zukunft aus der Sicherheit des Überwindens bewältigt. «Wüsseter Herr Pfarrer», sagte ein altes Fraueli zum scheidenden Pfarrer bei dessen Abschiedsbesuch, «me sait albe, s chöm nüt Bessers noche».[70] Das trifft ungefähr die Einstellung, das Lebensgefühl der meisten Geschichtenerzähler und wohl auch ihrer Zuhörer.

Weinend grüsstest du das Erdenrund;

Lächelnd küsste dich der Freunde Mund.

Lebe so, daß du einst beym Erblassen

Lächelnd mögest weinende Freunde verlassen,

Seiner lieben Tauffpathe

Maria Regula Escher

Gebohren Sonntags den 18ten Apprill Morgens um Uhr
Getauft in der Kirche zum Großen Münster Samstags
den 24 Apprill 1819:

Ihr von Herzen wohlwollender Taufzeuge

Heinr: Escher im Kropf, Oberrichter

Übergangsrituale

309

Geburt und Geburtstag

Das 19. Jahrhundert bringt zwar viel Neues, gleichzeitig bewahrt es aber altüberlieferte traditionelle Formen und Bräuche. Dazu gehören auch die Übergangsrituale, die rites de passage. Wie schon in früheren Jahrhunderten werden die wichtigsten Schritte oder Stufen des menschlichen Lebens markiert, ritualisiert: Die Geburt ist nach wie vor Übergang in die Gemeinschaft der Lebenden, dem der Eintritt in die christliche Gemeinschaft folgt. Fast gleichzeitig erfolgt das Mündigwerden, der Übergang von der Kindschaft in die Gruppe der Ledigen. Es schliessen sich an die Verlobung und die Hochzeit. Sie bedeuten den Eintritt in die Ehe, in die Gruppe der Verheirateten, die auch im Volksleben des 19. Jahrhunderts deutlich gegenüber den Ledigen abgegrenzt ist. Es folgen die Sterbebräuche und das Totenbrauchtum. Der Übergang vom Leben zum Tod hat nichts von seiner Bedeutungsschwere eingebüsst. Es gab auch im 19. Jahrhundert die mächtige Gemeinschaft der Toten, und es ging auch damals um die Absicherung von Ungewissem und Unerklärlichem.

Schon dem ungeborenen und selbstverständlich auch dem geborenen Kinde droht Böses. Vorsicht war angezeigt: Eine schwangere Frau darf nicht aus einem Kessel essen, sonst wird das Kind stammeln, so heisst es in der Sammlung Rothenbach aus der Mitte des letzten Jahrhunderts. Eine schwangere Frau darf auch nicht durch eine Hecke gehen, sonst bekommt das Kind eine Hasenscharte.[1] Man sprach von Versehen und meinte damit folgendes: «Wenn auf eine Frau während ihrer Schwangerschaft irgendein heftiger seelischer Eindruck derart einwirkt, dass am Körper des Kindes die Ursache des Eindruckes sichtbar wird, so hat die Betreffende sich versehen.» Ältere Ärzte glaubten, das Versehen sei möglich, während die jüngere medizinische Generation skeptisch war und solche Phänomene mitleidig belächelte.[2]

Rituale und magische Praktiken «erleichterten» die Geburt. Losungsriten, Knoten, Haarlösen und Amulette waren weit verbreitet. Manche Gebärende trug die Länge Mariae, ein mit Mariengebeten bedrucktes Band auf sich. Köstlich ist die Geschichte, die Gotthelf in Anne Bäbi Jowäger beschreibt: Die Wehen begannen. Die Schwiegermutter bestand darauf, dass Meyeli, die Gebärende, eine Soldatenuniform anziehen solle. So gehe die Geburt leichter, und das Kind werde besonders stark und gesund, so gebe es «so rechte Kriegsmanne und alti Schwyzer». Die Hebamme war begeistert, als sie die Gebärende in voller Montur antraf, das sei leider nicht mehr überall Brauch.[3] Der alte Sympathie- oder Ähnlichkeitsglaube äussert sich in weiteren Vorsichtsmassregeln: Wenn eine Kindbetterin zum ersten Male beim Brunnen

Wasser holt, soll sie sich hüten, etwas davon zu verschütten, sonst wird das Kind immer Geifer fallen lassen, geifern, wird aus Brienz und Bönigen berichtet.[4]

Kaum war der Erdenbürger auf der Welt angelangt, wurde er genau betrachtet und untersucht. Es gab da viele günstige, aber auch ungünstige Vorzeichen. Manches Kind hat bei der Geburt ein kleines dünnes Häutchen – das Volk sprach vom Rest der Eihülle – auf dem Kopf. Es wurde als Glückshaube bezeichnet. Solche Kinder werden, so glaubte man, im Leben viel Glück haben. Man sah es nicht gerne, wenn das Neugeborene zwei Haarwirbel aufwies. In Weckigen (BE) glaubte man, dass solche Kinder Gefahr laufen, eines unnatürlichen Todes zu sterben. Kurz und drastisch hiess es: «Wer zwei Haarwirbel hat, begeht leicht Selbstmord.» Die Sarganser sahen es anders: Kinder, welche auf dem Kopf zwei Haarwirbel haben, werden gescheit. Man kann das Schicksal indessen auch beeinflussen. Man nimmt – es ist in Anne Bäbi Jowäger nachzulesen – das neugeborene Kind und legt es eine Weile unter den Tisch, «so wird's dich jetzt lehre demüthig sein dein ganz Leben lang».[5] Nicht nur im Emmental, sondern auch in Erlach wurde das Neugeborene unter den Tisch gehalten, damit es «demütig und dem Ehemann gehorsam sei». Viele wickelten das Kind nach der Geburt ins «väterliche Hemd, damit dieser es auch lieb bekomme».[6]

Es war auch nicht gleichgültig, wohin man das erste Badewasser goss. Es muss, wie aus Lütschental gemeldet wird, zu einem fruchtbaren Baum getragen werden, dann bekommt das Kind eine gute Stimme.[7] Im Emmental goss man das Wasser, in welchem das Kind zum ersten Mal gewaschen worden war, über einen Rosenstrauch. So bekommt das Kind schöne, rote Backen. Sympathiezauber einmal mehr.

Die Tagwählerei kam wieder auf: Kinder, die am Mittwoch geboren, werden stets Unfälle haben, sagte man in Heiligenschwende. Wer am Sonntag oder Donnerstag geboren wird, sieht gerne Gespenster. Fasnachtskinder sehen alle Gespenster. Fronfastenkinder sehen vor allem alte Hexen, böse Geister. Ähnliche Überlieferungen sind aus der Nordostschweiz bekannt. Man kann das Schicksal aber auch lenken: «Singt man bei der Zubereitung des ersten Breis, so wird das Kind ein trefflicher Sänger», hiess es im Emmental.[8]

Soll das Kind fromm werden, so kocht man ein Blatt aus der Bibel im ersten Brei, ein hübsches Pendant zu den vielen Ess- und Schluckbildchen, die auch noch im 19. Jahrhundert umgingen. Eine andere Möglichkeit bestand darin, dem Kind in den ersten sechs Wochen seines Lebens eine Bibel unter das Kopfkissen zu legen.[9] Es gab auch ein Mittel, um die Intelligenz zu fördern: Man gibt dem kleinen Kind früh Bücher in die Hand. Nicht nur in katholischen Gegenden, sondern selbst im reformierten Kanton Zürich gab es gebetsähnliche Schutzformeln: «Jetz lieg ich nieder in Gottes Macht Jetz lieg ich nieder in Jesu Christi Blut Dass mir kein böser Mensch und kein böser Geist nichts tut. Amen.»[10]

Im protestantischen Berner Oberland sagte man, man dürfe das Deckbett ja nicht kreuzweise auf das Kind binden, sonst werde es später ein Bösewicht.[11]

Zu den Ritualen gehört auch der Geburtstag. Die Geburtstagsbräuche waren damals allerdings noch nicht weitverbreitet. Der Namenstag ging vor. «Sie müssen nämlich wissen», schrieb Gottfried Keller an Maria Melos, «dass in unserem Hause, wie in den meisten zürcherischen Familien, der Geburtstag nicht gefeiert wird.»[12] Die Antwort von Maria Melos ist ebenso

310

310 Dieser Taufzettel ist besonders originell. Unten befindet sich, wie auf den meisten Erinnerungsblättern, ein Taufbecken, oben aber erblickt man das Auge Gottes.

311 Im Kindbett. Auch im 19. Jahrhundert war jede Geburt und jedes Kindbett mit grossen Gefahren verbunden. Begreiflich, dass sich die Menschen in dieser Situation an die grossen Nothelfer wandten. In diesem Votivbild von 1833 ist die Mutter Gottes angerufen worden. Ein naiver Volkskünstler hat die Situation in kühner Perspektive und koloristischem Empfinden gemalt.

312 «Taufzedel». Solche Erinnerungsblätter, meistens farbig und graphisch schön gestaltet, gehörten unabdingbar zu jeder besseren Taufe. In manchen Häusern sind die Taufzettel eingerahmt worden.

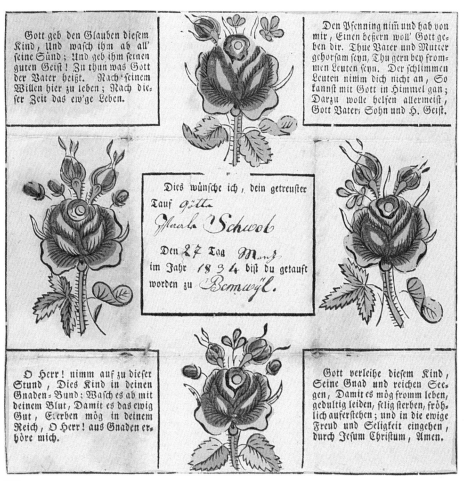

interessant wie Gottfried Kellers Schreiben: «Entsagen Sie aber der Unsitte Ihres Landes, den Geburtstag unbemerkt vorübergehen zu lassen. Ich finde das sehr garstig und undankbar für allen Segen, den uns das Leben bringt, wozu ich nicht nur die frohen, sondern auch die trüben Tage rechne. So ein Geburtstag ist für mich gleichsam eine Haltestelle – ein Meilenweiser, an dem man stehenbleibt, den zurückgelegten Weg überschaut und den zurück- zulegenden überdenkt.»[13]

Im Zusammenhang mit dem Geburtstag wird im 19. Jahrhundert auch vom Würgen gesprochen. Man drückte den Gefeierten, wenigstens symbo- lisch, ein wenig am Hals. Was das ursprünglich bedeutete, erfahren wir aus einer älteren Quelle. Im 17. Jahrhundert sah der Brauch folgendermassen aus: Da gingen die Söhne am Geburtstag ihrer Mutter zu ihr, legten ihr den Dreschflegel um den Hals und drückten so stark, «bis ihr die Zunge zum Maul hinausragte».[14] Wichtige Einschnitte im Leben wurden stets mit kör- perlichen Peinigungen unterstützt oder bewusstbar gemacht. Man denke nur an die Initiationsriten der Knabenschaften oder an die Handwerksbräu- che (Gautschen) sowie an viele Studentenbräuche. Erstaunlich ist, wie sich der Brauch im 19. Jahrhundert gehalten hat: Man drückt den Gefeierten am Hals, sagte man im solothurnischen Messen. Man packte ihn am Hals in Maienfeld (GR), man nahm ihn am Genick in Andelfingen (ZH). In Elm (GL) galt das Recht, recht grob zu würgen. Demgegenüber bezeichnete man in Giffers (FR) den Brauch als «Flause». In Thalheim (AG), in Nunnin- gen (SO) würgten nur noch Kinder, in Beromünster (LU) hin und wieder auch Erwachsene, doch bloss andeutend: «zum Spass». Die Kinder würgten keine Erwachsenen, sondern den zu feiernden Schulkameraden in der

311

Schule, wird aus Lenzburg (AG) berichtet. Wer würgte, hatte aber auch ein Geschenk zu geben: «Du musst mir aber etwas geben, sonst darfst du nicht würgen», sagte eine Frau in Lausen (BL). [15] Die Entlebucher glaubten, das Würgen bringe Glück. Der Brauch stirbt an den meisten Orten zwischen 1880 und 1910 aus. [16] Dem Würgen entsprach im romanischen Sprachgebiet das Ohrenziehen: «Autant de tirées que d'années», sagte man in La Chaux de Ste-Croix. Im Tessin pflegte man dem Geburtskind Faustschläge auf den Rücken zu geben. Für jedes Jahr gab man einen Schlag. [17]

Ein weiterer markanter Übergang im Leben war die Taufe. Sie bedeutete viel, wurden doch ungetaufte Kinder – ein Glaube, der auch im 19. Jahrhundert anzutreffen ist – nicht selig. [18] Ungetaufte Kinder laufen Gefahr, verhext zu werden, sagte man in Lützelflüh (BE) und im Simmental (BE). Vor der Taufe darf man dem Kind keinen Namen geben, sonst stirbt es, glaubte man in Sigriswil. [19] Wichtig war auch die Wahl der Taufpaten; sie müssen gut ausgelesen werden, weil die Patenkinder ihnen nachschlagen, glaubte man im Emmental sowie im Kanton Schwyz. [20] Es dürfen nicht alle Paten unverheiratet sein, das Kind wird sonst einfältig oder läuft sogar Gefahr zu sterben. Die Paten dürfen nicht nach dem Namen des Kindes fragen, das Kind könnte neugierig werden. [21] Um böse Kräfte abzuhalten, sollte der Täufling am Tauftag ein Stücklein Brot bei sich haben, glaubte man im Emmental, aber auch am Brienzersee. [22] Die Patin darf nicht zur Taufe fahren, sonst wird es, so glaubte man in Summiswald (BE), träge. Sie darf auf dem Wege zur Taufe nicht zurücksehen, sonst wird das Kind blind. Aber sie soll das Kind küssen, auf dass es beim Lächeln anmutige Grübchen in den Wangen bekommt. [23] Weint das Kind bei der Taufe, wird es – so die Überlieferung in Sargans – alt. Auf dem Weg zur Kirche trägt der Vater das Kind gerne über einen Bach, über das Wasser, auf dass es glücklich werde. Auf dem Heimweg soll nicht zuviel geredet werden, sonst wird aus dem Kind ein Plappermaul. Vorsicht ist auch sonst geboten: Das Kind soll nicht zu früh aus dem Tauftuch genommen werden soll aus ihm ein guter Mensch werden, so muss es im Tauftuch erwachen können. [24] Bei der Taufe selber und bei der Taufmahlzeit soll man fröhlich sein, auf dass auch der Täufling dereinst fröhlich werde. [25] Tatsächlich hat man bei mancher Taufe dem Göttiwy (dem vom Götti gestifteten Wein) mehr zugesprochen, als bekömmlich war. [26]

Mündig werden

Eine wichtige Station im übergangsreichen Leben ist die Mündigkeit, der Übertritt aus dem Kindesalter in die Welt der Erwachsenen. Der Übertritt geschah stufenweise. Bei den Männern sah er anders aus als bei den Frauen. War ein Knabe mannbar, so konnte er sich gegen eine Einkaufsgebühr (Geld oder Wein) in die Knabenschaft seiner Gemeinde aufnehmen lassen. Dabei war allerdings auch ein Examen abzulegen. Er musste sich manche Peinigung gefallen lassen. Man schwärzte ihn, brannte ihn mit glühenden Holzkohlen. [1] Dafür bekam er manche Rechte, die ihm vorher nicht zustanden. Doch nur wenige Jahre später hatte er sich einem neuen Ritual zu unterziehen, es war die Konfirmation. Sie bedeutet die Aufnahme in die christliche Gemeinschaft. Sie weist aber gleichzeitig auch Züge auf, die an eine «Feier der Geschlechtsreife» erinnern. Aus Knaben werden Männer, aus Mädchen junge Frauen. Sie stecken die Zöpfe auf, tragen einen langen, bis zum Boden reichenden Rock, die Knaben bekommen das Abzeichen des Mannes, den

313 Freud- und Leidansagerin in Zürich. Das fröhliche Mädchen mit den Blumen (links) hatte die Geburt anzuzeigen, während die schwarzgekleidete Leichenbitterin oder Leidansagerin den Tod einer Person zu verkünden hatte. Sie hatte dabei zu weinen, das heisst, sich hin und wieder mit dem Nastuch über die Augen zu fahren.

313

314

314 Die Konfirmanden von Kleinhüningen mit ihrem Pfarrer um 1902. Das Bild zeigt, wie ernst man diesen Übergangsritus nahm. Äusserer Ausdruck ist die festliche, einheitliche Kleidung. Aus Mädchen werden Frauen, aus Buben Männer. Man wusste damals noch, dass solche Riten eine strenge, genau geregelte Form nötig haben. Sie erst geben dem Ganzen Würde und Glanz. Mit der Aufgabe der Kleidervorschriften fiel ein wichtiges Element dahin.

Hut.[2] Wie die Konfirmationsfeier damals ausgesehen hat, erfahren wir von Johanna von der Mühll. Die Feier fand am Palmsonntag oder zwischen Palmsonntag und Ostern statt: «Knaben und Mädchen waren feierlich schwarz gekleidet. Die Knaben trugen zum ersten Male einen Melonenhut, die Mädchen hatten nach alter Sitte das Haar mit einer Tüllhaube mit langen Bindebändern bedeckt. Die Konfirmanden luden ihre Paten zur kirchlichen Feier persönlich ein; es genügte nicht, sie schriftlich einzuladen; das ‹Gottenkind› musste eine persönliche Aufwartung machen. Das Konfirmationsgeschenk, das es von Gotte und Götti erhielt, war das vorletzte vorgesehene Geschenk der Paten. Sie hatten nur noch an der Hochzeit zu ‹goben›. Der Einsegnungstag war ausschliesslich der Kirchenfeier gewidmet. Wohl erhielten die Konfirmanden von den Eltern, Oheimen und Tanten Geschenke und tauschten Freunde und Freundinnen kleine Geschenke aus, aber es findet, wenigstens in den alten Familien, keinerlei Festessen statt. Der Tag wird in stiller Sammlung vollbracht. Am Karfreitag nach der Einsegnung war die erste Kommunion, welche man mit den Eltern gemeinsam erlebte. Am Abend vor der Einsegnung war die Vorbereitung, sie bestand aus einer kurzen Predigt und der Liturgie über die Einsetzung des Abendmahles. Dieser liturgische Gottesdienst fand vor jedem Abendmahle statt.»[3] Das Mädchen galt nun als erwachsen, und es folgte, vor allem für die Töchter aus «besseren» Familien, ein Aufenthalt in der Westschweiz. Mit der Rückkehr der Tochter erwartete man, dass eine «vollendete gewandte junge Dame ins Haus komme».[4] Etwas anders sah es bei den Knaben aus. Nach der Konfirmation hatten sie nun das Recht, nach dem Betzeitläuten auf die Gasse zu gehen. Sie gehörten nun selber zu jenen, die zum Rechten sahen. Ein Zeichen der Erwachsenenwürde: «Sowohl Knaben wie Mädchen hatten von nun an über den Sparhafen selbständig zu verfügen. Auch die verheiratete

413

Andenken
an die
Hl. Konfirmation

315 Konfirmationsandenken (Lithographie Hurter, Frauenfeld), 1892 in Kleinhüningen Basel.

Frau hatte niemandem, auch nicht dem Ehemann, Rechenschaft über den Inhalt des Sparhafens zu geben. Niemand hatte ihr über die Verwendung des Geldes dreinzureden.»[5] Wie sah es nach der Konfirmation in den «einfacheren Schichten und Falten» des Volkes aus? Längere Zeit blieben die Konfirmanden unter sich und waren auch an mehreren «Sonntagen hintereinander mehr oder weniger voll». In Rothenfluh lockte man die Neulinge ins Wirtshaus, um sie betrunken zu machen: «Me mues se yweihe!» hiess es. Auch suchte man ihnen ein Mädchen anzuhängen. Nach der Konfirmation gingen die Burschen und Mädchen gemeinsam in die Dörfer, um zum ersten Male als Erwachsene zu tanzen.[6] Soweit die Verhältnisse im Baselbiet. In Feuerthalen (ZH) war es Sitte, dass das älteste «Bhörmädchen» am Palmsonntag die übrigen Konfirmandinnen zu einem Schmaus einlud. In anderen Zürcher Dörfern haben die jungen Männer die Mädchen zu einem gemeinsamen Essen und zu einem Ausflug eingeladen.[7] In Lindau (ZH) bekamen die jungen konfirmierten «Herren» von jedem Mädchen zwei gefärbte hart gesottene Eier. Auch zogen die Konfirmanden mit einer mit Spreu gefüllten Wanne bei ihren Kameradinnen herum und erhielten auf diese Weise die

Eier, die man anlässlich einer Abendunterhaltung gemütlich verspeiste. In Höngg (ZH) gingen die auf Ostern konfirmierten Knaben am Ostermontag zu den mit ihnen konfirmierten Mädchen, um die Ostereier einzuziehen. Bei diesem Anlass wurde gegessen und getanzt.[8]

Die Konfirmation wurde im 19. Jahrhundert entscheidend umgestaltet. Vom Beginn des 19. Jahrhunderts lässt sich nachweisen, dass die Pfarrer das Bekenntnis der Mündiggewordenen immer eindeutiger als Abschluss interpretierten und feierten – Abschluss der unmündigen, im Glauben unreifen Kindheit, Abschluss auch der besonderen Unterrichtszeit. Man nahm in der Konfirmation, um mit einem Baselbieter Pfarrer der damaligen Zeit zu sprechen, «gleichsam Abschied» von den Schülern und betonte die beginnende Selbständigkeit und Selbstverantwortung. Diese Interpretation findet, wie Christine Burckhardt-Seebass nachweisen konnte, ihren Ausdruck nicht nur in den Predigten, sondern in den im 19. Jahrhundert mehr und mehr aufkommenden Segenssprüchen oder Lebensworten für die Konfirmanden. Die Öffentlichkeit nahm diese neue Einstellung und Interpretation auf. Die Kirche hielt nach wie vor an der theologischen Begründung der Konfirmation fest, doch musste sie ungern und widerwillig mitansehen, dass die Konfirmation «als Abschied nicht nur vom Pfarrer, sondern auch von Kirche und Glauben» betrachtet wurde. Allmählich begannen die Theologen den Zwiespalt zwischen Sinn und Wirkung der Konfirmation zu realisieren, aber da war es gewissermassen schon zu spät. Und so kam es dazu, dass «im Laufe des 19. Jahrhunderts die Feierlichkeit der Konfirmation immer mehr zunahm, ihre Bedeutung als Initiationsritus von Kirche und Kirchenvolk stärker als je betont wurde, sie selbst aber im gesellschaftlichen Leben und Verhalten des Heranwachsenden kaum mehr mit einem bedeutsamen Einschnitt zusammenfiel».[9] Schwierigkeiten mit der Konfirmation? Sie sind ansatzweise schon im 19. Jahrhundert fühlbar. Vielleicht lag es in der praktischen Unvereinbarkeit «einer Weihe zum frommen Leben mit einer nicht nur kirchlich, sondern auch sozial und bürgerlich erfolgreichen Feier zur Aufnahme in den Stand der Erwachsenen». Nicht ganz klar ist es, weshalb im 19. Jahrhundert das Bedürfnis nach einer besonderen Feier am Ende der Pubertät, beim Übergang vom Kind zum Erwachsenen so plötzlich artikuliert wurde. Die Frage kann bis heute nicht eindeutig beantwortet werden. War es ein archetypisches menschliches Bedürfnis? Wenn dem so wäre, hätte sich ja das Bedürfnis nicht so eindeutig nur in den evangelischen Kirchen gezeigt. Möglicherweise haben die Ideen der Aufklärung und der französischen Revolution einige «Munition» geliefert.

Verlobung und Hochzeit

Verlobung und Hochzeit gehören auch im 19. Jahrhundert zu den grossen von Bräuchen begleiteten Übergängen im menschlichen Leben: «Braut und Bräutigam verlassen die Gemeinschaft der Ledigen und treten in den Kreis der Verheirateten.»[1] Die Verlobung spielte sich anders ab als heute. Zunächst gab es das Eheversprechen. Es wurde bestätigt durch einen Handschlag oder durch einen Weinkauf, durch Weintrinken. Die Verlobten tranken zusammen ein Glas Wein und assen aus demselben Teller. Damit versinnbildlichten sie die Gemeinschaft, die in der Ehe herrschen soll. Zu Beginn des 19. Jahrhunderts galt es im Freiamt immer noch als rechtsgültig abgeschlossenes Eheversprechen, wenn ein Bursche seinem Mädchen auf dem Felde bei der Rast scherzweise ein Stück Brot zuwarf und sagte: «I gib dr's uf d'Eh!» Das Mädchen hatte darauf zu antworten: «Agnoh!» Das Ehepfand konnte aus kurrenten Geldmünzen bestehen. Ringe waren selten, der Ringwechsel scheint erst neuen Ursprungs zu sein. Auch nach der Einführung der Ziviltrauung von 1876 wurden die Ehen von der Kanzel verkündigt. Nach der Verlobung gingen die Brautleute ins Pfarrhaus und teilten dem Pfarrer ihre Verlobung mit. Da und dort fand noch ein Brautexamen statt, in welchem die Brautleute über den Zweck der Ehe und ihre Aufgaben in der Ehe geprüft wurden. Im Kanton Appenzell hatte der Bräutigam nachzuweisen, dass er eine Bibel besass und mit dem erforderlichen Ober- und Untergewehr versehen war. Verkündet wurde an den drei aufeinanderfolgenden Sonntagen. Braut und Bräutigam hatten an diesem Tage nicht anwesend zu sein, vielmehr dem Gottesdienst einer benachbarten Gemeinde beizuwohnen. Während der ganzen Verlobungszeit hatten Braut und Bräutigam nach der Betglockenzeit nicht mehr auszugehen, auf dass keine bösen Geister über sie Macht haben. In Davos durfte die Braut nicht einmal zu Feldarbeiten angehalten werden, sie soll während dieser ganzen Verlobungszeit nicht über die «Dachtraufe oder den ruessigen Rafen hinausgehen».[2]

Man unternahm alles, um aus einem schicksalsschweren Übergang einen glücklichen Beginn zu machen. Wie schon in früheren Jahrhunderten griff

316 Hochzeitsbilder sind selten; um so dankbarer ist man, dass ein Maler im 19. Jahrhundert diesen luzernischen Hochzeitszug dargestellt hat. An der Spitze des Zuges schreiten die Musikanten. Hinter ihnen befindet sich offenbar der Brautvater sowie der Bräutigam, der etwas abgelenkt wird von den beiden feuerwerkenden Knaben (links im Vordergrund). Es folgt das Hochzeitspärchen, die Frau mit Brautkranz. Hinter ihr schreiten betend zwei Frauen in der Luzerner Tracht einher. Die Trauzeremonie ist offenbar bereits beendet, denn der Zug bewegt sich von der Kirche ins Wirtshaus zum Ochsen.

316

man zur Tagwählerei. Es galt einen glückbringenden Tag auszuwählen. Tage, die in vielen Gegenden als Unglückstage galten, waren zu meiden. Der Mittwoch ist ganz besonders verdächtig, doch gab es Mutige, die gerade deshalb an einem Mittwoch heirateten, meinte eine Frau aus Turbenthal (ZH). «Ich glaube, dieser Tag war früher für die Unehelichen reserviert», hiess es in Baden (AG). Verpönt war der alte Unglückstag, der Freitag, nicht zuletzt deshalb, weil man nicht gern an einem Fasttag Hochzeit hielt.[3] In vielen Regionen (Wallis und Graubünden) wählte man entschlossen den Sonntag: Ein «rechtes Hochzeit», meinte ein Mann aus St. Peter (GR) hat am Sonntag stattzufinden. In katholischen Gebieten (Freiburg, Solothurn), in Teilen des Kantons Aargau, in der Innerschweiz, in Appenzell Innerrhoden bevorzugte man den Montag. Hätte sich damals jemand, so erzählte ein Mann aus Sarmenstorf (AG), an einem anderen Tag trauen lassen, so hätte man den Verdacht haben können, es sei etwas nicht in Ordnung. Brauchmässiges Verhalten war die Norm. Man macht es so und nicht anders, hiess es kurz und bündig. In Lungern (OW) begründete man die Montagshochzeit damit, «dass man am Sonntag gewöhnlich das Sakrament empfangen habe». Noch blieb die konfessionelle Bindung intakt. In paritätischen Gemeinden der Ostschweiz heirateten die Katholiken am Montag, die Protestanten dagegen am Dienstag und Donnerstag. Dem katholischen Montag könnte man im Bernbiet und in der Waadt den reformierten Freitag gegenüberstellen.

Oft treten berufs- und schichtspezifische Momente zu Tage. So war in Herisau (AR) der Montag der Hochzeitstag der armen Leute.[4] Bauern heirateten am Dienstag und Donnerstag, Arbeiter am Samstag, sagte man in Buchs (ZH).[5]

Es galt indessen nicht nur die Tage, sondern auch die Monate anzusehen. In der französischen Schweiz glaubte man, der Mai sei ungünstig, er bringe Unglück. Er war verschrien als «mois des fous» oder als «mois des ânes» (Monat der Verrückten, Monat der Esel). In Rohrbach (BE) hiess es: Alle, welche im Mai heiraten, sind nicht lange beieinander. Vielerorts mied man auch den 13. eines Monats. An vielen Orten wie Salouf (GR) meinte man, im November, dem Totenmonat, sollte man nicht heiraten. Auch der 1. April war da und dort verpönt. Paare, die am 1. April heiraten, so sagte man in Kerzers (FR), leben nicht gut zusammen.[6] Man achtete auch auf das Wetter: War es am Hochzeitstag schön, so war eine friedliche Ehe zu erwarten. Heiterer Himmel verhiess heitere Tage, Regen einen trüben Ehehimmel. Wenn es nach dem Kirchgang in den Brautschleier regnet, bringt es Glück in die Ehe.[7] Im Kanton Graubünden galt die Regel: «Wenn es am Hochzeitstag regnet oder schneit, dann kommen die Neuvermählten um Gut und Geld.»[8]

Doch war nicht nur auf den Termin zu achten: Man musste auch bei der Wahl der Geschenke aufpassen, dass man richtig lag. Ein herkömmliches Geschenk der Braut an den Bräutigam war das Hochzeitshemd, das «Spuslighemd». In reicheren Familien gab es gleich ein halbes Dutzend Hemden. Der Brauch − Rest eines alten Liebespfandes − verschwand im Laufe des Jahrhunderts zunächst in den Städten, dann auch auf dem Land. Zu den traditionellen Geschenken gehörte die Haarkette, eine aus den Haaren der Braut geflochtene Uhrenkette.[9]

Der Bräutigam hatte der Braut das Hochzeitskleid oder zumindest den Stoff zu schenken. Auch dieser Brauch begann zurückzugehen; bäuerliche Kreise hielten ihn noch eine Zeitlang hoch. Da und dort übergab der Bräutigam das Ehepfand seiner Frau erst bei der Einsegnung, so etwa im Freiburgischen. Die «promesses» soll wenn möglich aus Goldstücken bestehen.[10] Am Hochzeitstag wurden die Goldstücke gesegnet und hierauf sorgfältig aufbewahrt. Schön ist ein alter Berner Brauch: Da gab der Vater des Bräutigams der Braut die corbeille, eine Kommode, in der sich grosse Geschenke wie Stoff und Schmuck befanden.[11]

Manche Gaben waren verpönt. Alle stechenden und schneidenden Gegenstände wie Messer, Schere, Gabel, aber auch Broschen standen auf der Liste der verbotenen Geschenke. Stechende und schneidende Geräte konnten, so der alte Glaube, auch die Liebe zerstechen, zerschneiden und Hader oder Zwist hervorrufen. In Appenzell hatte eine Braut, die sich eine Brosche wünschte, deutlich zu sagen, sie werde die Nadel dazu selber bezahlen.[12]

Am Hochzeitstag selber kam es auf viele Dinge an. Zunächst hoffte man, so zum Beispiel in Worb, dass dem Brautpaar ein Kind begegnet, das bedeutete Glück.[13] Pech hatte man, wenn eine alte Frau vorbeikam oder wenn man einem Leichenzug begegnete, bedeutete es doch, so glaubte man im Sarganserland, den frühen Tod eines Ehegatten.[14]

Glücklicherweise konnte man die Dinge auch ein wenig steuern. Wenn die Braut im weissen Brautschuh zur Kirche geht, soll man ein Zehnrappenstück in den Schuh oder in den Strumpf – viele sagen auch: zwischen die Zehen – legen. Und beim Jawort vor dem Pfarrer soll die Braut dem Bräutigam auf den rechten Fuss treten – aber der darf das nicht wissen. Dann bekommt sie die Schlüsselgewalt über das Geld im Hause.[15] Wenn das Brautpaar zum Altar schreitet, so glaubte man in Rumisberg (BE), sollte man darauf achten, dass man nicht zwischen ihnen hindurchsieht. So allein ist Einigkeit im Ehestand gesichert.[16]

Von vielerlei Ungemach konnte man sich selber loskaufen: Der Bräutigam hatte den Ledigen des Ortes, der Knabenschaft oder den Nächsten, oft auch dem Verein, dem er angehörte, eine Abgabe zu entrichten. Tat er es nicht, wurde ihm von den Ledigen eine Katzenmusik dargebracht.[17] In einzelnen Regionen wie dem Haslital lud man die Ledigen zum «Chränzlete», zu einem Essen und Tanz ein. In Saanen war es das «Chüntemähli», in Salouf (GR) die «mintinada».[18] In Trans und Almens (GR) musste der Bräutigam am Hochzeitsmorgen mit einer Rede vor der Knabenschaft seine Braut herausbitten. Sie wurde ihm nach einer Gegenrede des Knabenschaftshauptmanns überreicht.[19]

Das waren indessen nicht die letzten Hindernisse, die es zu überwinden galt. Auf ihrem Weg zur Kirche hatte das Hochzeitspaar eine Sperre in Form von einer Kette, von einem Seil oder einer Stange zu übersteigen. Kam das Brautpaar zur Sperre, wurde ihm von einem Burschen Wein angeboten, «on offre les vins d'honneur», sagte man in Charmey (FR). Man stiess an, wünschte Glück, der Bräutigam hatte eine Gegengabe zu spendieren. So sagte man in Schöftland: «Ich wünsch ech alles Glück, aber d'Bruut isch öppis wert.» Im Bedrettotal wurde die Sperre erst aufgehoben, nachdem Geld hinterlegt worden war. Unter dem Ruf «viva i spus», durfte der Bräutigam die Braut zu sich nehmen und weiterziehen. Der Brauch war auch auf der Genfer Landschaft allgemein üblich. In Surrein (GR) reichte der Knabenschaftshauptmann dem Paar Brot und Wein. In Bonfol (BE) hatte die Braut das Weinglas auf den Boden zu werfen; wenn es nicht zersplitterte, war das ein schlechtes Zeichen. Das kam 1866 vor, und sechs Wochen später starb die Jungvermählte an einem bösen Fieber.[20]

Die Sperren erfreuten sich im 19. Jahrhundert grösster Beliebtheit, und selbst Kutschen wurden etwa aufgehalten. Der Brauch verschwand aber allmählich. In Frauenfeld sagte man, die Autos seien schuld, man habe sich beim Nahen eines Autos nicht mehr getraut, den Hochzeitszug aufzuhalten.[21] Diese Betrachtungsweise ist vordergründig. Hinter dem im 19. Jahrhundert weit verbreiteten Brauch stecken andere Elemente: Es waren offensichtlich Reste eines uralten Rechtsbrauches, bei dem die Braut aus einem Verband in einen anderen überzugehen hatte. Es war auch ein Mittel, um böse Geister abzuhalten. Der Brauch hat, bevor er verschwand, mancherlei Wandlungen erlebt. In Lausen (BL) waren es nicht mehr die Ledigen, die Sperren errichteten, sondern die Kinder, die Hochzeiten, auch fremde, aufhielten, um zu heischen. In Zweisimmen (BE) sei, so meinte ein Gewährsmann, der Brauch ausgeartet, er sei zur Bettelei, zum Unfug geworden.[22]

Sterben und Totenbrauchtum

Das Leben war kurz und von vielerlei Krankheiten, Seuchen und Unfällen täglich aufs neue bedroht. Die Lebenserwartung bei der Geburt betrug 1801/13 lediglich 38,5 Jahre. Gegen Ende des Jahrhunderts (1876–1880) war die Ziffer auf 50,6 Jahre gestiegen, und 1910 betrug sie 62,7 Jahre.[1] Heute betragen die Ziffern für Frauen 80 und für Männer 74 Jahre. Auf 1000 Einwohner starben 1836 bis 1840 25,4, 1906 bis 1910 16,9 Menschen. Heute sind es 9,2.[2] Der Tod kam früh, unerwartet, er machte nicht viel Federlesens. Die Sterbedauer war kurz. So liegen beispielsweise bei der im 19. Jahrhundert heftig auftretenden Cholera zwei bis fünf Tage zwischen Ansteckung und Ausbruch. In weiteren zwei bis fünf Tagen war mit dem Ableben zu rechnen. Selbst bei jenen Krankheiten, wo es etwas länger dauerte, bei Typhus, Pocken und Ruhr, wo eher in Wochen als bloss Tagen zu rechnen war, trat der Tod im Vergleich zu heute viel schneller ein.[3] Wir leben länger und sterben langsamer. Unsere Vorfahren starben früh und schnell. Und das war von tiefgreifenden Folgen für ihr Denken und ihr Lebensgefühl. Das Dilemma des heutigen Menschen besteht, so Friedrich Dürrenmatt, «darin, dass er zwar weiss, dass er sterblich ist, aber so lebt, als wäre er unsterblich. Er lebt drauflos.»[4] Solange wir leben, ist unser Leben gesichert wie nie zuvor in der Geschichte... Unsere medizinischen Reparaturwerkstätten arbeiten höchst effektiv. Im 19. Jahrhundert konnte man dagegen nie sicher sein, wann der tödliche Schlag erfolgte. Noch in diesem Jahr? Im nächsten? Oder allerspätestens im übernächsten? Der Maler Arnold Böcklin (1827–1901) hat 1872 ein Bild gemalt, in dem diese Situation, ja das ganze Lebensgefühl jener Zeit grossartig zum Ausdruck kommt. Da hält der Maler mitten im Schaffen inne, um dem fiedelnden Tod zu lauschen. Ein Kunsthistoriker hat das Bild interpretiert; er stellte die Unvergänglichkeit der Kunst der Vergänglichkeit des Lebens gegenüber. Mag sein, dass Böcklin auch daran dachte. Tatsache ist, dass seine Familie immer wieder von schweren Krankheiten wie Ruhr, Typhus und Cholera heimgesucht worden ist. Da wurde nach dem alten Muster gestorben: «Mitten im Leben sind vom Tod wir umgeben.» Arnolds jüngster Bruder Wilhelm lebte 1837 nicht einmal ein Jahr lang, der zweitjüngste, Friedrich, starb mit 31 Jahren. Böcklin selber verlor 1850 seine Verlobte. Von den eigenen Kindern starb der Erstgeborene, Friedrich, im Alter von 19 Monaten, Robert wurde 3½, Ralph nur 9 Monate alt. Moritz starb im ersten Altersjahr, und Lucia wurde nur sieben Jahre alt.[5]

Nur wenig später, um 1890, hat Ferdinand Hodler (1853–1918) das Bild «Die Nacht» gemalt. Auch hier steht der Tod im Mittelpunkt. Man sieht ihn

317

317 Am Sterbebett. Die vom Schmerz erschütterte kinderreiche Familie ist mit rührender Einfalt dargestellt. Der Vater liegt im Sterben und empfängt soeben das Sterbesakrament. Votivbild aus dem Jahre 1862.

419

zwar nicht. Er hockt vielmehr «wie ein Phantom schwarz verhüllt, rittlings auf dem ausgestreckten Körper des Malers. Er überfällt ihn mitten in der Nacht, reisst ihn aus dem Schlaf und lässt ihn vor Schreck erstarren.»[6] Auch für Hodler war der Tod eine frühe und starke, eine lebensbegleitende Erfahrung. Als Siebenjähriger verlor er 1860 den Vater, als Vierzehnjähriger die noch nicht vierzigjährige Mutter. Seine fünf Geschwister − alle jünger als er − starben zwischen 1861 und 1885 an Tuberkulose. Der Übriggebliebene, wäre er das nächste Opfer?

Hoch und niedrig − der Tod traf sie alle genau gleich. Karl Schenk verlor 1870, wenige Tage nachdem er zum zweiten Male zum Bundespräsidenten gewählt worden war, seine Frau. Sie war erst 44 Jahre alt, doch völlig erschöpft. Hier ihr herbes Frauenschicksal: Elise Keller absolvierte als Tochter eines Landarztes das Bernische Lehrerseminar. Im Jahre 1848 heiratete sie, zweiundzwanzigjährig, den als Pfarrer amtierenden Karl Schenk. Nach einem Ehejahr gebar sie das erste Kind, 1850, 51, 52 und 54 je ein weiteres. Die ersten vier überlebten. Das fünfte starb als Säugling. Elise Schenk gelang es nicht, durch das Stillen ihrer Kinder zu längeren Intervallen zu kommen. Im Jahre 1855 wurde das sechste, 1857 das siebente Kind geboren, das wieder als Säugling starb. Im Jahre 1858 erfolgte die achte und 1860 die letzte Geburt. «Damals stand die Mutter in ihrem 35. Lebensjahr, und sie kam nie wieder zur vollen Gesundheit.» Innert zwölf Jahren hatte sie neun Kinder geboren, von denen die üblichen 22 Prozent schon im Säuglingsalter starben.[7]

Es gehörte zu den frühesten Erlebnissen, dass Geschwister starben. Jedes Kind erlebte den Tod von mehreren Familienangehörigen. Viele verloren Vater, Mutter oder beide Eltern, bevor sie überhaupt erwachsen waren. Das Waisenkind ist nicht von ungefähr zum beliebten Sujet der damaligen Unterhaltungs- und Erbauungsliteratur geworden. Es war eine soziale Realität, wie auch Stiefmutter und Ziehgeschwister nicht nur im Märchen vorkamen.[8]

Auch wenn alles normal zu laufen schien, kam der Tod unerbittlich. Die Frage: Wann bin ich an der Reihe, beschäftigte die Menschen des Jahrhunderts so sehr, dass sie dauernd nach Zeichen suchten, um eine Antwort zu erhalten. Es gab, so meinten sie, Todesvorzeichen, man müsse sie nur sehen. Man beachtete den vom Tod besonders bedrohten Säugling. Lachte er früh,

318 Um 1890 hat Ferdinand Hodler das Thema Tod aufgegriffen. Das Bild trägt zwar den Namen «Die Nacht». Tatsächlich suchte er nach seinen eigenen Worten «die Darstellung des Haupteindruckes der Nacht auf die Menschen, der sich in ruhigem Schlaf ihrer Mehrzahl kundtut. Die Gruppe in der Mitte ist der Ausnahmezustand, der Tod, der bei Tag und Nacht wirkt, und weil er auf die Menschen ergreifender und erschütternder wirkt als das ewige, gleichmässige, gewöhnliche Geschehen, so rechtfertigte es sich, ihm durch seine Einfügung in der Mitte eine herrschende Stellung anzuweisen».

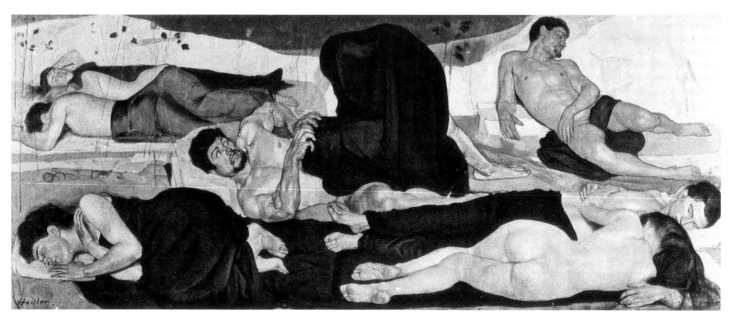

318

319 Der Tod verschont keinen... Im Jahre 1872 hat Arnold Böcklin dieses Selbstbildnis mit fiedelndem Tod gemalt. Da hält er mitten im Schaffen inne, um dem Lied des Todes zu lauschen. Die Familie Böcklin wurde nicht nur immer wieder von schweren Krankheiten wie Ruhr, Typhus und Cholera, sondern auch vom Tod heimgesucht.

319

das heisst vor sechs Wochen, lachte es in den Himmel, war das ein Zeichen des frühen Todes. Auch hiess es im Bernbiet etwa: Wächst ein Kind stark, so stirbt es früh, es wächst dem Himmel zu. Es gab weitere Todesvorzeichen, so etwa, wenn das Kind bläulich über der Nase war, das bedeutete immer den frühen Sarg.[9]

Todesvorzeichen zeigten sich gerne an der Beerdigung. Schaut das Pferd, das eine Leiche fährt, zurück und wiehert, wird bald eine zweite nachfolgen (Bern und Aargau sowie Zürichbiet). Auch Hundegeheul an der Beerdigung ist ein Todesvorzeichen.[10] Ebenso stirbt bald jemand, wenn das Leichengeleite nur gruppenweise dem Sarg folgt, der Leichenzug unterbrochen ist (Bern und Zürich). Ein anderes Vorzeichen waren unregelmässige Glockenschläge. Im Simmental sah man es nicht gern, wenn die Glocke schlug, während es einer Leiche zum Grabe läutete. Man erwartete einen weiteren Todesfall in der Familie, wenn das frisch gemachte Grab an den Seiten einfiel. Wenn einem Leichenzug ein Mann begegnete, war die erste Leiche wieder eine männliche Person.[11] Die Zahl 13 verkündete Unheil. Finden sich, so glaubte man im Sarganserland, 13 Personen an einem Tische, so ist im Laufe des Jahres einer davon dem Tod verfallen.[12] Zu den schwersten Befürchtungen besteht auch Anlass, wenn im Haus plötzlich ein Licht

421

erlischt, denn wenig später wird eine Leiche aus diesem Haus getragen.[13] Ein plötzlicher Sprung in einem Hausgerät bedeutet den Tod eines Hausbewohners.[14] Der Tod kündete sich auch an, wenn beim Trinken ein Glas zersprang (Solothurn und Bern). Man erzählte sich in Spiez (BE): Eine Mutter gab dem Grossvater eine Flasche in die Hand, diese zerbrach. Die Mutter aber sagte erschrocken: «Jetzt stirbt der Grossvater», und bald darauf starb er wirklich. Im Emmental gab es «Totenklefeli». Man hörte sie in der Wand ticken wie eine Uhr. Es gab auch die Totentraufe: Man glaubte die Dachtraufe zu hören, und dabei regnete es gar nicht. Manche Tiere verkündeten im Wald den Tod: Die Nachteulen, die Käuze zum Beispiel, wenn sie vor dem Fenster erschienen. Flogen drei Krähen über das Haus, so starb bald jemand. Auch das Krächzen der Krähen über dem Haus war ein deutliches Todesvorzeichen. Als Totenuhr galt der Holzwurm. Hörte man ihn, so hatte bald jemand zu sterben. Auch Pflanzen können den Tod künden, so etwa, wenn ein Baum im Herbst zu blühen beginnt. Ein Baum kann den Tod künden. Wenn bei ruhigem Wetter ein Ast bricht, hat bald jemand aus dem Haus zu sterben.[15]

Man achtete auf die Kranken: Es ist ein böses Vorzeichen, wenn ein Sterbender mit den Händen auf der Bettdecke tastet, meinte man in Le Sentier (VD). Es bringt Unheil, wenn ein Kranker aus dem Bett steigen will, meinte man in Vuilly (FR), oder wenn er einen Fuss unter der Bettdecke hervorstreckt, in Thusis (GR), wenn er in der Luft herumfuchtelt, wie um das Leintuch zu falten, in Rovio (TI).[16] Das Künden, die Vorahnung, war weit verbreitet. Beim Künden erhält ein Angehöriger ein direktes Zeichen, dass bald eine bestimmte Person abberufen wird. Die Volkskunde spricht von einem Prozess der Aufladung, der am Anfang vieler magischer Vorstellungen steht. C. G. Jung hat den Begriff Synchronizität eingeführt. Unsere Vorfahren im 19. Jahrhundert dachten anders. Sie nahmen die Zeichen, wie die Angaben, die W. Manz aus dem Sarganserland übermittelt, sehr ernst. Dazu einige Beispiele: Ein Bäckermeister in Vilters hörte, es war in den fünfziger Jahren des 19. Jahrhunderts, an einem Sommermorgen ungefähr um halb Fünf Uhr, als er wach im Bette lag, «schlärpende, von Holzschuhen herrührende Tritte auf der Treppe, die ihn lebhaft an die Schritte seines in Amerika weilenden Bruders erinnerten. Auf das plötzliche Öffnen der Tür wendete er, in der Meinung, seine Mutter rufe ihn wie gewöhnlich um diese Zeit, seinen Kopf nicht. Als er aber nicht angesprochen wurde, drehte er sich doch um und sah seinen Bruder auf sich zukommen. Dieser aber habe sich, ohne etwas gesagt zu haben, umgewendet und sei gegen die Tür gegangen und habe sie geschlossen. Seine Tritte seien noch auf der Treppe zu hören gewesen. Weil seine in der Kammer nebenan schlafende Mutter die Tritte auch hörte, schrieb er sofort nach Amerika, wo der Bruder sich aufhielt. Bald nachher traf ein Brief mit zittriger Schrift ein, der Bruder teilte mit, dass er im Spital liege und sich auf dem Wege zur Genesung befinde.» Die zweite Geschichte stammt aus Flums: Bei einer Witwe klopfte es Ende Mai 1894 nachts um elf Uhr, als sich schon alles zur Ruhe begeben hatte, an die Haustür. Die Frau stand auf und schaute zum Fenster hinaus. Auf den Anruf, wer sich unten befinde, erfolgte keine Antwort. Im gleichen Augenblick schaute auch der Knecht zum anderen Kammerfenster hinaus, während die beiden hinunterblickten, klopfte es zum dritten Mal. Auch ihr Mann hörte das Klopfen. In der dritten Nacht darauf starb ungefähr zur gleichen Zeit das kurz zuvor an Diphterie erkrankte Kind. Der dritte Fall: Im Jahre 1882 hörte eine Frau in einer Nacht vom Sonntag auf den Montag, zwischen drei und vier Uhr, die Hausglocke läuten. Sie erwachte und vernahm das Läuten noch

320

320 Inmitten von Blumen aufgebahrtes, totes Kind um 1905. Aufgenommen von einem Tessiner Amateurfotografen.

321 Ländliches Begräbnis. Im Juli 1871 hat Albert Anker ein Begräbnis in Aesch im Kanton Bern festgehalten. Sigrist und Totengräber sind eben dabei, den Sarg ins Grab einzulassen. Der Pfarrer im Talar steht, umrahmt von den Leidtragenden, dabei.

einmal. In der Meinung, es sei vielleicht irgendwo Feuer ausgebrochen, lauschte sie, ob sich im oberen Stockwerk jemand rege. Dies geschah nicht. Als sie am Morgen bei den Hausgenossen Nachfrage hielt, wollte niemand etwas gehört haben. Am anderen Tag erhielt die Frau Bericht, dass ihre am vorhergehenden Mittwoch nach Walenstadt verreiste Schwester Paula an einer Lungenentzündung, welche diese innert siebzehn Tage dahinraffte, erkrankt sei. Diese Paula erzählte acht Tage vor ihrer Abreise ihren Angehörigen, dass sie im Traume das Glöcklein der Kapelle in Vild, dem Wohnort der Erzählerin, läuten gehört und gesehen habe, wie man sie im Sarge gegen Sargans auf den Friedhof getragen habe.

Mit dem Künden in engem Zusammenhang steht das Nachtvolk, das Totenvolk. Das war ein langer gespenstiger Zug, der sich beim Haus der Person, die innert Jahresfrist zuerst starb, versammelte. Der Zug zog dann, Gebete murmelnd, in mitternächtlicher Stunde dem Friedhof zu. Dieser Zug wird vor allem von den Fronfastenkindern immer wieder gesehen. Bartholomäus Lutz hörte eines Abends, als er, sich zur Ruhe begebend, bis auf das Hemd und einen Strumpf entkleidet hatte, ein Gemurmel, das seinem Haus näher kam. Er ging ans Fenster und sah das Nachtvolk betend vorbeiziehen. Als letzten im gespenstigen Zuge, auch nur im Hemd und Strumpf steckend, sah Lutz sich selbst. Nach einigen Tagen wurde er wirklich auf den Friedhof getragen.[17] Gottfried Keller, der gewiss von jedem Verdacht befreit ist, magischen Gefühlen zu huldigen, hatte ein ähnliches Erlebnis. Varnhagen, der Onkel von Ludmilla Assing, starb. Er kondolierte und schrieb: «Ich bedaure sehr, dass ich ihn nicht mehr habe sehen können. Ich habe die Nachricht erst abends spät vernommen, da ich den ganzen Tag zu Hause gesessen hatte und keine Zeitung zu Gesicht bekam. Am Morgen darauf, als es noch dunkel war, wachte ich ungewohnter Weise beim Klange der Frühglocke auf und dachte gleich: also Varnhagen ist tod! Ich fühlte in dieser Morgenstille, welch ein Zeitabschnitt und welche Welt mit ihm dahinging.»[18]

Von Totenzügen, Totenvolk und Nachtvolk erzählte man sich im 19. Jahrhundert vor allem in alpinen Regionen. Die Erzähler sahen des Nachts die Toten singend oder lärmend einherziehen. Man erkannte niemand, sagte ein alter Mann aus Raron (VS). Die Kleider der Nachtschar seien weiss gewesen, die Nachtschar, die einer Frau aus Schiers (GR) begegnete, trug weisse Kopftücher. Man sah auch Totenzüge mit Lichtern.[19] Die Totenzüge erschienen an Allerseelen oder in der Adventszeit meist um Mitternacht, und zwar auf Friedhöfen bei der Kirche oder im Wallis auf Gletschern, die ja immer Aufenthaltsorte der armen büssenden Seelen waren.[20] In den Maiensässen, so sagte ein alter Mann aus Domat (GR), kann man den til dils morts, den Totenzug in der Christnacht über die Ställe hinwegziehen hören.[21] Man muss sich vor dem Totenzug in acht nehmen, hiess es in Oberwald (VS). Wer der Totenprozession zu nahe kommt, wird bald krank, meinte eine Frau aus Leuk (VS). Man habe allen Grund zu erschrecken, sagte ein Mann aus Tschlin (GR). Er sah nämlich in der Silvesternacht jeweilen die zukünftigen Toten des nächsten Jahres. Da konnte er eine Person im Zug nicht erkennen. Er wusste nun, dass er an der Reihe sei. Der Sigrist von Silenen (UR) hatte einmal das Aveläuten um vier Uhr verschlafen. Er eilte zur Kirche und begegnete dem Totenzug. Der letzte trug, wie er, an einem Bein nur einen Schuh, keinen Strumpf. Er wusste, was das bedeutete, es verkündete seinen baldigen Tod. Er erkrankte und starb am dritten Tag.[22] Die Erzähler aus Nods (BE) beteuerten immer wieder die

321

Wahrhaftigkeit des Geschauten und liessen es sich nicht ausreden. In Cevio (TI) glaubte man so felsenfest an die Realität des Totenzuges, an die Rückkehr der Toten an Allerseelen, dass man zu deren Speisung Kastanien zubereitete. In der Nacht vom 1. auf den 2. November musste immer auch ein Feuer brennen, man stellte den armen Seelen geröstete Kastanien hin.[23]

Doch, so wird von den Gewährsleuten betont, solche Erscheinungen werden immer seltener, genauer: es gibt immer weniger Leute, die sie wahrnehmen können: «Personne ne croit plus à cette superstition», hiess es in Bonfol (BE).[24] Ein weiteres Stück Mittelalter schwand dahin.

Im 19. Jahrhundert starb man anders als heute, vor allem starb man in den allermeisten Fällen zu Hause und nicht im Spital. Geriet der Kranke in Todesnot, so hatte die Familie den Pfarrer zu benachrichtigen. In katholischen Regionen bat man ihn um die Spendung der Letzten Ölung. Der Gedanke, ohne Beistand der Kirche sterben zu müssen, erfüllte unsere Vorfahren mit grosser Angst. Viele Menschen beteten deshalb täglich mehrmals um die Gnade, in der Sterbestunde beichten und kommunizieren zu können. Man achtete immer darauf, dass der Priester die gebräuchliche Formulierung «wohlversehen mit den heiligen Sterbesakramenten» verwendete. Für die Geistlichen war es Pflicht, den Sterbenden beizustehen. Auf den Ruf der Angehörigen des Sterbenden zog der Pfarrer das Chorhemd an,

322 Beerdigung im Engadin. La Morte, von Giovanni Segantini, 1897. Soeben wird der Sarg aus dem Trauerhaus gebracht. Weinend stehen Frauen und Kinder daneben, das Gefährt wartet auf die tote Fracht.

323 Totenwache. Fotografie des Tessiners Roberto Donetta (1865–1932). Etwa um 1890.

legte den schwarzen Samtkragen und die Stola über die Schultern und setzte das Pirett auf. Wenn er alle Vorbereitungen getroffen hatte, die Hostie sowie das Krankenöl für die Heilige Ölung zu sich genommen hatte, brach er mit dem Mesmer auf. Dieser trug in der einen Hand die Laterne und in der anderen Hand das Versehglöcklein. Auf dieses Zeichen hin erschien jedermann auf der Strasse und kniete nieder, um zu beten. Pfarrer, Mesmer und Ministrant traten hierauf über die Schwelle des Krankenzimmers. Die Angehörigen verliessen das Zimmer, um in der Stube zu beten: Der Priester «legte dem Schwerkranken die Hostie in den Mund und salbte hierauf fünf Sinne mit Öl: Augen, Ohren, Nase, Mund und Hände». «War mit dem Tod des Kranken zu rechnen, erteilte ihm der Priester den päpstlichen Segen mit dem erst in der Sterbestunde wirksamen Sterbeablass, einen vollkommenen Ablass zur Tilgung aller noch nicht verbüssten Sündenstrafen. Voraussetzung dafür war, dass sich der Sterbende ganz in den Willen Gottes ergab. Das Endzeichen, ein vom Mesmer gegebenes Glockenzeichen, zeigte der Gemeinde den eingetretenen Tod an.» Soweit die Beschreibung aus einer katholischen Region.[25] In reformierten Gegenden sah es anders aus. Da sass beispielsweise eine «arme alte Frau aus der Nachbarschaft unten auf dem Bette und betete Sterbensgebete. Dabei war manchmal auch eine Hebamme,

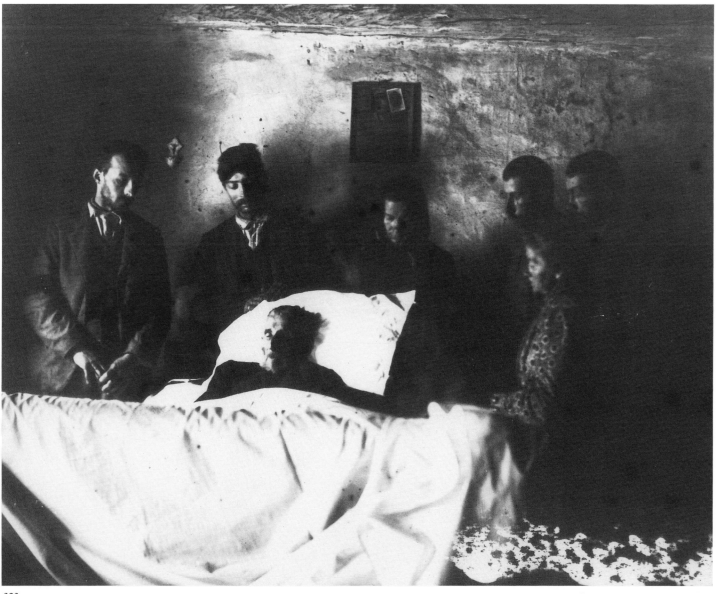

323

die der Sterbenden das Riechfläschchen hinhielt.»[26] So lautet der Bericht von Jakob Stutz über das Sterben seiner Mutter. Beim Vater war, weil es Feiertag war, die Stube gedrängt voll Besuchender. Da war ein Schluchzen und Weinen, dass man «den lauten Vorbeter, den alten Ulrich kaum mehr zu hören vermochte. Ulrich hielt inne, ohne den Blick abzuwenden, befahl der Vater, er solle mit beten fortfahren.» Um halb elf Uhr starb der Vater. Jakob Stutz drückte ihm die Augen zu und rief laut: «Fahr hin, fahr hin in Gottes Reich!» Dies Wort ergriff alle Umstehenden so sehr, dass auch Männer laut zu weinen anfingen.[27] Am Abend des Sterbetages erwartete die Trauerfamilie die Verwandten und Nachbarn zur Totenwache. Sie begann in den katholischen Regionen gegen neun Uhr abends. Man betete den Rosenkranz mit den Worten: Im Namen des Vaters und des Sohnes und des heiligen Geistes. Während des Gebetes brannten auf dem Tisch zwei Kerzen. «Die jüngeren Männer standen den Wänden entlang oder knieten mit den Frauen auf dem Fussboden der Stube oder der Küche. Nur die Kinder und älteren Leute konnten sich an den Stubentisch setzen, und drinnen befand sich der Vorbeter oder ‹d'Litäneïlääseri›.»[28]

In dieser Zeit galt es auch, das Begräbnis vorzubesprechen. Da waren einmal die Tageszeiten zu beachten. Wie schon im ausgehenden Mittelalter gab es konfessionelle Unterschiede. In den katholischen Regionen fand die Beerdigung am Vormittag statt. Man nahm Rücksicht auf die Messe: «L'enterrement le matin permet de dire le même jour la messe d'enterrement», sagte man in Bassecourt (BE). In Osco (TI) wurde es so formuliert: «Di solito il funerale si fa alla mattina per potere aver la messa.»[29] Im Tessin gab es aber auch Ausnahmen. Um Leute zu haben, beerdigte man in Locarno und Isone mehr und mehr am Nachmittag. In Lugano galt eine Beerdigung am Morgen als eine Sache der Frommen: «Chi è tanto pio, li fa mattina con messa.»[30] In protestantischen Gegenden beerdigte man am späten Vormittag, um elf oder zwölf Uhr. An verschiedenen Orten kam es um die Jahrhundertwende allmählich zu einer Verlagerung auf den Nachmittag. Ein bis drei Uhr nachmittags, meinte man, sei die beste Zeit, wobei man auf die Zugsverbindungen anspielte. Vielleicht haben auch soziale Gründe mitgespielt. Das Leichenmahl, im Bernischen das Grabt- oder Gräbtessen, war ursprünglich ein «rechtes» Mittagessen, und es kostete dementsprechend auch viel Geld. Bei den Armen gab es zur Gräbt indessen nur Kaffee, Butter und Konfiture. Sie wünschten deshalb auch eine Beerdigung am Nachmittag.[31]

Es kam auch auf den Tag an, an welchem zu beerdigen war. Man mied sowohl den Sonntag wie, vor allem im Tessin, den Freitag. Er wurde als Unglückstag angesehen. Es werde im gleichen Jahre, wenn man an diesem Tag begrabe, noch drei Beerdigungen aus der gleichen Familie geben, sagte man in Indemini (TI).[32] Vor der Beerdigung gab es noch eine Reihe von Ritualen zu beachten. Da galt es, den Leichnam zu waschen und anzuziehen. Es war nicht gleichgültig, in welches Gewand man den Toten kleidete. Allgemein glaubte man, die Leiche sei unrein. Dämonische Kräfte waren zu befürchten. Im Kanton Bern herrschte der Brauch, das Tuch nach der Waschung um einen Obstbaum zu binden. Wächst der Baum weiter, ist die Seele, so glaubte man in Reichenbach (BE), gerettet. Die Gefässe, die man zum Waschen brauchte, wurden in Délemont (BE) zerschlagen, der Kamm, wie etwa in St. Peter (GR), zerbrochen, wobei man die Dreifaltigkeit anrief. Nachdem der Tote bekleidet und aufgebahrt war, hatten die Freunde und Verwandten die Toten- oder Ehrenwache zu übernehmen.[33] Ursprünglich

324 Der im Jahre 1848 eingeweihte neue Kirchhof in Zürich. Im Hintergrund die Hohe Promenade mit Gloriette, darunter links der Privatfriedhof. Im Vordergrund die Abdankkirche. Auf dem Privatfriedhof sind Obelisken sichtbar, rechts davon hinter der Kirche Grabsteine sowie vereinzelt auch die damals beliebten steinernen Anker.

325 Um 1845 hat Gustav Courbet das Begräbnis in einem kleinen Juradorf gemalt. Der Pfarrer spricht vor dem offenen Grab ein Gebet. Links neben ihm die Ministranten mit Weihkessel und Begräbniskreuz. Den Gästen gehören auch zwei Richter im roten Talar an. Rechts die weinenden Angehörigen. Zu den Teilnehmern an diesem Begräbnis gehörte auch ein Hund.

324

325

spielte sich alles im gleichen Zimmer ab. Im Laufe des 19. Jahrhunderts hat man aus hygienischen Gründen, wie um 1900 vermutet wurde, die Leiche in einem anderen, in einem besonderen Zimmer aufgebahrt. Die Wache hielt sich im Wohnzimmer auf, wo Brot, Käse und Wein aufgestellt wurde.[34] Der Vater hatte am gleichen Abend aufzubrechen, um nach alter Sitte die Verwandten und Nachbarn auf das «Leichenbegängnis zu bitten».[35] In grösseren Dörfern oder Städten war es die Leidansagerin, die diese Pflicht zu erfüllen hatte. In bürgerlichen Familien der Städte, so etwa in Basel, war es die Stubenmagd, die mit einer Droschke die Leiche anzusagen hatte.[36] Steif, konventionell, förmlich ging es da zu und her. Nach dem Bericht von Anna Sarasin aus Basel empfing die schwarzgekleidete Familie die Kondolenzbesucher in verdunkelter Stube. Man hatte die Läden so zu stellen, dass Halbdunkel herrschte.[37] «Nahe Freunde wurden gefragt, ob sie den Verstorbenen sehen wollten. Wenn sie dies bejahten, ging einer der Angehörigen mit dem Gast in das Sterbezimmer, wo der Tote aufgebahrt lag.»[38]

Nach zwei oder drei Tagen fand die Beerdigung statt, und auch hier gab es grosse regionale sowie schichtspezifische Unterschiede. In der bürgerlichen Familie der Stadt Basel beispielsweise erschienen nur die Herren. Ihnen nahm man das Leid ab: «Die Herren drückten der Reihe nach allen Angehörigen die Hand, um ihr Beileid zu bezeugen. Dann verliessen sie das Zimmer und warteten draussen im Vorraum oder auf der Strasse, bis alle versammelt waren. Den nahverwandten Herren wurde im Trauerhaus, bevor sie in die Kirche gingen, der Trauerflor mit einem freiflatternden herunterhängenden Florende von einem dazu bestellten Mann übergeben und um den Arm gelegt ... Hierauf verabschiedeten sich die nächsten männlichen Verwandten von den Frauen, die allein zurückblieben. Deshalb hatte man zwei Pfarrer bei einer Abdankungsfeier, einen, der im Leidhaus den Frauen die Personalien des Verstorbenen las und ihnen eine Predigt hielt, und den Hauptpfarrer, der im Trauerhaus nur ein Gebet sprach und dann zu den wartenden Herren hinausging, um mit den Leidtragenden im Zuge zur Kirche zu gehen.»[39]

In ländlichen Kreisen sah die Beerdigung bedeutend einfacher aus. Im Prättigau versammelten sich die Leidleute um ein Uhr nachmittags. Die Ankommenden kondolierten, wobei es bestimmte Sprüche gab, die aufzusagen waren. Sie haben sich leider nicht erhalten. Vor der Beerdigung wird das letzte Liebesmahl (Wein, Brot und Käse) eingenommen, nach der Beerdigung in den Familien der Wohlhabenden das Totenmahl, sei es zu Hause oder im Gasthof. Für den Leichenzug wurde ein Zeremonienmeister bestellt. Er stellte eine Liste der Teilnehmer auf. Sie hatten sich entsprechend einzuordnen. Die übrigen wurden gebeten, sich «in freier Weise» anzuschliessen. Bekränzt waren nur die Särge Ledigverstorbener. Um etwa 1900 kamen erstmals auch Kränze für Verheiratete auf. Dem Sarge eines Ledigen wurde «fürgepaaret», das heisst, die ledigen Jungfrauen schritten dem Sarg paarweise voran. Sie waren schwarz gekleidet und trugen, um die Unschuld darzustellen, weisse Schürzen. Erschien der Zug an einer bestimmten Stelle, ertönte die Grabglocke. Der Sarg wurde, auch wenn die Strecke weit war, getragen. Es waren immer Männer, meist die Paten, denen diese Ehrenpflicht überbunden war. Die Anfrage war ebenfalls formelhaft: «Wollt Ihr als die liebsten Männer vom Vater den Sarg tragen», hiess es zum Beispiel. Die Träger hatten den Sarg auch ins offene Grab zu betten. Dabei achtete man darauf, ob das zuletzt weggelegte Beerdigungswerkzeug eine Hacke oder eine Schaufel war. Im ersten Fall starb in nächster Zeit eine Frau, im zweiten Fall ein Mann. Verstummte die Glocke, hielt der Geistliche die Grabrede. Zivile Beerdigungen gab es damals nicht. In einem einzigen Fall, so meinte der Bündner Berichterstatter, ehrte man den Willen des Toten, «nahm aber die Sache im übrigen nicht gut auf».[40]

Das Begräbnis der Ledigen wurde auf besondere Weise gestaltet, hier galt es, die Hochzeit nachzuholen. Die Bezeichnung «noce d'enterrement» macht es deutlich.[41] Man übernahm einige Elemente aus dem Hochzeitsbrauchtum. Im Gegensatz zum Begräbnis von Verheirateten gab es viele Kränze und Blumen. Am Vorabend kamen die Kameraden des oder der Verstorbenen zusammen, um zu «chranznen». Dabei ging es manchmal recht lustig zu.[42] Die Altersgenossen trugen den Sarg. Die ledigen Töchter gingen mit Blumensträussen voraus, die Familie folgte nach. Alle Mädchen trugen Kerzen.[43]

Wie die mittelalterlichen Menschen liebten auch jene des 19. Jahrhunderts die Farbensymbolik. So gab es im Kanton Schwyz und im Kanton Zug für Ledige blaue Särge und Kreuze. Blau bedeutete nicht nur Trauer, sondern gleichzeitig auch Abwehr. Vorzeitig Verstorbene waren eben als unruhige Tote gefürchtet.[44] Blau ist auch im Marienkult anzutreffen. Es galt als Zeichen der Verbundenheit mit Maria. Kein Wunder, dass die blaue Farbe in den katholischen Gebieten recht häufig auftrat. Neben Blau liebte man aber auch die weisse Farbe: Weiss waren Kleider der Begleiter oder der Sargträger im Wallis und im Berner Jura, weiss die Kreuze, Kränze und Schürzen in St. Antönien (GR) oder weiss die Tüllschleier im Tessin, weiss die Schärpen in Dietikon (ZH), weiss die Blumen im Knopfloch vieler Walliser und Bündner Gemeinden. In Mendrisio gab es für Ledige sogar einen weissen Leichenwagen.[45]

Die Ledigen waren unruhige Tote – sagte man einst. Was heisst das? Katholischem Glauben zufolge hatte sich die Seele gleich nach dem Tod ins Fegfeuer zu begeben. Durch Lesung von Totenmessen und durch Fürbitte und Gebete wird sie indessen erlöst, wird sie die himmlische Seeligkeit haben. Nur Kinder sind – sofern sie getauft waren – nicht arme Seelen, sondern selige Engel. Die Mutter trug keine Trauerkleider, und beim Begräbnis läuteten alle Glocken festlich.[46]

Die armen Seelen hausten, so glaubte man zum Beispiel im Maggiatal, im Kamin ihres eigenen Hauses. Alte Frauen baten deshalb immer wieder von neuem, die Flammen des Herdfeuers nicht hoch aufschiessen zu lassen. Man solle die armen Seelen nicht unnötig quälen.[47]

326

327

326 Memento mori auf einem Notizbuch von 1833. Das Sujet mit dem Kreuzhügel erfreute sich im 19. Jahrhundert grosser Beliebtheit. Der Anker galt als Wahrzeichen der Treue und Liebe.

327 Totenandenken an Nikolaus Knaus, gestorben am 14. Januar 1864. Im Hintergrund befindet sich ein Bild: links eine Kirche, rechts ein Grabmal mit Inschrift unter einer Trauerweide. Das Bild ist umrahmt von Zöpfen, geflochten aus Menschenhaar.

328

329

Für die armen Seelen musste man beten – je mehr desto besser, desto schneller erlangten sie die Seligkeit. Die Leute des Maggiatales verfielen deshalb auf eine ebenso wunderliche wie rührende Idee. Beim Tod eines Familiengliedes hinterliess dessen Familie allen Haushaltungen des Dorfes ein Kilo Salz. Dafür hatten die Beschenkten die Pflicht, bei jeder Prise Salz ein Requiem für die arme Seele des Stifters zu sprechen. Ebenso originell ist der zweite Brauch: Danach vermachte man ein Haus, eine Stube oder einen Stall, auch ein Stück Wiese, nicht nur den lebenden Nachkommen, man konnte sie auch ganz allgemein den Toten überschreiben. Die betreffenden Objekte wurden dem Meistbietenden verpachtet. Die Einnahmen flossen in die Totenkasse, aus welcher Totenmessen bezahlt wurden. Maria Pometta, die diesen Brauch um 1902 geschildert hat, war selber Mitmieterin eines solchen Hauses; sie versichert, dass die Mitteilhaber sehr friedlich und ruhig gewesen seien.[48] Die Fürbitte war entscheidend für das Seelenheil. In katholischen Gegenden betete man bis zum Dreissigsten einen Psalter, später noch einen Rosenkranz und die Armen-Seelen-Lithanei aus dem Gesangbuch. Am Grabhügel des Verstorbenen betete man die «Siebni» oder die «Füüfi».

Zum Andenken wurden im späten 19. Jahrhundert auch kleine schwarzgeränderte Trauerbilder hergestellt. Das Andenken wurde in den Stuben in den Rahmen eines Bildes gesteckt. Es mahnte den Betrachter, «das Seelenheil des Toten während der Messe in das Gebet einzuschliessen».[49] Man stellte damals an Strassenböschungen auch kleine Kreuze auf, die an den Tod eines Mitbürgers erinnerten. Wer an diesen Kreuzen vorüberging, sprach ein Gebet. Meistens galten die Kreuze einzelnen Menschen. Am Wangser Hinterberg befindet sich indessen ein grosses eisernes Kreuz mit den Namen von sechs Männern, die zwischen 1867 und 1909 als Waldarbeiter ihr Leben einbüssten. Die Holzarbeiter sollten sich der Gefährlichkeit ihrer Arbeit bewusst sein und auch die armen Seelen um Schutz bitten.[50]

Das Totenbrauchtum des 19. Jahrhunderts ist komplex und facettenreich. Mindestens drei Züge sind fassbar: Erstens die Anschauung, dass der Tote weiterlebt, zweitens, dass er mächtig ist und drittens, dass er gut und böse zugleich ist. Der erste Zug ist leicht erklärbar, lebt doch der Tote im Denken seiner Angehörigen weiter. Man versorgte ihn deshalb auch etwa mit Speise und Trank, wie wir am Beispiel des Maggiatales gesehen haben. Man legte ihm aber auch an bestimmten Terminen ein Gedeck vor, wie wenn er gleich zum Essen erscheinen würde. Man erzählte ihm, was in der Familie vorfiel, um von ihm Wegleitung, vielleicht sogar Wunder zu erwarten. Seltsamer mutet der zweite Brauch an: Der Tote ist mächtig. Er beruht auf altem Geisterglauben. Er geht davon aus, dass viele Tote die Ruhe nicht finden, immer wieder auftauchen. Es galt, die Toten «zu gnädigem Wohlwollen, zu gütigem und hilfreichem Gebrauch ihrer Macht zu bestimmen».[51] Schwieriger zu orten, zu definieren und zu erklären ist die dritte These: Der Tote ist gut und böse zugleich. Gottfried Keller hilft uns ein Stück weiter. Im Grünen Heinrich hat er zwei Eheleute geschildert, «die zusammenlebten wie zwei gute alte Leutchen und sich nur Vater und Mutter nannten». Doch hin und wieder kam es zu einem entsetzlichen Streit: «Dann stellten sie sich darüber zur Rede, welchen Grund das Eine denn zu haben glaube, das Andere überleben zu können, und verfielen in einen elenden Wettstreit, wer von ihnen wohl noch die Genugtuung haben werde, den Anderen tot vor sich zu sehen.»[52] Tatsächlich ist ja die Ambivalenz der Gefühle weder etwas Ausserordentliches noch Krankhaftes, sondern durchaus Normales im Sinn des Häufigen. Intensive Bindung ist der beste Nährboden für die Ambivalenz der Gefühle. Nicht umsonst sagt man: Wie verwandter, wie verdammter. Totenbräuche und Trauersitten sind doppelseitig, sind ambivalent: «Den Schmerz lässt die Sitte bis zur vollen Sättigung austoben. Der Liebe, die sich nicht trennen kann und will, gibt die Sitte tausend Möglichkeiten, ihre sorgende Pflege weiterzuüben und sich allmählich an den Verlust zu gewöhnen; den Trauernden, der durch die Trennung tief verwundet worden ist, sucht die Gesellschaft, nachdem er dem Schmerz ein Recht gelassen hat, durch Teilnahme und Trost zu heilen, und wenn er durch den schweren Schlag des Lebens überdrüssig geworden ist und dem Toten nach will, so hält sie ihn mit Gewalt, mit lockenden Gaben und liebevoller Überredungen im Leben fest und führt ihn, nachdem in der langen Trauerzeit die Wunde vernarbt ist, mit öffentlicher Festlichkeit in ihre Gemeinschaft zurück.»[53] Deshalb all dieses Trauern, dieses Weinen. Deshalb auch die Trauerkleidung. Sie konnte, wie in Basel, eine halbe Wissenschaft werden: «Für die Grosseltern dauerte es ein Jahr, für die Eltern zwei Jahre. Das letzte Halbjahr ging man in Halbtrauer und trug lila und grau als Übergang zu den bunten Farben. Witwen waren drei Jahre in Trauer und mieden auch später bunte Farben. Ältere Frauen legten die Trauer nicht mehr ab. Eine Basler Eigenart war es, für Oheime und Tanten nur ins Leid zu gehen und zwar für ein Jahr, wenn sie ledigen Standes waren … Für Geschwister ging man für ein Jahr ins Leid.»[54]

Selbst das Trauerweinen war demonstrativ. Man weinte nicht still in sich hinein, sondern in voller Öffentlichkeit, möglichst vor versammelter Trauergemeinde. Vor allem beim Begräbnis musste man sich durch Weinen und Schneuzen hervortun. Selbst am Sonntag galt es, noch einmal deutlich sichtbar zu weinen. Die Trauernden sassen in besonderen Leidbänken und räumten diese dem nachfolgenden Leidvolk erst nach demonstrativem Sträuben ein, wird aus dem Engadin überliefert. Heute ist das alles ganz anders geworden. Bei einer Bestattungsfeier wird alles vermieden, was die Emotion hervorrufen oder fördern könnte: Sollte man bei Begrüssungen oder bei der Leidabnahme vom Weinen übermannt werden, so wendet man sich beschämt weg.[55]

Im Totenbrauchtum des 19. Jahrhunderts gibt es einen nur schwer zu erklärenden Tatbestand. Auf der einen Seite widmete man, wie all diese Beispiele gezeigt haben, den Toten eine grosse Aufmerksamkeit. Es wäre anzunehmen, dass sich dies auch auf die Friedhöfe, auf die Pflege der Gräber auswirken würde. Dem ist indessen nicht so. Grabbepflanzung und Grabmalkunst sind erst in unserem Jahrhundert nachzuweisen. Viele Friedhöfe des 19. Jahrhunderts waren ungepflegt. Nicht einmal angesehene Leute hatten, so betonte ein Gewährsmann aus Ins (BE), ein Grabmal. In Münsingen (BE) sei es sehr selten gewesen, man habe höchstens etwa einen Baum angetroffen. In Seengen (AG) wurden Gräber eingeebnet und mit «Säublumen» besät. Der Friedhof wies 1850 nur drei Grabsteine auf.[56] In Cresta-Avers gab es überhaupt kein Grabzeichen, sondern nur Nummern aus Eisen. Auf dem Stadtfriedhof von Bern waren steinerne und eiserne Grabzeichen noch anfangs des letzten Jahrhunderts verboten. Nach 1830 sind steinerne Grabmäler erlaubt worden.[57] Auch in Basel gab es fast keine Grabsteine. Die Bestattungen gingen ohne «jegliche brauchtümliche Aufzeichnungen» vor sich.[58] In Grüningen (ZH) sah man 1848 eiserne Stäbe auf einem steinernen Sockel, doch kein einziges eigentliches Grabmal.[59] Bei der Neuanlage des Friedhofs von Herisau wurde die Kennzeichnung der Gräber durch Stab mit Nummern um 1835 abgelehnt. Das gleiche geschah 1841 in Teufen. Man

330

330 Totengebinde aus dem Unterengadin. Bis um 1900 war es Brauch, ledigen Burschen und Jungfrauen vielfarbige Sträusse und Kränze aus Federn, Stoff oder Papierblumen mitzutragen oder in eigens dafür ausgesparte Löcher des Sargdeckels zu stecken. Dieser künstliche Blumenschmuck gehörte den Gemeinden und wurde vom Sigrist aufbewahrt. Manchmal stand er auch im Besitz einzelner Haushaltungen. Im alten Friedhof bei der Kirche von Ramosch fanden sich kleinere Gebinde dieser Art auch auf den Gräbern.

331 Die Friedhofausstattung der ländlichen Bevölkerung war sehr einfach. Hier eine Blechtafel der Barbara Blattmann, gestorben am 17. März 1882.

verbot sogar die Bepflanzung der Friedhöfe mit Bäumen. Vor dem Tod sind alle gleich, sagte man. Vielleicht ist diese Maxime auf die französische Revolution zurückzuführen. Man wollte danach die republikanische Gleichheit der Gräber und Einheit der Steine: «égalité républicaine de tombes et uniformité de pierres.» Noch 1867 beschloss die Gemeindeversammlung in Wenslingen (BL), «die Gräber sollen alle gleich geziert sein, die der Reichen wie der Armen, nämlich jedes Grab erhält zu Häupten einen Grabpfahl mit einem einfachen Täfelchen mit dem Namen des Beerdigten».[60] Soweit es überhaupt Grabmäler gab – sie waren vor allem auf dem Land aus Holz. Steinerne Grabmäler waren äusserst selten. Ein Mann aus Simplon im Wallis sagte, die ersten Grabsteine seien erst um 1910 aufgekommen, sie seien von Fremden gesetzt worden. In Basel tauchten, so ein Gewährsmann, kurz vor 1900 steinerne Obelisken auf. Auch in Laupen (BE) werden abgebrochene Säulen und Pyramiden aus Marmor erwähnt. In Frauenfeld gab es um 1900 Steinsäulen. Westschweizerische Quellen sprechen von blocs oder rochers (Natursteinen), die damals üblich waren.[61] Bis um 1920 sei der Grabstein vorn im Grab gestanden, wurde in Klingnau (AG) gesagt.[62] In den alpinen Regionen bleiben die hölzernen Grabmäler weiterhin stehen. Bis 1900 gab es in Innerferrera (GR) und in Kandersteg (BE) nur Holzkreuze. Das gleiche wird aus Weggis berichtet.[63] An anderen Orten wie in Gsteig (BE) kamen sie erst 1918, in Gurmels (FR), gefördert von Pfarrern und Lehrern, erst um 1928 auf. Auf dem alten Friedhofteil von Linthal gab es damals ein mit Goldbronze verziertes Holzgrabmal. Es wurde 1937 speziell erwähnt und scheint eine Ausnahme gewesen zu sein. Das übliche waren Grabscheiter als Gegenstück zu den katholischen Grabkreuzen. Ein erster Beleg stammt aus dem Jahre 1617 aus Mollis.[64] Auf reformierten Gräbern gab es 1846 schwarze Stöcke mit den Namen der Verstorbenen: «Diese kommen immer mehr auf. Die Katholiken haben Kreuze.»[65]

Eher selten waren Grabmäler aus Eisen. In Laupen (BE) wurden 1890 gusseiserne Kreuze verwendet.[66] Eiserne Kreuze werden auch in Fischingen (TG) erwähnt. Beliebt war neben der Kreuzform der Anker als altes christliches Symbol. Er bildete aufrechtstehend das Grabmal. Solche Anker gab es in der ersten Hälfte des 19. Jahrhunderts in Thun (BE), in Herisau (AR), in Thalheim (AG), in Zürich, wie unsere Abb. 326 zeigt.

Ebenso selten wie Grabmäler waren im 19. Jahrhundert die Blumen auf den Gräbern. Auf den Friedhöfen standen höchstens einige Bäume, einige Sträucher. Sie schienen zu Beginn des 20. Jahrhunderts nicht mehr ganz der «Mode» zu entsprechen. Auf der Genfer Landschaft hiess es jedenfalls 1937: «On ne plante plus de buissons sur les tombes.»[67] Die hohen Stauden, die Buchsbäume, die Sevibäume sind in dieser Zeit ganz verschwunden, wird aus Altdorf berichtet.[68] Im alten Friedhof von Kreuzlingen stand auf jedem Grab einst eine Eibe oder ein Sevibaum.

Wenn es überhaupt Blumen gab, waren es Rosen (Zentifolien) oder Nelken. Gelbe Blumen waren verpönt, gelb sei die Farbe der Falschheit, wurde in Bürgen (BE) und Bergün (GR) gesagt. Überhaupt war man gegen allzu grosse Farbigkeit. Man wählte vor allem für die Gräber von Kindern und Ledigen weisse oder blaue Farbtöne, Zeichen der Unschuld.[69]

Offenbar gab es um die Jahrhundertwende auch künstlichen Blumenschmuck. Jedenfalls berichtete ein Gewährsmann in Château-d'Oex, es habe Glaskästen gegeben, in denen Kränze aus künstlichen weissen Blumen aufgehängt worden seien. Mitten im Blumenkranz hätte sich ein Herz aus «Chrälleli» (Glasperlen) befunden.

331

332

332 Der Friedhof von Aesch. Albert Anker hat am 27. Juli 1871 den Friedhof von Aesch im Kanton Bern gezeichnet. Da gibt es nur einige wenige Erinnerungstafeln und einige Grabstecken. Das Ganze ist von einfachstem Zuschnitt.

333 Ein memento mori in Form eines Vexierbildes. Der Text lautet folgendermassen:

Ach! Ach! die Welt schlägt's Gute aus dem Sinn.
Ach seht! sie geht in eitler Pracht dahin.
In Wollust sucht sie ihr Vergnügen
Und lässt sich dann durch Eitelkeit betrügen.
Die Jugend bringt man nur mit Sünden zu,
Das böse Herz vergisst der Himmelsruh';
Doch säume nicht, mich völlig zu entdecken,
Vielleicht wird dich mein Anblick noch erschrecken.

Solche Vexierbilder waren um die Jahrhundertwende vom 18. bis zum 19. Jahrhundert äusserst beliebt. Beim Original handelt es sich um ein gefalztes Papier. Der Leser hat, je nachdem er es in die Finger nimmt, entweder das jugendliche, blühende Papier oder das Totengerippe vor sich.

Altertümlicher mutet ein Brauch an, der aus katholischen Regionen überliefert wird. Es war das Eebrett, Leichenbrett, die Lade, auf der der Verstorbene lag; sie wurde am Haus angebracht. So gab es zum Beispiel am sogenannten Louftehuus in Appenzell ein Leichen- oder Eebrett, Rebrett für ein 1897 im Alter von fünf Jahren verstorbenes Büblein.[70] Im Toggenburg, im Appenzell und in katholischen Thurgauergemeinden stellte man die Totenbretter längs des Weges auf. Der Vorübergehende konnte so der Toten gedenken. Auf den länglichen, schwarz bemalten Brettern waren Namen und Todestag, manchmal auch Bibelsprüche angebracht. Es fehlte auch nicht an persönlichen Mahnungen: «Fromme Landleute beten, wenn sie vorübergehen, still ein Paternoster und Ave Maria zum Heil des Verstorbenen.» Tröstlich-traurig hiess es auf einem Totenbrett im thurgauischen Hagenwil:

«O Wanderer, stehe etwas still,
weil ich dir etwas sagen will,
ein Vaterunser bet für mich,
wofür wird Gott belohnen dich.»[71]

Die Heimat dieses Brauches scheint das bayerisch-österreichische Gebiet zu sein. Bei uns sind es gewissermassen «Ausläufer». Aber was sind das für grossartige Zeugen der Volksfrömmigkeit und des Totenbrauchtums!

Ach! Ach! die Welt schlägt'r Hände
über dem Sinn.
Ach seht! sie geht in eitler Pracht
dahin
Zu Wollust sucht sie ihr Vergnüg,
Und läßt sich dann durch
Eitelkeit betrügen

Die Tugend bringt man nur
mit Sünden zu,
Das böse Herz vergißt der Him-
melbruch;
Doch säume nicht, mich völlig
zu entdecken,
Vielleicht wird dich mein Anblick noch erschrecken

Wer wird mir eine Stund verleihen,
meine Sünden zu bereuen.

Wo sind meine Tag, und Stunden,
alle sind wie Rauch verschwunden.

Schlusswort

Das 19. Jahrhundert – ein Haus mit vielen Wohnungen, eine Zeit mit ungezählten Möglichkeiten, vielschichtig, widerspruchsvoll, ebenso wandlungs- wie krisenreich. Die industrielle Revolution beginnt sich in dieser Zeit mit beschleunigtem Tempo durchzusetzen. Das Denken wird beherrscht durch ein fast blindes Zutrauen auf eine unhaltsame und positive Entwicklungsfähigkeit der wissenschaftlich, wirtschaftlich und technisch gesteuerten Zivilisationsgesellschaft. Der Liberalismus hilft neuen Kräften und Energien zum Durchbruch; die liberale Weltanschauung wird als zweite Natur dargestellt und auch empfunden; es wird die Formel von historischen und wirtschaftlichen Naturgesetzen geprägt. Eine neue Phase der Aufklärung beginnt; sie ist härter, nüchterner und vielleicht auch enger als jene des 18. Jahrhunderts. Die einst verfemte und teilweise verhasste Technik wird populär, die Maschine zu einer willkommenen Erscheinung, die dem Unternehmer reichen Gewinn, dem Arbeiter physische Entlastung verspricht; die Arbeit wird zur sittlichen Tugend. Zum Symbol der Energie des vorwärtstreibenden, ständig beschleunigten Denkens und Handelns aber wird die Eisenbahn. Das Eisenbahnfieber überfällt auch die Schweizer; nach einem Wort Gottfried Kellers «stürzten sie sich wie auf einen ausgeschütteten Sack voller Nüsse und fanden da gute, aber auch einige taube». In wenigen Jahrzehnten entsteht, wiederum nach Kellers Worten, ein teilweise «verrücktes Eisenbahnnetz».[1]

Überall werden Fabriken gebaut; die junge Maschinenindustrie beflügelt die ältere Textilindustrie. Es entstehen Banken, Versicherungsgesellschaften, und der Exporthandel wird ausgebaut. Sodann werden die Schönheiten unseres Landes entdeckt, um alsogleich ausgebeutet oder, wie es harmlos heisst, genützt zu werden. Kraftvoll und neue Impulse verleihend, erhebt sich der Bundesstaat von 1848. Endlich, nach jahrzehntelangem Ringen hatte die Schweiz ein geordnetes und selbständiges Geld- und Zollsystem. Nun kann auch der Ausbau zur sozialen Schweiz an die Hand genommen werden: auf die kantonalen Gesetze folgt 1877 das erste eidgenössische Fabrikgesetz.

Höchste Erwartungen setzt man auf die bessere Bildung und Schulung. Im Jahre 1833 wird die Zürcher Universität, 1855 die ETH eingeweiht. Der Lebensstandard der von zwei auf drei Millionen anwachsenden Bevölkerung steigt, wenn auch langsam, so doch deutlich an. Um 1830 musste ein Arbeiter in Zürich, um ein Pfund Brot kaufen zu können, zwei Stunden arbeiten; um 1880 war es noch eine Stunde. Trotzdem blieb die Sozialstruktur unausgeglichen. Auf der einen Seite emanzipiert sich das Bürgertum, entsteht ein wagemutiges Unternehmertum, auf der anderen Seite eine neue, von diesem abhängige Schicht: die des Fabrikarbeiters. Eine Differenzierung

334 Das Neue kommt. Dieses Plakat der «Jura-Simplon-Railway» aus dem Jahre 1890 zeigt recht schön, wie die Werbung mit den beiden «Trümpfen» der Schweiz umging: Auf dem gleichen Bild erscheinen der blaue Genfersee samt Schloss Chillon, die «hehre Alpenwelt», dargestellt im Bergbach und der Alpenblumen sowie mitten im Bild die aus einem Tunnel fahrende Lokomotive. Die neue Zeit fährt durch die alte.

der Klassenverhältnisse, eine Häufung der krassen Gegensätze, eine Vermannigfaltigung der Klassenbestrebungen wird deutlich; sie lassen sich nicht mehr von patriarchalischen und gesellschaftsmoralischen Denkformen her ordnen. Um 1843 erscheint in Zürich, von Paris herkommend, der russische Agitator Bakunin und im gleichen Jahre auch der berühmte Deutsche Kommunist Wilhelm Weitling. Gleichzeitig beginnt eine intensive Auseinandersetzung mit den wirtschaftspolitischen und sozialen Problemen: «Die Zeit ergreift mich mit eisernen Armen», schreibt Gottfried Keller, «es tobt und gärt in mir wie in einem Vulkan. Ich werfe mich dem Kampfe für völlige Unabhängigkeit und Freiheit des Geistes und der religiösen Ansichten in die Arme; aber die Vergangenheit reisst sich nur blutend von mir los.»[2]

Ein ebenso mühsamer wie spannender Prozess. Wie weit gelang er? Wie weit hat sich das Volk den «neuen Ansichten», von denen Gottfried Keller gesprochen hat, in die Arme geworfen? Wie weit konnte es sich von der Vergangenheit losreissen? In verschiedenen Kapiteln konnten wir nachweisen, dass altüberlieferte Strukturen und Denkweisen fortdauerten, ja dass sie manchmal – man denke an den Historismus oder an die Festspiele – aufgewertet worden sind. Man entdeckte plötzlich die Vergangenheit und fand dabei eine neue Identifikation, eine neue Identität. Die Volksfeste wurden als «Pflanzstätten nationalen Sinns» angesehen. Die patriotischen Gedenktage erhielten eine Zugkraft, die wir, die modernen, jedem Pathos abholden Menschen heute kaum mehr begreifen können. Die Tellskapelle und das Rütli, das 1859 durch einen Entschluss der Schweizerischen Gemeinnützigen Gesellschaft Nationaleigentum geworden war, wurde zu einem Wallfahrtsort, zu dem jährlich Tausende «in patriotischer Andacht» pilgerten. Die Gemeinnützige Gesellschaft setzte eine «Kommission zur Pflege des nationalen Sinnes» ein. Diese betrachtete «die Volksliteratur und den edlen Bildschmuck des Hauses für das Familienleben, das Volkstheater und den Volksgesang, für das öffentliche und gesellige Leben als bedeutendes Mittel, um den gesunden vaterländischen Sinn zu wecken».[3] Die Kommission vermittelte auch Schulwandbilder, die in Multipacks für 80 Rappen abgegeben wurden. Es handelte sich um Abbildungen des Tell-Denkmals in Altdorf sowie des Pestalozzi-Denkmals in Yverdon. In monarchischen Staaten erblicke man in jedem Schulzimmer das Bild des Landesfürsten, warum sollten, so heisst es im Begleitschreiben, in unserem republikanischen Staatswesen nicht jene Gestalten geehrt werden, die wie Tell den Freiheitsgedanken verkörpern oder wie Pestalozzi ein «heeres Beispiel ächter christlicher Nächstenliebe» darstellen. Allerdings stiess die Kommission nicht überall auf begeisterte Zustimmung. Der Schweizerische Lehrerverein zum Beispiel stellte sich taub. Auf ein Preisausschreiben für Lehrer gingen nur ganz wenige Antworten ein, und die Kommission war nicht befriedigt. Und dennoch: das Echo aus den Schulzimmern ist recht aufschlussreich und irgendwie auch positiv, wurde doch von den Lehrern betont, dass sie «Schulreisen und Exkursionen machen, und da werde das Vaterland durch die Landschaft eher erlebt als vor den Denkmälern. Heimat bedeute schliesslich die alltägliche Umgebung, die Arbeitswelt miteingeschlossen. Und die Lehrer sollten deshalb nicht müde werden, den schillernden Werth der Arbeit und die Überzeugung, dass es eine Ehre seie, ein Arbeiter zu sein, zum Bewusstsein zu bringen... Es ist eine der höchsten Pflichten der Bürger, an dem Wohl des Vaterlandes zu arbeiten.»[4] Mit Recht betonen die Historiker, dass es neben sinnstiftenden Symbolen und Geschichten noch andere Botschaften gab, die bei der Sozialisation und Identifikation der jungen Schweizer mitwirkten: «Das Vaterland wurde ihnen durch Naturerlebnisse und die disziplinierte Einordnung in den Werkplatz Schweiz erfahrbar gemacht.»[5]

Aus vielen Zeugnissen, vor allem auch aus den Autobiographien, wissen wir, dass solche «Einbindungsmechanismen» nicht nur in der Schule, sondern auch in den Familien, in den Betrieben, in den Vereinen wirksam waren. Sie erscheinen als wichtige, unentbehrliche Brücken auf dem Wege zur schweizerischen Identität.

Bei der Suche nach persönlicher Identifikation spielten aber auch andere Faktoren mit. Zunächst ist an die Gliederung der Bevölkerung zu denken. Nach wie vor gab es eine scharfe Trennung und Unterscheidung der Rollen von Mann und Frau; Kinder und Jugendliche waren Zielgruppen der Erziehung zu Normen und Werten oder gar zu «Normalmenschen». Es galt ja nicht allein, das Wissen zu vermitteln; ebenso wichtig waren die Bemühungen um eine Verbesserung auf dem Feld der Hygiene und Gesundheit sowie die Übermittlung neuer Verhaltensnormen im täglichen Leben. Da hatten nicht nur die Familien, sondern auch die Schulen ihren Beitrag zu leisten. Die Lehrer selber hatten als Leitfiguren hohe bürgerliche Tugenden und eine solide Integrität zu verkörpern.[6] Die vielen Vereine wirkten in der gleichen Richtung. All die Schützenvereine, die Sängervereine, Schwinger- und Turnvereine waren vorrangige Orte der Integration.

Eine massgebliche Aufgabe in diesem Prozess kam der Presse zu. Tageszeitungen, satirische Zeitschriften, Kalender und Almanache führten den Diskurs, prägten Bilder und Wendungen und wirkten als Multiplikatoren, indem sie berichteten, sichteten und kommentierten. Im letzten Jahrhundert konnten ja Schrift- und Bildträger so massenhaft hergestellt werden, wie es zuvor nie der Fall gewesen war.[7] Wir wissen es heute: «Lesekenntnisse sind wie ein Passepartout, der die Türen zu Wegen in alle nur erdenklichen Richtungen öffnen kann. Auf den meisten von ihnen gelangt man zu grösserer Unabhängigkeit, zu mehr Selbständigkeit und Reife.»[8] Doch wie sah das in bezug auf die Aufnahme und Empfänglichkeit aus? In welchen Bevölkerungskreisen waren, so fragte Georg Germann, Bildung, Zeit und Geld «in dem Masse vorhanden, in dem sie die Botschaften empfangen und dechiffrieren konnten»? Hier seine Antwort: Es scheint, dass beträchtliche Teile der unteren Bevölkerungskreise in der Regel ausgeklammert waren. Das Bild, das man sich damals im Ausland von den republikanischen Schweizern machte, war wahrscheinlich idealisiert. Es war ja schon im 18. Jahrhundert ein Idealbild, ein Bild des «urtümlichen, unverfälschten, unverdorbenen, kernhaften, arbeitsamen Volkes und Volkscharakters».[9] Tatsächlich: dieser Tugendkatalog passte nicht mehr für die Industriegesellschaft des 19. Jahrhunderts. Die Schweizer, so schrieb Gottfried Keller 1856, «jagen mehr als je und so gut wie überall nach Geld und Gewinn; es ist, als ob sie alle Beschaulichkeit in jenen öffentlichen Festtagen konzentriert hätten, um nachher desto prosaischer und ungestörter dem Gewerb und Gewinn und Trödel nachzuhängen».[10] Zwanzig Jahre später wird er noch etwas deutlicher: «Die patriotisch-politische Zufriedenheit, der siegreiche altmodische Freisinn sind wie verschwunden, soziales Missbehagen, Eisenbahnmisere, eine endlose Hatz sind an die Stelle getreten.»[11]

Eine spezifische Eigenart des 19. Jahrhunderts ist es, dass es nicht eine, sondern verschiedene Identitäten gab. Sie standen nebeneinander, kamen miteinander auch leidlich aus, überlagerten sich oft, befehdeten sich gelegentlich und versöhnten sich wieder. Georg Germann nennt sie: «Verlierer

437

und Sieger im Sonderbundskrieg, Radikale und Demokraten nach 1874, Ultramontane und staatskirchlich gesinnte Katholiken nach dem Kulturkampf, regionale und soziale Identität, sprachliche und staatliche Identität.»[12] Vielleicht, so fügte er bei, waren die Romands, die sich einer überstaatlichen Latinität zugehörig fühlten, die besseren Patrioten als jene Deutschschweizer, die sich zwischen 1871 und 1914 in den Sog einer «nationalstaatlichen Deutschtümelei» ziehen liessen. In klassischer Weise markieren zwei Männer die beiden Möglichkeiten der Identifikation: Conrad Ferdinand Meyer sinnierte über den Reichsgedanken nach, Gottfried Keller aber über den Kleinstaat Schweiz.

Die meisten Schweizerinnen und Schweizer konnten sich, das darf man zusammenfassend wohl sagen, mit ihrer Heimat, ihrem Land und ihrem Staat identifizieren. Wie aber stand es mit der anderen Heimat, der überirdischen, der seelischen? Wie stand es mit der Religion, wie mit den Kirchen? Wir wollen das im Kapitel Volksglaube Gesagte nicht wiederholen, sondern noch zwei weitere Gedanken anfügen. Es scheint wesentlich, dass es im 19. Jahrhundert, im Gegensatz zur alten Eidgenossenschaft, die traditionelle Gemeinschaft von reformiert und katholisch nicht mehr gab. Dafür existierte eine dritte Kraft: Es ist der liberale Notabelnkatholizismus, wie ihn Peter Stadler nannte.[13] Wichtig ist es auch zu wissen, dass der Bundesstaat nicht gegen den Katholizismus schlechthin geschaffen wurde. Im Bundesrat sassen auch Katholiken. Einschneidende Schikanen gegen den Katholizismus gab es nicht. Kirche und Staat kamen miteinander aus. «Wer wird in unserer Zeit noch an einen systematischen Kampf zwischen Kirche und Staat glauben», fragte am 20. Juli 1850 die Neue Zürcher Zeitung.[14] Um die Jahrhundertwende war das Problem Staat und Kirche erst recht kein Thema mehr, das grosse Wellen warf. Die Kirchen waren sich selber überlassen, die Konfessionen fein säuberlich geschieden, weltanschaulich und organisatorisch. Der Säkularisationsprozess, nach 1789 begonnen, hatte weitere Fortschritte gemacht. Viele Schweizer, darunter vor allem auch Arbeiter oder Intellektuelle, blieben der Kirche fern. Ein wichtiges Argument: Sie tue nichts, um die sozialen Nöte zu lindern. Es lässt sich indessen leicht nachweisen, dass sich die Pfarrer beider Konfessionen zu Beginn der industriellen Revolution der sozialen Frage annahmen. Vieles wurde getan und vieles erreicht. Dennoch und immer wieder: Die alte bohrende Frage, wie man den Hunger stille, konnte nicht gelöst werden. Viele Arbeiter lebten noch am Ende des Jahrhunderts, wie kürzlich Erich Gruner wieder nachgewiesen hat, unter dem Existenzminimum.[15] «Unser Einkommen war eben», sagte Jakob Kreis (1851–1922) in seinen Lebenserinnerungen, «zu wenig zum Leben und zu viel zum Sterben». Der Verdienst des Vaters, so schreibt er, musste mit 1 Franken im Tage herreichen, «um fünf Personen zu nähren und zu kleiden und es musste davon Wohnung, Holz und Licht bestritten werden. Die Mutter konnte höchstens 30 bis 40 Rappen verdienen...» Kreis erinnert sich vor allem an die Weihnachtsfeier von 1860. Am Heiligen Abend hatte die Mutter «meinem Bruder versprochen, wenn er recht artig sei und herzlich bete, so werde ihm das Christkind ein Eierzöpfli und Nüsse bringen. Nach seinem Einschlafen sagte die Mutter, ich dürfe sie begleiten, wir wollen dem Fritzli noch einige Sachen als Weihnachtsbescherung kaufen, Emili, das Schwesterchen, versteht noch nicht viel davon und werde sich sonst zufrieden geben. Zuerst kaufte sie Nüsse, die aber schon mehr kosteten, als sie erwartet, dann gingen wir zu einem Bäcker, um das Eierzöpfchen zu holen, für das ihr aber nur 20 Rappen zur Verfügung standen. Allein es waren keine solchen mehr vorhanden, wir fragten an verschiedenen Orten und streiften bei stürmisch kalter Winternacht durchs ganze Dorf, um meinem Bruder seinen Lieblingswunsch zu erfüllen. Allein vergebens, überall hiess es, solche haben wir keine mehr, zu 50 Rappen hatte es noch, aber meine Mutter hatte eben nur noch 20, und so mussten wir leer nach Hause gehen. Hier konnte sie nicht mehr länger zurückhalten, sie zog mich schluchzend an ihre Brust und meinte, es wäre am besten, wenn wir alle miteinander sterben könnten. Ja sterben, sanft hinüberschlummern in das Land, wo es keine Sorgen, keine Tränen mehr gibt, das ist wohl ein berechtigter Wunsch in solcher Lebensstellung, alleine stirbt sich nicht so leicht.»[16]

Es stirbt sich nicht so leicht. Bleiben wir noch einen Augenblick bei diesem Diktum. Wir haben im letzten Kapitel dieses Buches darzulegen versucht, wie unsere Vorfahren im 19. Jahrhundert den Tod empfanden und was sie alles unternahmen, um mit diesem einschneidenden Geschehen fertig zu werden. Immer wieder von neuem und mit eindrücklicher Hartnäckigkeit fragten sie nach dem Sinn des Lebens. Sie wussten, dass das Leben eine innere Ordnung finden muss. Es galt für sie, und das gilt auch für uns, im Alltag «von einem Umgreifenden» (Karl Jaspers) getragen zu werden. Es galt und gilt Zusammenhang zu gewinnen im Aufbau von Arbeit, Erfüllung und hohen Augenblicken.[17] Geborgen sind wir nur, wenn sich unser Tun und Streben bezogen weiss auf einen Sinn und ein letztes Ziel. Keine Frage: Die Menschen des 19. Jahrhunderts fanden diese Geborgenheit zu einem schönen Grade. Sie fanden Ordnung in der Welt, in die sie geboren wurden, sie fanden sie aber auch in den Übergangsritualen, welche die grossen Schritte von der Geburt bis zum Tode formten und durchseelten. Sie wussten, – jedenfalls die meisten –, dass der Mensch denkt, Gott aber lenkt. Sie wussten, dass man das eigene Geschick, wie es einmal Gottfried Keller ausgedrückt hat, nicht bestimmen kann «wie einen Fakturzettel».[18] Deshalb bauten sie eine Lebensführung auf, die ihnen das einbrachte, wonach sich heute viele Menschen vergeblich sehnen: Stabilität und Geborgenheit im Diesseits und Aufgehobensein im Jenseits.

Anhang

Anmerkungen

Vorwort (S. 9–10)

1 Röllin, P. St. Gallen. Stadtveränderung und Stadterlebnis im 19. Jahrhundert. St. Gallen 1982, S. 27.
2 Lüthy, H. In Gegenwart der Geschichte. Köln und Berlin 1967, S. 37.
3 Jaspers, K. Was ist Philosophie. Ein Lesebuch. München, 4. Auflage 1986, S. 88.

Umwelt (S. 11–23)

1 Weizsäcker, C. F. von, Wahrnehmung der Neuzeit. Zürich 1985, S. 364.
2 Schweizerisches Idiotikon (Wörterbuch für schweizerdeutsche Sprache) Bd. 5, Sp. 290.
3 Schweizerisches Idiotikon Bd. 13, Sp. 254.
4 Manz, W. Volksbrauch und Volksglaube des Sarganserlandes. Basel 1916, S. 104.
5 Atlas der schweizerischen Volkskunde. 2. Teil, 7. Lieferung, S. 594.
6 Atlas der schweizerischen Volkskunde. 2. Teil, 7. Lieferung, a. a. O. S. 599.
7 Atlas der schweizerischen Volkskunde. 2. Teil, 7. Lieferung, S. 595.
8 Atlas der schweizerischen Volkskunde. 2. Teil, 7. Lieferung, S. 591.
9 Atlas der schweizerischen Volkskunde. 2. Teil, 7. Lieferung, S. 598.
10 Insa. Inventar der neueren schweizerischen Architektur. 3. Bd. Bern 1982, S. 129 und S. 142 sowie für St. Gallen: Röllin, P. St. Gallen. Stadtveränderung und Stadterlebnis im 19. Jahrhundert. St. Gallen 1981, S. 230.
11 Insa. 3. Bd. a. a. O. S. 142.
12 Insa. 4. Bd. a. a. O. S. 415.
13 Tschudi, N. Glarus vor, während und nach dem Brande des 10./11. Mai 1861. Glarus 1864, S. 2 ff.
14 Tschudi, N. a. a. O. S. 4 ff.
15 Hauser, A. Schweizerische Wirtschafts- und Sozialgeschichte. Zürich/Erlenbach 1961, S. 255.
16 Pfister, Ch. Klimageschichte der Schweiz. 2. Bd. Bern 1984, S. 122.
17 Pfister, Ch. Klimageschichte der Schweiz a. a. O. S. 122 sowie 87, 80 Anmerkung 19.
18 Kasthofer, K. Bemerkungen auf einer Alpenreise über die Flüela. Bern 1825, S. 111.
19 Gotthelf, J. Käthi die Grossmutter. Rentsch-Ausgabe Erlenbach, Zürich 1965, S. 307 und S. 308.
20 Aus dem Lebensbericht des Johannes Hofmänner. In: Das war unser Leben. Autobiographische Texte, gesammelt von Paul Hugger. Buchs 1986, S. 28 – S. 29.

21 Abbildung 19 in: Das war unser Leben.
22 Pfister, Ch. Klimageschichte der Schweiz a. a. O. 2. Bd., S. 118.
23 Bild der graphischen Sammlung ZB. Zum Andenken an die grosse Theuerung und Hungersnot in den Jahren 1816 und 1817.
24 Bärtschi, H. P. Industrialisierung, Eisenbahnschlachten und Städtebau. Die Entwicklung des Zürcher Industrie- und Arbeiterstadtteils Aussersihl. Basel, Boston, Stuttgart 1983, S. 101.
25 Bavier, J. B. Schöner Wald in treuer Hand. Aarau 1949, S. 156 ff.
26 Hauser, A. Der Wald als Schutz und Schirm. In: «Mit Waldschritten gemessen.» Zürich 1984, S. 130.
27 Hauser, A. Wald und Feld in der alten Schweiz. Zürich 1972, S. 301. Vergleiche dazu auch Jenny, R. K. A. Kasthofer und seine Alpenreise durch Graubünden. Chur 1952, S. 123 sowie Bavier, J. B. Schöner Wald a. a. O. S. 157.
28 Jeremias Gotthelf, Käthi die Grossmutter. S. 133 zitiert in: Hauser, A. Wald und Feld a. a. O. S. 415.
29 Hauser, A. Wald und Feld a. a. O. S. 368.
30 Müller, J. Sagen aus Uri. 1. Bd., S. 49.
31 Glarnersagen hg. von K. Freuler und H. Thürer. Glarus 1953, S. 197. Hauser, A. Waldgeister und Holzfäller. Der Wald in der schweizerischen Volkssage. Zürich und München 1980, S. 131.
32 Hauser, A. Waldgeister und Holzfäller a. a. O. S. 132.
33 Grossmann, H. Die schweizerische Forstgesetzgebung in der zweiten Hälfte des 19. Jahrhunderts. Schweizerische Zeischrift für Forstwesen Nr. 10/11, Jg. 49, S. 7/8.
34 Fritzsche, B. Das Quartier als Lebensraum. Schriftenreihe Industrielle Welt, Bd. 33, Stuttgart 1981, S. 100.
35 Illi, M. Von der Schîssgruob zur modernen Stadtentwässerung. Zürich 1987, S. 74.
36 Illi, M. Von der Schîssgruob zur modernen Stadtentwässerung a. a. O. S. 76.
37 Bärtschi, H. P. Zürich Aussersihl a. a. O. S. 275.
38 Bärtschi, H. P. Zürich Aussersihl a. a. O. S. 276.
39 Messmer, B. Reinheit und Reinlichkeit. Bemerkungen zur Durchsetzung der häuslichen Hygiene in der Schweiz. Festschrift Ulrich Im Hof. Bern 1982, S. 471 – S. 495. Vergleiche dazu auch Heller, G. Propre en ordre. Habitation et vie domestique 1850–1930, L'exemple vaudois. Lausanne 1979, S. 4 ff.

40 Messmer, B. Reinheit und Reinlichkeit a. a. O. S. 472.
41 Blätter für Gesundheitspflege 1, 1872, S. 3.
42 Blätter für Gesundheitspflege 1, 1872, S. 4.
43 Illi, M. Stadtentwässerung a. a. O. S. 103.
44 Röllin, P. St. Gallen. Stadtveränderung und Stadterlebnis im 19. Jahrhundert. St. Gallen 1981, S. 214 und S. 217.

Raum und Zeit (S. 24–35)

1 Wyss, A. Die Post in der Schweiz. Bern 1987, S. 166.
2 Bekanntgabe der Tessiner Regierung von 1835. In: Wyss, A. a. a. O. S. 180.
3 Wyss, A. Die Post a. a. O. S. 151.
4 Wyss, A. Die Post a. a. O. S. 180.
5 Wyss, A. Die Post a. a. O. S. 127.
6 Basellandschaftliche Zeitung vom 24. Februar 1857. Zitiert von F. Klaus. Basel-Landschaft in historischen Dokumenten, 2. Teil, Liestal 1983, S. 35.
7 Archiv und Dokumentationsdienst der SBB. Bern. Fahrtenplan der Schweizer Eisenbahn Nr. 39 vom Juni 1865 und Nr. 113 der Sommersaison 1900.
8 Bavier, S. Lebenserinnerungen Chur 1925, S. 74. Zitiert von Simonett, J. Verkehrserneuerung und Verkehrsverlagerung in Graubünden. Chur 1986, S. 3.
9 Dubler, A. Masse und Gewichte in der Stadt Luzern und in der alten Eidgenossenschaft. Luzern 1975, S. 11.
10 Atlas für Volkskunde 1. Teil, 7. Lieferung, S. 609.
11 Atlas für Volkskunde 1. Teil, 7. Lieferung, S. 612.
12 Atlas für Volkskunde 1. Teil, 7. Lieferung, S. 610.
13 Atlas für Volkskunde 1. Teil, 7. Lieferung, S. 610.
14 Atlas für Volkskunde 1. Teil, 7. Lieferung, S. 612.
15 Atlas für Volkskunde 1. Teil, 7. Lieferung, S. 617.
16 Atlas für Volkskunde 1. Teil, 7. Lieferung, S. 619.
17 Atlas für Volkskunde 1. Teil, 7. Lieferung, S. 619.
18 Glaser, K. Die Mass- und Gewichtsbezeichnungen der französischen Sprache. Zeitschrift für französische Sprache und Literatur 26, 1904, S. 95.
19 Atlas für Volkskunde 1. Teil, 7. Lieferung, S. 622.
20 Atlas für Volkskunde 1. Teil, 7. Lieferung, S. 625.

21 Atlas für Volkskunde 1. Teil, 7. Lieferung, S. 627.

22 Atlas für Volkskunde 1. Teil, 7. Lieferung, S. 627.

23 Friedli, E. Twann. Bern 1932, S. 439.

24 Atlas für Volkskunde 1. Teil, 7. Lieferung, S. 631.

25 Atlas für Volkskunde 1. Teil, 7. Lieferung, S. 634.

26 Atlas für Volkskunde 1. Teil, 7. Lieferung, S. 635.

27 Idiotikon. Schweizerisches Wörterbuch für die deutsch-schweizerische Sprache. 7. Bd., Sp. 946.

28 Atlas für Volkskunde 1. Teil, 7. Lieferung, S. 643.

29 Atlas für Volkskunde 1. Teil, 7. Lieferung, S. 645.

30 Wendorff, S. Zeit und Kulturgeschichte des Zeitbewusstseins in Europa. Opladen 1980, S. 382.

31 Wendorff, S. Zeitbewusstsein a. a. O. S. 387.

32 Wendorff, S. Zeitbewusstsein a. a. O. S. 391.

33 Wendorff, S. Zeitbewusstsein a. a. O. S. 318.

34 Capitani, F. de, Die Suche nach dem gemeinsamen Nenner – Der Beitrag der Geschichtsschreiber. In: Auf dem Wege zu einer schweizerischen Identität 1848–1914. Freiburg– Schweiz 1985, S. 31.

35 Capitani, F. de, Beitrag der Geschichtsschreiber a. a. O. S. 34.

36 Wendorff, S. Zeitbewusstsein a. a. O. S. 423.

37 Atlas für Volkskunde 2. Teil, 8. Lieferung, S. 829.

38 Atlas für Volkskunde 2. Teil, 8. Lieferung, S. 833.

39 Atlas für Volkskunde 2. Teil, 8. Lieferung, S. 821.

40 Atlas für Volkskunde 2. Teil, 8. Lieferung, S. 823.

41 Atlas für Volkskunde 2. Teil, 8. Lieferung, S. 827.

42 Atlas für Volkskunde 2. Teil, 8. Lieferung, S. 827.

43 Atlas für Volkskunde 2. Teil, 8. Lieferung, S. 828.

44 Idiotikon. 5. Bd., Sp. 84.

45 Atlas für Volkskunde 2. Teil, 8. Lieferung, S. 836.

46 Hauser, A. Bauernregeln. Zürich 1973, S. 180.

47 Atlas für Volkskunde 2. Teil, 8. Lieferung, S. 837.

48 Atlas für Volkskunde 2. Teil, 8. Lieferung, S. 837 sowie Hauser, A. Bauernregeln. S. 181.

49 Für die Zürcher Regionen: Stoll, O. Zur Kenntnis des Zauberglaubens, der Volksmagie und Volksmedizin in der Schweiz. Zürich 1909, S. 140. Fürs Emmental: Schwarz, F. Volksglaube und Volksbrauch aus Oberthal im Emmental. Blätter für bernische Geschichte, Kunst- und Altertumskunde Jg. IX 1913, zitiert von Hauser, A. Bauernregeln. S. 182.

50 Hauser, A. Bauernregeln a. a. O. S. 186.

51 Rätoromanische Chrestomathie 1896/1919, S. 694.

52 Hauser, A. Die Welt von Morgen. Über die Zukunftsprognose aus geschichtlicher Erfahrung. Reformatio Heft 8, 1960, S. 411.

53 Burckhardt, J. Weltgeschichtliche Betrachtungen. Ausgabe Leipzig 1935, S. 263 bis S. 264.

Alltagssprache (S. 36–46)

1 Trümpy, H. Schweizerdeutsche Sprache und Literatur im 17. und 18. Jahrhundert. Basel 1955, S. 36.

2 Karl Viktor von Bonstetten. Neue Schriften 3. Teil. Kopenhagen 1800, S. 243 (Reisebericht von 1795).

3 Frei, D. Die Förderung des schweizerischen Nationalbewusstseins nach dem Zusammenbruch der Alten Eidgenossenschaft 1798. Zürcher Diss. 1964, S. 192 bis S. 193.

4 Frei, D. Nationalbewusstsein a. a. O. S. 193.

5 Frei, D. Nationalbewusstsein a. a. O. S. 194.

6 von Greyerz, H. Nation und Geschichte im bernischen Denken. Bern 1953, S. 145 und S. 160.

7 Vergleiche zum Sprachenproblem etwa: Zinsli, P. Vom Werden und Wesen der vielsprachigen Schweiz. Bern 1964 und Weilenmann, H. Die vielsprachige Schweiz. Basel und Leipzig 1925.

8 Ris, R. Die Ausbildung eines sprachlich-kulturellen Bewusstseins in der deutschen Schweiz 1890–1914 in der Publikation: Auf dem Wege zu einer schweizerischen Identität 1848–1914 Freiburg i. U. 1985, S. 357.

9 Trümpy, H. Schweizerdeutsche Sprache und Literatur a. a. O. S. 21.

10 Trümpy, H. Schweizerdeutsche Sprache a. a. O. S. 22.

11 Trümpy, H. Schweizerdeutsche Sprache a. a. O. S. 22, Anmerkung 4.

12 Trümpy, H. Schweizerdeutsche Sprache a. a. O. S. 25.

13 Gemeinnützige Schweizerische Nachrichten. Bern 1803, S. 105 und Trümpy a. a. O. S. 23.

14 Schwarzenbach, R. Die Stellung der Mundart in der deutschsprachigen Schweiz. Frauenfeld 1969, S. 141.

15 Trümpy, H. Schweizerdeutsche Sprache a. a. O. S. 11 und S. 91.

16 Schwarzenbach, R. Die Stellung der Mundart a. a. O. S. 141.

17 Schwarzenbach, R. Die Stellung der Mundart a. a. O. S. 143.

18 Ris, R. Sprachliches und kulturelles Bewusstsein a. a. O. S. 358.

19 Ris, R. Sprachliches und kulturelles Bewusstsein a. a. O. S. 360.

20 Ris, R. Sprachliches und kulturelles Bewusstsein a. a. O. S. 363.

21 Ris, R. Sprachliches und kulturelles Bewusstsein a. a. O. S. 364.

22 Atlas der schweizerischen Volkskunde. Hg. von P. Geiger und R. Weiss. 1. Teil, 1. Lieferung. Basel o. J., S. 2 bis S. 4.

23 Atlas der schweizerischen Volkskunde 1. Teil, 1. Lieferung a. a. O. S. 7.

24 Atlas der schweizerischen Volkskunde 1. Teil, 1. Lieferung a. a. O. S. 10.

25 Atlas der schweizerischen Volkskunde 1. Teil, 1. Lieferung a. a. O. S. 16 bis S. 17.

26 Atlas der schweizerischen Volkskunde 1. Teil, 1. Lieferung a. a. O. S. 24.

27 Atlas der schweizerischen Volkskunde 1. Teil, 1. Lieferung a. a. O. S. 27.

28 Vergleiche zu den Grussformeln vor allem auch Zollinger-Escher, A. Die Grussformeln der deutschen Schweiz. Freiburg i. Br. 1925 sowie Bruckner, W. Sprachliches Grüssen. Schweiz. Archiv für Volkskunde 37, Jahr 1939/40, S. 65 ff sowie Gessler, E. A. Altschweizerische Grussformeln. Schweiz. Archiv für Volkskunde 13, 1923, S. 28 ferner

Messikomer, H. Aus alter Zeit 1. Zürich 1909, S. 147 sowie Tobler, T. Appenzeller Sprachschatz. Zürich 1938, S. 238 ff.

29 Schweizerisches Idiotikon 1. Bd., Spalte 407.

30 Ris, R. Die Ausbildung eines sprachlich-kulturellen Bewusstseins a. a. O. S. 374 und S. 375.

31 Schweizerisches Idiotikon 12. Bd., Spalte 37.

32 Schweizerisches Idiotikon 12. Bd., Spalte 37.

33 Schweizerisches Idiotikon 7. Bd., Spalte 1494.

34 Ris, R. Die Ausbildung eines sprachlich-kulturellen Bewusstseins a. a. O. S. 378.

Orte der Begegnung: Die Märkte (S. 47–55)

1 Weiss, R. Volkskunde der Schweiz. S. 123 ff sowie Idiotikon, Bd. 4, Sp. 409 ff. Vergleiche auch Atlas der schweizerischen Volkskunde. Kommentar 1. Teil, 8. Lieferung, S. 701 ff.

2 Hauser, A. Glanz und Elend des Jahrmarkts. Die schweizerische Entwicklung im 19. und 20. Jahrhundert. In: NZZ Literatur und Kunst vom 9. November 1969, Nr. 666, S. 51 ff. Wo keine Fussnoten sind, wird auf diesen Absatz Bezug genommen.

3 Vergleiche dazu Strübin, E. Baselbieter Volksleben. Basel 1952, S. 121 ff.

4 Atlas für Volkskunde 1. Teil, 8. Lieferung. Kommentar S. 705.

5 Atlas für Volkskunde 1. Teil, 8. Lieferung, S. 711.

6 Atlas für Volkskunde 1. Teil, 8. Lieferung, S. 712.

7 Atlas für Volkskunde 1. Teil, 8. Lieferung, S. 713.

8 Atlas für Volkskunde 1. Teil, 8. Lieferung, S. 715.

9 Atlas für Volkskunde 1. Teil, 8. Lieferung, S. 716.

10 Atlas für Volkskunde 1. Teil, 8. Lieferung, S. 717.

11 Atlas für Volkskunde 1. Teil, 8. Lieferung, S. 718.

12 Atlas für Volkskunde 1. Teil, 8. Lieferung, S. 719.

13 Atlas für Volkskunde 1. Teil, 8. Lieferung, S. 720.

14 Atlas für Volkskunde 1. Teil, 8. Lieferung, S. 722.

15 Atlas für Volkskunde 1. Teil, 8. Lieferung, S. 724.

16 Atlas für Volkskunde 1. Teil, 8. Lieferung, S. 728.

17 Vergleiche dazu Wedler-Steinberg, A. Geschichte der Juden in der Schweiz vom 16. Jahrhundert bis nach der Empanzipation. Goldach 1966, S. 21.

18 Atlas für Volkskunde 1. Teil, 8. Lieferung, S. 728.

19 Atlas für Volkskunde 1. Teil, 8. Lieferung, S. 729.

20 Atlas für Volkskunde 1. Teil, 8. Lieferung, S. 730.

21 Atlas für Volkskunde 1. Teil, 8. Lieferung, S. 731.

22 Atlas für Volkskunde 1. Teil, 8. Lieferung, S. 733.

23 Atlas für Volkskunde 1. Teil, 8. Lieferung, S. 734 bis S. 735.

24 Atlas für Volkskunde 1. Teil, 8. Lieferung, S. 736.

25 Atlas für Volkskunde 1. Teil, 8. Lieferung, S. 741.

Orte der Erholung: Die Gärten (S. 56–64)

1 Heyer, H. R. Historische Gärten der Schweiz. Bern 1980, S. 149.
2 Heyer, H. R. Historische Gärten a. a. O. S. 173.
3 Heyer, H. R. Historische Gärten a. a. O. S. 180.
4 Röllin, P. St. Gallen. Stadveränderung und Stadterlebnis im 19. Jahrhundert. St. Gallen 1981, S. 396 bis S. 398.
5 Heyer, H. R. Historische Gärten a. a. O. S. 174.
6 Heyer, H. R. Historische Gärten a. a. O. S. 189.
7 Ruoff, E. Gartenführer der Schweiz. Zürich 1980, S. 87.
8 Heyer, H. R. Historische Gärten a. a. O. S. 190.
9 Heyer, H. R. Historische Gärten a. a. O. S. 193 bis S. 195.
10 Heyer, H. R. Historische Gärten a. a. O. S. 195 bis S. 196.
11 Heyer, H. R. Historische Gärten a. a. O. S. 197 bis S. 198.
12 Heyer, H. R. Historische Gärten a. a. O. S. 198 bis S. 199.
13 Zitiert von Heyer, H. R. Historische Gärten a. a. O. S. 225.
14 Franscini, St. Statistik der Schweiz. Aarau 1829, S. 129.
15 Franscini, St. La Suisse, Géographique industrielle et agricole. Bern 1855, S. 214.
16 Hauser, A. Bauerngärten der Schweiz. Zürich und München 1976, S. 135.
17 Hauser, A. Bauerngärten a. a. O. S. 135.
18 Möckli, M. Ein Zürcher Landarzt im Biedermeier. Zürich 1974, S. 74 ff.
19 Hauser, A. Bauerngärten a. a. O. S. 138.
20 Hauser, A. Bauerngärten a. a. O. S. 139.
21 Hauser, A. Bauerngärten a. a. O. S. 140.
22 Hauser, A. Bauerngärten a. a. O. S. 142.
23 Hauser, A. Bauerngärten a. a. O. S. 143.
24 Hauser, A. Bauerngärten a. a. O. S. 144.
25 Hauser, A. Bauerngärten a. a. O. S. 158 bis S. 159.
26 Stutz, J. Gemälde III, 17 bis 18. Zitiert von Tobler, L. Schweizerische Volkslieder, Hildesheim 1975 (Nachdruck I) S. 141 bis S. 142.

Zentren der Geselligkeit: Vereine (S. 65–72)

1 Im Hof, U. Das gesellige Jahrhundert. Gesellschaft und Gesellschaften im Zeitalter der Aufklärung. Zürich 1984, S. 234. Vuillème, J. B. Le temps des derniers circles. Genf 1987, S. 17 ff.
2 Im Hof, U. Das gesellige Jahrhundert a. a. O. S. 234.
3 Röllin, P. Stadtveränderung und Stadterlebnis im 19. Jahrhundert. St. Gallen 1981, S. 115.
4 St. Galler Tagblatt vom 7. November 1849. Zitiert von Röllin, P. Stadtveränderung a. a. O. S. 115.
5 Bernet, J. J. Der Bezirk St. Gallen. Neujahrsblatt auf das Jahr 1828. Hsg. vom wissenschaftlichen Verein St. Gallen. St. Gallen 1828.
6 Berlepsch, H. A. St. Gallen und seine Umgebungen für Einheimische und Fremde. St. Gallen 1859, S. 176 ff. Zitiert von Röllin, P. Stadtveränderung a. a. O. S. 115, Anmerkung 208.

7 Berlepsch, H. A. St. Gallen und seine Umgebungen a. a. O. S. 177.
8 Röllin, P. Stadtveränderungen a. a. O. S. 115 bis S. 116, Anmerkung 207 und 208.
9 Buddeus, A. Schweizerland, Natur und Menschenleben. Erster Theil: Die ebene Schweiz. Leipzig 1853, S. 60 ff.
10 Röllin, P. Stadtveränderung a. a. O. S. 118.
11 Im Hof, U. Das gesellige Jahrhundert a. a. O. S. 225.
12 Vuillème, J. B. Le temps des derniers cercles a. a. O. S. 172.
13 Ulrich, C. Der Lesezirkel Hottingen. Zürich 1981, S. 13, 14, 17, 27 und 59.
14 Gruner, E. Die Arbeiter in der Schweiz im 19. Jahrhundert a. a. O. S. 350.
15 Bundesarchiv Bern. Schachtel 68b, Statuten Leseverein «Eintracht».
16 Gruner, E. Die Arbeiter in der Schweiz a. a. O. S. 354.
17 Aus der Rede von Dr. J. Niederer bei der Eröffnung 1838. Zitiert von Gruner, E. a. a. O. S. 470.
18 Gruner, E. Die Arbeiter in der Schweiz a. a. O. S. 486.
19 Gruner, E. Die Arbeiter in der Schweiz a. a. O. S. 492.
20 Manz, W. Volksbrauch und Volksglaube des Sarganserlandes. Basel 1916, S. 4 bis S. 50. Für Graubünden: Caduff, G. Die Knabenschaften Graubündens. Chur 1932.
21 Caduff, G. Knabenschaften Graubündens a. a. O. S. 207.
22 Strübin, E. Baselbieter Volksleben a. a. O. S. 140 bis S. 144.
23 Ortschronik Zeglingen 1904. Zitiert in: Basellandschaft in historischen Dokumenten. 3. Teil, S. 390.
24 Basellandschaftliche Zeitung 5. November 1859. Zitiert in: Basellandschaft in historischen Dokumenten. 2. Teil, S. 133.
25 Landschäftler vom 22. Dezember 1875 sowie 15. November 1875 und 10. Dezember 1875. Zitiert in: Basellandschaft in historischen Dokumenten. 2. Teil, S. 134.
26 Basellandschaftliche Zeitung vom 6. September 1895. Zitiert in: Basellandschaft in historischen Dokumenten. 3. Teil, S. 390.

Symbole und Zeichen: Baum und Baumbrauch (S. 73–79)

1 Mannhardt, W. Wald- und Feldkult. Berlin 1874 und 1905. Zitiert in: Hauser, A. Mit Waldschritten gemessen. Zürich 1984, S. 135. Zur Parallelität zwischen Mensch und Pflanze vergleiche auch Jaffé, A. Geistererscheinungen und Vorzeichen. Olten und Freiburg 1978, S. 237 bis S. 238.
2 Senti, H. Sagen aus dem Sarganserland. Basel 1975, S. 82.
3 Senti, H. Sagen aus dem Sarganserland a. a. O. S. 213.
4 Guex, L. Eine Sammlung bernischen Aberglaubens aus der Mitte des 19. Jahrhunderts. Bern 1975, S. 244.
5 Hauser, A. Mit Waldschritten gemessen a. a. O. S. 137.
6 Hauser, A. Mit Waldschritten gemessen a. a. O. S. 138.
7 Hauser, A. Mit Waldschritten gemessen a. a. O. S. 141.
8 Frei, D. Die Förderung des schweizerischen Nationalbewusstseins nach dem Zusammenbruch der Alten Eidgenossenschaft. Zürich 1964, S. 159.
9 Trümpy, H. Der Freiheitsbaum. Schweizerisches Archiv für Volkskunde. Bd. 57 / 1961, S. 103 bis S. 122. Sowie Anderegg, S. Der Freiheitsbaum, ein Rechtssymbol im Zeitalter des Rationalismus. Zürich 1968, S. 100 bis S. 105.
10 Atlas der schweizerischen Volkskunde. 1. Teil, 8. Lieferung, S. 901 bis S. 903.
11 Zu den Mailiedern im Tessin vergleiche H. Indergand. Scelda di canzoni popolari ticinesi. Basel und Lugano 1933, S. 14 ff. Weitere Hinweise zur tessinischen Literatur in: Atlas der Volkskunde a. a. O. 1. Teil, 8. Lieferung, S. 905, Fussnote 27.
12 Atlas der Volkskunde a. a. O. 1. Teil, 8. Lieferung, S. 905.
13 Zu dieser modernen Seite des Maibrauches vergleiche Strübin, E. Baselbieter Volksleben a. a. O. S. 274.
14 Atlas der Volkskunde a. a. O. 1. Teil, 8. Lieferung, S. 907.
15 Schweizerisches Idiotikon 3. Bd., Sp. 1511.
16 Atlas der Volkskunde a. a. O. 1. Teil, 8. Lieferung, S. ???.
17 Idiotikon. Wörterbuch der schweizerdeutschen Sprache a. a. O. 1. Bd., Sp. 574.
18 Atlas der Volkskunde a. a. O. 1. Teil, 8. Lieferung, S. 910 bis S. 911.
19 Atlas der Volkskunde a. a. O. 1. Teil, 8. Lieferung, S. 913.
20 Salathé, R. «Der Landschäftler» 1848–1964. In: Baselbieter Heimatbuch II, 1969, S. 208.
21 Bölsterli, J. Die Heimatkunde für den Kanton Luzern. 1. Lieferung. Sempach, Luzern 1867, S. 106.
22 Atlas der Volkskunde a. a. O. 1. Teil, 8. Lieferung, S. 920, Anmerkung 28.
23 Atlas der Volkskunde a. a. O. 1. Teil, 8. Lieferung, S. 921, Anmerkung 41.
24 Atlas der Volkskunde a. a. O. 1. Teil, 8. Lieferung, S. 923.
25 Handwörterbuch des Deutschen Aberglaubens IX, S. 50 und Anderegg, S. Der Freiheitsbaum a. a. O. S. 64.
26 Atlas der Volkskunde a. a. O. 1. Teil, 8. Lieferung, S. 925, Anmerkung 63.

Auf der Suche nach Identität in Gemeinde, Staat und Nation (S. 80–89)

1 Gruner, E. Die Parteien in der Schweiz. 2. Auflage Bern 1969, S. 15.
2 Gruner, E. Die Parteien a. a. O. S. 31.
3 Messmer, B. Nationale Identität – einige methodische Bemerkungen. In: Auf dem Wege zu einer schweizerischen Identität 1848 bis 1914. Freiburg-Schweiz 1987, S. 17.
4 Frei, D. Die Förderung des schweizerischen Nationalbewusstseins nach dem Zusammenbruch der Alten Eidgenossenschaft 1798. Zürich 1964, S. 33 ff.
5 Frei, D. Nationalbewusstsein a. a. O. S. 210.
6 Journal de Genève vom 2. Juli 1829. Zitiert von Kreis, G. Die besseren Patrioten. Nationale Idee und regionale Identität in der französischen Schweiz von 1914. In: Auf dem Wege zu einer schweizerischen Identität a. a. O. S. 60.
7 Frei, D. Nationalbewusstsein a. a. O. S. 211.
8 Intelligenzblatt für die Stadt Bern vom 16. Dezember 1848. Zitiert von Ramseyer, J. Berna und Helvetia. Der Wandel des Begrif-

fes «Vaterland» im Spiegel des «Intelligenzblattes für die Stadt Bern» um die Mitte des 19. Jahrhunderts. In: Auf dem Wege zu einer schweizerischen Identität a. a. O. S. 174.

9 Frei, D. Nationalbewusstsein a. a. O. S. 212.

10 Tobler, L. Über die schweizerische Nationalität (1861). In: Kleine Schriften zur Volks-Sprachkunde. Hg. von Jakob Baechtold und Albert Bachmann, Frauenfeld 1879, S. 33. Zitiert von Frei, D. Nationalbewusstsein a. a. O. S. 213.

11 Dubs, J. Die schweizerische Demokratie in ihrer Fortentwicklung, Zürich 1868, S. 5. und S. 77. Zitiert von Frei, D. Nationalbewusstsein a. a. O. S. 214.

12 Hauser, A. Mit Waldschritten gemessen. Zürich und München 1984, S. 35.

13 Spinner, H. Algier-Mexiko-Rom. Schicksale eines Schweizers in fremden Kriegsdiensten. 2. Auflage Zürich und Leipzig 1901, S. 37. Zitiert von Hugger, P. Nationale Identität im Spiegel schweizerischer Autobiographien des 19. Jahrhunderts. In: Auf dem Wege zu einer schweizerischen Identität a. a. O. S. 185 und S. 190.

14 Siegfried, W. Aus dem Bilderbuch eines Lebens. Bd. 1, Zürich und Leipzig 1926, S. 64. Zitiert von P. Hugger, Nationale Identität a. a. O. S. 190.

15 Siegfried, W. Aus dem Bilderbuch a. a. O. S. 123.

16 Spinner, H. Schicksale eines Schweizers a. a. O. S. 111. Zitiert Paul Hugger, Nationale Identität a. a. O. S. 191.

17 Rüegg, A. Erlebnisse einer Serviertochter. Bilder aus der Hotelindustrie. Zürich 1920, S. 118. Zitiert von Hugger, P. Nationale Identität a. a. O. S. 191.

18 Kreidolf, E. Lebenserinnerungen. Zürich 1957, S. 241. Zitiert von Hugger, P. Nationale Identität a. a. O. S. 191.

19 Balmer, W. Wilhelm Balmer in seinen Erinnerungen. Hg. von Francis Kervin. Erlenbach/Zürich und Leipzig 1924, S. 379. Zitiert von Hugger, P. Nationale Identität a. a. O. S. 191.

20 Hauser, A. Was für ein Leben a. a. O. S. 237.

21 Ramseyer, R. Der Wandel des Begriffes «Vaterland» im Spiegel «des Intelligenzblattes für die Stadt Bern» um die Mitte des 19. Jahrhunderts. In: Auf dem Wege zu einer schweizerischen Identität a. a. O. S. 161.

22 Ramseyer, R. Der Begriff Vaterland a. a. O. S. 162.

23 Ramseyer, R. Der Begriff Vaterland a. a. O. In: Nationale Identität a. a. O. S. 162.

24 Zogg, J. Erinnerungen an eine arme Jugend. In: Das war unser Leben a. a. O. S. 19.

25 Rahn, J. R. Erinnerungen an die ersten 22 Jahren meines Lebens. Zürcher Taschenbuch auf das Jahr 1919 neue Folge 40. Jg. Zürich 1920, S. 22. Zitiert von Hugger, P. In: Nationale Identität a. a. O. S. 193.

26 Baechtold, J. Geschichte der deutschen Literatur in der Schweiz. Frauenfeld 1892, S. 500 ff.

27 Intelligenzblatt für die Stadt Bern vom 3. November 1847.

28 Ramseyer, J. Berna und Helvetia a. a. O. S. 163.

29 Intelligenzblatt für die Stadt Bern vom 26. August 1847.

30 Ramseyer, R. Der Begriff Vaterland a. a. O. S. 164.

31 Weinberger, K. Vor 50 Jahren in Rheinfelden. Lose Erinnerungsblätter aus meiner Bubenzeit. Rheinfelden 1942, S. 78. Zitiert in: Hugger, P. Nationale Identität a. a. O.

32 Rüegg, A. Erlebnisse einer Serviertochter a. a. O. S. 81.

33 Bächtiger, F. Konturen schweizerischer Selbstdarstellung im Ausstellungswesen des 19. Jahrhunderts. In: Auf dem Wege zu einer schweizerischen Identität a. a. O. S. 218.

34 Zogg, J. Erinnerungen an eine Jugend. In: Das war unser Leben a. a. O. S. 32.

35 Godet, Ph. Souvenirs de jeunesse. Neuchâtel, Paris 1928, S. 228.

36 Stückelberger, K. Kleine Bilder aus dem Basler Bubenleben vor 75 Jahren. Basel 1937, S. 59. Zitiert von Hugger, P. Nationale Identität a. a. O. S. 194.

37 Ott, A. Dichtungen. Gesamtausgabe. Hg. von K. E. Hoffmann, Bd. 6. Bern/Bümpliz 1949, S. 45.

38 Mathis, J. Lebenserinnerungen und Berufserfahrungen. Schiers 1933, S. 102. Zitiert von Hugger, P. Nationale Identität a. a. O. S. 195.

39 Hafter, A. Ein Lebensbild. Zürich 1909, S. 102. Zitiert von Hugger, P. Nationale Identität a. a. O. S. 197.

40 Boten-Goris. Erinnerungen eines 95jährigen Hausierers genannt Boten-Goris (1815–1910). Toggenburger Blätter für Heimatkunde 1972, S. 11 bis S. 20. und Hugger, P. Nationale Identität a. a. O. S. 199.

41 Köhler, L. Ein Schweizer wird Schweizer. Jugenderinnerungen Schaffhausen o. J. S. 63 und Hugger, P. Nationale Identität a. a. O. S. 196.

42 Hagmann, J. Wachsen und Werden. Erinnerungen. St. Gallen 1925, S. 48 und Hugger, P. Nationale Identität a. a. O. S. 196.

43 Keller, G. Der grüne Heinrich. Erlenbach, Zürich und München 1926, S. 142 ff.

44 Meyer, P. In Rifferswil vor sechzig Jahren a. a. O. S. 56.

45 Schuler, F. Erinnerungen eines Siebenzigjährigen. Frauenfeld 1903, S. 24 und Hugger, P. Nationale Identität a. a. O. S. 197.

46 Schaffner, M. ‹Volk› gegen ‹Herren›. Konfliktverhalten und kollektives Bewusstsein in der Demokratischen Bewegung. In: Auf dem Wege zu einer schweizerischen Identität a. a. O. S. 42.

47 Schaffner, M. ‹Volk› gegen ‹Herren›. In: Auf dem Wege zu einer scheizerischen Identität a. a. O. S. 45.

48 Braun, R. Sozialer und kultureller Wandel in einem ländlichen Industriegebiet im 19. und 20. Jahrhundert. Zürich 1965, S. 360.

49 Schaffner, M. ‹Volk› gegen ‹Herren› a. a. O. S. 47.

50 Stüssi-Lauterburg, J. Militärische Aspekte auf der Suche nach einer schweizerischen Identität. In: Auf dem Wege zu einer schweizerischen Identität a. a. O. S. 95.

51 Lebenslauf von Georg Hagmann. Glat, Sevelen 1817–1899. Das war unser Leben. Autobiographische Texte a. a. O. S. 96.

52 Schwendener, M. Ein Bauernpolitiker erzählt sein Leben. In: Das war unser Leben. Autobiographische Texte a. a. O. S. 107.

53 Auf dem Wege zu einer schweizerischen Identität a. a. O. S. 116.

54 Egli, K. Das schweizerische Wehrwesen. Separatdruck aus politischem Jahrbuch der schweizerischen Eidgenossenschaft. Jahrgang 1911. Bern 1911, S. 88.

Die Arbeit und ihr Lohn (S. 90–145)
Bauernarbeit (S. 91–101)

1 Zürcher Kalender auf das Jahr Eintausend und Achthundert. David Bürkli, Zürich 1800.

2 Vergleiche dazu Hauser, A. Was für ein Leben. Schweizer Alltag vom 15. bis 18. Jahrhundert. Zürich 1987, S. 40.

3 Zitiert von Braun, R. Industrialisierung und Volksleben. Erlenbach 1960, S. 185.

4 Löhrer, M. Die Schweiz im Spiegel der englischen Literatur 1849–1875. Zürich 1952, S. 38.

5 Löhrer, M. Die Schweiz im Spiegel a. a. O. S. 39.

6 Löhrer, M. Die Schweiz im Spiegel a. a. O. S. 40.

7 Atlas der Volkskunde, 2. Teil, 7. Lieferung, S. 608, Anmerkungen 16 und 18, 19.

8 Atlas a. a. O., 2. Teil, 7. Lieferung, S. 609 und S. 611.

9 Atlas a. a. O., 2. Teil, 7. Lieferung, S. 612, Anmerkung 46.

10 Atlas a. a. O., 2. Teil, 7. Lieferung, S. 613, Anmerkung 58.

11 Nidwaldner Kalender von 1905, S. 48.

12 Atlas a. a. O., 1. Teil, 5. Lieferung, S. 390.

13 Niederer, A. Gemeinwerk im Wallis. Basel o. J. S. 58 und S. 86. Stebler, F. G. Sonnige Halden am Lötschberg. Zürich 1913, S. 74.

14 Atlas a. a. O., 1. Teil, 5. Lieferung, S. 392.

15 Brugger, H. Die schweizerische Landwirtschaft 1850–1914, S. 174 und S. 178.

16 Atlas a. a. O., 1. Teil, 5. Lieferung, S. 375.

17 Atlas a. a. O., 1. Teil, 5. Lieferung, S. 377.

18 Atlas a. a. O., 1. Teil, 6. Lieferung, S. 471.

19 Hauser, A. Bäuerliches Brauchtum im Wandel der Zeit. In: Zürich Konturen eines Kantons o. J., S. 80 bis S. 84.

20 Atlas a. a. O., 1. Teil, 6. Lieferung, S. 476.

21 Atlas a. a. O., 1. Teil, 6. Lieferung, S. 482.

22 Atlas a. a. O., 1. Teil, 6. Lieferung, S. 484.

23 Atlas a. a. O., 1. Teil, 6. Lieferung, S. 486.

24 Atlas a. a. O., 1. Teil, 6. Lieferung, S. 488.

25 Atlas a. a. O., 1. Teil, 6. Lieferung, S. 490.

26 Atlas a. a. O., 1. Teil, 6. Lieferung, S. 493.

27 Atlas a. a. O., 1. Teil, 6. Lieferung, S. 506.

28 Atlas a. a. O., 1. Teil, 6. Lieferung, S. 507.

29 Atlas a. a. O., 1. Teil, 6. Lieferung, S. 508.

30 Atlas a. a. O., 1. Teil, 6. Lieferung, S. 517.

31 Durgiai, E. Das Gemeinwerk. Disentis 1943, S. 21 ff.

32 Niederer, A. Gemeinwerk a. a. O. S. 11.

33 Niederer, A. Gemeinwerk a. a. O. S. 90.

34 Strübin, E. Baselbieter Volksleben, Basel 1952, S. 54.

35 Brugger, H. Die schweiz. Landwirtschaft 1850–1914, S. 174 und S. 175.

36 Atlas a. a. O., 1. Teil, 6. Lieferung, S. 499.

37 Hauser, A. Bauernregeln. 1973, Kommentar S. 53.

38 Lemmenmeier, M. Luzerns Landwirtschaft im Umbruch. Luzerner historische Veröffentlichungen 18. Luzern 1983, S. 128.

39 Lemmenmeier, M. Luzerns Landwirtschaft a. a. O. S. 80.

40 Lemmenmeier, M. Luzerns Landwirtschaft a. a. O. S. 80.

41 Basellandschaftliche Zeitung vom 28. Juli 1905. Zitiert in: Basellandschaft in historischen Dokumenten, hg. von Fritz Klaus, 3. Teil, S. 216 und S. 217.

Handwerk und Gewerbe (S. 101–114)

1 Hauser, A. Schweiz. Wirtschafts- und Sozialgeschichte 1961, S. 256 und S. 257.
2 Hauser, A. Wirtschaftsgeschichte der Gemeinde Wädenswil. Wädenswil 1956, S. 190 und S. 191.
3 Hauser, A. Schweiz. Wirtschaftsgeschichte a. a. O. S. 258.
4 Scheitlin, P. Der wissenschaftliche Verein in St. Gallen. St. Gallen 1825, S. 19.
5 Volksblatt vom 2. September 1852. Zitiert in: Basellandschaft in historischen Dokumenten. Hg. von F. Klaus, 2. Teil, S. 366 und S. 367.
6 Der Neue Sammler II 1806 (Beschreibung der Landschaft Davos) Chur 1806.
7 A Spescha, P. Sein Leben und seine Schriften. Bümpliz, Bern 1913, S. 235. Zit. von Maissen, A. Werkzeuge und Arbeitsmethoden des Holzhandwerks in Romanisch Bünden. Erlenbach, Zürich 1943, S. XXXI.
8 Der Neue Sammler II, Chur 1806, S. 445.
9 Der Neue Sammler I, Chur 1805, S. 291.
10 Der Neue Sammler VI, Chur 1784, S. 361.
11 Maissen. Holzhandwerk a. a. O. S. XXXVII, Anmerkung 4.
12 Maissen. Holzhandwerk a. a. O. S. XLII.
13 Kaiser, D. Fast ein Volk von Zuckerbäckern. Bündner Konditoren, Cafetiers und Hoteliers in europäischen Landen bis zum Ersten Weltkrieg. Zürich 1985, S. 22.
14 Kaiser, D. Fast ein Volk von Zuckerbäckern. S. 47.
15 Kaiser, D. Fast ein Volk von Zuckerbäckern a. a. O. S. 68.
16 Mooser, W. Meine Lebensgeschichte in: Flausen im Kopf. Schweizer Autobiographien aus drei Jahrhunderten. Hg. von A. Messerli. Zürich 1984, S. 255 ff.
17 Gut Gsell', und Du musst wandern. Junge Werdenberger auf Handwerkerwalz in: Hugger, P. Das war unser Leben. Autobiographische Texte. Buchs 1986, S. 81 ff.
18 Lurati, O. L'ultimo laveggiaio di Val Malenco. Heft 24, aussterbendes Handwerk, Bd. 3, 1970. V
19 Hugger, P. Kontinuität und Wandel im Bereich des alten Handwerks in: Sterbendes Handwerk III, S. 4.
20 Marti, H. und Hugger, P. Der Sodmacher. Heft 18 der Reihe sterbendes Handwerk, Basel 1968.
21 Seeberger, M. Der Giltsteinofenmacher. Heft 34 der Reihe sterbendes Handwerk, Basel 1973, S. 17.
22 Hugger, P. Guber oder die Arbeit des Steinrichters. Altes Handwerk IV, S. 3 ff. Basel 1979, S. 5 ff.
23 Spycher, A. Kammacherei in Mümliswil. Heft 41 der Reihe sterbendes Handwerk, Basel 1977, S. 14 ff.
24 Seeberger, M. Der Störschuhmacher im Lötschental. Heft 30 der Reihe sterbendes Handwerk, Basel 1972, S. 11.
25 Seeberger, M. Der Störschuhmacher im Lötschental a. a. O. S. 22.
26 Seeberger, M. Der Kupferschmied. Heft 27 der Reihe sterbendes Handwerk, Basel 1969, S. 17.
27 Seeberger, M. Der Kupferschmied a. a. O. S. 15.
28 Seeberger, M. Der Kupferschmied a. a. O. S. 23.
29 Hauser, A. Schweizerische Wirtschaft- und Sozialgeschichte a. a. O. S. 259.
30 Eder, K. und Gantner, Th. Bilder aus Volkskalendern. Illustrationen des 19. Jahrhunderts. Bildquellen hg. vom Schweiz. Museum für Volkskunde Basel ohne Jahresangabe, S. 159.
31 Hansch-Mock, B. C. Arbeitshygiene in Schweizer Kalendern des 19. Jahrhunderts. Gesnerus 1/2 1981, S. 166.
32 Hansch-Mock, B. C. Arbeitshygiene a. a. O. S. 167.
33 Hansch-Mock, B. C. Arbeitshygiene a. a. O. S. 167.
34 Hansch-Mock, B. C. Arbeitshygiene a. a. O. S. 168.

Weben und Sticken, Schaufeln und Pickeln (S. 114–127)

1 Stutz, J. Sieben mal sieben Jahre aus meinem Leben. Pfäffikon und Winterthur 1853 beziehungsweise 1960, S. 125 und S. 122.
2 Stutz, J. Sieben mal sieben Jahre, zitiert von Braun, R. Industrialisierung und Volksleben, 1. Bd. Erlenbach und Stuttgart 1960, S. 247.
3 Hauser, A. Der Maschinensturm von Uster. Zürcher Taschenbuch auf das Jahr 1957.
4 Braun, R. Sozialer und kultureller Wandel in einem ländlichen Industriegebiet im 19. und 20. Jahrhundert. Erlenbach und Zürich 1965, S. 32.
5 Braun, R. Sozialer und kultureller Wandel a. a. O. S. 33.
6 Heimatkunde Rothenfluh 1863. In: Basellandschaft in historischen Dokumenten. Hg. von F. Klaus, 2. Teil, Liestal 1983, S. 193.
7 Basellandschaft in historischen Dokumenten, 2. Teil a. a. O. S. 194.
8 Basellandschaft in historischen Dokumenten, 2. Teil a. a. O. S. 195.
9 Basellandschaft in historischen Dokumenten, 2. Teil a. a. O. S. 196.
10 Reybaud, L. Etudes sur le régime des manufactures. Paris 1859. S. 111.
11 Gruner, E. Die Arbeiter in der Schweiz im 19. Jahrhundert. Bern 1968, S. 92 ff.
12 Franscini, S. Neue Statistik I, S. 61.
13 Becker, B. Das Familienleben in der Fabrikindustrie. Glarus 1862, S. 78.
14 Schuler, F. Zitiert von Gruner, E. Die Arbeiter in der Schweiz a. a. O. S. 95.
15 Gruner, E. Die Arbeiter in der Schweiz a. a. O. S. 95, Anmerkung 20.
16 Tanner, A. Das Schifflein fliegt, die Maschine rauscht. Weber, Sticker und Fabrikanten in der Ostschweiz. Zürich 1985, S. 149.
17 Brunner, J. C. Ansichten über den bundesrätlichen Entwurf betreffend die Arbeit in den Fabriken. Aarau 1876, S. 8.
18 Gruner, E. Zitiert hier Rosenstock-Hüssy. Die europäische Revolution. Wien 1851, S. 98.
19 Schenk, Ch. Lebensgeschichte. In: Flausen im Kopf a. a. O. S. 41. Über die harten Erziehungsmethoden etwa des 18. Jahrhunderts. Vergleiche Hauser, A. Was für ein Leben. Schweizer Alltag vom 15. bis 18. Jahrhundert. Zürich 1987, S. 204 ff.
20 Gruner, E. Die Arbeiter in der Schweiz a. a. O. S. 99, Fussnote 21.
21 Brandenberger, H. Allerlei Notizen aus meinem dreissigjährigen Fabrikleben. In: Flausen im Kopf a. a. O. S. 72.
22 Gruner, E. Die Arbeiter in der Schweiz a. a. O. S. 21.
23 Reybaud, L. a. a. O. s. 110.
24 Gruner, E. Die Arbeiter in der Schweiz a. a. O. S. 117 bis S. 199.
25 Aargauisches Wochenblatt vom 28.11.1863, No. 48.
26 Kreis, J. Aus der guten alten Zeit oder Jugenderinnerungen eines Werkmeisters. In: Flausen im Kopf. Schweizer Autobiographien a. a. O. S. 25 bis S. 129.
27 Gotthelf, J. Leiden und Freuden eines Schulmeisters. Rentsch Ausgabe S. 108.
28 Hauser, A. Zur Geschichte der Kinderarbeit. ETH Kultur- und staatswissenschaftliche Schriften 94. Zürich 1956, S. 7.
29 Hauser, A. Zur Geschichte der Kinderarbeit a. a. O. S. 13.
30 Gruner, E. Die Arbeiter in der Schweiz a. a. O. S. 114.
31 Zürcher Intelligenzblatt vom 27. März 1861, zitiert von Hauser, A. Zur Geschichte der Kinderarbeit a. a. O. S. 19.
32 Hauser, A. Zur Geschichte der Kinderarbeit a. a. O. S. 19 bis S. 21.
33 Tanner, A. Das Schifflein fliegt a. a. O. S. 141.
34 Tanner, A. Das Schifflein fliegt a. a. O. S. 105.
35 Frey, H., Glättli, E. schaufeln, sprengen, karren. Arbeits- und Lebensbedingungen der Eisenbahnarbeiter der Schweiz um die Mitte des 19. Jahrhunderts. Zürich 1987, S. 56.
36 Frey, H. schaufeln, sprengen, karren a. a. O. S. 56.
37 Frey, H. schaufeln, sprengen, karren a. a. O. S. 154.
38 Frey, H. schaufeln, sprengen, karren a. a. O. S. 58.
39 Frey, H. schaufeln, sprengen, karren a. a. O. S. 62.
40 Frey, H. schaufeln, sprengen, karren a. a. O. S. 173.
41 Frey, H. schaufeln, sprengen, karren a. a. O. S. 72.
42 Frey, H. schaufeln, sprengen, karren a. a. O. S. 75.
43 Frey, H. schaufeln, sprengen, karren a. a. O. S. 83.
44 Frey, H. schaufeln, sprengen, karren a. a. O. S. 72.
45 Frey, H. schaufeln, sprengen, karren a. a. O. S. 87.
46 Frey, H. schaufeln, sprengen, karren a. a. O. S. 88 ff.
47 Frey, H. schaufeln, sprengen, karren a. a. O. S. 89 bis S. 90.
48 Frey, H. schaufeln, sprengen, karren a. a. O. S. 250.
49 Frey, H. schaufeln, sprengen, karren a. a. O. S. 250 und S. 251.
50 Frey, H. schaufeln, sprengen, karren a. a. O. S. 244 ff.
51 Frey, H. schaufeln, sprengen, karren a. a. O. S. 254.

Arbeitsalltag von Commis, Kontoristen, Ladendienern und Serviertöchtern (S. 127–137)

1 König, M. und Siegrist, H., Vetterli, R. Warten und Aufrücken. Die Angestellten in der Schweiz 1870–1950. Zürich 1985, S. 219.
2 Conzett, V. Erlebtes und Erstrebtes. Ein Stück Zeitgeschichte. Zürich 1929, 3. Auflage, S. 84.

3 Conzett, V. Erlebtes und Erstrebtes a. a. O. S. 85.

4 König, M. Warten und Aufrücken a. a. O. S. 225.

5 Conzett, V. Erlebtes und Erstrebtes a. a. O. S. 94.

6 Conzett, V. Erlebtes und Erstrebtes a. a. O. S. 98.

7 König, M. Warten und Aufrücken a. a. O. S. 225.

8 König, M. Warten und Aufrücken a. a. O. S. 229.

9 Zogg, J. Erinnerungen an eine arme Jugend. In: «Das war unser Leben.» Autobiographische Texte, hg. von Paul Hugger, Buchs 1986, S. 20.

10 König, M. Warten und Aufrücken a. a. O. S. 245.

11 Lippuner, H. Hans Grünauer – ein Kind des Volkes? Lebensroman des Jakob Senn. Bern und Stuttgart 1985, S. 218.

12 Herzog, J. Mein Lebensgang. Bd. 2, Chur 1928, S. 144.

13 Schwarzenbach, J. Schweizer Pioniere der Wirtschaft und Technik. Nr. 10, Wetzikon 1959, S. 95 ff.

14 Spörry, H. Mein Lebenslauf. 1. Buch. Zürich 1924, S. 116 ff.

15 Zitiert von König, M. Warten und Aufrücken a. a. O., S. 486.

16 Spörry, H. Mein Lebenslauf a. a. O. S. 191 und König, M. Warten und Aufrücken a. a. O., S. 42.

17 Heitz, W. Erinnerungen aus den Jahren 1890–1930. Basel o. J. (1938) S. 8 ff. Ferner: König, M. Warten und Aufrücken a. a. O., S. 43.

18 Heitz, W. Erinnerungen a. a. O. S. 12 sowie König, M. Warten und Aufrücken a. a. O., S. 44.

19 Heitz, W. Erinnerungen a. a. O., S. 20.

20 König, M. Warten und Aufrücken a. a. O., S. 44.

21 Heitz, W. Erinnerungen a. a. O. S. 16 und König, M. Warten und Aufrücken a. a. O., S. 45 bis S. 46.

22 König, M. Warten und Aufrücken a. a. O. S. 46.

23 Vergleiche dazu etwa die Beiträge im «Fortschritt», dem Verbandsorgan des VSK vom 1. 5.1874, S. 343 und 11.1877, S. 161 sowie die Autobiographie von H. Spörry «Mein Lebenslauf». Ferner König, M. Warten und Aufrücken a. a. O., S. 47.

24 König, M. Warten und Aufrücken a. a. O., S. 58.

25 Rüegg, A. Erlebnisse einer Serviertochter aus der Hotelindustrie. Zürich 1914, S. 4.

26 Aus der Lebensbeschreibung der Anneliese Rüegg in: Flausen im Kopf. Schweizer Autobiographien aus drei Jahrhunderten, S. 243.

27 Rüegg, A. Erlebnisse einer Serviertochter. Zitiert in: Flausen im Kopf a. a. O. S. 254.

28 Was alte Kutscherbücher erzählen. In: «Das war unser Leben.» Autobiographische Texte, hg. von Paul Hugger a. a. O. S. 63 bis S. 65.

29 Mooser, W. Meine Lebensgeschichte. In: Flausen im Kopf. Schweizer Autobiographien aus drei Jahrhunderten. a. a. O. S. 275 bis S. 280.

Löhne, Preise und Lebensstandard (S. 137–145)

1 Notz, E. Die säkulare Entwicklung der Kaufkraft des Geldes für Basel 1800–1823 und 1892–1923. Jena 1925, S. 214.

2 Notz, E. Die säkulare Kaufkraft a. a. O. S. 221.

3 Notz, E. Die säkulare Kaufkraft a. a. O. S. 230.

4 Notz, E. Die säkulare Kaufkraft a. a. O. S. 243.

5 Notz, E. Die säkulare Kaufkraft a. a. O. S. 244.

6 Notz, E. Die säkulare Kaufkraft a. a. O. S. 230.

7 König, M., Siegrist, H. und Vetterli, R. Warten und Aufrücken. Die Angestellten in der Schweiz 1870–1950. Zürich 1985, S. 39.

8 König, M. Warten und Aufrücken a. a. O. S. 48.

9 König, M. Warten und Aufrücken a. a. O. S. 54.

10 König, M. Warten und Aufrücken a. a. O. S. 129.

11 Notz, E. Die säkulare Kaufkraft a. a. O. S. 230.

12 König, M. Warten und Aufrücken a. a. O. S. 141.

13 Frey, H., Glättli, E. Schaufeln, sprengen, karren. Arbeits- und Lebensbedingungen der Eisenbahnarbeiter in der Schweiz um die Mitte des 19. Jahrhunderts. Zürich 1987, S. 195 ff.

14 Frey, H. Schaufeln, sprengen, karren a. a. O. S. 203.

15 Frey, H. Schaufeln, sprengen, karren a. a. O. S. 204.

16 Frey, H. Schaufeln, sprengen, karren a. a. O. S. 268.

17 Frey, H. Schaufeln, sprengen, karren a. a. O. S. 268.

18 Frey, H. Schaufeln, sprengen, karren a. a. O. S. 269.

19 Gruner, E. Die Arbeiter in der Schweiz im 19. Jahrhundert. Bern 1968, S. 126.

20 Dokumente Basellandschaft S. 197. und S. 192.

21 Tanner, A. Das Schiffchen fliegt, die Maschine rauscht. Weber Sticker, Fabrikanten in der Ostschweiz. Zürich 1985, S. 95.

22 Siegenthaler, J. Zum Lebensstandard Schweizerischer Arbeiter im 19. Jahrhundert. Schweiz. Zeitschrift für Volkswirtschaft und Statistik. Dezember 1965, Nr. 4, S. 432.

23 Siegenthaler, J. Zum Lebensstandard a. a. O. S. 433.

24 Hauser, A. Wirtschaftsgeschichte von Wädenswil, S. 240.

25 Gruner, E. Die Arbeiter in der Schweiz a. a. O. S. 1048 und S. 1049, Fussnote 121.

26 Siegenthaler, J. Tabelle 7, S. 440.

27 Siegenthaler, J. Zum Lebensstandard a. a. O. S. 429.

28 Gruner, E. Die Arbeiter in der Schweiz a. a. O. S. 143.

29 Gruner, E. Die Arbeiter in der Schweiz a. a. O. S. 144.

30 Kreis, J. Aus der guten alten Zeit. In: Flausen im Kopf a. a. O. S. 119.

31 Siegenthaler, J. Zum Lebensstandard a. a. O. S. 441.

32 Siegenthaler, J. Zum Lebensstandard a. a. O. S. 242.

33 Gruner, E. Die Arbeiter in der Schweiz a. a. O. S. 152 ff.

34 Schanz, G. Die Steuern der Schweiz in ihrer Entwicklung seit Beginn des 19. Jahrhundert. Stuttgart 1890, S. 43.

35 Hauser, A. Wirtschaftsgeschichte von Wädenswil a. a. O. S. 255.

36 Gruner, E. Die Arbeiter in der Schweiz a. a. O. S. 147.

37 Gruner, E. Die Arbeiter in der Schweiz a. a. O. S. 150.

38 Gruner, E. Die Arbeiter in der Schweiz a. a. O. S. 151.

39 Hauser, E. Zur Geschichte der Kinderarbeit. Kultur- und Staatswissenschaftliche Schriften der ETH 94. Zürich 1956, S. 16.

Wohnen (S. 146–169)

Hausbau und Wohnkosten (S. 147–158)

1 Fritzsche, B. Damals in der Schweiz. Frauenfeld, Stuttgart 1980, S. 209.

2 Gschwend, M. Wandlungen im ländlichen Hausbau des 19. Jahrhunderts in der Schweiz. Schweizerisches Archiv für Volkskunde 67. Jahrgang. Basel 1971, Heft 1/3, S. 230.

3 Gschwend, M. Hausbau a. a. O. S. 231. Strübin, E. Baselbieter Volksleben. Basel 1952, S. 89.

4 Gschwend, M. Hausbau a. a. O. S. 234 bis S. 235.

5 Gschwend, M. Hausbau a. a. O. S. 235.

6 Knoepfli, A. Geschichte von Aadorf. Aadorf 1987, S. 318.

7 Rahn, J. R. Geschichte der bildenden Künste in der Schweiz. Zürich 1876, S. VI.

8 Birkner, O. Bauen und Wohnen in der Schweiz 1850–1920. Zürich 1975, S. 188.

9 Reinle, A. Kunstgeschichte der Schweiz. Kapitel Architektur S. 11.

10 Birkner, O. Bauen und Wohnen a. a. O. S. 193.

11 Brunner, E. Die Bauernhäuser im Kanton Luzern. Luzern 1977, S. 12.

12 Renfer, Ch. Die Bauernhäuser des Kantons Zürich. Bd. 1, Basel 1982, S. 677.

13 Basellandschaft in historischen Dokumenten. 2. Teil, hg. von F. Klaus. Liestal 1983, S. 308.

14 Heimatkunde von Ziefen 1862 zitiert in den Dokumenten 2. Teil Basellandschaft S. 312.

15 Heimatkunde Birsfelden 1863.

16 Basellandschaftliche Zeitung vom 11. Dezember 1860. Dokumente 2. Teil, S. 309.

17 Kläui, H. Geschichte der Gemeinde Horgen. Horgen 1952, S. 610 ff.

18 Gruner, E. Die Arbeiter in der Schweiz im 19. Jahrhundert. Bern 1968, S. 1023.

19 Insa. Inventar der neueren schweizerischen Architektur 1850–1920. Bd. 1 1984, S. 424.

20 Löhrer, H. Die Schweiz im Spiegel englischer Literatur 1849–1875. Zürich 1952, S. 82.

21 Gedicht von P. Reber am Eidgenössischen Sängerfest 1875 in Basel, unter Applaus in der Festhalle vorgetragen. St. Galler Tagblatt 1875, S. 911.

22 Röllin, P. St. Gallen. Stadtveränderung und Stadterlebnis im 19. Jahrhundert. St. Gallen 1981, S. 209.

23 Röllin, P. St. Gallen a. a. O. S. 69 und S. 211.

24 Insa a. a. O. 1. Teil, S. 57.

25 Röllin, P. St. Gallen a. a. O. S. 212.

26 Der Erzähler 1834, S. 190.

27 Der Erzähler 1835, S. 32.

28 St. Galler Tagblatt 1850, S. 257.
29 Spiess, E. Der Briefwechsel von Landammann G. J. Baumgartner, St. Gallen mit dem Bürgermeister J. Hess, Zürich. In Mitteilungen zur vaterländischen Geschichte. Hg. vom historischen Verein St. Gallen, Bände 1 und 2 St. Gallen 1972, zitiert von Röllin, P. St. Gallen Stadtveränderungen, Stadterlebnisse im 19. Jahrhundert.
30 Insa a. a. O. 2. Teil, S. 396 und Fritzsche, B. Grundstückspreise als Determinanten städtischer Strukturen: Bern im 19. Jahrhundert, Zeitschrift für Stadtgeschichte Jahrgang 4, 1977, S. 40.
31 Keller, G. Gesammelte Gedichte. 2. Band, Bern und Leipzig 1937, S. 26.
32 Rahn, J. R. Die Schweizer Städte im Mittelalter. Neujahrsblatt auf das Jahr 1889 zum Besten des Waisenhauses. Zürich 1889, S. 5 bis S. 6.
33 Röllin, P. St. Gallen a. a. O. S. 359.
34 Alle diese Beispiele wie auch die folgenden bei: Ramseyer, R. J. Eine fröhliche Stube gegen die Sonne. Materialen zum Berner Wohnungsmarkt vor 150 Jahren. Schweizerisches Archiv für Volkskunde 67. Jahrgang. Basel 1971, Heft 1/3, S. 238 ff.
35 Fritzsche, B. Grundstückpreise als Determinanten städtischer Strukturen. Bern im 19. Jahrhundert. Zeitschrift für Stadtgeschichte, Stadtsoziologie und Denkmalpflege, Jahrgang 4/1977, S. 41.
36 Fritzsche, B. Grundstückpreise als Determinanten a. a. O. S. 45
37 Fritzsche, B. Grundstückpreise als Determinanten a. a. O. S. 46.
38 Bärtschi, H. P. Industrialisierung, Eisenbahnschlachten und Städtebau. Die Entwicklung des Zürcher Industrie- und Arbeiterstadtteils Aussersihl. Basel, Boston, Stuttgart 1983, S. 223.
39 Bärtschi, H. P. Industrialisierung (Aussersihl Zürich) a. a. O. S. 223 ff.
40 Fritzsche, B. Das Quartier als Lebensraum. In: Arbeiterexistenz im 19. Jahrhundert. Industrielle Welt. Schriftenreihe des Arbeitskreises für moderne Sozialgeschichte. Stuttgart 1981, S. 96 ff.
41 Tagblatt 1881, S. 2096 und Röllin, P. St. Gallen a. a. O. S. 91.
42 Bärtschi, H. P. Industrialisierung (Aussersihl Zürich) a. a. O. S. 222 bis S. 267.
43 Fritzsche, B. Das Quartier als Lebensraum. In: Arbeiterexistenz im 19. Jahrhundert a. a. O. S. 100.
44 Fritzsche, B. Das Quartier als Lebensraum a. a. O. S. 98.
45 Fritzsche, B. Das Quartier als Lebensraum a. a. O. S. 101.
46 Fritzsche, B. Das Quartier als Lebensraum a. a. O. S. 101.
47 Fritzsche, B. Das Quartier als Lebensraum a. a. O. S. 102.
48 Bärtschi, H. P. Industrialisierung (Aussersihl Zürich) a. a. O. S. 427.
49 Birkner, O. Bauen und Wohnen in der Schweiz a. a. O. S. 62.
50 Fritzsche, B. Das Quartier als Lebensraum a. a. O. S. 104.
51 Brupbacher, F. Sechzig Jahre Ketzer. S. 90 und Bärtschi, H. P. Industrialisierung (Aussersihl Zürich) a. a. O. S. 429.
52 Röllin, P. St. Gallen a. a. O. S. 33.

Wohnungsausstattung (S. 158–169)

1 Reinle, A. Kunstgeschichte der Schweiz. 4. Bd. die Kunst des 19. Jahrhunderts. Frauenfeld 1962, S. 10.
2 Franscini, S. Statistik der Schweiz. Bearbeitet von G. Hagnauer. Aarau 1829, S. 410 bis S. 411.
3 Heer, O. und Blumer, J. J. Der Kanton Glarus. Gemälde der Schweiz. St. Gallen und Bern 1846, S. 365 und S. 366.
4 Meier von Knonau, G. 1. Bd. Gemälde des Kantons Zürich zitiert von Winkler, J. Der Hirzel. Hirzel 1974, S. 160.
5 Winkler, J. a. a. O. S. 161.
6 Strübin, E. Baselbieter Volksleben a. a. O. S.
7 Baumer-Müller, V. Die Napoleon Tapete aus dem Aarauer Rathaus. Unsere Kunstdenkmäler 1988. 2. S. 161 bis S. 167.
8 Schneider, J. Textilienkatalog der Sammlung des Schweizerischen Landesmuseum Zürich. Zürich 1975. S. 212 mit Beschreibung auf S. 62.
9 Die Familie Högger. Tempera auf Papier von Andreas Glinz. 1813 Kunstmuseum St. Gallen. Abgebildet in Stoffe und Räume a. a. O. S. 110.
10 Appenzeller Stickerinnen. Öl auf Leinwand von Kaspar Ritter 1890, Kunstmuseum Winterthur. Abgebildet in: Stoffe und Räume a. a. O. S. 110.
11 Beide Bilder in: Stoffe und Räume a. a. O. S. 127.
12 Strübin, E. Baselbieter Volksleben. Sitte und Brauch im Kulturwandel der Gegenwart. Basel 1952, S. 90.
13 Oberhänsli Silvia. Leben und Arbeit der Glarner Textilunternehmer um 1900. In: Neujahrsvote für das Glarner Hinterland 1983, S. 35 ff.
14 Schwarz, D. W. H. Die Kultur der Schweiz. 1967, S. 361.
15 Röllin, P. St. Gallen. Stadtveränderungen und Stadterlebnisse im 19. Jahrhundert. St. Gallen 1981, S. 151 ff.
16 Röllin, P. St. Gallen a. a. O. S. 152.
17 Röllin, P. St. Gallen a. a. O. S. 153.
18 Birkner, O. Bauen und Wohnen in der Schweiz 1850–1920 o. J., S. 29.
19 Birkner, O. Bauen und Wohnen a. a. O. S. 39.
20 Baer, C. H. Der Kachelofen. In: Schweizerische Bauzeitung 1910, S. 265 ff. ferner Birkner, O. Bauen und Wohnen a. a. O. S. 40.
21 Birkner, O. Bauen und Wohnen a. a. O. S. 39.
22 Birkner, O. Bauen und Wohnen a. a. O. S. 38.
23 Stoffe und Räume. Eine textile Wohngeschichte der Schweiz. Langenthal 1986, S. 55.
24 Giedion, S. Die Herrschaft der Mechanisierung. Zürich 1984, S. 410 ff.
25 Giedion, S. Die Herrschaft der Mechanisierung a. a. O. S. 419.
26 Stoffe und Räume a. a. O. S. 70.
27 Der Bazar vom 19. April 1897 und Stoffe und Räume a. a. O. S. 70.
28 Der Bazar vom 1. Oktober 1860 und Stoffe und Räume a. a. O. S. 70.
29 Versandkatalog Jelmoli Zürich 1890 und Stoffe und Räume a. a. O. S. 71.
30 Der Verbreiter gemeinnütziger Kenntnisse. Interlaken Jänner 1834. Ferner Stoffe und Räume a. a. O. S. 66.
31 Gotthelf, J. Annebäbi Jowäger. 1. Ausgabe Solothurn 1834/35 zitiert in: Stoffe und Räume a. a. O. S. 67.
32 Stoffe und Räume a. a. O. S. 67.

33 Reinle, A. Kunstgeschichte der Schweiz a. a. O. 1962, S. 175. Auf dem Wege zu einer schweizerischen Identität a. a. O. 1985, S. 283.
34 Burckhardt-Seebass, Ch. und Gantner, H. Schmücke Dein Heim. Eine Auswahl von Möglichkeiten; in: Ausstellungskatalog schmücke Dein Heim, Schweizerisches Museum für Volkskunde. Basel 1977, S. 6.
35 Gantner-Schlee, H. Karl Jauslins Illustrationen zur Schweizer Geschichte in: Auf dem Wege zur schweizerischen Identität. Freiburg (Schweiz) 1985, S. 275 ff.
36 Gantner-Schlee, H. Karl Jauslin a. a. O. S. 280 und S. 281.
37 Jaquet, V. Rahme ein, schmücke Dein Heim. Populärer Wandschmuck in der Schweiz. In: Stoffe und Räume a. a. O. S. 147 ff.
38 Burckhardt-Seebass, Ch. und Gantner, H. Schmücke Dein Heim. a. a. O. Abb. 9.
39 Jaquet, V. Rahme ein a. a. O. in: Stoffe und Räume S. 152.

Ernährung (S. 170–208)
Angebot und Nachfrage nach Nahrungsmitteln (S. 171–190)

1 Bickel, W. Bevölkerungsgeschichte und Bevölkerungspolitik der Schweiz. Zürich 1947, S. 113.
2 Pfister, Ch. Klimageschichte der Schweiz. Bd. 2, S. 105. Bern 1985, S. 105. Hauser, A. Zur Produktivität der schweizerischen Landwirtschaft im 19. Jahrhundert. Festschrift Abel. Göttingen 1974, 3. Bd., S. 597.
3 Pfister, Ch. Klimageschichte der Schweiz, a. a. O. 2. Bd., S. 106.
4 Vergl. zu diesen Zonen die Ausführungen in Hauser, A. Was für ein Leben. Schweizer Alltag vom 15. bis zum 18. Jahrhundert. Zürich 1987, S. 24.
5 Brühwiler, J. Der Zerfall der Dreizelgenwirtschaft im schweizerischen Mittelland. Rechtshistorische Arbeiten 15, Zürich 1975, S. 263.
6 Brugger, H. Die schweiz. Landwirtschaft in der ersten Hälfte des 19. Jahrhunderts. Frauenfeld 1956, S. 30.
7 Heer, O. Über Vaterland und Verbreitung der nützlichsten Nahrungspflanzen und geschichtlicher Überblick des schweiz. Landbaues, Zürich 1847, S. 66 ff.
8 Brugger, H. Die Landwirtschaft in der ersten Hälfte des 19. Jahrhunderts. Frauenfeld 1956, S. 40. und Brugger, H. Schweizerische Landwirtschaft 1850–1914. Frauenfeld o. D. S. 121. Stat. Erhebungen und Schätzungen, 1986, S. 34.
9 Beiträge zur Statistik der Schweiz. Eidgenossenschaft, III. Teil 1855. S. 121 und Franscini, S. Neue Statistik der Schweiz, 1848. S. 120.
10 Brugger, H. Die schweiz. Landwirtschaft in der zweiten Hälfte des 19. Jahrhunderts, a. a. O. 37 und Statistische Erhebungen und Schätzungen. Brugg 1986, S. 116.
11 Riedhauser, H. Essen und Trinken bei Jeremias Gotthelf. Bern 1985. S. 115 ff.
12 Gotthelf, J. Käthi die Grossmutter. Rentsch-Ausgabe S. 112 bis S. 113.
13 Brugger, H. Die Landwirtschaft in der 1. Hälfte des 19. Jahrhunderts a. a. O. S. 40 Brugger, H. Die Landwirtschaft 1850–1914, a. a. O. S. 121.

14 Pfister, Ch. Klimageschichte der Schweiz a. a. O. Bd. 2, S. 101 bis S. 114.

15 Brugger, H. Schweizerische Landwirtschaft in der 1. Hälfte des 19. Jahrhunderts a. a. O. S. 90 und derselbe Schweiz. Landwirtschaft 1850–1914 a. a. O. S. 179.

16 Gotthelf, J. Käserei in der Vehfreude. Rentsch-Ausgabe a. a. O. S. 354.

17 Gotthelf, J. Käserei in der Vehfreude. Rentsch-Ausgabe a. a. O. S. 357.

18 Hugger, P. Das war unser Leben. Autobiographische Texte. Buchs 1986. S. 59 bis S. 60.

19 Brugger, H. Schweizerische Landwirtschaft 1850–1914 a. a. O. S. 37.

20 Brugger, H. Schweizerische Landwirtschaft 1850–1914 a. a. O. S. 37 und S. 223.

21 Brugger, H. Schweizerische Landwirtschaft 1850–1914, S. 37. Ferner: Notz, E. Die säkulare Entwicklung der Kaufkraft des Geldes für Basel in den Perioden 1800–1833 und 1892–1923 nebst internationalen Vergleichen, Jena 1925. S. 122.

22 Statistische Erhebungen und Schätzungen. Brugg 1986 a. a. O. S. 116 und S. 117.

23 Brugger, H. Die Schweiz in der ersten Hälfte des 19. Jahrhunderts, a. a. O. S. 53 ff.

24 Brugger, H. Schweizerische Landwirtschaft 1850–1914, S. 158 ff.

25 Brugger, H. Die Schweiz in der ersten Hälfte des 19. Jahrhunderts, a. a. O. S. 43.

26 Hauser, A. Bauerngärten der Schweiz. Zürich 1976, S. 132 ff.

27 Brugger, H. Schweizerische Landwirtschaft 1850–1914, S. 128 ff.

27a Brugger, H. Die schweiz. Landwirtschaft 1850/1914 a. a. O. S. 106.

27b Kaeser, H. Die Kastanienkultur und ihre Terminologie in Oberitalien und in der Südschweiz. Aarau 1932, S. 3, Anmerkung 2 und S. 114 ff.

28 Brugger, H. Schweizerische Landwirtschaft 1850–1914, S. 142 ff.

29 Altwegg, A. M. Vom Weinbau am Zürichsee. Struktur und Wandlungen eines Rebgebietes seit 1850. Stäfa 1980, S. 50.

30 Hauser, A. Wirtschaftsgeschichte der Gemeinde Wädenswil. Wädenswil 1956, S. 209.

31 Bielmann, J. Die Lebensverhältnisse im Urnerland während des 18. und zu Beginn des 19. Jahrhunderts. S. 178 und S. 179.

32 Vergleiche dazu die Tabelle 4 in Hauser, A. Produktivität der schweiz. Landwirtschaft im 19. Jahrhundert. Festschrift Abel a. a. O. S. 612.

33 Notz, E. Die säkulare Entwicklung a. a. O. S. 130. Müller, G. Das Brot im Baselbieter Volksleben. Schweiz. Gesellschaft für Volkskunde Basel 1939, S. 2.

34 Pfister, Ch. Klimageschichte der Schweiz. 2. Bd. a. a. O. S. 119. Zum Brotersatz: Atlas für Volkskunde 1. Teil, 2. Lieferung S. 100 ff.

35 Müller, G. Das Brot a. a. O. S. 2.

36 Salzmann, M. Die Wirtschaftskrise im Kanton Zürich. Bern 1978. S. 297.

37 Hauser, A. Wandlungen der Lebenshaltung in der modernen Wirtschaft. Separatdruck Jahrbuch die Schweiz 1962, S. 5. Siegenthaler, J. Zum Lebensstandart schweiz. Arbeiter im 19. Jahrhundert. Schweiz. Zeitschrift für Volkswirtschaft und Statistik 4/101. Dezember 1965, S. 423 ff sowie Notz, E. Die säkulare Entwicklung der Kaufkraft des Geldes a. a. O. S. 311.

38 Notz, E. Die säkulare Entwicklung der Kaufkraft des Geldes a. a. O. S. 256.

39 Brugger, H. Die schweizerische Landwirtschaft 1850–1914, S. 230.

40 Bielmann, J. Die Lebensverhältnisse im Urnerland a. a. O. S. 185.

41 Brugger, H. Die schweizerische Landwirtschaft 1850–1914, S. 36.

42 Riedhauser, H. Essen und Trinken bei Gotthelf a. a. O. S. 149.

43 Gotthelf, J. Käserei in der Vehfreude a. a. O. S. 349 zitiert von Riedhauser S. 149.

44 Gotthelf, J. Leiden und Freuden eines Schulmeisters 2. Teil, S. 214 und S. 361. Riedhauser a. a. O. S. 150.

45 Braun, R. Sozialer und kultureller Wandel in einem ländlichen Industriegebiet im 19. und 20. Jahrhundert. Erlenbach, Zürich und Stuttgart 1965, S. 198.

46 Braun, R. Sozialer und kultureller Wandel a. a. O. S. 201. Die «Nachrichten vom Zürichsee» von 1885: Hauser, A. Wirtschaftsgeschichte der Gemeinde Wädenswil, S. 261.

47 Volkswirtschaftslexikon der Schweiz, hg. von A. Furrer. Bern 1885, S. 635 bis S. 645.

48 Riedhauser, H. Essen und Trinken bei Gotthelf a. a. O. S. 162.

49 Riedhauser, H. Essen und Trinken bei Gotthelf a. a. O. S. 161.

50 Franscini, St. Statistik der Schweiz bearbeitet von G. Hagnauer, Aarau 1829, S. 86.

51 Riedhauser, H. Essen und Trinken bei Gotthelf a. a. O. S. 164.

52 Riedhauser, H. Essen und Trinken bei Gotthelf a. a. O. S. 157.

53 Brugger, H. Schweizerische Landwirtschaft 1850–1914, S. 206.

54 Notz, E. Die säkulare Kaufkraft des Geldes a. a. O. S. 257 und Braun, R. sozialer und kultureller Wandel in einem ländlichen Industriegebiet im 19. und 20. Jahrhundert a. a. O. S. 199 bis S. 200.

55 Notz, E. Die säkulare Kaufkraft des Geldes a. a. O. S. 257.

56 Schuler, F. a. a. O. S. 215.

57 Braun, R. Sozialer und kultureller Wandel in einem ländlichen Industriegebiet im 19. und 20. Jahrhundert a. a. O. S. 198.

58 Riedhauser, H. Essen und Trinken bei Gotthelf a. a. O. S. 94.

59 Gotthelf, J. Leiden und Freuden eines Schulmeisters, 2. Teil, Rentsch Ausgabe a. a. O. S. 207. Riedhauser, H. Essen und Trinken bei Gotthelf, a. a. O. S. 103.

60 Riedhauser, H. Essen und Trinken bei Gotthelf a. a. O. S. 115.

61 Schuler, F. a. a. O. S. 215 und Braun, R. Sozialer und kultureller Wandel in einem ländlichen Industriegebiet a. a. O. S. 197.

62 Bielmann, J. Die Lebensverhältnisse im Urnerland a. a. O. S. 182.

63 Siegenthaler, J. Zum Lebensstandard schweiz. Arbeiter im 19. Jahrhundert a. a. O. S. 429 sowie Notz, E. Die säkulare Kaufkraft des Geldes a. a. O. S. 261 und Brugger, H. Die schweiz. Landwirtschaft 1850–1914, a. a. O. S. 37.

64 Brugger, H. Statistisches Handbuch der schweiz. Landwirtschaft. Bern 1968, S. 316.

65 Riedhauser, H. Essen und Trinken bei Jeremias Gotthelf a. a. O. S. 215.

66 Klaus, F. Basellandschaft in historischen Dokumenten. 3. Teil, Liestal 1985, S. 330.

67 Klaus, F. Basellandschaft in historischen Dokumenten. 2. Teil, Liestal 1983, S. 319.

68 Notz, E. Die säkulare Kaufkraft des Geldes a. a. O. S. 257.

69 Riedhauser, H. Essen und Trinken bei Jeremias Gotthelf a. a. O. S. 172.

70 Franscini, S. Statistik der Schweiz, bearbeitet von G. Hagnauer a. a. O. S. 119.

71 Brugger, H. Schweizerische Landwirtschaft 1850–1914, S. 210.

72 Bickel, W. Bevölkerungsgeschichte a. a. O. S. 130.

73 Hauser, A. Zur Lebenshaltung schweiz. Familien um 1914, NZZ Sonntagsausgabe Nr. 3166 bis Nr. 3168 vom 26. Juli 1964.

74 Bielmann, J. Die Lebensverhältnisse im Urnerland a. a. O. S.187 und Gsell, D. Der Ernährungszustand der Bergkinder. Pro Juventute-Heft 10, 1959.

75 Heer, O. Der Kanton Glarus (Gemälde der Schweiz). St. Gallen und Bern 1846, S. 356.

76 Graf, J. J. Ein Zürcher Landarzt in Biedermeier. Aus den Aufzeichnungen des Johann Jakob Graf hg. von M. Möckli-von Seggern. Zürich 1974, S. 30 bis S. 32.

77 Schmid, R. Die Medizin im Oberalpstein bis zum Beginn des 20. Jahrhunderts. Geschichte der Medizin eines Gebirgstals im Kanton Graubünden unter besonderer Berücksichtigung ärztlicher Berichte aus dem 19. Jahrhundert. Aarau 1978, S. 16 ff.

78 Pfister, Ch. Bevölkerung, Wirtschaft und Ernährung in den Berg- und Talgebieten des Kantons Bern 1760 bis 1860. In Itinera. Wirtschaft und Gesellschaft in Berggebieten, Fasc. 5/6 1986, S. 373 ff.

79 Küchler, F. Die rationelle Ernährung unseres Volkes. 1873/1874 S. 12 bis S. 32. Zitiert von B. Mesmer. Rationelle Ernährung. Vortrag Zürich 1988, S. 7.

80 Hürlimann, J. Über die Ergebnisse der Sanitarischen Rekrutenmusterung in der Schweiz 1875–1879. Schweiz. Zeitschrift für Gemeinnützeit XIX Jg. 1880, S. 422.

81 Mesmer, B. Rationelle Ernährung a. a. O. S. 13.

Essen und Trinken (S. 191–208)

1 Hauser, A. Was für ein Leben. Schweizer Alltag vom 15. bis zum 18. Jahrhundert. Zürich 1987, S. 24.

2 Weiss, R. Volkskunde der Schweiz. Erlenbach 1946, S. 138.

3 Vergleiche dazu nochmals Hauser, A. Was für ein Leben a. a. O. S. 79.

4 Atlas der schweiz. Volkskunde. Hg. von P. Geiger und Richard Weiss. 1. Teil, 1. Lieferung, Kommentar S. 34 und Atlas der schweiz. Volkskunde. 1. Teil, 3. Lieferung S. 201.

5 Atlas der schweiz. Volkskunde. 1. Teil, 1. Lieferung, S. 34.

6 Hugger, P. Das war unser Leben. Autobiographische Texte. Buchs 1986, S. 58 und Atlas 1. Teil, 1. Lieferung, S. 35.

7 Atlas der schweiz. Volkskunde. 1. Teil 1. Lieferung S. 35. Vergl. dazu auch Pelladini, V. La Polenta. Schweiz. Archiv für Volkskunde 4 (1900) S. 131 ff sowie Schroeter, C. Das St. Antöniertal. Zürich 1895, S. 199.

8 Atlas der schweiz. Volkskunde. 1. Teil, 1. Lieferung S. 38.

9 Atlas der schweiz. Volkskunde. 1. Teil, 1. Lieferung S. 38 und S. 39.

10 Atlas der schweiz. Volkskunde. 1. Teil, 1. Lieferung S. 39.

11 Atlas der schweiz. Volkskunde. 1. Teil, 1. Lieferung S. 37.

12 Atlas der schweiz. Volkskunde. 1. Teil, 1. Lieferung, S. 38.

13 Atlas der schweiz. Volkskunde. 1. Teil, 1. Lieferung, S. 30 bis S. 41.

14 Atlas der schweiz. Volkskunde. 1. Teil, 2. Lieferung, S. 94.

15 Atlas der schweiz. Volkskunde. 1. Teil, 2. Lieferung, S. 94.

16 Atlas der schweiz. Volkskunde. 1. Teil, 2. Lieferung, S. 95.

17 Atlas der schweiz. Volkskunde. 1. Teil, 2. Lieferung, S. 95 und S. 96.

18 Atlas der schweiz. Volkskunde. 1. Teil, 2. Lieferung, S. 79.

19 Atlas der schweiz. Volkskunde. 1. Teil, 2. Lieferung, S. 80.

20 Atlas der schweiz. Volkskunde. 1. Teil, 2. Lieferung, S. 81 und S. 82.

21 Währen, M. Brot, Gebäck und Backhäuser in Deutsch-Freiburg. Schriften des schweizerischen Archivs für Brot und Gebäckskunde Bern. Basel 1966, S. 66/67. Derselbe: Das Brot in Bosco Gurin. Schweiz. Volkskunde, Korrespondenzblatt 4/6, Jahrgang 6, Basel 1956, S. 91 und Atlas der schweiz. Volkskunde. 1. Teil, 2. Lieferung, S. 85 ferner für die Backordnungen des 19. Jahrhunderts: Währen, M. Zur Entwicklung des Gebäcks und der Ofenhäuser im Kanton Bern. Schriften des schweiz. Archivs für Brot und Gebäckkunde Bern. Basel 1964, S. 89. Ferner Backhäuser und Backen im Schwarzenburgerland. Währen, M. Archiv der schweiz. Volkskunde 49, Heft 2, 1959, S. 49 ff.

22 Atlas der schweiz. Volkskunde. 1. Teil, 2. Lieferung, S. 89.

23 Atlas der schweiz. Volkskunde. 1. Teil, 2. Lieferung, S. 90 bis S. 92.

24 Vergleiche zum Brot ganz allgemein, die immer noch lesenswerte Arbeit von Staub, F. Das Brot im Spiegel schweizerdeutscher Volkssprache und Sitte, Leipzig 1860.

25 Schweiz. Idiotikon Bd. 4, Sp. 598.

26 Atlas der schweiz. Volkskunde. 1. Teil, 2. Lieferung, Karte I 19.

27 Schweiz. Idiotikon Bd. 4, Sp. 1515.

28 Schweiz. Idiotikon Bd. 4, Sp. 221.

29 Schweiz. Idiotikon Bd. 4, Sp. 384.

30 Atlas der schweiz. Volkskunde. 1. Teil, 2. Lieferung 119 bis 121.

31 Atlas der schweiz. Volkskunde. 1. Teil, 1. Lieferung, S. 47.

32 Atlas der schweiz. Volkskunde. 1. Teil, 1. Lieferung, S. 49.

33 Schuler, F. a. a. O. S. 215. Zitiert von Braun, R. Sozialer und kultureller Wandel a. a. O. Bd. 2, S. 196.

34 Braun, R. Sozialer und kultureller Wandel a. a. O. S. 196.

35 Kreis, J. Aus der guten alten Zeit oder Erinnerungen eines Werkmeisters. In: Messerli, A. Flausen im Kopf. Schweizer Autobiographie aus drei Jahrhunderten, Zürich 1948, S. 118 bis S. 119.

36 Atlas der schweiz. Volkskunde. 1. Teil, 2. Lieferung, S. 36. Zum Bizoggel: Schweiz. Idiotikon Bd. 4, Sp. 1994. Atlas der schweiz. Volkskunde. 1. Teil, 2. Lieferung, S. 127. Atlas der schweiz. Volkskunde. 1. Teil, 2. Lieferung, S. 128.

37 Messikommer, H. Aus alter Zeit. Zürich 1909, S. 43.

38 Atlas, 1. Teil, 2. Lieferung, S. 128 und S. 129. Vergleiche zum Wort Dünne, Wähe auch Rhiner, O. Dünne, Wähe, Kuchen, Fladen, Zelten. Die Wortgeographie des Flachkuchens mit Belag und ihre volkskundlichen Hintergründe. Frauenfeld 1958.

39 Atlas der schweiz. Volkskunde. 1. Teil, 2. Lieferung, S. 129.

40 Atlas der schweiz. Volkskunde. 1. Teil, 2. Lieferung, S. 129.

41 Atlas der schweiz. Volkskunde. 1. Teil, 2. Lieferung, S. 130.

42 Messikommer, H. Aus alter Zeit. Bd. 1, Zürich 1909, S. 43.

43 Atlas der schweiz. Volkskunde. 1. Teil, 2. Lieferung, S. 132.

44 Atlas der schweiz. Volkskunde. 1. Teil, 2. Lieferung, S. 133.

45 Atlas der schweiz. Volkskunde. 1. Teil, 2. Lieferung, S. 134 und S. 135.

46 Atlas der schweiz. Volkskunde. 1. Teil, 2. Lieferung, S. 135.

47 Atlas der schweiz. Volkskunde. 1. Teil, 2. Lieferung, S. 135 und S. 136.

48 Atlas der schweiz. Volkskunde. 1. Teil, 3. Lieferung, S. 215.

49 Schweiz. Idiotikon, Bd. 8, Sp. 92.

50 Atlas der schweiz. Volkskunde. 1. Teil, 3. Lieferung, S. 221.

51 Atlas der schweiz. Volkskunde. 1. Teil, 3. Lieferung, S. 222.

52 Atlas der schweiz. Volkskunde. 1. Teil, 3. Lieferung, S. 224 und S. 225.

53 Atlas der schweiz. Volkskunde. 1. Teil, 3. Lieferung, S. 235.

54 Atlas der schweiz. Volkskunde. 1. Teil, 2. Lieferung, S. 136.

55 Atlas der schweiz. Volkskunde. 1. Teil, 2. Lieferung, S. 136.

56 Spyri, B. Das Waisenhaus der Stadt Zürich. Zürich 1871, S. 51.

57 Atlas der schweiz. Volkskunde. 1. Teil, 1. Lieferung, S. 55.

58 Atlas der schweiz. Volkskunde. 1. Teil, 1. Lieferung, S. 55.

59 Atlas der schweiz. Volkskunde. 1. Teil, 3. Lieferung, S. 201.

60 Atlas der schweiz. Volkskunde. 1. Teil, 1. Lieferung, S. 57 bis S. 59.

61 Atlas der schweiz. Volkskunde. 1. Teil, 2. Lieferung, S. 61 bis S. 64.

62 Atlas der schweiz. Volkskunde. 1. Teil, 2. Lieferung, S. 63.

63 Atlas der schweiz. Volkskunde. 1. Teil, 2. Lieferung, S. 64.

64 Atlas der schweiz. Volkskunde. 1. Teil, 1. Lieferung, S. 66.

65 Atlas der schweiz. Volkskunde. 1. Teil, 1. Lieferung, S. 65 bis S. 66. Vergleiche dazu auch Schinz, W. Die landwirtschaftlichen Verhältnisse der Gemeinde Uitikon am Albis. Zürich 1847, S. 29.

66 Atlas der schweiz. Volkskunde. 1. Teil, 1. Lieferung, S. 68.

67 Atlas der schweiz. Volkskunde. 1. Teil, 1. Lieferung, S. 71 und S. 72.

68 Staub, E. Sitten und Bräuche im Kanton Zürich 1922, S. 64.

69 Gotthelf, J. Zeitgeist und Berner Geist. Rentsch-Ausgabe 1966, S. 378 bis S. 380.

70 Schweiz. Idiotikon, Bd. 3, Sp. 508 und Bd. 5, Sp. 880.

71 Atlas der schweiz. Volkskunde. 1. Teil, 3. Lieferung, S. 238 bis S. 240.

72 Pfyffer, K. Der Kanton Luzern, St. Gallen und Bern. Bd. I, 1858/59, S. 159. Ferner Lemmenmeier, M. Die Luzerner Landwirtschaft im Umbruch. Luzern und Stuttgart 1983.

73 Lurati, O. Abitudine alimentari della populazione ticinese. Archiv für Volkskunde 67/71/1/3, S. 187.

74 Gruner, E. Die Arbeiter in der Schweiz im 19. Jahrhundert. Bern 1968, S. 135.

75 von der Mühll, J. Basler Sitten. Herkommen und Brauch im häuslichen Leben einer städtischen Bürgerschaft. Basel 1969, S. 66.

76 von der Mühll, Th. Aus dem Kochbuch der Frau David Hess. NZZ vom 4. 8.1945 Morgenausgabe Nr. 1186 (31 Bl. 3.

77 Aus Landammann von Reinhard's Küchenprotokollen. Zürcher Taschenbuch 1884, S. 115 ff.

78 Löhrer, H. Die Schweiz im Spiegel englischer Literatur 1849–1875. Zürich 1952, S. 12.

79 Löhrer, H. Die Schweiz im Spiegel a. a. O. S. 13.

80 Wenker, L. und Scheitlin, S. Tafelfreuden in Zürich 1850–1914. Zürich 1985, S. 35.

81 Löhrer, H. Die Schweiz im Spiegel a. a. O. S. 12.

82 Löhrer, H. Die Schweiz im Spiegel a. a. O. S. 18.

83 Riedhauser, H. Essen und Trinken bei Gotthelf a. a. O. S. 348 ff.

84 Riedhauser, H. Essen und Trinken bei Gotthelf a. a. O. S. 364 und S. 365.

85 Riedhauser, H. Essen und Trinken bei Gotthelf a. a. O. S. 360.

86 Keller, G. Gesammelte Briefe. Bern 1951, Bd. 2, S. 147.

87 Braun, R. Industrialisierung und Volksleben a. a. O. Bd. 1, S. 268.

88 Zu den Kochbüchern: Allein in Bern erschienen: das Bernische Kochbüchlein 1749. Es wird 1803 durch ein neues Berner Kochbuch ersetzt. Bern, Ludwig Albrecht Haller. Es folgt 1889 ein weiteres Berner Kochbuch, 1891 schliesslich der Küchenzettel. Vergleiche zur Esskultur ferner: Scharfe, M. Die groben Unterschiede. Not und Sinnesorganisation. Zur historisch-gesellschaftlichen Relativität des Geniessens beim Essen in: Tübinger Beiträge zur Volkskultur. Tübingen 1986, S. 13 ff.

Kleidung (S. 209–218)

1 Heierle, J. Die Volkstrachten der Schweiz. Bd. 1 1922, Bd. 2 1924, Bd. 3 1928, Bd. 4 1930 und Bd. 5 1932. Rentsch-Verlag Erlenbach. Vergleiche besonders Bd. 5, S. 92 ff. Strübin, E. Baselbieter Volksleben. Basel 1952, S. 101.

2 Wochenblatt St. Gallen 1804, S. 9. Zitiert von Röllin, P. St. Gallen. Stadtveränderung und Stadterlebnis im 19. Jahrhundert. St. Gallen 1981, S. 112 und S. 113.

3 Jahrbuch 1833, S. 77 zitiert von Röllin, P. St. Gallen a. a. O. S. 113.

4 Klaiber, J. Stuttgart vor hundert Jahren. Stuttgart 1896, S. 120.

5 Planck, U. Zum Begriff und Phänomen der Identitätskrise. In: Identitätskrisen im ländlichen Raum. Schriftenreihe für Agrarpolitik und Agrarsoziologie. Linz 1987, S. 9.

6 Heimatkunde Diegten 1863. Zitiert von Klaus, F. Basellandschaft in Historischen Dokumenten 2. Teil. Liestal 1983, S. 337.

7 Heimatkunde Sissach 1892. Zitiert von Klaus, F. 3. Teil. Liestal 1985, S. 335.

8 Heimatkunde Sissach 1892. Zitiert von Klaus, F. 3. Teil a. a. O. S. 335.

9 Schier, B. Der Hut als Spiegel der sozialen Stellung und seelischen Haltung des Trägers. Zeitschrift für Volkskunde 50, 1953, S. 261.

10 Atlas für Volkskunde 1. Teil, 4. Lieferung, S. 284 und S. 294.

11 Idiotikon. Wörterbuch für schweizer-deutsche Sprache. 3. Bd., Sp. 397 sowie Friedli, E. Ins. Bern 1914, S. 434 und Friedli, E. Saanen. Bern 1927, S. 544.

12 Atlas für Volkskunde 1. Teil, 4. Lieferung, S. 286. Mitteilung von Dr. Roseclaire Schüle in Crans-Montana.

13 Weiss, R. Das Alpwesen Graubündens. Erlenbach, Zürich 1941, S. 332.

14 Atlas für Volkskunde 1. Teil, 4. Lieferung, S. 331 bis S. 332.

15 Atlas für Volkskunde 1. Teil, 4. Lieferung, S. 335 sowie S. 336 bis S. 344.

16 Atlas für Volkskunde 1. Teil, 4. Lieferung, S. 292.

17 Atlas für Volkskunde 1. Teil, 4. Lieferung, S. 292, Fussnote 2.

18 Atlas für Volkskunde 1. Teil, 4. Lieferung, S. 292.

19 Atlas für Volkskunde 1. Teil, 4. Lieferung, S. 293.

20 Atlas für Volkskunde 1. Teil, 4. Lieferung, S. 294 bis S. 295.

21 Atlas für Volkskunde 1. Teil, 4. Lieferung, S. 297.

22 Atlas für Volkskunde 1. Teil, 4. Lieferung, S. 297 bis S. 230.

23 Atlas für Volkskunde 1. Teil, 4. Lieferung, S. 301.

24 Atlas für Volkskunde 1. Teil, 4. Lieferung, S. 302.

25 Atlas für Volkskunde 1. Teil, 4. Lieferung, S. 303.

26 Atlas für Volkskunde 1. Teil, 4. Lieferung, S. 305.

27 Atlas für Volkskunde 1. Teil, 4. Lieferung, S. 308.

28 Atlas für Volkskunde 1. Teil, 4. Lieferung, S. 308.

29 Atlas für Volkskunde 1. Teil, 4. Lieferung, S. 309.

30 Atlas für Volkskunde 1. Teil, 4. Lieferung, S. 310.

31 Atlas für Volkskunde 1. Teil, 4. Lieferung, S. 310 bis S. 311.

32 Atlas für Volkskunde 1. Teil, 4. Lieferung, S. 311.

33 Atlas für Volkskunde 1. Teil, 4. Lieferung, S. 315.

34 Atlas für Volkskunde 1. Teil, 4. Lieferung, S. 320.

35 Atlas für Volkskunde 1. Teil, 4. Lieferung, S. 321.

36 Atlas für Volkskunde 1. Teil, 4. Lieferung, S. 325 bis S. 330.

37 Idiotikon. Wörterbuch für schweizer-deutsche Sprache 8. Bd., Sp. 463 und Atlas für Volkskunde 1. Teil, 4. Lieferung, S. 345.

38 Atlas für Volkskunde 1. Teil, 4. Lieferung, S. 347 bis S. 349.

39 Atlas für Volkskunde 1. Teil, 4. Lieferung, S. 359.

40 Beglinger, E. Erinnerungen an mein Baselbieterdorf. Liestal 1971, S. 60.

41 Strübin, E. Baselbieter Volksleben a. a. O. S. 101.

42 Strübin, E. Baselbieter Volksleben a. a. O. S. 102.

43 von der Mühll, J. Basler Sitten. Herkommen und Brauch im häuslichen Leben einer städtischen Bürgerschaft. Basel 1969, S. 62.

44 Hofmänner, J. Aus dem Lebensbericht 1856 bis 1936. In: Hugger, P. Das war unser Leben. Buchs 1986, S. 25.

45 Strübin, E. Baselbieter Volksleben a. a. O. S. 102 bis S. 103.

46 Strübin, E. Baselbieter Volksleben a. a. O. S. 103.

47 Breitenstein, J. Erzählungen und Bilder aus dem Baselbiet. Basel 1860, zitiert von Strübin, E. Baselbieter Volksleben a. a. O. S. 103.

48 Röllin, P. St. Gallen a. a. O. S. 114.

49 Treichler, H. P. Gründung der Gegenwart. Portraits aus der Schweiz 1850–1880. Zürich 1985, S. 155.

50 Treichler, H. P. Gründung der Gegenwart a. a. O. S. 157.

51 Treichler, H. P. Gründung der Gegenwart a. a. O. S. 157.

52 Treichler, H. P. Gründung der Gegenwart a. a. O. S. 158 und S. 159.

53 Treichler, H. P. Gründung der Gegenwart a. a. O. S. 160.

54 Treichler, H. P. Gründung der Gegenwart a. a. O. S. 193.

55 Basellandschaftliche Zeitung vom 31. Mai 1911. Zitiert in: Basellandschaft in Historischen Dokumenten 3. Teil, S. 337.

56 Schürch, L. und Witzig, L. Trachten der Schweiz. Basel 1984, S. 217.

Liebe und Ehe (S. 219–228)

1 Borscheid, P. Geld und Liebe. Zu den Auswirkungen des Romantischen auf die Partnerwahl im 19. Jahrhundert. In: Ehe, Liebe, Tod. Studien zur Geschichte des Alltags. Münster 1983, S. 112.

2 Strübin, E. Grundfragen des Volkslebens bei Jeremias Gotthelf. Schweizerisches Archiv für Volkskunde 55. Jg., Basel 1959, Heft 3, S. 187.

3 Strübin, E. Grundfragen des Volkslebens bei Jeremias Gotthelf a. a. O. S. 193 bis S. 194.

4 Von der Mühll, J. Basler Sitten. Herkommen und Brauch im häuslichen Leben einer städtischen Bürgerschaft. 2. Auflage, Basel 1969, S. 155.

5 Von der Mühll, J. Basler Sitten a. a. O. S. 159.

6 Von der Mühll, J. Basler Sitten a. a. O. S. 162.

7 Borscheid, P. Geld und Liebe a. a. O. S. 130.

8 Borscheid, P. Geld und Liebe a. a. O. S. 118.

9 Borscheid, P. Geld und Liebe a. a. O. S. 118.

10 Borscheid, P. Geld und Liebe a. a. O. S. 118.

11 von Thilo, M. Heiratsgedanken. Winke und Ratschläge für Heiratslustige. Bern 1906. Zitiert von Blosser, U. und Gerster, F. Töchter der guten Gesellschaft. Frauenrolle und Mädchenerziehung im schweizerischen Grossbürgertum um 1900. Zürich 1985, S. 25.

12 Vergleiche dazu die Ehegerichtsprotokolle. Staatsarchiv Zürich B XII und Staatsarchiv Basel, Gerichtsarchiv U 159 und 160.

13 Schaffner, M. Die Basler Arbeiterbevölkerung im 19. Jahrhundert. Beiträge zur Geschichte ihrer Lebensformen. Basel und Stuttgart 1972, S. 70.

14 Schaffner, M. Die Basler Arbeiterbevölkerung a. a. O. S. 71.

15 Staatsarchiv Zürich. Ehegerichtsprotokolle, B XII Horgen 163 11.

16 Staatsarchiv Zürich. Ehegerichtsprotokolle, B XII Horgen 131/10 und 631/13.

17 Staatsarchiv Basel. Gerichtsakten U 160.

18 Schaffner, M. Die Basler Arbeiterbevölkerung a. a. O. S. 171.

19 Schaffner, M. Die Basler Arbeiterbevölkerung a. a. O. S. 71.

20 Schaffner, M. Die Basler Arbeiterbevölkerung a. a. O. S. 72.

21 Statistische Mitteilungen über den Civilstand von Basel-Stadt im Jahre 1870. Basel 1871, S. 4.

22 Statistische Mitteilungen über den Civilstand a. a. O. S. 7.

23 Schaffner, M. Die Basler Arbeiterbevölkerung a. a. O. S. 73.

24 Köllmann, W. Sozialgeschichte der Stadt Barmen, S. 148.

25 Pierrard, P. La vie ouvrière à Lille, S. 118 und Schaffner, M. Die Basler Arbeiterbevölkerung a. a. O. S. 75.

26 Ulrich, A. Bordelle, Strassendirnen und bürgerliche Sittlichkeit in der Belle Epoque. Zürich 1985, S. 71.

27 Hauri, O. Wachet. Mahnworte und Ratschläge für junge Männer. St. Gallen 1898, S. 3.

28 Fellenberg-Egli, F. Die Pflichten der Männer in der Ehe. Erlenbach Zürich 1901, S. 22.

29 Heim, A. Das Geschlechtsleben der Menschen. Zürich 1900, S. 7.

30 Ulrich, A. Bordelle a. a. O. S. 74.

31 Elias, N. Über den Prozess der Zivilisation. Frankfurt am Main 1976, Bd. 1, S. 247.

32 Ulrich, A. Bordelle a. a. O. S. 124 und S. 147.

33 Zweig, S. Die Welt von Gestern. Eros Matutinus S. 58 ff.

34 Ulrich, A. Bordelle a. a. O. S. 88.

35 Ulrich, A. Bordelle a. a. O. S. 69.

36 Walser, R. Lustspielabend. S. 154. Zitiert von Ulrich, A. Bordelle a. a. O. S. 112.

37 Ulrich, A. Bordelle a. a. O. S. 146.

38 Blosser, U. und Gerster, F. Die Töchter der guten Gesellschaft. Frauenrolle und Mädchenerziehung im schweizerischen Grossbürgertum im 19. Jahrhundert a. a. O. S. 57.

39 Blosser, U. und Gerster, F. Die Töchter der guten Gesellschaft a. a. O. S. 62.

40 Blosser, U. und Gerster, F. Die Töchter der guten Gesellschaft a. a. O. S. 64 und S. 65.

41 Blosser, U. und Gerster, F. Die Töchter der guten Gesellschaft a. a. O. S. 66.

42 Sulzer-Bühler, F. Erinnerungen. Winterthur 1973, S. 187. Zitiert in: Blosser, U. und Gerster, F. Die Töchter der guten Gesellschaft. S. 98.

43 Strübin, E. Grundfragen des Volkslebens bei Jeremias Gotthelf a. a. O. S. 133.

44 Strübin, E. Grundfragen des Volkslebens bei Jeremias Gotthelf a. a. O. S. 134.

45 Strübin, E. Grundfragen des Volkslebens bei Jeremias Gotthelf a. a. O. S. 134.

Familienleben (S. 229–238)

1 Kreis, J. Aus der guten alten Zeit oder Erinnerungen eines Werkmeisters. In: Flausen im

Kopf. Schweizer Autobiographien aus drei Jahrhunderten. Hg. von A. Messerli. Zürich 1984, S. 109.

2 Schüpbach, W. Die Bevölkerung der Stadt Luzern 1850–1914. Luzern und Stuttgart 1983, S. 36.

3 Schüpbach, W. Die Bevölkerung der Stadt Luzern a. a. O. S. 46. Dort auch Angaben über andere Regionen.

4 Schüpbach, W. Die Bevölkerung der Stadt Luzern a. a. O. S. 52.

5 Bahrdt, H. P. Wege zur Soziologie. München 1966, S. 80.

6 Schaffner, M. Die Basler Arbeiterbevölkerung im 19. Jahrhundert. Beiträge zu ihrer Geschichte, ihrer Lebensformen. Basel und Stuttgart 1972, S. 78 ff.

7 Atlas der schweizerischen Volkskunde 1. Teil, 7. Lieferung, S. 595.

8 Atlas der schweizerischen Volkskunde 1. Teil, 7. Lieferung, S. 597.

9 Idiotikon. Wörterbuch für die schweizerdeutsche Sprache 6. Bd., Sp. 590.

10 Atlas der schweizerischen Volkskunde 1. Teil, 7. Lieferung, S. 598 bis S. 599.

11 Weber-Kellermann, J. Die Kindheit. Frankfurt a. M. 1979, S. 90.

12 Braun, R. Sozialer und kultureller Wandel in einem ländlichen Industriegebiet a. a. O. S. 242.

13 Braun, R. Sozialer und kultureller Wandel a. a. O. S. 196.

14 Braun, R. Sozialer und kultureller Wandel a. a. O. S. 197.

15 Braun, R. Sozialer und kultureller Wandel a. a. O. S. 199.

16 Hauser, A. Die wirtschaftliche und soziale Entwicklung eines Bauerndorfes zur Industriegemeinde. Wädenswil 1956, S. 261.

17 Borkowsky, M. Krankheit, Schwangerschaft Geburt und Wochenbett aus ärztlicher Sicht seit 1800. Zürich 1988, S. 275 ff.

18 Borkowsky, M. Krankheit und Schwangerschaft a. a. O. S. 277.

19 Kopp, H. Erziehung im Wandel. Kindererziehung in den Jahren um 1890 und 1970 im Spiegel je einer deutschschweizerischen Familienzeitschrift. Basel 1974, S. 102.

20 Kopp, H. Erziehung im Wandel a. a. O. S. 102.

21 Kopp, H. Erziehung im Wandel a. a. O. S. 102.

22 Kopp, H. Erziehung im Wandel a. a. O. S. 103.

23 Kopp, H. Erziehung im Wandel a. a. O. S. 103.

24 Hauser, A. Die Lebensalter. In: Apropos Artemis. Zürich 1982, S. 174.

25 Kopp, H. Erziehung im Wandel a. a. O. S. 45.

26 Kopp, H. Erziehung im Wandel a. a. O. S. 48.

27 Kopp, H. Erziehung im Wandel a. a. O. S. 49.

28 Kopp, H. Erziehung im Wandel a. a. O. S. 50.

29 Kopp, H. Erziehung im Wandel a. a. O. S. 54.

30 Kopp, H. Erziehung im Wandel a. a. O. S. 55.

31 Von der Mühll, J. Basler Sitten a. a. O. S. 126.

32 Kopp, H. Erziehung im Wandel a. a. O. S. 60.

33 Messmer, B. Reinheit und Reinlichkeit. In: Festschrift. Im Hof a. a. O. S. 484.

34 Messmer, B. Reinheit und Reinlichkeit a. a. O. S. 485.

35 Messmer, B. Reinheit und Reinlichkeit a. a. O. S. 488.

36 Stutz, J. Sieben mal sieben Jahre aus meinem Leben. Winterthur 1960, S. 81 bis S. 82.

37 Kopp, H. Erziehung im Wandel a. a. O. S. 85.

38 Kopp, H. Erziehung im Wandel a. a. O. S. 84 und S. 85.

39 Kopp, H. Erziehung im Wandel a. a. O. S. 90.

40 Kopp, H. Erziehung im Wandel a. a. O. S. 100.

41 Müller-Müller, R. S. Goldene Regeln für den Verkehr in der guten Gesellschaft. Zürich 1903, S. 3. Zitiert in: Blosser, U. und Gerster, F. Töchter der Guten Gesellschaft a. a. O. S. 72.

42 Müller-Müller, R. S. Goldene Regeln a. a. O. S. 31.

43 Blosser, U. und Gerster, F. Töchter der Guten Gesellschaft a. a. O. S. 128.

44 Sulzer-Bühler, F. Erinnerungen. Winterthur 1973, S. 92 ff.

45 von der Mühll, J. Basler Sitten a. a. O. S. 27 bis S. 28.

46 Oberhänsli, S. Leben und Arbeit der Glarner Textilunternehmer um 1900. In: Neujahrsbote für das Glarner Hinterland 1983, S. 37.

47 Oberhänsli, S. Leben und Arbeit der Glarner Textilunternehmer a. a. O. S. 38.

48 Blosser, U. und Gerster, F. Töchter der Guten Gesellschaft. Schlusswort S. 5.

49 Kopp, H. Erziehung im Wandel a. a. O. S. 109.

50 Craig, C. A. Geld und Geist. Zürich im Zeitalter des Liberalismus. München 1988, S. 159

51 Oberhänsli, S. Leben und Arbeit der Glarner Textilunternehmer a. a. O. S. 52. Vergleiche dazu auch die Dissertation der Verfasserin: Die Glarner Unternehmer im 19. Jahrhundert. Diss. Universität Zürich. Zürich 1982.

Alltag der Auswanderer (S. 239–246)

1 Schelbert, L. Die Fünfte Schweiz im «Schweizer Boten» 1804–1830. Schweizerisches Archiv für Volkskunde 67. Jg., Basel 1971, Heft 1/3, S. 89.

2 Schelbert, L. Die Fünfte Schweiz a. a. O. S. 89.

3 Schelbert, L. Die Fünfte Schweiz a. a. O. S. 89.

4 Schweizer-Bote Nr. 20 vom 18. Mai 1804, S. 155 bis S. 156. Zitiert in: Die Fünfte Schweiz im «Schweizer Boten» a. a. O. S. 94.

5 Schweizer-Bote Nr. 24 vom 15. Juni 1804, S. 191. Zitiert Schelbert, L. Die Fünfte Schweiz a. a. O. S. 94.

6 Schelbert, L. Die Fünfte Schweiz a. a. O. S. 96.

7 Hugger, P. Das war unser Leben. Autobiographische Texte a. a. O. S. 49.

8 Kaiser, D. Fast ein Volk von Zuckerbäckern? Bündner Konditoren, Cafetiers und Hoteliers in europäischen Landen bis zum ersten Weltkrieg. Ein wirtschaftsgeschichtlicher Beitrag. Zürich 1985, S. 29.

9 Volksblatt vom 1. August 1850. Zitiert in: Basel-Landschaft in historischen Dokumenten, 2. Teil, S. 157.

10 Volksblatt vom 8. August 1860. Zitiert in: Basel-Landschaft in historischen Dokumenten 2. Teil a. a. O. S. 158.

11 Schweizer-Bote Nr. 45 vom 5. November 1818, S. 356 bis S. 357.

12 Schweizer-Bote Nr. 38 vom 23. September 1819, S. 300.

13 Schweizer-Bote Nr. 46 vom 18. November 1819, S. 362.

14 Schweizer-Bote Nr. 48 vom 30. November 1820, S. 381.

15 Schweizer-Bote Nr. 47 vom 22. November 1821, S. 369 bis S. 371.

16 Nicoulin, M. La Genèse de Nova Friburgo. 5. Auflage, Freiburg 1988, S. 184.

17 Nicoulin, M. La Genèse de Nova Friburgo a. a. O. S. 209.

18 Nicoulin, M. La Genèse de Nova Friburgo a. a. O. S. 232.

19 Hugger, P. Das war unser Leben. Autobiographische Texte a. a. O. S. 68.

20 Niederer, K. Erlebnisse eines Appenzellers in neapolitanischen Diensten. In: Flausen im Kopf a. a. O. S. 81.

21 Niederer, K. Erlebnisse eines Appenzellers in neapolitanischen Diensten. In: Flausen im Kopf a. a. O. S. 107.

22 Schweizer-Bote Nr. 22 vom 29. Mai 1823, S. 171.

Mensch und Tier (S. 247–254)

1 Weiss, R. Häuser und Landschaften a. a. O. S. 175 und Hauser, A. Bauernregeln a. a. O. S. 650.

2 Weiss, R. Das Alpwesen Graubündens. Erlenbach 1941, S. 109 und Höhn, W. Mundartliche Tiernamen und volkskundliche Mitteilungen über die Tierwelt des Kantons Zürich. Zürich 1976, S. 103.

3 Weiss, R. Das Alpwesen Graubündens a. a. O. S. 110.

4 Höhn, W. Mundartliche Tiernamen a. a. O. S. 103.

5 Idiotikon. Schweizerisches Wörterbuch der schweizerdeutschen Sprache Bd. 3, Sp. 40.

6 Stebler, F. G. Alpwirtschaft und Weidwirtschaft. Berlin 1903, S. 78.

7 Weiss, R. Das Alpwesen Graubündens a. a. O. S. 112.

8 Bentzien, U. Tiereigennamen. Untersucht an einem Quellenfund aus Mecklenburg. In: Deutsches Jahrbuch für Volkskunde 14. Bd. Berlin 1968, S. 39 bis S. 55.

9 Bausinger, H. Tierzucht und Namengebung. Zu den Eigennamen des Zuchtviehs. In: Festschrift für H. Zinsli. Bern 1971, S. 170 ff.

10 Hauser, A. Bauernregeln a. a. O. S. 638.

11 Hauser, A. Bauernregeln a. a. O. S. 162.

12 Hauser, A. Bauernregeln a. a. O. S. 640.

13 Hauser, A. Bauernregeln a. a. O. S. 162.

14 Hauser, A. Bauernregeln a. a. O. S. 163.

15 Lössi, H. Der Sprichwortschatz des Engadins. Winterthur 1944, S. 261.

16 Gotthelf, J. Käthi die Grossmutter. Rentsch-Ausgabe Erlenbach, Zürich und Stuttgart a. a. O. S. 184 bis S. 185.

17 Hauser, A. Bauernregeln a. a. O. S. 164.

18 Die letschti Chue tuet s'Törli zue. Schweizerdeutsche Sprichwörter hg. von Portmann, P. F. Frauenfeld 1983, S. 82 bis S. 84.

19 Portmann, P. F. Schweizerdeutsche Sprichwörter a. a. O. S. 84.

20 Idiotikon 2. Bd., Sp. 14 21.

21 Gotthelf, J. Zeitgeist und Bernergeist. Rentsch-Ausgabe a. a. O. S. 15.

22 Gotthelf, J. Michels Brautschau. Rentsch-Ausgabe a. a. O. S. 713.

23 Gotthelf, J. Bauernspiegel. Rentsch-Ausgabe a. a. O. S. 40.

24 Geld und Geist. Rentsch-Ausgabe a. a. O. S. 86.

25 Sonderegger, S. Appenzeller Sein und Bleiben. St. Gallen 1973, S. 41 bis S. 44.

26 Alle diese Sprüche in Idiotikon 3, Sp. 582–589.

Gesunde und kranke Tage (S. 255–271)

1 Bickel, W. Bevölkerungsgeschichte und Bevölkerungspolitik der Schweiz. Zürich 1947, S. 157.
2 Klaus, F. Basel-Landschaft in historischen Dokumenten. 2. Teil, Liestal 1983, S. 327.
3 Klaus, F. Basel-Landschaft in historischen Dokumenten. 3. Teil, a. a. O. S. 346.
4 Bickel, W. Bevölkerungsgeschichte a. a. O. S. 158.
5 Koelbing, H. M. Die ärztliche Therapie. Grundzüge ihrer Geschichte, Darmstadt 1985. Ackerknecht, H. E. und Buess, H. Kurze Geschichte der grossen Schweizer Ärzte. Bern, Stuttgart, Wien 1975.
6 Ackerknecht und Buess. Kurze Geschichte der Schweizer Ärzte a. a. O. S. 56 und Jost, J. Die Entwicklung des zahnärztlichen Berufes und Standes im 19. Jahrhundert unter besonderer Berücksichtigung der Verhältnisse in Zürich. Zürich 1960, S. 58 ff und Sigron, G. Die Geschichte der Zahnmedizin in Graubünden. Zürich 1981, S. 10 ff.
7 Müller, C. Volksmedizinisch-geburtshilfliche Aufzeichnungen aus dem Lötschental. Bern 1968, S. 27 ff.
7a Sigron , G. Die Geschichte der Zahnmedizin im Kanton Graubünden a. a. O. S. 7.
8 Graf, J. J. Zürcher Landarzt im Biedermeier hg. von M. Möckli-von Seggern. Zürich 1974, S. 90.
8a Winkler, J. Ich möchte Dir meine Heimat einmal zeigen. Biographisches Johanna Spyri. Hirzel 1982, S. 72.
8b Winkler, J. Ich möchte Dir meine Heimat einmal zeigen a. a. O. S. 76.
8c Brief Gottfried Kellers vom 20. 9.1882 zitiert nach: Helga Annania-Hess: ein verschollener Brief Gottfried Kellers an Nietzsche. NZZ Nr. 255, 1./2. November 1980.
8d Winkler, J. Ich möchte Dir meine Heimat einmal zeigen a. a. O. S. 72.
9 Gotthelf, J. Anne Bäbi Jowäger, 1. Teil, Rentsch-Ausgabe Erlenbach-Zürich, 1963 S. 34/35.
10 Gotthelf, J. a. a. O. S. 37.
11 Gotthelf, J. a. a. O. S. 57 und S. 69.
12 Gotthelf, J. a. a. O. S. 66.
13 Weiss, R. Volkskunde der Schweiz. Erlenbach 1946, S. 325.
14 Schmid, R. Die Medizin im Oberhalbstein bis zum Beginn des 20. Jahrhunderts. Veröffentlichungen der Schweiz. Gesellschaft für Geschichte der Medizin und der Naturwissenschaften 31. Aarau 1978, S. 38 bis S. 41.
15 Schmid, R. Die Medizin im Oberhalbstein a. a. O. S. 42.
16 Schmid, R. Die Medizin im Oberhalbstein a. a. O. S. 45 und S. 46.
17 Sigron, G. Die Geschichte der Zahnmedizin in Graubünden. Zürich 1981, S. 6 und S. 7.
18 Inserat Zürcher-Zeitung Nr. 5 vom 17. Januar 1800.
19 Sigron, G. Die Geschichte der Zahnmedizin in Graubünden a. a. O. S. 10.
20 Schmid, R. Die Medizin im Oberhalbstein a. a. O. S. 47.
21 Graf, J. J. Ein Zürcher Landarzt im Biedermeier a. a. O. S. 133.
22 Flück, H. Unsere Heilpflanzen. Thun 1974, S. 27.
23 Graf, J. J. Ein Zürcher Landarzt im Biedermeier a. a. O. S. 134.
24 Flück, H. Unsere Heilpflanzen a. a. O. S. 79.

25 Graf, J. J. Ein Zürcher Landarzt a. a. O. S. 135.
26 Graf, J. J. Ein Zürcher Landarzt a. a. O. S. 136.
27 Graf, J. J. Ein Zürcher Landarzt a. a. O. S. 138.
28 Graf, J. J. Ein Zürcher Landarzt a. a. O. S. 140.
29 Graf, J. J. Ein Zürcher Landarzt a. a. O. S. 140.
30 Graf, J. J. Ein Zürcher Landarzt a. a. O. S. 85 und S. 86.
31 Guex, L. Eine Sammlung bernischen Aberglaubens aus der Mitte des 19. Jahrhunderts. Veranlasst durch H. Gruhnholzer, publ. durch E. Rothenbach. Bern 1975 und Manz, W. Volksbrauch und Volksglaube des Sarganserlandes in Schriften der Schweiz. Gesellschaft für Volkskunde Nr. 12. Basel 1916.
32 Guex, L. Eine Sammlung bernischen Aberglaubens a. a. O. S. 157 bis S. 161.
33 Vergl. dazu die entsprechenden Ausführungen in meinem Buch: Was für ein Leben. Schweizer Alltag vom 15. bis 18. Jahrhundert. Zürich 1987.
34 Lombard, E. Der medizinische Inhalt der schweiz. Volkskalender im 18. und 19. Jahrhundert. Zürich 1925, S. 80 ff.
35 Lombard, E. Der medizinische Inhalt der schweiz. Volkskalender a. a. O. S. 89.
36 Lombard, E. Der medizinische Inhalt der schweiz. Volkskalender a. a. O. S. 119.
37 Guex, L. Eine Sammlung bernischen Aberglaubens a. a. O. S. 28.
38 Graf, J. J. Ein Zürcher Landarzt a. a. O. S. 90 und S. 91.
39 Graf, J. J. Ein Zürcher Landarzt a. a. O. S. 92.
40 Imhof, A. E. Mensch und Gesundheit in der Geschichte. Vorträge eines Internationalen Collegiums in Berlin 1978. In Abhandlungen zur Geschichte der Medizin und der Naturwissenschaften Heft 39. Husum S. 8 und S. 9.

Sonntags- und Werktagsglaube, Volksreligiosität (S. 272–291)

1 Vergleiche dazu das Votum von Paul Hugger in einer Diskussion in: Auf dem Wege zu einer schweizerischen Identität 1848–1914. 8. Koll. der schweizerischen Akademie der Geisteswissenschaft, Freiburg 1987, S. 92. Dazu auch: Rahner, K. Volksreligion-Religion des Volkes. Stuttgart 1979, S. 9.
2 Pfister, R. Kirchengeschichte der Schweiz. 3. Bd. Zürich 1985, S. 347.
3 Pfister, R. Kirchengeschichte a. a. O. 3. Bd. S. 346 bis S. 347.
4 Strübin, E. Baselbieter Volksleben, Basel 1952, S. 200 ff.
5 Strübin, E. Baselbieter Volksleben a. a. O. S. 209.
6 Staatsarchiv Basel, Basler Kirchenarchiv, Kirchenordnung für die Landdistrikte des Kantons Basel von 1809.
7 Strübin, E. Baselbieter Volksleben a. a. O. S. 252 ff.
8 Kirchenblatt für die reformierte Schweiz vom 4. April 1850, zitiert von Schaffner, M. Die Basler Arbeiterbevölkerung im 19. Jahrhundert. Beiträge zur Geschichte ihrer Lebensform. Basel und Stuttgart 1972, S. 99.
9 Schaffner, M. Die Basler Arbeiterbevölkerung a. a. O. S. 101 bis S. 102.
10 Schaffner, M. Die Basler Arbeiterbevölkerung a. a. O. S. 104.
11 Archiv der Stadtmission. Tagebuch Ludwig vom März/April 1870, S. 2.

12 Archiv der Stadtmission. Tagebuch Ludwig vom Juli 1867, S. 1.
13 Archiv der Stadtmission. Tagebücher Ludwig vom Mai bis Juni 1870, S. 22 bis S. 27 sowie Tagebücher vom September bis Oktober 1870 und November, Dezember 1871, S. 10 und S. 14.
14 Archiv der Stadtmission. Tagebuch Ludwig vom Mai/Juni 1870, S. 27.
15 Archiv der Stadtmission. Tagebuch Ludwig vom September/Oktober 1870, S. 14 und Mai/Juni 1870, S. 22.
16 Archiv der Stadtmission. Tagebuch Ludwig vom September/Oktober 1870, S. 15.
17 Archiv der Stadtmission. Tagebuch Ludwig vom Dezember 1865, S. 12.
18 Archiv der Stadtmission. Tagebuch Ludwig vom März 1868, S. 11.
19 Archiv der Stadtmission. Tagebuch Ludwig vom Januar/Februar 1869, S. 7.
20 Archiv der Stadtmission. Tagebuch Ludwig vom September/Oktober 1869, S. 9.
21 Archiv der Stadtmission. Tagebuch Ludwig vom März/April 1870, S. 2.
22 Archiv der Stadtmission. Tagebuch Ludwig vom November/Dezember 1871, S. 15.
23 Archiv der Stadtmission. Tagebuch Stöckli vom 12. Januar 1873.
24 Damit ist sehr wahrscheinlich die liberale Augsburger Allgemeine Zeitung gemeint. Sie erlebte ihren Höhepunkt in der ersten Hälfte des 19. Jahrhunderts. Um 1847 wies sie für die damaligen Zeiten eine sehr hohe Auflage von 10 400 Exemplaren auf. Vergleiche dazu Koszyk, K. Deutsche Presse im 19. Jahrhundert. Geschichte der deutschen Presse, Teil 2, Berlin 1966.
25 Archiv der Mission, Jahresbericht der Stadtmission vom 1. April 1876, S. 4.
26 Archiv der Stadtmission. Tagebuch Ludwig vom März 1865, S. 29.
27 Basler Nachrichten vom 22. Januar 1868.
28 Archiv der Stadtmission. Tagebuch Ludwig vom Mai/Juni 1870, S. 16.
29 Archiv der Stadtmission. Tagebuch Ludwig vom April 1867, S. 9.
30 Archiv der Stadtmission. Tagebuch Ludwig vom September 1866, S. 3.
31 Archiv der Stadtmission. Tagebuch Ludwig vom November/Dezember 1870, S. 9.
32 Archiv der Stadtmission. Tagebuch Ludwig vom November/Dezember 1871, S. 14.
33 Archiv der Stadtmission. Tagebuch Ludwig vom Juni 1868, S. 13.
34 Schaffner, M. Die Basler Arbeiter a. a. O. S. 119.
35 Verhandlungen der schweizerischen Reformierten Predigergesellschaft. Schaffhausen 1871, S. 94.
36 Hauser, A. Die Sozialpolitik der protestantischen Kirche in der Frühzeit der Industrialisierung. Reformatio Heft 3, 1958, S. 155.
37 Staatsarchiv Baselland. Berichte über Visitationen der Kirche in den Landdistrikten 1871–1820. Kirchenakten H1. Zitiert von M. Schaffner, Arbeiterbevölkerung a. a. O.
38 Strübin, E. Baselbieter Volksleben. S. 203 und R. Weiss Grundzüge einer protestantischen Volkskunde. Schweiz. Archiv für Volkskunde 61, Basel 1965, S. 75 ff.
39 Weiss, R. Grundzüge a. a. O. S. 78.
40 Weiss, R. Grundzüge a. a. O. S. 79.
41 Guex, L. Eine Sammlung bernischen Aberglaubens aus der Mitte des 19. Jahrhunderts. Bern und Frankfurt a. M. 1975, S. 166.

42 Guex, L. Bernischer Aberglaube a. a. O. S. 180.

43 Guex, L. Bernischer Aberglaube a. a. O. S. 165.

44 Guex, L. Bernischer Aberglaube a. a. O. S. 165. und S. 167.

45 Guex, L. Bernischer Aberglaube a. a. O. S. 121.

46 Guex, L. Bernischer Aberglaube a. a. O. S. 54 und S. 179.

47 Guex, L. Bernischer Aberglaube a. a. O. S. 112 und S. 172.

48 Guex, L. Bernischer Aberglaube a. a. O. S. 177.

49 Buss, E. Persönliche Erlebnisse auf dem Gebiete des Aberglaubens in: Volkskundliche Untersuchungen von E. Hoffmann-Krayer dargebracht: Basel 1916, S. 64.

50 Manz, W. Volksbrauch und Volksglaube im Sarganserland. Basel 1916, S. 46 und Tanner, U. Die Bedeutung der Volkskunde für die Theologie. Korrespondenzblatt Schweizer Volkskunde 2/3, 74. Jahrgang. Basel 1984, S. 17.

51 Schweizerisches Archiv für Volkskunde. S. 1839 ff. Ferner: Spahmer, A. Romanusbüchlein. Historisch-phylogischer Kommentar zu einem deutschen Zauberbuch. Berlin 1958, S. 140.

52 Spahmer, A. Romanusbüchlein a. a. O. S. 141.

53 Spahmer, A. Romanusbüchlein a. a. O. S. 15.

54 Spahmer, A. Romanusbüchlein a. a. O. S. 45.

55 Weiss, R. Grundzüge a. a. O. S. 78.

56 Barth, K. Protestantische Theologie im 19. Jahrhundert. 2. Auflage, Zollikon, Zürich 1952, S. 99.

57 Hadorn, W. Geschichte des Pietismus in den schweizerischen Reformierten Kirchen. Konstanz und Emmishofen 1901, S. 425. Zum Pietismus siehe ganz allgemein: Scharfe, M. Die Religion des Volkes. Kleine Kultur- und Sozialgeschichte des Pietismus. Gütersloh 1980.

57a Lindt, A. Die «Evangelische Gesellschaft». In: Festschrift Im Hof. Bern 1982, S. 433.

58 Volksbotenkalender 1859, S. 48 und S. 59. Zitiert von: Brunold-Bigler, U. Die religiösen Volkskalender der Schweiz im 19. Jahrhundert. Basel 1982, S. 116.

59 Pilger aus Schaffhausen 1877, S. 30. und Brunold-Bigler, U. Die religiösen Volkskalender a. a. O. S. 117.

60 Volksbotenkalender 1963, S. 69 bis S. 71 und Brunold-Bigler, U. Die religiösen Volkskalender a. a. O. S. 119.

61 Pilger aus Schaffhausen 1872, S. 49 bis S. 52 und Brunold-Bigler, U. Die religiösen Volkskalender a. a. O. S. 121.

62 Pilger aus Schaffhausen 1879, S. 73 und Brunold-Bigler, U. Die religiösen Volkskalender a. a. O. S. 123.

63 Pilger aus Schaffhausen 1883, S. 32 bis S. 33 und Brunold-Bigler, U. Die religiösen Volkskalender a. a. O. S. 124.

64 Volksbotenkalender 1877, S. 39 bis S. 40 und Brunold-Bigler, U. Die religiösen Volkskalender a. a. O. S. 124.

65 Pilger aus Schaffhausen 1889, S. 31 und Brunold-Bigler, U. Die religiösen Volkskalender a. a. O. S. 127.

66 Pilger aus Schaffhausen 1877, S. 53 und Brunold-Bigler, U. Die religiösen Volkskalender a. a. O. S. 130.

67 Volksbotenkalender 1858, S. 44 bis S. 46 und Brunold-Bigler, U. Die religiösen Volkskalender a. a. O. S. 134.

68 Volksbotenkalender 1883, S. 38 und Brunold-Bigler, U. Die religiösen Volkskalender a. a. O. S. 143.

69 Pilger aus Schaffhausen 1855, S. 29 bis S. 30 und Brunold-Bigler, U. Die religiösen Volkskalender a. a. O. S. 144.

70 Pilger aus Schaffhausen 1888, S. 32.

71 Pilger aus Schaffhausen 1852, S. 35 bis S. 39 und Brunold-Bigler, U. Die religiösen Volkskalender a. a. O. S. 153.

72 Volksbotenkalender 1853, S. 45 bis S. 46 und Brunold-Bigler, U. Die religiösen Volkskalender a. a. O. S. 154.

73 Pilger aus Schaffhausen 1854, S. 25 bis S. 29 und Brunold-Bigler, U. Die religiösen Volkskalender a. a. O. S. 154.

74 Volksbotenkalender 1845, und Brunold-Bigler, U. Die religiösen Volkskalender a. a. O. S. 159.

75 Einsiedler Kalender 1885, S. 46 bis S. 48 und Brunold-Bigler, U. Die religiösen Volkskalender a. a. O. S. 216 und S. 217. Die Geschichte der Länge Christi lässt sich vom 14. Jahrhundert an verfolgen, und die kirchliche Bekämpfung setzte schon damals ein. Vergleiche dazu Jacoby, A. Heilige Längenmasse. Eine Untersuchung zur Geschichte der Amulette. In: Schweizerisches Archiv für Volkskunde 29, Jahr 1929, S. 1 bis S. 54.

76 Weiss, R. Volkskunde der Schweiz. S. 307 bis S. 308.

77 Krömler, H. Der Kult der Eucharistie in Sprache und Volkstum der deutschen Schweiz. Basel 1949.

78 Krömler, H. Der Kult der Eucharistie a. a. O. S. 18.

79 Krömler, H. Der Kult der Eucharistie a. a. O. S. 22.

80 Krömler, H. Der Kult der Eucharistie a. a. O. S. 31.

81 Krömler, H. Der Kult der Eucharistie a. a. O. S. 37, Anmerkung 42.

82 Krömler, H. Der Kult der Eucharistie a. a. O. S. 40. Fussnote 58.

83 Krömler, H. Der Kult der Eucharistie a. a. O. S. 42.

84 Krömler, H. Der Kult der Eucharistie a. a. O. S. 43. Fussnote 5.

85 Krömler, H. Der Kult der Eucharistie a. a. O. S. 62.

86 Heim, W. Kleines Wallfahrtbuch der Schweiz. Freiburg, Schweiz 1981, S. 27 ff. und Müller, J. Die bündnerische Wallfahrt zwischen Aufklärung und Romantik. Schweiz. Archiv für Volkskunde 67. Jg. Bd. 1971, Heft 1/3, S. 128 bis S. 129.

87 Senti, A. Gebete aus dem Sarganserland. Volkstümliches Beten zwischen 1850 und 1960. Mels 1983, S. 47 ff.

88 von Matt, H. Votivkunst in Nidwalden/ Stans 1976, S. 17 und S. 18.

89 Kaiser, J. Fromme Wallfahrter. Zug 1817, S. 40 und S. 41.

90 Manz, W. Volksbrauch und Volksglaube des Sarganserlandes. Basel 1916.

91 Senti, A. Gebete aus dem Sarganserland a. a. O. S. 21 und S. 22.

92 Senti, A. Gebete aus dem Sarganserland a. a. O. S. 88.

93 Bührer, W. Die Bauernregeln. Vortrag. Liestal 1905.

94 Tanner-Herter, Ursi. Die Bedeutung der Volkskunde für die Theologie. Schweizer Volkskunde. Korrespondenzblatt der Schweiz. Gesellschaft für Volkskunde. Basel 1984, Heft 2/3. 74. Jahrgang S. 17 ff.

Alltag der Schule (S. 292–301)

1 Geschichte der Schweiz und der Schweizer. Basel 1986, S. 585.

2 Strübin, E. Baselbieter Volksleben a. a. O. S. 252.

3 Dietschy, P. Schulkind und Musik im 19. Jahrhundert. Darstellung der sozialen und bildungspolitischen Aspekte am Beispiel der Region Zürich. Basel 1983, S. 66.

4 Locher, M. Den Verstand von unten wirken lassen. Schule im Kanton Baselland 1830 bis 1863. Liestal 1985, S. 148.

5 «Gespräch zwischen zwei Bauern über die neue Schuleinrichtung» um 1833 Region Zürich. Zitiert von Dietschy, P. Schulkind und Musik a. a. O. S. 66.

6 Locher, M. Den Verstand von unten wirken lassen a. a. O. S. 151 und S. 152.

7 Locher, M. Den Verstand von unten wirken lassen a. a. O. S. 157.

8 Senn, J. Ein Kind des Volkes. Schweizerisches Lebensbild. Zürich 1888. Neuauflage Zürich 1966, S. 44 und S. 59.

9 Locher, M. Den Verstand von unten wirken lassen a. a. O. S. 153.

10 Locher, M. Den Verstand von unten wirken lassen a. a. O. S. 158.

11 Locher, M. Den Verstand von unten wirken lassen a. a. O. S. 158.

12 Locher, M. Den Verstand von unten wirken lassen a. a. O. S. 160.

13 Landschäftler vom 6. 6.1850. Zitiert von Locher, M. a. a. O. S. 160.

14 Locher, M. Den Verstand von unten wirken lassen a. a. O. S. 81.

15 Locher, M. Den Verstand von unten wirken lassen a. a. O. S. 82.

16 Brief von Pfarrer J. F. David vom 9. 3.1808. Zitiert von Martin, E. Johann Heinrich Pestalozzi und die alte Landschaft Basel. Zur Wirkungsgeschichte der pestalozzischen Pädagogik. Liestal 1986, S. 106.

17 Martin, E. J. H. Pestalozzi und die alte Landschaft Basel a. a. O. S. 107.

18 Martin, E. J. H. Pestalozzi und die alte Landschaft Basel a. a. O. S. 47.

19 Martin, E. J. H. Pestalozzi und die alte Landschaft Basel a. a. O. S. 48.

20 Martin, E. J. H. Pestalozzi und die alte Landschaft Basel a. a. O. S. 108.

21 Martin, E. J. H. Pestalozzi und die alte Landschaft Basel a. a. O. S. 271.

22 Martin, E. J. H. Pestalozzi und die alte Landschaft Basel a. a. O. S. 48.

23 Martin, E. J. H. Pestalozzi und die alte Landschaft Basel a. a. O. S. 48.

24 Hugger, P. Das war ein Leben. Autobiographische Texte a. a. O. S. 146.

25 Martin, E. J. H. Pestalozzi und die alte Landschaft Basel a. a. O. S. 49.

26 Martin, E. J. H. Pestalozzi und die alte Landschaft Basel a. a. O. S. 90.

27 Martin, E. J. H. Pestalozzi und die alte Landschaft Basel a. a. O. S. 91.

28 Die Schulbücher sind verhältnismässig gut untersucht. Hier einige Beispiele: Wessendorf, E. Geschichtschreibung für Volk und

Schulen in der alten Eidgenossenschaft. Basel 1962; Appenzeller, L. Der «Bildungsfreund» Thomas Scherrs und seine Bearbeitung durch Gottfried Keller. Dissertation Zürich (mit Hinweisen auf Lesebücher des Kantons Aargau sowie des Kantons Bern); Deplazes, G. Geschichte der sprachlichen Schulbücher im romanischen Rheingebiet, Dissertation Freiburg 1949; Koenig, E. Soziologische Aspekte ausgewählter Lesebuchtexte. Eine Inhaltsanalyse von Lesebüchern für die fünfte Klasse, Lizentiatsarbeit Bern 1967.

29 Bömer, A. Anstand und Etikette nach den Theorien der Humanisten. In: Neue Jahrbücher für Pädagogik 9, 1904, S. 223 ff.; sodann: Heckendorn, H. Wandel des Anstands im französischen und im deutschen Sprachgebiet. Bern 1970.

30 Trümpy, H. Volkskunde im Schulbuch des 19. Jahrhunderts. In: Schweizerisches Archiv für Volkskunde. 67. Jahrgang. Basel 1971, Heft 1/3, S. 65 ff.

31 Trümpy, H. Volkskunde im Schulbuch a. a. O. S. 75.

32 Trümpy, H. Volkskunde im Schulbuch a. a. O. S. 77.

33 Bühler, J. L. Schweizer Heimatkunde. Zürich 1878, S. 227.

34 Zogg, J. Erinnerungen an eine arme Jugend 1838 bis 1905. In: Das war unser Leben. Autobiographische Texte a. a. O. S. 16.

35 Eggenberger, M. Aus den Erinnerungen. In: Das war unser Leben. Autobiographische Texte a. a. O. S. 47.

36 Hagmann, G. Lebenslauf. In: Das war unser Leben. Autobiographische Texte a. a. O. S. 95.

37 Hugger, P. Das war unser Leben. Autobiographische Texte a. a. O. S. 146.

38 Hugger, P. Das war unser Leben. Autobiographische Texte a. a. O. S. 96.

39 Hugger, P. Das war unser Leben. Autobiographische Texte a. a. O. S. 48.

40 Dietschy, P. Schulkind und Musik im 19. Jahrhundert a. a. O. S. 75.

41 Dietschy, P. Schulkind und Musik im 19. Jahrhundert a. a. O. S. 78 und S. 79.

Feiern und Feste (S. 302–308)

1 Meyer, J. J. Land, Volk und Staat der schweizerischen Eidgenossenschaft. Zürich 1861, S. 278 ff.

2 Hugger, P. Das Fest – Perspektiven einer Festgeschichte. In: Staat und Fest. Zur Geschichte und Gegenwart europäischer Festkultur. Unterägeri und Stuttgart 1987, S. 9 bis S. 24.

3 Atlas 2. Teil, 1. Lieferung, S. 1 bis S. 3.

4 Atlas 2. Teil, 1. Lieferung, S. 5.

5 Atlas 2. Teil, 1. Lieferung, S. 8.

6 Atlas 2. Teil, 1. Lieferung, S. 17.

7 Atlas 2. Teil, 1. Lieferung, S. 16.

8 Schweizerisches Idiotikon. Wörterbuch 4. Bd., Sp. 571 und Atlas für Volkskunde 2. Teil, 1. Lieferung, S. 16, Anmerkung 6.

9 Herzog, H. Schweizerische Volksfeste, Sitten und Gebräuche. Aarau 1884, S. 290.

10 Herzog, H. Schweizerische Volksfeste a. a. O. S. 289.

11 Herzog, H. Schweizerische Volksfeste a. a. O. S. 289.

12 Herzog, H. Schweizerische Volksfeste a. a. O. S. 289.

13 Atlas 2. Teil, 1. Lieferung, S. 32.

14 Atlas 2. Teil, 1. Lieferung, S. 44.

15 Atlas 2. Teil, 1. Lieferung, S. 46.

16 Schweizerisches Archiv für Volkskunde 29, 1939, S. 94.

17 Atlas 2. Teil, 1. Lieferung, S. 48. Fussnoten 8 bis 10.

18 Atlas 2. Teil, 1. Lieferung, S. 49. Fussnote 10.

19 Quiquerez, A. Les crèches de Noël. In: Schweizerisches Archiv für Volkskunde 67. Jahrgang. Basel 1971, Heft 1/3, S. 361.

20 Brunold-Bigler, U. Die Rose von Jericho (Anastatica Hierochuntica), eine weihnachtliche Orakelpflanze. In: Schweizerisches Archiv für Volkskunde 73. Jahrgang. Basel 1977, Heft 3/4, S. 125.

21 Herzog, H. Schweizerische Volksfeste a. a. O. S. 294 bis S. 295.

22 Atlas für Volkskunde 2. Teil, 1. Lieferung, S. 63.

23 Atlas für Volkskunde 2. Teil, 1. Lieferung, S. 67.

24 Brunner, E. Volkskundliches aus Stammheim. Schweizerisches Archiv für Volkskunde 1945, 1. Bd., S. 13 und S. 14.

25 Messikommer. Aus alter Zeit. Bd. 3, S. 34.

26 Messikommer. Aus alter Zeit. Bd. 3, S. 26.

27 Messikommer. Aus alter Zeit. Bd. 3, S. 28.

28 Idiotikon. 6. Bd., Sp. 954 sowie Messikommer aus alter Zeit. Bd. 1, Zürich 1909, S. 146.

29 Atlas für Volkskunde 2. Teil, 1. Lieferung, S. 71.

30 Atlas für Volkskunde 2. Teil, 1. Lieferung, S. 74.

31 Herzog, H. Volksfeste, Sitten und Gebräuche a. a. O. S. 207 bis S. 208.

32 Atlas für Volkskunde 2. Teil, 1. Lieferung, S. 65.

33 Brunner, E. Volkskundliches aus Stammheim. Schweizerisches Archiv für Volkskunde 1945, Bd. 1, S. 13 und S. 14.

34 Stauber, E. Sitten und Bräuche im Kanton Zürich. In: Neujahrsblatt. Hg. von der Hülfsgesellschaft in Zürich auf das Jahr 1922 und 1924, zwei Teile. Zürich 1922 und 1924. S. 134 ff.

35 Atlas für Volkskunde 2. Teil, 1. Lieferung, S. 79.

36 Atlas für Volkskunde 2. Teil, 1. Lieferung, S. 80.

37 G. Keller an Ludmilla Assing datiert vom 1. Januar 1858 (2. Hälfte des Briefes geschrieben am 2. Januar). In: Gesammelte Briefe. Bern 1951, S. 72 bis S. 73.

38 Zürich und seine Feste. Herausgegeben von Paul Hugger a. a. O. S. 10 bis S. 15.

39 Der Berchtelistag: Im Eidgenössischen Nationalkalender 1869, S. 47 bis S. 48. Abgedruckt in: Schweizerisches Archiv für Volkskunde 67. Jahrgang, Basel 1971, Heft 1/3, S. 354 bis S. 355.

40 Atlas für Volkskunde 2. Teil, 2. Lieferung, S. 91 wo auch reichhaltige Literaturangaben zu finden sind.

41 Herzog, H. Volksfeste, Sitten und Bräuche a. a. O. S. 212.

42 Bertrand, J. B. Notes sur la Fête des Rois en Valais. Schweizerische Volkskunde 18, 1928, S. 83 ff. Vergleiche dazu auch die Literaturangaben im Atlas für Volkskunde 2. Teil, 2. Lieferung, S. 91.

43 Hagenbach, K. R. Autobiographie in: Schweizerisches Archiv für Volkskunde 67. Jahrgang, Basel 1971, Heft 1/3, S. 308.

44 Atlas für Volkskunde 2. Teil, 2. Lieferung a. a. O. S. 106.

45 Atlas für Volkskunde 2. Teil, 2. Lieferung a. a. O. S. 107, Anmerkung 1.

46 Atlas für Volkskunde 2. Teil, 2. Lieferung a. a. O. S. 108.

47 Atlas für Volkskunde 2. Teil, 2. Lieferung a. a. O. S. 109 bis S. 110.

48 Idiotikon 3. Bd., Sp. 139.

49 Atlas für Volkskunde 2. Teil, 2. Lieferung a. a. O. S. 113.

50 Atlas für Volkskunde 2. Teil, 2. Lieferung a. a. O. S. 115.

51 Gyr, M. Einsiedler Volksbräuche. Einsiedeln 1935, S. 35 ff sowie Atlas für Volkskunde 2. Teil, 2. Lieferung a. a. O. S. 116 bis S. 117.

52 Das Jahr der Schweiz im: Fest und Brauch. Zürich 1981, S. 132 bis S. 133.

53 Das Jahr der Schweiz im: Fest und Brauch a. a. O. S. 114 bis S. 115.

54 Das Jahr der Schweiz im: Fest und Brauch a. a. O. S. 112 bis S. 113.

55 Vergleiche dazu etwa Bausinger, A. Volkskunde in der technischen Welt. Stuttgart 1961, S. 77 ff. Zum Japanesenspiel vergleiche auch: Das Jahr in Fest und Brauch a. a. O. S. 105.

56 Das Jahr der Schweiz in: Fest und Brauch a. a. O. S. 140.

57 Atlas für Volkskunde 2. Teil, 2. Lieferung a. a. O. S. 133, Fussnote 1.

58 Atlas für Volkskunde 2. Teil, 2. Lieferung a. a. O. S. 134 bis S. 139.

59 Atlas für Volkskunde 2. Teil, 2. Lieferung a. a. O. S. 147.

60 Hoffmann-Krayer. Feste und Bräuche des Schweizervolkes. Zürich 1940, S. 132.

61 Hoffmann-Krayer. Feste und Bräuche a. a. O. S. 140.

62 Gotthelf, J. Kleinere Erzählungen. Rentsch-Ausgabe 1962, S. 703 bis S. 705. Vergleiche dazu auch die Schilderung von H. Herzog: Das Eierlesen in der Schweiz. Volksfeste, Sitten und Gebräuche a. a. O. S. 238 ff. Dazu auch die zahlreichen Angaben im Atlas für Volkskunde 2. Teil, 2. Lieferung a. a. O. S. 161 ff.

63 Atlas für Volkskunde 2. Teil, 2. Lieferung a. a. O. S. 174, Anmerkung 9.

64 Atlas für Volkskunde 2. Teil, 2. Lieferung a. a. O. S. 167 bis S. 168 samt vielen Literaturangaben.

65 Hoffmann-Krayer. Feste und Bräuche a. a. O. S. 148. Curti, N. Volksbrauch und Volksfrömmigkeit im katholischen Kirchenjahr a. a. O. S. 67.

66 Hauser, A. Was für ein Leben a. a. O. S. 164.

67 Herzog, H. Volksfeste, Sitten und Gebräuche a. a. O. S. 244.

68 Hoffmann-Krayer. Feste und Bräuche a. a. O. S. 76 und das Jahr der Schweiz in Fest und Brauch a. a. O. S. 187.

69 Curti, N. Volksbrauch und Volksfrömmigkeit a. a. O. S. 69.

70 Curti, N. Volksbrauch und Volksfrömmigkeit a. a. O. S. 75.

71 Herzog, H. Schweizerische Volksfeste, Sitten und Gebräuche a. a. O. S. 248 bis S. 249.

72 Das Jahr der Schweiz in Fest und Brauch a. a. O. S. 189.

73 Curti, N. Volksbrauch und Volksfrömmigkeit a. a. O. S. 81. Vergleiche für die Fronleichnamsfeiern auch die Beschreibung in: Jahr des Festes a. a. O. S. 197.

74 Hugger, P. Zürich und seine Feste a. a. O. S. 26 und Herzog, H. Schweizerische Volks-

feste, Sitten und Gebräuche a. a. O. S. 168 und S. 169.

75 Stern, M. Das historische Festspiel – Integration um den Preis scheinhafter Identität. In: Auf dem Wege zu einer schweizerischen Identität 1848 bis 1914. Freiburg Schweiz 1985, S. 310.

76 Stern, M. Das historische Festspiel a. a. O. S. 312.

77 Stern, M. Das historische Festspiel a. a. O. S. 318.

78 Hauser, A. Was für ein Leben a. a. O. Kapitel Feiern und Feste S. 149 ff.

79 Gantner, Th. Der Festumzug. Volkskundlicher Beitrag zum Festwesen des 19. Jahrhunderts in der Schweiz. Führer durch das Museum für Völkerkunde und schweizerisches Museum für Volkskunde, Basel Sonderaustellung 1970, S. 11.

80 Gantner, Th. Der Festumzug a. a. O. S. 37.

81 Atlas für Volkskunde 1. Teil, 8. Lieferung. Kommentar S. 845. Hier ist auch die Literatur angegeben.

82 Atlas für Volkskunde 1. Teil, 8. Lieferung, S. 845 mit genauen Angaben über den Sinneswandel.

83 Strübin, E. Baselbieter Volksleben a. a. O. S. 25 und S. 26.

84 Atlas für Volkskunde 1. Teil, 8. Lieferung, S. 864.

85 Schnitzer, M. Die Morgartenfeier im werdenden schweizerischen Nationalbewusstsein. Zürich 1969, S. 14 und Wackernagel, H. G. Altes Volkstum der Schweiz. Basel 1956, S. 25.

86 Atlas für Volkskunde 1. Teil, 8. Lieferung, S. 867. Mit vielen Literaturangaben.

87 Schnitzer, M. Die Morgartenfeier a. a. O. S. 87.

88 Herzog, H. Volksfeste, Sitten und Gebräuche a. a. O. S. 6 bis S. 7.

89 Atlas für Volkskunde 1. Teil, 8. Lieferung, S. 872.

90 Herzog, H. Volksfeste, Sitten und Gebräuche a. a. O. S. 8 und S. 9.

91 Jugendbibliothek III in: Zürich 1865, zitiert von Herzog, H. Volksfeste, Sitten und Gebräuche a. a. O. S. 11.

92 Atlas für Volkskunde 2. Teil, 8. Lieferung, S. 876. Dort auch die neue Entwicklung der Feier bis 1973.

93 Herzog, H. Volksfeste, Sitten und Gebräuche a. a. O. S. 12 bis S. 13.

94 Züricher, G. Es war einmal. Familienbilder aus einer versunkenen Zeit. Bern o. J. S. 42. Zitiert von Hugger, P. Nationale Identität in: Auf dem Wege zu einer schweizerischen Identität a. a. O. S. 200.

95 Herzog, H. Volksfeste, Sitten und Gebräuche a. a. O. S. 17 bis S. 26.

96 Herzog, H. Volkfeste, Sitten und Gebräuche a. a. O. S. 69 bis S. 72.

97 Weitere Schwingfeste sind von Herzog, H. beschrieben. Die Schwingfeste in Obwalden S. 63, ein Schwingfest auf Stadt Alp, S. 64, das Alpenhirtenfest zu Unspunen, S. 66, ein Schwingfest auf der Allmend bei Schüpfen, S. 72 und das Älplerfest in Schwyz, S. 74. Autoren waren Businger, J., Hugi, J., Schwab, G. und Osenbrücken, E.

98 Herzog, H. Volksfeste, Sitten und Gebräuche a. a. O. S. 119.

99 Herzog, H. Volksfeste, Sitten und Gebräuche a. a. O. S. 119 bis S. 124.

100 Feierabend, M. A. Gibt einen guten Begriff von dem Aufwand, der Begeisterung und dem überbordendem Redestrom in seiner Darstellung: Das Doppelfest der vierhundertjährigen Schlachtfeier bei St. Jakob und des eidgenössischen Freischiessens in Basel. Zürich 1844.

101 Strübin, E. Baselbieter Volksleben a. a. O. S. 166.

102 Herzog, H. Volksfeste, Sitten und Gebräuche a. a. O. S. 144 bis S. 145.

103 Lichtenhahn, E. Das bürgerliche Musikfest im 19. Jahrhundert. In: Stadt und Fest. Zur Geschichte und Gegenwart europäischer Festkultur. Hg. von P. Hugger. Unterägeri 1987, S. 163.

104 Lichtenhahn, E. Das bürgerliche Musikfest a. a. O. S. 168.

105 Lichtenhahn, E. Das bürgerliche Musikfest a. a. O. S. 170.

106 Niggli, A. Die Schweizerische Musikgesellschaft. Zürich und Leipzig 1886, S. 47.

107 Niggli, A. Die Schweizerische Musikgesellschaft a. a. O. S. 26.

108 Lichtenhahn, E. Das bürgerliche Musikfest a. a. O. S. 112.

109 Lichtenhahn, E. Das bürgerliche Musikfest a. a. O. S. 173.

110 Strübin, E. Baselbieter Volksleben a. a. O. S. 167.

111 Thoman, R. Der Eidgenössische Sängerverein 1842–1942. S. 70 bis S. 75.

112 Lichtenhahn, E. Das bürgerliche Musikfest a. a. O. S. 179.

Musik und Tanz (S. 309–338)

1 Weiss, R. Volkskunde der Schweiz a. a. O. S. 224.

2 Staehelin, M. Volksmusikalisches aus den Schweizer Alpen. Im Nachlass von Johann Gottfried Ebel. Schweizerisches Archiv für Volkskunde 68./69. Jahrgang. Basel 1972/73, Heft 1 bis 6, S. 640 ff.

3 Bachmann-Geiser, B. Die Volksinstrumente der Schweiz. Zürich 1981, S. 90.

4 Staehelin, M. Volksmusikalisches aus den Schweizer Alpen a. a. O. S. 645.

5 Sammlung von Schweizer-Kühreigen und alten Volksliedern. Bern 1912 sowie Tarenne, G. Recherches sur le Ranz des vaches. Paris 1913. Vergleiche dazu auch Tobler, A. Kuhreigen und Kühreigen, Jodel und Jodellied in Appenzell. Leipzig und Zürich 1890, Dokumente Nr. 3a.

6 Staehelin, M. Volksmusikalisches aus den Schweizer Alpen a. a. O. S. 648.

7 Alpenrosen, ein Schweizer Taschenbuch auf das Jahr 1828. Leipzig 1828, S. 377.

8 Weiss, R. Alpiner Mensch und alpines Leben in der Krise der Gegenwart. Schweizerisches Archiv für Volkskunde 58. 1962. 4. S. 234.

9 Baumann, M. P. Musikfolklore und Musikfolklorismus. Winterthur 1976, S. 144.

10 Gassmann, A. L. Was unsere Väter sangen. Basel 1961. Schriften der Schweizerischen Gesellschaft für Volkskunde 42, S. 311.

11 Weiss, R. Volkskunde a. a. O. S. 230.

12 Baumann, M. P. Musikfolklore a. a. O. S. 161.

13 Idiotikon Bd. 6, Sp. 501.

14 Tobler, A. Kuhreigen oder Kühreigen, Jodel und Jodellied im Appenzell. Leipzig und Zürich 1890, S. 19.

15 Baumann, M. P. Musikfolklore a. a. O. S. 199.

16 Burgerbibliothek Bern. Ms. Mül. 577 Nr. 9. Zitiert Anhang Baumann, M. P. Musikfolklore. S. 252.

17 Baumann, M. P. Musikfolklore a. a. O. S. 215.

18 Burgerbibliothek Bern. Ms. Mül. 577 Nr. 9.

19 Baumann, M. P. Musikfolklore a. a. O. S. 217 ff.

20 Weiss, R. Volkskunde der Schweiz a. a. O. S. 238.

21 Rüegg, R. Die Sängerwoche. Plaudereien und weitere Federzeichnungen aus der Sängerwelt. Wädenswil 1926, S. 9 und S. 10 sowie S. 51.

22 Eine Lücke im zürcherischen Musikleben. Artikel in der Eidgenössischen Zeitung vom 26. Oktober 1855.

23 Richard Wagner in Zürich. 170. Neujahrsblatt der Allgemeinen Musikgesellschaft auf das Jahr 1988. Zürich 1988.

24 Eidgenössische Zeitung vom 1. Januar 1854.

25 Avisblatt 1812, Nr. III und IV.

26 Sonderegger, S. Appenzeller Sein und Bleiben. Herisau 1972/79, S. 100. Vergleiche zur Appenzeller Streichmusik auch Engeler, M. Das Beziehungsfeld zwischen Volksmusik, Volksmusiker und Volksmusikpflege am Beispiel der Appenzeller Streichmusik. Herisau und Trogen 1984, S. 18.

27 Engeler, M. Appenzeller Streichmusik a. a. O. S. 17.

28 Weiss, R. Volkskunde a. a. O. S. 218 und Volksmusik in der Schweiz. Hg. von der Gesellschaft für Volksmusik in der Schweiz. Zürich 1985, S. 64 ff.

29 Volksmusik a. a. O. S. 64.

30 Volksmusik a. a. O. S. 64.

31 Otterbach, T. Die Geschichte der europäischen Tanzmusik. Wilhelmshaven 1983, S. 165 bis S. 251.

Spiel und Sport (S. 339–352)

1 Niederer, K. Erlebnisse eines Appenzellers in neapolitanischen Diensten. Erschienen 1901 in St. Gallen, S. 5 bis S. 33. Zitiert in: Messerli, A. Flausen im Kopf. Zürich 1984, S. 81. Kreis, J. Aus der guten alten Zeit oder Jugenderinnerungen eines Werkmeisters. Flawil 1919, S. 6 ff. Zitiert in: Messerli, A. Flausen im Kopf a. a. O. S. 113 und S. 136.

2 Weiss, R. Volkskunde der Schweiz a. a. O. S. 192.

3 Hoffmann-Krayer. Feste und Bräuche a. a. O. S. 84 und das Jahr in Fest und Brauch a. a. O. S. 263.

4 Weiss, R. Volkskunde der Schweiz a. a. O. S. 194.

5 Mathys, F. K. Alte Kinderspiele. Frauenfeld 1983, S. 114 bis S. 115.

6 Mathys, F. K. Alte Kinderspiele a. a. O. S. 118 bis S. 119.

7 Mathys, F. K. Alte Kinderspiele a. a. O. S. 129 ff.

8 Weber-Kellermann, J. Die Kindheit. Frankfurt 1979, S. 195 ff.

9 Kreis, J. Aus der guten alten Zeit. Zitiert von Messerli, A. Flausen im Kopf a. a. O. S. 137.

10 Weiss, R. Volkskunde der Schweiz a. a. O. S. 197.

11 Deplazes, C. Troccas – Das Tarockspiel in Graubünden. Schweizerisches Archiv für Volkskunde Heft 1 bis 2, S. 41 ff.

12 Idiotikon (Schweizerisches Wörterbuch der schweizerdeutschen Sprache) 3. Bd., Sp. 514.

13 Idiotikon 6. Bd., Sp. 954.

14 Idiotikon 4. Bd., Sp. 1842 bis 1929 und Sp. 941.

15 Idiotikon 2. Bd., Sp. 1386.

16 Idiotikon 3. Bd., Sp. 70.

17 Burgener, L. Sport Schweiz. Geschichte und Gegenwart. Solothurn 1974, S. 19.

18 Burgener, L. Sport Schweiz a. a. O. S. 22 bis S. 26.

19 Burgener, L. Sport Schweiz a. a. O. S. 26.

20 Die Schweiz um die Jahrhundertwende. Zürich 1985, S. 183.

21 Weiss, R. Volkskunde der Schweiz a. a. O. S. 186.

22 Die Schweiz um die Jahrhundertwende a. a. O. S. 216.

22a Gotthelf, J. Ueli der Knecht. (1848) Rentsch Ausgabe S. 48 ff.

23 Weiss, R. Volkskunde der Schweiz a. a. O. S. 188.

24 Weiss, R. Volkskunde der Schweiz a. a. O. S. 189.

25 Gedenkschrift zum hundertjährigen Jubiläum des schweizerischen Schützenvereins 1824 bis 1924. Bern 1924, S. 73.

26 Gedenkschrift zum hundertjährigen Jubiläum a. a. O. S. 73 und S. 391.

27 Gedenkschrift zum hundertjährigen Jubiläum a. a. O. S. 393.

28 Gedenkschrift zum hundertjährigen Jubiläum a. a. O. S. 393.

29 Kreis, J. Aus der guten alten Zeit. In: Flausen im Kopf a. a. O. S. 115 bis S. 116.

30 Atlas der Volkskunde 2. Teil, 4. Lieferung, S. 302 bis S. 305. Dort ist auch eine reichhaltige Literatur verzeichnet.

31 Die Schweiz um die Jahrhundertwende a. a O S. 186 bis S. 187.

32 Röllin, P. St. Gallen. Stadtveränderung und Stadterlebnis a. a. O. S. 116.

33 Die Schweiz um die Jahrhundertwende a. a. O. S. 188.

34 Die Schweiz um die Jahrhundertwende a. a. O. S. 192 ff.

35 Röllin, P. St. Gallen. Stadveränderung und Stadterlebnis a. a. O. S. 116.

36 Die Schweiz um die Jahrhundertwende a. a. O. S. 194.

37 Seylaz, L. Die Anfänge des schweizerischen Alpinismus. In: Die Alpen. 1963. 39. Jahrgang, S. 42.

38 Seylaz, L. Die Anfänge des schweizerischen Alpinismus a. a. O. S. 85.

39 Seylaz, L. Die Anfänge des schweizerischen Alpinismus a. a. O. S. 86.

40 Seylaz, L. Die Anfänge des schweizerischen Alpinismus a. a. O. S. 86.

41 Oechslin, M. Aus der Geschichte des schweizerischen Alpenclubs. In: Alpen. Zeitschrift des SAC, 39. Jahrgang 1963, S. 4 bis S. 9.

42 Oechslin, M. Aus der Geschichte des schweizerischen Alpenclubs a. a. O. S. 9 bis S. 10.

43 Schenk, P. Jagd und Naturschutz in der Schweiz. Stuttgart 1966, S. 57 bis S. 59.

44 Diese Bemerkung finden wir in der Erzählung: Der Oberamtmann und der Amtsrichter von Gotthelf. Der Verfasser war ein leidenschaftlicher Jäger; er hat den Sachverhalt zweifellos richtig wiedergegeben. Die Erzählung steht in der Rentsch-Ausgabe. Erlenbach 1966, S. 145.

45 Gotthelf, J. Der Oberamtmann und der Amtsrichter. S. 145.

46 Die Jagdgeschichte ist noch sehr schlecht erforscht. Hier nur einige wenige Literaturangaben: Schmid, G. Die Jagd in der Schweiz. 2 Bde., Genf und Winterthur 1951 und 1952, S. 257 ff. Für einzelne Regionen: Liebenau, Th. Von der Geschichte der Jagd im Entlebuch 1897. Von Rodt, E. Altbernisches Jagdwesen. Berner Taschenbuch 1901. Merz, W. Zur Geschichte der Jagd im Aargau. Aarau 1925. Blanc, L. Le régime de la chasse dans le Canton de Fribourg. Freiburger Dissertation 1903. Hämmerli, W. Das zürcherische Jagdrecht. Zürcher Dissertation 1940. Rohrdorf, C. Der Schweizerjäger. Glarus 1835. Jann. Stans. Das Jagdwesen in Nidwalden. 1456 bis 1908. Ohne Jahresangabe.

Neue und alte Leitbilder (S. 353–407)
Zur Einführung (S. 353–354)

1 Ethik-Lesebuch. Von Platon bis heute. Hg. von Robert Spaemann. München-Zürich 1987. Darin der Abschnitt Jean-Jacques Rousseau: Politische Ökonomie S. 374.

2 Cammartin, J. Zurück zur Natur, doch zu welcher? NZZ 13./14. August 1988. Nr. 187.

Volkslieder (S. 355–359)

1 Hauser, A. Was für ein Leben a. a. O. S. 246.

2 Kuhn, G. J. Sammlung von Schweizer-Küherreigen und alten Volksliedern. Bern 1812. Vorbericht S. VI. Vergleiche dazu auch: Baumann, M. Musikfolklore und Musikfolklorismus. Winterthur 1976, S. 210 ff.

3 Acht Schweizer-Küherreigen, mit Musik und Text. Bern 1805. Ferner: Schweizer-Küherreigen und Schweizer-Küherlieder. Bern 1805 (nur Texte). Ferner: Sammlung von Schweizer-Küherreigen und alten Volksliedern nach ihren bekannten Melodien in Musik gesetzt. 2. Ausgabe, Bern 1812.

4 Bausinger, H. Formen der Volkspoesie. Berlin 1968, S. 267.

5 Weiss, R. Volkskunde der Schweiz a. a. O. S. 241.

6 Tobler, L. Schweizerische Volkslieder. II. Teil. Nachdruck der Ausgabe von 1882/84, S. 147 bis S. 148.

7 Tobler, L. Schweizerische Volkslieder. II. Teil, S. 148 bis S. 151.

8 Die Schweiz Jahrgang 1859, S. 118. Zitiert von Tobler, L. Schweizerische Volkslieder I. Teil, S. 72 bis S. 73.

9 Tobler, L. Schweizerische Volkslieder. I. Teil, S. 188 bis S. 189.

10 Tobler, L. Schweizerische Volkslieder. I. Teil, S. 203 bis S. 205.

Theater und Festspiel (S. 371–375)

1 Müller, E. Schweizer Theatergeschichte. Ein Beitrag zur Kulturgeschichte. Schriftenreihe des Schauspielhauses Zürich Nr. 2. Zürich 1944, S. 227.

2 Röllin, P. St. Gallen. Stadtveränderung und Stadterlebnis im 19. Jahrhundert. St. Gallen 1981, S. 448 bis S. 459.

3 Müller, E. Schweizer Theatergeschichte a. a. O. S. 235 bis S. 237.

4 Müller, E. Schweizer Theatergeschichte a. a. O. S. 244.

5 Müller, E. Schweizer Theatergeschichte a. a. O. S. 245.

6 Müller, E. Schweizer Theatergeschichte a. a. O. S. 250.

7 Das Festspiel: Formen, Funktionen, Perspektiven. Hg. von Engler, B. und Kreis, G. Willisau 1988, S. 86.

8 Das Festspiel a. a. O. S. 88.

9 Keller, G. Der grüne Heinrich. 2. Bd. Rentsch-Ausgabe 1926, S. 161.

10 Keller, G. Der grüne Heinrich a. a. O. S. 172.

11 Keller, G. Der grüne Heinrich a. a. O. S. 178.

12 Keller, G. Der grüne Heinrich a. a. O. S. 179 und S. 180.

13 Schmid, K. Schiller und die Schweiz. In: Aufsätze und Reden. Zürich, Stuttgart 1957, S. 149.

14 Müller, E. Schweizer Theatergeschichte a. a. O. S. 264.

15 Müller, E. Schweizer Theatergeschichte a. a. O. S. 270.

16 Müller, E. Schweizer Theatergeschichte a. a. O. S. 278.

17 Müller, E. Schweizer Theatergeschichte a. a. O. S. 283.

18 Müller, E. Schweizer Theatergeschichte a. a. O. S. 288.

19 Weiss, R. Volkskunde der Schweiz a. a. O. S. 211.

20 Das Festspiel a. a. O. S. 90.

21 Das Festspiel a. a. O. S. 92.

22 Das Festspiel a. a. O. S. 101.

23 Das Festspiel a. a. O. S. 112.

Zeitungen und Bücher (S. 359–370)

1 Dokumente Baselland hg. von F. Klaus, 2. Teil a. a. O. S. 122.

2 Münch, E. Heinrich Zschokke, geschildert nach seinen vorzüglichsten Lebensmomenten. Haag 1831, S. 89 und Schweizerisches Archiv für Volkskunde 67. Jg. Basel 1971, Heft 1/3, S. 85.

3 Flausen im Kopf. Hg. von A. Messerli a. a. O. S. 66.

4 Strübin, E. Baselbieter Volksleben a. a. O. S. 270.

5 Geschichte der Schweiz und der Schweizer a. a. O. S. 588.

6 Schenda, R. Die Lesestoffe der kleinen Leute a. a. O. S. 38.

7 Geschichte der Schweiz und der Schweizer a. a. O. S. 588.

8 Gotthelf, J. Der Regierer. Gesammelte Werke 13, S. 120.

9 Gotthelf, J. Der Regierer. Gesammelte Werke 13, S. 120.

10 Strübin, E. Baselbieter Volksleben a. a. O. S. 250.

11 Ulrich, C. Der Lesezirkel Hottingen. Zürich 1981, S. 13 bis S. 14.

12 Strübin, E. Baselbieter Volksleben a. a. O. S. 267.

13 Die Leserschaft im Neuenburgischen 1760 bis 1830. Ausstellung der Neuenburger Publique Bibliothèque vom April 1986.

14 Schenda, R. Die Lesestoffe der kleinen Leute a. a. O. S. 29.

15 Schenda, R. Volk ohne Buch. Frankfurt a. M. 1988. S. 438 bis S. 439.

16 Fretz, D. Die Entstehung der Lesegesellschaft Wädenswil a. a. O. S. 88 bis S. 91.

17 Keller, G. Die Leute von Seldwyla. Gesammelte Werke 1. Bd. 1927, S. 281.

18 Flausen im Kopf a. a. O. S. 62 bis S. 63.

19 Flausen im Kopf a. a. O. S. 64.

20 Schenda, R. Die Lesestoffe der kleinen Leute a. a. O. S. 34.

21 Schenda, R. Die Lesestoffe der kleinen Leute a. a. O. S. 74.

22 Volksblatt vom 31. Juli 1851. Zitiert in: Basellandschaft in historischen Dokumenten 2. Teil, S. 373.

23 Volksblatt vom 4. September 1851. Zitiert in: Basellandschaft in historischen Dokumenten 2. Teil, S. 374.

24 Strübin, E. Grundfragen des Volkslebens bei Jeremias Gotthelf. Schweizerisches Archiv für Volkskunde 55. Jg., Basel 1959, Heft 3, S. 127. Vergleiche neuerdings die schöne Arbeit von Holl, H. P. Jeremias Gotthelf. Leben, Werk, Zeit. Zürich 1988.

25 Martini, F. Deutsche Literatur im bürgerlichen Realismus 1848 bis 1898. Stuttgart 1962, S. 460.

26 Gotthelf, J. Kleinere Erzählungen. Gesammelte Werke a. a. O. S. 73.

27 Gotthelf, J. Erlebnisse eines Schuldenbauers. Gesammelte Werke S. 64 und S. 230.

28 Gotthelf, J. Käthi die Grossmutter. Gesammelte Werke S. 181 und Zeitgeist und Bernergeist, S. 210.

29 Gotthelf, J. Zeitgeist und Bernergeist. Gesammelte Werke a. a. O. S. 283.

30 Gotthelf, J. Anne Bäbi Jowäger. Gesammelte Werke a. a. O. S. 290.

31 Strübin, E. Grundfragen des Volkslebens bei Gotthelf a. a. O. S. 139.

32 Gotthelf, J. Die Käserei in der Vehfreude. Gesammelte Werke a. a. O. S. 71.

33 Gotthelf, J. Zeitgeist und Bernergeist. Gesammelte Werke a. a. O. S. 14. Zitiert in: Hauser, A. Wald und Feld in der alten Schweiz a. a. O. S. 359.

34 Strübin, E. Grundfragen des Volkslebens bei Gotthelf a. a. O. S. 139.

35 Strübin, E. Grundfragen des Volkslebens bei Gotthelf a. a. O. S. 140 und S. 141.

36 Gotthelf, J. Anne Bäbi Jowäger. Gesammelte Werke a. a. O. S. 136.

37 Gotthelf, J. Die Käserei in der Vehfreude. Gesammelte Werke a. a. O. S. 256.

38 Strübin, E. Grundfragen des Volkslebens bei Gotthelf a. a. O. S. 150.

39 Gotthelf, J. Ueli der Knecht. Gesammelte Werke a. a. O. S. 130.

40 Gotthelf, J. Geld und Geist. Gesammelte Werke a. a. O. S. 60.

41 Gotthelf, J. Anne Bäbi Jowäger. Gesammelte Werke a. a. O. S. 34.

42 Hauser, A. Über das wirtschaftliche und soziale Denken Gottfried Kellers. Vortrag in der Gottfried Keller Gesellschaft. Zürich 1963, S. 4.

43 Hauser, A. Über das wirtschaftliche und soziale Denken Gottfried Kellers a. a. O. S. 6.

44 Hauser, A. Über das wirtschaftliche und soziale Denken Gottfried Kellers a. a. O. S. 10.

45 Schmid, K. Unbehagen im Kleinstaat. Stuttgart 1963, S. 5.

46 Martini, F. Deutsche Literatur im bürgerlichen Realismus a. a. O. S. 802.

47 Schmid, K. Unbehagen im Kleinstaat a. a. O. S. 54.

48 Schmid, K. Unbehagen im Kleinstaat a. a. O. S. 70.

49 Schmid, K. Unbehagen im Kleinstaat a. a. O. S. 73.

50 Schmid, K. Unbehagen im Kleinstaat a. a. O. S. 74.

51 Schmid, K. Unbehagen im Kleinstaat a. a. O. S. 84.

52 Schmid, K. Unbehagen im Kleinstaat a. a. O. S. 201.

53 Burckhardt, J. Weltgeschichtliche Betrachtungen. In: Gesammelte Werke. Bd. IV., Basel 1956, S. 152.

54 Burckhardt, J. Weltgeschichtliche Betrachtungen a. a. O. S. 168.

55 Burckhardt, J. Weltgeschichtliche Betrachtungen a. a. O. S. 170.

56 Burckhardt, J. Weltgeschichtliche Betrachtungen a. a. O. S. 171.

57 Burckhardt, J. Weltgeschichtliche Betrachtungen a. a. O. S. 172.

57a Wyss, J. D. Der schweizerische Robinson. Nacherzählt von Felix Möschlin mit einem Nachwort von Robert L. Wyss. Münsingen, Bern 1965.

58 Winkler, J. Ich möcht dir meine Heimat einmal zeigen. Biographisches zu Johanna Spyri, Autorin des Heidi und ihren Hirzeler Vorfahren. Hirzel 1982, S. 126.

59 Winkler, J. Ich möcht dir meine Heimat einmal zeigen a. a. O. S. 145.

60 Winkler, J. Ich möcht dir meine Heimat einmal zeigen a. a. O. S. 156.

61 Winkler, J. Ich möcht dir meine Heimat einmal zeigen a. a. O. S. 146.

62 Winkler, J. Ich möcht dir meine Heimat einmal zeigen a. a. O. S. 152.

Inschriften an Häusern, Möbeln und Geschirr (S. 376–384)

1 Rüegg, W. Haussprüche und Volkskultur. Die thematischen Inschriften der Prätigauer Häuser und Geräte, Kirchen und Glocken, Bilder und Denkmäler. Basel 1970, S. 419

2 Rüegg, W. Haussprüche und Volkskultur a. a. O. S. 462.

3 Rüegg, W. Haussprüche und Volkskultur a. a. O. S. 460.

4 Rüegg, W. Haussprüche und Volkskultur a. a. O. S. 351 und Anmerkung Nr. 204. 1.

5 Rüegg, W. Haussprüche und Volkskultur a. a. O. S. 351, S. 354 und S. 355.

6 Rubi, Ch. Volkskunst am Berner Bauernhaus. Basel 1942, S. 51.

7 Rubi, Ch. Volkskunst am Berner Bauernhaus a. a. O. S. 52.

8 Rüegg, W. Haussprüche und Volkskultur a. a. O. Abbildung 100 auf S. 254.

9 Maurer, G. Hausinschriften im Schweizerland. Spiez 1942, S. 52.

10 Tuor, R. Berner Hausinschriften. Bern 1981, S. 35.

11 Tuor, R. Berner Hausinschriften a. a. O. S. 35.

12 Maurer, G. Hausinschriften im Schweizerland a. a. O. S. 49.

13 Rüegg, W. Haussprüche und Volkskultur a. a. O. S. 134.

14 Rüegg, W. Haussprüche und Volkskultur a. a. O. S. 137.

15 Rüegg, W. Haussprüche und Volkskultur a. a. O. S. 140, Nr. 485.

16 Rüegg, W. Haussprüche und Volkskultur a. a. O. S. 140, Nr. 489.

17 Maurer, G. Hausinschriften im Schweizerland a. a. O. S. 50.

18 Rüegg, W. Haussprüche und Volkskultur a. a. O. S. 22, Nr. 26,4.

19 Rüegg, W. Haussprüche und Volkskultur a. a. O. S. 119, Nr. 385,1.

20 Rüegg, W. Haussprüche und Volkskultur a. a. O. S. 139, Nr. 482.

21 Rüegg, W. Haussprüche und Volkskultur a. a. O. S. 54, Nr. 95,2.

22 Rüegg, W. Haussprüche und Volkskultur a. a. O. S. 62, Nr. 118,5.

23 Rüegg, W. Haussprüche und Volkskultur a. a. O. S. 72, Nr. 152,18.

24 Rüegg, W. Haussprüche und Volkskultur a. a. O. S. 115, Nr. 357.

25 Rüegg, W. Haussprüche und Volkskultur a. 2a. O. S. 114, Nr. 360. Nachweis S. 490.

26 Rüegg, W. Haussprüche und Volkskultur a. a. O. S. 118, Nr. 377.

27 Rüegg, W. Haussprüche und Volkskultur a. a. O. S. 28, Nr. 3615.

28 Appenzeller Himmelbett (um 1820). Museum für Appenzeller Brauchtum in Urnäsch.

29 Rüegg, W. Haussprüche und Volkskultur a. a. O. S. 117, Nr. 375.

30 Müller, R. J. Zuger Künstler und Kunsthandwerker. Zug 1977, S. 183.

31 Steinmann, E., Venzien, R. und Gut, W. Bemalte Bauernmöbel. Bern 1978, Tafel 16.

32 Rüegg, W. Haussprüche und Volkskultur a. a. O. S. 128, Nr. 410.

33 Horat, H. Flühli-Glas. Bern und Stuttgart 1986, S. 203.

34 Horat, H. Flühli-Glas. Zwei Beispiele S. 200.

35 Pazaurek, E. Gläser der Empire- und Biedermeierzeit. Braunschweig 1976, S. 200.

36 Pazaurek, E. Gläser a. a. O. S. 207.

37 Bausinger, H. Formen der Volkspoesie. Berlin 1968, S. 111.

38 Schweizerisches Archiv für Volkskunde 1911 a. a. O. S. 141.

39 Schweizerisches Archiv für Volkskunde 1911 a. a. O. S. 104.

40 Schweizerisches Archiv für Volkskunde 1911 a. a. O. S. 144.

41 Meili, D. Zürcher Oberländer Volkskunst. Wetzikon 1980, S. 93.

42 Museum zum Hohlen Eich, Wädenswil. Ausstellungsort: Büfett in der Wohnstube.

43 Schweizerisches Archiv für Volkskunde 1911 a. a. O. S. 141.

44 Schweizerisches Archiv für Volkskunde 1911 a. a. O. S. 141.

45 Schweizerisches Archiv für Volkskunde 1911 a. a. O. S. 117.

46 Schweizerisches Archiv für Volkskunde 1911 a. a. O. S. 209.

47 Schweizerisches Archiv für Volkskunde 1911 a. a. O. S. 209.

48 Schweizerisches Archiv für Volkskunde 1911 a. a. O. S. 104.

49 Schweizerisches Archiv für Volkskunde 1911 a. a. O. S. 103.

Malerei und Skulptur (S. 384–390)

1 Gantner, J. und Reinle, A. Kunstgeschichte der Schweiz 4. Bd. Die Kunst des 19. Jahrhunderts. Frauenfeld 1962, S. 133.

2 Gantner, J. und Reinle, A. Kunstgeschichte der Schweiz. 19. Jahrhundert a. a. O. S. 183.

3 Keller, G. Sämtliche Werke, Bd. 22. Bern 1948, S. 238.

4 Gantner, J. und Reinle, A. Kunstgeschichte der Schweiz. 19. Jahrhundert a. a. O. S. 184.

5 Zelger, F. Heldenstreit und Heldentod. Schweizerische Historienmalerei im 19. Jahrhundert. Zürich 1973, S. 31.

6 Zelger, F. Historienmalerei a. a. O. S. 32.

7 Zelger, F. Historienmalerei a. a. O. S. 34.

8 Zelger, F. Historienmalerei a. a. O. S. 39.

9 Keller, G. Brief vom 11. Januar 1841. Gesammelte Werke 1. Bd. Bern 1950, S. 38.

10 Zelger, F. Historienmalerei a. a. O. Abbildung 26.

11 Deuchler, F. Kunstbetrieb. Ars Helvetica II, Disentis 1987, S. 148.

12 Zelger, F. Historienmalerei a. a. O. S. 90.

13 Keller, G. Ein bescheidenes Kunstreischen. In: NZZ vom 22. März 1862. Zitiert von Zelger, F. Historienmalerei a. a. O. S. 102.

14 Zelger, F. Historienmalerei a. a. O. S. 109.

15 Zelger, F. Historienmalerei a. a. O. S. 117.

16 Zelger, F. Historienmalerei a. a. O. S. 119 bis S. 121.

17 Zelger, F. Historienmalerei a. a. O. S. 125.

18 Gantner, J. und Reinle, A. Kunstgeschichte der Schweiz. 19. Jahrhundert a. a. O. S. 327.

19 Gantner, J. und Reinle, A. Kunstgeschichte der Schweiz. 19. Jahrhundert a. a. O. S. 330.

20 Gantner, J. und Reinle, A. Kunstgeschichte der Schweiz. 19. Jahrhundert a. a. O. S. 340.

21 Deuchler, F. Kunstbetrieb a. a. O. S. 72.

22 Deuchler, F. Kunstbetrieb a. a. O. S. 81.

23 Deuchler, F. Kunstbetrieb a. a. o. S. 82.

Sagen (S. 391–397)

1 Senti, A. Sagen aus dem Sarganserland. 2. Auflage, Basel 1975, S. 451. Ähnliche Feststellungen in Arnold Büchlis Bündner Sagen, Josef Gunterns Walliser Volkserzählungen, Melchior Sooders Sagen aus dem Haslital, um nur einige wenige Beispiele aus der reichen Sagenliteratur anzuführen.

2 Sererhard, N. Einfalte Delineation. Hg. von W. Kern. Chur 1944, S. 182.

3 Atlas für Volkskunde 2. Teil, 7. Lieferung, S. 749.

4 Atlas für Volkskunde 2. Teil, 7. Lieferung, S. 749.

5 Atlas für Volkskunde 2. Teil, 7. Lieferung, S. 749, mit Anmerkung 41.

6 Atlas für Volkskunde 2. Teil, 7. Lieferung, S. 750.

7 Idiotikon 2. Bd., Sp. 1085. Weitere Schildbürgererzählungen bezüglich Hegnau: Atlas für Volkskunde 2. Teil, 7. Lieferung, S. 738 und S. 745.

8 Atlas für Volkskunde 2. Teil, 7. Lieferung, S. 735.

9 Atlas für Volkskunde 2. Teil, 7. Lieferung, S. 736.

10 Atlas für Volkskunde 2. Teil, 7. Lieferung, S. 736.

11 Atlas für Volkskunde 2. Teil, 7. Lieferung, S. 738.

12 Atlas für Volkskunde 2. Teil, 7. Lieferung, S. 741. Eine ähnliche Geschichte erzählte man von den Gersauern. Ebenda S. 746.

13 Atlas für Volkskunde 2. Teil, 7. Lieferung, S. 609 bis S. 618.

14 Röhrich, L. Die deutsche Volkssage. Studium Generale II, 1958, S. 688. Zitiert Atlas für Volkskunde 2. Teil, 7. Lieferung, S. 629.

15 Atlas für Volkskunde 2. Teil, 7. Lieferung, S. 634 und S. 643.

16 Atlas für Volkskunde 2. Teil, 7. Lieferung, S. 647.

17 Atlas für Volkskunde 2. Teil, 7. Lieferung, S. 647, Anmerkung 57.

18 Atlas für Volkskunde 2. Teil, 7. Lieferung, S. 666.

19 Atlas für Volkskunde 2. Teil, 7. Lieferung, S. 667.

20 Atlas für Volkskunde 2. Teil, 7. Lieferung, S. 667.

21 Atlas für Volkskunde 2. Teil, 7. Lieferung, S. 669.

22 Atlas für Volkskunde 2. Teil, 7. Lieferung, S. 672.

23 Atlas für Volkskunde 2. Teil, 7. Lieferung, S. 674.

24 Atlas für Volkskunde 2. Teil, 7. Lieferung, S. 679.

25 Atlas für Volkskunde 2. Teil, 7. Lieferung, S. 681.

26 Atlas für Volkskunde 2. Teil, 7. Lieferung, S. 687.

27 Atlas für Volkskunde 2. Teil, 7. Lieferung, S. 693.

28 Atlas für Volkskunde 2. Teil, 7. Lieferung, S. 695.

29 Atlas für Volkskunde 2. Teil, 7. Lieferung, S. 702 bis S. 703.

30 Atlas für Volkskunde 2. Teil, 7. Lieferung, S. 705.

31 Atlas für Volkskunde 2. Teil, 7. Lieferung, S. 708.

32 Atlas für Volkskunde 2. Teil, 7. Lieferung, S. 709.

33 Atlas für Volkskunde 2. Teil, 7. Lieferung, S. 710.

34 Zum Problem der Zigeuner vergleiche auch: Fahrendes Volk – verfolgt und verfemt. Jenische Lebensläufe Dokumente von Th. Huonker. Zürich 1987.

35 Atlas für Volkskunde 2. Teil, 7. Lieferung, S. 714.

36 Atlas für Volkskunde 2. Teil, 7. Lieferung, S. 716, Anmerkung 4.

37 Atlas für Volkskunde 2. Teil, 7. Lieferung, S. 717.

38 Atlas für Volkskunde 2. Teil, 7. Lieferung, S. 718 bis S. 719.

39 Vergleiche dazu zum Beispiel die Marchenrückersagen bei Senti, A. Sagen im Sarganserland a. a. O. S. 42 ff. Man beachte auch: Guntern, J. Walliser Sagen. Olten und Freiburg im Breisgau 1963, Nr. 343 und Müller, J. Sagen aus Uri. III. Bd. Nr. 1072.

40 Müller, J. Urner Sagen. 2. Teil, Nr. 985.

41 Lüthi, M. Volksliteratur und Hochliteratur. Bern 1970, S. 40.

Sprichwörter, Schwänke und Witze (S. 397–407)

1 Büchli, A. Mythologische Landeskunde Graubündens a. a. O. Bd. 2, S. 284.

2 Ineichen, H. Der Volksmund im Luzernerbiet. Hitzkirch 1982, S. 43 bis S. 45.

3 Lüthy, M. Volksliteratur und Hochliteratur a. a. O. S. 12. Weitere Beispiele bei Sutermeister, O. Die schweizerischen Sprichwörter. Aarau 1869 sowie Tobler, T. Appenzeller Sprachschatz. Zürich 1837.

4 Ineichen, H. Der Volksmund a. a. O. S. 35

5 Senti, A. Anekdoten, Schwänke und Witze aus dem Sarganserland. Mels 1988, S. 18.

6 Senti, A. Anekdoten, Schwänke und Witze a. a. O. S. 22.

7 Strübin, E. und Suter, P. Müschterli us em Baselbiet. Liestal 1980, S. 33 ff.

8 Senti, A. Andekdoten, Schwänke und Witze a. a. O. S. 22.

9 Sonderegger, S. Appenzeller Sein und Bleiben. Herisau 1973, S. 34.

10 Sonderegger, S. Appenzeller Sein und Bleiben a. a. O. S. 36.

11 Sonderegger, S. Appenzeller Sein und Bleiben a. a. O. S. 37.

12 Sonderegger, S. Appenzeller Sein und Bleiben a. a. O. S. 39.

13 Büchli, A. Mythologische Landeskunde von Graubünden a. a. O. 2. Bd., S. 52.

14 Strübin, E. und Suter, P. Müschterli a. a. O. S. 187.

15 Strübin, E. und Suter, P. Müschterli a. a. O. S. 187.

16 Senti, A. Anekdoten, Schwänke und Witze a. a. O. S. 101.

17 Strübin, E. und Suter, P. Müschterli a. a. O. S. 11.

18 Strübin, E. und Suter, P. Müschterli a. a. O. S. 223.

19 Koller, W. Appenzellerwitze. Rorschach 1971, S. 30.

20 Senti, A. Anekdoten, Schwänke und Witze a. a. O. S. 101.

21 Senti, A. Anekdoten, Schwänke und Witze a. a. O. S. 103.

22 Ziegler, P. Baneeter Buume Wädenswil 1987, S. 16 bis S. 17.

23 Strübin, E. und Suter, P. Müschterli a. a. O. S. 78.

24 Strübin, E. und Suter, P. Müschterli a. a. O. S. 165.

25 Senti, A. Anekdoten, Schwänke und Witze a. a. O. S. 111.

26 Strübin, E. Schwänke und Witze aus Jeremias Gotthelfs Geschichten-«Drucke». Basel 1986, S. 39.

27 Strübin, E. und Suter, P. Müschterli a. a. O. S. 162.

28 Schwaar, H. U. Grymts u Ungrymts. Ämmitauer prichte u dichte. Ostermundigen-Bern 1985, S. 20.

29 Strübin, E. Schwänke und Witze aus Jeremias Gotthelfs Geschichten-«Drucke» a. a. O. S. 67.

30 Senti, A. Anekdoten, Schwänke und Witze a. a. O. S. 27.

31 Senti, A. Anekdoten, Schwänke und Witze a. a. O. S. 139.

32 Koller, W. Appenzellerwitze a. a. O. S. 13.

33 Strübin, E. und Suter, P. Müschterli a. a. O. S. 165.

34 Strübin, E. Schwänke und Witze aus Jeremias Gotthelfs Geschichten-«Drucke» a. a. O. S. 42.

35 Senti, A. Anekdoten, Schwänke und Witze a. a. O. S. 147.

36 Senti, A. Anekdoten, Schwänke und Witze a. a. O. S. 148.

37 Strübin, E. und Suter, P. Müschterli a. a. O. S. 121.

38 Strübin, E. Schwänke und Witze aus Jeremias Gotthelfs Geschichten-«Drucke» a. a. O. S. 150. Eine ähnliche Geschichte S. 157.

39 Senti, A. Anekdoten, Schwänke und Witze a. a. O. S. 152.

40 Senti, A. Anekdoten, Schwänke und Witze a. a. O. S. 164.

41 Senti, A. Anekdoten, Schwänke und Witze a. a. O. S. 166.

42 Senti, A. Anekdoten, Schwänke und Witze a. a. O. S. 399.

43 Schwaar, H. H. Gfröits u Ungfröits us em obere Ämmitau. Ostermundigen-Bern 1988, S. 41.

44 Strübin, E. und Suter, P. Müschterli a. a. O. S. 97.

45 Ziegler, P. Baneeter Buume a. a. O. S. 15 bis S. 16.

46 Ziegler, P. Baneeter Buume a. a. O. S. 17 bis S. 18.

47 Strübin, E. und Suter, P. Müschterli a. a. O. S. 57.

48 Senti, A. Anekdoten, Schwänke und Witze a. a. O. S. 184.

49 Strübin, E. und Suter, P. Müschterli a. a. O. S. 60.

50 Senti, A. Anekdoten, Schwänke und Witze a. a. O. S. 184.

51 Strübin, E. und Suter, P. Müschterli a. a. O. S. 122.

52 Strübin, E. und Suter, P. Müschterli a. a. O. S. 123.

53 Senti, A. Anekdoten, Schwänke und Witze a. a. O. S. 125.

54 Senti, A. Anekdoten, Schwänke und Witze a. a. O. S. 228.

55 Senti, A. Anekdoten, Schwänke und Witze a. a. O. S. 230.

56 Senti, A. Anekdoten, Schwänke und Witze a. a. O. S. 235.

57 Koller, W. Appenzellerwitze. Rorschach, 6. Auflage 1971. Vergleiche dazu weitere Beispiele in der Sammlung von Alfred Tobler: Der Appenzellerwitz.

58 Koller, W. Appenzellerwitze a. a. O. S. 12.

59 Senti, A. Anekdoten, Schwänke und Witze a. a. O. S. 253.

60 Senti, A. Anekdoten, Schwänke und Witze a. a. O. S. 255.

61 Strübin, E. und Suter, P. Müschterli a. a. O. S. 132.

62 Senti, A. Anekdoten, Schwänke und Witze a. a. O. S. 266.

63 Strübin, E. und Suter, P. Müschterli a. a. O. S. 143.

64 Senti, A. Anekdoten, Schwänke und Witze a. a. O. S. 275.

65 Strübin, E. Schwänke und Witze aus Jeremias Gotthelfs Geschichten-«Drucke». Basel 1986, S. 172.

66 Sonderegger, S. Appenzeller Sein und Bleiben. Herisau 1973, S. 36.

67 Senti, A. Anekdoten, Schwänke und Witze a. a. O. S. 322.

68 Senti, A. Anekdoten, Schwänke und Witze a. a. O. S. 321.

69 Beide Erzählungen in: Müschterli aus dem Baselbiet a. a. O. S. 224.

70 Strübin, E. und Suter, P. Müschterli a. a. O. S. 225.

Übergangsrituale (S. 408–433)

Geburt und Geburtstag (S. 409–412)

1 Guex, L. Eine Sammlung bernischen Aberglaubens aus der Mitte des 19. Jahrhunderts. Bern 1975, S. 93.

2 Borkowsky, M. Krankheit, Schwangerschaft, Geburt und Wochenbett aus ärztlicher Sicht seit 1800. Zürich 1988, S. 223.

3 Borkowsky, M. Krankheit, Schwangerschaft a. a. O. S. 250.

4 Guex, L. Eine Sammlung bernischen Aberglaubens a. a. O. S. 93.

5 Gotthelf, J. Anne Bäbi Jowäger. Gesammelte Werke, S. 139.

6 Guex, L. Eine Sammlung bernischen Aberglaubens a. a. O. S. 96.

7 Guex, L. Eine Sammlung bernischen Aberglaubens a. a. O. S. 97.

8 Guex, L. Eine Sammlung bernischen Aberglaubens a. a. O. S. 100.

9 Guex, L. Eine Sammlung bernischen Aberglaubens a. a. O. S. 101.

10 Guex, L. Eine Sammlung bernischen Aberglaubens a. a. O. S. 104.

11 Guex, L. Eine Sammlung bernischen Aberglaubens a. a. O. S. 104.

12 Gottfried Keller an Maria Melos am 19. Juli 1877. Gesammelte Briefe a. a. O. 2. Bd., S. 268.

13 Maria Melos an Gottfried Keller am 21. September 1877. Gesammelte Briefe a. a. O. 2. Bd., S. 388.

14 Hoffmann-Krayer, E. Das Würgen am Namens- oder Geburtstag. Schweizerisches Archiv für Volkskunde 3, 1899, S. 139.

15 Atlas der schweizerischen Volkskunde 2. Teil, 5. Lieferung, S. 406 bis S. 407.

16 Atlas der schweizerischen Volkskunde 2. Teil, 5. Lieferung, S. 408.

17 Atlas der schweizerischen Volkskunde 2. Teil, 5. Lieferung, S. 409. Dort auch reiche Literaturangaben.

18 Guex, L. Eine Sammlung bernischen Aberglaubens a. a. O. S. 105.

19 Guex, L. Eine Sammlung bernischen Aberglaubens a. a. O. S. 106.

20 Guex, L. Eine Sammlung bernischen Aberglaubens a. a. O. S. 106.

21 Guex, L. Eine Sammlung bernischen Aberglaubens a. a. O. S. 107. Man lese dazu die schwarze Spinne von Jeremias Gotthelf, S. 1718.

22 Gotthelf, J. Anne Bäbi Jowäger a. a. O. S. 140.

23 Guex, L. Eine Sammlung bernischen Aberglaubens a. a. O. S. 110.

24 Guex, L. Eine Sammlung bernischen Aberglaubens a. a. O. S. 113.

25 Guex, L. Eine Sammlung bernischen Aberglaubens a. a. O. S. 114.

26 Gadient, R. Taufe – Taufnamen – Taufpaten. Stand und Entwicklung in Flums (SG). In: Schweizer Volkskunde. Heft 5, 7. 8. Jg. Basel 1988, S. 72.

Mündig werden – Initiationsriten (S. 412–415)

1 Manz, W. Volksbrauch und Volksglaube des Sarganserlandes. Basel 1916, S. 8.

2 Strübin, E. Baselbieter Volksleben a. a. O. S. 138.

3 von der Mühll, J. Basler Sitten a. a. O. S. 143 bis S. 144.

4 von der Mühll, J. Basler Sitten a. a. O. S. 144.

5 von der Mühll, J. Basler Sitten a. a. O. S. 131.

6 Strübin, E. Baselbieter Volksleben a. a. O. S. 139.

7 Stauber, E. Sitten und Bräuche im Kanton Zürich. In: Neujahrsblatt auf das Jahr 1922 und 1924, 2 Teile, Zürich 1922, 1. Teil, S. 9.

8 Hoffmann-Krayer, E. Feste und Bräuche a. a. O. S. 39.

9 Burckhardt-Seebass, Ch. Konfirmation in Stadt und Landschaft. Basel, Volkskundliche Studie zur Geschichte eines kirchlichen Festes. Basel 1975, S. 212.

Verlobung und Hochzeit (S. 415–419)

1 Atlas der schweizerischen Volkskunde 2. Teil, 5. Lieferung, S. 417.

2 Hoffmann-Krayer, E. Feste und Bräuche a. a. O. S. 20.

3 Atlas der schweizerischen Volkskunde 2. Teil, 5. Lieferung a. a. O. S. 422.

4 Atlas der schweizerischen Volkskunde 2. Teil, 5. Lieferung a. a. O. S. 418 bis S. 419.

5 Atlas der schweizerischen Volkskunde 2. Teil, 5. Lieferung a. a. O. S. 423.

6 Atlas der schweizerischen Volkskunde 2. Teil, 5. Lieferung a. a. O. S. 424.

7 Guex, L. Eine Sammlung bernischen Aberglaubens a. a. O. S. 134.

8 Büchli, A. Mythologische Landeskunde a. a. O. 2. Teil, S. 932.

9 Atlas der schweizerischen Volkskunde 2. Teil, 5. Lieferung a. a. O. S. 426.

10 Atlas der schweizerischen Volkskunde 2. Teil, 5. Lieferung a. a. O. S. 427.

11 Atlas der schweizerischen Volkskunde 2. Teil, 5. Lieferung a. a. O. S. 427.

12 Atlas der schweizerischen Volkskunde 2. Teil, 5. Lieferung a. a. O. S. 428.

13 Guex, L. Eine Sammlung bernischen Aberglaubens a. a. O. S. 136.

14 Manz, W. Volksbrauch und Volksglaube des Sarganserlandes a. a. O. S. 122.

15 Büchli, A. Mythologische Landeskunde 2. Teil a. a. O. S. 932.

16 Guex, L. Eine Sammlung bernischen Aberglaubens a. a. O. S. 135.

17 Atlas der schweizerischen Volkskunde 2. Teil, 5. Lieferung a. a. O. S. 433 bis S. 437.

18 Atlas der schweizerischen Volkskunde 2. Teil, 5. Lieferung a. a. O. S. 439.

19 Atlas der schweizerischen Volkskunde 2. Teil, 5. Lieferung a. a. O. S. 439.

20 Atlas der schweizerischen Volkskunde 2. Teil, 5. Lieferung a. a. O. S. 445.

21 Atlas der schweizerischen Volkskunde 2. Teil, 5. Lieferung a. a. O. S. 441.

22 Atlas der schweizerischen Volkskunde 2. Teil, 5. Lieferung a. a. O. S. 442.

Sterben und Totenbrauchtum (S. 419–433)

1 Bickel, W. Bevölkerungsgeschichte a. a. O. S. 151 und S. 241.

2 Bickel, W. Bevölkerungsgeschichte a. a. O. S. 227, 239, 240 und S. 241 sowie statistches Jahrbuch 1986, S. 70.

3 Imhof, A. Die Lebenszeit. München 1988, S. 95.

4 Zitiert von Imhof, A. Die Lebenszeit a. a. O. S. 96.

5 Imhof, A. Die Lebenszeit a. a. O. S. 32.

6 Imhof, A. Die Lebenszeit a. a. O. S. 34.

7 Mesmer, B. Ausgeklammert und Eingeklammert. Frauen und Frauenorganisation in der Schweiz im 19. Jahrhundert. Basel 1988, S. 17 bis S. 18.

8 Mesmer, B. Ausgeklammert und Eingeklammert a. a. O. S. 18.

9 Guex, L. Eine Sammlung bernischen Aberglaubens a. a. O. S. 137.

10 Guex, L. Eine Sammlung bernischen Aberglaubens a. a. O. S. 143.

11 Guex, L. Eine Sammlung bernischen Aberglaubens a. a. O. S. 139.

12 Manz, W. Volksbrauch und Volksglaube des Sarganserlandes a. a. O. S. 137.

13 Guex, L. Eine Sammlung bernischen Aberglaubens a. a. O. S. 140.

14 Guex, L. Eine Sammlung bernischen Aberglaubens a. a. O. S. 147 bis S. 152.

15 Guex, L. Eine Sammlung bernischen Aberglaubens a. a. O. S. 147 bis S. 152.

16 Atlas der schweizerischen Volkskunde 2. Teil, 5. Lieferung a. a. O. S. 465.

17 Manz, W. Volksbrauch und Volksglaube des Sarganserlandes a. a. O. S. 131 und Archiv 15,83.

18 Gottfried Keller an Ludmilla Assing am 22. Oktober 1848. Gesammelte Briefe a. a. O. 2. Bd., S. 78.

19 Atlas der schweizerischen Volkskunde 2. Teil, 7. Lieferung a. a. O. S. 759.

20 Atlas der schweizerischen Volkskunde 2. Teil, 7. Lieferung a. a. O. S. 760.

21 Atlas der schweizerischen Volkskunde 2. Teil, 7. Lieferung a. a. O. S. 761.

22 Atlas der schweizerischen Volkskunde a. a. O. S. 763, Fussnote 41.

23 Pometta, M. Totenbrauch und Glaube im Maggiatal. Schweizerisches Archiv für Volkskunde 6. Jg. 1902, S. 48.

24 Atlas der schweizerischen Volkskunde 2. Teil, 7. Lieferung a. a. O. S. 762 bis S. 763.

25 Senti, A. Gebete aus dem Sarganserland. Volkstümliches Beten zwischen 1850 und 1960. Mels 1983, S. 56 ff.

26 Stutz, J. Sieben mal sieben Jahre aus meinem Leben a. a. O. S. 130.

27 Stutz, J. Sieben mal sieben Jahre aus meinem Leben a. a. O. S. 157 bis S. 158.

28 Senti, A. Gebete aus dem Sarganserland a. a. O. S. 62 bis S. 63.

29 Atlas der schweizerischen Volkskunde 2. Teil, 5. Lieferung a. a. O. S. 470.

30 Atlas der schweizerischen Volkskunde 2. Teil, 5. Lieferung a. a. O. S. 471.

31 Atlas der schweizerischen Volkskunde 2. Teil, 5. Lieferung a. a. O. S. 472.

32 Atlas der schweizerischen Volkskunde 2. Teil, 5. Lieferung a. a. O. S. 474.

33 Atlas der schweizerischen Volkskunde 2. Teil, 5. Lieferung a. a. O. S. 492.

34 Fient, G. Begräbnisfeierlichkeiten im Prätigau. Archiv für Volkskunde 1. Jg. 1897, S. 43.

35 Stutz, J. Sieben mal sieben Jahre . . . S. 136.

36 Sarasin, A. Basler Brauch vor dreissig Jahren. Basler Jahrbuch 1934, S. 148.

37 Sarasin, A. Basler Brauch vor dreissig Jahren a. a. O. S. 178.

38 von der Mühll, J. Basler Sitten a. a. O. S. 187.

39 von der Mühll, J. Basler Sitten a. a. O. S. 188.

40 Fient, G. Begräbnisfeierlichkeiten im Prätigau. Archiv für Volkskunde 1. Jg. 1897, S. 43 bis S. 46.

41 Atlas der schweizerischen Volkskunde 2. Teil, 5. Lieferung a. a. O. S. 475.

42 Strübin, E. Baselbieter Volksleben a. a. O. S. 135.

43 Atlas der schweizerischen Volkskunde 2. Teil, 5. Lieferung a. a. O. S. 480 bis S. 481 und Strübin, E. Baselbieter Volksleben, S. 136.

44 Atlas der schweizerischen Volkskunde 2. Teil, 5. Lieferung a. a. O. S. 483.

45 Atlas der schweizerischen Volkskunde 2. Teil, 5. Lieferung a. a. O. S. 485, dort auch die Anmerkungen.

46 Pometta, M. Totenbrauch und Totenglauben im Maggiatal. Archiv für Volkskunde VI. Jg. 1902, S. 48 ff.

47 Pometta, M. Totenbrauch und Totenglauben im Maggiatal a. a. O. S. 48.

48 Pometta, M. Totenbrauch und Totenglauben im Maggiatal a. a. O. S. 47.

49 Senti, A. Gebete aus dem Sarganserland a. a. O. S. 70..

50 Senti, A. Gebete aus dem Sarganserland a. a. O. S. 71.

51 Meuli, K. Gesammelte Schriften. 1. Bd. 1975, S. 303.

52 Keller, G. Der Grüne Heinrich. 1. Bd. Erlenbach, München 1926, S. 81 bis S. 82.

53 Meuli, K. Gesammelte Schriften a. a. O. S. 324 bis S. 325.

54 von der Mühll, J. Basler Sitten a. a. O. S. 192.

55 Meuli, K. Gesammelte Schriften a. a. O. s. 373.

56 Atlas der schweizerischen Volkskunde 2. Teil, 6. Lieferung a. a. O. S. 495.

57 Türler, H. Das Beerdigungswesen der Stadt Bern. Intelligenzblatt und Berner Stadtblatt 28. 3. bis 9. 4.1895, Nr. 8.

58 Atlas der schweizerischen Volkskunde 2. Teil, 6. Lieferung a. a. O. S. 496, Fussnote 1.

59 Atlas der schweizerischen Volkskunde 2. Teil, 6. Lieferung a. a. O. S. 496, Fussnote 3.

60 Atlas der schweizerischen Volkskunde 2. Teil, 5. Lieferung a. a. O. S. 498. Die Maxime der französischen Revolution. Vergleiche Eroncourt, E. et J. Histoire de la société française pendant le directoire Paris o. J. S. 190.

61 Atlas der schweizerischen Volkskunde 2. Teil, 6. Lieferung a. a. O. S. 500 samt Anmerkungen.

62 Atlas der schweizerischen Volkskunde 2. Teil, 6. Lieferung a. a. O. S. 501.

63 Atlas der schweizerischen Volkskunde 2. Teil, 6. Lieferung a. a. O. S. 501 und S. 502, Anmerkung 1.

64 Atlas der schweizerischen Volkskunde 2. Teil, 6. Lieferung a. a. O. S. 504, Fussnote 1.

65 Heer, O. und Blumer-Heer, J. J. Der Kanton Glarus historisch, geographisch, statistisch geschildert. St. Gallen und Bern 1846, S. 305.

66 Atlas der schweizerischen Volkskunde 2. Teil, 6. Lieferung a. a. O. S. 505.

67 Atlas der schweizerischen Volkskunde 2. Teil, 6. Lieferung a. a. O. S. 513.

68 Atlas der schweizerischen Volkskunde 2. Teil, 6. Lieferung a. a. O. S. 514.

69 Atlas der schweizerischen Volkskunde 2. Teil, 6. Lieferung a. a. O. S. 515.

70 Atlas der schweizerischen Volkskunde 2. Teil, 6. Lieferung a. a. O. S. 507.

71 Schweizerisches Idiotikon 5. Bd., Sp. 906.

Schlusswort (S. 434–439)

1 Hauser, A. Über das wirtschaftliche und soziale Denken Gottfried Kellers. Verlag der Gottfried Keller Gesellschaft. Zürich 1963, S. 3 bis S. 4.

2 Hauser, A. Über das wirtschaftliche und soziale Denken Gottfried Kellers a. a. O. S. 4.

3 Mesmer, B. Nationale Identität. Einige methodische Bemerkungen. In: Auf dem Wege zu einer schweizerischen Identität a. a. O. S. 19.

4 Mesmer, B. Nationale Identität a. a. O. S. 21.

5 Mesmer, B. Nationale Identität a. a. O. S. 21.

6 Heller, G. L'école vaudoise: entre l'identité suisse et l'identité cantonale: Auf dem Wege zur schweizerischen Identität a. a. O. S. 269. Hier vor allem das Votum von Paul Hugger.

7 Germann, G. Synthesereferat: Die Staatsnation Schweiz sucht ihre kulturelle Identität. In: Auf dem Wege zu einer schweizerischen Identität a. a. O. S. 447.

8 Imhof, A. E. Die Lebenszeit a. a. O. S. 236.

9 Germann, G. Synthesereferat a. a. O. S. 448.

10 Keller, G. Gesammelte Briefe 3. 1. a. a. O. S. 420.

11 Keller, G. Am 25. Juni 1878. Gesammelte Briefe 3. Bd. 2. Hälfte, S. 358.

12 Germann, G. Synthesereferat in: Auf dem Wege zu einer schweizerischen Identität a. a. O. S. 446.

13 Stadler, P. Konfessionalismus im schweizerischen Bundesstaat. In: Die Schweiz auf dem Wege zur Identität a. a. O. S. 88.

14 Stadler, P. Konfessionalismus a. a. O. S. 89.

15 Gruner, E. Arbeiterschaft und Wirtschaft in der Schweiz 1880 bis 1914. Zürich 1987, S. 375.

16 Kreis, J. Aus der guten alten Zeit oder Jugenderinnerungen eines Werkmeisters. In: Flausen im Kopf a. a. O. S. 128.

17 Jaspers, K. Was ist Philosophie a. a. O. S. 103.

18 Gottfried Keller an Lina Dunker am 8. September 1856. Gesammelte Briefe 2. Bd., 2. 261.

Bildnachweis

172 *Am Familientisch.* Fotografie unbekannter Herkunft. StF Kunsthaus Zürich.

173 *Der Neugeborene.* Öl auf Leinwand. Albert Anker um 1865, 104×115 cm. Musée cantonal des Beaux-Arts, Lausanne.

174 *Der Vater mit fünf Kindern.* Foto: W. Derichsweiler. (Privatbesitz).

175 *Strickendes Mädchen.* Federzeichnung von Albert Anker. «Die beiden Schwestern, 1884». Tuschfeder. (Privatbesitz).

176 *Ehret das Alter.* Einsiedler-Kalender, 1851.

177 *Kernseifen* 1900. SMV Basel.

178 *Rhoneufer mit der Waschanstalt,* um 1820. Aquarell von Conrad Sulzberger (1771–1822), 230×375 mm, (Ausschnitt) Privatsammlung Genf.

179 *Gedichtblatt.* Zürichersche Alterspensions Casse. GSZB Zürich.

180 *Der Zugvogel.* Foto von Eugenio Schmidhauser um 1904. StF Zürich (Ausschnitt).

181 *Die Auswanderer.* Neujahrsblatt der Zürcher Hülfsgesellschaft 1821. GSZB Zürich.

182 *Zeitungsinserat,* 1. Juli 1868. SMV Basel.

183 *St. Galler Tagblatt* 1863, S. 1964.

184 *Siedlerfamilie Gimmel.* Fotografie um 1870. S.J. 1946.

185 *Hütkindermarkt* Ravensburg. Holzstich «Gartenlaube», Berlin 1895. Universitätsbibliothek Basel.

186 *Belegschaft der Zuckerbäckerei Heinz-Tester in Toulouse um 1895. Fotoarchiv Dr. H.E. Aliesch,* Rorschach.

187 *Zwei Brüder mit Hund.* Von J.F. Dietler 1854. Öl auf Leinwand 67×53 cm. Privatbesitz, Zürich.

188 *Aus der Jugendwelt* 1831. Ausschnitt aus einer Lithographie von Johann Siebert, die auf ein Original des Katzenmalers Gottfried Mind zurückgeht. (Privatbesitz).

189 *Hund als Wasserschlepper.* Szene an der Spitalgasse in Bern mit Pfeiferbrunnen. Foto um 1890. (Privatbesitz).

190 *Der Meister und sein Hund.* J.-L. Agasse. Selbstbildnis des Künstlers im Reitkostüm. Entstanden um 1790, Öl auf Karton, 33,5×28,5 cm. Winterthur, Stiftung Dr. O. Reinhardt.

191 *Heilung eines Kühleins.* Kapelle Niederrickenbach. Öl auf Holz. 23×16 cm. 1860.

192 *Senn mit Kuh und Hund.* Gemalt von Franz Anton Haim. Um 1880. Sammlung Dr. Bischofberger.

193 *Farbige Lithographie* von G. Barnard. PTT Museum, Bern.

194 *Aus den Skizzenbüchern Rudolf Kollers.* Zürich 1966, Seite 33.

195 *Illustriertes Jugendschriftchen* (Privatbesitz).

196 *Inserat im Murtenbieter* vom 30. Juni 1867 (Ausschnitt).

197 *Der Zahnarzt.* Schweizerischer Republikaner 1835. Aus Kalender-Geschichten von Katharina Eder, 1982. S. 49.

198 *Eine Apotheke.* Galerie der vorzüglichsten Künste und Handwerke. Zürich um 1804. GSZB Zürich.

199 *Scherer und Bader.* Aus: Galerie der vorzüglichsten Künste und Handwerke. Zürich um 1804. GSZB Zürich.

200 *Magenkrankheit.* Historisches Museum Stans. Aus der Kapelle Niederrickenbach. Öl auf Holz. 17,5×24 cm. 1822. Vermutlich von Martin Obersteg dem Jüngeren.

201 *Kropfkranke Frau.* Foto: Roberto Donetta, um 1900. StF Zürich.

202 *Briefliche Behandlung.* Bündner-Kalender für das Jahr 1872.

203 *Die kleine Genesende,* von Albert Anker. Öl auf Leinwand, 65,5×81 cm, Arlesheim, Sammlung Prof. A. Stoll.

204 *Das Baden im Freien.* Lithographie von Engelmann nach einer Zeichnung von Triner, um 1880. GSZB Zürich.

205 *Der Molkenkurort Gais.* Kolorierte Aquatinta von F. Hegi, nach J.J. Mock, um 1815. SLB Bern.

206 *Aderlassgerät aus dem Kanton Bern* 1850. SMV Basel. Inv. Nr. VI 6905.

207 *Aderlassen.* Bild links: Der Hinkende Bote von Vivis, 1812. Bild rechts: Nützlicher Haus- und Gartenkalender von 1808.

208 *Hebammenausstattung.* MHE Wädenswil. Foto: P. Friedli.

209 *Spucknapf.* MHE Wädenswil. Foto: P. Friedli.

210 *Heiliger Florian.* Kol. Bauernholzschnitt, Anfang 19. Jh. Bi. 15,8×11,8 cm. Bl. 18×14,9 cm. SMV Basel.

211 *Sonderbundssoldat.* Kapelle Niederrickenbach. Öl auf Holz. 11,5×15,4 cm. Datiert 1847.

212 *Mutter Gottes.* Zweite Hälfte 19. Jh., Höhe 42 cm, Kloster Eschenbach.

213 *Wachsvotive.* SMV Basel.

214 *Sturz vom Baum.* Votivbild, Kapelle Niederrickenbach. Öl auf Holz.

215 *Prozession* Madonna del Sasso von Philippo Franzoni (1857–1911). StF Zürich.

216 *Verurteilung der Wahrsagerei.* Der Hausfreund, 1834.

217 *Das Gebet.* Farbiger Stich, 19. Jh., GSZB Zürich.

218 *Stallsegen.* Druckblatt mit Holzschnitt. Gedruckt zu Altdorf genannt Weingarten, bey Georg Fidelis Herkner 1835. Holzschnitt 5,1×12,4 cm. Bl. 11×20,4 cm. VI 4731.

219 *Kalenderblatt.* Lithographie bezeichnet A.B. (wohl Albert Balmer). ZB Luzern.

220 *Schule Dahinden Pfyn.* Foto: von Josef Dahinden 1905. StF Kunsthaus Zürich.

221 *Ostschweizer Schulklasse,* 1890. Fotografie: Erziehungsdirektion Kanton Zürich.

222 *Kleinkinderschule.* Basel 1858. Foto: Höflinger Basel. Archivbild.

223 *Schreibendes Mädchen* von Albert Anker. 1879. Öl 65×50 cm. Ausstellung Kunsthalle Basel 1943. (Privatbesitz).

224 *Satire* auf Pestalozzis Rechenmethode. Kupferstich von E. Bergler, um 1804. GSZB Zürich.

225 *Fahnenburg und Gabentempel* des Schützenfestes von 1844 in Basel. Aus: Fest- und Schützenzeitung, Basel 1844.

226 *Kinder unter dem Christbaum.* Foto: Philipp Linck, um 1895. Sammlung Walter Binder, Zürich.

227 *Christbaum.* Aufnahme eines unbekannten Fotografen, um 1890. StF Kunsthaus Zürich.

228 *Neujahrsbrief,* 1836. Vorgedrucktes Formular von Hand ausgefüllt (Privatbesitz).

229 *Sylvester* von Karl Jauslin. Lithographie um 1890. GSZB Zürich.

230 *Die Japanesen* in Schwyz. Allgemeine Illustrierte Zeitung. GSZB Zürich.

231 *Fasnachtsumzug* Luzern. Zeitgenössische Darstellung. GSZB Zürich.

232 *Eiertütschen.* Schaffhauser Bote, 1879.

233 *Schnabelgeissen* in Obfelden. Foto um 1900. GSZB Zürich.

234 *Die Industriehalle* der Schweizerischen Landesausstellung von Albert Pfister. Aus: Offizielle Zeitung der Schweizerischen Landesausstellung, Zürich 1883, S. 21.

235 *Sechseläuten* Zürich von 1875. Zeitgenössische Darstellung. GSZB Zürich.

236 *Ankunft der Schweizer im Kanton Genf.* Jean Dubois (1789–1849). Kolorierter Stich. Universitätsbibliothek Genf (Ausschnitt).

237 *Bundesfeier* 1906, von Josef Dahinden (1863–1931). StF Kunsthaus Zürich.

238 *Der Gabensaal.* Zeichnung von J. Werner. GSZB Zürich.

239 *Eidgenössisches Schwing- und Älplerfest,* 14./15. Juli 1888. Plakat von E.F. Graf. Lithographie E. Senn, Zürich.

240 *Eidgenössisches Ehr- und Freyschiessen.* Aquatinta 49,5×38 mm. SMV Basel.

241 *Dampfkarussell* Zürich, 1890. Foto: Robert Breitinger. GSZB Zürich.

242 *Festplatz.* Lithographie von 1850. GSZB Zürich.

243 *Eidgenössisches Sängerfest* in Zürich. 1855. Zeitgenössischer Stich. GSZB Zürich.

244 *Musikfest* Basel. Lithographie im 11. Neujahrsgeschenk an die zürcherische Jugend. Musikgesellschaft, 1823.

245 *Klavierstunde.* Fotografie anonym. StF Kunsthaus Zürich.

246 *Gemischter Chor* Neumünster, um 1900. Foto: Robert Breitinger (1886–1910). GSZB Zürich.

247 *Soldatenspiel* von Karl Stauffer 1857–1891. Aquarell, Kunsthaus Zürich.

248 *Quadrille* von E. Juen (Privatbesitz).

249 *Hackbrettfraueli.* Lithographie von Schuler und Balmer. SLB Bern.

250 *Bildnis Ninette Duval-Töpfer.* Entstanden 1822/23, Öl auf Leinwand, 83×63,5 cm. Musée d'Art et d'Histoire Genf.

251 *Die Hochzeit.* Kanton Bern. Kolorierte Aquatinta von 1830 nach einem Stich von Nilson. SLB Bern.

252 *Inserate* aus der Glarnerzeitung Nr. 99 vom 19. August 1866.

253 *Bäuerlicher* Tanz. Kolorierter Stich, 19. Jh. GSZB Zürich.

254 *Ballkarte* 1898. Grafik Alexander Schindler. GSZB Zürich.

255 *Inserat,* erschienen im «Gastwirt» vom 29. September 1900.

256 *Die Jugendfeste* 1838 von J.J. Sprüngli. Lithographie nach einem Bild von Deschwanden. (Privatbesitz).

257 *Die Schaukel.* «Le lieu de récréation», von J.L. Agasse. Öl auf Leinwand 43×36 cm. Musée d'Art et d'Histoire. Genf.

258 *Kegelspiel.* Bildausschnitt, farbiger Stich aus Burgdorf. GSZB Zürich.

259 *Kinderspiel.* Aus dem Buch: 50 Fabeln und Bilder von W. Corrodi (Zürich 1876). ZB Zürich.

260 *Puppe* in Wehntalertracht. SLM Zürich.

261 *Züricher-Kalender* auf das Schaltjahr 1856.

262 *Turnverein* Neumünster um 1900. Foto: Robert Breitinger Zürich. ZB Zürich.

263 *Eingerichtflasche* mit Spielzeug. SMV Basel. Inv. Nr. VI 1232.

264 *Drei Bauern beim Jassen.* Franz Anton Haim. Gemalt 1875, Grösse 14×12,3 cm. Sammlung Irma Rutishauser, Balgach.

265 *Hornussergesellschaft* Burgdorf 1901. Foto: Sportmuseum Basel.

266 *Zwei Schwinger.* Pinselzeichnung. Mitte 19. Jh. GSZB Zürich.

267 *Spelterinis Ballon* 1893. Foto: Robert Breitinger Zürich. GSZB Zürich.

268 *Inserat* aus St. Galler Tagblatt 1886, S. 297.

269 *Velorennen* Zürich 1890. Foto: Robert Breitinger. GSZB Zürich.

270 *Fête fédérale de Gymnastique*, La-Chaux-de-Fonds vom 4. bis 7. August 1900. Ausführender Künstler: Charles l'Eplattenier.

271 *Schwingfest* auf der Balisalp, von J.Ch. Miville. Sportmuseum Basel.

272 *Skifahrerinnen*, Jahrhundertwende. Bildarchiv Schweizerisches Sportmuseum Basel.

273 *Plakat* aus dem Jahre 1904, geschaffen von Burckhardt Mangold. Gedruckt von Wolf in Basel. Plakatsammlung des Kunstgewerbemuseums Zürich.

274 *Skilaufende Damen*. Farbige Lithographie. SLB Bern.

275 *Pioniere des Alpinismus*. Zeitgenössische Fotografie um 1880. Archiv der Schweizerischen Verkehrszentrale Zürich.

276 *Bergsteigen*. Skizze von Martin Disteli, 1830. Kunstmuseum Olten.

277 *Die Hinrichtung des Majors Davel*. Charles Gleyre. Öl auf Leinwand. 300×270 cm. Ehemals Musée Cantonale des Beaux-Arts.

278 *Die Pyramide von Sarnen* des Wettschiessens von 1840. Zeitgenössische Darstellung. GSZB Zürich.

279 *Kalenderblatt Dezember*. Rastatter Hinkender Bote von 1859.

280 *Mappenzirkulation* des Lesezirkels Hottingen mit dem Auto 1907, zeitgenössisches Foto. Aus: Ulrich, C. Der Lesezirkel Hottingen, S. 33.

281 *Gottfried Keller*. Radierung 1887 von Karl Stauffer, 40×30 cm. GSZB Zürich.

282 *Hinrichtung*. Hinkender Bote von Vivis, 1804.

283 Jacob Burckhardt, Fotografie um 1890, UB Basel.

284 *Bildnis Dunant*. SLB Bern Neg. Nr. 578.

285 *Buchdrucker* an der Arbeit. Aus: Galerie der vorzüglichsten Künste und Handwerke. Zürich um 1804. GSZB Zürich.

286 *Leselustiges Kindsmädchen*. GSZB Zürich.

287 *Theaterzettel* um 1800. GSZB Zürich.

288 *Plakat* Jubiläumsschiessen Aarau, 23. August 1896, anonymer Künstler. Druckkunstanstalt Müller und Trüeb, Aarau.

289 *Eidgenössische Bundesfeier* Schwyz 1893. Foto: Bettschart, Schwyz. GSZB Zürich.

290 *Théatre Guignol*. Foto: Robert Breitinger, um 1887. *GSZB Zürich*.

291 *Rokokoschrank*. Tempera- oder Kaseinmalerei. (Privatbesitz).

292 *Empireschrank* von 1819. Museum Herisau (altes Rathaus).

293 *Teller* aus Heimberg (BE) 1873. SMV Basel.

294 *Mouchoir* aus dem Sonderbundskrieg, um 1848 entstanden. Grösse 69×82 cm. SLM Zürich.

295 *Die Eidgenossen an der Leiche Winkelrieds*, von Ludwig Vogt. 1841. Öl auf Leinwand, 134×158 cm. Öffentliche Kunstsammlung, Basel. Inv. Nr. 632.

296 *Schibi auf der Folter*, von Martin Disteli, 1838. Tusche laviert, 41,5×51,7 cm. Olten, Kunstmuseum.

297 *Der Rütlischwur*, von Ernst Stückelberg, 1881, 405×528 cm. Tellskapelle am Urnersee.

298 *Rousseau-Insel*. Chenille-Stickerei auf Seide, Grösse 53,8×36,5 cm. HM Bern.

299 *Pestalozzi bei den Waisen von Stans*, von Konrad Grob, 1879, Öl auf Leinwand, 121,1×146,5 cm. Öffentliche Kunstsammlung

300 *Der Rückzug von Marignano*, von Ferdinand Hodler. Entwurf für das rechte Seitenbild. 1896. 20×18,8 cm. Bleistift, Tusche, Deckfarben. Zürich. Kunsthaus. Depositum der Schweizerischen Eidgenossenschaft.

301 *Tellskapelle Bürglen*. Bleistift aquarelliert von Samuel Birrmann 1824. Grösse 21,1×28,9 cm. KkKM Basel.

302 *Arnold von Melchtal*, von Jean-Léonard Lugardon, 1841. Öl auf Leinwand, 138×195 cm. Musée d'Art et d'Histoire, Genf.

303 *Winkelried*, von Ferdinand Schlöth. Foto: Cuccione, Rom. ZB Luzern.

304 Die Sage von der *Erbauung der «Teufelsbrücke»*. Illustration von Karl Jauslin in «Vetter Jakob», 1886. SMV Basel. Kal. Inv. 10852 und 10853.

305 *Stadtmensch und Bauer*. Appenzeller Kalender 1866. SMV Basel.

306 *Fremde auf der Rigi*. Kolorierte Lithographie von G. Matter um 1830. SLB Bern.

307 *Der Fremde und der Appenzeller*. Appenzeller Kalender 1852. SMV Basel.

308 *Erinnerung an die Taufe* (Familie Escher). GSZB Zürich.

309 *Gebärstuhl*. MHE Wädenswil, Foto: P. Friedli.

310 *Taufzettel*. 19. Jahrhundert. GSZB Zürich.

311 *Im Kindbett*. Mutter-Gottes-Kapelle Niederrickenbach. Öl auf Holz. 16,2×21,5 cm, 1833.

312 *Taufzedel*. 19. Jahrhundert. GSZB Zürich.

313 *Freud- und Leidansagerin*. Kolorierte Zeichnung 19. Jahrhundert. GSZB Zürich.

314 *Konfirmation* in Kleinhüningen, Foto 1902. Aus: Hugger, P. Kleinhüningen, 1984.

315 *Konfirmationsandenken*. Grösse 15×20 cm. SMV Basel.

316 *Hochzeitszug*. «Noce lucernoise». Lithographie 19. Jh. SLM Zürich. (Ausschnitt). Neg. Nr. 69156.

317 *Am Sterbebett*. Kapelle Niederrickenbach. Öl auf Holz. 21×27 cm. 1862.

318 *Die Nacht*, von F. Hodler. Öl auf Leinwand 116,5×299 cm. KM Bern.

319 *Selbstbildnis*, von A. Böcklin, 1872. Öl auf Leinwand. Grösse 75×61 cm. Nationalgalerie der Staatlichen Museen. Preussischer Kulturbesitz Berlin.

320 *Totes Kind*. Foto von Giovanni Delprete (1878–1937). StF Kunsthaus Zürich.

321 *Ländliches Begräbnis*. Aus Albert Ankers Skizzenbuch, 1871. Sammlung Arthur Stoll (Schweizerisches Institut für Kunstwissenschaft Zürich).

322 *Beerdigung*. «La Morte» von Giovanni Segantini 1897. Öl auf Leinwand (Ausschnitt). Segantini Museum St. Moritz.

323 *Totenwache*, von Roberto Donetta. StF Kunsthaus Zürich.

324 *Der neue Kirchhof* in Zürich von 1848. Foto: BA der Stadt Zürich.

325 *Begräbnis zu Ornans*. Courbet, G. (1819 bis 1877). 1849, Grösse 3,14×6,93 m. Paris, Louvre.

326 *Memento mori* auf Notizbuch 1833. Seidenstickerei, Grösse 15,4×11 cm. SLM Zürich.

327 *Totenandenken* von 1864 aus dem Obertoggenburg. Grösse 23,5×26,3 cm. SLM Zürich.

328 *Sterbestunde*. Gemalt von Martin Obersteg dem Jüngeren. Kapelle Niederrickenbach. Öl auf Holz. 21,5×27 cm. 1810.

329 *Am Grabe der Mutter*. Foto: Nyfeler. (Lötschental).

330 *Totengebinde* aus dem Unterengadin. Rhätisches Museum Chur.

331 *Blechschild*. MHE Wädenswil, Foto: P. Friedli.

332 *Friedhof von Aesch*. Aus Albert Ankers Skizzenbuch 1871. Sammlung Arthur Stoll (Schweizerisches Institut für Kunstwissenschaft Zürich).

333 *Vexierbild*. Original-Lithographie von J.J. Brupbacher in Wädenswil um 1800. MHE Wädenswil.

334 *Plakat «Switzerland»* der Jura-Simplon-Bahn aus dem Jahre 1890. Drucker: Lithographische Anstalt Frey und Conrad Zürich.